2012

三门峡年鉴

SANMENXIA YEARBOOK

中共三门峡市委　三门峡市人民政府　主办

中共三门峡市委党史地方史志办公室　主编

方志出版社

图书在版编目(CIP)数据

三门峡年鉴.2012/中共三门峡市委党史地方史志办公室编.—北京:方志出版社,2012.12
ISBN 978-7-5144-0789-1

Ⅰ.①三… Ⅱ.①中… Ⅲ.①三门峡市—2012—年鉴 Ⅳ.①Z526.13

中国版本图书馆 CIP 数据核字(2012)第 312562 号

三门峡年鉴(2012)

编　　者:中共三门峡市委党史地方史志办公室
责任编辑:丛　珺

出 版 者:方志出版社
(北京市东城区夕照寺 14 号院富瑞苑公寓 6 层)
邮编　100061
网址　http://www.fzph.org
发　　行:方志出版社发行部
(010)67120966-6008
经　　销:新华书店总店北京发行所
法律顾问:北京市大禹律师事务所
印　　刷:河南深港彩印有限公司

开　　本:889×1194　1/16
印　　张:26.75
字　　数:1132 千
版　　次:2012 年 12 月第 1 版　2012 年 12 月第 1 次印刷
印　　数:0001~1000 册

ISBN 978-7-5144-0789-1/K·628　定价:198.00 元

编 辑 说 明

一、《三门峡年鉴》是中共三门峡市委、三门峡市人民政府主办的具有公报性、资料性、综合性、权威性、文献性的大型年刊，创刊于2001年。其宗旨是向三门峡市、河南省乃至国内外，全面、系统、翔实地介绍三门峡市上一年度政治、经济、文化和社会发展各方面的基本情况，为各级领导科学决策服务，为社会各界了解三门峡、研究三门峡、振兴三门峡服务，为促进三门峡市三个文明建设和构建和谐三门峡服务，并为续修《三门峡市志》积累资料。

二、《三门峡年鉴》由中共三门峡市委、三门峡市人民政府主办，中共三门峡市委党史地方史志办公室组织编纂，各县（市）区、市直各单位和各企事业单位、驻三门峡部队等供稿。

三、《三门峡年鉴(2012)》以马克思列宁主义、毛泽东思想、邓小平理论和“三个代表”重要思想为指导，全面贯彻落实科学发展观，运用辩证唯物主义和历史唯物主义的立场、观点、方法，在“全、新、特、密、实”五个方面记述三门峡市上一年度国民经济和社会发展的基本情况和变化，坚持为改革开放、为经济建设、为社会全面协调可持续发展服务。

四、《三门峡年鉴(2012)》记载时限（除个别内容外）从2011年1月1日起至12月31日止。年鉴采取分类编辑法，设类目、分目、条目3个层次。本卷共设30个类目：特载、专记、大事记、三门峡概貌、政党、政权·政协、群众团体、人民武装、法制、农业、工业、城乡建设·环境保护、交通运输、信息产业、经济协作与开发、商贸·市场、旅游业、财政·税务、金融·保险·证券、黄河三门峡水利枢纽工程、经济综合管理、科技、教育、文化、卫生·体育、精神文明创建活动、社会生活、县（市）区概貌、人物、附录。

五、为查阅方便，主体内容后编排有索引，中文目录之后编排英文目录。

六、《三门峡年鉴》所用统计数据，均经各供稿单位审核。统计资料由市统计局提供。

七、《三门峡年鉴》的编辑出版得到了三门峡市各级领导的关心和各县（市）区、各部门、各单位的大力支持与协助，在此谨表示衷心的感谢。

《三门峡年鉴》编纂委员会

名誉主任	杨树平	（市委书记）
主　　任	赵海燕	（市委副书记、市长）
副 主 任	姜继鼎	（市委常委、秘书长）
	赵中生	（市委常委、常务副市长）
	雷俊卿	（市委常委、军分区政委）
	孙宗会	（市人大常委会副主任）
	高从民	（市政协副主席）
	李庆红	（市政府党组成员）
委　　员	魏志选	（市委常务副秘书长）
	杨治安	（市人大常委会秘书长）
	刘廷福	（市政府秘书长）
	王平灿	（市政协秘书长）
	侯　鑫	（市纪委副书记、市监察局局长）
	庆志英	（市委组织部常务副部长）
	张欣照	（市委宣传部常务副部长）
	李献民	（市委统战部常务副部长）
	李宏伟	（市委政法委常务副书记）
	刘小英	（市直工委书记）
	韩迎春	（市编办主任）
	李立明	（市委农办主任）

李　健　　（市委党史方志办主任）

郑宝梅　　（市保密局局长）

韩　芳　　（市档案局局长）

刘会林　　（市发展改革委主任）

武少峰　　（市教育局局长）

白拴鱼　　（市科技局党组副书记）

孙天成　　（市工信局局长）

常天朝　　（市民政局局长）

宋　东　　（市财政局局长）

任振廷　　（市人力资源和社会保障局局长）

杨青黑　　（市住建局局长）

郑建锋　　（市交通运输局副局长）

王耀文　　（市农业局局长）

李炼志　　（市商务局局长）

梅良川　　（市文化广电新闻出版局局长）

齐秋安　　（市卫生局局长）

任晓云　　（市人口计生委主任）

张庆云　　（市统计局局长）

孔　辉　　（市体育局党组书记）

武跃峰　　（市总工会常务副主席）

宋黎静　　（团市委副书记）

张桂珠　　（市妇联主席）

赵团欣　　（市社科联主席）

李健同志兼《三门峡市志》《三门峡年鉴》主编。

《三门峡年鉴（2012）》编纂人员

主　编	李　健	中共三门峡市委党史地方史志办公室主任		
副主编	刘建红	中共三门峡市委党史地方史志办公室调研员		
	周　青	中共三门峡市委党史地方史志办公室年鉴科科长		
文字编辑	（以下按书中出现先后为序）			
	张怡杰	周　青	李艺芬	卢亚杰
图片编辑	张怡杰			
英文翻译	卢亚杰			
校　对	张怡杰	周　青	李艺芬	卢亚杰
编务人员	魏云超	何永红	谢红娟	王普展
	何　晶	宁喜娃		
摄　影	李海峰	杜　杰		

《三门峡年鉴(2012)》供稿单位主管领导及组稿员名单

(按书中出现先后为序)

单　位	主管领导	组稿员
中共三门峡市委办公室	乔建厚	裴俊峰
中共三门峡市委组织部	庆志英	王松宽
中共三门峡市委宣传部	武少峰	雷恒军
中共三门峡市委统一战线工作部	张书敏	高军政
中共三门峡市委政策研究室	曲振群	焦晓君
三门峡市机构编制委员会办公室	孙　禹	董其伟
中共三门峡市委市直机关工作委员会	武敏祥	王成新 王　静
中共三门峡市委老干部局	范世谋	寇晓辉
三门峡市国家保密局	郑宝梅	卫安均
中共三门峡市委党校	公冶春彦	邓　斌
中共三门峡市纪律检查委员会、三门峡市监察局	谢喜来	刘　冬
中国民主同盟三门峡市委员会	李述勇	员益峰
中国民主建国会三门峡市委员会	张景林	赵经纬
中国农工民主党三门峡市委员会	肖群兰	陈天栋
九三学社三门峡市委员会	楼晓红	晁媛媛
三门峡市工商业联合会	张进朝	薛　丹
三门峡市人民代表大会常务委员会办公室	王永胜	郑　鋆
三门峡市人民政府办公室	张武民	杜广山
三门峡市行政服务中心	杨伟兵	张应洲
三门峡市人力资源和社会保障局	张少锋	席　荣
中共三门峡市委群众工作部(三门峡市人民政府信访局)	陈鲁新	季　鑫
三门峡市民族宗教局	薛建峡	孙春红
三门峡市人民政府外事侨务办公室	张武民	郭武伟
三门峡市市直机关事务管理局	李竹园	席祥峰
中国人民政治协商会议三门峡市委员会办公室	林　平	张玉萍
三门峡市总工会	武跃峰	屈超峰
中国共产主义青年团三门峡市委员会	杨绍华	马隆博
三门峡市妇女联合会	史锁茹	段　晶
三门峡市文学艺术界联合会	徐龙欣	焦新祥
三门峡市社会科学界联合会	赵团欣	师　猛
三门峡市归国华侨联合会	黄鸿普	李淇淇

单　位	主管领导	组稿员
三门峡市科学技术协会	马仰峡	陈　莹
三门峡市残疾人联合会	郭辛文	习冬冬
三门峡军分区	张洪标	贾冬明
中国人民武装警察部队三门峡市支队	何学习	李　猛
中国人民武装警察部队三门峡市消防支队	李宛军	郭　英
中国人民武装警察部队黄金第六支部	杨洪生	杨　直
三门峡市人民防空委员会办公室	段孝廷	田金管
中共三门峡市委政法委员会	李宏伟	宋晨飞
三门峡市社会治安综合治理委员会办公室	李　黎	郭　好
三门峡市公安局	杨宗义	王改凤
三门峡市人民检察院	司玉新	李　勇
三门峡市中级人民法院	任睿妮	贾建兵 白彦安
三门峡市司法局	杨　峰	张军时
三门峡市农业局	邵学敏	周应平
三门峡市扶贫开发办公室	陈丽萍	王　通
三门峡市畜牧局	张建业	胡柏林
三门峡市林业和园林局	李茂军	刘玉明
三门峡市水利局	李国祥	王　莹
三门峡市黄河河务局	张景芳	胡海林
三门峡库区水文水资源局	孙章顺	杨世理
三门峡市工业和信息化局	聂　琦	崔礼靖
河南省电力公司三门峡供电公司	南国良	刘一虹
三门峡市医药总公司	赵　峰	侯金成
三门峡市住房和城乡建设局	陈鸿钧	杨俊峰
三门峡市规划和城市管理综合执法局	李建设	杨玉莉
三门峡市环境保护局	张中良	刘丹青
三门峡市交通运输局	王玺光	苏鹏飞
三门峡市公路局	郑建锋	苏鹏飞
河南高速公路发展有限责任公司三门峡分公司	殷蔚明	姚宗华
三门峡火车站	张　毅	陈黎明
三门峡市邮政局	刘亚芳	曾翔勇
河南省工业和信息化厅三门峡无线电管理局	高建生	王　茜
中国联合网络通信有限公司三门峡市分公司	瞿群伟	张新成
中国移动通信集团河南有限公司三门峡分公司	王明辉	李　艳
中国铁通集团有限公司三门峡分公司	裴宏印	丁　涛
中国电信集团河南省三门峡市电信分公司	李曙光	王象炜

单　位	主管领导	组稿员
三门峡市商务局	李军方	周光逸
三门峡经济开发区	张北超	杨满怀
		祐　峰
三门峡产业集聚区	茹　鹏	孙　妍
三门峡市出入境检验检疫局	巩卫东	李书坡
郑州海关三门峡海关筹备处	申志强	张　斌
三门峡市商业总公司	张秀梅	许　珂
		王鹏松
三门峡市供销合作社	刘当稳	石安娜
三门峡市盐业管理局	黄松涛	郭藻文
三门峡市物资总公司	郑遂平	张家明
三门峡市粮食局	水润平	马建苟
三门峡市烟草专卖局	赵遂生	杨　琳
中国石油化工股份有限责任公司三门峡石油分公司	张　衍	张俊玲
三门峡市工商行政管理局	杨永琦	刘　新
三门峡市旅游局	王保仁	王　丽
三门峡市财政局	任海水	李少民
三门峡市国家税务局	郭长忠	孙秋亮
三门峡市地方税务局	许　珺	王建锋
三门峡市人民政府金融服务办公室	张建康	何干国
中国人民银行三门峡市中心支行	唐殿军	李勇智
中国银行业监督管理委员会三门峡监管分局	宋社有	石莉蓉
中国农业发展银行三门峡市分行	段红伟	刘新宝
河南省农村信用社联合社三门峡市办公室	杨长法	孟金红
三门峡银行	郑治军	张轲宣
中国工商银行股份有限公司三门峡分行	杜振洪	王　泊
中国农业银行股份有限公司三门峡分行	王逢乐	马建华
中国银行股份有限公司三门峡分行	王东彪	李　娜
中国建设银行股份有限公司三门峡分行	吴雪峰	宋粉霞
中国人民财产保险股份有限公司三门峡市分公司	王志军	王　远
中国人寿保险股份有限公司三门峡分公司	刘国强	武鹏程
中原证券股份有限公司三门峡六峰路证券营业部	孙惠思	范艳红
三门峡黄河明珠(集团)有限公司(三门峡水利枢纽管理局)	卫　磊	李君武
三门峡市发展和改革委员会	于太升	王凤杰
		杨　洁
三门峡市安全生产监督管理局	李　明	张宗敏
三门峡市国土资源局	上官勤学	余钊慧

单　位	主管领导	组稿员
三门峡市审计局	刘书军	薛全生
		任建学
三门峡市统计局	张庆云	陈建民
三门峡市质量技术监督局	李长周	周付民
		赵志娜
三门峡市食品药品监督管理局	何　耿	马海英
		朱琳歌
三门峡市科学技术局	亢保祥	裴泽涛
三门峡市地震局	姚　龙	阴岩峰
	李守增	刘　蕊
三门峡市气象局	武小明	袁文胜
三门峡市教育局	李庆红	王普进
		何雪峰
三门峡职业技术学院	刘彦斌	雷旭锋
		王　燕
三门峡市文化新闻出版局	张占海	黄云启
	鲍晓亮	
三门峡市广播电影电视局	万赞伟	丁　君
中共三门峡市委党史地方史志办公室	刘建红	卢亚杰
	张安滨	
	魏云超	
三门峡日报社	王素梅	冯　燕
三门峡市档案局	杨乘东	侯俊晓
三门峡市卫生局	郑淑华	王英芳
三门峡市体育局	张景林	张　睿
三门峡市精神文明建设指导委员会办公室	王文辉	王群旺
		卢丽娜
三门峡市人口和计划生育委员会	薛孟生	刘媛媛
三门峡市民政局	张增盈	赵慧利
湖滨区	田建光	马红丽
义马市	尚会敏	史书现
渑池县	吴武岳	张丽敏
陕　县	赵永丰	张素娥
		齐　璐
灵宝市	杨海让	张林红
卢氏县	赵道全	刘三兴
		常琳静

目　录

特　载

专　记

大　事　记

三门峡概貌

政　党

·中国共产党三门峡市委员会·

组织工作

宣传思想工作

统一战线工作

政策研究工作

市直工委工作

群众团体

人民武装

工　业

城乡建设　环境保护

交通运输

经济协作与开发

旅游业

财政 税务

金融 保险 证券

黄河三门峡水利枢纽工程

经济综合管理

科　技

教　育

文　化

卫生　体育

精神文明创建活动

社会生活

县(市)区概貌

人　物

附　录

索　引

CONTENTS

SPECIAL ISSUE

WRITE SPECIALLY

CHRONICLE OF EVENTS

A GENERAL PICTURE OF SANMENXIA

POLITICAL PARTY

REGIME AND POLITICAL CONSULATIVE CONFERENCE

MASS ORGANIZATIONS

PEOPLE'S ARMED FORCES

LEGAL SYSTEM

AGRICULTURE

INDUSTRY

URBAN CONSTRUCTION AND ENVIRONMENTAL PROTECTION

TRANSPORTATION AND POSTAL SERVICE

INFORMATION INDUSTRY

ECONOMIC COOPERATION AND EXPLOITATION

COMMERCIAL TRADE AND MARKET

TOURIST INDUSTRY

FINANCE AND TAX

BANKING, INSURANCE AND SECURITIES

SANMENXIA KEY WATER CONTROL PROJECT OF YELLOW RIVER

ECONOMIC COMPREHENSIVE ADMINISTRATION

SCIENCE AND TECHNOLOGY

EDUCATION

CULTURE

HYGIENE AND SPORTS

ACTIVITIES IN SPIRITUAL CIVILIZATION CONSTRUCTION IMPROVEMENT

SOCIAL LIFE

SURVEY OF COUNTY(CITY) DISTRICT

FIGURES

APPENDIX

INDEX

荣誉三门峡

- 全国双拥模范城市 （全国双拥工作领导小组颁发）
- 中国优秀旅游城市 （国家旅游局颁发）
- 中国特色魅力城市200强 （爱国华人商会世界著名企业联盟、美中经贸投资总商会、全球华人名牌网颁发）
- 全国社会治安综合治理优秀市 （中央综治委颁发）
- 国家园林城市 （住房和城乡建设部颁发）
- 中国农村信息化示范基地 （科技部颁发）
- 中国十佳新锐金融生态城市 （上海陆家嘴金融博览会组委会、中国国际金融论坛组委会颁发）
- 中国金融生态城市 （第三届中国金融市长年会组委会、中国金融网、中国金融研究院颁发）
- 全国水土保持生态环境建设示范城市 （水利部颁发）
- 中国大天鹅之乡 （中国野生动物保护协会颁发）
- 全国创建农业标准化综合示范市 （国家标准化管理委员会颁发）
- 2010中国城市科学发展转变经济发展方式示范城市 （中国城市发展研究院颁发）

数 字

总面积：10 496平方公里

年末常住人口：225.62万人

地区生产总值：10 304 485万元

第一产值：812 219万元

第二产值：7 090 395万元

工业：29 440 911万元

第三产值：2 401 871万元

第一、二、三产业构成：

第一产业：7.9%

第二产业：68.8%

第三产业：23.3%

人均地区生产总值：46 049元

财政收入：810 637万元

财政支出：1 459 855万元

全社会固定资产投资：7 603 865万元

社会消费品零售总额：2 392 845万元

外贸出口主要商品总值：16 142万美元

外贸进口主要商品总值：3 638万美元

实际利用外资：63 149万美元

房屋施工面积：427.60万平方米

房屋竣工面积：170.29万平方米

货物运输量：3 933万吨

旅客运输量：4 475万人

接待旅客：1 473.85万人次

三 门 峡

旅游业总收入：116.98亿元

R&D内部经费支出：50 005万元

普通高等学院：1所

中等职业教育学校数：22所

各类卫生机构床位：9 459张

卫生技术人员：10 391人

能源生产总量：12 998 737吨标准煤

全市水资源总量：174 300万立方米

全社会用电量：1 409 105万千瓦时

城市供水总量：1 825万吨

建成区绿化覆盖面积：1 304公顷

市区道路面积：289万平方米

金融机构存款余额：6 877 021万元

金融机构贷款余额：3 811 827万元

城乡居民储蓄存款余额：4 240 689万元

职工平均工资：33 631元

城镇居民人均可支配收入：17 061.7元

城镇居民人均消费性支出：14 081.8元

农村居民人均纯收入：6 929.0元

农村居民人均生活消费支出：4 856.9元

生活垃圾无害化处理率：94.43%

空气质量达标（API<100）天数：323天

保障性住房施工面积：87.45万平方米

人均住房建筑面积：35.53平方米

1月17日，中共河南省委书记、省人大常委会主任卢展工（左）来到出席省十一届人大四次会议的三门峡市代表团，与代表们一起审议《政府工作报告》，卢展工在听取代表发言后作重要讲话

中共河南省委副书记、省长郭庚茂（前左1）到速达电动汽车科技有限公司视察

9月21日，三门峡速达纯电动轿车出租示范运营启动仪式在三门峡经济技术开发区隆重召开。中共三门峡市委书记杨树平（前）宣布速达电动轿车出租示范运营暨启动仪式正式开始

7月2日，中共三门峡市委副书记、市长赵海燕（前）调研“大交通”建设

11月16日，中共三门峡市委副书记王建勋（左2）到市人口计生委看望人口计生干部，听取工作汇报

2月3日，市人大常委会主任赵继祥（前）到三门峡人民广播电台慰问春节期间坚守在工作一线的干部职工

1. 2月3日，市政协主席郭秀荣（前中）在华润万家察看食品卫生管理情况

2. 2月3日，省辖市市长级干部李建顺（左2）到三门峡广播电台慰问春节期间坚守在工作一线的干部职工

3. 省辖市市长级干部赵光超（左1）到企业考察

1. 2012年2月6日，市委常委、市纪检委书记吴云（前）在中共三门峡市纪委六届二次全会会议上作工作报告

2. 市委常委、市委政法委书记郭绍伟（前右1）在省委省政府督察人口计生工作三门峡汇报反馈会上汇报计生工作

3. 7月20日，市委常委、市委组织部部长赵予辉（右）在灵宝市西阎乡桃花营村调研驻村第一书记工作

1. 12月27日，市委常委、市委秘书长姜继鼎（左3）带领“万名干部进农家”活动小组深入灵宝市尹庄镇浊峪村了解村情民意

2. 2012年10月26日，市委常委、常务副市长赵中生（中）到灵宝市调研

3. 3月1日，市委常委、三门峡军分区政委雷俊卿（左3）深入灵宝市大王镇北路井村，看望慰问宁夏军区给水工程团官兵

1

2

3

1. 市委常委、市委统战部部长易树学（中）在企业调研

2. 2012年10月12日，市委常委、市委宣传部部长薛蒙林（右）陪同中央电视台《焦点访谈》记者深入基层采访

3. 副市长李琳（前左3）陪同省工信厅厅长杨盛道视察骏通车辆

1. 副市长崔保连（中）实地检查指导黄河旅游节开幕式安全保卫工作

2. 副市长张建峰（前左1）到卢氏县视察茶叶种植工作

3. 8月2日，副市长高战荣（右3）督导三门峡西站地区大气环境综合整治工作

国际文博城之夜

黄河湿地公园

森林城市

仰韶文化博物馆

迎祥阁

中国大天鹅之乡

恒生科技　全球领先

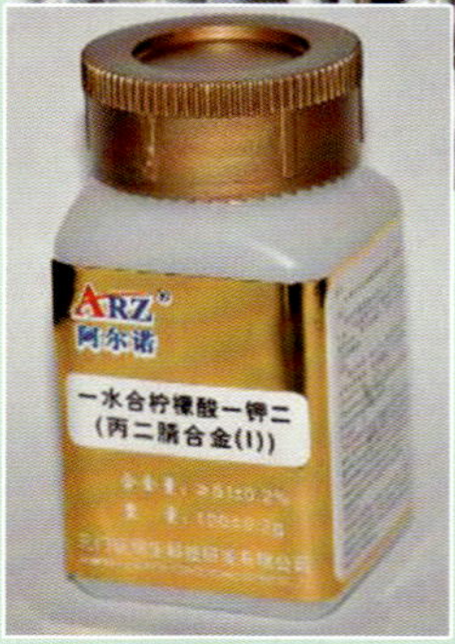

三门峡恒生科技研发有限公司生产的清洁镀金材料，广泛应用于航天领域

速达纯电动轿车三厢（透明）

控制器

交流异步

↑↓义煤综能甲醇蛋白生产线

2012年5月31日成功产出首批甲醇蛋白产品

三门峡富元果胶工业有限公司生产车间

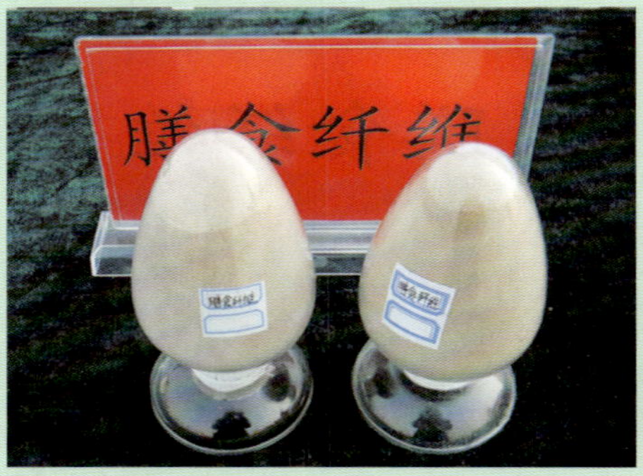

灵宝华鑫铜箔有限责任公司生箔车间

分剪包装的普通铜箔

分剪包装的锂电铜箔

义煤集团义翔铝业

铝制品深加工

芦笋加工车间

三淅高速建设工地

骏通全景

兴邦公司隔膜热处理工序10万级净化车间

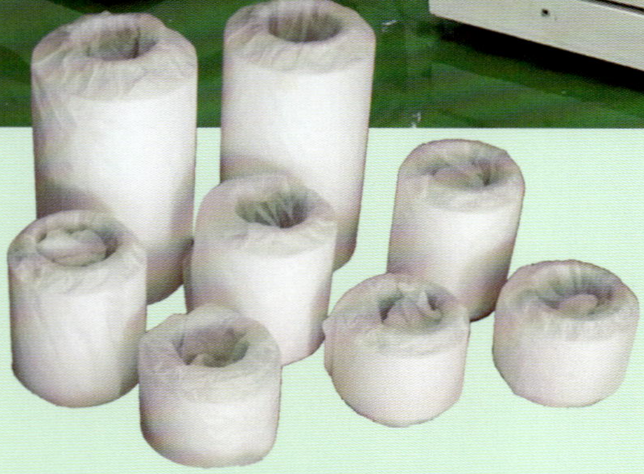

兴邦纳米纤维隔膜

兴邦锂电池

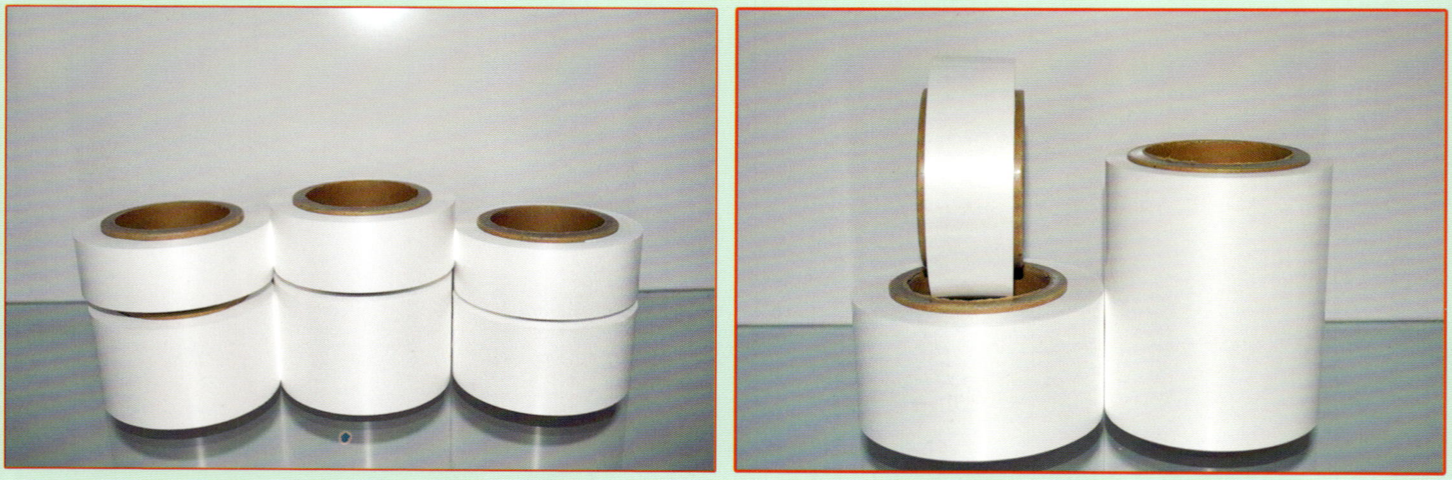

河南义腾新能源科技有限公司生产的锂离子电池隔膜

煤化工企业

清源风电场

建材物流中心

三大国字号耀眼黄河金三角

市中心医院新病房楼

外语高中

新村庄

德馨苑（廉租房）小区

中共三门峡市委党史地方史志办公室

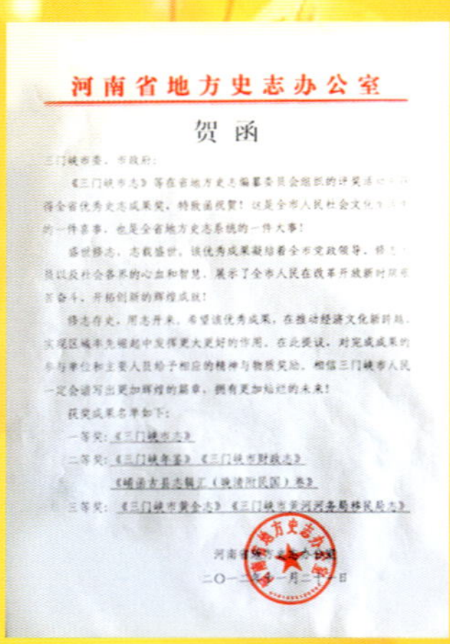
河南省地方史志办公室
贺函

2012年11月，《三门峡市志（1991～2000）》荣获河南省优秀史志成果一等奖

2012年4月25日，全市党史地方史志工作会议召开

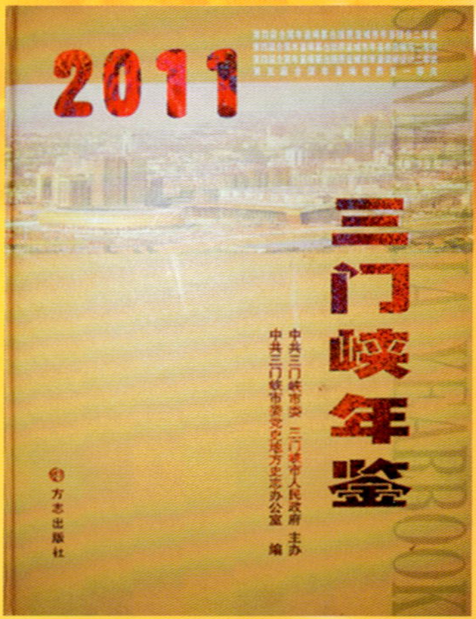

2012年8月，《三门峡年鉴（2011）》荣获第六届全国年鉴编校质量检查评比特等奖

观看市党史方志馆设计方案

市文明办领导莅临市委党史方志办进行省级文明单位建设复查验收

万名干部进农家

慰问老干部

纪念《河南省地方志工作规定》施行一周年

参加黄河公园义务植树活动

庆三八活动

特　　载

SPECIAL ISSUE

11 月 1 日，市委书记杨树平，市委副书记、市长赵海燕及市四大班子领导深入各县（市）区观摩全市重点项目建设情况

认真学习贯彻党的十八大精神 奋力建设创新开放富裕文明平安和谐生态宜居三门峡

——在三门峡市委全委扩大会议上的讲话

(2012 年 11 月 22 日)

中共三门峡市委书记　杨树平

同志们：

这次市委全委扩大会议的主要任务是：传达学习党的十八大精神，贯彻落实省委全委扩大会议部署，动员全市广大党员干部和群众高举中国特色社会主义伟大旗帜，以邓小平理论、“三个代表”重要思想、科学发展观为指导，解放思想，开拓进取，坚定不移地持续深化“四大一高”战略，奋力建设创新开放、富裕文明、平安和谐、生态宜居三门峡，努力夺取全面建成小康社会新胜利。

党的十八大是在我国进入全面建成小康社会决定性阶段召开的一次十分重要的大会，也是我们党和国家发展史上具有重要里程碑意义的大会，举国关注、举世瞩目。我和白洁同志作为三门峡的代表参加了大会。大会气氛隆重热烈，报告过程中全场响起了 38 次热烈掌声，大会讨论中代表们发言踊跃、气氛活跃，大会作出的重大决策和部署、取得的重要成果得到了代表们的一致赞同、高度评价。前天省委召开全委扩大会议，结合河南实际对学习贯彻十八大精神作出了认真安排，提出了明确要求。学习好、宣传好、贯彻好、落实好党的十八大精神，是当前和今后一个时期全市各级党组织和广大党员干部的首要政治任务。各级各部门都要迅速行动起来，认真落实中央和省、市委的部署与要求，掀起学习宣传贯彻十八大精神的热潮。这里，根据市委常委会研究的意见，我就学习贯彻问题，强调三个方面。

一、认真学习、深刻领会，自觉把思想和行动统一到党的十八大精神上来

十八大的主要精神，集中体现在报告中。报告高举中国特色社会主义伟大旗帜，回顾总结了过去五年的工作和十六大以来的奋斗历程及取得的历史性成就，确立了科学发展观的历史地位，提出了夺取中国特色社会主义新胜利的基本要求，描绘了全面建成小康社会、加快推进社会主义现代化的宏伟蓝图。报告高屋建瓴、总揽全局、主题鲜明、内涵丰富，坚定地向党内外、国内外宣示了我们党将举什么旗、走什么路、以什么样的精神状态、朝着什么样的目标继续前进，科学制定了适应时代要求和人民愿望的大政方针和行动纲领，提出了一系列新思想、新观点、新目标、新举措，具有很强的政治性、思想性、战略性、指导性。我们一定要认真学习、深刻领会精神实质，把思想统一起来，把力量凝聚起来。

一要深刻领会重大意义和主题，始终高举中国特色社会主义伟大旗帜。党的十八大是一次高举旗帜、继往开来、团结奋进的大会，对于动员全党全国各族人民在以习近平同志为总书记的党中央坚强领导下，坚定不移沿着中国特色社会主义道路前进，共同为全面建成小康社会而奋斗，具有重大现实意义和深远历史意义。大会主题鲜明，即“高举中国特色社会主义伟大旗帜，以邓小平理论、‘三个代表’重要思想、科学发展观为指导，解放思想，改革开放，凝聚力量，攻坚克难，坚定不移沿着中国特色社会主义道路前进，为全面建成小康社会而奋斗”，进一步明确了当代中国发展进步的思想保证、强大动力、基本要求和奋斗目标。我们要深刻领会党的基本理论、基本路线、基本纲领、基本经验、基本要求，始终

高举中国特色社会主义伟大旗帜，在思想上政治上行动上同党中央保持高度一致。

二要深刻领会过去5年和10年党和国家取得的新的历史性成就，增强贯彻落实中央决策部署的自觉性。大会高度评价了十七届中央委员会的工作，同意十七届中央委员会对十六大以来十年奋斗历程的基本总结，认为我们紧紧抓住和用好我国发展的重要战略机遇期，战胜一系列重大挑战，奋力把中国特色社会主义推进到新的发展阶段，巩固和发展了改革开放和社会主义现代化建设大局，提高了我国国际地位，彰显了中国特色社会主义的巨大优越性和强大生命力。我们要全面准确领会过去5年和10年党和国家取得的历史性成就，充分认识到我们的发展达到了一个新的高度、站在了一个新的起点，不断激发全市人民的自豪感和凝聚力，更加自觉地投身全面建成小康社会的伟大实践。

三要深刻领会中国特色社会主义的丰富内涵和基本要求，坚定全面建成小康社会的决心和信心。报告阐释了中国特色社会主义道路、中国特色社会主义理论体系、中国特色社会主义制度的科学内涵及其相互联系，三者统一于中国特色社会主义伟大实践。报告指出，建设中国特色社会主义，总依据是社会主义初级阶段，总布局是“五位一体”，总任务是实现社会主义现代化和中华民族伟大复兴。报告强调，要强化“四种意识”，全面加强党的思想建设、组织建设、作风建设、反腐倡廉建设、制度建设，确保党始终成为中国特色社会主义事业的坚强领导核心。对在新的历史条件下夺取中国特色社会主义新胜利的基本要求，报告用“八个必须”进行了高度概括，体现了全党全国各族人民的共同信念。我们要深刻领会报告的丰富内涵，进一步坚定道路自信、理论自信、制度自信，不断开辟党和国家事业更为广阔的发展前景。

四要深刻领会科学发展观的历史地位和指导意义，进一步用科学发展观统领经济社会发展全局。报告明确指出科学发展观同马克思列宁主义、毛泽东思想、邓小平理论、“三个代表”重要思想一道，是党必须长期坚持的指导思想。报告强调，总结十年奋斗历程，最重要的就是我们坚持勇于推进实践基础上的理论创新，围绕坚持和发展中国特色社会主义提出了一系列紧密相连、相互贯通的新思想、新观点、新论断，形成和贯彻了科学发展观。报告对科学发展观的科学内涵和精神实质作了更深刻、更精辟、更全面、更完善的阐述。十八大决定把科学发展观作为指导思想写入修改后的党章，实现了我们党指导思想的与时俱进。我们要紧密结合三门峡实际，以更加有力的举措、更加完善的制度来贯彻落实科学发展观。

五要深刻领会全面建成小康社会和全面深化改革开放的新目标新布局，持续推进重大部署落实。报告重申了“两个百年目标”，在党的十六大、十七大确立的全面建设小康社会目标的基础上提出了全面建成小康社会的新要求，体现在经济持续健康发展、人民民主不断扩大、文化软实力显著增强、人民生活水平全面提高、资源节约型环境友好型社会建设取得重大进展等“五个方面”。对中国特色社会主义事业的总布局，报告作出新的重大安排，把生态文明建设纳入总布局，使总布局从原来的“四位一体”拓展为经济建设、政治建设、文化建设、社会建设、生态文明建设“五位一体”，其中经济建设是根本，政治建设是保证，文化建设是灵魂，社会建设是条件，生态文明建设是基础。我们要按照全面建成小康社会的新要求，深刻领会新布局，牢牢把握新部署，全面推进五大建设，努力开创改革发展新局面。

六要深刻领会全面提高党的建设科学化水平的重大任务，以改革创新精神全面推进党的建设新的伟大工程。报告深刻阐述了以改革创新精神加强和改进党的建设的重要性和紧迫性，在重申我们党面临的“四大考验”“四大危险”的基础上，提出了全面提高党的建设科学化水平的重大课题，强调牢牢把握加强党的执政能力建设、先进性和纯洁性建设这条主线，全面加强党的思想、组织、作风、反腐倡廉和制度建设，建设学习型、服务型、创新型的马克思主义执政党。报告具体部署了党的建设的“八项任务”，为我们推进党的建设新的伟大工程指明了方向。

二、结合实际、深入贯彻，不断开创三门峡转型发展新局面

党的十八大和省委全委扩大会议，为做好三门峡工作指明了新方向。我们要以十八大和省委全委扩大会议精神为指针，进一步完善发展思路、发展目标和发展举措，紧紧围绕“三大战略定位”，按照“求转、求进、求实”总要求，持续深化“四大一高”战略，加快推进经济转型发展，切实走好新型工业化、信息化、城镇化、农业现代化四化同步和河南在中原经济区建设中探索的“两不三新”三化协调科学发展路子，奋力建设创新开放、富裕文明、平安和谐、生态宜居三门峡，力争生产总值和城乡居民收入年均增速不低于10%，提前3年实现比2010年翻一番，在全省率先全面建成小康社会，为推进中原经济区建设、加快中原崛起河南振兴做出积极贡献。

（一）持续深化“四大一高”战略，加快转变经济发展方式。“四大一高”涵盖了经济社会发展的各个方面，是三门峡落实科学发展观的生动实践。对照党的十八大精神，回顾总结三门峡走过的发展历程，我们所探索和坚持的通过实施“四大一高”战略、引领经济转型发展的路子是完全正确的，是符合科学发展观要求和三门峡实际的，也是符合党的十八大精神和广大人民群众意愿的。前段时间，人民日报、中央电视台等方方面面的广泛关注和充分肯定，就是最好的证明。但成绩属于过去，我们的转型才刚刚起步，还是“小荷才露尖尖角”，未来还任重而道远，必须始终保持清醒和忧患，必须坚定不移地持续深入实施“四大一高”战略，加快推进经济转型发展。具体讲，要重点强化“五动”：

一要强化项目带动，着力打造千亿元产业集群。项目是结构调整的有效载体，是转型发展的具体抓手，也是三门峡提前实现“两个翻番”目标的重要基础。抓好了项目，就等于是抓住了结构调整的“突破口”，牵住了转型发展的“牛鼻子”，把握住了全面建成小康社会的“关键点”。深化“四大一高”战略，加快经济转型发展，关键就是要抓好项目，尤其是要抓好带动能力强的重点龙头项目，以实实在在的项目和发展成效来贯彻党的十八大精神。当前，要突出抓好中金集团黄金产业园、丙尔金、高端航空用铝型材、甲醇蛋白、一重一

轻汽车及汽车零部件等龙头项目,着力打造黄金、丙尔金、铝及铝深加工、煤化工、汽车及汽车零部件等五个千亿元产业集群,使其成为带动和支撑三门峡转型发展、全面建成小康社会的核心增长极。同时,要加快推进其他"四大一高"重点项目建设,尤其要抢抓蒙西至华中铁路项目建设指挥部总部落户三门峡的机遇,进一步加大交通重点项目建设力度,不断夯实经济转型发展的基础和条件。要围绕"建设郑洛三工业走廊",积极谋划更多的新项目、大项目、好项目,加快新型工业化步伐,加速项目和产业的集聚集约集群发展,推进产业集聚区不断上规模、上层次、上水平,使其真正成为"工业集中、产业集聚、土地集约、功能完善、管理科学、环境优美、生态优良"的新型产业基地。

二要强化创新驱动,加速发展高新技术产业。高新技术产业是经济转型发展的重要引擎。党的十八大提出,要实施创新驱动发展战略,这为我们推进"一高两化"、加快高新技术产业发展,创造了新机遇、增添了新动力、提出了新要求。当前,要深化"四大一高"战略、推动三门峡经济社会更好更快发展,最关键、最核心的还是要靠创新,靠传统产业的高端化和高新产业的规模化。贯彻落实党的十八大精神,就要在"一高两化"上下功夫,认真做好创新驱动发展这篇大文章,加快建设创新型城市,加快发展新能源汽车、新材料、生物产业等战略性新兴产业,努力夯实创新驱动发展的技术基础、产业基础。要加快三门峡科技大市场等创新平台建设,加强创新体系建设和创新人才培养,不断提高原始创新、集成创新和引进消化吸收再创新能力。

三要强化开放拉动,全面提高开放型经济水平。开放是经济发展的强大动力,也是解放思想的强大动力,更是三门峡加快经济转型、实现更好更快更大发展的重要举措。党的十八大强调,必须实行更加积极主动的开放战略,全面提高开放型经济水平。三门峡这几年高度重视开放工作,我们的"四大一高"无论是大通关、大交通,还是大商贸、大旅游,以及发展高新技术产业,瞄准的就是大开放、大合作、大发展。乘着十八大的东风,我们要进一步强化竞争合作意识、不断扩大对内对外开放,努力以大开放大合作促进经济大转型、大发展。要以开放促进经济转型,充分发挥三门峡"大通关"、"大交通"建设的优势,以及黄河旅游节和特博会等经贸会展平台优势,进一步加大招商引资和"走出去"、"请进来"力度,重点引进一批有利于结构调整、经济转型的"四大一高"项目,不断增强三门峡经济持续发展的后劲和活力;要以开放承接产业转移,抢抓黄河金三角承接产业转移示范区建设的机遇,创新承接产业转移方式,探索建立产业转出地与产业承接地利益共享机制,在承接产业转移中,不断做大做强优势产业、调整优化产业结构、提升产业层次;要以开放深化区域合作,进一步深化国际合作、深化与台港澳的合作、深化黄河金三角四市等国内区域合作、深化与大型央企和世界500强企业的合作,争取更多央企、世界500强企业把生产项目、生产基地和研发中心布局在三门峡,持续推动三门峡快发展大发展。

四要强化三产联动,不断壮大服务业规模。现代服务业的发达程度,是衡量经济、社会现代化水平的重要标志。十八大强调,要推动服务业特别是现代服务业发展壮大。就三门峡来讲,抓住中原经济区建设的历史机遇,充分发挥三门峡的大通关、大交通和区位优势,以及特博会首办地和永久举办地等优势,全力建设豫晋陕黄河金三角地区商贸、物流、金融中心,努力把三门峡打造成全国重要旅游目的地城市、黄河旅游核心城市和全省旅游经济强市,是我们优化经济结构、加快转变经济发展方式的重要战略举措。我们要以发展特博会等会展经济为龙头,进一步带动大商贸、大旅游等第三产业发展,努力把三门峡的服务业再打造成一个千亿元的大产业集群,促进一、二、三次产业协调发展,使三门峡真正成为豫晋陕黄河金三角地区人流、物流、资金流、信息流汇聚的热土,成为黄河金三角区域性中心城市。

五要强化城乡互动,加快实现城乡一体化。党的十八大提出"推动城乡发展一体化",并强调"城乡发展一体化是解决'三农'问题的根本途径"。贯彻党的十八大精神,深化"四大一高"战略,必须把城乡发展一体化摆上重要位置,加大统筹城乡发展力度。要加快新型城镇化发展步伐,重点抓好市中心商务区和全市6个特色商业街区建设、黄河公园等沿黄旅游经济带建设、旧城和城中村改造等,不断增强中心城市、县城和小城镇的发展活力;要大力发展现代特色农业,培育一批农业龙头企业,通过"公司+基地"模式带动促进特色农业基地建设和农业产业化发展,尤其要以举办特博会为契机,着力打造品牌农业,把苹果、烟叶、食用菌、中药材、茶叶等打造成全国知名品牌,促进农民持续增收;要坚持用工业理念谋划农业,用社区理念改造农村,用居民理念转化农民,稳妥推进新型农村社区建设,同时用统筹理念促进城乡资源优化配置和互动融合发展,不断破除城乡二元结构、增强农村发展活力、逐步缩小城乡差距、促进城乡共同繁荣。

(二)扎实推进文化强市建设,努力促进文化大发展大繁荣。党的十八大强调,文化是民族的血脉,是人民的精神家园,要扎实推进社会主义文化强国建设。三门峡具有丰厚的文化典藏、深沉的历史积淀、多样的文化样式和生动的文化建设实践,有条件也有能力建设地域特色浓厚的中西部地区文化强市。一要着力培育社会主义核心价值观。要按照十八大对社会主义核心价值观"三个倡导、二十四字"的新概括,运用群众喜闻乐见的形式和载体,大力弘扬民族精神和时代精神,锻造新时期三门峡精神,让文化更加贴近生活、走进群众、融入心灵,积极培育外化于行、内化于心的社会主义核心价值观,凝聚全市共识、推动转型发展、促进社会和谐。二要加快发展文化产业。进一步深化文化体制改革,加快转变文化发展方式,多方吸纳文化产业人才,创优文化产业发展环境,推动文化资源向项目转化、向资本转化、向产品转化、向品牌转化,着力破解文化产业规模不大、实力不强、发展动力不足、竞争优势不佳等问题,推动由文化资源大市向文化产业强市转变,不断增强三门峡在转型发展中的软实力。三要大力发展公益性文化事业。坚持政府主导、面向基层、服务群众的原则,加快推进主题文化公园、传媒大厦等文化惠民工程建设,加大对基层特别是农村和欠发达地区文化阵地建设的扶持力度,加快构建覆盖城乡、惠及全民的公共文化服务体系,让广大人民群众更多更好地分享文化建设的成果。全面落实公共文化机构免费或优惠开放制度，最大限度地发挥公共文化资源的社会效益。四要坚持实施文化“走出去”战略。增强文化自信和文化自觉，积极放大“仰韶文化欧洲行”的宣传效应，继续做好“中国电影·三门峡电影周”的后续发行工作，推进文化与旅游深度融合发展，深入开展富有三门峡文化特色的对外文化交流活动，加快文化“走出去”步伐，让更多三门峡文化元素在国内外绽放光彩，全方位提升三门峡文化影响力和竞争力。

（三）坚持以人为本执政为民，不断在改善民生和创新管理中加强社会建设。坚持把以人为本、执政为民作为检验一切工作的最高标准，任何时候都要把人民利益放在第一位，始终与人民心连心、同呼吸、共命运，从根本上营造有利于发展的和谐稳定社会环境。一要着力保障和改善民生。始终把保障和改善民生作为根本目的，按照十八大的要求，多谋民生之利，多解民生之忧，切实解决好人民最关心最直接最现实的利益问题，在学有所教、劳有所得、病有所医、老有所养、住有所居上持续取得新进展，让改革发展成果更好地惠及全市人民。尤其要扎实抓好保障性住房建设、优化中小学布局、社会保险全覆盖等“十大民生工程”，全面落实各项惠民政策，切实把好事办好、实事办实，让老百姓从中真正得到实惠。二要加强社会管理创新。紧紧围绕发展、改革、稳定、民生、法治建设搞创新，加快形成党委领导、政府负责、社会协同、公众参与、法治保障的社会管理体制，形成政府主导、覆盖城乡、可持续的基本公共服务体系，形成政社分开、权责明确、依法自治的现代社会组织体制，形成源头治理、动态管理、应急处置相结合的社会管理机制，不断提升社会管理的科学化水平，努力开创社会和谐人人有责、和谐社会人人共享的生动局面。三要全力维护社会稳定。进一步改进新形势下群众工作，完善信访制度，畅通和规范群众诉求表达、利益协调、权益保障渠道，妥善处置各类突发事件，把影响社会和谐稳定的因素化解在基层和萌芽状态，努力巩固和发展来之不易的安定和谐好局面，为全市上下集中精力抓发展营造良好的社会环境。

（四）大力推进生态文明建设，努力打造生态宜居三门峡。十八大把生态文明建设纳入中国特色社会主义事业“五位一体”总布局，用充满诗意的语言，提出“要努力建设美丽中国，实现中华民族永续发展”，为我们深化提升生态文明建设增添了新的动力。一要牢固树立生态文明理念，全方位推进生态文明建设。近年来，我们不断强化生态宜居城市建设，全市森林覆盖率达到50.79%，居全省第一，相继摘得了国家园林城市、国家森林城市桂冠，打造出了魅力四射的生态宜居城市名片，三门峡人的自豪感、自尊心明显增强。我们一定要倍加珍惜来之不易的大好局面，按照十八大战略部署，牢固树立尊重自然、顺应自然、保护自然的生态文明理念，切实把生态文明建设融入和贯穿到经济社会发展的各方面和全过程，努力实现经济社会全面协调可持续发展。二要巩固提升生态建设成果，加快创建全国绿化模范城市。把创建全国绿化模范城市摆在突出位置，全民动员，全员参与，加强组织领导，加大资金投入，明确时间任务节点，狠抓责任落实，确保创建工作顺利推进，创建目标如期实现。要认真查找薄弱环节，构筑各司其职、奖惩兑现的生态建设工作机制，大力推进次生天然林、重要生态公益林保护等重点工程，全面提升通道绿化和园林绿化品质，充分发挥城市绿地系统综合效益，不断彰显“黄河水畔森林城、生态宜居三门峡”的魅力。三要坚持做好节能减排工作，大力发展绿色、低碳、循环经济。按照“减量化、再利用、资源化”原则，大力开发和推广节约、替代、循环利用和减少污染的先进适用技术，积极发展低碳产业和循环经济，把经济开发活动控制在环境可承载的范围内，把循环经济的理念贯穿到企业生产经营管理的各个环节，推进资源节约、环境保护与经济发展的协调融合。完善经济社会发展评价体系，破除唯GDP论的观念，树立“绿色GDP”导向，形成生态文明建设长效机制。同时，要加强生态环境保护工作，积极实施矿区重大生态修复工程，推进水土流失综合治理和退耕还林，加大生态环境保护执法力度，着力解决群众反映强烈的水、大气、土壤污染等突出环境问题。尤其要继续加大黄河湿地这一“城市绿肺”的保护力度，构筑绿色秀美的生态屏障，着力打造鸟类的天堂和白天鹅栖息的温馨家园。

（五）着力提高党的建设科学化水平，为全面建成小康社会提供坚强政治保证和组织保证。要认真按照十八大精神要求，充分认识新形势下加强党的建设的极端重要性，牢牢把握加强党的执政能力建设、先进性和纯洁性建设这条主线，以改革创新精神全面推进党的建设新的伟大工程。要强化理论武装，始终高举中国特色社会主义伟大旗帜，进一步坚定中国特色社会主义的道路自信、理论自信、制度自信，在思想上、政治上和行动上，同以习近平同志为总书记的党中央保持高度一致。要加强党的组织建设，持续深化创先争优活动，不断推进学习型、服务型、创新型党组织建设，切实增强自我净化、自我完善、自我革新、自我提高能力，进一步提升各级党组织的创造力凝聚力战斗力；尤其要重点围绕保持党的先进性和纯洁性，在全市深入开展以为民务实清廉为主要内容的党的群众路线教育实践活动，问政于民、问需于民、问计于民，着力解决人民群众反映强烈的突出问题。要坚持党管人才，尊重知识、尊重人才、尊重创造，深入实施“万名人才引进计划”，努力把各方面的优秀人才积聚到三门峡“四大一高”、转型发展的实践中来，形成人人皆可成才、人人尽展其才的生动局面。要坚持党管干部，不断深化干部人事制度改革，按照“五重五不简单”和五湖四海、任人唯贤，德才兼备、以德为先，注重实绩、群众公认的原则，既注重选拔优秀年轻干部，又要注重选拔政绩突出、年富力强的干部，充分发挥各个年龄段干部的作用。要坚定不移地反对腐败，把反腐倡廉建设摆在更加突出的位置，扎实推进惩治和预防腐败体系建设，做到干部清正、政府清廉、政治清明，永葆共产党人的蓬勃朝气、昂扬锐气、浩然正气，始终保持党的思想纯洁、组织纯洁、作风纯洁。要严明党的纪律，各级党组织和广大党员、干部特别是主要领导干部，一定要自觉遵守党章，自觉按照党的组织原则和党内政治生活准则办事，切实做到纪律面前人人平等、遵守纪律没有特权、执行纪律没有例外，任何人都不能凌驾于组织之上。

三、周密安排、精心组织，迅速掀起学习宣传贯彻十八大精神热潮

认真学习宣传贯彻党的十八大精神，关系党和国家工作

全局,关系中国特色社会主义事业长远发展。中央政治局、省委已先后召开会议作了专题部署,全市各级党组织和广大党员干部一定要按照中央和省、市委的要求,精心组织,广泛动员,迅速兴起学习宣传贯彻十八大精神热潮。

第一,要坚持领导带头,务必把十八大精神学习好。各级党组织要迅速把学习宣传贯彻党的十八大精神摆上重要议事日程,研究制订方案,细化学习措施,加强工作指导,加强督促检查,确保学习顺利进行、取得实效。领导干部要带头先学一步、学深一步,带着责任学、带着问题学,在求真、求深、求实上下功夫,在武装头脑、提高认识、统一思想上用气力,在完善思路、指导实践、破解难题上求实效。要坚持全面学、系统学、深入学,原原本本、原汁原味、认真研读党的十八大报告、十七届中央纪委工作报告和党章,真正学精、学深、学透。要把握本质学、突出重点学、掌握要义学,准确把握报告提出的新思想、新论断、新观点、新部署和新要求,准确把握报告的丰富内涵和精神实质,准确把握习近平同志在十八届一中全会上的重要讲话精神实质。要学以致用、用以促学、学用相长,特别是要对照全面建成小康社会的新目标,反思检查工作,查找薄弱环节,明确目标任务,努力把学习宣传贯彻的过程,变成深化认识、凝聚力量的过程,变成解放思想、促进发展的过程。

第二,要精心组织安排,务必把十八大精神宣传好。各级党委特别是宣传部门要突出"快"的要求,采取多种形式,营造学习宣传贯彻的良好氛围。一要广泛宣传。坚持传统手段与现代方式相结合,组织利用党报党刊、电台、电视台、网络等媒体,高密度、高频度、宽领域宣传党的十八大精神,形成强大的宣传声势;要加强各级党委中心组学习,迅速组织宣讲团、研讨班、报告会,开展党校集中培训,发挥好驻村干部的作用,推动党的十八大精神进企业、进农村、进机关、进学校、进社区,真正使十八大精神家喻户晓、深入人心。二要深入宣传。制定系统科学的学习计划、宣传计划,把十八大精神作为宣传的重要指导思想、长期工作任务和主要宣传内容切实安排好。要发挥新闻队伍、理论队伍、市委党校等部门的优势,组织专家学者围绕十八大提出的新思想、新观点、新论断,深入研究和探讨三门峡改革发展稳定中的热点难点和重点问题,推出一批有深度、有分量的研究成果。各级党委要及时了解学习宣传贯彻情况,总结推广经验,把学习宣传贯彻党的十八大精神活动不断引向深入。三要讲求实效。坚持贴近实际、贴近生活、贴近群众,丰富宣传形式,改进宣传手段,运用群众喜闻乐见的形式,深入浅出地搞好宣传,不断增强宣传的吸引力和感染力,使十八大精神真正入耳、入眼、入脑、入心。

第三,要自觉结合实际,务必把十八大精神贯彻好。要大力发扬理论联系实际的学风,紧密结合本地本单位的情况,找准贯彻落实的结合点和切入点。要结合工作实际,把学习贯彻十八大精神与全面落实市六次党代会的工作部署结合起来,深入贯彻落实科学发展观,始终贯穿主题主线,始终坚持改革开放,始终突出民生优先,始终注重生态建设,推动各项工作不断迈上新台阶。要结合探索实践,深入研究和把握新时期经济社会发展的规律和特点,充分尊重群众的首创精神,大力营造鼓励创新的良好氛围,让一切推动科学发展的源泉涌流,努力使十八大精神在三门峡得到创造性落实。要结合群众愿望,全面把握人民群众的新期待,实现好、维护好、发展好最广大人民的根本利益,使十八大精神成为改善民生、联系群众的纽带。要加快发展,紧紧围绕全面建成小康社会的新目标,着力提高运用科学理论分析问题的本领,脚踏实地解决实际问题,真正把十八大精神转化为推动科学发展、促进社会和谐的强大动力。

第四,要联系当前工作,务必把十八大精神落实好。现在离年底还有不到40天的时间,能不能完成全年的目标任务,能不能持续平稳较快发展的良好态势,是学习贯彻党的十八大的最好检验。全市各级各部门:一要盯紧目标全力冲刺。要对照全年目标,认真梳理工作完成情况,抓紧查漏补缺,确保各项目标任务圆满完成,年底交上一份好的成绩单,把我们的转型效果体现在发展的速度质量效益上,体现到民生的改善上。二要精心办好特博会。特博会是我们经济转型的重要抓手,我们要精益求精、高质高效办会,努力办出特色、办出亮点、办出影响。三要切实关心群众生活。越是临近年底,越要把群众的事放在心上,倍加关心和解决好群众生产生活问题,要确保"十大民生工程"落实到位,切实帮助困难群体解决实际问题,尤其要扎实做好年末岁尾的"送温暖"活动。四要高度重视安全生产和社会稳定工作。越是年底,越要绷紧安全生产和社会稳定这根弦,扎实做好信访稳定工作,加强社会治安综合治理,严厉打击各类违法犯罪活动,及时排查消除各种不安全、不稳定、不和谐因素和隐患,坚决防止重特大安全事故发生,保障人民群众安居乐业。五要抓好冬季农业生产工作。抢抓冬季农闲的有利时机,大力推进农田水利建设和生态造林。六要提前谋划明年工作。要按照十八大要求,按照"四大一高"部署,认真研究、精心谋划好明年的发展"盘子",特别是招商引资如何开展,项目建设如何安排,民生实事如何确定等等,都要早思考、早安排、早行动,力争有更多的大项目、好项目进入国家和省项目计划盘子,为来年更好更快地发展打下坚实基础。

同志们,党的十八大,为我们描绘了全面建成小康社会的宏伟蓝图,为我们加快推进经济、政治、文化、社会、生态文明建设和党的建设,不断开创三门峡经济社会更好更快发展的新局面指明了方向!让我们紧密团结在以习近平同志为总书记的党中央周围,高举中国特色社会主义伟大旗帜,深入贯彻落实科学发展观,团结奋进,顽强拼搏,奋勇争先,为创造三门峡的美好未来和人民的幸福生活而努力奋斗!

政府工作报告

——2012年5月9日在三门峡市第六届人民代表大会第一次会议上

三门峡市人民政府市长 赵海燕

各位代表：

现在，我代表市人民政府向大会报告工作，请予审议，并请各位政协委员提出意见。

一、2011年及本届政府工作回顾

2011年，是全市科学发展、加速转型的一年。我们抢抓中原经济区建设机遇，紧紧围绕“三大战略定位”和“十六字”目标，深入推进“四大一高”战略，顺利完成了市五届人大六次会议确定的各项任务，实现了“十二五”开门红。2011年，全市生产总值完成1 062.9亿元，比上年增长12.8%。全社会固定资产投资完成760.9亿元，增长24.8%。地方财政一般预算收入完成57.6亿元，增长15.8%。城镇居民人均可支配收入17 062元，增长13.5%；农民人均纯收入6 929元，增长19.7%。一年来，主要做了七个方面的工作：

（一）着力优化结构，发展质量持续提升。坚持新型工业化为主导，全市规模以上工业完成增加值640.1亿元，比上年增长16.1%；高新技术产业增加值增长15.3%。巩固农业基础地位，粮食产量保持稳定，果品总产量18亿公斤，居全省之首，雏鹰农牧等项目开工，“函谷红”茶和“三门峡”卷烟上市，特色农业占农业总产值的82%。繁荣现代服务业，大中海商业广场等大商贸项目进展顺利，社会消费品零售总额完成239.3亿元，增长18.1%；全年接待游客1 474万人次，实现旅游收入117亿元，分别增长20.5%和30.6%。县域经济发展迅速，各县（市）在全省综合排名实现晋位。

（二）着力项目带动，发展后劲显著增强。继续深化项目建设年活动，开祥化工1,4—丁二醇一期等90个项目建成投产，重点项目投资额、建成数双双创历史新高；省重点项目联审联批事项提前5个月完成全年任务，居全省第一，被评为2011年度全省重点项目建设管理先进单位、企业服务先进单位。加快产业集聚区发展，全市7个产业集聚区实施项目218个，完成投资279.9亿元，规模以上工业实现主营业务收入1 026.6亿元。三门峡产业集聚区被评为省“十快”产业集聚区、“省级高新技术开发区”，义马煤化工产业集聚区被评为省先进产业集聚区。

（三）着力城乡建设，发展基础日益稳固。蒙西铁路获国家发改委批复，三灵快速通道、三淅高速等大交通项目进展顺利。城市空间发展战略研究通过专家评审，新一版城市总体规划正在编制。中心商务区、黄河公园、旧城区和城中村改造等重点工程稳步推进。北环路建设启动，城市路网更加完善。集中供热二期续建工程完工，新建热交换站11座，新增供热面积80万平方米，改造旧管网3.5万米。城市精细化管理扎实推进，林业生态建设走在全省前列，国家森林城市创建通过验收。全市112个新型农村社区新建住宅1.03万套，累计建成1.87万套。

（四）着力扩大开放，发展活力更加强劲。积极推动大通关建设，三门峡海关主体封顶，三门峡出入境检验检疫局正式运行，国家铝及铝制品质量监督检验中心正在安装检测设备。全年出口总额1.6亿美元，比上年增长55.9%。深入开展大招商，成功举办第17届旅游节暨投洽会，参加中博会等重大经贸活动，共签约项目110个，总投资突破1 000亿元，全市实际利用外资6.3亿美元，总量居全省第三。深化央企合作，与中国黄金集团等10家央企签订战略合作协议，签约金额207.6亿元，居全省第四。

（五）着力破解瓶颈，发展要素保障有力。节约集约利用

资源,整理、整治土地3 042.3公顷;煤矿兼并重组基本完成,省定矿产资源整合通过验收;小秦岭深部探矿和渑池煤下铝整装勘察项目列入国家找矿计划,灵宝—卢氏矿集区列入国家矿产资源综合利用示范基地。拓宽融资渠道,在省银企合作会议上签约项目67个,总投资177亿元,规模居全省第二;组建两大投资集团,市财经投资公司发行债券15亿元。硬起手腕整治环境,关停重金属污染企业55家,启动农村环境连片综合整治项目11个,铅污染治理和铬渣处置工作有序推进。

(六)着力改善民生,发展成果惠及群众。扎实办好民生实事,省、市"十大民生工程"全面完成。城镇新增就业5.96万人,城镇登记失业率3.24%,低于省控标准。社会保障体系逐步完善,城乡低保实现了动态管理下的应保尽保。开工保障性住房8 367套,两个廉租房小区被评为"全省十佳住房保障工程"。加快校安工程建设,中小学D级危房全面消除。基本药物制度覆盖村级卫生室。新农合参合率98.7%,财政补助标准提高到200元,报销封顶线提高到10万元,减轻了群众看病负担。文化体育事业快速发展,陕县西张村镇、灵宝阳平镇被命名为"中国民间艺术之乡",122个村建成"农民体育健身工程"。社会管理创新成效显著,被授予"中原平安杯",连续两届荣获"全国社会治安综合治理优秀市"。

(七)着力转变职能,政府自身建设成效显著。深入开展"两转两提",依法行政工作扎实推进。主动接受市人大及其常委会监督,支持市政协履行职能,认真办理人大代表建议75件、政协委员提案193件。第七届村委会换届圆满完成。深化行政审批制度改革,取消、下放行政审批项目12项。应急保障体系逐步完善,妥善处置"陇海铁路山体滑坡"等突发事件。全面实施"六五"普法和依法治理工作规划。廉政建设和反腐败斗争深入推进。思想道德和精神文明建设不断加强。

国防教育和国防后备力量建设取得新成效,实现了国家双拥模范城"四连冠",驻峡解放军、武警部队和广大预备役人员在支持地方经济建设、维护社会稳定等方面作出了重要贡献。统计、审计、民族、宗教、外侨、对台、档案、史志、广电、体育、人防、气象、无线电、防震减灾、黄河河务、妇女儿童、残疾人、老龄等工作取得新成绩。对口援疆工作进展顺利。

2011年各项任务的完成,标志着本届政府胜利实现了市五届人大一次会议确定的任期目标。本届政府任期以来,面对金融危机的严峻考验,面对洪涝等自然灾害的袭击,面对保增长与调结构的双重压力,面对形势复杂多变、资源环境约束、结构性矛盾加剧等各种挑战,全市上下凝心聚力,克难攻坚,办成了一批具有深远意义的大事,办好了一批深受群众欢迎的实事,办妥了一批前所未有的难事,在逆境中实现了加速转型,在困难中保持了较快发展,在拼搏中铸就了新的辉煌!

五年来,我们化危为机、逆势而上,综合实力实现跨越。在国际金融危机的冲击面前,见事早、行动快,果断采取"一体两翼"经济刺激计划和"过冬五策",鼓励企业"抱团取暖",在逆境中保持了昂扬的发展态势。2011年,全市生产总值是2006年的2.6倍,年均增长14.5%;地方财政一般预算收入是2006年的2.7倍,年均增长21.6%;全社会固定资产投资是2006年的3.3倍,年均增长27.1%;社会消费品零售总额是2006年的2.4倍,年均增长19.2%。

五年来,我们调结构、促转型,科学发展路径明确。抢抓"后危机时代"机遇,针对"一产不优、二产不强、三产不大"等问题,科学确定"三大战略定位"和"十六字"目标,提出"四大一高"战略,闯出了一条转型发展的新路子。五大支柱产业增加值占规模以上工业增加值的77.5%;五年累计节能260万吨标准煤,万元GDP能耗比2006年下降23.9%。

五年来,我们锐意改革、扩大开放,创新活力充分涌流。始终把改革开放作为保增长、促转型的关键性举措,国有企业、政府机构、医药卫生、财税金融等改革深入推进。对外开放不断扩大,大通关体系建设初见成效,旅游节暨投洽会成功升格为国家级节会活动,五年累计实际利用外资17亿美元,2011年实际利用外资是2006年的4.8倍。自主创新体系日益完善,全市建成省级院士工作站7家、省级研究中心31家,科技进步对经济发展的贡献率提高到53.9%。

五年来,我们加快建设、提升功能,城乡面貌焕然一新。深入实施中心城市带动战略,拉大城市框架,提升城市品位,完善城镇体系,加快新农村建设。中心城市建成区面积拓展5平方公里,建成了高铁南站、国际文博城、天鹅湖湿地公园等一批重点工程,城市在"长高",家园在"变靓",相继荣获"国家园林城市"、"中国大天鹅之乡"等称号。城镇建设步伐加快,城镇化率由40.8%提高到46%。农业和农村工作扎实推进,农业信息化全国领先,农村经济持续发展。

五年来,我们给力民生、情系百姓,群众得到更多实惠。始终把保障和改善民生作为第一追求,坚持每年实施"十大民生工程",以改善民生凝聚民心、汇聚民力。2011年,城镇居民人均可支配收入是2006年的1.9倍,农民人均纯收入翻了一番。五年累计向农民发放各类补贴22.2亿元,城市引水、集中供热、市外语高中等一大批民生工程惠及百姓。文化事业蓬勃发展,公共文化基础设施覆盖率达80%以上。五年累计新增城镇就业30万人,城、乡低保人均月补差分别提高113元、53元,解决了近60万农村人口的安全饮水问题。

各位代表!回顾这浓墨重彩的五年,我们为三门峡发生的巨大变化而骄傲;回首这砥砺奋进的岁月,我们为全市人民创造的辉煌业绩而自豪!实践证明,勤劳、淳朴、厚道的三门峡人民能干事、会干事,更能干成事、干成大事!

各位代表!回首这战危机、谋发展的艰辛历程:我们难以忘记，在应对危机的关键时刻，省委、省政府和市委悉心关注，给予我们的坚强领导；我们难以忘记，在保增长、促转型的攻坚阶段，各位离退休老干部、老同志出谋划策，给予我们的关心和帮助；我们难以忘记，在重点项目和基础设施建设的拆迁过程中，广大群众舍小家为大家，给予我们的理解和支持；我们难以忘记，在政府工作的高效推进中，人大代表、政协委员积极监督、参政议政，给予我们的宝贵意见和建议；我们难以忘记，在艰巨繁重的任务面前，全市人民同舟共济、众志成城，付出了超乎寻常的艰苦努力。在此，我代表市人民政府，向工作在全市各条战线上的工人、农民、知识分子、人民解放军指战员、民兵预备役人员、武警官兵、公安干警以及社会各界人士表示衷心的感谢！

各位代表！艰难困苦，玉汝于成。五年来的拼搏与奋斗，特别是战危机、保增长、促转型的生动实践，让我们越来越深刻地体会到：加快三门峡发展，必须突出大通关。以大通关建设为平台，铺就外贸进出口"高速路"，开启思想解放的大门，增创对外开放新优势。加快三门峡发展，必须突出大交通。坚持交通先行，密切与各大经济板块的联系，连接金三角，融入大中原，增创区位环境新优势。加快三门峡发展，必须突出大商贸。以大商贸拉动内需，扩大消费，繁荣市场，全面提高三门峡的辐射力，增创区域竞争新优势。加快三门峡发展，必须突出大旅游。以文化旅游为载体，培育经济发展新支柱，塑造城市品牌，扩大对外影响，增创持续发展新优势。加快三门峡发展，必须突出高新技术产业。倾力推进传统产业高端化、新兴产业规模化，以科技推动转型，以创新引领未来，增创转型发展新优势。加快三门峡发展，必须突出"四个基层"。坚持着眼基层，依靠基层，着力基层，服务基层，密切联系群众，弘扬务实重干，为推进"四大一高"战略提供坚强保障。这些经验和体会，是启迪，是探索，更是宝贵财富，在今后的工作中，我们必须一以贯之、完善提升、发扬光大！

在看到成绩的同时，我们也清醒地认识到，当前政府工作仍面临不少困难和压力：经济转型的任务还很繁重，资金、土地、环境等要素制约需尽快破解，新型城镇化引领作用发挥不够，持续改善民生的任务依然艰巨，政府自身建设还存在不少薄弱环节等。对此，我们一定高度重视，保持清醒和忧患，采取有力措施加以解决。

二、今后五年政府工作的总体要求和奋斗目标

未来五年，是我市打造中原经济区重要支撑、全面建设小康社会的关键期，也是加速经济结构调整、加快发展方式转变的攻坚期。虽然国际经济环境还很复杂，但我国的发展仍处在重要战略机遇期。中央确定稳中求进的总基调，实施积极的财政政策和稳健的货币政策，着力实体经济发展；省委、省政府对我市打开"西大门"、建好"西大门"寄予厚望，中原经济区建设如火如荼，黄河金三角区域协作深入推进；市六次党代会描绘了宏伟蓝图，"十二五"发展开局良好，全市上下谋发展、促转型的热情高涨。只要我们抢抓历史机遇，坚持第一要务，加速转型发展，就一定能够在新一轮的发展中点燃激情、成就梦想、创造辉煌！

未来五年政府工作的总体要求是：抢抓加快建设中原经济区的历史机遇，紧紧围绕"三大战略定位"，强力推进"四大一高"战略，以科学发展为主题，以经济转型为主线，以"三化"协调发展为统领，以重点项目、产业集聚区、农业产业集群、城乡建设、招商引资为抓手，着力扩需求，着力创优势，着力破瓶颈，着力惠民生，进一步促进全市经济在总量上扩张、结构上优化、质量上提升，加快建设创新开放、富裕文明、平安和谐、生态宜居三门峡。

今后五年的主要奋斗目标是：

——加速转型转变，建设创新开放三门峡。"四大一高"优势凸显，转型升级实现突破，"三化"协调发展，科技进步对经济增长的贡献率达56%以上，改革开放深入推进，努力建成二类口岸作业区，年度进出口总额超过3亿美元。

——实现经济翻番，建设富裕文明三门峡。全市生产总值、财政收入、工业增加值、固定资产投资等主要经济指标增速高于全省平均水平，领先黄河金三角地区；经济总量和公共财政预算收入力争五年翻一番。坚持富民与强市并重，确保城乡居民收入同步增长。

——创新社会管理，建设平安和谐三门峡。五年城镇新增就业20万人，转移农村剩余劳动力35万人；实现社会保险制度全覆盖，社会保障体系更加完善；城乡居民生活质量明显改善，各项社会事业均衡发展，社会管理体系更加健全，平安建设继续走在全省前列。

——统筹城乡发展，建设生态宜居三门峡。中心城市组团发展迅速，城市新区建设全面启动，中心商务区、特色商业区形象显现，新型农村社区惠及更多群众；城镇化率达到53%左右。节能减排工作深入推进，万元GDP能耗进一步下降，城市环境空气质量优良天数达到320天以上；全市森林覆盖率达到50.5%，让城乡处处充满绿色和生机。

三、2012年政府工作的主要目标和任务

按照市委六届三次全会暨市委经济工作会议"求转、求进、求实"的总要求，今年经济社会发展的主要预期目标是：地区生产总值增长12%以上；公共财政预算收入增长13%以上；规模以上工业增加值增长16%以上；全社会固定资产投资增长22%以上；社会消费品零售总额增长16%以上；实际利用外资增长20%以上；外贸出口总额增长20%以上；城镇居民人均可支配收入和农民人均纯收入增长9%以上；城镇登记失业率控制在4.5%以内；人口自然增长率控制在6.5‰以内；万元GDP能耗下降3.7%左右。

围绕总体要求和今年主要目标，重点抓好六个方面工作：

（一）强力推进"四大一高"战略，加快经济发展方式转变。把"四大一高"战略作为加快经济发展方式转变的主要抓手、实现"三化"协调的重要载体、提升综合实力的强大引擎，坚定信心，强力推进。

完善大通关,打造内陆开放高地。加快通关平台建设。强力推进三门峡海关物流中心建设,抓紧规划建设海关监管查验场所等配套设施。积极做好综合保税区的申报工作,国家铝及铝制品质检中心年底前投入运行。稳步扩大果汁等传统产品出口,提高机电等高新技术产品的出口比重。鼓励企业培育国家级出口品牌,支持各县(市)区争创省级出口基地。拓宽对外开放领域。加快服务业对外开放,吸引境内外投资者进入物流、金融、文化、旅游等领域。降低准入门槛,鼓励支持民间资本投资社会事业。强力实施招商引资。突出资源和产业优势,认真组织项目推介和重大招商活动。研究产业转移的趋势和特点,派出招商小分队,紧盯京津唐、长三角、珠三角、西安等重点区域驻地招商。依托产业上下游,开展产业链招商;围绕企业供销链,实行以商招商,力争全年利用外资7.6亿美元,利用省外资金200亿元。开展"招商引资项目落地年"活动,提高招商引资实效。继续深化央企合作。认真研究央企发展战略,建立与央企合作的长效机制,推动大唐100万千瓦机组等项目早日投产。加快推进中金集团黄金产业园、国电灵宝2×30万千瓦机组等项目前期工作,确保中金集团黄金产业园年内开工。主动融入区域经济板块。继续做好"黄河金三角地区承接产业转移示范区"申报工作。完善"郑洛三"工业走廊规划,积极争取省政府出台支持"郑洛三"工业走廊的措施。谋划与洛阳等周边城市的合作对接,构建豫西经济板块。

提速大交通,打造地区交通枢纽。突出"三纵四横"建设。三淅高速卢氏县城北段、郑卢高速洛宁至卢氏段年底前建成通车;连霍高速改扩建、三淅高速卢氏县城南段全面掀起施工高潮;做好蒙西铁路三门峡段、运宝高速、渑垣高速的前期工作。优化市域路网结构。加快中心城市与各县城之间的通道建设,打通"断头路",拓宽"瓶颈路"。三灵快速通道年底前全线通车,完成农村公路改建200公里,公共交通逐步向农村延伸,让老百姓出行更方便。

繁荣大商贸,打造黄河金三角商贸、物流、金融中心。繁荣商贸服务业。加快推进义乌国际商贸城等项目,确保大中海商业文化广场年内开业;积极引进国内外知名商贸企业,努力建设黄河金三角区域性商贸中心。加快发展现代物流业。依托高铁南站和三门峡海关,培育综合物流。依托三门峡西站,规划建设3 000万吨煤炭物流中心。依托连霍高速公路改扩建,科学规划物流节点。抓好金秋果业等果品物流项目,建设食品冷链物流园区。支持七海物流等企业做大做强,积极引进国内外大型物流集团。促进金融业与物流业合作,发展质押监管等金融物流,努力建设黄河金三角区域性物流中心。大力发展金融服务业。积极引进股份制银行,加快发展证券、保险等金融业务,形成功能互补、充满活力的金融服务体系,努力建设黄河金三角区域性金融中心。

发展大旅游,打造旅游经济强市。科学修编三门峡旅游业发展总体规划,强化沿黄九省和黄河金三角地区旅游合作,叫响"黄河之旅"旅游品牌。深度挖掘仰韶文化、老子文化、虢国文化,高层次开发温泉资源。抓好天鹅湖湿地公园、函谷关历史文化旅游区5A级景区创建,加快三门峡游客服务中心建设,努力成为"王朝街道"之旅的重要旅游目的地。以郑州、西安、太原"大三角"区域为主要客源地,科学定位旅游产品,加强旅游宣传,扩大对外影响。精心筹办第18届旅游节暨投洽会,树立三门峡旅游形象。

壮大高新技术产业,加快技术创新步伐。着力推进高新技术项目。速达电动汽车等13个高新技术产业项目,年内完成投资34亿元以上。抓好亚熔盐法氧化铝清洁生产、8~12微米高档电解铜箔等国家级科技项目,加快推进高效数控机床等5个部级科技项目。提高企业自主创新能力。利用义煤集团、华鑫铜箔等优势企业的技术创新平台,加强与高等院校、科研院所的合作,新建省级院士工作站2个。鼓励企业加大科研投入,支持国家铝及铝制品质检中心、河南煤化工质检中心提升服务水平。实施科技人才引进计划,完成星火培训5.6万人。

坚持项目带动,为推进"四大一高"战略注入强大动力。确定市级重点项目221个,总投资2 010亿元,年计划完成投资400亿元以上。加快重点项目进度,确保义煤综能1 000万标方煤制气一期等80个项目投产;河南煤化汽车零部件产业园等108个新开工项目,年内完成投资100亿元以上。加强项目储备,亿元以上项目储备保持在200个以上。

(二)突出新型城镇化引领,建设宜业宜居家园。加快城市组团发展。科学修编城市总体规划,打造以湖滨城区、开发区和中心商务区为基础的老城区,以陕县县城、产业集聚区为基础的新区"两大"组团;以义渑城区、灵宝市区和卢氏县城为主体的"三小"组团,形成城市组团联动发展格局。完善中心城区功能。全面建成国际文博城,加快传媒大厦、文化公园等城市重点工程进度。年内完成黄河公园道路、广场、绿化和服务设施主体工程,推进沿黄半岛景观带建设。加快旧城区和城中村改造。北环路年底建成通车。强化城市管理,将精细化管理落实到城市的每一个角落。理顺新区管理体制,拓展城市发展空间。加快建设中心商务区。积极做好中心商务区发展规划申报,争取在全省率先获批;完善中心商务区基础设施专项规划、节点景观修建性规划。全面铺开基础设施建设,供水工程上半年通水,年内建成8条城市道路、启动4座桥梁和苍龙涧河公园工程。做好项目招商,年内落地项目15个以上。按照"一年打基础、两年大变化、三年成规模"的总体要求,争取用3年时间,把中心商务区建成集商务办公、金融会展、商贸流通、旅游集散、文化娱乐、休闲购物为一体的高端商务区,成为辐射黄河金三角地区的高端商务中心。科学规划特色商业区。抢抓政策机遇,科学规划建设特色商业区,每个特色商业区年内新开工服务业项目3个以上,打造现代服务业集聚发展平台。持续加快新型农村社区建设。把新型农村社区建设作为"三化"协调的突破口,抓紧完成全市新型农村社区布局规划;引导农民在规划完善、公共设施健全的地方建房;新开工建设住宅1万套,实现农民就地就业、合理集聚。

(三)强化新型工业化主导,提升经济转型的支撑能力。以支柱产业、关键项目为支撑,积极推进产业、产品结构和企业组织结构调整,建设“郑洛三”工业走廊,努力成为区域发展的重要增长极。加快传统产业高端化。用先进技术改造提升主导产业,实现主导产业的延链、补链、强链。铝工业,做好铝的精深加工,围绕铝箔、型材、高档铝合金炊具、大截面高性能铝型材等产品,积极向下游延伸,抓好华晟铝业10万吨高档炊具合金铝板等项目,加快同人铝业60万吨铝铸件项目前期工作。统筹发展非铝产业,推进双旭科技5万吨拟薄水铝石等项目。煤化工产业,向产业链高端发展,抓好义煤综能1 000万标方煤制气、开祥化工10万吨PTMEG(聚四亚甲基醚二醇)等项目,积极发展二甲醚等清洁燃料。黄金及有色金属工业,依托中金集团黄金产业园、金源矿业1万吨压延铜箔等项目,抓好高档黄金饰品的设计加工,做好黄金伴生金属的综合回收、精深加工。能源产业,协调义煤集团,加快整合煤矿的技术改造和复产,确保煤炭年产量2 000万吨以上,渑池2×30万千瓦机组项目年内通过核准,加快推进燕山风电场等项目建设。食品工业,重点向终端消费品方向发展,抓好缘份果业15万吨矿泉水和果蔬饮品、景源果业10万吨果沙饮品、尚正食品50万吨冷链物流等项目,培育知名品牌。加快发展果蔬饮料、果酒、果醋、果胶等果品精深加工。装备制造及汽车零部件产业,重点做好专用设备和汽车零部件提质增量,积极发展成套设备。抓好骏通5万辆专用车辆销售,加快推进1万辆汽车起重机项目。推进博市电器200万台冰箱、200万台洗衣机等项目,做好新华水工机械公司迁建项目前期工作。加快新兴产业规模化。新能源汽车,抓好速达纯电动汽车及配套项目。新材料产业,抓好义腾新能源锂电池隔膜二期等项目,积极谋划金渠集团超硬材料公司扩建项目。生物医药产业,抓好孟成制药2 000吨L-色氨酸、北京嘉林药业赛诺维制药等项目。光伏及新能源产业,抓好华光新能源300万片蓝宝石抛光片等项目,发展光伏及光伏玻璃产业链。加快产业集聚区建设。进一步完善基础设施,力争年内完成投资72亿元以上,各集聚区污水处理厂年底前基本建成。围绕主导产业,推动产业纵向连接、侧向配套,实施亿元以上的转型升级项目55个。深入推进产城融合,力争集聚区年内改造村庄16个,实现公交、邮政等市政服务全覆盖。加快实施“产业集聚区和城镇化建设百亿筹资计划”,做大做强融资平台;加强土地整治、节约集约、监督管理三项机制的落实,提升土地保障能力。年底各产业集聚区力争完成固定资产投资380亿元以上,实现主营业务收入1 300亿元,分别占全市的40%以上。着力培育优势骨干企业。支持优势企业壮大规模,确保全市主营业务收入超百亿元的工业企业达到3家以上,超50亿元的7家以上,超10亿元的35家以上。加快推进企业上市,争取更多企业进入省上市“后备队”。努力打造知名品牌。引导企业强化质量意识,加大品牌创建力度,培育和扶持发展一批名牌产品。抓好工业运行调节。强化经济运行监测,密切关注铝工业等重点行业、企业的运行态势。抓好煤电油运要素保障,积极做好电煤保供,完善电力需求侧管理。做好已投产工业项目的调试,促使尽快达产达效,形成新的增长点。全力做好企业服务,帮助企业减轻负担,破解难题。

(四)夯实新型农业现代化基础,大力促进农民增收。加大强农惠农富农力度,在稳定粮食生产的前提下,大力发展现代特色农业,促进农业增效、农民增收。打造现代特色农业集群。发展果品出口基地1.33万公顷,果品总产超过18亿公斤。建设生态养殖、屠宰加工基地,肉类产量8.2万吨。完成造林2.35万公顷,种植烟叶1.8万公顷,新发展食用菌2 000万袋。高度重视“菜篮子”工程,蔬菜总产量8.8亿公斤。推进茶叶基地建设,开发“函谷红”中药保健茶。整合现有资源、基地和龙头企业,打造优质果品、高档牛肉、食用菌、烟叶等特色农业集群。提高农业产业化水平。加大扶植力度,力争各类规模以上农业龙头企业达到170家以上。用资本理念指导涉农企业上市,培育仰韶生化等涉农企业上市“后备队”。提高农业生产组织化程度,农民专业合作社发展到390家以上。推进农业科技创新。加强特色农业技术研究,力争农业信息化等技术达到国内先进水平。健全农业标准化生产技术体系,新认证无公害农产品、绿色食品、有机食品、地理标志保护农产品20个。加快农业信息化建设,积极推广农业物联网技术。改善农村生产生活条件。加快农田水利基本建设,完成病险水库除险加固年度任务,陕县苍龙涧河贺家庄段等7个河道治理项目年底前竣工,抓好卢氏县焦子河等小流域坝系工程,做好大石涧水库等项目前期工作。完善农村基础设施,加快农村饮水安全工程建设,新建农村户用沼气4 500户,再帮助1.8万贫困人口脱贫致富。

(五)大胆创新体制机制,绽放发展的激情与活力。加快重点领域和关键环节的改革,让科学发展的激情与活力全面迸发。深化文化体制改革,促进文化大繁荣。推进文化企事业单位、文化市场综合执法改革。加快老子文化产业园、仰韶文化产业园等项目建设,着力开发虢国澄泥砚等文化旅游商品。推进其他领域改革。全面开展农村集体土地确权登记,全市农村土地流转面积达到2.67万公顷。深化财税体制改革,稳妥推进公务卡和预决算公开制度。深化行政审批制度改革,进一步取消、调整、规范行政审批项目,继续清理行政事业性和经营服务性收费,优化经济发展环境。推进事业单位、医药卫生体制改革。加快非公有制经济发展。落实各项政策措施,完善小微企业服务体系,促进非公有制经济健康发展。创新投融资体制机制。落实政银战略合作协议,争取信贷资金投放增幅高于全省平均水平。全力争取政策性资金,做好资本市场融资,支持企业上市。鼓励市商业银行在市外设立分支机构,支持农信社组建农村商业银行,规范整顿中小企业融资担保机构。创新土地管理机制。严格执行供地政策和用地标准,争取更多项目列入省重点项目管理。强力推进土地综合整治,实现占补平衡有余。完善节能减排机制。抓好重点领域节能减排,做好城市污水处理厂规划,现有生活污水处理厂年底前全部改造完毕。深入推进大气污染综合整治,抓好重点河流污染监测和治理。巩固铅污染治理成果,全面完成义马铬渣处置任务。抓好农村环境连片综合整治。创新资源利用和保护机制。加强矿产资源储量的动态管理,节约利用资源。加大煤下铝、小秦岭金矿等整装勘察和深部探矿力度,为发展提供后备资源。

(六)扎实办好民生实事,让人民群众享受发展成果。认真落实好省、市"十大民生工程"。千方百计扩大就业。落实结构性减税和信贷优惠政策,全力支持小微企业发展,创造更多的就业岗位;实施"崤函创业扶持行动",全年发放小额担保贷款5亿元以上。加强就业培训,全年新增就业4.2万人。密切关注群众就医。实施国家基本药物制度,完善全民医保体系,城镇居民医保和新农合补助标准提高到每人每年240元。开展"健康快车"项目,免费实施白内障复明手术1 500例。努力促进教育公平。加大教育投入,科学编制基础教育规划,实施"学前教育三年行动计划",重点推进市实验中学等11所校舍安全工程项目建设。加强校车安全管理,让孩子们平安上下学。整合职业教育资源,加快职教园区建设,扎实抓好本科院校创建。加快保障性安居工程建设。新开工保障性住房10 923套,年底竣工7 200套;制定和完善保障性住房建设、分配、管理、退出机制,努力使低收入群体住有其居。切实加强社会保障。加快社会保障体系建设,城乡居民社会养老保险制度年底实现全覆盖,为实现老有所养奠定基础;加强社会救助标准与物价上涨联动机制建设,保证救助群众生活水平不降低。大力发展社会福利、养老、慈善、妇女儿童和残疾人事业。继续做好人口和计划生育工作,稳定低生育水平。扩大基本公共服务。优先发展公共交通,优化公交线路,更新66台公交车,继续推行70岁以上老人免费乘车,对60~69岁老人乘车实行半价优惠。加快城区集中供热的新热源建设和管网改造,进一步提高供热质量和覆盖面,让群众温暖过冬。繁荣文化体育事业。继续实施基础文化设施覆盖工程,为老百姓送上更多的文化"大餐";做好崤函古道等申遗工作,加强文物、非物质文化遗产保护。广泛开展全民健身运动,不断提升竞技体育水平。抓好安全生产和食品安全。从严落实安全生产责任,防范和遏制重特大事故。整合管理资源,坚持最严的准入、最严的执法、最严的处罚、最严的问责,加强食品安全监管,让广大群众吃的放心。深入推进社会管理创新,巩固全国"试点市"建设成果。加强社会治安综合治理,积极排查和化解社会矛盾。

支持驻峡解放军、武警部队建设,抓好国防教育、国防动员、人民防空和民兵预备役工作,深入开展双拥共建活动,巩固军政、军民团结。切实做好统计、史志、外侨、应急管理、黄河河务、机关事务、防震减灾、广电、民族、宗教、气象等工作。继续做好援疆工作。

四、加强政府自身建设

复杂多变的经济形势,艰巨繁重的发展任务,对政府工作提出了新的更高要求。我们将继续用领导方式转变加快发展方式转变,认真落实"四个重在"实践要领,坚持"三具两基一抓手"工作方法,深入推进"两转两提",树立推动工作、为民负责、清正廉洁的政府形象。

增强法治观念,提高依法行政能力。加强法治政府建设,认真执行人大及其常委会的决议、决定,依法接受人大及其常委会的法律监督、工作监督和人民政协的民主监督,提高建议提案办理质量。充分发挥监察、审计等专门监督的作用,健全行政监督体系。完善电子政务系统,健全行政服务体系,真正做到高效、便民。

增强效能观念,提高工作执行能力。弘扬崇尚实干、埋头苦干的精神,快节奏、高效率、大力度抓好工作落实。坚持"学明白、想明白、说明白、做明白",说到做到,说好做好。建立责任机制,加强行政效能监督,治庸、治懒、治散、治软。

增强学习观念,提高科学运作能力。倡导全员学习之风,打造学习型政府。完善重大行政决策程序规定,向专家求教,拜群众为师,使各项措施更加符合实际、经得起实践检验。善于整合资源,凝聚力量,调动一切积极因素,集中推进重点工作、重点项目。主动听取各民主党派、工商联、各人民团体及社会各界人士的意见建议,努力形成共同推动经济社会发展的强大合力。

增强党性观念,提高廉洁从政能力。自觉加强党性修养,认真贯彻廉政准则,落实党风廉政建设责任制,强化权力运行的制约和监督,让权力在阳光下运行。推进反腐倡廉制度创新,强化岗位廉政风险防控。大力弘扬艰苦奋斗精神,坚持勤俭节约,反对铺张浪费,严格控制行政经费等一般性支出,把有限的资金用在为老百姓办实事的"刀刃"上。

各位代表!我们正站在继往开来的历史起点上,新的征程已经开启,新的目标催人奋进。让我们在省委、省政府和市委的坚强领导下,在市人大、市政协的监督和支持下,围绕"三大战略定位",强力推进"四大一高"战略,用团结凝聚力量,用务实加快发展,努力在中原经济区建设中奋发有为,以优异成绩迎接党的十八大胜利召开!

专 记

WRITE SPECIALLY

6 月 17 日，速达电动汽车物流专用线通车典礼举行

“四大一高”建设

【概况】　三门峡是典型的资源型城市,工业占到全部经济总量的65.7%,而资源型工业又占到工业总量的70%;三大优势矿产资源黄金、铝矾土、煤炭,按照现有年开采量,可采年限分别仅剩5年、7年、30年,已进入资源枯竭期;由于资源型经济比重过大、产业结构单一,2008年的国际金融危机,使三门峡的经济发展遭受了灭顶之灾。面对资源枯竭的压力和国际金融危机的倒逼,市委、市政府深刻认识到,不加快经济转型,资源难以为继,环境难以为继,发展难以为继,民生难以为继,而且转型刻不容缓,早转早主动,晚转会被动,不转没出路。为此,积极主动谋划转型,在应对经济危机的实践中探索并强力推进大通关、大交通、大商贸、大旅游、高新技术产业“四大一高”战略,加快建设创新开放、富裕文明、平安和谐、生态宜居三门峡,初步走出了一条以“四大一高”引领经济转型、“两不三新”、“三化协调”的科学发展之路,经济社会保持了持续平稳较快发展的良好态势。

2011年,全市生产总值增长12.8%,人均4.7万元,跃居河南省第3位、豫晋陕黄河金三角4市(河南三门峡市,山西运城市、临汾市,陕西渭南市)之首;在工业用电量下降2.1%的情况下,规模以上工业增加值增长16.1%,万元GDP能耗比5年前下降23.9%;地方财政一般预算收入增长15.8%,人均2 571元,比河南省和黄河金三角4市人均分别高737元、1 207元;全社会固定资产投资增长24.8%,人均3.34万元,分别是河南省和黄河金三角4市人均的2倍、1.94倍;在《中原经济区竞争力报告》中,三门峡市综合排名跃居河南省第5位,成为全国中西部最具发展活力的地区之一。规模以上工业增加值达324.65亿元,增长16.6%;全社会固定资产投资399亿元,增长24.7%,居河南省第4位。

4月27日,河南骏通公司200辆专用车出口俄罗斯发车仪式举行

【建设“大通关”,打造对外开放新高地】

以扩大开放带动经济转型。坚持把“大通关”建设作为扩大开放、加快转型的“助推器”和“活力源”,以大通关促进大开放、以大开放促进大合作和承接产业转移,带动经济转型发展。加强通关体系建设。在黄河金三角4市率先建成了中国三门峡海关、中国三门峡出入境检验检疫局、国家铝及铝制品质量监督检验中心三大通关机构,并积极申报建设三门峡综合保税区,方便了三门峡及周边地区的进出口企业,占据了黄河金三角对外开放的高地。2011年,全市外贸出口备案登记企业新增70家,达到386家,产品出口范围扩大到世界50多个国家和地区,出口额同比增长55.9%,居河南省第5位,其中浓缩果汁出口量居全国首位,专用汽车出口量跃居河南省第2位。深化大招商活动。依托大通关体系建设带来的比较优势,深入开展产业链招商、以商招商等招商活动,每年签约项目投资额都在1 000亿元以上,实际利用外资总量连年居河南省前列,2011年达到6.3亿美元,增长58.5%,绝对值居河南省第3位。同时,大力加强政银企合作,与农发、工商、农业、中国、建设5大银行签署了为期5年的战略合作协议,授信总额度1 075亿元;深化与央企合作,先后与中金、华能、大唐等10家企业签订了战略合作协议,签约金额207.6亿元,居河南省第4位。强化区域协作发展。三门峡处于中原经济区、关中—天水经济区、山西资源型转型综合改革试验区这一“大金三角”交汇地,与山西运城、临汾和陕西渭南构成黄河“小金三角”,三门峡抓住成为多个区域经济发展政策叠加地的机遇,积极开展豫晋陕黄河金三角区域协调发展综合试验,基本实现了规划同筹、交通同网等“八同”布局,建立了“一证游”无障碍旅游区,开展了无障碍新农合等合作。

【建设“大交通”,增创区位环境新优势】

三门峡丘陵山区面积大,抢抓国家支持三门峡改造提升地区性交通枢纽的重大机遇,迅速掀起交通建设热潮,促进对外大开放、对内大循环。加快“三纵四横”大交通网络建设。积极推进重大交通项目建设,基本形成了以209国道、侯马至十堰高速、即将建设的蒙西至华中铁路为“三纵”和以陇海铁路、郑西高速铁路、连霍高速、310国道为“四横”的“三纵四横”综合交通体系,尤其是郑西高铁的开通使三门峡融入了郑州和西安两大省会城市的“一小时”经济圈,确立了三门峡在豫晋陕黄河金三角地区的交通枢纽中心地位,形成了“联接金三角、辐射大西北、融入大中原”的交通高地。依托交通基础设施建设带来的便利,进一步拉大中心城市框架,打造以湖滨城区、开发区和中心商务区为基础的老城区,以陕县县城、产业集聚区为基础的新区“两大”组团,促进城市功能提升,建成了郑西高铁三门峡南站广场、黄河金三角地区最大的国际文博城体育场和会展中心、城市文化公园、天鹅湖国家级城市湿地公园、五星级天鹅湖国际大酒店等一批重点工程，城市面貌焕然一新。

【建设“大商贸”，实现第三产业新发展】 围绕建设黄河金三角区域性商贸中心、物流中心、金融中心目标，不断提高第三产业在经济结构中的比重，促进三次产业协调发展，为经济转型发展提供重要依托。加快建设区域性商贸中心。紧紧围绕构筑黄河金三角地区高端商务服务平台，规划建设的国内一流的三门峡中心商务区，被确定为河南省3个中心商务区示范区之一。立足黄河金三角3省4市1 700万人口的大市场，科学规划建设大型专业市场连锁经营、特许经营、电子商务、超大型购物中心等新型商贸业态，形成了以湖滨广场为核心的特色商业区和核心商业圈，大中海商业文化广场、丹尼斯、华润万家、欧凯龙等一批现代商贸企业相继入驻，繁荣活跃了消费市场。2011年，全市社会消费品零售总额增长18.1%，增速居河南省前列、金三角4市之首。加快建设区域性物流中心。利用地处豫晋陕三省交界的区位优势，积极推进三门峡西综合物流、食品冷链物流等4大物流园区建设，大力发展第三方物流，七海物流、金三角建材物流等一批大型物流企业相继入驻，尤其是随着3 000万吨级煤炭物流中心、果品冷链、汽车等大型物流、仓储配送设施的建设，三门峡作为黄河金三角区域性物流中心和全国性物流节点城市的地位得到确立。加快建设区域性金融中心。积极支持金融、保险业健康发展，广发银行、洛阳银行等金融企业引进步伐加快；三门峡银行开展“金融扫街”支持小微企业和个体工商户发展的做法，得到国务院副总理王岐山的充分肯定；信用担保体系不断健全，为解决中小企业融资难拓展了新渠道；入驻的保险机构达20家，商业保险业务快速发展。三门峡正日益成为黄河金三角地区人流、物流、资金流、信息流汇聚的沃土和商贸物流高地。

【建设“大旅游”，务求旅游产业新突破】 坚持把旅游业作为新的支柱产业来抓，以黄河景观为主线、黄河文化为内涵、文化山水为品牌，加快发展旅游业，努力开辟经济转型新天地。办好“一个节会”。持续提升“中国(三门峡)国际黄河旅游节”在海内外的知名度。2011年的第17届黄河旅游节由国家旅游局、国家贸促会和河南省政府共同主办，正式升格为国家级节庆活动，形成了沿黄9省区和金三角地区旅游发展高地。完善“三项机制”。建立健全投融资机制，组建成立了市旅游投资集团，初步形成了以政府为引导、企业为主体、市场化运作为基础、投资多元化的投融资新机制。建立健全宣传推介机制，积极参与全省旅游捆绑宣传，积极整合网络资源，加快升级改版三门峡旅游网，努力为旅游企业提供更高效的营销平台和更广阔的客源市场。建立健全区域合作机制，倡导发起了沿黄9省(区)黄河之旅旅游联盟，共同打造“黄河之旅”品牌，中国旅游研究院发布的“大黄河旅游十大精品线路”条条都有三门峡元素。构筑“五大板块”。积极构建三门峡市区旅游极核、中部城郊民俗休闲旅游区、东部仰韶文化山水风景区、西部道家文化旅游区、卢氏生态山水旅游度假区“一核四区”5大旅游板块，重点抓好函谷关、黄河丹峡、豫西大峡谷等龙头景区建设，大力发展带富能力强的“农家乐”项目，加快培育一批国内国际知名旅游目的地。2011年全市接待游客1 474万人次，实现旅游收入117亿元，分别增长20.5%和30.6%，增幅居全省前列。

【发展高新技术产业，开创工业经济新局面】 以建设“郑(郑州)洛(洛阳)三(三门峡)工业走廊”为契机，以新型工业化为主导，坚持“单纯挖金挖铝挖煤的投资商，一概婉言谢绝；凡是搞高新技术产业、延长产业链和精深加工的投资商，都要高接远迎”，加快推进传统产业高端化、高新产业规模化，推动传统资源型产业由“傻、大、笨、粗”向“高、精、特、优”转变。着力实施高科技型重点项目。紧紧抓住项目建设这个重要抓手不放松，努力以大项目带动大投资，以大投资推动大发展，以大发展促进大转型，全市上下形成了“大上项目、上大项目、上好项目”的热潮，全市共实施义煤1 000万标方煤制气、大唐三期2×120万千瓦火电机组、开祥化工9万吨“1,4-丁二醇”等投资亿元以上重点项目481个，总投资3 616亿元，新上重点项目数、完成投资额、年建成数连创历史新高。特别是近3年高新技术项目所占比重逐年上升，分别占33%、45%和55%。加快战略新兴产业发展。按照国家和省产业政策要求，重点扶持新兴产业发展。恒生科技公司生产的丙尔金，获得发明专利，荣获2011年环保部环境保护科技进步一等奖第1名，被誉为镀金产业的一场革命，应用于神舟系列飞船和天宫一号；速达汽车公司自主研发的3大关键零部件技术世界领先，并拥有58项国内外专利；义腾新能源公司锂电池隔膜项目，以优异的耐热性、阻燃性和稳定性领先国际水平；仰韶生化公司糖化酶，弘奥生物超高活力精致蛋白等多项生产技术处于国际领先水平，全市酶制剂年产能4.2万吨，居全省第1位、全国前列。不断拓展产业链条。以骨干企业为依托，积极开发下游配套项目，大力提高产品的科技含量和附加值。促进高新产业集约集群发展。以产业集聚区为载体，加速壮大能源、煤化工、黄金3个省级产业集群，加快打造在全国有影响的铝及铝精深加工、装备制造和汽车及零部件生产、果蔬食品加工3个产业基地。德国施密德集团与渑池牵手，投资14.6亿元的多晶硅一期项目已正式启动，5年内投资220亿元，打造世界一流的光伏产业园区；大唐、中电投等企业规划风电装机总量近150万千瓦，三门峡有望成为中西部地区的重要风电基地；在全市7家省级产业集聚区中，义马煤化工产业集聚区被确定为全省新型工业化产业示范基地，三门峡产业集聚区和渑池产业集聚区被确定为省高新技术特色产业基地。提高自主创新能力。加快构建产学研一体的科技研发体系，“中国(三门峡)酶制剂研发与应用技术中心”正在积极筹建之中，全市企业已建成省级研究中心33家、省级院士工作站7个、博士后科研工作站2个，专业技术人员达到5.2万人；积极组织力量，加强重点领域科技攻关，2011年获得省部级科技进步奖8项,全市组织的402项科技攻关与成果转化项目,有5项达到国际先进水平,69项达到国内领先水平,实现了从跟踪模拟到自主创新、从"三门峡制造"到"三门峡创造"的转变。全市高新技术领域企业71家,科技进步对经济增长的贡献率达53.9%,成为拉动全市经济持续发展的强引擎。

创建国家卫生城市

【概况】 2011年,三门峡市对创建国家卫生城市工作(以下简称创卫工作)继续实行目标管理。对照国家卫生城市标准,结合全市实际,进一步细化各重点单位的创卫工作目标,充实完善创卫成员单位群体,增加市统计局、水电十一局、明珠集团等9个重点责任单位,使创卫重点责任单位增加到30个,同时又把市委宣传部、市妇联、市人行等44个相关单位纳入创卫工作共同目标责任制管理。

【开展健康教育,努力提高全民健康水平】 全市中、小学校健康教育课开设率达100%,学生健康知识知晓率95%以上,健康行为形成利率90%以上。通过开展"小手拉大手"活动,带动全民健康文明意识的提高。

【城市基础设施建设力度不断加大】 新落成的文体中心成为全市一道亮丽的风景。市政府将虢国东路(东风南路—白银路)、崤山东路(五岔路—三门峡广场)的建设和文明路(六峰路—经一路)、虢国中路(大岭路—茅津路)、宋会路(崤山路—建设路)的改造提升以及市会展中心、科技活动中心、妇女儿童活动中心、老年活动中心、党史方志馆、文化公园等建设列入全市的十大实事,部分工程已经完工,部分正在积极的向前推进。投资720万元,新购自卸垃圾运输车9辆、压缩式垃圾运输车2辆、扫地机1辆、电动保洁车6辆、垃圾集装箱41个、三轮保洁车120辆,添置果皮箱400个。城市道路机械清扫率达到24%,市区公厕保有量121座,市区生活垃圾无害化处理率达到95%。

【城市环境综合整治取得显著成效】 以创建国家卫生城市、创建国家森林城市、创建河南省最佳宜居城市为载体,大力整治市容秩序和环境卫生。一是市容集中整治成效显著。重点在城市中心商业区及周边区域开展了以实现市容市貌明显改观、交通秩序明显好转、经营秩序明显规范、卫生环境明显变化、市民幸福感明显增强为目标的市容环境卫生集中整治活动,并以此为试点,在全市范围内推广开展了市容环境卫生百日会战集中整治活动。活动中,共清理积存垃圾150余车,清理乱贴乱画1.5万张,清除乱搭乱建230余处,治理车辆乱停乱放680余起,清理卫生死角330余处,城市面貌明显改观。二是违规占道经营现象得到有效治理。加强市区主干道、城市出入口等重点部位的管理,采取全天候不间断巡查和重点部位定点值守等方式,进行全天候无缝隙监管。统筹安置早夜市、节日临时市场,疏导流动商户入市经营,市场管理更加规范有序,共取缔占道经营6 700余处,治理店外经营2 800余处。三是户外广告、门头牌匾设置规范。结合街景改造和夜景灯光总体规划,编制了户外广告总体设置规划,制定了户外广告审批标准和技术规范,对不符合市容要求的户外广告、门头牌匾进行全面地整治和更新。四是交通秩序明显改观。成立了交通拥堵联勤协作工作指挥部,建立了交通指挥控制中心,制定了《市区交通拥堵联勤协作工作预案》,利用灯控、视频监控和"电子警察"系统,严查闯红灯、乱停乱放、酒后驾驶等交通违法行为。科学规划市区各类停车场(点),施划停车泊位3 400余个,规划设置停车场45个,市区车辆停放难现象得到有效改善。五是背街小巷纳入城市精细化管理。排查出没有纳入清扫保洁范围的背街小巷41条,其中对属于街道社区管理的22条,按照属地管理的原则落实了清扫保洁部门;对于无主管单位的19条街巷,由环卫部门按照城市精细化管理的标准,落实清扫保洁责任。六是开展城区绿化美化,努力提高城市"三绿"。进一步完善绿地、绿化带、公园广场卫生管理制度,做好城市河道、湖泊等水面清洁工作。城市建成区绿化覆盖率44.96%,绿地率40.16%,人均公园绿地12.6平方米,已达到国家卫生城市标准。七是开展环境保护综合整治,努力提高城市环境质量。大力开展环境污染治理,确保全年API指数<100的天数占全年天数比例≥70%;集中式饮用水源地水质达标率≥96%。进一步加大城镇污水处理厂的工业企业污水排放的监察力度,加强对重点源企业的污染管理,改善污水处理厂进水水质,确保城市生活污水集中处理率≥80%。八是城市管理长效机制逐步健全。研究制定了城市商业步行街管理标准、城市停车场管理标准、城市中心区域管理标准、城市市区道路管理标准,实行"定人、定岗、定责、定路段,包管理"的"四定一包"责任制管理模式和领导分片包干,深入一线,对城市管理工作重点、难点、热点问题亲自督办、限时落实、一抓到底的一线工作法;采取"包面、包块、包片、包段"的层级管理模式和错峰上岗、延时上岗,全天候管理的"白加黑""5+2"的工作模式,全面实现城市管理和卫生保洁的无缝隙监管。建立了"12319"城市管理信息平台,畅通来电、来访渠道,倾听社会各界和市民群众对城市管理工作的意见和要求,主动接受社会各界监督。

【开展"五小单位"治理】 本着以点带面、先易后难、逐步推开的原则,全市卫生、工商等部门采取关、停、并、转的办法,对城区近3 000家小饭店、小旅店、小浴池、小网吧、小副食品店等"五小单位"进行拉网式治理,使市区"五小单位"面貌明显改观。加强了传染病的防治与管理,无重大疫情发生。组织开展了以春季灭鼠为主的病媒生物防制,大大降低了"四害"密度。

【城中村改造加大力度】 城中村改造在基本完成一期改造任务后,开始了新一轮改造工程,对东至上阳路、西至六峰路、北至和平路、南至文明路的区域实施改造工程。 (王英芳)

创建国家森林城市

【概况】 2008年，三门峡市委、市政府以科学发展观为统领，立足三门峡实际，作出了全民动员创建国家森林城市的重大决策。3年来，不断将国家森林城市创建活动引向深入，努力打造生态宜居城市，走出了一条经济发展与生态建设良性互动、人与自然和谐相处的科学发展之路。2011年年底全市森林覆盖率达50.72%，活立木蓄积量达1 921.97万立方米，城市建成区绿化覆盖率43.7%、绿地率39.5%，人均公园绿地面积12.6平方米，城市中心区人均公园绿地面积6.8平方米，城市郊区森林覆盖率（丘陵）44.1%。初步形成了道路林荫化、河道林网化、乡村林果化、城市森林化的城乡绿化格局。对照《国家森林城市评价指标》，全市的各项指标均已达到或超过国家森林城市的标准要求，具备了创建国家森林城市的基本条件。

【科学编制规划，构建森林城市宏伟蓝图】 在森林城市建设和长远发展上，始终坚持"先规划、后建设"的思路，紧紧围绕建设城市森林、打造生态宜居城市的目标，着力构建科学化、人性化并重的现代城市。特别是在创建国家森林城市的过程中，严格贯彻落实国家和地方有关林业、绿化的方针、政策、法规，坚持"规划引路，机制保障，建管并重"的原则，在先后编制完成《三门峡市城市总体规划》《三门峡市城市绿地系统规划》《三门峡市林业生态建设规划》的基础上，委托中国林科院专家详细编制了《三门峡森林城市建设总体规划（2009～2015年）》。《规划》承接历史，立足实际，面向未来，以森林城市布局理论为指导，以三门峡中心城区为核心，按照"黄河水畔森林城，宜居和谐三门峡"的理念，通过构建"一城、二带、三区、三极、多廊、多点"的市域森林体系和"二团、一心、二横、五纵、多园"的近郊森林体系，打造"城镇村庄绿岛镶嵌、山地丘陵绿衣相披、道路水系绿网相织"的山水森林城市景观。规划编制的完成和实施，为森林城市建设提供了科学依据。

【突出森林支撑，打造生态宜居城市】 随着城市化进程的加快和城市居民生活水平的提高，人们对改善身边生态环境的要求越来越迫切，把森林建在城市、把绿色留在身边，已成为城市生态建设的现实需要和广大人民群众的强烈诉求。顺应这一趋势和需求，三门峡市在城市园林绿化建设中，积极推行"身边增绿、森林进城"行动，突出森林支撑和乡土树种的应用。通过推进城市森林建设，把森林绿地搬到城市居民身边，做到城市、森林、园林"三者融合"，乔木、灌木、地被"三头并举"，着力打造满目青翠、绿树成荫的生态宜居城市。

12月6日，创建国家森林城市工作考察组到三门峡市考察

【以林木植被为主体，建设城市公园绿地】 依据《城市绿地系统规划》，坚持新建、改造、提升齐头并进，大力实施公园、游园、广场等公园绿地建设。一是合理布局，扩大绿地面积。投资近亿元，相继开工建设了涧河公园、上阳苑景区等公园绿地，总面积130公顷；建成了银桥沟游园、虢国苑、甘棠游园、黄河桥头游园等一批街头游园绿地，绿地布局更加合理，较好地满足了居民出行500米就能进入公园绿地的需求。二是改造提升，建设精品园林。每年投资近千万元，先后对陕州公园、人民公园、虢国公园、中日友好园、六峰游园等进行绿化建设和改造，增植乡土乔木树种，调整优化植物配置，景观质量显著提高，乡土树种占城市绿化树种比率达到86.7%。三是完善设施，强化服务功能。市区各公园、游园共铺设导游路2.2万平方米，安装照明灯具2 100多套、座椅870个、果皮箱800个，补添了健身器材等体育设施，广大市民在绿树环抱中休闲、娱乐、健身的需求得到进一步满足。

【以乔灌结合为模式，搞好道路绿化美化】 认真执行《城市道路绿化规划与设计规范》，坚持以乡土树种为主，景观效果和生态效益并重的原则，积极开展城区道路绿化美化。重点对陕州大道、崤山路、六峰路、甘棠路等新建或改造的10多条市区主次干道进行了绿化升级，采取补大苗增绿荫、栽常绿树增绿量、改草坪分车绿带为灌木分车绿带、变单一树种为多树种等措施，形成乔灌草搭配合理的多层次复合绿地。市区道路绿化普及率达98%，绿化达标率达85%，基本形成了多树种、多层次、多色彩的城市林荫路系统。

【以开展创建活动为平台，培育"绿色细胞"】 一是积极引导，树立生态理念。全市扎实开展园林单位、园林小区创建活动，积极引导单位、居住区的绿化建设与管理,生态宜居理念成为社会共识。2011年年底市区园林单位达72家,占单位庭院总数的63.2%;园林小区25个,占居住区总数的64.1%。二是强化监管,落实“绿色图章制度”。严格规范改造和新建单位、居住区的建设审批程序,对工程建设和配套绿化进行跟踪监管,严格控制绿地指标,确保绿化达标。市区建业森林半岛、滨溪花园等新建居住区绿地率均达40%以上。三是拆墙透绿,创新立体绿化。对旧城区单位庭院、居住区因地制宜进行改造,广泛开展拆墙透绿和多种形式的立体绿化。市区90%以上的沿街单位实施了拆墙透绿;城区立体绿化面积达27万平方米,市农业局、市林业和园林局等单位还建成了高标准的楼顶花园。

【以南山北岭为重点,构筑城市生态屏障】 全市按照《三门峡市林业生态建设规划》和《三门峡森林城市建设总体规划》,依托独特的地形地貌,以南山北岭、三河(青龙涧河、苍龙涧河及黄河)两岸、沿黄滩涂以及境内通道及其两侧可视范围的荒山荒坡为重点,在城市周边和功能分区之间,大力开展以环城防护林、城郊森林、通道绿化等为主要内容的大环境绿化建设,取得显著成效。城市规划区防护林面积达2 233公顷,有效地缓解了城市热岛效应,维护了城市生态安全。

【以黄河湿地为依托,打造“城市名片”】

三门峡市有国家级黄河湿地自然保护区的天然优势,每年吸引成千上万只白天鹅从西伯利亚来这里栖息越冬。洁白美丽的白天鹅、碧波荡漾的黄河水、深沉厚重的黄土塬交相辉映,构成了一幅人与自然和谐相处的优美画卷,三门峡由此被誉为“天鹅之城”。为更好地保护白天鹅及湿地资源,三门峡市依托黄河湿地资源优势,高标准规划建设了占地面积约590公顷的天鹅湖国家城市湿地公园。2011年年底投资1.5亿元的一期工程已建设完工;二期工程正在快速推进。天鹅湖湿地公园,湖光山色,林木葱茏。一个以白天鹅资源为特色,以虢山岛为中心,以黄河、青龙湖、苍龙湖为主体,集生态、旅游、休闲、观光、科普为一体的自然山水景区脱颖而出。2011年,被国家旅游局授予AAAA级旅游景区称号。

【以河渠、道路绿化为基础,精心编织城乡绿网】 发展河渠林网、道路林网,做到水网、路网、林网“三网合一”,是森林城市建设的重要内容。按照国家、省对通道绿化生态防护林建设的要求,依据生态廊道网络规划,大力推进道路、河渠生态防护林建设。实施了以连霍高速公路、郑西高速铁路、陇海铁路、209国道、310国道等重要通道绿化和以黄河、洛河、青龙涧河、弘农涧河、苍龙涧河等水系为主的生态廊道网络建设工程,新增造林绿化面积1.63万公顷。道路、河流绿化率均达到92%。

【以“三级联创”为手段,大力改善农村人居环境】 按照社会主义新农村建设的要求,在全市开展林业生态县、乡(镇)、村“三级联创”活动。市绿化委员会先后下达了《关于开展创建林业生态乡(镇)、村活动的通知》和《关于林业生态县、乡(镇)、村创建活动的实施意见》。活动以突出“以人为本,共建绿色家园”为主题,以培育和保护森林资源为重点,大力调整农村产业结构,改善生态环境,推进农村全面进步,实现人与自然和谐发展。全市6个县(市、区)已全部被省政府命名为林业生态县,建成林业生态乡55个,林业生态村960个,完成村镇造林绿化面积达5 540公顷。

【以开展义务植树活动为载体,推动全民植绿、爱绿、护绿】 贯彻《国务院关于开展全民义务植树运动的实施办法》和《河南省义务植树条例》,制定并出台了《三门峡市全民义务植树实施办法》,建立和完善了绿委联席会议制度、部门分工协同制度、绿化目标责任制度等一系列规章制度,使全民义务植树进入了自觉化、规范化、制度化轨道。社会各界通过建立各种形式的纪念林,营造“公仆林”“记者林”“八一林”等,既丰富了植树造林形式,又大大提高了造林成效。全市共参加义务植树人数近640万人次,建立义务植树基地350余个,栽植树木4 000余万株,义务植树尽责率达95%以上,成活率和保存率均达到90%以上。

【搞好林权改革,增强林业生态建设的活力】 把集体林权制度改革作为推进林业发展的突破口,结合实际制定了《三门峡市集体林权制度改革实施方案》,成立了三门峡市集体林权制度改革领导小组。在工作中大胆探索,积极实践,不断加大集体林权制度改革工作力度。全市集体林权制度改革工作确权总面积56.93万公顷,占集体林地总面积59.54万公顷的95.6%,登记(办证)14万余份54.08万公顷,登记(办证)率95%,实现了“山定权、树定根、人定心”,有力地推进了林业生态建设,加快了林业产业发展,带动了生态旅游业蓬勃发展,促进了农民增收,维护了林区社会和谐稳定,林业发展充满了生机和活力。

【加快林业产业基地建设】 把经济林基地、速生丰产林基地、花木基地、生物质能源林基地建设与调整农业结构、促进林业产业紧密结合起来,作为引导农民致富的重要产业来抓,出台了《关于加快林业产业化发展的意见》,明确了任务和工作重点,科学规划,精心实施,有力地推动各类基地建设。全市已建成主要以苹果、核桃、大枣、板栗、花椒等为主的经济林面积约20.67万公顷,年产量175万吨;主要以杨树、刺槐、泡桐等速生树种面积约3.33万公顷;建成以黄连木、文冠果为主的生物质能源林基地约3.33万公顷;建成以蝴蝶兰、大花蕙兰等高档品种为主的种苗花卉基地0.23万公顷;发展中药材种植基地约2.67万公顷,年产食用菌约1.26亿袋。全市人造板加工能力约40万立方米;果品年加工产量约60万吨。森林旅游约300万人次。

【突出当地特色,提升产业优势】 采取“政府主导、企业主体、市场运作、部门服务”工作机制,示范带动、强力推进,重点发展以苹果、核桃、大枣为主的林果业,三门峡缘份果业有限公司在陕县建设0.4万公顷苹果原料林基地,河南景源果业有限公司在灵宝市建立果蔬基地0.67万公顷，湖滨果汁公司在湖滨区建设白桃示范基地80公顷，初步形成“龙头企业+基地+农户”的林业产业化经营体系，成为群众脱贫致富，增加收入新的增长点。由民营企业投资建成的占地1 000公顷的“三门峡二仙坡绿色果业基地”，主导产品红富士苹果获得国家级绿色食品证书，首批通过了国家、国际双重GAP认证，取得了对英国、法国、德国、瑞典等61个国家的出口权，成为“河南一号”品牌，2009年荣获国家“金奖”，被认证为“中华名果”。

【创新机制、模式，提高造林绿化水平】

为切实提高造林绿化质量，保证造林绿化的成效，积极探索适合当地条件的造林机制和造林模式，不断积累、总结和推广造林的新机制、新技术、新经验，收到了显著成效。一是创新造林机制。对新造林项目全部公开招投标，实行专业队造林，落实管护责任。对重点工程项目推行法人责任制、招投标制、监理制和合同制，实行工程化管理，实现植树造林责、权、利的统一，确保造一片成一片。二是采用适宜树种和立体种植结构。按照因地制宜，适地适树的原则，根据立地条件，宜草则草，宜树则树，以乡土树种为主，乔灌花草有机配置，形成多林种、多树种、多季相的立体种植结构，营造出良好的植物景观效果。三是积极推广应用“豫西浅山丘陵地区抗旱造林综合模式”等抗旱造林新技术。根据土壤墒情，对苗木进行截干、修根、苗根浸水、蘸泥浆等处理，造林与节水、集水整地、截干造林、深坑深埋、覆盖保墒（如地膜、石块、草等覆盖）等多项技术措施，使造林成活率达到85%以上。特别是针对于立地条件差，坡度大、土层浅、土壤瘠薄的石山、荒山、荒坡，通过采取“打一个眼、炸一个坑、填一方土、栽一棵树、浇一桶水”的“五个一”方法和附加有机玻璃钢围树盘等一系列综合技术措施，固土蓄水，有效地提高了成活率和保存率，收到了良好的绿化效果。

【坚持以法治林，切实保护林木资源】

先后制定和出台了《三门峡市城市绿线管理办法》《三门峡市城市绿化管理办法》，印发了《关于在三门峡市城市规划区实施绿色图章制度的通知》，强化绿地管护，严格审核把关，认真落实责任，切实加强城市园林执法检查力度，做到工程建设与绿化工程同步实施、同步验收，有效地促进了城市绿地持续增长。认真贯彻执行林业法律、法规，制定和落实了一系列森林保护的规定和措施，成立了森林公安机构、森林专业消防队、森林病虫害防治检疫站、木材检查站等各类森保队伍，切实加强林业执法检查，严格控制森林采伐限额，密切监测森林火情，及时检疫和防治林业有害生物，依法严厉打击各种破坏森林资源和野生动物的违法犯罪行为，杜绝了全市重大毁林案件、森林火灾和危险性外来林木病虫害及有害生物入侵现象的发生。建档挂牌，保护古树名木。为更好的保护好现存的古树名木，制定了《三门峡市古树名木保护管理办法》，对分布在全市60个乡（镇）、162个行政村的487株古树名木统一进行了建档、挂牌，设置了保护标志，落实了管理单位和具体责任人，并定期组织专业人员进行检查、养护复壮，确保古树名木保护工作责任到位、措施到位、管理到位，使古树名木得到有效保护。

【切实加强林业生态文化基础建设】

高度重视自然保护区、森林公园、生态文化公园和教育基地等森林文化设施的建设。共设立黄河湿地和小秦岭国家级自然保护区2处，其中，黄河湿地国家级自然保护区被中国野生动物保护协会命名为“全国野生动物保护科普教育基地”。拥有亚武山、甘山、玉皇山、燕子山等国家森林公园4处和省市级森林公园7处，建成天鹅湖国家城市湿地公园以及生态文化教育基地5处。依托庙底沟古文化遗址的人文优势，于2011年投资2亿元、开工建设了占地141.6公顷城市文化公园，使古文化遗址在得到有效保护的同时，又成为宣扬生态文化的重要基地。

【积极丰富林业生态文化内容】 充分挖掘森林文化、花卉文化、湿地文化、野生动物文化、生态旅游文化、特色果园文化等发展潜力，丰富生态文化内涵。坚持每年举办的“爱鸟周”活动以及陕县过村的桃花节、店子乡的连翘节、甘山国家森林公园的红叶节等，都已成为三门峡市构建丰富、繁荣生态文化建设内容和开展生态科普教育活动的桥梁、纽带和平台。通过文学、影视、戏剧、书画、美术、音乐等多种文化形式，大力宣传林业在加强生态建设、维护生态安全、弘扬生态文明、促进经济发展中的重要地位和作用。一是制作了《绿染崤涵》电视专题片，重点介绍1999年至2008年三门峡市林业建设10年所取得的重大成就；二是印刷出版了《绿满崤函——前进中的三门峡林业》画册，从多角度充分展现了“十五”期间三门峡林业快速发展概况；三是印制《春绿三门峡》大型画册，全方位展示近年来三门峡市城市园林绿化建设取得的新成就；四是制作《让森林回家》MTV在电视台播放，以多媒体的形式向广大市民展现三门峡市森林城市建设的新面貌，收到了良好的宣传效果。同时，大力普及生态和林业知识，积极开展义务植树宣传日、爱鸟周、林业司法鉴定、林业法规宣传日等活动，在全社会形成爱护森林资源、保护生态环境、崇尚生态文明的良好风尚，形成人与自然和谐的生产、生活方式。

【规划布局林业生态文化体系建设】

对全市生态文化体系建设进行全面规划，注重利用自身优势，发展特色旅游业，并按规划要求逐步进行了实施。卢氏县以豫西大峡谷为重点，充分利用丰富森林资源，不断扩大森林旅游产业；灵宝市以亚武山国家森林公园、鼎湖湾湿地自然保护区等为重点，进一步完善生态旅游基础设施建设；陕县以发展扩大甘山国家森林公园红叶节为主，进而带动过村桃花节、店子乡连翘节等活动，不断丰富生态文化建设内容，突出对社会经济发展的推动作用；渑池县着力推进韶山旅游风景区建设步伐，为人民提供一个适宜的休闲娱乐场所；义马市生态文化体系建设的重点是利用有限的林业用地，扩建现有的生态公园、鸿庆公园，营造公园文化氛围；市直和湖滨区重点是继续抓好黄河游览区、虢国博物馆、三门峡大坝等重点景区的生

态建设,探索实施与景点文化相适应的造林绿化模式。 (刘玉明)

重点项目建设

【概况】 2011年,三门峡市委、市政府面对经济下行压力不断加大的严峻形势,紧紧围绕“三大战略定位”,充分调动方方面面的积极性,强力推进“四大一高”战略,把重点项目建设作为加快中原经济区建设的重要抓手,着力推动传统产业高端化、新兴产业规模化,进一步完善重点项目建设推进机制,及时协调解决项目建设中存在的困难和问题,有力地促进了省市重点项目建设的顺利实施。全市确定的213个重点项目,总投资1 253亿元,年计划投资300亿元。全年累计完成投资391.95亿元,占年度目标任务的130.65%,完成投资数是历年来最高。项目投产个数也创新高。亿龙机械年产50套连续平压式人造板设备、东方希望赤泥干法排放、仰韶文化产业园一期博物馆工程等90个项目建成投用。开祥化工9万吨“1,4-丁二醇二期”、大唐豫西燕山风电场、金三角建材物流港等113个项目按计划正在建设中;南环西路拓宽、师家渠城中村改造等10个项目因种种原因未能按计划在年内开工建设。12月完成投资43.41亿元,大唐集团鞍子山风电场(渑池)、河南尚正食品公司肉类冷链物流配送、中兴量仪年产3 200套精密仪器等27个项目建成投产。

【加强领导,健全组织】 为了加强重点项目建设领导和协调,进一步加快项目进度,成立以市委书记为政委、市长为指挥长,有关职能部门和各县市区主要负责人为成员,常务副市长为办公室主任的推进“四大一高”战略指挥部,办公室设在市重点项目办。指挥部每半月召开一次专题会议,听取进展情况汇报,研究解决问题;指挥部办公室每周对项目进展会诊一次,对项目筛选、申报、开工等实施全程监管,确保项目库不断充实,新上项目早开工,在建项目早建成。

【机制推进,全面落实】 先后出台了深化项目建设年活动实施方案,建立了市级领导分包制、项目编制、联审联批制、资金保障制、周例会制、责任落实制、督查推进制、考核奖惩制等制度。市级领导分包联系重大项目制,要求市级领导做好“三个一”,即至少每旬听取一次项目单位的情况汇报,每半个月深入一次现场指导工作,每月召开一次情况分析会,协调、解决具体问题;项目编制,由指挥部办公室、发改委牵头,会同相关部门积极开发和实施一批市场前景好、科技含量高、产业关联度大、带动能力强的大项目。联审联批制,实行集中办公,集中会诊,集中审批。周例会制,针对项目推进中存在的困难和问题,指挥部召开了多次重点项目周例会会,协调解决各类问题近50余项。督导推进制,市委、市政府主要领导40余次深入项目工地,指导工作。作为重点项目督导推进的重要手段之一,每个月将各县市区和市直部门的重点项目开工、投资等建设情况,以表格形式在《三门峡日报》第一版排序刊发出来。

【狠抓前期,积极服务】 针对部分项目前期手续办理难度大、时间紧的问题,提前介入,积极服务。从项目入园、合同签约、土地预审、规划选址、环境评价、节能评估等方面,实施全程跟踪、贴近服务,协助项目业主在期限内,完成了审批,为项目提早开工建设创造了良好条件。全年市重点项目联审联批办公室主持召开了30余次联审联批会议。市发改委、国土局、环保局、规划局、消防等部门审批部门,就大唐鞍子山风电场、中金集团夜长坪钼矿改扩建、速达公司纯电动汽车及核心零部件等项目的审批事项进行现场对接,进一步明确了审批责任和审批时限。

【分解任务,督导考评】 将重点项目建设任务分解落实到项目所在地的县(市)区政府、管委会及市直有关部门,实行一把手负责制。实行“周分析、月调度、季总结、半年检查、年终考核奖惩”制度,明确每个重点项目的建设任务,建设进度,倒排工期,挂图作战。对重点项目实行了“月通报、季汇报、半年检查、年终考核”,有力地推进项目建设步伐,实现了项目建设梯次推进、高潮不断。对项目存在问题或联审联批办理缓慢的,及时发督办通知予以督导。市委、市政府和指挥部还先后印发了《关于强力推进“四大一高”战略的实施意见》《2012年全市推进“四大一高”战略重点项目建设实施方案》《“四大一高”战略涉及重点项目季度工期表》《关于明确三门峡“四大一高”战略推进工作领导小组工作职责和工作机制的通知》等文件,进一步督导和推进重点项目建设。

【加强稽查,规范管理】 2011年市稽查办先后配合省稽查办对灵宝窄口水库除险加固工程项目、交通运输场站建设项目进行了专项稽查。4月,市稽查办对陕县特殊学校建设项目进行了稽查,并发出了《关于对陕县特殊学校违规使用中央专项资金相关问题的督办通知》。6月,按照省稽查办要求,组织各县(市)区对全市2011年以来立项、在建和竣工的政府投资和使用国有资金项目进行了全面自查,并向省稽查办上报了自查报告;9月7日至22日,市稽查办组成督察组对各县(市)区2010年的部分政府投资和使用国有资金项目进行了督查。采取召开座谈会、听取汇报、现场查看与查阅资料的方式,重点对14个项目的建设程序、招投标工作、工程质量监督管理、资金使用和财务管理等方面进行督查,并发出了《关于对全市政府投资和使用国有资金项目督查情况的通报》。通过稽查,使项目建设更加规范化、程序化。

·编辑 周 青·

大 事 记

CHRONICLE OF EVENTS

12 月 28 日，三门峡市职教园区奠基仪式举行

1　月

4 日　三门峡传统名吃——陕州糟蛋在第 10 届全国农产品(上海)交易博览会上,荣获“绿色纯天然食品奖”和“健康营养食品奖”。

5 日　三门峡市召开创建河南省最佳宜居城市动员大会,要求全市上下统一思想,坚定信心,推进城市精细化管理,迅速掀起创建高潮。

当日至 6 日　市委书记李文慧率队赴深圳考察招商引资工作,回访在三门峡市投资的企业,拜访相关行业协会、商会,就三门峡市抢抓机遇承接深圳产业转移进行沟通洽谈,宣传推介重点产业发展优势和项目,共谋相关产业在三门峡的良好发展。

6 日　三门峡(深圳)·闽籍企业家联谊会在深圳奥林宾馆举行。中国闽商投资集团董事局主席黄毅龙等十余位闽籍企业家及副市长高战荣、市商务局及陕县有关负责人等参加联谊活动。

7 日至 8 日　市委书记李文慧,市委副书记、市长杨树平带队赴杭州拜访考察了中国广厦控股创业投资有限公司、浙商联盟市场投资有限公司,就推进三门峡城市建设、寻求开发建设项目合作、加快签约项目开工建设等进行深入洽谈交流。

9 日　三门峡市委、市政府在北京世纪金源大饭店举行迎新春北京团拜会。在北京工作的河南籍、三门峡籍领导,在三门峡工作过的老领导,以及长期对三门峡经济社会发展给予大力支持的中央、国家机关各部委领导共聚一堂,畅叙三门峡发展,共贺新春。市领导李文慧、杨树平、李琳等出席联谊会。市委副书记、市长杨树平在致辞中介绍了三门峡经济社会发展情况。

11 日　在全省政法工作会议上,三门峡市因在 2006 年至 2010 年 4 次获得全省“平安建设先进省辖市”称号而被授予“中原平安杯”。市委书记李文慧代表三门峡市在会上作典型发言。会上,陕县、义马被授予“中原平安杯”,卢氏获得 2010 年度全省“平安建设先进县”称号,湖滨区获得 2010 年度全省平安建设显著进步奖。

12 日　投资 2 亿元、年产量 5 万吨、国内最大的拟薄水铝石项目在渑池县天坛铝工业园区开工建设。项目采用国际最先进的生产工艺,产品广泛用于石油化工行业催化剂和汽车尾气净化,符合国家循环经济产业政策。该项目一期工程年产拟薄水铝石 1.5 万吨,计划 2011 年 6 月建成;二期年产 3.5 万吨,计划 2012 年年底建成。项目建成后,年可实现销售收入 5 亿元、利税8 000万元。

15 日　三门峡市委、市政府在郑州举办 2011 年迎春茶话会。三门峡籍和曾在三门峡工作过的副厅级以上领导,以及长期以来对三门峡经济社会发展给予大力支持的各方宾朋共聚一堂,共叙三门峡同乡情谊,共商三门峡发展大计,共话三门峡美好未来。市委书记李文慧在致辞中介绍了三门峡经济社会发展情况。

16 日　河南省命名 15 个乡(镇)、15 个村为第 2 批“河南省文化产业特色乡村”,灵宝市焦村镇、陕县西张村镇、渑池县南村乡入选。

17 日　省委书记、省人大常委会主任卢展工到出席省十一届人大四次会议的三门峡市代表团,与代表们一起审议《政府工作报告》。卢展工听取了三门峡市代表李文慧、乔长青、薛蒙林、杨方成、李勤、武予鲁等关于省内沿边城市发展、提升改造传统产业、发展文化旅游业、职业教育、新农村建设等问题的发言,并就代表们提出的意见和建议进行交流。卢展工对三门峡的工作给予充分肯定,希望三门峡发挥区位优势,打开河南“西大门”,更好地促进产业集聚,产生辐射带动效应,带动周边地区共同发展。

19 日　香港《大公报》联合 23 国驻港领事馆、香港政商界知名人士在香港举行 2010 中国最具海外影响力市(县区)、镇(乡村)颁奖典礼,义马市喜获 2010 中国最具海外影响力城市。

25 日　三门峡军分区党委第三届第九次全体(扩大)会议召开,传达学习两级军区党委(扩大)会议精神,研究部署 2011 年工作。市委书记、三门峡军分区党委第一书记李文慧出席会议并强调,要积极探索实践,努力在军民融合式发展中推进三门峡市经济建设与国防建设互促双赢。

28 日　副省长秦玉海、省政协副主席李英杰一行到三门峡市走访慰问。秦玉海、李英杰一行先后看望慰问了部分农村低保户和优抚对象、企业困难劳模和困难职工;并到市文体中心建设工地走访慰问了建筑工人。

2　月

9 日　全市加快对外开放推进项目建设动员大会召开。大会总结和部署全市对外开放、项目建设等工作,动员全市上下进一步凝心聚力,加快发展,抓重点、求突破,带全局、上台阶,奋力实现“十二五”开局之年“开门红”,为全市经济社会跨越式发展奠定坚实基础。

10 日至 14 日　政协三门峡市五届五次会议召开。市政协主席郭秀荣代表五届市政协常委会向大会作工作报告,常务副主席陈雪平主持会议,副主席高从民作提案工作情况的报告。

12 日至 15 日　三门峡市五届人大六次会议召开。市长杨树平向大会作《政府工作报告》。大会依次表决通过了市五届人大六次会议关于政府工作报告的决议、关于三门峡市国民经济和社会发展第十二个五年规划纲要的决议、关于三门峡市 2010 年国民经济和社会发展计划执行情况与 2011 年计划的决议、关于三门峡市 2010 年财政预算执行情况和 2011 年财政预算的决议、关于三门峡市人大常委会工作报告的决议、关于三门峡市中级人民法院工作报告的决议、关于三门峡市人民检察院工作报告的决议。

13 日　市委中心组组织集体学习，传达学习《省委办公厅关于认真学习用领导方式转变加快发展方式转变系列政论文章的通知》精神。

15 日　三门峡市举办“用领导方式转变加快发展方式转变”专题研讨班。市领导和市直各单位及各县（市）区主要负责人参加。市委书记李文慧站在发展和为民的高度，深刻阐述了省委书记卢展工提出“用领导方式转变加快发展方式转变”的重大意义、主要内容和努力方向，并就认真学习“用领导方式转变加快发展方式转变”系列政论文章提出具体要求。

16 日　在2010年度河南十大“三农”新闻人物颁奖典礼上，灵宝市寺河乡窝头村农民王成义当选2010年度河南十大“三农”新闻人物。

当日　全省2011年第1次重点项目观摩点评活动启动。副省长张大卫带领第4观摩点评组到三门峡市产业集聚区、项目建设工地及企业车间，观摩考察重点项目建设和产业集聚区发展情况。

当日　在全省信访工作会议上，三门峡市被省委、省政府表彰为2010年度全省“用群众工作统揽信访工作”先进省辖市，市委书记李文慧在会上作经验介绍。同时，卢氏县、义马市被省委、省政府表彰为2010年度全省“用群众工作统揽信访工作”先进县、市，严锦华、张松林等5人被省委、省政府记功，陕县、渑池县、灵宝市、湖滨区被省委信访工作领导小组表彰为2010年度信访工作成效显著县（市）、区。

18 日　在全省重点项目和产业集聚区建设工作会议上，三门峡市重点项目建设以进度快、质量高、组织得力、成效显著，被省政府表彰为2009－2010年度河南省重点项目先进单位，渑池县产业集聚区被命名为2010年度河南省十快产业集聚区；同时，省重点项目建设领导小组还授予三门峡市2010年度重点项目联审联批先进单位称号，授予河南速达电动汽车科技有限公司2010年度重点项目建设先进单位称号。

当日　在2010黄金叶杯“感动中原”十大年度人物颁奖晚会上，渑池县果园乡杜寺村农民赵仁伟当选2010“感动中原”十大年度人物。

21 日　按照中央军委部署，前来河南旱区执行抗旱打井任务的宁夏军区给水工程团282名官兵，携带3部钻机和60余种装备，抵达三门峡市任务区，开始在已探明的井位上开钻打井。全国双拥办副主任李辉，宁夏军区司令员田民洲，河南省军区副司令员杨宏杰等到打井现场察看有关情况。市领导李文慧、王建勋、张建峰及三门峡军分区司令员张廷善等到位于湖滨区会兴街道的王官村提水工程处，看望慰问给水工程团官兵。

当日　市委农村工作会议召开。会议贯彻落实中央和省委农村工作会议精神，总结“十一五”时期和2010年农业农村工作，部署2011年农业农村工作，谋划研究“十二五”时期农业农村发展。

22 日　市委举办“用领导方式转变加快发展方式转变”研讨班专题报告会。省人大常委会党组书记、副主任曹维新作专题报告。市委书记李文慧主持报告会。曹维新在报告中就什么是领导方式转变、为什么要加快领导方式转变、怎样加快转变领导方式等问题作了深刻阐述，从世情、国情、党情、省情四个方面深入分析了领导方式转变的必要性。

23 日　三门峡火电厂三期工程奠基仪式隆重举行。副省长张大卫、陈雪枫专门打来电话表示祝贺，希望工程早日建成，发挥效益。省发改委副主任王红，中国大唐集团河南分公司党组书记、总经理付东，副总经理卫清波，市领导李文慧、杨树平等出席奠基仪式。

当日　全市信访工作会议召开。市领导李文慧、杨树平等出席会议。会议回顾了2010年全市信访工作，对2011年信访工作进行了部署，要求着重抓好以下几个方面的工作：以推进群众工作为重点，从源头上减少矛盾纠纷；以落实领导接访和联合接访为重点，进一步畅通信访渠道；以预防和减少集体访、重复访为重点，进一步推进“事要解决”；以加强乡级群众工作中心建设为重点，进一步强化基层基础工作；以预防和减少赴京非正常上访为重点，进一步规范信访秩序；以目标管理和责任追究为抓

2月，三门峡黄河湿地出现了十分罕见的疣鼻天鹅

手,进一步落实工作责任。会上,各县(市)区递交了2011年度信访工作目标责任书。

24日 河南大有能源股份有限公司(简称大有能源)A股上市仪式在上海证券交易所举行。大有能源是义煤集团下属上市公司,也是河南省煤炭能源系统首家借壳成功上市企业。大有能源成功上市,标志着三门峡市实现了A股上市企业零的突破。

25日至27日 省委书记、省人大常委会主任卢展工到三门峡市调研。省委常委、秘书长刘春良,省委副秘书长、政研室主任白建国,省委农办常务副主任余学友,省委副秘书长、常委办主任王育航,市领导李文慧、杨树平等参加调研。卢展工先后到三门峡市湖滨区、灵宝市、卢氏县等地,到田间地头,进企业厂区,深入项目建设工地、抗旱浇地现场、新型农村住宅社区实地考察,同广大干部群众亲切交流,对三门峡市经济社会发展的良好形势给予充分肯定,对做好基层基础工作提出新的要求。

当日至26日 解放军总政治部副主任贾廷安在济南军区副政委王健、兰州军区政治部副主任李炳仁、总政治部群工办主任汤奋的陪同下,率工作组到三门峡市,检查部队支援旱区抗旱救灾工作,听取基层意见和建议,指导部队进一步做好抗旱工作。

3 月

1日 三门峡市召开新区建设工作会议,研究部署有关建设项目,明确新区建设工作的指导思想和目标任务。会议要求,要坚持以项目为载体,以基础建设为先导,创造综合开发平台。起步区要以基建项目落地为主,采取超常规措施,强力推进,早日见效;新城区以职教园区建设、三门峡职业技术学院入驻为开端,进一步完善规划,抓好好阳河水系综合治理,为核心区基础建设做好准备。要以三门峡至灵宝快速通道、职教园区、起步区基础设施建设为重点,统筹协调所有项目,细化任务,明确责任,强化服务,及时对接。

4日 中央编办分别对国家质检总局、海关总署批复,同意设立三门峡出入境检验检疫局、三门峡海关。这标志着三门峡市大通关建设取得重大突破,为三门峡市成为豫晋陕黄河金三角地区对外开放制高点打下了坚实基础,在三门峡对外开放史上具有里程碑意义。

当日 三门峡市全国社会管理创新综合试点工作动员大会召开。会议深入贯彻落实胡锦涛总书记在省部级主要领导干部社会管理及其创新专题研讨班开班式上的重要讲话精神,深入贯彻落实省委书记卢展工在三门峡调研时提出的"着眼基层、依靠基层、着力基层、服务基层"新要求,对三门峡市全国社会管理创新综合试点工作进行动员部署。

5日 十一届全国人大四次会议在北京隆重开幕。三门峡市全国人大代表李文慧、李勤、刁兆秋出席大会。

10日 河南省首家集专业性、地方性和非营利性于一体的创业投资与股权投资协会在三门峡市成立。由三门峡市辖各银行、保险业金融机构、各投融资中介机构和项目企业参与的三门峡市创业投资与股权投资协会(简称"三门峡VC/PE协会"),首批会员单位已达36家。

11日 全国人大代表、市委书记李文慧应邀作客人民网,接受在线视频访谈,就三门峡市经济社会发展战略、在建设中原经济区中的定位、如何抓好基层基础工作、项目建设和对外开放等话题,和网友一起交流感受,畅谈三门峡的未来。

14日 三门峡(北京)经济合作项目推介会在北京举行。副省长史济春,市委书记李文慧,市委副书记、市长杨树平,副市长高战荣等出席推介会。在京央企、上市公司、外商投资企业及境内外客商代表近200人参会。推介会上,共签约经济合作项目9个,投资额103.1亿元。

16日 市委书记李文慧带领市直有关部门及湖滨区、陕县有关负责人察看部分城建重点项目。李文慧先后察看了市文体中心、城市文化公园、义乌商贸城、三门峡移动公司大楼、武警支队大楼等工程进展情况,察看了大岭南路和城市新区起步区炎黄大道、光华路等道路建设工程。李文慧强调,要不断提速城市建设,努力提升城市建设品位,真正发挥区域性中心城市辐射带动作用。

17日 连霍高速公路洛阳至三门峡(豫陕界)段改扩建工程初步设计评审会在三门峡市举行。连霍高速改扩建工程是省政府决策的重点工程,项目全长约195公里,采用设计时速100公里/小时的双向8车道高速公路标准进行改建,投资估算124亿元。

当日 三灵快速通道开工建设。三灵快速通道东起陕县城村连霍高速三门峡西出入口,向西沿现有310国道前行,南折后跨缁阳河直行,再跨乾涧河、好阳河、弘农涧河特大桥,至灵宝王垛村北,与现有连霍高速函谷关连接线相接,全长17.088公里,按城市道路双向10车道和8车道(弘农涧河特大桥段)标准修建,设计时速80公里/小时,全线新建特大桥1座1 173米,大桥3座1 295米,涵洞25道,通道15处,沥青混凝土路面72.1万平方米。工程投资估算15亿元,计划于2012年10月1日前全线建成通车。

18日 市委书记李文慧主持召开市委中心组学习会,传达学习全国"两会"及中共中央政治局常委、国家副主席习近平参加河南代表团审议时的重要讲话精神,对当前全市安全生产、黄河旅游节暨投洽会筹备情况和统战、关工委工作等进行研究部署。

19日 三门峡大厦在郑东新区开工奠基。三门峡大厦位于郑州郑东新区商鼎路与康平路交叉口,距郑州高铁枢纽站1 000米,项目占地面积1.33公顷,建筑

3 月 18 日，灵宝市在函谷关旅游景区举行老子圣像揭幕仪式

高度 80 米，总建筑面积 5.3 万平方米，项目总投资约 2.8 亿元。项目建设工期为 2 年，计划 2012 年 12 月投入使用。

24 日　第 17 届中国（三门峡）国际黄河旅游节暨投资贸易洽谈会新闻发布会在北京举行。国家旅游局副局长祝善忠、旅游促进与国际合作司司长满宏卫，中国国际贸易促进委员会副秘书长于晓东，省政协副主席靳绥东，市领导李文慧、杨树平、赵光超，以及本届旅游节合作伙伴单位负责人出席新闻发布会。来自首都的 45 家新闻媒体、91 家旅行商及有关人士参加了新闻发布会，人民网、新华网对新闻发布会进行了现场直播。第 17 届中国（三门峡）国际黄河旅游节暨投资贸易洽谈会于 5 月 18 日至23日隆重举行。新闻发布会全面介绍了本届节会开幕式暨大型文艺演出、全球十大河流对话黄河暨沿黄九省（区）黄河之旅联盟成立大会、第 2 届横渡母亲河活动、经济合作项目发布暨签字仪式 4 大主体活动及 9 项主要活动，并以视频的形式介绍了三门峡的厚重文化和山水风光。

25 日　三门峡市社会管理创新（北大）高级研修班开班仪式在北京大学举行。此次为期 5 天的研修活动是三门峡市切实做好全国社会管理创新三门峡试点工作的重要举措。北京大学信息学院高层管理培训中心委员会主任、政府项目部主任吴树江出席开班仪式。市领导李文慧、杨树平等出席仪式并参加学习。参加研修班的还有市委党校和三门峡职业技术学院负责人，各县（市）区委书记及相关部门负责人，市直有关部门和市社会管理创新领导小组成员单位负责人等 80 余人。学员们集中学习了“和谐社会建设与社会管理创新”“社会管理中的体制和机制创新”等课程，并进行了实地参观考察。

当日　河南省抗旱打井军地协调会在三门峡市召开，会议就如何进一步加强军地协调与配合，做好抗旱打井工作进行会商研究。河南省军区司令员刘孟合、副司令员兼参谋长宋中贵，宁夏军区副参谋长崔文剑、给水工程团团长宋建荣，市党政军领导王建勋、李建顺、张建峰、张廷善、雷俊卿，宁夏军区、省直有关部门、洛阳市、三门峡市及灵宝市有关人员出席会议。

31 日　市委书记李文慧就做好党委换届和基层基础工作深入渑池县调研。市委常委、组织部部长赵予辉，市委常委、秘书长赵中生陪同调研。李文慧在调研中强调，2011 年是市县乡党委集中换届之年，要切实加强基层基础工作，通过党委换届，换出一个好班子、好风气、好思路，换出一个求真务实、风清气正、强基固本、凝聚合力的好态势、好趋势、好气势。

当日　三门峡市召开大交通项目工作表彰暨现场推进会，总结 2010 年以来的工作，表彰先进，部署 2011 年工作。会上宣读了市政府《关于对市交通运输局和河南弘卢高速公路有限公司等单位的嘉奖令》《关于表彰 2010 年度全市大交通项目建设和农村公路“好路杯”竞赛活动先进单位和先进个人的决定》。与会人员先后来到连霍高速公路改扩建 18 标段老马谢河大桥工地、三灵快速通道好阳河大桥工地、三淅高速公路 1 标段建设工地、三灵快速通道 4 标段建设工地，了解三门峡市大交通重点项目进展情况、存在的困难和问题，现场研究解决办法。

4　月

1 日　副省长陈雪枫到三门峡市，调研工业经济发展情况。陈雪枫一行实地察看了义煤集团等有关企业,听取了三门峡市经济社会发展情况的汇报,肯定了三门峡市经济社会发展的良好态势,并结合三门峡市的资源优势和重点工作,就以后工作提出指导意见。

当日　义马举行建市30周年庆祝大会。省政府发来贺电。全国人大农业与农村委员会委员王明义,省人大常委会副主任王菊梅,省人大常委会原副主任张世军,新疆军区原司令员李新光,三门峡市领导李文慧、杨树平、赵继祥、郭秀荣、赵中生等出席庆祝大会。

3日　三门峡市人民政府与河南煤业化工集团有限责任公司就三门峡戴卡轮毂制造有限公司增资扩股事项成功签约。根据协议,河南煤业化工集团有限责任公司将利用三门峡市丰富的铝资源优势,依托戴卡轮毂制造有限公司在三门峡市投资建设汽车零部件产业园。项目一期投资4亿元,投产后可在三门峡市形成年产500万只轮毂能力,使戴卡轮毂制造有限公司成为亚洲最大的铝轮毂制造企业。

5日　清明节前后,三门峡市积极开展“祭奠革命先烈、倡导祭祀新风”主题活动。活动突出“文明、文化、教育、平安”四大主题,即引导人们了解清明文化,弘扬中华民族优秀传统文化;文明祭祀,低碳环保;祭奠革命先烈,继承先烈遗志,珍惜幸福生活;树立“平安清明”理念,错峰扫墓,营造和谐向上的社会氛围。

7日　三门峡市召开各界青年学习赵仁伟先进事迹座谈会,进一步学习宣传全国优秀共青团员、“2010感动中原十大人物”称号获得者——渑池青年赵仁伟的先进事迹,引导和激励广大青年立足自身岗位,争做先进模范。

11日至13日　以省人大常委会原副主任吴全智为组长的省老干部工作检查组对三门峡市老干部工作进行检查。省检查组一行先后到市老干部活动中心建设工地、市老干部大学第四分校、湖滨区湖滨社区卫生服务中心、三门峡速达交通节能科技有限公司,以及灵宝市金秋公寓、老干部活动中心和老干部大学进行实地检查,查阅了相关资料,分别与三门峡市直、灵宝市的离退休老干部代表进行了座谈。

12日　中国城市发展研究会中小城市发展委员会副会长吴灵臣、常务副秘书长杨枫桥等率领考察团到义马市,考察煤化工产业集聚区项目建设,并与义马市草签了全国中小城市发展委员会与义马市人民政府战略合作框架协议。

15日　全省宣传思想文化系统舆情信息工作会议在三门峡市召开。会议传达贯彻中宣部舆情信息工作会议和部刊工作会议精神,总结工作,交流经验,表彰先进,部署2011年的工作任务。

16日至17日　以省人口计生委党组成员、巡视员赵长法为组长的省委、省政府人口和计划生育工作督查组对三门峡市人口计生工作进行督查。省督查组一行先后深入渑池县仰韶镇人口和计划生育服务中心、苏门村,陕县张湾乡人口和计划生育服务中心、蔡白村查看资料,详细询问情况,进行实地督查,并分别听取了渑池县和陕县的人口计生工作汇报。

17日　在第7次全国煤炭科学技术大会上,义煤集团千秋矿矿长张寅被授予“全国煤炭工业杰出青年科技工作者”,并被聘为全国煤矿井工开采专家委员会委员。

18日　市委召开政法工作座谈会,学习贯彻省委书记卢展工在省人民检察院和省高级人民法院调研讲话精神。市委书记李文慧出席座谈会并强调,学习贯彻卢展工讲话精神,要联系工作实际,努力推动政法工作上台阶,为推进中原经济区建设、实现“三大战略定位”目标和富民强市任务作出应有的贡献。

19日至21日　由市委书记李文慧和市委副书记、市长杨树平带队,三门峡市党政考察团赴陕西渭南和山西运城、临汾学习考察。市四大班子领导,各县(市)区和市直有关部门负责人参加了考察活动。考察团学习了3市加快经济社会发展的先进经验,考察了其改善民生和加强基础设施建设的具体做法,进一步探索了加强区域合作的有效途径。

22日　中央党校学习时报社渑池调研基地揭牌。这是学习时报社在全国设立的第1个县级调研基地。

当日至23日　全省水土保持工作会议在三门峡市召开,深入学习新修订的《中华人民共和国水土保持法》,分析当前形势,谋划“十二五”期间水土保持发展工作,部署2011年工作,表彰先进集体和个人。会议对做好“十二五”期间水土保持工作提出要求:全力加快水土流失治理步伐,加大监督执法力度,大力推进体制机制创新,积极探索水土保持工作新路子,深入学习新《中华人民共和国水土保持法》。

23日　在全国煤炭工业首届“百名优秀青年矿工”评选活动中,义煤集团耿村矿的刘智理和跃进矿的郑林杰喜获殊荣。

当日　在第7届中国工业论坛和中国工业年度人物发布会上,义煤集团新安煤矿荣获“中国工业党建优秀单位”称号,新安煤矿党委书记马泰山被授予“中国工业党建优秀个人”称号。

26日　以公安部装备财务局副局长刘玉庆为组长的中央政法委第四督查组一行在省委政法委副书记杨国文陪同下,到三门峡市督查中央两办4号文件精神和中央政法委等四部委48号文件精神贯彻落实情况。

27日　河南骏通公司200辆专用车出口俄罗斯。这是市委、市政府深入推进“大通关”机制建设,为企业打开拓展国际市场通道的成果,也标志着骏通公司在提升市场竞争力、开拓国际市场方面迈出了新步伐。市委书记李文慧,市委常委、秘书长赵中生,副市长李琳出席发车仪式。河南电视台新闻频道大型直播活动——“中原正春风”,在骏通公司专用车出口发车仪式上进行现场直播。

28 日　市委书记李文慧到创先争优活动联系点灵宝市西阎乡祝家营村调研活动开展情况,和干部群众代表座谈交流,知民意,听诉求,解困难。李文慧在调研中强调,心里装着群众,就要为民谋利;心里装着基层,就要为基层服务;心里装着基础,就要做好做实。

当日　义煤集团举行新义煤矿竣工投产仪式,标志着河南省“十二五”期间首家重点骨干煤矿正式投产。新义煤矿是省重点建设项目,位于新安县正村乡境内,井田面积 42.7 平方公里,可采储量 1.1 亿吨,由郑州设计研究院设计,年生产能力 120 万吨,服务年限 67 年,矿井采用立井两水平上下山开拓、综合机械化采煤工艺,概算投资 10.7 亿元。

29 日　三门峡市召开庆“五一”表彰暨先进模范人物座谈会。会议表彰了 2011 年获得全国、省、市“五一”劳动奖章、“五一”劳动奖状、“工人先锋号”等荣誉的先进集体和个人。其中,灵宝市黄金股份有限公司许高明、河南九华纺织有限公司兰换新荣获全国“五一”劳动奖章,义马煤业集团千秋煤矿“八一”采煤队路线班获“工人先锋号”荣誉称号。

5　月

6 日　全国人大环资委委员、解放军总后勤部原副部长周友良到三门峡大坝、虢国博物馆、速达汽车有限公司、市文体中心等地参观考察。

当日　三门峡市召开深化“抓基层、打基础、争一流、当先锋”活动工作会议。市委书记李文慧出席会议并强调,要以深化“抓基层、打基础、争一流、当先锋”活动为载体,提高认识,理清思路,把握重点,以基层基础工作的新突破实现经济社会发展的新跨越。渑池县、卢氏县和市农业局在会上作典型发言。

7 日至 8 日　河南省信访工作理论研讨会在灵宝召开。会议的主要任务是交流各地用群众工作统揽信访工作的做法和经验,分析信访理论研究工作存在的问题和不足,研究下一步对策措施。

9 日　河南省社会保险法培训班开班仪式在三门峡市举行。培训班以基本养老保险、基本医疗保险理解与应用及工伤保险、失业保险、生育保险基本理论与实践等课题为主,对社会保险法的相关内容进行了为期 3 天的培训。

10 日　雏鹰公司 100 万头生态养猪项目陕县项目区举行开工奠基仪式。市委副书记、市长杨树平和省畜牧局局长李孟顺出席仪式。雏鹰公司 100 万头生态养猪项目陕县项目区总投资 40 亿元,一期工程投资 20 亿元,达产后可实现年出栏生态猪 50 万头,年销售收入达 20 亿元,增加就业岗位 3 000 个。

当日至 11 日　最高人民检察院党组成员、纪检组组长莫文秀深入三门峡市调研。省人民检察院检察长蔡宁及市领导李文慧、申黎明、赵中生等陪同调研。在察看廉政文化建设情况、听取检察工作汇报,并与部分干警座谈后,莫文秀称赞三门峡市检察工作有创新、有特色、有成效,发挥出了表率引领作用。

11 日至 12 日　河南省农业市场信息工作会议在三门峡市召开。会议要求从加强农产品市场体系建设、加强信息采集和市场监测预警、加强农业信息服务体系建设、不断完善市场信息工作体系等 4 个方面扎实做好 2011 年的农业市场信息工作。

13 日　河南省副省长史济春,河南出入境检验检疫局局长袁长祥,三门峡市委书记李文慧,市委副书记、市长杨树平共同为中华人民共和国三门峡出入境检验检疫局揭牌,标志着三门峡市大通关机构建设翻开了新的一页。

15 日　209 国道改造暨嘉和广场项目正式启动。市领导杨树平、赵继祥、郭秀荣、李建顺、张建峰等出席启动仪式。嘉和广场位于三门峡黄河大桥南 209 国道西侧,位居三门峡的“北大门”,由高档住宅、精品特色商业等物业形式组成,总建筑面积近 10 万平方米,计划总投资 2.8 亿元,是市委、市政府 2011 年重点建设项目之一。该项目共 28 层,其中地下部分 4 层,地上建筑最高 99.5 米,建筑工期 30 个月。

16 日　三门峡天鹅湖国家城市湿地公园举行 4A 级旅游景区授牌仪式。市委副书记、市长杨树平,正市级领导赵光超,市人大常委会副主任李宝鸿,市政协副主席高从民等出席授牌仪式。公园由此成为三门峡继虢国博物馆、豫西大峡谷、函谷关历史文化旅游区之后的第 4 个国家 4A 级旅游景区。天鹅湖国家城市湿地公园总面积约 590 公顷,其中陆地面积约 410 公顷,水域面积约 180 公顷。核心景区主要包括双龙湖白天鹅观赏区、陕州故城和沿黄生态林带三部分。

17 日　韩国东豆川市友好访问团到三门峡市。市委副书记、市长杨树平和东豆川市市长吴世昌代表双方签署协议,正式缔结友好城市关系,并就推动两市长期友好合作与交流相互交换了意见。

18 日　省委副书记、省长郭庚茂在三门峡大鹏国际酒店会见前来参加第 17 届中国(三门峡)国际黄河旅游节暨投资贸易洽谈会的驻华使节、世界旅游组织和联合国教科文组织官员。省委常委、宣传部部长、副省长孔玉芳,中国国际贸易促进委员会副会长王锦珍,三门峡市委副书记、市长杨树平等参加会见。

当日　第 17 届中国(三门峡)国际黄河旅游节暨投资贸易洽谈会开幕式隆重举行。节会升格为国家级节庆活动,由国家旅游局、国家贸促会和河南省政府共同主办,河南省旅游局、河南省商务厅、河南省贸促会和三门峡市委、市政府共同承办。全国政协副主席陈奎元出席开幕式并宣布第 17 届中国(三门峡)国际黄河旅游节暨投资贸易洽谈会开幕。省委副书记、省长郭庚茂致开幕词,省委常委、宣传部部长、副省长孔玉芳主持开幕式。国家旅游局副局长杜一力,中国国际贸易促进委员会副会长王锦珍,省委副书记、省政协主席叶冬松,省人大常委会副主任蒋笃运,省政协副主席李英杰,省人大常委会原副主任郑增茂、亢崇仁以及省直相关部门负责人出席开幕式。联合国世界旅游组织、科教文组织官员,克罗地亚、越南、俄罗斯、埃及、美国、刚果、厄瓜多尔、玻利维亚等国驻华使节,匈牙利索尔诺克市友好访问团,韩国东豆川市友好访问团,台湾郭氏宗亲寻根谒祖及文化商贸交流团,沿黄九省(区)旅游局和主要旅游城市旅游局局长,河南省省辖市旅游局局长,国际友人,国内外旅行商,经贸客商,新闻记者,旅游摄影家等出席开幕式。开幕式后,举行了《天下黄河》大型文艺演出。19 日,在经济合作项目发布暨签字仪式上,市商务局、市外商投资管理局发布 500 个经济合作项目,涉及先进制造、高新技术、铝工业、化工、基础设施、能源、现代服务业等,并成功签约经济合作项目 60 个,金额 560.53 亿元。

19 日　中国旅游日河南庆祝活动暨"保护河流文明·三门峡宣言"万人签名仪式在三门峡天鹅湖国家湿地公园隆重举行。全国政协副主席陈奎元等国内外嘉宾以及上万名社会各界群众,共同庆祝第一个中国旅游日,并在 190 米长的"保护河流文明·三门峡宣言"横幅上郑重签名。国家旅游局副局长杜一力,省人大常委会副主任蒋笃运,省政协副主席李英杰,山东省省长助理陈光,复旦大学教授钱文忠,世界旅游组织亚太部特别代表贝兹博拉·马丹帕拉萨德,联合国教科文组织代表索南姆·尤丹,克罗地亚、越南、俄罗斯、埃及、美国、刚果、厄瓜多尔、玻利维亚等国驻华使节以及国家旅游局旅游促进与国际联络司副司长张西龙、宁夏回族自治区政府经协办副主任周明新等出席仪式。市领导李文慧、杨树平、赵继祥、郭秀荣等市四大班子领导以及全球十大著名河流代表,德国、俄罗斯、加拿大、韩国、新加坡、日本旅行商及新闻媒体记者,沿黄九省(区)旅游局和重点旅游城市旅游局领导及旅游业界代表,河南省 17 个省辖市政府、旅游局领导参加了仪式。市委书记李文慧在仪式上宣读了《保护河流文明·三门峡宣言》。

当日　全国政协副主席陈奎元在省政协副主席李英杰陪同下,深入三门峡速达交通节能科技有限公司视察,并试乘该公司生产的速达牌纯电动汽车。市领导李文慧、郭秀荣、赵中生、陈雪平陪同视察。陈奎元详细了解了速达再生制动能量回收控制器、速达永磁同步电机、电池能源管理器和速达牌汽车发动机增氧调压节能器的原理和性能,了解了速达牌纯电动汽车的各项性能指标,对该公司在新能源汽车研发方面取得的成绩给予充分肯定。

当日　"全球十大河流对话黄河"暨"沿黄九省(区)黄河之旅旅游联盟"成立大会在三门峡市举行。来自全球十大河流的代表围绕保护河流文明、发展河流旅游进行了主题对谈。河南省旅游局局长范修芳在会上宣读成立"沿黄九省(区)黄河之旅旅游联盟"倡议书,沿黄九省(区)旅游局领导共同签署了倡议书,这标志着中国最大的区域旅游合作体正式成立。

当日至 20 日　水利部黄委会主任陈小江到三门峡市,调研黄河防汛和三门峡水利枢纽管理工作。陈小江一行认真听取三门峡水利枢纽情况介绍,深入了解了发电机组运行,库区水位、库容、水质、泄洪排沙等情况,对三门峡市黄河防汛等工作给予充分肯定。

21 日　"黄河之旅·绿色甘山"全国山地自行车邀请赛在三门峡市举行。来自全国 12 个省份 25 个地区的 500 多名选手参赛。经过激烈角逐,四川成都选手霍海兵夺得男子组冠军,广东江门选手司徒颖菊夺得女子组冠军。

22 日　由国家体育总局游泳运动管理中心、中国游泳协会、河南省体育局和第 17 届中国(三门峡)国际黄河旅游节暨投资贸易洽谈会组委会联合主办,三门峡市体育局承办,市游泳协会协办的"2011 中国·三门峡横渡母亲河"活动开幕式在天鹅湖国家城市湿地公园举行。国家体育总局游泳运动管理中心社会活动部主任江斌波、副主任张梅,河南省体育局党组书记彭德胜,全国战斗英雄、南海舰队广州基地原副司令员麦贤得,台湾两岸体育交流办事处主任林自发,市领导杨树平、赵继祥、郭秀荣、赵光超、李立江、王铁创、张景林等出席开幕式。全国 26 个省、自治区、直辖市及台湾地区的 73 个城市代表队 2011 名运动员参加横渡活动。

25 日　中纪委原副书记、河南省委原书记侯宗宾深入速达公司、市博物馆、市群艺馆,考察三门峡市经济社会和文化事业发展等情况。侯宗宾在考察中对三门峡市大力推进科技自主创新、发展高科技产业以及取得的实效给予肯定。

当日　省人大常委会副主任铁代生到三门峡市视察。铁代生先后视察了市文体中心、三门峡速达交通节能科技有限公司和三门峡天鹅湖国家城市湿地公园。

26 日至 27 日　全国 20 城市人大工作座谈会第三轮第 9 次会议在三门峡市召开。会议围绕如何加强和改进人大工作,进行广泛的研究探讨和经验交流。省人大常委会副主任铁代生出席座谈会开幕式并作重要讲话。

27 日　三门峡市副市级以上领导干部会议召开,宣布省委对三门峡市领导班子调整的有关决定。省委组织部副部长安平出席会议并作重要讲话。省委决定,杨树平任中共三门峡市委书记。李文慧任中共南阳市委委员、常委、书记,免去其中共三门峡市委书记、常委、委员职务。

当日　全国人大常委会副委员长、全国妇联主席陈至立到三门峡市视察。全国妇联副主席陈秀榕,省人大常委会副主任王菊梅、省妇联主席陈砚秋陪同视察,市领导杨树平、赵继祥、郭秀荣、李建顺、李立江、郭绍伟、赵中生、雷俊卿、邹援朝等参加陪同视察活动。

31 日　2011 豫沪经济合作交流会“中原经济区投资说明会”在郑州国际会展中心隆重举行。省领导卢展工、叶冬松、李克、孔玉芳、刘春良、刘怀廉、连维良、曹维新、张大卫、徐济超、陈雪枫、赵建才、梁静出席说明会。

6　月

3 日　河南省 2011 年与中央企业合作重点项目签约仪式在北京人民大会堂举行。三门峡市有 13 个项目参加签约，总投资 207.6 亿元，签约项目个数和总金额位居全省前列。市委书记杨树平出席签约仪式。

7 日　北京新四军研究会副会长陈丹淮、邓淮生，北京新四军研究会五师分会副会长、中国东北亚国际技术经济合作促进会副秘书长马长征，河南新四军和华中抗日根据地历史研究会副会长兼秘书长彭承烈等革命前辈后代到三门峡市参观访问，并与市委书记杨树平亲切会谈。

当日至 10 日　在全国老区宣传报道工作会议上，卢氏县老区建设促进会被评为全国老区宣传报道工作先进单位。

8 日　中国共产党三门峡市第五届委员会第九次全体会议召开，研究召开中国共产党三门峡市第六次代表大会的有关事宜，讨论通过了《关于召开中国共产党三门峡市第六次代表大会的决议》。

当日　全市领导干部大会召开。市委书记杨树平主持会议并强调，要持续以往的好思路、好做法、好经验，对当前和以后一个时期的各项工作进行再动员、再部署、再落实，以崭新的精神面貌、昂扬的精神状态、扎实的工作作风，奋发有为，求实求效，全力推进经济社会更好更快发展，确保实现时间、任务双过半，确保圆满完成全年各项目标任务。

10 日　渑池县曹窑以西煤下铝整装勘查项目启动暨首钻开钻仪式在三门峡市举行。项目是全国开展的首个在煤层之下找铝土矿的整装勘查项目，也是省启动的首批整装勘查项目之一，由河南省有色金属地质矿产局统一组织，河南省有色金属地质矿产局第六地质大队负责实施。项目位于三门峡市所辖的陕县和渑池县，首期工作预计 1 年时间，预计可提交新增铝土矿资源量 1.52 亿吨，延长三门峡市铝土矿资源保障年限 6 年左右。

当日　国务院公布第 3 批国家级非物质文化遗产名录和扩展项目名录，三门峡市地坑院营造技艺被列入国家级非物质文化遗产名录扩展项目名录。地坑院是豫西地区一种独特的民居形式，主要分布在陕县西张村镇、张汴乡、菜园乡和张湾乡境内。地坑院营造技艺是一种独特的民间建筑技艺，具有较高的建筑学、民俗学价值。

13 日　以中国城市规划设计研究院总规划师、教授级高级城市规划师张兵博士为组长的三门峡城市空间发展战略研究项目组到三门峡市，开展对城市空间发展战略的调查研究。

当日至 14 日　国家部委联合调研组（综合组）在国家发改委地区司司长范恒山率领下到三门峡市，实地调研中原经济区建设情况。副省长张大卫及省直有关部门负责人，市领导杨树平、赵海燕、赵光超、赵中生、李琳等陪同调研。调研组先后到郑西高铁三门峡南站、三门峡出入境检验检疫局、市农业局、三门峡大坝、三门峡天鹅湖国家城市湿地公园、三门峡产业集聚区及义马市等地实地考察。

15 日　第 17 届中国（三门峡）国际黄河旅游节暨投资贸易洽谈会总结表彰大会召开。市委书记杨树平在会上强调，各级、各部门和单位要认真总结节会创造的成功经验，大力弘扬节会培育的崇高精神，进一步动员全市广大干部群众乘势而上，奋发有为，全面加快推进大交通、大通关、大商贸、大旅游和高新技术产业“四大一高”建设，努力打造中原经济区重要支撑、区域合作示范城市和豫晋陕黄河金三角区域性中心城市，为全面建设创新开放、富裕文明、平安和谐、生态宜居三门峡作出新的更大的贡献，以优异成绩迎接建党 90 周年。

16 日　河南省第十六次人大工作研讨会在三门峡市召开。省委书记、省人大常委会主任卢展工主持会议并强调，全省各级人大及其常委会在工作中要更好地突出主题、准确站位、有机结合、求真求实，为推动中原经济区建设作出新的更大贡献。

当日至 20 日　以省双拥办主任、省民政厅副厅长董颖生为组长的省双拥工作检查组到三门峡市，对“全国双拥模范城”创建工作进行检查指导。

17 日　三门峡速达电动汽车物流专用线通车典礼举行。市领导杨树平、赵海燕等出席典礼，并为速达电动汽车物流专用线通车剪彩。速达电动汽车物流专用线全长 2.4 公里，工程总投资 2 300 余万元，按照二级公路标准修建，路基宽 8.5 米，路面宽 7 米，设计时速 40 公里。

当日　“中流砥柱——三门峡市庆祝中国共产党成立 90 周年图片展”在市博物馆举行开幕式。市领导李立江、申黎明、高从民等出席开幕式。展览分室内展览和室外巡回展两部分，按历史时期分“新民主主义革命时期”“社会主义革命和建设阶段”“改革开放和现代化建设新阶段”3 大部分，其中室内展览全长 115 米，共展出图片 400 余幅。24 日，市委书记杨树平，市委副书记、代市长赵海燕，市委常委、纪委书记申黎明，市委常委、组织部部长赵予辉，市委常委、秘书长赵中生，市委常委、统战部部长赵艳等到市博物馆，观看了展览。

18 日至 19 日　中国社会工作协会县乡社区工作筹备会在渑池县召开。民政部基层政权和社区建设司副司长汤晋苏，中国社会工作协会社区工作委员会副主任曹国英、杨作清，省民政厅副厅级巡视员高小科,以及来自全国各地的代表30余人出席会议。在经验交流研讨会上,渑池县及该县仁村乡、南村乡就村民自治、基层民主、农村社区建设等方面的工作作典型发言。

21日 市委书记杨树平赴灵宝市走访慰问部分基层党员中的先进典型,向他们致以崇高的敬意和诚挚的问候,送去党的关怀和温暖。杨树平先后看望慰问了全国劳动模范、灵宝市故县镇河西村党支部书记席文学,中共十七大代表、"全国模范检察官"白洁,全国优秀党务工作者、全国劳动模范包有民等。

当日 市人大常委会主任赵继祥主持召开市五届人大常委会第30次会议。会议决定,接受杨树平辞去三门峡市人民政府市长职务,任命赵海燕为三门峡市人民政府副市长、代理市长。

当日至23日 在"2011中国最具创新力城市品牌总评榜颁奖盛典暨第7届中国区域经济可持续发展高峰论坛"上,义马市被授予"2011中国最具创新能力城市"荣誉称号。

22日 三门峡市庆祝中国共产党成立90周年万名党员重温入党誓词、唱红歌活动在市文体中心举行。全市副市级以上领导干部,市直机关党员代表,离退休老党员、老干部代表,部分受表彰的先进基层党组织主要负责人和先进个人代表近两万人参加活动。市委书记杨树平在万名党员重温入党誓词仪式上作重要讲话,市委副书记、代市长赵海燕主持仪式。重温入党誓词仪式结束后,举行了"日出东方"——庆祝中国共产党成立90周年文艺晚会。

当日 副省长刘满仓深入三门峡市,调研农业生产工作。市领导杨树平、赵海燕等陪同调研。刘满仓先后到陕县西李村乡的雏鹰公司生态养猪项目建设工地、大营镇的二仙坡绿色果业有限公司生产基地实地调研。刘满仓在调研中指出,三门峡市要大力发展特色农业,加快发展现代农业,以此推进农业增效,带动农民增收。

当日 由中视威豪(北京)影视文化发展有限公司出品、海军政治部电视艺术中心和渑池县政府等单位联合摄制的电影《留驻桃花塬》在郑州举行首映式。电影《留驻桃花塬》取材于发生在渑池县的真人真事,讲述了大学生易家林因对仰韶文化的兴趣和爱好,来到桃花塬村支教10年的故事。《留驻桃花塬》是三门峡市第一部通过院线公开发行的胶片电影,也是三门峡市发展新兴文化产业、推动转型发展的一次尝试。

23日 市委书记杨树平,市委副书记、代市长赵海燕,市委常委、秘书长赵中生,副市长张建峰等深入陕县张汴乡打井现场,看望慰问宁夏军区给水工程团官兵。宁夏军区给水工程团于2月20日抵达三门峡市,计划打井51眼,已打井26眼。机井全部打成并配套后,可以解决74 718人的吃水问题,发展灌溉面积986.67公顷。

当日 在联合国亚太城市发展中国家研究中心、联合国人居环境发展促进会、中国城市建设发展促进会、中国城市品牌建设研究会、中国开发区发展促进会、中国旅游业联合会、中国品牌管理协会、商务时报社共同举办的第7届中国城市品牌大会暨影响力品牌公益评选颁奖盛典上,义马市荣获中国最佳文化旅游城市和全国优秀生态旅游城市称号,义马市委书记张松林荣获中国旅游城市建设贡献人物称号。

24日 三门峡市举行纪念中国共产党成立90周年座谈会。市委书记杨树平在座谈会上作重要讲话,激励广大党员永葆本色,创新发展,为民谋利,树立形象,在三门峡市富民强市的伟大征程中争当时代先锋。

27日 在第14届"中国武警十大忠诚卫士"评选活动中,武警三门峡支队教导队队长代练兵荣膺"中国武警十大忠诚卫士"称号。

当日 省委下发《中共河南省委关于表彰全省先进基层党组织、优秀共产党员和优秀党务工作者的决定》(豫文〔2011〕117号),渑池县城关镇党委等30个基层党组织荣获"全省先进基层党组织"称号,姚景华等16名共产党员荣获"全省优秀共产党员"称号,杨冬林等11名党务工作者荣获"全省优秀党务工作者"称号。

当日至30日 由非洲及东欧15个国家28位工商会官员组成的考察访问团到三门峡市考察访问。考察访问团先后实地考察了河南速达电动汽车公司、三门峡思睿电子科技有限公司、河南中赢橡胶科技有限公司、三门峡成义电气有限公司、河南骏通车辆有限公司、恒康铝业公司、开曼铝业三门峡有限公司、鹏飞电子有限公司、三门峡缘份果业有限公司、灵宝黄金股份华鑫铜箔有限公司等企业。经过4天的实地考察、交流洽谈和深入了解,各国代表与市贸促会签订13项友好合作协议。

28日 三门峡市商业银行卢氏支行挂牌营业,标志着三门峡市商业银行实现县域市场全覆盖,县域网点布局工作走在全省17家城商行之首。

29日 三门峡市举行庆祝中国共产党成立90周年暨表彰大会。大会总结工作,部署任务,表彰先进。市委书记杨树平在大会上强调,全市各级党组织和广大共产党员要以纪念建党90周年为契机,把对党的热爱和忠诚转化为加快发展的强大动力,真抓实干,锐意进取,为建设创新开放、富裕文明、平安和谐、生态宜居三门峡作出新的更大的贡献。大会对全市先进基层党组织、优秀党支部书记、优秀共产党员和优秀党务工作者进行了表彰。

30日 河南省庆祝中国共产党成立90周年大会在郑州隆重举行。市领导杨树平、赵继祥、李建顺、李立江、郭绍伟、赵予辉、赵艳等市四大班子领导及副地级以上干部在市委会议室一同收看了大会的现场直播。市直机关的干部职工也收看了大会的现场直播。

7 月

1 日　在庆祝中国共产党成立 90 周年大会上，灵宝市西阎乡祝家营村党支部荣获“全国先进基层党组织”称号。

当日　在郑州参观学习的三门峡市四大班子领导，共同收看了庆祝中国共产党成立 90 周年大会电视直播，认真聆听胡锦涛总书记在大会上的重要讲话。三门峡市干部群众通过各种形式收看了大会的现场直播。

3 日　国务院南水北调办公室副主任于幼军到三门峡市，实地考察三门峡黄河水利枢纽运行情况。

7 日　济南军区革命传统教育基地挂牌仪式在渑池县刘少奇旧居举行。市委书记、军分区党委第一书记杨树平，市委常委、军分区政委雷俊卿共同为教育基地揭牌。

8 日　省高级人民法院院长张立勇到三门峡市，就“发扬传统、坚定信念、执法为民”主题教育实践活动开展情况进行调研。

9 日　三门峡市举行防汛抗旱应急指挥（山洪预警）系统暨抗洪抢险演练。市领导杨树平、赵海燕、李建顺、赵中生、雷俊卿、张建峰等参加演练。

当日　中国黄金集团中原黄金冶炼厂一车间因煤油燃烧引发火灾。火灾发生后，三门峡市委、市政府紧急启动应急预案，市委书记杨树平，市委副书记、代市长赵海燕立即赶赴现场，指挥消防、公安、安监等各部门齐心协力，扑救近 6 个小时，成功处置此次火灾，未造成人员伤亡和有害物质泄漏。

11 日　焦作市委副书记、市长孙立坤，市政协主席王太峰率考察团到三门峡市，考察城市建设等各方面情况。考察团先后到市文体中心、天鹅湖国家城市湿地公园进行考察，听取了三门峡市经济社会发展和城市建设情况介绍。

三门峡市外贸出口的“拳头”产品——铝合金轮毂

当日　在第 14 届“中国武警十大忠诚卫士”颁奖表彰大会上，武警河南总队三门峡市支队教导队队长代练兵荣膺“中国武警十大忠诚卫士”殊荣。29 日，三门峡市召开表彰大会。会上，宣读了武警河南省总队党委关于开展向代练兵学习活动的决定。市委书记杨树平、武警河南省总队副政委王大华分别在会上讲话。

12 日至 13 日　三门峡市第五届人民代表大会第七次会议召开。会议一致通过了本次大会选举办法。赵海燕全票当选三门峡市人民政府市长，郑泽中、孙宗会当选三门峡市人民代表大会常务委员会副主任。

14 日　省工商联十届八次常委会议在三门峡市召开。会议学习贯彻胡锦涛总书记“七一”重要讲话精神，深入贯彻落实《中共中央国务院关于加强和改进新形势下工商联工作的意见》精神，紧紧围绕科学发展主题和加快转变经济发展方式主线，围绕中原经济区建设大局，探讨交流服务和促进中小企业转型发展工作。

当日至 16 日　在第 2 届中国城市科学发展高层论坛暨中国（深圳）国际节能减排和新能源科技成果产业化及投融资博览会上，义马市获“中国最具投资吸引力城市”称号。

15 日　全省文化局长座谈会在三门峡市召开，总结交流上半年文化工作，研究部署下半年工作。

18 日　市委书记杨树平主持召开市委常委会议，专题研究贯彻落实中央、省委领导就三门峡市驻村任职工作批示精神。

20 日　由河南日报报业集团主办的“互动中原”推进中原经济区建设大型网络系列访谈活动到三门峡市进行采访。市委书记杨树平接受了大河网专访，就三门峡在中原经济区建设中如何破解难题、有所作为等问题接受了访谈，并与现场网友进行互动交流，畅谈三门峡加快经济社会发展的思路举措。

21 日　省委常委、政法委书记李新民到三门峡市，调研社会管理创新试点工作。

22 日　在收听收看全省信访稳定工作电视电话会议后，三门峡市召开会议，就切实做好信访稳定工作进行部署，市委书记杨树平在会上作重要讲话。

26 日　副省长秦玉海深入三门峡市检查指导防汛工作。秦玉海一行先后到陕县辛店黄河防洪工程、涧里水库等地进行了实地察看，现场听取了防汛工作汇报，并对三门峡市防汛工作给予了充分肯定。秦玉海强调，要扎实做好各项防汛工作,确保汛期万无一失。

27日 市委常委会进行集中学习,学习李文祥先进事迹、《河南日报》新"十八谈"文章和全国水利工作会议精神。

当日 市委常委议军会议召开。市委书记、三门峡军分区党委第一书记杨树平主持会议并作重要讲话。会议传达学习了中共中央、国务院、中央军委关于国防和军队建设有关文件精神,听取了三门峡军分区工作情况汇报,研究解决加强驻军与民兵预备役建设的具体问题。

28日 三门峡市法制宣传教育暨依法治理工作会议召开。会议深入学习中央和省委法制宣传教育工作会议精神,总结交流全市"五五"普法和依法治理工作的成绩和经验,表彰"五五"普法先进集体和先进个人,部署"六五"普法和依法治理工作。

8 月

2日至3日 省委常委、省纪委书记尹晋华到三门峡市调研经济社会发展和反腐倡廉建设。尹晋华先后到部分县(市)区、廉政教育基地及重点企业实地调研。

3日至6日 全省卫生应急管理干部培训班在陕县举办。省政府副秘书长、应急专家组组长介新,省卫生厅副厅长曲杰等有关领导参加开班仪式。培训邀请了省政府和卫生部领导为学员作专题讲座,来自全省的120多名学员参加。

4日 市委书记杨树平会见了中国驻巴基斯坦、匈牙利前任大使张春祥。杨树平对张春祥回家乡参观考察表示热烈欢迎,对他牵线帮助三门峡市和匈牙利共和国索尔诺克市建立友好城市关系、关心家乡建设和外向型经济发展表示诚挚感谢,并介绍了三门峡经济社会发展情况。

6日 全省"百名法学家百场报告会"三门峡专场举行。"百名法学家百场报告会"活动是由省委组织部、省委宣传部、省委政法委、省教育厅、省司法厅和省法学会共同举办的法制宣讲活动。郑州大学法学院教授苗连营以"依法治国与依宪治国"为题作报告,系统阐述了依法治国、依宪治国的深远意义,依法治国、依法行政与科学发展观的内在联系。

10日 全省涉法涉诉信访工作(三门峡)现场会召开。省委政法委副巡视员高欣,省高级法院副厅级审判员张晓和出席现场会。这次现场会,基于全省上半年信访形势依然严峻、信访案件依然集中、信访案件办结率依然较低,基于学习借鉴三门峡的经验。会议期间,市委常委、政法委书记郭绍伟介绍了三门峡市的工作经验。与会人员到市中级人民法院、湖滨区人民检察院和市群众工作部考察,焦作、洛阳、南阳等市作了表态发言。

14日至20日 在全国高职高专科研先进表彰会暨2011年科研工作学术年会上,三门峡职业技术学院获"全国高职高专院校科研工作先进单位"称号,三门峡职业技术学院科研处获"全国高职高专院校科研工作先进集体"称号,三门峡职业技术学院党委书记郑建英获"全国高职高专院校支持科研工作的书记、校长"称号。

15日 在劳动和社会保障部、中华全国总工会、中国企业联合会、中国企业家协会联合召开的全国促进建立劳动关系和谐企业与工业园区表彰暨经验交流会议上,大唐三门峡发电有限公司获"全国模范劳动关系和谐企业"荣誉称号。

当日 河南省"道德模范故事汇"基层巡演启动仪式暨首场演出在义马市举行。

17日 市直机关派驻村党组织第一书记报告会举行。灵宝市西阎乡桃花营村党支部第一书记、市总工会干部赵敏等6位驻村第一书记用他们在农村工作的亲身经历和朴实生动的语言作精彩报告,充分展现了第一书记在农村一线的实践风采。

当日 受宁夏军区党委和军区领导委托,宁夏军区参谋长管黎峰、副参谋长崔文剑一行专程到三门峡市表示感谢慰问。2010年冬至2011年春,三门峡市遭遇持续干旱天气,按照中央军委的命令,宁夏军区给水工程团援豫抗旱,于2月20日到三门峡市,分别在湖滨区、灵宝市、陕县等地实施打井作业,极大地缓解了本地群众生活生产用水困难。市委书记杨树平代表市党政军五大班子及全市人民对给水工程团官兵支援三门峡市抗旱打井表示感谢。走访慰问中,管黎峰一行向市委、市政府送上了感谢信,并表示,打井官兵到三门峡半年时间,市委、市政府及有关部门及广大人民群众积极为部队提供方便和保障,使官兵们深刻感受到三门峡人民的拥军之情、对子弟兵的深情厚谊。

当日 河南发展高层论坛第46次研讨会在灵宝举行。来自全省高校的60多名专家、学者深入探讨研究中原经济区建设中的城市群发展问题,围绕省委、省政府工作重点建言献策。研讨会的主题是"中原经济区建设中的城市群发展问题",是由省委书记卢展工提出的极富时代意义的应用性理论研究命题。河南大学原副校长王发增作主题发言。研讨会上,专家、学者们就发展副中心城市、发展城市化、解决发展中的土地保护问题、增加城市率等问题各抒己见,广泛研讨和交流。

18日 全省省辖市公安局直属派出所治安管理工作三门峡现场会召开。省维稳办主任、省公安厅副厅长程德民,省公安厅治安管理总队总队长曾建新、政委周连根,副市长、市公安局局长崔保连出席会议。会议学习三门峡市公安局湖滨派出所的工作经验,研究探讨在新的警务机制模式下加强治安管理工作的方法和路径,推动全省基层治安管理工作在规范化、实战化、正规化方面迈出新步伐。

19 日　在收听收看了全国、全省加强和改进流浪未成年人救助保护工作电视电话会议后，三门峡市召开电视电话会议，就贯彻上级会议精神，扎实做好全市流浪未成年人救助保护工作进行专题部署。会上，市委副书记、市长赵海燕就扎实开展好此项工作提出明确要求。

当日至 20 日　第二次全省工业经济运行联席会议在三门峡市召开。会议总结 2011 年工业经济运行工作，分析当前形势，部署下一步工作。

20 日　在 2011 年全国县域经济科学发展交流年会上，第 11 届中国中部县域经济基本竞争力百强县(市)名单揭晓，灵宝、渑池、义马 3 个县(市)再次入围全国中部百强县(市)。

22 日　2011 年河南企业 100 强名单揭晓，三门峡市 3 家企业榜上有名。其中，义马煤业集团股份有限公司以营业收入 219.7 亿元排第 12 位，河南中原黄金冶炼厂有限责任公司以营业收入 148.3 亿元排第 20 位，中国水利水电第十一工程局有限公司以营业收入 56.9 亿元排第 39 位。

当日　三门峡市召开城市空间发展战略研究中期成果汇报会。会议听取了中国规划设计研究院专家关于城市空间发展的空间关系、区域定位、发展定位、空间拓展模式等内容的分析和汇报。市委书记杨树平出席会议，并就进一步完善改进研究成果提出明确要求。

当日　副省长刘满仓深入三门峡市，看望慰问宁夏军区给水工程团官兵，检查指导抗旱应急打井及配套工程建设情况。刘满仓先后到湖滨区高庙乡黄底村、灵宝市大王镇北路井村打井现场，仔细察看了打井配套设施、村民用水管理和运转情况。

23 日　市委常委、政法委书记郭绍伟，市人大常委会副主任亢伊生，市人民检察院检察长张永键等到洛阳市新区博物馆，观看了在洛阳巡展的“法治与责任·全国检察机关惩治和预防渎职侵权犯罪展览”。

24 日　省军区政委周和平到三门峡调研部队和民兵预备役建设工作。周和平一行察看了速达电动汽车研发基地和建设中的生产厂区、天鹅湖国家城市湿地公园，并深入预备役高炮五团和陕县人民武装部检查指导工作。周和平在听取汇报后，对三门峡军分区的工作表示肯定。

25 日　中央、省、市十余家新闻媒体记者在三门峡市开始集中采访活动，全面宣传报道宁夏军区给水工程团“百井抗旱”工程开展情况。参加集中采访活动的包括人民网、中央人民广播电台、《经济日报》《解放军报》《人民军队报》《河南日报》《宁夏日报》、河南电视台、宁夏电视台、《大河报》等中央、省级媒体及三门峡市主要新闻媒体。宁夏军区给水工程团政委范锐君向新闻媒体记者介绍了打井主要事迹和基本情况。记者们先后到湖滨区高庙乡黄底村、灵宝市阳店镇南卿村，现场采访了地方干部群众代表和给水工程团基层官兵，对打井部队官兵的先进事迹给予高度评价。

26 日　三门峡市隆重举行欢送宁夏军区给水工程团仪式，灵宝市、陕县、湖滨区部分干部群众和宁夏军区给水工程团官兵参加。宁夏军区政委王志宏，河南省委副书记叶冬松、副省长刘满仓，河南省军区副司令员罗爱国，宁夏军区参谋长管黎峰，市领导杨树平、王建勋、赵继祥、郭秀荣、赵中生、雷俊卿、张建峰，三门峡军分区参谋长张洪标出席欢送仪式，市委书记杨树平在欢送仪式上致辞。王志宏、叶冬松、刘满仓、罗爱国、管黎峰、杨树平共同为“抗旱打井纪念碑”揭幕。

当日至 28 日　在河南省承接产业和技术转移合作交流洽谈会上，三门峡市共签约 13 个项目，签约总金额 104.5 亿元，其中实际利用外资 2.73 亿美元。

28 日至 30 日　中国共产党三门峡市第六次代表大会召开。杨树平代表中国共产党三门峡市第五届委员会向大会作了题为《全面贯彻落实科学发展观，为建设创新开放富裕文明平安和谐生态宜居三门峡而努力奋斗》的报告。会议选举产生了中共三门峡市第六届委员会委员、候补委员，中共三门峡市纪律检查委员会委员和三门峡市出席中共河南省第九次代表大会代表。会议以举手表决的方式，通过了《中国共产党三门峡市第六次代表大会关于中共三门峡市第五届委员会工作报告的决议》，通过了《中国共产党三门峡市第六次代表大会关于中共三门峡市纪律检查委员会工作报告的决议》。

29 日　开祥化工“1,4－丁二醇”项目一期顺利投产暨二期开工仪式举行，这标志着三门峡市在煤化工产业发展上又上了一个新台阶。义煤集团河南开祥精细化工有限公司 2×4.5 万吨“1,4－丁二醇”工程项目，是全省 2011 年百家重点工业项目之一，总投资 15.7 亿元，生产技术达国际一流水平，设备属世界首套 5 万吨级工业化装置。

当日　副省长陈雪枫到三门峡市，深入有关企业，调研铝工业发展情况，谋划全省铝工业的进一步持续发展。陈雪枫先后到开曼铝业、恒康铝业、戴卡轮毂等企业，深入了解新生产工艺的技术特点和资源利用情况，详细询问企业破解发展“瓶颈”的思路和做法，认真听取了企业进一步发展的项目规划汇报。

30 日　中国共产党三门峡市第六届委员会举行第一次全体会议。会议选举产生了六届市委常委、书记和副书记，通过了市纪委六届一次全会选举结果的报告。杨树平、赵海燕、王建勋、申黎明、郭绍伟、赵予辉、姜继鼎、赵中生、雷俊卿、易树学、薛蒙林当选六届市委常委。新当选的市委书记杨树平在会上作重要讲话。

31 日至 9 月 1 日　省政协副主席、省人口和计划生育委员会主任高体健到三门峡市，就人口和计生工作进行调研。高体健先后深入义马市、渑池县检查指导人口和计生工作，对三门峡市的计生工作给予了高度评价。

9 月

1日 三门峡市召开人口和计划生育工作会议,总结工作,分析形势,部署任务。会议提出,“十二五”时期,是人口计生事业发展的关键期、转型期,做好“十二五”期间人口计生工作,必须做到“六个更加注重”:一要更加注重以人为本,二要更加注重科学发展,三要更加注重统筹兼顾,四要更加注重服务大局,五要更加注重任务落实,六要更加注重强基提质。

当日 市委书记杨树平主持召开市委常委会议,研究通过市委常委会议事决策规则、市委关于加强市委常委会自身建设的意见。杨树平就加强市委常委会自身建设提出,要加强学习,以理论成熟保证政治坚定;要遵循规律,以民主决策促进科学决策;要重在持续,搞好新老班子交替;要珍惜团结,提倡包容;要严以律己,自觉接受组织和群众的监督。

2日 在第3届全国先进保安服务公司、先进保安员表彰大会上,三门峡市恒特保安服务有限责任公司副总经理孙苏利被公安部、全国总工会、共青团中央联合表彰为“客户满意奖”保安员。

3日 武警部队司令员王建平一行到三门峡市,检查指导武警部队工作。王建平一行实地察看了武警三门峡市支队新营区选址和总体规划情况,听取了武警三门峡市支队负责人的相关汇报。

5日至6日 国家审计署纪检组长安国率中央环境保护和污染减排政策措施落实情况监督检查组深入三门峡市,检查指导环境保护与节能减排相关工作。中央监督检查组先后到灵宝、义马、渑池等地,通过听取汇报、召开座谈会、现场检查、查看档案资料等方式,重点检查了重金属污染防治、环境影响评价制度落实、重点行业环境污染治理、饮用水安全保障、污染减排政策措施落实和整治违法排污企业保障群众健康环保专项行动开展等方面的情况。

6日 三门峡市举行庆祝第27个教师节暨表彰大会,对全市教育战线上涌现出来的先进工作者和优秀教师进行表彰。会上,市委书记杨树平站在全局的高度,对加快教育发展、促进教育公平提出新的要求。市领导赵海燕、姜继鼎、邹援朝、王铁创等出席会议。大会宣读了市政府对全市教育系统的嘉奖令,表彰了有突出贡献的优秀教师和先进教育工作者。

当日至8日 2011年全国农产品加工业投资贸易洽谈会在驻马店市会展中心举行,副市长张建峰率三门峡市代表团参加会展。三门峡市在洽谈会上设市级综合形象特装展位1个,面积80平方米,共展出苹果、牛肉、禽蛋、蔬菜、粮食等加工品50个系列120多个品种,实现销售额670万元。三门峡市16家农业龙头企业参展,其中三门峡缘份果业公司生产的浓缩苹果汁、三味奇公司生产的月饼2个产品荣获农洽会优质产品金奖。

7日 “中国电影·三门峡电影周”开机仪式暨新闻发布会在义马市举行。河南省原副省长贾连朝,省军区原副司令员王太顺,河南影视集团副总裁张爱萍,大象影视制片有限公司董事长王谦,市领导杨树平、赵光超、薛蒙林,三门峡市及各县(市)区有关方面负责人,40多家省、市新闻媒体记者出席开机仪式暨新闻发布会。电影周将以三门峡人文历史文化为背景推出6部电影,系统全面“集约化”宣传三门峡的形象和风采,进一步提升三门峡的知名度和影响力。6部电影暂定名分别是《天鹅之城》《义马》《函谷关》《渑池会》《汤河浴》《地坑院》。这是中国电影在表现形式方面的一种全新尝试,也标志着三门峡文化旅游事业进入了新的发展阶段。

8日 新疆哈密歌舞团与河南省歌舞演艺集团合作,在三门峡市向广大观众献上一场精彩的《豫哈情深》文艺晚会。此次演出是2011年河南省文化援疆项目之一,也是哈密歌舞团首次走进河南,充分体现了河南对口援疆后两地的深厚情谊。三门峡市上千名观众观看了演出。

13日 三门峡市召开水利工作暨秋冬水利建设会战动员会,学习贯彻中央、省水利工作会议及全省秋冬水利建设大会战动员会精神,明确三门峡市水利改革发展的主要任务,动员全市上下以更加务实的作风、更加扎实的举措,不断开创水利事业发展的新局面。市委书记杨树平,市委副书记、市长赵海燕出席会议并作重要讲话。

16日 中国电力投资集团公司河南电力有限公司陕县风电项目开工建设。中电投陕县风电项目位于陕县东部山区,该区域属于暖温带大陆性季风气候,风能资源十分丰富,具有较高的开发价值,规划装机容量28万千瓦,总投资25.8亿元。

17日 在中国中小城市科学发展评价体系研究成果发布暨第8届中国中小城市科学发展高峰论坛上,义马市入选2011年度中国中小城市科学发展测评百强(居第49位),同时入选2011年度中国中小城市区域带动能力测评前100个城市。

19日 陇海铁路陕县观音堂段发生一处山体滑坡,导致下行线中断。接报后,副省长张大卫、刘满仓分别作出重要批示,要求全力抢修,确保尽快通车,并做好地质灾害处理工作,保障群众和施工人员安全。三门峡市委、市政府迅速启动防汛应急预案,组织救援人员赶赴现场,连夜抢险。22日17时许,陇海铁路观音堂段下行线恢复通车。

当日至20日 “社会管理创新三门峡黄河论坛”在三门峡市举行。中央综治办协调室主任陈显辉,市委书记杨树平,省综治办副主任孙建国,市委常委、政法委书记郭绍伟,副市长高战荣,市人民检察院检察长张永键等出席论坛。中央综治办、河南省综治办、全国社会管理创新试点城市、豫晋陕黄河金三角区域城市及河南省各省辖市的领导和嘉宾，国家行政学院、河南省社科院等单位的专家学者，中央、省新闻媒体记者，会聚一堂，围绕“社会管理创新”这一主题，交流经验，开启思路，探讨社会管理新路。

20日 在全省依法行政工作电视电话会议上，市委副书记、市长赵海燕代表三门峡市作典型发言。在收听收看了全省依法行政工作电视电话会议后，三门峡市召开电视电话会议，就贯彻落实全省依法行政工作电视电话会议精神进行部署。

当日 市委书记杨树平接受了参加“社会管理创新三门峡黄河论坛”采访的新华社、人民网、中央人民广播电台、《光明日报》《河南法制报》等中央及省级媒体记者的集中采访，就社会管理创新的意义、社会管理创新的难点以及如何破解等与媒体记者进行了交流与探讨。

21日 三门峡市召开商务中心区建设动员大会。会议深入贯彻落实市六次党代会精神，部署商务中心区建设工作，动员全市上下统一思想，振奋精神，加快推进商务中心区建设步伐，为实现“三大战略定位”奠定更加坚实的基础。

22日 国务院三峡建设委员会原副主任、全国人大财经委原副主任郭树言一行9人到三门峡速达交通节能产品有限公司考察。郭树言一行首先来到速达公司节能科技研究院，详细了解该公司在电动汽车研发方面取得的成果，尤其是对该公司的速达再生制动能量回收控制器、速达永磁同步电机、电池能源管理器系统3大关键技术进行了深入的了解，随后参观了该公司的发动机增氧调压节能装置生产线，并试乘了速达牌纯电动汽车样车。

当日 全省法院反规避执行专项活动经验交流会暨“执行攻坚月”活动动员会在三门峡市召开。会议听取了三门峡市中级人民法院经验介绍，并现场为部分申请执行人发放了执行款。会议提出，全省法院要认真学习先进经验，思想上高度重视，行动上积极主动，措施上灵活多样，效果上求实高效，用足用好法律赋予的各项强制措施，集中力量、集中时间全面完成“执行攻坚月”活动确定的目标任务。

23日 河南宏亚渑池（果园）食品工业园奠基仪式举行。来自河南省湖南商会，河南省中小企业发展促进会，郑州市工商联，郑州市平江商会、温州商会、邵阳商会、潮汕商会以及全国各地的200余名客商和嘉宾出席仪式。

26日 第6届中国中部投资贸易博览会在山西省太原市开幕。河南省委副书记、省长郭庚茂，副省长史济春参加开幕式。三门峡市组织相关人员随河南代表团参加博览会，并和与会客商进行了深入洽谈。

27日 《东方希望·金秋放歌》三门峡市庆祝新中国成立62周年大型文艺晚会举行。市领导杨树平、王建勋、郭秀荣、李建顺、赵予辉、赵中生、雷俊卿、易树学、薛蒙林、亢伊生、郑泽中、崔保连、姚龙、王富民、王铁创、高从民、孙继伟、卢群召等与全市各界群众一起观看了演出。

10 月

1日至3日 克罗地亚萨柏克市市长伊万·汉泽科和克罗地亚驻华大使西莫尼奇率克罗地亚友好经贸访问团到三门峡市进行访问考察。市委书记杨树平会见了访问团一行，并向客人赠送了新开发的三门峡“函谷红”茶。访问团一行先后到三门峡水利枢纽、虢国博物馆、函谷关景区、三门峡职业技术学院、天鹅湖国家城市湿地公园、市文体中心、二仙坡绿色果业基地，以及速达汽车、缘份果业、骏通车辆、鹏飞电子、九拓函谷红茶叶等企业参观考察。

8日 市委书记杨树平主持召开市委常委扩大会议，专题学习贯彻国务院《关于支持河南省加快建设中原经济区的指导意见》（简称《指导意见》）。与会人员认真学习了《指导意见》，并结合三门峡实际展开了热烈讨论，市有关部门及各县（市）区负责人分别作了表态发言。

当日至12日 在德国科隆举行2011年世界食品博览会上，中国河南三门峡“函谷红”茶在三门峡检验检疫局的大力推介和帮助下，成功进入国际展台并受到众多国际客商关注，开启中国“南茶北移”红茶新秀走向国际食品博览会先河。

9日 市委书记杨树平对市区城市建设项目进行实地调研。杨树平到文体中心、文化公园、三门峡海关、大岭南路、虢国路东段、崤山东路、迎宾花园、六峰路集中供热工程等处察看城建项目进展情况后强调，要进一步加快城市建设步伐，增强辐射力和带动力，让三门峡广大人民群众拥有更多幸福感和自豪感。

10日 由市委宣传部、市委统战部和市文化新闻出版局主办的“辛亥风云——三门峡纪念辛亥革命100周年图片展”开展。展览分为革命的孕育、伟大的革命、挽救革命果实的努力和弘扬辛亥革命精神实现中华民族复兴4个部分，共展出图片300余幅，直观生动地再现了辛亥革命波澜壮阔的场景；全面充分地展示了以孙中山先生为代表的革命先驱，为实现民族复兴、国家富强而不畏强暴、勇往直前的革命精神；历史客观地说明了辛亥革命的历史功绩，以及对于当前促进祖国统一、实现民族复兴的重大意义。

11日 市委书记杨树平深入渑池县调研经济社会发展，特别是仰韶文化发现90周年纪念活动筹备情况。市委常委、常务副市长赵中生，市委常委、宣传部部长薛蒙林参加调研。杨树平在调研中强调，要加强社会主义文化建设，加快文化产业和公共文化事业发展，弘扬社会主义核心价值观，进一步提升三门峡人文精神。

13日至14日 三门峡市新农村建设工

作会议召开。会议深入贯彻落实市六次党代会精神,全面总结新农村建设取得的成绩和经验,进一步明确思路,部署新农村建设工作。市委书记杨树平带领与会人员现场观摩全市新型农村社区试点,并在会议上作重要讲话。与会人员先后参观了义马市义马社区、渑池县果园乡康庄社区、陕县观音堂镇段岩社区、湖滨区会兴街道王官社区、灵宝市尹庄镇长安中心社区、卢氏县官道口镇官道口社区6个新型农村社区试点。卢氏县、灵宝市在会议上作了典型发言,会议还印发了市委办公室、市政府办公室《关于开展全市新型农村社区规划编制工作的意见》。

14日至15日　“走进母亲河”神州行旅游联盟全国百家旅行社踩线活动在三门峡市举行。来自全国100多家旅行社的负责人参加了采风活动。采风团先后考察了三门峡大坝、天鹅湖国家城市湿地公园、陕县天井窑院、虢国博物馆、灵宝市函谷关历史文化旅游区,对三门峡市丰富的旅游资源、深厚的文化底蕴、雄奇的自然景观给予了高度评价,并与三门峡市主要旅行社、酒店、旅游景区负责人进行了业务洽谈。

15日　全省第1家农业物联网技术应用示范基地——信达果业公司基地正式揭牌,标志着三门峡市农业信息化工作再上新台阶。

18日　三门峡果品(北京)推介会在北京举办、北京市各大水果批发市场、大型超市采购商、配送公司、果品经销商与全市20多家果业生产商、经销商百余人参加推介会,灵宝苹果、大枣和陕县二仙坡苹果、黄梨等三门峡市优质果业产品在推介会上集体亮相。中央电视台、人民网、北京电视台、《农民日报》《中华合作时报》《北京日报》等10余家媒体的记者到会报道。

当日　河南省第5届农民运动会在洛阳市开幕。由78人组成的三门峡市参赛代表团参加开幕式。赛会上,三门峡市代表团共参加篮球、乒乓球、田径、中国式摔跤、象棋、武术、健身秧歌、自行车、游泳9个大项37个小项的比赛。

19日　“恒爱行动——河南省寻找爱心父母为孤残、贫困儿童编织爱心毛衣”公益行动启动仪式在三门峡市举行。活动在三门峡地区发放恒源祥毛线250公斤,寻找500位爱心父母为孤残、贫困、留守儿童编织“爱心毛衣”1 000多件。

20日　市委召开常委会议,学习贯彻中共十七届六中全会精神。市委书记杨树平主持会议并强调,全市各级、各部门和单位要认真学习,深刻领会,抓好落实,坚持理论联系实际,全力落实好中央的精神要求,深化文化体制改革,推动社会主义文化大发展大繁荣。

当日　解放军海军总医院与市中心医院协作医院揭牌仪式举行。海军总医院是国家首批三级甲等综合医院,拥有4个全军医学专科中心、3个全军专病中心,累计获得国家与军队科技成果600余项,一批技术成果跻身国际国内先进行列。协作医院揭牌,标志着两家医院的协作步入实质阶段,在诊疗设备和人才技术方面全面开展合作。海军总医院副院长王海涛、省卫生厅副厅长黄红霞、市委书记杨树平和市委副书记、市长赵海燕共同为协作医院揭牌。

21日　三门峡果品(上海)推介会在上海成功举办。上海沃尔玛超市、罗森便利连锁、八佰伴超市、久光百货超市、麦德龙连锁超市等40多家水果批发市场、大型超市采购商、配送公司、果品经销商与三门峡市20多家果业生产商、经销商共计100余人参加推介会,陕县的二仙坡苹果、黄梨、陕源石榴,灵宝的苹果、大枣以及义马、渑池、卢氏、湖滨区的优质果品亮相推介会。

22日　中央电视台《欢乐中国行·魅力三门峡》大型文艺演出节目在北京星光影视园录制完成。节目以现场表演与三门峡实景拍摄相结合,使“三门峡元素”以集束绽放的态势亮相,在广大观众面前充分展现出一个魅力四射的三门峡。市领导杨树平、赵海燕、赵继祥、郭秀荣、薛蒙林以及应邀嘉宾、各地观众千余人参加了现场节目录制。

11　月

1日　省民营经济维权发展促进会会长李学斌,省人大法制委员会副主任、省民营经济维权发展促进会常务副会长李满圈,省民营经济维权发展促进会副会长陈刚印等到三门峡市,调研民营经济发展情况。调研组一行先后到陕县龙飞生物有限公司、二仙坡果品基地等处,深入企业生产车间、实验室、监控室、果园、包装车间和正在规划建设的观光农业示范区,察看工艺流程,询问产品特征、种类,了解果品基地的经营规模、发展思路和进一步的发展规划,对龙飞生物有限公司的发展前景和二仙坡果品基地的产业化经营、品牌化运作等做法给予肯定。

2日　在收听收看了全国和全省冬春农田水利基本建设电视电话会议后,三门峡市召开电视电话会议,迅速贯彻上级会议精神,对今冬明春的农田水利基本建设进行部署。

当日至3日　中央政法委副秘书长王其江在省委政法委书记李新民、常务副书记李承先的陪同下到三门峡市,调研社会管理创新工作和政法系统主题教育实践活动开展情况。

3日　义煤集团公司千秋煤矿发生一起冲击地压事故。事故发生后,中共中央政治局常委、国务院总理温家宝,中共中央政治局委员、国务院副总理张德江,省委书记、省人大常委会主任卢展工分别作出重要指示,要求全力以赴开展施救工作,千方百计抢救被困矿工。省委副书记、省长郭庚茂,国家安全生产监督管理总局局长骆琳,国家安全生产监督管理总局副局长、国家煤矿安全监察局局长赵铁锤,国家煤矿安全监察局副局长王树鹤,省委常委、常务副省长李克,副省长陈雪枫及三门峡市领导杨树平、赵海燕等第一时间赶赴现场指导抢险救援工作。5日上午11时46分,经过近40个小时的紧张救援,75名被困矿工中的67名先后成功升井获救。

当日 全省政法系统“发扬传统、坚定信念、执法为民”先进典型事迹巡回报告团在三门峡市举行专场报告会。三门峡市政法干警，特邀人大代表、政协委员及社会各界代表300多人聆听了报告。报告会上，报告团成员分别讲述了他们坚定信念、爱岗敬业、无私奉献、忠诚为民，在各自的工作岗位上大力发扬优良传统的感人事迹，引起了与会人员的强烈反响。

4日 在省委宣传部组织召开的全省“积极推进中原经济区建设主题党课活动”总结表彰会议上，三门峡市委书记杨树平撰写的党课教案“打开西大门，增辉大中原”被评为特等奖，三门峡市委宣传部被授予组织工作奖。

当日 三门峡市委召开六届二次全体（扩大）会议。会议学习贯彻落实省九次党代会精神，总结2011年项目建设取得的成绩，交流项目建设工作经验，动员全市上下进一步统一思想，务实实干，以更加饱满的热情投身到项目建设中来，全力实施“四大一高”战略，确保圆满完成全年各项目标任务，确保实现“十二五”发展的良好开局。

5日 省委书记、省人大常委会主任卢展工，省委副书记、省长郭庚茂，国家安全生产监督管理总局局长骆琳，国家安全生产监督管理总局副局长、国家煤矿安全监察局局长赵铁锤，省委常委、秘书长刘春良，副省长陈雪枫亲切看望慰问义煤集团千秋煤矿“11·3”冲击地压事故被困矿工和救援人员。

6日 由中国社会科学院、国家文物局、河南省人民政府主办，中国社会科学院考古所、河南省文物局、三门峡市人民政府、渑池县人民政府承办仰韶文化发现90周年纪念大会隆重举行。中国社会科学院党组副书记、常务副院长王伟光，北大教授、考古学家严文明，国家文物局副局长顾玉才，副省长赵建才，中国驻瑞典大使馆原大使陈明明，解放军二炮某基地原政委赵承业少将，沈阳军区空军后勤部少将刘忠岳，瑞典国家博物馆管理署署长桑娜，韩国文物研究院院长郑义道，著名考古专家石兴邦，全国政协委员、考古专家安家瑶，瑞典东方博物馆馆长艾娃，以及来自中国社会科学院、国家博物馆、故宫博物院、河南文物研究所等全国研究机构、博物馆和海内外的考古专家学者出席纪念大会。

当日 中国社会科学院党组副书记、常务副院长王伟光一行到三门峡市考察。王伟光一行先后到速达电动汽车公司、天鹅湖国家城市湿地公园、市文体中心和虢国博物馆实地考察。考察期间，王伟光对三门峡市经济社会文化建设取得的成绩给予充分肯定。

7日 仰韶文化博物馆在渑池县仰韶村举行开馆仪式。仰韶文化博物馆是在仰韶村遗址保护区兴建的一个集文物保护、陈列展示和科学研究为一体的仰韶文化专题博物馆，2009年1月开始建设，2011年10月28日竣工。该馆内设3个专题展厅，分别展出仰韶村遗址3次发掘的主要成果、安特生在仰韶村和中国其他地方的主要考古活动和中原地区各个仰韶文化典型遗址出土的226件代表性文物。

当日 著名文化学者余秋雨文化建设专题报告会在三门峡市举行。余秋雨以饱满的激情和睿智的思辨梳理中国文化的过去、今天和将来，鞭辟入里地释论中国文化精神遗产和中国文化的当代选择，为三门峡如何加强文化建设“把脉”建言，为现场观众送上了文化精神盛宴。

当日至8日 十届全国人大常委会副委员长盛华仁到三门峡市视察。盛华仁出席了仰韶文化博物馆开馆仪式，视察了速达电动汽车公司、三门峡大坝、虢国博物馆、天鹅湖国家城市湿地公园、函谷关和渑池秦赵会盟台等处。

8日 副省长张大卫到三门峡市，就矿产资源整合情况进行调研。张大卫到金源矿业灵湖矿区竹峪竖井和3 000吨选厂，了解资源整合情况，实地察看卷扬机房、监控室以及磨选、过滤等生产流程，深入了解资源整合后的企业生产和管理情况。

当日 中国大唐集团公司河南分公司豫西燕山风电场工程（47兆瓦）开工建设。大唐豫西燕山风电场工程位于陕县硖石乡境内，规划容量4.7万千瓦，总投资4.2亿元，拟安装29台风力发电机组。工程建成后，每年可提供9 501万千瓦时清洁能源，减少燃煤消耗和污染物排放，具备良好的社会效益和经济效益，对三门峡市新能源利用开发起到示范带动作用，对产业结构优化升级起到积极推动作用。

当日至9日 在河南省首届清真食品展暨清真名企名店名品评选活动中，三门峡市尚正食品有限公司、振宇食品有限公司荣获河南省清真食品知名企业称号，“尚正坊”牌清真牛肉制品、“长玉”牌五香牛肉荣获河南省清真食品知名品牌称号。三门峡市各参展企业与全国各地的客商签订购销合同6 300多万元、达成合作意向1.6亿元，展评现场销售产品260多万元。

9日至11日 根据省人大常委会统一安排，驻周口市省人大代表在周口市人大常委会副主任时兴功的陪同下到三门峡市视察经济社会发展情况。驻周口市省人大代表深入三门峡大坝、市文体中心、天鹅湖国家城市湿地公园，三门峡产业集聚区鹏飞电子有限责任公司，陕县缘份果业有限公司、河南骏通车辆有限公司、高阳山景区、天井窑院，灵宝市函谷关古文化风景区、华鑫公司、桐辉公司，渑池县东方希望资源综合利用项目、仰韶文化产业园，义马市义腾公司、开祥化工、盛源化工、义煤集团1 000万标方煤制气项目现场等地，对三门峡市项目建设、城市建设和旅游业发展等进行了全面视察。

12日 市委副书记、市长赵海燕率三门峡市代表团出席第2届中国郑州承接产业转移系列对接活动的开幕式和项目签约仪式。三门峡市在活动中对外发布合作项目288个,共签约亿元以上项目28个,总投资额145.85亿元。

14日 市委召开常委会议,研究部署2011年度平安建设考核工作。

当日 市委书记杨树平深入陕县调研村级组织换届选举工作。市委常委、组织部部长赵予辉,市委常委、秘书长姜继鼎等参加调研。杨树平到陕县西张村镇西阳村,实地察看换届选举开展情况,听取了陕县村级组织换届选举工作汇报,和部分乡(镇)党委书记、村党支部书记进行了面对面座谈。

15日 省委副书记、省长郭庚茂到三门峡市调研指导工作。市领导杨树平、赵海燕等陪同调研。郭庚茂详细了解了三门峡新区规划及商务中心区情况,考察了金三角建材物流港、速达电动汽车及零部件项目、湖滨区旧城和城中村改造工程、天鹅湖国家城市湿地公园、恒生科技研发有限公司、骏通车辆有限公司、恒康铝业及三门峡产业集聚区摩云路项目组团和义煤集团铝产业园、河南煤化汽车零部件产业园、中金集团三门峡黄金产业园等企业和项目。

当日 第1届黄河金三角地区应急联动工作座谈会在三门峡市召开。运城、临汾、渭南、三门峡4市应急办负责人介绍了各自应急管理工作经验,联合签署了《三门峡市、渭南市、运城市、临汾市(黄河金三角地区)应急管理合作协议》,协议旨在促进区域间各级应急管理机构合作交流常态化,提升应急管理能力。座谈会后,与会人员还参观了市应急指挥中心。

当日 在中国果蔬产业品牌论坛暨名优果蔬宣传会上,灵宝市荣获"中国优质果品基地十强县(市)"称号。

当日 全省县乡两级人大换届选举工作学习班在郑州举行。会议学习贯彻中央和省委有关文件精神,学习贯彻全国县乡两级人大换届选举工作学习班精神,对全省县乡两级人大换届选举工作进行部署。

当日至16日 第23届省辖市公共图书馆馆长联席会暨河南省公共图书馆发展论坛年会在三门峡职业技术学院召开。来自全省各地图书馆的专家80余人出席年会。会议期间,河南省图书馆和来自全省各地图书馆领域的专家,围绕"河南数字图书馆建设暨数字资源共建共享""免费开放与公共图书馆服务"等主题进行了发言,并开展了学术研讨。

17日至18日 学习贯彻省九次党代会精神省委宣讲团成员李承先、梁周敏分别在三门峡市政法礼堂、市委党校、义马市为三门峡市广大干部群众作了3场专题报告,深入细致地剖析了省九次党代会精神和中原经济区建设的战略意义,并结合全省和三门峡市的工作实际进行了认真解读,在与会的三门峡市党员干部中激发强烈反响。

21日至22日 "走基层——见证社会管理创新"中央媒体采访团到三门峡市采访。采访团由中央政法委牵头组织,包括《人民日报》《求是》杂志、《光明日报》《经济日报》《法制日报》《人民法院报》《检察日报》《人民公安报》《民主与法制时报》、人民网、中国平安网、法制网的记者。采访团先后深入湖滨区检察院、灵宝市函谷关镇、渑池县天池镇,采访三门峡市的社会管理创新工作。

22日 三门峡市集中开展"万名干部进农家"活动动员大会召开。会议传达了市委书记杨树平对全市集中开展"万名干部进农家"活动的指导意见。会议提出,从2011年12月至2012年7月1日,在全市范围内集中开展"万名干部进农家"活动。活动的主要任务是:宣传政策形势,凝聚科学发展合力;深入调查研究,解决群众实际问题;转变干部作风,增强为民服务意识。

24日至26日 由最高人民检察院检察理论研究所主办,三门峡市检察院和陕县检察院承办的全国检察机关"检察工作与社会管理创新研讨会"在陕县检察院召开。最高人民检察院检察理论研究所副所长单民、国家检察官学院副院长陈德毅、河南省检察院副检察长贺恒扬出席会议。来自全国23个省(市)50多个单位的检察机关领导、专家学者共80余名代表和10余家国家级、省市级新闻媒体的记者参加会议。会上,陕县检察院检察长王峰以"合理选择有序规范重点推进——陕县检察院探索社会管理创新的做法"为题作了典型发言。

27日 经省政府批准,省统计局发布了2010年县域经济社会发展评价结果,三门峡义马市名列第1位,灵宝市排行第10位,渑池县排行第12位、陕县第40位、卢氏第56位。

12 月

1日 2009-2010年度全国科技进步考核结果揭晓,义马市被科技部授予"全国科技进步考核先进市"称号。义马市委书记张松林,市委副书记、市长张保军,市科技局局长莫文才被授予"全国科技进步考核先进个人"称号。

当日至2日 全国加强和创新社会管理工作座谈会(北京片会)在北京召开。三门峡市委书记杨树平在会上以"以群众工作为引领,加强和创新社会管理"为题作交流发言。

2日 在第3届河南省道德模范评选表彰活动颁奖典礼上,灵宝市邮政局朱阳支局步班投递员柴书朝荣获第3届河南省诚实守信道德模范称号。

3日 推动三门峡黄金产业发展对接会在北京中国黄金集团公司举行。省有关部门及三门峡市与中国黄金集团公司就"十二五"期间共同推动三门峡黄金产业发展合作进行了深入磋商,就加快推进部分项目实施达成共识。

5日至9日 创建国家森林城市工作考察组到三门峡市,就创建国家森林城市工作分别进行了综合考察和分组考察。

6日 第10届河南省政协农业委员会工作座谈会在三门峡市召开。会议就贯彻落实《国务院关于支持河南省加快建设中原经济区的指导意见》和省九次党代会精神，如何进一步做好“三农”工作进行了深入探讨。

当日 出席第10届河南省政协农业委员会工作座谈会的领导、专家针对三门峡“三农”工作展开讨论，为三门峡农业农村工作出谋划策。

8日 省政协副主席靳绥东、李英杰深入三门峡市了解经济社会发展情况。靳绥东、李英杰实地察看了函谷关景区、三门峡速达交通节能产品有限公司。

当日 农业部批准建立黄河中游禹门口至三门峡段国家级水产种质资源保护区，其中三门峡市东至黄河三门峡大坝，西至灵宝市豫灵凤陵渡被确定为国家级水产种质资源保护区核心区。保护区的建立对保护黄河中游特有水生生物种类，恢复黄河生态，促进黄河渔业可持续发展具有重要意义。

当日至9日 在2011企业公关论坛暨公关界与企业界联谊会上，三门峡市委党校杜明国获得“2011中国公关创新领军人物”奖。

12日 三门峡雏鹰农牧有限公司年出栏100万头生态猪项目在陕县、渑池县、卢氏县的3个项目区全面开工。项目由河南雏鹰农牧有限公司投资，建设年出栏优质生猪100万头，以及与之配套的饲料加工厂、种猪场和2个50万头生猪屠宰加工厂，计划总投资40亿元，建成后将成为全国最大的产业化、生态化生猪养殖基地。

当日 省质量技术监督局公布第1批河南省知名品牌创建示范产业集聚区试点单位，渑池县产业集聚区榜上有名。

13日 三门峡市召开质量工作会议，贯彻全省质量工作会议精神，总结工作，表彰先进，部署下一步质量工作。会议表彰了获得“2011年度三门峡市市长质量奖”的三门峡戴卡轮毂制造有限公司和灵宝市金源桐辉精炼股份有限公司，获得“2011年度质量管理先进单位”称号的缘份果业陕县分公司、恒生科技、华鑫铜箔、仰韶酒业等8家企业。

当日至14日 全省地税系统契税和耕地占用税管理座谈会在三门峡市召开。会议对2011年全省“两税”管理工作进行了总结，对下一步工作进行了安排，并围绕创新工作方式、开辟“两税”征管工作新途径和新路子进行了交流探讨。三门峡市在会议上作典型发言。

14日 副省长徐济超到三门峡市调研职业教育工作。徐济超先后到三门峡中专、陕县中专，认真听取教学工作汇报，察看三门峡中专入驻市职教园区的规划方案。

当日 以住房和城乡建设部城市建设司巡视员张悦为组长的全国住房城乡建设领域节能减排专项监督检查组到三门峡市，对三门峡市及陕县建设领域节能减排工作进行监督检查。

当日至15日 河南省人大常委会副主任、党组副书记王菊梅率全国人大代表视察组到三门峡市，检查指导三门峡市华夏历史文明传承创新区建设等工作。

15日 河南省第19次机关党的工作座谈会在三门峡市召开。会议对全省机关党的工作进行回顾总结，交流了经验，推荐了先进市委市直工委，进行了分组讨论和总结，并对下一步全省机关党的工作进行部署，提出要以改革创新精神提高机关党的建设科学化水平，在中原经济区建设中进一步发挥机关党的工作的重要作用。

16日 由三门峡市委、市政府主办的三门峡市迎新年（北京）联谊会在北京友谊宾馆举行。中央委员、全国政协社会和法制委员会副主任黄晴宜，中纪委委员、国家质量监督检验检疫总局局长、党组书记支树平，中央候补委员、中国社科院党组副书记、常务副院长王伟光及国家部委有关领导等出席联谊会。市委书记杨树平致辞，市委副书记、市长赵海燕主持联谊会。王伟光和王晋定分别在联谊会上致辞，对三门峡经济社会发展取得的巨大成就表示祝贺，对三门峡未来寄予殷切希望，并表示将一如既往地关心、支持和帮助三门峡各项事业发展。

当日 三门峡（北京）市情说明会成功举行。全国人大内务司法委员会原副主任张丁华，全国合作经济学会会长王如珍，中关村科技园区管理委员会党委

12月14日，三门峡市召开“十大孝星”表彰大会

委员张茂盛,全国供销总社农资局局长杨建平,中国工业防腐蚀技术协会会长任振铎,中国黄金协会副会长崔建国,河南省政府副秘书长、驻京办主任高保群,市领导杨树平、赵海燕、赵中生、易树学、孙继伟、卢群召等出席会议。说明会上,三门峡市与客商签订了18个项目,投资总额达153.9亿元,其中新能源项目和高新技术项目9个,签约额77.3亿元。

20日　三门峡市政府与河南中烟工业有限责任公司战略合作暨“三门峡”黄金叶新品发布会举行。市委书记杨树平与河南中烟公司总经理杨自业共同为“三门峡”黄金叶卷烟揭幕,市委副书记、市长赵海燕代表三门峡市签订了战略合作协议。

当日　市委书记杨树平在市委常委、秘书长姜继鼎,副市长李琳的陪同下,深入施工工地和有关单位,看望慰问一线人员。杨树平一行先后到连霍高速改扩建工地、三灵快速通道建设工地、三淅高速公路建设工地、三门峡国际会展中心、三门峡出入境检验检疫局、三门峡海关施工工地,向一线人员送去“三门峡”黄金叶烟、仰韶酒和猪肉等物品,向大家表示亲切慰问。杨树平在调研中强调,年末岁尾,各级、各部门和单位要鼓足干劲,连续奋战,加快推进“四大一高”战略,为全市经济社会发展作出新的更大贡献。

当日　在全国精神文明建设工作表彰大会上,三门峡供电公司和市地方税务局被中央文明委授予“全国文明单位”荣誉称号,义马市河口村和陕县郭家村获得“全国文明村”荣誉称号。

22日　三淅高速卢氏至西坪、西坪至寺湾段和德商高速范县段建设项目奠基仪式在三门峡市卢氏县举行。三淅高速卢氏至西坪段起点位于卢氏县城附近,终点位于南阳西峡西坪镇,全长85.4公里,概算投资98.5亿元(其中三门峡卢氏境内长52.26公里,概算投资61亿元)。西坪至寺湾(豫鄂省界)段全长36.48公里,北起沪陕高速枢纽立交,接三淅高速卢氏至西坪段,止于豫鄂省界,概算投资25.05亿元。三淅高速卢氏至西坪、西坪至寺湾段是交通运输部规划的国家高速公路网中侯马至十堰高速公路的重要组成部分,建成后可把连霍、沪陕、福银3条国家高速公路沟通互连,共同构成中部地区区域交通骨架体系,对改善豫西区域经济环境、促进经济可持续发展,特别是对豫西的资源整合开发以及提高沿线人民群众生活水平具有深远意义。3个项目的建设,将促进河南高速路网完善,构建起重要的省际大通道。

23日　在郑州召开的省委经济工作会议上,市委书记杨树平代表三门峡市委、市政府作“狠抓项目建设　助推‘四大一高’努力实现经济社会更好更快发展”的典型发言。

27日　河南省优质高档牛肉生产开发启动会议在三门峡市渑池县召开。会议研究交流肉牛生产发展情况,部署启动高档牛肉生产开发工作。与会人员深入尚正食品公司安格斯纯种肉牛繁育场、肉牛养殖小区、屠宰加工场、肉牛养殖及深加工技术研究中心进行了参观考察。

当日　三门峡市加强和改进工商联工作会议暨市工商联(总商会)第五次会员代表大会召开。

28日　市委书记杨树平主持召开市委常委(扩大)会议,学习贯彻省委经济工作会议、省委九届二次全会等一系列重要会议精神。杨树平强调,要按照中央、省委的要求,理清思路,科学准确把握目标和基调,坚持求转、求进、求实,不断开创经济社会发展新局面。

当日　三门峡黄河公园开工。三门峡黄河公园是三门峡市沿黄半岛景观带中的重要景观节点,东起会兴镇茅津渡,西至209国道黄河大桥,南起北环路,北至黄河滩涂,占地总面积约233.33公顷,建成后将成为集生态旅游、观光休闲、文化娱乐为一体的综合性城市公园。

当日　三门峡传媒大厦开工。三门峡传媒大厦是集现代传媒、新闻发布、文化创意、商务办公为一体的综合性传媒大厦,位于209国道与甘棠路之间,占地面积4.8公顷,建筑立体高度188米,总建筑面积9.9万平方米。

当日　市商务中心区基础设施开工。市商务中心区基础设施工程包括供水工程、电网改造工程和土地整理工程,是商务中心区首批基础设施建设项目。

当日　市职教园区项目开工。项目位于大王镇好阳河以东、连霍高速以北、郑西高铁以南,总规划占地200余公顷,计划入驻4所院校,规划在校生规模3.8万人。

29日　市委六届三次全会暨市委经济工作会议召开。会议认真贯彻党的十七届六中全会、中央经济工作会议和省委九届二次全会、省委经济工作会议精神,总结2011年工作,分析当前形势,部署2012年任务,动员全市各级党组织和广大党员干部群众,进一步认清形势,坚定信心,振奋精神,突出“求转、求进、求实”,不断开创经济社会又好又快发展的新局面。市委书记杨树平,市委副书记、市长赵海燕分别作讲话。

30日　三门峡市领导干部廉政党课暨廉政谈话会召开,全市副县级以上干部参加会议。省纪委常委侯玉林出席会议并讲话,市委书记杨树平作了题为“领导干部要争当勤廉兼优的表率”的廉政党课,并与大家谈心交流。会上,与会人员观看了廉政教育片《焦裕禄》《忏悔录》和《吃亏歌》。

·编辑　周　青·

三门峡概貌

A GENERAL PICTURE OF SANMENXIA

4 月 7 日,第 17 届中国(三门峡)国际黄河旅游节暨投资贸易洽谈会新闻发布会召开

基本情况

【位置·面积】 三门峡市位于河南省西部边缘，豫晋陕三省交界处，东连洛阳，南接南阳，西与陕西省接壤，北隔黄河与山西省相望。介于北纬33°31′24″~35°05′48″、东经110°21′42″~112°01′24″，东西长153.2公里，南北宽132公里，总面积10 496平方公里，占全省面积的6%。处于秦岭山脉东延与伏牛山、熊耳山、崤山交汇地带，地貌以山地、丘陵和黄土原为主，大部分地区在海拔300米至1 500米之间，位于灵宝市的小秦岭老鸦岔脑峰海拔2 413.8米，是河南省的最高峰。三门峡市区坐落在黄河南岸阶地上，一面临青龙涧河，两面临三门峡水库，形似半岛，是一座“四面环山三面水”的湖滨城市。市区面积185平方公里，城市建成区面积30平方公里。

【气象】 三门峡市地处大陆内部，远离海洋，境内多丘陵山地，气候为季风气候类型，大陆性气候特征明显，除卢氏县熊耳山以南低山丘陵地区为亚热带气候外，全市大部分地区属暖温带大陆性季风型气候。同时，还受到地形等非地带性气候因素的影响，气候在市境内表现出较大差异性。总体特征是：四季分明，春秋短而冬夏长，春季干燥多大风，夏季炎热多雨水，秋季温和湿润，冬季雨雪少且冷，光、热和水量集中，季节分配不均匀，旱象出现的频率高，对农业生产影响较大。三门峡市光热资源丰富，年平均日照时数为2 261.7小时；年平均温度为13.8℃；无霜期216天。热量分布受地貌影响，差异明显。卢氏县山区和渑池县、义马市为低值区，年均气温12.3℃~12.5℃，陕县、湖滨区、灵宝市为高值区，年均气温13.6℃~13.8℃，最冷的1月月均气温-1.9℃~0.7℃，最热的7月月均气温25.3℃~26.7℃。三门峡市雨量偏少，年降水量一般在500毫米~800毫米，历年平均为580毫米~680毫米。年降水时间分布，夏季(6月至8月)最多，占全年降水量的44.1%~49.9%，冬季(12月至2月)最少，只占2.8%~3.7%。雨季的6月至9月占60.3%~65%，旱季10月至次年5月为35%~39.7%。由于雨量偏少，制约着光温资源的充分利用。受副热带高压和西风环流交替影响，除具有光照多、气温变化大、旱涝不均、四季分明等气候特征外，还造成一定的灾害，农业气候灾害主要有干旱、干热风、冰雹、冻害、大风、暴雨、大雾等，相应地制约了三门峡市经济稳步发展。

【土地资源】 据2011年度变更调查显示，三门峡市土地总面积99.36万公顷，其中耕地17.65万公顷，占三门峡市土地总面积的17.82%；园地5.29万公顷，占土地总面积的5.37%；林地53.69万公顷，占54.08%；草地11.15万公顷，占土地总面积的11.29%；城镇村及工矿用地5.47万公顷，占土地总面积的5.41%；交通运输用地1.41万公顷，占土地总面积的1.32%；水域及水利设施用地2.07万公顷，占土地总面积的2.09%；其他土地2.61万公顷，占土地总面积的2.62%。全市土地资源呈现以下特点：一是耕地面积比重较小，远低于全省平均水平，且地块破碎，90.8%分布在山地丘陵地区，坡耕地面积大，耕地质量较差；二是林果业用地比重大，是全省重要的林果业生产基地；三是未利用土地较多，后备资源丰富，为开展土地开发整理提供了优势条件。

辖区土壤地理位置上处于全国的土地带中部，在不同的水热、植被等自然要素及社会经济活动的综合作用影响下，形成了不同的土壤类型。辖区土壤面积91.5万公顷，占总土地面积的91.9%，共划分为4个土纲、7个亚纲、27个亚类、63个土属。主要有褐土、红土、黏土、棕壤三大土类。褐土为三门峡市的地带性土壤，面积57.82万公顷，占总土壤面积的63.2%，是面积最大、分布最广的土壤类型。在农业生产上褐土占有极其重要的位置。红黏土系黄土丘陵经剥蚀而裸露的古老土壤，为龙岗地形，面积7.4万公顷，占总土壤面积的8.1%，其中耕地占总耕地面积的17.7%. 棕壤分布在900米~1 100米以下的中低山地区，面积11.23万公顷，占三门峡市土壤面积的12.2%，耕地较少，多为林地。

【水文·水资源】 三门峡市辖区处豫西山地，河流河溪较多。全市共有大小河流3 000余条，分属黄河、长江两大水系，以黄河流域面积最大。长江水系主要是卢氏县南部和东南部的老灌河和淇河及其支流，流域面积1 120平方公里，占总面积的10.7%，流域海拔高度在1 000米~2 057米之间，降水量较丰富。多年平均降水量在800毫米以上，因而河水流量大，为辖区水资源丰富地区。黄河干流由陕西省潼关县东入灵宝市境，流经灵宝、陕县、湖滨、渑池4个县(市)区的16个乡(镇)，全长225公里，历史上最大洪峰流量达3.6万立方米/每秒(1843年)。总出水境量383.17亿立方米，扣除过境水量377.3亿立方米外，本地实际出境的水量只有5.87亿立方米。虽然过境水量丰富，但因受地形和提水设施发展水平的限制，利用量尚少。除黄河干流外，境内流域面积100平方公里以上的河流共33条，其中在卢氏县境内有14条、灵宝市境内11条，陕县境内5条，渑池县境内3条，卢氏县境内14条。其多年平均径流量及径流深是：卢氏县为全市最大，其径流量10.66亿立方米，径流深218.1毫米；灵宝市次之，其径流量6.76亿立方米，径流深152.7毫米；陕县的径流量1.77亿立方米，径流深135.5毫米；渑池县的径流量为全市最少，仅1.12亿立方米，径流深为136.7毫米。全市地表水多年平均径流量16.18亿立方米，径流深157.9毫米，径流系数0.23；地下水多年平均值量5.45亿立方米。总计全市水资源多年平均总量为21.63亿立方米，扣除其中重复量4.2亿立方米外，实际全市水资源总量是17.43亿立方米，人均占有780立方米，为全省人均占有量440立方米的近2倍，耕地公顷均10 826.1立方米。按照国家规定标准：地表水径流深大于1 000毫米为丰水带，径流深在300毫米~1 000毫米为多水带，径流深在50毫米~300毫米为过渡带，10毫米至50毫米为少水带，小于10毫米的为干涸带。三门峡市属于过渡带，但从历年径流量的变化上看，呈递减趋势，一些地区的多年平均径流深已接近过渡带的下边缘，不少年份的径流深处于少水带。同时，随着工农业生产和社会经济的发展，地下水人工开采量不断增加，使三门峡市辖区的地下水已形成面积达24平方公里、中心水位埋深92.5米的落降漏斗（泄水期）。所以，节约水资源、合理开发利用水资源已迫在眉睫。

【矿产资源】 三门峡市地质年代久远，地层发育较全，岩浆活动丰富，因而矿藏资源丰富，已发现矿产地318个，其中大型矿床46处、中型矿床96处。发现矿藏66种，已探明储量的有50种，保有储量居全省前3位的约有31种，已开采利用的27种。黄（黄金）、白（铝土矿）、黑（煤炭）是辖区的3大优势矿产。黄金矿产储量、产量均居全国第2位。有16种矿产居全省之冠（金、锰、铅、锌、锡、锑、钽、铌、锂、铍、铷、硫铁矿、铸型用砂岩、砷、云母、玻璃用砂岩），有9种矿产居第2位（铜、钼、银、钨、磷、压电水晶、熔炼水晶、石膏、石墨），6种矿产居第3位（铝土矿、铁、镓、白云岩、伴生硫、水泥配料及黏土）。至2011年年底，全市在有效期内共有矿产资源勘查登记项目157个（包括部办6个项目），其中金矿项目37个、铝土矿项目18个、铁矿项目31个、铅锌矿项目34个、重晶石项目1个、煤矿项目2个、银矿项目4个、铜矿项目8个、锑矿项目3个、锰矿项目5个、钼矿项目5个、钒矿项目1个、硫铁项目2个、长石项目1个、白云岩项目2个、石煤项目1个、锂矿项目1个、红柱石项目1个。全市工业企业的支柱产业如能源、冶金、建材、化工等都与矿产资源有关，矿业对全市工业的支撑度在70%左右，影响波及面达80%以上，矿业在全市的经济发展和社会进步中发挥了无可替代的作用。

【动植物资源】 三门峡市辖区处于暖温带和亚热带交界处，同时又为豫西山地，基本上是全国植物区系划分的南北分界线。植物种类繁多，资源丰富，且产量大，经济价值高，特别是有许多重要的工业原料、药用淀粉、纤维和木本粮油植物。全境域内维管束植物144科、780多属、2 100余种（不含农作物以及城镇绿化、公园、学校、企事业单位、植物园和苗圃等引进的植物种类）。本区的伏牛山、小秦岭等山地不但植物种类极其丰富，而且有不少珍贵的稀有树种，主要有领春木（Euptelea pleiosperma Hook. f. et Thoms.）、望春花（Magnolia biondii Pamp.）、铁杉（Tsuga chinensis Pritz.）、连香树（Cercidiphyllum japonicum Sieb. et Zucc.）、暖木（Meliosam veitchiorum Hemsl.）、红豆杉（Taxus chinensis Rehd.）、糯米椴（Tilia henryana var. subglabra）、龙须木（Meliosam cuneifolia Franch.）、水曲柳（Fraxinus madshurica Rupr.）等。

三门峡市的动物在全国动物区划的分类中，属于《中国动物地理区划》的华北区；在河南动物区划中，属于“伏牛山地及南坡丘陵”和“崤山山地及黄土丘陵平川”两个3级区内。因而动物特征是南北混杂的过渡性所表现出的多样化。加之山川地貌、地形的复杂，动物也呈垂直分布。市辖区内除家养动物外，仅野生的陆栖脊椎动物达140多种。其中，爬行类动物20多种，鸟类70多种，哺乳类动物42种，两栖类8种。主要动物和珍贵动物有：金钱豹（Panthera pardus），是辖区内唯一一种国际保护动物。苏门羚（Capricornis sumatraensis）又称鬣羚、山驴子、羚羊，为国家一级保护动物。国家二级保护动物有大鲵（Andrias davidianus）俗称娃娃鱼，天鹅（Cygnus spp.），豆雁（Anser Fabalis），环颈雉（Phasianus colchicus）俗称雉鸡、野鸡、山鸡，鸳鸯（Aix galericulata），麝（Moschus spp）又称香獐子、獐子，水獭（Lutra spp）别称水狗、獭子等。

【生态资源】 三门峡市由于地貌特征复杂，形成了具有暖温带、温带和寒温带的多元气候。全市有林地面积31.07万公顷，森林覆盖率达38%。生态环境良好，境内有亚武山国家森林公园、甘山国家森林公园、玉皇山国家森林公园、三门峡黄河库区省级湿地自然保护区、卢氏大鲵自然保护区等生态环境保护区，总面积达326.2平方公里，占国土面积的3.1%。

【旅游资源】 三门峡历史文化源远流长。早在五、六十万年以前，华夏民族的祖先就在这里刀耕火种、繁衍生息。全市拥有国家级重点文物保护单位6处、省级39处。这里是仰韶文化的最先发现地、人文始祖轩辕黄帝奠定政权的铸鼎地、万经之首的《道德经》的诞生地、禅宗初祖达摩的圆寂地、中华民族不屈不挠精神象征的中流砥柱所在地，也是成片地下民居天井窑院建筑群唯一完好保存地。灵宝函谷关是中国建制最早的雄关要塞，虢国墓地遗址是迄今发现的中国春秋时期规模最大的邦国墓葬群，数以千计的国宝重器为世人惊叹；黄帝铸鼎原发现的50万平方米以上的新石器时期遗址初步证明，三门峡地区是距今4 100年到5 000多年的五帝时期中华民族的政治、经济、文化中心；中国20世纪100项重大考古发现三门峡市独占3个，另外还有市级非物质文化遗产25项、省级13项、国家级2项，占全省近1/10；唐太宗、杜甫、白居易、元好问等名人骚客留下数百首诗词名篇；秦晋崤之战、六国合纵攻秦、刘帮函关拒项羽等许多改变中国历史进程的战争发生于此；夸父逐日、黄帝铸鼎、中流砥柱、分陕之重、紫气东来、鸡鸣狗盗、假虞灭虢、唇亡齿寒、禹开三门、秦赵会盟、玄宗改元等成语典故发生于此。

三门峡的名山秀水比比皆是。清水黄河、船行柳梢、天鹅戏水是黄河旅游的三大自然奇观；大黄河漂流神奇浪漫，尽现中流击水、征服自然的无穷魅力；甘山国家森林公园丹枫流霞、蝶群飞舞；亚武山国家森林公园秀峰林立、清溪潺潺；玉皇山森林公园松柏常青、珍禽异兽众多；燕子山国家森林公园古木参天，净潭棋布；仰韶大峡谷瑰丽恢弘、步移景换；豫西大峡谷飞瀑流泉、浪遏飞舟；双龙湾灵山秀水，历史文化底蕴丰厚；石峰峪石奇峰秀，山清水灵；熊耳山状似熊耳、景象万千；韶山层岭叠翠、风光无限；黄河小浪底南村旅游区水面宽阔、岱眉云雨、古柏参天；鼎湖湾烟波浩荡、芦花飞扬、荷花滴翠，野鸭、天鹅啾啾而鸣；陕县温泉、卢氏汤河温泉水质极佳，是疗养保健的好去处；“百佛顶灯”，以高、难、险的技巧演绎着民间绝技；豫西剪纸构图简洁，内涵丰富；道情皮影豫西特有，被称为戏剧“活化石”。从20世纪90年代开始，每年入冬后到次年初春这段风寒雪飘的季节，总会有数以万计的白天鹅从遥远的西伯利亚飞临这里越冬。在这里，人与白天鹅和谐相处，成为冬春季节黄河上一道最美最壮丽的风景，三门峡亦因此被誉为“天鹅之城”。

三门峡的旅游资源可以说是“以黄河为主线贯穿起来的充满野趣和史诗般辉煌的黄河生态与古文化游”。2003年旅游资源调查显示，全市共有旅游资源单体2 072个,其中有一定等级品位的有1 327个。2004年1月,三门峡市被国家旅游局命名为"中国优秀旅游城市"。至2011年年底,全市共有国际旅行社和国内旅行社53家,比2010年增加2家;旅游景区(点)24处,其中:A级旅游景区(点)9处、AAAA级以上景区4处;旅游星级饭店24家。全年共接待海内外游客1 473.85万人次,其中:接待入境游客62 800人次,接待国内游客1 467.57万人次。旅游总收入116.98亿元。

【土特名产资源】 特产可分为干鲜果品、农产品、中药材、蔬菜、食品名吃、矿产品、珍稀动物、名特树种八大类。干鲜果品类有享誉全国的灵宝苹果、大枣,渑池仰韶黄杏、牛心柿,卢氏猕猴桃、板栗、核桃、函谷红茶;农产品类有"贡米"之称的渑池坻坞小米,有著名的灵宝421黄豆、棉花及三门峡烟叶,豫西著名的肉牛、伏牛白山羊、豫西脂尾羊等;中药材类有丹参、天麻、苍术、连翘、九节菖蒲、紫贝母、卷叶贝母、山茱萸、柏麦、穿地龙等;蔬菜类有畅销国内外的卢氏黑木耳、猴头菌、香菇,有藕断丝不连、质脆而味甘的阌莲;食品名吃类有荣获世界名酒金奖的仰韶酒,有富于地方风味的观音堂五香牛肉、水花佛手糖糕、湖滨果汁等;矿产品类有著名的"黄、白、黑"(即黄金、铝矾土和煤);珍稀动物类有国家级2类保护动物大鲵,还有鼋鱼、香獐等;名特树种类有国家级稀有树种漆树、油桐、乌桕、银杏、水杉、侧柏、金丝楸。在众多土特名产中,杜仲、苹果、大枣,卢氏鸡、连翘、木耳等被评为三门峡市地理标志产品。

【市政建设与服务设施】 2011年,围绕"三大战略定位""四大一高"战略和"十六字目标",以城乡建设"三年大提速、五年换新颜"为总要求,全力抓好城建重点项目建设,完善城市配套设施。先后开工市政工程10项,完成投资4亿元,建成向青路、五原西路,全面改造提升文明路,基本完成了宋会路、崤山东路改造工程和虢国东路新建工程,大岭南路新建工程完成投资1亿元。文体中心体育场5月建成,第17届中国(三门峡)国际黄河旅游节暨投资贸易洽谈会开幕式首次在此举行,年底,体育场及人防工程全部完成,会议会展主体工程进入收尾,会展精装修施工加紧进行。南接文体中心的文化公园开工建设,年底公园粗具规模。

至年底,市区供水主管网188公里,日供水能力12.5万立方米,自来水普及率96%。市区供气(天燃气)高压管道40公里,中压管道38公里,储气能力为天燃气11.8万立方米,液化石油气300吨,燃气用户6.2万户,燃气普及率85.39%。市区供热主管道73公里,交换站73座,供热面积380万平方米,既有建筑供热计量改造面积81万平方米,占供热总面积的21%。市区排水管道长度180公里(其中污水管道96.6公里,雨水管道83.4公里),有污水处理厂1座,日处理能力8万吨,全年处理污水2 400万吨。市区道路全长158公里,面积357万平方米(含陕州大道面积,其中人行道74万平方米),现有桥梁11座,道路照明灯29 397盏,安装路灯的道路长度181公里。人均城市道路面积12.5平方米,人均公园绿地面积12.98平方米,建成区绿化覆盖率48.37%。市区现建成区面积30平米公里,现有人口30万人,其中常住人口27.96万人,城镇化率46.25%。

【交通·通信】 三门峡市拥有高速公路一条:连霍高速公路(正在进行四改八加宽工程);国省干线公路11条,分别为公路管养国道2条:G310、G209线,省道9条:S246、S247、S249、S250、S314、S318、S322、S323、S331线;专用公路1条:三大线(即沿黄公路);二级及以上公路占47.5%(其中一级公路占2.3%);三级公路占31.3%;四级公路占21.2%。桥梁228座,总长16 742米(其中大桥51座,长8 802米);隧道10道,长2 796米;农村公路总里程8 206.35公里。在建项目三灵快速通道定位为连接新城区的快速通道,按城市道路双向10车道标准建设,计划2012年建成通车;三(三门峡)淅(淅川)高速公路灵宝至卢氏段全长80公里,计划2012年建成通车;郑卢高速公路洛宁至卢氏段,与三淅高速公路相接,全长13.7公里,计划2012年底建成通车,三门峡市的"三纵四横"交通网络格局已见雏形。全市共有客运企业11家,客运车辆1 282辆,其中:高级客车247辆、中级客车629辆。开通各类客运班线共336条,其中:省际班线53条、市际班线58条、县际班线76条、县内班线149条。三级以上汽车站9个,农村客运站63个,招呼站350个。货运企业376家,营运货车17 063辆,其中牵引车2 860辆,8吨以上车辆4 950辆。危运企业15家,危运车辆289辆。其中罐式车245辆,厢式车30辆,普通车14辆。通信设施先进,移动通信、IP宽带覆盖城乡。

【历史文化】 三门峡市是华夏文明的发祥地之一,早在旧石器时代,这里就留下了人类祖先的足迹,活动地点分布在陕县的三岔沟、侯家坡;灵宝市的邢家庄、孟村、朱阳、营里、卫家磨;渑池县的南村和卢氏县的雷家村及湖滨区青龙涧河一带。进入新石器时代,人类活动范围更广泛,遗址在辖区内广为分布。距今6 000年前,出现了较大的文化群落,伴生着原始农业、畜牧业及制陶和编织等原始手工业,人类开始定居下来。约在公元前21世纪至前13世纪,这里是夏商王朝统治的中心区域。周灭商后,周武王封神农之后于焦(今陕县),继封周文王之弟虢仲于虢(今陕县),焦国、虢国都城均在今湖滨区。这两个诸侯国的封建,对建都镐京的西周王朝起到了屏藩的作用。周成王时,姬奭为三宰相之一,与周公姬旦分陕而治,"自陕以东,周公主之;自陕以西,召公主之"。春秋时,先属虢、后属晋,战国时置三川郡。当时天下大乱,诸侯国之间互相攻伐,战事频仍,因而留下了"假虞灭虢""唇亡齿寒""鸡鸣狗盗""完璧归赵"等著名历史典故。秦统一中国后,置三川郡,辖区属之。西汉属河南府,汉武帝时置弘农郡;北魏置陕州,一直延续到明清。中华民国元年(1912年)设豫西观察使,不久改为道尹,市辖区属河洛道。民国21年(1932年)设河南省第十一行政督察专员公署,管理陕县、灵宝县、卢氏县、阌乡县、渑池县等7县。1945年1月,建立中国共产党领导下的河南(豫西)第二专员公署,公署下辖有渑池县、陕县等5县抗日民主政府。1945年9月、10月间撤销。1946年7月,豫鄂陕第四专员公署成立,辖有卢灵洛县、卢嵩县、卢灵县、卢洛(洛南)县、卢洛(洛宁)灵县、栾川县等县政府。12月,卢灵洛县政府改为卢灵洛中心县政府,辖卢嵩(嵩县)、卢灵(灵宝)、卢洛(洛宁)和栾川(1947年1月后)4个县政府。四专署隶属豫鄂陕行政公署。

1947年9月，豫陕鄂第一行政督察专员公署成立，下辖陕县、灵宝县、卢氏县和阌乡县4个县政府。专署隶属豫陕鄂边区行政公署。1948年6月，豫陕鄂第一行政督察专员公署改称陕南一专署，下辖卢氏县、灵宝县、阌乡县、栾川县4个县政府，专署隶属陕南行政公署。1948年7月，陕南一专署更名为豫西七专署。1949年2月，又更名为豫西三专署。均属豫西行政公署领导，下辖卢氏县、灵宝县、阌乡县、陕县等5个县政府。1949年3月，豫西三专署改称陕州专员公署，隶属中原临时人民政府；5月，河南省人民政府成立，隶属河南省人民政府。专署辖卢氏县、灵宝县、阌乡县、陕县、渑池县等7个县政府。1952年4月，陕州专员公署与洛阳专员公署合并，称洛阳专员公署。1957年3月，经国务院批准成立省辖市三门峡市，1961年改为县级市。1986年1月，重新调整为地级市，实行市管县体制。2011年年底辖3县（渑池县、陕县、卢氏县）、2市（义马市、灵宝市）、1区（湖滨区）和三门峡经济开发区、三门峡产业集聚区，共有76个乡（镇）、街道办事处，1 469个村（居）委会。

三门峡市国民经济和社会发展综述

【概况】 2011年是“十二五”开局之年。在市委市政府的正确领导下，全市上下紧紧围绕“三大战略定位”“十六字发展目标”，强力推进“四大一高”建设，国民经济保持平稳较快发展，各项社会事业取得新的进步，实现了“十二五”时期良好开局。2011年全市生产总值1 062.92亿元，比2010年增长12.8%。其中：第一产业增加值81.22亿元，增长4.4%；第二产业增加值742.46亿元，增长14.5%；第三产业增加值239.24亿元，增长11.0%。三次产业结构由上年的8.0∶68.5∶23.5变化为7.6∶69.9∶22.5，二三产业比重比2010年提高0.4个百分点。全年居民消费价格比2010年上涨5.5%。其中：食品类上涨15.6%；食品类中，肉禽及制品上涨29.1%，粮食和鲜菜分别上涨11.6%和7.6%。全年城镇新增就业人员5.96万人，失业人员再就业2.83万人，其中就业困难对象再就业1.38万人。年末城镇登记失业率为3.24%，低于省定4.5%的控制目标。

【农业】 全年粮食产量62.59万吨，比2010年减产1.0%；烤烟产量3.58万吨，比2010年增产0.3%；棉花产量1 820吨，减产9.0%；油料产量32 251吨，增产1.4%；肉类总产量8.09万吨，增长2.7%；禽蛋产量4.84万吨，增长1.6%；牛奶产量4.0万吨，增长11.8%。年末农业机械总动力170万千瓦，比2010年年末增长3.1%；农用拖拉机4.4万台，增长4.6%；农用运输车5.75万辆，与2010年持平；农村用电量3.42亿千瓦小时，增长7.8%。

【工业和建筑业】 全年全部工业增加值698.69亿元，比2010年增长14.9%，增速比2010年减缓3.6个百分点。其中，规模以上工业增加值640.09亿元，增长16.1%，增速比2010年减缓5.0个百分点。规模以上工业中，轻工业增加值增长19.4%，重工业增加值增长15.9%，轻、重工业比例为5.4∶94.6。产品销售率为97.9%。全市规模以上工业涉及的34个行业大类中，2011年增加值规模居前10位的行业及其增速分别为：有色金属矿采选业244.05亿元，增长17.3%；有色金属冶炼及压延加工业92.63亿元，增长7.8%；煤炭开采和洗选业91.34亿元，增长7.4%；非金属矿物制品业40.81亿元，增长22.8%；电力、热力的生产和供应业25.53亿元，增长7.4%；化学原料及化学制品制造业24.95亿元，增长39.8%；非金属矿采选业21.47亿元，增长34.1%；专用设备制造业12.91亿元，增长17.7%；通用设备制造业9.40亿元，增长51.2%；饮料制造业9.02亿元，增长21.6%。工业结构调整取得积极成效。2011年，全市装备制造业实现增加值37.61亿元，比2010年增长25.2%，增速高于全部规模以上工业9.1个百分点；高技术产业完成增加值7.35亿元，同比增长15.3%。全市主要工业产品产量中：原煤1 676.3万吨，比2010年下降14.5%；发电量146.5亿千瓦小时，增长8.4%；氧化铝479.1万吨，增长13.8%；铝（电解铝）32.2万吨，下降14.0%；黄金增长18.6%；铅7.2万吨，下降15.8%；铜（电解铜）4.6万吨，增长13.4%；铝材13.4万吨，增长67.7%；汽车配件262.3万件，增长3.1%；水泥553.3万吨，增长34.4%；化学肥料（折纯量）14.4万吨，增长11.9%。全年全市规模以上工业企业实现主营业务收入2 767.25亿元，比2010年增长33.8%；实现利润258.87亿元，增长33.8%。分所有制看：公有制企业实现利润150.65亿元，增长37.9%；非公有制企业实现利润108.22亿元，增长28.4%。分行业看，34个行业大类中实现利润居前10位的行业分别为：有色金属矿采选业152.93亿元，增长47.3%；有色金属冶炼及压延加工业24.77亿元，下降7.1%；煤炭开采和洗选业23.07亿元，增长4.3%；非金属矿物制品业11.79亿元，增长37.5%；非金属矿采选业7.91亿元，增长38.2%；化学原料及化学制品制造业5.66亿元，增长116.1%；饮料制造业4.33亿元，增长52.5%；通用设备制造业3.47亿元，增长106.1%；黑色金属矿采选业2.81亿元，增长34.2%；医药制造业2.69亿元，增长54.3%。全年建筑业增加值完成43.77亿元，比2010年增长8.1%。

【固定资产投资】 全年全社会固定资产投资完成760.90亿元，比2010年增长24.8%。其中：固定资产投资（不含农户）完成749.58亿元，增长25.2%；农户投资11.32亿元，增长6.2%。在固定资产投资（不含农户）中：国有及国有控股单位投资235.11亿元，比2010年增长28.4%；民间投资490.64亿元，增长22.4%。分三次产业看，第一产业投资51.69亿元，增长69.9%；第二产业投资399.27亿元，增长19.1%，其中工业投资399.27亿元，增长19.1%；第三产业投资298.62亿元，增长28.1%。全年房地产开发投资54.37亿元，比2010年增长16.7%，其中住宅投资39.54亿元，增长8.9%。商品房施工面积576.24万平方米，增长23.2%，其中住宅施工面积419.31万平方米，增长15.9%。商品房竣工面积60.90万平方米，下降8.6%，其中住宅竣工面积52.72万平方米，下降13.2%。商品房销售面积92.42万平方米，增长9.1%，商品房销售额23.34亿元，增长25.5%。

4月26日,举行灵宝华鑫万吨高档铜箔达标达产暨荣膺三门峡市高成长企业授牌仪式

【国内贸易】 全年全市社会消费品零售总额完成239.28亿元,比2010年增长18.1%。按销售地区分:城镇消费品零售额201.05亿元,增长18.4%;乡村消费品零售额38.23亿元,增长16.7%。分行业看:批发业11.50亿元,增长23.2%,零售业194.33亿元,增长17.5%;住宿业3.49亿元,增长17.6%,餐饮业26.63亿元,增长20.1%;其他3.34亿元,增长18.1%。全年全市批零贸易、住宿餐饮业共实现销售额(营业收入)481.4亿元,比2010年增长26.4%。其中:批发业176.3亿元,增长29.3%;零售业258.4亿元,增长24.3%;住宿业11.9亿元,增长29.3%;餐饮业34.8亿元,增长27.0%。

【对外经济】 全年对外贸易进出口总额19 780万美元,比2010年增长21.1%。其中:出口总额16 142万美元,增长55.9%;进口总额3 638万美元,下降39.1%。全年新签利用外资合同16个。合同利用外资33 467万美元,比2010年增长34.2%;实际利用外资63 149万美元,增长58.5%。

【交通、邮电和旅游】 全年交通运输、仓储和邮政业增加值70.64亿元,比2010年增长11.4%。全年全社会公路货运量3 933万吨,比2010年增长22.0%;公路旅客运输量4 475万人,增长18.1%;公路货运周转量79.95亿吨公里,增长25.1%;公路旅客周转量22.02亿人公里,增长20.3%。全年邮电业务总量13.18亿元,比2010年增长16.1%。其中:邮政业务1.3亿元,增长25.5%;电信业务11.86亿元,增长15.1%。年末固定电话用户32.75万户,固定电话普及率为14.5部/百人;移动电话用户181.92万户,普及率为80.8部/百人,比2010年增加7.9部/百人。年末全市共有国际旅行社和国内旅行社53家,比2010年增加2家;旅游景区(点)24处,其中:A级旅游景区(点)9处,AAAA级以上景区4处;旅游星级饭店24家。全年共接待海内外游客1 473.85万人次,其中:接待入境游客62 800人次,接待国内游客1 467.57万人次。旅游总收入116.98亿元。

【财政、金融】 全年全市地方财政总收入96.02亿元,比2010年增长15.2%。地方财政一般预算收入57.61亿元,增长15.8%,税收占财政一般预算收入的比重为73.5%。在主要税种中,增值税、营业税、企业所得税、城市维护建设税分别比2010年增长2.7%、18.1%,74.9%、21.6%,个人所得税和资源税比2010年分别下降2.4%和4.1%。全市财政一般预算支出累计完成119.46亿元,增长25.4%。重点支出和法定支出得到较好保障。全年全市教育、科技、农林水事务支出增幅分别达到37.6%、17.9%和15.1%,均高于经常性财政收入的增长比例。加大对社会保障、医疗卫生、节能环保等民生领域投入,全市涉及民生支出达72.86亿元,比2010年增长25.7%,占一般预算支出的比重达到61%。年末全市金融机构各项存款余额687.70亿元,比年初增加61.86亿元,增长9.9%,其中城乡居民储蓄存款余额424.07亿元,比年初增加31.24亿元,增长8.0%。年末各项贷款余额381.18亿元,比年初增加41.94亿元,增长36.4%,其中,短期贷款余额229.18亿元,比年初增加61.13亿元,中长期贷款余额136.95亿元,比年初增加5.87亿元。

【教育和科学技术】 年末,高等职业教育在校学生15 164人,中等职业学校在校学生44 743人,普通高中在校学生4.6万人,普通初中在校学生9.21万人,小学在校学生17.6万人。初中阶段学龄人口和小学学龄儿童入学率均达到了100%。全年共申请专利500件,授权347件;组织实施各类科技计划项目95项;4家企业被认定为高新技术企业,4家企业申报的省级院士工作站通过认定,3家企业申报的省级工程技术研究中心通过认定,1家企业被认定为河南省节能减排科技创新示范企业;举办各类星火科技人才培训班800期,培训各类科技人才5.2万人次;6项成果获2011年度省科技进步奖,其中二等奖1项、三等奖5项;24项成果获2011年度市科技进步奖,其中一等奖5项、二等奖7项、三等奖12项。年末全市技术监督系统共有产品质量检验机构9个。全年监督检验工业产品17种、152批次,检查食品企业20家,完成计量合格认可13家,完成锅炉定检246台,电梯定检524台,压力容器定检577台,强制检定计量器具总体受检率达90%以上。年末全市共有天气观测站4个,雷达站2个,卫星云图接收站4个,气象公益服务站5个,气象信息电话自动答讯服务系统4套,电视气象服务系统7套,全要素自动气象站4个,四要素自动气象站20个,单要素自动气象站72个,建设农村气象灾害预警信息发布大喇叭87个,建设特色作物气象科技服务示范园5个,气象电子显示屏33个,发布气象灾害预警信号96次,适时进行人工增雨、增雪、消雹防雹作业110次。

【文化、卫生和体育】 年末全市共有艺术表演团体6个,文化馆7个,公共图书馆6个,博物馆7个,全国重点文物保护单位6处,入选国家级非物质文化遗产名录3

个，入选省级非物质文化遗产名录27个，入选市级非物质文化遗产名录69个。全市有4座博物馆、纪念馆实现了免费向公众开放。年末全市有市级广播电台1座，电视台1座，教育电视台1座；县级广播电视台5座。年末有线电视用户29.78万户，广播人口综合覆盖率96.25%，电视人口综合覆盖率97.04%。

年末全市共有卫生机构449个，其中：医院、卫生院125个，妇幼保健院、所、站5个，疾病预防控制中心（防疫站）7个，卫生监督检验所6个。卫生机构病床床位9 459张，其中医院、卫生院8 943张。卫生技术人员10 764人，其中，执业医师和执业助理医师4 286人，注册护士3 718人，疾病预防控制中心（防疫站）卫生技术人员273人，卫生监督检验所卫生技术人员104人。农村乡（镇）卫生院75个，床位2 316张，卫生技术人员2 051人。新型农村合作医疗参合农民人数比2010年增长1.47%，参合率98.69%，比2010年提高0.8个百分点。全年共组织各级各类体育竞赛和健身活动1 600余场次，涉及20余个健身项目，直接和间接参与体育活动人数达60余万人次。组队参加省及省以上比赛17次，共取得金牌20枚、银牌23枚、铜牌37枚。承办了省青少年柔道锦标赛、青少年轮滑锦标赛和青少年跆拳道冠军赛等省级赛事。组团参加河南省第十一届运动会、河南省第五届农民运动会和第十一届老年人运动会。输送的优秀运动员汤介一、田璞、武翠翠、赵丽娜均入选国家集训队并作为备战伦敦奥运会集训人员参加集训。投资120余万元，在全市122个行政村建成“农民体育健身工程”；投资36万元，在城市社区和农村乡（镇）建成12条健身路径，安装健身器材160余件；投资50万元，建成乡（镇）农民体育健身工程5处。筹资近400万元对市乒乓球馆进行改扩建，新增建筑面积2 800平方米。新增彩票销售网点15个，体育彩票销售额9 500余万元。

【人口、人民生活和社会保障】 年末全市总人口225.62万人，常住人口224.10万人，城镇化率达到46.00%。全年人口出生率为9.02‰，死亡率为4.82‰，自然增长率为4.20‰。全年农村居民人均纯收入6 928.98元，扣除价格因素，比2010年实际增长13.7%；农村居民人均生活消费支出4 856.94元，实际增长11.8%。城镇居民人均可支配收入17 061.7元，扣除价格因素，比2010年实际增长7.5%；城镇居民人均消费支出14 081.8元，实际增长19.1%。农村居民家庭恩格尔系数为33.6%，城镇居民家庭恩格尔系数为27.1%。全年共为5.98万名企业离退休人员发放基本养老保险金93 339万元，按时足额发放率达100%。年末参加城镇职工社会养老保险人数27.51万人，参加城镇基本医疗保险人数64.02万人，参加社会失业保险人数22.79万人。全年共发放城镇居民最低生活保障金9 500.6万元，年末享受最低生活保障的有36 530人。全年发放农村低保金8 901.9万元，农村低保对象88 669人。发放城乡医疗救助资金1 778.2万元，救助13 997人。年末全市拥有各类收养性社会福利单位73家，福利单位床位数4 370张，收养3 590人。其中，收养性社会福利院2家，床位310张，收养200人。城镇建立各种社区服务设施53个，其中社区服务中心4个。全年销售福利彩票1.32亿元。

【资源、环境与安全生产】 年末全市已发现的矿种有66种。其中：能源矿产1种，金属矿产21种，非金属矿产39种，水气矿产2种。已探明资源储量的矿种50种，已开发利用的矿产37种。年末全市环保系统从业人员787人，其中环境监测人员139人。全年环评审批项目416项，环评审批率达100%；辖区内当年已投产的审批权限内的建设项目共77项，经过环保“三同时”验收检测，污染物排放均达到国家有关标准要求，达标排放率为100%。全年城市环境空气质量优良天数为323天。共关闭取缔污染企业55家，限期或停产治理污染企业86家。涧河渑池吴庄断面COD浓度达标率为92.3%。

全年完成绿化造林2.47万公顷，完成森林抚育和改造0.72万公顷，义务植树及市旁植树1 257万株。截至2011年年底，三门峡市建成区绿地面积1 194公顷，绿地率39.8%；绿化覆盖面积1 311公顷，绿化覆盖率43.7%；公园绿地面积383公顷，人均公园绿地面积12.6平方米。全年共发生各类生产安全伤亡事故272起、死亡92人，比2010年分别下降1.1%和29.8%。全市亿元GDP死亡率为0.087；煤矿百万吨死亡率为0.66。

组织机构及领导成员
（截至2011年12月底）

中国共产党三门峡市委员会

书　　记　杨树平（5月任）
　　　　　李文慧（5月离任）
副 书 记　赵海燕（女，5月任）
　　　　　杨树平（5月离任）
　　　　　王建勋
市长级干部　李建顺
常　　委　苏新华（6月离任）
　　　　　李立江（8月离任）
　　　　　申黎明（12月离任）
　　　　　吴　云（女，12月任）
　　　　　郭绍伟
　　　　　赵予辉
　　　　　李明举（4月离任）
　　　　　姜继鼎（8月任）
　　　　　赵中生
　　　　　赵　艳（女，8月离任）
　　　　　张英焕
　　　　　雷俊卿（4月任）
　　　　　易树学（8月任）
　　　　　薛蒙林（8月任）
秘 书 长　姜继鼎（8月任）
　　　　　赵中生（8月离任）
常务副秘书长　朱俊武
副秘书长　魏志选（10月任）
　　　　　杨治安
　　　　　张欣照
　　　　　蔡伟成
　　　　　梅良川（兼，3月离任）
　　　　　邱晓军（兼，3月离任）
　　　　　朱育生（兼，3月离任）
　　　　　魏志选（兼，3月离任）
　　　　　严锦华（兼，3月离任）
　　　　　薛青池（兼，3月离任）
　　　　　李平华（兼，3月转业）
　　　　　谢东方（兼，3月离任）

中国共产党三门峡市委员会工作部门

中共三门峡市委办公室

主　任　姜继鼎（8月任）

赵中生(8月离任)
副主任 乔建厚 秦菊慧(女)

中共三门峡市委政策研究室

主 任 谢东方
副主任 许德华
曲振群

中共三门峡市委组织部

部 长 赵予辉
常务副部长 朱学智(8月离任)
副部长 张朝红(10月离任)
副部长、老干部局局长
范世谋
副部长 庆志英(女)
王云波(10月任)
正县级组织员 王云波(10月离任)
副县级组织员 魏 玮
卫 光(10月任)
市委人才办主任 张炳彦(10月离任)
张银良(10月任)

中共三门峡市委宣传部

部 长 薛蒙林(9月任)
李立江(9月离任)
常务副部长 武少峰
副 部 长 刘玉森
杨献珺
任战洲
刘小英(女,兼)
宋惠学(兼)
赵团欣(兼)
徐龙欣(兼)

中共三门峡市委统一战线工作部

部 长 易树学(8月任)
赵 艳(女,8月离任)
常务副部长 张书敏
副部长、市工商联党组书记
李献民
副部长、市民族宗教局党组书记
薛建峡
副 部 长 张炳彦(10月任)
贾 辉(10月离任)

中共三门峡市委台湾工作办公室(三门峡市人民政府台湾事务办公室)

主 任 毋慧芳(女)

中共三门峡市委政法委员会、三门峡市社会治安综合治理委员会办公室、中共三门峡市委维护稳定工作领导小组办公室(合署办公)

书 记 郭绍伟
常务副书记 李主臣
副书记、610办主任 付晓亚
副书记、维稳办主任 杨玉庆(6月离任)
副书记、综治办主任 张龙治
市综治办副主任 马宗玉(6月离任)
李 黎(10月任)
市委维稳办副主任 李 黎(10月离任)
朱国斌(10月任)
市法学会秘书长 汤立明(4月离任)
鲁 锋(6月任)
市创新办副主任 汤立明(4月任)

中共三门峡市委群众工作部

部 长 郭绍伟
常务副部长 严锦华
副 部 长 骆雪峰

三门峡市精神文明建设指导委员会办公室

主 任 宋惠学
副主任 王文辉

中共三门峡市委市直机关工作委员会

书 记 梅良川
副书记 杨旭东
市直纪工委书记 张晓红(女)
市直机关工会主席 张广杰

中共三门峡市委老干部局

局 长 范世谋
副局长 聂树杰
郭 宏(6月离任)
姚景华(6月任)

中共三门峡市委保密委员会办公室(三门峡市国家保密局)

主任(局长) 郑宝梅(女,10月任)
杨治安(10月离任)
副主任(副局长) 郭秀云(女)
总工程师(副县级) 吴国欣(10月任)

中共三门峡市委党史地方史志办公室(中共三门峡市委党史研究室、三门峡市人民政府地方史志办公室)

主 任 李 健
副主任 张安滨(女) 魏云超

三门峡市机构编制委员会办公室

主 任 韩迎春(女)
副主任 孙 禹 孙宏发

中共三门峡市委党校(三门峡行政学院、三门峡社会主义学院)

党校校长、行政学院院长 王建勋
党校党委书记、常务副校长,行政学院常务副院长,社会主义学院院长
李庆红(女)
党委副书记、副校长(副院长)
公冶春彦(6月任)
党委委员、副校长(副院长)
张振平
闫占伟(10月离任)
党委委员、纪委(纪工委)书记
周利平(10月到任)
许榜哲(6月离任)
社会主义学院副院长 李献民

三门峡日报社

党委书记、社长 李万泉
总编辑 孟国栋
党委副书记、纪委书记 王素梅(女)
副总编辑 王亚敏
刘建设
焦森森(女)
张玉琮
刘书芳

三门峡市档案局

局 长 韩 芳(6月任)
张欣照(6月离任)
副局长 杨乘东
马俊芳

中共三门峡市纪律检查委员会、三门峡市监察局(合署办公)

书 记 吴 云(女,12月任)
申黎明(12月离任)
副书记 李俊江(兼监察局局长)
侯 鑫(兼监察局副局长)
张志鹏(兼监察局副局长)
常 委 王世斌(8月离任)
段荣武
余秋华
郝建让
宋中岳(8月任)
谢喜来(8月任)
监察局副局长 张增固
办公室主任 谢喜来(10月离任)
张 华(女,10月任)
监察综合室主任 路进良
调研法规室主任 姚发辉(7月离任)
李玉林(10月任)
宣传教育室主任 宁转果(女,10月离任)
冯相儒(10月任)
执法监察室主任 刘云仙(女)
案件监督管理室主任 宋玉和(6月离任)
赵俊成(10月任)
纪检监察一室主任 郭占忠(10月任)
纪检监察二室主任 徐典军(6月离任)
沙鲁蓬(10月任)
纪检监察三室主任 张俊合
案件审理室主任 马建峡
信访室主任 王东林
干部室主任 谢亚菲(女,6月离任)
吴自力(10月任)
党风廉政建设室主任 贺新安

纠风室主任 张鹏飞
农村基层党风廉政建设室主任 张元伟
效能监察室主任 姜玉良(6月离任)
狄 罡(6月任)

派驻第一纪检监察组
组 长 褚建国
副组长 刘景平

派驻第二纪检监察组
组 长 冯聪敏
副组长 王保仓

派驻第三纪检监察组
组 长 秦海棠(女)
副组长 何 宏(10月任)

派驻第四纪检监察组
组 长 尚铁仓
副组长 李晓义(10月任)

派驻第五纪检监察组
组 长 李灵法(10月离任)
周 钢(10月任)
副组长 侯玉林(10月任)

派驻第六纪检监察组
组 长 毕立东
副组长 兀少侠

派驻第七纪检监察组
组 长 茹尉雯(女)
副组长 靳葆青

派驻第八纪检监察组
组 长 雷雨川
副组长 马焕春

派驻第九纪检监察组
组 长 宋中岳(10月离任)
闫占伟(10月任)
副组长 徐延彬

派驻第十纪检监察组
组 长 彭修玉
副组长 吴自力(10月离任)
卫丰收(10月任)

三门峡市人民代表大会常务委员会

主 任、党组书记 赵继祥
副主任、党组副书记 李宝鸿
副主任、党组成员 亢伊生
邹援朝
郑泽中(4月任)
孙宗会(4月任)
副 主 任 马仰峡(兼)
秘书长、党组成员 裴富平
副秘书长 王永胜
宋中魁
张根星(10月任)

三门峡市人民代表大会常务委员会工作机构

办公室
主 任 王永胜
副主任 郭喜宏
张雪芳(女)

机关党委
书 记 裴富平
副书记 赵节跃(10月离任)
赵永丰(10月任)

调查研究室
主 任 杨成武
副主任 张根星(10月离任)
严 渊(10月任)

信访办公室
主 任 宋中魁(兼,10月任)

财政经济工作委员会
主 任 卢夏慧
副主任 张素玲(女)

教育科学文化卫生工作委员会
主 任 杜宗文
副主任 张虎森

农村工作委员会
主 任 吉拴午
副主任 彭江弘

选举任免代表联络工作委员会
主 任 王永利
副主任 滕景群

内务司法工作委员会
主 任 宋海军
副主任 贾青苗(女)

环境与资源保护工作委员会
主 任 吕希龙(10月退休)
副主任 王茂钦

预算工作委员会
主 任 李怀国
副主任 张 晓

民族任务外事工作委员会
主 任 赵节跃(10月任)
副主任 杨爱琴(10月任)

三门峡市人民政府

市 长 杨树平(6月离任)
赵海燕(女,6月代理市长,7月任)
市长级干部 赵光超
常务副市长 苏新华(6月离任)
赵中生(9月任)
副 市 长 李 琳
周志远(4月离任)
崔保连
张建峰
高战荣
党组成员 宋 跃
水选民
李俊江
张万斌(市长助理)
秘 书 长 李宝洲
副秘书长 庞述生(3月离任)
李永正(3月离任)
王松安
刘安强
魏志选(3月离任)
李立明
冯 勇
刘廷福(3月离任)
徐景厚
张武民
袁文忠(3月离任)
赵松勤
曹成建
刘发亮(3月离任)

三门峡市人民政府工作部门

三门峡市人民政府办公室
主 任 李宝洲

三门峡市人民政府金融服务办公室
主 任、党组书记 李永正
副主任、党组成员 张建康 刘瑞锋

三门峡市人民政府信访局
局 长、党组书记 严锦华
党组成员 陈鲁新
副局长、党组成员 李定慈
卫建奇
刘振国
刘少君

三门峡市人民政府外事侨务办公室
主 任 张武民(7月任)
杨 彤(7月离任)

三门峡市市直机关事务管理局
局 长、党组书记 王志超(10月任)
魏志选(10月离任)
副局长、党组副书记 宁恒山
副局长、党组成员 李竹园

河南省工业和信息化厅三门峡无线电管理局
局长、党组书记 高建生

三门峡市人民防空办公室
主 任 段孝廷

副主任　黄　凯　曹兴华

三门峡市财政局

党组书记、局长　宋　东(兼,6月任党组书记)
副局长、党组书记　范社民(6月离任)
党组成员、副局长　雷　萍(女)
康平森
翟海燕(兼)
刘泽夏(6月任)
党组成员、副局长(正县级)
刘玉侠(兼,7月任)
党组成员　袁书钦
机关党委书记、工会主席　董友忠

三门峡市投资集团有限公司

董事长、党委书记　宋　东(7月任)
监事会主席、党委委员　刘玉侠(7月任)
副总经理、党委委员　翟海燕(10月任)

三门峡市人力资源和社会保障局

局长、党组书记　任振廷
副局长　蔡鸿儒　汪忠义
副局长、养老保险中心主任　赵章锁
副局长、公务员局局长　张宪法
副局长　武东发

三门峡市行政服务中心

主　任、党组书记　聂红超(6月任)
庞述生(6月离任)
副主任　相海平(女,10月任)
副主任、党组成员　杨伟兵(10月任)
周利平(10月离任)

三门峡市审计局

局　长　张玉清
党组书记　范社民(6月任)
副局长、党组成员　刘树军
尚秀丽(女)
侯功亮

三门峡市统计局

局　长、党组书记　常天朝
副局长、党组副书记　张建军
副局长、党组成员　张庆云
地调队队长、党组成员　赵葡萄(女)

三门峡市科学技术局

局　长　卢群召
党组书记　卫月胜
副局长　王俊汝　亢保祥

三门峡市公安局

局　长、党委书记　崔保连
常务副局长、党委副书记　柏启传
副局长、党委副书记　杨宗义
政治部主任　张玉瑛(女)
副局长、党委委员　南超民
谭鲁生
张长廷
陈沛林(7月任正县级侦察员)
王继勇(7月任)
李正民(7月任)
纪委书记　夏东亚(7月任)
党委委员　宋中奎
张　虎
刘吉焕(7月离任)
张炳厚(7月离任)
王应清(7月离任)
王百敦(7月离任)

三门峡市公安局警令部

主　任　叶　桢

三门峡市公安局交通管理支队

支队长　王祖辙
政　委　黄国军

三门峡市公安局特殊警务支队

支队长　石　军
政　委　杨苏方

三门峡市公安局犯罪侦查支队

支队长　孙永民
政　委　廉书建

三门峡市公安局国内安全保卫和反恐怖支队

支队长　李化坤
政　委　李　力

三门峡市司法局

局长、党委书记　张仲斌
副局长、党委副书记　苗万青
副局长、党委委员　杨　峰
纪检书记　杨素霞(女)
副局长、党委委员、三门峡市劳教所所长　张功社
副局长、党委委员　翟万寿
党委委员、政治部主任　李建春

三门峡市民族宗教局

局　长　肖群兰(女)
党组书记　薛建峡
副局长　滕蕊荣(女)

三门峡市商务局

局　长、党组书记　李炼志
副局长、党组成员　高建科
臧炎泉
副局长　李军方
贸促会会长　刘爱伟(6月任)

三门峡市供销合作社

主　任、党委书记　孙天成
副主任、党委委员　焦文婷(女)
聂卫东(6月任)
纪委书记　高　阳(10月任)

三门峡市粮食局

局　长　水润平
党委书记　张建存
纪委书记　戚咏梅(女)
副局长　何　晔(女,11月离任)
副局长、党委委员　焦四国

三门峡市商业总公司

总经理　张翼飞
党委书记　杨军歪
副总经理　张秀梅(女)
纪委书记　赵军生

三门峡市物资总公司

总经理、党委书记　郑遂平
副总经理、党委委员　卢登斌

三门峡市医药总公司

总经理、党委书记　金校卫
副总经理、党委委员　薛　飞
纪委书记　赵　峰

三门峡市旅游局

局　长、党组书记　水贤礼
副局长、党组副书记　王保仁
副局长、党组成员　闫正伟

三门峡市安全生产监督管理局

局　长　钱随章
党组书记　钱随章(10月离任)
李灵法(10月任)
副局长　李灵法(10月任)
张菊霞(女)
茹华锋
周　钢(10月离任)
刘向东
党组成员　李　明

三门峡市工业和信息化局

局　长　雷建国
党委书记　雷建国(6月任)
徐自存(6月离任)
副局长、党委副书记
张　明(1月任,6月离任)
副局长　周增顺
杨跃民
副局长、党委委员　王占平
纪委书记　绳靖富(10月任)
党委委员、中小企业服务局局长
韩海民
黄金办主任兼办公室主任
孙连峰(10月任)
市信息化办主任　薛付立(10月任)

三门峡市煤炭总公司

总经理、党组书记　张　明(7月任)
李泉水(7月离任)
副总经理、党组成员　王京伟

三门峡市黄金总公司

总经理、党组书记 梅迎宾
副总经理、党组成员 申允会(10月任)

三门峡市教育局

局长、党委书记 李庆红(女,6月任)
王平灿(6月离任)
副局长 白爱学
金锐(女)
赵邦厚
杨伟建
纪委书记 李海全
副局长 许彦卿
张红谱

三门峡职业技术学院

党委书记 郑建英
院长、党委副书记 吴勇军
党委副书记、纪委书记 刘彦斌
常务副院长、党委委员 李久昌
党委委员、工会主席 宋六锁
副院长 李勤(女)
正县级领导干部 林崇周
党委委员 袁文山 马旭东

三门峡市体育局

局长 张景林
党组书记 孔辉
党组成员 马朝龙
副局长、体校校长 武如仓
副局长、体校党支部书记 朱素芳(女)

三门峡市文化新闻出版局

局长、党委书记 王朝周
副局长、党委副书记 张占海
纪委书记 许建平
副局长、党委委员 马刚层(女,6月离任)
鲍晓亮
副局长 许海星

三门峡市广播电影电视局

局长 刘小英(女)
副局长 张书超
万赞伟
副局长、电视台台长 刘英(女)

三门峡市卫生局

局长、党委书记 齐秋安
党委委员 杨波
党委委员、纪委书记 张杰生
副局长 韩绍卿
党委委员、副局长 刘存棣
梁智斌
邹杰
贾巷真
党委委员 郑淑华(女,12月离任)
张殿成

三门峡市住房和城乡建设局

局长、党委书记 杨青黑
副局长、党委副书记 王志超
纪(工)委书记 王道明
副局长、党委委员 董清华 何耀武
宋一 段敬民
赵和平 何军

三门峡市规划和城市管理综合执法局

党组书记、局长 辛建仓
党组副书记、副局长(正县级) 赵瑞平
党组成员(正县级) 刘国泰 石旭民
李建设
党组成员、副局长 王永生 周秋良

三门峡市环境保护局

局长、党组书记 曹海生(6月任)
金明记(6月离任)
党组成员 张中良
副局长、党组成员 张铁道
李光宏
鲁雪生

三门峡市国土资源局

局长、党组书记 朱豫锋
副局长、党组成员 王西鹏 田宝群
纪检组长 上官勤学

三门峡市扶贫开发办公室

主任、党组书记 冯志刚
副主任、党组成员 陈丽萍(女)
韩钢锋(10月任)

三门峡市农业局

党组书记、局长 邵学敏(6月起不任党组书记)
党组书记 王耀文(6月任)
副局长、党组成员 张建业(兼,正县)
党组成员 张建林(兼,正县)
副局长、党组成员 郭亚娟(女,兼,正县)
副局长、党组副书记 王晓福(兼,正县)
副局长、党组成员 唐向志
副局长 陈林海(11月任)

三门峡市农业科学研究院

院长 张建林
党支部书记 王晓福(11月任)
郭亚娟(女,11月离任)
副院长 石景尚

三门峡市畜牧局

局长 张建业
副局长 彭博
盛显秋

三门峡市园艺工作总站

站长 李明雷

三门峡市农业机械化管理办公室

主任 王富宇

三门峡市农业产业化办公室

主任 涂永华

三门峡市林业和园林局

党组书记、局长 张朝红(10月任)
张建友(10月离任)
党组副书记(正县级)、副局长
郑宝梅(女,10月离任)
党组成员、副局长 李合申
柴仁俊
李茂军(10月任)
周文亮(10月任)
韩保健(10月离任)
刘汉良(10月离任)
党组成员、小秦岭国家级自然保护区管理局局长 韩保健(10月任)
党组成员、小秦岭国家级自然保护区管理局党委书记 刘汉良(10月任)
党组成员、副局长 郭学成(10月起不任副局长)
党组成员 李健
党组成员、市森林公安局局长
刘忠杰(10月任)
李茂军(10月离任)

三门峡市水利局

党组书记、局长 靳跃军
党组成员、副局长(正县级)
李国祥(7月任)
党组成员、副局长、水资源处处长
乔铁牛
党组成员 黄更臣
党组成员、副局长 裴宗杰(7月离任)
党组成员、副局长、窄口水务局局长
卫伟(6月任窄口水务局局长)
党组成员、副局长 赵新生
付强(7月任)
水资源管理处书记 裴宗杰(7月任)
水资源处副处长 王军峰
副局长、窄口水务局局长
曹冠军(7月离任)

三门峡市民政局

局长、党委书记 上官卿
副局长、党委副书记
李宏伟(10月任,正县级)
副局长、党委委员 张增盈
王明刚
王宏军
纪委书记 宁转果(女,10月任)

三门峡市人口和计划生育委员会

主任、党组书记 任晓云(女,6月任)
董晓环(女,6月离任)
副主任 赵陕新 薛孟生

三门峡市发展和改革委员会

主　　任　刘会林
党组书记　于太升
副主任、党组成员　索亚荣
　　张项学
　　赵　宇
　　左军英
　　陈林海(10月离任)
　　李晓玲(女,10月任)
　　权振国(10月任)
建设投资公司总经理、党组成员　陈克己
能源局局长　王志芳
物价办主任　苗朝霞(女)
重点办主任　兰正军(10月任)

三门峡市交通运输局

局　长、党委书记　李平宣
副局长、党委委员　李春来
　　赵翠玲(女)
　　杨少敏(兼公路局局长)
　　李新林(6月离任)
　　王玺光(10月任)
　　孙玉龙(10月任)
纪委书记、副局长　郭社良
党委委员　尚柏仁

三门峡市公路局

局　长、党委副书记　杨少敏
党委副书记　郑建锋
副局长　张　通　周建通
　　常见辰　建则军

三门峡市黄河河务局

局　长、党组书记　段建民
副局长、党组成员　陈　涛　张景芳

三门峡市地震局

局　长　姚　龙
书　记　李守增
副局长、党组成员　郑　垚
　　韩浩然(10月任)

三门峡市盐业管理局

局　　长　黄松涛
党委书记　李帅林

三门峡经济开发区管理委员会

常务副主任、党工委书记
　　张北超
党工委副书记　赵冶钧
副主任、党工委委员
　　张自然　尹新会
　　杜爱民　王振江
　　马占方(6月任)
党工委委员、纪委书记
　　姚发挥(7月任)
　　董项虎(7月离任)
党工委委员　贺崇阁　杨文龙
副主任　杨　峰

三门峡产业集聚区管理委员会

管委会主任、党工委委员　张礼堂
党工委书记　朱　强
党工委副书记、管委会副主任　茹　鹏
常务副主任、党工委委员　狄治涛
管委会副主任、党工委委员　王甲森
　　崔文泽
　　荆栓民
党工委委员、纪工委书记　董项虎
管委会副主任、党工委委员　周　童
党工委委员　荆柏松

中国人民政治协商会议三门峡市委员会

主　席、党组书记　郭秀荣(女)
副主席、党组副书记　陈雪平(9月离任)
副主席、党组成员　王富民(9月离任)
　　王铁创
　　高从民
副主席　姚　龙　孙继伟
　　张景林　卢群召
　　肖群兰(女)
秘书长、党组成员　吴群慈(4月离任)
　　王平灿(6月任)
党组成员、机关党委书记
　　吴群慈(4月离任)
　　王平灿(6月任)
副秘书长　吉永顺(4月离任)
　　王德林(10月任)
　　何　盈(10月任)

中国人民政治协商会议三门峡市委员会工作机构

办公室

主　任　吉永顺(4月离任)
　　何　盈(10月任)
副主任　刘云鹏
　　卫素琴(女)

提案委员会

主　任　刘瑞玲(女)
副主任　蔡中有

经济科技委员会

主　任　蔡水文

文教体卫委员会

主　任　郭振平(10月任)
副主任　郭振平(10月离任)

港澳台侨和民族宗教委员会

主　任　王德林
副主任　张　丽(女)

学习文史资料委员会

主　任　杨顺发
副主任　石　耘

社会和法制委员会

主　任　曹治华
副主任　许兰英(女)

环境资源委员会

书　记　张建友(10月任)
机关党委副书记　高　阳

三门峡市国防　审判　检察机构

三门峡军分区

司　令　员　张廷善
政治委员　雷俊卿
副司令员　曹树仁
参　谋　长　张洪标
政治部主任　陈俭富
后勤部部长　李凤堂

中国人民武装警察部队三门峡市支队

支　队　长　卫东风
第一政治委员　崔保连
政　治　委　员　赵天玉
副　支　队　长　柳军永
副政治委员　刘勤丰
参　谋　长　代练兵
政治处主任　何学习
后勤处处长　李振国

中国人民武装警察部队三门峡市消防支队

支　队　长　李家甫
政治委员　仰文祥
副支队长　白胜利　朱明荣
司令部参谋长　李晓东
政治处主任　李宛军
后勤处处长　郭中显
防火处处长　马　雷

中国人民武装警察部队黄金第六支队

支　队　长　杨洪生
政治委员　李建武

三门峡市中级人民法院

院　　长　郑泽中(4月离任)
常务副院长　张社军(4月主持全院工作)
副　院　长　刘胜利
　　李红伟
　　任睿妮(女)
　　贾九翔
　　孙本立(4月任)

政治部主任　张献东
纪检组长　薛保良
执行局局长　贾九翔
专职审判委员会委员
王建生(1月任,6月离任)
王金贤(1月任)
魏冠英(1月任)

三门峡市人民检察院
检察长、党组书记　张永键
常务副检察长、党组副书记　王建民
副检察长、党组成员　司玉新
赵选民
匡江丽(女)
党组成员　赵新卢
党组成员、反贪污贿赂局政委　杨镜炜
党组成员、灵宝市人民检察院检察长
杨红岩
党组成员、反贪污贿赂局局长　张江波

三门峡市民主党派　工商联　群众团体

中国民主同盟三门峡市委员会
主　委　马仰峡
副主委　何建刚
李述勇
许海星(11月任)
秘书长　李述勇(兼)

中国民主建国会三门峡市委员会
主　委　张景林
副主委　卫超民
朱振华(11月任)

中国农工民主党三门峡市委员会
主　委　肖群兰(女)
副主委　赵光煊(11月任)
陈天栋(11月任)

九三学社三门峡市委员会
主　委　姚　龙
副主委　杭海龙
何　晔(女)

三门峡市工商业联合会(总商会)
主　席　孙继伟
党组书记　李献民
副主席、党组成员　张进朝
副主席　刘雪立　王　锋(11月任)

三门峡市总工会
主　席、党组书记　孙宗会
副主席、党组副书记　武跃峰
副主席、党组成员　路敏茹(女)
任民良
经费审查委员会主任、党组成员
张秀云(女)

中国共产主义青年团三门峡市委员会
书　记、党组书记　杨绍华
副书记、党组成员　宋黎静

三门峡市妇女联合会
主　席、党组书记　张晓燕(女)
副主席、党组成员　杨玉秋(女,6月离任)
李　珣(女)
吕秋芬(女,6月任)

三门峡市科学技术协会
主　席　马仰峡
副主席、党组书记　刘欣旺
副主席、党组成员　陈永朝

三门峡市文学艺术界联合会
党组书记　徐龙欣
主　席　张高山

三门峡市社会科学界联合会
主　席　赵团欣
党组书记　张桂珠(女)

三门峡市归国华侨联合会
主　席　黄鸿普

三门峡市残疾人联合会
理事长　郭辛文
副理事长　杨丽峡(女)

国务院部属　省属直管单位

三门峡市国家税务局
党组书记、局长　秦基选(3月任)
侯双年(3月离任)
党组副书记、副局长　秦基选(3月离任)
党组成员、副局长　朱红姣(女)
肖　毅
郭长忠
党组成员、纪检组长　王　伟
总会计师　程书华(女)
党组成员、总经济师　裴怀斌

三门峡市地方税务局
局　长、党组书记　霍　涛
副局长、党组成员　许　珺(女)
卫苏伟
孙东方
党组成员、纪检组长　王宗贤
党组成员、总经济师　翟鹏戈
党组成员、总会计师　王新宝
党组成员、稽查局长　崔　军(6月任)

三门峡市工商行政管理局
局　长、党组书记　郭　群
副局长、党组成员　王志勇　李保民
杨永琦
纪检组长　腰善鸣
经检支队支队长　韩宝魁

三门峡市质量技术监督局
党组书记　袁文忠(4月离任)
远红军(4月任)
局　长　袁文忠(4月离任)
王民学(4月任)
副局长　索继军(4月离任)
李长周
莫瑞庄
周志勇
纪检组长　周志勇(兼)
稽查大队大队长　孔维玲(女)
市质量检验检测中心主任　谢贵强

三门峡市烟草专卖局(河南省烟草公司三门峡市分公司)
局长、经理、党组书记　李　琦
副局长、党组成员(正处级)张占国
副经理、党组成员　苏永士
纪检组长　崔永才
副经理、党组成员　乔超伦(1月任)
党组成员、工会主席　赵遂生(1月任)

河南省电力公司三门峡供电公司
总经理　祁学红(2月任)
杨东伟(2月离任)
党委书记　闫爱国(2月任)
祁学红(2月离任)
党委副书记兼纪委书记　孙　苗
副总经理　阴孝平
南国良
高　亮
张国山(2月任)
工会主席　毛克民(2月任)
总工程师　张　翼(2月任)
李智敏(2月离任)
总会计师　董毅凌

三门峡市气象局
局　长、党组书记　武小明
副局长、党组成员　宋建予
纪检组长　黄诚敏(女)
副局长、党组成员　布亚林(3月任)

三门峡市邮政局
党委书记、局　长　李林宝
副局长、纪委书记、工会主席　刘亚芳(女)
副局长、党委委员　张红旗(7月任,主持工作)

三门峡市食品药品监督管理局
局　长、党组书记　张新文
副局长、党组成员　员银祖
何　耿
纪检组长　马德超
副局长、党组成员　苗泉清
稽查大队大队长　王宏伟

中国联合网络通信有限公司三门峡市分公司

总经理、党委副书记　韩正晓
副总经理、党委书记　马　军
副总经理　卫　娟(女)
　杨全波
　郭越朝

中国移动通信集团河南移动公司三门峡分公司

党委书记、总经理　杨建军
副总经理　汪　勇　杨利霖
副总经理、工会主席、纪委书记　王节友

中国铁通集团有限公司三门峡分公司

总经理、党委书记　裴宏印
副总经理　黄爱民　徐书国

中国电信集团河南省三门峡市电信分公司

总　经　理　李曙光(10月任)
　王国立(10月离任)
副总经理　汪占刚
　叶毅军
　李曙光(10月离任)

中国人民银行三门峡市中心支行

行　长、党委书记　张银仓
副行长、党委副书记　白崇建
副行长、党委委员　乔青峰
纪委书记　孟宏杰
工会主任、党委委员　唐殿军
副行长、党委委员　赵春燕(女)

中国银行业监督管理委员会三门峡监管分局

局　　长　马国梁
副 局 长　王存轩　宋社有
纪委书记　董社义

河南省农村信用社联合社三门峡市办公室

主　任、党组书记　袁赞礼(1月离任)
副主任、党组成员　杨长法(1月起主持工作)
党组成员　李怀林

三门峡市商业银行

董事长、党委书记　李克斌
行　长、党委委员　焦启民
监事长、党委委员　昝红宇
副行长、党委委员　李芝兰(女)
　郑治军
　范春晖
　张成军

中国工商银行股份有限公司三门峡分行

行　长、党委书记　康广明(9月任)
　薛玉来(9月离任)
副行长、党委委员　李铁生
纪委书记　李跃伟
副行长、党委委员　杜振洪
　任官水(9月离任)
工会主席　赵英民

中国农业银行股份有限公司三门峡分行

党委书记、行　长　李正玉
党委副书记、纪委书记　曲红心
党委委员、副行长、工会主席
　皮景霞(女)
党委委员、副行长　王逢乐　张建新
　吴振华(12月任)

中国建设银行股份有限公司三门峡分行

行　长、党委书记　刘心明
副行长、党委委员、纪委书记　张　健
副行长、党委委员　毋体健(1月任)
　王东平
　张智亮(1月离任)
　苏红枫(1月离任)
工会主任　程晋平(女)
风险主管　李超江
行长助理　吴雪峰

中国银行股份有限公司三门峡分行

行　长、党委书记　曹靖华
副行长、党委委员　王银川　杨金强
副 行 长　贺晓玲(女)
纪委书记　赵文谦(9月离任)
　王东彪(9月任)
财务总监、党委委员　李惠敏(女)

中国农业发展银行三门峡市分行

行　长、党委书记　王洛兴
副行长、党委委员　席太平　谭体平
　段红伟

中国人民财产保险股份有限公司三门峡市分公司

党委书记、总经理　刘建军
副总经理　韩建丽(女)
　熊耀明

中国人寿保险股份有限公司三门峡分公司

副总经理、党委副书记(主持工作)
　刘国强
副总经理、党委委员　侯俊水
　谷中立
　韩勇军(1月任)

中原证券股份有限公司三门峡六峰路证券营业部

总经理　孙惠思
副总经理　许卫文

三门峡黄河明珠(集团)有限公司(水利部黄河水利委员会三门峡水利枢纽管理局)

董事长(局长)　刁兆秋
副董事长、党委书记、总经理　张保平
副董事长、党委副书记、纪委书记、副总经理(副局长)　李明堂
董事、党委委员、副总经理(副局长)
　陈印刚
董事、党委委员、工会主席　卫　磊
党委委员、副总经理(副局长)　王通战
董事、党委委员、副总经理(副局长)
　安新代

三门峡库区水文水资源局

党委书记、局　长　王海明
党委委员、副局长　和晓应
总工程师　屠新武
党委委员、副局长　孙章顺　樊东方
纪委书记　丁宪宝
工会主席　杨保松(1月任)

三门峡库区水文水资源勘测局

局　长　贺亚平

西峰水文水资源勘测局

局　长　张积玉

天水水文水资源勘测局

局　长　蔡世林

三门峡库区测绘大队

队　长　李启高

中国石油化工股份有限公司河南三门峡石油分公司

总经理、副书记　周建强
党委书记、纪委书记、工会主席、副总经理　张　衍
副总经理、副书记(正处级)　蔡建成
副总经理、总会计师　郭景超

河南高速公路发展有限责任公司三门峡公司

经　　理　殷蔚明
党委书记　王宜伟

三门峡市出入境检验检疫局

局　　长　赵　奇
副 局 长　马海燕　周尚升

郑州海关三门峡海关筹备处

负 责 人　申志强(12月任)

三门峡市各县(市)区工作机构

中国共产党湖滨区委员会

书　记　杨方成
副书记　王清华　亢哲楠

常　委　方留聚(6月离任)
张建军(6月离任)
公冶春彦(6月离任)
杨会通(6月离任)
郭永和(6月离任)
刘敬哲(6月离任)
姜玉良(6月任)
胡新生
狄　罡(6月离任)
赵长江(12月离任)
王保炜(6月任)
段青菊(女,6月任)
薛蒲生(6月任)
宋双作(6月任)
吴全乐(6月任)
刘文祥(6月任)
田建光(12月任)

湖滨区人民代表大会常务委员会

主　任　周振通
副主任　郭永和(6月任)
徐翠萍(女)
吕志江
贾建强
刘霞青(女)

湖滨区人民政府

区　长　王清华
副区长　杨会通(6月离任)
王保炜(6月任)
吕秋芬(女6月离任)
潘东生
王东春
杨玉秋(女,6月任)
张天生(6月任)
薛蒲生(6月离任)
赵长江(12月离任)
田建光(12月任)
王海岳

中国人民政治协商会议湖滨区委员会

主　席　廉　武(2月离任)
杨会通(2月任)
副主席　陈松竹(女)
张豫宝
王志荣(女)
郑百群(6月任)

中共义马市委员会

书　记　张松林
副书记　张保军
苗万青(6月离任)
李隽瑜(6月任)
常　委　陈军武(6月离任)
尚志军(6月离任)
李隽瑜
方建超(6月任)
崔飞飞
韩　芳(女,6月离任)
陈克胜(3月离任)
尚会敏
张行军
刘彦东
陈　一(4月任)
马宗玉(6月任)
郭　宏(6月任)
张世林(7月任)
市长级干部　陈军武(6月任)
尚志军(6月任)

义马市人大常委会

主　任　焦爱民
党组书记　焦爱民
党组副书记　许万群
副主任　许万群
杨长富
苗翠霞(女)
邱明涛
党组成员　李拴军(6月任)

义马市人民政府

市　长　张保军
副市长　李隽瑜(6月离任)
尚会敏(6月任)
刘彦东
李发军
白拴鱼(女,6月离任)
聂卫东(6月离任)
陈　鹏
高东声(1月离任)
李　岩
程相渠
狄玉华(6月任)
柏必成(11月任)
政府党组成员(副县级)
古世学(6月任)
刘柏芳
刘　彧(6月任)
马松良(6月任)

政协义马市委员会

主　席　王卢生
副书记　李玉平(3月离任)
副主席　李玉平(3月离任)
陈守炯
闫新华(女)
周文德

义马市人民法院

院　长　董书军

义马市人民检察院

检察长　水宝泉

中共渑池县委员会

书　记　薛蒙林
副书记　许胜高
崔优才(6月离任)
刘小亭(6月任)
常务委员　薛蒙林
许胜高
崔优才(6月离任)
刘小亭(6月任)
叶国明
卫保元
茹　鹏(6月离任)
张邦年(6月离任)
王晓东
李万征(6月离任)
李安顺
黄兴士(12月离任)
任广军
郭艳华(6月任)
李志彬(6月任)
王跃峰(6月任)

渑池县人民代表大会常务委员会

主　任　费国华
党组书记　崔优才(6月任)
副主任　赵建洲
焦新民(8月离任)
尚灵周(8月离任)
马耀宗
杨鸿杰
党组成员　范群才(6月任)

渑池县人民政府

县　长　许胜高
常务副县长　卫保元
副县长　黄兴士(12月离任)
吴鹏斐
郭艳华(女,6月离任)
袁成学
马占方(6月离任)
乔宇锋
吴武岳(1月任)
杜爱民(女,6月任)
党组成员(副县级)　刘建华(女)
张耀军
尚定固
姬宪伟
范群才(6月离任)

中国人民政治协商会议渑池县委员会

主　席　底长胜
副主席　孔生朝(6月离任)

皮素琴（女）
蒋灵恩（女）
党组成员（副县级）　张　芳

中国共产党陕县委员会

书　记　牛兰英（女）
副书记　高永瑞　赵　勇
正县级干部　张儒雷（11月退休）
李宏伟（6月任，10月离任）
常　委　牛兰英（女）
高永瑞
赵　勇
李会斌（6月离任）
骆玉峰
李　涛（6月离任）
李晓波
付　强（7月离任）
李宏伟（6月离任）
葛海水
翟万寿（6月离任）
董树良
李　涛（省下派干部）
潘新乐（6月任）
周长青（10月任）
周建文（6月任）

陕县人民代表大会常务委员会

主　任、党组书记　马广生（1月离任）
李　蓓（女，1月任）
副主任　刘文生
张光远
雷金平（11月退休）
崔双才
满向阳（6月任）

陕县人民政府

县　长　高永瑞
副县长　李晓波
李宏伟（6月离任）
李　涛（省下派干部）
唐科峰
潘新乐（6月离任）
李海霞（女）
魏思思（10月离任）
韩钢锋
梁洪有
伍春生（6月任）
陈占峰（省下派干部，10月任）

中国人民政治协商会议陕县委员会

主　席、党组书记　李　蓓（女，1月离任）
赵　勇（1月任）
副主席　魏仙武
祝敬立
刘玉枝（女）
焦雪丽（女）

中共灵宝市委员会

书　记　吕均平
副书记　乔长青
任晓云（女，6月离任）
杨　彤（6月任）
常　委　吕均平
乔长青
任晓云（6月离任）
杨　彤（6月任）
张成宝（6月离任）
徐典军（6月任）
吕根友
李少白（6月离任）
李东风（6月离任）
方建超（6月离任）
张继民
李凤堂
侯乐见
牛孟林
任宏鑫（2月离任）
冯俊珍
李万征（6月任）
杨海让（6月任）

灵宝市人民代表大会常务委员会

主任、党组书记　胡冠慈（2月离任）
张社平（2月任）
副主任、党组副书记　张双虎
党组副书记　李东风（7月任）
副主任、党组成员　成居胜　方建民
张学军　杨世强
副主任　冯军禄

灵宝市人民政府

市长、党组书记　乔长青
常务副市长、党组副书记　吕根友
副市长、党组成员　张继民
任宏鑫（12月离任）
方建超（6月离任）
李赞鹏
王保炜（6月离任）
曹丽华
王高风
哈斯木·买买提（5月任，12月离任）
副市长　朱振华
党组成员　张少波　杭建民　许高明
王宏伟　卫铁峡　赵　睿
许万民

政协灵宝市委员会

主席、党组书记　张社平（2月离任）
张成宝（2月任）
副主席、党组副书记　刘鸿远
党组副书记　李东风（7月离任）
李万征（7月任）
副主席、党组成员　王义政
马保民
副主席　王志斌（2月离任）

中国共产党卢氏县委员会

书　记　王振清
副书记　王战方
曹海生（6月离任）
李　涛（6月任）
常　委　刘小亭（6月离任）
聂红超（6月离任）
李保民
马书军（6月离任）
王明智
严书伟（3月离任）
丹宝民
刘佰洋
白栓鱼（6月任）
张邦年（6月任）
张志刚（6月任）
余爱军（3月任）

卢氏县人民代表大会常务委员会

主任、党组书记　张润水
党组副书记　常邦成
马书军（6月任）
副主任　常邦成　刘世铭
赵新建　李正军

卢氏县人民政府

县　长　王战方
副县长　聂红超（6月离任）
李保民（6月任）
赵道全
胡家群
曲红波
李志彬（6月离任）
李士敏
梁信志
朱平生
周建文（6月离任）
段连才（6月任）
赵伟民（6月任）

中国人民政治协商会议卢氏县委员会

主　席、党组书记　张新民
党组副书记　郭英辉
副主席　郭英辉
杨文山
任和平

·编辑　周　青·

政 党

POLITICAL PARTY

8 月 28 日，中国共产党三门峡市第六次代表大会隆重开幕

中国共产党三门峡市委员会

【概况】 2011年,中共三门峡市委高举中国特色社会主义伟大旗帜,坚持以科学发展观为指导,认真贯彻落实中共十七大和十七届三中、四中、五中、六中全会以及省九次党代会精神,牢牢把握"四个重在"实践要领,围绕"三大战略定位",强力推进"四大一高"战略,加快建设创新开放、富裕文明、平安和谐、生态宜居三门峡,实现"十二五"期间发展的良好开局。全年生产总值完成1 062.9亿元、增长12.8%;地方财政总收入96亿元、增长15.2%,其中一般预算收入57.6亿元,增长15.8%;规模以上工业增加值640亿元,增长16.1%;全社会固定资产投资750亿元,增长25.2%;全年社会消费品零售总额235.9亿元,增长18.1%;城镇居民人均可支配收入17 062元,农民人均纯收入6 929元,分别增长13.5%和19.7%。

深入实施"四大一高"战略,经济转型步伐加快。坚持把"四大一高"战略作为推进经济转型发展的总抓手,积极促进投资、出口、消费三大经济增长要素活力迸发,不断调优一产、调强二产、调大三产,努力推动一、二、三次产业协调发展,实现发展速度、质量、效益的同步攀升。坚持以大通关促进大开放,以大开放承接产业大转移,带动经济大发展。截止年底,中国三门峡出入境检验检疫局建成投用,全国唯一的国家铝及铝制品质量检验中心进行内部设备安装,中国三门峡海关大楼主体封顶,三门峡出口加工区申报和建设积极推进,开放型经济实现重大突破。全年外贸出口1.6亿美元,增长55.8%,增幅居全省第5位,其中浓缩果汁出口量居全国首位,专用汽车出口量跃居全省第2位;招商引资签约项目总额超过1 000亿元,实际利用外资6.3亿美元,增长58.5%,绝对值居全省第3位。围绕把三门峡打造成全省乃至中西部地区重要战略交通枢纽,着力构建"三纵四横"综合交通体系,努力形成"联接金三角、融入大中原"的发展态势。2011年境内开工的交通重点项目总投资突破200亿元,总里程突破300公里,是历年来交通项目投资最多的一年。其中,三淅高速灵宝至卢氏段年计划投资18亿元、完成投资20.2亿元;连霍高速三门峡段改扩建工程年计划投资20亿元、完成20.01亿元;蒙西至华中能源大通道等重点项目前期工作有序推进,三门峡的交通区位优势显现。围绕建设黄河金三角区域性商贸、物流、金融中心,加快发展以商务办公、金融会展、休闲购物为重点的现代服务业。市商务中心区建设全面铺开,大中海商业文化广场、义乌国际商贸城、中国闽商产业园等大型现代商贸项目加紧建设,三门峡西综合物流、食品冷链物流等4大物流园区建设加快推进,三门峡日益成为黄河金三角地区人流、物流、资金流、信息流汇聚的沃土。坚持把旅游业作为新的支柱产业,以黄河景观为主线、黄河文化为内涵、文化山水为品牌,积极推进黄河大坝、函谷关等传统景区深度开发,突出抓好黄河公园、黄河丹峡等新兴景区建设,持续提升国际黄河旅游节暨投资贸易洽谈会的策划运作水平,加快建立黄河金三角地区无障碍旅游协作区,着力打造全国重要的旅游目的地城市、黄河旅游核心城市和全省旅游经济强市。全年直接用于旅游景区建设的资金达13.15亿元,185公里的沿黄生态旅游带加紧规划实施,天鹅湖国家城市湿地公园荣获AAAA级旅游景区称号,黄河旅游节升格为国家级节会,大旅游格局基本形成。全年共接待海内外游客1 473.8万人次,实现旅游综合收入116.9亿元,同比分别增长20.5%和30.6%。坚持把发展高新技术产业作为加快经济转型的主要抓手,倾力推进传统产业高端化、高新产业规模化。义煤综能1 000万标方煤制气、金源公司万吨压延铜箔、骏通公司3万辆特种车等100多个重大产业升级项目顺利推进,能源、煤化工、黄金3个省级产业集群进一步壮大,全国铝及铝精深加工、装备制造和汽车及零部件生产、果蔬食品加工三大产业基地建设进一步加强。鹏飞电子、孟成生物、义腾特种膜等一批高新技术项目建成投产,速达高科20万辆纯电动汽车、恒生科技150吨柠檬酸金钾等高科技项目加紧建设,带动了新能源汽车、生物、新材料、新能源4大战略先导产业快速发展。科技对经济发展的贡献率达到53.1%,成为拉动全市经济持续发展的增速器。

加快推进重点项目和产业集聚区建设,经济持续发展后劲明显增强。在重点项目建设方面,全年确定213个重点项目,总投资1 253亿元,当年完成投资392亿元,超目标任务30个百分点。其中:列入省政府考核的重点项目11个,提前4个月完成全年任务;列入省政府督办的重点项目联审联批任务共41项,提前5个月完成全年目标;列入市重点项目联审联批任务1 261项,提前3个月完成全年目标。盛源化工年产30万吨醋酸、开祥化工9万吨"1,4-丁二醇"一期等90个项目建成投产,创

6月29日,三门峡市庆祝中国共产党成立90周年暨表彰大会召开

年度投产项目数新高；总投资250亿元的同人铝业年产60万吨铝深加工、总投资235亿元的中金集团黄金产业园等一批重大项目前期工作快速推进，均实现当年立项、当年开工建设。在产业集聚区建设方面，全市7个省级产业集聚区共确定铝及铝精深加工等10大主导产业，累计完成投资279.8亿元，三门峡产业集聚区、义马煤化工产业集聚区被确定为"全省新型工业化产业示范基地"，三门峡产业集聚区和渑池产业集聚区被确定为"河南省高新技术特色产业示范基地"，渑池产业集聚区跻身"全省十快"行列。全年主营业务收入超100亿元的产业集聚区达4个。

扎实推进城乡统筹一体化发展，城乡面貌变得越来越美。深入开展"城市建设提速年"活动，城市面貌焕然一新。以打造豫晋陕黄河金三角区域性中心城市为目标，深入实施城乡建设3年行动计划，着力打造"两大三小"带状组团式城市发展格局。截止年底，投资12亿元的市文体中心体育场已建成投入使用；城市文化公园、黄河公园等项目按计划推进；以"一中心两轴线"为重点的旧城区和城中村改造取得新进展，城市品位明显提升。加快推进新型城镇化，县域城镇承载承接能力明显增强。着力构建310国道经济隆起带和209国道城镇隆起带，大力发展县域经济，中小城镇建设步伐加快，全市城镇化率达到47%，全市5个县(市)有3个进入全省县域经济综合实力20强，其中义马市名列榜首、灵宝市居第10位、渑池县居第12位，卢氏县进入全省"十快"，跃升32个位次。大力发展现代特色农业，新型农业现代化水平进一步提升。果、牧、林、烟、菌等现代特色农业进一步壮大，占农业总产值的比重超过80%，其中果品总产18亿公斤。生态菜、生态鱼、生态鸡、生态猪、生态牛等绿色有机农业快速发展，义新养殖公司万头猪场被列入国家生猪活体储备基地；"函谷红"茶和"三门峡"牌优质香烟新品上市；农业信息化、标准化工作居于全国领先位置，全省首家物联网技术应用示范基地揭牌。2011年，扣除物价因素农民人均纯收入增长13.7%。新农村建设稳步推进，112个新型农村社区新建住宅1.03万套，累计建成1.87万套。

深入推进文化改革发展，文化强市建设再上新台阶。围绕建设具有浓厚地域特色的全省乃至中西部地区文化强市目标，大力弘扬优秀文化，着力建设和谐文化，不断彰显特色文化，更好地满足人民群众多层次多样化文化需求。文化基础设施建设不断加强，公共文化服务网络进一步完善，全市95%以上的城镇社区建起文化大院和文化活动室，居全省全国前列；灵宝、陕县、渑池等3个县(市)进入"全国文化先进县"行列；乡(镇)综合文化站和街道文化中心全部实现零门槛免费向公众开放，以民俗文化、广场文化为重点的群众文化活动蓬勃开展。"文化精品工程"大力实施，创作推出了一批优秀剧目。加大网上舆论引导和管理力度，营造良好的网上舆论环境。加快推进文化体制改革，积极拓展文化产业投融资渠道，搭建了金融机构和文化产业项目对接平台。创新文化生产方式和表现形式，促进了文化与旅游、科技、体育等融合发展，文化的吸引力、感染力、竞争力进一步增强。抢抓中原经济区建设"华夏历史文明传承创新区"新机遇，加快培育发展三门峡特色文化产业，重点打造仰韶文化、老子文化和虢国文化3大文化产业园，仰韶文化发现90周年纪念大会成功举办，"中国电影·三门峡电影周"6部影片开机拍摄，三门峡逐渐成为黄河金三角地区文化要素集聚、文化事业繁荣、文化产业发达、文化创新活跃的文化强市。

着力保障和改善民生，促进改革发展成果人民共享。坚持把改善民生作为经济发展的出发点和落脚点，切实解决好涉及民生的柴米油盐酱醋茶、衣食住行医教保等问题，让老百姓生活得更有尊严、更加幸福。总投资60亿元的22个省、市"十大民生工程"按期完工，扶贫搬迁等3项任务全面完成。就业和再就业工作不断加强，城镇登记失业率3.25%。社会保障体系不断完善，农村养老保险参保人数62万人。保障性安居工程建设快速推进，全年新开工保障性住房8 367套，2个廉租房小区被评为"全省十佳住房保障工程"。全市城乡低保高于省定标准，实现了动态管理下的应保尽保；农村五保户集中供养率47%，高出省定7个百分点；筹措救灾和倒房重建资金6 466万元，受灾群众生活得到妥善安置。深入推进医疗卫生体制改革，基本药物使用比例达到67%，全面完成321个村级卫生室建设任务，新农合参合率达98.69%。切实落实好农村义务教育经费保障机制，持续实施职教攻坚计划，三门峡职教园区开工建设。同时，积极发展各项社会事业，科技、体育、环保、人口计生、广播影视、统战、双拥、群团等各项工作均取得新的明显进展。

加强和创新社会管理，和谐三门峡建设再创佳绩。以进入"全国社会管理创新综合试点城市"为契机，重点围绕改革、发展、民生、稳定和民主法治建设推进社会管理创新，先行先试，不懈探索，努力走出了一条具有三门峡特色、具有全国全省示范意义的社会管理创新之路。法治城市建设不断深化，决策风险评估、重大事项听证公示和专家咨询制度不断完善；新型社会管理和服务体系逐步健全，初步形成基层有人办事、有权管事、有场所办事的良好局面；积极推进社会管理重点领域创新、基层服务管理模式创新，基层治安防控能力进一步提升，全市公众安全感指数连年位居全省前列，荣获"中原平安杯"，蝉联"全国社会治安综合治理优秀市"。安全生产形势总体平稳，人民群众生命财产安全得到了有效保障。

坚持以执政能力建设和先进性建设为主线，全面推进党的建设新的伟大工程。把学习贯彻中共十七届六中全会和省九次党代会精神作为重大政治任务，在全市范围内掀起一系列学习活动新热潮，形成了崇尚学习、积极探索、大胆实践、勇于创新的风气。坚持"德才兼备、以德为先"和"五重五不简单"要求，圆满完成市、县、乡三级党委换届工作。全年市委常委会共酝酿干部10批，研究任免干部10批，提请全委会酝酿、票决重要干部1批。认真贯彻落实四项监督制度，当年，所有的县(市)区和市直单位全部进行干部选拔任用"一报告两评议"工作。深入开展创先争优活动，基层党组织的向心力、凝聚力、带动力和内部合力、活力、运作力明显增强。扎实做好村级组织换届选举工作，积极引导驻村任职第一书记发挥作用，不断完善农村"六大员"制度，推广完善"四议两公开一监督"工作法，基层党组织建设不断加强。特别是驻村第一书记公开承诺、推动农村创先争优的做法,得到中组部部长李源潮同志的充分肯定。认真落实“四个基层”要求,大力倡导务实重干作风,深入开展“万名干部进农家”活动,机关干部的宗旨意识进一步增强,全市上下形成了雷厉风行、真抓实干、求实求效的良好氛围。认真贯彻执行《中国共产党党员领导干部廉洁从政若干准则》,采取坚决措施严肃换届纪律,确保全市换届工作风正气顺。特别是对涉及重大案件核查的干部,一律不予提拔、重用,起到了良好的警示作用,树立了正确的用人导向。继续探索完善纪检工作机制体制,10个大纪检组对96个市直部门进行集中督导和巡查,大纪检组统管新体制、新模式优势得到进一步发挥。

【举办“用领导方式转变加快发展方式转变”专题研讨班】 2月15日上午,三门峡市举办“用领导方式转变加快发展方式转变”专题研讨班。市委书记李文慧作重要讲话。市委副书记、市长杨树平主持研讨班。市领导王建勋、赵继祥、郭秀荣、李建顺、李立江、申黎明、郭绍伟、赵予辉、赵中生、赵艳等出席研讨班。其他市领导和市直各单位及各县(市)区主要负责人参加专题研讨班。李文慧站在发展和为民的高度,深刻阐述了省委书记卢展工提出“用领导方式转变加快发展方式转变”的重大意义、主要内容和努力方向,并就认真学习“用领导方式转变加快发展方式转变”系列政论文章提出4点要求:深刻领会“用领导方式转变加快发展方式转变”的重大意义,切实增强转变、转快、转好领导方式的紧迫感和主动性;进一步明确领导方式转变的内涵,切实增强转变的针对性和实效性;坚持求实求效,努力实现领导方式转变的新突破;切实抓好学习培训,迅速掀起学习贯彻热潮。杨树平在讲话中指出,各级领导干部要认真学习,努力践行,以实际成效赢得发展,取信于民,为推进“两个加快”,建设创新开放、富裕文明、平安和谐、生态宜居三门峡作出新的更大的贡献。

【省委书记卢展工到三门峡市调研】 2月25日至27日,省委书记、省人大常委会主任卢展工先后到三门峡市湖滨区、灵宝市、卢氏县等地,到田间地头,进企业厂区,深入项目建设工地、抗旱浇地现场、新型农村住宅社区实地考察,同广大干部群众亲切交谈交流,对三门峡市经济社会发展的良好形势给予充分肯定,对做好基层基础工作提出新的要求。省委常委、秘书长刘春良,省委副秘书长、政研室主任白建国,省委副秘书长、常委办主任王育航,省委农办常务副主任余学友,市领导李文慧、杨树平、王建勋、赵中生、张建峰等参加调研。

【省委书记卢展工在三门峡市会见解放军总政治部副主任贾廷安】 2月25日晚,省委书记、省人大常委会主任卢展工在三门峡市会见前来检查指导兰州军区宁夏给水工程团支援河南省抗旱打井工作的解放军总政治部副主任贾廷安。济南军区副政委王健,兰州军区政治部副主任李炳仁,总政治部群工办主任汤奋,宁夏军区司令员田民洲,省委常委、省军区政委颜纪雄,省军区副司令员杨宏杰等部队领导,省委常委、秘书长刘春良,副省长刘满仓,省委副秘书长、政研室主任白建国,省委农办常务副主任余学友,市领导李文慧、杨树平、王建勋、赵中生参加会见。

【济源市党政考察团到三门峡市考察重点项目】 2月27日,由济源市委书记赵素萍,市委副书记、市长何雄,市委副书记薛兴国,市人大常委会主任范正刚,市政协主席任传国等市四大班子领导以及市直机关、镇(街道办)、企业等单位负责人组成的济源市党政考察团到三门峡市考察重点项目。市委副书记王建勋等陪同考察。考察团先后深入义马市、渑池县、陕县的产业集聚区,对义煤综能公司煤化工项目、开祥化工公司9万吨“1,4-丁二醇项目”、盛源化工30万吨醋酸项目、东方希望铝业公司循环经济资源综合利用项目、河南骏通车辆有限公司特种车辆改装(三期)项目、恒康铝业等重点项目进行了考察。

【市委书记李文慧作客人民网】 3月11日,全国人大代表、市委书记李文慧应邀作客人民网,接受在线视频访谈,就三门峡市经济社会发展战略、在建设中原经济区中的定位、如何抓好基层基础工作、项目建设和对外开放等话题,和网友一起交流感受,畅想三门峡的美好未来。接受访谈前,李文慧还参观考察了人民网有关栏目频道,并听取了人民网地方部有关领导的情况介绍。

【三门峡大厦在郑东新区开工建设】 3月19日上午,三门峡大厦在位于郑州郑东新区商鼎路与康平路交叉口的三门峡市政府驻郑州办事处新址前开工奠基。郑州市委常委、秘书长孙金献,三门峡市领导李文慧、杨树平、郭秀荣、苏新华、申黎明、赵中生、赵艳、马仰峡、崔保连,市政府秘书长李宝洲,郑州新区管委会副主任王光灿,郑东新区管委会党委副书记李春才、副主任席挺出席奠基仪式。驻郑办新址距郑州高铁枢纽站1 000米,项目占地面积1.33公顷,建筑高度80米,总建筑面积5.3万平方米,项目总投资约2.8亿元。项目建设工期为两年,计划2012年12月投入使用。

【中原经济区建设专家组到三门峡市调研】 4月25日至26日,以省社科院副院长、研究员喻新安为组长的中原经济区建设专家组到三门峡市,对加快结构调整优化产业升级情况进行调研。市委常委、秘书长赵中生出席座谈会并陪同调研。喻新安等深入义马市、陕县、灵宝市、开发区等地,察看三门峡戴卡轮毂制造有限公司、义马1 000万方煤制气、开祥化工9万吨1,4-丁二醇项目、河南骏通车辆有限公司、金源晨光化工有限公司、函谷关景区扩建、速达公司等重点项目和企业,详细了解加快结构调整优化产业升级情况。喻新安对三门峡市经济社会发展给予充分肯定。

【市委五届九次全会召开】 6月8日,中国共产党三门峡市第五届委员会第九次全体会议召开,研究召开中国共产党三门峡市第六次代表大会的有关事宜,讨论通过《关于召开中国共产党三门峡市第六次代表大会的决议》。市委书记杨树平主持会议。赵海燕、王建勋、李立江、郭绍伟、赵予辉、赵中生、赵艳、雷俊卿及市委委员和市委候补委员出席会议。市委常委、组织部部长赵予辉在会上作《关于召开中国共产党三门峡市第六次代表大会的决议(草案)》的说明。全会决定,中国共产党三门峡市第六次代表大会定于2011年8月在三门峡市召开。全会号召,全市各级党组织和全体共产党员认真贯彻执行党的基本路线,团结各族人民,同心同德,艰苦奋斗,开拓进取,努力做好各方面的工作,以优异成绩迎接市六次党代会的召开。

【非洲及东欧考察访问团到三门峡市考察访问】 6月27日,由非洲及东欧15个国家的28位工商会官员组成的考察访问团到三门峡市,进行为期4天的考察访问。市委书记杨树平,市委常委、秘书长赵中生,市政府党组成员水选民等会见考察访问团一行。非洲及东欧考察访问团的班长是利比里亚工商会秘书长大卫·佛罗梅安,成员分别来自加纳、几内亚、塞拉利昂、塞舌尔、苏丹、埃塞俄比亚、马拉维、赞比亚、津巴布韦、南非和摩尔多瓦、格鲁吉亚、亚美尼亚、白俄罗斯等国。杨树平等亲切会见考察访问团一行,向考察访问团一行表示热烈欢迎,介绍了三门峡的区域特点、文化旅游、矿产资源、对外开放等情况,希望考察访问团在三门峡市期间多到企业走走看看,尽可能地寻求经济合作领域,实现合作共赢,并邀请客人参加2012年的三门峡国际黄河旅游节。大卫·佛罗梅安表示,希望建立起友好合作关系,特别是在矿产资源开发方面寻求合作,同时希望看看美丽而富有文化底蕴的三门峡。会见结束后,杨树平向客人赠送了三门峡风光邮票,并与客人合影留念。考察访问团在三门峡市期间,先后实地考察了河南速达电动汽车公司、三门峡思睿电子科技有限公司、河南中赢橡胶科技有限公司、三门峡成义电气有限公司、河南骏通车辆有限公司、恒康铝业公司、开曼铝业三门峡有限公司、鹏飞电子有限公司、三门峡缘份果业有限公司、灵宝黄金股份华鑫铜箔有限公司等企业,参观了三门峡水利枢纽。

【焦作市考察团到三门峡市考察】 7月11日下午,焦作市委副书记、市长孙立坤,市政协主席王太峰,焦作军分区司令员阚辉,市政协副主席穆玉华、周备锋、和金贵、杨维军,市政府秘书长李海松等组成的考察团到三门峡市,考察三门峡市城市建设等各方面情况。市领导杨树平、赵海燕、郭秀荣、李立江、赵中生和市政府秘书长李宝洲陪同考察,并与考察团一行深入交流。

【中央、省委领导批示推广三门峡市驻村任职工作经验】 三门峡市充分发挥驻村党组织第一书记在强村富民、科学发展中的示范带动作用,以驻村党组织第一书记的公开承诺为抓手,推动农村创先争优活动深入开展,取得良好效果。2011年4月29日,中央《深入开展创先争优活动简报》(第1 065期)专期刊发《河南省三门峡市以驻村第一书记公开承诺推动农村创先争优》。5月7日,中共中央政治局委员、中央书记处书记,中央组织部部长李源潮在中央《深入开展创先争优活动简报》(第1 065期)上作出重要批示:“河南三门峡市抓住驻村第一书记公开承诺推动创先争优的效果很好,可以在有条件的地方推广。”5月9日,省委书记卢展工批示:“请叶冬松、邓凯同志阅。认真理解和落实李源潮同志的重要批示精神,扎实推动我省农村基层创先争优活动。”5月9日,省委副书记叶冬松批示:“建议适时开个会,总结、交流、推动、并宣传好做法、新成效。落实好源潮部长和卢书记的批示。”5月11日,省委常委、组织部部长邓凯批示:“抓紧按源潮、展工及冬松同志的批示精神,提出落实意见并抓好实施。”7月18日,市委书记杨树平主持召开市委常委会议,专题研究贯彻落实中央、省委领导批示精神。常委会通过了贯彻落实中央、省委领导批示精神的实施意见:一是深化第一书记公开承诺工作。健全完善公开承诺制度,细化充实公开承诺内容,选树一批第一书记创先争优典型。二是对第一书记进行全员培训。在年内分批分期对全市省、市、县下派的366名第一书记全部进行一次培训,增强培训内容针对性,注重培训方式多样性,重视培训全程实效性。三是促进农村经济社会发展。立足村情实际,完善发展规划;充分发挥优势,争取有力支持;注重项目带动,加快经济发展;坚持以点带面,抓好“逐户增收”工作。四是加强农村基层组织建设。发挥帮带作用,建设好“两委”班子;加强教育管理,带好党员干部队伍;积极引导督促,切实发挥“六大员”作用。五是强化农村社会管理创新。注重制度建设,推进村级管理,重点做好矛盾排查化解工作,积极开展平安细胞建设,不断探索创新农村社会管理机制。

【市委书记杨树平作客中央人民广播电台】 7月20日晚,市委书记杨树平作客中央人民广播电台“中国之声”《政务直通》栏目,就设立网络新闻发言人、天鹅之城生态宜居环境建设、加快高铁时代旅游业发展、三门峡水利枢纽作用发挥、发展新兴产业实现资源型城市可持续发展等话题接受专访。访谈录播结束后,杨树平和市新闻宣传系统部分干部职工进行了亲切座谈交流,对全市新闻宣传工作提出殷切希望。市委常委、宣传部部长李立江参加活动。

【3县(市)入围第11届全国中部百强县(市)】 8月20日,在江苏省江阴市召开的2011年全国县域经济科学发展交流年会上,第11届中国中部县域经济基本竞争力百强县(市)名单揭晓,灵宝、渑池、义马3个县(市)再次入围全国中部百强县(市)。河南省共有36个县(市)入围中国中部百强县(市),其中灵宝市居第21位、渑池县居第23位、义马市居第24位,分列全省入围县(市)的第13位、14位、15位。

【市委五届十次全会召开】 8月26日,中国共产党三门峡市第五届委员会第十次全体会议举行。会议听取了五届市委工作报告起草工作的说明、五届市纪委工作报告起草工作的说明,听取了关于市六届市委委员、候补委员和市纪委委员候选人预备人选名单的说明,听取了三门峡市出席省九次党代会代表候选人初步人选推荐情况的说明;审议通过五届市委工作报告(讨论稿)、市纪委工作报告(讨论稿),审议通过六届市委委员、候补委员和市纪委委员候选人预备人选名单,圈选确定了三门峡市出席省九次党代会代表候选人预备人选。市领导杨树平、王建勋、申黎明、郭绍伟、赵予辉、姜继鼎、赵中生、张英焕、雷俊卿、易树学在主席台就座。

【市六次党代会召开】 8月27日至30日,中国共产党三门峡市第六次代表大会隆重举行。会议经过认真讨论和充分酝酿,审议通过了杨树平代表五届市委作的题为“全面贯彻落实科学发展观 为建设创新开放富裕文明平安和谐生态宜居三门峡而努力奋斗”的工作报告和中国共产党三门峡市纪律检查委员会工作报告（书面），选举产生中国共产党三门峡市第六届委员会和中国共产党三门峡市纪律检查委员会及三门峡市出席省九次党代会代表。部分原任市级领导干部和各民主党派、工商联主要负责人、无党派知名人士应邀参加开幕式和闭幕式并在主席台就座。杨树平、赵海燕、王建勋等在会前看望了出席会议的党代表并分别参加有关代表团的讨论。

【市委六届一次全会召开】 8月30日，中国共产党三门峡市第六届委员会举行第一次全体会议。杨树平主持会议。会议选举产生六届市委常委、书记和副书记。杨树平、赵海燕、王建勋、申黎明、郭绍伟、赵予辉、姜继鼎、赵中生、张英焕、雷俊卿、易树学、薛蒙林当选为六届市委常委；杨树平当选为中共三门峡市第六届委员会书记，赵海燕、王建勋当选为副书记。全会通过市纪委一次全会选举结果的报告。申黎明当选为市纪委书记。新当选的市委书记杨树平在全会上就加强新一届市委班子建设作重要讲话。六届市委委员、候补委员出席会议。市纪委委员列席会议部分议程。

【濮阳市党政代表团到三门峡市考察】

9月21日，濮阳市委书记段喜中率濮阳市党政代表团到三门峡市，考察经济社会发展情况。濮阳市市长级干部陈凤喜、副市长吴新普及濮阳市直有关部门负责人参加考察。市委书记杨树平，市委副书记、市长赵海燕，市委常委、秘书长姜继鼎，市政府秘书长李宝洲等陪同考察。

【三门峡市党政代表团到南阳市考察】

9月29日至30日，市委书记杨树平率三门峡市党政代表团到南阳市考察。市领导王建勋、李建顺、赵光超、申黎明、薛蒙林、张廷善等参加考察。南阳市委书记李文慧，市委副书记、市长穆为民，市委副书记、组织部部长杨其昌，市人大常委会主任李天岑，市政协主席贾崇兰，市委常委、秘书长原永胜，市委常委、政法委书记王智慧等陪同考察或参加座谈。

【市委书记杨树平会见克罗地亚萨柏克市市长】 10月1日，市委书记杨树平在大鹏国际酒店会见到三门峡市访问的克罗地亚萨柏克市市长伊万·汉泽科和克罗地亚驻华大使西莫尼奇率领的克罗地亚友好经贸访问团一行。双方就两市开展互利合作、促进两市友好关系的正式建立进行会谈。杨树平向客人赠送三门峡市新开发的“函谷红”茶。市长级干部赵光超，市委常委、常务副市长赵中生，市直有关部门负责人以及克罗地亚企业代表参加会见。当晚，三门峡市举行招待会，欢迎来访的克罗地亚友好经贸访问团。

【南阳市党政考察团到三门峡市考察】

10月12日，南阳市委书记李文慧，市委副书记、市长穆为民率领党政考察团到三门峡市，考察经济社会发展情况和城市基础设施建设情况。市委书记杨树平，市委副书记、市长赵海燕，市委常委、秘书长姜继鼎陪同。考察中，杨树平向考察团成员介绍三门峡市经济社会发展情况。考察团一行首先到市文体中心，对“金盆聚宝”独特的造型和吉祥的寓意给予称赞，并听取举办大型体育赛事和群众性文体活动的情况介绍及会议会展中心设计、施工以及投入使用等情况介绍；到天鹅湖国家城市湿地公园，对景区完善的基础设施和细致的管理服务给予好评；到速达电动汽车公司，听取产品研发情况的介绍，对公司掌握电动汽车核心技术和从事汽车节能环保工作给予高度评价。

【濮阳市考察团到三门峡市考察】 10月12日，濮阳市委副书记、市长盛国民带领考察团到三门峡市，考察城市基础设施建设情况。市委书记杨树平等市领导会见考察团一行。在听取情况介绍后，盛国民一行参观了市文体中心体育场和会议中心、展览中心、科技文化中心3大功能区，考察了天鹅湖国家城市湿地公园。盛国民对三门峡市城市基础设施建设工作给予高度评价，表示要积极学习借鉴三门峡的先进经验，加强两市合作，携手共同发展。市委常委、秘书长姜继鼎，副市长崔保连陪同考察。

【杨树平接受人民网记者采访】 10月14日，人民网发出专稿《杨树平：从“黄白黑”到“四大一高”——三门峡经济转型悄然开局》。文章指出，10月10日，市委书记杨树平，就三门峡市紧紧围绕实施中原经济区发展战略，立足本地优势，把三门峡建成中原经济区重要支撑、区域合作示范城市和豫晋陕黄河金三角区域性中心城市“三大战略定位”，强力推进大通关、大交通、大商贸、大旅游、高新技术产业“四大一高”战略，推动经济发展方式转变等问题，接受人民网记者专访。文章从三门峡市依赖“黄、白、黑”资源优势的资源型城市，到实施“四大一高”战略目标，推动经济社会发展的转型和结构调整优化，建设“创新开放，富裕文明，平安和谐，生态宜居”的极具竞争力城市进行详细解说。

【市委六届二次全体（扩大）会议召开】

11月4日，市委召开六届二次全体（扩大）会议，学习贯彻落实省九次党代会精神，总结2011年项目建设成绩，交流项目建设工作经验，动员全市上下进一步统一思想，务实实干，以更加饱满的热情投身到项目建设中来，全力实施“四大一高”战略，确保圆满完成全年各项目标任务，确保实现“十二五”期间发展的良好开局。市委书记杨树平在会上作重要讲话。市委常委、常务副市长赵中生对2011年以来的项目建设工作进行点评，并对下一步工作进行部署。出席这次全会的有：市委委员和市委候补委员。列席这次全会的有：不是市委委员和候补委员的副市级以上领导人，市委各部委、市直各单位党政主要负责人，市纪委副书记，市人大、市政协各工作（专门）委员会主要负责人等。

【中国社科院党组副书记、常务副院长王伟光到三门峡市考察】 11月6日，中国社会科学院党组副书记、常务副院长王伟光到三门峡市考察，市领导杨树平、赵海燕、赵光超、姜继鼎和市政府秘书长李宝洲陪同考察。王伟光一行先后到速达电动汽车公司、天鹅湖国家城市湿地公园、市文体中心、虢国博物馆考察，并为虢国博物馆题词“中华文明　虢郭源流”。王伟光对三门峡市经济社会文化建设取得的成绩给予充分肯定，认为市委、市政府高度重视，发展环境好，并提出了意见建议。

【市委六届三次全会暨市委经济工作会议召开】 12月29日，市委六届三次全会暨市委经济工作会议在三门峡国际会议中心召开。会议认真贯彻中共十七届六中全会、中央经济工作会议和省委九届二次全会、省委经济工作会议精神，总结2011年工作，分析当前形势，部署2012年任务，动员全市各级党组织和广大党员干部群众，进一步认清形势，坚定信心，振奋精神，突出"求转、求进、求实"，不断开创经济社会又好又快发展的新局面。市委书记杨树平，市委副书记、市长赵海燕分别作重要讲话。市领导王建勋、吴云、郭绍伟、姜继鼎、赵中生、雷俊卿、易树学、薛蒙林等出席会议并在主席台就座。杨树平强调：第一，深入贯彻中央和省委经济工作会议精神，推动经济持续平稳较快发展；第二，深入落实科学发展观"以人为本"的核心要求，以民生为重点加强社会建设、创新社会管理；第三，深入落实中央和省委全会精神，努力建设具有地域特色的文化强市；第四，深入落实"用领导方式转变加快发展方式转变"要求，切实加强和改进党的领导。赵海燕总结2011年全市经济工作，并对2012年经济工作进行具体部署：一是抓项目，强力推进"四大一高"战略，打造中原经济区重要支撑；二是抓带动，加快统筹城乡发展，发挥新型城镇化引领作用；三是抓提升，加快产业转型升级，强化新型工业化主导地位；四是抓特色，着力促进农民增收，夯实新型农业现代化基础；五是抓开放，拓宽招商引资领域，打造内陆开放高地；六是抓改革，不断创新体制机制，激活发展动力和活力；七是抓民生，大力发展社会事业，建设幸福和谐三门峡。（裴俊峰）

组织工作

【概况】2011年，中共三门峡市委组织部坚持以科学发展观为统领，全面贯彻落实省、市党代会精神，紧紧围绕全市经济社会发展大局，以抓好市县乡党委换届、深化创先争优活动为重点，大胆开拓，锐意进取，全面推进基层组织建设、领导班子及干部队伍建设、党员队伍建设、人才队伍建设和组织部门自身建设，为全市"十二五"期间规划强势起步提供了坚强的组织保证。

至2011年年底，全市共有中共党员146 279名，其中女党员31 862名，占21.78%；发展新党员5 506名，其中女党员1 965名，占35.69%。全市共有基层党组织6 432个，其中党委300个、总支部332个、支部5 800个。

市县乡党委换届 市委成立换届工作领导小组，下发《中共三门峡市委关于认真做好县（市）区、乡（镇）党委换届工作的意见》《县（市）区党委换届考察工作实施方案》《关于中国共产党三门峡市第六次代表大会代表选举工作的通知》等指导性文件，召开全市县乡党委换届工作座谈会，分两次对县（市）区委组织部门相关人员和60名换届考察人员进行培训，确保县乡党委换届工作有序开展。派出换届工作指导组，对县乡党委换届进行实地全程督导，选择11个乡（镇）探索开展4项试点工作。认真做好市六次党代会的筹备和组织工作。全市新产生的6个县（市）区党委领导班子中，45岁至50岁的干部成为主体，占总数的61%以上，全部配备38岁以下年轻干部和女干部。新当选的62名乡（镇）党委书记，大专以上文化程度60名，45岁以下43名，有乡（镇）基层工作经验的61名。在全省乡（镇）换届工作（豫北）座谈会上，三门峡市作了典型发言。

干部监督工作 印发《关于在市、县党委换届中开展严守换届纪律公开承诺活动的通知》，全市组工干部率先作出承诺，各级领导干部进行严守换届纪律公开承诺，公布43名省管干部承诺书内容；开展"一书一卡一短信"换届纪律宣传教育活动，印发《关于开展干部选拔任用工作自查的通知》，督促县（市）区党委对换届期间的干部选拔任用工作进行自查；强化干部的个人有关事项报告工作，及时通报信息，委托市审计局对离任干部进行任期经济责任审计，结合年度考核开展2010年度干部选拔任用工作"一报告两评议"和组织工作满意度民意调查。

干部队伍管理 对各县（市）区、市信访局、林业和园林局、金渠集团等40余个党政机关、企事业单位，进行走访调研，认真落实谈心谈话制度，掌握县级领导班子和干部队伍建设情况。配合省委考核组，完成市委换届、杨树平接任市委书记、推荐1名正市厅级干部、2名副厅级干部转任市人大常委会副主任等考察任务；提请部务会和市委常委会议研究任免干部10批次，涉及调整干部351人；对5批227名试用期满县级干部进行考核、转正。印发《三门峡市市直机关公开遴选公务员实施细则（试行）的通知》，建立三门峡市第一批面试考官人员信息库，会同市人社局、编办等单位，扎实做好全年公务员招录工作，参与完成市委办等9家单位26名公务员的遴选工作；加强科级干部备案管理，做好县级干部到龄退休、因公出国、干部调转任、干部档案、工资、统计等工作。

干部人事制度改革 实行干部考察人员资格认证，建立三门峡市第一批干部考察人员信息库；制定《三门峡市市管领导干部"德"的考察评价办法（试行）》，把对干部特别是对新提拔人员"德"的考察单列出来；完善干部任前公示制度，要求拟提拔人员填写有关事项报告表，考察结束后予以公示、接受监督；出台《三门峡市干部监督员制度》，聘任260名干部监督员，开展换届纪律专项监督。对"改进竞争性选拔干部""坚持和完善从基层一线选拔干部"两项省下达试点工作进行调研总结，指导灵宝市做好"探索实行地方党委常委会酝酿干部"试点工作；制定实施《三门峡市面试评委库管理办法》《关于选拔优秀村党组织书记担任乡（镇）、街道党（工）委委员的办法》等14项干部人事制度改革创新性政策文件。对深化干部人事制度改革的创新成果，进行收集、汇总、梳理，编印《三门峡市干部人事制度改革文件汇编》，供各级领导干部和组织人事干部查阅使用；撰写《用创新的办法提高组织工作群众满意度——三门峡市深化干部人事制度改革的实践与启示》综合性材料，在市《领导参阅》内参上刊发，并赴省委组织部进行专题汇报。

青年干部工作、女干部和非党干部工作 认真做好省选调生招录工作，全市共录用30人，进一步开展选调生管理工作调研；扎实开展竞争性选拔干部研究，全力筹备公开选拔县级年轻干部工作；有计划地安排青年干部培养锻炼，多层次、多渠道、全方位培养锻炼年轻干部，推荐7名县级干部参加中青班等省级培训班，2名干部赴省直部门挂职锻炼，主办省委组织部第48期中青班学员赴渑池县农村体验式教学活动，采取上挂、下派、交流锻炼等方式,培养市、县年轻干部30余人,做好挂职期满考察工作;做好非党干部、女干部的培养选拔工作。

农村基层组织规范化建设　推进农村“六大员”制度试点落实。组成4个督导组深入农村一线推动工作进展;完成全市1 342个村党组织换届工作。指导灵宝、陕县做好500余名到期大学生村干部的续聘工作,积极鼓励大学生村干部参加各类公务员和企事业单位招录考试,至2011年年底,共有100余名大学生村干部考录到党政机关和企事业单位。下发《关于进一步深化后进村整顿工作的实施方案》,实行整顿销号制度,建立集中整顿工作台账。全市148个后进村全部完成集中整顿。

干部教育培训　坚持培训计划申报制度,共申报95个培训班次14 085人;印发《2011年干部教育培训计划》,将9大类59个班次9 783人,纳入市干教领导小组培训计划。实行台账分级管理,将县级干部、科级干部培训情况逐年逐月逐日录入干部培训档案,年底统一进行检查考核;印发《关于实行干部教育培训备案制度的通知》,对全市20多家单位举办的培训班进行备案;出台《三门峡市干部教育培训管理考核办法》,把学习培训情况作为干部年度考核的重要内容和任职晋升的重要依据。突出抓好党校主体班培训,举办10期市县党校主体班。2011年,全市共培训干部12 339人,其中地厅级干部12人、县(处)级干部505人、科级及以下干部5 796人、企业经营管理人员和专业人员6 026人。

人才队伍建设　成立人才工作规划编制工作专题领导小组,出台《三门峡市中长期人才发展规划纲要》;印发《2011年全市人才工作要点》,明确“抓规划、抓高层次人才队伍建设、创新人才政策体制机制”3项贯穿全年的重点工作;累计为68名市级拔尖人才发放津贴81 600元,开展新一届市级拔尖人才评选工作。推荐1名博士到财政部挂职锻炼、1名博士参加省委组织部专家培训班;配合省委组织部,做好2011年度引进海外高层次人才“百人计划”申报工作,做好到三门峡市挂职锻炼的“省第九批博士服务团成员”的考察及接收工作;撰写人才工作经验材料《创新机制服务发展构筑经济社会发展的“人才高地”》,在中组部组织的“贯彻落实人才发展规划管理者研讨班”上进行交流。

远程教育工作　围绕县乡党委和村级组织换届工作,上载理论、警示类课件13部,开展换届纪律教育;围绕创先争优活动,开辟“科学发展,创先争优”专栏,传达中央政策,反映工作动态,交流工作经验;在“三门峡党建”栏目播放三门峡市拍摄制作的纪念建党90周年电视专题片——《守护天职》;评定120个市级示范站点,实施典型带动;有效发挥农村“六大员”作用,推行“六大员”兼任站点操作管理员工作模式;组织6名优秀管理员组成市级报告团,巡回各县(市)区作经验交流报告;转化、上传省平台课件237部,时长128小时56分;组织工作信息331条,编发工作简报20期,上报省远程办及各级宣传媒体工作信息30余条,被省远程办《工作简报》采用13条。

组工宣传、信息及调研工作　挖掘、总结工作亮点,联系新华社河南分社记者到渑池县就“乡(镇)党委书记公推直选工作”作专题采访,在《瞭望》新闻周刊上刊登三门峡市“公推直选”的主要做法和成效;先后在人民网刊发工作信息7篇,在河南党建网刊发信息3篇。出台《组工信息工作基层联系点管理办法》,建立18个基层乡(镇)、街道和县(市)区直单位信息工作联系点,扩大信息来源,提高信息质量;全年共编发《三门峡组工信息》80期,被《河南组工信息》采用22篇。向系统内外媒体报送各类信息200余篇,在省级以上媒体和主流网络媒体刊发各类信息40余篇。紧密结合组织工作实际和年度组织工作重点,完成重点调研课题23个;承担市委政研室下达的“干部绩效考核体系问题研究”等3个全市重点调研课题,向省委组织部递交2010年调研课题“加强领导班子思想政治建设问题研究”的成果材料,完成2011年省、市重点课题3个,《建设学习型政党经验研究》等理论文章被收录到《纪念建党90周年党建理论研讨会论文集》中。

【省创先争优活动督导组到三门峡市检查】　1月9日至10日,以省委创先争优活动领导小组办公室指导组副组长李继明为组长的省督导组,先后深入义马市、渑池县、陕县、湖滨区和市直部分单位,检查指导三门峡市创先争优活动开展情况。市委常委、组织部部长赵予辉出席汇报会。李继明一行先后深入到义马市的新区办事处梁沟社区、环保局、交通运输局、东区办事处,渑池县的果园乡刘头村,陕县的大营镇辛店村、骏通车辆有限公司、陕州人民医院,市检察院,湖滨区的涧河街道六西社区、市第四小学,实地检查社区、农村、机关、企业和学校的创先争优活动开展情况。汇报会上,卢氏县、灵宝市西阎乡、市教育局、市司法局、市委统战部、市妇联、市总工会、市民政局等单位和无职党员代表先后作了典型发言。督导组充分肯定三门峡市各级、各部门、各系统创先争优活动所取得的成绩,认为三门峡市此项工作思想认识到位、组织实施到位、宣传发动到位、措施落实到位、结合实际到位。同时,对三门峡市下一步创先争优活动提出了加强行业与系统工作、发挥党建带群建优势带动全社会创先争优等意见和建议。

【深化创先争优活动】　当年,市委组织部紧扣全国“两会”前后的政策形势教育、建党90周年重要活动和年终活动评议工作“三大中心”,落实月报、督查、信息通报“三项制度”,用好用活“三大抓手”,科学筹划活动安排。一是党员志愿者服务活动。探索总结出“一账四有六制”志愿服务活动管理体系,即:设立1本党员志愿者台账,提出4个要求(有队名、有队旗、有队标、有服务口号),健全6项制度(部门联动服务制度、党员志愿服务日制度、预约预告机制、服务承诺机制、考评机制、活动保障机制)。全市参加活动的党员志愿者达55 546人,成立党员志愿服务队3 073个,创建党员志愿服务项目4 913个,为群众和社会做好事、实事23 200件,惠及群众129 749人。二是“三亮三创三评”活动。各级窗口单位和服务行业党员一律做到亮党员身份、亮工作证、亮服务承诺、亮工作形象,建立“四个一”评比制度。全市参加亮牌活动党员31 254名,设立党员责任区5 347个,设立党员示范岗3 934个,设立党员先锋岗7 754个;累计实施技术革新672次,落实改进服务意见建议2 249条,超额完成阶段目标任务2 570个,创群众满意窗口单位和服务行业398个，创优质服务品牌339个。三是“夺旗争星”活动。在全市各级党组织中树立30面流动红旗，将经济发展、社会和谐、服务群众和组织建设4项内容细化、量化为分值，每季度一评比一授旗，红旗随着活动实效而流动；在全市党员中设立30名“三门峡市创先争优党员之星”，每季度一评比。全市各级党组织共评出“创先争优流动红旗”党组织380个、“创先争优党员之星”1 120名。其中，8名党员荣获全省“党员之星”称号，8个党组织获“全省流动红旗先进党组织”称号。

【开展建党90周年系列活动】 当年，市委组织部开展建党90周年系列活动：召开庆祝中国共产党成立90周年暨表彰大会，对100个先进基层党组织、50名优秀村党支部书记、300名优秀共产党员和50名优秀党务工作者进行表彰；由市委常委带队，走访慰问24名新中国成立后在三门峡市经济社会事业发展中作出突出贡献或取得卓越成就、获得过省部级以上荣誉称号的“老典型”代表；开展建党90周年座谈、万人重温入党誓词、深入“三夏”一线服务等活动。

【引导驻村任职第一书记发挥作用】 当年，市委组织部建立“七制度一机制”管理办法、年度（试用期）考核等制度，加强对第一书记的日常管理，引导驻村任职第一书记发挥作用。印发《关于进一步做好派驻第一书记村公开承诺工作的通知》，要求第一书记科学定诺，并上墙公示接受群众监督；召开全市驻村任职工作座谈会和第一书记公开承诺推进会，到派驻村走访调研，督促承诺事项落到实处；选择4个试点村开展“科学规划、项目带动、分类指导、逐户增收”活动；制定《关于对第一书记及其所在村的致富带头人进行SIYB创业培训的建议》，9月，专门邀请市政府主管农业工作的负责人为第一书记讲解争取农业项目、发展农业生产、利用农业资源等知识，增强驻村干部对“三农”和市情的了解掌握。在全市举办第一书记报告会，树立先进典型，加强经验交流；加大对外宣传力度，在人民网、中国党建网等媒体发稿30篇，被省驻村办采用4篇，其中三门峡市《以驻村第一书记公开承诺推动农村创先争优》一文被中组部刊物发表，获得李源潮、卢展工、叶冬松、邓凯等多位中央、省领导批示。

【巩固发展党内民主建设】 当年，市委组织部着力巩固发展党内民主建设，抓好乡（镇）村基层党组织向全体党员报告工作制度试点工作。制定试点工作方案，指导渑池县仁村乡开展乡（镇）党委向全体党员报告工作制度实施；在充分调研的基础上，制定《关于组织开展基层党组织向党员报告工作的实施意见（初稿）》。《人民日报》刊发《河南三门峡市让每个党员“有话”都能直说》一文，对三门峡市在基层党组织中探索开展乡（镇）、街道、村（社区）基层党组织向全体党员报告工作制度，并以此深入推进基层党务公开的做法，进行了专题采访报道。

【省委组织部副部长安平深入三门峡市调研】 7月27日至28日，省委组织部副部长安平、省委党校副校长徐洪波到灵宝市和卢氏县，就党校体制改革工作进行调研。市委常委、组织部部长赵予辉，市委常委、市委秘书长赵中生及市委党校有关负责人陪同。安平一行先后到灵宝市市委党校和卢氏县县委党校，实地察看并详细了解两校的基本情况、体制改革和干部教育培训工作，听取两校干部教育培训改革纲要落实、基层干部培训、党校办学体制改革、学风建设等情况的汇报，并提出具体意见和建议。安平对两地党校办学体制改革及建设工作给予高度评价，并希望地方党委政府要进一步加大投入，积极支持党校建设和发展；要加强系统业务指导，整合优质教学资源，实行教学业务“六统筹”；要坚持以评促建，积极推进办学体制改革，不断提升县级党校办学质量和效益，争创全省一流县级党校。

【市直机关派驻村党组织第一书记报告会举行】 8月17日，市直机关派驻村党组织第一书记报告会在崤山礼堂举行，6位驻村第一书记用他们在农村工作的亲身经历和朴实生动的语言作精彩报告，充分展现了第一书记在农村一线的实践风采。市领导杨树平、赵予辉、孙宗会、张建峰、王铁创及800多名干部群众一起聆听了报告。2010年8月，三门峡市从市、县、乡三级机关和事业单位中选派363名优秀党员干部，到经济和社会发展相对缓慢的村担任党组织第一书记，开展为期3年的驻村工作。全市第一书记驻村一年来，以公开承诺为载体，积极开展创先争优活动，培养了与群众的深厚感情，增强了做好农村工作的本领，提高了解决实际问题的能力，有力地促进了所驻村经济发展和社会稳定。

【省委组织部老干部考察团到三门峡市考察】 10月14日，由原省委常委、组织部部长刘广祥，省委组织部原副部长董万民、原巡视员王永忠等组成的省委组织部老干部考察团到三门峡市，考察经济社会发展情况。市领导杨树平、赵海燕、赵予辉、赵中生、薛蒙林陪同考察。考察团成员参观考察了三门峡大坝、速达电动汽车公司、虢国博物馆、市文体中心、天鹅湖国家城市湿地公园、函谷关风景区等地，全面了解三门峡市城市建设、经济社会发展、生态环境建设等方面情况，对三门峡市的城市建设、高新技术产业发展、旅游文化等给予高度评价。

【集中开展“万名干部进农家”活动】 11月22日，三门峡市集中开展“万名干部进农家”活动动员大会召开。会议提出，为贯彻落实胡锦涛总书记“七一”讲话和省九次党代会、市六次党代会精神，落实好省委书记卢展工提出的“三种形象”的要求，中共三门峡市委决定从2011年12月至2012年7月1日，在全市范围内集中开展“万名干部进农家”活动。活动的主要任务是：宣传政策形势，凝聚科学发展合力；深入调查研究，解决群众实际问题；转变干部作风，增强为民服务意识。市委副书记王建勋出席大会并作动员讲话，市委常委、组织部部长赵予辉主持会议。会议传达了市委书记杨树平对全市集中开展“万名干部进农家”活动的指导意见：“活动很有意义，要把它作为解决‘四大危险’尤其是脱离群众危险的有效措施，活动中要记好民情日记，多办实事，做到有记录、有考核、有评比、有奖惩。”三门峡市集中开展“万名干部进农家”活动动员大会召开后，市直各单位、各县（市）区及时召开动员大会，确定工作方案，把开展“下基层大走访”活动作为深化创先争优的有力抓手,迅速启动"万名干部进农家"活动。按照单位联系到村、干部联系到户的要求,全市1万余名各级干部,联系农户10万余户,覆盖全市所有乡(镇)95%以上的行政村。至2011年年底,共走访群众35 260余人次,排查、梳理各类问题和矛盾1 420件,有效化解942件,为群众解决实际困难2 459件、办实事好事2 052件。

【省远程办调研组到三门峡市调研远程教育工作】 11月23日,省远程办调研组深入三门峡市进行远程教育工作调研。调研组一行实地察看了湖滨区崖底村、侯桥村和义马市梁沟社区、渑池县苏门村远程教育终端站点,对三门峡市农村有线电视、宽带及3G网络覆盖情况进行了深入了解,认真听取县、乡、村干部群众对远程教育"上互联网、上电视、上手机"工作的意见和建议。基层党员群众对利用自家电脑、自有手机就可以通过互联网视频平台观看政策、科技等远程教育节目,表示出了极大的兴趣,但提出了在互联网收费、手机上网收费方面的担忧。调研组表示,省远程办、省文化厅、省联通分公司将通过一系列的政策安排使基层党员群众用得起、用得好,最大程度地方便群众。

【省党员干部驻村任职工作巡回观摩和集中报道团到三门峡市观摩采访】 11月26日,全省党员干部驻村任职工作巡回观摩和集中报道团到三门峡市,对三门峡市驻村任职工作进行现场观摩和采访报道。省巡回观摩和集中报道团成员主要由省帮扶办有关负责人、各市组织部组织(党管)科科长、省直下派第一批19名驻村任职干部、中央驻豫和省主要新闻媒体记者组成。报道团先后深入陕县张湾乡大坪村、店子乡宽坪村、西张村镇南沟村进行现场观摩和采访,认真听取选派驻村第一书记汇报,详细了解第一书记驻村后采取的各项工作措施、取得的成绩及村子发生的喜人变化,并参观了有关项目。

【省委组织部副部长宗义到三门峡市调研】 12月17日至18日,省委组织部副部长宗义一行到三门峡市调研基层党建工作。市委常委、组织部部长赵予辉陪同调研。宗义一行先后深入卢氏县东明镇火炎村、官道口镇百间房村,义马市梁沟社区、马庄社区和义马市计生委、义马腾新能源有限公司、义马煤化工产业集聚区,察看农村党的建设工作和机关、非公有制企业党的建设工作,与农村党支部书记、第一书记和大学生村干部深入交谈。座谈会上,宗义一行听取三门峡市组织工作情况汇报,与部分组织工作干部倾心交流思想,对三门峡市基层党的建设工作给予高度评价,并就如何抓好以后一个时期的组织工作提出要求。 (王松宽)

宣传思想工作

【概况】 2011年,三门峡市宣传思想文化战线坚持以邓小平理论和"三个代表"重要思想为指导,深入贯彻落实科学发展观,按照高举旗帜、围绕大局、服务人民、改革创新的总要求,精心谋划、科学运作,强力推进、狠抓落实,整体工作导向正确、把握有力、格调鲜明、成效显著,为建设创新开放、富裕文明、平安和谐、生态宜居三门峡提供了强有力的思想保证、精神动力、舆论支持和文化条件。

理论武装工作 以推进学习型党组织建设活动为契机,不断增强理论武装工作的针对性和有效性,创新理论武装工作的方式方法,坚持不懈地用中国特色社会主义理论体系武装党员干部、教育人民群众。一是扎实推进学习型党组织建设向纵深发展。召开推进学习型党组织建设新闻发布会,全国37家重要网站登载了三门峡市领导重视、创新载体、强化效果3个方面的经验;召开全市学习型党组织建设工作座谈会,交流情况,总结经验,推进学习型党组织建设向纵深发展。二是积极服务市委中心组学习。印发《关于2011年度县处级以上党委中心组分专题集体学习的安排意见》,制定《三门峡市党委(党组)中心组学习述学制度》,将述学与述职述廉工作同部署、同检查、同考核;做好《市委中心组学习参考》编发和县级党委中心组学习书目推荐工作,全年共服务市委中心组集中学习16次,召开专题交流会2次,编印《市委中心组学习参考》26期。三是扎实开展"加快发展方式转变,推进中原经济区建设"主题党课教育活动。充分发挥基层党校阵地作用,全市各级领导党员干部共讲党课2 000余场次,听课人数达20余万人次。市委书记杨树平撰写的《打开西大门,增辉大中原》等4篇教案被省委宣传部评为"优秀教案",市委宣传部被授予"组织工作奖"。三门峡市又有10所基层党校荣膺"全省先进基层党校"称号,至年底,全市获此殊荣的基层党校达到116所,继续处于河南省领先水平。四是认真做好省社科调研课题研究工作。在省社科联2010年度调研课题的结项工作中,三门峡市共有4项课题荣获一等奖、5项课题荣获二等奖。五是深入开展社科知识普及宣传工作。全年共举办"中原大讲堂·三门峡讲堂"39场,开展三门峡社科知识大篷车进基层宣讲活动49场,受到广大干部群众的热烈欢迎。

新闻外宣工作 按照围绕中心、服务大局的要求,坚持团结稳定鼓劲、正面宣传为主的方针,创新形式、手段,推动新闻外宣工作不断取得新成效。建立网络新闻发言人制度,首批确定网络新闻发言人113名,并邀请省有关专家对其进行业务培训。全年共召开各类新闻发布会16次,及时向广大公众通报市委、市政府的工作信息,有力地引导了社会舆论。各新闻媒体围绕全市工作大局,主动设置议题,开展系列宣传、主题宣传。先后组织"用领导方式转变加快发展方式转变""四个基层""第17届中国(三门峡)国际黄河旅游节""建好西大门,增辉大中原""纪念中国共产党成立90周年""中原经济区建设""党代会"等一系列大型战役性报道,共开设专栏(专题)280个、编发报道5 000余篇,有效地统一了广大干部群众的思想和行动,促进了全市经济发展和社会稳定。省委宣传部对三门峡市创新新闻宣传方式的做法给予充分肯定,《河南新闻阅评》先后3次推广介绍《三门峡日报》的经验。继续实施新闻头题战略。采取"请进来,走出去"的办法,进一步密切与中央、省级以上主要新闻单位的联系,成功举办第3届全国主流媒体与知名网站记者走进"魅力三门峡"等大型集中采访活动。全年,共在新华社、《光明日报》《经济日报》、中央人民广播电台、中央电视台、《河南日报》等中央和省主流媒体发稿近2 300篇,其中头版头题(头条)400余篇,树立了三门峡的良好形象。积极开展网络宣传和管理。充分发挥互联网信息量大、传播迅速的优势,精心策划选题,丰富宣传内容,充实健全“媒体缘聚三门峡”QQ 群,开辟网上对外发稿绿色通道,全年通过网络对外发稿 4 万余篇,有力地提高了三门峡的知名度和美誉度。充分发挥网络与网民互动的特点,组织三门峡市网民参加第 2 届河南省优秀网络评论文章暨“中部崛起看河南”网络作品大赛,全市有 7 项作品分获一、二、三等奖。以“中国 · 三门峡”网为平台,全天候监控网上舆情,创办《网络舆情》,及时向市领导和相关部门负责人汇报和通报网上舆情,积极为领导决策当好参谋和助手。成功处置和引导“7 · 9”火灾、“义马铬污染”等一系列突发公共事件和舆论热点,为事件的妥善处置营造了良好的舆论环境。

思想道德建设 把社会主义核心价值体系贯穿到宣传思想文化工作各个方面,融入到人们日常生活之中,贯穿到国民教育之中,积极探索用社会主义核心价值体系引领多样化社会思潮的有效途径。积极参加省委宣传部组织开展“社会主义核心价值体系”知识竞赛活动,全市共有 600 多个单位、5 万余人参加,其中 8 人获二等奖、60 人获三等奖,市委宣传部获“组织工作奖”。深化形势政策宣传教育活动,开展“爱党、爱祖国、爱社会主义”、纪念建党 90 周年、“三门峡人看三门峡”等主题宣传活动,通过演讲比赛、成就图片展和红歌大赛等形式,广泛深入开展党史国情市情教育,进一步统一思想,凝聚力量。加强基层思想政治工作,对社区、企业思想政治工作情况进行问卷调查,并进行深入的分析研究,推出一批调研成果。其中《深化“流动调解”从源头预防矛盾纠纷》入选中国政研会《群众思想工作一百例》,卢氏县委等 3 家单位、张志刚等 4 人分别被省委命名为“河南省思想政治工作先进单位”和“河南省思想政治工作先进个人”。积极开展爱国主义教育示范基地创建活动,渑池刘少奇旧居被命名为“河南省第 4 批爱国主义教育示范基地”。至年底,三门峡市共建成省级爱国主义教育示范基地 3 处,市、县级爱国主义教育示范基地 40 处,基本形成了以省级爱国主义教育示范基地为龙头,以市、县级爱国主义教育示范基地为支撑的爱国主义教育基地网络。进一步加强对爱国主义教育基地的管理,争取省委宣传部 20 万元资金支持,用于渑池刘少奇旧居的陈列布展工作。认真抓好先进典型推荐上报和推广宣传工作,开展学习全省模范复转军人李文祥、“感动中原”十大人物赵仁伟以及老英雄、老模范等活动,组织报告会 5 场,在《三门峡日报》刊发赵仁伟先进事迹系列报道 4 期,营造了学先进、赶先进,争作贡献、争当表率的良好社会氛围。

文艺工作 坚持以正确导向指导文艺精品创作生产,以普及提高推动群众文化活动,以服务协调搞好重大文艺活动,不断满足广大群众日益增长的精神文化需求。一是文艺创作精品叠现。当年,三门峡市作者在《小说月报》《散文》《散文选刊》等省级以上刊物上发表作品 31 篇,创作各类剧本 20 部。其中:话剧小品《天上掉下来亲爸妈》《公仆的情怀》分获“中华颂”全国小戏小品一等奖和二等奖;由市豫剧团排演的现代豫剧《红高粱》获河南省文华大奖第 4 名;《曹端还乡》《两代村支书》《神农山下的女人》3 部作品被黑龙江话剧院等剧院搬上舞台。市豫剧团受台湾传统文化艺术中心邀请,赴台湾演出《虢都遗恨》等传统剧目,受到当地群众的热烈欢迎,促进了两岸豫剧艺术交流。二是精心组织“五个一工程”评选活动。认真做好三门峡市第 7 届精神文明建设“五个一工程”评奖活动,共评出《孙安动本》《天鹅城的故事》《中华一家亲》等 31 部(首)作品为获奖作品。三是节庆文化活动好戏连台。精心组织了春节、元宵节、第 17 届中国(三门峡)国际黄河旅游节文艺演出、庆祝中国共产党成立 90 周年文艺晚会、国庆文艺晚会和新年晚会等大型文艺活动,营造出浓厚的节庆氛围,受到广大市民的热烈欢迎。四是深化拓展“欢乐中原 · 魅力三门峡”群众文化活动。不断创新内容形式,推动活动向基层延伸,全年共组织各类广场文化活动4 248 场次。市文化局等 5 家单位被省委宣传部评为“欢乐中原广场文化活动先进单位”,4 位同志被评为“欢乐中原广场文化活动先进个人”,舞蹈《丰收的南瓜园》和《六月青荷》被授予“优秀节目创新奖”。五是公共文化服务体系建设进一步完善。切实推动市委、市政府《关于进一步加强公共文化服务体系建设的实施意见》的贯彻落实,市文体中心、渑池仰韶博物馆等一大批重点项目建设完工并投入使用。继续实施广播电视村村通、文化信息资源共享、乡(镇)和社区综合文化站建设、农村电影放映、农家书屋等文化惠农工程,进一步改善基层群众的文化条件。至年底,全市共建有文化馆(群艺馆)7 个、图书馆 6 个、博物馆 6 个、大型文化广场 15 个,62 个乡(镇)均建立文化站,1 362个行政村中有1 347个建立文化大院,城镇社区 95% 以上建立文化活动室,文化信息资源共享工程县级支中心 6 个、乡(镇)基层点 37 个、村级基层点1 269个,农家书屋1 194个,覆盖全市的公共文化服务体系已初步形成。

精神文明创建 以创建全国和省级文明城市、文明村镇、文明单位为契机,扎实开展群众性精神文明创建活动,着力在巩固成果、拓展深化、提高水平上下功夫,公民文明素质和社会文明程度进一步提高。一是积极组织开展“讲文明树新风”活动。广泛开展“践行文明礼仪我先行”“文明交通行动计划”“文明新风进万家工程”“我们的节日”等主题教育活动,认真落实河南省《“文明中原系列行动”实施方案》,开办“文明中原大讲堂”和文明城市环境集中整治系列活动,塑造文明三门峡的良好形象。组织开展第 17 届中国(三门峡)国际黄河旅游节、关爱空巢老人、进城农民工、残疾人、农村留守儿童和进城务工人员子女等志愿服务活动,受到各级党政领导的充分肯定和社会群众的高度赞誉。二是认真组织开展道德模范推荐评选和宣传活动。精心组织第 3 届全国、河南省道德模范推荐评选工作,灵宝市邮政局投递员柴书朝被评为“第 3 届河南省诚实守信道德模范”。深入开展“我推荐、我评议身边好人”活动,积极营造学习、崇尚、关爱、争当道德模范的浓厚氛围,三门峡市有 4 人荣登“中国好人榜”。以道德模范、身边好人为原型,开展“道德模范故事汇”基层巡演活动 46 场。三是深入开展“三优三创”竞赛活动。组织开展三门峡市文明城区创建工作,进一步明确文明城区的评选范围、标准、程序和时间;学习和借鉴先进地区“家庭文明代表制”等经验,不断丰富社区创建内涵,大力推进文明城市创建工作;按照文明开发、文明经营、文明服务、文明管理的要求,深入推进文明风景旅游区创建。四是加强文明单位建设和管理,坚持示范引导,努力实现文明单位创建的规范化。当年,三门峡市又有2家单位被评为“全国文明单位”、25家单位被评为“省级文明单位”。深入开展农村“清洁家园行动”,组织文明单位结对帮扶行政村进行精神文明建设,充分发挥各级文明单位的优势,以“组织教育培训、整治村容环境、帮建文化设施、开展文体活动、推进乡风文明”为主要内容,推动农村精神文明创建工作的深入开展。五是切实加强未成年人思想道德建设,建成高标准的三门峡市未成年人心理健康辅导中心,深化拓展“学‘三理’知识,做美德少年”教育实践和“美德少年”评选表彰活动。开展“童心向党”歌咏比赛、中华文化经典和红色经典诵读活动,提升青少年的道德素养;在全省中华经典诵读汇演中,三门峡市参演的《清塘荷韵》获优秀奖。深入开展“暑期文化市场整治”工作,共查处取缔黑网吧17家,查封无证无照电子游戏厅2家,收缴非法出版物720余册,为未成年人创造良好的社会文化环境。

文化强市建设 深入贯彻落实中共十七届六中全会精神,以建设华夏历史文明传承创新区为载体,以实现“三个战略定位”为目标,大力推进文化强市建设。一是重点文化项目建设取得新进展,大大提升了城市的文化品位。先后完成投资3亿余元,使一批重点文化建设项目开工建设或投入使用。市文体中心投入使用,市区上阳仿唐文化街已经建成招商并投入使用;灵宝老子文化园区全面建成并向游人开放;渑池仰韶博物馆主体工程开放迎宾。占地130余公顷、投资2亿元的三门峡城市文化公园一期工程,已完成规划和工程招标,正式开工建设;虢国博物馆二期工程经市发改委立项,规划方案和可行性报告编制完成。二是积极开展招商引资活动。进一步调整充实《三门峡市文化强市建设项目库名录》,组织参加第7届(深圳)文化产业博览会、2011年(第6届)中国义乌文化产品交易博览会、洛阳牡丹花会等一系列招商引资活动,共展出仰韶彩陶、葫芦丝、虢州石砚、音乐珠宝盒等4大类50余种文化产品,签订销售合同2个、金额50万元,协议订单6个、金额180万元,有力地扩大了三门峡市文化企业和文化产品的对外影响力和知名度。三是积极争取省文化产业发展专项资金。认真做好2011年省级文化产业发展专项资金项目的申报工作,对三门峡市基层申报的13个文化企业,进行严格筛选,挑选出仰韶文化产业园一期等3项文化产业项目为省级文化产业发展专项资金扶持项目。进一步加强对已经落实项目资金的使用监管,充分发挥专项资金的扶持、带动作用,推动文化企业发展壮大。四是积极拓宽文化企业融资渠道。深入贯彻落实《关于金融支持文化产业振兴和发展繁荣的指导意见》精神,搭建全市文化产业投融资平台,推动文化产业与金融业的对接,拓宽了文化企业的融资渠道。

【开展纪念中国共产党成立90周年系列活动】 根据省委宣传部和市委的统一部署,全市宣传思想文化战线早谋划、早部署、早行动,围绕纪念中国共产党成立90周年,全市共举办大型红歌晚会13场、大型图片展8场、理论研讨会(演讲会)30场、广场红歌演唱会300余场,参与或观看的人员达到180万人次,唱响了共产党好、社会主义好、改革开放好、伟大祖国好、各族人民好的主旋律。举办“日出东方——三门峡市庆祝中国共产党成立90周年大型红歌晚会”,市四大班子领导和现场2万余名党员干部、劳模代表重温入党誓词,齐唱《没有共产党就没有新中国》等红色经典歌曲,气氛庄重而热烈。各县(市)区党委也都举办了盛况空前的文艺晚会,将全市各地的庆祝活动不断推向高潮。组织开展纪念中国共产党成立90周年理论文章征集活动和理论研讨会,共征集到200余篇理论文章,其中《中国共产党以人为本思想谈析》《党的建设与国家现代化建设》两篇论文作为优秀论文,入选河南省纪念中国共产党成立90周年理论研讨会。举办“中流砥柱——三门峡市庆祝中国共产党成立90周年图片展”,通过展出的400余幅历史图片和示意图,全景式地再现了党领导革命和建设、改革开放的伟大业绩以及三门峡市取得的巨大成就,市党政军主要领导和市直机关党员干部、各界群众3万余人观看了展览。举行红色电影放映周活动,在全市城乡共放映红色影片《建党伟业》《飞天》《郭明义》等1 600场次、观众达30万人次。

【举行第17届中国(三门峡)国际黄河旅游节暨投资贸易洽谈会新闻发布会】

4月7日,第17届中国(三门峡)国际黄河旅游节暨投资贸易洽谈会新闻发布会在郑州市中州假日酒店举行。省旅游局局长范修芳、副局长何琳,省商务厅副厅长宋国卿,省贸促会副会长胡金宝,市委副书记、市长杨树平,正市级领导赵光超等出席发布会。新闻发布会上,杨树平简要介绍三门峡市情,并希望通过推介活动,进一步加强同郑州旅游界、经贸界的联合协作,让更多的郑州市民乃至全省人民,了解三门峡、喜爱三门峡。发布会介绍了本届节会的4大主体活动和9项丰富多彩的配套活动。中央驻豫新闻媒体、香港驻豫新闻媒体、省直及省会新闻媒体,省直和郑州市90家旅行社代表参加新闻发布会。第17届中国(三门峡)国际黄河旅游节暨投资贸易洽谈会在2011年升格为国家级节庆活动,由国家旅游局、中国贸促会和河南省政府共同主办,省旅游局、省商务厅、国家贸促会河南省委员会和三门峡市政府共同承办。本届节会以“黄河之旅——中华民族之魂”为主题,于5月18日至23日在三门峡市举行。

【全省宣传思想文化系统舆情信息工作会议在三门峡市召开】 4月15日,全省宣传思想文化系统舆情信息工作会议在三门峡市召开。会议传达贯彻中宣部舆情信息工作会议和部刊工作会议精神,总结工作,交流经验,表彰先进,部署2011年的工作任务。省委宣传部副部长权红军,市委常委、宣传部部长李立江出席会议并讲话。会议要求,各单位要高度重视舆情信息工作,进一步建立健全舆情信息工作机构和机制,完善激励机制,加强学习培训,提高队伍素质,为舆情信息工作提供有力的保障。会议对全省24家先进单位和34名先进个人进行表彰。

【“互动中原”大型网络系列访谈活动走进三门峡】 7月21日,由河南日报报业集团组织策划的“互动中原”推进中原经济区建设大型网络系列访谈活动到三门峡市,市委书记杨树平接受大河网专访。此次系列访谈活动以“加快领

9 月 8 日，新疆哈密歌舞团在三门峡市演出

导方式转变，推进中原经济区建设”为主题，旨在配合“十八谈”的宣传报道，进一步激发加快中原崛起的强劲动力。杨树平就三门峡在中原经济区建设中如何定位、如何破解难题、有所作为以及社会管理创新等问题，现场接受采访。在与网友的互动环节中，杨树平就热心网友提出的如何关注、改善民生，扩大黄河旅游节影响、进一步发展旅游业等内容，结合实际，畅谈三门峡加快经济社会发展的思路举措。

【“豫哈情深”河南首场演出在三门峡市举行】 9 月 8 日晚，新疆哈密歌舞团与河南省歌舞演艺集团合作，在三门峡市委党校大院向广大观众献上一场精彩的“豫哈情深”文艺晚会。哈密是中央确定的河南对口援疆地区，2011 年河南省选派 127 名优秀干部和人才支援哈密地区建设。这次演出是 2011 年河南省文化援疆项目之一，也是哈密歌舞团首次走进河南的首场演出，充分体现了河南对口援疆后两地的深厚情谊。三门峡市上千名观众观看了演出。

【举办纪念辛亥革命 100 周年图片展】

10 月 10 日上午，由市委宣传部、市委统战部和市文化新闻出版局主办的“辛亥风云——三门峡纪念辛亥革命 100 周年图片展”在市博物馆开展。市委书记杨树平，市委常委、统战部部长易树学，市委常委、宣传部部长薛蒙林等出席开展仪式。薛蒙林致辞。杨树平等市领导和各界群众代表一起认真观看图片展。展览分为“革命的孕育”“伟大的革命”“挽救革命果实的努力”和“弘扬辛亥革命精神实现中华民族复兴”4 个部分，共展出图片 300 余幅，直观生动地再现了辛亥革命波澜壮阔的场景。

【录制《欢乐中国行 · 魅力三门峡》】

10 月 22 日晚，中央电视台《欢乐中国行 · 魅力三门峡》大型文艺演出节目在北京星光影视园录制完成。节目以现场表演与三门峡实景拍摄相结合，使“三门峡元素”以集束绽放的态势亮相，在观众面前充分展现出一个魅力四射的三门峡。市领导杨树平、赵海燕、赵继祥、郭秀荣、薛蒙林，市政府秘书长李宝洲以及应邀嘉宾、各地观众 1 000 余人参加现场节目录制。晚会除明星精彩的表演外，还插播了由“欢乐中国行”栏目组深入三门峡大坝、虢国博物馆、地坑院、仰韶文化博物馆及黄金生产加工企业等地拍摄的电视短片，生动介绍和展示三门峡的历史文化、特色资源、人文景观和风土人情。

【著名学者余秋雨应邀到三门峡市参观讲学】 11 月 7 日下午，著名学者余秋雨应市委宣传部之邀，在三门峡职业技术学院学术报告厅作文化建设专题报告。市领导李建顺、郭绍伟、赵予辉、赵中生、雷俊卿、易树学等出席报告会。市委常委、宣传部部长薛蒙林主持报告会。市直机关副县级以上领导干部、职业技术学院师生代表共 1 000 余人聆听报告。余秋雨曾任上海戏剧学院院长，是著名艺术理论家、文化史学家、散文家，其作品《文化苦旅》《霜冷长河》《千年一叹》《行者无疆》等开启一代文风。在谈到三门峡市如何搞好文化建设时，余秋雨认为：作为中国文化奠基地之一，三门峡应以强烈的责任感做好历史文化的保护和开发利用工作；要成为有创造力的城市，不要过多沉浸于历史局限之中，要把文化体现在三门峡的人格训练上，在城市建设、旅游景点等方面体现出非常重要的审美把关。11 月 8 日，余秋雨参观了虢国博物馆和仰韶文化博物馆。

【三门峡市在全省“积极推进中原经济区建设主题党课”活动中获殊荣】 11 月 4 日，在省委宣传部组织召开的全省“积极推进中原经济区建设主题党课”活动总结表彰会议上，三门峡市有 4 篇党课教案被省委宣传部评选为优秀教案。其中：市委书记杨树平撰写的《打开西大门，增辉大中原》被评为特等奖；王振清撰写的《做好新形势下的基层工作》被评为一等奖；杨方成撰写的《关于加快发展方式转变的思考》被评为二等奖；张松林撰写的《加快领导方式转变，推进富民强市进程，努力开创义马经济社会发展新局面》被评为三等奖，市委宣传部被授予组织工作奖。2011 年，根据河南省委宣传部的统一安排，三门峡市委宣传部在全市党员领导干部中组织开展“积极推进中原经济区建设主题党课”活动。活动中，三门峡市主要领导率先垂范，踊跃登台宣讲中原经济区建设的重要意义、指导思想、基本原则、战略定位、发展目标、空间布局、重大举措和政策支持等，并紧密联系本地、本单位实际，有的放矢、深入浅出地进行宣讲，使广大党员干部群众进一步提高了认识，凝聚了力量，增强了全市干部群众积极参与中原经济区建设的自觉性和坚定性，形成了为建设中原经济区争作贡献的良好氛围。

【关注“四大一高”战略文艺采风活动启动】 12 月 27 日，全市关注“四大一高”战略文艺采风活动启动仪式在义马市举行。市委常委、宣传部部长薛蒙林出席启动仪式，并就有关活动提出要求。为使文学艺术工作更好地围绕大局、服务中心、贴近经济、贴近实际，市委宣传部、市文联决定在全市范围内开展关注“四大一高”战略文艺采风活动，集中创作一批歌颂为“四大一高”战略作出突出贡献的英模人物、反映“四大一高”战略进展情况、推介“四大一高”战略丰硕成果的文艺作品，为实现“三大战略定位”，建设创新开放、富裕文明、平安和谐、生态宜居三门峡营造良好的社会文化环境。当天，参加启动仪式人员还深入义马市实施“四大一高”战略现场参观采风。

【举行2012年新年晚会】 12月30日晚，三门峡市2012年新年晚会——俄罗斯国家歌剧芭蕾舞剧院演出的经典芭蕾舞剧《天鹅湖》，在新落成的市国际会展中心大剧院隆重上演。市委书记杨树平，市委副书记、市长赵海燕，市委副书记王建勋，市人大常委会主任赵继祥，市政协主席郭秀荣，市领导李建顺、赵光超、吴云、郭绍伟、姜继鼎、赵中生、雷俊卿、易树学、薛蒙林等以及社会各界群众代表1 000余人共同观看演出。优美的音乐和精湛的舞蹈水乳交融，将观众带进了古老的俄罗斯童话世界，为观众带来完美的视听感受。（雷恒军）

统一战线工作

【概况】 2011年，三门峡市统一战线部门坚持锁定中心、服务大局，紧紧围绕主题主线和“十二五规划”开局，广泛凝聚力量和智慧，参大政、议大政，助发展、促和谐，为创新开放、富裕文明、平安和谐、生态宜居三门峡建设作出了重要贡献。

经济统战工作　加强对非公经济人士的思想引导，以贯彻落实省九次党代会、市六次党代会精神为着力点，连续举办各类情况通报会、座谈会、联谊会12场次，使中原经济区建设、“三大战略定位”“四大一高”战略深入人心。组织收听收看全国非公有制经济先进典型事迹报告会，举办全市优秀社会主义事业建设者表彰大会，全市20名非公有制经济人士受到市委、市政府表彰，3家非公有制企业获“省级创先争优先进基层党组织”称号。举办三门峡经济发展论坛，邀请郑泰森、黄良杰等河南省著名经济学家作专题讲座，大力引导民营企业家转型发展；实施“百家民营企业走出去”战略，连续举办各类非公有制经济代表人士培训班4期，培训民营企业家1 000余人次。依托市工商联服务中心，密切与金融机构的联系，举办融资服务联谊会，签订战略合作协议；成立全市中小企业信用担保行业协会，整合担保资源，全市工商联系统管理的8家融资担保公司累计为3 907家次民营企业办理贷款担保974笔，共34.1亿元，并通过金融服务网为民营企业贷款18亿元；着力发挥民营企业维权协调领导小组作用，协调处理重点企业侵权案件20余起。强力服务招商引资与项目建设，重点邀请台湾郭氏宗亲寻根谒祖暨文化商贸交流团参加第17届三门峡国际黄河旅游节，主动参加2011年豫台经贸合作洽谈会等大型经贸活动，积极邀请20名省内外有代表性的民营企业家参加河南省承接产业和技术转移合作交流洽谈会，邀请匈牙利索尔诺克市代表团及东欧、非洲21国工商会28名官员访问三门峡，召开项目洽谈会、签订商会合作意向，全年累计协助政府牵线搭桥引进单晶硅生产、10万吨铝型材加工等项目50余个，合同金额117.09亿元，并协调推进三门峡汽车城、压延铜箔、柠檬酸金钾三期等重大前期项目6个。扎实服务和助推新农村建设，继续巩固和开展“千企帮千村”活动，全年新增帮扶企业20家、累计帮扶202家，新增帮扶行政村20家、累计帮扶174家，新增投资1 800万元、累计投资2.1亿元，新增帮扶项目30个，新增捐赠金额760万元，新增道路38公里，新增捐建沼气池7个，新增助残、助困、助学72人，新增捐建医疗室5个。大力发展社会公益事业，持续深化“帮扶万人创业”“民营企业招聘周”活动，联合市人社局、总工会等单位举办三门峡市“2011年民营企业招聘周”活动，现场组织200家民营企业提供就业岗位2 000余个，解决了1 500余名下岗、失业人员的再就业问题；深入推进“感恩行动”，全市非公有制企业共投入资金969万元，帮扶“三老”生活困难人员580余人；依托宋庆龄基金会和光彩事业基金会，为特困群众发放公益医保证2 935份，为425名特困群众和“三老”人员进行健康体检，支付费用163 630元，为1 785名困难群众办理意外伤害保险150万元，支付住院补贴20 482.16元。

多党合作工作　打造统一战线集中调研“直通车”品牌，围绕党委、政府重点关注的转变经济增长方式和“十二五”规划实施，引导各民主党派、工商联、无党派人士深入开展调查研究，全年重点调研报告20余份。其中：《关于我市工商联系统开展融资服务工作情况的调研报告》得到全国工商联和省委统战部的重点批示；《关于取消电解铝行业峰谷差电价政策的建议》在河南省《民企社情》上全文刊发，引起省委、省政府领导的高度重视；《关于发展我市特色旅游和直升机旅游、房车旅游的建议》《关于我市招商引资环境情况的调研报告》等调研报告，得到市委主要领导的肯定和批示，并转化为工作成果。塑造三门峡市统一战线参政议政品牌，组织开展全市统一战线“同心同行建中原活动”，凝聚统一战线的智慧和力量；引导党外科技专家在全省首家编制完成《三门峡市生物技术产业发展规划及酶制剂产业技术路线图》，成立生物产业技术创新战略联盟，支撑酶制剂产业集群发展；2011年省市“两会”期间，全市各民主党派共提出提案、建议183件。其中：民建三门峡市委《关于支持三门峡市建设豫晋陕黄河金三角区域中心城市的建议》得到民建河南省委的高度重视并提交省政协会议；农工党三门峡市委10件提案被采用，其中大会发言及交流材料3件，提交全国政协提案3件，省政协提案4件。叫响全市统一战线“社会化服务”品牌，九三学社三门峡市委和九三学社运城市委初步达成“九三学社黄河金三角3省4地合作框架协议”，并开展“万名科技人员进万村”项目，举办科技咨询、退耕还林实用技术、农民中专学历等各种培训10场次，培训人员3 000人次。民盟三门峡市委为市三中争取捐赠徐方瞿《几何王》教学软件60套，并进行免费培训；在湖滨区高庙乡，开展“心连心”文艺演出活动；赴陕县店子乡栗子坪小学，开展“送教下乡”活动。农工党三门峡市委开展“百千万农村健康行动计划”，印发疾病防控知识宣传材料3 000余份，现场接诊、体检和解答群众咨询1 000余人次，培训农民500余人，免费发放药品价值9 000余元。民建三门峡市委为卢氏县第二人民医院争取到民建中央中华思源工程扶持基金会的"思源·天使计划"彩色超声诊断系统资金扶持项目;开展以"温暖你我他,维权服务到万家"为主题的普法宣传活动,发放资料500余份,接待群众咨询100余起。大力实施同心工程品牌建设,围绕建党90周年纪念活动,组织举办各级纪念建党90周年茶话会、座谈会、文艺演出活动等20余场次,夯实统一战线的思想政治基础;开展统一战线纪念建党90周年走访慰问活动,亲切走访慰问全市统一战线的老典型、老模范,传递党的关怀和关爱之情;加强民主党派和工商联建设,协助做好民主党派换届、领导组织好工商联换届,集中解决各民主党派、市工商联秘书长副县级职级待遇等问题,并在《三门峡日报》刊发题为《同心同行 共铸辉煌》的评论员文章,提振和激励全市统一战线的工作热情。

民族宗教工作 扎实开展"和谐寺观教堂"创建活动,以开展宗教活动场所财务监管、宗教教职人员认定备案和社会保障3项工作为契机,积极通过召开座谈会、举办培训班、在宗教活动场所设置专栏等形式,教育引导广大宗教界人士和信教群众遵纪守法,爱国爱教,维护宗教和睦与社会和谐,推选卢氏北街清真寺、三门峡熊耳山空相寺、灵宝东关福音堂3个宗教活动场所参选全国"和谐寺观教堂"。着力解决宗教教职人员困难,全市617名宗教教职人员中,有581人参加不同类型的社保,参保率达95%以上,其中卢氏、灵宝教职人员参加社会养老保险的参保率达100%。加强宗教界思想引导工作,以庆祝建党90周年为契机,组织2 000余名宗教界人士参加"同心同行,共创和谐"歌咏大赛,增强其投身社会主义建设和谐发展的主动性和积极性;举办宗教活动场所管理人员、财务人员、教职人员政策法规培训班65期,培训人员4 000余人次,宗教教职人员认定备案率达91%。维护宗教领域稳定,开展宗教调研暨依法治理基督教私设聚会点专项活动,抽调公安、国安等部门120余人,组成专项检查组,出动车辆60余台次,深入40个乡(镇)及街道办事处、160个村组,146个寺观教堂、活动点,排查带有安全隐患的宗教场所96个,取缔、驱散基督教会私设聚会点46个。全年共排查化解宗教领域影响社会稳定事件13起,及时妥善处理群体性突发事件3起,办结上级部门交办的信访案件8起。大力开展"民族四争创"活动,坚持把5月作为全市"民族团结进步宣传月",通过出动宣传车、设置宣传咨询点、发放民族政策宣传单(册)等方式,集中宣讲民族政策。举办少数民族群众技能培训班6期,培训农业实用技术人员2 500余人。改善民族聚居村生产生活条件,争取少数民族重点扶持项目4个、资金65万元,协调争取农村少数民族小额贷款1 800万元。协调推进《"十二五"少数民族和民族聚居地区经济社会发展规划》,一批少数民族龙头企业得到培育和发展,其中尚正食品有限公司、振宇食品有限公司喜获"河南省清真食品知名企业"称号;参加清真食品及用品博览会等大型经贸活动,签订购销合同6 300余万元、达成合作意向1.6亿元,有效促进民族经济发展。

海外联谊及侨台工作 加拿大河南同乡会等在卢氏县汤河乡、双龙湾镇,协议捐资80万元,兴建学校3所;热情接待归侨侨眷来信来访7次,接待海外华人5人次;联合市外侨办,热情接待匈牙利索尔诺克市友好访问团来访;经多方努力,集中一次为21户困难归侨家庭解决住房困难问题,该举措在全省乃至全国尚属首例;在省九次侨代会上,三门峡市侨联被评为"全省侨联系统先进集体"。对台工作有新的突破。全年共组织三门峡市矿业联合会赴台湾考察交流团、三门峡市赴台商务考察团等10个考察团,赴台进行经济交流合作;积极参加"中原经济区合作之旅——走进台湾"和"2011豫台经贸洽谈会"活动,外出邀商活动达12次;先后邀请昆山台资企业协会副会长何信府、台湾郭氏宗亲寻根谒祖暨文化商贸交流团、台湾青果商业同业公会全联会等台湾客商3批71人到三门峡市进行考察合作。2011年,新签约台资项目2个:三门峡新能源汽车及公交运营示范项目由昆山正国能源科技有限公司投资兴建,计划投资3亿元,占地8.67公顷;由渑池县神龙实业有限公司与台湾召华石矿股份有限公司合作建设的重晶石加工项目,计划投资12亿元,占地30.67公顷,一期工程投资1.1亿元,占地2.47公顷,于8月投产。台塑集团捐建明德学校2所,分别为:卢氏县横涧乡营子学校和五里川镇中心小学,项目总投资180万元。海外联谊有新的成果。灵宝市邀请到以林秋雄为团长的102名台湾道教及老子文化研究专家参加纪念老子诞辰2 582周年纪念活动。卢氏县利用老区优势,争取海外捐赠项目7个,捐赠资金280万元。陕县邀请韩国教育电视台到天井窑院采风,借船出海推介陕州。渑池县邀请美国宝湾集团总裁李可和美国尼克斯集团总裁道格·尼克斯到渑池参观考察文化旅游项目,开发仰韶旅游资源。

统战宣传、调研和信息工作 健全市县两级联动宣传制度、信息双报制度和亮点工作月报制度,提高宣传工作的针对性、时效性,全年全市统一战线在《河南日报》《中国统一战线》等省级以上媒体发表统战宣传稿件130余篇(条),在《三门峡日报》等市级媒体发表宣传稿件150余篇(条),对扩大统一战线的影响力起到极大的推动作用。加大网站宣传力度,把网站作为统战宣传的重要窗口。加强对6县(市)区"根在中原"网页的管理,使各县(市)区的统战网站信息可以直接对外发布。全年共上传稿件968篇,省委网站"根在中原"主页采用469篇、本网要闻采用6篇。加强统战理论调研,全年共形成高质量的统战理论调研文章30余篇,其中《创新融资模式 打造服务品牌 构建民营企业融资服务体系》获全省调研成果一等奖,受到省委统战部表彰。完善信息基金、实名报送、逐月通报、末位促进制度,推动信息工作上台阶,全年下发《三门峡统战工作信息》36期,上传省委统战部上报信息619条,省级以上采用信息180条。全市统战调研、宣传、信息工作均获全省一等奖。

【台湾无极道脉中土朝圣团到三门峡市参加老子诞辰纪念活动】 3月19日,以林秋雄为团长的台湾无极道脉中土朝圣团102名台胞到三门峡市参加老子诞辰2 582周年暨老子所著《道德经》问世2 502年纪念活动。台湾朝圣团领队林秋雄满含深情地说:"老子的博爱精神让我们后人了解了行为准则。《道德经》的教理教义中包含着崇尚和谐、尊重生命、慈俭谦让、道法自然、天人合一等许多重要理念,我们应该传承。"祭拜时,还举行了老子圣像揭幕仪式。老子圣像为紫铜锻造,外贴金箔,总重量达60吨。老子圣像呈现了老子睿智宽阔的天庭,微笑和蔼的面容,炯炯有神的目光,手执经卷的庄重容姿,寓意老子在函谷关著述了博大精深、词意凝炼且在世界上具有深远影响的《道德经》。

【台湾郭氏宗亲寻根谒祖暨文化商贸交流团到三门峡市参观访问】 5月18日上午,台湾郭氏宗亲寻根谒祖暨文化商贸交流团到三门峡市并拜会市政府。省台联会会长郭晴,市委常委、统战部部长赵艳,副市长高战荣,台湾郭氏宗亲寻根谒祖暨文化商贸交流团团长郭石吉、主办团长郭国志等出席会谈。会谈会,台湾郭氏宗亲祭祖大典在虢国博物馆举行。台湾郭氏宗亲寻根谒祖暨文化商贸交流团成员和三门峡市郭氏文化研究会及本地郭氏族人共60多人参加祭祖大典。当天,参加祭祖大典的台湾郭氏宗亲寻根谒祖暨文化商贸交流团成员还参观了虢国博物馆、函谷关等景区。

【举行庆祝建党90周年——统一战线各界人士茶话会】 6月9日下午,全市统一战线各界人士欢聚一堂,隆重庆祝中国共产党建党90周年。市委书记杨树平出席茶话会并作重要讲话。市领导王建勋、赵继祥、李立江、赵予辉等出席茶话会。各民主党派、工商联、统一战线成员单位、无党派人士、民族宗教界、侨台界、新社会阶层等各界代表参加茶话会。杨树平全面总结了三门峡市统一战线工作取得的成绩,就进一步做好统一战线工作提出殷切希望。市委副书记王建勋主持茶话会。市委常委、统战部部长赵艳和民盟三门峡市委主委马仰峡、九三学社三门峡市委主委姚龙、农工党三门峡市委主委肖群兰、市工商联主席孙继伟、无党派人士卢群召以及民族宗教界代表等立足工作,结合实际,从不同侧面、不同角度作了内涵丰富的精彩发言。

【全省统战重点工作调研组到三门峡市调研】 9月20日,以省台办副主任杜春景为组长的全省统战重点工作调研组到三门峡市,开展统战重点工作调研活动。市委常委、统战部部长易树学,市政协副主席孙继伟、卢群召等出席汇报会。在听取三门峡市统战重点工作情况汇报以及各民主党派、工商联、无党派人士的发言后,调研组指出,三门峡市的统战重点工作实绩突出,特别是在"同心同行建中原活动"和"十件实事"整体推进中,思路明确,措施得力,有创新、有亮点、有实效,对三门峡市的统战工作给予充分肯定,并提出指导性的意见和建议。 (高军政)

政策研究工作

【概况】 至2011年年底,中共三门峡市委政策研究室内设综合科、调研一科、调研二科、《三门峡工作》编辑部等4个科室,编制13人(含工勤人员1人)。

2011年,市委政研室以科学发展观为指导,全面贯彻落实《国务院关于支持河南省加快建设中原经济区的指导意见》和省、市党代会精神,按照"准确站位、认真履职、统筹协调、重在提升"的要求,按照《中共三门峡市委关于进一步加强调查研究工作的意见》,拓展思路、丰富载体、创新方法,建立机制,积极搞好调查研究,努力发挥参谋服务作用。

围绕中心,服务大局。围绕全市改革发展稳定大局和经济社会发展中的重大问题,组织相关单位负责人撰写署名文章;及时对全国"两会"、胡锦涛"七一"重要讲话、中共十七届六中全会、中央经济工作会议以及省九次党代会精神进行解读,撰写并印发《加快"大通关"建设打造中原经济区西部开放高地》《加快"大交通"建设打造中原经济区综合交通枢纽》《加快"大商贸"建设打造中原经济区现代服务业中心》《加快"大旅游"建设打造黄河文化旅游中心城市》《加快高新技术产业发展打造中原经济区新兴产业基地》5篇文章,为各级领导干部学习国务院《指导意见》和省、市党代会精神,大力实施"四大一高"战略起到一定的参考作用。

深入调研,服务决策。坚持围绕党委、政府中心工作抓调研,着重研究经济和社会发展中的重大问题,突出宏观性、战略性、综合性、政策性和预见性。一是研究重大问题。紧紧围绕中央和省委确定的大政方针,找准抓住中原经济区建设、豫晋陕黄河金三角试验区、三门峡"十二五"规划以及"三大战略定位"和"四大一高"战略、富民强市等事关全市经济社会发展全局的重大战略问题入手,精心开展调查研究,提出有前瞻性、有价值、有分量、有可操作性的对策建议,为市委正确决策提供参考服务。二是研究重点课题。深刻把握全市经济社会发展中的现实问题,广泛征集、认真选择一批涉及全局和长远发展的重大问题,作为2011年重点调研课题。研究下发48个重点调研课题,充分发挥牵头抓总的职能作用,搞好课题协作和工作协调,组织各方力量开展联合调研和专项调研,为重点调研课题的开展奠定坚实基础。市委下发《关于进一步加强调查研究工作的意见》之后,市委政研室带头深入卢氏县进行调研,撰写的《关于卢氏县发展茶叶产业的工作汇报》,直接上报至省委;撰写的《一个山区县的科学发展之路——卢氏县经济社会发展探要》一文在省委政研室《调查研究》第2期上刊发。配合新华社河南分社,对三门峡市加快资源型城市转型情况进行调研,并参与调研报告的撰写。各县(市)区、各部门均结合各自实际和自身职能,深入开展调研,先后完成各类调研报告、理论文章、经验材料近百份。至年底,全市48个重点调研课题基本完成,一些调研成果引起市委领导的重视,并先后作出重要批示,有力地推动了工作的开展。三是创新调研方法。注重研究和探索新形势下调查研究工作的规律,掌握新形势下调查研究的科学方法。不断完善召开调查会、研讨会、走访调查、蹲点调查、典型调查、实地考察等行之有效的调研方法,综合运用经济学、社会学以及规划与优选方法、预测与评价方法等,拓展调查研究的渠道和方式,提高调查研究的科学性和时效性,为正确决策提供了全面、翔实、可靠的信息和数据。

当好参谋,以文辅政。围绕市委、市政府工作重点,搞好重点文稿的起草工作。在省委书记卢展工提出"着眼基层、依靠基层、着力基层、服务基层"重要思想后,撰写关于"四个基层"的4篇特约评论员文章,对这一重要思想进行广泛宣传。撰写署名理论文章《咬定做字不放松》《抓落实重在做》《建设具有地域特色的文化强市》《实施四大一高战略打造中原经济区重要支撑》《资源型城市转型发展的实践与思考》等,分别在《河南日报》《东方今报》《党建研究》杂志、《光明日报》、省委政研室《调查研究》和《学习时报》上发表。围绕市县党委换届,撰写《紧盯目标抓落实》《敢作敢为敢担当》《转变作风干大事》《风清气正聚力发展》《配好班子引领发展》《做实工作加快发展》等6篇评论员文章,刊登在《三门峡日报》上,引起强烈反响。

丰富载体,当好助手。坚持办好市委机关刊物《三门峡工作》和室刊《领导参阅》《政研信息》,为市委、政府领导和有关部门及时了解市情动态与调研成果提供决策参考。在文章撰写上严把关,在栏目设置上求特色,在版面设计上求新颖,增强思想性、艺术性和可读性。先后印发《领导参阅》35 期、《政研信息》22 期,对各单位贯彻市委工作部署的做法、经验以及全市的优秀调研报告进行刊发交流。全年,印发 6 期《三门峡工作》,刊登文章 118 篇、约 64 万字。为便于全市干部学习领会卢展工重要讲话精神,收集整理《卢展工同志重要论述摘编(二)》一书,共 40 篇 8 万余字;编辑印发《建好西大门增辉大中原》一书,共 50 篇 40 万余字,对全市领导干部做好工作、实现“三大战略定位”和“四大一高”战略,具有很强的借鉴作用和指导意义。

加强培训,完善制度。坚持以学习新理论、新法规、新知识为重点,把学习和解放思想、推动工作紧密结合起来,切实增强机关干部服务发展的本领。邀请省委政研室主任白庭斌就调查研究的方法、调查报告的写作等问题,对全市政研人员进行辅导培训。结合部门工作实际,建立和完善学习制度、考勤制度、讲座制度、奖惩制度、例会制度以及财务管理、后勤保障、资料传阅、档案管理等规章制度,用制度规范工作、规范行为、规范管理。至年底,已建立起一支总数量达 200 余人的素质较高、能力较强、结构合理、协调高效的兼职政策研究工作队伍,形成了政研工作的大格局,为全市政研工作顺利开展提供了保障。

【全省省辖市党委政研工作交流会在三门峡市召开】 1 月 11 日,全省省辖市党委政研工作交流会在三门峡市召开。会议交流了经验,并就进一步做好新形势下的调查研究工作、不断提升服务党委决策的能力和水平进行研讨和部署。省委政研室巡视员刘本在,市委常委、秘书长赵中生出席会议。刘本在指出,全省政研系统要按照省委书记卢展工提出的“准确站位、认真履职、统筹协调、重在提升”的要求,围绕中心,服务大局,发挥党委决策“参谋部、智囊团”的重要作用,坚持调查研究,勇于创新,乐于奉献,不断提高服务水平。

(焦晓君)

市直工委工作

【概况】 2011 年,中共三门峡市委市直机关工作委员会(以下简称市直工委)牢牢把握“服务中心、建设队伍”两大任务,以深化“争先进,创一流,服务科学发展”主题活动为创先争优活动的主要形式,以推动机关党建工作奋力先行为主要目标,着力在推动机关党建工作有更大作为上下工夫,“服务科学发展”的工作品牌基本形成,在省内外的影响力进一步扩大,各项工作取得显著成绩。

至年底,市直工委有下属党委 55 个(部门党委 30 个、机关党委 25 个)、党总支 54 个(直属党总支 25 个)、党支部 795 个(直属支部 19 个)。党员总数 16 449 名,其中在岗党员 10 994 名,女性党员 3 346 名,机关干部党员 4 027 名。全年到期已换届的基层党组织 13 个;发展新党员 312 名,预备党员转正 281 名,培训入党积极分子 330 名。

强化学习,注重宣传教育。在市直机关开展学习“用领导方式转变加快发展方式转变”精神专题教育活动、学习贯彻卢展工书记在三门峡调研讲话精神教育活动、学习贯彻胡锦涛总书记在庆祝建党 90 周年大会上重要讲话精神教育活动和学习贯彻省九次党代会、市六次党代会精神教育活动,举办“省九次党代会精神 · 中原经济区建设报告会”,通过一系列学习教育活动,加强党员思想作风教育工作,为科学发展提供强劲的精神动力。

严格管理,夯实党建基础。改进年度党建目标管理内容和方式,分别量化细化,鼓励基层首创精神,激发创新活力;改进党建联络组的管理方式和活动方式,于每季度末分组召开党建联络组座谈会;改进党员教育、管理、监督和服务,继续在市直机关万余名党员中推行“党员手册”管理,在 800 多个基层党组织中以活动记录本的形式,进行规范化管理。加强对入党积极分子的培养教育,切实做好发展党员工作;改进发展党员程序和谈话制度,确保新党员质量;贯彻落实中央组织部颁发的党费收缴、使用和管理的新规定,对所属党组织进行全面检查。做好机构改革后机关党组织调整和设置工作,指导选举产生新一届党组织班子,加强基层党组织建设。深入开展创先争优活动,围绕纪念中国共产党成立 90 周年开展系列活动,于“七一”前夕,对涌现出的 100 个先进基层党组织、265 名优秀党员、50 名优秀党务工作者进行表彰。深化“结对帮扶”和“送温暖”活动,使党员真切感受到党组织的关怀和温暖。

加强监督,开展党风廉政宣传教育工作。开展多种形式的示范教育、警示教育和党风、党纪条规教育。购买警示电教片 8 部 400 余片,组织播放 400 余场次,8 万余人次党员干部接受教育。做好违纪案件的查处和人民群众来信来访工作,全年处理违纪党员 1 名,接待来信来访 12 起。组织市直单位召开民主生活会,加强对民主生活会全过程的指导监督。

营造氛围,做好机关文化建设。精心打造“市直机关文化体育协会”和“市直机关志愿者服务队”工作品牌,在全省第 19 次机关党的工作座谈会上进行经验交流。市直机关文化体育协会及 8 个分会积极开展培训、交流、比赛活动。全年组织开展市直机关“欢乐三八”女职工趣味游园活动、庆“五一”“五四”文化体育系列活动、庆祝建党 90 周年系列文艺活动等文体活动。成功举办市直机关第 4 届职工运动会,报名单位、参赛人数和参赛项目等达到历史新高,取得良好社会效果。市直机关志愿服务队和 48 个单位的志愿服务分队开展了关爱福利院孤残儿童活动、贫困村帮扶、爱心献血、科技下乡、关爱农民工子女、服务黄河旅游节及全市庆祝建党 90 周年文艺晚会、庆祝新中国成立 62 周年文艺晚会等 60 余项志愿服务项目。

当年,市直工委共获得集体荣誉 10 项、个人荣誉 9 人次 12 项,在省、市级报纸杂志上发表理论文章 18 篇、信息 94 条。市直工委连续 4 年被省委省直工委授予“河南省先进市委市直工委”荣誉称号，市直工委书记梅良川被省委省直工委授予2011年度“河南省优秀市直工委书记”荣誉称号。《中直党建》、中直党建网、紫光阁网、中国党建网先后60余次刊发了三门峡市直工委的具体做法和先进经验，在河南省机关党的工作会议上作重点发言和经验介绍。12月14日至16日，河南省第19次机关党的工作座谈会在三门峡市召开，标志着三门峡市机关党建工作“服务科学发展”的工作品牌在全省有了较强的影响力。

【深入开展以“争先进，创一流，服务科学发展”为主题的创先争优活动】 当年，围绕市委、市政府中心工作和工作大局，市直工委在全市开展以“争先进、创一流，服务科学发展”为主题的创先争优活动，推进党组织和党员公开承诺、在基层党组织和党员中全面推行公开承诺、领导季度点评和评议工作，开展“三亮三创三评”活动，多次召开现场观摩会、经验交流会、座谈研讨会等，建立党员“示范点”“责任区”“先锋岗”1 500余个，培养、选树“五个好”先进基层党组织、“五带头”优秀共产党员、“五表率”优秀党务工作者、“五型”机关等各类先进典型400余个。“七一”前夕，召开市直机关庆祝建党90周年表彰大会，对涌现出来的各类先进典型进行表彰。积极开展服务中心工作的各项大型活动，举办“省九次党代会精神·中原经济区建设报告会”，组织开展市直机关“万名干部进农家”活动，圆满完成第17届黄河旅游节开幕式门票销售及“保护河流文明·三门峡宣言”万人签名活动、全市庆祝建党90周年文艺晚会、庆祝新中国成立62周年文艺晚会市直方队2万余名党员干部的组织工作。

【继续开展系列送温暖活动】 当年，市直工委继续深入开展春节救济、“七一”慰问、和谐暖冬、关爱基金救助等一系列送温暖活动。1月，市直工委从党费和工会经费中拿出14万余元，对市直机关70多个单位500余名特困党员、100余名困难职工进行春节慰问救济；“七一”前后，使用党员关爱基金15万余元，对市直机关新中国成立前入党的65名老党员、196名省部级以上先进模范人物、26名符合救助条件的特困党员进行慰问救济；9月，使用关爱基金3.4万元，对14名符合救助条件的特困党员给予1 000元至3 000元的救助，把好事办实，体现党和政府的关怀和温暖。

【市直机关“1+1”结对帮扶志愿活动】 1月7日，组织市直机关志愿者与市二中45名农民工子女结成“1+1”对子，赠送“心愿物品”，互填结对帮扶心愿卡，发放《致志愿者的信》，呼吁志愿者履行义务，贡献爱心和力量。3月29日，市直工委与市二中14名贫困学生和农民工子女结成帮扶对子，发挥党员先锋模范作用，在市直机关“1+1”结对帮扶志愿活动中作出表率。

【举办市直机关庆祝建党90周年党建成果图片展】 7月25日至29日，市直机关庆祝建党90周年成果图片展在市体育馆展出。此次图片展由市直工委举办，历时5个月，精心制作、展出市直机关80个基层党组织的图文资料，共有121块展板、1 500张照片，重点反映市直机关在服务中心、推动发展和创先争优活动中的具体实践和丰硕成果，讴歌为三门峡科学发展、和谐发展建功立业的先进集体和先进个人。

【开展知识竞赛活动】 为推动市直机关深入学习贯彻中共十七届六中全会、省九次党代会和市六次党代会精神，强化学习效果，领会精神实质，12月，市直工委开展学习贯彻落实十七届六中全会和省九次党代会、市六次党代会精神系列知识竞赛活动。市直机关1万余名党员参与答题，其中县级以上党员领导干部718人、科级党员干部2 339人、普通党员7 000余人。12月29日，组织闭卷答题知识竞赛活动，94个单位288人参加。活动结束后，对10个单位、60名个人进行通报表彰。

【开展专项督查及机关党建工作调研活动】 10月至11月，市直工委开展贯彻落实《中国共产党党和国家机关基层组织工作条例》和《中共河南省委关于加强新形势下机关党的建设的意见》专项督查及机关党建工作调研活动。分6个调研组，对市直30个部门党委、25个机关党委、25个直属总支、19个直属支部、6个县（市）区及开发区、产业集聚区的相关党工委进行调研，对500余个基层党支部进行走访座谈，共收到调研报告30余个、研讨论文30余篇，并择优向省机关党建研究会上报15个课题研究成果。

【河南省第19次机关党的工作座谈会在三门峡市召开】 12月14日至16日，河南省第19次机关党的工作座谈会在三门峡市召开。省委副秘书长、省直工委书记王群，省直工委副书记李汴霞、王书义、孙春永等出席会议，省直机关9个党建联络组、各省辖市市委市直工委负责人、市直7个党建联络组组长单位、各县（市）区工委共计100余人参加会议。市委副书记、市长赵海燕到会并致辞。赵海燕在致辞中介绍了三门峡市市情、历史文化、特色资源、经济社会发展情况和机关党的工作开展情况等。会议对全省机关党的工作进行回顾总结，交流经验，推荐先进市委市直工委，并进行分组讨论和总结。会议还对下一步全省机关党的工作进行部署，提出要以改革创新精神提高机关党的建设科学化水平，在中原经济区建设中进一步发挥机关党的工作的重要作用。

【市直机关群众性体育文化活动高潮迭起】 当年，市直工委不断优化资源配置，组建毽球、柔力球、乒乓球、钓鱼、游泳、摄影、舞蹈7个分会，其中毽球、柔力球、游泳分别在省级专业运动会中获金奖。3月7日，组织“欢乐三八”女职工趣味游园活动，设草地保龄球、踢毽入筐、夹弹球、单脚火车等8个趣味项目，市直54个单位1 200余名女职工参加。8月至9月，举办市直机关第4届职工运动会，95个市直单位和金融部门有2 163人、3 200余人次参赛，共设19个大项61个小项的群众性体育项目和竞技项目，产生92个集体奖项和400项个人奖，15个单位获“体育道德风尚奖”，21个单位获“优秀组织奖”，10个单位获“团体总分奖”，参赛人数和项目设置均为历届运动会之最。全年共组织200人以上规模的文体活动10余场次，并先后开展“五一劳动奖章”“青年文明号”“巾帼文明岗”、先进道德模范人物评选等争先创优活动和以“读一本好书”“爱岗敬业”为主题的演讲比赛和岗位技能竞赛，不断丰富机关文化内容，有力地促进了和谐机关建设和精神文明建设。

【开展市直机关志愿者服务活动】 当年,市直工委组建市直机关志愿者服务队和46个志愿服务分队,围绕扶贫帮困、社会公益劳动、助老助残、大型活动等领域,先后开展"大手牵小手""万人横渡母亲河""1+1结对帮扶农民工子弟"、义务献血、"垃圾不落地,文明在手中""保护白天鹅"、服务黄河旅游节开幕式、"和谐暖冬"等各类志愿服务170余次,累计服务1万余人次、1.6万多个小时。中国党建网、中国文明网等对三门峡市直机关志愿服务进行了深入报道,形成良好的社会反响。

(王成新 王 静)

编制管理工作

【概况】 根据《市委办公室、市政府办公室关于印发〈三门峡市机构编制委员会办公室主要职责内设机构和人员编制规定〉的通知》,三门峡市机构编制委员会办公室(以下简称市编办)的主要职责是:围绕创新体制机制、服务科学发展,充分发挥综合性管理机构的作用,按照改革、管理、法制化协调推进的工作格局,切实履行推进行政管理体制改革和机构改革的职能,强化机构编制管理。通过科学配置职能、合理设置机构、完善运行机制、创新管理方式,提高行政效能,不断优化机构编制资源配置,为促进全市经济社会科学发展提供体制机制保障。至2011年年底,市编办下设综合科、行政机构编制管理科、事业机构编制管理科、市事业单位登记管理局、机构编制监督检查科、审核统计科6个内设机构。

当年,市编办立足科学发展,围绕全市工作大局,紧紧围绕"四大一高"发展战略,深入开展"改革管理创新年"活动,不断深化行政管理体制改革,着力推进事业单位改革,大力创新机构编制管理,优化编制资源配置,不断加强自身建设,为服务经济社会又好又快发展作出了积极贡献。

【健全服务体制机制】 当年,全市机构编制系统认真贯彻落实市委、市政府决策部署,主动融入发展大局,为推动三门峡成为中原经济区重要支撑、区域合作示范城市、豫晋陕黄河金三角区域性中心城市提供坚实的体制机制保障,全市经济社会和谐发展、稳定发展的体制机制进一步健全。认真落实《河南省产业集聚区机构编制管理指导意见》,规范县级产业集聚区联席会议制度,完善议事协调机制,深化产业集聚区管理体制改革,服务经济功能区发展。整合市、县交通规费征稽机构和人员编制,组建市、县交通路政管理机构;研究调整市交通战备办公室机构编制,重点强化其综合协调职能,进一步理顺全市交通路政管理体制;开展旅游节庆管理、商贸服务业监管等重点调研,探索推进旅游、商贸等重点领域管理体制创新,服务"四大一高"建设。立足发展要求,理顺经济协作发展机制,成立三门峡市区域经济协作办公室,明确机构编制,强化协作职责,突出体制优势,鼓励先行先试,服务区域协调发展,促进三门峡市抢占豫晋陕黄河金三角区域发展制高点。强化社会管理职能,成立社会管理创新办公室,转变管理理念,推动管理创新,进一步完善和加强全市社会管理领导体系;扎实推进公安警务机制改革,建立起完备的指挥、政工、保障和监督相互配合、运转高效的警务工作机制;调整义马市公安局峡东分局管理体制,明确机构编制规定,切实保障义煤集团生产经营活动,服务稳定发展大局。

【深化行政管理体制改革】 当年,市编办多措并举,进一步深化行政管理体制改革。一是认真开展政府机构改革评估。省政府机构改革评估组对三门峡市政府机构改革工作进行全面评估,对推行大部门制改革、整合行政职能事业单位、行政审批制度改革、清理规范议事协调机构、消化党政机关超编人员等方面的工作给予充分肯定,指出三门峡市的改革成效突出,走在全省前列。二是扎实做好事业单位分类改革准备工作。根据上级关于推进事业单位分类改革的政策要求,组织力量对市直352家事业单位进行调查摸底,重点对57家事业单位进行实地调研,为下一步事业单位分类改革奠定基础。三是继续深入推进行政审批制度改革。立足优化经济发展环境,组织人员逐项审核市政府2 121项行政职权,累计取消、下放和合并行政职权711项,精简率达33.4%。其中,取消、下放行政审批项目12项,保留和新增行政审批项目182项,使市政府行政职权实现大幅"瘦身",行政行为更加规范。四是稳步推进乡(镇)职能转变。在切实巩固乡(镇)机构改革成果基础上,严格乡(镇)机构编制管理,推动乡(镇)政府向促进发展、服务民生方面转变。开展经济发达镇管理体制调研,积极申报经济发达镇省级试点,服务全市城镇化发展。

【服务民生作用进一步发挥】 当年,市编办围绕人民群众最关心、最直接、最现实的问题,研究解决涉及群众利益的热点、难点问题,服务民生的作用进一步发挥。一是着力保障人民群众生命与健康安全。成立市、县两级政府食品安全委员会办公室,明确相关部门食品安全职责分工,进一步完善全市食品安全管理体制,切实加强食品安全监管;健全畜牧兽医综合执法机构,强化畜产品质量安全监管职能;进一步细化相关职能部门"瘦肉精"职责分工,切实理顺监管机制,实现全过程监管覆盖。二是深化医药卫生体制改革。全面完成乡(镇)卫生院人员编制核定工作,累计核定、下达编制2 179名;做好社区卫生服务中心编制核定工作;成立市医药采购管理服务中心,规范、加强医药采购管理服务工作职能配置和机构设置,保障国家基本药物制度的顺利实施。三是优化全市教育资源。根据市直中小学在校生数变化情况,及时调整各学校教职工编制,促进义务教育均衡发展;按照全省部署,认真开展中等职业学校教职工编制核定工作;核定下达2011年农村义务教育特岗教师招聘计划,加强全市农村教师队伍建设。四是着力保障重点工作需要。完成食品卫生安全工作人员、耕地占用税和契税人员编制划转工作;将市经济适用房开发中心更名为市住房保障中心,明确其承担廉租住房和经济适用房的建设、管理、使用及棚户区改造的职责;调整农村社会养老保险事业管理体制,加快落实惠农政策;成立市动物疫病预防控制中心,加强动物防疫、检测和检验工作;成立市环境监控中心,加大环境质量监测力度,着力改善人居环境。

【提高机构编制管理水平】 当年,市编办进一步提高机构编制管理水平。一是抓好机构编制规范化建设。建立和完善全市机构编制请示处理办法、机关事业单位进（出）人员编制审核工作规范、人员入（出）编内部运转流程、县（市、区）和乡（镇）机关事业单位进人市级备案等制度，市、县机关事业单位编制管理更加科学规范。二是全面完成党政机关超编人员消化任务。通过严格编制管理，盘活编制资源，鼓励提前退休等举措，创新工作举措，强力推动超编县（市）区消化超编人员，全面完成党政机关超编人员消化工作任务。三是大力推进信息化建设。针对政府机构改革后各单位机构编制变动较大的情况，集中力量加班加点，认真核对机构编制信息系统，并在省规定时间内完成年度数据上报工作；召开全市中文域名注册管理工作会议，督促各县（市）区及市直892家单位注册使用中文域名，完成中文域名注册的阶段性工作；累计在上级业务部门和市主流媒体刊发各类信息近80篇，其中中央编办12篇、省编办40篇，机构编制信息宣传工作取得新成效。四是创新事业单位登记管理。全市事业单位实现网上登记管理，其中市直事业单位年检率达100%，事业单位登记管理工作的效率、质量和水平进一步提高；组织住建、环保、质监系统22家事业单位开展法人年度公开报告，对市县部分事业单位的法定代表人进行培训；会同组织、纪检部门，对38名市直事业单位法定代表人发出经济责任审计通知，进一步加强和创新事业单位登记管理的基础工作；陕县和灵宝市编办积极创新管理举措，事业单位网上登记管理水平实现持续提升。五是切实加强机构编制监督检查。建立健全“12310”举报投诉电话登记制度、举报材料登记制度、监督检查工作归档制度等一系列工作制度，进一步规范监督检查工作程序。其中，渑池县探索建立3部门联络员机制，分别由县编办综合股长、县财政局预算股长、县人社局人力资源股长担任，机构编制监督制约机制初步实现制度化和日常化。

（董其伟）

老干部工作

【概况】 2011年，中共三门峡市委老干部局（以下简称市委老干局）紧紧围绕全市工作大局，开拓创新、狠抓落实，不断丰富工作内容，改进工作方式方法，各项工作均取得新的进展和成效。至年底，全市共有离退休干部19 917人，其中离休干部943人、退休干部18 974人。市直离退休干部5 400人，其中离休干部278人、退休干部5 122人。

广大老干部的政治意识和大局观念进一步增强。以省九次党代会和市六次党代会精神的学习贯彻为契机，认真组织全市广大老干部收看省九次党代会开幕式，邀请市级老干部参加市六次党代会开幕式和闭幕式，组织老干部对省、市党代会会议精神进行认真学习讨论，使老干部们真正做到“离岗不离党、退休不褪色”。

进一步激发老干部创先争优的活力。组织离退休干部对创先争优相关文件进行学习，充分发挥报刊、广播和网络等媒体作用，大力宣传创先争优活动的重要意义，积极组织引导老干部参与到“党员志愿者服务”“我参与、我承诺、我奉献”等创先争优活动中，举办“学什么、比什么、干什么”等主题讨论，引导老干部充分发挥自身优势，在推动科学发展、促进社会和谐、加强社会管理、关心教育下一代等方面发挥作用。

广泛开展庆祝建党90周年活动。“七一”前夕，对老干部进行走访慰问，并将增发的生活补贴送到每一位离休干部手中。组织全市老干部开展“颂歌献给党”等文艺演出活动20余场次，先后召开各级各类老干部座谈会30余次，举办老干部书画摄影作品展100余场次。选送历史情景舞蹈剧《红色记忆》参加全省“永远跟党走”文艺调演，获舞蹈类金奖。

不断提高老干部服务管理水平。建立完善离休干部健康档案，邀请医务人员定期到老干部家中体检，并为离休干部印制“爱心卡”；协调各级医院，开通老干部看病就医“绿色通道”；会同市卫生局，将市直离休干部两年体检1次改为每年体检1次；加强与市医保中心的协调，将市直企业离休干部医药费报销周期由3个月缩短到40天之内；定期为老干部发送养生保健、常见病预防提示手机短信等，举办健康知识讲座100余场次。在湖滨区召开全市“四就近”（让离退休干部就近学习、就近活动、就近得到关心照顾、就近发挥作用）工作推进会；组织老干部参观黄河湿地公园，对各县（市）区、开发区和产业集聚区的经济社会发展情况进行考察；邀请市发改委、市住建局等单位工作人员，为老干部大学学员讲授三门峡市经济社会发展规划、城市建设等方面的内容，组织学员到速达纯电动汽车公司参观。“五一”期间，在虢国公园广场举办老干部大学教学成果展示活动，吸引群众3 000余人次观看。

老干部作用进一步发挥。市老干部咨询团先后积极参与“四大一高”战略、十件实事承诺事项等学习讨论20余次，提出城市建设、民生、教育等方面合理化建议70余条，在全市范围内聘请48名老干部担任干部监督员，占全市干部监督员总人数的近20%。充分发挥“五老”优势，深入机关、厂矿企业、学校开展社会主义核心价值体系教育、“讲党史、颂党恩、跟党走”主题演讲等活动200余场次，受教育青少年达6万多人次。为全市100名贫困中小学生每人一次性资助1 000元，为陕县硖石乡卫家沟小学捐资4万元，向市直中小学赠送党史书籍2 000余册。

部门自身建设进一步加强。开展“讲党性、重品行、做表率”和创先争优活动，引导广大老干部工作者增强政治责任感和历史使命感，深怀感情地做好老干部工作。以作风建设为重点，教育引导广大老干部工作者爱岗敬业、无私奉献、求真务实、开拓创新，养成优良作风，树立良好形象。以“双先”表彰为动力，认真做好全国、全省老干部工作先进集体和先进个人的评选推荐工作，推动自身建设不断加强。9月15日，灵宝市委组织部副部长、老干部局局长马云风获“全国优秀老干部工作者”荣誉称号；12月31日，灵宝市委老干部局、湖滨区委老干部局获“全省老干部工作先进集体”称号，韩月巧、杨建强等9人获“全省老干部工作先进工作者”称号。

【省老干部工作检查组到三门峡市检查】 4月11日至13日，以省人大常委会原副主任吴全智为组长的省老干部工作检查组到三门峡市检查，并对全市老干部工作给予高度评价。市领导李文慧、赵予辉、赵中生等出席反馈会。检查组一行先后到市文体中心老干部活动中心建设工地、市老干部大学第四分校、湖滨区“四就近”工作试点社区以及灵宝市“双托中心”（金蕾幼儿园、金秋公寓）、老干部活动中心和老干部大学进行了实地检查，查阅相关资料，并分别召开市直、灵宝离退休干部代表座谈会。 （寇晓辉）

保密工作

【概况】 2011 年，三门峡市国家保密局坚持以邓小平理论和“三个代表”重要思想为指导，深入贯彻科学发展观，认真落实全省保密工作会议精神和各级领导对保密工作的批示精神，大力解决制约全市保密工作发展的突出问题，加强党政机关和涉密信息系统的保密管理，深入开展《中华人民共和国保守国家秘密法》（以下简称《保密法》）宣传教育活动，积极探索做好新形势下保密工作的新思路、新方法，确保各项工作任务顺利完成，各项保密工作均走在全省前列。

当年，在全市招收公务员、事业单位工作人员、公安干警、教师以及全国司法考试、会计任职资格考试等工作中，市国家保密局均派专人对试卷接收、保管、分发、回收等环节进行保密监督，防止泄密事件的发生，保证了各类考试的顺利进行。在涉外活动中，坚持“突出重点，积极防范，既确保国家秘密安全又便利各项工作”的方针，做到内紧外松，内外有别，防患于未然，圆满完成第 17 届三门峡国际黄河旅游节期间的保密工作。

【广泛开展《保密法》宣传教育工作】 当年，市国家保密局不断深化保密教育，广泛开展《保密法》宣传教育工作。一是加大宣传教育力度，全方位开展保密宣传教育活动。强化领导干部保密意识，抓好党政机关的宣传教育，在办公场所内外营造良好的宣传氛围；利用悬挂横幅和电子显示屏、张贴宣传标语等方式，开展广泛的宣传教育活动，全市共制作宣传展板 340 块，悬挂横幅 1 000余条，印发传单6 000余份，受教育人数达上万人，有力地促进了《保密法》的贯彻落实。二是加大保密培训工作力度。与党校（行政学院）联合举办保密知识培训班、组织保密教育专题讲座、播放保密警示教育专题片等，进行保密宣传教育，全年共举办各类保密培训班 8 个，受教育人数1 000余人。

【开展专项保密检查】 当年，市国家保密局认真贯彻落实河南省保密委员会《关于印发〈河南省专项保密工作检查方案〉的通知》精神，在全市各级党政机关、涉密单位开展以密码电报、涉密文件信息资料管理和计算机、网络管理为主要内容的专项保密检查。共检查纸质涉密载体 500 余个，移动存储介质 190 余个、1 170 余台，办公网络 70 余个，进一步促进了保密法律法规和各项保密制度的落实。

【安装涉密计算机违规外联设备监控系统】 为进一步加强对涉密计算机的监控管理，确保国家秘密的安全，当年，市国家保密局技术中心安装涉密计算机违规外联监控系统，24 小时不间断地对涉密计算机违规上网进行监控，有效防止了计算机泄密事件的发生。

【举办涉密测绘成果保密培训班】 11 月 2 日，三门峡市保密局和国土资源局共同举办涉密测绘成果保密培训班。市国家保密局、市国土资源局相关负责人、各县（市）区国土资源局主管领导、测绘单位法人代表、测绘员及市国土资源局有关科室负责人共 84 人参加培训班。市国家保密局相关负责人就如何做好测绘工作中的保密工作进行了专题辅导，分别就当前的保密形势、如何做好新时期保密工作和失泄密应承担的法律责任等 3 个方面进行讲解，并播放保密警示教育专题片。通过培训，参训人员受到了深刻思想教育，进一步增强了保密意识，提高了保密工作技能，为做好测绘保密工作奠定了良好基础。 （卫安均）

党校工作

【概况】 2011 年，中共三门峡市委党校、三门峡行政学院、三门峡社会主义学院（以下简称市委党校）坚持以中国特色社会主义理论体系为指导，认真学习、宣传、贯彻中共十七届五中、六中全会及省九次党代会、市六次党代会精神，深入开展创先争优活动，贯彻落实《干部培训工作条例（试行）》，紧紧围绕全市工作大局和市委、市政府中心任务，强力实施“教学立校、科研强校、人才兴校、改革创新活校、现代化设施建校”战略，扎实推进教学改革，大力开展科学研究，干部教育培训取得新突破，科学研究迈上新台阶，教职工队伍素质明显提高，内部管理更加规范合理，基础设施建设实现新跨越，充分发挥党校、行政学院、社会主义学院作为党员干部培训、公务员培训、民主党派和无党派干部培训的“阵地”“熔炉”和“主渠道”的作用。

县级党校改革工作 持续加大对各县级党校办学质量评估工作的督促检查力度。年初，成立县级党校办学质量评估委员会，分别召开 3 次工作会议，部署和推进全市县级党校办学质量评估工作。4 月 25 日至 26 日，市评委会成员对灵宝、卢氏党校进行实地考察，逐项评估。7 月 5 日，市评委会向省评估委员会提交请示。7 月 27 日至 28 日，省委组织部副部长安平、省委党校副校长徐洪波一行 6 人，对灵宝、卢氏党校办学体制改革工作进行检查调研，通过实地检查、查看资料，检查组对这两个县级党校的办学体制改革工作给予充分肯定，并对进一步做好此项工作提出指导意见和建议。10 月 8 日，市委组织部、市委党校联合承办全市县级党校教学质量评估工作现场会，通过现场考察、大会交流，全市县级党校统一了思想，加深了认识，明确了目标，办学体制改革力度进一步加大。11 月 28 日至 29 日，全省县级党校办学体制改革工作座谈会在三门峡市召开，全省 18 个省辖市的 200 名代表到三门峡市学习观摩改革经验，省委副书记、组织部长邓凯作出重要批示。12 月 1 日至 2 日，在广西召开的全国县级党校工作座谈会上，三门峡市作为全国县级党校改革工作先进典型之一，在会上发言。

教学工作 坚持“党校姓党”“质量第一”的办学方针，严格按照全市干部教育培训计划要求，超额完成本年度教育培训任务，并逐渐形成自身特色。一是紧贴实际，设置教学班次内容。针对以往主体班班次设置单一、教学计划制定笼统等问题，将春、秋季两期领导干部研修班细化设置为县级领导班、市直正科级班、县域经济乡科级班 3 个班次,调训比例1:1:1。教学计划安排上,按照不同的班次设置不同的教学内容,上基础大课,实行三班合一;上专业小课,三班各自执行。同时组织学员到硖石监狱开展反腐警示教育,通过直观的监狱体验和聆听服刑人员现身说法,广大学员心灵触动很深,反响强烈,收到了良好的教学效果。二是大胆创新,坚持请进来、走出去。在安排授课教师上,创新性地实行"三三制",由本校教师、各局委负责人、兄弟地市党校优秀教师各承担1/3课程,使学员领略不同老师的不同授课方式。至年底,各局委负责人到校讲课12次,洛阳、开封、郑州等党校教师讲课5次,省专家讲课3次。本校教师围绕省、市党代会、中原经济区建设和"四大一高"主题,接受三门峡电视台访谈10余次,赴市文化局、市烟草局、陕县交通局等单位宣讲50余次。三是发挥优势,开办基层培训班次。在满足主体班正常教学的前提下,开办基层班次。先后与卢氏、陕县、渑池的基层单位联合办班,举办卢氏县信访干部研修班、陕县社会管理创新研修班、渑池县旅游规划与发展专题研修班,收到良好的教学效果,同时也达到以支教为主、带动基层党校办学质量提升的目的。四是谋求合作,拓宽国际培训渠道。为探索干部教育培训新途径、新方式,特邀英国贝德福特大学副校长卡斯顿先生一行到校访谈,就合作干部赴外培训进行初步交流沟通。全年,共培训各级各类干部813人,包括主体班2期共246人、社会管理创新高级研修班76人;卢氏信访干部研修班65人;公务员初任培训班73人;陕县社会管理创新研修班65人;乡(镇)新任党委委员培训班70人;工业企业管理人员、技术骨干培训班59人;社区党支部书记社会管理培训班74人;非公经济组织社会管理培训班62人;渑池旅游专题研修班23人,超额完成培训任务。

科研工作　坚持"科研为教学服务,为党委和政府决策服务,为'四个文明'建设服务"的指导思想,扎实开展科研工作。一是重视流程,课题管理更趋科学化。紧抓申报立项,优先立项对策研究课题、优秀教学专题、学员反映的热点难点问题。全年申报省社科联课题5项,立题4项,结项市软科学课题1项,申报省软科学课题1项;获全省党校系统社科成果评奖活动先进管理工作者1名,获优秀科研成果一等奖2个。二是举办全市党校系统纪念建党90周年理论研讨会。全市党校系统60余名理论工作者以及市委宣传部、市委政研室、市委党史方志办、市社科联有关领导参加会议。三是着眼基层,进一步加大调研力度。完善科研管理规定,制定《关于加强教师基层农村调研的意见》和《全市党校系统教师千村调研计划》。加大调研成果奖励力度,设立12万元的奖励基金。完成21个全市党校系统基层调研课题,其中5项为党校系统重点调研课题、1项为市级重点调研课题。四是贴近时事,认真办好《三门峡学刊》。为更好地学习贯彻落实市委领导主要讲话精神,特设"领导专论"栏目;为更好地配合创先争优和"抓打争当"活动开展,在"党的建设"专栏刊发活动有关文章;为更好地促进社会管理与创新工作,编发党校教师撰写的理论文章,积极为市委、市政府决策提供参考;为更好地探究三门峡市经济社会发展,将"市情研究与对策"作为常设栏目并刊发校内外理论工作者最新研究成果。全年如期编印校刊4期,为三门峡市党的理论研讨搭建了良好平台。

函授工作　市委党校始终坚持"社会效益第一"的办学指导思想和"从严办学,质量第一"的办学方针,不断完善制度,加强管理,认真做好函授教育的教学、考务、学籍、教材征订等各项工作。2011年底,市委党校最后一批本科学员592人顺利毕业。自此,市委党校函授教育已完成其历史使命。

【英国贝德福特大学副校长卡斯顿到校访谈】　为了开拓领导干部培训的新途径和新方式,开拓国际培训,3月11日,三门峡行政学院特邀请英国贝德福特大学(Bedfordshire University)副校长卡斯顿(Carsten Reinhold)先生到校访问商谈,就合作培训情况进行初步交流、沟通。在为期两天的访问行程里,卡斯顿先生与行政学院领导举行会谈,并参观了市委党校办学设施、陕县电子政务以及三门峡职业技术学院。英国贝德福特大学信息系主任岳勇陪同参访。

【全市党校系统纪念建党90周年理论研讨会召开】　为隆重纪念中国共产党成立90周年,6月15日至16日,全市党校系统纪念建党90周年理论研讨会召开,全市党校系统60余名理论工作者以及市委宣传部、市委政研室、市委党史方志办、市社科联有关领导参加会议。与会人员紧紧围绕"中国共产党领导革命、建设和改革的成功实践、基本理论和宝贵经验"这一主题展开深入讨论,旨在通过理论研讨,深化对党的历史发展的主线、主流的认识和研究,深化对共产党执政规律、社会主义建设规律、人类社会发展规律的认识和研究,为推进党的建设新的伟大工程服务。

3月3日,全市县级党校办学质量评估工作会议召开

会议研究确定了以后一个时期党校系统科研工作重点及科研方向。理论研讨会共收到征文39篇，经过交流发言、分组讨论、专家评审，从中选出一等奖2项、二等奖4项、三等奖6项、优秀组织奖2项，分别颁发荣誉证书，并择优上报。有13篇论文被推荐至三门峡市纪念建党90周年系列活动中，其中3篇获一等奖、3篇获二等奖、4篇获三等奖，并有3篇入选全省党史界纪念活动，有2篇入选省委宣传部纪念活动，有2篇入选全省党校系统纪念活动。

【公务员初任培训班开班】 7月5日，2011年三门峡市公务员初任培训班在三门峡行政学院开班，来自市直及县(市)区各机关的73名初任公务员在这里接受为期10天的培训。本次培训班是三门峡市积极贯彻落实《中华人民共和国公务员法》的重要举措，由市人力资源和社会保障局和三门峡行政学院联合举办。培训对象是2010年9月后通过公开招考新录用的公务员。培训内容主要有国内国际形势、三门峡经济社会发展状况、公务员法、公务员形象塑造、公务员能力建设、社会保险政策、廉政建设以及公务员心理健康与调适等方面，以期他们尽快转变角色，适应公务员岗位。

【全省县级党校办学体制改革工作座谈会在三门峡市召开】 11月28日至29日，全省县级党校办学体制改革工作座谈会在三门峡市召开，深入推进县级党校办学体制改革，增活力、提水平、促发展，切实发挥好县级党校培训基层干部主阵地作用。省委组织部副部长安平，省委党校常务副校长赵鹏、副校长徐洪波出席座谈会。三门峡市委副书记、市长赵海燕，市委副书记、市委党校校长王建勋，市委常委、组织部部长赵予辉，市委常委、常务副市长赵中生会见或出席座谈会。座谈会上，安平传达了省委副书记、组织部部长邓凯就做好全省县级党校办学体制改革工作作出的重要批示精神，要求抓好落实。赵予辉代表三门峡市作交流发言。新密、鄢陵、新县等县(市)也作了交流发言。与会人员还深入灵宝市委党校、卢氏县委党校，实地考察县级党校办学体制改革工作。 (邓 斌)

纪检监察

【概况】 2011年，三门峡市各级党委、政府和纪检监察机关坚持以人为本、执政为民理念，坚持反腐倡廉方针，突出重点，注重实效，狠抓党风廉政建设和反腐败工作任务落实，整体工作进展顺利，发展态势良好，为全市经济社会发展提供了坚强保证。

围绕中心，全力服务和保障科学发展。加强对加快转变经济发展方式以及市委、市政府重大决策部署贯彻落实情况的监督检查，查处涉及环境保护、非法生产、安全生产责任事故等方面的案件31起，给予党政纪处分81人，移送司法机关13人。着力提升服务效能，优化发展环境，督促有关部门取消、下放行政审批项目12项，查处“不作为”“乱作为”案件32起。建成行政效能电子监察系统，实现市、县并网试运行。在重点项目、重点企业建立经济发展环境监测点，跟踪问效问责，推动全市“四大一高”战略实施。制定《关于发挥纪检监察机关职能作用服务保障全市经济社会又好又快发展的意见》，全方位、多角度为全市经济社会发展提供纪律保证。

多策并举，深入开展反腐倡廉宣传教育。深入持久地加强廉政教育，经常性的组织开展警示教育、示范教育、节假日廉政提醒，持续开展全市“反腐倡廉宣传教育月”活动，组织全市领导干部廉政党课暨廉政谈话会、反腐倡廉优秀戏剧巡演等，努力使廉政教育“有震动、有影响、有效果”。扎实开展反腐倡廉形势和成果宣传，对全市5年来反腐倡廉建设取得的成效、经验以及特色做法进行认真总结，选送作品参加全省反腐倡廉成果大型展览和文艺汇演并受到好评。全面加强廉政网络建设，探索完善廉政网络舆情工作机制，三门峡市被评为全省反腐倡廉网络舆情工作先进市。

加强监督，着力促进党员领导干部廉洁从政。严格落实新修订的党风廉政建设责任制，推行季度审查“廉政台账”制度，组成13个督导组对各县(市)区、市直部门集中开展督导检查，对2010年反腐倡廉考核等次偏低的6个县级领导班子和5名县级领导干部下发提醒通知书。开展《廉政准则》贯彻执行情况专项检查，认真落实领导干部述职述廉、报告个人有关事项、廉政承诺等制度规定。加强对中央“5个严禁、17个不准、5个一律”换届纪律执行情况的监督检查。认真开展信访监督，加强对领导干部的警示和提醒。充分发挥派驻纪检监察组职能作用，强化对驻在单位“三重一大”(重大问题决策、重要干部任免、重大项目投资决策、大额资金使用)事项的监督，协助驻在单位抓好党风廉政建设，派驻纪检监察组履职能力明显提升。

从严执纪，严肃查处违法违纪案件。坚持依纪依法、安全文明办案，建立办案“捆绑联动”机制，坚持批案率、成案率“两率”考评机制、市纪委领办县(市)区案件制度和“一提醒三监督”制度，办案工作水平进一步提高。配合省纪委做好专案核查，实现了查办案件的政治效果、社会效果和法纪效果有机统一。切实加强信访举报、申诉复查复议、案件审理工作，制定党纪案件审理助辩制度实施办法等规章制度，严把案件审理质量关。全年全市纪检监察机关共受理群众信访举报474件，初核300件，立案345件，给予党政纪处分330人。

强化措施，努力解决损害群众利益的突出问题。加大纠风工作力度，查处学校、医院、涉农乱收费12起，纠正不规范公路执法70余人次。加强对社保基金、住房公积金、扶贫资金、救灾资金管理使用情况的监督检查，纠正问题资金1 569万元。深化民主评议政风行风工作，对43个政府部门和28个公共服务行业在全市范围内开展评议，征求意见建议1 118条。深入推进农村基层党风廉政建设，不断健全“四议两公开两服务一监督”工作机制，以村级组织换届为契机进一步加强村务监督委员会建设。深入开展专项检查和专项治理工作，重点开展农村低保政策执行情况专项检查，清退“关系保、人情保”、提供虚假信息入保等375人；开展农村涉财信访举报突出问题专项治理，查处案件38起，党政纪处分58人；开展工程建设、国土资源、煤炭领域腐败问题专项治理，立案查处35起；开展公务用车问题专项治理。

拓展载体,不断加强自身建设。市纪委常委会高度重视纪检监察机关自身建设,坚持把加强自身建设作为一项基础性、经常性的工作,持之以恒、常抓不懈。按照省纪委统一部署,在全市纪检监察机关扎实开展“队伍建设年”活动。按照市委部署,认真开展“万名干部进农家”活动,组织机关干部下农村、住农户,体察民情、纾解民难。在市纪委监察局机关开展廉政风险防范管理,通过梳理岗位职权、查找廉政风险、制定防控措施等,切实加强纪检监察机关内部监督。结合全市开展的创先争优活动,组织开展5年一次的全市纪检监察系统评选表彰活动,营造干事创业的浓厚氛围。

【市纪委五届六次全会召开】 2月22日,中共三门峡市第五届纪律检查委员会第六次全体会议召开。会议的主要任务是学习贯彻中共十七届五中全会、中纪委十七届六次全会、省纪委八届六次全会和市委经济工作会议精神,总结2010年党风廉政建设和反腐败工作,研究部署2011年工作任务。市纪委委员,各县(市)区纪委监察局领导班子成员;三门峡经济技术开发区,三门峡产业集聚区、市直单位纪工委书记、监察局长(监察室主任);市直各单位分管党风廉政建设的领导,市属以上企业纪委书记;特邀监察员、研究员;市纪委监察局机关全体干部参加了会议。市委常委、纪委书记申黎明出席会议并作工作报告。

【省委常委、省纪委书记尹晋华到三门峡市调研】 8月2日至3日,省委常委、省纪委书记尹晋华,省纪委常委、省纪委秘书长万里光,省预防腐败局副局长、省纪委办公厅主任侯玉林等一行到三门峡市调研反腐倡廉建设,并看望慰问纪检监察干部。三门峡市委书记杨树平,市委副书记、市长赵海燕,市委常委、纪委书记申黎明,市委常委、市委秘书长赵中生等陪同调研。调研期间,尹晋华一行深入城市、农村和企业、机关,察看经济社会发展和党风廉政建设情况,并实地考察了廉政教育基地建设、农村“三资”委托代理便民服务代理等工作开展情况,对三门峡市充分挖掘地方传统文化中蕴含的廉政资源开展多种形式廉政教育活动、营造浓厚廉政文化氛围给予高度评价,并对三门峡市党风廉政建设和反腐败工作给予充分肯定。

【市纪委六届一次全会召开】 8月30日,中国共产党三门峡市纪律检查委员会举行第一次全体会议,会议通过无记名投票的方式,选举产生了新一届市纪律检查委员会常务委员会委员、书记和副书记,并提请市委六届一次全会通过。申黎明当选为新一届市纪委书记,李俊江、侯鑫、张志鹏当选为市纪委副书记,段荣武、余秋华、郝建让、宋中岳、谢喜来当选为市纪委常委。市委常委、纪委书记申黎明主持会议,并对新一届纪委领导班子提出明确要求。

【深入开展全市“反腐倡廉宣传教育月”活动】 为切实加强对领导干部的反腐倡廉教育,有效预防“节日病”等腐败现象发生,推动以完善惩治和预防腐败体系为重点的反腐倡廉建设,市纪委、市委组织部、市委宣传部联合决定自12月1日至12月底,以“十个一”活动为载体,在全市开展第四个“反腐倡廉宣传教育月”活动。一是发一封廉政提醒信;二是上一次廉政党课;三是看一台廉政戏剧;四是读一本廉政读物;五是办一次专题讲座;六是搞一次警示教育;七是开一次廉政座谈会;八是征一批廉政楹联;九是做一次集中报道;十是学一首廉政歌曲。　(刘　冬)

民主党派和工商联

中国民主同盟
三门峡市委员会

【概况】 2011民盟三门峡市委在中共三门峡市委和民盟河南省委的正确领导下,认真贯彻落实科学发展观,坚持把促进科学发展作为参政议政的第一要务,对重大问题和人民群众关心的热点难点问题深入开展调研,取得显著成绩。履行了参政党职能,为维护团结和稳定作出了积极的贡献。至年底,民盟三门峡市委下设1个总支、10个支部、3个小组,组建教育、科技、经济、文化艺术、社会法制5个委员会,有盟员167人,其中,中高级职称占94%,平均年龄51岁。盟员中:省政协常委1人,省政协委员1人;市人大常委会副主任1人,市人大常委1人,市政协常委5人,市政协委员20人。

【民盟三门峡市委参政议政工作】 民盟三门峡市委坚持锁定中心,服务大局,以“同心”为统领,开展“‘四大一高’战略助推工程”,紧扣区域经济发展的关键问题和社会热点问题,深入开展调研,积极参政议政。1月,围绕“大旅游”,提交《以奇抢先,以新取胜,打造我市特色旅游产业》调研报告和集体提案,中共三门峡市委办转发市委书记的批示,市旅游局在落实中认为:建议很好,直升机和房车游确实是重点发展的旅游产品。落实调研直通车制度,在市政协全会的发言《推进义务教育均衡发展,促进教育公平》调研报告,受到了高度重视,中共三门峡市委办公室《领导同志批示》第38期印发了市委书记的批示,市政府下文《三门峡市人民政府关于进一步推进义务教育均衡发展促进教育公平的实施意见》给予具体贯彻落实,此调研报告并获得了市级优秀社科成果奖励。民盟三门峡市委在市政协五届五次全会上,共提交9件高质量的集体提案,占总数的32%,盟员个人提案43件,占总数的26%,得到了重点办理。民盟三门峡市委围绕发展和民生两大主题,建真言、献良策,参政议政的成果明显,取得了良好的社会效果,扩大了民盟的社会影响,河南省委统战部、“根在中原”网给予了专题报道,民盟三门峡市委荣获市政协集体提案奖励。

【庆祝中国共产党90华诞和民盟成立70周年晚会】 民盟三门峡市委在6月16日,举办“同心同行”主题文艺晚会,中共三门峡市委、市人大、市政府、市政协领导应邀观看了演出。这台晚会以“同心同行”为主题,从策划、导演、主持、撰稿、舞台监督、节目编排,完全由民盟盟员负责,各支部积极选送节目,认真编排,精心组织。晚会以民盟市委委员、各支部负责人40余人参加的大合唱《东方红》拉开序幕,老盟员赵环生为民盟成立70周年而创作的配乐诗朗诵《历史的记忆》，展现了民盟70年风雨兼程、同心同行的历史画卷，舞蹈《红旗颂》《走向复兴》等节目表达了大家对中国共产党90岁生日的祝贺，体现了大家对祖国未来的美好祝愿。晚会在全场齐唱《没有共产党就没有新中国》中落下帷幕，赢得了广泛好评。

【完成民盟三门峡市委换届工作】 11月28日，中国民主同盟（简称民盟）三门峡市第四次代表大会召开。省人大常委会副主任、民盟河南省委主委储亚平，副主委霍金花，市领导王建勋、郭秀荣、易树学、马仰峡、孙宗会、姚龙、孙继伟、张景林、肖群兰等出席会议。大会听取并审议了市人大常委会副主任、民盟三门峡市委主委马仰峡代表三届委员会所作的工作报告，通过了大会决议。在民盟三门峡市委四届一次全会上，选举产生了民盟三门峡市委新一届领导班子。

【民盟三门峡市委被授予"全国民盟先进集体"称号】 按照抓先进、树典型、鼓励提高的原则，基层组织建设制度逐步完善，管理更加规范科学，各项工作在发展中不断得到加强。"活力支部"争创活动已经取得明显成效，先后有4个支部受到民盟省委的表彰。5月，民盟中央组织部来三门峡市调研组织建设，民盟三门峡市委的组织建设得到民盟中央的肯定。民盟河南省委在三门峡召开了基层组织建设经验交流会，民盟许昌市委专程到三门峡市学习考察组织建设经验。5月，在北京举行的中国民主同盟成立70周年大会上，民盟三门峡市委被授予"全国民盟先进集体"荣誉称号。

【民盟三门峡市委"三下乡"活动扎实有效】 民盟三门峡市委坚持科技助农，民盟市委主要领导组织科技专家开展服务"三农"活动，在陕县二仙坡建成了"民盟三门峡市委社会服务示范基地"。在基地开展农业科技专家咨询、讲座、现场交流活动，创建"绿色苹果"出口基地。到湖滨区开展"三下乡"活动，组织参加了义诊和心连心文艺演出以及教育专家讲学活动。到陕县店子栗子坪小学送教下乡，捐赠学习用品。举办了糖尿病知识专题讲座，主办了10余期糖尿病专业医生培训，受培训医生700余人。发挥卢氏县清华大学远程教育教学站服务当地经济发展的作用，每年无偿培训课程不少于2 000个学时。与卢氏县委组织部联合每年举办乡科级领导干部培训班和招商引资后备干部培训班等，深受欢迎和好评，取得了良好的社会影响。民盟市委增近与民盟中央、民盟省委的联系，为三门峡市三中争取到他们捐赠的徐方瞿"几何王"教学软件60套，并举行免费培训活动，该软件得到了教育部专家组的鉴定和较高评价。 （员益峰）

中国民主建国会
三门峡市委员会

【概况】 2011年，民建三门峡市委在中共三门峡市委、民建河南省委的领导下，在市委统战部的支持和帮助下，奋发进取，积极稳妥地做好各项工作，不断夯实参政党自身建设的基础。围绕全市经济社会发展的中心工作，积极履行了参政党职能，为三门峡市"十二五"规划开好局、起好步作出了应有贡献。至年底，民建三门峡市委共有68名会员，100%大专以上文化，其中：中高级职称62人，占91.2%，80%以上为经济界会员。委员中有：地厅级领导干部1人，处级领导干部3人，科级领导干部24人；全国人大代表1人，省政协委员1人，市政协常委2人，市政协委员5人，市人大常委1人，县（市）区人大代表、政协委员7人，各类特约人员16人。

【理论研究工作取得新进展】 2011年，民建三门峡市委加大理论研究工作力度，取得很大成效。民建市委报送的理论文章《浅谈民建加强思想建设的重要性和必要性》被民建省委表彰为重点理论课题优秀成果3等奖；民建三门峡市委荣获理论研究工作优秀组织奖。4月初，民建省委在信阳召开全省理论研究工作会议，民建市委秘书长赵经纬代表先进地市作了典型发言，受到与会领导和兄弟地市的好评。

【召开民建三门峡市第二次代表大会】 11月27日，民建三门峡市第二次代表大会隆重召开。省政协副主席、民建省委主委龚立群，省政协常委、驻会副主委张晓林，副巡视员、组织处长李军营，中共三门峡市委副书记王建勋、市人大副主任马仰峡、市政协主席郭秀荣等领导，各新闻单位的记者近70人参加了大会。这次大会是三门峡民建发展史上具有里程碑意义的大会。大会选举产生了民建三门峡市第二届委员会，选举张景林、卫超民、朱振华、李勤（女）、张淑敏（女）、魏厚哲、赵经纬为民建三门峡市第二届委员会委员，二届一次委员全体会议选举张景林为主任委员，卫超民、朱振华为副主任委员，任命赵经纬为秘书长。

【民建三门峡市委参政议政工作】 在年初召开的河南省政协十届四次会议上，省政协委员、民建三门峡市委主委张景林提交了10件质量高、有分量的提案，引起了省级媒体的重视和良好的社会反响，其中：《关于提高农村基层经费的建议》被《河南日报》转载、《遏制滥用抗生素》被《郑州晚报》转载、《要高度重视目前收入差距持续扩大的问题》《要加强和重视对"独二代"的教育和引导》被《大河报》《河南商报》转载、《政府应免费发放2B铅笔给考生》被《河南商报》《河南经济报》转载、《关于对恶意囤积居奇、窜通操纵价格设罪的建议》被《东方今报》转载。1月28日，市委宣传部第五期《网络舆情》以《民建三门峡市委6件提案被多家报刊及知名网站转载》为题，专程报送中共三门峡市委常委阅。张景林主委撰写的《关于支持三门峡市建设豫晋陕黄河金三角区域中心城市的建议》，因角度好、视点高、切入准，得到民建省委的高度重视，以集体提案的形式提交省政协会议上并被民建省委做为大会专题发言。三门峡市政协五届五次会议上民建市委紧紧围绕中共三门峡市委、市政府的中心工作和重大决策部署以及全市人民群众关注的热点、焦点问题积极参政议政，建言献策，充分履行了参政党职能。在本次会议上，民建市委共提交6件集体提案、16件委员个人提案，市政协副主席、民建市委主委张景林作为市政协领导，出席并参加了民主党派组、文学艺术体育组等界别的分组讨论，赵经纬代表民建市委作了题为"关于促进我市农民增收的建议"的大会发言，受到与会领导及委员们的好评，树立了民建市委良好的党派形象和组织形象。

【民建三门峡市委开展社会服务活动】　开展"春节慰问送温暖"活动。1月11日,民建市委、市体育局部分干部在市政协副主席、民建市委主委、体育局局长张景林的带领下,到渑池县段村乡柏隆村开展了"春节慰问送温暖"活动,深入到10余户贫困户家中,给他们送去了价值3 000余元的大米、食用油,让他们深切感受到了社会的关爱和温暖。免费提供法律咨询活动。为了在全社会营造尊重妇女、维护妇女合法权益的氛围,"三八"妇女节来临之际,民建市委以"温暖你我他,维权服务到万家"为主题,与市妇联、市中级人民法院、市人民检察院等单位携手在三门峡湖滨广场免费为广大市民提供法律咨询,义务宣传妇女维权公益法律服务流程。民建市委共发放普法宣传资料500余份,接待群众咨询100余起,赢得了广大市民的赞扬与好评。开展免费健康义诊活动。8月12日,民建三门峡市委联合市委统战部、三门峡汇方医院组织医疗卫生界资深专家,深入到灵宝焦村镇东村,开展为村民免费健康义诊活动,有近600名群众接受了免费检查、治疗及健康咨询,发放药品价值3 000余元,受到地方党委、政府及村民们的好评。开展"欢度中秋、奉献爱心"活动。9月9日,民建市委的十几位会员在市政协副主席、民建市委主委张景林的带领下,带着月饼、衣服等礼品来慰问、看望孩子们,使生活在福利院的孩子们感受了到来自社会大家庭的融融爱意和暖暖温情。　(赵经纬)

中国农工民主党三门峡市委员会

【概况】　2011年,农工党三门峡市委在中共三门峡市委和农工党省委的领导下,贯彻落实科学发展观,团结带领广大党员,紧紧围绕"三大战略定位""四大一高"战略和中原经济区建设,积极履行参政党职能,为三门峡经济社会发展作出了积极贡献。至年底,共有党员87人,领导班子由7人组成,设7个支部、5个专门工作委员会。党员中有:地级干部1人、县级实职干部4人,省人大代表1人,省政协常委1人,市人大常委1人、代表2人,市政协副主席1人,常委5人,委员10人,区(县)政协委员5人,各类特约人员16人。党员分布在27个部门和单位,其中医药卫生界55人,占63.32%;经济、科技、教育、法律等界别27人,占36.68%,全部具有高中级专业职称。2011年被授予全国"党刊征订工作先进集体"和全省"社会服务工作先进集体"、树立和践行社会主义核心价值观活动"优秀市级组织"、全省纪念中国共产党成立90周年暨树立和践行社会主义核心价值观演讲比赛二等奖,2个基层支部被农工党省委授予"先进基层组织"。

【召开中国农工民主党三门峡市第三次党员代表大会】　11月28日,中国农工民主党三门峡市第三次党员代表大会在三门峡市隆重召开。农工党河南省委副主委杨利霞、中共三门峡市市委常委易树学在开幕式上作了重要讲话,市政协副主席、九三学社三门峡市委主委姚龙代表市民盟、九三、民建、工商联和各人民团体,向大会致贺词。市政协主席郭秀荣、市人大副主任马仰峡,市政协副主席姚龙、张景林、肖群兰出席会议。大会听取并审议通过了肖群兰代表农工党三门峡市第二届委员会作的工作报告。报告首先回顾了农工党三门峡市第二届委员会自2004年9月成立以来在中共三门峡市委和农工党河南省委领导下取得成就:一是以思想建设为核心,不断加强自身建设,党员队伍思想政治素质进一步增强;二是认真履行参政党职能,积极服务经济社会发展,参政议政、建言献策水平不断提高;三是发挥优势、突出特色,深入开展社会服务活动,社会服务工作成绩突出。报告在认真分析了当前国内外和河南省、三门峡市发展形势和任务的基础上,提出了下一步工作的基本思想:进一步加强自身建设水平,造就高素质参政党队伍;进一步加强参政议政工作,不断提高服务党委政府中心工作的能力和水平;进一步加强社会服务工作,帮助中共党组织进一步密切和群众的血肉联系,为维护好实现好三门峡市安定团结、和谐稳定的大好政治局面作出积极的贡献。杨利霞指出,二次党代会以来,农工党三门峡市委在中共三门峡市委和农工党省委的领导下,团结带领全市农工党员,不断加强自身建设,切实履行了参政党职能,为全省全市经济社会的发展作出了积极贡献。易树学在讲话中首先肯定了农工党三门峡市委自二次代表大会以来取得的成绩。针对今后的工作,易树学指出,农工党三门峡市委要坚定不移地坚持和完善中国共产党领导的多党合作和政治协商制度,继续推进社会主义民主政治建设;要加强思想建设,强化组织建设,重视作风建设,抓好机关建设,不断提高参政党的政治素质;要围绕发展第一要务,紧扣加快推进中原经济区建设,实现中原崛起河南振兴和三门峡市实现"三大战略定位"、实施"四大一高战略",深入开展调查研究,进一步提高参政议政、民主监督水平,努力在全市政治经济生活中发挥更大的作用,为建设创新开放、富裕文明、平安和谐、生态宜居三门峡作出更多、更大的贡献。大会选举产生了中国农工民主党三门峡市第三届委员会,通过了大会决议。在中国农工民主党三门峡市第三届委员会第一次全体委员会议上,肖群兰当选为主委,赵光煊、陈天栋当选为副主委。

【农工民主党三门峡市委学习贯彻全国两会精神】　3月8日,召开扩大会议,学习贯彻十一届全国人大四次会议和全国政协十一届四次会议精神。市政协副主席、农工党市委主委肖群兰出席会议并讲话。会议要求,全市各级组织和全体党员要把思想和行动统一到中共中央对经济形势的分析判断和决策部署上来、统一到科学发展观的要求上来。围绕转变经济增长方式、调整产业结构、保持增长扩大内需、医疗卫生事业发展、农业增效、农民增收及食品药品安全等问题,充分发挥农工党的特色优势,整合参政议政资源,积极建言献策,切实履行参政党职能。

【农工民主党三门峡市委庆祝中国共产党成立90周年系列活动】　在三门峡日报发表庆祝中国共产党成立90周年文章;开座谈会,市委统战部有关负责领导参加;积极参加农工党中央和省委统战部、省政协、农工党省委举办的征文、书画展、图片展和其他会议活动;组织参加农工党省委开展的演讲比赛、文艺演出、书法展览、宣传版面;组织党员学习胡锦涛总书记“七一”讲话精神，学习农工党章、党史和党员读本；在开展“三下乡”等社会服务活动的同时宣传中国共产党成立90周年以来的光辉历程，取得的巨大成就。

【开展树立和践行社会主义核心价值体系活动】 开展党史教育；做到五个结合。坚持把开展树立和践行社会主义核心价值体系活动，与推进学习型参政党组织建设相结合、与开展庆祝中国共产党成立90周年系列活动相结合、与开展“百千万农村健康行动计划”相结合、与推进和加强自身建设相结合、与积极履行参政党职能认真建言献策相结合；树立先进典型；注重实际效果；形式灵活，注重创新。及时总结经验、推广成功做法。适时组织由骨干成员参加读书会、理论研讨会和工作交流会，推动“树立和践行社会主义核心价值体系活动”深入开展。

【农工民主党三门峡市委学习型参政党组织建设活动】 指导思想明确、组织领导到位，坚持科学规划、工作要求明确，学习内容充实、载体建设完善，稳步扎实推进、注重实际效果，坚持解放思想、把握活动原则。通过开展建设活动，广大党员、干部进一步加深了对科学发展观的认识和理解，党的思想建设、组织建设、制度建设、作风建设进一步加强，提高了运用科学发展观建言献策、服务大局的水平，为搞好多党合作、推动科学发展提供了可靠的思想政治和组织基础。

【农工民主党三门峡市委同心同德建中原活动】 认真学习，了解形势。主要是学习国务院《关于支持河南省加快建设中原经济区的指导意见》，中共河南省委和省政府、中共三门峡市委、市政府主要领导关于中原经济区建设的有关重要讲话精神；明确开展活动的指导思想；明确开展活动的目标要求。把开展“同心同行建中原”活动与打造社会服务新品牌、庆祝中国共产党成立90周年系列活动、农村百千万健康行动计划以及日常主要工作相结合，做到内容丰富、载体多样、方式方法灵活，确保“同心同德建中原”活动扎实开展。

5月28日，农工党三门峡市委组织“三下乡”工作队深入基层开展服务活动

【农工民主党三门峡市委参政议政工作】 积极围绕“三大战略定位”“四大一高战略”和中原经济区建设，在省、市、县(区)“两会”上，农工党市委集体及个人提高人大建议、议案5件，提案56件，大会发言一人次。其中集体提案8件、个人提案48件。为农工党省委书写提案材料10件，3件提交全国政协大会，7件提交省政协提案或作为大会书面发言材料，受到农工党省委表彰和奖励。

【农工民主党三门峡市委社会调研活动】 围绕转变经济发展方式，推进“三大战略定位”，实施“四大一高”战略，加快推进中原经济区建设，改善民生、食品卫生安全，推进医疗卫生事业发展，加强生态文明建设，民族与宗教等问题深入实际开展专题调研，撰写了10余篇调研报告并上报中共三门峡市委、市政府、市委统战部和农工党河南省委，其中2篇报告得到市委、市政府主要领导的充分肯定。

【农工民主党三门峡市委社会服务工作】 与市政协、市委统战部联合到扶贫点开展大型“三下乡”活动3次，为贫困山区群众送医、送药、送科技、送法律，参加党员专家120余人次，受益群众3 500余人次，赠送各类医药用品16 000余元，免费法律咨询60余件。

【国际科学与和平周宣传活动】 11月7日上午，在湖滨广场举办迎接第23届“国际科学与和平周”大型宣传及义诊活动。市政协副主席、农工党三门峡市委主委肖群兰出席活动。本次活动共展出宣传展板40余块，发放宣传材料3 000多份，义务为群众体检500余人次。

【开展第4届“中国环境与健康宣传周”活动】 5月28日，组织的“三下乡”工作队深入到灵宝市故县镇盘东村开展大型义诊、送医送药和法律服务活动。免费供给药品价值5 000余元，受益群众600余人次，发放健康知识宣传单5 000余份，健康知识手册1 000余本，培训医务人员35人，免费法律咨询56人次。

【开展“百千万农村健康行动计划”】 对3个乡级卫生院、20个村级卫生室的农村卫生技术人员进行农村基础医疗卫生知识现场培训6场次，并进行现场问题解答，培训人员155人次。各支部共为280位农民朋友、290多位农村小学生进行健康教育、健康体检，并进行登记，建立个人档案。为365位从事矿山开发、油漆、纺织等高危作业的进城务工农民朋友进行免费医疗服务，登记建档，跟踪服务。 （陈天栋）

九三学社三门峡市委员会

【概况】 2011年，九三学社三门峡市委坚持以科学发展观为指导，牢固树立和践行社会主义核心价值体系，着力履行参政党职能，大力加强自身建设，尽力做好社会服务工作，圆满完成全年各项工作任务。全年发展新社员4名。至年底,九三学社三门峡市委有社员94人,其中高级职称51人,中级职称43人,女社员32人,在职人员60人,博士硕士7人,新阶层3人,社员平均年龄为53岁。

【学习贯彻中共三门峡市第六次代表会议精神】 9月2日,九三学社三门峡市委召开扩大会议,学习贯彻中共三门峡市第六次代表会议精神。姚龙主委在会议上作讲话并指出,作为参政党,九三学社各级组织和广大社员,在建设三门峡的宏伟工程中,负有历史使命和责任。要深入践行社会主义核心价值体系,充分发挥人才荟萃优势,认真履行参政议政职能,围绕三门峡市经济社会发展的重大问题,深入调研,谋长远之道、献务实之策、建睿智之言、立科学之论。以更加饱满的政治热情和昂扬向上的精神状态,投入到贯彻落实六次党代会所确定的各项工作中去。此外,社市委还撰写了《发挥优势贯彻落实六次党代会精神》的文章。

【九三学社三门峡市委换届工作顺利完成】 9月15日,九三学社三门峡市委召开第三届委员会述职会议。全体社市委委员和各支社主委参加会议,统战部相关部门领导列席会议。姚龙主委代表九三学社三门峡市第三届委员会向会议作述职报告。各位社市委委员就个人履职情况作了书面报告。会议对社市委领导班子及成员进行了民主测评和民主推荐。10月28日至30日,三门峡市各基层支社依据九三学社三门峡市委《九三学社三门峡市第四次代表大会代表产生办法及名额分配方案》,相继召开支社会议,选举出席九三学社三门峡市第四次代表大会代表。经过民主程序,社员们通过无记名投票产生了27名正式代表。11月25日,九三学社三门峡市第四次代表大会召开。会议听取并审议通过了九三学社三门峡市委第三届委员会工作报告,选举产生了九三学社三门峡市第四届委员会,通过了九三学社三门峡市第四次代表大会决议。会议期间召开了第四届委员会第一次会议,选举姚龙为主委,杭海龙、何晔为副主委,任命楼晓红为秘书长。会议同时选举姚龙等3名社员为出席九三学社河南省第七次代表大会代表。九三学社三门峡市委换届工作顺利完成。

【九三学社三门峡市委纪念建社66周年座谈会】 9月3日,九三学社三门峡市委召开纪念建社66周年座谈会。座谈会上,社员们回顾了九三学社66年来与中国共产党同心同德,肝胆相照,为中华民族的解放事业和社会主义革命、建设与改革开放事业努力奋斗的光辉历程,并畅谈了学习中共三门峡市第六次党代会精神的心得体会。

【九三学社三门峡市委参政议政】 市两会召开期间,九三学社三门峡市政协委员和人大代表共15人参加会议,向大会提交建议、提案30余件,集体提案4件。其中,集体提案《关于打造豫晋陕黄河金三角区域中心城市的建议》,就如何打造区域品牌,以三门峡、运城、渭南、临汾等中心城市为主体,培育金三角城市群,增强城市对区域经济的辐射带动能力,塑造"金三角"区域形象提出了合理化建议。

【九三学社与地方政府的合作】 2月21日,山西省政协副主席、九三学社山西省委主委刘滇生等一行4人到三门峡市考察特色农业发展情况,并就"九三学社黄河金三角三省四地合作"项目进行了座谈。双方初步商定三门峡市选一两个试验点应用山西大学研发的生物肥料,提高农产品的品质,逐渐形成绿色产业。运城九三学社邀请三门峡市果树专家为农技人员讲解推广6项引进的日本果树管理技术。并确定了项目联络人。6月21日,河南省政协副主席、九三学社河南省委主委张亚忠一行到三门峡市调研杜仲产业。张亚忠主委对灵宝市发展杜仲产业进行的探索和取得的成绩给予肯定。他指出,九三学社中央非常重视杜仲产业的发展,可以在"九地合作"的框架下与灵宝市开展合作,从中央层面上为杜仲产业发展提供急需人才、智力资源,并争取政策支持。努力使这一合作项目成为真正惠及于民的亮点工作。

【九三学社三门峡市委专题调研】 6月2日,三门峡市政协副主席、九三学社三门峡市委主委姚龙率社市委调研组到灵宝市朱阳镇美山村就地方病(大骨节病)防治开展调研,副主委何晔、秘书长楼晓红参加调研活动。调研组通过召开座谈会,实地查看人居、生活、饮水环境,不同年龄段村民发病情况等,寻找造成大骨节病的原因,争取形成能引起市、县政府主要领导重视的调研报告。

【九三学社三门峡市委服务社会活动】 4月23日,三门峡市政协副主席、九三学社三门峡市委主委姚龙率领部分医疗专家,深入灵宝市阳店镇观头村开展健康义诊活动。当日,先后有500多人次前来接受免费治疗和检查,共发放药品价值2 000余元。7月28日,社市委组织医疗专家在三门峡市政协副主

7月28日,九三学社三门峡市委在槐树洼村开展送医下乡活动

席、九三学社三门峡市委主委姚龙、社市委秘书长楼晓红的带领下，到市湖滨区会兴街道槐树洼村开展送医送药下乡活动。活动持续3个多小时，共接诊300余人，发放药品价值3 000余元。

（晁媛媛）

三门峡市工商业联合会（总商会）

【概况】 2011年，三门峡市工商联坚持以邓小平理论和"三个代表"重要思想为指导，以深入学习贯彻中央和省、市委关于加强和改进新形势下工商联工作的文件和会议精神为中心，认真履行职能，真抓实干，开拓进取，积极推动全市工商联工作再上新台阶，先后被授予全省工商联系统目标考核工作特等奖、全市对外开放工作优秀单位、全市重点项目建设工作先进单位等多项荣誉称号，并获奖一辆电动汽车，有力地促进了全市非公有制经济健康发展和非公有制经济人士健康成长。至年底，市工商联有县（市）区工商联组织6个，乡（镇、街道）分会76个，行业商会21个，比2010年增长1个；会员3 568个，比2010年增长103个，其中企业会员1 626个、个人会员1 866个、团体会员76个。

围绕非公有制经济科学发展和社会普遍关注的热点、难点问题，多次赴县（市）区和民营企业调研，并通过"集中调研直通车"制度先后向市委、市政府和省工商联提交10余篇调研报告，受到了高度重视。其中：《关于我市民营企业研发机构建设情况的调研报告》《关于我市招商引资环境情况的调研报告》，市委、市政府主要领导作出重要批示，并分别获得省工商联优秀调研成果一、二等奖。在"两会"期间，精心组织工商联界别政协委员撰写提案、议案30余件，并踊跃向省工商联《民企社情》投稿10余篇，努力为民营企业鼓与呼。与市纠风办、市优化办等部门多次组织工商界代表人士开展政风行风评议活动，为行使代表人士民主监督权利、优化经济发展环境提供了平台。

发挥维护民企权益协调领导小组的作用，协调处理民营企业侵权事件10余起，维护了民营企业的合法权益。通过担保公司和中小企业金融服务网累计为民营企业融资10余亿元，并在全省首家组建了金融专家顾问团，免费为200余家民营企业提供规范会计账目、财务分析等服务。与市妇联、市工信局、市科技局、日报社等单位联合举办了"十一五"期间十大人物系列评选活动，隆重表彰了50位为三门峡市改革开放和现代化建设作出突出贡献的先进典型人物；推荐方圆实业公司的超强度陶粒支撑剂及制备方法获评全国工商联科技进步优秀奖；向省工商联推荐表彰了4家"千企帮千村、村企共建扶贫工程"优秀民营企业；同时，先后在各类媒体上发表宣传文章50余篇，充分展示了新时期民营企业（家）的良好社会形象。

充分发挥工商联民间商会优势，大力开展招商引资工作，邀请20名省内外有代表性的民营企业家参加2011年河南省承接产业和技术转移合作交流洽谈会，促成了一批大项目、好项目签约。在第17届三门峡国际黄河旅游节期间，配合市政府成功举办了匈牙利索尔诺克市与三门峡市企业家交流座谈会，两市化工、电子、钢结构等行业企业家进行了面对面交流，达成了初步合作意向；同时，配合市政府邀请东欧、非洲21国工商会官员到三门峡市访问，以实地考察、合作洽谈、项目对接为主要内容，签订了商会合作意向。积极组织三门峡市民营企业家参加全国工商联在中国香港以及新加坡举办的"第177期香港工商业研讨班"和"商会运作与管理"研讨交流活动，取得了明显成效。

积极探索帮扶新模式，将"千企帮千村"与村企共建扶贫工程、整村推进和新型城镇化建设结合起来，推动帮扶工作不断深入，共促成202家民营企业结对帮扶174个贫困村。与市人社局、市教育局等单位联合举办了"2011年民营企业招聘周"活动，现场组织200家民营企业进场招聘，提供就业岗位2 000余个。举行"三门峡市'真情报党恩'系列活动之'爱心包裹'项目2011年向贫困地区及革命老区学生关爱行动"启动仪式，组织全市20家爱心企事业单位和爱心人士捐赠了价值11万元的"爱心包裹"。

【召开市工商联四届八次执委会】 2月22日，市工商联（总商会）召开四届八次执委会，传达学习市委经济工作会议和省工商联十届五次执委会议精神，总结2010年工作，表彰先进，全面部署2011年工作。市委常委、统战部部长赵艳，市人大常委会副主任亢伊生出席会议，市政协副主席、市工商联主席孙继伟作工作报告。会议明确2011年全市工商联系统要从六个方面做好工商联工作：一是要深入调查研究，重在参政议政、建言献策上下工夫；二是要创新工作载体，重在教育培训、宣传引导上下工夫；三是要健全服务体系，重在培育抓手、多策并举上下工夫；四是要打造工作品牌，重在招商引资、项目建设上下工夫；五是要完善组织网络，重在发展会员、夯实基础上下工夫；六是要强化自身建设，重在争取支持、提升形象上下工夫。

【河南省工商联调研组到三门峡市开展专题调研活动】 4月20日，河南省工商联调研组到三门峡市调研工商联系统融资服务工作。在座谈会上，调研组听取市、县两级工商联负责人和来自全市11家融资担保公司负责人对民营企业开展融资服务工作的汇报，并对有关问题进行了座谈。调研组对三门峡市近年来担保行业的发展以及其对民营经济发展作出的贡献给予充分肯定，对下一步工作提出了意见和建议。省工商联副主席李振，市政协副主席、市工商联主席孙继伟出席会议。

【举办非公有制经济界庆祝建党90周年暨第2届优秀中国特色社会主义事业建设者颁奖晚会】 6月9日晚，全市非公有制经济界庆祝建党90周年暨第2届优秀中国特色社会主义事业建设者颁奖晚会在崤山礼堂隆重举行。省政协副主席、省工商联主席、省总商会会长梁静和三门峡市委书记杨树平出席晚会，并为20名荣获第2届优秀中国特色社会主义事业建设者称号的获奖者颁奖。市领导赵海燕、王建勋、赵继祥、李立江、赵予辉、赵中生、赵艳、马仰峡、陈雪平、姚龙、王富民、王铁创、高从民、孙继伟、卢群召等出席晚会。晚会由市委组织部、市委统战部、市工商联共同主办。当晚，20名三门峡市第2届优秀中国特色社会主义事业建设者身披彩带，胸戴大红花，在晚会现场和现场观众一起观看了文艺节目。

【河南省工商联十届八次常委会在三门峡市召开】 7月14日，河南省工商联

12月27日，召开工商联工作会议暨市工商联(总商会)第五次会员代表大会

十届八次常委会议在三门峡市召开，会议学习贯彻胡锦涛总书记“七一”重要讲话精神，深入贯彻落实《中共中央国务院关于加强和改进新形势下工商联工作的意见》精神，紧紧围绕科学发展主题和加快转变经济发展方式主线，围绕中原经济区建设大局，探讨交流服务和促进中小企业转型发展工作。当天下午，会议举行了第一次全体会议。省政协副主席、省工商联主席、省总商会会长梁静出席会议并作讲话，省工商联副主席、省总商会副会长李振主持会议，市委书记杨树平在会上致辞。市领导赵继祥、郭秀荣、赵中生、赵艳、孙继伟等出席会议。7月15日，作为此次会议的第二次全体会议的一项内容，三门峡市向与会人员进行了市情介绍和项目推介，并观看了三门峡市情介绍资料片，市商务局负责人发布了涉及先进制造业、高新技术产业等方面的500个经济合作项目，介绍了三门峡市的投资方向和优惠政策。当天，与会人员还实地考察参观了鹏飞电子、开曼铝业、速达电动汽车、天鹅湖国家城市湿地公园。

【三门峡银龄乐园老年公寓奠基开工】　7月16日上午，由市工商联、市民政局牵头组织的，三门峡市民营企业家自筹资金建设的大型基础设施项目——三门峡银龄乐园老年公寓项目在陕县奠基开工，省政协副主席、省工商联主席、省总商会会长梁静，省工商联副主席、省总商会副会长及各省辖市工商联主要负责人，市领导杨树平、郭秀荣、李建顺、郭绍伟、赵中生、赵艳、张建峰、姚龙、王富民、孙继伟出席仪式，共同为老年公寓培土奠基。市委常委、统战部部长赵艳主持仪式。该项目占地8.6公顷，总投资2亿元，规划建筑面积11万平方米，计划工期1年。

【举办融资服务联谊会】　10月25日，市工商联与中国工商银行三门峡分行举行融资服务联谊会，签订战略合作协议，以期加强和改善中小微型企业的融资服务工作。市委常委、统战部部长易树学，市政协副主席、市工商联主席孙继伟出席会议。联谊会上，市工商联与工行三门峡分行签订了战略合作协议，约定2011年－2012年两年内给予全市100余家中小微型企业意向授信额度不少于10亿元。易树学就进一步提高思想认识、加强银企合作、促进民营经济发展提出要求。

【举办第13期三门峡经济发展论坛暨民营企业贯彻落实市六次党代会精神座谈会】　10月26日上午，市工商联举办第13期三门峡经济发展论坛，研讨中原经济区建设与民营经济发展。市委常委、统战部部长易树学，市政协副主席、市工商联主席孙继伟等领导及企业家代表出席本期论坛。论坛上，河南省发改委经济发展研究所所长郑泰森、河南省商业高等专科学校教授黄良杰就中原经济区建设和民营经济发展，民营企业如何实现多元化融资作专题报告。下午，民营企业家代表就贯彻落实市六次党代会精神举行座谈。在听取市发改委、市商务局等7家市直单位和7家民营企业负责人的发言后，易树学对贯彻落实市六次党代会精神、推动非公有制经济健康发展提出明确要求。

【召开全市加强和改进工商联工作会议暨市工商联(总商会)第五次会员代表大会】　12月27日，三门峡市召开加强和改进工商联工作会议暨市工商联(总商会)第五次会员代表大会。省委统战部副部长、省工商联党组书记杨京伟和市委书记杨树平分别讲话，市委副书记王建勋主持会议，市领导赵继祥、赵予辉、姜继鼎、赵中生、易树学、马仰峡、孙宗会、孙继伟、张景林等出席会议。市人大常委会副主任、民盟三门峡市委主委马仰峡代表民主党派致贺词，市人大常委会副主任、市总工会主席孙宗会代表人民团体致贺词，10家市直单位代表就支持工商联工作作发言。杨树平强调，要提高思想认识，切实增强推进工商联事业发展的责任感；要发挥职能作用，努力在推动经济社会又好又快发展中有所作为；要加强领导，完善支持工商联的工作机制，为做好工商联工作提供坚强保障。12月28日，为期两天的市工商联(总商会)第五次会员代表大会圆满完成各项议程后闭幕。市委常委、统战部部长易树学，市政协副主席、市工商联主席孙继伟出席会议。大会听取和审议了市工商联(总商会)第四届执行委员会工作报告，选举产生了第五届执行委员会和领导机构，通过了第五次会员代表大会政治决议。

（薛　丹）

·编辑　李艺芬　卢亚杰　张怡杰·

政权　政协

REGIME AND POLITICAL CONSULATIVE CONFERENCE

7月12日，市第五届人民代表大会第七次会议召开

三门峡市人民代表大会

【概况】 2011年,三门峡市人大常委会坚持以邓小平理论和“三个代表”重要思想为指导,深入贯彻落实科学发展观,紧紧围绕全市工作大局,依法行使职权,扎实开展工作,着力推进科学发展、促进经济发展方式转变,着力推进民生改善、促进社会和谐,较好地发挥了地方国家权力机关的作用,为促进全市经济平稳较快发展作出了新的贡献。

法律监督 2011年,常委会按照监督法的规定,以促进依法行政、公正司法为重点,着力加强对法律法规贯彻实施情况的监督,组织人大代表重点对《中华人民共和国矿产资源法》《中华人民共和国老年人权益保障法》在三门峡市的贯彻实施情况进行执法检查。常委会积极参与全国人大常委会、省人大常委会的立法工作,组织人员深入基层,调查研究,对《河南省实施〈村民委员会组织法〉办法(草案)》等9部法律、法规进行座谈修改,均及时按要求将修改意见整理上报,较好地配合了上级部门的立法工作。

工作监督 当年,市人大常委会听取和审议了市人民政府关于工商行政管理、文化市场管理、旅游开发、保障性住房建设、集体林权制度改革、扶贫搬迁等6个方面的专项工作报告,听取和审议了市中级人民法院、市人民检察院关于加强基层建设、促进公正司法情况的专项工作报告。

规范性文件备案审查监督 根据《三门峡市人大常委会关于规范性文件备案审查的实施意见》,当年,市人大常委会共备案审查“一府两院”规范性文件14件,全部按要求登记备案,维护了国家法制的统一。

重大事项决定 当年,市人大常委会依法作出10项决议决定:按照监督法的有关规定,审查和批准预决算,作出《关于批准2010年市级财政预算调整方案的决议》《关于批准三门峡市2010年市本级财政决算的决议》;为实现市委提出的要把三门峡打造成为“中原经济区重要支撑、区域合作示范城市和豫晋陕黄河金三角区域中心城市”的目标,建设开放、魅力、富裕、和谐三门峡,作出《关于加快建设中原经济区重要支撑、区域合作示范城市和黄河金三角区域中心城市的决定》;为保障三门峡市国民经济和社会发展第十二个五年规划目标的顺利实施,作出《关于进一步加强法制宣传教育和依法治市工作的决定》;为进一步推动三门峡市与日本国岩手县北上市间的友好合作,作出《关于提请授予日本国岩手县北上市前市长伊藤彬先生“三门峡市荣誉市民”称号的决定》。按照有关规定,分别对杨树平辞去市人民政府市长职务,苏新华、周志远辞去市人民政府副市长职务,郑泽中辞去市中级人民法院院长职务及任命赵海燕为市人民政府副市长、代理市长作出决定。

工作评议 当年,市人大常委会根据监督法和河南省监督法实施办法,按照三门峡市人大常委会工作评议暂行办法的规定,首次对市人民政府旅游开发、保障型住房建设、工商行政管理工作情况进行工作评议,并对市旅游局、市住房和城乡建设局、市工商行政管理局工作进行满意度测评。通过这一监督形式,把人大及其常委会监督、人大代表监督及人民群众的监督有机结合,增强了人大及其常委会监督的权威性、有效性,更加有力地促进了“一府两院”及其职能部门依法行政、公正司法。

人事任免 当年,常委会严格执行《中华人民共和国地方各级人大和地方人民政府组织法》和市人大常委会《关于任免地方国家机关工作人员的办法》,始终坚持党管干部和依法任免相统一的原则,认真做好人事任免工作。坚持任前法律知识考试,任命通过后颁发任命书并作表态发言,以增强被任命人员的人大意识,牢记手中的权力是人民给的,自觉接受人大监督,做到权为民所用。至年底,共任免地方国家机关人员50人,使“一府两院”领导人员得到及时有效配备,保证了地方国家机关的正常运转。

代表工作 从坚持和完善人民代表大会制度出发,坚持尊重代表主体地位,坚持为代表服务的思想,进一步完善工作制度,努力提高代表服务水平,支持和保障代表依法履职,代表作用得到进一步发挥。一是认真办理代表建议、批评与意见。坚持把代表建议、批评与意见办理工作与常委会工作有效结合起来,充分发挥代表作用。市五届人大六次会议中,市人大代表对政府工作共提建议76件,涉及城市规划建设、公共交通、卫生医疗、文化教育、环境整治等诸多方面。常委会迅速组织召开代表建议、批评和意见交办会,对市政府提出明确办理要求,并采取多种形式加强检查督办,至11月中旬所有建议均办理完毕,满意和基本满意率为100%。二是继续扩大代表对常委会工作的参与。为充分听取代表的意见和建议,增强人大工作的活力,每次常委会会议均邀请部分人大代表列席;常委会组织的执法检查和专题调研均邀请不同方面的代表参加,全年有176名代表参加上述活动。列席会议和参加活动的代表,事先认真准备,会上积极发言,充分反映人民群众呼声,为提高常委会会议的审议质量发挥了重要作用。三是继续加强代表服务保障工作。坚持为人大代表寄送《中国人大》《人大建设》等全国、省人大常委会的专业刊物和市人大常委会公报、“一府两院”公报及相关资料。

信访工作 坚持以人为本,认真做好信访工作:全年共受理群众来信228件,接待来访619人次,均按照“属地管理,分级负责”的原则,及时转交有关部门办理。重点督办案件28件。针对反映突出的问题,通过采取制定督办计划、召开协调会、通报办理进度、建立相关部门联动机制等措施,加强跟踪督办,进一步畅通群众的诉求渠道,化解了矛盾,维护了社会稳定。

宣传调研 当年,常委会十分重视人大宣传工作:一是加强与市级以上新闻媒体的联系,积极协调各方关系,认真做好人大的宣传工作。二是加强新时期人民代表大会制度和民主法制建设的宣传力度,促进和指导各县(市)区人大的新闻宣传工作。三是加大对市人代会、常委会及其机关日常工作的宣传力度,在《人民代表报》《人大工作信息》《人大建设》《三门峡日报》、三门峡电视台、三门峡广播电台等媒体刊发文章、消息数十篇。四是积极做好河南省人大好新闻入选作品的推荐工作，向省人大有关部门推荐优秀新闻作品5件，其中1件作品获特别奖、2件作品获三等奖。五是积极向省人大有关部门报送信息，宣传三门峡人大建设方面取得的成绩，受到省人大常委会办公厅的表扬，并荣获“河南省宣传人民代表大会制度优秀单位”称号。六是注重人大调研信息的编辑工作，编发调研信息12期，及时交流和推广各县(市)区及兄弟市人大工作的好经验、好做法。七是继续加强与外地人大的工作交流，参加“亚欧大陆桥”、全国20城市、秦晋豫“金三角”、河南省辖市等人大工作研讨会议，紧紧围绕研讨会议题，对全市各级人大行使宪法赋予的各项职权情况进行深入调查，分别以《围绕中心，突出重点，着力强化人大监督》《主动融入，积极作为，着力推进中原经济区建设》《坚持正确的政治方向，努力做好人大宣传工作》等为主题，和兄弟市进行交流。八是注重工作调研。开展文化市场、林权制度改革、重点项目建设、十件实事办理情况等专题调研和《中华人民共和国老年人权益保障法》《中华人民共和国矿产资源法》《中华人民共和国传染病防治法》《中华人民共和国民办教育促进法实施条例》等法律法规执行情况的检查调研活动。

【市五届人大六次会议】 2月11日至15日，三门峡市第五届人民代表大会第六次会议召开。市五届人大五次会议共有代表331名，出席大会的代表280名。出席市政协五届五次会议的政协委员，市直有关部门、各人民团体、有关方面负责人列席大会。会议听取和审议了市人民政府市长杨树平所作的政府工作报告；审查和批准了三门峡市2010年国民经济和社会发展计划执行情况的报告和2011年国民经济和社会发展计划，审查并批准了三门峡市2010年预算执行情况的报告与2011年市级预算；听取和审议了市人民代表大会常务委员会、市中级人民法院、市人民检察院工作报告，并对以上6项报告作出相应的决议。大会按照《中华人民共和国地方各级人民代表大会和地方各级人民政府组织法》第二十七条的有关规定，接受三门峡市第五届人民代表大会常务委员会关于接受张高登、赵光超、陈孟虎、刘玉青、亢哲楠、周世杰6人辞职决定的备案，并补选杨绍华、张廷善为三门峡市第五届人民代表大会常务委员会委员。大会期间，市人大代表共提出议案6件，建议、批评、意见70件，两项合计76件。大会议案审查委员会对代表提出的议案进行了认真研究和审议，决定将代表提出的6件议案并入建议、批评、意见处理。根据分工负责、归口办理的原则，大会闭幕后，市人大常委会工作机构对76件建议进行分类登记，属于市人民政府办理的75件(其中1件为市总工会和市政府合办)、市委组织部办理的1件。经认真处理后，以正式文件形式分别转交有关部门办理，同时专门召开“市人大代表建议、批评与意见”交办会，所有办理结果直接答复代表，并报市人大常委会。

【市五届人大七次会议】 7月13日至14日，三门峡市第五届人民代表大会第七次会议召开。市五届人大七次会议共有代表330名，291名代表出席大会。大会按照《中华人民共和国地方各级人民代表大会和地方各级人民政府组织法》的规定，选举赵海燕为三门峡市人民政府市长，选举郑泽中、孙宗会为三门峡市人民代表大会常务委员会副主任。

【市五届人大常委会会议】 2011年，市五届人大常委会共举行9次会议。

市五届人大常委会第28次会议

1月14日举行。市人大常委会主任赵继祥主持会议，市人大常委会副主任李宝鸿、亢伊生、邹援朝，秘书长裴富平及19名委员出席会议。会议听取审议并表决通过了市人民政府关于市五届人大常委会第24次会议关于《中华人民共和国就业促进法》和《河南省就业促进条例》执法检查报告及审议意见办理情况的报告、关于2010年市级财政预算调整方案的报告；表决通过了三门峡市人民代表大会常务委员会关于批准2010年市级财政预算调整方案的决议和关于三门峡市第五届人民代表大会第六次会议召开时间和建议议程的决定；审议通过了市五届人大六次会议日程(草案)、代表出缺和补选情况的代表资格审查报告、有关名单(草案)的说明、有关名单(草案)和会议筹备工作情况的汇报；讨论修改了三门峡市人大常委会工作报告稿；商议了市五届人大常委会第29次会议建议议程。

市五届人大常委会第29次会议

4月22日举行。市人大常委会主任赵继祥主持会议，副主任李宝鸿、马仰峡、亢伊生、邹援朝，秘书长裴富平及23名

8月30日，代表们在认真填写选票

委员出席会议。会议听取和审议了市人民政府关于办理传染病防治法执法检查报告和审议意见、集体林权制度改革工作情况的报告;听取和审议了市人大常委会执法检查组关于检查《中华人民共和国老年人权益保障法》实施情况的报告;表决通过了三门峡市人民代表大会常务委员会关于加快建设中原经济区重要支撑、区域合作示范城市和豫晋陕黄河金三角区域中心城市、接受周志远辞去市人民政府副市长、郑泽中辞去市中级人民法院院长职务的决定;确定对工商行政管理工作情况、保障性住房建设情况、旅游开发工作情况开展工作评议;表决通过了市中级人民法院、市人民检察院院提请的人事任免议案;商议了市五届人大常委会第30次会议建议议程。

市五届人大常委会第30次会议

6月21日举行。市人大常委会主任赵继祥主持会议,市人大常委会副主任李宝鸿、马仰峡、亢伊生、邹援朝,党组成员孙宗会,秘书长裴富平及23名委员出席会议。会议听取和审议了市人民政府关于文化市场管理工作情况的报告和市长杨树平提请的人事任免议案;听取和审议了市人大常委会执法检查组关于检查《中华人民共和国矿产资源法》实施情况的报告;听取和审议了三门峡市人大常委会主任会议关于提名赵海燕为市人民政府副市长、代理市长的议案;审议表决通过了三门峡市人民代表大会常务委员会关于接受杨树平辞去三门峡市人民政府市长职务、苏新华辞去三门峡市人民政府副市长职务,任命赵海燕为三门峡市人民政府副市长、代理市长的决定;商议了市五届人大常委会第31次会议议程。

市五届人大常委会第31次会议

7月6日举行。市人大常委会主任赵继祥主持会议,副主任李宝鸿、亢伊生、邹援朝,秘书长裴富平及24名委员出席会议。会议表决通过了市人大常委会关于市五届人大七次会议召开时间和建议议程的决定;审议通过了市五届人大六次会议日程(草案)、代表出缺和补选情况的代表资格审查报告、有关名单(草案)的说明、有关名单(草案)和会议筹备工作情况的汇报;听取和审议了市人民政府关于提请授予日本国岩手县北上市前市长伊藤彬先生“三门峡市荣誉市民”称号的议案,审议表决通过了三门峡市人大常委会关于授予日本国岩手县北上市前市长伊藤彬先生“三门峡市荣誉市民”称号的决定;商议了市五届人大常委会第32次会议建议议程。

市五届人大常委会第32次会议

8月22日举行。市人大常委会主任赵继祥主持会议,副主任李宝鸿、马仰峡、亢伊生、郑泽中、孙宗会,秘书长裴富平及22位委员出席会议。会议听取和审议通过了市人民政府关于三门峡市2011年上半年国民经济和社会发展计划执行、2010年财政决算和2011年上半年财政预算执行、2010年度市本级预算执行和其他财政收支审计情况及查出问题整改处理、搬迁扶贫、普法和依法治市工作情况的报告;审议表决通过了三门峡市人民代表大会常务委员会关于批准三门峡市2010年市本级财政决算、进一步加强法制宣传教育和依法治市工作的决议及有关人事任免事项;商议了市五届人大常委会第33次会议建议议程。

市五届人大常委会第33次会议

9月16日举行。市人大常委会主任赵继祥主持会议,副主任李宝鸿、马仰峡、亢伊生、孙宗会,秘书长裴富平及24名委员出席会议。会议听取和审议了市政府关于提请任命赵中生为三门峡市人民政府副市长的议案,并表决通过了这个议案;商议了市五届人大常委会第34次会议建议议程。

市五届人大常委会第34次会议

10月27日举行。市人大常委会主任赵继祥主持会议,副主任李宝鸿、马仰峡、亢伊生、邹援朝、郑泽中、孙宗会,秘书长裴富平及21名委员出席会议。会议对市人民政府工商行政管理工作、旅游开发工作、保障性住房建设工作进行评议和民主测评;听取和审议了市人民政府关于市五届人大六次会议代表建议、批评和意见办理情况、关于市人大常委会第29次会议对检查《中华人民共和国老年人权益保障法》实施情况报告审议意见办理情况、关于市人大常委会第30次会议对检查《中华人民共和国矿产资源法》实施情况报告审议意见办理情况等报告;听取和审议了市人民检察院检察长张永键关于提请任命屈长有、唐景刚职务的议案,表决通过了人事任命事项;商议了市五届人大常委会第35次会议建议议程。

市五届人大常委会第35次会议

11月9日举行。市人大常委会主任赵继祥主持会议,副主任李宝鸿、邹援朝、郑泽中、孙宗会,秘书长裴富平及19位委员出席会议。会议听取了市人大常委会主任会议提请关于补选赵海燕为河南省第十一届人民代表大会代表的议案;听取了市人大常委会主任会议关于提请任命宋中魁等人职务的议案,经过审议,表决通过了两项议案;商议了市五届人大常委会第36次会议建议议程。

市五届人大常委会第36次会议

12月22日举行。市人大常委会主任赵继祥主持会议,市人大常委会副主任李宝鸿、马仰峡、亢伊生、邹援朝、郑泽中、孙宗会,秘书长裴富平及22名委员出席会议。会议听取审议并通过了市中级人民法院关于加强基层建设促进司法公正工作情况的报告;听取审议并通过了市人民检察院关于加强基层建设促进司法公正工作情况的报告;听取审议市人民政府关于2011年市级财政预算调整方案(草案)的报告,审议表决通过了市人大常委会关于批准2011年市级财政预算调整方案的决议;审议了市人民政府关于市五届人大常委会第32次会议对搬迁扶贫工作情况报告审议意见办理情况的报告(书面)。会议表决通过了有关人事任免事项,商议了市五届人大常委会第37次会议建议议程。

【承办全国20城市人大工作座谈会第3轮第9次会议】 5月26日至27日,全国20城市人大工作座谈会第3轮第9次会议在三门峡市召开。黑龙江省大庆市、牡丹江市,吉林省白山市、辽源市、通化市,辽宁省辽阳市,陕西省宝鸡市、咸阳市、渭南市,福建省三明市、泉州市、漳州市,江西省九江市,甘肃省天水市,云南省玉溪市,四川省自贡市,湖南省岳阳市,广西壮族自治区柳州市，江苏省南通市、徐州市，内蒙古自治区通辽市，湖北省黄石市，山东省潍坊市和河南省洛阳市、漯河市、三门峡市等26个城市人大常委会的相关人员共157人出席会议。会议由三门峡市人大常委会承办，三门峡市人大常委会主任赵继祥主持会议，中共三门峡市委副书记、市长杨树平介绍三门峡市市情，河南省人大常委会副主任铁代生到会指导并讲话。会议围绕如何加强和改进人大工作，进行深入研讨和经验交流，共商加强和改进人大工作的良策。各成员市人大常委会结合各地人大工作实际，从坚持党的领导、贯彻落实科学发展观、着力改善民生、推动地方经济发展、改进代表工作、加强人大宣传工作、加强人大常委会自身建设等方面，进行了广泛交流。大会共收到论文26篇，经各成员市民主评选，评出一等奖论文3篇、二等奖9篇、三等奖14篇。

【河南省人大常委会副主任铁代生到三门峡市视察】 5月25日，省人大常委会副主任铁代生在市委副书记、市长杨树平，市人大常委会主任赵继祥、副主任邹援朝等陪同下，视察了市文体中心、三门峡速达交通节能科技有限公司和三门峡天鹅湖国家城市湿地公园。在文体中心体育场，了解体育场的设计、建设等情况，察看市文体中心广场和正在建设的会展中心；在三门峡天鹅湖国家城市湿地公园，铁代生认真听取景区建设、管理情况介绍，并乘电瓶车游览景区；在三门峡速达交通节能科技有限公司，了解速达牌纯电动汽车的各项性能指标，并试乘速达牌纯电动汽车，对该公司在新能源汽车研发方面取得的成绩给予充分肯定。

【全国人大常委会副委员长、全国妇联主席陈至立视察三门峡市】 5月27日，全国人大常委会副委员长、全国妇联主席陈至立到三门峡市视察。全国妇联副主席陈秀榕，省人大常委会副主任王菊梅、省妇联主席陈砚秋陪同视察，市领导杨树平、赵继祥、郭秀荣、李建顺、李立江、郭绍伟、赵中生、雷俊卿、邹援朝等陪同视察。陈至立一行首先来到三门峡市“女性创业带动就业”示范企业——河南隆基实业有限公司，在了解该公司的“农户+基地”模式、产品价格、市场销路和企业经营情况后，她希望各级党委、政府和妇联组织进一步用足用好政策，帮助广大妇女就业创业，真正使广大妇女姐妹得实惠、普受惠、长受惠；在灵宝市函谷关古文化旅游区，陈至立了解了景区扩建工程进展情况，参观了太初宫、大道院、关楼等景点，并表示，函谷关历史文化底蕴深厚，要抓住扩建机遇，发挥更大的社会和经济效益；在虢国博物馆，陈至立详细听取了虢国墓地遗址发现、发掘等情况介绍，对近年来虢国墓地遗址保护开发取得的成果给予高度评价。

【举办河南省第16次人大工作研讨会】 6月16日至17日，河南省第16次人大工作研讨会在三门峡市召开，省委书记、省人大常委会主任卢展工主持会议并作重要讲话，省人大常委会副主任曹维新、王菊梅，省人大常委会秘书长连子恒，三门峡市委书记杨树平、市人大常委会主任赵继祥及各省辖市人大常委会负责人和部分县级人大常委会负责人、省人大代表出席研讨会。研讨会上，与会人员围绕坚持党的领导、依法履行职责、服务中心大局、促进科学发展、创新工作方式、强化监督职能等方面畅所欲言，提出意见建议。卢展工不时与大家对话交流，会场气氛热烈。卢展工对各级人大工作给予充分肯定，并就进一步做好人大工作、更好地推动中原经济区建设提出明确要求：全省各级人大及其常委会在工作中要更好地突出主题、准确站位、有机结合、求真求实，为推动中原经济区建设作出新的更大贡献。会议还对全省人大电子表决系统建设先进单位进行了表彰。17日，与会人员还到三门峡市速达电动汽车公司、市文体中心、天鹅湖国家城市湿地公园，灵宝市函谷关古文化旅游区、华鑫铜箔有限公司和金源矿业公司桐辉冶炼公司视察。

【省人大常委会调研组到三门峡市对多部法律法规进行立法调研】 7月21日至22日，省人大常委会农工委副主任高德领带队到三门峡市，就《河南省森林防火条例（草案）》进行立法调研。市人大常委会副主任郑泽中陪同调研。21日，调研组一行听取市林业和园林局森林防火工作汇报，察看了森林防火指挥系统运行情况。22日，调研组一行深入灵宝市，先后察看了函谷关梁村桥东电子监控点、川口林场防火物资储备库和燕子山柿子园防火检查站。在灵宝市召开的座谈会上，调研组一行认真听取了部分乡（镇）、局委和行政村等有关负责人的发言。

8月25日至26日，由省人大常委会法制室副主任谢国生、省邮政局副局长訾小春、省邮政公司副巡视员孙学香等组成的省人大常委会立法调研组到三门峡市，调研《河南省邮政条例》立法质量评估情况。市人大常委会副主任亢伊生出席座谈会。座谈会上，省人大常委会立法调研组和市邮政局、市发改委、市政府法制办等单位的负责人进行座谈，听取工作汇报，详细了解《河南省邮政条例》贯彻执行情况、实施过程中存在的问题以及各种建议。调研期间，调研组还深入灵宝市邮政局川口邮政所，对《河南省邮政条例》立法质量评估情况进行深入了解。

10月20日，由省人大常委会法制委员会副主任委员李中和、省人大常委会法制室副主任谢国生等组成的省人大常委会调研组到三门峡市，对《河南省农业综合开发条例（草案）》进行立法调研。市人大常委会副主任郑泽中、副市长张建峰陪同调研。座谈会上，省人大调研组听取了三门峡市农业综合开发工作情况汇报，与市有关部门负责人、市人大代表和部分县（市）、乡（镇）、村负责人等围绕《河南省农业综合开发条例（草案）》和农业综合开发工作进行了座谈。调研组表示，三门峡市农业综合开发工作有许多好的做法和经验、成绩值得肯定，与会人员为《河南省农业综合开发条例（草案）》的修改完善提出了很好的意见建议。座谈会后，省人大调研组深入陕县二仙坡绿色果业有限公司等农业综合开发项目区现场调研，详细了解农业综合开发工作。

11月3日至4日，由省人大常委会委员、财经工委副主任刘建功等组成的省人大常委会立法调研组到三门峡市，对《河南省供用电保护条例(草稿)》进行立法调研。市人大常委会副主任亢伊生等陪同调研。调研组先后深入河南中原黄金冶炼厂有限责任公司、三门峡戴卡轮毂制造有限公司、三门峡电熔刚玉有限责任公司等地现场调研，对企业生产、用电情况等进行详细了解。座谈会上，调研组与企业代表、人大代表和群众代表等进行座谈，认真听取他们对供电企业在供电过程中的意见建议以及对《河南省供用电保护条例(草稿)》修改完善的意见建议。

【参加亚欧大陆桥沿线部分市、州、地人大工作研讨会第22次会议】 8月14日至17日，亚欧大陆桥沿线部分市、州、地人大工作研讨会第22次会议在新疆乌鲁木齐市召开。亚欧大陆桥沿线共22个市、州、地人大常委会出席会议。会议期间，各市、州、地人大常委会围绕“以科学发展观为统领，进一步做好新时期、新阶段人大的监督和代表工作”的主题进行了交流和探讨，三门峡市人大常委会以《以科学发展观为统领，着力强化人大监督工作》为题在会上作了交流。

【参加全国20城市人大工作座谈会】 9月6日至7日，全国20城市人大工作座谈会第3轮第10次会议在湖南省岳阳市召开。市人大常委会副主任孙宗会等一行10人参加会议。各成员市紧紧围绕“地方人大常委会如何加强规范性文件备案审查工作”的主题，进行了充分的交流和探讨。三门峡市人大常委会以“如何搞好规范性文件备案审查工作”为题作了交流，并在提交大会的26篇论文中荣获一等奖。会议认为，对规范性文件进行备案审查，是宪法和法律赋予各级人大常委会的重要职权，是各级人大常委会开展法律监督的重要方式。各级人大常委会要站在依法履行监督职能，维护国家法制统一的高度，进一步提高思想认识，增强责任感和使命感，认真开展规范性文件备案审查工作，有效维护社会主义法制统一，维护人民群众合法利益。

【省人大常委会调研组到三门峡市调研《中华人民共和国价格法》执法检查工作和保障性住房建设情况】 10月18日至19日，省人大常委会调研组在省人大常委会副主任刘新民的带领下到三门峡市，调研《中华人民共和国价格法》执法检查工作和保障性住房建设情况。市领导杨树平、赵海燕、姜继鼎、赵中生、亢伊生、孙宗会等和市人大常委会秘书长裴富平、市政府秘书长李宝洲陪同调研。18日，刘新民一行实地察看了康乐家园、德馨苑、迎宾花园等保障性住房建设情况，深入华润万家超市、虢翠园农贸市场、涧南蔬菜批发市场察看价格情况。在德馨苑小区，刘新民走进居民家中详细了解居民的收入和生活情况。在涧南蔬菜批发市场，刘新民与商户交谈，充分了解蔬菜的生产、运输、供应和销售等情况。当天，刘新民一行还参观了市文体中心、天鹅湖国家城市湿地公园和速达电动汽车公司。汇报会上，刘新民指出，三门峡市班子团结，思路清晰，真抓实干，成效突出；城市建设日新月异，令人振奋。三门峡保障性住房建设进展顺利，任务完成较好，群众比较满意。各级政府和各有关部门认识到位，措施得力，工作卓有成效。下一步要协调处理好建设过程中各个方面的关系，积极承诺为困难群众建造优质保障房，切实解决好“给谁建、建多少、建多大、谁来建、建在哪、钱咋筹、怎么分、如何管”等问题。

【十届全国人大常委会副委员长盛华仁到三门峡市视察】 11月7日至8日，十届全国人大常委会副委员长盛华仁在全国人大农业和农村委员会委员王明义、省人大常委会副主任王文超的陪同下，到三门峡市视察，市委书记杨树平，市人大常委会主任赵继祥，市委常委、秘书长姜继鼎，市人大常委会秘书长裴富平陪同视察。在三门峡市期间，盛华仁出席了仰韶文化博物馆开馆仪式，欣然为仰韶文化博物馆剪彩，并参观了3个专题展厅，对仰韶村遗址3次发掘的主要成果、安特生在仰韶村和中国其他地方的考古活动、中原地区各个仰韶文化典型遗址出土的代表性文物进行了充分了解。盛华仁一行还视察了速达电动汽车、三门峡大坝、虢国博物馆、湿地公园、函谷关和会盟台。盛华仁指出，三门峡文化资源丰富，历史积淀深厚，生态环境优美，经济社会发展成就显著。希望三门峡按照科学发展观要求，按照既定的发展思路，努力把各项工作做得更好，让三门峡人民生活得更加幸福美满。

【驻周口市省人大代表到三门峡市视察】 11月9日至11日，根据省人大常委会统一安排，驻周口市省人大代表在周口市人大常委会副主任时兴功的陪同下，到三门峡市视察经济社会发展情况。市委书记杨树平，市人大常委会主任赵继祥，市委常委、秘书长姜继鼎，市委常委、常务副市长赵中生，市人大常委会副主任邹援朝，市政府党组成员宋跃和市人大常委会秘书长裴富平等参加会见或陪同视察。杨树平对驻周口市省人大代表一行表示热烈欢迎，并介绍了三门峡市情。汇报会上，赵中生汇报了三门峡市经济社会发展情况。视察期间，驻周口市省人大代表深入三门峡大坝、市文体中心、天鹅湖国家城市湿地公园，三门峡产业集聚区鹏飞电子有限责任公司，陕县缘份果业有限公司、河南骏通车辆有限公司、高阳山景区、天井窑院，灵宝市函谷关古文化风景区、华鑫公司、桐辉公司，渑池县东方希望资源综合利用项目、仰韶文化产业园，义马市义腾公司、开祥化工、盛源化工、义煤集团1 000万标方煤制气项目现场等地，对三门峡市项目建设、城市建设和旅游业发展等进行了全面视察。驻周口市省人大代表对三门峡市的工作给予高度评价，并表示要和三门峡市进一步加强合作，实现共同发展，为全面推进中原经济区建设、加快中原崛起河南振兴作出更大的贡献。

【驻三门峡市省人大代表赴信阳市视察】 11月15日至17日，根据省人大常委会统一安排，驻三门峡市省十一届部分人大代表，在市人大常委会主任赵继祥的带领下，赴信阳市对该市经济社会发展情况进行为期3天的视察。市人大常委会秘书长裴富平陪同视察。此次视察旨在深入贯彻落实科学发展观，以省第九次党代会和省十一届人大四次会议精神为动力，组织代表学习贯彻《国务院关于支持河南省加快建设中原经济区的指导意见》，使代表进一步了解中原经济区建设进展情况，为下一步修改完善《中原经济区建设纲要（试行）》提供科学依据。视察组听取了信阳市政府关于经济社会发展情况的介绍，察看了信阳市新区建设，博物馆，河南五云茶叶（集团）有限公司国际茶城建设工程、茶叶制作和包装车间，信阳同合车轮有限公司火车轮生产线，鸡公山动漫文化科技产业园和影视基地工程建设等。代表们对信阳市的经济发展、城市建设、环境保护等给予了积极评价。

【驻河南省全国人大代表到三门峡市进行视察】 12月14日至15日，河南省人大常委会副主任、党组副书记王菊梅率全国人大代表视察组到三门峡市，检查指导华夏历史文明传承创新区建设等工作。全国人大外事委副主任委员南振中、省高级人民法院院长张立勇等20余名全国人大代表参加视察，省人大常委会副主任张程峰陪同视察。市领导赵海燕、王建勋、赵继祥、李建顺、邹援朝、张建峰，市人民检察院检察长张永键，市长助理张万斌等出席汇报会、反馈会并陪同视察。汇报会上，市委副书记、市长赵海燕全面介绍了三门峡基本市情、经济社会发展和华夏历史文明传承创新区建设等情况。15日，全国人大代表视察组前往虢国博物馆、市文体中心、天鹅湖国家城市湿地公园等地，深入了解三门峡市历史文化资源和保护、传承情况，并实地察看湖滨区法院、检察院的相关司法工作。视察反馈会上，视察组的全国人大代表就三门峡市文化建设工作提出了极具针对性、建设性的意见和建议。 （郑 鋆）

三门峡市人民政府

【概况】 2011年，三门峡市人民政府抢抓中原经济区建设机遇，紧紧围绕“三大战略定位”（把三门峡建成中原经济区重要支撑、区域合作示范城市和豫晋陕黄河金三角区域性中心城市）和“十六字”（创新开放、富裕文明、平安和谐、生态宜居）目标，深入推进“四大一高”（大通关、大交通、大商贸、大旅游和高新技术产业）战略，顺利完成了市五届人大六次会议确定的各项任务，实现了“十二五”期间开门红。全年全市生产总值完成1 062.9亿元，比2010年增长12.8%。全社会固定资产投资完成760.9亿元，增长24.8%。地方财政一般预算收入完成57.6亿元，增长15.8%。城镇居民人均可支配收入17 062元，增长13.5%；农民人均纯收入6 929元，增长19.7%。

发展质量持续提升。坚持新型工业化为主导，全市规模以上工业完成增加值640.1亿元，比2010年增长16.1%；高新技术产业增加值增长15.3%。巩固农业基础地位，粮食产量保持稳定，果品总产量18亿公斤，居全省之首，雏鹰农牧等项目开工，“函谷红”茶和“三门峡”卷烟上市，特色农业产值占农业总产值的82%。繁荣现代服务业，大中海商业广场等大商贸项目进展顺利；社会消费品零售总额完成239.3亿元，增长18.1%；全年接待游客1 474万人次，实现旅游收入117亿元，分别增长20.5%和30.6%。县域经济发展迅速，各县（市）在全省综合排名实现晋位。

发展后劲显著增强。深化项目建设年活动，开祥化工“1，4－丁二醇”一期等90个项目建成投产，重点项目投资额、建成数双双创历史新高；省重点项目联审联批事项提前5个月完成全年任务，居全省第一，三门峡市被评为2011年度全省重点项目建设管理先进单位、企业服务先进单位。加快产业集聚区发展，全市7个产业集聚区实施项目218个，完成投资279.9亿元，规模以上工业实现主营业务收入1 026.6亿元。三门峡产业集聚区被评为省“十快”产业集聚区、“省级高新技术开发区”，义马煤化工产业集聚区被评为省先进产业集聚区。

发展基础日益稳固。蒙西铁路获国家发改委批复，三灵快速通道、三淅高速等大交通项目进展顺利。城市空间发展战略研究通过专家评审，新一版城市总体规划正在编制。中心商务区、黄河公园、旧城区和城中村改造等重点工程稳步推进。北环路建设启动，城市路网更加完善。集中供热二期续建工程完工，新建热交换站11座，新增供热面积80万平方米，改造旧管网3.5万米。城市精细化管理扎实推进，林业生态建设走在全省前列，国家森林城市创建通过验收。全市112个新型农村社区新建住宅1.03万套，累计建成1.87万套。

发展活力更加强劲。积极推动大通关建设，三门峡海关主体封顶，三门峡出入境检验检疫局正式运行，国家铝及铝制品质量监督检验中心正在安装检测设备。全年出口总额1.6亿美元，比2010年增长55.9%。深入开展大招商，成功举办第17届中国（三门峡）国际黄河旅游节暨投资贸易洽谈会，参加中博会等重大经贸活动，共签约项目110个，总投资突破1 000亿元。全市实际利用外资6.3亿美元，总量居全省第3位。深化央企合作，与中国黄金集团等10家央企签订战略合作协议，签约金额207.6亿元，居全省第4位。

发展要素保障有力。节约集约利用资源，整理、整治土地3 042.3公顷；煤矿兼并重组基本完成，省定矿产资源整合通过验收；小秦岭深部探矿和渑池煤下铝整装勘察项目被列入国家找矿计划，灵宝—卢氏矿集区被列入国家矿产资源综合利用示范基地。拓宽融资渠道，在省银企合作会议上签约项目67个，总投资177亿元，规模居全省第2位；组建两大投资集团，市财经投资公司发行债券15亿元。硬起手腕整治环境，关停重金属污染企业55家，启动农村环境连片综合整治项目11个，铅污染治理和铬渣处置工作有序推进。

发展成果惠及群众。扎实办好民生实事，省、市“十大民生工程”全面完成。城镇新增就业5.96万人，城镇登记失业率3.24%，低于省控标准。社会保障体系逐步完善，城乡低保实现了动态管理下的应保尽保。开工保障性住房8 367套，两个廉租房小区被评为“全省十佳住房保障工程”。加快校安工程建设，中小学D级危房全面消除。基本药物制度覆盖村级卫生室。新农合参合率98.7%,财政补助标准提高到200元,报销封顶线提高到10万元,减轻了群众看病负担。文化体育事业快速发展,陕县西张村镇、灵宝阳平镇被命名为"中国民间艺术之乡",122个村建成"农民体育健身工程"。社会管理创新成效显著,三门峡市被授予"中原平安杯",连续两届荣获"全国社会治安综合治理优秀市"称号。

政府自身建设成效显著。深入开展"两转两提"(转变政府职能、转变工作作风,提高行政效能、提高公务员素质)活动,依法行政工作扎实推进。主动接受市人大及其常委会监督,支持市政协履行职能,认真办理人大代表建议75件、政协委员提案193件。第7届村委会换届圆满完成。深化行政审批制度改革,取消、下放行政审批项目12项。应急保障体系逐步完善,妥善处置"陇海铁路山体滑坡"等突发事件。全面实施"六五"普法和依法治理工作规划。廉政建设和反腐败斗争深入推进。思想道德和精神文明建设不断加强。

国防教育和国防后备力量建设取得新成效,实现了国家双拥模范城"四连冠",驻三门峡解放军、武警部队和广大预备役人员在支持地方经济建设、维护社会稳定等方面作出了重要贡献。统计、审计、民族、宗教、外侨、对台、档案、史志、广电、体育、人防、气象、无线电、防震减灾、黄河河务、妇女儿童、残疾人、老龄等工作取得新成绩。对口援疆工作进展顺利。

【召开两次市政府全体会议】　2月22日,市政府召开第四次全体会议。会议分领域回顾了2010年的各项工作,并对2011年的工作进行了细化部署。市委副书记、市长杨树平出席会议,并就如何抓好2011年各项工作的落实作重要讲话。杨树平在讲话中指出,市委经济工作会议和"两会"明确了三门峡市2011年和"十二五"期间经济社会发展的主要任务。发展思路已经理清,工作目标已经明确,具体措施已经出台,关键在于迅速行动,抓好落实,确保全市大政方针得以贯彻,"两会"决策落到实处。9月5日,市政府召开第五次全体会议,就贯彻落实市六次党代会精神、提高政府执行力进行专题部署。市长赵海燕在会上作重要讲话。赵海燕指出,市六次党代会进一步明确了"四大一高"和人才强市战略及今后一个时期的发展目标,全市上下要认真贯彻会议精神,抓好工作落实。要毫不放松、廉洁实干、拿出气魄、研究办法,切实提高政府执行力,把各项部署落到实处。

5月19日,第17届中国(三门峡)国际黄河旅游节暨投资贸易洽谈会会场

【召开12次市政府常务会议】　全年市政府共召开12次常务会议,共有44个议题。主要议题有:旧城改造工作实施方案和配套政策制定问题,引进雏鹰农牧公司100万头生态养猪项目情况,河西林场老鸦岔金矿资源整合有关问题,讨论《政府工作报告(讨论稿)》《关于三门峡市2010年国民经济和社会发展计划执行情况与2011年计划的报告(讨论稿)》《关于三门峡市2010年财政预算执行情况和2011年财政预算的报告(讨论稿)》,讨论2011年市委、市政府"十件实事"安排意见,听取全市加快对外开放暨推进项目建设动员大会筹备情况汇报,贯彻落实全省保障性安居工程工作会议精神和开展城市精细化管理、创建全省最佳宜居城市问题,城市集中供热有关问题,贯彻落实全省深化医药卫生体制改革工作会议精神有关问题和关于三门峡海关筹建工作进展情况的汇报,专题讨论研究第17届中国(三门峡)国际黄河旅游节暨投资贸易洽谈会筹备工作,审议《三门峡市中长期人才发展规划纲要(2010～2020年)》《三门峡市行政机关规范性文件制定和备案办法》《三门峡市政府　河南煤化工集团公司关于重组三门峡戴卡轮毂制造有限公司的协议》《三门峡戴卡轮毂制造有限公司股权转让及增资扩股协议》《三门峡市安全生产重点乡镇(办事处)管理办法(试行)》《三门峡市投资集团有限公司组建方案》《三门峡市交通旅游集团公司组建方案》《三门峡市农村环境连片综合整治工作方案(讨论稿)》《2011年陕县城区和三门峡产业集聚区大气环境综合整治实施方案(讨论稿)》、三门峡市争取上级支持资金奖励实施意见(讨论稿)》《三门峡市人民政府关于加快推进企业上市融资工作的意见(讨论稿)》《三门峡市茶产业发展规划(2011～2020年,讨论稿)》《三门峡市水利发展"十二五"规划(讨论稿)》,讨论城市基础设施配套费征收管理有关问题,听取关于申建三门峡出口加工区工作的汇报,听取关于推动市直医药流通企业脱钩改制问题、贯彻落实全省食品安全委员会扩大会议精神、贯彻落实全省城乡居民养老保险试点工作启动暨新农保试点经验交流会精神的汇报,专题研究贯彻落实市六次党代会精神、提高政府执行力问题,讨论三门峡市商务中心区建设、旧城区和城中村改造、沿黄半岛景观带建设、城市管理等4个指挥部人员组成及

初步方案，听取各位副市长关于分管口2011年工作总结和2012年工作安排的汇报。

【举办第17届中国（三门峡）国际黄河旅游节暨投资贸易洽谈会】 5月18日至23日，举办升格为国家级节庆活动的第17届中国（三门峡）国际黄河旅游节暨投资贸易洽谈会。旅游节期间开展了一系列丰富多彩的经贸文化活动，充分展现了三门峡经济社会发展的新成就。参会的中外客商团体40个，客商865名；市商务局、市外商投资管理局对外发布高新技术产业、铝工业、化工、基础设施、能源、现代服务业等领域经济合作项目500个，全市共签约经济合作项目60个，总额560.5亿元。

【三门峡市被授予“中原平安杯”】 1月11日，在全省政法工作会议上，三门峡市因在2006年至2010年4次获得全省“平安建设先进省辖市”称号而被授予“中原平安杯”。市委书记李文慧代表三门峡市在会上作典型发言，副市长、市公安局局长崔保连代表三门峡市领取奖杯。

【三门峡纯电动汽车示范运营方案获省批复】 3月25日，省电动汽车产业发展领导小组批复《三门峡市纯电动汽车示范运营方案》，将三门峡市列为河南省电动汽车示范运营城市。根据三门峡市纯电动汽车示范运营方案：在2013年年底之前，三门峡市将投放2 300辆纯电动轿车，在公务用车、城市出租车和旅游观光用车等方面开展电动汽车示范运营。

【国家部委联合调研组到三门峡市调研】 6月13日至14日，国家部委联合调研组（综合组）在国家发改委地区司司长范恒山率领下到三门峡市，实地调研中原经济区建设情况。通过实地调研和听取工作汇报，调研组一行对三门峡市发展，特别是大交通、大通关、大商贸、大旅游和高新技术产业“四大一高”建设给予了积极评价。

【省长郭庚茂到三门峡市调研】 11月15日至16日，省委副书记、省长郭庚茂深入三门峡市调研指导工作。郭庚茂进园区、入企业、看项目、访民生、听汇报，全面考察了解三门峡市经济社会发展情况，既充分肯定三门峡市取得的显著成绩，同时对下一步工作提出明确要求，寄予殷切希望：“为人民群众幸福生活创造更好条件，为中原经济区建设作出更大贡献。”

【副省长史济春到三门峡市考察指导汽车出口工作】 5月13日，副省长史济春带领河南省出入境检验检疫局有关负责人一行，深入三门峡市河南骏通车辆公司考察指导专用汽车出口工作。史济春希望骏通公司要以三门峡出入境检验检疫局成立为契机，继续以科技投入为支撑，加大产品、技术和管理创新力度，强力实施项目带动战略，在发展中促转型，在转型中谋发展，着力构建企业强势竞争力。

【副省长秦玉海深入三门峡市检查指导防汛工作】 7月26日，副省长秦玉海先后到陕县辛店黄河防洪工程、涧里水库等地实地察看。秦玉海强调，进入主汛期，当务之急是要全力以赴做好防汛工作。要加快水利基础设施建设，做好水库、河道等除险加固工程，并尽快完工，提高防洪能力，确保防洪和水资源开发利用需要。同时，进一步做好各项防汛准备工作，优化各类防洪预案，细化措施，周密部署，责任到位，确保汛期万无一失，确保安全度汛和人民群众生命财产安全。

【副省长张大卫到三门峡市调研矿产资源整合情况】 11月8日，副省长张大卫深入灵宝金源矿业公司的矿区、选厂进行调研。张大卫强调，全市上下必须形成共识，统一指导思想，在产业升级上下足工夫，矿业发展必须集约、节约和综合利用资源，高效开发；继续保持“大交通”建设的良好势头，扩大区位优势，打造豫晋陕黄河金三角的交通枢纽；处理好资源节约、节能开发与环境保护的关系，抓好重金属污染防治工作，谋划矿山地质环境恢复治理项目，研究小秦岭自然保护区有效利用资源的可行性方案；加快城镇化建设步伐，全面提高工作水平。

【副省长徐济超到三门峡市调研职业教育工作】 12月14日，副省长徐济超先后到三门峡中专、陕县中专调研。徐济超听取了市职教园区建设进展情况汇报，对三门峡市扩大办学规模、改善办学条件、实现资源共享、提高办学水平的做法给予充分肯定。徐济超强调，职业教育要注重实践实训，提高育人水平，满足企业用工需求，服务学生就业需要。

【副省长刘满仓到三门峡市调研】 6月22日，副省长刘满仓深入三门峡市农村调研农业生产工作，先后实地察看了陕县西李村乡的雏鹰公司生态养猪项目陕县项目建设工地、陕县大营镇的二仙坡绿色果业有限公司生产基地。刘满仓指出，三门峡市要大力发展特色农业，加快发展现代农业，以此推进农业增效，带动农民增收。

【副省长陈雪枫到三门峡市调研工业经济发展情况】 4月1日，副省长陈雪枫到三门峡市实地察看了有关企业，深入调研工业经济发展情况，了解工作中的好经验、好做法。陈雪枫强调，三门峡市近年来立足区位实际和资源优势，工业经济在延伸产业链条、提升产业层次方面取得明显成效。同时，陈雪枫结合三门峡市的资源优势和重点工作，就以后工作提出指导意见。（杜广山）

三门峡市行政服务中心

【概况】 2011年，三门峡市行政服务中心坚持以“转变政府职能、优化经济发展环境”为己任，以“服务经济发展、服务人民群众”为出发点，以“便民、高效、公开、廉洁”为服务宗旨，以开展“两转两提”和创先争优活动为载体，累计办理行政审批、行政服务、行政事业性收费事项129 985件。人民群众自发向中心送锦旗30面，表扬信55封。

推动市政府各部门深化行政审批制度改革，协调行政审批、服务和收费项目纳入中心集中办公。中心根据市政府《关于公布取消、下放和保留行政审批项目的通知》公布的项目目录,推动各部门继续深化行政审批制度改革。凡是市政府要求取消的项目,督促有关窗口按时予以取消,一律不得变相审批;凡是要求下放的项目,督促有关窗口及时下放,不得变相截留;凡是具备进入条件的行政审批、服务和收费项目,协调纳入中心集中办公。市政府要求取消的7个、下放的5个行政审批项目全部整改到位;保留的182个行政审批项目中,进入中心的有26个部门的151个项目。

贯彻落实中办、国办《关于深化政务公开加强政务服务的意见》,协调"大科室制"试点工作的部门进驻中心。至11月底,市发改委、市人社局、市住建局、市工信局、市规划城管局全部配备行政服务科人员并进驻中心。

以开展投资项目联合审批和全程代理工作为龙头,服务全市深化"项目建设年""企业服务年"活动。中心坚持投资项目"绿色通道"制度和联合审批、全程代理工作机制,协调有关窗口坚持"特事特办、急事急办"的原则,各负其责,协同配合,确保了企业注册登记、基本建设、外商投资、房地产开发4大类联合审批事项顺利运转。全年有关窗口共办理投资项目联合审批事项136件,其中各级政府确定的重点建设项目46个,为27家企业提供了无偿全程代理服务,深受广大投资者好评。

组织开展企业证照联合年检。2月下旬,中心召集市工商、工信、药监、安监、环保、公安、住建、文化、卫生、交通、质监、国土及湖滨区文化局13个部门的有关负责人召开企业联合年检协调会,确定3月至6月在中心组织开展内资企业联合年检。市工商局新设立两个年检窗口,选派6名工作人员专门从事年检。其他部门以现有窗口为依托,办理相关证照的年检。4月上旬,中心又协调市商务、外汇管理、工商、财政、国税、地税部门,确定于4月中旬至6月底,在中心开展外资企业联合年检。至6月底,有关窗口办理内资企业联合年检2 786家,占应检企业2 874家的97%;办理外资企业联合年检43家,占应检企业47家的92%。这种"一站式办公""一条龙服务"的联合年检方式,改变了以往政府各部门互不关联、相互制约、分散办理的局面,为企业提供了整体性的行政服务。

配合市优化办,全面开展网上审批系统和电子监察系统建设。4月上旬,中心根据系统建设进度,要求各窗口开始试用新的网上审批、电子监察系统。经过修改调试,11月,新的网上审批、电子监察系统投入使用,进一步提升了中心的办公自动化水平和管理水平。

坚持以ISO 9001国际质量管理体系为主体,加强和改进窗口建设。中心结合机构改革后各部门的职能变化,协调有关部门重新制定授权文件,选派工作人员,修订《工作指导书》和《窗口服务项目办事指南》,确保窗口各项业务顺利开展;坚持项目管理长效机制,及时了解掌握经常性项目办理情况,督促季节性办件和年办件按期开展业务,确保项目进得来、办得好、管得住;坚持开展"红旗窗口""服务标兵""党员示范岗"等创先争优活动,充分调动发挥各窗口和工作人员的积极性、主动性。

(张应洲)

人力资源和社会保障

【概况】 2011年,三门峡市各级人力资源和社会保障部门牢牢把握"民生为本、人才优先"主线,把改善和保障民生作为出发点和落脚点,着力抓好就业工作和社会保障体系建设两项重点,突出深化人事制度改革、加强人才队伍建设、调解工资收入分配、构建和谐劳动关系四项基础工作,努力推动人力资源和社会保障事业科学发展,为建设创新开放、富裕文明、平安和谐、生态宜居三门峡作出了积极贡献。

就业再就业 全年全市城镇新增就业59 634人,城镇下岗失业人员再就业28 342人,其中就业困难人员再就业13 833人,城镇登记失业率为3.24%。强力推进"崤函创业扶持行动"促进就业。发挥牵头部门作用,全年全市发放小额担保贷款34 949.5万元,位列全省上游,扶持6 241人自主创业和22家中小企业扩大就业,带动18 500人实现就业;组织开展失业人员和农民工免费创业培训93个班次2 790人。认真落实就业再就业优惠政策,到位和发放职业培训、职业介绍、社会保险、技能鉴定等再就业补助资金5 545.91万元,有力促进了再就业工作落实。积极开发公益岗位,优先安置困难群体就业。全市投入2 479.7万元开发了园林管护、城市绿化、安全护卫等30多个工种5 288个公益性岗位,吸纳5 198人实现就业。做好高校毕业生就业和见习工作,实行大学生创业培训、项目开发等一体化运作和服务,全年组织60名有创业意愿的大学生进行了创业培训;接收高校毕业生1 587人,实现就业1 366人,高校毕业生初次就业率达86.1%;审核认定108家企事业单位为高校毕业生就业见习基地,吸纳1 000余名高校毕业生参加就业见习。围绕缓解企业招工难、用工难问题,主动开展就业专项服务活动。先后召开"春风行动""庆三八送岗位""退伍士兵专场招聘会""民营企业招聘周""高校毕业生专场招聘会"等供需洽谈和专场招聘会49次,免费职业介绍3.3万人次。大力发展劳务经济,劳务输出规模进一步扩大,全市农村劳动力转移就业规模达38.73万人,全年实现劳务收入29.32亿元。

社会保险 城乡居民社会养老保险试点工作稳步推进。至12月底,开展第1批、第2批新农保试点工作的卢氏县、灵宝市参保人数达622 518人,开展第3批城乡居民社会养老保险试点工作的陕县(含三门峡产业集聚区)、湖滨区(含三门峡经济开发区)、义马市参保233 025人。全市城乡居民社会养老保险参保率达到88%,全年为168 870名60岁以上人员发放养老金10 124万元。社会保险制度建设得到提升。在实现城镇职工养老保险、失业保险、工伤保险省级、市级统筹的基础上,启动城镇医疗保险和生育保险市级统筹,各项社会保险统筹层次进一步提高。继续落实原"五七工""家属工"等人员基本养老保障问题,全市2 702人获得补办参保手续及退休手续资格。指导推动具备条件的企业建立企业年金制度,配合省人力资源和社会保障厅做好5家建立企业年金制度企业的核查和登记备案工作。城镇居民医疗保险门诊统筹制度逐步建立,市本级(含湖滨区)有20家基层社区卫生服务机构及一级医疗机构启动实施门诊统筹工作。工伤预防部级试点作用发挥突出,创造性地开展工伤康复医疗工作,工伤预防工作继续稳定在全国先进行列。社会保险参保扩面工作进一步加强。全市城镇职工养老保险参保人数达到215 254人,失业保险参保人数达到227 942人,城镇基本医疗保险参保人数达到640 359人,工伤保险参保人数达到181 258人,生育保险参保人数达到126 152人,均位居全省前列;加上城乡居民养老保险,全市各项社会保险参保达230.6万人次(含企业离退休人员59 809人)。社会保险费征缴成效明显。全市社会保险基金总收入175 581万元(其中城镇职工养老保险费99 046万元、失业保险费10 984万元、城镇职工医疗保险费47 827万元、工伤保险费2 381万元、生育保险费891万元、城镇居民医疗保险费7 604万元、城乡居民养老保险费6 848万元),同比增加47 511万元,增长率为37%。全市支付社会保险待遇160 504万元,各项社会保险待遇按时足额支付率达100%。社会保险待遇进一步提高。三门峡市按照全省统一部署,连续7年提高城镇企业离退休人员养老保险待遇,调整后月人均养老金标准达到1 243.54元,全年为全市城镇参保离退休人员按时足额发放养老金93 339万元。发挥失业保险保生活、促就业、防失业功能,将失业人员失业金标准调整到864元/月,并适时对领取失业金人员发放价格临时补贴。提高城镇居民医保待遇,将城镇居民医疗保险每人每年财政补助120元提高到200元、最高支付限额由4万元提高到5万元。加强基金监督工作。通过采取现场监督、非现场监督、信息比对、数据核查、决算审核等多种措施对社保基金管理情况进行监督检查,确保了各项社保基金的安全完整。

人才队伍建设 大力实施全民技能振兴工程,提升职工技能水平。全市企业在岗职工岗位技能提升培训16 500人;新成长劳动力技能储备培训8 400人;完成职业技能鉴定18 182人,其中获得职业资格证书13 150人;新培养高技能人才1 841人。强化专业技术人员和技能人才队伍建设。规范各类职业资格的设置、考试、培训、发证等活动。认真落实"555"人才工程,全市有1人被评为省级学术技术带头人;市金象地板制品有限公司陈占锋被国务院批准为享受政府特殊津贴专家,一次性发放2万元津贴。6月2日,义煤集团和灵宝金源矿业公司两个博士后工作站全部通过国家人力资源和社会保障部、国家博士后管理办公室的评估验收。速达电动汽车公司被省人社厅批准为博士后研发基地。加大人才培养和引进力度,市人力资源和社会保障局组织、引导企事业单位参加省内外举办的各类人才交流会,全市引进各类人才242人;招募"三支一扶"(支农、支教、支医,扶贫)大学生37人。加强引进国外智力工作,市人力资源和社会保障局组织实施国家和省外国专家局批准三门峡市的2个出国培训项目,申报"一乡一业""一村一品"引智示范基地项目2个,为全市3所高中办理了聘请外国专家资格许可,完成引进国外技术管理人才项目7个。

公务员队伍建设 创新公务员管理机制。加强公务员职业道德建设,市人力资源和社会保障局会同市委组织部、市委宣传部等部门,深入开展"争做人民满意公务员"和"争创人民满意公务员集体"活动。组织实施公务员"一人一号一台账"管理模式,规范公务员日常登记管理工作。加大公务员培训力度,通过开展初任培训、在职培训、职业道德培训、公共管理核心内容培训等,不断提高基层公务员综合素质和履职能力。在全省率先建立遴选公务员工作机制,并为市法院、市编办、市法制办等9个市直单位遴选15名公务员,得到省人社厅、省公务员局和市委、市政府的充分肯定。公务员录用坚持"凡进必考"制度,市直行政机关新进人员公开考试录用率达到100%。切实加强公务员考核和职位审核,全市机关公务员(含参照人员)考核率和职位审核率均达100%。

事业单位人事制度改革 做好全市事业单位岗位设置和聘用认定工作。全市完成岗位聘用认定及合同管理1 872个单位,核准岗位54 408个,聘用认定10 696人。规范事业单位公开招聘工作,完成市审计局固定资产投资中心、市外国语高中、三门峡职业技术学院公开招聘77名人员工作。做好义马市、灵宝市、渑池县、湖滨区公开招聘事业单位工作人员的审核和监督工作。

军转安置 做好军队转业干部安置工作。完成2011年度22名计划安置军转干部安置和1名自主择业军转干部接收工作。完成2010年度15名计划安置军转干部和2名自主择业军转干部的培训工作。

收入分配制度改革 稳步推进事业单位实施绩效工资工作。全市义务教育学校、公共卫生与基层医疗卫生事业单位绩效工资全部兑现落实到位。深化工资制度改革,配合财政部门做好规范事业单位津贴补贴工作,为其他事业单位实施绩效工资工作做好充分准备。拓展企业工资集体协商和三方协商机制。进一步规范企业工资集体协商程序,积极发挥三方协商机制作用。借助集体合同签订和企业工资调整,建立企业工资集体协商工作长效机制。推进企业工资分配宏观调控。在充分调查的基础上,发布100个工种的劳动力市场工资指导价位和部分行业的人工成本信息,为企业和求职者提供职工工资待遇参考依据。在充分调研、测算和征求意见的基础上,提出三门峡市最低工资标准调整方案和建议,三门峡市一类行政区(市区、义马市、渑池县、灵宝市、陕县)月最低工资标准调整为1 080元;二类行政区(卢氏县)月最低工资标准调整为950元。

劳动关系 坚持日常巡查和专项检查相结合,组织开展劳动保障监察执法活动,检查各类用人单位2 524户,涉及劳动者14.8万人,纠正各类违法行为620起,立案查处199件,督促各类用人单位签订劳动合同2.47万人、缴纳社会保险费1 711万元,为包括农民工在内的劳动者追讨工资1 024万元,取缔非法职业中介4户。继续实行建筑领域农民工工资保障金制度,全市征收农民工工资保障金4 592万元,支出1 194万元,有力保障了农民工工资的正常支付。坚持调解仲裁并重,推进劳动人事争议处理工作,全市成立劳动人事争议调解中心22个,企事业劳动人事争议调解委员会26个。受市政府信访事项复查复核委员会委托,办理复查(复核)案件32件。全市受理劳动争议案件1 095起,结案852起,法定时效内结案率达100%,为劳动者挽回经济损失4 082万元。坚持重心下移,做好来信来访工作。全市人力资源和社会保障部门接待来访群众2 056批、7 918人次,切实把问题解决在基层;处理群众来信94件,受理和办结率均达100%。全面推进劳动合同制度落实,会同有关部门开展农民工劳动合同签订"春暖行动",督促各用人单位签订集体合同和工资专项集体合同,全市签订劳动合同人数达23万余人,国有、集体企业劳动合同签订率均达99%以上,其中农民工劳动合同签订率提高到90%以上,位居全省第6位。

基础工作　加强人力资源社会保障基层平台建设,市人力资源和社会保障局会同市发改委、市财政局、市编办联合制定《三门峡市基层人力资源社会保障公共服务平台建设实施方案》,并经市政府办公室转发,基层人力资源社会保障公共服务平台建设初步实现了名称和标识、管理体制、服务场所、工作制度和流程、工作内容、信息化管理"六统一"模式。开展城乡居民社会养老保险试点工作的县(市)区全部成立县级服务中心和乡级人力资源和社会保障服务所,配备了县、乡专职经办人员,基本实现省、市、县、乡四级联网和县以下垂直管理。提高信息化管理水平,"金保工程"一期验收工作按计划进行,全省统一的社会保险应用软件得到完善和推广;城乡居民社会养老保险业务专网实现省、市、县、乡四级联网,全市人力资源和社会保障城域网建设覆盖率达100%。推进经办服务能力建设,社会保险经办管理规范化、信息化、专业化水平显著提高,经办服务能力不断增强。以"三亮、三比、三评"(亮标准、亮身份、亮承诺,比技能、比作风、比业绩,群众评议、党员互评、领导点评)为载体,在全系统窗口单位深入开展"为民服务创先争优"活动,工作作风、服务水平和工作质量得到全面提升。

【全省职业能力建设工作座谈会在三门峡市召开】　3月31日至4月1日,全省职业能力建设工作座谈会在三门峡市召开,总结"十一五"时期职业能力建设工作,分析"十二五"时期面临的形势,安排2011年工作。座谈会进行了分组讨论,市人力资源和社会保障局等6个单位作经验交流发言。与会人员参观了灵宝市技工学校和该校实训基地。

【举办三门峡市民营企业招聘周活动】
5月16日至22日,市人力资源和社会保障局、市教育局、市总工会、市工商联联合在市人力资源市场举办三门峡市民营企业招聘周活动。全市各级公共就业服务机构共征集到参加此次招聘周活动的各类企业126家,其中民营企业110家;提供岗位信息约8 500个,其中适合高校毕业生的岗位达5 000余个;有5 600余人签订就业意向,其中高校毕业生2 200人、进城和返乡务工人员1 800人、下岗失业人员1 600人;签订职业技能培训意向人数(含企业委托培训人数)1 000人;提供维权及法律援助38人次;印发就业政策宣传资料1万余份,对稳定和拓宽高校毕业生就业渠道,推动民营经济健康快速发展起到了积极作用。

【全市社会保障卡发放工作全面展开】
7月1日起,三门峡市本级参加城镇居民医疗保险的居民社保卡发放工作全面展开,首批发放21 372张居民社保卡。"中华人民共和国社会保障卡"(简称"社保卡")是人力资源和社会保障部统一规划,应用于就业服务、劳动合同管理、工资收入管理、职业资格、养老保险、失业保险、医疗保险、工伤保险和生育保险等领域的集成电路(IC)卡。社保卡具有强大的记录功能、凭证功能、查询功能和金融功能。根据省人力资源和社会保障厅的工作部署,三门峡市于2010年9月15日进行系统安装调试,2011年3月制作发放4 583张居民社保卡,经试运行达到社保卡正常使用的技术要求。

【全市失业人员享受职工基本医疗保险同等待遇】　7月1日起,根据《中华人民共和国社会保险法》规定,三门峡市领取失业金人员将享受城镇职工基本医疗保险待遇,应缴纳的医疗保险费全部由失业保险基金统一支付,失业人员个人无需缴纳。失业人员医保缴费费率按照统筹地区职工医保缴费费率8.5%执行,缴费基数为1 504元,每月为失业人员缴纳医疗保险费127.84元。另外,失业人员领取失业金期间享受和职工基本医疗保险相同的住院和门诊医保待遇。

【全市用人单位裁减人员新规范出台】
10月20日,市人力资源和社会保障局、市总工会联合发出《关于规范用人单位裁减人员有关问题的通知》。该通知规定,凡用人单位需要裁减人员20人以上的,或者裁减不足20人但占用人单位职工总数10%以上的,用人单位裁减人员方案应向人力资源和社会保障行政部门和总工会报告后,方可裁减人员。该通知还对用人单位裁减人员的条件、裁减人员的范围、应该履行的程序等作了详细规定。　(席　荣)

信访工作

【概况】　2011年,三门峡市各级各部门进一步畅通信访渠道,深入开展矛盾纠纷排查化解工作,全力解决群众诉求,不断强化源头防范,健全完善工作机制,加大解决问题和督查督办力度,着力强化责任追究,依法规范信访秩序,多策并举,综合施治,最大限度地把矛盾纠纷化解在基层、消除在萌芽状态,全市信访形势持续向好。全年共接待到市集体上访295批、7 074人;个人上访487起、854人;受理来信707案、1 266件;受理网上信访284件;受理复查复核案件93案,结案72案;交办信访案件1 438案,到期应结1 320案,按期办结1 281案,按期办结率97%,协调处理了大量信访问题,全市信访形势总体平稳。三门峡市被省委、省政府授予"2011年度信访工作先进省辖市"称号,连续7年受到省委、省政府表彰。湖滨区、灵宝市被省委、省政府评为信访工作先进县(市)区,义马市、渑池县被省委信访工作领导小组授予信访工作体制机制创新特别奖,陕县、卢氏县被省委信访工作领导小组评为信访工作优秀县(市)区。

扎实开展"信访积案化解"活动。以赴京到省集体上访、非正常上访、重信重访和信访突出问题为重点,抽调干部组成4个督导检查组分赴各地,对特殊利益群体问题和29起突出信访稳定问题带案督查,对问题多发的重点地区和领域进行重点督查。落实信访周会审制度,各县(市)区党政主要领导召集周会审会议75次,研究解决突出问题115起。合理使用好解决特殊疑难信访问题专项资金,解决信访个案166起,息访息诉率100%。其中,中央、省交办信访积案10起全部按期办结,办结案件满意率达70%。

创新群众来访接待方式,畅通信访渠道。通过新闻媒体提前公布市级领导接访安排,坚持每周三市级领导在市群众服务中心接访。把县(市)区领导接访工作特别是书记、县长接访情况,作为一项重要指标纳入年度目标考核。市、县两级党政领导接待群众来访1 765起、8 244人,现场解决1 108起,批办657起,批办案件办结562起。实施领导挂牌群众点名接访制度,从8月开始,在市、县两级实行领导挂牌群众点名接访制度,由信访稳定领导小组组长及部分成员单位主要领导在群众服务中心接待群众,进一步畅通了群众诉求渠道。在8个职能部门抽调相关工作人员进驻市群众服务中心,组织开展联合接访,为信访群众提供一站式服务,推进信访问题及时有效解决。市群众服务中心联合接访大厅共接待群众来访259人次,解决各类信访事项205起。

强化信访问题源头防范。大力推行"流动调解"机制和"信访代理"制度,使矛盾排查化解工作常态化、制度化,把引发赴京到省越级上访的重大矛盾纠纷作为工作重点,全市排查各类矛盾纠纷2 846起,化解2 279起,有效地维护了社会大局稳定。开展群众工作日活动,全市各级各部门坚持在每月30日组织干部下访开展群众工作,集中收集社情民意、排查化解矛盾、帮助群众解决处理问题。全市2.8万余名干部深入基层走访群众6.6万余人次,排查化解矛盾2 677起,收集群众意见建议2 819条,有效地把矛盾和问题化解在基层。

健全完善群众工作机制。研究制定《三门峡市社会稳定风险评估工作方案》,进一步规范社会稳定风险评估工作。各级各有关部门对涉及群众利益的35起重大决策事项进行评估,从源头上预防和减少了社会矛盾。研究制定《三门峡市群众工作巡视意见》,对巡视原则、对象、程序、方式、巡视结果运用等作了明确规定。2月中旬至3月底、10月下旬至11月下旬,分别组成6个巡视组,深入县(市)区、市直重点单位开展社会稳定风险评估和重信重访案件化解巡视活动,收到了良好效果。

做好全国"两会"期间全市信访稳定工作。组建全国"两会"驻京信访工作组,妥善办理并劝返赴京上访68起、155人。全国"两会"期间,三门峡市没有发生赴京集体上访和非正常上访,没有发生重大信访稳定问题和安全事故。

(季　鑫)

民族宗教工作

【概况】　2011年,三门峡市民族宗教部门围绕中心、服务大局,各项工作都取了新成绩。市民族宗教局被国家宗教局评为全国"五五普法"先进集体,被省宗教局评为宗教工作先进单位,被市政府评为平安建设先进单位。灵宝市东关福音教堂被国家宗教局评为全国首届和谐寺观教堂。

开展民族团结进步宣传教育和争创活动。市民族宗教局联合市委宣传部、市委统战部制定下发《三门峡市民族团结进步"四争创"活动实施方案》《三门峡市深入开展民族团结进步创建活动的意见》和《关于继续深入开展创建民族团结进步先进单位的通知》。各县(市)区结合实际,开展送政策法规进社区、送科技文化下乡、为少数民族群众送医送药活动。全市共发放民族政策宣传资料6万余份、科技图书2 000余册,为少数民族群众义诊近3 000余人,免费赠送药品价值2万余元。开展创建和谐寺观教堂活动。全市共印发各类宣传资料3万余份,有21个宗教活动场所达到和谐寺观教堂标准。维护社会稳定,有效化解社会矛盾。市民族宗教局妥善处理了省民委宗教局领导批示及下转的信件18件,市有关领导批示的急办事件5起,化解矛盾纠纷26起(民族纠纷12起、宗教纠纷14起);配合市有关部门及时制止3起群体性突发事件,由于处理得当,没有造成不良影响。

开展民族宗教工作大调研。市民族宗教局配合国家、省民委有关领导分别到省际结合部山西省运城市、陕西省渭南市及三门峡市4个少数民族村、3个清真食品市场,针对少数民族经济、文化、流动人口情况进行调研。市民族宗教局配合省宗教局开展宗教"三个专项"(宗教活动场所财务监管、宗教教职人员认定备案和参加社会保障)工作专题调研;会同市政协、市委统战部开展宗教工作情况大调研,基本摸清了全市5大宗教信教群众、宗教活动场所、教职人员等方面的底数;会同市委统战部制定出台《三门峡市宗教调研暨依法治理基督教私设聚会点工作方案》,撰写《三门峡市依法治理基督教私设聚会点的调研报告》;配合市政协开展对全市宗教教职人员参加社会保障问题的调研,撰写《三门峡市宗教教职人员参保情况的调研报告》。

促进少数民族和民族聚居地区经济快速发展。加大对少数民族地区的扶持力度。市民族宗教局会同各县(市)区民族宗教部门,在少数民族村举办科技培训班28期,帮助少数民族群众提高收入,全市民族村科技种植面积达6 000余公顷,培育养殖专业户17个,使少数民族群众人均年新增收入1 500余元。筛选4个少数民族聚居村基础设施建设项目争取上级扶贫发展资金65万元,发动回族群众捐资90万元,协调小额贷款1 200余万元,用于解决少数民族地区基础设施建设、当地清真寺的修建及发展养殖业和种植业。加大为少数民族企业的服务力度。组织具有代表性的少数民族特需商品定点生产企业三门峡湖滨果汁饮品有限责任公司、河南尚正食品有限公司、灵宝振宇食品有限公司、陕县观音堂长玉五香牛肉有限公司参加2011年中国(青海)国际清真食品及用品展销会,4家公司与新疆、青海、内蒙、宁夏、广西、云南等地的客商签订供货协议42笔,与日本、土耳其、马来西亚、伊朗等国家的客商签订意向合同10笔,共计价值2.6亿元。组织企业参加河南省首届清真食品名企、名品、名店评选活动,其中河南尚正食品有限公司、灵宝振宇食品有限公司被评为知名企业,“尚正坊”牌清真牛肉制品、“长玉”牌五香牛肉分别荣获河南省清真食品知名品牌称号。

加大城市少数民族流动人口管理力度。全市民族宗教部门从政策宣传、服务、维权等方面着手,提高各民族干部群众维护民族团结和社会稳定的自觉性;联合民政、人口和社会保障、教育、住建、计生等部门,对城市少数民族群众在职业培训、就业咨询、急难救助、法律援助、子女入学、宗教信仰、风俗习惯和精神文化需求等方面给予帮助服务。

依法管理民族宗教事务。加大对清真食品市场的监管力度。市民族宗教局联合食品药品、工商、卫生、质监等部门开展执法检查,坚持在重大节日对清真食品市场、酒店、学校、企业进行集中检查整顿,共出动执法人员310人次、车辆60余台次,检查28家少数民族企业、5所民族学校、30家超市、45家清真牛羊肉经销点、243家清真饭店,纠正了13家超市清真食品乱放、混放现象。聘请60名义务监督员持证上岗,维护清真食品市场健康有序发展。着力解决民族宗教难点问题。市民族宗教局在处理天主教“地下”教主李弘业丧葬后事过程中,按照省宗教局领导指示要求,协助配合郑州、洛阳市宗教局,成功劝阻了天主教神甫闫玉希等人参与非法祭奠活动;妥善解决了因城中村改造湖滨区感恩堂、崖底乡教堂搬迁,引发部分信教群众到三门峡市、湖滨区上访问题;协助有关部门妥善解决灵宝市北上村回族村民、渑池县城关镇一里河村村民、函谷关信教群众到省、市上访等问题,没有造成大的社会影响。依法查处宗教违法违规行为。在全市开展宗教排查暨私设活动场所治理整顿,各地联合公安、国保部门抽调120余人组成专项检查组,出动车辆20余台次,查看了40个乡(镇、街道办事处)、160个村组,146个寺观教堂、活动点,排查出未经申批的宗教活动场所96个,其中道教18个、佛教42个、天主教2个、基督教34个,取缔、驱散基督教私设聚会点46个(其中取缔了2个在暑假期间非法举办的中小学生宗教知识培训班)。开展安全排查治理工作。在全市宗教活动场所开展安全知识教育与安全隐患排查治理,全市共举办宗教活动场所消防演习培训班12期,组织了3次大规模的防火、防汛、防踩踏、防食物中毒等安全隐患大排查行动,共抽调160余人次,出动车辆25台次,对全市285个宗教活动场所进行排查治理。推进宗教“三个专项”工作。基本完成全市宗教教职人员的认定备案工作,建立宗教教职人员信息数据库;进一步规范了宗教活动场所财务监督管理工作;全市617名宗教教职人员中,有581人参加了不同类型的社保,其中卢氏县、灵宝市教职人员参加社会养老保险的参保率达到100%。加大抵御境外渗透工作力度。市民族宗教局认真贯彻落实《中华人民共和国境内外国人集体宗教活动管理办法》和《对台宗教交流管理办法》,召开有关部门和基督教两会、佛教协会常委会,听取汇报掌握情况。做好宗教界人士政治思想工作,研究抵御措施。做好宗教文化对外交流工作。协助陕县举办第10届达摩祖师纪念大典暨文化活动,以弘扬传统的禅宗文化为平台,促进全市文化产业发展。

积极引导民族宗教与社会主义社会相适应。开展“爱国、爱教、守法、致富、奉献”活动。引导信教群众发展家庭致富项目,培养种植业、养殖业致富典型,组织致富能手、聘请专业人员向信教群众传授致富技术和经验,提供科技信息咨询服务。结合庆祝中国共产党成立90周年活动,在全市宗教界开展“同心同行,共创和谐”红歌大赛,进一步激发了宗教界人士的爱国热情。开展慰问关爱活动。开斋节、圣诞节期间,市领导参加庆典活动并开展慰问。春节、元旦、中秋节等重大节日期间,各地开展了看望慰问少数民族孤寡老人、民族宗教界代表人士等活动。开展慈善公益活动,鼓励宗教界积极参与公益慈善事业。全市宗教界向贫困、受灾地区捐款12万元,制作拥军鞋垫2万余双,为福利院孤寡老人献爱心100余次,义务植树造林1公顷。 (孙春红)

外事侨务工作

【概况】 2011年,三门峡市人民政府外事侨务办公室强化外事侨务宏观指导和归口管理职能,完善外事侨务工作体制和机制,创新国际友城工作,优化国际友城布局,延伸和丰富国际友城内涵,拓展渠道,探索民间外交的新形式,全面扩大和深化三门峡市在政治、经济、文化、教育等领域的对外交流与合作,为扩大三门峡市对外开放、促进三门峡经济社会又好又快发展作出了积极贡献。

借平台,造氛围,助推对外开放。市外侨办始终把友好城市交往作为对外开放和扩大对外宣传的“助推器”。第17届中国(三门峡)国际黄河旅游节期间,邀请世界旅游组织代表贝兹巴鲁艾·麦丹·普拉萨德等8国驻华国际组织代表、驻华使节参加旅游节,并在三门峡市接受省长郭庚茂的会见。发挥国际友好城市这一渠道和平台,邀请韩国东豆川市(19人)和匈牙利索尔诺克市(13人)的友好城市访问团参加第17届中国(三门峡)国际黄河旅游节。邀请克罗地亚友好经贸访问团访问三门峡市,使两市加深了友谊,增进了互信,扩大了成果,达成了共识。邀请中国驻瑞典大使馆前任大使、现任文化参赞和4名瑞典文化界人士参加在渑池县举办的仰韶文化发现90周年纪念大会暨国际学术研讨会,对于提升仰韶文化的国际知名度起到了极大的推动作用。

拓渠道,重联谊,借智提升引资引智层次。7月,市外侨办邀请中国驻匈牙利原大使张春祥到三门峡市考察,受到市委书记杨树平和市长赵海燕的会见,并被聘为“三门峡市人民政府外事工作顾问”。市外侨办联合三门峡市贸促会两次邀请法国华人贸易促进会常务副会长朱国栋到三门峡市区、灵宝市实地考察,并向其介绍三门峡市对外开放优惠政策和区位、资源、文化优势,朱国栋表示了对到三门峡投资的极大兴趣,前期有关合作开发项目正在洽谈、商议之中。通过市主要领导率团出访，三门峡市先后同南非华人总商会、莫斯科中原总商会建立密切合作互惠关系。8月，莫斯科中原总商会派员到三门峡市访问，拟与三门峡市开展黄金首饰加工合作，并愿意为三门峡市下辖县级市联系俄罗斯联邦科斯特罗马州直属克拉斯诺谢利斯基区为友好城市发展对象，开展互惠合作。

抓重点，严把关，强化因公出国（境）管理。市外侨办一是实行因公出国（境）团组行前告知制度、承诺制、登记制度，内容涉及认真履行义务、遵守外事纪律、注重安全防范3个部分。二是制定严格的报告审批制度。6月，以中共三门峡市委办公室、市政府办公室名义起草《关于从严控制全市领导干部因公出国（境）有关问题的紧急通知》，并下发全市，三门峡市处级以上党政干部因公出国（境）必须征得市委书记、市长同意后，方可出访执行公务。三是对申报因公出国（境）材料实行三重把关制度。三门峡市所有因公出国（境）申报材料都进行严格把关，由主管因公出国（境）科室审查后呈主管副主任审查，最后交由主任审查。四是出台纲领性文件，全面规范因公出国（境）活动。3月，通过考察研究，充分借鉴外地经验，以市委办公室、市政府办公室的名义下发《关于进一步加强因公出国（境）管理的实施意见》，从计划管理、请假制度、经费预算、审核监管等方面对三门峡市因公出国（境）加以规范。

【三门峡市与韩国东豆川市正式缔结友好城市关系】 5月17日下午，韩国东豆川市友好访问团到三门峡市，并拜会市政府。市长杨树平和东豆川市市长吴世昌分别代表双方签署缔结三门峡市、东豆川市友好城市关系的“协议书”，以及关于增进两市友谊、推进各领域更好合作与交流的《备忘录》，正式缔结友好城市关系。杨树平、吴世昌分别为“韩中友好园”和“中韩友好园”题写匾名，并相互赠送礼物。在天鹅湖国家湿地公园召公台上，杨树平和吴世昌共同培土，为“中韩友好园”奠基。5月18日，东豆川市友好访问团一行深入三门峡市外国语小学、三门峡速达交通节能科技有限公司、三门峡思睿电子科技公司、三门峡大坝、虢国博物馆和三门峡职业技术学院参观访问。

【匈牙利索尔诺克市友好访问团访问三门峡市】 5月18日上午，匈牙利索尔诺克市市长弗兰克·萨雷率友好访问团拜会市政府，市长杨树平和弗兰克·萨雷分别代表两市签订谅解合作备忘录，双方就进一步推动友好关系向更深层次发展交换了意见。杨树平、弗兰克·萨雷分别为“匈中友好园”和“中匈友好园”题写匾名，并互赠纪念品。5月18日下午，三门峡市与匈牙利索尔诺克市企业家座谈会在明珠宾馆举行。索尔诺克市市长弗兰克·萨雷，三门峡市副市长李琳、市政协副主席孙继伟等出席座谈会，两市企业家代表就进一步加强合作进行了深入交流。在三门峡市访问期间，访问团还参观考察了虢国博物馆、三门峡大坝、三门峡产业集聚区、三门峡速达交通节能科技有限公司、三门峡职业技术学院和市外国语高中。

【三门峡市访问团访问匈牙利索尔诺克市】 7月26日，以正市级领导赵光超为团长的访问团访问三门峡市友好城市匈牙利索尔诺克市。访问期间，双方就两市的交流合作进行了务实磋商，并形成了合作共识。当天，三门峡市访问团在索尔诺克市副市长萨博和工业园主任埃米尔·安德拉斯的陪同下，参观了索尔诺克市工业园和物流中心，赵光超与埃米尔·安德拉斯进行了深入交流。在索尔诺克市体育学校，赵光超与该校校长罗萨·约瑟夫进行了会谈，双方就体育方面的合作进行了深入的探讨和交流，并初步达成合作意向。访问团还参观了索尔诺克市最大的医院。随后，索尔诺克市市长弗兰克·萨雷与赵光超进行了会谈，双方就两市的交流合作进行了务实磋商，并形成合作共识。

【克罗地亚友好经贸访问团到三门峡市访问】 10月1日，克罗地亚萨柏克市市长伊万·汉泽科和克罗地亚驻华大使西莫尼奇率克罗地亚友好经贸访问团到三门峡市访问考察，与市委书记杨树平进行会谈，拜会了市政府，双方签订了《三门峡市和萨柏克市建立友好城市关系意向书》。10月2日至3日，克罗地亚友好经贸访问团一行先后到三门峡水利枢纽、虢国博物馆、函谷关景区、三门峡职业技术学院、天鹅湖国家城市湿地公园、市文体中心、二仙坡绿色果业基地，以及速达汽车、缘份果业、骏通车辆、鹏飞电子、九拓函谷红茶叶等企业参观考察，了解三门峡市历史文化和经济社会发展情况。10月3日下午，举行中国三门峡市·克罗地亚萨柏克市经贸合作交流会，为两市的进一步友好合作奠定良好基础。速达汽车、缘份果业、成义电器、思睿科技等10余家企业参加交流会，并与克罗地亚的电信、农机、照明及灯具等企业进行深入洽谈。（郭武伟）

市直机关事务管理

【概况】 2011年，三门峡市市直机关事务管理局坚持一手抓机关组建，一手抓业务推进，开创了工作新局面。

扎实推进公共机构节能工作。市机关事务局组织召开全市公共机构节能工作会议，部署全市2011年及“十二五”时期公共机构节能工作，市政府和市直各单位及各县（市）区签订了目标责任书。普及公共机构节能知识，增强全社会的节能意识。5月，市机关事务局组织开展全市公共机构节能知识竞赛，并选拔4人参加全省公共机构节能知识竞赛。6月，市机关事务局组织全市公共机构开展以“绿色办公、低碳生活”为主题的宣传活动，并将6月15日定为全市“低碳体验日”。市主要领导身体力行“绿色出行”，带头体验能源紧缺。全市各级机关事业单位积极响应，停开公务用车，停开办公区域空调，停开公共场所（门厅、走廊、卫生间）照明，6层以下办公楼停开电梯，以实际行动倡导节能减排理念。全年全市共悬挂节能宣传横幅500余条，展出节能展板150余块，制作板报120余张，张贴大幅节能宣传画1 500余幅，停开公车2 400余辆。全市各新闻单位积极配合开展宣传，共刊播各类新闻、专题稿件67篇，刊播公益广告750余条次，营造了全社会关心、支持、参与节能减排的浓厚氛围。

圆满完成重大活动服务任务。市机关事务局圆满完成了第17届中国(三门峡)国际黄河旅游节开幕式,市委庆祝建党90周年大型红歌会、庆祝建国62周年大型文艺晚会等大型活动的保安、保洁任务;配合市文体中心建设指挥部,完成省内外各级领导到市文体中心参观视察重大接待20余次。

稳步推进公务用车专项治理。市机关事务局组织召开全市公务用车专项治理工作动员大会,制定下发实施方案,分动员部署、清理纠正、重点检查、建章立制四个阶段进行集中整治。全面统计全市公务用车情况,共统计公务用车4 779辆,其中党政机关公务用车3 386辆、所属事业单位公务用车1 393辆。参照省公务用车专项治理领导小组下发的标准,共发现党政机关违规车辆920辆,其中超编车836辆、超标车55辆、违规借车29辆。在全省公务用车专项治理工作座谈会上,市机关事务局作了典型发言。

精心抓好机关食堂管理,服务机关干部。市机关事务局以微利经营为原则,加强内部精细化管理,降低运行成本,通过公布每日菜谱、提高菜肴质量等方式改善服务,在机关食堂就餐人数稳定在400人左右,膳食满意率达到98%。

与有关部门协商,完成了房产处的资产移交,有关交接事项正在办理中。在接管市委大院及二号院绿化保洁和小食堂后,及时完善管理制度,保证二号院食堂正常运营,并及时更换和补栽市委大院的苗木,保证了市委大院工作环境的舒适、干净。加强所辖居民区的物业管理,杜绝水、电的跑冒滴漏,实行全天保洁,1 200余户居民表示满意。

(席祥峰)

中国人民政治协商会议三门峡市委员会

【概况】 2011年,中国人民政治协商会议三门峡市委员会牢牢把握团结和民主两大主题,紧紧围绕全市经济社会发展大局,切实履行政治协商、民主监督、参政议政职能,为建设创新开放、富裕文明、平安和谐、生态宜居三门峡作出了积极贡献。全年市政协共召开1次全体会议、5次主席会议、4次常委会议;组织委员调研、视察10次,形成调研、视察报告7份;提出建议50余条。市委、市政府领导先后7次作出重要批示,要求有关部门研究和采纳市政协提出的建议,有的报告还以市委办公室名义发至各相关部门,有效促进了工作。市政协五届四次会议以来共征集各类提案205件,经提案审查委员会审查立案200件,办复率100%,委员满意率达99%。编辑出版《三门峡文史资料》第21辑,收集三门峡地区近现代有关政治、军事、经济、文化等方面的宝贵史料37篇、29万余字。市政协积极参加省政协举办的各类经验交流会、理论研讨会和协商议政会,介绍三门峡市发展经济、改善民生的好做法;加强与外地市政协的交流,组织委员外出考察学习,接待外地政协到三门峡市考察学习人员34批、323人次。加强对县(市)区政协的指导。市政协的重要活动和会议,都邀请县(市)区政协负责人参加;重要视察、调研、考察活动坚持与县(市)区政协联合开展;与有关县级政协联合,征集、编写三门峡文史资料等。积极开展包村扶贫工作,帮助所包村发展项目、整治村容村貌,开展帮贫扶困、送医送药、知识讲座等活动,受到当地群众一致好评。

【市政协五届五次会议召开】 2月10日至14日,政协三门峡市五届五次会议召开。市政协主席郭秀荣向大会作工作报告,市政协常务副主席陈雪平主持会议,市政协副主席高从民作关于四次会议以来提案工作情况的报告。会议审议通过了政协三门峡市第五届委员会常务委员会工作报告和五届四次会议以来提案工作情况的报告;列席五届三门峡市人民代表大会第六次会议,听取并讨论《政府工作报告》《关于三门峡市2010年国民经济和社会发展计划执行情况与2011年计划(草案)的报告》《关于三门峡市2010年财政预算执行情况和2011年财政预算(草案)的报告》《三门峡市中级人民法院工作报告》和《三门峡市人民检察院工作报告》;通过政协三门峡市第五届委员会第五次会议政治决议。

【召开4次政协常委会议】 全年市政协共召开4次常委会议。五届二十次常委会议于2月14日召开,听取各委员组组长汇报各组讨论市政府工作报告、计划报告、财政报告以及法、检两院工作报告情况,审议政协三门峡市第五届委员会第五次会议政治决议(草案),审议政协三门峡市第五届委员会第五次会议提案审查情况的报告(草案)。五届二十一次常委会议于5月25日召开,协商增补委员事宜,听取市政协经科委作《关于我市经济结构调整情况的调研报告》,听取市政府关于三门峡市经济结构调整情况的通报,讨论经济结构调整工作。五届二十二次常委会议于7月26日召开,听取市政协文教体卫委员会副主任郭振平作《关于我市学前教育情况的调研报告》,听取市政府关于全市学前教育情况的通报,协商讨论全市学前教育情况。五届二十三次常委会议于10月24日召开,听取市政协港澳台侨民族宗教委员会主任王德林作《关于我市引进外资工作情况的调研报告》和市政府《关于我市引进外资工作情况的通报》,协商讨论三门峡市引进外资工作情况。

【视察旅游产业发展】 4月6日至8日,市政协副主席王铁创、卢群召率领部分政协常委、委员,先后实地察看了渑池县黄河丹峡景区、仰韶文化博物馆,灵宝市故县镇汉山景区、函谷关外景区和卢氏县官坡镇红二十五军遗址等新建景区,详细了解景区建设进展情况和下一步工作打算,并听取旅游工作情况汇报。委员们希望各有关部门要抓住机遇,加大投入,加强旅游基础设施建设和旅游宣传促销,深化对外合作;结合旅游产品开发,多层次、系统性地开发旅游市场,拉长旅游产业链,打造品牌,有力推动旅游业健康、可持续发展。

【调研经济结构调整情况】 4月19日至22日，市政协副主席陈雪平、高从民带领部分政协常委、委员，实地察看了渑池县仰韶文化博物馆、义马市新大牧业养殖公司、三门峡产业集聚区鹏飞电子、陕县鸿美铝型材项目、湖滨区三味奇综合食品加工项目、灵宝市黄金股份高档铜箔项目、卢氏县中康中药饮片公司等30多个新建工业转型升级项目、社会事业项目、商贸项目和服务业项目，详细了解经济结构调整情况。座谈会上，委员们建议，要加强经济结构调整的规划性，注重人力资源的开发和人才的引进，加快休闲产业和现代服务业的发展，在上新项目的同时对老的国有企业传统工业进行改造提升，把产业集聚区平台做大、做强、做优。

【调研学前教育发展情况】 6月14日至17日，市政协副主席姚龙、王铁创带领部分政协常委、委员，深入灵宝市、陕县、义马市、湖滨区、渑池县及市直部分幼儿园，察看教学场地和设施，了解学前幼儿入学率、教学内容、师资水平、收费标准和饮食营养搭配等情况，并和幼儿教师、幼儿家长进行座谈。在17日的汇报座谈会上，政协委员们就学前教育建言献策，建议要不断完善和理顺管理体制和工作机制，把幼儿园的建设与城市规划相配套，加大投入，合理配置资源；落实优惠政策，扶持民办学前教育；开展达标活动，提高办园层次和办园水平；创新培训形式，提高学前教育教师整体素质；提高教师待遇，强化安全防范，促进学前教育事业健康快速发展。

【视察农村养老保险工作】 6月30日至7月1日，市政协副主席王富民、张景林率领部分政协常委、委员，先后到灵宝市西阎乡光荣院、焦村镇敬老院和陕县大营镇敬老院视察农村养老保障工作。视察组通过实地察看、与老人交谈和听取汇报等形式，详细了解敬老院的环境、设施、服务及管理等情况。座谈会上，委员们建议加大宣传力度，让百姓转变观念，了解政策放心投保；通过政策和制度的引导，动员社会力量参与养老事业，支持民办养老机构；政府主导，提高养老的社会化、组织化和制度化程度。

【视察城市社区卫生服务工作】 8月23日，市政协副主席姚龙、王铁创带领部分政协委员对全市城市社区卫生服务工作进行视察。视察组一行先后实地察看了义马市朝阳路社区和东区社区卫生服务中心、人民路社区和兴苑社区卫生服务站，湖滨区涧河社区卫生服务中心和涧河第六社区、湖滨第二社区、湖滨第一社区卫生服务站，并听取了市卫生局、义马市、湖滨区的工作汇报。视察组建议，要加大投入和扶持力度，建立、完善基层公共卫生服务体系，提高社区卫生服务机构运行能力；加强教育培训，提高社区医护人员的素质；加大宣传力度，努力做到让社区卫生服务家喻户晓，让广大市民看病方便、得到实惠。

【视察普法和依法治市工作】 8月24日，市政协副主席王富民、张景林带领部分市政协委员，视察全市“五五”普法、“三五”依法治市工作。视察组一行先后到市司法局国家司法考试科、公证处、法律援助中心等相关业务科室及市依法治市办，认真察看有关资料，向有关人员详细了解“五五”普法、“三五”依法治市工作的有关情况，并听取工作汇报。针对如何进一步做好普法和依法治市工作，视察组就加强调解工作、重视利用互联网普法、完善激励机制、加大对农村和青少年普法力度、加大普法宣传力度、搞好公证宣传等方面提出建议。

【调研引进外资情况】 9月14日至16日，市政协副主席王铁创、肖群兰带领市政协调研组一行，对各县（市）区引进外资情况进行调研，了解企业发展所面临的问题，倾听企业的心声。调研组一行先后深入湖滨区、陕县、渑池县、义马市、灵宝市等地的兴邦离子膜、速达汽车、开祥化工、锂离子项目等多家企业，分别听取企业负责人对近年来在外资引进、生产销售、经营状况等方面的介绍，并深入车间详细了解产品生产流程等。调研组表示，各相关部门要围绕培育具有地方特色的主导产业，大力开展产业招商和以商招商；围绕推动产业升级换代，以提升产业发展水平为目标，着力进行结构调整；围绕提升区域竞争力，以优化发展环境为目标，创新软环境建设，完善基础设施功能；围绕科学发展、跨越发展，以形成发展合力为目标，切实加强领导，推动工作开展。

【视察民生工作】 9月22日至23日，市政协主席郭秀荣带领市政协副主席卢群召等驻三门峡省政协委员，视察三门峡市民生工作。市政协副主席陈雪平、王铁创、高从民，市政协党组成员王平灿和部分市政协委员参加视察。委员们先后到市区康乐家园住宅小区、德馨苑小区、迎宾花园住宅小区和陕县阳光小区，市污水处理厂，金玫瑰大酒店、湖滨果汁饮品有限公司、三门峡富达饮品有限公司、华润万家超市、市旺鑫食品有限公司，陕县境内的山口水库、涧里水库以及西张村镇第二供水厂、辛庄村高效节灌滴灌果园，分别对保障性安居工程建设、城市污水排放治理、食品安全监管、农村水利基础设施建设情况进行视察。在23日下午召开的座谈会上，委员们听取了有关部门的情况汇报，对民生工作取得的显著成绩给予充分肯定，并对视察过程中发现的问题提出意见建议。

【视察“大交通”建设】 10月28日，市政协副主席高从民、孙继伟带领部分市政协常委视察“大交通”建设进展情况。视察组一行先后到连霍高速改扩建、三灵快速通道、三淅高速与郑卢高速的工地，实地察看施工情况，详细了解工程进度。在听取市交通运输局关于“大交通”建设工作汇报后，高从民、孙继伟指出，交通运输部门谋划超前，措施得力，“大交通”建设成效显著，影响深远。《国务院关于支持河南省加快建设中原经济区的指导意见》明确指出，支持三门峡改造提升地区性交通枢纽。希望市交通运输部门抓住难得机遇，超前谋划，长远规划；抓好在建项目，确保工程质量；争取新的项目，保障持续发展；多渠道筹措资金，破解融资难题。

【视察提案办理情况】　12月16日，市政协副主席高从民带领部分政协委员，视察市政协五届五次会议提案办理工作情况。市政府督查室和市民政局、市公安局负责人参加视察活动。政协三门峡市五届五次会议期间，市政协委员就政府工作共提出提案205件，立案200件，内容涉及科教文卫、经济、政法、劳动人事等方面。至12月，所有提案已全部办理完毕，满意和基本满意率达100%。当天，委员们就养老机构建设运营、治理市区交通拥堵、网络安全及网吧管理等提案，先后深入到三门峡市老年服务中心；赛特网络会馆、天地游网吧、都市人网吧；市区六峰路(文明路至崤山路段)、黄河路(六峰路至上阳路段)和市公安局110指挥中心等实地察看，进一步了解提案办理成效。随后，委员们听取了市民政局和市公安局关于提案办理的情况汇报，并进行座谈。高从民强调，在养老机构建设方面，有关部门要加大力度，努力改善养老条件；在改进市区交通管理方面狠下工夫，努力保持道路畅通安全；在加强网吧管理方面要多动脑筋，不断规范网吧秩序。

【全国政协副主席陈奎元视察三门峡速达交通节能科技有限公司】　5月19日下午，参加第17届中国(三门峡)国际黄河旅游节暨投资贸易洽谈会的全国政协副主席陈奎元在省政协副主席李英杰陪同下，深入三门峡速达交通节能科技有限公司视察，并试乘了由该公司生产的速达牌纯电动汽车。市委书记李文慧，市政协主席郭秀荣，市委常委、秘书长赵中生，市政协副主席陈雪平陪同视察。陈奎元详细了解了速达牌纯电动汽车的各项性能指标，对速达公司在新能源汽车研发方面取得的成绩给予充分肯定，希望速达公司以务实的精神，研发出更为先进的高新技术产品，开拓出中国民族汽车工业的新天地。

【省政协副主席张亚忠到三门峡市调研】　6月21日，省政协副主席张亚忠一行4人到三门峡市调研杜仲产业发展情况，市政协副主席姚龙陪同调研。张亚忠一行参观了灵宝市朱阳镇阎家驮村的亚洲最大人工栽植连片杜仲生态园、天地科技公司2 000公顷杜仲基地和杜仲综合开发深加工基地，并召开座谈会，听取朱阳镇和天地科技公司情况汇报。张亚忠指出，要利用发展杜仲产业得天独厚的自然条件，促进灵宝杜仲产业可持续发展，使杜仲发挥巨大的生态、经济、社会效益，争取把灵宝建成国内有影响力的杜仲种植和产业基地。

【省政协委员经济二组考察团到三门峡市考察】　7月22日至23日，以省物资集团公司董事长张翔为组长的省政协委员经济二组考察团一行20余人到三门峡市，对三门峡金帝置业有限公司所属企业和项目进行考察。市政协主席郭秀荣会见考察团成员，市政协副主席、市工商联主席孙继伟与考察团成员座谈。三门峡金帝置业有限公司是一家业务涉及房地产开发、建筑装饰材料市场、风景名胜旅游区开发和矿业开发的综合性集团公司。在两天时间内，考察团成员参观了金帝置业有限公司所属的建筑装饰材料市场、亚武山风景区、中高碳石墨深加工厂、中兴矿业等企业和项目，并参观游览了三门峡天鹅湖国家城市湿地公园。

【省政协副主席高体健到三门峡市调研】　8月31日至9月1日，省政协副主席、省人口和计划生育委员会主任高体健到三门峡市，调研人口和计生工作。在义马市，高体健察看了新区办事处梁沟社区的人口学校、计生居家养老服务站、社区大学等场所，并详细了解义马市早教中心规模、班级和课时设置、教学内容和方式等情况。在渑池县计划生育服务站，高体健察看了机构设置、优生服务项目实施等情况。高体健高度评价了三门峡市的计生工作。

【省政协副主席靳绥东、李英杰到三门峡市考察】　12月8日，省政协副主席靳绥东、李英杰深入灵宝市函谷关景区和三门峡速达公司，实地察看景区建设和速达电动汽车技术工艺，了解三门峡市经济社会发展情况。靳绥东、李英杰到函谷关景区实地察看，询问道家文化及景区建筑、绿化等方面建设情况，了解道家养生园、药膳房、百草园等景区的下一步建设规划，充分肯定三门峡市近年来“大旅游”建设所取得的成效。在速达公司，靳绥东、李英杰详细了解速达电动汽车驱动再生制动控制器、永磁同步电机、电池能源管理系统三大关键技术，询问电动汽车的时速、耗电量、充电方式等情况。靳绥东、李英杰对速达电动汽车零排放的特性和充电装置的实用性给予肯定，要求企业进一步提升研发能力，强化产品与应用市场的衔接，加快生产基地建设，为产业转型升级和中原经济区建设作出贡献。

【第10届省政协农业委员会工作座谈会在三门峡市召开】　12月6日，第10届河南省政协农业委员会工作座谈会在三门峡市召开。会议就贯彻落实《国务院关于支持河南省加快建设中原经济区的指导意见》和省九次党代会精神，如何进一步做好“三农”工作进行深入探讨。省政协副主席靳绥东、李英杰，省政协农业委员会、各省辖市政协、省直涉农部门有关领导出席会议。市委副书记、市长赵海燕致辞，市政协主席郭秀荣，市长级干部赵光超，市委常委、秘书长姜继鼎，副市长张建峰等出席会议。靳绥东指出，要充分认识加快中原经济区建设的重大意义，认真学习贯彻落实省九次党代会精神，加快推进中原经济区建设步伐；要准确定位，做好工作，围绕党委、政府中心工作、重点工作建言献策，充分发挥政协在中原经济区建设中的作用；各级政协农业委员会要围绕“三农”工作积极开展调研、视察，加强与各级涉农部门的沟通与联络，积极建言献策，努力提高工作的实效性。　（张玉萍）

·编辑　李艺芬　卢亚杰·

群众团体

MASS ORGANIZATIONS

4 月 9 日，三门峡市总工会召开春季用工洽谈会

三门峡市总工会

【概况】 2011年,三门峡市总工会认真学习党的十七大和十七届五中、六中全会精神,深入贯彻落实科学发展观,围绕全市经济社会发展新目标,积极履行工会各项社会职能,切实维护职工群众的合法权益,较好地发挥了工会组织在保持经济平稳较快增长中的重要作用。至年底,全市有基层工会5 629个,会员41.48万人。

职工劳动竞赛活动 市总工会在全市广泛开展了"当好主力军、建功'十二五'"为主题劳动竞赛,围绕"十二五"期间目标任务和实施"四大一高"战略,持续推进职工技能竞赛、重点工程竞赛和节能减排竞赛。全市参加劳动竞赛的企业600多家,参加职工15.7万人。组织实施了26个行业、84个工种的市级竞赛活动,在237个市级以上重点工程中开展"五比一创"建功立业竞赛,调动各方力量推动民生工程、基础设施、生态环境等重点工程建设。在排污治理重点企业开展了"双比双降"节能减排竞赛,为建设资源节约型、环境友好型社会作贡献。

促进就业和帮扶工作 充分发挥工会就业培训基地、职业介绍机构、家政人员培训机构等阵地作用,大力开展职业培训和职业介绍工作,全年共培训10 244人,安置就业4 837人,职业介绍5 447人次。成功举办2011年全市春季用工大型洽谈会,参加企业162家,涉及轻纺、化工、电子电器、机械制造、营销等10多个领域30多个工种5 000多个岗位,安排就业2 700多人,有效地缓解了进城务工人员、下岗职工的就业压力。

依法推动企业普遍开展工资集体协商 市总工会依法推动企业普遍开展工资集体协商。召开全市工资集体协商工作推进会,开展工资集体协商"春季要约行动""百日行动",建立健全工作机制。开展"调研月"活动,对发现的问题及时提出整改意见。培训工会干部和协商代表1 500名,聘任192名市级工资集体协商指导员。至年底,全市已建会企业共签订工资集体合同833份,覆盖企业1 908家,覆盖职工20.8万多人。在改善职工待遇、化解劳资矛盾方面产生了显著效果。各级工会进一步加大对女职工的权益维护,女职工专项集体合同签订820份,覆盖企业1 895家。

参与社会矛盾纠纷"大调解"体系建设 认真学习贯彻胡锦涛关于职工法律援助维权服务的重要指示精神和《中华全国总工会关于参与加强和创新社会管理,做好新形势下群众工作的意见》,明确了工会参与加强和创新社会管理、做好新形势下职工群众工作的指导思想、工作原则和具体要求。制定《三门峡市总工会开展社会矛盾"大排查、大调处、大防范"活动实施方案》等3个文件,对"十二五"期间的维权维稳重点任务进行分解、责任到人。加强基层劳动争议调解组织建设,全市共建立企业劳动争议调解委员会173个,法律工作站5个,聘任劳动争议调解员293人。

开展劳动关系和谐企业创建活动 积极推动各县(市)区将创建活动纳入当地经济社会发展规划和党政目标考核评价体系,全市开展创建劳动关系和谐单位活动的企事业1 293家,规模以上企业覆盖面达90%,其他企业达73.5%。大力实施厂务公开、职代会建制专项行动,广泛开展创建厂务公开民主管理示范单位活动,不断推进厂务公开民主管理工作制度化、规范化。大力推动区域性职代会制度建设,实现厂务公开民主管理工作的广覆盖。

【召开市总工会四届九次全委(扩大)会议】 2月24日,市总工会召开四届九次全委(扩大)会议,传达全总十五届五次执委会、省总十三届五次全委会精神,回顾总结2010年全市工会工作,研究确定2011年工会工作的基本任务。市总工会主席孙宗会作了题为《认真学习贯彻党的十七届五中全会精神,组织动员全市职工为实现"十二五"规划贡献力量》的工作报告,市委副书记王建勋作了重要讲话。会议确定了2011年的工会工作总体目标为:"以邓小平理论和'三个代表'重要思想为指导,深入贯彻落实科学发展观,全面贯彻党的十七届五中全会、省委八届十一次全会和市委五届八次全会精神,紧紧围绕科学发展主题和加快转变经济发展方式主线,团结动员全市职工为'十二五'规划实施和实现经济社会发展新跨越建功立业;大力发展和谐劳动关系,全力推进'两个普遍',切实维护职工合法权益,在促进社会和谐中更好地发挥工会组织的作用。"

【组织庆祝建党90周年宣传教育系列活动】 各级工会精心组织学习贯彻胡锦涛总书记"七一"讲话、党的十七届六中全会、市委六次党代会精神,深入学习贯彻《国务院关于支持河南省加快建设中原经济区的指导意见》,认真开展形势教育,把职工的思想行动统一到中央、省、市精神上来。市和各县(市)区、基层工会共组织各种宣传、宣讲活动80多场。通过各种大型文艺演出、唱红歌、参观革命圣地,举办学习会、座谈会、演讲比赛等,激发职工爱党爱国热情,坚定永远跟党走的信念。做好省、市职工职业道德建设先进典型评选推荐工作,大力推进企业文化、职工文化建设。

【"安康杯"竞赛活动】 为进一步提高职工的安全意识,从4月起,市总工会深入开展了"安康杯"竞赛活动,参加企业136家,班组698个,参赛人数和参赛规模较上一年有较大幅度增长,为政府安全生产责任制的落实提供了坚实的群众基础。

【组织"金秋助学""送温暖"活动】 2011年"两节"期间,各级工会筹集送温暖资金320万元,慰问困难职工8 900户,救助人数和发放资金有较大幅度增加。广泛开展"金秋助学"活动,各级工会筹集助学金340.4万元,帮助1 641名困难职工子女走进大学校门。

【全面推行"首席员工"制度】 从5月起,在全市企业中全面推行"首席员工"制度。各企业建立完善激励机制,对于评选出的"首席员工",各单位除正常工资福利外,每月发给不少于200元的岗位技术津贴,并在休养、晋级、评先、业务培训、职称评定等方面享有优先权。全市有157家规模以上企业实行了这一制度,1 228名职工获得"首席员工"称号。

【大力弘扬劳模精神和工人阶级伟大品格】 认真做好全国、省、市"五一劳动奖状”“五一劳动奖章”获得者评选表彰工作，召开劳动模范、先进人物座谈会。通过落实劳模待遇、组织劳模疗休养、帮助劳动模范解决生产生活困难等措施，促进全社会形成学习劳模、争当劳模的浓厚氛围。深化“劳模示范带动工程”，把劳动模范作用发挥与项目建设结合起来，促进了经济建设全面发展。

（屈超峰）

共青团三门峡市委员会

【概况】 2011 年，全市各级团组织在中共三门峡市委和团省委的正确领导下，围绕全市“三大战略定位”“四大一高”战略和团省委的工作要求，找准共青团组织的定位，结合上级团组织的重点工作、结合党政中心工作、结合自身实际，牢牢把握“不断巩固和扩大党执政的青年群众基础”的根本职责，进一步明确“两个全体”的工作目标，全面履行“组织青年、引导青年、服务青年、维护青少年合法权益”4 项职能，求真务实，开拓创新，全市团的工作取得新的进展，受到市委、团省委的充分肯定，得到广大青年的认同和社会的好评。至年底，全市共有青年439 341人、团员117 591人，团青比例 26.77%；全市现有基层团组织2 649个，其中基层团委421 个、团支部4 631个、团总支 708 个、基层团工委 10 个，专职团干部 436 人；全市少年儿童总数为216 671人，其中少先队员164 594人，占全市少年儿童的 75.9%；全市共有少先队组织1 855个、各级各类辅导员3 584人。全年共举办 3 期农村团干部、大学生村干部创业培训班，培训 300 余人。全市共表彰 20 个市级“青年文明号标兵”、34 个市级“青年文明号”和 53 名“青年岗位能手”、10 个五四红旗团委、20 个五好团支部、56 名模范团干部和 70 名优秀团员。各级团组织共开展培训 50 余次，培训专兼职团干部3 200余人次。认真开展新形势下青年群众工作大调研活动，领办的调研课题“利用新媒体引导青少年的具体路径研究”获得团省委调研奖。

【召开共青团三门峡市五届四次全委（扩大）会议】 2 月 22 日，共青团三门峡市五届四次全委（扩大）会议召开。会议传达了共青团河南省十三届六次全委（扩大）会议精神，总结 2010 年全市共青团工作，并对 2011 年团的工作进行部署。市委副书记王建勋出席会议并讲话。会议确定全市团的工作总体思路，并确定了 4 项重点工作：抓思想凝聚，打牢“青春建功‘十二五’”的思想共识；抓项目作为，搭建“青春建功‘十二五’”的有效平台；抓组织建设，夯实“青春建功‘十二五’”的基础保障；抓能力先行，提高“青春建功‘十二五’”的工作水平。会议审议通过了《共青团三门峡市五届四次全委会关于团市委委员、候补委员卸职递补确认案》，各县（市）区团委书记递交了 2011 年非公有制团建目标责任书。

【团省委领导赴三门峡调研指导共青团工作】 1 月 5 日，团省委书记侯红赴三门峡市调研指导共青团工作。调研期间为陕县、渑池县两所乡村小学送去“温暖冬天·希望工程爱心大动员”活动的御寒物资，并出席全市团干部座谈会。侯红对三门峡共青团工作表示肯定，要求深入理解、准确把握“一体四轮”工作格局，保持良好精神状态，保持工作热情、韧劲做好工作。调研期间，侯红先后深入河南骏通车辆有限公司和天池镇辣椒协会等地分别就非公企业团建、乡镇团组织建设等工作进行调研。在陕县张湾乡正信春天雷湾希望小学和渑池县天池镇南昌小学，侯红为学校同学们带来电热水器、200 套羽绒服和保暖护具以及 30 个棉门帘，为孩子们戴上保暖护具、穿上保暖羽绒服，挂上棉门帘，为孩子们送去了团组织的温暖和关心。9 月 20 日至 21 日，团省委青农部薛崇林部长一行到三门峡调研乡镇团组织格局创新工作和农业专业合作社团建工作，对三门峡市各级团组织在推进青年就业创业、基层团组织建设等方面工作给予充分肯定。10 月中旬，省团校郭明真校长一行到三门峡市开展“‘十二五’与中国青年”专项问卷调研活动，调研活动选取 3 个县（市）区，采取问卷调查、集中答题和座谈的形式进行，共发放“‘十二五’与中国青年”跟踪研究问卷 900 余份，涵盖农、林、采矿、制造、信息传输、金融、服务、学校等行业领域青年，问卷调研包括青年的职业身份、生活现状、社会环境和公共事务、个人需求、青年成长等方面的情况，为进一步做好青年工作提供决策依据。

【学习贯彻胡锦涛总书记“七一”重要讲话精神】 7 月 12 日，团市委召开机关工作会议，就进一步深入学习贯彻胡锦涛总书记在庆祝中国共产党成立 90 周年大会上的重要讲话精神进行工作部署。全市各级团组织以建党 90 周年为契机，广泛开展“学党史、知党情、跟党走”“红领巾心向党”系列主题教育活动以及“红领巾心向党、争当四好少年”歌咏汇演活动、主题队会、主题绘画展评活动，引导青少年坚定不移地跟党走。通过举办“青春与信仰同行”青年大讲堂，通过对党史、国情、经济发展形势的讲解，大力加强青年的学习，增强广大青年了解家乡、建设家乡、奉献家乡的决心和信心。

【开展“向赵仁伟同志学习”“向老英雄李文祥学习”活动】 三门峡市渑池县果园乡杜寺村青年农民赵仁伟身残志坚、自强不息，积极面对人生，敢于正视挫折，勇于挑战命运的先进事迹在社会上产生极大反响，市、县两级团委及时发掘这一先进典型的榜样作用，先后将其推荐为“河南省优秀共青团员”和“全国优秀共青团员”。为进一步引导全市青年树立正确的人生观、价值观，把全市青年的思想凝聚到青春建功“十二五”的伟大实践中，团市委下发《关于在全市共青团组织和广大团员青年中开展向赵仁伟同志学习的通知》，举办赵仁伟同志先进事迹报告会，掀起向赵仁伟同志学习的热潮。濮阳市范县白衣阁乡北街村英雄老人李文祥的事迹在崤函大地传播开后，老英雄的精神深深感动着三门峡的团员青年，为号召和鼓励更多的三门峡青年学习李文祥精神，团市委组织“7人小分队”远赴英雄的故乡——濮阳实地拜访学习，通过召开座谈会，开辟网络讨论专区，号召广大青年学习李文祥无私奉献、不求索取的精神，为建设创新开放、富裕文明、平安和谐、生态宜居三门峡作贡献。

【开展“以领导方式转变加快发展方式转变”专题教育活动】 3月,为进一步推动团干部的作风转变,认真做好新形势下的青年群众工作,团市委下发《关于在全市共青团系统深入开展“用领导方式转变加快发展方式转变”学习教育活动的意见》,在全市共青团系统中深入开展专题教育活动。活动以树立团干部“五个形象”为重点,一是政治坚定,树立永远忠诚的形象;二是求真务实,树立开拓创新的形象;三是奋发进取,树立勤奋学习的形象;四是心系青年,树立竭诚服务的形象;五是严格自律,树立风清气正的形象。活动要求以“一融三同”专项活动为载体,引导专职团干部融入青年,切实加快转变工作作风。同时还设立市、县团委书记信箱、团的领导干部下基层倾听日、共青团互联网新闻发言人等制度。

【在创先争优活动中加强共青团基层组织建设】 按照三门峡市党建带团建暨共青团系统深入开展创先争优活动推进会要求,继续实施“分类指导集中团建6515工程”,大力加强农村、企业、学校、机关事业单位、城市以及新兴领域等6大领域团的基层组织建设。推动乡镇街道组织格局创新工作,联合市委组织部下发《关于转发省委组织部、团省委〈关于开展乡镇、街道团的组织格局创新工作的实施意见〉的通知》,全市76个乡镇街道已全部完成组织格局创新,新配备专兼职团干部432人。加强驻外团工委建设,联合市委组织部转发了省委组织部、团省委《关于深化党建带团建进一步推进驻外团工委建设的意见》,按照城乡统筹团建的要求,完善驻外团组织架构、组织依托和组织体系,建立市县两级驻外团工委20个。各级驻外团组织积极为外出务工团员青年提供就业创业、权益维护、关爱帮扶和人才培养等服务工作,推动外出务工青年融入当地社会。加强非公经济组织团建,联合市工信局、市总工会等部门下发了《关于非公有制企业等新经济组织管理服务机制的工作意见》,要求依托党建、工建的开展,进一步加强非公团建,在全市7个省级产业集聚区全部建立团组织,全年新建非公企业团组织180个。

【开展“一融三同”党性实践锻炼活动】

为使团干部真正融入青年,深入基层、了解基层、服务基层,为推进三门峡共青团事业新发展提供有力保障,团市委组织开展了“一融三同”党性实践锻炼活动,要求与青年“同学习、同劳动、同生活”,市县两级专职团干部共开展“一融三同”活动85次,参与人数360余人次,走访团员青年6 687人次。同时组织“万名干部进农家”活动3次,参与人数20余人次,通过访民情、解民忧、暖民心,密切团干部同青年群众的关系,进一步转变了团干部作风。

【全面落实共青团“双创”计划】 全市以共青团“双创”计划为载体,积极服务农村青年就业创业,团市委联系农业部门制定下发《2011年农村劳动力阳光工程农民创业培训工作实施方案》,将任务分解到各个县(市)区,通过开展春季培训、“三夏”返乡务工青年和农村“两后生”就业创业培训32期,培训农村青年1 774人,落实培训资金39万元,落实培训机构21个。积极服务青年创业融资,帮助2 113名青年获得小额贷款共计2 681万元,带动就业7 200多人。积极服务大学生就业创业,用好高校毕业生从毕业年度起三年内自主创业享受税收减免的优惠政策,在三门峡产业集聚区建立青年创业孵化中心,促进见习基地科学发展,提高见习对接率,建立就业见习基地22个,安排666名青年到基地见习。同时,引导青少年科技创新,在小学生中开展“红领巾想象力工程”,在大学生中开展“挑战杯”大学生课外学术科技作品竞赛,在企业青工中开展企业青年创新创效行动。在2011年河南省青少年科技创新奖评选活动中,全市有3名选手荣获“河南省青少年科技创新奖”,团市委获“优秀组织奖”。

【全面推进和落实共青团关爱计划】

全市积极实施“共青团关爱农民工子女志愿服务行动”,服务进城务工农民工子女、贫困青少年等弱势特殊群体,完善关爱机制,全市结对农民工子女4 000余人,参与结对的志愿者5 000余名。1月,开展“温暖冬天·希望工程爱心大动员”活动,募捐物资63万元,关爱农民工子女2 400人。7月,开展“希望百分百——圆梦金秋”活动,资助40名贫困学生,发放资金11万元;建立希望音乐室3个。9月,举行“同心同月同行”关爱农民工子女志愿服务行动,为湖滨区西贺家庄小学孩子们送去了月饼、书包、文具和文体器材等爱心物品,受到了广大师生称赞。

【举行“导航青春成长——三门峡籍河南省青联委员大学行”活动】 9月,由团市委举办的“导航青春成长——三门峡籍河南省青联委员大学行”活动在三门峡职业技术学院举行,三门峡籍河南省青联委员、部分大中专院校学生代表40余人参加了活动。在交流座谈中,青联委员与大学生分享了自己创业、发展以及在自己的工作岗位上建功立业的经验,并就大学生如何正确面对学习、生活中遇到的烦恼和挫折,如何对自己的未来进行职业规划等问题一一做出解答,使大学生们受到了极大的激励和鼓舞。为更好服务大学生就业创业,青联委员与三门峡职业技术学院达成1项校企共建项目。

【全面深化青年志愿服务活动】 全市以志愿服务工作为切入点,以开展大型节会志愿服务工作为龙头,助力社会和谐,先后开展了“第17届中国(三门峡)国际黄河旅游节暨投资贸易洽谈会”志愿服务,“庆祝中国共产党成立90周年大型文艺晚会”志愿服务,国家卫生城市、宜居城市、森林城市、双拥模范城“4连冠”创建志愿服务等一系列活动,全市志愿者服务时间累计超过8万小时,得到了社会各界的普遍好评。全市还开展博物馆里学文化活动,组织100多名农民工子女代表到博物馆参观,让孩子们感受到了中华五千年文化的博大精深和全市近年来的巨大变化。开展清洁家园活动,举行三门峡市保安行业青年志愿者活动启动仪式,组织400余名保安公司青年志愿者走上街头,义务清理环境卫生。推动志愿者进社区活动,青年志愿者成立便民服务队走进社区,为社区居民提供各种便民服务,以实际行动弘扬雷锋精神。开展做雷锋精神传承者活动,在市第二实验幼儿园开展了形式多样的学雷锋主题系列活动,教育孩子们做雷锋精神的传承者。由共青团渑池县委组建的国际仰韶文

2月12日，开展“共青团与人大代表、政协委员面对面活动”

化节的青年志愿者服务队——“蓝精灵”服务团体，被河南省志愿服务工作领导小组评选为河南省第二届优秀志愿服务集体。

【深化“共青团与人大代表、政协委员面对面活动”】 为切实维护青少年合法权益，积极参与“平安三门峡”构建，团市委为实现团组织与人大代表、政协委员沟通联系制度化，下发《关于深化“共青团与人大代表、政协委员面对面活动”的实施意见》。灵宝市“面对面”活动案例被团中央收入《县级“面对面”活动工作手册》。在社会各界努力下，通过开展“健康生活珍惜青春时光，洁身自爱远离毒品诱惑”为主题的大型宣传教育活动，青少年法制宣传教育取得成效。市图书馆被共青团河南省委、省依法治省工作领导小组办公室、河南省综治委预防青少年违法犯罪工作领导小组办公室命名为“河南省优秀青少年法制宣传教育基地”。

【举办全市少先队辅导员培训班】 为加强少先队辅导员队伍建设，努力提高广大辅导员老师的思想政治素质和业务能力，推动全市少先队工作的新发展，10月27日团市委、市少工委在市外国语小学举办了2011年三门峡市少先队辅导员培训班。培训班邀请灵宝市少先队总辅导员张阳传达了团省委副书记孙巍峰在省辅导员培训班上的讲话，并结合工作实际和外地经验，给大家上了题为“培育四好少年实现根本任务”的精彩一课。在中国少年先锋队建队62周年纪念日到来之际，市实验小学少先队中队辅导员石晓辉和市外国语小学六(7)班中队被共青团中央、教育部、全国少工委分别授予“全国优秀少先队辅导员”“全国优秀少先队集体”称号。 （马隆博）

三门峡市妇女联合会

【概况】 2011年，市妇联按照“围绕中心，突出重点，抓住要点，形成特点”的工作思路，以打造妇女“温暖之家”和“坚强阵地”为目标，以推动妇女创业就业、提高妇女整体素质、维护妇女儿童合法权益为主线，扎实做好各项工作，有力地推进了妇联工作的创新和妇女儿童事业的发展。市妇联先后荣获全省“‘党群共建创先争优’先进妇联组织”“助推中原经济区建设活动先进集体”“思想政治工作先进妇联组织”“平安家庭创建活动先进单位”“节能减排先进妇女组织”“河南省妇联平安家庭创建活动先进集体”“河南省妇联基层组织建设‘三个一’工作先进集体”“河南省妇联系统新闻宣传工作先进集体”“河南省妇联‘平安家庭’创建活动先进集体”“河南省妇联系统‘五五’普法工作先进集体”“河南省妇女健身活动优秀组织奖”“三门峡市2010年度人口和计划生育工作先进单位”“2010年度平安建设工作先进单位”等荣誉。至年底，全市有市级妇联组织1个，县级妇联组织7个，乡(镇)街道妇联76个；村妇代会1 342个，社区(居委会)妇代会120个；有县以上党政机关、事业单位妇委会232个。

妇女小额担保贷款工作　市妇联主动加强与人力资源和社会保障、经办金融机构的协调沟通，规范妇女小额贷款工作流程，完善贷款推荐登记、典型培育等制度，促使全市妇女小额贷款工作规范运作，良性发展。全年全市发放妇女小额贴息贷款1.46亿元，扶持2 887名妇女在手工编织、餐饮服务及种植、养殖等领域创业发展，辐射带动2.5万名妇女就业。5月，全国人大常委会副委员长、全国妇联主席陈至立一行专程到三门峡市调研妇女创业就业及小额贷款政策落实情况，对三门峡市的工作给予充分肯定和高度评价。

妇女创业就业促进行动　组织各级妇联开展以送政策、送岗位、送技能、送服务为重点的各类妇女创业就业扶持行动，发放宣传资料2万余份，全市举办家政服务等培训班40余期，培训妇女6 000余人；组织“春风送岗位”女性专场招聘会5场，帮助1 200余名“4050”妇女走上就业岗位。加强对女企业家协会的指导，组织召开三门峡市女企业家协会第二次会员代表大会，选举产生了协会新一届领导班子，增强了协会的凝聚力、影响力，促进了会员之间、企业之间的联谊、交流与合作。

“巾帼建功”活动　市、县两级妇联评选表彰“巾帼文明岗”91个、“巾帼建功”标兵及“巾帼岗位明星”150余名。在全市窗口单位和服务行业深入开展“服务创一流、巾帼展风采”活动，组织各级各类争创集体、班组开展岗位竞赛、优质服务、规范管理等活动，推动巾帼建功活动向纵深发展。

妇女儿童发展“两规划”终期监测评估　科学制定“两规划”终期评估方案，完善监测统计指标体系，组织专人对2001～2010年三门峡市妇女、儿童发展“两规划”实施情况进行全面评估。评估显示，过去十年来，“两规划”确定的妇女发展6大领域和儿童发展4大领域主要目标已基本实现，妇女参政议政水平、受教育水平、健康水平等均有明显提高,全市妇女儿童生存发展环境进一步优化。河南省政府评估组对三门峡市“两规划”实施情况给予高度评价。

社会化维权工作 联合市法院出台《关于进一步加强妇女儿童合法权益保护工作的实施意见》,从立案、审理、陪审等方面完善对弱势妇女儿童的保护措施,并协调督促市县两级法院建立、规范妇女儿童维权合议庭。联合司法部门在县级以上妇联建立妇女法律援助受理点,联合综治部门健全乡镇妇女儿童维权站并进行规范化建设,为妇女维权提供了更加便捷的服务。制定实施“六五”普法规划,开展“三八维权周”、暑期反拐宣传等普法活动10余次,发放普法资料2万余份。在全市评选表彰妇女维权先进集体20个、先进个人30名、维权示范岗15个,促进社会化维权工作深入开展。全年市、县妇联接访279起,结案率达98%。

妇女参政议政工作 市妇联联合市委组织部在浙江大学举办为期8天的三门峡市优秀女干部培训班,培训县科级女干部62名。市县妇联全年共举办各类女干部培训班17期,培训妇女干部3 500余人次,有效提高了女干部的综合素质和参政议政能力。在县、乡党委换届期间,各级妇联强化推荐人才、宣传服务、协调沟通等举措,促使一批德才兼备的女干部走上各级领导岗位。抓住第七届村委会换届有利契机做好农村妇女参选参政工作,通过抓调查摸底、抓宣传引导、抓选前培训等有力措施,确保农村妇女参选参政目标的落实。全市1 362个行政村“两委”中配备女干部1 405名,实现了村村有女干部的目标。

妇女宣传思想工作 开展丰富多彩的庆“三八”系列活动。精心策划开展了“巾帼杯”全国妇女楹联大赛,收到来自内蒙古、新疆等全国各地328名妇女撰写的楹联1 185幅,评出优秀作品48幅,对获奖者进行隆重表彰,在全国范围内产生良好影响。联合有关部门举办市直机关“欢乐三八”女职工趣味游园活动、“庆三八”女职工创先争优展风采演讲比赛,组织各级妇联举办女性才艺展示、经典诵读等灵活多样的庆祝活动,使广大妇女在参与中陶冶了情操,提高了素质。首次在全市范围内评选表彰了“十大经济女性人物”“十大孝星”,联合有关部门表彰了“十一五”时期“十大杰出女性”,树立一批妇女先进典范。市县妇联共评选表彰“三八”红旗手200余名、“三八”红旗集体90余个,引领带动了各行各业妇女学先进、比先进、当先进。深化了文明家庭创建活动。深入开展和谐家庭、平安家庭等特色家庭创建活动,市、县妇联共表彰五好文明家庭、和谐家庭、平安家庭等2 100余户、好媳妇好婆婆200余人。各级妇联开展低碳家庭健康万里行活动,组织26个巾帼文明健身队与社会体育指导员结对共建,有效推进了妇女科学健身、文明健身。开展“讲文明树新风巾帼志愿服务行动”。全市建立文化宣传、绿色环保、法律维权、科技卫生、家庭教育等巾帼志愿服务队48支,实名登记巾帼志愿者1 197名。市妇联举行了“讲文明树新风巾帼志愿服务行动”启动仪式,各级妇联组织巾帼志愿者开展了义诊、捡拾垃圾及慰问孤寡老人等活动,较好地树立了巾帼志愿者的服务品牌。

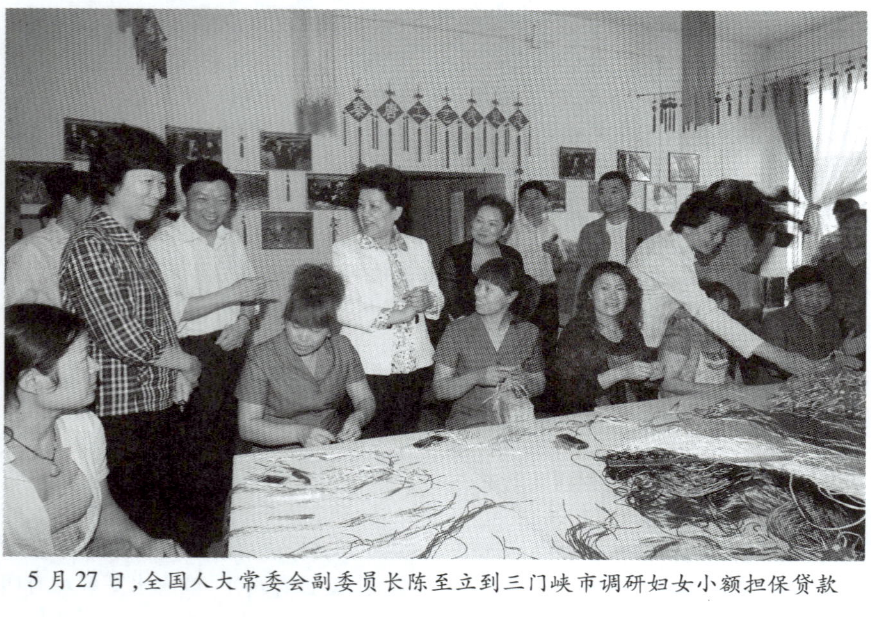

5月27日,全国人大常委会副委员长陈至立到三门峡市调研妇女小额担保贷款

儿童工作 深入推进家庭教育工作。开展春秋两季家教巡讲活动,邀请全国家庭教育巡讲团有关专家在全市各中小学巡回宣讲52场,受益家长4.2万人次。开展以“健康文明上网、共享绿色心灵”为主题的家庭上网健康小卫士捐赠活动,向广大家庭捐赠健康上网卡2万张。完成了“十一五”期间家庭教育终期评估工作。开展丰富多彩庆“六一”活动。市妇联组织家教中心“小记者之家”开展“党是太阳我是花”大型采访活动,各级妇联联合教育、关工委等部门开展“追寻红色足迹”征文比赛、放映红色影片等寓教于乐的活动,营造了健康向上的节日氛围。深入推进“留守流动儿童关爱行动”。组织各级妇联开展留守儿童情况摸底调查,开展了“一对一”结对帮扶、举办留守儿童法制教育讲座、建设留守儿童之家等活动,使留守流动儿童真正亲情有护、学业有教、安全有保。全市评选表彰留守儿童工作先进学校10所、优秀留守儿童50名。承办了河南省“征集爱心父母为孤贫、留守儿童编织爱心毛衣”恒爱行动启动仪式,向社会爱心妈妈发放毛线250公斤,组织社会各界为留守、孤贫儿童编织、捐赠爱心毛衣、棉衣6 000余件,为弱势儿童群体送去温暖。

基层组织建设 着力加强“三个一”建设。在农村和社区“妇女之家”全覆盖的基础上,注重将建“家”与管“家”、用“家”相结合,组织开展了丰富多彩的活动,增强了“妇女之家”的服务功能,提升了妇女群众的归属感。4个县(市)区按照妇女人均1元钱配备工作经费的预算落到实处,妇联组织服务大局、服务妇女的能力和实力明显增强。全市80个社区落实了妇联主席助理公益岗位,充实壮大了基层工作力量。着力加强妇联干部队伍建设。组织开展以“比学识、比能力、比作为”为主题的妇联干部岗位读书活动,采取以会代训、组织外出学习、办培训班等形式加强对妇联干部的理论和业务培训，切实提高了妇联干部的组织协调能力和服务水平。着力加强工作作风转变。各级妇联以服务大局、服务基层、服务妇女为重点，狠抓工作落实，深入开展了“万名干部进农家”“送温暖”“三下乡”、爱心捐助等活动，受到各级党政领导和广大群众的好评。（段　晶）

三门峡市文学艺术界联合会

【概况】 2011年，三门峡市文联全面贯彻落实科学发展观，坚持“二为”方向，贯彻“双百”方针，加强文艺队伍思想作风建设，着力于出作品、出人才，积极开展丰富多彩的惠农文艺活动，努力满足人民群众日益增长的精神文化需求，充分发挥文学艺术在和谐社会建设中的积极作用，全市文艺事业呈现出队伍壮大、创作繁荣、团结和谐、充满活力的良好局面。

始终坚持创新工作方式，多层次、全方位加强自身建设，取得显著成效。创建文学创作基地，在卢氏龙首山庄，横涧乡，灵宝阳平、陕县菜园过村成立4个文学创作基地，灵宝老鸦岔垴、武家山、渑池仰韶度假村、义马等4个基地正在协调挂牌。三门峡书画院、三门峡市文艺交流中心已挂牌运行，已形成与其功能相适应的工作条件，积极打造和发展文联产业，创建可以让文艺人才发挥才能的平台。进一步改进《三门峡文艺》杂志管理模式，最大限度地发挥这一文学阵地，为扶持三门峡文学新人和培育文化名人搭建平台。《三门峡文艺》从封面印刷到版式设计以及内文稿件质量都大大提高，社会评价及反响良好。全年共编辑文学稿子约40万字，其中小说37篇约30万字；散文34篇约8万字；诗歌38首；校园风铃2篇；走遍神州5篇；新农村建设30篇，利用《三门峡文艺》的优势，开辟“名家论坛”“献给祖国母亲的歌”文学专栏，发表文章30余篇；发表名家特约稿件，提高了三门峡文艺的知名度和品位。网络电子版三门峡文艺杂志在省内外均有影响，对宣传三门峡起到了很好的推动作用。

利用自身优势，充分发挥文联协会多、人才集聚、会员分布广的优势，积极组织所属协会以建党90周年、国庆62周年等重大活动节日期间，开展一系列主题文艺活动，丰富大众业余文化生活，服务市委中心工作，促进三门峡市文学艺术事业大发展大繁荣。组织文学、诗词、书法、楹联、音乐、舞蹈、戏曲杂文界的骨干作者，在重大节庆活动期间开展一系列有声势、有影响、有品位的文艺活动；组织文艺家赴基层、部队、农村、学校、厂矿开展送文艺、送欢乐下基层慰问活动，举办文学诗会、研讨会、座谈会、广场文艺晚会、书画摄影展览，开展义写春联进万家等文艺活动。通过开展文艺活动，提高了文艺队伍素质和创作水平，丰富了基层群众的精神文化生活。继续开展心连心艺术团下基层开展送温暖送欢乐巡演活动。心连心艺术团随全市春季“三下乡”集中活动在湖滨区高庙乡拉开序幕。近年来艺术团编排的具有现实学教意义的精彩文艺节目，已成为家喻户晓的知名文艺演出团体，并带动了各县（市）区文艺工作者自发组建各类文艺团体20多家，文艺团体下乡、进企业演出已形成经常性文化产业活动，很好地活跃了人民群众的业余文化生活，推动了三门峡市文化软实力的提升。以关注“四大一高”战略文艺采风为主题，采用“三门峡人说、唱、写、画、展、演、摄三门峡”等形式，组织开展文学采风、摄影旅游采风、书画采风、戏曲演唱、电视采访等系列主题采风活动，全力打造文艺品牌。发挥三门峡市文学、书法、楹联、绘画、摄影的特长优势，组织三门峡市文艺骨干作者参加省级以上各类赛事活动，积极宣传推介文艺人才，打造留得住、叫得响、传得开的文艺精品。

继续推进楹联文化进机关、进社区、进农村、进家庭、进医院、进景区、进企业、进酒店、进校园等“十进”工作，进一步巩固楹联文化建设全国排头兵地位。廉政楹联是三门峡楹联文化“十进”的最成功典范。全市已建成廉政楹联文化机关22个，景区、景点1个，文化大院（社区）40余个，学校2所，营造了浓厚的楹联文化氛围。计生楹联大院建设成为楹联建设的新亮点。卢氏县、湖滨区、灵宝市等地的农村以“关爱女孩，科学计生”为主题，建成了一大批计生楹联文化大院。楹联文化单位为三门峡文化建设增辉。在学会的策划下，一批有代表性的楹联文化硬件为三门峡的文化建设增砖添瓦。大鹏国际酒店楹联文化酒店、上阳苑楹联文化景区、黄河路（精品街）楹联一条街、六峰路精神文明楹联一座桥、兴隆搅拌站楹联文化企业、武强医院楹联文化医院等等，为三门峡的文化建设增添了魅力色彩。楹联学会主办的大河楹联网，注册会员达10 587人，主题帖子2 648篇，总帖数19 233篇，日最高发帖228篇，日最高在线人数达1 372人，已经成为同类网站中的佼佼者。会刊《中华楹联

5月20日，市领导参观三省四市书法展

报》,12月进行扩刊,每年36期,每期发行量5万多份,发行量和版面规格均居全国第1位。

推出多种激励机制,使三门峡市文学艺术领域人才辈出。文艺作者不断在省内外各大报纸杂志或各类展、演、赛活动中发表或得奖。组织各艺术家协会参加各门类艺术大展赛活动20余次,共获全国性奖项7人次,省级各类奖项60余人次,出版文学作品集10余部。发展国家级会员11人,发展省级会员29人,发展市级会员54人。推出各种扶持政策使得广大文学作者频频取得重大收获,三门峡市作者的文学作品在《小说月报》《散文》《散文选刊》《河南日报》《中国青年报》《南方周末》《中国新闻周刊》《杂文月刊》《杂文报》等省内外各大报刊杂志上发表作品79篇,在国家级刊物上发表11篇,在地市级刊物上发表221篇,动员广大文学作者积极参与地方文学成果丛书队伍,帮助作者编辑出版文学作品集。

坚持请进来、走出去的形式,加强对外艺术交流。先后同山西运城、临汾,陕西渭南,河北石家庄,海南海口等市文联和书画科研机构建立交流合作关系,多次邀请各地名家到三门峡市参观学习、联合举办展览等文艺交流活动,多次组织书画作者赴外地交流、参加外地举办的书画展览展销会,及笔会活动。选派书法骨干作者赴广西南宁参加全国第九届书展。先后举办由河南三门峡、山西运城、临汾、陕西渭南3省4市书法交流展;河南三门峡、河北石家庄、海南海口书法联展;通过加强对外艺术交流活动,强化了与各地文艺界及新闻媒体界的联系,极大地宣传了三门峡,提高了三门峡市的知名度。

【组织心连心艺术团下基层开展巡演慰问活动】 3月23日,文联组织心连心艺术团与市直相关部门一同赴湖滨区高庙乡参加全市春季科技文化卫生“三下乡”集中活动启动仪式,市委常委、宣传部部长李立江,市人大副主任李宝鸿,市政府副市长周志远,市政协副主席王铁创等领导出席了启动仪式。李立江在启动仪式上指出,以后“三下乡”活动要紧紧围绕社会主义新农村建设目标,按照“生产发展、生活宽裕、乡风文明、村容整洁、管理民主”二十字方针开展工作,重点在推动农村经济发展、增加农民收、丰富农民群众精神文化生活上下工夫,在引导农民群众养成科学文明健康生活方式上取得新进展。各级各部门要采取切实可行的措施,集中力量为群众办好事、办实事,要把送欢乐、送健康、送文明活动办成常下乡活动,力争把“三下乡”工作提高到一个新的水平。市文联组织的心连心艺术团为高庙乡的父老乡亲奉献了一台精彩的文艺节目,演员们的精彩表演得到了观众一次次热烈的掌声,把“三下乡”活动推向了高潮。

【举办豫晋陕黄河金三角试验区书法交流展览】 5月13日,由三门峡市文联牵头,和运城市文联、临汾市文联、渭南市文联共同主办的“豫晋陕黄河金三角试验区书法作品交流展览”在三门峡市博物馆隆重举行开展仪式。展出豫、晋、陕3省4市书法界的知名书法家精心创作的精品书法作品120余幅。市委常委、宣传部长李立江,市人大副主任李宝鸿,市政协副主席王铁创及来自3省4市的有关领导和文艺界人士一同参观了书法展。

【举办“黄河风五子集韵书法展”】 5月17日,“黄河风五子集韵书法展”在省会郑州展出后,回到三门峡群艺馆展出,回报三门峡人民。“黄河风五子集韵书法展”是书法导报社、长城书画院联手举办的河南省青年书家提名展的系列展览,展出三门峡市5位具有代表性的书法家作品80余件。

【举办“魅力三门峡　欢乐之夜”纪念建党90华诞文艺活动周】 6月23日晚,由三门峡市文联主办,联通公司协办的“魅力三门峡　联通之夜”纪念建党90华诞文艺活动周在三门峡世纪经典广场拉开序幕。首场晚会以舞蹈《中国的希望》《丰收乐》《祝福祖国》《天天好时光》《阳光路上》《西班牙之火》和《红红的日子》《在那桃花盛开的地方》《我心为你骄傲》《精忠报国》《党啊,亲爱的妈妈》《越走越宽》《怀念战友》等红色经典歌曲传承革命精神,整台晚会歌声嘹亮,旋律和谐,观众热情的掌声此起彼伏,多次把演出推向高潮。此次纪念建党90华诞文艺活动周系列活动从23开始,至27日结束,“魅力三门峡　欢乐之夜”文艺活动周以文艺表演形式,共推出红歌专场、曲艺专场、戏剧专场、歌舞专场、乐器表演赛专场,场场有特色,场场不重样,场场有主题。三门峡市的文艺工作者以文艺独有的形式为建党90华诞奉献出一周精彩纷呈的文艺专场广场晚会。

【举办庆祝建党90周年“党的光辉照崤函”大型成果展览】 为庆祝中国共产党成立90周年,讴歌中国共产党军民共建和谐篇章,和中华民族实现伟大复兴的百年奋斗历程,颂扬中国共产党的丰功伟绩,唱响共产党好、社会主义好、改革开放好。由市文联主办的“党的光辉照崤函”大型摄影图片成果展览于7月15日在湖滨广场隆重开幕。该展览展出20天。整个展览用艺术的视角,精美的图片,洗炼的文字,形象、直观地展示出广大干部群众进行爱党、爱国、爱家乡教育,激发全市人民同心同德,建设家乡,又好又快发展的斗志和激情。展览分前言介绍、领导关怀、军事政治篇、基础建设篇、经济发展篇、农业发展篇、社会和谐篇等内容。

【承办第6届中国青少年艺术节三门峡赛区活动】 7月11日至13日,由市文联主办的“勤奋学习、快乐生活、全面发展”第6届中国青少年艺术节三门峡赛区活动在三门峡月亮湾大酒店拉开维幕。活动以“勤奋学习、快乐生活、全面发展”为主题,比赛内容有声乐类、器乐类、舞蹈类、书画类、语言类、影视表演类共6大类,300余名选手参赛。

【举办庆祝新中国成立62周年书法艺术展】 9月26日,市文联举办的“三门峡‘虢风杯’书法艺术展”在三门峡市虢国博物馆隆重开幕。该展览以庆祝中华人民共和国成立62周年为题,用书法艺术形式歌颂社会主义建设和改革开放的伟大成就,展示三门峡在政治、经济、文化、城市建设等方面的新成果,以及悠远深厚历史文化的书法艺术。

【举办沈文裕钢琴音乐会】 为了繁荣发展三门峡文学艺术事业,提升三门峡高雅艺术水平,培养三门峡的钢琴演奏人才。8月26日，三门峡市音协特邀请国际钢琴大师沈文裕到三门峡举办钢琴独奏音乐会，并对三门峡的琴童给予现场指导和示范。

【《中原记忆丛书——虢国故都三门峡》入选全国百部优秀科普读物】 9月21日至23日，全国第13次社会科学普及理论研讨与经验交流会上，河南省4部著作被评为“全国百部优秀科普读物”，其中《中原记忆丛书——虢国故都三门峡》被河南省作为优秀科普读物，上报国家社科理论普及交流会参加全国科普类书籍评选活动，并被评为“全国百部优秀科普读物”。《中原记忆丛书》是由省委宣传部牵头，省辖18个地市各篇著一本反映当地文化、历史的科普通俗读物，并由河南科学技术出版社出版发行。该书从崤函大地的沧海桑田、历史长河的雪泥鸿爪、群英铸就的崤函魂、甘棠古树根亦深、地扼两京的名州望郡、崤函大地的奇珍异宝、虢国故都的美丽容颜、虢国故都的丰富物产、精神家园说非遗、虢国故都的风采神韵10方面系统全面地介绍了虢国故都三门峡的古今历史、古都名城文化、名人圣贤文化、姓氏根亲文化、物质文化遗产、非物质文化遗产、秀丽的自然风光，以及要事回放、名人扫描、寻根问祖、古城印象、考古探秘、胜景掠影、名品荟萃、非遗概览、城市名片。该书的出版，对三门峡人了解三门峡文化，向海内外推介三门峡起到了很好的宣传作用，是人们了解三门峡的又一个重要窗口。

【石家庄、海口、三门峡书法作品交流展在三门峡市展出】 10月12日，由中共三门峡市委宣传部、市文联、石家庄市文联、海口市文联共同举办的“石家庄、海口、三门峡书法作品交流展”在三门峡博物馆举行隆重开展仪式。共展出180余件，每地市参展作品60件。参展作者均为各地书协的中坚力量。有在书法创作道路上默默耕耘的老书法家，也有在全国各项大展中获奖取得优异成绩的中青年书法家，还有初露锋芒的书法新秀。从创作的书体上，真、草、隶、篆4体皆备。作品的形式上条幅、对联、扇面、中堂，风格多样，异彩纷呈。

【举办创森城市书法摄影展览】 为宣传三门峡市林业生态建设成效，提高全体市民对三门峡市创建国家森林城市工作的知晓率和支持率。12月5日，中共三门峡市委宣传部、市创森指挥部、市文联、市摄影家协会联合举办的“三门峡市创建国家森林城市书法、摄影作品展览”在三门峡风景区大鹏国际大酒店展出，国家森林城市验收专家组成员在三门峡市委副书记、市长赵海燕等四大班子领导的陪同下一同观看了展览。这次展览的主题是“自然、和谐、绿色”。展览共征集摄影作品200余幅，书法作品80余幅，经专家选评，入展摄影作品88幅，书法作品30幅，展出作品题材广泛，形式多样，艺术家用笔墨丹青和镜头从不同角度充分展现了该市林业生态建设和创建国家森林城市活动所取得的辉煌成绩及城市绿化的新面貌，有力提高了人民群众对三门峡市创建国家森林城市工作的知晓率和支持率。

（焦新祥）

三门峡市社会科学界联合会

【概况】 2011年，三门峡社科联以“紧紧围绕市委、市政府的中心工作，充分发挥社科联作用，积极为市委市政府决策提供社科理论服务和思想理论支持”指导思想。开展社科理论研究和社会科学知识普及，进行2010年度三门峡市社会科学优秀成果的申报评选、2011年度省市社科联调研课题申报评选，完成2010年度省市社科联调研课题的结项工作。举办三门峡社科界学习贯彻《国务院关于支持河南省加快建设中原经济区的指导意见》及三门峡市六次党代会精神座谈会、社科知识大篷车进基层宣讲活动，组织编撰出版了介绍三门峡强力实施“四大一高”和“人才强市”战略的《潮涌崤函》一书。荣获全国先进社科联荣誉称号以及全省社科联系统舆情信息工作先进单位称号、张桂珠荣获全国大中城市社科联先进工作者荣誉称号。

【社科评奖激励作用显著】 2005年6月，三门峡市成立了“三门峡市社会科学优秀成果评奖委员会”。2011年，评奖委员会组织专家对三门峡市社科工作者，2011年度在出版社公开出版的著作、公开刊物上发表的理论文章、县级以上领导机关采用的价值较高的调研报告，进行了评选。经评委们认真审阅、充分讨论、无记名投票，共有16项著作、论文、调研报告获奖。其中市文联徐龙欣编著《虢国故都——三门峡》、市虢国博物馆刘社刚编著的《炮声惊醒虢国梦》获著作类一等奖；董梦雪编写的《天堂路　地狱门》、杨生辉编著的《年级管理漫谈》获著作类二等奖；刘韶华撰写的《优化投资环境　促进经济发展》、宋五好撰写的《论基于“明人伦”的道德原理》获论文类一等奖；王凤杰等撰写的《三门峡市国民经济和社会发展第十二个五年规划纲要》、张庆云等撰写的《三门峡市能源消费与节能降耗问题研究》获调研报告类一等奖。

【开展2011年度社科调研课题立项和2010年度社科调研课题结项评选】 通过征求有关领导和专家的意见，确立127个与三门峡发展紧密相关的社科课题，面向全市各界征集立项。同时做好2010年度省市社科联调研课题的结项审验和评比工作。经认真把关审阅推荐，有39项课题被确立为省社科联2011年度调研课题，42项被确立为市级调研课题。同时，2010年结项工作也取得了骄人成绩，省立项课题结项26项，其中获一等奖5项、二等奖4项。市立项课题结项48项，其中特等奖6项、一等奖11项。

【组织“转变领导方式、强化基层意识、加快发展方式转变”专家研讨会】 3月3日，社科联组织全市社科理论界“转变领导方式、强化基层意识、加快发展方式转变”专家研讨会。市委常委、宣传部长李立江及40余位社科理论工作者参加了座谈会。会上，大家围绕学习宣传贯彻河南省委书记卢展工在三门峡调研的重要讲话精神、“用领导方式转变加快发展方式转变”畅所欲言，提交关于学习研讨会论文13篇。《三门峡日报》以“转变领导方式、强化基层意识、加快发展方式转变”为主标题,整版刊发了社科界学习研讨会的发言摘要。

【出版《潮涌崤函》】　为纪念建党90周年,探索转变领导方式,服务基层,加快发展方式转变的方式方法,总结近年来三门峡市各基层党组织,发挥战斗堡垒作用,推动三门峡又好又快发展的经验,社科联于5月启动《潮涌崤函》的征稿编写工作。此工作得到三门峡各界的高度关注和重视,市委书记杨树平亲自为该书题写书名、作序,市领导及各县(市)区、市直单位、乡镇、企业、学校等方面领导干部投稿50余篇。12月《潮涌崤函》由中州古籍出版社出版,27日,社科联组织召开《潮涌崤函》出版发行座谈会。

【社科理论界学习研讨"狠抓项目建设　助推'四大一高'"座谈会】　在召开的河南省委经济工作会议上,三门峡作为大会发言的两个省辖市之一,市委书记杨树平代表市委、市政府作了"狠抓项目建设·助推'四大一高'·努力实现经济社会更好更快发展"的典型发言。12月26日,《三门峡日报》刊发典型发言后,在三门峡社科界引起了强烈反响。12月29日下午,市社科联召开社科理论界学习研讨"狠抓项目建设·助推'四大一高'"座谈会,市委常委、宣传部部长薛蒙林出席,并就如何理解诠释"四大一高"、社科界如何研究推进"四大一高"与社科专家学者们进行了交流探讨。

【开展"社科知识大篷车进基层宣讲"活动】　"社科知识大篷车进基层宣讲"活动是社科联开办的,普及社会科学知识,提高三门峡人文社科素质的一项社科知识普及重点活动。集中于5月、6月,延伸至全年。为办好这一活动,社科联从市委党校、市职业技术学院、市直有关单位抽调12位理论功底深厚、热心社科普及事业、讲课生动形象的社科专家、学者和教授组成宣讲团,围绕"四大一高、人才强市"战略,围绕党的方针政策、经济形势、国际国内形势、科学发展观、历史文化、理想信念、心理健康等社科基本知识,以及基层干部群众关心的热点难点问题,在讨论、调研的基础上精心备课,并采取针对对象、针对行业、针对需要,以一讲一内容,一课一要求的形式,到机关、企业、乡村、社区贴近实际、贴近群众、贴近生活,面对面地向群众宣传党的方针政策、三门峡的经济发展和历史文化、心理健康等社科基本知识上百场。　(师　猛)

三门峡市归国华侨联合会

【概况】　2011年年底,全市共有侨务工作对象982户,7 227人。其中:海外华侨、华人4 674人,分布在世界32个国家和地区;国内归侨、侨眷2 553人,其中归侨32户,33人。全年市侨联机构向华人、华侨寄发贺卡、慰问信件500余件,走访慰问归侨侨眷45户,送去慰问品和慰问金共计1.6万元;市侨联和市外侨办共同努力,力争市委、市政府的支持,改善老归侨们的住房环境,为老归侨解决经济适用房21套,首开全省全国先例;全年接待、协调、调节、处理归侨侨眷来信来访7件次,接待华人华侨5人次;11月,河南省九次侨代会上三门峡市侨联被评为全省侨联系先进集体,1人被评为全省侨联系统先进工作者,6人被评为全省归侨侨眷先进个人。全年争取马来西亚星洲媒体集团助学活动,资助全市240名贫困学生,共16.8万元。　(李淇淇)

三门峡市科学技术协会

【概况】　2011年,全市科协组织坚持以科学发展观为统领,围绕全市经济和社会发展总目标,立足"三服务一加强"的工作定位,团结和组织全市广大科技工作者,广泛开展学术交流、科学普及、技术培训和多形式的科技服务,积极实施《全民科学素质纲要》,致力提高全民科学素质,不断推进科技进步,科技工作和科协事业取得了新的进展,产生了显著的成效。

【全民科学素质建设】　围绕《全民科学素质纲要》第二阶段目标实施工作,进一步夯实基础,起好新步,制定印发"十二五"实施方案、《三门峡市全民科学素质建设2011年工作重点》,召开全民科学素质工作领导小组会议、动员大会及电视电话会议,对全年全民科学素质工作进行再动员、再部署。市科协履行全市科学素质工作领导小组办公室职责,以深入实施《全民科学素质纲要》为重点,大力组织实施农民、城镇劳动力、青少年、领导干部4类重点人群的科学素质工作,认真组织开展科普宣传月、科技下乡、中小学科技教育等活动,动员市直各部门、各县(市)区、各科技团体,围绕全市经济社会发展目标和新农村建设,开展形式多样的科普活动,着力提升公民科学素质。11月中旬,市素质办对《三门峡市全民科学素质建设2011年工作重点》中各专项任务涉及到的成员单位及相关部门进行了调研检查。全市公民科学素质工作机制健全,各部门职责明确,相互合作协调,工作推进有力,工作成效显著,形成了政府主导、部门协作、全社会共同参与的良好格局,全民科学素质工作通过了河南省政府的阶段性验收,被评为先进市。

【科普宣传活动】　围绕普及节约能源资源、保护生态环境、保障安全健康等科学基础知识和推广实用先进农业实用技术主题,市、县、乡三级联动,部门、学会、示范载体紧密配合,面向全市城乡广泛开展各项科技活动,深入农村基层推广科技成果,传播科技,服务民生,开启民智。5月中旬,分别在市区及各县(市)区开展主题丰富的科技活动周活动。9月中旬,在"全国科普日"期间,科协系统紧扣活动主题,组织农业、林业、畜牧、水利、机械、卫生等方面科技人员开展新品种推介、栽培技术应用、病虫害防治等高新技术。各类主题活动在全市形成了弘扬科学精神、传播科学思想、普及科技知识、提高全民科学素质的良好氛围。

【"科教进社区"活动】　市科协将每年的5月定为全市的科教进社区活动月,组建科普志愿者队伍进入社区,开展科普宣传、讲座、展览等活动。全市共组织大型"进社区"活动3次,展出各种科普展板1 300多块,设立咨询台30余个，接受群众咨询15 000余人，发放卫生保健、科学常识、农业科技等科技资料10余种数万份，义诊义治群众2 500余人次。以创建科普文明社区为抓手，推进社区科普文明建设。全市市级科普文明社区达到20多个，县级文明社区40多个，湖滨区东风社区等7家单位获得省级“科普文明社区”称号。

【《科技天地》节目制作】 以三门峡市电视台为阵地，坚持开办好《科技天地》节目，先后制作了《沼气池建造与利用》《苹果的疏花疏果技术》《居室建材污染》《小麦灾害的防治》等专题节目22期，播出肉牛育肥、绿色果品生产、袋料食用菌等技术节目12期。节目内容贴近生活、贴近农民，节目收视率显著提升。“三门峡市科学技术协会”网站全面改版，创办“科普苑”板块，内容涵盖理、工、农、医等数十个学科领域，并转播每期“科技天地”节目，为群众提供了便利的网络科技学习阵地。

【青少年科技教育活动】 联合教育部门组织开展了省、市青少年科技创新大赛、科技夏令营、电脑机器人竞赛、课外实践及小制作、小发明等全市性主题活动，激发青少年爱科学、学科学、用科学的热情。依托科普教育基地、科技教育示范学校，以中学生科技文化艺术节为载体，广泛开展青少年科技教育活动。全市科技教育基地及示范学校达到10所。2011年，第25届河南省青少年科技创新大赛上，全市共有119个项目获奖，其中，一等奖13项，位居全省前3位，充分展示了三门峡市青少年在体验和探究身边科学的实践活动中所取得的新成就。

【科技下乡活动】 坚持“实际、实用、实效”的原则，结合农时季节和农村产业发展现状，组织科技下乡活动，开展一条龙科技服务。科技下乡活动做到科技人员到户、科技成果到田、技术培训到人，示范、培训、推广、宣传四位一体。把科普工作与乡村产业发展紧密结合起来，推动农村产业升级和新兴产业发展壮大。全年分别在湖滨、渑池、陕县、灵宝等地组织大型科技下乡活动4次，科技人员分派包村联系100多个，推广示范新品种20多个、新技术30余次，赠送科普挂

3月23日，市科协开展科技下乡活动

图1 800余套，发放科普杂志3 000余册、科普知识宣传单30 000余份。

【农村实用技术培训】 按照“选准一个专业、培训一项技术、做强一项产业、致富一方群众”的培训思路，采取多形式、多途径广泛开展农村实用技术培训工作，着力提高农民科学文化素质。由市科协牵头，组织涉农学（协）会技术人员，深入各乡镇开展关键性技术培训；紧紧依靠科协系统组建的农村实用技术讲师团和科普志愿者服务队，围绕全市果、菜、菌、牧、药等农村支柱产业，开展科普惠农实用技术培训；充分利用专家和乡土人才开展专家讲座和经常性培训。全市共举办各类培训800余期，培训农民4万余人次。农村乡土人才队伍不断壮大，农民的科技意识和生产技能显著提高。

【科普示范基地建设】 4月下旬，市科协组织机关及各县（市）区科协负责人到山西省临汾市对当地科普示范基地建设专题考察学习，寻找三门峡市农村科普示范基地的快速发展之道。5月初在灵宝市组织召开全市科普示范基地建设工作经验交流会，对如何组织农民“自主创办”“借力创办”“借资创办”等创建农村科普示范载体的方法、途径进行专题培训辅导，并下达目标，确定重点，跟踪服务。全市新创建成农村科普示范基地43个，被省级命名15个。农村科普示范基地总数达到150多个，涉及种、养、加、产、供销各个领域，覆盖全市62个乡（镇）及周边地区，辐射带动农户30.3万户，户均增收2 000多元。全市培育完善基地314个。这些基地特色鲜明，技术先进，管理规范，示范带动作用强，对促进当地“一村一品、多村一品”产业格局的形成，发挥了重要支撑作用。

【农村专业技术协会工作】 10月，市科协在渑池县召开了全市农技协工作经验交流会，学习交流农技协规范化管理的经验及“支部＋协会＋公司＋基地＋农户”等农技协发展新模式，研究部署今后农技协创办发展工作，对7家前景良好、管理规范的农技协择优进行资金扶持。渑池县仰韶乳业协会、灵宝市果树简化管理研究会等协会受到中国科协、财政部的表彰，共为基层争取到科普惠农资金120余万元。全市现有各类农技协组织828个，会员181 000名，覆盖农户40%以上。陕县绿色农业协会、卢氏食用菌协会、渑池县肉牛养殖协会和辣椒协会等一批农技协会成为引领农村产业发展的重要纽带和技术支撑，芦笋、花椒等新兴农技协会正成为农村新兴产业的重要带动力量。

【开展学术交流活动】 全年市属学会共举办十余场大型学术交流活动。大型论坛、研讨会重点突出，目标明确，影响深远。中国人民解放军总医院消化疾病中心的杨云生教授等一批专家教授的讲学活动，深化了三门峡市学术交流的氛围。学术交流活动始终围绕科

技与经济相结合这一主题，致力推动学术科研成果产业化。成功举办2011年“欧普照明杯”装饰设计大赛，大赛共征集设计作品62套，参赛作品31套，评定出一等奖1名，二等奖2名，三等奖3名。先后组织举办三门峡市医学会内分泌专业委员会2011年学术年会和林产、花卉、重症医学学术研讨会等大型论坛和研讨会。积极举荐优秀学术成果，引导广大科技人员潜心学术，献身科研。组织开展省市优秀学术论文、学术成果评比选拔工作。5月，河南省首届自然科学学术奖评选活动，全市共有47篇论文、3项决策研究成果以及2部优秀学术著作获奖，其中一等奖1个、二等奖17个、三等奖34个。编辑出版市级学术论文集1部，表彰青年科技奖“十杰”“十优”。

【企业“三讲一比”活动】 围绕企业技术进步与自主创新，凝聚科技工作者力量，全面深化以“讲科学、讲创新、讲道德、比贡献”为主要内容的“三讲一比”活动，调动企事业科技人员广泛参与，把握技术创新活动新趋势、新变化，引导企业科协组织及广大工程技术人员投身企业技术创新、项目合作、科技攻关活动。把社会创新要素引向企业、农村，有力推动了科技成果向现实生产力转化。河南中原黄金冶炼厂有限责任公司、河南仰韶生化工程有限公司、义马气化厂等企业科技、科协组织共研究攻克技术难题12项，推广科技成果10项，申报获得专利10项，环保协会与企业共同开发运用节能减排技术，实现节能减排指标30%左右，被评为河南省节能减排科技创新示范企业。

【推进“厂会协作”行动】 全力推进“厂会协作”行动，引导学术团体与企业携手合作，学术活动与生产需求紧密结合，为科协系统学术团体服务经济建设探索新途径。“厂会协作”行动取得明显成效，电力、焊接、黄金、汽车工程等学会，与企业建立长期协作关系，参与企业科技管理、技术攻关活动，解决了大量技术疑难。恒生科技研发有限公司与高校、大型军工企业合作，共同研发生产柠檬酸金钾、氰化金钾和亚硫酸金盐等新产品；灵宝黄金股份公司和金源公司建成博士后科研工作站、科技研发中心和省金属回收工程研究中心三大科研平台，开展氧化钼湿法冶炼和预还原金属化球团工业化试验技术改造等项目的实验研究，解决了大量工艺难题。院士专家工作站和研发中心的建立，为企业持续协调发展提供了强大动力。 （陈　莹）

三门峡市残疾人联合会

【概况】 2011年，三门峡市残联高举中国特色社会主义伟大旗帜，以邓小平理论和“三个代表”重要思想为指导，以残疾人社会保障体系和服务体系建设为中心，以残疾人就业培训、扶残助残、残疾人康复服务及残疾人基层组织建设工作为重点，稳步推进残疾人事业健康发展。被河南省残工委授予“2011年完成残疾人工作责任目标先进市”“河南省残疾人就业培训工程先进市”，被河南省残联、省地税局授予“河南省残疾人就业保障金征收工作先进单位”，被三门峡市委授予“2011年度治安综合治理工作先进单位”。

残疾人“两个体系”建设 按照《河南省残疾人社会保障体系和服务体系建设指导意见》豫政办109号文件要求，在2012年年底全市要率先建立起残疾人“两个体系”建设的基本框架，达到残疾人“两个体系”建设工作标准。市政府专门成立了三门峡市残疾人“两个体系”建设工作领导小组；政府办出台了《关于印发三门峡市推进残疾人社会保障体系和服务体系建设实施方案的通知》，制定下发了《三门峡市残疾人社会保障和服务状况普查工作实施方案》。市、县两级残联累计悬挂横幅120余条，印发宣传单7万余份，在社区、村(居)委会张贴普查公告1万余张；发表电视讲话，刊登普查公告，积极宣传造势。举办培训班5期，培训“两个体系”建设普查员、录入员、就业指导员、康复协调员93名。建立了由各县(市)区残联理事长任组长的普查队伍，历时2个月，填写普查登记表146 366份，完成登记录入145 448人，占全市残疾人总数的91.2%。在政策保障方面，将残疾人“两个体系”建设纳入三门峡市“十二五”发展规划，纳入全民社会保障和公共服务的大局，确保2012年年底前建立起全市残疾人“两个体系”的基本框架。出台了《建立实施“曙光行动”争创白内障无障碍市活动长效机制意见》，提出了新增白内障患者，发现一例，免费治愈一例的长效机制。制定了《三门峡市残疾人就业培训工程实施方案》，通过将残疾人就业纳入就业再就业工程、阳光工程、雨露计划等形式，帮助广大残疾人实现就业。出台了《三门峡市创建下肢假肢装配无障碍市工作实施方案》，对新发现适合装配下肢假肢的残疾人，发现1例，免费装配1例。在残疾人生活保障方面，达到救助标准的残疾人，实现了应保尽保。在医疗保障方面，市、县两级政府在城镇居民医疗保险方面出台优惠政策，将一、二级重度残疾人所缴纳的医疗保险费用全部由各级政府“埋单”，切实解决残疾人看不起病的问题。义马市、渑池县分别建成了建筑面积1 628平方米和3 800平方米的残疾人综合服务设施并投入使用，灵宝市建成了建筑面积1 000余平方米残疾人综合服务中心，开创了三门峡市残疾人综合服务设施建设工作新局面。

残疾人康复工作 三门峡市残疾人康复工作围绕“人人享有康复服务”的目标，稳步推进康复工作向前发展。建立乡(镇、街道)康复训练室76个，社区(村)康复站1 409个，培训社区(村)康复协调员666名，使三门峡市乡、村两级康复站(室)建设面积达到了95%以上，初步形成了三门峡市纵到底、横到边的残疾人康复服务网络。实施0岁~6岁残疾儿童抢救性康复项目。制定了项目实施方案，与河南省针灸按摩推拿学校附属医院合作，筛查出需救助的贫困残疾儿童35名，组织专家进行复查，建立了个人档案，制定了救助措施，并由河南省针灸按摩推拿学校附属医院根据残疾儿童的不同情况，有针对性的开展康复训练。实施爱心“助视、助听、助行”活动。为285名低视力患者佩戴了助视器，培训低视力儿童家长12名；对276名盲人进行定向行走训练；对89名肢残(脑瘫)人和62名智残儿童进行了康复训练；完成成人听力康复训练25名。开展聋儿语言训练工作。以市聋儿语训中心和陕县聋儿语训中心为依托，新收训聋儿 59 名，这些聋儿在经过正规康复语训后，绝大多数聋儿能和正常孩子一样听说读写，进入普通小学接受九年义务教育。全面开展精神病防治工作，大力推广“社会化、综合性、开放式”的精神病防治康复工作模式，全市精神病防治覆盖面达 157 万人，通过精防培训、免费服药及康复指导等方式为 2 865 名精神病患者提供了综合性康复服务。做好残疾人辅助器具供应服务工作。制定下发了《2011 年残疾人辅助器具配发工作方案》，明确由市、县两级残联各以 30% 和 70% 的补贴比例免费为贫困残疾人配发助听器和拐杖等辅助器具。全年共为残疾人捐赠轮椅1 800辆，提供其他辅助器具2 558套件；积极落实“长江新里程计划”假肢安装项目。根据全省 2011 残疾人工作要点，结合三门峡市实际，向省残联提出了创建全省下肢假肢装配无障碍市的申请，得到了省残联批准。制定下发了《2011 年“长江新里程计划项目”实施方案》，在全市范围内开展了病源筛查工作，为 115 名装配了普及型假肢。该项目在争取中央财政、省财政补贴经费的同时，三门峡市为每名缺肢残疾人大腿假肢补贴 500 元、小腿假肢补贴 150 元，全部实现免费安装。

残疾人教育扶贫工作 为进一步解决好贫困残疾人的生活保障问题，缩小残疾人生活水平与社会平均水平的差距，市残联采取多种帮扶措施，促进各项残疾人教育扶贫工作稳步推进。开展助学活动，帮助贫困残疾人学生完成学业。在省残联组织的“真情报党恩，爱洒残疾人”专项教育基金捐赠暨助学工程中，三门峡市 16 名高考中榜的残疾人学生及残疾人子女每人获得了 2 万元的助学金和一本笔记本电脑的资助；在“2011 学年残疾人事业专项彩票公益金助学项目”活动中，市、县两级残联通过争取国家彩票公益金助学项目款、利用社会募捐资金等手段，多方资助在校贫困生，全年累计资助贫困学生 175 名，占省下达 90 名任务的 194%。着力解决残疾人社会保障问题。在生活保障上，对无劳动能力的重度残疾人和特困残疾人做到了“应保尽保”，对农村“三无”残疾人，全部落实了“五保”。在医疗保障上，大力推动残疾人参加新农合和城镇居民医疗保险，并为一、二级重度残疾人落实个人缴费部分。在养老保障上，积极推进灵宝市和卢氏县两个新农保试点县建设，通过落实新型农村社会养老保险政策，帮助残疾人及时纳入新农保范围，并承担起了一、二级重度残疾人的参保费用。实施“阳光家园”计划，对无劳动能力的残疾人提供托养服务。一方面通过建立托养机构，集中托养残疾人 200 名；另一方面通过补助托养服务家庭的方法，居家托养残疾人 200 名。实施危房改造项目。为推动三门峡市残疾人危房改造工作，确保省下达 100 户危房改造任务顺利完成，与城乡建设部门积极配合，筛查按照公平、公正、公开的原则，优先将100 户无房残疾户、严重危房残疾户、一家多个残疾人户等困难残疾人户列入了危改范围，通过改建、修缮及购买的方式为贫困残疾人家庭添置了新居，从根本上改善贫困残疾人家庭的居住环境。

残疾人就业培训工作 残疾人就业培训工作再次被省委、省政府纳入了河南省十项重点民生工程。市残联作为承办单位，高度重视，精心组织，高效运作。制定下发了《2011 年三门峡市残疾人就业培训工程实施方案》，确保残疾人就业培训工程顺利实施，及时召开了全市残疾人就业培训工程工作会议，将 2011 年度残疾人就业培训工作任务向各县（市）区进行了分解，要求各县（市）区深入开展推动此项工作。及时开展残疾人培训工作。印发了《关于举办残疾人职业技能培训班有关问题的通知》，依据残疾人培训意愿，制定详细的培训计划和培训时间表，按照残疾人培训需求，对城镇残疾人开展了家电维修、美容美发、电气焊、车床钳工、中式烹调、服装剪裁等职业技能培训；对农村残疾人开展了种植业、养殖业和加工业等农村实用技术培训。同时，各县（市）区通过将残疾人纳入农业部门的“阳光工程”和扶贫部门的“雨露计划”培训范围的方式，以乡镇为单位，积极开展种植业、养殖业和加工业等农村实用技术培训，为残疾人就业培训工程的开展奠定了基础。全年全市共投入培训经费 187 万余元，人均投入 504 元，培训残疾人 3 709 名。多层次、多形式促进残疾人就业。推进分散按比例安排残疾人就业；落实《河南省按比例安排残疾人就业办法》，在各企事业单位及民间非企业组织安置残疾人就业 516 人；督促福利企业集中安置残疾人就业，在三门峡市 49 家福利企业安置残疾人职工 327 人，残疾人职工全部与用工单位签订劳动用工合同，并参加了养老、医疗、失业、工伤和生育等保险；扶持残疾人创业和个体从业，加强与人社、工商、税务等部门联系，落实残疾人个体创业优惠政策，做好创业扶助，累计扶持 1 123 名残疾人自主创业；开展劳务输出，组织两次残疾人劳务输出推介会，帮助全市 112 名残疾人与东莞德州鞋业、平顶山天瑞铸件有限公司等近 10 家外地用人单位签订了用工合同。全年全市残疾人新增就业 2 078 名。

残疾人基层组织规范化建设 为进一步规范机构，健全组织，充分发挥基层残疾人组织的职能作用，三门峡市严格按照省残联工作要求，认真组织开展残疾人基层组织规范化建设。全市 76 个乡（镇、街道）全部配齐了残联理事长和残疾人专职委员，1 468 个行政村（社区）全部成立了残疾人协会，有了固定的工作场所，并为乡级残疾人专职委员落实了每月 450 元至 800 元的工作补贴，村级专职委员每月给予了 100 元至 150 元的生活补助。通过以上措施，三门峡市基层残疾人工作者队伍得以不断壮大，为全市残疾人事业的开展发挥着日趋重要的作用。

残疾人文体工作 认真组织开展“爱心书屋”建设工作。制定下发了实施方案，通过筛查，确定了省级示范点 7 个，市级“爱心书屋”示范点 50 个，报经省残联验收合格后，为各省级“爱心书屋”示范点免费配置图书 479 种 4 536册，配置音像制品 52 种 495 套，价值71 134元，极大地提高基层为残疾人文化服务的能力，丰富基层残疾人精神文化生活。县级残疾人综合服务设施建立残疾人阅览室工作纳入了 2011 年度目标管理，各县（市）区给予了高度重视，整合现有资源，购置书籍，按要求进行建立。其中渑池县新建综合服务设施建立的残疾人阅览室面积达 40 余平方米，配置图书3 000余册，并配备了电视、影碟机、电脑等有声读物，功能较为完善；陕县残联综合服务设施残疾人阅览室于 9 月进行了重新装修，硬件设施到位,面积为35平方米,配置图书8 000余册,有着较强的为残疾人文化服务能力等。积极开展第2届全国残疾人文化周活动。推荐优秀书法、绘画作品7幅,积极参加省第2届"曙光杯"残疾人书法、绘画大赛;征集残疾人优秀工艺美术作品如十字绣、泥塑、木刻等作品4件,参加在澳门举办的"两岸残疾人书法绘画及工艺品联展";在全市特教学校范围内选拔优秀节目2个,参加第6届全省特教学校学生艺术会演等,充分展示我市残疾人特殊艺术的风貌。加强残疾人运动员的培养工作。随着三门峡市残疾人体育事业的不断发展,涌现出了庞宝龙、王晓斌、卯舒博等一批优秀残疾人运动员,作为好苗子,长期在省残疾人运动员训练中心参加训练。10月,在浙江举办的第8届全国残疾人运动会上,庞宝龙取得了铅球男子F42级银牌和铁饼男子F42级第5名的好成绩,卯舒博在男子乒乓球单打比赛中排名第5,为三门峡市争得了荣誉。

残疾人维权工作　为切实保护残疾人合法权益,维护社会稳定,促进社会和谐。市、县两级残联积极发挥残疾人法律援助中心的作用,免费为残疾人提供法律咨询和法律援助服务,共为残疾人提供法律咨询服务28人次,其中市本级8人次。认真贯彻落实《中华人民共和国信访条例》,扎实做好残疾人信访接待工作,建立领导接访制度,共接待残疾人来访1 054人次,来信31封,按照有关政策给予了妥善处理,结案率达100%。办理残疾人证件工作稳步进行。建立完善了残疾人基础数据库,严格评审标准,简易办证程序,至年底,全市共办理残疾人证26 609本(其中肢体残疾17 403个、听力残疾证2 136个、语言残疾证940个、精神残疾证787个、智力残疾证2 669个、视力残疾证2 236个、多重残疾证438个),占全市残疾人总数的17%,有效维护了残疾人的合法权益。认真做好了残疾人机动轮椅车燃油补贴发放工作。根据《财政部、中国残疾人联合会关于残疾人机动轮椅车燃油补贴的通知》(财社〔2010〕256号)精神,中央财政从2009年开始对残疾人机动轮椅车燃油给予适当补贴。三门峡市通过两次调查摸底,共筛查出有机动轮椅车的残疾人871名,按照指标,最终确定符合条件的残疾人705名,每辆每年补贴金额200元,共发放2009年度、2010年度燃油补贴资金28.2万元。

【实施轮椅助行工程】　4月1日上午,在虢国公园广场隆重举行了美国轮椅基金会、中国基督教两会550辆轮椅捐赠仪式。河南省十届人大副主任、省助残济困总会主席张世军,省助残济困总会副主席朱昆明,中国基督教两会社会事务部主任王保成,三门峡市委副书记王建勋等出席了捐赠仪式,现场为三门峡市残疾人捐赠轮椅550辆;各县(市)区也在助残日期间陆续开展了免费为残疾人捐赠轮椅活动,全市累计为残疾人捐赠轮椅1 800辆。未来五年内,市残联将携手省助残济困总会、省残疾人福利基金会等慈善组织赠数千辆轮椅,帮助更多残疾人走出家门。

【召开2011年全市残疾人工作会议】　4月8日上午,三门峡市召开了2011年残疾人工作会议,市政府副秘书长李立明、市纪委第八纪检组组长雷雨川、市残联理事长郭辛文、副理事长杨丽峡、副调研员张建廷出席了会议,各县(市)区残联理事长、副理事长、办公室主任和各乡(镇、街道)残联理事长、残疾人专职委员参加了会议。会议总结回顾了2010年全市残疾人工作进行了,对2011年全市残疾人工作进行安排。市政府残工委对2010年度全市残疾人工作先进县(市)区及先进乡(镇、街道)进行了表彰。市残联与各县(市)区残联签订了2011年残疾人工作目标责任书。市政府副秘书长李立明作了重要讲话,明确了2011年全市残疾人工作任务,突出一个中心,抓好五项重点,办好八件实事。一个中心就是坚持以残疾人社会保障体系和服务体系建设为中心。五项重点工作分别是扎实做好残疾人就业培训工作;新建残疾人综合服务设施确保全部投入使用;抓好残疾人康复工作加强基层残疾人组织建设;扎实开展好扶残助残活动。要办好的八件实事是扎实开展好"曙光行动"——轮椅助行工程;继续抓好0岁~6岁残疾人儿童抢救性康复;持续推进贫困残疾人家庭危房改造;认真实施"长江新里程"计划项目;创新实施好"阳光家园计划"项目;抓好残疾人"爱心书屋"建设;继续资助贫困残疾大学生;积极为残疾人提供法律援助等。

【开展"全国助残日"活动】　5月15日是第21次法定"全国助残日",为了组织好本次助残日活动,倡导扶残助残的良好社会风尚,市残联紧紧围绕"改善残疾人民生、保障残疾人权益"的节日主题,结合实际,积极开展了丰富多彩、形式多样的扶残助残活动。举办了精彩纷呈的助残日文艺晚会。5月13日晚,一场以"改善残疾人民生、保障残疾人权益"为主题的三门峡市第21次"全国助残日"文艺晚会在新世纪广场举行。约400余名观众观看了演出,晚会上,《梨园春》擂主艺术团和市特教学校的师生们为广大残疾人朋友奉献了精彩的节目。《三哭殿》《抬花轿》等豫剧名段展现了戏曲演员们深厚的舞台功力,赢得了观众们阵阵热烈的掌声。手语舞蹈《感恩的心》《放飞梦想》等展现了残疾儿童自强不息、乐观向上的精神风貌,感动了在场的每一位观众。戏曲小品《谁说女子不如男》演绎了一位残疾人父亲为筹钱给儿子办婚事而引发的一系列喜剧,从不同侧面诠释了残疾人自强、自立战胜各种困难的生活经历,让人笑中带泪。助残晚会在带给广大观众朋友喜悦的同时也扩大了三门峡市残疾人事业影响力和号召力,为全市残疾人事业的发展营造了积极良好的舆论氛围。深入开展以"办实事、做好事、解难事"为主要内容的扶残助残活动。逐步缩小残疾人生活状况和社会平均水平的差距。具体内容包括:为残疾人提供康复技术服务投入经费8万元,惠及800人;为残疾人提供实用技术服务投入经费50万元,惠及10 000人;为残疾人提供优惠就医服务投入经费25万元,惠及5 000人;救助贫困残疾人投入经费40万元,惠及2 000人;为下肢残疾人捐赠轮椅投入经费48万元,惠及1 200人;为残疾人配发用品用具投入经费65万元,惠及1 300人等。至2011年年底,各项扶残助残项目已投入资金233.7万元,为残疾人提供了康复、培训、就业、扶贫等多项服务,惠及残疾人数达19 450人。　(刁冬冬)

·编辑　张怡杰·

人民武装

PEOPLE'S ARMED FORCES

7月9日，三门峡军分区组织民兵参加军地联合防汛抢险实兵实装演练

三门峡军分区

【概况】 2011年,三门峡军分区围绕建设全面过硬战略预备力量,持续打基础,创新谋发展,融合求突破,着力抓落实,部队和民兵预备役全面建设取得新进步。

思想政治建设 加强中国特色社会主义理论体系武装,学习党的创新理论知识,组织党史军史教育、“坚定理想信念、忠实履行使命”主题教育和纪念建党90周年活动,官兵高举旗帜、听党指挥、履行使命的思想基础更加牢固。坚持经常性思想教育,做好“四反”和隐蔽战线斗争工作,部队保持了纯洁巩固和集中统一。国防教育、新闻报道、双拥共建、法律服务等工作富有成效。

军事斗争准备 修订完善抢险救灾等8个方面行动方案和3个保障计划,落实战备值班制度,首长值班、作战值班、应急分队值班等更加规范有序。研究制定《民兵应急队伍建设三年规划》,促进民兵军事训练质量。组织“5支队伍”集训比武,各级骨干综合素质明显提高。组织民兵应急队员参加第17届中国(三门峡)国际黄河旅游节暨投资贸易洽谈会安保、陇海铁路观音堂段塌方抢修、义马市千秋煤矿矿难救援,着力在遂行急难险重任务中练兵强兵,灵宝市民兵铁路护路分队被评为“全国民兵工作先进单位”。针对征兵工作出现的新情况,采取有力措施应对,联合市委、市政府出台《关于加强和改进新形势下征兵工作实施意见》,完成年度征兵任务。

党委班子和干部队伍建设 开展“加强党性修养,锤炼思想作风”教育整顿活动,党委机关思想作风明显改进。制定《加强军分区党委自身建设措施》和《军分区党委常委会议事规则》,指导人武部修订完善《党委会议事规则》,各级党委班子建设水平进一步提高。开展“读党史、学党章、上党课、过党日、交党费”活动,每季度组织专题党课教育,强化党委班子的创造力、凝聚力、战斗力。学习贯彻中央军委印发的《军队党员领导干部廉洁从政若干规定》,促进干部廉洁自律。做好干部选拔、调配工作,加大教育管理力度,组织在职训练和参加上级培训,干部队伍能力素质得到提高。干部转业复员安置、老干部服务管理移交、计划生育等工作保持良好势头。

基层规范化建设 贯彻《河南省县(市)区人武部工作规范》《河南省民兵预备役部队应急队伍建设规范》,加强基层武装部基础设施建设,配套完善民兵应急分队装备器材,提高基层建设水平。建立党委常委包干帮抓制度,结合参加民主生活会、检查重点工作和大项活动等时机,对各单位突出问题进行集中帮抓,促进基层规范化建设。建立人武部主官每季度思想汇报制度,开展评选“一对好主官”活动,提高人武干部任职能力。升级改造各人武部营院基础设施,改善了官兵工作和生活条件。

依法从严治军 开展“条令学习月”活动,官兵条令法规意识进一步增强。专项纠治训风不实、假军车号牌、违规用车等问题,落实机关每周安全检查、干部请销假和车辆管控制度,部队“四个秩序”进一步正规。围绕人、车、枪、弹、密等重点部位、重要目标,组织重大安全隐患排查整治,落实民兵武器装备仓库管理制度,投入80余万元建成车辆GPS定位监控、重要目标信息管理系统,解决了动控管理难题。组织机关公勤人员教育整训,增强法纪观念,确保部队安全稳定。健全和落实《军分区首长机关办公秩序规定》《车辆管理规定》《接待工作规定》《财务管理实施办法》,形成“人按职责干、事按制度办”的局面。

后勤服务保障 修订完善后勤战备方案,制定《民兵后勤专业保障分队建设规范》,补充配套战备物资器材,开展国民经济动员潜力调查,组织后勤干部综合业务培训,提高后勤战备训练质量。落实《军队行政消耗性费用管理规定》,行政消耗性开支同比减少3%。推广军队资金账户网络结算监控系统,实现对资金、账户管理的动态化监控。推行差旅费货币化支付,实行物资集中采购,统一办理军队房地产租赁许可证,增强后勤保障效益。完善营区营院配套设施,部队正规化建设水平进一步提高。

支援地方经济社会建设 实施助推中原经济区建设“五项行动”,联合市委、市政府将三门峡市争创“全国双拥模范城”、市社会管理创新综合试点等内容纳入“五项行动”,组织民兵预备役人员为地方经济社会建设作贡献。建立调查研究、联席会议、信息反馈、教育培训、检查考评、经费保障等6项制度,协调组织驻军和民兵参建援建,在帮抓基层党支部、扶贫帮困、参加生态工程建设、发展特色农业、支援兰州军区给水工程团抗旱打井等方面发挥了服务保障作用。协调召开市委常委议军会议,研究解决制约部队和民兵预备役建设的重点难点问题,促进军地融合发展。 (贾冬明)

【参加义马市千秋煤矿矿难事故救援】 11月3日19时45分,三门峡义马市千秋煤矿发生冲击地压事故。井下作业的74名矿工,14人安全升井,4人遇难,56人被困井下,形势严峻。军分区和义马市人武部立即启动应急预案,向千秋煤矿、耿村煤矿、杨村煤矿和常村煤矿民兵应急分队共160人下达集结命令。22时20分,千秋煤矿、耿村煤矿应急队员60人到达事故现场,常村煤矿、杨村煤矿应急队员100人作为预备队完成集结。按照现场指挥部要求,民兵应急分队配合公安、武警部队实施救援,主要担负维护现场秩序以及外围警戒任务。4日,人武部再次集结民兵应急队员90人,确保始终有150名民兵应急队员执勤,为专业救援队伍组织救援提供保障。至5日11时45分,被困74名矿工除8人遇难,其余66人全部获救。 (贾冬明)

【协调召开民兵武器装备仓库军警民联防工作会议】 4月27日,军分区协调组织市公安局、消防支队、武警支队、湖滨区人武部和陕县人武部等单位主要领导,召开民兵武器装备仓库军警民联防工作会议。会议对当前民兵武器装备仓库的安全形势进行分析研讨,审阅仓库应急预案,制定完善军警民联防方案。会议要求,各单位要关注当前形势,保持清醒头脑,增强做好军警民联防工作的责任感、使命感;要严格执行军警民联防有关规定,强化组织领导,落实联防预案,坚持联防演练,实现信息共享;要履行岗位职责,强化自我防范意识,把安全隐患消灭在萌芽状态;公安部门要及时提供驻地民社情,搞好库区周边巡逻，及时处理涉及仓库安全管理的刑事、民事案件，为仓库安全创造良好的外部环境；武警、消防要制定快速支援方案预案，遇有突发情况，对仓库实施快速增援；人武部要加强民兵应急分队建设，确保一有情况能够立即出动，决战决胜。会后，军分区司令员张廷善带领与会人员对民兵武器装备仓库进行安全隐患排查，对基础设施和安防设施进行技术测试，现场解决8个方面的问题，为进一步抓好仓库安全管理奠定基础。（贾冬明）

【协调保障兰州军区给水工程团抗旱打井】 2月至8月，兰州军区给水工程团438名官兵携带89台装备支援三门峡抗旱，共在27个乡（镇）、51个行政村打井51眼。军分区认真做好各项协调保障工作。研究制定《装备卸载协调保障方案》《官兵生活协调保障方案》《打井作业物资器材协调保障方案》等6个方案，成立三门峡市配合兰州军区给水工程团打井施工协调领导小组，协助打井部队勘察地形，组织当地政府、人民群众出资60余万元慰问打井官兵。为方便官兵工作、学习、生活，军分区紧急动员26台通用装备，运送施工用红土950余立方米、辅料700余吨、滤水管1 600余米、井壁管2 600余米，为打井部队提供电脑、打印机12台，军用被褥60套、军用地图24幅、图书300余册；为每个班购买1台电暖气，协调3台发电车，解决官兵取暖和生活用电问题。开展“送电影到军营”活动，保证打井官兵每周看一场电影，丰富官兵的文化生活；为离市区较远的打井点开通交通班车；购买3 000余张澡票，保证官兵每周洗2次热水澡；协调县（市）区人民医院和三门峡市中心医院开辟绿色通道，对打井官兵看病、体检实行免挂号、免排队、免费用“三免”，并定期组织医疗小组到打井官兵驻地和作业点巡诊；制作悬挂宣传条幅、标语40余条，采写新闻信息20余条，在军地产生良好反响，经验做法先后2次被省军区转发推广。

（贾冬明）

【组织防汛抢险演练】 7月9日，军分区组织首长机关及所属6个县（市）区人武部和市各防汛抢险任务单位进行防汛抢险演练。成立以军分区司令员张廷善、政委雷俊卿为组长的领导小组，下设党（团）员突击队、专业抢险队、侦察搜救队、后方保障队、政策宣传队，采取信息化指挥手段与传统指挥手段相结合、逐级指挥与越级指挥相结合、现场指挥与远程指挥相结合的方法，先后进行紧急动员、快速机动、疏散危险区群众等19个内容的演练。共出动民兵应急队员3 375人，动用各种装具5 220件（套）、车辆装备141台次，征用民用直升飞机1架、市移动公司通信指挥车2台和海事卫星电话12部；装填沙袋62 000余个，散发应急常识宣传单36 000余份，转移疏散群众1 200余人，抢通道路400余米，加固三门峡大坝、黄河堤坝2 500余米。通过演练，各级应急指挥组进一步熟悉防汛抢险的组织指挥程序，民兵应急分队的应急能力得到提高，为完成防汛抢险任务奠定了基础。（辛万富）

9月19日，三门峡军分区组织民兵参加陇海铁路护坡滑坡抢险救灾

【组织陇海铁路护坡滑坡抢险救灾】 9月18日22时10分，连续降雨引发陇海铁路下行线780公里+310米~390米陕县观音堂镇附近铁路南侧护坡整体发生滑坡，面积达2 800平方米，坍塌土石15 000余立方米，造成陇海铁路下行线中断。军分区迅速启动应急预案，召开紧急会议，通报险情。组织陕县人武部动员民兵应急分队，协调96548部队、武警三门峡市支队做好抢险出动准备。19日1时40分，军分区政委雷俊卿带司令部机关有关人员赶至抢险现场，受领抢险任务，进行险情勘察，组织协调民兵应急分队和驻军官兵清理坍塌土石，加固铁路护坡。共动用兵力400人，其中，陕县人武部官兵和民兵应急分队队员180人，二炮通信工程团官兵70人，武警三门峡市支队官兵150人；清理塌方土石2 000余立方米，圆满完成任务。中央电视台、河南电视台等媒体分别进行宣传报道，产生良好的社会影响。（贾冬明）

【建立6项机制推进中原经济区建设“五项行动”落实】 军分区在筹划实施助推中原经济区建设“五项行动”（实施帮建农村一线堡垒行动，实施帮扶粮食高产示范点行动，实施援建重点生态工程行动，实施打造中原红色文化品牌行动，实施参加平安河南建设行动）中，健全完善制度机制，加强组织领导和具体指导，联合市委、市政府下发《落实省军区助推中原经济区建设“五项行动”实施意见》，协调市委、市政府和有关部门成立军地联合领导小组，负责落实“五项行动”的筹划部署、检查督导、考核验收和总结讲评，并指导各县（市）区、各乡（镇）街道及设有基层武装部的企事业单位分别成立相应的军地联合领导小组，对实施“五项行动”进行统一领导和指导。为推进“五项行动”持续、健康发展，领导小组建立完善6项制度：一是调查研究制度。围绕帮建“五好”村党支部、帮扶粮食高产示范点等问题，军分区每季度、人武部每月、基层武装部每周进村入户实地调研，分析梳理矛盾问题，研究制定办法措施。二是联席

会议制度。市每半年、县(市)区每季度、乡每月召开一次军地联席会议,学习上级有关指示,分析参建工作形势,研究部署工作任务。三是信息反馈制度。乡(镇)街道、企事业武装部每月向县(市)区人武部报告工作落实情况,人武部根据需要视情报当地政府;县(市)区人武部每季度向军分区进行一次书面汇报,遇到特殊情况和重要信息,随时报告。四是教育培训制度。利用例会、整组、训练等时机,协调党校、科技局、农业局等专家教授对村干部、退伍军人、民兵致富能手、民兵应急分队队员进行培训,提高村班子的领导能力、民兵预备役人员带头致富能力和民兵应急分队依法维护社会稳定能力。五是检查考评制度。结合半年和年终工作总结,军地联合对落实"五项行动"情况进行检查,把落实情况纳入地方党委、政府年度考核目标,总结推广经验做法,表彰工作成绩显著的单位和个人。六是经费保障制度。按照政府支持、部队捐献、多方筹措等办法,加大落实"五项行动"的保障力度。启动资金,按每年市级10万元、县级5万元、乡级1万元的标准列入地方财政预算。重大活动、重要建设项目,根据情况由武装系统商情地方相关部门协调解决。

(辛万富)

【突出抓好党委班子自身建设】　3月14日至22日,军分区组织开展"加强党性修养、锤炼思想作风"教育整顿活动,采取自上而下、从本级抓起,坚持集中学习教育与专项整治相结合的方式,集中学习了总政汇编的军委胡锦涛主席关于加强思想作风建设的重要论述,《中国共产党党员领导干部廉洁从政若干准则》、中央《关于进一步从严管理干部的意见》《中央军委关于进一步加强军队高中级干部作风建设的意见》和《军区党委贯彻落实中央军委〈意见〉进一步加强团以上干部作风建设的措施》系列法规。结合教育整顿,组织开展了"读党史、学党章、上党课、过党日、交党费"活动和评选"一对好主官"活动,建立了人武部主官每季度思想汇报制度和每季度专题党课教育,研究制定了《加强军分区党委自身建设措施》和《军分区党委常委会议事规则》,指导人武部修订完善《党委会议事规则》,党委议事决策和团结质量不断提高,班子创造力凝聚力战斗力得到强化。

(范雨志)

3月16日,军分区开展"加强党性修养、锤炼思想作风"教育整顿活动

【组织民兵重点分队"四会"教练员集训】　4月19日至29日,军分区在渑池县民兵训练基地组织对民兵重点分队3个专业的"四会"(会讲、会做、会教、会做思想工作)教练员进行封闭式集训。集训为推动军分区民兵军事训练规范化、程序化、制度化,进一步提升民兵队伍遂行多样化任务的能力奠定了基础。

(张　旭)

【开展双拥创建活动】　军分区党委坚持从大局出发,按照市委、市政府的部署要求,充分发挥桥梁纽带作用,想地方党委政府之所想,帮地方党委政府之所需,解地方党委政府之所难,扎实开展全国双拥模范城"四连冠"争创活动。积极协调驻军各单位自觉把"创建"工作列入重要议事日程,主动与地方各有关部门加强沟通协调,对双拥共建中遇到的各种困难、矛盾和问题,及时协调地方党委政府解决。

(毛兴炎)

【组织民兵参加军地联合防汛抢险实兵实装演练】　7月9日,军分区组织全市民兵防汛分队300余人,参加三门峡市组织的军地联合防汛抢险实兵实装演练。按照防汛抢险预案,通过演练,全市民兵应急力量的应急处突能力得到进一步提高。

(贾冬明)

【担负第17届中国(三门峡)国际黄河旅游节暨投资贸易洽谈会安保任务】5月18日,军分区组织民兵应急队员1 000人担负第17届中国(三门峡)国际黄河旅游节暨投资贸易洽谈会安保任务。圆满完成市委、市政府赋予的各项任务,实现"维稳处突和兴武强兵"的双赢目标。

(辛万富)

【召开三门峡市国防动员委员会第四次全体会议暨征兵工作会议】　10月14日,军分区组织召开三门峡市国防动员委员会第四次全体会议暨征兵工作会议。会议学习贯彻济南军区国防动员委员会第七次全体会议和河南省征兵工作会议精神,研究讨论新形势下全市国防动员和征兵工作。通过会议,全市上下进一步认清形势、统一思想、明确任务、理清思路,为推动国防动员暨征兵工作再上新台阶奠定了基础。

(贾中良)

【协调召开三门峡市委常委议军会议】　7月27日,军分区协调召开市委常委议军会议。会议由市委书记、军分区党委第一书记杨树平主持。会议传达学习中共中央、国务院、中央军委关于国防和军队建设有关文件精神,听取军分区2011年以来工作情况汇报,研究解决军分区民兵综合训练基地、民兵装备修理所建设,民兵武器弹药仓库迁建,野战指挥平台建设、随军家属就业安置；国动委专业办公室建设；预备役高炮师第5团训练场扩建；第127师第380团迁建，96548部队进出道路建设，武警三门峡市支队反恐装备建设等9个问题。会议指出，在“八一”前夕集中学习有关国防和军队建设文件精神，从三门峡实际出发，为国防建设办实事、好事，积极解决驻军与民兵预备役建设中存在的困难和问题，是以实际行动表达对国防建设的关心和支持。会议强调，要加强党管武装工作，着眼战略全局，提高做好党管武装工作的自觉性；要明确工作重点，体现军民融合发展特色性，在发展规划中体现融合，在重点领域落实融合，在资源配置上搞好融合，在功能作用上实现融合；要健全组织领导，增强服务保障的实效性，落实好党管武装基本制度，坚持依法指导、依法行政，不断加大政策拥军、行业拥军、科技拥军、社会拥军的力度，开创三门峡市党管武装和双拥工作的新局面。（范雨志）

【刘少奇旧居被命名为济南军区革命传统教育基地】 7月7日，济南军区革命传统教育基地挂牌仪式在渑池县刘少奇旧居举行。市委书记、军分区党委第一书记杨树平，市委常委、军分区政委雷俊卿共同为教育基地揭牌。刘少奇旧居是刘少奇《论共产党员的修养》提纲的诞生地和首讲地，是党的红色教育基地。1985年8月，刘少奇旧居纪念馆正式开放，先后被确定为青少年爱国主义和革命传统教育基地、河南省国防教育基地、红领巾教育基地和党风党纪党性教育基地，在革命传统教育中有着重要的地位。刘少奇旧居被济南军区命名为革命传统教育基地，为全市加强军地合作搭建了新的平台，为进一步密切军地军民关系、提升双拥工作水平奠定了基础。（范雨志）

【加强全国“两会”期间部队安全管理】 3月4日，军分区召开全国“两会”期间部队安全管理电视电话会议，传达学习上级《关于切实做好全国“两会”期间部队安全管理工作的紧急通知》精神和有关指示要求，并就做好“两会”期间部队安全管理进行安排部署，提出了具体要求。会议强调，要加大对民兵武器装备仓库的管理力度，实行机关干部和仓库主任“双值班”制度，机关干部轮流到仓库蹲点，随时进行帮抓指导；要完善应急处突预案，加强与市公安局、应急办公室和110指挥中心的联系，联合地方公安、信访等部门进行应急处突演练，提高军地联合处置突发事件的能力。要加强人员管控，落实各项值班制度，保证人员在位率和出勤率。要严格车辆管理，“两会”期间，人武部所属12辆公务用车全部封存，确需动用必须报分区主官批准。机关充分发挥车辆GPS定位系统功能，加强车辆动态监控，凡发现私自动车的，从严处理。坚持好请示报告制度，人武部每天向军分区作战值班室汇报驻地民社情和安全管理情况，特殊情况随时报告。加大检查督导力度，分区成立3个安全检查小组，采取不打招呼、随机抽查等方式，深入各单位进行检查督导，发现问题现场指出，限期整改，并在每周一交班会上通报讲评，为确保“两会”期间部队安全稳定打下基础。（张申召）

【开展“学条令、查隐患、促安全”活动】 1月11日至2月10日，军分区组织官兵开展“学条令、查隐患、促安全”活动。为确保活动开展扎实有效，坚持以条令条例和安全法规为依据，以防范重大安全问题为重点，按照分区党委提出的学习要深入、研究要细致、查找要全面、整改要彻底、执行要严格、落实要具体的“六要”要求，坚持党委统一筹划，机关分责督导，基层全面落实，通过活动牵引、专题辅导、理论考核、排查整改等方式方法，在全区掀起了学条令、查隐患、促整改、保安全的热潮。这次活动，全区共参加干部、战士、职工、预备役123人，撰写心得体会264篇，先后组织了专题讲座、领导授课、讨论发言、谈心交心、检查整改、队列训练、军容风纪检查、理论考试等10多项配合活动。机关全程对活动开展情况进行检查抽查、“回头看”和阶段讲评，达到了预期效果，较好地规范了机关“四个秩序”（战备、训练、工作、生活秩序）打牢了安全发展基础，确保了春节前后全区安全稳定，确保了新年度各项工作开好局、起好步。（张申召）

【开展驾驶员集中教育整训活动】 4月中旬至6月下旬，军分区采取统一计划，分区机关和人武部分别组织的方法，组织全区23名军车驾驶员集中开展了教育整训活动。整训以省军区的一系列指示精神为指导，以条令条例和有关法规文件为依据，以提高思想认识、加强作风建设为重点，以“五查五纠”为主要内容，重点围绕车辆安全管理存在的突出问题进行整训。通过理论学习、辅导授课、观看录像、讨论发言、考核验收等，参加整训人员的思想认识明显提高，作风纪律明显加强，制度规定得到有效落实，达到了强化安全意识、提高防范能力、规范管理秩序、树立良好形象的目的。这次整训，全区共签订“驾驶员安全行车保证书”23份、对照检查材料和整改措施23份。参加整训驾驶员的理论考核总评成绩达到良好以上。（张申召）

【开展重大安全隐患排查整治活动】 5月上旬至6月下旬，根据省军区重大安全隐患排查整治工作统一部署，军分区采取自下而上、按级负责、区分层次、突出重点、边整边改的方法，对照省军区明确的7项整治内容和有关要求，分动员部署、对照排查、综合整治和检查验收4个步骤，集中开展了重大安全隐患排查整治活动。军分区党委领导高度重视，坚持把开展重大安全隐患排查整治活动作为当前的一项政治任务，作为确保部队科学发展和安全稳定的重要举措，科学筹划，认真组织，狠抓落实。整治中，坚持实事求是、突出重点、全面排查、综合治理、逐项整改的原则，坚持做好“四个结合”：即集中整治与经常管理相结合、与思想教育相结合、与发现解决问题相结合、与规范秩序完善制度相结合。先后3次召开会议进行分析研究和教育部署，2次组织对机关人员和分区仓库活动开展情况进行了突击检查。6月中旬，军分区党委常委分别带队，组成6个检查组，对军分区本级和所属人武部活动开展情况进行检查验收，并组织了讲评，下发了检查情况通报。通过开展重大安全隐患排查整治活动，军分区及所属人武部抓安全工作的责任感、紧迫感进一步增强，官兵、职工的安全意识、防范能力得到提高，较好地保持了安全稳定的良好局面，达到了预期目的，有力地促进了部队各项工作顺利进行。（张申召）

武警三门峡支队

【概况】 2011年,武警三门峡支队在总队党委和中共三门峡市委、市政府的正确领导下,深入贯彻科学发展观和主题主线重大战略思想,着眼建设现代化武警、有效履行职责使命,同心合力、锐意进取、狠抓落实,高标准实现了"两个确保",支队各项建设稳步推进,各项任务圆满完成。支队再次被总队评为"基层建设先进支队"。

思想政治工作　深入抓好培育当代革命军人核心价值观主题教育,官兵理想信念更加坚定。结合每月政工例会,规范经常性思想教育,提高教育质量,做好一人一事和个别人思想工作,始终从思想上政治上牢牢掌握部队。积极打好意识形态领域斗争主动仗,突出抓好"四反"工作,扎实开展形势政策教育、心理疏导和法律服务,帮助官兵解决涉法纠纷5起,保证了官兵思想心理稳定。狠抓任务中政治工作,修订完善政治工作预案,改装政工宣传车,较好地发挥了政治工作保证作用。坚持用先进军事文化引领部队建设,大力宣扬部队建设新成果、完成任务新成效、官兵精神新风貌,成功宣传并推荐树立第14届中国武警十大忠诚卫士代练兵重大先进典型。宣传报道工作成绩突出,被总队表彰为新闻工作先进单位。

中心任务　精心组织固定勤务,深入开展勤务专项治理,通过网上普查、电话巡查和实地检查加强了查管控力度,正规了执勤秩序。扎实开展执勤教育,狠抓隐患排查治理,安全系数明显提高。"四三二一"的经常性执勤管理模式受到上级肯定。大力推进"四防一体化"建设,两次协调市公安局召开推进会,争取180余万元资金用于改造看守所AB门和技防设施,投入19万余元加强机关作战勤务值班室信息化建设改造,为所有执勤单位安装了红外触摸一体机并投入使用,增大了执勤设施信息化含量。大力抓好军事训练和"四支队伍"建设,持续开展争当"射击能手""擒敌能手"等活动,投入3万余元对训练先进单位和个人进行表彰,涌现出了段国辉、李宁等一大批训练尖子,取得了新训工作第3名和军事训练单位综合评比团体第5名好成绩。认真组织勤训轮换、军事技能竞赛、应急处置演练和"卫士—11""11—雄狮行动"演习以及"四支队伍"成果展示,部队遂行任务能力得到全面提升。在省公安厅反恐办组织的"2011—铁壁1号"反恐对抗演习中表现突出,受到导调组充分肯定。全年出动兵力1 807人次、车辆163台次,担负临时性任务32起,尤其是"7·9"三门峡黄金冶炼厂特大火灾、"9·19"陇海铁路护坡塌方和"11·3"义煤集团冲击地压事故的成功处置,树立了武警部队良好形象。

正规化建设　围绕"抓正规管理,促安全发展",修订《机关、基层正规化管理实施细则》,召开陕县正规化建设观摩现场会,机关和基层正规化建设同步推进,扎实开展"条令学习月"和正规化达标普查,统一"四项设施",规范内务设置,正规"四个秩序",提高了正规化管理水平。安全隐患排查、百日安全无事故、"三查一除""射击训练暨枪弹安全管理"、印章专项治理、"崇尚荣誉,维护形象"和"转变工作作风,密切内部关系"学习教育等活动开展深入扎实,100余个事故苗头和隐患被有效治理,形成了群众性创安的生动局面。支队连续19年实现"三无",被总队表彰为安全工作先进单位。

基层建设　坚持把工作重心放在基层,把主要精力投向基层,不断夯实基层建设基础。建立挂钩帮带责任制,全年12批工作组、百余人次下基层蹲点指导,先后数十次深入开展经常性基础性工作突击检查,召开机关基层"双向讲评会",研究解决倾向性问题。组织两级主官参加总队《纲要》轮训,培养了基层建设的明白人。4次组织基层主官参观见学,提高了按纲建队能力。对发生违纪问题单位的包队党委成员和机关干部进行公开处理,强化了纪律观念。认真抓好党课教育和组织生活制度落实,支队领导带头上党课,基层党支部"三个能力"得到全面提升。在迎接总部领导到支队视察过程中,机关基层上下合力、同心同德,任务完成圆满,受到了总部、总队首长的高度赞扬。大力开展"学习身边典型,争当忠诚卫士"活动,认真指导基层开展"夺旗争星"评比竞赛,部队争先创优氛围日益浓厚。经综合衡定,陕县中队被总队评为标兵中队,渑池县中队和卢氏县中队被评为先进中队。

综合保障　突出提高遂行任务保障能力,深入开展"岗位大练兵、全员大比武"活动,在总队后勤专业兵比武中取得了战勤、军械专业第3名的优异成绩。制定完善处突反恐应急保障预案,成立后勤应急保障分队,争取地方经费200余万元购置战备物资,完善处突设施,在总队"11—雄狮行动"演习中后勤保障工作被总队评为第3名。紧紧围绕"三个服务"的要求,积极开展心理健康巡诊、伙食指导周等活动,受到基层官兵好评。筹措580余万元对机关和基层"四项设施"进行完善改造,官兵工作生活环境更加优化。认真抓好农副业生产,加强伙食管理,重视小作坊和自助餐落实。严格四类经费管理,机关基层日常公务性支出全部纳入公务卡结算。积极推行阳光采购新模式,加大经费审计力度,支队连续6年被总队评为"四类经费"管理先进单位和经费审计先进单位。坚持开展"三学习一尊重"活动,争取"四支队伍"建设经费800万元,协调基层中队反恐装备购置经费180余万元,有力保障了部队建设。

党委班子建设　坚持以党委(支部)为重点,全面推进部队党的建设。突出抓好思想作风建设,扎实开展"加强党性修养、锤炼思想作风""遵章守纪、践行宗旨、弘扬正气"教育整顿,紧盯"七个方面"突出问题专项治理不放松,取得较好效果。严格落实考察帮建制度,对支部班子进行普遍考察,有力推动了班子能力建设。认真贯彻落实民主集中制,严格规范议事程序,党委班子形成了团结、民主、务实、高效、清廉的氛围。2011年在干部选拔任用、士官选改、评功评奖、大宗物资采购、大项工程建设等热点敏感问题上,坚持阳光操作、依法办事,党委的科学民主依法决策水平不断提高。

【圆满完成三门峡市看守所在押人员分流押解勤务】 1月5日至6日,三门峡市支队出动官兵,协助公安机关圆满完成了三门峡市看守所460名在押人员分流押解勤务。此次押解是部队新年度担负的首次重大临时勤务。支队长亲自带领相关人员勘察地形,研究兵力部署,科学制定方案;司令部针对此次勤务押解人员多、路途较远，时间跨度长，在押犯思想活跃等实际，精心挑选了执勤人员；组织参战官兵开展了针对性训练，在进行队列、操枪法训练的基础上，认真学习了相关政策规定，并设置了在押犯脱逃、闹事，犯罪分子袭击，押解车辆被堵等多种可能出现的情况进行训练演练，提高了处置能力。执勤过程中，支队领导坚持全程督导，一线指挥；各小组分工明确，占位准确；参战官兵克服天气寒冷、执勤时间长等困难，充分发扬英勇顽强、连续作战的作风，圆满完成了此次押解勤务，以昂扬的斗志、过硬的素质、严明的纪律、严整的警容，展示了支队良好形象，受到了用兵单位领导的高度赞誉。

4月14日，武警三门峡支队召开代练兵先进事迹新闻发布会

【召开党委扩大会议】 1月25日，支队隆重召开2011年度党委扩大会议。支队党委成员，各基层党支部正副书记，机关干部共48人参加了会议。会上，支队党委成员副支队长黄镇、副支队长柳军永分别传达了总部、总队党委扩大会议精神；党委委员副政委张超民传达学习了军委副主席郭伯雄视察山东总队时的讲话精神。随后，党委书记、政委丁振庆代表支队党委作了题为"认清形势，戒骄戒躁，开拓进取，在新的起点上高标准推进部队建设科学发展"的工作报告。报告全面总结分析了2010年度支队建设形势，充分肯定了取得的成绩，剖析了存在的差距和不足，明确了新年度工作的指导思想和主要任务，并就下步工作指出了3个方面应重点把握的问题：一是要科学把握部队发展方向；二是要切实提高各项工作标准；三是要大力加强思想作风建设。党委副书记、支队长潘发勤以"立足新起点，把握新机遇，以更高标准持续推动支队建设科学发展"为主题，重点从"要保持清醒、防骄戒满，客观认识支队建设发展形势；要注重经常、务求实效，持续夯实支队建设发展根基；要把握关键、注重效益，着力破解支队建设发展难题；要锤炼作风、树立导向，持续优化支队建设发展环境"4个方面作了重要讲话。司、政、后3个部门分别对新年度军事、政治和后勤工作进行了安排部署。

【成功扑救一起民房失火】 2月6日上午，三门峡市支队渑池县中队营区旁边的民房突发大火，中队官兵迅速出动，奋力扑救，勇排险情。6日10时，紧邻渑池县中队营区的拘留所工地民房突然冒起浓浓黑烟，火借风势，风助火威，迅速蔓延，严重威胁到紧邻的高压线和变压器及看守所办公楼和监区安全，形势十分危急。中队自卫哨哨兵吴教伟发现险情后，立即向中队值班室报告，中队长张晏伟在迅速向支队报告的同时，带领应急小组携带简易灭火器材快速出动，奔赴事发地点，断引发大火的电暖气电源，用土埋、水浇、铁锹打等方法灭火。火场上，虽灼人的火苗窜起几米高，但官兵都毫无顾忌；虽浓浓的黑烟熏得官兵咳嗽流泪，但大家都奋不顾身；虽官兵的头发和眉毛被烧焦，但没人胆怯、没人退缩。经过40多分钟的奋战后，肆虐的火魔终于被扑灭，官兵们用实际行动谱写了一曲践行"做党和人民忠诚卫士"的动人赞歌，受到了当地群众的高度赞誉。

【参加市公安局第3届"金盾卫士杯"运动会】 3月22日，三门峡市公安局第3届"金盾卫士杯"运动会圆满落下帷幕，由40名三门峡支队官兵组成的代表队参加了长跑、绑腿跳、袋鼠跳等项目的角逐，并取得了多个单项第1名的优异成绩，获得了公安局颁发的"特别奖"，充分展示了武警官兵的良好形象。

【召开代练兵先进事迹新闻发布会】 为了更好地宣传代练兵先进事迹，在广大官兵中营造"学典型、树标杆"的浓厚氛围，4月14日，由总队政治部牵头，三门峡支队隆重召开了代练兵先进事迹新闻发布会。发布会后，新闻媒体记者一同前往代练兵的工作单位——教导队、一中队展开深入采访。其间，教导队教导员陈克锋介绍了工作时不畏艰难的代练兵，一中队班长孟云峰谈到了生活中关怀备至的代练兵，驻地村民邓建娃为大家讲述了为人民服务的代练兵，其妻子陈云霞讲述了"弃小家、为大家"的代练兵。

【参加"2011—铁壁1号"反恐"红""蓝"军对抗演习】 根据河南省公安厅及三门峡市公安局统一部署，经请示总部、总队批准，6月17日，三门峡支队出动兵力××名，携带武器装备××支(件)，参加了"2011—铁壁1号"反恐"红""蓝"军对抗演习。参加此次演习，支队党委高度重视、严密组织，一线指战员指挥科学、战法灵活、作风过硬，达到了全方位锻炼提高反恐能力的目的，圆满完成了演习任务。此次演习由省公安厅反恐办组织，抽调70人的专业力量组成"蓝"方，红方由三门峡市公安局、武警、消防等反恐力量诸要素组成，采取不设预案、不打招呼、随机导调、实兵对抗的方式进行，最大限度贴近实战演练。

【召开第14届"中国武警十大忠诚卫士"代练兵表彰大会】 7月29日上午，

河南武警总队在三门峡隆重召开了第14届“中国武警十大忠诚卫士”代练兵同志表彰大会。三门峡市委书记杨树平、河南总队副政委王大华出席大会并作重要讲话。三门峡市四大班子、驻军单位、市直机关领导出席了会议。三门峡市公安局、市双拥办、市湖滨区武装部、义煤集团观音堂煤矿、96548部队、61375部队、武警黄金六支队、武警消防支队及三门峡市支队官兵代表约1 000人参加了大会。

【召开支队党代表会议】 8月9日上午,三门峡市支队利用电视会议系统隆重召开了党员代表大会,选举产生了支队出席总队第四次党代表大会的代表。支队党委成员、纪委委员和机关、基层优秀党员代表共53人参加了会议。会议宣读了支队出席总队第四次党代会代表候选人预备人选及支队党代表会议代表产生情况的说明,提交了2名监票人和1名计票人名单。随后,与会代表对监票人、计票人进行了举手表决通过,并采取差额选举和无记名投票的方式,从9名预备人选中,直接选举产生了支队出席总队第四次党代表大会的8名正式代表,8名代表得票均在半数以上,两名监票人对选举结果全程进行了监督,确保了选举结果公平公正。

【严密组织船艇训练】 为进一步贯彻落实上级关于做好防汛工作一系列指示精神,提高部队遂行抗洪抢险任务能力,根据年度训练计划安排,三门峡支队于8月8日至13日组织一中队进行了船艇训练。训练共分两个阶段:一是理论学习阶段,重点学习船艇操作相关理论、旗语指挥等内容,同时对船艇进行检修、保养;二是实地操舟阶段,重点对舷外机安装与调试、起动与停止、正车与倒车、编队行进及船艇打捞、转移、运送人员等课目进行训练。训练中,支队长、政委等领导亲自指导训练、提出要求,参谋长现场指挥、严密组织,极大调动了参训官兵的训练热情;一中队参训官兵能够努力学理论,刻苦练操作,认真研战法,达到了训练的预期目的。

【举行“立足本职为建设现代化武警作贡献”主题教育演讲比赛】 8月17日上午,三门峡市支队隆重举办了“立足本职为建设现代化武警作贡献”主题教育演讲比赛,共有来自9个基层单位的9名选手参加了角逐。赛场上,每位选手结合自身的实际,紧扣主题,对核心价值观进行了深刻的阐述。通过声情并茂的演讲,畅抒爱国情怀,表达报国之志,把对军人核心价值观的学习理解通过语言、情感进行了生动的诠释,不断引起阵阵的掌声。经过选手激烈角逐、评委认真评判,三门峡市中队战士闫双健荣获第1名,陕县中队战士赵强、灵宝市中队石梦龙分获第2名,一中队战士毕磊、警通汽车勤务中队战士黄立、卢氏县中队排长姚少冲分获第3名。

【召开正规化建设现场会】 为高标准推进部队正规化建设,三门峡市支队于9月9日上午在陕县中队召开了正规化建设现场观摩会。支队长潘发勤、政委赵天玉带党委成员、机关全体干部、各基层单位军事主官、代理排长、司务长,共63人参加了会议。现场会分为3个阶段。动作观摩阶段,主要依据条令条例和总部、总队执勤、管理工作相关规定,重点对警容风纪检查的组织与实施、各类时机场合时的礼节和报告词、干部讲解执勤方案以及监门哨上哨动作等进行了演示;现场参观阶段,重点组织观摩人员观看了试点单位执勤目标“四防一体化”建设和依据总队《基层正规化管理实施细则》规范的内务设置、营区政治环境、各类库室设置。其中,现场参观阶段,各业务部门派专人对相关库室设置标准进行了详细讲解。

【举办“庆元旦”警民联欢会】 12月29日下午,三门峡市支队新训队、三门峡湖滨之声艺术团和教师进修学校三方在新训队营院内,联合举办了“庆元旦”警民联欢晚会,晚会节目精彩纷呈,为新兵送上了一份精神文化大餐,有效缓解了新兵紧张的工作、生活压力,促进了思想稳定。晚会中,既有《和谐大家园》等舞蹈表演,也有《战士卫国保安祥》《咱当兵的人》等革命歌曲演唱;既有《最美的歌献给妈妈》等抒情歌曲,也有《为了谁》等通俗歌曲;既有寓教于乐的礼仪表演,也有三门峡教师进修学校连夜为新训生活撰稿、编排的《军民情深》诗朗诵,可谓雅俗共赏,高潮不断。新兵毛磊用美声唱法演唱的一曲《祖国,慈祥的母亲》,使广大新战士在思想上产生了对祖国无限热爱之情的共鸣,尤其是班长骨干们在业余时间编排的《特种兵》战术表演更是将晚会推向了高潮,赢得了官兵经久不息的掌声。

(李 猛)

武警消防支队

【概况】 2011年,全市消防部队坚持以胡锦涛总书记“忠诚可靠、服务人民、竭

9月9日,武警三门峡支队召开正规化建设现场会

诚奉献”三句话总要求为统领，按照市委、市政府的决策部署，立足于服务地方经济建设和社会稳定的大局，以贯彻落实《河南省消防条例》为主线，以全力构筑“防火墙”工程、打造消防铁军和应急救援工作为载体，深入开展“五大”活动，积极创新社会消防管理，全面加强班子和队伍建设，社会火灾防控工作呈现新格局，部队灭火应急救援能力有了新提升，部队正规化建设迈出新步伐，后勤综合保障能力和服务经济社会发展能力取得新发展，社会消防宣传教育实现新突破，得到了各级党委、政府、公安机关和广大人民群众的高度赞誉和一致好评。支队被评为全省消防部队全面工作进步奖、安全工作先进单位、消防执法先进单位、“廉政建设‘三争一树’活动先进单位”和信息调研工作先进单位。支队被市委、市政府评为“市级文明单位”“2011 年度宣传思想文化工作先进单位”“2011 年度平安建设暨社会管理创新工作先进单位”和“安全生产先进单位”。3 个集体和 61 名个人受到省、市级以上党委政府和总队、支队记功表彰，其中支队被省政府荣记集体一等功。

社会火灾防控能力明显提升。依托“四大防控”体系建设和“五大”活动，持续开展了 16 次专项治理及 27 次大规模夜间清查整治行动，检查各类场所 36 011个，消除隐患39 145处，依法拘留 75 人，26 家重大火灾隐患单位全部整改销案，232 家重点单位“四个能力”建设全部达标，建立了乡镇、街道办“36773”网格化隐患排查工作模式，所有乡（镇）、办事处、行政村负责人全部接受消防安全专项培训，76 个乡（镇）、办事处全部完成网格精细化创建。全年全市共发生火灾 38 起，均为一般火灾，无人员伤亡，保持连续 7 年未发生较大以上及亡人火灾事故。

消防执法工作更加规范化。规范了建审验收、审验备案、开业前检查等各类消防执法程序，健全了行政许可、行政处罚等各类执法基础台账，印制了《消防执法便民服务指南》《建设工程安全使用合格消防产品和阻燃制品告知书》《消防便民服务卡》以及《河南省消防执法人员行为准则》等，出台了 8 项“便民利民服务措施”，并通过网站和行政审批窗口，公开了消防法律、法规、行政管理和行政审批事项、审批结果，开通了消防咨询和火灾隐患举报投诉电话，接受群众举报、投诉及消防工作信息查询，为群众提供优质服务。

部队灭火救援能力不断增强。扎实开展打造公安消防铁军和“铁军中队”创建活动，组建了地震应急救援轻型搜救队和抗洪抢险突击队，完善了豫晋陕黄河金三角“灭火应急救援圈”，极大地提升了部队攻坚作战能力。全年，全市消防部队共接警出动 1 473 次，出动车辆 2 390 台次，出动警力 13 808 人次，抢救遇险群众 296 人，抢救财产价值 1.3 亿元，成功处置了“3・30”连霍高速 7 车连撞、“7・9”黄金冶炼厂火灾等一系列灾害事故，出色完成了第 17 届国际黄河旅游节等 20 余次重大活动消防安全保卫任务。在全国打造现代化公安消防铁军比武竞赛中，支队下士翟红豹和上等兵石磊分别被总队荣记二等功和三等功。在全省合同制消防队和企事业专职消防队比武竞赛中支队分别取得全省第 4 名和第 7 名，其中百米双干线供水操单项成绩排名全省第 1。

队伍领率能力有了新提高。改（补）选了 7 个基层大队党委、8 个基层党支部，选拔了 15 名德才兼备的优秀干部担任基层党组织书记，各级班子核心领导和战斗堡垒作用得到充分发挥。3 个基层党组织、23 名优秀党员、4 名优秀党务工作者受到总队、支队表彰；7 个中队团支部分别被评为省、市消防部队五四红旗团支部，7 个团干部和 10 名团员受到总队、支队表彰。61 名官兵分别被记个人二、三等功，灵宝市消防大队被灵宝市政府记集体三等功，支队被省政府记集体一等功。年内，支队被市委、市政府评为“市级文明单位”“2011 年度宣传思想文化工作先进单位”“2011 年度平安建设暨社会管理创新工作先进单位”和“安全生产先进单位”。义马大队被总队评为安全工作先进大队，义马大队党委被总队评为先进基层党组织，灵宝大队被总队评为先进大队，灵宝大队教导员牛杰被公安部评为“全国优秀党务工作者”，卢氏县大队被总队评为全省消防宣传先进大队，特勤中队被总队评为标兵中队，特勤中队党支部被评为中队党支部标兵，特勤中队指导员赵民生荣获“第 4 届三门峡市道德模范”称号。

和谐警民关系树立新形象。大力开展以“消防进社区，服务送万家”活动为载体的大走访开门评警爱民实践活动，走访社会单位 896 个，走访社区 42 个，组织义务劳动 60 余次，发放回执回访卡 508 份，征求意见 267 条，排查化解矛盾 92 个，排查整改火灾隐患 862 处，与 30 个困难家庭和困难学生结成帮扶对子，与 8 个行政村结成共建单位，提供技术咨询服务 461 次，累计为单位节约整改资金近 3 000 万元。

基层基础建设全面发展。投入 1 323.63万元购置 53 米登高平台消防车等高性能、大吨位消防车 8 台，投入 200 万元购置各类器材 1 386 件（套），灭火救援系统服务器完成安装，三级指挥调度网建设工作升级改造完成。11 种个人基本防护装备和 32 种特种防护装备全部配齐，官兵执勤、训练、生活条件得到根本改善。

【召开 2011 年全市消防工作会议】 1 月 26 日上午，三门峡市 2011 年消防工作会议在市政府会议室召开。三门峡市政府副市长崔保连、副秘书长冯勇、市公安局副局长王应清、消防支队支队长李家甫、政委仰文祥等领导出席会议。全市各县（市）区主管消防工作的县（市）区长、公安（分）局主管局长、消防大队军政主官和市防火安全委员会成员单位及市属消防安全重点单位负责人共计 200 余人参加了会议。7 个县（市）区长及产业集聚区管委会主任向崔保连副市长递交了 2011 年度“消防工作目标责任保证书”，全市消防工作全面铺开。

【启动“护航中原”系列消防安全清查整治行动】 2 月 25 日至 7 月 15 日，消防支队先后启动了“护航中原”1 号至 4 号消防安全清查整治行动，重点对大型商场市场等人员密集场所、高层地下建筑、在建工程、城中村、城乡结合部和“九小场所”（小商场、小学校、小医院、小餐饮场所、小旅馆、小歌舞娱乐场所、小网吧、小美容洗浴场所、小生产加工企业）进行了消防安全检查。通过各专项活动的开展，全市火灾形势持续稳定。

【举行跨区域地震灾害应急救援拉动演练】 4月26日上午，消防支队组织全

“7·9”黄金冶炼厂火灾扑救现场

市39名骨干力量进行了地震救援轻型搜救队应急拉动演练，实地检验全市消防部队的应急响应、组织指挥、装备配备、技术训练和遂行保障等5个方面的能力。

【开展以“坚定理想信念，铸牢忠诚警魂”为主题的纪念建党90周年系列活动】 3月至7月，三门峡市消防支队组织开展了以“坚定理想信念，铸牢忠诚警魂”为主题的纪念建党90周年系列活动。通过活动，广大党员干部的党性观念、领导作风、工作作风、敬业精神明显加强，广大官兵忠诚于党、热爱祖国、建功警营的热情不断高涨，为实现“两个稳定”目标，推动消防工作和部队建设又好又快发展打牢了坚实的思想基础。

【召开全市消防执法人员“双述双评”大会】 6月16日上午，三门峡市消防支队组织召开了全市消防执法“双述双评”(勤廉双述、内外双评)大会，支队全体执法人员和社会单位评议代表共90人参加了会议。社会单位评议代表听取了支队执法干部的述职述廉，并对进行了提问、质询和民主测评。

【成功处置“7·9”黄金冶炼厂火灾事故】 7月9日9时许，河南中原黄金冶炼厂氰化分厂有限责任公司电解铜车间突发大火，三门峡市消防支队立即调集27辆消防车、200余名指战员赶赴现场，面对烈火浓烟、高温炙烤和随时可能发生的倒塌、中毒、爆炸等次生灾害，全体参战官兵舍生忘死、科学施救，连续奋战7个多小时，彻底将大火扑灭。

【召开“7·9”抢险灭火总结表彰大会】 7月28日上午，三门峡市委、市政府召开“7·9”抢险灭火总结表彰大会，对在成功扑救“7·9”火灾中贡献突出的25名消防官兵和相关单位给予了隆重表彰。市委书记杨树平，市委常委、政法委书记郭绍伟，军分区司令员张廷善，副市长李琳，副市长、市公安局长崔保连出席了会议。各县(市)区党委书记，各县(市)区人民政府分管消防工作的领导，市委、市政府各部门负责人及市公安局全体党委成员，驻峡部队官兵代表和公安民警共计500余人参加了会议。会议上，市委、市政府决定为吕校利等10名同志记个人二等功一次，为赵进林等15名同志记个人三等功一次，并报请省政府为三门峡市消防支队荣记集体一等功。

【组织开展全市消防部队季度岗位练兵大比武】 三门峡消防支队先后组织开展4次全市消防部队岗位练兵大比武活动。来自全市各县(市)区7支代表队的业务精英齐聚赛场，在理论、体能、技能、业务、操法创新和训练档案评比等6个项目上展开激烈地比拼角逐，既检验了各单位打造消防铁军的阶段性活动成果，又全面检阅了广大官兵的业务技能，对部队整体素质和攻坚能力的提升具有重要的意义。

【组织参加“清剿火患”战役行动】 根据河南省公安厅统一部署，三门峡市公安局从2011年9月26日至2012年2月29日在全市开展“清剿火患”战役行动。此次战役分为亮剑、打违、治乱、守护、决战等5个阶段性行动。行动过程中，各单位严格按照“九个决不允许”和“九个一律”等钢规铁纪，始终保持对消防违法违规行为的高压整治态势，取得了明显的效果。　(郭　英)

武警黄金第六支队

【概况】 2011年，武警黄金第六支队认真贯彻上级党委扩大会议精神，围绕实现部队战略重心平稳西移的目标，支队上下一心、不畏艰险、攻坚克难、奋力而为，中心工作圆满完成、部队管理规范运行、后勤保障有效得力、基层建设不断巩固、班子建设得到加强，部队全面建设呈现出稳步发展的良好势头。

思想政治工作　认真学习贯彻主题主线重大战略思想和“七一”重要讲话精神，紧紧围绕部队进青发挥服务保证作用。通过周三教育日、“四会”政治教员比武、观看红色电影、唱响革命歌曲，举办知识竞赛、演讲比赛和践行当代革命军人核心价值观先进事迹报告会，深化主题教育效果。任务中政治工作效果明显，一、二大队分别创办《金橄榄》《天河寻金》简报，展现一线风采、激发官兵斗志，确保官兵思想稳定。以“知识竞赛、演讲比赛、歌咏比赛”等“十个一”活动为主要内容，深入开展建党90周年系列活动，官兵“听党话、跟党走”的氛围更加浓厚。投入经费8万多元为基层配备图书，开展“九个一”暖心工程。举办“八一军旗红”“军民携手、共庆凯旋”晚会，凝聚了兵心士气。落实总队《加强进青入疆部队思想政治组织领导的指示》，抓好民风民俗教育，开展拥政爱民活动，为各项工作展开创造了良好的外部环境。年内新闻刊稿75篇，其中人民武警报头版头条1篇，支队影响进一步扩大。

中心工作　支队着眼中心工作战略西移，坚决贯彻上级决心意图，及时调整并确立找矿思路。克服准备时间短、任务调整频、承担任务重等困难，科学调整部队编成，坚持常委蹲点一线，采取外送技术骨干培训，邀请专家现场帮带等方法，边请教、边摸索、边实践，圆满完成任务。红庄—元岭矿区获指挥部年度找矿重大突破奖，三天门矿区达到中型规模，西部两个矿区有新发现，发现3处有较好成矿前景靶区。

部队管理　牢固树立安全发展理念，狠抓两化建设，建成作战指挥中心，完成总值班室、电视会议室改造。按照试点先行、以点带面、普遍推开的思路，完善基础设施，规范日常秩序，硬件软件建设都有新的加强。开设21个项目，开展“大比武”活动，“比、学、练”的氛围逐步形成。华伶俐参加首届地勘钻探职业技能大赛勇夺冠军，荣获“全国技术能手”称号。加大从严治警力度，以“三查一除”、作风纪律整顿、“条令学习月”暨三级机关网上集训、警容风纪专项治理和“百日创安”等活动为载体，持续抓养成、集中查隐患，针对西部安全形势严峻的情况，严格责任追究，确保了全年安全稳定，支队连续13年实现“三无”。有针对性地制定各类应急预案，加强战备演练，605机台成功规避山体滑坡，支队圆满完成陇海铁路受损路段1 500平方米范围塌方清理任务，部队安全防范能力和遂行多样化任务能力得到提升。

后勤保障　做好地勘成本管理工作，组织基层各单位核算员、司务长进行培训，系统规范地勘成本管理的程序、方法、内容，促进地勘成本管理工作标准化、制度化和经常化。严格经费管理，年度公用经费节余10%。坚持人财物向一线倾斜，集中力量保障一线部队，配备工作、生活急需的各类军事装备22类99台(套)，文化装备7类29套，后勤物资装备45类5 139台(件、套)。细致稳妥地完成黄山营区移交工作。完成大中队楼建设及各项配套设施，营区面貌焕然一新。积极主动做好职工稳定工作，河北片34名职工执行了绩效工资。

基层建设　深入学习贯彻指挥部支队主官《军队基层建设纲要》(简称《纲要》)培训班和指挥部政治工作会议精神，开展“学《纲要》、考《纲要》、用《纲要》”活动，组织《纲要》培训班，持续采取常考、常查、常问的方法检验学习成效，各级按纲抓建意识和能力得到增强。每季召开基层建设形势分析和“双向讲评”会议，面对面、实打实进行互讲互评，促进了工作落实。以“一诺三评”为主要方式，扎实开展“双创双争”活动，有效激发党员队伍的生机活力。结合年初基层主官调整面大的实际，通过积极转化指挥部基层主官集训成果，安排4批工作组蹲点帮建，加强对基层干部传帮带，基层单位运用“四个载体”统筹开展工作的能力不断提高，六中队文化工作和八中队原始资料印证工作末端落实得到指挥部工作组认可。六中队被指挥部表彰为基层建设标兵中队，荣立集体二等功，三、七、八中队被总队表彰为基层建设先进中队。

班子建设　着力建设“坚强有力、奋发有为”的领导班子，强化党委建设理念，抓教育重剖析、抓学习强素质，“加强党性修养、锤炼思想作风”教育整顿和“强化党委‘四大’建设理念，提高党建科学化水平”学习教育活动成效显著，党委建设理念在学习和实践中发挥了凝聚功能、导向功能，辐射功能，以责为重、以尺为规、以位为职、以诚相待的理念融入了思想、进入了工作、见到了成效，集中教育做法被总队转发。制定《加强党委机关自身建设措施》，严抓学风促提高，狠抓会风树形象，落实“四个半天”和“六项学习制度”，党委班子解决问题的能力不断提高。注重加强班子团结磨合，严格按照民主集中制原则议事决策，民主氛围浓厚。持续开展思想作风教育整顿，严密组织7个方面突出问题专项治理，清理3名在基层任职不满2年机关干部和3名超占兵员，成效比较明显。坚持每月检查立项工作进展，每季对立项工作进行讲评，有效解决了部队发展的短板和软肋。支队被总队表彰为理论学习先进党委和立项工作先进单位。

【举办第13期干部集训班】　2月，支队举办第13期干部集训班，培训采取辅导授课、理论学习、录像教学、课题研讨、模拟演示、经验交流等形式，明晰抓建重点，提高抓建能力。

【开展“加强党性修养、锤炼思想作风”专题教育整顿活动】　2月18日，指挥部、总队、支队三级党委机关“加强党性修养、锤炼思想作风”教育整顿活动拉开帷幕，活动分集中学习教育、开展专项整治、组织检查验收、进行总结讲评四个阶段进行。通过教育整顿，党员干部的党性观念不断增强，政治信仰更加坚定，党委机关作风有明显转变，部队风气进一步纯正。

【举办纪念建党90周年“十个一”系列活动】　“七一”前后，支队结合“创先争优”活动，以“忆党史、铭党恩、强党性”为重点，创新活动方式，丰富实践载体，在全部队开展了纪念建党90周年“十个一”系列活动，进一步增强了广大党员的使命感和荣誉感，官兵听党话、跟党走的理想信念更加坚定。

【完成陇海铁路受损路段抢修任务】　9月19日7时45分，支队总值班室接三门峡市防汛办通知，根据市政府、军分区抢险救灾指示精神和总队批复意见，支队组织64人应急分队、4台保障车辆迅速开赴抢险救灾任务现场，9时15分，到达任务现场，经过7个小时的艰苦奋战，顺利完成陇海铁路观音堂路段塌方土石清理任务，得到当地政府、群众和郑州市铁路局的一致好评。

【华伶俐在“第1届全国地勘钻探职业技能大赛”中获金牌】　11月18日至22日，在中华全国总工会、国土资源部、人力资源和社会保障部联合举办的“第1届全国地勘钻探职业技能大赛”固体矿产钻探工比赛中，支队三级警士长华伶俐不畏强手、沉着发挥，从来自全国36支代表队的400名选手中脱颖而出，夺得金牌，被授予“全国技术能手”称号，展示了黄金部队敢打必胜的精神风貌、全面过硬的业务技能和地质找矿精锐之师的良好形象。

【举行第8届秋季运动会】　11月19日，支队第8届运动会在河南省三门峡市外国语中学隆重举行。此次运动会涵盖了100米、3 000米、铅球、跳高、跳远等12个田径类项目。广大官兵职工在赛场上奋勇拼搏、激烈角逐、公平竞争，密切了内部关系，支队官兵的青春朝气和昂扬士气得到充分展示。

12月16日,武警黄金六支队举办践行当代革命军人核心价值观先进事迹报告会

【举办践行当代革命军人核心价值观先进事迹报告会】 12月16日下午,六支队召开"践行当代革命军人核心价值观"先进典型事迹报告会。5名报告团成员的先进事迹贴近官兵生活,感染力强,为支队树立了用典型事迹激励人、鼓舞人的鲜明导向,营造了建队育人的良好氛围。 (杨 直)

人民防空

【概况】 2011年,三门峡市人民防空工作在省人防办和中共三门峡市委、市政府、三门峡军分区的正确领导下,坚持以科学发展观为指导,围绕新时期军事斗争准备和经济社会建设的根本要求,积极推进平战结合,重点抓好联合审批、人防工程建设、人防指挥通信、人防行政执法,完成或超额完成了省、市政府和省人防办下达的年度工作任务,荣获全省人民防空法制建设先进单位、人民防空疏散避难体系建设先进单位、2011年度平安建设先进单位、2011年度党建目标管理工作先进单位。

【人防指挥通信体系进一步健全】 修订防空袭方案工作有序开展,完成《三门峡市人民防空袭方案》编制工作。全市新增电声警报器4台,在国防教育日成功组织防空警报统一鸣放,广播电台、电视台同步播放防空警报信号,市区警报音响覆盖率、鸣响率达到了100%,各县(市)警报音响覆盖率达到85%以上。开展以"关注人防、关爱生命"为主题的宣传教育活动。参加省人防办组织的跨省机动应急演练,极大提高了机动指挥通信车野外通信保障能力和实际操作能力。狠抓训练演练工作,为开展应急救援和作战指挥保障打下坚实基础。强化信息化训练工作,重点对卫星通信系统、短波通信电台的操作使用等课目进行针对性训练。成功组织召开了全省人防疏散地域建设现场会,总结交流了全省人防疏散地域建设经验,三门峡市的做法给全省人民防空疏散避难体系建设提供了很好的借鉴,为全省疏散避难体系建设工作的开展产生了积极的推动作用。完成人防专业队伍整组工作。认真学习贯彻省政府办公厅、省军分区司令部《关于进一步加强人民防空重要目标防护工作的意见》精神,积极协调各重要目标单位抓好防护组织指挥机构建设、防护队伍整组训练和防护器材落实。

【人防工程建设持续发展】 人防工程面积大幅度增加。市区新增审批和开工建设的"结建"工程面积12 761平方米,续建在建工程及主体竣工面积36 117平方米。公共或专用工程共计完成15 900平方米。全市5个县(市)新增审批人防结建工程面积143 083平方米,在建工程39 599平方米,超额完成省政府下达全市的目标任务;在抓好工程建设的同时,抓好易地建设费的征收。作为全省第1个坑道式人防指挥所工程,在2010年年底完成主体并验收合格后,又投入800余万元安装了风水电、防护等必要的设备,初步具备使用条件。《三门峡市城市人防工程控制性详细规划》编制完成,正待评审。陕县城区作为三门峡市的西区,也纳入三门峡市城市人防工程控制性规划当中。其他各县(市)城区人防工程总体规划正在编制当中。积极开展了人防工程质量效益年活动,重点查处人防工程在建设过程中设计、监理、防护设备、质量监督等环节存在的问题,对查出的问题作出相应处理。对所有在三门峡市承揽业务的设计、监理、防护设备生产厂家等均实行备案登记和台账管理制度,没有资质或资质不够的坚决杜绝在三门峡市承揽业务。对老人防工事进行了维护管理,并进行了详细的登记建档,工程安全达标率100%。新建人防工程平战转换设备一步到位并有转换预案,平战转换方案完成率100%。

【人防宣传教育广泛深入】 市区县级以上城区初级中学全部开展了人民防空知识教育课程。市及县级党校、行政学院、大中专院校也按要求开设人防知识课程。购置《人民防空教育》和《人民防空知识读本》分发到各个学校,保证各类人防宣传计划、课时、教材的落实。组织三门峡市四中1 000余名师生进行了紧急疏散演练活动,提高了在校学生处置应对突发事件的快速反应能力。抓好人防宣传教育"五进"工作,制定了人防宣传教育"五进"实施方案,建成了4个示范社区、3个示范学校、1个示范企业。积极参加了"防灾减灾"主题宣传周活动和大型广场宣传活动,组织开展了版面展览、发放资料、报刊宣传、机动车巡展等形式多样的人防宣传教育活动,取得了良好效果。

【人防行政执法日趋规范】 巩固了联合审批长效机制,不断完善行政执法文书,规范行政执法程序,严格落实执法责任制度,正确使用法律依据,坚持依法行政,文明执法。严格实行窗口受理、执法室审核、一把手签批的工作流程,保证了人防工程按标准批建和易地建设费的应收尽收。 (田金管)

·编辑 张怡杰·

法　制

LEGAL SYSTEM

3 月 4 日，召开全国社会管理创新三门峡市综合试点工作动员大会

综　述

【概况】 2011年，三门峡市政法部门充分发挥职能作用，以全国社会管理创新综合试点工作为契机、以争创全国综治“长安杯”为动力，创新进取，为三门峡市经济社会平稳较快发展创造了较好的法治环境。三门峡市公众安全感指数全省第1，涉法涉诉信访案件下降幅度全省第1，执法满意度全省第4，赴京集体访和赴京非正常上访“零登记”。陈冀平、王其江、李新民等中央政法委、省委领导先后到三门峡市调研指导，对全市政法工作成绩给予了充分肯定。12月，在全国加强和创新社会管理工作座谈会上，三门峡市委书记杨树平介绍了经验，得到了中央政法委书记周永康的充分肯定。

维护社会稳定　扎实开展社会矛盾“大排查、大调处、大防范”活动，建立健全分级管控、整体联动的矛盾排查调处网络。全市共排查各类矛盾2 152起，化解率为93%。社会稳定风险评估工作稳步推进，共对39起重要决策和重大工程项目进行了社会稳定风险评估，评估通过35起，不予实施4起。认真防范和妥善处置群体性上访事件，市级共交办群体性上访案件260起，办结249起。管好用好化解社会矛盾专项资金，全年使用矛盾化解专项资金解决重点疑难案件150余起。坚持疑难问题周会审制度，各职能部门坚持24小时值班制度和零报告制度。坚持开展群众工作日活动，全市1.4万余名干部深入基层，走访群众3.4万余人次，化解矛盾1 788起，有效地把不稳定问题化解在基层。坚持政法部门挂牌接访工作。实行党政领导干部接访公示。共组织市级领导接访20次，接待上访群众232起、758人。建立健全“五位一体”接访机制，确保接访制度的有效落实。省委常委、政法委书记李新民对这一机制作出重要批示，在全省推广这一做法。

“严打”整治斗争　全市公安机关充分发挥打击犯罪主力军作用，深入开展全国综治“三连冠”、夺取“长安杯”等竞赛活动，始终保持对各类刑事犯罪的严打高压态势，确保了全市社会治安大局的总体平稳，公众安全感持续攀升。共破获刑事案件2 017起，增幅位居全省第5位。“清网行动”中，全市行动前的597名上网逃犯，已抓获519人，撤网率为86.93%。共立案侦查贪污贿赂犯罪案件72件、95人，渎职侵权犯罪案件14件、49人。全市共排查确定并挂牌督办治安重点地区和突出治安问题2批、76个，迅速扭转了这些地区的治安面貌。切实加强学校、幼儿园及周边安全工作，校园及周边环境得到有效改善。

完善防控体系　进一步加强技防建设。加强市县两级城市报警与监控系统建设，全市全方位、全天候、全过程的立体科技防控网络基本形成。主城区80%以上的治安复杂场所、要害部位及交通主干道已经覆盖，全市农村技防设施覆盖率达到80%，农户覆盖率达到75%。不断壮大治安巡逻看护力量，进一步完善人防网络，强化社会面管控、内部单位防控，提高群众见警率。进一步完善军地共建机制，健全军地联动保平安机制。

政法队伍建设　全市政法部门把队伍建设放在首位，采取多种措施，努力建设一支政治坚定、业务精通、作风优良、纪律严明的政法队伍。开展多种形式的主题教育活动，树立一批先进典型，以身边的人和事教育广大政法干警牢固树立社会主义法治理念。举行全市政法系统党史与法律知识竞赛和全市政法系统“发扬传统、执法为民”演讲比赛，进一步激发了广大政法干警学党史、学法律、奋发工作的热情，坚定了理想信念。开展创先争优活动。在政法机关基层党组织和党员干警中开展公开承诺活动，推动政法队伍建设，30个先进集体和基层党组织、62名政法干警受到省级以上表彰，1人受到中央政法委表彰。全年承诺办理37件实事，与人民群众的生产生活息息相关，办理效率提高，受到了群众欢迎。实行重大案件督办制度，重点督查督办、领导批办的重大案件和群众反映强烈、媒体曝光、对社会稳定有重大影响的案件，较好地维护了群众的合法权益。建立队伍管理的长效机制。政法纪工委从制度、机制上加大了对政法部门和政法干警的监管力度，促进了公正廉洁执法。全市政法系统县处级干部连续5年没有因廉洁自律出问题而被纪检监察机关查处。

【推进社会管理创新】 2011年，作为全国社会管理创新综合试点市，三门峡市立足实际，以强化基层基础工作为抓手，在统筹城乡发展、创新群众工作、创新矿区管理、打造平安边界、提升平安建设水平上下工夫，努力走出一条在中西部地区中小城市工业化、城镇化、农业现代化进程中具有推广价值的社会管理创新之路。全市累计投入1 000余万元，建成乡(镇、街道办事处)社会管理综治服务中心52个，在建22个，建成民事村办服务中心30余个，为群众提供了高效便捷的服务。在城市社区，以街道办事处为支撑，以社区居委会为依托，推行网格化管理。围绕建设平安矿区，出台《关于进一步强化矿区治安管理工作的意见》，严厉打击、严密防范矿区各类违法犯罪活动。共取缔、炸毁、封填无证非法违法矿点、矿井450余处，立案查处14起，没收非法矿产品1 100万公斤。以矿区地质环境恢复治理为重点，编制市县两级地质环境保护与治理规划，设立企业生态环境补偿和矿区综合治理资金，推进矿区地质环境保护工作。全市已竣工或正在实施的地质环境恢复项目34个，总投资3亿多元，治理矿山滑坡、崩塌等地质灾害28处，面积305.06公顷；修复矿山地形地貌景观21处，面积8.39公顷；恢复土地面积12.16公顷。建立多领域的区域合作机制，协商解决了有争议的地界，多年来确保了交界处林区的安全，豫晋黄河两岸没有发生因水事而引发的群体性械斗事件。　　(宋晨飞)

社会治安综合治理

【概况】 2011年，三门峡市社会治安综合治理部门以做好全国社会管理创新综合试点工作为契机，以争创全国综治“三连冠”、夺取“长安杯”为目标，在完善社会治安防控体系、打造基层社会管理服务平台、深化平安建设等方面狠下工夫，全面落实社会治安综合治理各项措施，努力提高社会管理科学化水平，为全市经济发展、社会稳定、人民群众安居乐业创造了良好的社会环境。在全省公众安全感测评中，三门峡市群众安全感达到95.71%，由2010年的全省第2位上升到2011年的全省第1位。三门峡市被省委、省政府评为“2011年度平安建设工作先进省辖市”。

平安三门峡建设　实施平安建设项目管理，出台《平安三门峡建设纲要（2011～2015）》和《任务分解实施方案》，将深化平安建设工作细化为社会矛盾化解、社会管理创新、社会治安打防控体系建设、公共服务管理体系建设、基层基础工作、法治建设等6大项29小项任务，分解到各牵头单位和100余个责任单位。建立由地厅级领导带队包县的督查制度，对县（市）区一季度一督查、市直单位半年一督查，推动平安建设工作措施落实。在全市继续开展“五星级”平安乡（镇）、平安村组创建评选活动，全市76个乡（镇、街道办事处）完成创建达标70个，达标率92%；1 362个行政村完成创建达标1 286个，达标率94.4%。

社会治安防控体系建设　强力推进技防体系建设。市级报警监控系统已建成一级监控中心1个、三级监控中心6个、治安监控点151个，安装摄像头485个。各县（市）建成治安卡口和监控点204个，安装摄像头492个。社会资源总投资3 988万元，建成监控系统920个，安装摄像头6 853个。所有乡（镇）均安装了报警监控系统，98.7%的行政村和农户安装了以平安互助网为主的多层次、实用型技防设施，覆盖全市城乡的市、县、乡、村、户“五位一体”技防网络基本形成。着力抓好专群结合的治安防范队伍建设。加强公安特巡警队伍的警力装备，在城区开展网格化、全天候巡逻，组织检法司部门开展“警灯闪烁”，提高群众见警率；建立由财政全额保障的市、县、乡三级综治巡防协警队伍，作为辅警力量强化街面控制；设立治安公益岗位，招聘1 000余名“4050”人员，分布在城区背街小巷开展治安巡护；建立2 000余人的专业保安队伍，为机关单位提供专业安保服务；继续完善军地联动保平安机制，全市562支民兵巡逻队、6 000余名民兵预备役人员广泛开展护村、护矿、护路、护林、护厂等活动，成为平安三门峡建设的一支重要力量。加强边界地区治安防范，与山西省运城市、陕西省渭南市建立政法协作机制，在互通情报信息、追逃拦截罪犯等方面进行协作，确保边界地区治安秩序持续稳定。

严打“整治”斗争　以命案侦破、打黑除恶、打击“两抢一盗”（抢劫、抢夺，盗窃）犯罪为重点，组织开展一系列打击专项行动，始终保持对刑事犯罪的高压态势。全市发现行命案32起，破30起，现行命案破案率达到93.75%；打掉黑社会性质组织团伙3个、恶势力团伙12个，抓获犯罪嫌疑人222人，破获刑事案件53起；破获“两抢一盗”案件2 116起，打掉团伙101个，逮捕犯罪嫌疑人623名。深化社会治安重点地区排查整治，全市共排查确定并挂牌督办治安重点地区和突出治安问题3批81个，各级通过落实“六定一包”（定责任领导、定责任单位、定人员、定时限、定措施、定奖惩，包整治效果）责任制，全面开展整治，有效改变了挂牌地区治安落后的面貌。深入开展学校、幼儿园及周边安全工作，共排查各类学校、幼儿园1 562所，挂牌督办并集中整治校园周边环境突出问题58个；将涉及学校幼儿园及周边安全工作的47项职责任务分解到19个市直部门，采取教师、学生和家长评议各职能部门工作开展情况等方式，有力促进了校园及周边安全工作的扎实开展。10月11日，市综治委决定在全市开展社会治安重点地区排查整治“百日会战”集中行动，巩固排查整治工作成效。省综治委挂牌督办（警示）的3批治安乱点，均未涉及三门峡市。

矛盾纠纷排查化解　进一步完善社会稳定风险评估、信访稳定突出问题周会审、化解矛盾专项资金、信访代理、流动调解、群众工作日等制度，形成了具有三门峡特色的社会矛盾化解机制。使用好市县两级社会矛盾化解专项资金，及时有效化解了一批因企业改制等遗留的疑难案件和重大社会矛盾。完善县、乡、村三级信访代理网络，通过代替群众反映问题，最大限度地减少越级上访。大力推广流动调解，建立健全流动调解组织，进村入户巡回排查，及时发现矛盾苗头，随时随机进行化解。健全完善“三调联动”矛盾纠纷大调解体系，在教育医疗、征地拆迁、企业改制、劳动人事争议、社会保障、交通事故、环境保护等领域广泛建立行业性、专业性调解组织。探索群众工作新举措，建立完善领导干部挂牌接访、接访公示、“五位一体”接访机制，丰富群众工作内涵，提升了工作效率。

落实综治“四制”和平安建设工作责任制　年初，各县（市）区和市综治委有关成员单位主要负责人向市委主要领导递交了平安建设目标责任书，公开进行承诺。健全党政领导干部综治工作实绩档案，对包括县（市）区党政主要领导、分管领导在内的166人建立综治工作实绩档案。严格落实“两个书面”征求意见制度，组织部门在考察任用干部、人事部门在评先授奖时，事先均向同级综治部门书面征求意见。严格落实平安建设工作责任制，对发生信访稳定问题的10个单位进行通报批评、黄牌警告，对2个单位实行重点管理，对20余名责任人予以责任追究。

综治基层基础工作　加强乡（镇、街道办事处）“一办两所”建设，全市76个乡（镇、街道办事处）均配齐配强综治委、办组织机构，专职工作人员达到367人。76个基层派出所建设全面达标，警力达到1 273人，办公用房、车辆装备等全部达到部颁标准；216个警务室基本达到“六有四统一”（有办公桌、有通信工具、有交通工具、有档案柜、有巡逻警械、有台账，统一外观形象、统一制度牌匾、统一基础台账、统一装备配备）标准，其中二级以上警务室167个。在行政村建立“五员”（治安保卫员、民事调解员、情报信息员、法制宣传员、安全监督员）平安建设志愿者队伍1.8万余人，使基层平安创建有人干、能落实。

综治及平安建设宣传　3月至5月，市综治办在全市范围内组织开展规模宏大、内容丰富的平安建设集中宣传活动，调动了社会各界和广大人民群众参与综治及平安建设工作的积极性，为平安建设的深入开展营造了浓厚的舆论氛围。与市新闻工作者协会联合组织开展2010年度全市社会治安综合治理好新闻奖评选活动，共评出获奖作品37件，其中4件作品在全省社会治安综合治理好新闻奖评选活动中获奖。组织编辑社会管理创新综合试点工作资料选编、社会管理创新三门峡黄河论坛资料汇编，开通三门峡平安网，编辑出版《平安三门峡》刊物。2月、8月，中央《综治工作专报》第6期、第95期分别刊发了三门峡市《以构建“五大体系”为重点，全力推进社会管理创新综合试点工作》《河南省三门峡市立足地方实际创新社会管理》等理论文章。

流动暂住人口管理　以市委名义起草出台《关于进一步加强流动人口综合服务管理的意见》,按照“以业管人、以房管人、以证管人”的工作思路,集中开展为期3个月的实有人口信息采集大会战和出租房屋清理整治专项行动,加快推动流动人口信息系统的推广应用,全面落实实有人口、实有房屋“全覆盖”管理。全市共清查出租房屋3 357处,新录入流动人口23 283人,从中破获刑事治安案件52起。

铁路护路联防　开展涉铁矛盾纠纷排查化解,使大量矛盾纠纷化解在基层。以“春运”“两会”等敏感时期的安全保卫工作为重点,强化巡逻防范,有效防范危及行车安全案(事)件的发生。坚持每季度召开一次地铁护路联防联席会议,通报问题、沟通情况、分析形势、制定措施,推动地铁密切配合、协同作战,确保了陇海铁路和郑西客运专线在三门峡市的安全畅通。三门峡市被评为“省级平安铁路示范市”。

【开展社会管理创新综合试点工作】 2011年,作为全国社会管理创新综合试点市,三门峡市在率先建立专门工作机构、召开高规格动员大会、举办社会管理创新(北京大学)高级研修班、举办社会管理创新三门峡黄河论坛的基础上,围绕发展、改革、稳定、民生和法治建设抓创新,形成了灵宝基层社会管理服务中心、义马城乡一体化、湖滨区网格化管理服务、渑池民事村办服务站、湖滨区检察院点名接访等社会管理创新工作亮点。加强教育培训。8月、11月,分别在西北政法大学、西南政法大学建立三门峡市政法干部培训基地,举办首期140余人参加的社会管理创新培训班。开办“政法大讲堂”,邀请中央政法委宣教室主任李宝柱、中国现代国际关系研究院副院长李绍先等专家学者到三门峡市授课。中央政法委《政法动态》3次登载了三门峡市的做法。《人民日报》《光明日报》、中央电视台、《法制日报》《河南日报》等省级以上主流媒体宣传报道三门峡市社会管理创新的动态、做法390余次,中央政法委、省委办公厅、省委政法委、省社科院领导均到三门峡市调研指导,内蒙古通辽市、河南新郑市等省内外34个城市到三门峡市考察学习。12月1日至2日,在全国加强和创新社会管理工作座谈会上,市委书记杨树平介绍了三门峡市“以群众工作为引领,加强和创新社会管理”的工作经验,受到中共中央政治局常委、中央政法委书记、中央综治委主任周永康,国务委员、中央综治委副主任马凯的高度评价。

【成立社会管理创新工作组织机构】 2011年,三门峡市成立了由市委书记任组长,市长任第一副组长,所有市委常委和市级领导任副组长,市直52个部门主要负责人为成员的市社会管理创新综合试点工作领导小组,设立规格为正处级的市社会管理创新办公室,内设综合协调科、社会管理科,增加编制5人。各县(市)区均建立相同规格的领导小组,设立规格为正科级的办公室,人员编制都在5人左右,形成了一支专门的工作队伍。

【召开全国社会管理创新三门峡市综合试点工作动员大会】 3月4日上午,三门峡市召开全国社会管理创新综合试点工作动员大会,深入贯彻落实胡锦涛总书记在省部级主要领导干部社会管理及其创新专题研讨班开班式上的重要讲话精神,深入贯彻落实省委书记卢展工在三门峡市调研时提出的“着眼基层、依靠基层、着力基层、服务基层”新要求,对三门峡市全国社会管理创新综合试点工作进行动员部署。会议由市委副书记、市长杨树平主持。中央综治委副主任、中央政法委副秘书长、中央综治办主任陈冀平,省委常委、政法委书记李新民,省委政法委副书记、省综治办主任王建西,省综治办专职副主任孙建国,市领导李文慧、杨树平、王建勋、郭绍伟、亢伊生、崔保连、王富民,市中级人民法院院长郑泽中,市人民检察院检察长张永键等出席会议。陈冀平、李新民、李文慧分别作重要讲话。三门峡市是中央政法委、中央综治委确定的全国35个全国社会管理创新综合试点城市之一,也是河南省唯一的试点市。上午10时30分,随着陈冀平、李新民、李文慧共同按下启动球,三门峡市全国社会管理创新综合试点工作正式启动。当天下午,陈冀平、李新民等深入灵宝市故县镇及河西村的社会治安综合治理工作中心、科技防控中心、警务室和社会治安综合治理办公室等,了解三门峡市基层社会治安综合治理工作开展情况。

【举办三门峡市社会管理创新(北大)高级研修班】 3月25日上午,三门峡市社会管理创新(北大)高级研修班开班仪式在北京大学正大国际中心举行。北京大学信息学院高层管理培训中心委员会主任、政府项目部主任吴树江出席开班仪式。市领导李文慧、杨树平、郭绍伟、亢伊生、崔保连、王富民和市政府秘书长李宝洲出席仪式并参加学习。此次为期5天的研修活动是三门峡市切实做好全国社会管理创新三门峡试点工作的重要举措。参加研修班的还有市委党校和三门峡职业技术学院负责人、各县(市)区委书记及相关部门负责人、市直有关部门和市社会管理创新领导小组成员单位负责人等80余人。学员们集中学习“和谐社会建设与社会管理创新”“社会管理中的体制和机制创新”等课程,并进行实地参观考察。3月29日下午,三门峡市社会管理创新(北大)高级研修班完成所有课程。

【举办“社会管理创新三门峡黄河论坛”】 9月19日至20日,“社会管理创新三门峡黄河论坛”在三门峡市举行。此次论坛由三门峡市委、市政府主办。中央综治办、河南省综治办、全国社会管理创新试点城市、豫晋陕黄河金三角区域城市及河南省省辖市的领导和嘉宾,国家行政学院、河南省社科院等单位的专家学者,中央、省新闻媒体记者共110余人会聚一堂,围绕“社会管理创新”这一主题,交流经验,开启思路,探讨社会管理新路。中央综治办协调室主任陈显辉、市委书记杨树平分别在开幕式上致辞。省综治办副主任孙建国,市委常委、政法委书记郭绍伟,副市长高战荣,市人民检察院检察长张永键等出席论坛。陈显辉在讲话中阐述了如何做好当前社会管理创新工作。杨树平在致辞中介绍了三门峡经济社会发展情况。郭绍伟介绍了三门峡市社会管理创新工作的做法和经验,辽宁省沈阳市等全国社会管理创新试点城市和河南省辖市代表及有关专家学者分别作交流发言。与会人员还参观了灵宝市豫灵镇、故县镇、阳店镇、函谷关镇社会管理服务中心。

【省考察团考察三门峡市社会管理创新工作】 9月17日，由省委政法委副书记杨国文带队，郑州、开封、焦作、鹤壁、南阳、商丘、驻马店、信阳、济源9地市政法委书记组成的考察团一行到三门峡市，参观考察社会管理创新工作。市委常委、政法委书记郭绍伟，副市长、市公安局局长崔保连陪同参观考察。当天，考察团一行到灵宝市阳店镇社会管理服务中心、函谷关镇社会管理服务中心，市公安局开发区派出所向阳警务室，考察三门峡市社会管理创新工作的做法和亮点。

【中央媒体采访团到三门峡市采访社会管理创新工作】 11月21日至22日，“走基层——见证社会管理创新”中央媒体采访团到三门峡市采访，先后深入湖滨区检察院、灵宝市函谷关镇、渑池县天池镇，采访社会管理创新工作。此次中央媒体采访团是由中央政法委牵头组织的，成员包括《人民日报》《求是》杂志、《光明日报》《经济日报》《法制日报》《人民法院报》《检察日报》《人民公安报》《民主与法制时报》、人民网、中国平安网、法制网的记者。

【打造基层社会管理服务平台】 2011年，三门峡市以关注民情、发展民生、理顺民心、便民惠民为宗旨，着力打造基层社会管理服务平台。在乡(镇、街道办事处)以综治工作中心为依托，整合资源，建设标准统一的社会管理服务中心，下设便民服务、群众诉求、治安防控3个分中心。便民服务分中心整合公安、司法、民政、土地、工商、税务等力量，负责便民服务工作；诉求服务分中心整合维稳、信访、综治、司法、社会法庭等力量，负责社会矛盾化解工作；治安防控分中心设在派出所，负责打击犯罪、治安巡逻、视频监控、人口管理等治安管理工作。全市累计投入2 000余万元，建成乡(镇、街道办事处)社会管理服务中心52个，在建22个。在行政村推行“一中心四室”建设，即建立社会管理服务中心，下设民事村办服务室、矛盾纠纷化解室、经济发展服务室、社会治安防控室，由村三委干部担任工作人员，做好矛盾纠纷化解、信息咨询、治安防范等工作，已建成村级社会管理服务中心30余个。在城市社区以居委会为依托，根据人口数量、居住集散程度，按照300户、1 000人左右划分网格，每个网格内至少组建一支由综治协管员、派出所干警、流动调解员、治安巡防员、公益岗位人员等组成的流动式社会管理服务团队，开展信息收集、矛盾调解、治安隐患和重点人员排查，免费提供咨询、家政、应急、居家养老等“菜单式”服务。市、县、乡村四级社会管理服务网络的形成，有力推动了基层矛盾纠纷“联调”、治安“联防”、警务“联勤”、突出问题“联治”和基层平安“联创”。

【加强矿区社会管理】 2011年，市综治部门针对矿区流动人口集中、治安状况复杂、刑事案件多发的实际，不断强化矿区社会管理措施。各矿区安装了覆盖面广的技防设施，成立专职综治巡防队伍和流动人口、出租房屋综合服务管理机构，加强对流动人口的综合管理。出台三门峡市安全生产非法违法案件举报奖励办法，通过举报线索共取缔、炸毁、封填无证违法矿点矿井450余处。开展矿山环境执法专项行动，出台民用爆炸物品安全管理实施细则，严格民爆物品管理，从源头上杜绝非法采矿行为的发生。

【中央政法委副秘书长王其江到三门峡市调研社会管理创新工作】 11月2日至3日，中央政法委副秘书长王其江在省委常委、政法委书记李新民，省委政法委常务副书记李承先的陪同下，到三门峡市调研社会管理创新工作和政法系统主题教育实践活动开展情况。市领导杨树平、赵海燕、郭绍伟、崔保连和市政府秘书长李宝洲陪同调研。王其江一行先后到湖滨区人民检察院、湖滨区人民法院、市公安局开发区派出所向阳警务室和灵宝市函谷关镇社会管理服务中心实地察看，认真听取工作汇报，详细了解工作情况。王其江对三门峡市社会管理创新工作给予充分肯定和高度评价。王其江指出，三门峡市要深入推进社会管理创新，学习借鉴其他试点市的经验，进一步开阔思路，注重法治促创新，立足基层促创新，完善机制促创新，围绕发展促创新，以人为本促创新，多出成果，形成特色，创造经验，作出示范。 (郭 妤)

公 安

【概况】 2011年，三门峡市公安局以党委政府放心、人民群众满意为标准，充分发挥职能作用，全力维护社会政治稳定和治安大局持续平稳，整体工作实现了第2个“三年发展规划”的良好开局，为三门峡市经济发展、社会稳定和人民群众安居乐业创造了良好的社会治安环境。

维护社会政治稳定 全市公安机关把维护安全和社会稳定作为义不容辞的重大政治责任，积极研究探索新形势下维稳工作新机制，搭建了融维稳信息采录研判、数据实时传输、重点人动态管控、涉稳案(事)件侦控于一体的信息化、科技化、现代化的新型维稳综合工作平台，延伸了维稳工作触角，提高了预知预警能力。全年共收集各类预警性、内幕性情报信息2 000余条，编发《领导专报》《国保要情》42期，排查化解不安定因素489起(条)，做到了工作主动、信息灵敏、部署超前、控制严密。构建进攻型情报侦察体系，提高主动进攻和精确打击的能力，全年共破获各类邪教案件15起，捣毁大型邪教资料地下制作窝点1处，取缔非法聚会点4处，抓获各类违法犯罪嫌疑人30人，逮捕起诉4人，刑拘取保2人，治安拘留24人，缴获反宣品和各类邪教资料1 246本(份)，连续13年实现“两个绝不允许发生”和“三零”目标。全面落实维稳工作责任制，夯实维稳第一线平台，建立社区警务室、派出所、县(市)公安机关三道稳控防线，最大限度地把不稳定因素化解在基层，确保处置及时有效，坚决防止发生现实危害。建立完善以两级指挥中心扁平指挥调度系统为龙头的维稳职能警种整体联动、联勤协作、快速反应机制，预防化解群体性事件178起，劝阻集体赴省进京上访42批次、365人次，没有出现矛盾升级转化问题。组织实施“2011－铁壁1号”反恐实战对抗性演练等一系列实战演习活动，圆满完成了建党90周年、西安世园会、省九次党代会、市六次党代会、三门峡国际黄河旅游节等一系列重大活动、重要会议的安保任务，实现了重要时期、重大活动和重要任务"零干扰""零差错"的目标。健全完善信访案件首办责任制、三级接访制、案件反馈制、分析研判制、通报奖惩制、责任追究制6项制度，有效解决了执法质量不高、信访渠道不畅、初访解决不力、责任追究不落实等问题，公安机关的涉法涉诉信访总量、初信初访量、赴省进京上访量同比分别下降33.73%、36.92%、12.43%，实现了连年下降的目标。

打防刑事犯罪 全市公安机关始终把打防刑事犯罪作为创建平安和谐三门峡的首要环节，坚持战略严打与战术严打相结合的指导方针，以"中原卫士杯"破案追逃竞赛活动为载体，以命案攻坚为龙头，以打击"两抢一盗"为主攻方向，充分利用"三大支撑"，主动保持对刑事犯罪的高压进攻态势，不断完善刑事犯罪信息研判预警机制，着力提高侦查破案的科技含量和精确指导，通过全警联动，深度应用整体作战法，全市发命案33起，破获31起，现行命案破案率达到93.94%。破获命案积案27起，是2010年的8倍。抓获外省命案逃犯16人，比2010年上升60%。开展了打击"两抢一盗"犯罪专项斗争等一系列专项打击整治行动，坚持重大案件挂牌督办，多发性、团伙、系列性案件加强分析研判、串并预警，强化网上布控、查询、比对，开展联动侦查，共破获"两抢一盗"案件2 654起，打掉"两抢一盗"犯罪团伙102个，批准逮捕犯罪嫌疑人670名，起诉1 152名，起诉"两抢一盗"总数占全市起诉总数的比例达到48.88%。打黑除恶方面，按照"打早打小、露头就打、综合施策、除恶务尽"的原则，成功打掉了一批流氓黑恶势力犯罪团伙，带破一批群众反映强烈的刑事案件，共打掉涉黑涉恶团伙15个，抓获犯罪嫌疑人197人，破获刑事案件170起，判决187人，破案数、抓获嫌疑人数、判决数同比分别上升28.5%、6.5%、5.1%。追捕网上逃犯方面，抓住全国、全省公安机关开展"清网行动"的有利时机，开展"清网行动"，共抓获网上逃犯764人，其中外省逃犯238人、历年逃犯180人、故意杀人逃犯21人，撤网率达到88.26%，追逃总量同比上升14.63%，成功抓获了潜逃17年且身份已经"漂白"的公安部督捕逃犯刘青海。打击毒品犯罪方面，坚持以打为先，加强缉毒破案力度，共破涉毒案件40起，逮捕48人，缴获毒品393.85克，强制隔离戒毒32人，破案数、逮捕数同比分别上升44.8%、45.8%。打击经济犯罪方面，以关系民生的农资商品、民生商品和品牌商品领域的犯罪为打击重点，严厉打击各类经济违法犯罪，共破案593起，破获百万元以上案件113起，抓获犯罪嫌疑人165名，逮捕88人，抓获网上逃犯18人，捣毁生产窝点385个，打掉从事批发、销售的犯罪团伙243个，涉案价值5 000余万元，挽回经济损失560余万元。

治安管理 全市公安机关以全市社会管理创新综合试点工作为契机，充分运用信息科技手段，实现对高危群体、高危物品、高危场所的全程管控。建立流动人口信息采录、通报协查、案件倒查、落脚点管控、分层次管理等制度，推行集中清查、区域专项整治、挂牌整治、物建秘密力量等措施，深入开展实有人口规范化管理竞赛，发挥服务实战效能，通过基础信息采集、网上动态追踪、落地查控管理，强化日常基础信息采集、录入，共处置各类预警信息925条，破获刑事案件26起，抓获网上逃犯53名，有效提升了动态管控能力。推行特种行业等级管理，加强阵地控制，在全市推行旅馆业星级管理和娱乐场所等级管理，落实治安部门和派出所管理责任，完善全市旅馆业和娱乐场所治安管理信息系统考核制度，推动旅馆"实名、实情、实数、实时"登记制度和娱乐场所从业人员IC卡登记制度落实，全市利用旅馆业系统抓获网上逃犯36名，破获各类案件220起。加强人防、物防、技防建设，深入开展"平安杯"社会治安防控体系建设，通过"警灯闪烁"活动和重要节日武装巡逻，提高了街面见警率、管事率和现场查获率，不断增强对街面犯罪的打击力、震慑力和管控力。进一步加强市县两级城市报警与监控系统建设，市公安局一级监控平台与直属派出所和县(市)公安局的二级视频监控平台成功实现联网，二、三级视频监控平台建设挂接取得新进展，全市全方位、全天候、全过程的立体科技防控网络基本形成，科技防控网络进一步由主城区向全市农村乡(镇)和农户延伸，技防设施覆盖率提升到85%，在社会治安防控中发挥了积极作用。深入开展矛盾纠纷和不稳定因素排查、社会治安重点地区排查整治等治安专项行动，共排查和调处各种矛盾纠纷3 120起，防止民转刑案件165起，防止群体性事件54起。排查整治社会治安重点地区和突出治安问题81个，查处治安案件2.6万余起。开展"打四黑除四害"专项行动，共排查"四黑四害"(黑作坊、黑工厂、黑市场、黑窝点，害百姓、害家庭、害社会、害国家)有效线索358条，查破治安和刑事案件209起，抓获违法犯罪嫌疑人161名，取缔"四黑"违法场所28个，查封地沟油5万公斤、假冒成品油155.66公斤，涉案价值179万余元；捣毁赌博窝点26个，打击处理460人，缴获赌博机具、游戏机580余台，涉案价值达60余万元。开展防爆炸、防枪击、防破坏、防滋事、防事故"五防"活动，打造"零发案辖区"，全市113个涉爆单位、62家涉枪单位、32家涉毒单位、876个学校实现了无涉爆、涉枪、涉毒、涉刀案件，确保了"不炸响、不打响、不流失"。大力开展"平安校园""平安楼院""平安单位"创建活动，强力推动安保人防、物防、技防制度落实，"零发案"村组楼院、基层单位、大中小学校比例均在95%以上。推进保安服务业发展，金融业保安押运服务率达到100%，大型企业、公共娱乐场所、中小学幼儿园、商场等门卫保安员配备使用率达到100%。

交通管理 全市各级公安交通管理部门紧紧围绕压事故、保安全、保畅通的工作目标，以预防道路交通事故为中心，先后开展"春运"交通安全保卫、预防重特大道路交通事故集中整治、整治酒后驾驶集中行动、文明交通示范公路创建、集中整治"三超一疲劳"(超速、超员、超载和疲劳驾驶)专项行动等各项活动，始终保持对酒驾、客车超员、农用车违法载人、无证驾驶等严重交通违法行为的打击力度。严格规范车辆及驾驶人业务办理，强化重点车辆源头管理，认真排查、督促整治公路隐患，牢牢把住事故预防的第一道防线，有效减少了事故的发生。大力整合全市交通管理资源，全面加强路面管控力度，确保主干公路、城市道路畅通有序，形成道路交通管理一体化的"大交通"格局，不断提高应急处突能力，最大限度地减少突发事件对道路通行的影响，全市主干公路未发生因管理不到位造成的长时间、长距离堵塞，209国道三门峡段创建为文明交通示范公路省级达标路段，受到省公安厅交警总队的表彰。科学渠化道路交通，完善市区道路交通安全设施，在市区黄河路、崤山路等主干道路开设摩托车专用车道，设置中央隔离护栏，在陕源路、河堤路等路段实行单行道，提高了通行效率，减少了主干道路交通事故。强化对各类事故隐患的排查整治力度，坚决杜绝重大交通事故的发生，全年共发生适用一般程序交通事故222起，死亡79人，受伤306人，直接经济损失117.5元，分别比2010年下降6.33%、2.47%、1.92%、15.88%。

出入境管理 全年到三门峡市境外人员7 094人次，同比增长74%。为到三门峡市的外国人、台湾同胞办理各类签证、证件76人次，同比增长26%。批准出国(境)人员12 797人次，同比增长26.4%。未发生一起违法违规办证情况，服务群众无投诉，制证合格率达到100%。

消防管理 全市消防管理部门坚持把预防重特大恶性火灾事故作为消防工作的重点，扎实开展消防安全“五大”(大排查、大整治、大宣传、大培训、大练兵)活动，强力推进“护航中原”系列专项整治，深入开展“清剿火患”战役，全年共检查单位36 011个次，整改火灾隐患39 145处，立案查处单位367个、个人262名，责令“三停”(停止施工、停止使用、停产停业)163家，临时查封823家，行政拘留75人，26家重大火灾隐患单位全部整改销案，10个乡(镇)政府专职消防队全部建成并投入使用，76个乡(镇、街道办事处)全部达到“网格精细化”管理标准，232家重点单位“四个能力”(检查和整改火灾隐患能力、扑救初起火灾能力、组织引导人员疏散逃生的能力、消防安全知识宣传教育培训能力)建设全部达标。全年全市共发生一般火灾38起，未发生较大以上火灾事故，连续7年保持了全市无亡人和重特大火灾事故发生，保持了火灾形势持续稳定。

队伍建设 全市公安机关始终把队伍建设放在各项工作的首位，坚持政治建警、素质强警、从严治警、从优待警的方针，结合“发扬传统、坚定信念、执法为民”等一系列主题教育实践活动，深入开展理想信念教育，强化公安队伍和全体民警的宗旨意识和大局观念。坚持“凭党性干工作、看政绩用干部”的用人导向和公开、公正、公道、公平的原则，加强领导班子建设，按照先基层后机关、先直属派出所后“四部七支队”的步骤，选优配强各级领导班子，落实了一大批民警的职级待遇，选拔任用了一大批政治上靠得住、工作上有本事、作风上过得硬、群众信得过的民警，使各级班子成为维护一方稳定、确保一方平安的坚强战斗堡垒，为各项工作的开展提供了强有力的组织保障。根据警务机制改革后的职能调整和信息化深度应用工作的需要，以“一警多能、综合执法”为目标，开展形式多样的信息化应用练兵、岗位技能练兵、实战战术练兵，全面落实“三个必训”(上岗必训、职务和警衔晋升必训、基层和一线民警每年的实战必训)，全年共举办“信息化深度应用”、警衔晋升等培训班21期，调训民警1 585人；参加公安部培训班7期、8人，参加省公安厅培训班38期、323人，合格率达100%。通过培训，全市各级公安机关的信息化深度应用能力明显增强，民警的业务素质和执法水平明显提高。严格队伍管理，严肃工作纪律，加强执法规范化建设，推进执法过程中涉案人员非正常死亡、涉案财物管理等专项治理，及时发现、着力解决执法过程中存在的突出问题，加大督导落实整改力度，真正从机制上、制度上和运作层面预防非正常死亡案(事)件、重大违法违纪案(事)件、群众举报投诉案件、涉法涉诉信访案件的发生。全年全市公安机关没有发生执法过程非正常死亡案(事)件，全市监所实现安全无事故，没有发生造成严重影响的民警违法违纪案(事)件，没有发生执法安全重大责任事故。深入开展争先创优、立功创模活动，全年1名民警被评为全国特级优秀人民警察，2名民警被评为全国优秀人民警察，受到国家、省、市主要领导的接见。有7人荣立个人一等功，30人荣立个人二等功，67个单位和153名个人被公安部、省人事厅、省公安厅授予全国、全省先进荣誉称号。有129个单位和307名民警受到市委、市政府表彰嘉奖，13个单位荣立集体三等功，17个单位荣立集体嘉奖，105名民警荣立个人三等功，295名民警荣记个人嘉奖。全市公安机关的执法满意度由2009年的全省第5位、2010年的全省第4位提升到2011年的全省第2位，达到92.55%，超出全省平均水平2.5个百分点。三门峡市的群众安全感指数达到95.71%，跃升至全省第1名。

【开展“清网行动”】 5月至12月，公安部组织开展网上追逃专项督察“清网行动”(简称“清网行动”)，全市各级公安机关按照公安部、省公安厅、市公安局的统一部署，紧紧围绕“逃犯必抓、质量必保、奋力争先、清网安民”的总体思路，向各类网上逃犯发起了凌厉攻势。

11月3日，三门峡市公安机关圆满完成义煤集团千秋煤矿抢险救援安保工作

全体参战民警打破警种、部门、地域界限,全警联动,协同作战,克难攻坚,不断增强追捕实效。“清网行动”期间,全市共抓获各类逃犯690名,同比上升53.8%,其中三门峡市逃犯519名、外省逃犯137名、其他省辖市逃犯34名。县(市)公安局、直属派出所行动前网上逃犯撤网率全部突破80%,三门峡产业集聚区派出所达到100%,陕县公安局、渑池公安局、东城派出所、三门峡经济开发区派出所、崤山派出所等单位突破90%。抓获所有逃犯中,故意杀人逃犯41名,是2010年的8.25倍,其中三门峡市33名、外省7名、其他省辖市1名。抓获故意杀人逃犯绝对数历史最高,故意杀人逃犯撤网率达到44.59%。在抓获的519名逃犯中,有467名已经移送起诉,移送起诉率达到89.98%。通过“清网行动”,抓获了一大批长年负案在逃的犯罪嫌疑人,消除了一批社会隐患,化解了一批信访积案,维护了社会治安大局的稳定,同时在实战中也创新了理念,历练了队伍,磨砺了意志,锤炼了作风,催生了“同心同德、竭忠尽智、刚毅果敢、务实笃行”的三门峡公安团队精神。

【探索社会管理新机制】 三门峡市被确立为全国社会管理创新综合试点城市后,全市公安机关以此和警务机制改革为契机,以强化基层基础工作为抓手,以构建“五大体系”为重点,积极探索社会管理新机制,一是创新社会矛盾化解工作。进一步完善社会稳定风险评估机制,强化社会面维稳信息的收集反馈,结合敏感日及重大节假日狠抓情报信息及矛盾纠纷排查工作,落实领导接访工作制度,畅通民意沟通机制,加大对未息诉案件的工作力度,开展涉法涉诉信访积案的集中清理工作,认真解决群众合理诉求,依法处理信访事项,维护信访人的合法权益,最大程度减少进京赴省访、重复访等信访案件,全力维护社会和谐稳定。二是强化社会治安防控体系建设。争取各级党委、政府和综治部门支持,加强技防治安防控体系建设,建成一级监控中心1个、三级监控中心6个、治安监控点151个、治安卡口9个,安装监控摄像头485个,实现了市区派出所与监控中心联网的目标。投资100万元率先在全省建成并投用交通管理综合应用平台,进一步完善升级了治安、消防、监管等有关业务警种的信息管理系统,提高了公安行政管理的科技含量。三是创新社会管理方式。抓住流动人口登记、就业、居住等环节,在全市推行以“以业管人、以房管人、以证管人”为主要内容的实有人口管理模式,实行旅馆业星级管理、娱乐场所等级管理、网吧实名制管理,做到底数清、情况明、管得住、服务好;对刑释解教人员、易肇事肇祸精神病人、社会闲散人员等特殊群体,按照属地管理原则,建立健全帮教帮扶机制,不断提高动态管控能力。四是创新便民服务举措。在深入开展“三访三评”(访问民情、访察民意、访排民忧和评议工作、评查问题、评选先进)大走访活动的同时,推出直属派出所证照办理“一站式”服务、外来人员户籍低门槛准入、车驾管业务代办和下放等一系列服务新举措,建成了便捷高效的网上车管所、网上警务室、公安微博等一批警民联系新平台,依托健全完善的警民联系服务平台,为群众提供更多更好的公共服务。五是创新公安行政管理手段。着眼最大限度地预防交通、治安、消防、监管重大责任案(事)件,强化对危险路段、人员密集场所、重点要害部门的动态管理,继续保持各项管理指数稳中有降的良好态势。全年全市机动车保有量以两位数增长、人车路结构性矛盾较为突出的情况下,全市交通事故四项指数同比分别下降6.33%、2.47%、1.92%、15.88%。作为全省民爆物品管理使用第二大市,连续4年没有发生涉及危爆物品的案(事)件,连续4年没有发生造成严重人员伤亡的重大火灾事故。持续保持了全市监所安全无事故。社会管理创新工作取得明显成效,市公安局被市委、市政府授予“2011年平安建设暨社会管理创新先进单位”称号。

【省辖市公安局直属派出所治安管理工作现场会在三门峡市召开】 8月18日,省辖市公安局直属派出所治安管理工作现场会在三门峡市召开,学习三门峡市公安局湖滨派出所的工作经验,研究探讨在新的警务机制模式下加强治安管理工作的方法和路径,推动全省基层治安管理工作在规范化、实战化、正规化方面迈出新步伐。省维稳办主任、省公安厅副厅长程德民,省公安厅治安管理总队总队长曾建新、政委周连根,副市长、市公安局局长崔保连出席会议。会议期间,与会人员参观了湖滨派出所、三门峡经济开发区派出所。市公安局治安管理支队、湖滨派出所作经验发言。

【第6届豫陕晋黄河金三角地区公安交警警务协作会议在三门峡市召开】 11月24日,第6届豫陕晋黄河金三角地区公安交警警务协作会议在三门峡市召开。三门峡市、陕西省渭南市和山西省运城市的公安交警部门民警代表参加会议,交流工作经验,探讨协作事宜。会议认为,3市公安交警警务协作应树立一盘棋的思想,要坚持互帮互学,进一步优化联勤联动的沟通协作机制,确保黄河金三角地区道路畅通,在通信联络、警情通报、应急反应等方面形成长效机制,强力推进交通管理工作阳光作业、规范运行,信息畅通、形成合力,共同促进3市公安交警警务工作质量全面提升。 (王改凤)

检　察

【概况】 2011年,三门峡市检察机关以争创第3届“全国文明单位”为动力,以强化法律监督、强化自身监督、强化高素质检察队伍建设为重点,固强补弱,真抓实干,促进了各项检察工作平稳发展。市检察院第3次荣获“全国文明单位”称号,荣获“全省法制宣传教育和依法治理先进单位”“全省扶贫开发先进单位”称号,被省档案局命名为“河南省档案工作规范化管理省一级单位”。

查处职务犯罪　坚持把大案要案、社会关注的行业和领域发生的案件、损害人民群众切身利益的案件作为查办职务犯罪工作的重点。共立案侦查贪污贿赂犯罪案件72件、95人,其中大案52件,大案率为72.7%;渎职侵权犯罪案件14件、49人,重特大案件13件,大案率为92.9%。加强对侦查工作的统一指挥和协调,完善侦查一体化建设,增强了侦破大要案的整体能力。充分发挥信息化手段在办案中的作用,建成反贪侦查信息查询中心。

审查批捕和审查起诉　始终保持打击严重刑事犯罪的高压态势，切实维护社会治安秩序和经济秩序。共依法批准、决定逮捕各类刑事犯罪嫌疑人1 683人，提起公诉2 517人。推进打黑除恶、打击和预防“两抢一盗”犯罪专项斗争，严厉打击制售假冒伪劣商品和侵犯知识产权犯罪活动，充分发挥法律监督职能在维护社会治安秩序和经济秩序中的积极作用。对主观恶性较小、犯罪情节轻微的初犯、偶犯、过失犯和未成年犯依法从宽处理，决定不批准逮捕316人、不起诉55人。

诉讼监督　围绕人民群众反映强烈的执法、司法不公问题，强化监督意识，规范监督程序，加大监督力度，增强监督实效。在立案监督中，对公安机关应当立案而未立案或不应当立案而立案的，依法予以监督纠正42件、54人；在侦查监督中，对应当逮捕而未提请逮捕的，追加逮捕123人；对应当起诉而未移送起诉的，追加起诉105人。在审判监督中，共提出刑事抗诉12件，法院直接改判6件，发回重审6件，抗诉意见采纳率为100%。坚持以办案促监督，共办理在缓刑、假释考验期内及监外执行罪犯再犯罪案件11件、15人；通过履行监管检察职责，发现并办理自侦案件6件、6人；纠正刑罚执行活动违法131件；纠正减刑、假释和保外就医违法17件。在民事行政诉讼监督中，受理民事行政申诉案件166件，立案106件。提请抗诉33件，提出抗诉22件，法院再审后改变原判决8件。提出再审检察建议16件，已被采纳13件。

控告申诉　深化文明接待室创建活动，坚持检察长接待日、下访巡访、视频接访、联合接访等制度，方便群众表达诉求。共受理群众来信来访78件、控告申诉78件、举报114件、刑事申诉17件、刑事赔偿5件，均按照规定作出分流处理。深化基层检察院来访人员点名接访制度，全市共接待点名接访60余人次，处理信访案件14件，当场解决且信访人表示息诉的13件。加大对集中交办案件的化解力度，中央政法委交办的1起案件、最高人民检察院交办的2起案件、省委政法委交办的5起案件全部按期化解。

预防职务犯罪　集中开展以“发扬光荣传统，永葆清正廉洁，筑牢思想防线”为主题的预防职务犯罪“五月行动”，深化预防工作“五进入”活动，扩大预防宣传影响面。坚持查办一起重大典型案件，向发案单位提出一份检察建议，协助堵漏建制，结合办案发出检察建议54件，全部被采纳。更加注重通过建立协调机制、开展“检企共建”等途径，做好重点领域、关键岗位的预防工作。深化行贿犯罪档案查询工作，面向社会提供查询589次。

检察技术　检察技术部门积极为办案活动提供技术服务，共办理各类技术案件809案，其中司法会计鉴定16案、文痕鉴定30案、法医鉴定27案、文证审查430案、技术协助14案、视听技术及同步录音录像305案。

司法警察工作　法警部门加大规范化建设力度，认真履行传唤、搜查、强制措施、追捕逃犯、提押和看管犯罪嫌疑人、保护自侦案件犯罪现场、送达法律文书等职责，保障了办案活动和有关工作的顺利进行。

【市检察院反贪侦查信息查询中心投入使用】　11月初，总面积100余平方米的市检察院反贪侦查信息查询中心正式建成并投入使用。与市移动公司等12家单位签订侦查信息查询协议，初步实现了通讯查询、公共信息查询、案件管理、法规政策查询、检察专线、情报信息查询、公安专线、资产查询等8个方面的功能。中心的建成，标志着全市检察机关反贪侦查信息化工作实现了跨越式发展，将为推动查办职务犯罪工作健康发展提供坚实的信息资源支持。

【野生动物保护检察实践研讨会在三门峡市举行】　1月14日至15日，由最高人民检察院检察日报社《方圆》杂志社主办，市检察院和陕县检察院协办的野生动物保护检察实践研讨会在三门峡市举行。来自全国各地检察机关的代表、有关法律专家以及三门峡市、县两级检察机关的代表共50余人参加了研讨会。会上通报了近年来三门峡黄河湿地内发生猎捕白天鹅的治安、刑事案件情况和三门峡市检察机关办理非法猎捕、杀害濒危、野生动物案件情况，陕县检察院介绍了该院办理此类案件的做法。与会代表在座谈中，以白天鹅为例，就破坏野生动物犯罪的类型、立案监督以及如何加强法制宣传、行政执法与司法并重、融入国际野生动物保护执法等问题进行了深入探讨。

【全国检察机关检察工作与社会管理创新研讨会在三门峡市举行】　11月24日至26日，全国检察机关检察工作与社会管理创新研讨会在三门峡市陕县举行，来自全国23个省（市）的检察机关领导、专家学者和新华社、《人民日报》《检察日报》《中国刑事法》《人民检察》《河南日报》等新闻媒体代表共150余人参加会议，共同探讨了检察工作与社会管理创新的实践及其理论。此次研讨会由最高人民检察院检察理论研究所主办，市检察院和陕县检察院承办。最高人民检察院检察理论研究所副所长单民，国家检察官学院副书记、副院长陈德毅，河南省检察院副检察长贺恒杨，市委副书记王建勋，市检察院检察长张永键等出席会议。

【最高人民检察院纪检组组长莫文秀到三门峡市调研】　5月11日，最高人民检察院党组成员、中纪委驻高检院纪检组组长莫文秀一行4人在省检察院检察长蔡宁陪同下，深入三门峡市调研。莫文秀听取了市检察院检察长张永键关于2007年以来全市检察机关惩防体系建设、廉政文化建设、内部监督制约建设、廉政风险防控机制建设以及主要检察工作开展情况的汇报，参观了干警食堂、文体活动中心和荣誉室。莫文秀称赞三门峡市检察工作有创新、有特色、有成效，发挥出表率引领作用。市领导李文慧、申黎明、赵中生等陪同调研。（李　勇）

审　判

【概况】　2011年，三门峡市中级人民法院坚持党的事业至上、人民利益至上、宪法法律至上的指导思想，践行“为大局服务，为人民司法”工作主题，深入推进“社会矛盾化解、社会管理创新、公正廉洁执法”三项重点工作，认真履行宪法和法律赋予的职责，各项工作取得了新的进展。市、县两级法院全年共受理各类案件15 290件，结案14 885件，结案率为97.35%。其中，市中级法院受理各类案件 2 547 件,结案 2 458 件,结案率为 96.51%。

刑事审判 市、县两级法院全年共受理刑事一审案件 1 666 件,结案 1 638 件,结案率为 98.32%。其中:受理一审贪污贿赂犯罪案件 89 件、119 人,分别比 2010 年上升 50.85% 和 48.75%;结案 87 件、117 人,结案率 97.75%。受理一审破坏社会主义市场经济秩序犯罪案件 53 件、86 人,分别比 2010 年上升 65.62% 和 36.51%;结案 52 件、85 人,结案率 98.11%。受理一审毒品犯罪案件 27 件、43 人,分别比 2010 年上升 17.39% 和 22.86%;结案 27 件、43 人,结案率 100%。受理刑事二审案件 174 件,结案 174 件,分别比 2010 年下降 30.96% 和 19.91%;结案率为 100%,上升 12.7 个百分点。当年全市法院生效刑事判决 1 475 件、2 411 人(免予刑事处罚 76 人、给予刑事处罚 2 335 人),分别比 2010 年下降 6.17% 和上升 3.73%,其中未成年(14 周岁至 18 周岁)罪犯 173 人。市、县两级法院受理刑事再审案件 17 件,结案 9 件。

民商事审判 市、县两级法院认真贯彻"调判结合,以调为主,调解优先"原则,着力化解矛盾、调处纠纷。全年共受理民商事一审案件8 371件,结案 8 166件(其中调解结案2 235件),分别比 2010 年下降 8.28% 和 5.68%;结案率为 97.55%,上升 2.69 个百分点。其中:受理一审婚姻家庭、继承纠纷案件 1 962件,结案1 879件,分别上升 7.86% 和 5.26%;受理一审合同纠纷案件 3 881件,结案3 792件,分别下降 6.75% 和 3.81%。受理一审权属、侵权及其他民事纠纷2 528件,结案2 495件,分别比 2010 年下降 19.62% 和 14.85%。受理民商事二审案件1 475件,结案1 452件,分别比 2010 年下降 2.9% 和 0.14%;结案率为 98.44%。受理民商事再审案件 183 件,结案 162 件,结案率 88.52%。

行政审判 市、县两级法院全年共受理行政一审案件 260 件,结案 248 件,分别比 2010 年下降 25.84% 和 22.98%;结案率为 95.38%,上升 0.12 个百分点。受理行政二审案件 32 件,结案 28 件,分别比 2010 年上升 40.4% 和 74.2%;结案率为 87.5%,下降 3.45 个百分点。受理行政再审案件 6 件,结案 5 件。

执行工作 市、县两级法院加大执行力度,全力清理执行积案。全年共受理执行案件 3 312 件,结案 3 205 件,分别比 2010 年下降 7.2% 和上升 0.22%;结案率为 96.77%,上升 7.17 个百分点;执结标的总金额 2.6 亿元。

立案及国家赔偿工作 市、县两级法院全年共受理申诉、申请再审案件 112 件,结案 98 件。全年共为 254 起案件中的经济困难当事人缓、减、免诉讼费 111.74 万元。市、县两级法院受理新的国家赔偿案件 2 件,结案 2 件。

减刑假释及司法鉴定 市中级法院受理并办结减刑假释案件 986 件。全市法院全年共受理并办结司法鉴定案件 41 件。

涉诉信访工作 加大涉诉信访工作力度,化解社会矛盾。推进立案信访窗口规范化建设,按照"制度健全、功能完善、设施齐备、服务到位"的总体目标,改造立案信访大厅,新建听证室、调解室,配备电子屏、电视等相关服务设施,向社会公开立案受理时间、移送案件时间和审理期限,方便群众诉讼。强化信访责任制度,坚持院长天天接访制度,减少信访事件的发生。开展涉诉信访积案集中清理和社会矛盾化解百日竞赛活动,共排查出信访积案 287 件,逐案建立台账,明确包案领导、责任目标和工作期限,对 12 起确有错误的案件进行纠正,对 191 名当事人进行判后答疑,对 8 名困难群众实施了救助。

司法救助 全市法院积极筹措资金,对 186 名特困申请执行人发放救助资金 106 万元,为到法院参加开庭、听证的 421 名外地特困当事人免费提供食宿,对经济确有困难的 18 案当事人缓减免诉讼费用 55.7 万元,确保他们打得起官司。

双拥工作 开展"千名法官送法进军营"活动,向部队官兵讲授法律知识,赠送法律书籍,开展法律咨询。对涉军案件快立、快审、快执、快结,共审理此类案件 46 件。加强对军人军属的司法救助,对军人军属提起诉讼的案件,案件受理费、申请执行费和申请保全费均减半交纳;对义务兵和确有经济困难的军人军属,免交诉讼费用。

自身建设 加强自身建设,确保司法公正廉洁。强化思想作风建设。全市法院继续深化社会主义法治理念教育和"人民法官为人民"主题实践活动,邀请省高院院长张立勇为全市法院作"践行社会主义法治理念"讲座,组织基层法院院长参加"人民法官为人民"主题实践活动轮训。3 月至 4 月,市中院开展思想作风整顿活动,取得明显成效。强化司法能力建设。开展学习型法院创建活动,制定《全市法院干部教育培训五年规划》,全年共选送 243 人次赴国家和省法官学院进修培训。组织开展庭审观摩、裁判文书评比、案例编写、业务研讨等岗位练兵活动,使法官在审判实践中得到锻炼提高。强化反腐倡廉建设。在审判、执行及其他重点岗位设立 21 名廉政监察员,协助纪检监察部门查办违法违纪案件。完善廉政监督员制度,从人大代表、政协委员、基层组织中聘任廉政监督员 8 名,广泛接受社会监督。加大违法违纪案件查处力度,全年共查处违法违纪人员 25 人,其中受到党纪政纪处分 1 人。自觉接受党的领导和人大、政协监督。认真落实重大事项报告制度,及时主动向人大及其常委会报告法院重大工作部署、重大案件审理情况。7 月,市中院专题向省人大内司委汇报了全市法院执行工作开展情况及有关个案办理情况。建立人大代表、政协委员"联络之家",为代表、委员到法院监督工作提供场所条件。健全人大、政协交办事项登记、督办、通报等制度,共办理各类督办案件 68 件,做到件件有着落、案案有回音。开展"千案观摩活动",共邀请代表、委员 100 余人次旁听法院案件审理,收集代表、委员意见建议 10 余条,并制定改进措施。同时,拓宽监督渠道,积极接受检察机关、新闻媒体和社会各界的监督,有效促进了各项工作的开展。

【推进司法民主公开】 2011 年,市中院深化司法制度改革,促进司法民主公开。一是推进人民陪审团试点工作,扩大司法民主。邀请普通群众代表组成"人民陪审团"参与案件审理,对案件裁判发表意见,供合议庭参考。全市 6 个基层法院全部组建了人民陪审团成员库,先后有 599 名人民陪审团成员参与了 66 起案件的审理,案件范围涉及刑事、民事、行政、执行等多个领域。二是加强社会法庭规范化建设,利用社会各界力量化解基层矛盾。全市共建立社会法庭66个，实现了“一乡一庭”，选任社会法官1 041名，其中常驻社会法官209名，调处各类纠纷1 433起。社会法庭以其“便民、快捷、经济、有效”的独特优势，受到党委、政府和群众的一致认可。三是推行司法公开，打造阳光司法。实行审判活动全面开放制度。推行庭审网络视频直播。全市法院均已实现网络同步直播，直播案件76件，老百姓足不出户就可观摩庭审全过程。开展“公众开放日”活动。全市法院先后5次集中开展“公众开放日”活动，4 000余名社会各界人士到法院观摩庭审。规范裁判文书上网工作，全市法院裁判文书上网率达99.86%。

【高度关注民生】 2011年，全市法院高度关注民生，实践司法为民。开展“万名法官回访千户企业和万名当事人”活动。1月和12月，全市法院先后两次开展“万名法官回访千户企业和万名当事人”活动，400多名法官深入社区、村镇、厂矿、企业，听取当事人的意见和建议，共回访当事人1 386人，走访企业107家。坚持推行巡回审判和调解优先原则。市中院制定《关于开展巡回审判工作的实施意见》，法官们深入基层，就地开庭、听证、合议、调解，全年共巡回审理各类案件2 971件，减轻当事人诉累。认真贯彻“调解优先”原则，把调解、和解、协调等方式作为审判的重要方式，努力促进案结事了，全年民事案件调解率达61.44%，在全省排名第4。高度重视弱势群体保护。对涉及农民工、妇女儿童、下岗职工等弱势群体的案件，开通“绿色通道”，优先立案、优先审理、优先执行。先后两次开展“拖欠农民工工资案件集中办理”活动，依法审理农民工追索劳动报酬案件105件，涉及农民工210人，涉案金额755.8万元，切实维护了农民工的合法权益。开展“保护妇女儿童人身安全及其他合法权益”专项活动，共审理此类案件256件，涉及妇女儿童380人，诉讼标的额220万元。

【全省法院反规避执行专项活动经验交流会在三门峡市召开】 9月22日，全省法院反规避执行专项活动经验交流会暨“执行攻坚月”活动动员会在三门峡市召开，副市长崔保连出席会议并致词。会议首先听取了三门峡市中级人民法院经验介绍。三门峡市两级法院于2011年6月10日至7月10日在全市范围内开展了代号为“暴风骤雨”的反规避执行集中月活动。此次活动共执结超期未结执行案件72起，结案率达82.7%；执结规避执行案件6起，结案率达85.7%；2011年新收执行案件执结1 328件，结案率达72.8%；省级以上信访案件办结42件次，办结率达89.3%。会议还现场为部分申请执行人发放了执行款。会议提出，全省法院要认真学习先进经验，思想上高度重视，行动上积极主动，措施上灵活多样，效果上求实高效，用足用好法律赋予的各项强制措施，集中力量、集中时间全面完成“执行攻坚月”活动确定的目标任务。

【省高级人民法院院长张立勇到三门峡市调研】 7月8日，省高级人民法院院长张立勇到三门峡市调研，市委书记杨树平，市委常委、政法委书记郭绍伟陪同调研。张立勇一行先后察看了义马市法院、群众之家便民巡回法庭，渑池县法院法制文化长廊、廉政教育基地和湖滨区法院党员调解岗等。在听取汇报后，张立勇对三门峡市两级法院工作给予充分肯定。张立勇强调，各级法院要组织党员干部认真学习贯彻胡锦涛总书记“七一”讲话精神，不断强化党性意识和党组织意识。法院系统工作人员要时刻牢记当事人都是兄弟姐妹，时刻把人民利益放在心上，坚持以人为本，切实尊重、服务好当事人，为他们排忧解难。各级法院要站位全局，勇于担当，努力实现法律效果和社会效果的统一，为全省经济社会发展作出新贡献。

（贾建兵 白彦安）

司 法

【概况】 2011年，三门峡市各级司法行政机关充分发挥法律保障、法律服务和法制宣传职能作用，为促进经济社会全面发展、维护社会和谐稳定、维护人民群众利益、推进民主法治建设作出了积极贡献。市司法局被市委、市政府表彰为“2011年度平安建设暨社会管理创新工作先进单位”。在2011年度全省司法行政系统目标考核中，市司法局再次被评为“完成责任目标先进单位”。在2009年度、2010年度、2011年度全省司法行政系统责任目标暨平安建设考核中，市司法局连续3年被评为先进单位，被授予“优秀司法局”称号。

普法依法治理工作 “五五”法制宣传教育和“三五”依法治市表彰工作结束，一批单位和个人受到国家、省、市表彰。三门峡市依法治市工作领导小组办公室被中宣部、司法部评为“2001年至2005年全国法制宣传教育先进普法办”，灵宝市被评为“全国法制宣传教育先进县（市）区”，市司法局局长、党委书记张仲斌被授予“全国法制宣传教育先进个人”称号。市委、市政府批转《关于继续在全市公民中开展法制宣传教育的第六个五年规划》和《关于2011～2015年全市依法治市工作规划》，市人大常委会审议通过《关于继续开展法制宣传教育和依法治市工作的决议》，率先在全省高标准、高规格启动“六五”法制宣传教育工作。推进“法律六进”（进机关、进乡村、进社区、进学校、进企业、进单位）活动，开展“送法下乡”和以“深入学习宣传宪法大力弘扬法治精神”为主题的“12·4”全国法制宣传日等主题法制宣传活动，普及法律法规，营造良好法治环境。做好农民工法制宣传教育工作，市司法局制定下发《关于进一步加强农民工法制宣传教育工作的通知》，并组织人员深入农民工聚集区域开展普法宣传活动，增强农民工的法律素质和依法维权意识。

劳教工作 开展劳教所长接待日活动，收到了良好效果。推进劳教人民警察执法大培训、岗位大练兵活动，劳教人民警察的思想政治素质、法律素质、业务素质和体能素质显著增强，确保了劳教人民警察能够“说得过、追得上、打得赢”。加强劳教执法规范化建设，完善劳教人民警察执法档案，劳教人民警察执法合格率达100%。抓好劳教场所安全稳定工作，开展“场所管理规范化建设年”、安全生产月和场所安全大检查活动，完善安全稳定形势研判机制和排查、防控、应急处置、领导责任机制，定期开展传染病防控和重点部位、重点区域消毒防疫工作，严格落实劳教人员入所前全面体检和入所后定期体检制度，杜绝了各类安全生产事故和疫病的发生。全年市劳教所劳教人员入所教育率100%,没有发生任何安全事故,连续12年实现安全“四无”(无逃跑、无重大所内发案、无重大疫情、无重特大安全事故)目标。

律师管理工作 市司法局加大对律师事务所的监管力度,健全完善教育、培训、管理、奖惩制度,全市律师没有任何违法违纪违规行为发生。开展“发扬传统、坚定信念、执业(法)为民”主题教育活动,教育广大律师坚定中国特色社会主义信念,自觉践行法律工作者的职责使命。开展“万名律师进社区、进乡村”活动,全年共组织律师进乡村、进社区260次,解答法律咨询5 730人次,其中为未成年人提供法律咨询服务1 296人次。全市律师共办理各类案件2 946件,其中涉及未成年人的案件137件,减收代理费用15.3万元。全市律师共参与信访接待728件,接待上访群众1 019人次,有效化解了一批社会矛盾,维护了社会稳定。

公证管理工作 开展规范化公证处创建、优秀公证处和优秀公证员评选、公证质量检查等活动,提高公证服务质量。开展公证进社区、进乡村活动,坚持为老年人、残疾人、危重病人提供预约上门公证服务,受到群众赞誉。全市共开展公证进乡村、进社区活动4次,解答公证法律咨询2 758人次。全市公证机构共办理公证事项12 110件,其中为老年人、残疾人、危重病人办理预约上门公证210件。

司法鉴定工作 开展司法鉴定规范执业专项考核和案卷质量评查工作,各机构司法鉴定业务开展有序,文书档案规范。开展便民惠民活动,对残疾人、农民工、下岗职工以不低于法定标准2%的幅度减收司法鉴定费用。全市19家司法鉴定机构和90名司法鉴定人共办理司法鉴定案件1 045件,其中办理涉及残疾人、农民工、下岗职工的司法鉴定案件86件,减免鉴定费用12 700元。

法律援助工作 加大法律援助力度,市县两级法院、法律援助中心全部设立法律援助律师值班室和法律援助标准化接待室,免费为群众提供法律咨询和法律帮助。法律援助志愿者队伍不断发展壮大,全市注册法律援助志愿者达308人,为法律援助事业持续快速发展提供了重要保障。拓宽法律援助领域,在着力服务社会贫弱群体的同时,开展军人军属法律援助工作,有效维护了军人军属的合法权益。全年全市法律援助机构共办理各类法律援助案件1 100件。

国家司法考试工作 市司法局顺利完成国家司法考试组织工作,无重大违纪和失泄密事件发生。全市共报考435人,通过49人,通过率11.3%。

基层工作 认真贯彻司法部《司法业务用房建设标准》,推进司法业务用房建设,6个县(市)区司法局业务用房全部破土动工建设。落实河南省《司法所规范化建设的实施意见》和《司法所规范化建设考核标准》,司法所基础设施、干部队伍、业务能力和所务管理建设成效明显。前4批67个国债投资司法所建设项目全部完工并投入使用。全市基层司法所全部实现立户列编,总编制203人,13名司法所长享受副科级待遇。加强人民调解工作,完善人民调解组织网络,全市共有各级各类人民调解委员会1 520个、人民调解员7 803人,其中专职人民调解员1 212人,形成横到边、纵到底、覆盖全市的人民调解组织网络体系。开展化解矛盾纠纷专项攻坚和“人民调解质量年”活动,全面建立并实施人民调解、司法调解、行政调解联动机制,探索创新连片调解模式,使一大批社会矛盾纠纷及时得到排查和化解。全年全市人民调解委员会共调解民间纠纷6 321件,调解成功6 041件,调解成功率96%。推进刑释解教人员安置帮教工作,落实帮教工作责任制、“三帮二”帮教制度、跟踪帮教制度、延伸帮教制度,加强安置帮教工作力量,及时将市法院、市农业局、市总工会等单位充实到市刑释解教人员安置帮教工作领导小组,制定《三门峡市刑释解教人员安置帮教工作领导小组及办公室成员单位职责》,明确各成员单位职责分工,确保各项安置帮教政策落实到位。全面开展刑释解教人员“无缝对接”工作,建立预释放人员信息数据库和刑释解教人员信息数据库,有效防止了脱管、漏管现象的发生。全年全市共回归刑释解教人员587人,衔接率和帮教率均为100%。稳步推进社区矫正工作,市司法局及时与市社会治安综合治理委员会等12部门联合转发省社会治安综合治理委员会办公室等13部门《关于全面开展社区矫正工作的意见》,指导社区矫正工作。全市有12个司法所开展社区矫正工作,建立社区矫正监护协议书、矫正对象花名册及回访、回报记录册等,全市87名社区矫正人员全部在管控范围之内且矫正效果良好。全面落实市委、市政府关于社会管理创新有关要求,积极参与全市社会管理创新试点工作。

队伍建设 开展创先争优、“发扬传统、坚定信念、执法为民”主题教育等活动,党委中心组学习、党员干部周五学习和干警业务知识培训落实到位,广大干警的思想政治素质和业务工作水平得到显著提升。开展为民办实事活动,向社会公开承诺的7件实事全部兑现落实,树立了司法行政机关务实、为民的良好社会形象。开展党风廉政教育活动和“廉政文化进机关”“队伍建设年”活动,广大干警的廉洁自律意识明显增强,全年没有发生任何违纪违法行为。以行风监督热线栏目为载体,开展政风行风建设和政务公开活动,收到了良好的社会效果。

信息宣传工作 加强与国家、省、市主要新闻媒体的联系,宣传报道的数量和质量大幅提升。全年全市司法行政系统共发表三级稿件2 119篇,其中国家级821篇、省级782篇、市级516篇。 (张军时)

·编辑 卢亚杰·

农 业

AGRICULTURE

河南中烟灵宝朱阳镇“黄金叶”品牌烟叶基地

综　述

【概况】 2011年,三门峡市农业局深入贯彻市委、市政府的决策部署,认真执行党在农村的各项方针政策,积极转变发展方式,大力发展特色农业,强力推进农业“三化”,农业农村各项工作均取得可喜成绩。全市第一产业增加值、农民人均纯收入分别达到81.22亿元、6 929元,分别比2010年增长16%、19.7%,尤其是农民人均纯收入继续超过全省平均水平,接近全国平均水平6 977元。

粮食生产喜获丰收。当年,三门峡市认真贯彻执行国家粮食直补及良种补贴等一系列惠农政策,稳定粮食种植面积,加大科技投入力度,不断提高单产,粮棉油生产再获丰收。粮食作物播种面积16.39万公顷,总产量6.26亿公斤,保持了全市粮食生产连续8年持续增产的良好态势。其中:夏粮生产战胜持续严重干旱、低温等自然灾害,收获面积8.03万公顷,总产量3.11亿公斤;秋粮生产克服夏播期间干旱少雨、秋作物播种严重困难的状况,播种面积8.36万公顷,总产量3.15亿公斤。油料作物播种面积1.69万公顷,总产量3 225万公斤。棉花播种面积2 553.33公顷,总产量182万公斤。圆满完成农业部小麦、玉米、大豆、棉花、花生等14种作物高产创建示范项目,高产示范方真正成为粮食生产骨干田,应用先进技术的样板田示范带动作用明显。

特色农业不断壮大。突出疫病防控、标准化规模养殖、招商引资、畜产品安全4大工作重点,促进畜牧业健康发展。新大牧业义马养殖公司二期扩建的10万头种猪场新增投资1亿元,建成投产;江苏雨润200万头生猪屠宰加工项目落户渑池县,计划投资2.8亿元,实际投入资金4 500万元;陕县大地牧业一期5万头生猪养殖项目完成投资3 700余万元;雏鹰农牧公司投资40亿元建设的100万头生态养猪项目落户陕县、渑池县和卢氏县。义马新大牧业公司10万头种猪场、灵宝生源养殖公司10万头猪场、宏源公司万头奶牛场、湖滨康裕40万只蛋鸡场等建设规模均居全省前列,三门峡天顺畜牧养殖有限公司被评为全省生猪行业“20强”企业,渑池旭源牛业公司被评为“省级农业产业化优秀龙头企业”,河南尚正公司申报国家级农业产业化龙头企业获得成功,义马义新养殖公司万头猪场被列入国家、河南省生猪活体储备基地。全市初步形成义马生猪、渑池肉牛、卢氏绿壳蛋鸡等各具特色的畜牧业发展格局。全市畜牧龙头企业达到117家,规模养殖场发展到8 751个,新增大中型养殖场86个;创建标准化养殖场55个。壮大规划,提升品质,开拓果品业新的市场。完成果树育苗312公顷,新栽果树8 793.33公顷,完成苹果树形改造1.77万公顷,推广果园壁蜂授粉2 080公顷,实施果实套袋60.5亿只,新建1.33万公顷果品出口基地,直接出口鲜果1.22万吨,创汇885.9万美元,分别比2010年同期增长87.7%和103%。积极开展果品促销,先后在北京、上海、厦门、南宁召开中国三门峡果品推介会,签订销售合同12.8万余吨,是2010年的5.6倍。全市蔬菜种植面积达2.4万公顷,总产8.5亿公斤。食用菌规模稳步扩大。全市建立10万袋以上食用菌生产基地36个,50万袋以上食用菌生产基地14个、百万袋以上食用菌生产基地2个,食用菌栽培总规模达1.26亿袋。理清“突出区域特色,加强薄弱环节,促进产业升级,提高竞争优势”的水产工作思路,完成三门峡市黄河滩涂水产开发基地的前期调研、考察、论证与投资商郑州大德公司的项目衔接工作。组织新建4个水产养殖基地,面积280公顷,其中:灵宝的豫翔水产养殖有限公司,面积73.33公顷;淞沪水产养殖有限公司,面积10公顷;渑池富泰水产养殖有限公司,面积146.67公顷;湖滨区新强水产养殖有限公司,面积23.33公顷。成功组织实施黄河三门峡段为期3个月的春季禁渔期、禁渔区工作,黄河人工增殖放流200万尾活动。全年水产品产量1.2万吨,比2010年增长22.4%。中药材种植面积达1.55万公顷,总产5 600万公斤。全年养蚕7 850张,鲜茧33.5万公斤。

农业产业化进程加快。认真落实省、市扶持农业龙头企业的各项政策,进一步加大扶持力度,全市拥有国家级重点龙头企业2家,省级重点龙头企业17家;各类规模以上农业龙头企业发展到162家,较2010年增加12家,其中销售亿元以上龙头企业11家,销售额500万元以上龙头企业40家,带动农户34万户;继续在全市开展“十佳”农民专业合作社竞赛活动,推动农民专业合作组织规范发展,各类农民专业合作社发展到360家,较2010年增长20%,全市省市县三级农民专业示范合作社达到56家,示范化率为16%。

农产品质量安全检测和农业标准化迈上台阶。加强农产品质量抽检。全市共抽检果蔬样品5 314个,其中蔬菜样品5 071个、水果样品171个,食用菌样品72个,合格率为99.89%;负责对洛阳市、周口市两个地级市及项城、鹿邑两个省直管县的蔬菜农药残留例行监测,共抽取蔬菜样品480个,进行农药残留定量检测,按时完成监测任务;负责SOD水果基地的采样检测工作,完成29个水果样品中的SOD活性酶检测。推进“三品一标”认证工作。全年有20个农产品通过农业部无公害农产品认证,1个农产品通过农业部地理标志农产品认证。按照《三门峡市创建全国农业综合标准化示范市实施方案》要求,全市农业系统征集农业标准化技术专家28位,协助市监局建立农业标准化技术专家电子档案。组织农业技术专家开展蔬菜等生产技术规范和标准制修订工作,2011年新培育申报省级农业标准化示范基地1个。

农业信息化实现新突破。一是开通新农村广播《耕耘之声》农业节目。至年底,共播出致富直通车225期、“三农”服务热线225期、农科专家富崤函135期。参与市农业局重大会议、动态等现场播报40余次。二是开播《耕耘》电视栏目。该电视台是国内唯一一家面向农民提供免费科技视频资源的农业网络电视台,用户既可通过互联网随时、随地观看农业电视节目,又可通过电视随时、随地点播农业节目。全年,共制作《耕耘咨讯》《耕耘评述》《耕耘拜访》3个分栏目89期,播发356次,覆盖全市农业人口。三是物联网建设初见成效。与国家农业信息化工程技术研究中心合作,完成二仙坡苹果园、灵宝信达果业两家物联网技术应用示范基地建设。四是依托国家农业信息化工程技术研究中心,针对三门峡地区小麦、黄瓜种植,合作开发小麦、黄瓜农业科教动漫教学系统,制作三维动漫科教片,提高教学效果,为新技术推广增添了新的教学形式。五是拓宽黄河金三角苹果电子交易服务领域，新增两个苹果电子交易网点，增加网上交易 1 060 吨。提升“12316”语音服务功能，接听农民电话咨询10 700人次；开通农信通“豫西农事”短信栏目，通过“12316”“三农”热线市级远程座席平台，免费向农民发送农产品价格、农业生产应急措施、农业优惠政策、农业预警等内容，累计发送短信6 000余条。

农业机械化水平进一步提高。认真实施农机补贴，争取到位农机补贴资金 2 376 万元，补贴各类农机 9 106 台，受益农户 7 226 户，其中特色农机 5 008 台，占补贴机械的 55%。积极组织“三夏”“三秋”农机汇战，不断扩大农机作业面积。小麦机收面积 6 万公顷，占麦播面积的 73.95%，比 2010 年提高 4 个百分点；玉米机收面积 2 万公顷，占收获面积的 40.8%；农机深松作业面积 8 666.67公顷，占省下达计划的 100%。争取省农机合作社作业补贴及扶持资金 170 万元，其中农机合作社扶持资金 5 万元、深松补贴资金 165 万元。

党的强农惠农政策全面落实。认真落实中央、省、市支农惠农政策，加大项目争取力度，多方争取农业投资。落实种粮补贴综合直补 1.22 亿元，39.5 万农户受益。全市共争取到位中央沼气建设资金1 158万元，新建户用沼气 7 016户，15 个村级服务网点主要设备已到位，4 处沼气联户工程已完成。实施阳光工程培训8 000人，完成绿色证书工程培训农民2 000人次，新型农民培训工程培训4 300人次。争取到位良种补贴资金2 230万元，其中玉米良种补贴 918 万元、棉花 94.8 万元、小麦良种补贴1 260万元。积极推进土地规模经营，在“依法、自愿、有偿”的原则下，加强土地流转管理和服务，全市土地流转面积累计达 2.33 万公顷。

【灵宝市果农王成义当选 2010 年度河南十大“三农”新闻人物】 2 月 16 日晚，“浓情中原”——2010 年度河南十大“三农”新闻人物颁奖典礼在河南电视台演播厅举行，灵宝市寺河乡窝头村农民王成义当选 2010 年度河南十大“三农”新闻人物。省委常委、宣传部部长、副省长孔玉芳出席典礼并为获奖者颁奖。2010 年度河南十大“三农”新闻人物评选活动由省委宣传部、省委农办、省广播电影电视局、河南日报报业集团、省农业厅、省林业厅联合组织开展。51 岁的灵宝果农王成义凭借多年的果树管理经验，义务向村民传授管理、生产技术，以实际行动带动周边村组群众踏上脱贫致富路。2009 年 3 月，王成义通过黄河金三角苹果电子交易中心，实现电子交易销售果品 300 吨。

【三门峡嘉禾农业生态园奠基】 3 月 7 日，三门峡嘉禾农业生态园奠基。这标志着三门峡市以科技示范引导苹果产业升级，实现苹果产业持续健康发展工作进入实质性阶段。市长级干部李建顺出席奠基仪式。该生态园主要从事生态农业技术研究、开发、应用、培训等，计划投资3 000余万元，总用地近 70 公顷。该园工程分三期，一期工程投资 800 多万元，采用控根技术快速繁育果树苗木和果树盆景。控根快速育苗技术是一种以调控根系生长为核心的新型快速育苗技术。该技术不仅能及时为老果园更新再建提供大量优质苗木，还能通过空闲地培养大苗，减少新建果园的幼龄期，缩短投资年限，使果树提早见效。

【全市首个花椒种植农民专业合作社成立】 10 月 17 日，湖滨区关山花椒种植农民专业合作社成立，这是全市首个花椒种植农民专业合作社。该合作社由湖滨区高庙乡小安村村民曹永勤、郭占木等 7 人发起并共同出资组建，注册资金 80 万元，主要提供花椒树的种植、销售及相关的技术信息服务等。

【全国第 43 届数控养蜂法培训班在三门峡市举办】 11 月 1 日至 10 日，全国第 43 届数控养蜂法培训班在三门峡市举办，来自晋、陕、鲁、豫、鄂 5 省的近百名蜂农到会听讲。培训班由全国数控养蜂法创始人、有“中国蜂王”美誉的杨多福先生主讲，采取白天授课，晚上组织蜂农讨论、当面辅导的方式，力求取得实效。杨多福是黑龙江人，潜心钻研养蜂技术 50 余年，创立数控养蜂法 20 多年，撰写 300 余万字的养蜂专著，被国际蜂联授予“中国优秀蜂农(第 1 名)”称号。三门峡境内遍布刺槐树、酸枣、荆条、山花、油菜、油葵等，是天然的优质蜜源基地，近年来所产蜂蜜畅销东欧、美国和日本。至年底，全市共有 1 200余户蜂农，每年可生产商品蜜 2 000余吨，发展养蜂业具有良好的基础。 (周应平　曾文静)

畜牧养殖业

【概况】 2011 年，三门峡市肉、蛋、奶产量及猪牛羊禽存出栏数量均有不同程度的增长。肉类总产量 8.09 万吨，比 2010 年增长 2.7%；禽蛋产量 4.84 万吨，比 2010 年增长 1.6%；牛奶产量 4.0 万吨，比 2010 年增长 11.8%。存栏生猪 70.22 万头，出栏 70.93 万头，同比分别增长 8.5% 和 4.2%；存栏牛 39.20 万头，出栏牛 14.66 万头；存栏羊 32.38 万只，出栏 23.05 万只；存栏家禽1 036.86 万羽，出栏 555.91 万羽。生猪、鸡蛋、猪肉、牛、羊价格一直保持在较高价位运行，养殖效益增加，群众补栏积极性高，发展态势良好。

标准化规模养殖发展迅速。全市达到备案标准的各类规模养殖场发展到932 个。全市已创建标准化规模养殖场 55 个，共投入资金 3 202 万元，其中创建国家级标准化规模示范场 7 个、省级龙头企业 7 个、市级标准化改造企业 50 个。

区域优势明显，产业化格局初步形成。渑池县积极发展肉牛产业；义马市积极在规模化养猪上下工夫，建设一批高标准大规模的养猪企业；卢氏县以发展生态放养卢氏绿壳蛋鸡为重点，初步建成100 万只卢氏鸡产业基地；陕县、灵宝、湖滨初步建成 310 国道沿线的肉蛋奶综合生产基地。

招商引资成效显著。至 2011 年年底，全市已签约、在建和投产的大型招商引资项目 8 个，计划总投资 52 亿元。总投资 1 亿元的河南新大牧业义马有限公司 10 万头种猪项目已建成投产；投资 40 亿元的雏鹰公司 100 万头生态养猪、投资 2.8 亿元的雨润集团 200 万头生猪屠宰加工、投资5 000万元的河南大地牧业 5 万头猪场等 3 个项目均开工建设，共完成投资 2.36 亿元。投资 2 亿元的卢氏鸡生态养殖、投资 5 亿元的河南天成元牛肉加工等 2 个项目已经签约。

重大动物疫病防控规范有序。组织实施春夏秋三季集中免疫大会战，应免畜禽集中免疫密度达到100%，常年免疫密度保持在98%以上，免疫抗体监测合格率均在86%以上，超过国家规定的70%的标准。全市共免疫禽流感1 084万羽次、高致病性猪蓝耳病208.6万头次、猪瘟195.4万头次、口蹄疫320.88万头次。按照市政府统一要求，各县(市)区财政拨出专款，均建成了不少于30立方米的疫苗冷藏库和不少于30平方米的应急物资储备库。健全完善应急预案，调整充实应急指挥部、应急预备队和疫情诊断处置专家组成员，应急物资、技术、经费保障到位，提升了快速反应、果断处置的能力。

市、县两级兽医实验室规范建设全面完成，顺利通过省畜牧局的验收，获得农业部颁发的达标证书，在全省首家提前实现县级实验室100%通过达标验收。全面实施动物及其产品检疫的电子出证，省境动物防疫监督检查站电子监控系统正式建立，畜牧兽医综合执法能力强力推进，以严查“瘦肉精”为重点的检疫监督工作规范到位。规模场出栏动物产地检疫率、屠宰动物检疫率、上市动物产品检疫持证率、检出不合格动物及病害动物产品无害化处理率均达100%。开展业务培训和技术竞赛活动，提高防疫检疫人员的业务素质。全年没有发生区域性重大动物疫情，顺利通过农业部、省畜牧局重大动物疫病防控工作考核验收，被省政府重大动物疫情应急指挥部评为“全省重大动物疫情防控达标单位”。

畜产品质量安全工作卓有成效。坚持以畜产品质量安全全程监管为主线，以畜禽养殖、投入品管理、产地准出、市场准入等4个环节为抓手，以畜产品质量安全责任制、承诺制、追溯制、问责制、公示制等制度建设为支撑，突出抓好“瘦肉精”专项整治、生鲜乳专项整治、饲料质量安全整治、兽药质量安全整治、肉品质量安全整治，取得明显效果。全市累计出动执法人员6 230人次，检查养殖场(户)3 229个，饲料生产企业10个，饲料经营门店248个，兽药生产经营企业、规模养殖场户、兽医诊疗场所1 760个次，奶站12个。收缴、查封问题饲料775公斤，收缴销毁违法销售生物制品375瓶、假劣兽药243.2公斤，取缔无证经营5家，立案6起，结案6起。全市已有48家兽药经营企业正在进行GSP试运行，新通过无公害认证产品6个，无公害认证产品累计达37个。在“瘦肉精”专项整治活动中，全市累计刷警示标语1 068条，设立有奖举报电话33部，设置警示栏791个，签订质量安全承诺书5 101份，举办宣教会281场次，培训人员2.05万人次，发放宣传材料10.43万份，在活畜出栏、屠宰和贩运出境环节，累计检测“瘦肉精”4.84万头份，送达、发放“瘦肉精”清缴通告5.31万份，抽检45个饲料样品，并组织开展全市性全面督导2次、专项整治暗访活动6次，召开例会8次，组织交叉互查1次，有力地推进了专项整治工作的深入开展。当年，市畜牧局被省畜牧局评为“全省畜产品质量安全目标管理先进单位”。

机构队伍建设稳步推进。市本级机构建设取得重大突破。2011年1月5日，经市编委批准，成立三门峡市动物疫病预防控制中心(挂三门峡市畜产品质量安全监测中心牌子)，全供事业编制12人。11月27日，经市编委批准，成立三门峡市动物卫生监督所(挂市畜牧兽医综合执法支队牌子)，全供事业编制12名。乡(镇)动物疫病防控和畜产品质量安全监管体系进一步完善。11月14日，市政府办公室印发《三门峡市人民政府办公室关于加强乡(镇)动物疫病防控和畜产品质量安全监管体系建设的通知》。至年底，经县(市)区机构编制部门批准，全市建立乡(镇)畜牧兽医站64个，编制152人。完善畜牧兽医综合执法体系建设，市本级成立支队，6个县(市)区均成立大队，并向64个乡(镇)派驻中队。全市新增财政全供事业编制187人。

5月10日，河南雏鹰农牧年出栏50万头生态养猪产业化项目奠基

【河南雏鹰农牧100万头生态养猪项目开工】 5月10日，河南雏鹰农牧集团股份有限公司(以下简称雏鹰农牧)100万头生态养猪项目陕县项目区开工奠基仪式在陕县西李村乡举行。市委副书记、市长杨树平和省畜牧局局长李孟顺、雏鹰农牧董事长兼总经理侯建芳在仪式上分别致辞，市领导李建顺、张建峰和市政府秘书长李宝洲出席仪式。该项目是三门峡市2011年引进的一个重大招商项目，由雏鹰农牧投资，3年～5年内建成年出栏100万头生态猪生产基地，计划总投资40亿元，项目区涵盖陕县、渑池县和卢氏县。一期工程率先在陕县开工建设，总投资20亿元，以建设年出栏50万头生态猪养殖场为核心，配套建设2个年生产能力20万吨的饲料厂和1个50万头生态猪屠宰加工厂。陕县项目区建成后，年均销售收入可达20.2亿元，年均可实现利税6.3亿元，可增加就业岗位3 000个，带动约2万农村人口脱贫致富。9月26日、12月12日，雏鹰农牧分别在渑池、卢氏举行开工奠基仪式。至年底，共存栏生猪1 000余头。

【现代农业生产发展资金肉牛产业项目第3次落户渑池】 9月，渑池县2011年现代农业生产发展资金肉牛产业项目获得有关部门批复，并获得50万元的奖补资金。这是继2009年、2010年之后，渑池县第3次成为项目实施县之一。项目总投资2 861.8万元，其中中央财政资金550万元。项目计划对张村镇、陈村乡、仰韶乡、仁村乡、天池镇、果园乡等6个乡(镇)的10个规模养牛场进行改扩建。项目建成后，可新增肉牛存栏2 084头、出栏4 168头，新增牛肉产量917吨，新增产值3 543万元，带动15 500个农户从事肉牛养殖，户均收入可达18 750元以上。

【开展畜禽标准化规模养殖示范创建活动】 当年，市畜牧局在全市开展以“五化”“六统一、六规范”为主要内容的畜禽标准化规模养殖示范创建活动，旨在转变畜牧业发展方式，促进养殖企业上档升级，提升现代畜牧业发展水平。“五化”即畜禽良种化、养殖设施化、生产规范化、防疫制度化、粪污处理无害化；“六统一、六规范”即“统一粉刷墙壁，规范外部形象；统一场区绿化，规范环境卫生；统一防疫设施，规范疫病防控；统一监控设施，规范场区管理；统一档案资料，规范生产记录；统一清洁生产，规范粪污处理”。至年底，全市共规范、改造、提升规模养殖场(区)55个，其中创建国家级标准化规模示范场7个、省级龙头企业7个、市级标准化改造企业50个。

【全省饲料安全监管工作会议在灵宝市召开】 12月23日，全省饲料安全监管工作会议在灵宝市召开。会议传达了全国饲料办主任工作会议精神，总结2011年全省饲料安全监管工作，安排部署2012年工作任务，并就如何规范使用药物添加剂进行培训。会上，三门峡市、安阳市、鹿邑县分别作饲料安全监管工作经验交流发言。

【河南省优质高档牛肉生产开发启动会议在渑池县召开】 12月27日，河南省优质高档牛肉生产开发启动会议在渑池县召开。省畜牧局局长李孟顺、副局长杨文明，省民营经济发展促进会常务副会长王忠厚，省农业厅、省科技厅、省畜牧局有关处室负责人，南阳、驻马店、洛阳、开封、平顶山、漯河、三门峡等7个省辖市畜牧局和28个县畜牧局的负责人、相关专家学者及8家肉牛养殖、牛肉研发加工企业的代表参加会议。市委副书记、市长赵海燕出席会议并致词。市委常委、宣传部部长薛蒙林，市政府秘书长李宝洲等出席。与会人员首先深入尚正食品公司安格斯纯种肉牛繁育场、肉牛养殖小区、屠宰加工场、肉牛养殖及深加工技术研究中心参观考察。会议研究交流肉牛生产发展情况，部署启动高档牛肉生产开发工作。

【河南尚正食品有限公司获“农业产业化国家重点龙头企业”荣誉称号】 12月28日，国家农业部、发改委、财政部等8部委正式公布“第五批农业产业化国家重点龙头企业”，河南尚正食品有限公司榜上有名，成为三门峡市第二个获此殊荣的企业。尚正食品有限公司由渑池县民营企业家尚正创办，是河南省第1批省级龙头企业，拥有占地8.67公顷的纯种“安格斯”肉牛繁育中心1个、标准化肉牛养殖场18个，签约养殖专业村180多个，年存栏肉牛达万头以上；并拥有1个生态农业示范园，1个饲料加工厂，1个年屠宰分割3万头、加工熟肉3 400吨的深加工食品厂；在郑州、洛阳、三门峡、灵宝、渑池等地有牛肉产品直销店50余个，产品已进入65个大型商场、超市。至2011年年底，公司资产总额2.14亿元，累计出栏肉牛11 425头，其中供港活牛6 441头、屠宰加工4 984头，销售收入1.2亿元，实现利润1 357万元，先后被河南省政府授予“河南省农业产业化龙头企业”，被国家科协、财政部命名为“全国科普惠农先进单位”，连续6年被河南省粮油进出口集团公司评为“河南省供港活牛质量先进单位”。（胡柏林）

果品业

【概况】 2011年，三门峡市农业局坚持“扩大面积、提高品质、拓展出口、增加效益”的发展思路，促进了全市果品产业的健康快速发展。当年，全市果品总产量达到186万吨，其中苹果产量达148万吨，双双创历史新高。果品总产值48.7亿元，占全市农、林、牧、副、渔总产值的34.7%，较2010年提高2.2个百分点，继续保持全市农业第一支柱产业地位。至年底，全市共有果品加工企业10家，年加工能力60万吨，其中果汁加工能力40万吨。有鲜果出口企业5家、果品专业合作社85个，规模种植面积9 000公顷，辐射带动农户3.5万户。

当年，全市新栽植果树8 793.33公顷，完成果树育苗313.33公顷，实施果实套纸袋21.3亿只，实施果园壁蜂授粉2 080公顷，实施果园测土配方施肥

陕县二仙坡苹果

6 666.67公顷,实施果园生(覆草)面积3 400公顷,完成苹果树形改造1.77万公顷,建成果品出口基地3.2万公顷,果品出口基地总量达6.67万公顷。全市出口鲜果6.72万吨,创下历史最高水平。至年底,全市共销售苹果131万吨,占苹果总产量的90.3%,呈现出产销两旺的喜人景象,进一步巩固了果品业在全市农村经济中的支柱地位。

【完成新栽植果树8 793.33公顷】 当年,市农业局充分利用近年来苹果价格节节攀升、果农经济效益不断提高的有利形势,因势利导,鼓励广大农民积极发展果树,取得显著成效。全市新栽植果树8 793.33公顷,总面积达14万公顷。灵宝市财政当年安排250万元专项资金,为果农每公顷补贴树苗款750元;陕县财政安排100万元专项资金,扶持800公顷精品果基地建设;市、县、乡三级业务部门积极为农民提供信息、帮助果农调运优质苗木,深入现场指导,确保栽后浇水、地下覆膜等技术措施的落实,以达到科学栽植、高标准建园。当年全市新栽果树成活率达到98%以上。

【标准果园生产管理】 当年,市园艺部门多措并举推进标准果园生产管理,推动全市果园生产管理再上新台阶。先后邀请荷兰专家克瑞斯先生、日本专家花岗要男先生、郑州果树所研究员杨朝选、中国农业大学教授付学池、河南农业大学教授郑先波等专家、教授,深入灵宝市、陕县开展技术服务。灵宝市先后投资34万元购置黑光灯340个、投资5万元补贴纸袋1 000万个,并为每个标准果园补助1.5万元;陕县投资40万元建立13.33公顷滴水灌溉果园、投资12万元购买200万个双层纸袋、投资2.4万元购置40部频振式杀虫灯,保证了国家标准果园项目资金的正常应用。通过调研、筛选,创建30个市级标准示范园,进一步推动全市标准果园的生产管理工作。

【强化果业信息服务】 当年,市园艺工作总站不断强化果品业信息服务,提高三门峡市果业知名度和影响力。在对"中国苹果网"全面升级改版的基础上,再次细化信息栏目,使网站信息栏目扩大到16个,并大幅增加本地信息发布量。至年底,"中国苹果网"共编发上传果品信息2 206条,上传黄河农网信息197条。通过与果品企业、果品生产大户和果品批发市场联系沟通,在全市范围内新增11个果品信息采集点,使果品信息采集点由21个增加到32个,基本覆盖全市所有重点产果乡(镇)。市园艺部门派专人定期深入市区果品批发市场和零售市场,采集市场价格信息,掌握第一手资料,通过"中国苹果网""农信通"短信平台对外进行发布,科学指导果农适时适价销售果品。充分利用苹果电子交易平台,促进果品销售。当年,三门峡市园艺部门在山西运城、河南灵宝市分别建立两个苹果电子交易分中心,拓展苹果电子交易市场,为黄河"金三角"3省4市的果农、果商提供了更加方便、快捷的网上果品销售渠道。至年底,共实现苹果网上交易2 060吨,交易金额1 230余万元。

【加强果业宣传推介】 当年,市农业局重点加强果品的宣传推介工作,提高三门峡市果品的知名度和影响力。8月9日至14日,河南出入境检验检疫局、三门峡市政府组团赴黑龙江开展果品商贸洽谈活动,三门峡市金秋果业等5家企业与绥芬河和东宁口岸的果品出口企业签订1.63万吨果品边贸合作协议、与俄罗斯果品贸易企业签订6 000吨直接出口供货合同。9月8日,中国果品流通协会在山东烟台召开2011年中国苹果年会暨首届苹果农超对接会,市园艺工作总站和灵宝市园艺局在会上作推介发言,永辉果业有限责任公司与北京泰纳国际果业股份有限公司达成苹果长期供货意向。10月18日至21日、11月4日至8日,在北京、上海、南宁、厦门4城市成功举办三门峡果品推介会,发放制作精美的"游魅力三门峡、品亚洲高山苹果"宣传彩页和"蓬勃发展的三门峡果业"多媒体汇报材料。北京、上海、南宁和厦门的水果批发市场、大型超市采购商、配送公司、果品经销商及三门峡市的果品生产基地负责人和果品经销商共600余人参加推介会。中央电视台、北京电视台、上海电视台、南宁电视台、厦门电视台、《人民日报》《东方早报》等40余家媒体的记者到会并报道。4个推介会签约总量达12.8万吨,有力地推动了全市果品销售。

【国家质检总局考核组到灵宝市考核苹果质量安全示范区创建工作】 10月15日,由国家质检总局宁波检验检疫局专家梁启平一行组成的创建国家出口苹果质量安全示范区考核组到灵宝市考核苹果质量安全示范区创建工作。考核组深入寺河乡亚洲第一高山果园基地进行调研,对灵宝市苹果质量给予高度评价,希望灵宝市继续深入推进国家苹果质量安全示范区创建工作,严格按照国家和省制定的规范标准,扎实做好苹果质量安全示范区创建工作。

【举办三门峡果品(北京)推介会】 10月18日,三门峡果品(北京)推介会在北京河南大厦国际会议中心隆重举办。中华全国供销合作总社党组成员、理事会副主任兼中国果品流通协会会长赵显人,中国果品流通协会常务副会长傅秀泉,省政府副秘书长高保群,中国人民解放军总后营房部副部长翟充民少将等出席推介会。市委副书记王建勋致辞,市长级干部李建顺主持推介会,副市长张建峰向与会人员介绍三门峡果业发展情况。推介会由中国果品流通协会和三门峡市委、市政府主办,灵宝市委、市政府承办。北京市各大水果批发市场、大型超市采购商、配送公司、果品经销商与三门峡市20多家果业生产商、经销商百余人参加推介会,灵宝苹果、大枣和陕县二仙坡苹果、黄梨等在推介会上亮相。中央电视台、人民网、北京电视台、《农民日报》《中华合作时报》《北京日报》等10余家媒体的记者到会报道。推介会上,北京新发地泰和果品销售中心与灵宝市沙大宝果蔬有限公司、北京大森林昌隆商贸有限公司与灵宝市生产力促进中心、北京正丰商贸股份有限公司与灵宝市远山自然农业有限责任公司签约,签约总量1.5万吨。

【台湾青果商业同业公会全联会理事长到三门峡市参观考察】 10月19日至20日,台湾青果商业同业公会全联会理事长蔡长龙先生及全联会主要成员一行10人到三门峡市,就特色农产品贸易进行座谈交流和相关考察。市委常委、统战部部长易树学,市政协副主席、市工商联主席孙继伟陪同考察。19日晚,考察团一行与市有关领导进行座谈交流。座谈会上，易树学对蔡长龙一行的到来表示欢迎，并介绍三门峡市经济发展状况和特色产业情况。20 日，蔡长龙一行先后到市农业局信息中心、陕县二仙坡苹果生产基地、灵宝大王大枣生产基地、灵宝川口苹果生产基地考察，详细了解特色农产品发展状况，全面咨询农产品深加工、物流、劳动力等方面的情况。考察团一行对三门峡市的投资环境表示满意，并与三门峡二仙坡绿色果业有限公司达成初步合作意向。

【举办三门峡果品（上海）推介会】 10 月 21 日，三门峡果品（上海）推介会在上海大厦丽宫成功举办。上海市人大常委会原副主任刘伦贤，上海市警备区政委李光金，武警上海市总队司令辛举德，上海警备区政治部主任吴柏明，上海合作交流委员会书记鹿金东，上海市农委副主任衣开端、商务处处长陈国权，上海市农展馆馆长祝延明，上海市政府政策发展研究中心处长姜永坤，中科院上海生命营养科学研究院教授彭贵章，上海市果品商业行业协会书记王才奇等人员出席推介会。市委副书记王建勋致辞，副市长张建峰向与会人员介绍三门峡果业发展情况。推介会由市委、市政府主办，陕县县委、县政府承办。上海 40 多家水果批发市场、大型超市采购商、配送公司、果品经销商与三门峡市 20 多家果业生产商、经销商共计 100 余人参加推介会，陕县的二仙坡苹果、黄梨、陕源石榴，灵宝的苹果、大枣以及义马、渑池、卢氏、湖滨区的优质果品亮相推介会。《人民日报》《解放日报》《文汇报》《国际金融报》《新闻晨报》《新闻晚报》《东方早报》《河南日报》、上海电视台新闻综合频道、东方卫视、上海人民广播电台、东方网等 10 余家媒体的记者到会报道。推介会上，上海市果品配送公司与三门峡金秋黄梨果业、上海中心批发市场与三门峡龙跃专业合作社、上海市市郊展销中心与三门峡缘份果业、上海康喆公司与三门峡万隆果业、上海美慧园果品销售市场管理有限公司和三门峡金秋果业、上海长盛实业发展有限公司和三门峡二仙坡绿色果业有限公司成功签约，签约果品总计 3 万吨。此外，联合国发展署南南合作科技交易署、中国新农村建设投资（国际）有限公司与三门峡二仙坡绿色果业有限公司成功签署“植物濒危树种复制中心优生优育研发基地”项目。

【举办三门峡果品（南宁）推介会】 11 月 4 日，三门峡果品（南宁）推介会在广西南宁国际会展中心隆重举办。国务院参事、国家出入境检验检疫协会会长葛志荣，中华全国供销合作总社党组成员、理事会副主任兼中国果品流通协会会长赵显人，中国果品流通协会常务副会长傅秀泉，国家质检总局总检验师项玉章，国家出入境检验检疫局动植司副司长施宗伟，广西河南商会秘书长杨世宗等出席果品推介会。市委副书记王建勋致辞，副市长张建峰向与会人员介绍三门峡果业发展情况，140 余名国内外果商和 20 余家新闻媒体参加推介会。南宁五里亭果品批发市场与灵宝景源果业公司、南宁市众高商贸公司与灵宝市永辉公司、南宁卢家亮水果批发中心与灵宝市三联果业公司、凭祥勤英果品有限公司与灵宝市远山自然农业有限责任公司签订供销意向书，签约果品销售意向总计 4 万吨。

【举办三门峡果品（厦门）推介会】 11 月 8 日，三门峡果品（厦门）推介会成功举办，市委副书记王建勋在推介会上致辞，副市长张建峰向与会人员介绍三门峡市果业发展情况。厦门市人大常委会原副主任、厦门市诚信促进会会长汪兴裕，厦门市人大常委会原副主任庄亨浩，厦门市政府副秘书长陈永茂，厦门市河南商会名誉会长李善修，江苏省宿迁军分区原司令员周加荣，厦门市委农办副主任、农林局副局长张友福，厦门市果品协会会长刘文万，厦门市河南商会会长朱玉玲，厦门安能建设集团公司总经理洪小平等出席推介会。厦门福慧达果蔬股份有限公司、厦门鑫金鹭果蔬贸易有限公司、泉州市特特水果商行、泉州市地球村水果物流有限公司、厦门沃尔玛连锁超市、厦门大润发超市、厦门麦德龙超市等 53 家水果采购商、经销商和新华网、东南卫视、厦门卫视、《厦门日报》《海峡导报》等 20 余家新闻媒体的记者参加了推介会。推介会上，厦门福慧达果蔬股份有限公司与三门峡缘份果业有限公司、泉州市特特水果商行与三门峡金秋果业、泉州市地球村水果物流有限公司与陕县“二仙坡”果业有限公司成功签约，签约果品销售意向 4.3 万吨。 （杨新社）

蔬菜生产

【概况】 2011 年，三门峡市蔬菜产业紧紧围绕“促进农业稳定发展农民持续增收”这个中心，大力实施“放心菜”和“万棚亿元”工程，重点抓好 5 大特色蔬菜标准化生产基地和 9 个蔬菜示范园区建设，积极调整蔬菜种植业结构，加块推进蔬菜产业再上新台阶。当年，全市蔬菜播种面积 2.6 万公顷，蔬菜总产量 85 万吨，完成目标的 104%，实现产值 7.9 亿元。当年，全市设施蔬菜面积 3 666.67 公顷，其中日光温室面积 1 333.33公顷、大中小棚面积2 333.33 公顷；培育和发展朝天椒、大葱、越夏蔬菜、芦笋等几个具有区域特色的优势产业。

【越夏供港优质蔬菜生产实现新突破】

当年，全市越夏供港优质蔬菜生产实现新突破。规模进一步扩大，灵宝宝地高山蔬菜专业合作社大棚面积发展到 33.33 公顷，露地面积发展到 100 公顷；出口量实现翻番，共出口番茄2 000吨；经济效益显著，农户每公顷番茄平均收入 19.5 万元至 22.5 万元；下一年出口订单量及品种有大的突破，2012 年已签订单3 000吨，供应品种发展到大番茄、小番茄、甜椒、糯玉米等 4 个。

【持续推进设施蔬菜发展】 当年，市蔬菜管理部门以创建标准示范园活动为契机，树典型，搞示范，抓提升，跑项目，有力推进设施蔬菜持续发展。争取扶植资金 230 万元，建设吉家湾设施蔬菜示范园、川口设施蔬菜示范园、辛店设施蔬菜示范园、东坡设施蔬菜示范园、苏村供港蔬菜示范园、杨家湾芦笋示范园、凡村越夏西红柿示范园、石泉朝天椒示范园、杜关越夏甘蓝示范园等 9 个标准示范园区；湖滨区争取市政府蔬菜副食品价格调节基金 130 万元，用于扶持市区蔬菜设施建设；市产业办争取省农业厅资金 100 万元，用于湖滨东坡蔬菜示范合作社和灵宝高山蔬菜合作社建设设施标准园。 （周娟丽）

食用菌生产

【概况】 2011年,三门峡市食用菌产业继续按照“建基地、强龙头、扶组织、创名牌”的工作思路,以农民增收、产业增效为目标,以规模化生产基地建设为重点,不断提高食用菌产业化水平,食用菌栽培规模稳步增长,经济效益显著提高。全市食用菌栽培总规模1.26亿袋,鲜品总产量18.5万吨,总产值7.7亿元,分别比2010年增长17.2%、16.3%、16.7%。香菇栽培总规模达到8 816万袋,占食用菌栽培总规模的69.6%。全市食用菌栽培规模超100万袋的乡(镇)达到36个,超10万袋的行政村达到240个、超1万袋的生产大户达到2 053户,分别比2010年增长28.6%、17.6%、4.5%。食用菌产业已经成为三门峡市特色农业的重要增长点之一,是促进农民增收的有效途径。

【灵仙菌业有限公司被列入河南省引智示范基地】 3月16日,经省人力资源和社会保障厅、省外国专家局研究,鉴于在香菇栽培、大杏种植和食用菌栽培方面的独特模式和突出成绩,确定灵宝市灵仙菌业有限公司、渑池县果园乡李家村和卢氏县瓦窑沟乡为河南省“一村一品”“一乡一业”引智示范基地。2002年,国家外专局会同农业部在全国引进并推广“一村一品”“千村引智”活动,通过引进国外专家、引进农业优良品种、新技术、新理念和组织有关人员出国(境)培训等措施,促进农业增产和农民增收,加快当地经济发展。至年底,三门峡市共有8个乡村、农业龙头企业入选省人社厅、省外专局河南省“一村一品”“一乡一业”引智示范推广基地。

【灵宝香菇获农产品地理标志认证】 12月20日,农业部发布第1 699号公告,宣布对灵宝市境内所产的香菇实施农产品地理保护。“灵宝香菇”以苹果剪枝木屑为主要生产原料,采取仿野生状态栽培模式,所产菇品质量上乘,菇形圆整美观,菇肉致密瓷实,菇香纯正浓郁,菇色浅褐自然龟裂成花,食之鲜嫩口感好,深受市场青睐。近年来,“灵宝香菇”逐步实现栽植规模化、生产专业化、管理集约化、技术标准化、经营一体化,年生产规模达3 000万袋以上,年产优质香菇3 750万公斤以上。由灵宝市菌类生产管理办公室申请的“灵宝香菇”农产品地理标志登记保护,经农业部农产品质量安全中心审查、农产品地理标志登记专家评审委员会评审和公示,符合《农产品地理标志管理办法》规定的登记保护条件,准予登记,并颁发“中华人民共和国农产品地理标志登记证书”,依法实施保护。证书编号:AGI00804。 (王　静)

灵宝香菇

水产渔业

【概况】 2011年,三门峡市水产业坚持以科学发展观为指导,以促进“渔业增效、渔民增收”为目标,以建设现代渔业为重点,积极开展渔政管理和水产技术推广工作,水产业继续保持良好的增长态势。至年底,全市水产品总产量完成11 101吨,比2010年增长16%,比市定计划目标9 800吨超额13%。

【农业部黄渔委专家组到三门峡市考察】 3月17日至20日,农业部黄河流域渔业资源管理委员会(以下简称农业部黄渔委)办公室调研员康卫赤为组长的专家组一行9人到三门峡市,就建立黄河中游土著鱼类水产种质资源保护区进行专题调研和实地考察工作。农业部黄渔委、中国水产科学院(农业部渔业生态监测中心)、黄河水产研究所、山西省水产研究所、河南省水产局、河南省水产研究院等单位的相关领导、专家参加考察工作。考察组考察了从风陵渡到三门峡大坝中间黄河鱼类的产卵场、索饵场和洄游通道等,并就下一步建立豫晋陕黄河中游土著鱼类水产种质资源保护区的名称确定、范围界定、管理模式、运行机制等工作,进行交流和论证。

【实施春季全面禁渔】 3月30日,市农业局组织召开禁渔工作会议,对2011年度的春季禁渔工作进行安排部署。根据相关规定,三门峡市自2011年4月1日12时起至6月30日12时止实施全面禁渔。禁渔范围包括全市境内黄河干支流河道、水库等所有天然水域。

【开展渔业“安全生产月”宣传活动】 按照国务院关于继续深化2011年“安全生产年”活动的总体部署,6月12日,三门峡市渔政渔船检验监督管理处组织全市渔政人员20余人,在开发区黄河3号码头开展渔业安全生产专题宣传咨询日活动,为渔业“安全生产月”活动的深入开展营造良好的舆论氛围。活动中,渔政人员向渔民发放“渔业安全生产基本知识、渔业安全生产基本常识”等宣传彩页1 000余份,为有效推动渔业安全生产,促进渔业经济又好又快发展打下良好基础。

【水生野生动物保护科普宣传月活动在卢氏县启动】 9月20日上午,由河南省农业厅、三门峡市人民政府主办,省渔政渔船检验监督管理局、市农业局、卢氏县政府承办的全国第2届水生野生动物保护科普宣传月活动(河南区)启动仪式在卢氏县滨河生态公园举行。省农业厅副厅长郭鹏亮、市政府党组成员水选民、省水产局局长姬广闻等出席启动仪式。卢氏县农业局、科技局、林业局、旅游局、教体局、公安局等单位的职工代表以及县城中小学生代表1 500余人参加启动仪式。三门峡市电视台、三门峡日报社、市农业信息中心、黄河农网等多家新闻媒体进行采访报道。活动主题为“关爱水生动物,我们在行动”,旨在普及水生野生动物保护知识,宣传水生野生动物保护法律法规,提高全社会的自然保护意识,加强珍稀濒危水生动物保护,促进人与自然和谐发展。启动仪式上,通过展板、悬挂横幅、播放电视专题片等方式,进行了保护水生野生动物的法律法规知识宣传。同时,千余名群众在“关爱水生动物,我们在行动”条幅上签名。

【举办2011年度水生生物资源增殖放流活动】 11月1日上午,2011年三门峡市水生生物资源增殖放流仪式在河南省三门峡市天鹅湖城市湿地公园飞渡广场举行。农业部黄河流域渔业资源管理委员会办公室主任王守文,省农业厅副厅长郭鹏亮,省水产局局长姬广闻、副局长陈会克和市委副书记王建勋、市人大常委会副主任郑泽中、副市长张建峰、市政协副主席高从民出席仪式。开展水生生物增殖放流活动旨在贯彻落实《中国水生生物资源养护行动纲要》,进一步提高全社会关爱生物,维护生态平衡意识。放流活动由农业部黄渔委、省农业厅、市政府主办,省水产局、市农业局承办。放流的鱼类有黄河鲤鱼、花鲢、白鲢、泥鳅、大鲵5个品种,共200万尾。当天,三门峡职业技术学院学生和部分社会爱心人士参加放流活动。

【4家养殖企业获农业部质量安全认证】 12月5日,根据农业部办公厅发布的《关于公布农业部水产健康养殖示范场(第6批)名单的通知》,灵宝市晨旭渔业有限责任公司(所属水产养殖场)、三门峡市湖滨区新强水产养殖场、渑池富泰水产养殖有限公司、渑池振兴观光农业发展有限公司(所属水产养殖场)获“农业部水产健康养殖示范场”称号。至2011年年底,三门峡市共有5个水产养殖基地获得部级质量安全认证。

【国家级水产种质资源保护区落户三门峡】 12月8日,农业部发布第1 684号公告,批准建立黄河中游禹门口至三门峡段国家级水产种质资源保护区(山西省、陕西省、河南省),其中三门峡市东至黄河三门峡大坝,西至灵宝市豫灵风陵渡被确定为国家级水产种质资源保护区核心区。这是三门峡市首个国家级水产种质资源保护区(跨界),对于进一步加强三门峡市及黄河中游黄河鲤鱼、黄河鲶鱼等珍贵水生野生动物的种质资源保护,有效促进黄河水域渔业资源的增殖和保护,实现黄河全流域生物多样性和自然生态环境恢复,促进黄河渔业可持续发展具有重要意义。

(赵宪钧)

农业产业化

【概况】 2011年,三门峡市农业产业化工作紧紧围绕“建基地、强龙头、扶组织、带农户”的发展思路,通过区域化布局、规模化种养、标准化生产、品牌化经营、企业化管理,加快特色产业发展。采取“优化发展环境、提高服务水平、夯实发展基础、壮大龙头规模、提升竞争能力、搭建发展平台”等措施,有效增强龙头企业的市场竞争力,提高了农民进入市场的组织化程度,实现农业增效、农民增收和农产品市场竞争力增强,全面提升农业产业化经营水平。为打造企业品牌,树立农产品形象,加快农产品流通,当年,三门峡市积极组织龙头企业参加各种展会,展会经济成效显著。

至年底,全市农业产业化组织发展到578个,较2010年增加52个,增长9.9%;产业化基地种植面积10.33万公顷,牲畜饲养量187万头,禽类饲养量1 612万羽;带动农户36万户,占农户总数的87%。农户从事产业化经营增收额56.6亿元,户均达1.6万元,农业产业化经营已经成为农民增收的主要来源。

【农业龙头企业发展壮大】 当年,三门峡市积极实施“四大一高”战略,助推农业产业化发展,依托牧、果、林等优势产业,大力发展农产品加工型龙头企业,“龙头带基地,基地促龙头”的良性发展格局已经形成。至年底,全市销售收入100万元以上的农业龙头企业达162家,较2010年增长8%。其中:销售收入超亿元以上的龙头企业15家,超2 000万元以上的27家,超500万元以上的72家;国家级重点龙头企业1家,省级重点龙头企业17家,市级重点龙头企业56家,带动农户33.4万户。龙头企业完成销售收入47.9亿元,实现净利润5.3亿元,出口创汇1.12亿美元。

【赴黑龙江开展果品商贸洽谈活动】 8月9日至14日,河南省出入境检验检疫局与三门峡市政府联合组织考察团赴黑龙江开展果品商贸洽谈活动并喜获丰收,三门峡市5家企业与绥芬河和东宁口岸的果品出口企业签订1.63万吨果品边贸合作协议,2家企业与俄罗斯果品贸易企业签订6 000吨直接出口供货合同。考察团在黑龙江期间,参观考察宁安市现代农业示范区、源丰国际物流园区、东宁口岸和绥芬河口岸及当地果品贸易市场,在宁安和绥芬河两地召开果品推介和贸易洽谈会,与当地出口企业和俄罗斯客商进行深入交流,为三门峡市在黑龙江进一步开展农产品贸易奠定了基础。

【参加全国农产品加工业投资贸易洽谈会】 9月6日至8日,2011年全国农产品加工业投资贸易洽谈会在驻马店市会展中心举行,副市长张建峰率三门峡市代表团参加会展。农洽会由农业部和河南省政府主办,农业部农产品加工局、省农业厅、驻马店市政府承办。三门峡市设市级综合形象特装展位1个,共展出苹果、牛肉、禽蛋、蔬菜、粮食等农产品50个系列120余个品种;16家农业龙头企业设立展位,进行现场展示展销,实现销售额670万元;三门峡缘份果业公司生产的浓缩苹果汁、三味奇公司生产的月饼2个品种获农洽会"优质产品金奖"。

【组团参加第9届中国国际农产品交易会】 10月29日至11月1日,第9届中国国际农产品交易会在成都市举行。市长级干部李建顺、副市长张建峰率三门峡市代表团参会。交易会上,灵宝市永辉果业有限责任公司代表三门峡市龙头企业参加农产品的展示展销,并代表河南省参加农业部组织的重大农产品贸易签约仪式,与哈萨克斯坦特沃也力克江公司签订1.05亿元的果蔬鲜品销售合同;陕县二仙坡绿色果业有限公司的"二仙坡"牌红富士苹果进入河南省综合展示区参展,并被第9届中国国际农产品交易会组委会评为"金奖农产品"。 (张建斌)

农业科技推广

【概况】 2011年,三门峡市农业局不断引进优质高产及与环境相融性好的农业新技术、新品种、新成果,加大示范推广力度,提高农业新科技对农业生产的贡献率。引进种植张杂谷5号、10号及金翠蕾、银翠蕾、金银花等5个新品种,推广彩色红薯高产栽培技术70公顷,建立6 666.67公顷野生连翘标准化生产示范基地,建成丹参、黄芩、桔梗、菊花等药材生产基地2 333.33公顷,全市杜仲生产基地发展到3 333.33公顷。全市连翘清坡1 333.33公顷、补栽666.67公顷、修剪3 333.33公顷、人工管护1.33万公顷,恢复、增强了连翘生产能力。推广桑园综合管理技术1 333.33公顷,推广小蚕共育、大蚕饲育、方格蔟营茧等规范化养蚕技术,普及率达100%,提高了养蚕技术水平。推进供港优质无公害硬果型番茄生产基地建设,种植总面积达6.67公顷,公顷平均收益22.5万元,为群众增加收入120万元。基于旱地小麦生长期相关环境因子的对策研究,通过网络对小麦苗情动态进行远程观测,判断小麦苗情发展趋势,及时采取应对管理对策,服务大田生产,取得显著效益。

(王云玲)

农业信息化

【概况】 2011年,三门峡市农业信息中心紧密围绕发展现代农业和建设社会主义新农村的目标,完善信息服务体系,提升平台服务水平,强化信息服务,以农业物联网技术推广应用为核心,着力推进农业生产经营信息化,为农村经济的发展提供有力支撑。

开通新农村广播《耕耘之声》农业节目。农业类节目分农科专家富峭函、致富直通车、农广热线3档,涵盖农业科技知识、农业资讯、法律服务、农业专家现场指导等方面。至年底,共播出致富直通车225期、"三农"服务热线225期、农科专家富峭函135期。参与市农业局重大会议、动态等现场播报40余次。

开播《耕耘》电视栏目。该电视台是国内唯一一家面向农民提供免费科技视频资源的农业网络电视台,用户既可通过互联网随时、随地观看农业电视节目,又可通过电视随时、随地点播农业节目。全年,共制作《耕耘咨讯》《耕耘评述》《耕耘拜访》3个分栏目89期,播发356次,覆盖全市农业人口。

物联网建设初见成效。与国家农业信息化工程技术研究中心合作,先后完成陕县二仙坡绿色果业山庄、嘉禾农业生态园、灵宝信达果业有限公司3个物联网技术应用示范基地。10月15日,农业部市场与经济信息司副司长李昌健、国家农业信息化工程技术研究中心主任赵春江在省农业厅副厅长于国干,正市级领导李建顺的陪同下,出席河南省首家全国农业物联网技术应用示范基地——信达果业公司基地揭牌仪式。

依托国家农业信息化工程技术研究中心,针对三门峡地区小麦、黄瓜种植,合作开发小麦、黄瓜农业科教动漫教学系统,制作三维动漫科教片,使学习者除了被动观看教学片,还可与电脑教学片互动,提高教学效果,为技术推广增添了新的教学形式。

拓宽黄河金三角苹果电子交易服务领域,新增两个苹果电子交易网点,增加网上交易1 060吨。提升"12316"语音服务功能,接听农民电话咨询10 700人次;开通农信通"豫西农事"短信栏目,通过"12316""三农"热线市级远程座席平台,免费向农民发送农产品价格、农业生产应急措施、农业优惠政策、农业预警等内容,累计发送短信6 000余条。

【河南省农业市场信息工作会议在三门峡市召开】 5月11日至12日,河南省农业市场信息工作会议在三门峡市召开,主要任务是进一步学习贯彻落实省委农村工作会议和全省农业工作会议精神,总结2010年及"十一五"时期全省农业市场信息工作,分析形势,交流经验,部署2011年工作。河南省农业厅党组成员、副厅长于国干出席会议并作重要讲话。各省辖市和扩权县相关部门负责人参加会议。会议期间,现场考察了三门峡市农业农村信息化示范典型。

【搭建"12316""三农"热线市级平台】 9月,根据省农业厅统一标准、统一服务内容、统一数据库、统一监管的要求,采用"统""分"结合的方式,在中国联通河南省分公司的协助下,市农业局信息中心成功搭建三门峡市"12316""三农"热线市级平台,受理全市用户拨打的热线。用户拨打"12316""三农"热线,由省级平台统一受理,应用户要求转接省级专家或市级专家,方便快捷,自由选择。

【在全省率先建成农业物联网技术应用示范基地】 当年,市农业局以国家"十二五"期间大力支持物联网建设为契机,将物联网建设作为推动农业信息化发展的重要抓手,积极与国家农业信息化工程技术研究中心和智能装备中心合作,在全省率先建成陕县二仙坡绿色果业山庄、嘉禾农业生态园、灵宝信达果业有限公司3个物联网技术应用示范基地,实现空气温湿度、土壤温湿度的精准监测及数据的智能分析,实现环境信息远程采集、远程智能灌溉控制、远程病虫害专家诊断等,通过电脑或手机上网还可随时了解现场数据及农作物生长情况,并进行自动或手动调控农作物生长的气候环境。建成后,可大大降低劳动强度和生产管理成本,提高农

产品竞争力，增加农业生产效益，引领农业经济转型升级，推进全市现代农业发展。（冯　莉）

农业标准化

【概况】 2011年，三门峡市农产品质量安全监督检测工作和“三品一标”农产品认证监管工作取得长足发展，农产品质量安全检测和农业标准化迈上新台阶。

加强农产品质量抽检。全市共抽检果蔬样品5 314个，其中蔬菜样品5 071个、水果样品171个，食用菌样品72个，合格率为99.89%；负责对洛阳市、周口市两个地级市及项城、鹿邑两个省直管县的蔬菜农药残留例行监测，共抽取蔬菜样品480个，进行农药残留定量检测，按时完成监测任务；负责SOD水果基地的采样检测工作，完成29个水果样品中的SOD活性酶检测。

推进“三品一标”认证工作。全年有20个农产品通过农业部无公害农产品认证，1个农产品通过农业部地理标志农产品认证。按照《三门峡市创建全国农业综合标准化示范市实施方案》要求，全市农业系统征集农业标准化技术专家28位，协助市监局建立农业标准化技术专家电子档案。组织农业技术专家开展蔬菜等生产技术规范和标准制修订工作，2011年新培育申报省级农业标准化示范基地1个。

【加强农产品和产地环境质量抽检】 全年共检测农产品样品7 949个，其中速测样品7 114个、农产品产地环境样品10个、无公害农产品6个、其他样品209个。果蔬农药残留合格率达到99.92%，三门峡市初级农产品重大食品安全事故发生率为零。在2011年度全省蔬菜农药残留例行监测中，经有关部门检测判定，三门峡市随机抽取的640个样品全部符合国家标准。年底，市农业局被授予2011年度“全省农产品质量安全监测工作先进单位”称号。

【成为国家无公害农产品定点监测机构】 1月7日，三门峡市农产品质量安全检测中心顺利通过农业部农产品质量安全中心组织的国家无公害农产品认证产品定点监测机构审查，正式成为无公害农产品认证产品定点监测机构，检测能力进一步提高。在8月初农业部农产品质量安全中心组织的全国无公害农产品定点检测机构能力验证考核中，三门峡市农产品质量安全检测中心被评定为“优秀单位”。

【加大“三品一标”认证力度】 当年，市农业局加大“三品一证”认证力度，强化优质农产品品牌培育。全市共有20个农产品通过农业部无公害农产品认证，1个农产品通过农业部地理标志农产品认证，超额完成省厅目标任务。对14个到期无公害农产品进行复查换证，通过对产地进行现场检查、对复查换证申报材料进行审核、对产品进行抽检，9个复查换证的无公害农产品产地已经被省农业厅批复，8个复查换证无公害农产品已上报农业部待批。年底，市农业局获“全省无公害农产品认证工作先进单位”“全省农产品地理标志登记工作先进单位”等称号。

【初步建立农产品质量安全追溯系统】 当年，市农业局以二仙坡苹果作为试点，建立一套农产品质量安全追溯系统，通过加贴在产品包装上的一维码和二维码，可以通过手机短信、手机二维码识读、拨打电话、网上查询、查询机查询5种方式了解产品生产单位的相关信息、产品生产过程农业投入品使用情况、农事活动情况、产品监测情况，进而全面了解产品质量安全状况，充分体现消费者知情权，有利于提高产品的竞争力和企业的自律意识，从源头解决农产品的质量安全问题，收效良好。（郭建平）

农业机械化

【概况】 2011年，三门峡市农业机械部门认真贯彻落实科学发展观，以调整优化农机发展结构、增加农民收入为己任，开拓进取，扎实工作，实现了全市农业机械化事业的持续、快速、健康发展。

农业机械原值持续增长，达到12.98亿元。农机总动力和主要农业机械平稳增长。全市农机总动力达170万千瓦，比2010年增加5.05万千瓦，增长3.06%。其中：柴油发动机动力143.72万千瓦，比2010年增加4.96万千瓦，增长3.57%；汽油发动机动力1.52万千瓦，比2010年增加0.14万千瓦，增长10.16%（主要原因是畜牧养殖类机械有所增加）；电动机动力24.77万千瓦，比2010年减少0.04万千瓦，减少0.18%。农用拖拉机拥有量为4.40万台，比2010年增加0.19万台，增长4.62%。其中：大中型拖拉机0.31万台，比2010年增加0.02万台，增长7.04%；大中型拖拉机配套农具0.62万部，比2010年增加0.05万部，配套比1∶2.03；小型拖拉机4.09万台，比2010年增加0.17万台，增长4.44%；小型拖拉机配套农具5.96万部，比2010年增加0.21万部，配套比1∶1.4。联合收获机0.17万台，比2010年增加0.01万台，增长8.93%。

主要农田机械作业水平稳中有升。至年底，全市完成机耕面积10.43万公顷；完成机播面积9.17万公顷；完成机收面积7.77万公顷，其中小麦机收面积6.15万公顷，玉米机收面积1.4万公顷。（卫李浩）

【农机购置补贴项目覆盖全市】 2011年，全市农机部门共争取财政购机补贴资金2 426万元，其中中央补贴资金2 376万元、市级补贴资金50万元。项目实施中，农机部门严格按照公开、公正、公平、农民受益的原则，由农民自主自愿选择拟购补贴机具，按照政策公告、农民申请、县农机局初审汇总、张榜公示、签订协议、组织购机、统一编号等程序，实行阳光操作，严把补贴关，确保政策的严肃性、工作的规范性和程序的统一性。共补贴农户和农机服务组织6 051个，补贴机具涉及11大类，机具总数9 125台，购机总额8 347万元。针对果、烟、菜、牧等特色农业发展需求，特色农业机械的数量得到较快发展，微耕机、田园管理机、手扶拖拉机、机动喷雾机、动力喷雾机、畜牧养殖机械、卷帘机等机械数量4 977台，占机具总数的52.8%，占补贴资金总数的29.7%。（卫李浩）

【深入开展保护性耕作技术】 2011年，市农机管理部门利用农机购置补贴政策的带动作用,积极稳妥地推动保护性耕作技术深入开展。在上半年天气干旱的情况下,组织技术人员对灵宝的保护性耕作田进行技术测试,证明免耕播种小麦比传统播种小麦具有更强的抗旱性能。共试验示范推广实施保护性耕作技术面积2.93万公顷,平均每公顷增产小麦472.5公斤,共增产小麦174万公斤,增加收入249.9万元,节省生产成本142.5万元,合计增收节本总值达392.4万余元,取得显著的经济效益和社会效益。在承担农业部保护性耕作示范县项目工作中,灵宝市会同农业局农技推广中心、统计局、农机推广等部门,对函谷关镇梁村保护性耕作试验田的小麦从播种到收获各个时期进行检测。检测表明,保护性耕作小麦长势优于传统耕作小麦,无论是分蘖数、次生根数、株高、叶龄、含水率都高于传统耕作地块的小麦,经实产称重,保护性耕作小麦较传统耕作小麦增产37公斤,增产率8.9%,进一步验证了保护性耕作小麦在不同生长环境下都能增产且节本增效的事实,为保护性耕作技术的推广应用提供了第一手资料,为全市大面积推广保护性耕作技术夯实了基础。

(杲江华)

【开展农机深松作业项目】 当年,市农机管理部门发挥农机深松补贴政策的效用,采取行政推动、补贴拉动、宣传促动、示范带动等措施,落实省农机深松作业实施方案,有关项目实施县根据各乡(镇)适宜深松面积、大中型拖拉机拥有量、深松整地作业基础条件等相关因素的分析,通过落实面积、签订合同、作业确认、公开公示、兑付补贴,落实深松作业项目。至年底,全市完成深松作业8 666.67公顷,比2010年增加4 715.67公顷。

(卫李浩)

【开展农机科技培训推广活动】 当年,全市市、县两级共举办73期农机化技术培训班,采取理论授课、参观考察、事迹交流、实验实习等方式,主要进行拖拉机、联合收割机的维护保养知识,常见机械故障的检测维修,植保机械的操作常识及病虫害防治等方面的培训,增强农机手的安全生产意识。全市共培训农机管理人员90人、农机安全监理人员50人、农机化技术推广人员240人;乡村农机人员培训中,培训农机合作社理事长及骨干108人次、农机大户80人次、农机操作员7 670人次,其中新购机农民2 000人次;农机实用技术人员培训中,保护性耕作技术培训4 677人次,玉米机械化收获技术培训2 590人次;全市享受"阳光工程"政策培训的农机操作员及农机修理员1 639人。

(高增娓)

【开展农机安全监督管理】 当年,市农机管理部门坚持以安全生产为中心,强化农机安全监督管理。牢固树立"安全生产、预防为主"的指导思想,强化管理和防范手段,认真制定防止农机事故发生的防范措施,并确保措施有力,落实到位,消除事故隐患。"春节""五一"和"三夏""三秋"农忙季节,组织农机监理人员深入生产第一线,加大农机安全宣传和检查力度,保证农机安全生产井然有序。2011年,全市受到河南省农机局和安全生产监督管理局的命名和表彰的"平安农机"示范乡(镇)达13个、"平安农机"示范合作社8个。

(卫李浩)

扶贫开发

【概况】 2011年,三门峡市扶贫开发办公室坚持以科学发展观为统领,以转变扶贫发展方式、深入推进开发式扶贫为主线,以强化项目建设为基础,以有效整合扶贫资源为保障,以稳定解决扶贫对象温饱并实现脱贫致富为首要任务,努力提高扶贫开发水平,全市扶贫开发整体呈现出进展迅速、成效显著的良好发展态势。至年底,全市共完成22个贫困村整村推进项目建设任务,贫困村基础设施、产业发展基本达到省定建设标准;实施搬迁扶贫项目29个,搬迁贫困户1 075户、4 777人;培训贫困户劳动力6 342人,培训转移率达95%以上;解决1.67万人贫困人口脱贫问题,农村贫困发生率由年初的12.3%下降到10.6%。

整村推进,全面夯实脱贫基础。共投资5 724万元,实施整村推进22个贫困村,建设项目92个,分别为乡村道路项目39个、安全饮水项目18个、农村沼气项目2个、连锁超市项目3个、垃圾污水处理项目1个、卫生设施项目1个、文化设施项目7个、村庄绿化项目1个、农田水利项目5个、其他项目15个。其中涉及财政扶贫投资的项目25个,投资1 190万元,铺设水泥路36.24公里、输水管线18公里,建各类桥涵6座、蓄水池2个。

统筹推进,提升搬迁扶贫绩效。共投资11 455.4万元(其中争取省财政搬迁扶贫资金1 600万元),平整土地12.24万平方米,架设电路23.25公里,整修道路17.13公里,铺设管道25.62公里,建房141 453平方米,搬迁贫困户1 075户4 777人。同时,做到增收项目与安置点农户住房、基础设施项目同步规划、同步建设,引导搬迁群众因地制宜开发致富项目716个,进一步夯实搬迁群众脱贫致富的基础。

基地支撑,扎实实施"雨露计划"。共筛选确定2011年"雨露计划"培训基地10个,其中省级1个、市级2个、县级7个。加强培训基地管理,积极实行定单培训、定岗培训,提高稳定就业率,着力打造具有三门峡特色的"雨露计划"品牌。全年共举办劳动力转移培训班82期,完成培训6 342人。

精准切入,扩张科技扶贫效应。把提升扶贫支柱产业质效、推广"新、特、优"农业技术作为切入点,实施省级科技扶贫项目5个,投入财政扶贫资金130万元,引进推广新品种新技术19项,直接带动贫困户670户,辐射带动贫困户1 806户,实现增收513万元,受益贫困户人均年增收1 498元以上。建立完善项目滚动发展机制,持续发挥科技扶贫项目的辐射带动作用。

多措并举,不断强化社会扶贫。将包扶工作目标纳入市委、市政府目标管理,进一步加大对包村扶贫工作的管理力度。84个市直帮扶单位共帮助贫困村引进资金310万元,捐赠现金、物资360万元,实施项目190个,培训农民5 100人次。积极实施"爱心包裹"项目,扶贫企业共捐赠35 000元,受益贫困学生3 500名。

围绕增收,抓好贴息贷款扶贫。坚持以贫困农民持续增收为目标,以金融机构为依托,以财政扶贫资金贴息为手段,切实抓好贴息贷款扶贫工作。共发放小额扶贫贴息贷款1 200万元,扶持农户 694 户、2 769 人。对尚正食品、百佳果业等 11 个龙头企业的 2.56 亿元贷款进行贴息，直接安排贫困户劳动力就业 2 100 人，辐射带动贫困村 101 个、贫困户 2.11 万户。

抓好试点，持续深化“两项制度”有效衔接。在前期重点村及农户识别的基础上，认真组织实施到户增收试点项目，不断深化“两项制度”有效衔接工作。共投资 424.86 万元，在 6 个扶贫到户增收试点项目村，扶持农户 428 户、1 681人，发展代料香菇 52.5 万袋，种植金银花 24.27 公顷，养殖獭兔 920 只，修建蔬菜大棚 41 个，种植核桃 17.27 公顷，示范户人均增收1 600元以上。

【卢氏县获财政扶贫贴息资金 60 万元】 4 月 13 日，省扶贫办、省财政厅下发《2011 年河南省扶贫到户贷款发放工作实施意见》，分配卢氏县财政扶贫贴息资金 60 万元，贴息贷款额度 1 200 万元，扶持 18 个乡（镇）、117 个村、694 户、2 769 人发展家庭种植业、养殖业、加工业等项目。

【整村推进项目计划准予备案】 6 月 13 日，省扶贫办、省财政厅下发《河南省扶贫办、河南省财政厅关于 2011 年扶贫开发整村推进计划准予备案的通知》，审核同意三门峡市 2011 年扶贫开发整村推进项目计划并准予备案。三门峡市 2011 年扶贫开发整村推进项目计划涉及 40 个整村推进重点贫困村，共安排项目 160 个，总投资3 195.83万元，其中：中央、省级财政扶贫资金投入1 245 万元，市、县财政投入 117 万元，统筹安排部门资金1 502万元，群众自筹 331.83 万元。

【6 项目准予备案】 8 月 23 日，省扶贫办、省财政厅《关于 2011 年“两项制度”有效衔接扶贫到户增收试点项目备案的通知》，准予备案项目 6 个，分别是卢氏县：狮子坪乡花园寺村食用菌代料香菇种植、徐家湾乡干沟村金银花中药材种植、双龙湾镇前虎峪村金银花中药材种植、官道口镇百家房村金银花中药材种植、沙河乡三角村大棚蔬菜及核桃种植等，项目总投资 432.2 万元，其中中央和省级财政补助资金 150 万元、群众自筹资金 180.8 万元、贷款 81.3 万元、社会帮扶 20.1 万元。

【5 个省级科技扶贫项目获批复】 8 月 23 日，省扶贫办、省财政厅批复三门峡市 2011 年 5 个省级科技扶贫项目。其中重点项目 1 个：卢氏县官道口镇优质核桃新品种引进与推广；一般项目 4 个：灵宝市五亩乡山区苹果高产技术推广、陕县观音堂镇良种猪引进与推广、渑池县肉牛生产技术推广及湖滨区高庙乡新品种花椒引进与推广。5 个项目计划总投资 185.8 万元，其中自筹资金 40.8 万元、整合其他项目资金 15 万元、省科技扶贫项目资金扶持 130 万元。

【5 项目获科技扶贫资金 30 万元】 9 月 13 日，市财政局、市扶贫办下发《2011 年度市级财政支持科技扶贫资金的通知》，共下达资金 30 万元，其中陕县西李村乡新品种红薯引进与推广项目 8 万元、灵宝市西阎乡软籽石榴新品种引进与推广项目 6 万元、渑池县南村乡无公害花椒新品种引进与推广项目 6 万元、湖滨区交口乡高原苹果高产技术推广项目 6 万元、义马市石佛社区中药材生产技术推广项目 4 万元。

（王 通）

林业和园林工作

【概况】 2011 年，三门峡市林业和园林局坚持以科学发展观为指导，以生态建设为中心，以深化改革为动力，以兴林富民为宗旨，进一步转变领导方式和工作方式，不断加快国家森林城市创建和城乡绿化一体化步伐，努力提高国家园林城市、省级林业生态市和集体林权制度改革管理水平，各项目标任务圆满完成，实现了“十二五”期间的良好开局，并被市委、市政府荣记二等功。

至年底，全市共完成造林面积 2.88 万公顷，占任务的 107.2%；完成森林抚育和改造工程7 940公顷，占计划面积的 104.7%；完成四旁植树 642 万株，占任务的 109.7%；完成义务植树 899.3 万株，占任务的 168.7%；完成大田育苗 1 566.67公顷，占任务的 117.5%；森林病虫害成灾率 3.8‰，森林火灾查处率 100%；森林、林木采伐量未突破森林采伐限额，林木凭证采伐率、办证合格率均在 90% 以上；集体林权改革工作登记办证率达 95%，等级合格率 99.6%。未发生重大毁林、乱占林地和破坏野生动植物案件。

林业生态建设持续推进。以国家、省级林业工程为抓手，以重要通道两侧及城郊大环境绿化为重点，突出抓好国家退耕还林工程建设、中央财政补贴农户造林试点项目建设、郑西高速铁路、连霍高速两侧绿化及森林抚育，全面开展植树造林绿化。3 月 4 日，在全省林业生态建设现场会上，三门峡市被省政府授予“河南省林业生态县建设先进市”称号，成为首批受到表彰的 3 个省辖市之一。灵宝市、陕县、渑池县同时获得“河南省林业生态县”荣誉称号。6 个县（市）区全部达到省级林业生态县（市）标准，55 个乡（镇）达到林业生态乡（镇）建设标准，占全市乡（镇）总数的 89%；960 个村达到林业生态村建设标准，占全市行政村总数的 70%。林业生态县、乡（镇）、村的创建全部达到市政府确定的目标。

创建国家森林城市顺利通过验收。市政府将创建国家森林城市列为当年“十件实事”之一，按照《三门峡市森林城市建设总体规划》要求，先后实施以市区南山北岭、县城周边区域为主的“绿色城市”工程，以重点乡（镇）、新型社区为主的“绿色村镇”工程，以连霍高速公路、郑西高速铁路、陇海铁路、209 国道、310 国道等重要通道绿化为主的“绿色通道”工程，以重点景区绿化、生态文明建设为主的“绿色景区”工程，并于 12 月 9 日顺利通过国家林业局专家组的考察验收。

集体林权制度主体改革基本完成。全市确权总面积 53.60 万公顷，占集体林地总面积的 90%；登记（办证）14 万余份、50.98 万公顷，登记（办证）率 95%。完成新版林权证系统输入 5.49 万公顷。鼓励引导、扶持培育和发展林农专业合作社。至年底，全市规范建立的林业专业合作社共 125 家，成员达 100 人以上规模的林业专业合作社有 45 家，入社农户 12 655 户、总人数23 043 人，注册资金4 825.04万元，经营林地面积 4.33 万公顷，年销售额达3 686.6 万元。

城市园林绿化水平进一步提高。

加强城区绿地精细化管理,做好城市绿地苗木补栽补植工作,全方位提高天鹅湖国家城市湿地公园文化品位,规划文化浮雕墙、雕塑等文化景观,不断完善设施,进一步提高服务水平。5月,天鹅湖国家城市湿地公园被批准为国家AAAA级旅游景区。

林业产业快速增长。成立三门峡市核桃产业生产技术专家组,大力发展核桃、苹果、大枣、仁用杏、杜仲、花椒、柿子等名特优经济林,打造豫西优质特色果品产业基地。至年底,全市共发展经济林2.53万公顷,占任务2.33万公顷的108.22%。其中水果8 793.33公顷、干果1.65万公顷。大力推广有机栽培和标准化生产技术,提高果品生产技术水平和效益。

资源保护管理不断加强。严格限额采伐,加强林地保护,完成三淅高速公路、连霍高速公路改扩建等林地项目的审核上报工作。加快天保工程进度,加强公益林管理,认真做好国有林场危旧房457户改造任务。全市未发生大的森林火灾。严厉打击涉林违法犯罪行为,进一步加强自然保护区管理和白天鹅保护工作。

科技兴林不断强化。引进推广林木新品种6个,完成中央财政"核桃新品种引进及丰产栽培技术推广示范"项目,建立示范林66.67公顷,培训果农3 000人次。积极配合省林科院,完成文冠果资源分布调查,开展三门峡市野生花卉资源的普查,编写中央财政林业科技示范项目"大樱桃良种繁育及丰产栽培技术示范推广项目",向市科技局申报"三门峡市野生花卉资源普查和应用研究"课题。

茶叶生产成效显著。在卢氏县西南部的瓦窑沟乡等7个乡(镇)试点种植茶叶69.2公顷。当年,三门峡市生产的"函谷红"牌茶叶在郑州新闻发布会上取得一致好评,并成功进入德国国际世界食品展览会参展。下发《关于印发三门峡市茶产业发展规划2011~2020年的通知》《三门峡市2011~2012年茶叶种植生产意见的通知》等文件,茶叶生产各项工作稳步推进。

黄河公园建设强力推进。9月29日,黄河公园建设正式启动。至年底,共压实沿黄路路床1 200米,开挖水网主线路700米、支管网1 500米,机井和蓄水池整修正在进行,完成绿化30余公顷,栽植乔木2.3万余株。

【三门峡黄河湿地发现世界濒危鸟类大鸨】 1月18日,河南黄河湿地国家级自然保护区三门峡管理处巡护人员在例行巡护中发现罕见的大鸨种群。经过连续几天观测,这批大鸨数量在300只左右。大鸨又称独豹或野雁,是中国草原上最大的鸟,也是猎禽中最大的种类,同时是世界上能飞起的最重的鸟类。大鸨属于世界珍稀动物,全世界仅存2 000余只,在中国的数量已经变得相当稀少,其珍贵程度堪比大熊猫。作为极度濒危鸟类,国际鸟类保护委员会已将大鸨列入世界濒危鸟类红皮书,在中国也早被列为国家一级重点保护野生动物。三门峡湿地管理处紧急行动,采取积极保护措施,确保大鸨在黄河湿地安全越冬。

【河南省春季森林火灾扑救综合演练在三门峡市举行】 3月10日下午,全省春季森林火灾扑救综合演练在三门峡市甘山森林公园举行。演练由省人民政府护林防火指挥部组织,省林业厅和市林业园林局具体实施。综合演练的检验内容包括:地面消防与消防直升机的地空协同配合灭火能力、森林防火远程视频监控能力、火灾现场图像的卫星实时传送能力、森林防火指挥传输系统和预警系统的保障能力、各级各部门的森林火灾信息共享能力等。

【国际森林年暨创建国家森林城市义务植树活动启动】 3月11日上午,国际森林年暨三门峡市创建国家森林城市义务植树活动在天鹅湖城市湿地公园飞渡广场上启动。市领导杨树平、王建勋、赵继祥等出席启动仪式并参加义务植树。2006年,联合国大会第61届会议确定2011年为国际森林年。2008年,市委、市政府决定用3年时间成功创建国家森林城市。启动仪式上,参加义务植树的市党政军领导和3 000余名武警官兵、学生、机关干部在"国际森林年——三门峡人民在行动"条幅上签名。市委副书记、市长杨树平等为"国际森林年纪念林"碑石揭幕,并与干部群众一起挥锨培土、整盘浇水,当天共栽下2 800多株雪松、大叶女贞、石楠球等树苗。在义务植树现场,杨树平还接受了新华社、《大公报》、人民网、《河南日报》、河南人民广播电台、河南电视台、《大河报》等媒体记者的集体采访。

【国家森防总站检查组到三门峡市检查森防工作】 4月12日至13日,国家森防总站站长马爱国、项目处处长郭文辉,在省林业厅正厅级巡视员张胜炎、省森防站站长邢铁牛陪同下,到三门峡市检查指导森林病虫害防治体系建设及林业有害生物防治工作。检查组一行先后到三门峡市森防站、灵宝市森防站查看森防体系建设、国家网络森林医院运行情况,深入到三门峡湿地公园、灵宝市函谷关检查森林病虫害发生防治情况,认真听取三门峡市林业有害生物防治工作情况汇报,并与市、县有关领导就林业有害生物防治工作进行广泛交流。马爱国充分肯定三门峡市的森防工作,对三门峡市森防体系建设、森林医院及林业有害生物防控工作提出指导性意见。

【天鹅湖国家城市湿地公园AAAA级旅游景区授牌仪式举行】 5月16日,三门峡市天鹅湖国家城市湿地公园AAAA级旅游景区授牌仪式举行。同日,园内迎祥阁等一批仿古建筑落成揭牌仪式举行。市委副书记、市长杨树平,市长级干部赵光超,市人大常委会副主任李宝鸿,市政协副主席高从民,市政府秘书长李宝洲等出席授牌及揭牌仪式。会上,宣读国家旅游局《关于批准发布黑龙江虎林市虎头旅游风景区等87家景区为国家AAAA级景区公告的决定》,赵光超向市林业和园林局授天鹅湖国家城市湿地公园AAAA级景区牌。该公园由此成为三门峡继虢国博物馆、豫西大峡谷、函谷关历史文化旅游区之后的第4个国家AAAA级旅游景区。天鹅湖国家城市湿地公园位于三门峡市东西城区之间的生态区,是一处融生态、文化和人文地理于一体的自然山水景区。总面积约590公顷,其中陆地面积约410公顷、水域面积约180公顷,核心景区包括双龙湖白天鹅观赏区、陕州故城和沿黄生态林带3个部分。于2011年1月21日被全国旅游景区质量等级评定委员会授予"国家AAAA级旅游景区"。

【开展林木病虫害飞机防治工作】 6月29日至7月3日，市森防站调集湖北荆州同诚通用航空公司R—7746直升机，对渑池县、义马市、湖滨区、陕县、灵宝市境内连霍高速公路两侧及黄河滩杨树，灵宝市朱阳杜仲林，灵宝城郊大环境绿化树木开展防治工作。采用仿生杀虫剂阿维灭幼脲和杀菌剂甲基托布津及少量尿素进行超低容量喷雾防治，共飞行57架次，防治面积4 560公顷，有效控制了林木食叶害虫发生蔓延。

【国家林业局核查组核查三门峡市天保工程建设】 6月21日至24日，国家林业局天保中心核查处处长陈朝嫦带领西北林业勘察设计院核查组，在省天保中心副主任谢文贵的陪同下，对三门峡市2010年度天保工程建设情况进行核查。核查组采取听汇报、看档案、查账目、到现场等方式，对2010年度森林资源管护、资金计划及到位和管理、政策性及社会性支出、职工工资发放及“五险”落实等情况进行核查，重点抽查国有河西林场、曹家窑林场、市森林公安局河西分局3个建设单位。核查组充分肯定三门峡市天保工程建设取得的成绩，并对下一步工作提出要求。

【“中国大天鹅之乡”通用网址注册成功并开通】 6月30日，市委外宣办、市政府新闻办举行新闻发布会，向媒体发布三门峡市“中国大天鹅之乡”通用网址注册成功并开通的消息。“中国大天鹅之乡”通用网址URL地址指向三门峡市政府门户网站，即http://www.smx.gov.cn。为保护三门峡市“中国大天鹅之乡”的品牌资源，市林业和园林局向中国互联网络信息中心递交了《机关事业单位通用网址注册申请表》，并获批复。6月10日，中国互联网络信息中心向市林业和园林局颁发《中国大天鹅之乡通用网址注册证明》，有效期为2011年6月2日至2021年6月2日。

【三门峡市核桃栽植面积和产量居全省首位】 8月，三门峡市核桃栽植面积达4.67万公顷，年产量2.65万吨，居河南省首位，核桃及相关加工产业年产值12亿元。近年来，三门峡市把核桃产业作为调整农村产业结构、发展绿色经济、增加农民收入的重要手段，采取措施大力发展，取得明显成效。出台《关于加快核桃产业发展的意见》，科学编制《核桃产业发展规划》，建设核桃规范化、科学化种植丰产栽培示范园，发展核桃良种繁育基地；编制《无公害核桃标准化生产技术》，制定河南省《核桃生产技术规程》，积极建设核桃支撑体系，培训县乡村三级技术骨干近2万人；发展社会化服务组织，成立核桃产业经济合作组织283个，覆盖全市种植户达73%。卢氏县被命名为“中国核桃之乡”，灵宝市朱阳镇被确定为“无公害核桃生产基地”。

【河南小秦岭国家地质公园开工建设】 8月19日，河南小秦岭国家地质公园建设开工仪式在灵宝市娘娘山风景区隆重举行。2009年8月20日，河南小秦岭国家地质公园在北京顺利通过评审并获取第5批国家地质公园资格。河南小秦岭国家地质公园是在灵宝小秦岭省级地质公园的基础上，整合灵宝市境内珍贵的地质遗迹资源、丰富的文物古迹和自然景观资源而建设的。按照公园总体规划设计，分河南之巅、娘娘山、黄河湿地及黄土地貌3大园区，涵盖灵宝市亚武山、汉山、老鸦岔、娘娘山、函谷关和鼎湖湾6大景区。

【三门峡“函谷红”茶新闻发布会在郑州举行】 9月16日，三门峡“函谷红”茶新闻发布会在郑州中州宾馆举行。河南省军区司令员刘孟合，省人大常委会副主任铁代生，省政协副主席梁静，省人大常委会原副主任、省茶文化研究会会长亢崇仁，三门峡市委书记杨树平共同开启“函谷红”启动球。省人大常委会原副主任郑增茂、张世军，省人大常委会秘书长连子恒等出席发布会。《人民日报》、新华社、《经济日报》、中央电视台、中央人民广播电台、人民网、新华网、《河南日报》、河南电视台、《大河报》、河南人民广播电台、《香港商报》《香港大公报》等40多家新闻媒体记者以及省茶叶商会、省知名茶叶企业的领导和嘉宾出席发布会。市委副书记、市长赵海燕主持发布会，市政协主席郭秀荣，市委常委、宣传部部长薛蒙林，副市长张建峰，三门峡军分区副司令员曹树仁等出席发布会。三门峡地处长江流域和黄河流域结合部，尤其是卢氏县西南山区一带，具有茶叶生产的良好自然环境和广阔发展空间。河南省委、省政府对三门峡市发展茶产业高度重视，在《河南省茶产业发展规划(2011～2020年)》中，将三门峡市卢氏县纳入全省茶叶生产加工开发带。同时，迅速组织在卢氏县西南部瓦窑沟乡等7个乡(镇)试点种植茶树67公顷，总体长势良好，所产茶叶经过抽检化验，品质优良，茶树试验试种获得初步成功。按照“龙头企业+基地+农户”的发展思路，2011年6月29日，三门峡市政府与福建九拓茶叶公司签订合作发展框架协议，合作开展三门峡红茶的研制和开发。推出的三门峡“函谷红”茶是采用卢氏伏牛山区的优质茶叶，经九道工序精制而成的高山生态茶，具有持嫩性好、芽叶肥壮、水浸出物丰富、耐冲泡等特质，特别是影响香气和滋味的芳香物质、氨基酸等含量高，茶多酚、咖啡碱含量适中，茶叶内在品质好。10月，“函谷红”茶飘香2011年世界食品博览会，并受到众多国际客商关注。

【三门峡市成为全国拥有地理标志产品数量最多的地级市】 10月，渑池县生产的仰韶大杏、仰韶柿饼，被国家质量监督检验检疫总局核准，公告为地理标志保护产品，由各地质检机构实施保护。至此，三门峡市共有10个特色农产品被批准为地理标志产品，成为全国拥有地理标志产品数量最多的地级市。

【创建国家森林城市工作考察组到三门峡市考察验收】 12月5日，以国家林业局宣传办公室副主任樊喜斌为组长的创建国家森林城市工作考察组一行到三门峡市，考察验收创建国家森林城市工作。12月6日上午，三门峡市召开会议，向创建国家森林城市工作考察组汇报创建国家森林城市的总体情况。考察组成员，省林业厅副厅长刘有富，市领导赵海燕、王建勋、赵继祥、李建顺、郑泽中、张建峰，三门峡军分区副司令员曹树仁、市政府秘书长李宝洲等出席会议。下午，考察组一行先后到天鹅湖国家城市湿地公园、生态文明教育展示中心、召公台、生态科普长廊、中日友好植物园、宝塔苑、黄河广场、甘棠苑,综合考察创建国家森林城市工作。省林业厅副厅长刘有富,市领导赵海燕、王建勋、李建顺、郑泽中、张建峰等陪同考察。12月7日至8日,考察组分别考察了甘山国家森林公园及生态文明教育基地、豫西民居瑰宝——地坑院,并到陕县菜园乡过村、西张村镇凡村、陕县高阳山和市苗木繁育中心,考察种植经济林、生态林和林木育苗等工作;从陕州大道经连霍高速至灵宝市区,来到燕子山国家森林公园,再经209国道至卢氏县,全面了解森林覆盖等创森工作情况;深入义马市龙山北路绿化工程现场、义马市银杏公园和渑池县韶山省级森林公园、会盟广场等地,实地考察森林生态网络、森林健康和乡村绿化等情况;深入市区三门峡职业技术学院、舒馨苑小区、人民公园、市林业和园林局、涧河公园、虢国公园、上阳苑和灵宝市函谷关,考察林业工作和生态建设情况;深入卢氏县生态休闲园、百草亭、玉皇山国家森林公园考察,详细了解植被和生态保护开发情况;深入灵宝市函谷关古文化风景区、函谷关镇坡寨村和阳店镇官庄原村的绿化点、高科技农业示范园、弘农春秋园和养生文化园,现场考察森林生态网络、森林健康和乡村绿化等情况。12月9日上午,创建国家森林城市工作考察反馈会召开。考察组成员肯定了三门峡市创建国家森林城市工作,并就下一步工作提出明确要求。市委副书记、市长赵海燕在会上作表态发言。

【三门峡黄河公园开工建设】 12月28日,三门峡黄河公园正式开工建设。市委书记杨树平宣布"开工令",市委副书记、市长赵海燕,市委副书记王建勋,市人大常委会主任赵继祥,市委常委、秘书长姜继鼎等市四大班子领导及省教育厅副巡视员赵国河等出席开工仪式并为项目奠基。黄河公园是三门峡市沿黄半岛景观带中的重要景观节点,东起会兴街道办茅津渡,西至209国道黄河大桥,南起北环路,北至黄河滩涂,占地总面积约233.33公顷。计划通过3年时间,将黄河公园打造成集生态旅游、观光休闲、文化娱乐为一体的综合性城市公园。公园的建设对于彰显三门峡生态山水和历史文化特色,进一步完善城市功能,提升城市品位,改善人居环境都具有重要意义。 (刘玉明)

水 利

【概况】 2011年,三门峡市水利局认真贯彻落实中央一号文件精神,积极践行可持续发展治水思路,强力实施项目带动战略,加快水利基础设施建设步伐,加速推进民生水利发展,深化水利体制机制改革,切实提高水旱灾害综合防御能力、水资源配置调控能力、水土资源保护能力,千方百计保障饮水安全、防洪安全、经济发展用水安全、生态用水安全,着力构建有利于水利科学发展的体制和机制,以水资源的可持续利用保障经济社会的可持续发展,为打造金三角地区区域性中心城市的顺利实施提供坚强持续的水利支撑和保障。当年,全市争取中央和省水利实际投资3.6亿元,项目投资额、项目呈报数均为历年之最。各项水利工作取得良好进展。全市新增有效灌溉面积2 053.33公顷,新增旱涝保收田面积2 060公顷,解决饮水安全5万人,新增节水灌溉面积2 146.67公顷,新打集雨水窖0.41万个,治理水土流失面积84.1平方公里,新增坡改梯面积2 046.67公顷,完成小水电发电量7 500万千瓦时。

农村饮水安全 三门峡市农村饮水安全工程2011年中央预算内第三批项目涉及5个县(市)区,32个乡(镇)、街道办事处,59个行政村。共建成54处工程,完成投资2 400万元,工程量30.6万立方米,投工12.25万个。

农田水利基本建设 当年,全市农田水利基本建设共投资71 530.61万元,投工310.45万个,完成土石方2 319万立方米。除险加固水库共27座,新建塘坝9处,新建水池318处、维护305处,新建机电井91眼、维护29眼,新建泵站31座,加固堤防51公里,清淤沟渠17.09公里,新建防渗渠道76公里,修复水毁工程38处。新增有效灌溉面积2 053.33公顷,新增旱涝保收田面积2 060公顷,新增节水灌溉面积2 146.67公顷,治理水土流失面积84.1平方公里。年新增节水能力472.2万立方米,新增蓄水能力237.6万立方米。陕县获农田水利基本建设省级"红旗渠精神杯"。

小型农田水利重点县建设 陕县、灵宝市2个小型农田水利重点县,完成工程总投资4 364.46万元。其中:中央投资1 600万元,省投资1 600万元,市480万元、县(市)320万元、群众自筹364.46万元。陕县投资2 265.66万元,完成渠道衬砌124.26公里,新建、重建各类建筑物400座,重建提水泵站2座,铺设UPVC管道5.85公里,布设滴管带105.95公里。灵宝市投资2 098.8万元,完成渠道衬砌33.09公里,毛渠渠道衬砌60.71公里;管道埋设17.4公里,钢管管道安装10.7公里以及渠系、管道建筑物配套建设。项目新增及改善灌溉面积3.9公顷,预计年新增粮食生产能力329.38万公斤。

抗旱工作 当年,三门峡市出现了历史上少有的冬春连旱。据气象记录,从2010年10月1日至2011年2月26日,全市近5个月降雨量仅有36.4毫米,较常年同期偏少六成。旱情致使全市农作物受旱面积8.67万公顷,农作物受灾面积4.75万公顷,其中成灾2.2万公顷,粮食损失1.08万吨,因旱直接经济总损失0.399亿元。面对旱情,全市积极应对,最高日投入抗旱劳动力3.685万余人。全市共开动流动抗旱设备352台(套)、机电井1 959眼、泵站441处,投入运水车辆1 916辆。累计浇地5.58万公顷,累计用电542.6万千瓦时、油93.2吨,临时解决6.57万人、1.03万头大牲畜的饮水困难。共投入抗旱资金3 881万元,其中中央1 260万元、省级275万元、市级193万元、群众自筹2 153万元。

防汛工作 3月底和4月初,三门峡市水利局先后两次对全市河道、淤地坝等重点防汛部位以及山洪灾害预警体系建设内容进行检查,根据检查中发现的问题,向6个县(市)区下发整改通知书。5月6日,全市防汛工作会议召开,出台《三门峡市2011年防汛抗旱工作方案》,下达城市防汛、黄河防汛、旅游防汛、淤地坝防汛、尾矿库防汛等有关重点防汛部位各责任单位责任书,与每座水库责任人签订水库度汛责任卡,将防汛责任落实到相关单位及有关责任人。7月9日,成功举行三门峡市2011防汛抗旱应急指挥(山洪预警)系统暨抗洪抢险演练,涉及全市6个县(市)区及19个市直单位、65个乡(镇),共发布山洪灾害预警27次,启动预案39次,下达命令23条,动用直升飞机、海事卫星电话等先进设备。演练中,先后出动公安、消防、预备役官兵560名,干部职工1.2万余名。转移群众2.3万余人,解救被困学生106名、被困旅游景区游客5名、被困井下矿工2名,动用各种机械设备350台(辆)。9月,全市出现自1953年有水文记录以来最大的一次秋汛,全市平均降雨量352.5毫米,是同期降雨量88.5毫米的4倍;仅9月1日至19日,全市降雨量就达333.1毫米。9月3日至9月19日17天内,全市只有8日、15日两天没有降雨。黄河潼关水文站一月内出现3次洪峰,9月21日,出现自1998年以来最大洪峰,洪峰流量达到5 800立方米/秒;洛河1个月内前后3次出现洪峰,16日8时最大洪峰流量1 660立方米/秒,是2007年"7·29"以来最大洪峰流量。故县水库最高蓄水位535.22米,超过水库淹没区征地赔偿高程534.8米(汛限水位)0.42米,且持续时间长达10个小时,是1992年故县水库建成以来最高蓄水位。全市多处出现险情,前后接到受灾求助电话28次,市水利局进一步加强防汛值班,密切关注天气变化,随时掌握雨情、汛情和工情,汛期共处置山体滑坡、房屋倒塌、公路铁路中断等灾情险情25起,抢通铁路、公路10次,转移安置被困群众300余名,确保了人民群众的生命财产安全。

山洪灾害县级非工程措施建设 按照省防汛办的统一部署,2011年,三门峡市6个县(市)区均开展山洪灾害县级非工程措施建设工作,共编制山洪灾害防治县级预案6个,乡级预案40个,村及重点学校、厂矿预案639个。划定各类危险小流域658条,排查出受山洪灾害威胁自然村1 416个。共投入资金3 308万元,建设市、各县(市)区以及卢氏县各乡(镇)的视频会商系统,实现了市—县及与卢氏各乡(镇)间的视频互联互通。新建自动水位站7个,埋设简易水位标尺364个,安装自动雨量站113处,简易雨量站1 042处。配发VPN预警设备123套,手摇报警器1 079个,传真机及群发设备67台(套)、铜锣、口哨等一批防汛器材。刷写各类标语1 500余条,印制发放彩色山洪灾害防御明白卡10万余张,宣传画1.5万册,举行各类培训班42期,培训人员4 000余人次。

水土保持 以治理水土流失、改善生态环境为重点,开展水土保持工作,在生态项目建设上取得重大进展。全市完成水土流失治理面积84.1平方公里,坡耕地改造2 046.67公顷,完成投资2 986.7万元。2011年,市政府表彰10户"四荒"开发先进个人,通过树立典型、带动辐射,全市"四荒"开发初步实现水土资源优势向经济优势的转化。

坡耕地综合治理 当年,全市争取到陕县张汴二仙坡坡耕地水土流失综合治理试点工程、湖滨区黄芦沟小流域坝系工程、卢氏县焦子河小流域坝系工程、伊洛河流域渑池项目区(二期)4个项目,总投资2 147万元,其中中央投资1 336万元、省投资244万元、市配套567万元。陕县张汴二仙坡坡耕地流失综合治理作为全国100个试点工程之一,获资金扶持1 667万元,其中中央投资1 000万元、省财政专项资金200万元、市县投资467万元。工程完工后,蓄水能力可达到34.04万立方米,年保土能力为3.02万立方米,直接经济效益可达6 457万元。至年底,共完成坡耕地综合治理530余公顷,工程量110万立方米,完成投资450万元。湖滨区黄芦沟小流域坝系工程、卢氏县焦子河小流域坝系工程、伊洛河流域渑池项目区3项工程,均于12月开工建设。

水行政执法 3月22日,市水利局开展纪念"世界水日""中国水周"大型宣传活动。活动现场展出大型展板40余块,从民生水利、防汛抗旱、水土保持、水政水资源、节约用水等方面,系统展示全市"十一五"期间水利建设和依法治水取得的成就。悬挂宣传横幅20余条,设立咨询台5处,散发宣传单4 000余份,广场电子大屏幕滚动播出《水利的又一个春天》专题片,并组织10辆水法专题宣传车在市区主要街道进行巡回宣传;三门峡电视台对市水利局党组书记、局长靳跃军进行电视专访,在三门峡国际会议中心举行"水利的春天"文艺晚会。各县(市)区水利部门均举行了形式多样的水法规宣传进社区、进学校、进家庭活动。8月4日,全省保护水资源专项整治工作动员会召开之后,市水利局迅速出台实施方案,采取多种方式进行宣传报道,并与市公安局联合开展保护水资源专项整治工作。全市共排查出各类水事案件202起,结案179起,结案率达89%。

水利普查 全国第一次水利普查工作开展后,三门峡市先后购置办公及保密电脑32台、打印机8台、GPS定位仪26台、下乡车辆16辆,召开领导小组办公会议16次,分级签订责任书。根据台账建设技术规定要求,科学选取台账建设对象,建立台账调查对象1 915个,回收台账记录表5 829张,完成台账数据录入5 083个。自4月正式启动普查工作后,实行"三同时"工作法,印制清查表12万份、普查表10万份,完成普查对象54 561个。2011年,全市共完成普查数据预处理12 841个,完成普查外业采集6 393个,完成空间数据标绘5 791个,完成普查数据录入11 260个。完成水利普查培训3 595人,其中国家级培训28人、省级培训97人、市级培训412人、县级培训3 058人。

病险水库除险加固 2011年,上级安排三门峡市28座水库除险加固工程,总投资10 058万元,其中中央7 707万元、省1 226万元、市县配套1 125万元。中央投资的11座小(I)型水库,总投资5 018万元,当年完成投资4 311万元,投资完成率86%;渑池县南昌、鱼脊梁、南庄、南涧、鹿寺和陕县九峪沟、灵宝市砖固庙7座水库基本完成建设任务。省市投资的6座小(I)型水库,总投资2 351万元,其中省级1 226万元、市级562.5万元、县级562.5万元,省、市资金已足额落实到位。当年完成投资750万元,投资完成率32%。中央投资的11座小(II)型水库,批复投资2 689万元,完成投资940万元,投资完成率35%。

中小河流治理 2010年第一批下达的三门峡市湖滨区青龙涧河侯桥段、灵宝市弘农涧河岳渡村段和陕县苍龙涧河芦村段3个项目,批复投资8 030万元,其中中央4 819万元、省级963万元、市级1 285万元、县级963万元。2011年,累计完成投资6 925万元,投资完成率86%。2011年第二批下达的渑池县洪阳河洪阳河段和义马市涧河二十里铺段2个项目,批复总投资4 108万元,已下达投资3 407万元,其中中央2 044万元、省级409万元、市级546万元、县级408万元,工程于9月底完成招投标工作,10月初开工。全年完成投资945万元,投资完成率28%。 (王 莹)

【山口水库复建工程】 山口水库位于三门峡市陕县张茅乡境内,青龙涧河一级支流山口河上,坝址以上控制流域面积28.15平方公里,多年平均径流量321万立方米。规划总库容503万立方米,其中兴利库容284万立方米、死库容69万立方米,是一座以城市生态用水为主,兼顾防洪、供水、农业灌溉的小(Ⅰ)型水库。工程总投资7 413万元,计划工期33个月,2012年8月底竣工。2009年12月31日,工程正式开工建设;2010年9月30日,成功截流;至2011年年底,大坝坝体填筑至设计高程662.5米,帷幕灌浆全面完工,输水建筑物基本建成,具备通水条件,上游砼护坡基本完成,溢洪道土石方开挖完成98%的工程量,进口段和交通桥砼浇筑基本完成。累计完成土石方量107万立方米、混凝土5 160立方米,主体工程形象进度达85%,12月28日通过下闸蓄水验收,导流管封堵,水库投入试运行阶段,完成年度投资3 000万元。

(王 莹)

【卢氏县火炎水电站改扩建代燃料项目】 火炎水电站位于卢氏县城郊乡洛河干流上,为引水式电站,总装机4 100千瓦,多年平均发电量1 820万千瓦时,年利用小时4 439小时。火炎小水电改扩建代燃料项目总投资933万元。2009年11月,开工建设;2011年11月,完成机电设备改造和项目区入户工程建设任务;2011年12月,全部建设任务完成并通过县级自验,开始向代燃料区供电,执行到户电价每千瓦时0.36元。通过小水电代燃料项目建设,更新改造了火炎水电站的引水渠道、机电设备和项目区配电设施,解决了项目区卢氏县汤河乡大坪、小沟河等7个行政村2 150户7 740人的生活燃料问题,年替代薪柴消耗1.67万立方米,每年减少二氧化碳排放量9 555吨,减少二氧化硫排放量213吨,保护退耕还林面积400公顷,自然保护区面积346.67公顷,天然林面积1 186.67公顷,有效保护了当地森林植被,改善了生态环境。同时,结合新农村建设,实施改路、改厨、改厕等,大大改善了项目区村容村貌和农民居住环境,提高了山区农村居民生活质量。

(王书光)

【灵宝市弘农涧河岳渡段河道治理工程】 工程于2010年12月8日开工,2011年12月底完工。完成投资2 728万元,完成工程量188万立方米,保护了市区沿岸人民群众生命财产和公共设施安全。 (李静莲)

【湖滨区青龙涧河侯桥段治理工程】 该工程2010年12月15日开工,2011年年底完成投资1 961万元,疏浚河道3.2公里,修筑河堤6公里,完成工程量98.95万立方米,其中土方97万立方米、砌石1.1万立方米、混凝土0.85万立方米。 (孙 飞)

【灵宝市跃进渠灌区续建配套工程】 工程于1月19日开工,3月底竣工。完成投资1 610.9万元,修筑硬化渠道58.14公里,改造提水泵站3座,铺设管道16.59公里,可恢复灌溉面积400公顷,新增节水灌溉面积800公顷。

(李静莲)

【宁夏军区给水工程团驰援三门峡抗旱打井】 2月20日,宁夏军区给水工程团213名官兵驰援三门峡抗旱打井。至8月26日,共打井51眼,总进尺1.3万米,日出水量4.2万立方米,解决了7.47万群众生活用水,发展灌溉面积986.67公顷。完成省财政拨付资金787万元、市财政配套资金480万元。 (王 莹)

【义马市城北供水管网改扩建工程】 工程总投资2 816万元,建设日供水0.5万立方米的加压泵站1座、500立方米高位水池1座,铺设各类供水管道40.2公里。2月工程正式开工,12月底实现小区通水,解决城市北区用水问题。

(段亚非)

【全市乡(镇)水利服务体系实现全覆盖】 3月1日,陕县在全省率先成立乡(镇)水利服务中心。至10月15日,全市乡(镇)水利服务体系建设实现全覆盖。6个县(市)区、62个乡(镇)、4个涉农办事处全部挂牌成立乡(镇)水利(务)服务中心,实现编制、经费、办公用房、办公设备"四落实"。12月18日,在中国水利报主办的2011年基层治水十大经验网络评选中,陕县基层水利服务体系建设被评为2011年基层治水十大经验之一,名列十大经验之首。

(王 莹 杨 辉)

【灵宝市柏凤渠灌区续建配套工程】 工程于3月5日开工,7月底竣工。完成投资2 098.8万元,新打机井3眼,新修渠道(管道)129公里,铺设微喷带69公里。新增灌溉面积190公顷,新增节水面积53.33公顷,改善灌溉面积800公顷。 (李静莲)

【义马市农田水利基本建设工程】 该工程投资490万元,于3月25日开工建设,12月20日完工。新增有效灌有溉面积66.67公顷、旱涝保收田66.67公顷、节水灌溉面积100公顷,治理水土流失面积5平方公里,进一步改善了农村的生产条件。 (段亚非)

【河南省水土保持工作会议在三门峡市召开】 4月22日至23日,河南省水土保持工作会议在三门峡市召开,国家水利部水土保持司副司长牛崇桓、河南省水利厅副厅长谷来勋、三门峡市正市级领导李建顺出席会议并讲话。大会进行交流发言和分组讨论,深入学习新《中华人民共和国水土保持法》,分析当前形势,谋划"十二五"期间水土保持发展工作,部署2011年工作,表彰先进集体和个人。 (王 莹)

【王官引黄提水工程】 王官引黄提水工程是解决三门峡市东区居民饮水困难、工业生产用水、改善生态环境的一项民生工程,估算投资880万元,9月正式开工。工程建成后,可解决会兴镇、磁钟乡人畜饮水困难6 000人,并可每天向速达电动车厂供水3 000立方米,向涧河补水1万立方米,可盘活国有资产、减少投资、降低运行成本。至年底,完成水源地垃圾清理和洗井工作,二、三级泵站机电和电气设备检修工作、高压线路接火送电,完成投资173万元。

(王 莹)

【水利普查清查登记任务完成】 7月，三门峡市水利清查登记工作圆满结束，清查登记涵盖全市62个乡(镇)、12个街道及1 362个村，清查登记对象53 508个。其中：水利工程、经济社会用水、河湖开发治理保护、水利行业能力、灌区、地下水取水井等6个专项清查对象53 377个；水土保持普查对象38个，河流基本情况清查流域面积50平方公里以上河流93条。此次水利普查是新中国成立后首次开展的全国水利普查，是一次重大的国情国力调查。为全面摸清三门峡市水利"家底"，市水利局精心安排，经过两个多月的辛勤工作，市、县、乡、村四级水利普查人员全面完成水利工程、经济社会用水、河湖基本情况、河湖开发治理保护、水利行业能力、水土保持、灌区、地下水取水井等8个专项水利普查的清查登记任务，清查数据质量得到河南省水利普查办的充分肯定。 (王 莹)

【灵宝市白虎潭水库工程】 工程总投资1.64亿元，设计总库容999万立方米，其中兴利库容597万立方米。2011年，共完成投资4 100万元，完成工程量38万立方米。修筑临时施工道路3.67公里，架设高压线路2.1公里，完成两坝肩开挖及喷锚支护等。 (李静莲)

【义马市涧河二十里铺段治理工程】 12月5日，义马市涧河二十里铺段治理工程正式开工。工程总投资2 336万元，设计洪水标准为30年一遇，河道治理工程长5.02公里，堤防工程长2.85公里，其中涧河段长0.98公里、石河段长1.87公里；河道清淤长2.17公里，清障长2.85公里。 (段亚非)

黄河河务

【概况】 2011年，三门峡市黄河河务局始终坚持"一手抓项目建设，一手抓机关建设"的工作思路，全面完成黄委安排的三门峡库区河南段塌岸治理、工程维修养护、黄河防汛、水政执法等工作任务。

项目建设取得新成效。按照黄委的统一部署，认真梳理三门峡库区塌岸情况。协助黄河勘测规划设计有限公司，编制完成《黄河潼关至三门峡大坝河段2011～2015年治理工程可行性研究》并通过黄委审查；《黄河潼关至三门峡大坝河段近期治理工程可行性研究报告》顺利通过评估，并上报至国家发改委。辛店应急防冲工程完成18道坝的进占任务，累计完成土方31万立方米、石方12万立方米，完成投资2 554万元；完成日常性维修养护和后地、七里、后川3处专项工程498万元投资，完成会兴、七里、冯佐等3处应急水毁修复工程1 390万元投资；完成东古驿、七里、后川等3处年久失修项目的500万元投资，顺利通过黄委验收，开始交付使用。当年，三门峡市黄河河务局被黄委评为"十一五规划计划先进单位"并在会议上作典型发言。

防汛抗洪取得新胜利。严格落实防汛责任制，牢固树立库区人民群众生命财产高于一切的思想，扎实做好防汛抗洪工作。未雨绸缪，修订完善《三门峡市黄河库区防洪应急预案》，及时排查影响黄河防汛安全隐患。汛前，认真排查辖区黄河河道内从事交通、旅游、餐饮、施工、生产经营等涉水项目的防洪安全隐患，共排查出黄河防汛安全隐患18处、61件涉水物体并分类登记，责任落实到人，督促排除安全隐患。组织防汛抗洪实战演习。5月25日，三门峡市黄河防汛办公室、三门峡军分区联合在陕县七里防洪工程堤坝上举行防汛实战演习，提高应急分队的抢险实战能力和军民联合协防处置重大险情的应急能力。积极应对黄河调水调沙和黄河流域强降雨过程。黄河调水调沙期间，及时组织有关单位做好安全防范，在24处防洪工程处设立安全警示牌、警戒线，安排24小时巡查，发现险情及时处理并上报，确保人员安全、工程安全。9月，黄河中游出现多年罕见的秋汛，市黄河河务局立即启动黄河防汛应急响应，加强会商分析和防汛值班，并派出多个工作组对各县(市)区黄河防汛工作进行现场检查和指导。取消中秋、国庆假期，市县沿黄干部职工始终坚持在防汛抗洪第一线。当年，市黄河河务局被评为全市"防汛抗旱先进单位"。

工程面貌改善明显。组织水管单位开展汛前工程安全普查、根石探测、工程水雨毁排查与修复，防洪林木的病虫害防治等工作，加强工程观测巡查与维护，保障工程完整与安全。针对一次性维修养护项目，要求各项目实施单位严格按照设计标准和要求组织施工，保证工程质量，抢抓工程进度，进行现场观摩，推广好的经验，认真查找自身不足，共同进步。继续深化"示范带动"战略，确定灵宝后地、陕县南关、湖滨区会兴3处为示范工程，认真贯彻落实双岗责任制，分工程分任务到人，促进工程面貌持续改善。全年累计完成投资498.47万元，对24处49.69公里工程、276个坝垛进行维修养护。通过对已建工程的整修加固，有效消除工程安全隐患，确保工程完整，进一步提高黄河库区的整体防洪能力。

【举行黄河防汛实战演习】 5月25日，三门峡市黄河防汛办公室、三门峡军分区联合在黄河三门峡库区陕县七里黄河防洪工程堤坝上举行黄河防汛实战演习。演习模拟情境为：黄河山陕区间普降大到暴雨，潼关水文站5月24日22时发生洪峰流量为5 000立方米/秒，陕县七里护岸工程发生重大险情，溃塌长度120米。市黄河防汛指挥部迅速将险情报告至三门峡市委、市政府和黄河防总，并迅即派出工程技术人员，现场查勘，组织会商，制定抢护方案，展开应急抢险。9时整，演习正式开始。演习设置汛情信息传递及抢险队伍、机械车辆紧急集结出动，抢险技能实务操作、组织协调与指挥决策等4个科目，经过近一个小时的紧急抢险，工程坍塌段快速得到恢复，实战演习取得圆满成功。实战演习检验了防汛信息传递、抢险队伍快速反应、抢险实务操作技能和应对防洪抢险的组织协调与指挥决策能力，提高了民兵应急分队的抢险实战能力和军民联合协防处置重大险情的应急能力。

【黄河三门峡段辛店防洪工程开工建设】 黄河三门峡段辛店防洪工程位于陕县辛店村，自2008年起，该段河岸频发塌岸情况，累计塌岸长度达4 690米，累计塌毁农作物、经济林260余公顷，塌岸段距郑西高铁450米、连霍高速公路1 100米、310国道900米、村庄400米，严重影响到国家财产及人民群众生命财产安全。为控制辛店河段河岸坍塌,2010 年 12 月,国家发改委批复辛店应急防冲工程,总投资 2 554万元。2011 年 7 月 15 日,该工程正式开工建设。至年底,共修建工程长度1 540米,完成土方 31 万立方米、石方 12 万立方米。工程建设后,将使辛店段库岸不再因黄河主流顶冲而坍塌,减少库区淤积,稳定和保护三门峡库区黄河湿地,保护沿岸人民群众生命财产以及郑西高铁、连霍高速公路等国家重大基础设施的安全,对稳定移民村生产生活起到积极作用。

【全面完成黄河防洪工程养护任务】 至12 月上旬,水利部黄河水利委员会下达河南三门峡库区的黄河防洪工程维修养护资金583 万元已全部完成。灵宝市、陕县、湖滨区黄河河务局按照《黄河河道整治工程管理标准》,对河南三门峡库区 24 处防洪工程、49.68 公里工程长度、276 个垛坝进行全面维修养护,提高了工程的抗洪能力,保证库区安全度(凌)汛。 (胡海林)

三门峡库区水文水资源

【概况】 至 2011 年年底,三门峡库区水文水资源局(以下简称“三门峡局”)机关内设 8 个科室,局直属单位有设施设备管护中心、研究室、机关服务中心、水质监测中心、水情中心、会计核算中心、泥沙分析室,下辖三门峡库区水文水资源勘测局、西峰水文水资源勘测局、天水水文水资源勘测局、三门峡库区测绘大队、三门峡江海工程技术开发有限公司等 5 个二级机构。3 个水文水资源勘测局共辖 24 个水文站、13 个水位站、256 个雨量站、7 个蒸发量站,分布于河南、陕西、山西、甘肃、宁夏 5 省,56 个县(市),测区面广、线长、跨度大。

2011 年,三门峡局被评为“第 3 次全国水利系统水质监测机构质量控制考核成绩突出单位”“水文局水政工作先进单位”“水文局 2009 ~ 2010 年水文经济工作优秀单位”“水资源局突发水污染应急处置工作先进集体”等,获黄委水文勘测技术竞赛团体一等奖,获水文局 2011 年黄河秋汛水文测报工作嘉奖、水文局创新组织奖、三门峡市水上交通安全工作先进集体等荣誉。

(杨世理　刘宽礼)

【测区雨水沙概况】 当年,三门峡库区年降水量 726.5 毫米,比多年均值 527.7 毫米偏多 37.7%;西峰测区年降水量 448.9 毫米,比多年均值 478.5 毫米偏少 6.2%;天水测区年降水量 447.6 毫米,比多年均值 519.8 毫米偏少 13.9%。汛期(6 月至 10 月),库区测区平均降水量 538.2 毫米,比多年均值 379.6 毫米偏多 41.8%;西峰测区平均降水量 417.8 毫米,比多年均值 367.6 毫米偏多 13.7%;天水测区平均降水量 418.4 毫米,比多年均值 382.6 毫米偏多 9.4%。各测区降水主要集中在 9 月,三门峡库区、西峰测区、天水测区 9 月降水量分别为 267.8 毫米、153.6 毫米、135.8 毫米,分别占汛期降水量的 54.6%、41.7%、34.2%,比多年平均值分别多出 104.5%、61.3% 和 229.4%。6 月是降水量最少的月份,3 个区域的降水量分别比多年平均值偏少 26.1%、49.5% 和 49.3%。9 月,泾、渭河流域出现大范围连续降雨,雨量集中的渭河中下游普降大到暴雨,个别站降大暴雨。大面积强降水导致渭河中下游出现自 1981 年以来的最大洪水。

2011 年,黄河龙门(以上)来水来沙为枯水少沙年份,龙门站 2 000 立方米/秒以上洪水仅出现 1 次,洪峰流量为 2 100 立方米/秒,该站最大入库含沙量 36.3 公斤/立方米,刷新该站历年最大单沙的最小记录。受龙门以上干流和区间支流来水影响,潼关站出现洪峰流量 3 000 立方米/秒以上的洪水 4 次。其中:渭河“11·9”(指 2011 年 9 月,下同)洪水与黄河干流龙门以上来水,区间支流汾河、北洛河洪水,合成黄河“11·9”洪水,潼关站洪峰流量达5 800 立方米/秒(9 月 21 日),为潼关站 1998 年以来的最大洪水。潼关站汛期最大入库含沙量 29.6 公斤/立方米,刷新建库以来最大入库含沙量的最小记录。受潼关以上来水、调水调沙和三门峡水库调度影响,三门峡站共发生4 000立方米/秒洪水 5 次,其中黄河“11·9”洪水在三门峡站形成5 960立方米/秒的洪峰流量(9 月 22 日)。汾河持续枯水,河津站最大洪峰流量为 126 立方米/秒。9 月,受华西秋雨影响,渭河接连出现 2 000立方米/秒以上洪水 3 次。华县站洪峰流量达5 050立方米/秒,为 1981 年来最大值,历史排位居第 9 位;洪峰水位 342.70 米,居历年第 2 位。

2011 年,三门峡水库入库水量为 260.60 亿立方米,比多年均值偏少 23.9%;入库最大流量为 5 800 立方米/秒(9 月 21 日),入库最大单沙 29.6 公斤/立方米(9 月 8 日);出库最大流量 5 960立方米/秒(9 月 22 日,也是辖区最大洪峰流量),出库最大单沙 325 公斤/立方米(7 月 5 日,水库排沙)。

(杨世理　王德阳)

【凌汛测报】 2011 年至 2012 年凌汛期,主要测站冰情:龙门站 2010 年 12 月 15 日初冰(出现稀疏流冰花),17 日右岸出现岸冰;2011 年1 月1 日20 时,测验断面出现封冻;2 月 25 日后,经过多日气温回升,水量增大,断面文开河;3 月 14 日终冰,封冻时间达 56 天,冰情持续时间 90 天。潼关站 2010 年 12 月 14 日,河段相继出现稀疏流冰花、流冰花、稀疏流冰、流冰,2011 年 2 月 16 日终止流冰,冰情持续 50 天。三门峡站无冰情。汾河河津站从 2010 年 11 月中旬开始河干,直到 2011 年 1 月 2 日恢复过流;冰情从 2011 年 1 月 2 日出现稀疏流冰花开始,依次出现的冰情为流冰花、流冰和岸冰,1 月 4 日 20 时 30 分断面封冻,无雍冰现象;2 月 11 日 18 时 42 分冰情全部结束,凌汛期共出现封冻 39 天,冰情 41 天。渭河中下游冰情较轻,咸阳站和华县站仅出现岸冰。凌汛期,冰情重的龙门、潼关等站出现自记水位计脱流、水尺被冰层覆盖、测船及测验仪器受冰块撞击、断面壅冰等现象,测验较困难。面对凌情,三门峡局按照凌汛期测报要求在物质、技术、安全等方面进行准备,克服种种困难,认真执行冰情测验规范,严细测报,累计测流 592 次,水情报汛1 396份,取单样含沙量 136 次,圆满完成凌汛测报任务。其中:库区勘测局各水文站凌汛期累计测流 158 次,水情报汛 1 186份,取单样含沙量 136 次;西峰勘测局各站凌汛期累计测流 251 次,拍发水情电报 119 份;天水勘测局各站凌汛

期累计测流 183 次，拍发水情电报 91 份。 （杨世理 刘宏建）

【桃汛测验及利用桃汛降低潼关高程试验原型观测】 3 月 22 日，2011 年桃汛测验及利用并优化桃汛洪水冲刷降低潼关高程试验正式开始，至 4 月 4 日洪水基本落平，历时 11 天。龙门、华县、潼关和三门峡水文站为水文观测站，其中龙门、潼关为试验的重要水沙控制站。壶口、尊村、老永济、上源头、潼关（六）、史家滩水位站为水位观测站。水文观测站：观测项目为水位、流量、含沙量、输沙率、悬移质泥沙粒径级配分析、大断面和测站任务书规定的其他内容。试验过程中，各相关测站实行 24 小时值班，共实测流量 38 次，取单沙 57 次，施测输沙率 5 次，观测水位 463 次（自记水位除外）。龙门站实测最大流量 2 370立方米/秒，最大含沙量 12.4 公斤/立方米；华县站实测最大流量 66.6 立方米/秒，最大含沙量 0.531 公斤/立方米；潼关水文站实测最大流量2 160立方米/秒，最大含沙量 7.49 公斤/立方米。潼关站最大洪峰流量2 380立方米/秒，略小于多年平均值；大于1 500立方米/秒流量持续时间为 110 小时，大于 2 000立方米/秒流量持续时间为 42 小时；洪水水量 12.80 亿立方米，接近多年平均水量，最大 5 日洪量 7.80 亿立方米，最大 10 日洪量 12.2 亿立方米。三门峡站实测最大流量1 980立方米/秒，最大含沙量 0.914 公斤/立方米。潼关（六）、潼关（八）淤积断面各测量 10 次，潼关（六）采样床沙 15 次、130 个沙样，潼关（八）采样床沙 2 次、20 个沙样。拍发水情报文 338 份，无一迟报和差错报发生。水情中心为测站提供洪水预报 2 次，对水文站控制测报桃汛洪水起到了重要作用。试验结束后，及时组织完成试验沙样的粒径分析工作，累计完成桃汛试验颗粒分析沙样 388 个。2011 年，桃汛前潼关高程为 328.16 米，桃汛后潼关高程为 328.05 米，桃汛试验后潼关高程下降 0.11 米。 （杨世理 王子敬）

【汛前准备】 4 月 2 日，三门峡局下达《关于做好 2011 年汛前准备工作的通知》，要求各单位认真落实水文工作会议精神，切实做好汛前准备工作。下达防汛经费 80 余万元，对全体职工进行汛期测报安全教育；各水文测站防汛料物齐全，主要度汛仪器测具准备均符合要求；修订《三门峡局重特大安全事故应急救援预案》，规范安全生产事故的应急管理。组织 18 人多次赴 3 个勘测局及所属 24 个水文站督促督察汛前准备工作；编制《三门峡水文局汛前准备技术规程》，修订《汛前准备工作指导意见》《水文测站汛前准备检查评分标准》《汛前准备检查考评办法》；按照《2012 年防汛工作安排意见》《水文测站汛前准备检查评分标准》《勘测局汛前准备检查评分标准》，进行扎实细致的准备；注重安全生产，对所有影响安全生产的重点部位、关键环节，进行全面细致地检查维修，消除一切安全隐患；4 月，举办水文业务技能竞赛，提高职工业务素质；各站认真总结测报大洪水的经验教训，制定切实可行的测洪及报汛方案，修订高水报汛曲线认真落实洪水测报方案，洪水测验、内业计算、水情报汛、通信管理、设施设备管理等各项度汛安排措施，均落实到人。及时修订、上报 24 个水文站的测洪及报汛方案，针对可能发生超常规异常洪水、突发洪水以及在各级洪水过程中可能发生的各种突发事件、特殊情况，制定相应的预案和措施，在高水报汛曲线中增加测站历年最大、次大洪水的水位—流量关系线，编写高水报汛曲线制作方法和使用方法，重视学规练功、实战演练，开展业务学习 480 人次，进行测洪演习、超常规洪水报汛演习 82 次。5 月 17 日上午，三门峡局召开汛前检查汇报评比专题会议，各检查组对检查情况进行汇报，对汛前准备充分、成绩突出的 7 个水文站予以奖励，并在测区推广工作中的好方法，推动汛前准备工作的整体进步；对汛前准备工作中发现的问题，一一督促落实整改。 （杨世理 董靖杰）

【水文测报】 6 月至 9 月，三门峡局各水文站共测流 1 159 次，施测单沙 5 021 次，施测输沙率 78 次。测区实测最大流量为 5 960 立方米/秒（三门峡站 9 月 22 日），实测最大单样含沙量 899 公斤/立方米（洪德站 9 月 2 日），实测最大输沙率 673 吨/秒（三门峡站 7 月 5 日）。实测流量平均洪峰控制幅度 97.5%。拍发水情电报6 423份，无缺漏报情况发生。库区各水文站累计测流 505 次，实测最大流量5 850 立方米/秒（三门峡站）；测输沙率 45 次，实测最大输沙率 673 吨/秒；测取单沙1 099次，最大单样含沙量 325 公斤/立方米；拍发水情报5 043份。各辅导水位站、雨量站测报正常，较好地完成了主汛期测报任务。西峰测区 12 个站共施测流量 353 次，实测最大流量 287 立方米/秒，施测输沙率 22 次，实测最大输沙率 120 吨/秒，测取单沙2 192次，测得最大单样含沙量 899 公斤/立方米（洪德站 9 月 2 日）。共拍发水情信息5 552份，其中 8 个报汛水文站共拍发水情电报2 518份，报汛雨量站拍发雨情电报3 034份。天水测区各站共施测流量 301 次，实测最大流量 429 立方米/秒，施测输沙率 11 次，实测最大输沙率 62.6 吨/秒，测取单沙1 730次，测得最大单样含沙量 814 公斤/立方米。共拍发水情信息4 572份，其中 6 个报汛水文站共拍发水情电报 2 136份、报汛雨量站拍发雨情电报 2 436份。 （杨世理 王 蕾）

【报汛及水文预报】 5 月底，三门峡局水情中心及时对各报汛单位的 RTU 报汛设备进行调试，确保报汛通道正常。至年底，三门峡局共拍发雨水情电报 21 581份，其中基本水文（位）站水情电报14 956份、委托雨量站电报6 625份。西峰勘测局各报汛站（含雨量站）拍发雨水情电报7 114份，天水勘测局各报汛站（含雨量站）拍发雨水情电报5 516 份。全年向水文局发布洪水预报 2 次，干流潼关站 1 次，洪峰预报精度 93.5%；渭河华县站 1 次，洪峰预报精度 93.1%。在桃汛、调水调沙过程中，根据上游雨水情况，共做洪水预估 10 余次，指导测站进行测报，为领导提供决策依据。 （杨世理 白安强）

【测报质量】 2011 年，三门峡局 24 个水文站共测流2 136次，流量单次质量合格率平均为 99.0%，实测流量控制幅度平均为 97.9%；施测输沙率 85 次，测取单沙5 998次，单沙单次质量合格率平均为 99.9%；泥沙颗粒级配分析沙样 2 885个，单次质量合格率 100%；拍发水情电报13 654份，洪峰流量估报精度平均为 96.9%，洪水过程平均精度为 97.6%。三门峡局库区勘测局各站在做好常规水文测报工作的同时，继续承担"利用并优化桃汛洪水冲刷降低潼关高程试验""黄河调水调沙生产运行""黄河水量调度"等水文测报工作。综合库区6站情况,全年各站共测流932次,施测输沙率52次、测取单沙1 664次。各站水、流、沙过程控制完整,流量单次质量合格率99.6%,单沙单次质量合格率99.9%,实测流量控制幅度平均为98.7%。西峰测区各站全年共测流624次,施测输沙率22次,测取单沙2 604次。各站水、流、沙过程控制较好,流量单次质量合格率平均为98.6%,单沙单次质量合格率平均为99.8%,实测流量控制幅度平均为97.5%。天水测区各水文站全年共测流580次,施测输沙率10次,测取单沙1 081次。各站水、流、沙过程控制完整,流量单次质量合格率为99.1%,单沙单次质量合格率均为100%,实测流量控制幅度平均为97.9%。2011年,三门峡局共拍发雨水情电报21 581份。其中:基本水文(位)站水情电报14 956份,差错报18份,差错率0.12%;迟报17份,时效性99.9%。委托雨量站电报6 625份,差错报1份,差错率0.01%;迟报14份,时效性99.9%。库区勘测局各报汛站(含水位站)拍发雨水情电报8 951份,差错报16份,差错率0.18%;迟报13份,时效性99.9%。西峰勘测局各报汛站(含雨量站)拍发雨水情电报7 114份,差错报2份,差错率0.03%;迟报10份,时效性99.9%。天水勘测局各报汛站(含雨量站)拍发雨水情电报5 516份,差错报1份,差错率0.02%;迟报8份,时效性99.9%。全局错报率较低,不高于0.2%,除设备故障外到报率均高于99.5%,达到水文局报汛质量优秀。2011年,三门峡库区淤积断面统测2次,测验范围为黄河干流禹门口至大坝,共122断面次。经质量评定,两次测验断面优质率为100%,综合评定均为优级。　（杨世理　姬志新）

【黄河三门峡库区水环境监测】　2011年,依据黄委水文局下达的水质监测任务书及黄河流域水资源保护局的精神,三门峡局在库区开展50多项水环境监测项目。与2010年相比,库区增加2个入河排污口监测断面,分别是韩城城市生活污水口、平陆县生活污水口;增加1项调查监测项目,即阴离子表面活性剂。全年完成的水质监测及成果主要包括常规断面7个共15个测点、省界断面8个共14个测点、排污口7个、悬移质断面2个、水量调度断面4个。另外,还对一些断面进行苯系物、硫化物、硒和阴离子表面活性剂等项目的调查监测工作。同时,完成辖区内监督管理12个断面100多个样品的水质监测任务。全年共报出正常水质监测数据9 692组,其中常规水质监测数据5 917组、水量调度水质旬测数据1 744组、监督管理水质监测数据1 783组、悬移质监测数据224组、排污口监测数据24组,出具检测报告87份。依据GB3838－2002《地表水环境质量标准》,对2011年水质监测成果进行分析评价。结果表明,三门峡库区所辖的黄河干流断面水质均劣于Ⅴ类,主要污染物为总氮;5条主要入黄支流(渭河、汾河、涑水河、宏农涧河、双桥河)的水质均劣于Ⅴ类,主要污染物为氨氮、高锰酸盐指数、化学需氧量。除此之外,汾河河津断面5日生化需氧量污染较重;涑水河蒲州断面5日生化需氧量、氟化物、总磷和阴离子表面活性剂均污染较重;宏农涧河坡头和双桥河双桥两断面的氰化物、汞、砷和铅均污染较重。

（杨世理　陈渭杰）

【水文资料整编】　2月上旬,三门峡局水文资料完成在站整编;3月底,完成成果集中审查;4月6日,开始复审及验收工作,30日结束。共审查水位11站年、水流沙24站年、降水258站年、蒸发7站年、泥沙颗粒级配16站年以及三门峡库区淤积断面颗粒级配分析资料,进行辖区接头地区水沙量上、下游平衡对照分析和降水量、逐日水面蒸发量合理性检查对照。针对当年三门峡局各站的水流沙具体情况,根据规范要求,对龙门、武山、华县、泾川、潼关、雨落坪、杨家坪、北道、毛家河站等9站,从考证、定线、流量推算等所有整编项目、方法、步骤,进行全面审查;对逐日水面蒸发量成果表与原始资料进行校对,对逐日降水量表与人工观测记录和自记雨量记录资料进行全面校对;对20厘米固态雨量计的仪器故障部分,进行重点审查;对各时段最大降水量表(1)、表(2)抽查50%,并进行人工挑选校对;对颗粒级配资料和原始记录进行校对。其余成果按《水文年鉴编印规范》《水文资料整编规范》等有关要求,进行表面系统检查,纠正和改正了电算成果中不符合要求的规格、表式、统计方法、附注等问题。3月8日,三门峡库区淤积资料完成在队整编和审查,复审工作开始,15日结束。共审查122个淤积断面资料,其中全面审查了35个断面的原始资料。复审的水文资料和三门峡库区淤积资料,整编质量均达到黄委水文局《黄河流域及全国内陆河湖水文年鉴资料成果汇编验收质量评定标准》,并顺利通过黄委水文局组织的流域片审查、验收。　（杨世理　段建通）

【三新应用】　2011年,三门峡局资助科技创新计划项目9个,推广科技项目10个,为15个水文站配备YMCP－1型微波测流仪,其中龙门站、咸阳站、潼关站、武山站已完成比测试验,开始投入使用。各测站不断强化职工创新意识,积极进行各项小的技术革新。当年,三门峡局的创新项目"吊箱滑轮防脱槽研究"已开始在升降吊箱站推广应用;潼关站改进桥上夜明浮标投放方式,提高夜明浮标投放速度和成活率;三门峡局自主开发的流量输沙率计算系统、水流沙月报编制程序、水位数据处理系统等软件在普及应用中,得到进一步开发、整合和完善。　（杨世理　都全辉）

【三门峡水库淤积测验】　2011年,淤积测验所观测河段为黄河干流龙门水文站到三门峡大坝河段,该河段全长247.6公里,共布设测淤断面61条。三门峡库区布设有D级和E级GPS控制网,其中D级GPS控制桩点61个、E级GPS控制桩点117个,基本能满足当前三门峡库区淤积断面测验工作。全年,三门峡库区淤积断面统测2次,测验范围为黄河干流禹门口至大坝(黄淤1～黄淤68断面),共122断面次。

（杨世理）

·编辑　李艺芬·

工　业

INDUSTRY

河南开祥化工有限公司 1,4－丁二醇生产线

工业和信息化

【概况】 2011年,面对国际金融危机深层次影响持续显现、生产要素供给持续趋紧、工业经济运行保障难度加大等各种矛盾和困难,三门峡市上下在市委、市政府的坚强领导下,继续把工业经济摆在重要的位置来抓,不断深化“工业强市”,强力推进“四大一高”战略,更加注重优化环境,使工业经济保持了较快、平稳、健康发展的良好态势。全年全市实现全部工业增加值699亿元,同比增长15.1%;规模以上工业增加值增长16.1%。全年完成工业投资399.3亿元,增长19.1%;实现利润258.8亿元,增长33.8%。湖滨果汁、缘份果业等4家企业获天津口岸“直通车”资格,全年出口总额1.61亿美元,同比增长55.9%。

招商引资有效开展。与中国黄金集团、中国食品工业集团、中国大唐集团等10家央企和河南煤业化工集团等大型企业签订战略合作协议。黄金产业园、铝加工产业园、汽车零部件产业园的规划建设,大唐三期、速达电动汽车、煤化工等一批大项目建设和中原矿业、骏通车辆等企业的扩建,将有力地推进全市工业的快速发展。

项目建设催生新活力。全年全市146个省、市工业重点项目,总投资679.8亿元。其中,列入省政府2011年度14个工业重点产业行动计划的24个项目,总投资389亿元,当年完成投资79.65亿元,占计划投资的106%;列入市2011年度9个工业重点产业行动计划的项目共122个,总投资424亿元,当年完成投资130.77亿元,占计划投资的104%。

工业经济运行良好。受2010年下半年形势影响,2011年年初,三门峡市工业生产低位运行,艰难开局。在全市工业战线共同努力下,采取得力措施,帮助企业恢复生产,6月起工业运行开始转向持续增长态势,工业增速逐月提高。全年全市工业增加值占生产总值的比重达到65.73%;规模以上工业完成销售产值2 672亿元,同比增长15.6%;产销率达到97.9%,比年初提高1.2个百分点;实现利税321亿元,增长27.8%,其中利润总额259亿元、税金总额62亿元,分别增长33.8%、2.9%。

工业集中度提高。产业集聚区基础设施进一步完善,规模不断扩大。全市7个省级产业集聚区共实施项目218个,其中亿元以上项目104个,完成投资279.9亿元,占全市工业投资的70.1%。主营业务收入超100亿元的集聚区达5个。三门峡产业集聚区先后被评为省“十快”产业集聚区、省高新技术开发区。义马煤化工产业集聚区被评为全省先进产业集聚区。能源工业、铝、煤化工、黄金及有色金属加工、食品工业等支柱产业的产业链条进一步拉长,精深加工产品的比重进一步提高,支柱产业增加值占工业增加值的比重达到71.5%,比2010年提高0.9个百分点,对全市经济的支撑作用进一步增强。全市598家规模以上工业企业中,主营业务收入超过10亿元的企业由2010年的22家增加到35家,超过50亿元的企业由5家增加到7家,超过100亿元的企业有3家。全市工业规模效益进一步增强,主营业务收入超过10亿元的35家企业占规模以上工业收入的24.4%,同比提高0.5个百分点。其中:义煤集团首次突破300亿元大关,达到321.7亿元;河南中原黄金冶炼厂达到233亿元;灵宝市金源矿业有限责任公司达到139亿元。

结构调整取得初步效果。坚持在发展中调结构、促转型,大力推进传统产业高端化、新兴产业规模化,取得初步效果。高新技术产业增加值比2010年增长15.3%,28家企业被认定为省级高新技术产业。装备制造工业比重上升,原材料工业比重下降。全年装备制造工业完成增加值37.6亿元,占全市工业总量的5.9%,比2010年提高0.7个百分点;原材料工业完成增加值438.9亿元,占全市工业总量的68.6%,下降1.8个百分点。轻工业和食品工业取得较快发展。全年轻工业完成增加值34.8亿元,增长19.4%,高于重工业3.5个百分点;食品工业实现增加值17.2亿元,增速20.9%,高于全市平均水平4.8个百分点。开祥化工公司1,4－丁二醇、义腾新能源锂离子电芯、化工机械厂100套超临界水氧化高浓度有机废水成套设备等项目先后投产,骏通公司3万辆特种车、金源公司万吨压延铜箔等一大批科技型项目正在建设,成为工业经济结构调整新的经济增长点。

优化企业发展环境。政府、金融、企业三方合力推动,企业融资渠道得以拓宽,企业资金紧张状况得以改善,促进了企业健康发展。坚持领导分包制度、巡回服务制度、定期例会制度、首席服务员制度等,及时帮助企业解决实际困难,为企业创造了良好的发展环境。三门峡市荣获全省企业服务先进单位称号。厅市合作得到加强,助推了全市工业振兴、持续向好发展。3月,省工信厅第一个与三门峡市政府签署了战略合作协议。全年为三门峡市工业发展争取国家和省政府技术改造、技术创新、高新技术、信息化、节能减排、中小企业专项扶持等项目12个。

破解工业发展瓶颈。节约集约利用土地和矿产资源,为工业发展提供新的空间。矿产资源整合通过省里验收,小秦岭深部探矿和渑池县煤下铝整装勘察项目列入国家找矿行动计划,小煤矿兼并重组工作基本完成,灵宝—卢氏矿集区列入国家示范基地,为持续发展和资源综合利用提供了保障。加大环境整治力度,关停重金属污染企业55家,铅污染治理和铬渣处置工作有序进行。

【9家企业入围河南省规模效益2011年百强企业和高成长性百高企业】 2月28日,省政府公布河南省2011年规模效益百强企业和高成长性百高企业名单,并对企业授牌表彰。义马煤业(集团)有限责任公司(第12位)、河南中原黄金冶炼厂有限责任公司(第21位)、灵宝市金源矿业有限责任公司(第23位)、东方希望(三门峡)铝业有限公司(第43位)、开曼(三门峡)铝业有限公司(第51位)、灵宝黄金股份有限公司(第66位)共6家企业入围河南省2011年百强企业,河南速达电动汽车科技有限公司、三门峡恒生科技研发有限公司、河南骏通车辆有限公司共3家企业入围河南省2011年百高企业。

【省工信厅与市政府签订战略合作框架协议】 3月21日,省工业和信息化厅与三门峡市人民政府关于推进三门峡市工业结构调整与振兴的战略框架协议签约仪式在三门峡供电公司多功能厅举行。省工信厅厅长杨盛道、巡视员张新芳、副厅长陈党义，市领导李文慧、杨树平、赵中生、李琳等出席签约仪式。仪式由市委常委、常务副市长苏新华主持。省工信厅副厅长陈党义和副市长李琳代表双方签约。省工信厅与三门峡市政府建立厅、市合作机制，双方就加强战略合作、促进三门峡市经济发展达成协议，并在以下几个方面进行合作：一是共同推进三门峡市创建新型工业化产业示范基地。支持三门峡市在煤化工、铝工业、黄金采选及加工、果蔬食品深加工等领域发展，建设和培育新型工业化产业示范基地。二是共同推进三门峡市发展战略新兴产业。支持三门峡市培育壮大电子信息、生物、新能源、新材料等战略新兴产业，重点支持三门峡市纯电动轿车生产基地和纯电动轿车整车试验检测研发中心的建设工作。三是共同推进技术改造，加快三门峡市工业产品结构升级。支持三门峡市围绕重点行业、重点企业开展技术改造，在技术改造项目资金安排等方面予以重点支持。四是共同推进三门峡市"两化"融合试点建设步伐。围绕先进制造业领域，以装备类制造业、基础类制造业、消费类制造业、生产性服务业和信息服务业，推进"两化"融合示范工程建设。五是共同推进中小企业担保融资平台建设，加大扶持力度。六是共同推动节能降耗。

【速达交通节能科技有限公司研制的汽车发动机增氧调压节能装置在全省推广使用】 3月24日，省工信厅发文在全省范围内推广使用三门峡市速达交通节能科技有限公司研发的汽车发动机增氧调压节能装置产品，以利于加快先进技术产品的推广普及，提高能源利用率，减少环境污染。三门峡市速达交通节能科技有限公司研发的汽车发动机增氧调压节能装置产品，能提高动力5%以上，节约燃料4.5%以上，尾气排放量减少50%以上，具备国际领先水平。

【3家企业入围2011年河南企业100强】 8月22日，由河南省企业联合会、河南省企业家协会评选出的2011年河南企业100强名单出炉，三门峡市3家企业榜上有名。其中，义马煤业集团股份有限公司以营业收入219.7亿元排第12位，河南中原黄金冶炼厂有限责任公司以营业收入148.3亿元排第20位，中国水利水电第十一工程局有限公司以营业收入56.9亿元排第39位。

【组团参加第8届中国国际中小企业博览会暨中泰中小企业博览会】 9月22日至25日，第8届中国国际中小企业博览会暨中泰中小企业博览会在广东省广州市举办，市工业和信息化局组织三门峡市7家企业参加，其中河南豫西轴承股份有限公司、灵宝华鑫铜箔有限公司、卢氏天宝蜂业有限公司3家企业参展。会上，卢氏天宝蜂业有限公司与4家广东采购商签订合作协议，销售金额430万元。河南豫西轴承股份有限公司与广州等地的5家企业进行了合作意向商谈，合作金额4 020万元。

【三门峡市中小企业担保行业协会成立】 11月1日，三门峡市中小企业担保行业协会正式成立，标志着三门峡市融资担保行业进入一个新的发展阶段。该协会旨在加强融资性担保行业自律组织建设，充分发挥行业协会在实行自律管理、自我约束、开展行业教育培训、信息共享等方面的重要作用。三门峡市共有担保机构48家，注册资本9.7亿元，已累计为1.3万多户企业提供融资担保服务，担保金额达65亿元，为缓解全市中小企业融资难和促进全市经济繁荣作出了贡献。

【举办工业企业管理人员技术骨干培训班】 11月1日至2日，市工业和信息化局与市委党校联合举办企业管理人员、专业技术骨干人员培训班。59名市直企业管理人员、专业技术骨干及全市中小企业主要负责人接受培训。培训内容包括：科学发展战略实施、三门峡经济发展战略、企业执行力的培养等。举办此次培训班是落实三门峡市实施基层干部"科学发展主题培训行动计划"工作方案，旨在更新三门峡市工业企业管理人员和专业技术骨干人员的发展新观念，提高他们的工作能力，为实现三门峡富民强市的目标提供人才保证和智力支持。

【香港中小企业协会与三门峡市达成合作框架意向】 11月13日，香港中小企业协会主席陈山河率领香港中小企业协会考察团一行8人到三门峡市参观考察。考察团参观了三门峡产业集聚区部分企业并召开座谈会。会上，香港中小企业协会与三门峡市工业和信息化局签订"合作框架意向书"，双方就建设中小企业工业园，推荐韩国、日本以及我国台湾、香港、珠三角地区企业到工业园落户达成初步意向。

【7个项目获得省工业和信息化科技成果奖】 2011年，三门峡市工业和信息化系统紧抓技术创新工作，引导和支持创新要素向企业集聚，促进科技成果向现实生产力转化，在提升发展质量上实现新突破。全市有7个企业的项目获得河南省工业和信息化科技成果奖二等奖6个、三等奖1个。其中，三门峡豫西机床有限公司研制的YX－TK338型转向节数控镗床、三门峡合鑫机床有限公司自主研发的HX－ZK118型U钻群高速数控钻床、河南金渠黄金股份有限公司的直径750毫米无缸六面顶压机及配套合成金刚石工艺的研究、灵宝普华能源研发有限责任公司研制的高效节能环保内燃机燃料自动调整控制供给器、河南仰韶生化有限公司的酸性纤维素酶高产菌株YS－7157的诱变选育及液体发酵工艺技术研究、灵宝市金源矿业有限责任公司的多金属硫铁矿综合利用技术研究及产业化项目获得二等奖，三门峡方圆实业股份有限公司的超强度陶粒支撑剂及其制备方法项目获得三等奖。

【省工业和信息化工作片区座谈会在三门峡市召开】 3月24日，省工业和信息化工作片区座谈会在三门峡市召开。会上，洛阳市、平顶山市、许昌市及三门峡市工业和信息化局负责人就如何贯彻全省工业和信息化工作会议精神畅谈了工作思路和典型做法，相关企业代表对河南省工业转型升级"十二五"规划（征求意见稿）、工业重点产业2011年度行动计划（征求意见稿）提出了意见和建议。会议达成以下共识：各级工信部门要认真做好工业重点产业2011年度行动计划（征求意见稿）中提出的14个重点产业规划的对接工作；充分利用产业集聚区、新型工业化产业示范基地等平台，为承接产业转移做好相关工作；完善工作体制，转变工作作风，为企业提供更加优良的服务。

【全省工业经济运行联席会议在三门峡市召开】 8月19日至20日,第2次全省工业经济运行联席会议在三门峡市召开。会议的主要任务是总结年初以来工业经济运行工作,分析当前形势,部署下一步工作。省工业和信息化厅副厅长刘世伟,副市长李琳出席会议。会上,省工业和信息化厅运行监测局负责人通报了1月至7月全省工业经济运行情况,各省辖市工业和信息化局负责人汇报了各市的工业经济运行情况,与会人员还就全省及各市工业经济运行中存在的问题进行研究讨论,提出意见和建议。 (崔礼靖)

黄 金

【概况】 2011年,三门峡市生产矿产金22.2吨、冶炼金24.3吨、精提金94.6吨,完成工业增加值223.6亿元,占规模以上工业增加值的34.9%,实现利税8.81亿元、利润7.86亿元。全市黄金工业企业有13家,隶属管理关系有央企、市属、县(市)属和乡(镇)4类,所有制形式有国有、股份制、私营3种。中央直属企业有秦岭黄金矿业有限责任公司、文峪金矿、灵宝双鑫矿业有限责任公司和河南中原黄金冶炼厂有限责任公司。市属黄金企业有三门峡市金渠集团有限公司金渠金矿和三门峡市河西林场老鸦岔金矿。由灵宝市管理的黄金企业有灵宝黄金股份有限公司、灵宝市金源矿业股份有限责任公司、灵宝黄金投资有限责任公司、灵宝市开源矿业股份有限责任公司,由陕县管理的矿山企业有三门峡崤山黄金矿业有限公司、申家窑金矿,由卢氏县管理的矿山企业有卢氏县双河金矿有限公司。另有中原黄金机械厂、河南黄金建筑安装公司、河南黄金工业学校等中央驻三门峡市的企事业单位。 (崔丰会)

煤 炭

【概况】 2011年,三门峡市行政区域内有4家煤炭企业、30处矿井(包括义煤阳光煤业新建项目),核定(包括设计)生产能力1 693万吨/年。其中,国有重点企业2家,矿井28处(包括义煤阳光煤业新建项目、兼并的16处小煤矿),核定(包括设计)生产能力1 612万吨/年;地方小主体(单独组织生产矿井)2家,矿井2处,核定(包括设计)生产能力81万吨/年。全年全市各类煤矿共生产原煤1 541.4万吨,其中国有重点煤矿生产原煤1 507.8万吨,地方小主体煤矿生产原煤33.6万吨。全市有煤化工企业5家,分别隶属河南煤化集团、义煤集团和河南晋开化工投资控股集团有限责任公司,其中2家化肥生产企业主要生产合成氨和尿素,其余3家主要以生产城市煤气、甲醇为主导产品,同时生产二甲醚、甲醛、1,4-丁二醇等延伸产品,总生产能力为:合成氨12万吨/年,尿素33万吨/年,城市煤气800万标准立方米/日,甲醇62万吨/年,1,4-丁二醇9万吨/年。

灵宝兴华化工有限责任公司成立于2009年4月,其前身为灵宝市化工总厂,始建于20世纪60年代末,是由一家国营县级小化肥厂滚动发展起来的中型氮肥企业,生产规模为年产12万吨合成氨、18万吨尿素。公司主导产品为“灵鑫”牌尿素,2011年生产17万吨,实现产值3.5亿元、利润3 264万元。

三门峡金茂化工有限公司成立于2003年,其前身为陕县化肥厂,始建于20世纪60年代末,是一家国营县级农资生产企业,生产规模为年产15万吨尿素。2011年,生产尿素13.9万吨,实现产值2.5亿元、利润-3 522.6万元。

河南煤化集团义马气化厂位于义马市西工业区,是以城市煤气及化工产品生产为主的化工企业,生产能力为:煤气300万标准立方米/日,联产甲醇24万吨/年,二甲醚20万吨/年,副产品(醋酸等)8万吨/年。2011年,生产城市煤气6.82亿标准立方米、甲醇7.32万吨、二甲醚10.79万吨、副产品7.28万吨,发电2.47亿度,共实现营业收入15.96亿元、利润5 502万元。

河南开祥化工有限公司为义煤集团的全资子公司,采用煤制甲醇项目最先进的SHELL干煤粉气化工艺、低温甲醇洗酸性气体脱除工艺和LURGI的低压甲醇合成工艺,利用甲醇为基本原料,进一步加工为二甲醚、甲醛、醋酸、醋酐等,建设一个煤化工基地。同时,以此为基本,利用当地资源,将甲醛加工成1,4-丁二醇、PBT工程塑料、聚甲醛、改性聚苯醚;将醋酸、醋酐加工成醋酸乙烯、香烟过滤咀、胶片等一大批高附加值产品。

义煤综能公司是义煤集团为调整产业结构,拉长产业链条,进一步提高企业抗击市场风险能力,于2009年4月成立的义马煤业综能新气体有限责任公司、义马煤业综能新能源有限责任公司、义马煤业综能甲醇蛋白有限责任公司的合称。义煤综能公司由义煤集团与美国SES公司合作,义煤集团控股51%,SES公司控股49%,并在义马市设立综能煤化工园区。综能煤化工园区项目规划总投资350亿元,首期入驻园区的项目有日产500万标方煤制气项目、气体分离项目和年产20万吨甲醇蛋白项目,总投资30亿元,占地71公顷。3个项目建成后,年可消耗劣质煤120万吨,实现产值26亿元、利税3.5亿元,新增就业岗位500个。义煤综能煤化工园区“十二五”规划项目全部建成后,将形成年产20亿立方煤制天然气、100万吨甲醇、80万吨乙二醇、20万吨甲醇蛋白、20万吨聚乙烯、30万吨聚丙烯、20万吨醋酸乙烯以及20万吨副产品的生产能力,年可消耗劣质煤1 200万吨,实现产值300亿元、利税50亿元。 (王宏雅)

铝 业

【概况】 2011年,三门峡市铝工业产业链以三门峡产业集聚区和渑池天坛产业集聚区为核心,以开曼铝业有限公司、东方希望(三门峡)铝业有限公司、恒康铝业有限公司、三门峡天元铝业股份公司、戴卡轮毂有限公司、河南方泰实业有限公司、三门峡鑫旺铝业有限公司等骨干企业为支撑。全年全市氧化铝产量479万吨、电解铝产量32.2万吨、铝材产量17万吨,实现增加值85亿元,占规模以上工业增加值的13.3%。全市主要铝工业产品生产能力为:氧化铝年产能510万吨,分别是开曼铝业公司210万吨、东方希望(三门峡)铝业公司250万吨、义翔铝业公司50万吨；铝锭年产能54万吨，分别是恒康铝业公司24万吨、三门峡天元铝业公司17.5万吨(已停产)、渑池天瑞铝业公司12.5万吨；铝加工材年产能13.3万吨，分别是戴卡轮毂公司300万只(3万吨加工能力)、鸿美铝业公司5万吨、科利恩铝业公司2万吨、方泰实业公司1万吨、鑫邦铝合金公司1.8万吨、天一铝业公司0.5万吨。 (崔礼靖)

电力工业

【概况】 2011年年底，三门峡市发电装机总容量352.385万千瓦，全年发电量143.9913亿千瓦时。其中：火电厂12座，装机总容量296.8万千瓦，全年发电量127.1161亿千瓦时；水电厂65座(其中小水电64座)，装机总容量45.51万千瓦，全年发电量15.6422亿千瓦时；风电厂3座，装机总容量10.075万千瓦，全年发电量1.233亿千瓦时。全年售电量125.5亿千瓦时，综合线损率3.71%，售电均价516.06元/千千瓦时，农网还贷资金2.5716亿元。河南省电力公司三门峡供电公司成为全市唯一一家省级档案工作示范单位。3项成果获省电力公司科技进步二等奖，2项成果获河南省科技进步三等奖。

安全生产局面持续稳定。三门峡供电公司扎实开展“两抓一建”(抓执行、抓过程，建机制)安全风险管控，大力宣传贯彻国家电网公司《安全风险管理工作基本规范》《生产作业风险管控工作规范》，切实加强安全规章培训学习，在公司内网建立“安全生产点评”平台，全面落实现场安全监督及保障措施，持续深化各级安全责任，夯实安全管理基础。深入实施“三个百日”保安全专项行动，开展春季、秋季安全检查及“三查四防”(查责任到位、查隐患整治、查措施落实，防大面积停电事故、防重特大火灾事故、防群伤群亡事故、防重要用户停电事故)安全大检查，完善电力安全警示标志，全面做好电网设备安全隐患排查治理和输电线路防外力破坏工作，着力构建电网安全运行环境长效机制。组织学习《电力安全事故应急处置和调查处理条例》，针对地区电网运行情况开展电力安全事故隐患排查治理专项行动，组织编写电网安全事故风险分析报告。探索“大运行、大检修”体系建设，在省电力公司系统首家实现“调控一体化”单轨运行和市县两级110千伏输变电设备统一运检管理，渑池县电业局“调控一体化”模式在全省农电系统推广。利用PMS系统加强输变电设备管理，多专业开展设备评估和状态检修，深化技术监督，提升设备健康水平，设备完好率、保护正确动作率和一类缺陷消除率均达到100%。健全市县客户三级应急联动机制，加强应急体系实用化、常态化建设，首家通过省电力公司应急指挥中心达标验收。重新修编1项总体预案、4大类19项专项预案，组织开展大面积停电、防汛度夏等5次应急演练，科学安排电网运行方式，成功经受住了恶劣天气、电力短缺及黄金冶炼厂重大火灾和千秋煤矿冲击地压事故救援保电等多重考验，圆满完成迎峰度夏、庆祝建党90周年等重要时段、重大活动的保电任务。

电网升级改造步伐加快。全力实施电网发展“1169”工程，促进500千伏峡东变通过国家发改委核准，110千伏鞍子山风电送出及洪阳、枣坡输变电工程竣工投运，110千伏渑南、开发区输变电工程按照里程碑计划稳步推进，华阳4#机组线路改接、石堆、故县、英豪、河东扩等5项工程通过省发改委核准，五里川、义东、峡东送出、川口升压等4项工程完成可研编制并通过省电力公司审查。促成市政府出台《新建住宅项目配电设施建设与维护管理暂行办法》《新建住宅配电设施平均成本》《关于加快电网建设的若干意见》和《城市公用事业电力附加费使用办法》，有力确保了网市战略合作的进一步深化。加大电网改造力度，共完成杜家变110千伏设备更换等技改项目21项，330千伏罗灵线综合大修等大修项目52项。实施老旧线路升级改迁工程，完成义马、灵宝市区2条220千伏、4条110千伏线路改造任务。加强智能电网研究和项目实施，圆满完成电力光纤入户试点工程并通过国家电网公司评价调研，扎实推进输变电设备可视化改造升级及局部融冰专题研究，“东西断面检测及动态增容”进入省电力公司智能电网项目实施阶段。全面推行标准化项目部建设和“创先争优”流动红旗竞赛，切实加强施工安全质量管理，洪阳输变电工程获省电力公司安全流动红旗，装配式围墙获得国家发明专利。出台《110千伏及以上输变电工程设计管理办法》，组建设计专家库，成立5个专委会，统筹加强电网规划、设计、建设管理，为“大规划、大建设”体系顺利实施奠定了基础。

增供扩销和行风建设取得实效。以“保市场、扩增量”为目标，开展电解铝行业及产业集聚区专题调研，加强项目督办和供电服务，协助捷马化工等重点项目顺利投产，促进恒康铝业12万吨电解铝产能全部恢复，自6月起实现单月电量同比正增长。推进“为民服务创先争优”活动，认真贯彻国家电网公司新“三个十条”(《国家电网公司供电服务“十项承诺”》《国家电网公司员工服务“十个不准”》《国家电网公司调度交易服务“十项措施”》)，践行“你用电、我用心”服务理念，全力打造“95598光明服务”工程。推广缴费通、电费储值卡等便民措施，增设邮政电子电费代收业务，开通“95598”网上查询和缴费功能，着力构建市区“十分钟缴费圈”。全面开展“抄核收全过程管理”专项稽查、反窃电专项行动及营业普查活动，大力推广预付费缴费方式，共签订“预付费协议”7 000余份。实施“电力助崛起、服务大中原”主题活动和供电服务质量提升专项行动，做好“营销服务无违章”自查自纠工作，组织电力顾问深入29家重要客户走访，针对征求的意见和建议认真整改落实，顺利通过国家电监会供电可靠性检查和省电监办供电现场检查。

农电整体素质有效提升。按照农电管理“四接轨”(规划接轨、管控接轨、考核接轨、服务接轨)要求，健全完善归口管理与专业管理相结合的农电管理体系，促进市县两级管理接轨和一体化协作。迅速落实省电力公司农电整体素质三年提升工程，建立省市县协同联动机制，编制工程实施方案。开展县局突出矛盾和问题排查治理，针对查出问题进行整改，建立长效机制，消除各类隐患和矛盾。按照省电力公司要求派驻县局监审员，定期召开监审员座谈会，强化对农电工作的全方位、全过程督导。全市农电系统共完成售电量

37.88 亿千瓦时,同比增长 5.04%。农网安全局面持续稳定,各县局安全纪录均保持4 500天以上。新一轮农网改造升级 2010 年工程在全省首家竣工,2011 年工程率先启动。完成 10 个电气化乡(镇)、100 个电气化村建设任务,灵宝市、陕县通过电气化县验收。全市 54 个供电所全部通过省电力公司标准化供电所验收命名,2 个供电所通过国家电网公司标准化示范供电所达标验收,各县局行风评议均取得当地公共服务行业第 1 名。

【三门峡市电力光纤到户工程试点通过国家电网公司验收】 3 月 22 日,三门峡经济开发区舒北小区电力光纤到户工程试点通过国家电网公司验收。该小区首次在河南省实现利用一根电力光纤实现电话、电视和互联网业务的同网传输。电力光纤"三网融合"技术即在电线中加入一根光纤,使接入普通居民家中的电线不但能够导电,还能够接通电话线、有线电视和互联网。2010 年,按照国家电网公司统一部署,三门峡市舒北小区被确定为河南省电力光纤到户工程两个试点小区之一,总规模 398 户。该工程于 2010 年 10 月 30 日正式开工,2010 年 12 月 15 日竣工并具备验收条件,走在全国同期试点城市前列。经过接入调试,舒北试点小区居民家中的光纤带宽达到 100 兆,是人们普遍使用的 4 兆带宽的 25 倍。以网上视频点播为例,以前打开一个页面大概需要几十秒甚至更长的时间,使用电力光纤上网则可实现瞬时连接。在这一试点工程中,电动汽车充电桩管理、安防等功能也同步得以实现。 (刘一虹)

【中国电力投资集团公司河南电力有限公司陕县风电项目开工建设】 9 月 16 日,中国电力投资集团公司河南电力有限公司陕县风电项目开工建设。中电投河南电力有限公司董事长贾斌、副总经理李固旺,市委副书记王建勋,副市长高战荣出席项目开工奠基仪式。中电投陕县风电项目位于陕县东部山区,该区域属于暖温带大陆性季风气候,冬春季易发生大风,风能资源十分丰富,具有较高的开发价值。项目规划装机容量28 万千瓦,总投资 25.8 亿元。工程计划分四期进行,一期预计 2012 年 12 月建成发电,二期至四期预计 2013 年 12 月全部建成。一期工程位于陕县宫前乡和张茅乡,共安装 54 台 1 500 千瓦和 2 000 千瓦风力发电机组,投资 8.3 亿元。 (计 彦)

建材工业

【概况】 2011 年,三门峡市有水泥生产企业 6 家,设计生产能力 650 万吨;玻璃生产企业 2 家,年生产能力 480 万重箱;新型墙材企业 30 余家,产品覆盖砖、板、块 3 大类 17 个品种,年生产能力 90 亿块(标砖)。全年全市建材行业实现主营收入 196.3 亿元,同比增长 39%;完成工业增加值 62.2 亿元,增长 26.7%;实现税金总额 7.4 亿元,增长 5.8%;实现利润总额 19.7 亿元,增长 37.8%;从业人员 20 664 人,增长 19.2%。总体看,三门峡市发展新型墙体材料的市场规模、工艺、技术含量、装备均走在全省前列。

建材工业中,刚玉行业是三门峡市特色产业,在国内国际上享有盛誉。全市 30 余家企业年总产能达 120 万吨,约占全国年总产能的 20% 左右、河南省年总产能的 35%。全市约 2 万多人直接和间接从事刚玉行业。全年刚玉行业主要产品产量:水泥熟料 430 万吨,水泥 553 万吨,平板玻璃 248.4 重量箱,耐火材料 40.3 万吨,刚玉磨料 105.4 万吨,粉煤灰、烧结砖 73.1 亿块。

以耐火纤维为主导产品的耐火材料也是三门峡市的特色产业。全市 20 余家生产企业拥有耐火纤维生产线 17 条、纤维异型制品生产线 40 条及成套窑炉设计、加工、安装能力 180 台,主要产品陶瓷纤维棉、毯、毡等设计能力 3 万余吨,全年总产量 1.7 万吨,实现销售收入20 290万元,同比增长 28.4%,上缴税金1 176万元。 (张东兴)

食品饮料业

【概况】 2011 年,三门峡市有规模以上食品企业 42 家,实现销售收入 70.1 亿元、工业增加值 17.5 亿元。全市果汁产能 33 万吨、白酒产能 11 万吨、啤酒产能 5 万吨,拥有湖滨果汁公司、仰韶集团、景源果业公司、远村食品公司、海升果业公司、固泰酒业公司等一批国家、省食品行业名牌企业和名牌产品。全市有规模以上果汁加工企业 14 家,分别是湖滨饮品有限公司、缘份果业有限公司、三门峡湖滨果汁(百佳工贸)有限公司、景源果业有限公司、远村天然食品有限责任公司、鑫源果业有限责任公司、固泰华企酒业有限公司、仰韶奶业有限公司、海升集团灵宝分公司等,全年主营业务收入 34.9 亿元、利润总额 4.3 亿元。全市果汁产量 6.9 万吨,同比减少 39.7%;实现产值 22.97 亿元,同比增长 32%;实现利润 4.3 亿元、税金4 592万元。全市出口浓缩果汁 6 万吨,创汇 1.3 亿美元。实施以加快品种多样化、效益最大化为目标的技术改造,景源公司的年产 1 万吨果酒项目为省级工业重点项目,景源果业年产 5 万吨葡萄汁项目、沙大宝公司的果蔬大枣深加工项目、汇鑫食品有限公司年产乳饮3 000 吨、海升公司新增一条果汁生产线项目等为市级重点项目。 (赵艳丽)

医药工业

【概况】 2011 年,三门峡市有市区的赛诺维制药公司、渑池县的广宇博科生物制药公司、卢氏县的莘原制药公司、义马市的天汇制药公司、灵宝市的豫西药业公司和孟成生物制药公司等药品生产企业,有卢氏县的玉皇山制药公司、中康中药饮片公司两个医药中间体生产企业,具有年产片剂120 亿片、胶囊剂 10 亿粒、注射剂 2 亿支、中药产品8 000 吨的生产能力,可生产片剂、胶囊剂、丸剂、冲剂、颗粒剂等 14 个剂型,有获得批准文号的产品 280 多个,先后开发了消栓胶囊、连蒲双清胶囊、葛根芩连颗粒、术愈平、太子金、盐酸西替利嗪胶囊等 80 余个新产品,拥有健胃消食片、冬凌草片、降脂灵片等一批国家保护品种。 (赵艳丽)

·编辑 卢亚杰·

城乡建设　环境保护

URBAN CONSTRUCTION AND ENVIRONMENTAL PROTECTION

美丽的三门峡

综　述

【概况】 2011年,三门峡市住房和城乡建设局坚持科学发展观,围绕"三大战略定位""四大一高"战略和"十六字目标",以城乡建设"三年大提速、五年换新颜"为总要求,全力抓好城建重点项目建设,城市建设投资显著增加,城市的配套设施更加完善,承载能力明显增强,住房和城乡建设事业稳步发展。

至年底,市区供水主管网188公里,日供水能力12.5万立方米,自来水普及率96%。市区供气(天燃气)高压管道40公里、中压管道38公里,储气能力为天燃气11.8万立方米,液化石油气300吨,燃气用户6.2万户,燃气普及率85.39%。市区供热主管道73公里,交换站73座,供热面积380万平方米,既有建筑供热计量改造面积81万平方米,占供热总面积的21%。市区排水管道长度180公里(其中污水管道96.6公里、雨水管道83.4公里),有污水处理厂1座,日处理能力8万吨,全年处理污水2 400万吨。市区道路全长158公里,面积357万平方米(含陕州大道面积,其中人行道74万平方米);有桥梁11座,道路照明灯29 397盏,安装路灯的道路长度181公里。人均城市道路面积12.5平方米,人均公园绿地面积12.98平方米,建成区绿化覆盖率48.37%。市区建成区面积30平方公里,有人口30万人,其中常住人口27.96万人,城镇化率46.25%。

【三门峡新区炎黄大道、光华北路开工建设】 3月3日,位于三门峡新区起步区的重要交通干线炎黄大道、光华北路开工建设,标志着三门峡新区起步区基础设施建设迈出重要步伐。炎黄大道东起大岭南路,西接陕州大道,开工路段长1 127米,红线宽60米,为双向6车道,总投资6 500万元,工期9个月。光华北路南起蔡月路,北接南环路,开工路段长2 500米,红线宽40米,双向4车道,总投资9 663万元。

【获全省住房和城乡建设"十一五成就"奖】 5月25日,河南省住房和城乡建设厅公布全省住房和城乡建设"十一五成就"评选活动结果,三门峡市荣获4个奖项:三门峡市天鹅湖国家城市湿地公园被评为"十佳城市公园";三门峡市康乐家园小区、三门峡市德馨苑廉租住房小区被评为"十佳住房保障工程";灵宝市大湖村被评为"双十佳村"。

【4个重点项目同日开工】 12月28日上午,三门峡黄河公园、三门峡传媒大厦、市商务中心区基础设施和市职教园区依次开工,拉开了三门峡市2012年重点项目建设的序幕。市委书记杨树平发出开工令。市委副书记、市长赵海燕,市委副书记王建勋,市人大常委会主任赵继祥,市委常委、秘书长姜继鼎等出席开工仪式并为项目奠基。

三门峡黄河公园是三门峡市沿黄半岛景观带中的重要景观节点,东起会兴街道办茅津渡,西至209国道黄河大桥,南起北环路,北至黄河滩涂,占地总面积约233.33公顷。计划通过3年时间,将黄河公园打造成集生态旅游、观光休闲、文化娱乐为一体的综合性城市公园。公园依托黄河的地形、地貌、阶地、沟谷和植被等架构,总体布局为"一带三区八大节点":一带为沿黄生态景观带,三区为东、中、西三大景区,八大节点为明珠春晖、名果博览、云台彩练、塬起金滔、芦荡烟雨、桃源幽谷、会兴华苑和茅津古渡。

三门峡传媒大厦地址南临三门峡文化体育中心,处于209国道与甘棠路之间,占地面积4.8公顷,建筑立体高度188米,总建筑面积9.9万平方米,设计造型为三级体型节节升高,寓意着三门峡市经济社会发展蒸蒸日上。预计2013年完工。

市商务中心区基础设施工程包括供水工程、电网改造工程和土地整理工程,是商务中心区首批基础设施建设项目。其中:供水工程占地面积2.2公顷,日供水能力4万立方米,总投资5 500万元,可满足10万人用水需求,计划工期12个月;电网改造工程迁移高压线路12条,新建输电线路4条,总投资1亿元,计划工期4个月;土地整理项目整理荒沟12条、124公顷,总投资3.5亿元,计划工期12个月。

市职教园区项目位于大王镇好阳河以东、连霍高速以北、郑西高铁以南,总规划占地200余公顷,计划入驻4所院校,规划在校生规模3.8万人。其中,一期工程占地40余公顷,总建筑面积16.4万平方米,规划在校生规模8 000人,预计投资3.9亿元。　　（杨俊峰）

城乡规划

【概况】 2011年,三门峡市规划和城市管理综合执法局(以下简称市规划城管执法局)以提升城乡规划和城市精细化管理水平为中心,强力推进城乡规划、城市精细化管理、环境卫生管理等工作重点,以全新的理念组织开展城市空间发展战略研究,梳理空间战略,明晰功能结构,理清发展思路,有针对性地制定空间战略,积极推进城乡一体、资源配置、产业布局、基础设施、公共服务、生态建设"六个一体化"进程,真正实现了以科学规划引领城镇化和城市建设健康发展,为打造三门峡市成为中原经济区重要支撑、区域合作示范城市、豫晋陕黄河金三角区域性中心城市提供了规划保障和项目支撑。

创新工作方式方法,规划服务质量不断提升。围绕全市重点工程项目,积极主动做好项目前期规划服务工作,在建设项目的前期研究阶段提出规划意向和选址建议,使项目选址既能服从全市统一发展规划,又能满足建设需要。委托西安煤航信息产业有限公司开展沿黄景观带1:1 000数码航测成图项目组织航测。5月,测绘成果顺利通过省测绘产品质量监督站的验收,为三门峡市中心城区、陕县城区以及沿黄生态旅游经济带的规划编制工作准备了极为详实的基础数据资料。

全面启动三门峡城市总体规划修编工作。在城市空间发展战略研究的基础上,10月底,委托中国城市规划设计研究院启动三门峡市城市总体规划修编工作,内容包括市域城镇体系规划、中心城区规划和专题研究工作,项目周期约12个月。

高质量完成村镇规划编制工作。组织完成6个县(市)区域村镇体系规划(村庄布局规划)、49个乡(镇)总体规划和184个中心村(社区)规划编制工作,并顺利通过各级技术评审。完成11个中心镇主要街区控规和544个基

三门峡国际文博中心

层村规划的编制，分别占年度应完成总数的85%和334%，超出预期目标，村镇规划编制工作走在全省前列。

组织完成产业集聚区规划编制工作。会同有关部门，编制完成全市7个省级产业集聚区的总体发展规划、空间发展规划以及控制性详细规划，并全部通过省发改委和住建厅组织的专家评审，各项规划的报批工作全部完成，规划成果均在省住建厅进行备案。

围绕旧城改造重点工程，不断提高中心城区控制性详细规划的覆盖率。组织开展湖滨城区重点片区城市设计和控制性详细规划、湖滨城区上村片区控制性详细规划及修建性详细规划编制工作，中心城区控规覆盖率达到90%。围绕沿黄半岛景观带重点工程，组织完成长约67公里、总面积约100平方公里的沿黄生态旅游经济带的概念性规划编制工作，该区域将成为三门峡市承载新兴旅游产业、培养城市经济发展的新的增长点。

当年，市规划城管执法局先后被省住房和城乡建设厅表彰为"全省住房和城乡建设系统优秀委(局)""城乡规划管理工作先进单位""全省村镇规划建设先进单位""全省住房城乡建设系统依法行政先进单位""河南省城市市容环境卫生工作先进集体""2006～2010年全省住房和城乡建设系统法制宣传教育先进单位"；被市委、市政府表彰为"服务重点项目建设先进单位""对外开放工作先进单位""全市法制宣传教育和依法治理工作先进集体"。

【召开新区起步区总体规划评审会】 3月10日，三门峡市召开新区起步区总体规划评审会。新区起步区规划范围位于湖滨区与陕县之间，东至青龙涧河，南至段家村，西至陕县，北至陕州大道，规划面积44平方公里。新区起步区的城市性质确定为面向黄河金三角城市群的现代服务业集聚平台、区域性交通枢纽、沿黄城市带上的重要节点，是集商贸、旅游、居住和生态保育于一体的新兴城区。

【《三门峡市沿黄生态旅游经济带概念性规划》通过专家评审】 4月8日，《三门峡市沿黄生态旅游经济带概念性规划》评审会在大鹏酒店举行，以中国城市建设研究院副院长、教授级高级工程师王磐岩为主任评委的评审委员会原则通过《三门峡市沿黄生态旅游经济带概念性规划》。市长级干部赵光超出席评审会。该规划由上海同济城市规划设计研究院编制。规划通过对三门峡城市建设现状与发展方向的研究，从城市空间格局、城市绿地系统、区域景观结构、城市旅游开发和城市经济增长的发展战略角度，合理提出三门峡市沿黄生态旅游经济带的规划范围。

【召开城市空间发展战略研究中期成果汇报会】 8月22日，三门峡市召开城市空间发展战略研究中期成果汇报会。市委书记杨树平出席会议，并就进一步完善改进研究成果提出明确要求。市委副书记、市长赵海燕，市委常委、秘书长赵中生，市政府党组成员宋跃和市政府秘书长李宝洲等出席会议。会议听取了中国规划设计研究院专家关于三门峡城市空间发展的空间关系、区域定位、发展定位、空间拓展模式等内容的分析和汇报。与会的市直主要部门及有关县(市)区负责人，分别就区域定位、空间布局提出了意见和建议。

【沿黄生态旅游经济带概念性规划成果汇报会召开】 10月14日，市委书记杨树平，市委副书记、市长赵海燕听取三门峡市沿黄生态旅游经济带概念性规划成果汇报。市长级干部赵光超，市政府党组成员宋跃，市政府秘书长李宝洲等出席汇报会。三门峡沿黄生态旅游经济带东起三门峡大坝中流砥柱景区，西至灵宝市函谷关景区，总长约67公里，既是一条生态走廊，又是重要的经济带和旅游观光带。汇报会上，上海同济城市规划设计研究院课题组从城市空间格局、城市绿地系统、区域景观结构、城市旅游开发和城市经济增长的发展战略角度，提出了沿黄生态旅游经济带的规划，并从项目背景、战略定位、现状分析、规划理念及规划、生态、旅游、景观、产业层面及协调发展、规划实施等方面作了阐述。杨树平对规划成果给予肯定，并提出指导意见。

【市商务中心区城市设计方案评审会举行】 12月30日，三门峡市商务中心区城市设计方案评审会在大鹏国际酒店举行。相关专家、项目规划设计单位负责人，市领导杨树平、赵海燕、王建勋、赵继祥、郭秀荣、赵中生等出席会议。西安理工大学教授、高级规划师刘建军担任专家评审委员会主任，率张沛、刘乃齐、聂西省、倪军、何文兵等专家评审委员会成员参加评审会。评审会包括3个方面内容：商务中心区城市设计方案评审；商务中心区内庙底沟公园规划设计方案评选；商务中心区两个安置社区建筑设计方案评审。会上，中国城市规划设计研究院、北京北林地景观园林规划院等5家设计单位分别就各自设计方案进行阐述。各位专家评委对有关方案进行认真评审，并从不同角度对规划的规划理念、发展方向、具体操作实施，提出指导意见和建议。 （杨玉莉）

城市管理

【概况】 2011年，三门峡市规划和城市管理综合执法局（以下简称市规划城管执法局）紧紧围绕创建全省最佳宜居城市的目标，牢固树立大城管理念，以解决城乡结合部、背街小巷、马路市场脏乱差等民生问题为突破口，强力实施环境大提升行动，在提高日常管理标准和水平的基础上，集中力量组织开展一系列专项整治活动，实现城管综合执法水平，环卫清扫保洁、垃圾清运处理水平，市容环卫基础设施建设水平的有效提升，为全市“三大战略定位”和“四大一高”战略实施作出了积极贡献。

创新城市管理机制，城市精细化管理水平不断提高。一是全面整合执法力量，执法效能显著提升。全面整合城管执法和环卫管理人力资源，分离原有城管市容执法人员与环卫作业管理人员，组建6个执法支队20个执法大队集中行使行政处罚权，实行大面积的人员轮岗交流，工作绩效大幅跃升。二是落实岗位责任制，网格化管理逐步形成。实行道路网格化管理和路段责任制双重管理，划分一、二、三级管理路段，制定路段市容标准和严管街、严控街和一般街道标准，明确管理重点，严格落实“定人、定岗、定责、定路段、包管理”的“四定一包”责任制，实行徒步执法、错峰上岗、延时上岗，对重点路段和重点部位加强巡查，初步实现“条条纵到底、块块横到边”的网格化管理格局。三是全民参与的城市管理模式初步建立。重新启动路长单位责任制度，将市区31条路段、35个社区分片包干，交由49家市直有关单位和5个街道办事处进行日常巡查，督促职能部门及时解决存在问题。重新建立“门前三包”责任制，与黄河路、崤山路、建设路、上阳路、六峰路、经一路等6条主干道繁华地段沿街2 400余个责任单位签订《门前三包责任书》，督促门前三包责任单位认真落实“门前三包”（包卫生、包秩序、包美化）任务，引导、调动沿街单位、商户积极参与城市整治工作，初步形成全民参与的管理机制。

高标准做好城市管理综合执法工作，市容环境秩序明显改观。高标准组织开展城市管理综合执法工作，采取集中整治与日常监控相结合等举措，重点突破，全面带动，不断加大市容环境卫生集中整治工作力度。全年，累计清理占道经营、店外经营1.3万余处，取缔流动摊贩8 000余人次，治理违规户外广告800余处，清除乱贴乱画2万余处，处理建筑施工地夜间施工噪声扰民现象100余起，规范整治临时市场10余处。黄河旅游节前，综合整治马路市场、占道经营、流动摊点、乱停乱放、乱拴乱挂、乱摆乱占、乱贴乱画、乱堆乱倒等城市“八乱”现象，取得明显成效，有力地保障了黄河旅游节期间良好的市容环境秩序。9月，联合市工商局、市公安局、市消防支队等单位和部门，组织开展城市中心区域市容集中整治活动，彻底打通湖滨步行街“三纵三横”通道，全面完成湖滨南停车场的升级改造，取缔和平路、陕源路占道经营、流动摊贩，城市中心区域市容面貌明显改观。同时，对洗车站点、夜市摊点、户外广告、园林绿化违法等现象开展专项治理，市容环境秩序明显改善。

环卫保洁体系日臻完善，人居环境明显改善。一是环卫基础设施建设取得新进展，环卫服务能力逐步增强。当年，完成投资720万元，新购置垃圾清扫机2台、自卸式垃圾运输车9辆、压缩式垃圾运输车2辆、洗扫车2台、消杀车1辆、后装式垃圾收集车1辆、垃圾集装箱41个、电动快速保洁车6辆、不锈钢人力三轮车120辆，进一步提高了环卫日常作业效能。在市区黄河路、新甘棠路、河堤路等14条主次干道，新增果皮箱400个。新建公厕2座，将4座垃圾中转站改造为压缩式，并对部分中转站和公厕进行维修，有效提高道路保洁效率和管理质量，提高环卫设施服务效能。二是环卫清扫覆盖面积和保洁标准提高，环卫服务质量明显提升。严格按照“五无五净”工作标准，加大道路清扫力度，适当调整环卫清扫保洁作业时间，大力提升环卫清扫保洁、垃圾清运处理水平。对百货楼周边、火车站周边等人流量大的部位，增加清扫保洁人员，提高保洁频率，及时清理路面垃圾。加强临时市场、瓜果摊周边、树坑等易脏部位的保洁，及时清扫果皮纸屑等丢弃物。组织人员对全市背街小巷进行全面细致的排查，将19条总长75 648.7平方米无管辖单位的背街小巷纳入环卫日常清扫保洁范围。全面排查清理居民区垃圾点、背街小巷垃圾死角以及道路两侧的临时垃圾点，及时清运积存垃圾。购置40余个手推式垃圾桶，放置在8条主次干道人行道附近，方便居民倾倒垃圾，避免垃圾落地。

积极服务民生，构建和谐城管。以“群众满意不满意”为标准，把解决群众实际问题作为了解社情民意、改进工作方式、方法的重要渠道。对群众反映的问题认真做好摘录、登记、反馈工作，及时为群众排忧解难，真正做到事事有结果、件件有落实，全面维护城管系统的稳定大局。夏季，市规划城管执法局以不影响市容整体秩序为前提，在建设路、永兴街等14条次干道上规划设置500个临时售瓜点，在康乐小区、海洋新天域等72个社区设置300个临时售瓜点，并安排城管执法人员向进城瓜农发放“瓜农服务卡”，引导他们到临时售瓜点售瓜，不收费、不罚款，既保障了市容整洁有序，方便了市民买瓜，又保障了瓜农利益，受到了市民群众的普遍好评。

违章违法建筑查处效果明显。全年，累计接办违法建设案件130余宗，现场执法2 000余人次，立案调查45宗，下达处罚意见书22宗，动员拆除或强制拆除近70宗。特别是对经二路、春秋路擅自搭建轻钢房及南环路两侧1.56万平方米违法建筑，实施了强制拆除，有效维护了城市建设的正常秩序。

【依法拆除违法建筑】 4月3日，受市政府委托，市规划和城管局组织执法人员，对市区南环路沿线的违法建筑依法实施强制拆除。至4月6日，该地段违法建筑已经基本拆除。市区南环路自2010年9月开始建设，2011年1月建成。三门峡经济开发区南关村和湖滨区崖底街道办事处韩庄村部分村民，在未办理任何建设手续的情况下，在南环路沿线违法占地进行建设，建筑总面积达15 263.9平方米。

【开展市容百日集中整治行动】 7月10日，三门峡市召开市容百日集中整治动员大会，传达市容百日集中整治行动方案。市规划和城市管理综合执法局、市公安局和湖滨区相关负责人作了表态发言。整治行动中,市城管部门在市区取缔、规范店外经营和占道经营行为1 893个,清除积存垃圾86 811吨,清理卫生死角2 707处,查处道路遗撒车285辆,督促施工工地整改180余处,使城市环境更加整洁。

【省城市精细化管理检查考核组到三门峡市检查考核】 11月22日至23日,以省住房和城乡建设厅副厅长陈华平为组长的省城市精细化管理检查组对三门峡市的城市精细化管理工作进行考核检查。市委副书记、市长赵海燕出席汇报会并陪同检查。检查组一行分别深入市规划城管执法局、住房和城乡建设局、交通局、林业和园林局4个单位,通过现场调查、翻阅档案资料、民意测评等形式,重点对市规划管理、城市设计、市容卫生、市政基础设施、执法队伍建设、数字化城市建设等10个方面的工作,进行详细检查考评。11月23日下午,省精细化管理考核检查组召开座谈会,对三门峡市考评情况进行意见反馈,肯定三门峡市城市精细化管理取得的成绩,同时就城市规划管理、城市设计、市容卫生、市政基础设施、燃气市场管理、高层消防设施安全、老旧小区物业管理、执法队伍资质、数字化城市建设等方面提出整改意见和建议。赵海燕出席座谈会。 (杨玉莉)

市政建设

【概况】 2011年,三门峡市住房和城乡建设局继续抓好市政公用工程建设,强化工程质量管理,年内先后开工市政工程10项,计划投资6亿元,实际完成投资4亿元。建成向青路、五原西路,全面改造提升文明路,基本完成宋会路、崤山东路改造工程和虢国东路新建工程,大岭南路新建工程完成投资1亿元。完成2012年市政工程建设计划的调查、编制及上报工作。

市区基础设施建设项目融资工作起步。当年,三门峡市城建投资公司承担8项市区基础设施建设项目,其中3项通过融资实施,计划融资2.8亿元,实际融资1.7亿元。融资主要方式是土地捆绑抵押贷款。

【向青路(河堤北路—虢国路)新建工程竣工】 5月,向青路(河堤北路—虢国路)新建工程竣工。工程于当年3月开工,财政投资881万元(其中苗木赔青43万元),建设内容主要包括道路、绿化、亮化及附属工程。道路全长900米,红线宽30米,其中机动车道21米,人行道各4.5米。

【五原西路提升改造工程(甘棠路—209国道)竣工】 5月,五原西路提升改造工程(甘棠路—209国道)竣工。工程于当年3月开工,财政投资637万元,建设内容主要包括道路、绿化、亮化及附属工程。道路全长1 150米,原道路红线宽25米,车行道12米,改造为红线宽32.5米。

【文明路提升改造工程(六峰路—经一路)竣工】 12月,文明路提升改造工程(六峰路—经一路)竣工。该工程是三门峡市2011年重点项目之一,财政计划投资2 600万元。其起点位于六峰路,向东止于经一路。从经一路起继续向东至崤山路,为城市新建道路。工程于当年5月开工,建设内容主要包括道路、供水、排水、绿化、亮化及附属工程。道路全长2 003米,红线宽20米,其中机动车道12米,人行道各4米。

【宋会路提升改造工程(崤山路—建设路)竣工】 12月,宋会路提升改造工程(崤山路—建设路)竣工。该工程是三门峡市2011年重点项目之一,财政投资2 150万元,建设内容主要包括道路、供水、排水、绿化、亮化及附属工程。道路全长1 238米,红线宽25米,其中机动车道7米,人行道各9米。工程于当年5月25日开工,12月底快车道基本完工。

【虢国东路新建工程(东风南路—白银路)竣工】 12月,虢国东路新建工程(东风南路—白银路)竣工。工程于6月2日开工,财政投资4 800万元,建设内容主要包括道路、供水、排水、绿化、亮化及附属工程。道路全长2 442米,红线宽25米,其中机动车道12米,人行道各6.5米。

【崤山东路新建工程(五岔路—三门峡广场)基本完工】 12月,崤山东路新建工程(五岔路—三门峡广场)基本完工。该工程是三门峡市2011年重点项目之一,投资5 160万元,由市城建投资公司融资建设。东起连霍高速出口附近的三门峡广场,西止崤山路与宋会路交叉处的五岔路口,全长4 300米,红线宽30米,其中行车道宽15米,两侧人行道各宽7.5米。建设内容主要包括道路、供水、排水、绿化、亮化及附属工程。工程于当年3月开工,12月底快车道具备通车条件。

【大岭南路新建道路工程开工】 大岭南路是连接三门峡新城区起步区的重要通道。2月,大岭南路新建道路一期工程开工。工程北起南环路,南至黄金大道,全长3 300米,红线60米,道路等级为城市主干道,其中机动车道为双向6车道宽23米、绿化隔离带各3.5米、慢车道各宽7米、两侧人行道各宽5米、绿化带各3米。工程计划分两期进行,南环路至炎黄大道,总长约1 800米,道路沿线需穿越连霍高速、跨越火烧羊沟。建设内容主要包括道路、桥梁及给水、雨水、污水、路灯、绿化等配套项目,计划2012年12月完工,总投资3.5亿元,其中一期工程投资1亿元。该工程是三门峡市首次采用BT模式建设的工程,由三门峡市天鸿市政工程有限公司施工。由于还款期限为3年至5年,不仅缓解了全市大项目建设资金短缺问题,而且实现了直接融资的新突破,为拓宽融资渠道,探索多元化融资新方式奠定了良好的基础。年内完成投资1亿元。

【三门峡城市文化公园开工建设】 2月,三门峡城市文化公园开工建设。该项目是三门峡市2011年重点项目之一,位于209国道以东、河堤北路以南、大岭路以西、南环路以北,占地140余公顷,分为青龙涧亲水区和庙底沟文化遗址保护区两大主体区域。全部工程计划分两期建成,一期工程重点建设涧河两岸滨河景观区,计划总投资2亿元,建设内容主要包括道路、绿化、硬化、景观、亮化等工程。至年底,公园建设粗具规模,完成投资1.6亿元。

【跑驾路新建工程竣工】 12月,跑驾路新建工程竣工通车。该工程由河南建业集团垫资修建,建设内容主要包括道路、供水、排水、绿化、亮化及附属工程。道路全长1 100米,红线宽25米,其中机动车道14米、人行道各5.5米。

(杨俊峰)

公用事业

【概况】 2011年,三门峡市公用事业管理部门以"重在建设、重在提升、重在服务、重在统筹"为目标,加快供水、排水、供热、供气等设施建设步伐,提升保障能力和服务质量,推动行业稳步发展。

城市供水 对文明路水厂进行改(扩)建,工程包括修建1 500立方米清水池、日供水1万立方米送水泵房及配电设施、办公楼及消毒间,改建后文明路水厂日供水能力达2万立方米,新增供水面积约5平方公里,彻底解决宋会路以东至连霍高速三门峡入口处区域用水问题。对供水设施设备进行12项升级改造,在三水厂安装液氯泄漏报警吸收装置,一、二水厂安装液氯泄漏报警装置。执行《三门峡市二次供水管理办法》,开展二次供水的安全管理工作。全年供水1 600万立方米,售水1 210.54万立方米,同比增加45万立方米,产销差率降低5.46%,水质综合合格率达100%。全年查处违章用水户23户,为公司挽回直接经济损失13.9万元,累计增收40余万元。

城市供气 完成西气东输二线三门峡地方支线工程,并于5月17日在全省首家通过验收,达到合格标准,7月21日正式点火通气。随着市区新建、改扩建道路,敷设宋会路、崤山东路、速达专用线、大岭南路中压管网5.2公里,在陕县城区陕州大道、府后路、绣岭路、永乐街,工业园区摩云路、圆通路、紫阳南路和禹王路敷设中压管道18公里。全年销售天然气1 000万立方米,销售液化气2 020吨,较2010年同期增长7.95%。

城市供热 投资9 000余万元,在市区新建11个热交换站,新增供热面积80万平方米,新增供热锅炉1台;投资640万元,完成六峰路以东的东、西、南区及市政府办公区换热站及管网改造工程;完成金盾小区9.9万平方米供热计量改造。11月,出台《三门峡市城市集中供热管理办法》,完成跑驾路供热管道工程铺设工作。

城市照明 全年更换各种电器2 929件,处理路灯线路故障79处,更换电缆2 028米,架设线路400米,恢复累计出动作业车616个工作日,主干道亮灯率达99%,次干道达98%以上,路灯设施完好率达98%,巡视率达到100%。与2010年同比,维护量增加10%。投资3.9万元,对甘棠路(黄河路—河堤北路)全段路灯实施升级改造,降低电能消耗;将峡东连接线、陕州大道、迎宾大道3条道路的路灯纳入城市照明管理,加强路灯照明设施防盗、防损管理,采用节能效果较好的光源和分时控制模式,努力降低电耗。

市政设施管理 全年维护市区沥青路面17 321平方米、混凝土路面2 784平方米,维修维护道板7 139平方米,修补道牙241米,维修陕州公园内道路3 200平方米,维修处理事故坑洞23立方米;完成甘棠路、大岭路立交桥砌挡墙、大岭路(虢国路南上行道)等处的抢险,市区设施完好率达到95%。

城市排水 更换各种井盖(箅)圈430余套,疏通排水管道17 000余米。实现全年公共排水设施完好率98%,市区公共排水设施无污水漫流、无井盖缺失现象。全年共发放排水许可证67份。做好污水厂水质计量、监督工作,建立动态台账,发现问题及时整改,确保出水水质符合国家标准。

【开展公共机构节能宣传月活动】 6月1日至30日,三门峡市开展公共机构节能宣传月活动。活动以"节能我行动、低碳新生活"为主题,旨在贯彻《公共机构节能条例》,营造浓厚的公共机构节能宣传氛围,增强全市公共机构干部职工的节能意识,加快推进节约型机关建设。整个宣传月活动内容包括:开展能源紧缺体验活动,增强公共机构干部职工资源危机和节能意识;组织"节能降耗 科学发展"征文活动,集中反映建设节约型机关中好的经验做法、建议、想法等;主办节能宣传图片展,使广大干部职工了解节能形势,掌握节能常识和方法,增强对节能工作的信心;开展青少年节能降耗活动,以"节能降耗从青少年抓起,从小树立节能降耗思想"为出发点,在全市学校掀起节能热潮;将6月14日定为"低碳体验日",倡导低碳出行,号召机关工作人员上下班乘坐公共交通工具、骑自行车或步行,公务出行尽量乘坐公共交通或拼车出行;各级公共机构积极组织开展"抵制过度包装,引领绿色消费"专项活动;通过悬挂横幅、张贴宣传标语等多种形式,在全社会普及节能知识。 (杨俊峰)

建筑业

【概况】 2011年,三门峡市住房和城乡

宜居三门峡市区一角

建设局以加快重点项目建设为目标，紧紧围绕“质量兴市”和“安全生产年”活动，继续开展工程建设领域突出问题专项治理，积极探索管理变服务市场监管模式，对重点工程和骨干企业跟踪服务，加强建筑业从业人员上岗培训，继续抓好清欠工作，严格落实防欠长效机制。加大装修装饰市场管理力度，严厉打击非法装饰企业，提高装饰工程质量。新增企业23家，办理施工许可证28个项目，办理竣工验收备案43个项目，对先开工后办施工许可证的21个项目予以处罚。

建设工程安全管理　深入开展“安全生产年”活动，以预防为主、加强监管、落实责任为重点，深化安全生产“三项行动”和“三项建设”工作措施，对市区在建74项建筑工程项目和31项在建市政公用工程严格监管，下发隐患整改通知书125份，其中停工整改13份、不良行为告知书4份，行政处罚施工（监理）企业14家。全面推行建筑工地安全文明施工标准化工作，7月1日起施行《三门峡市建设工程安全文明施工措施费监管办法》，有8项在建工程项目安全文明施工措施费纳入银行专户专项管理，使施工安全工作有了充分的经济保障。组织2次安全生产大检查，检查在建工程143项次，下发隐患整改通知书20份、停工通知书6份，对安全隐患严重的8项在建工程的16家相关单位进行处理。开展3次安全生产专项检查和1次全市房屋安全大检查，完成市区2栋教学楼安全排查鉴定及资料备案工作。全年未发生建筑施工安全事故。

建筑工程质量管理　取消对工程质量监督设置的停检点和控制点，实施动态监管和“差别化”管理，对管理水平低、质量问题多的企业和工程项目加强巡查次数，加强对工程参建各方质量行为的监管，查纠并举、查处并重。对工程实体进行监管的同时，开展质量通病治理和工程创优活动，全年办理房建工程监督登记28项、66个单位工程，建筑面积92.41万平方米，工程主体结构合格率达100%；竣工验收工程27项，合格率达100%；工程质量备案率达100%。对不具备办理监督登记的6项、14个单位工程，建筑面积17.79万平方米提前介入监管，无重大工程质量事故发生。全年对26个责任单位的责任人下发不良信用行为告知书27份，对违背基本建设程序的12家责任单位提出行政处罚建议12项次，下发整改通知书169份。有7项、8个单位工程获得“结构崤函杯”奖，三门峡市文化体育中心体育场及人防工程、卢氏县电力调度通信中心、市七中综合教学楼4项工程获省“结构中州杯”奖。

建筑工程交易管理　进一步完善交易程序，严格控制进场人员，做到评委和投标企业不见面、业主和评委不见面、评标前代理公司和评委不见面的“三不见面”原则，杜绝在交易过程中易产生问题的发生点、关注点，增加交易的透明度。利用视频监控系统，对进场交易项目各个环节进行全方位、多角度的监控管理，组织评标专家培训考核，扩大评标专家队伍，增设1个功能更齐全、设备更先进的开标评标厅，提高交易服务能力和效率。全年发布招标公告185项、中标公示111项、拦标价公示62项，建立健全12个监理企业和66个施工企业的业绩库，为143项招标项目提供交易服务，进场交易总金额27.27亿元，同比增加18.35亿元。

建设标准定额管理　全年发布工程建设标准85项，其中19项为强制性标准，废止工程建设标准30项。及时收集汇编强制性条文详细内容，发行300册。共审核发放170个建筑材料备案证，为92家换发新的备案证明，防范假冒伪劣建材进入建设工程。办理工程竣工价款结算备案11项、2.6亿元。对全市900余名从业人员进行继续教育，至年底，全市有造价员、注册造价工程师72名。全市造价咨询企业承揽工程造价咨询项目投资总额17.2亿元，咨询企业营业收入482.2万元；收缴建设劳保费用1 180万元，拨付金额达614万元。

【举办“欧普照明”杯装饰设计大赛】　3月18日至19日，市住建局在湖滨广场举办2011年“欧普照明”杯装饰设计大赛。大赛共征集设计作品62套，参赛作品31套，展板数量128块。经评委认真评选，评定一等奖1名、二等奖2名，三等奖3名。（杨俊峰）

房地产业

【概况】　2011年，三门峡市住房和城乡建设局继续加强房地产市场监管，促进房地产市场健康发展。根据国家宏观调控政策，依据2011年GDP预计增速和城镇居民人均可支配收入，确定2011年房价控制目标为均价3 563.2元/平方米，首次对商品住房进行限价销售，防止商品住房价格的过快增长。推行商品房公开销售制度，有效减少商品房销售方面的投诉，促进社会和谐，初步建立全市房地产市场信息采集发布制度。9月中旬，市本级个人住房信息平台开始试运行。

开通商品房买卖合同网上签约业务，升级房地产市场信息管理平台，提高房地产交易服务效率。全年办理商品房买卖合同备案3 909起，同比增长11.4%；成交面积40.10万平方米，同比增长13.86%；成交金额6.89亿元，同比增长9.5%。成立市房地产估价评审委员会，开展房地产估价报告评审工作和房地产中介市场专项检查，启动商品房销售代理公司的备案登记工作，查处4家非法中介；丰富网上房产超市内容，做好房地产中介市场统计分析工作，积极引导消费。新增房地产中介机构5家。

继续完善房屋电子登记簿管理系统，查询服务更加便捷。已建立房屋电子登记簿23 200份，与审批中心窗口实现房产测绘配图，可直接提取房屋电子档案，提供查询服务。对房屋登记的历史遗留问题提出处理意见并上报政府。

3月10日，市政府常务会议审议通过《三门峡市住宅专项维修资金管理办法》，该办法于4月11日以政府名义印发。5月，成立市物业专项维修资金管理中心。至年底，市区共有56个小区建立物业专项维修资金，缴存户1.03万户，面积157.79万平方米，累计归集维修资金5 882.52万元。其中，2011年新建维修资金3 536户、面积38.35万平方米，新增维修资金1 661.35万元。全年共受理维修资金使用申请单位38个，申请维修房屋4.85万平方米。经核查，27个单位，涉及28 960个住户、3.63万平方米屋面防水、3 980米上水管道、698平方米室外设施符合维修资金使用标准。至年底,市电视台等 8 个单位维修工程竣工,原市第二印染厂等 19 个单位正在维修。

加强物业行业管理,物业管理相关政策和管理措施逐步完善。对全市 37 家物业服务企业进行资质动态考核,其中 33 家合格。办理 19 个新(在)建小区(项目)前期物业管理方案备案;要求 3 万平方米以上的多层和 1 万平方米以上的高层小区(项目),其前期物业管理一律进行公开招标;开始进行物业承接查验的工作,规范前期物业招投标,完善投诉接待、记录、处理程序。9 月,市区"天盛·天鹅堡"住宅项目通过公开招标方式选聘物业企业。指导市器材厂、枢纽局、金盾花园小区 3 个住宅小区实现物业管理市场化转变工作。创建 3 个市级物业管理优秀住宅小区、2 个省级物业管理优秀住宅小区。办理 25 家物业服务企业资质审批手续,办理石油、波森特、慧泉等 15 家开发公司的 16 个项目的前期物业管理方案备案手续。

年底,全市共有 138 家房地产开发企业,其中二级企业 4 家、三级企业 9 家、四级企业 17 家、暂定资质 108 家。注册资本 2 000 万元以上的企业有 22 家,800 万元~2 000 万元之间的企业有 83 家,800 万元以下的企业有 33 家。当年,全市房地产开发在建项目 95 个,完成投资 49.15 亿元,同比增长 31.5%;施工面积 555.5 万平方米,同比增长 38.1%;新开工 230 万平方米,同比增长 6.2%;竣工 21.6 万平方米,同比增长 23.9%。其中:市区在建项目 36 个,房地产开发完成投资 25.7 亿元,同比增长 2.8%;施工面积 276 万平方米,同比增长 25.5%;新开工 96 万平方米,同比下降 30%;竣工 11 万平方米,同比增长 61%。查处违规预售案件 10 起,收缴罚款近 60 万元,有力地维护了全市房地产市场的正常秩序。

【1 584 户低收入家庭入住新居】 1 月 13 日,三门峡市第 2 批廉租住房入住仪式在德馨苑住宅小区广场举行,1 584 户城市低收入家庭幸运地拿到廉租房钥匙。加上第 1 批入住的 400 户群众,全市共有1 984户低收入群众享受到廉租房。市领导李文慧、杨树平、赵继祥、赵中生等出席仪式。第 2 批入住的1 584 户城市低收入家庭是 2010 年 12 月 30 日通过公开抽号分配到廉租住房的幸运家庭,分配到的廉租房位于德馨苑住宅小区,为小区二期工程。该小区一期工程分配的 400 套廉租住房,大部分于 2010 年 5 月入住,并在 2010 年年底用上了暖气。

【加强拆迁管理】 当年,市住建局认真学习贯彻《国有土地上房屋征收与补偿条例》,借鉴外地市做法,结合实际起草《三门峡市国有土地上房屋征收与补偿意见》《房屋征收社会稳定风险评估办法》《房屋征收评估机构的选定办法》《房屋征收工作程序》《房屋征收补偿标准》和《征收资金运作办法》等文件。对市区 38 个旧城(棚户区)、城中村改造项目,逐一进行效益预估测算。完成黄河饭店商业区、建设路沿线征收前期摸底调查工作。积极配合海关项目建设拆迁工作,拟订商务中心区农村改造政策和实施意见,完成商务中心区 4 个村庄调查登记工作。

【保障性住房建设有序推进】 当年,市住建局申报 11 个政府投资的保障性住房项目,共申请资金 13 716 万元,包括中央、省廉租住房投资补助资金 2 981 万元,廉租住房货币补贴资金 2 304 万元,棚户区改造奖励资金 2 286 万元,公共租赁住房奖励资金 6 145 万元。2011 年,省政府下达廉租住房货币补贴发放户数为 10 684 户,三门峡市实际发放户数为 10 802 户,其中市区 5 228 户、陕县 1 605 户、灵宝 1 306 户、卢氏 846 户、渑池 612 户、义马 1 205 户,新增 862 户。当年,省政府下达保障性安居工程建设任务 8 280 套,实际落实 8 367 套,其中廉租住房 1 215 套、公共租赁住房 2 568 套、经济适用房 984 套、城市和国有工矿棚户区改造 3 600 户,完成省定目标的 101%,分 31 个项目、102 个建筑单体。至年底,31 个项目全部开工。其中:主体竣工2 977套,占目标任务的 35.9%;进入主体施工2 958套,占目标任务的 35.7%;其余2 345套进行基础施工,占目标任务的 28.4%,完成了竣工 1/3、主体施工 1/3、基础施工 1/3 的省定目标。至年底,全市 2010 年开工的1 850套廉租住房、673 套公共租赁住房、经济适用住房 602 套全部主体竣工;2010 年开工的金渠路两侧棚户区改造项目建成 1.5 万平方米、1 500套安置房。

【住房保障工程获省级大奖】 5 月 25 日,三门峡市康乐家园小区和德馨苑廉租住房小区获河南省住房和城乡建设"十一五成就""十佳住房保障工程"奖,三门峡市是全省 18 个省辖市中唯一在该奖项中"独占两元"的城市。获奖的三门峡市康乐家园小区,是三门峡市委、市政府为了配合住房制度改革,加快城镇住房商品化和社会化进程,提高城镇居民居住质量而建设的三门峡市第一个经济适用房住宅小区。经过 10 多年的建设,小区已粗具规模,建成住宅 60 余幢 3 000 多套经济适用房,住宅总建筑面积 33.8 万平方米。德馨苑廉租住房小区是市委、市政府为解决三门峡市低收入家庭住房困难而建设的廉租住房、经济适用住房住宅小区,总规划用地面积 13.23 公顷,总规划建筑面积 18.52 万平方米。（杨俊峰）

环境保护

【概况】 2011 年,三门峡市环境保护工作以科学发展观为指导,以抓好污染减排和环境质量为目标,强化科学监管、严格执法和优质服务,突出抓好污染减排、防范环境风险和着力推进生态建设,确保全市环境安全,促进经济社会又好又快发展。

环境质量持续改善,实现了"十二五"期间的良好开局。全市地表水责任目标断面水质化学需氧量和氨氮累计达标率分别为96.2%和97.1%,较 2010 年分别提高 2.8 个和 0.8 个百分点;城市环境空气质量优良天数 322 天,累计百分比为 88.5%,同比提高 0.8 个百分点;饮用水源地取水水质累计达标率保持在 100%;全市辐射环境质量保持在天然本底水平。（沈建民）

【推进污染减排】 当年,市环保局加强污染减排统计、监测、考核三大体系建设,对减排进展较慢的部分县(市)区和华阳、大唐发电公司发出减排预警,督促其加快工作进度。强力淘汰落后产能,10 家企业按时关停并拆除设备,淘汰炼铁、有色金属、建材等行业产能，有效削减污染物排放量。28台装机容量280.4万千瓦燃煤机组全部建成脱硫设施，安装在线监测装置并与环保部门联网。全市共实施化学需氧量工程减排项目28个、氨氮工程减排项目27个、二氧化硫减排项目19个、氮氧化物减排项目8个，6座污水处理厂基本实现稳定运行。至年底，通过工程减排、结构减排、管理减排等多项措施的落实，全市主要污染物排放量继续下降，化学需氧量、二氧化硫排放量比2010年分别削减1%和4%，为经济发展腾出了环境空间。 （陈 夔）

【加强项目建设环境管理】 当年，市环境部门加强项目建设环境管理，严把建设项目环境准入关，对不属于三门峡市优势先导产业的高能耗、高排放项目，原则上不予支持，各级环保部门共否决不符合准入条件项目26个。2011年，三门峡市列入省重点项目20个，完成17个项目的环评审批，审批率为85%；列入市“联审联批”的213个项目，完成207个项目环评文件审批，审批率达97.2%。支持产业集聚区健康发展，积极支持符合产业集聚区产业发展定位的产业、清洁生产水平高的项目和有利于集聚区产业链条延伸的项目入驻，积极推进“环境友好型示范产业集聚区”创建活动，督促各产业集聚区制定创建实施方案，并进行跟踪指导和管理，积极推进产业集聚区污水处理厂建设。 （张林忠）

【开展环境综合整治】 当年，市环保局大力开展环境综合整治，先后完成合成氨行业综合整治和华阳电厂三期烟气脱硝任务，开展西站区、义渑城区、灵宝道南工业区3个区域大气和南涧河、弘农涧河等5条河流的环境综合整治。通过整治，区域环境明显改善，河流断面水质污染趋势有所减缓，灵宝市文峪河水质变清，渑池县塔尼断面水质明显好转。开展涉重金属企业污染综合整治工作，对全市涉重金属企业开展污染排查工作，共排查出涉重金属企业206家，强制关停55家，对105家企业实施停产整顿。同时，将涉重金属企业名单和整治情况在《三门峡日报》、三门峡电视台等新闻媒体上公布，接受群众监督，形成整治合力，确保治理成效。 （卢华朝）

【农村环保工作加强】 当年，市环保局不断加强农村环保工作，创新编制的《三门峡市省级生态乡（镇）生态村申报材料编制技术规范》受到省环保厅的充分肯定。确定11个连片整治项目，总投资1 470万元；完成33个省级生态村、4个省级生态乡（镇）、43个市级生态村的创建工作，落实“以奖促治、以奖代补”资金400万元；畜禽养殖禁养区内养殖企业搬迁率达到50%以上。卢氏县率先在全市开展创建国家级生态示范县工作，并把创建国家级生态示范县作为环保工作的总抓手，全县19个乡（镇）中，有11个被列入农村环境连片整治重点。 （邓 江）

虢国公园

【环境自动监控系统运行管理】 当年，市环保局不断加强环境自动监控系统运行管理，制定《三门峡市重点污染源自动监控运营管理规定（试行）》《监控中心数据有效性审核制度》等5项内部管理制度，并严格执行规章制度；加强重点污染源自动监控基站第三方运营管理，要求第三方运营公司在监控基站备齐各种台账，以量化检查依据，确保基站稳定运行；对重点污染源基站每季度进行比对监测，污水处理厂化学需氧量、氨氮每周做比对监测，每季度对监控基站进行数据有效性审核，保证监控数据的真实、准确。环境自动监控系统正常运行率为97%、数据有效率为93.6%，有效监控数据已应用于环境执法、总量核算等环境管理工作。 （张长青）

【加大执法监察力度】 当年，市环保局加大执法监察力度，先后开展饮用水源地、污染减排、重金属污染、产业集聚区和工业园区、规模化畜禽养殖、环境风险源、自然保护区等8大专项执法检查。不断加大行政处罚力度，全年对30余起环境违法案件实施处罚；对3家环境违法企业实施挂牌督办，将3家企业列入环保黑名单。全年对省级领导批示件、媒体曝光件、网络投诉件共65起进行了处理，受理“12369”举报件579件、群众来信来访案件39起，处理率均达100%。 （肖树甫）

【强化环境风险防控】 当年，市环保局不断强化环境风险防控，对重点行业88家企业的环境风险及化学品进行检查，对存在环境风险的38家企业进行整改。开展全市化学品环境管理专项检查，检查企业72家次，对28家化学品企业环境违法行为下达限期整改通知，立案查处6家；立案查处化学品企业环境违法行为12起。及时、妥善处置冶炼厂火灾、灵宝苯泄漏和卢氏硫酸泄漏等3起突发环境事件，有效维护了环境安全和社会稳定。 （高跃伟）

【严格危险废物管理】 当年，市环保局积极推进义马铬渣无害化处置工作，先后召开不同层次会议30余次，针对义马铬渣下发文件21份,现场督导50余次,编发铬渣处置专报18期,先后到省环保厅协调汇报15次。严格执行危险废物转移联单制度,全年共为15家危险废物产生单位办理转移手续,办理转移联单2 118份。（李会学）

【加强辐射环境监管】　当年,市环保局加强辐射环境监管,开展辐射安全隐患大排查活动,重点对移动放射源和重点辐射工作单位进行专项检查,消除安全隐患。全年共检查企业276次,下发整改通知书57份,全市涉源单位和辐射装置安全许可持证率100%。安全送贮废旧辐射源16枚,废源送贮率达100%,实现辐射事故零发生率。（葛　敏）

【环境宣传教育效果明显】　当年,市环保局继续开展“绿色学校、绿色社区创建”活动,创建市级绿色学校11所、绿色社区4个。开展环境大接访,设立环保投诉、知识咨询等接待台10个,出动执法人员400余人、车辆30余台次,接受群众咨询800余人。与市委宣传部等部门联合开展“环保杯”少儿书信文化比赛活动。不断加大环境新闻宣传力度,在各类新闻媒体上刊发、播出环境新闻稿件153篇(条)。（史跃峰）

【国家重点流域水污染防治规划考核组到三门峡市检查考核】　3月23日至24日,以环保部污染物排放总量控制司副巡视员于飞为首的国家重点流域水污染防治规划考核组到三门峡市,对三门峡市黄河流域水污染防治规划实施情况进行检查考核。国家考核组一行先后到灵宝市、陕县等地,分组考核城镇污水处理厂、工业污染治理等情况。考核组通过调取在线监测数据、查阅资料、听取汇报等方式,就污水处理设施运行、规划落实及治污工作等内容进行实地核查。根据《黄河中上游流域水污染防治规划(2006年~2010年)》,三门峡市共有污染治理项目21个,其中工业污染治理项目16个、城镇污水处理设施建设项目5个;重点监控企业18家,重点监控饮用水源地1个。至2010年底,已完成19个、调试运行1个、在建1个。三门峡市根据国家重点流域水污染防治规划,按照统筹安排、分步实施的原则,强化措施,稳步推进,积极开展环境综合整治和水污染防治工作,取得阶段性成效。至“十一五”期末,三门峡市水污染防治任务全面完成,主要污染物排放量明显下降,水环境质量得到进一步改善,有力促进了污染减排任务的完成。（刘丹青）

【首次举行突发环境事件应急演练】　7月26日上午,三门峡市举行突发环境事件应急演练。省环保厅监测处和有关专家组成的督导组参加演练。此次演练活动是三门峡市首次开展的规模较大的突发环境事件应急演练。演练活动主要内容为:当天上午8时45分,三门峡金茂化工有限公司合成氨车间液氨泄漏,属较大(Ⅲ级)环境突发事件。案情发生后,该厂立即现场指导人员撤离,并将中毒人员抬出事故现场。与此同时,市环保局、市政府和省环保厅相继得到案情报告。市政府立即启动《三门峡市突发事件应急预案》,迅速成立环境应急指挥部,并派出督导组赶赴现场先期处置。安监、公安、卫生、消防、环保等单位迅速赶赴事故现场展开救援。9时51分,新闻发言人第3次发布消息,事件隐患和污染危害已消除,险情得以化解,中毒人员得到及时救治。（刘丹青）

【全市11个农村连片整治项目通过省环保厅评审】　8月,全市11个农村连片整治项目通过省环保厅评审。项目招标于8月底结束,11月底将完成主体工程建设,计划于2012年5月前通过省环保厅验收。项目涉及全市6个县(市)区,总投资1 571.6万元,其中中央投资735万元,省、市、县三级配套资金735万元,村庄自筹资金101.6万元。项目的选取是以乡政府所在地的行政村为中心辐射周边的村庄,连片整治21个村庄,受益人口62 500人。整治内容主要是农村污水的收集处置、垃圾的处理处置、畜禽养殖业治理等方面,建设内容包括人工湿地、氧化塘、污水管网及垃圾收集运输系统等。（刘丹青）

【全国废旧轮胎综合利用现场会在三门峡市召开】　9月28日,中国橡胶工业协会废橡胶综合利用分会在三门峡市召开全国废旧轮胎自动安全切条切块综合破胶生产线现场会暨专家考评会,来自全国50余家会员单位参加会议,副市长李琳在会上讲话。与会代表参观了河南中赢橡胶科技有限公司,并召开座谈会及专家考评工作会议。河南中赢橡胶科技有限公司位于三门峡市湖滨区工业园,自2006年开始废橡胶综合利用胶粉、再生橡胶生产线生产,规模在河南省名列前茅,是国内胶粉设备制造的重点生产企业之一,其生产的成套生产设备远销俄罗斯、新加坡、卡塔尔等15个国家和地区。该公司生产工艺处于国内领先、国际先进,已获得7项专利,并有多项专利正在申请,已研发并制造出智能化年处理废旧橡胶轮胎1 000吨~50 000吨各种型号成套生产流水线,推广后将对废旧橡胶固体废物综合回收利用起到积极促进作用,符合循环经济发展的要求。（刘丹青）

【开展化学品和危险废物专项执法检查】　截至10月底,市环保局对全市130家生产、使用化学品和危险废物单位进行拉网式排查,逐一建立环境管理档案,针对企业存在的问题进行甄别、梳理,统一标准,依法查处,并明确整治措施和时限,对12家存在环境安全隐患的企业下达整改通知,严厉打击涉化学品和危险废物环境违法行为,消除污染隐患,确保环境安全。（刘丹青）

【首家农村生活污水治理工程建成投运】　11月18日,三门峡市首家农村生活污水治理工程——陕县西张村镇赵村生活污水治理工程建成投运。该生活污水治理工程共投资78.9万元,其中中央农村环保专项资金支持55万元、陕县财政配套10万元、赵村自筹13.9万元。该工程在村东修建4 000立方米氧化塘1座,含清水泵、泥浆泵、防护墙等配套设备,沿村主次干道旁修建雨污合流暗渠4 600米,与农户门前的污水管道和新建的氧化塘连接。项目投运后,全村生活污水收集处理率达到100%,污水回用率达90%以上。（刘丹青）

·编辑　李艺芬·

交通运输

TRANSPORTATION

9月3日,三门峡市投资集团有限公司、三门峡市交通旅游投资集团有限公司授牌仪式举行

综　述

【概况】 2011年,三门峡市交通运输局以科学发展观为统领,以构建辐射豫晋陕黄河金三角地区的综合性交通枢纽为战略目标,以"三纵四横"大交通建设为突破口,以继续开展深化项目建设年、企业服务年和城建提速年为主线,以深入开展创先争优和"讲廉政,树正气,促发展"主题教育活动为载体,不断强化党的思想建设、作风建设和廉政建设,在重点项目建设,国省道干线公路、农村公路建设,行业管理和党风廉政建设等方面取得明显成效,全市交通运输各项工作呈现出齐头并进、竞相发展的好趋势、好态势。

交通基础设施建设　当年,全市共完成交通基础设施建设投资59.67亿元。其中:三淅高速完成投资21.2亿元;连霍高速改扩建完成投资20.01亿元;郑卢高速洛卢段完成投资3.2亿元;三灵快速通道完成投资6.06亿元;干线公路完成投资6.32亿元;农村公路完成投资3.95亿元。

项目储备　芮城至灵宝黄河大桥及连接线、渑池至垣曲(河南境)、三门峡黄河公铁两用桥公路桥连接线均被列入河南省"十二五"规划建设项目。新规划的208、311、327三条国道已获国家发改委批复,国道310三门峡西至灵宝段、省道249交口至头峪段、247郭家坑至藕池段3个项目已被列入省厅2012年项目盘子。

道路运输　完成客运量4 475万人次,客运周转量22亿人公里;完成货运量3 929万吨,货运周转量80亿吨公里,同期增长25%。全市新增客车9台,更新118台;新开客运线路8条,调整16条;新增12吨以上货车1 509台;市区新开辟公交线路1条,调整、延伸2条;投入1 307万元,完成郑西高铁灵宝西区汽车站建设。

行业管理　以开展"夺杯争先"活动为契机,积极开展"三大创建、四大整顿"活动,全面升级"96520"系统运政服务热线,严厉查处违章行为243起。严格落实市场准入制度、招投标备案、施工许可等建设程序,深入开展质量安全大检查,受监工程质量监督覆盖率达到95%以上,质量水平不断提高,无重大工程质量事故发生。在全市率先建立"工程建设领域项目信息和信用信息公开共享专栏",主动接受社会监督,推进工程项目规范化建设。组织开展出租汽车公司管理人员、司机职业培训900余人次,依法检查各类违章违规车辆4 856台次,清退不符合条件从业人员9人,确保出租车市场规范营运稳定有序。依法处理路政案件311例,检测超限车辆13.8万台次,确保车辆超限超载率控制在4%以下。按照"安全第一,以防为主,综合治理"的应急管理工作方针,建成水上交通安全指挥中心,组织开展跨省水上应急救援联合演练1次,公路水毁抢修实战演练2次。根据交通战备工作"平时服务、急时应急、战时应战"的工作原则,先后完成兰州军区给水工程团支援三门峡市抗旱救灾来回机动、"前卫—2011铁拳"演习、"决胜确山—2011"演习、摩托化机动、卫星部队、军事装备运输等10余次较大规模的军事行动保障任务,受到部队官兵的一致好评。

涧河飞彩虹,道路连四方

安全监管　坚持"安全第一,预防为主"的方针,认真落实"三关一监督"职责和安全管理"四项机制",成立安全管理机构,配备专职安全管理人员,推行"一岗双责"和生产经营单位主体责任落实,层层签订安全生产目标责任制,完善安全例会、检查、隐患整改、事故报告、事故处理、档案管理等制度,每月一次安全例会,每年安全明察暗访不少于4次,查出隐患整改率100%,安全生产"四项指标"明显下降,营造安全良好的交通环境。按照"三关一排查"的要求,组织海事执法人员严格执法,严把船舶签证关、适航关,严把船员适任关。加强监督检查,消除安全隐患,组织开展水上交通安全检查活动,尤其对"边、远、小"以及黄河沿岸的水域进行全面、深入的排查,确保检查到位,不留死角,消除盲点,累计检查船舶500艘次,发现隐患20起,全部整改完毕。认真组织开展好"安全生产月"活动,先后开展安全月宣传教育"反三违"活动以及行业安全隐患自查自纠工作,组织人员深入基层督导检查,"安全生产月"活动扎实有效。扎实做好节日安全督导工作,采取分片包干的办法,坚持到一线检查,现场发现问题、解决问题,实现节假日运输安全、高效、畅通、有序的目标。进一步落实安全责任制和安全生产隐患排查报告制度,实现安全生产管理监督常态化、规范化。组织开展安全生产培训,强化多级安全主体责任,增强管理员安全意识,牢固树立安全发展理念。

交通形象发展　坚持德才兼备原则选拔任用干部,一大批中青年干部走上领导岗位,各单位干部队伍梯次配置更加合理。系统内各级、各单位班子率先作表率,带头作贡献,涌现出了中国好人侯旭寅、省党代会代表王荣等一大批先进典型,交通运输人真抓实干、勤勉敬业、勇担责任、清正廉洁的良好形象得到了进一步塑造,行业影响力和社会美誉度大幅提升。充分发挥交通信息“一个中心、三个平台”优势，编发工作信息68期，编辑出版《豫西交通》12期，制作《交通纵横》栏目52期，在市级以上新闻媒体发稿800余篇，多角度、全方位、立体化展现了交通运输系统干部职工干事创业的形象。当年，市交通运输局获市政府通令嘉奖。

【省“文明交通行动计划”活动考评组到三门峡市考评】 1月12日，以省交通运输厅公路局党组书记程日盛为组长的省“文明交通行动计划”活动考评组到三门峡市，对“文明交通行动计划”活动实施情况进行考评。考评组听取三门峡市“文明交通行动计划”活动开展情况汇报，查阅各种档案资料，实地察看市第一小学交通安全教育基地、崤山路明珠交警示范岗、市交通违法处理中心教育园地、沿黄15公里示范公路。考评组对三门峡市“文明交通行动计划”活动实施情况给予肯定，并对下一步工作提出了意见和建议。

【开展水上应急救援联合演练】 6月15日，市地方海事局与山西省运城市地方海事局联合开展水上应急救援演练活动，成功处置两起预设事件，两地海事部门的协同作战能力和快速反应能力得到检验。运城、三门峡两市交通运输局、地方海事局及相关部门60余人参加演习。

【三门峡市交通旅游投资集团公司正式成立】 9月3日，三门峡市交通旅游投资集团有限公司正式成立。该公司是经市委、市政府批准，按照政府主导、政企分开、市场运作、责权统一的管理体制，遵照《中华人民共和国公司法》和现代企业制度规范设立的国有独资有限责任公司。公司在市国资管理部门的监督下，组织国有资本运营，行使国有资本“投资、筹资、交通旅游开发”三大主体职能。集团公司下设3个子公司：交通投资公司、昌通路桥公司、旅游投资公司。组建后的集团公司资产达到50亿元，注册资金10亿元。

【“MOH材料道路快速修复技术”项目研究成果达国内领先水平】 11月8日，省交通运输厅在郑州市组织专家对三门峡市交通运输局和南京工业大学共同完成的“MOH材料道路快速修复技术研究”项目进行技术鉴定。经鉴定，该项目研究成果达到国内领先水平。MOH材料是将有机结合料（沥青）和水硬性材料（水泥）两种材料进行二元复合后形成的复合型水硬性材料。该项目课题组通过研究MOH材料的性能特性，对其进行室内试验和现场坑槽修补评价，提出了MOH材料修补坑槽的施工工艺流程、操作要点、质量控制及验收标准。2010年6月以来，项目课题组先后在陕州大道东段、G209黄河大桥桥头段以及峡东路东段对MOH材料进行大量现场试验，通过对上述3个路段坑槽的成因分析，合理制定修补方案，采集大量数据，并于2011年7月形成成果报告，编制完成《MOH材料修补坑槽施工工法》。MOH材料在道路快速修复中的应用符合低碳、环保的发展方向，用于道路修补具有省料，造价低，施工速度快，安全无污染且施工季节长等优点，具有较高的推广价值和广阔的应用前景，经济和社会效益明显。

（苏鹏飞）

公路交通

【概况】 2011年，全市干线公路和农村公路累计完成投资10.27亿元。公路通车总里程达到9 388.85公里，公路密度达到911.81公里/百平方公里。其中：高速公路166公里、普通干线公路1 027.12公里、二级及以上公路占47%，农村公路通车里程8 206.35公里，等级公路比例达到73%，铺装路面里程达到67%。拥有市、县级汽车客运站9个，旅游汽车站1个，乡（镇）汽车客运站63个，农村招呼站350个；海事码头（渡口）19个。至年底，三门峡境内铁路全长343公里，其中郑西高铁长154公里、陇海铁路长189公里。交通运输部门服务国民经济和社会发展全局、服务社会主义新农村建设、服务人民群众安全便捷出行的“三大能力”大幅提升。

大交通项目建设　继续创造和保持三门峡一流的施工环境，以环境促进度，以环境增干劲，形成多项目、全路段、多环节、大规模加快建设的局面，不断掀起项目建设新高潮。至11月底，三淅高速灵卢段已完成投资21.2亿元。三淅高速卢氏至西坪段项目已开始清点，计划完成投资1亿元；连霍高速洛三灵段改扩建工程完成投资20.01亿元。郑卢高速洛卢段完成投资3.2亿元。三灵快速通道全线控制性工程已全面开工，完成投资6.06亿元。速达电动车专用线项目在市财政没有拨付一分钱的情况下，不等不靠，自筹资金用于项目建设，提前20天实现全线建成通车。项目建设速度之快、力度之大、效果之优，为全市公路项目建设设立了新标杆，受到市政府的通令嘉奖。市委书记杨树平在全市经济运行工作会议

1月19日，三门峡市首批新能源公交车在市区1路公交线上开始试运行

上两次对交通运输工作给予充分肯定和高度赞扬。

干线公路及农村公路建设 干线公路5个在建项目完工3个;省道250线建成交付使用。养护项目完成中修101公里,危桥改造3座;农村公路完成县乡公路升级改造项目30个193.1公里;完成路基达标拓宽942公里,普修道路4 805公里,道路绿化2 164公里,迎接全国检查和全省"好路杯"竞赛均取得好成绩。

【新能源公交车试运营】 1月19日上午,三门峡市新能源公交车在市区1路公交线上正式启动试运营。市领导王建勋、苏新华、亢伊生、李琳、王铁创出席启动仪式,并试乘新能源公交车。三门峡市此次购置的北汽福田牌油电混合动力城市客车,动力电池可自动回收车辆制动、下坡、怠速、负荷少时的能量,提高电力驱动行驶里程,相较传统公交车,节油30%、污染物排放减少30%。车长11.4米,拥有符合人体工程学原理及超大车内乘坐空间,性能优良,运行平稳。新能源公交车试运营,标志着三门峡市公共交通事业开始迈入"新能源时代"。

【三灵快速通道开工建设】 3月17日,三灵快速通道开工建设。市领导李文慧、杨树平、赵继祥、郭秀荣、赵中生等出席开工仪式。三灵快速通道工程投资估算15亿元,东起陕县城村连霍高速三门峡西出入口,向西沿310国道前行,南折后跨缁阳河直行,再跨乾涧河、好阳河、弘农涧河特大桥,至灵宝王垛村北,与连霍高速函谷关连接线相接,全长17.088公里。该工程按城市道路双向10车道和8车道(弘农涧河特大桥段)标准修建,设计时速80公里/小时,全线新建特大桥1座1 173米,大桥3座1 295米,涵洞25道,通道15处,沥青混凝土路面72.1万平方米。计划于2012年10月1日前全线建成通车。

【"豫西农村公路节能型刚性路面结构研究"项目通过鉴定】 8月,由三门峡市交通运输部门承担的"豫西农村公路节能型刚性路面结构研究"科技项目,经河南省交通运输厅技术鉴定,该研究

3月17日,三灵快速通道开工建设

成果达到国家领先水平。该项目于2009年经河南省交通运输厅批准,由三门峡市农村公路管理处组织,河南省豫西路桥勘察设计有限公司和河南省高远公路养护技术有限公司负责组织实施。项目针对近十几年来三门峡市农村公路陆续使用的二灰类稳定结构和大掺量粉煤灰混凝土刚性路面应用开展研究,研究结果显示,利用工业废料铺筑的公路较同等级公路与传统材料相比:厚度可减少6厘米~8厘米,节约材料比例为12%~14%,同比节约造价11%~15%;在保证路基强度的基础上减薄路面结构层厚度4厘米~15厘米,节约材料比例为19%~31%,同比节约造价19%~22%。此外,在"十二五"期间,三门峡市需要升级改造的农村公路约1 300公里,需要资金6.5亿元,但是通过应用农村公路节能型刚性路面结构研究这一成果,可节约资金9 700万元。在农村公路养护上,通过采用该技术对水泥混凝土路面进行病害检测,对可能发生病害的路段进行压浆处理,既延长了公路的使用寿命,又降低了养路工的外业劳动量,使经济效益和社会效益更加明显。

【市区公交12路线延伸至德馨苑小区】

8月18日起,市区公交12路线延伸至德馨苑小区。德馨苑小区是为解决低收入家庭住房问题而集中建设的惠民工程,随着住户的不断增加,出行不方便的问题成为大家关注的热点问题。为解决该小区出行难问题,市公交公司积极调整车辆人员,站点由南山公园延伸至德馨苑小区。调整后的公交12路线配备15台车辆,新增加黄金冶炼厂西门、黄金冶炼厂、农贸批发市场、德馨苑小区4个车站。全程10公里,单程运行30分钟,间隔6分钟。

【市公路局职工侯旭寅荣登8月"中国好人榜"】 8月31日,由中央文明办主办的"我推荐、我评议身边好人"活动,在京揭晓了"中国好人榜"2011年8月入选名单。三门峡市推荐的"敬业奉献"模范侯旭寅榜上有名。侯旭寅是三门峡市公路局养护工,几十年如一日,以道班为家,以公路为伴,繁重工作之余,努力学习养护技能,舍小家为大家,带病出工,忘我工作。他负责的管养路段在2011年国家公路局组织的检查中受到好评。他个人多次在"养护知识技能竞赛"中取得优异成绩,并数次获得"养护先进工作者"及"公路系统先进个人"等荣誉称号。

【市区公交7路线延伸至会兴村口】

为方便公交7路沿线群众出行,解决市康复医院附近群众出行难的问题,市公交公司经过实地考察,并报请有关部门批准,12月1日起,将公交7路线起始站由茅津北路延伸至会兴村口。线路延伸后,由原茅津北路延伸至会兴村口,新增康复医院、会兴村口两个站点。全程9公里,计划运行30分钟,班次间隔7分钟,由南关和会兴村口双向对发。

【省“好路杯”竞赛检查验收组到三门峡市验收】 12月19日至21日，以省公路局党委副书记贾志坚为组长的省“好路杯”竞赛检查验收组一行到三门峡市，对全市农村公路建设和养护工作进行全面检查验收。副市长崔保连、张建峰、市交通运输局局长李平宣、副局长李春来以及市农村公路管理处负责人陪同检查验收。2011年是省第2届农村公路“好路杯”竞赛活动总评年。检查验收涉及工程建设、养护、财务管理3项内容。检查验收组认真观看了三门峡市农村公路“好路杯”电视专题汇报，现场抽签确定了陕县、渑池、义马为受检县（市）区，并通过分组察看内业资料、实地检查工程建设养护情况、走访群众等多种形式对受检单位进行了详细检查验收，对三门峡市农村公路“好路杯”竞赛活动成效给予了充分肯定和高度评价。

【豫西路桥勘察设计有限公司获国家级大奖】 12月，豫西路桥勘察设计有限公司被中国建筑业联合会评为“2011年全国先进设计企业”。这是三门峡市公路系统设计单位首次获得这一殊荣，也是2011年度河南省唯一一家获此荣誉的单位。豫西路桥勘察设计有限公司（原三门峡公路勘察设计院）拥有“三甲”（设计、咨询、监理）“三乙”（勘察、测绘、实验）资质，系中国勘察设计协会、河南省勘察设计协会会员、中国工程咨询协会会员。公司十分注重新材料、新技术的推广工作，多次参加省交通厅的科研攻关活动，连年被评为“省优秀勘察设计企业”，公司法人代表陈北华多次被评为“省先进工作者”和“优秀设计院长”。该公司完成的三门峡西至灵宝一级公路改建项目获省优秀工程咨询三等奖；郑西高铁客运南站连接线工程被评为省优秀工程咨询一等奖；G209灵宝川口至卢氏杜关改建工程获省优秀勘察设计一等奖；三门峡高铁南站连接线工程获市优秀设计二等奖，获省优秀测绘工程三等奖；沥青路面再生利用研究项目荣获市科学进步三等奖。 （苏鹏飞）

高速公路

【概况】 2011年，河南高速公路发展有限责任公司三门峡分公司（以下简称三门峡分公司）紧紧围绕“靠服务赢信誉，向管理要效益，以改革求发展，用创新争一流”的经营方针，以树立平安畅通和谐文明新形象、打造精品科技生态廉政高速路为运营目标，以服务司乘人员、服务社会、服务人民群众为企业宗旨，以人性化管理、人性化服务为手段，以整体提升员工综合素质、打造一流员工队伍为目的，用事业统一思想，用发展凝聚力量，用服务树立形象，坚持以完成通行费征收任务为主线、强化综合执法能力为中心，以全面提高管养质量，以完善交通机电设施、保障运行能力为基础，以创建优秀企业文化、传承交通人的优良品质为载体，圆满完成各项目标任务，在树立河南交通新形象的同时，赢得了良好的社会、经济效益。

征收工作 积极推进文明服务长效机制，严格收费纪律，规范操作流程，提高了收费队伍综合素质。至11月30日，三门峡分公司所辖收费站累计完成通行费收入19.8亿元，日均收入598.71万元，较2010年同期增加2.04亿元，增幅10.98%；累计交通量1 228.26万辆，日均3.57万辆，较2010年同期增加232.26万辆，增幅23.44%；绿色通道车辆累计免征12.29万辆，累计免征金额6 940.55万元。

路政工作 至11月30日，辖段高速公路共发生路产案件305起，造成路产损失267.75万元，收回路产损失266.44万元，索赔率为99.51%，标识标牌完好率100%；各路政大队巡逻里程531 780公里，出动巡逻人员9 595人次；豫陕界超限站共检测车辆2 722台次，办理超限运输许可证114份。

养护工作 以路面日常养护为中心，夯实全面养护工作基础；以桥梁安全管理为重点，推进养护新技术、新材料、新工艺的实际应用；加强绿化植被养护科学化常态化管理。坚持“以人为本、以路为本、以车为本”的高速公路发展理念，加大辖段路堑高边坡的日常巡查力度，积极寻求解决高边坡日常维护新途径。结合连霍高速加宽改建的良好机遇，进一步完善路面桥梁排水系统。通过不断提升养护管理水平，加强养护管理队伍建设，实现了“畅通、安全、温馨、舒适、美观”的养护目标。全年累计完成养护资金1 674.89万元。进行日常巡查保洁152.75公里，砌体维修186.67立方米、C20混凝土171.22立方米，现浇路沿石1 718.6米，修补坑槽7 533.59平方米，冷补料填坑槽3 258.22平方米，更换护栏190.37吨，更换防阻块8 419块、护栏立柱64.5吨、补刺丝网4.25吨、防眩板7 529块、浆砌片石265.84立方米，更换滤漓盖板1 199米，铺设土工布1 764.3立方米。全线绿化苗木均修剪、浇水、补栽完毕。

运行维护 坚持“预防性、预测性”的工作准则，在确保四大系统安全、稳定、高效运行的同时，重视业务技能、员工素质提高，倡导“快速响应、准确执行、高效协作、充分保障”的工作机制。配合做好连霍加宽项目施工时沿线机电设备保护维修工作，完成各收费站计重设备加装、标定工作，完成全线机电设备防雷接地系统的安装、检测工作，完成全车牌识别系统的安装调试升级工作；完成收费系统全面升级，做好ETC不停车收费系统的安装、试运行工作。

【连霍高速公路洛三（豫陕界）段改扩建工程初步设计评审会举行】 3月17日，连霍高速公路洛阳至三门峡（豫陕界）段改扩建工程初步设计评审会在三门峡市举行。交通运输部公路局局长李华，三门峡市委书记李文慧，省交通运输厅副厅长范跃武、副巡视员马健，豫西山区高速公路建设指挥部常务副指挥长李强等出席会议。连霍高速公路洛阳至三门峡（豫陕界）段改扩建工程是省政府决策的重点工程，项目全长约195公里，采用设计时速100公里/小时的双向8车道高速公路标准进行改建，投资估算124亿元。

【三淅高速南段技术评审会召开】 10月11日至12日，三淅高速（卢氏至淅川）南段技术评审会在郑州市召开。交通运输部第一、二公路勘察设计院有关专家，省交通运输厅副巡视员刘兴斌、豫西山区高速公路建设指挥部指挥长李强及省、市相关部门负责人参加会议。评审会上，专家们详细听取了交通运输部第二公路勘察设计院关于三淅高速南段初步设计方案的情况汇报，就

12 月 22 日,举行三淅高速建设项目奠基仪式

有关事项进行认真的讨论、评审和研究,对设计中存在的问题及需要进一步落实与完善的内容提出建设性的意见和建议。 (姚宗华)

铁路运输

【概况】 2011 年,三门峡火车站紧紧围绕“保安全、保稳定、保效益、促营销”的工作方针,提高科学化管理水平,狠抓现场作业控制和各项规章制度的落实,不断挖掘运输潜力,提高科学化管理水平,实现了安全、生产、稳定的协调发展。站容站貌焕然一新,车站班组管理、队伍素质、服务质量发生了质的变化和提升,经济效益和社会效益取得明显成效。三门峡车站连续 5 年被评为“洛阳车务段先进单位”、连续 2 年被铁路局命名为“先进标兵车间”。

安全生产 坚持“安全第一,预防为主”的指导方针,强化现场作业控制,严格执行调车作业制度,使车站安全生产步入有序可控、稳定发展的轨道。在施工和站场设备改造中,针对更换道岔、大型换轨、清筛施工等项目,密切配合施工单位,认真落实各项卡控制度,保证在非常情况下接发列车的安全及畅通。至 2011 年 12 月 31 日,实现安全生产 9 071 天。

客运服务 强化安全管理,细化处置突发事件的应急预案;改进和完善规章制度,新增确保春运安全措施、车站客运服务礼仪规范、行李房劳动纪律制度、站内过道安全管理实施办法、较大客流运输组织预案、安全关键环节卡控措施、高站台旅客组织措施等 10 个方面的管理服务措施,使管理更趋规范化、制度化。制定《行李房应急处置预案》和《行李房“危险品”查堵管理办法》,使行包运输安全质量不断提升;制定《高站台旅客组织措施》,对高站台旅客安全乘降等细节问题进行细化,使高站台旅客安全乘降得到有效保障。

市场营销 当年,铁路运输形势严峻,发运量有所下降。三门峡火车站在原有营销基础上,开展认真、细致的调研工作,从三门峡火车站货源的基本构成、货源态势、产业分布和营销工作中存在的问题等 4 个方面进行分析,并据此制定出市场营销策略和切实可行的营销工作步骤。本着“抓牢稳定货源,争夺流动货源,挖掘潜在货源”的工作思路,以硬件(铁路设备)优势作基础,以软件投入(服务措施)作实力,淡季注重挖潜,旺季注重疏导。对内,制定服务措施,提高服务质量;对外,稳住现有货源,争夺新增货源。车站先后出台首问负责制、一票方便结算等服务措施,并结合客运岗位特点,积极倡导“诚信便利,以人为本”的服务理念,广泛叫响“诚信在岗位,满意在铁路”。截至 12 月 31 日,三门峡火车站发送货物 212.06 万吨,发送旅客 106.04 万人,完成运输收入 34 419.67 万元。

技术比武 在 2011 年洛阳车务段客运业务技术大赛上,三门峡站取得两个单项第 1、一个单项第 2 的好成绩。多名选手代表洛阳车务段参加郑州铁路局的职业技能大赛,并取得优异成绩。

【蒙西至华中地区煤运铁路通道项目通过国家论证】 12 月 3 日,蒙西至华中地区铁路煤运通道项目通过国家论证,按规划通过陕县、灵宝、卢氏,彻底改写卢氏县不通铁路的历史。蒙西至华中地区铁路煤运通道是国家“十二五”规划和“综合交通体系发展规划”重点工程,北起内蒙古浩勒报吉,南止江西吉安,线路途经内蒙古、陕西、山西、河南、湖北、湖南、江西 7 省区 13 市 28 县(旗),正线全长1 859.5公里,总投资约1 600亿元,填补了中国中西部地区过渡地带的南北向铁路网空白。该通道以煤运为主,兼顾地方客运货运,采用国铁Ⅰ级、双线、电气化标准,建成后满足远期年货运 2 亿吨、日开行客车 20 对的能力。 (陈黎明)

·编辑 李艺芬·

信息产业

INFORMATION INDUSTRY

10 月 15 日，信达果业农业物联网技术应用示范基地揭牌仪式举行

邮政业

【概况】 至2011年年底，三门峡市邮政局内设综合办公室、人事教育部、计划财务部、市场部、工会5个职能部门，下辖信息中心、机要科、分转科、集邮公司、分销物流局、电子商务局、函件局、代理保险公司、金融业务局、发行局、营业科、物业公司等12个业务部门。辖区内，共有灵宝、义马、卢氏、陕县、渑池5个县(市)邮政局，邮政营业网点94个(其中邮储网点38个)；市县邮路3条次，县乡邮路13条，邮路全长2 616公里；邮运车辆32辆，其中社会车辆13辆；投递段道217条，其中城市投递段道105条、4 724公里，农村投递线路112条、7 160公里。年末，邮政系统共有从业人员1 107人，其中本科以上学历116人、大专学历430人、中专及高中学历508人；中级以上专业技术职称8人，初级专业技术职称37人。全区服务面积10 496平方公里，服务人口223万人。平均每1个支局所服务面积135平方公里，服务人口3万人。

当年，三门峡邮政系统共投入3 518万元，用于基础设施、社会综合服务平台打造和网络能力建设，有力地支撑了邮政的经营发展。至年底，全市邮政系统实现总收入2.64亿元，较2010年增长30.91%。其中：邮政企业实现收入1.54亿元，较2010年增长13.49%；邮储银行实现收入9 317万元，较2010年增长84.94%，实现利润1 020万元，较2010年增长76.19%；速递物流公司实现收入1 985万元，较2010年增长12.21%。

基础设施建设 完成市局综合办公楼的改造装修和综合生产楼建设的收尾及室外配套工作；完成卢氏县邮政局综合生产楼的主体建设工作；完成义马市邮政局综合生产楼施工前的准备工作；完成灵宝市邮政局、渑池县邮政局辅助生产楼的主体建设工作。全年，新建和装修改造城市金融网点19处，新增ATM机14台，大大提升了综合服务能力。邮政速递物流对市公司的物流仓库进行重新装修，扩大使用面积，提高物流仓储能力，对卢氏县营业部进行选址与装修。大力推行揽投平台建设，全市共建揽投部2个、揽投站5个，进一步细化服务区域。

社会综合服务平台建设 全年新建村邮站203个，累计建成村邮站623个，完成省公司下达计划的106.5%；新建连锁超市和便民服务站375个，累计建成650个；建成助农取款服务点239个。通过连锁服务能力建设，有力地支撑了各项邮政业务的发展。全年实现农资配送、生活消费品销售额3 250余万元，代缴代收各类资金6 000余万元。

网络能力建设 着力打造投递综合经营管理平台，新建信报箱3 414户，累计建成信报箱26 746户，投递能力稳步提高。新增、更新邮政生产车辆4辆，对全市邮路进行优化调整，加快党报党刊和各类邮件的传递时限。速递物流增加揽投配送三轮车11台、叉车3台、托盘150个，有效提高生产能力。

当年，市邮政局投递一部被集团公司授予“学习型先进标兵班组”称号，邮储陕县支行营业部被河南省纠风办评为“群众满意基层站所”，速递物流公司亚宝项目组获全省邮政系统“优秀一体化项目管理团队”奖；市邮政局被授予三门峡市“反腐倡廉建设优秀单位”“党建目标管理工作先进单位”“学习型组织标兵单位”等称号，市邮政储蓄分行被评为三门峡市“女职工先进行”“小额担保贷款先进工作单位”；市发行局被授予三门峡市“五一劳动奖状”，并获市“巾帼英雄女子集体”称号；义马市邮政局被授予三门峡市“五一劳动奖状”，崤山路西支局获三门峡市“工人先锋号”称号。灵宝市邮政局投递员柴书朝入选第三届“河南省道德模范”，速递物流公司朱彩云被评为“全国邮政速递物流优秀内部操作人员”，李岩峰(储蓄银行三门峡分行)、闫来理、段筱丽、王占伟、李岩峰(速递物流分公司)5人被授予三门峡市“五一劳动奖章”。 (曾翔勇)

【举办豫晋陕黄河金三角集邮展览】 5月17日，山西省运城市、临汾市和陕西省渭南市、河南省三门峡市4市联合，在三门峡市图书馆举办大型集邮展览。三门峡市副市长高战荣、市人大副主任亢伊生、市政协副主席王铁创、河南省邮政公司副总经理郭洪杰等共同为集邮展剪彩。邮展以“黄河”“天鹅”为主题，讴歌伟大的黄河母亲。共展出集邮作品56个近240部，其中有在各重要集邮展览中获奖的作品，也有特意为第17届三门峡国际黄河旅游节制作的主题邮集作品。集邮展上，还展出了誉满全球的世界首枚邮票黑便士、毛泽东黑题词、中国的首枚邮票清大龙、慈禧60诞辰邮票、中国首枚生肖邮票庚申猴大版以及梅兰芳小型张等罕见珍邮。此次豫秦晋黄河金三角地区集邮展览是晋陕豫地区规模最大、档次最高的一次集邮展览，与第17届三门峡国际黄河旅游节珠联璧合、相得益彰，为旅游节增添了一道靓丽的风采。 (曾翔勇)

【成功举办“三门峡风光”邮票首发式】 5月18日，“三门峡风光”邮票首发式在三门峡职业技术学院开幕。省人大常委会副主任蒋笃运，省邮政公司总经理杨海福，省广播电视大学党委书记温海昌，市委书记李文慧，市委副书记、市长杨树平出席开幕仪式。开幕仪式由市委常委、常务副市长苏新华主持。“三门峡风光”邮票由中国邮政集团公司为第17届中国(三门峡)国际黄河旅游节暨投资贸易洽谈会特别发行，包括“中流砥柱”“函谷关”“九曲黄河”“仰韶彩陶”等内容，是中国邮政集团公司继发行《天鹅》《彩陶》《虢国夫人游春图》《古代思想家——老子》《黄河水利水电工程》等邮票之后，对三门峡代表性旅游文化景观的又一次集中展现，对于宣传三门峡市厚重的历史文化、促进文化旅游产业发展，起到了积极的推动作用。 (曾翔勇)

【2011“爱心包裹”关爱行动正式启动】 6月17日，三门峡“真情报党恩”系列活动之“爱心包裹”——2011年向贫困地区及革命老区学生关爱行动启动仪式在市邮政局举行，20家爱心企事业单位和爱心人士在现场捐赠价值10万余元的“爱心包裹”。此项活动由市工商联、市扶贫办和市邮政局联合举办。“爱心包裹”项目是国务院扶贫办和中国扶贫基金会于2009年4月26日发起，中华全国工商联和中国邮政集团公司特别支持的一项全民公益活动。社会各界爱心人士只需要通过邮政网点捐购“爱心包裹”，就可以一对一地将自己的关爱送给需要帮助的人。“爱心包裹”项目在三门峡市开展两年来，共有50多家爱心企事业单位和1 000余名爱心人士通过邮政网点参与捐赠，募集捐款37.36万元，为汶川地震灾区、玉树地震灾区、2010年西南旱灾灾区以及贫困

县、革命老区的212所学校1 616名学生，送去了三门峡人民的关怀和温暖。

（曾翔勇）

【在河南省青少年邮票绘画设计大赛中获佳绩】 7月，在河南省青少年邮票设计绘画大赛中，三门峡市有8部作品获奖。其中：市崤函小学徐倩的《腾飞中华》获小学组首位一等奖，市一高杨姿依的《红星闪耀》和靳瑾的《党旗飘飘》双双荣获中学组一等奖；市崤函小学因参赛人员多、所获奖项多（一等奖1名、二等奖2名、三等奖1名）而荣获"组织奖"。三门峡市的获奖数量和奖项均名列全省首位。

（曾翔勇）

【"仰韶文化·华夏之光"邮票首发式举行】 11月5日，"仰韶文化·华夏之光"邮票首发式新闻发布会在渑池县中州国际饭店举行，由中国邮政特别发行的《仰韶文化·华夏之光》系列邮票，让仰韶文化与"中国名片"相结合传播世界。省邮政公司副巡视员、省集邮协会副会长郭洪杰，市委常委、宣传部部长薛蒙林出席发布会。此组邮票1套8枚，主图寓意"和谐"与渑池"千年和谐之都"主题相吻合，6枚附图分别为：月牙纹彩陶罐、小口尖底红陶瓶、曲腹彩陶盆、彩陶罐、彩陶钵、灰陶豆等，均选自仰韶文化庙底沟类型彩陶。整版邮票意在从视觉效果上强调仰韶文化在中国新石器文化中的历史地位和重要价值；邮票边饰选用即将开馆的仰韶文化博物馆建筑外形，把远古文化符号和现代文化建筑标志巧妙结合，设计新颖，独具匠心，无论从形式和审美上都有较大突破，具有较高艺术价值和收藏价值。首发式还发行了《仰韶文化·华夏之光》专题邮票珍藏册，全面展示渑池悠久的历史文明、深厚的文化底蕴和自然、人文特色。

（韩向林）

【投递员柴书朝入选"第3届河南省道德模范"】 12月2日晚，"德耀中原·河南省道德模范"颁奖典礼在河南卫视演播大厅举行。第7个出场的柴书朝是灵宝市邮政局深山步班投递员，入选"第3届河南省道德模范"并被授予奖章。50岁的柴书朝是灵宝市邮政局朱阳支局步班投递员，服务7个行政村、139个自然村、4 000多口人。完成一个班次的投递任务需要往返135公里，翻过3座大山，趟过72条溪水，花费3天时间。投身邮政事业30年来，柴书朝每天背负着四五十斤重的邮包，行走在这山连着山、岭接着岭、崎岖不平荆棘丛生的邮路上。他穿破了400多双鞋，背破了63个邮包，走过的路程可绕地球赤道12圈，共投递报刊70多万份、邮件6万多件，从未出现过错投、漏投、积压，被乡亲们亲切地称为深山区的"绿衣信使"。柴书朝先后获"河南省优秀投递员""河南省文明优质服务标兵""全省邮政系统突出贡献人物"等荣誉称号，并入选"中国好人"榜。

（常淑媛）

无线电管理

【概况】 2011年，河南省工业和信息化厅三门峡无线电管理局（以下简称市无管局）按照新时期无线电工作"管好频率、管好台站、管好秩序、保障安全"的总体要求，不断创新工作思路，完善管理措施，综合运用法律、行政、经济、技术等多种管理手段，为促进全市经济发展和维护社会稳定发挥了积极的作用。

加强频率资源管理，规范无线电台站设置。加强移动通信基站管理。一季度，督促市3大运营公司对2010年基站抽检中发现的39个不合格基站进行整改，整改率达100%。规范卫星通信网设置，对已停用和未建设的卫星通信网按照要求予以撤销，核对已停用卫星通信网内地球站7座。加强无线电台站审批基础工作，全年新增对讲机115部、固定无线电台3座，受理办件457件，核发电台执照366份，对77个单位的台站数据资料进行核对。至年底，全市共有各类无线电发射设备2 370部。认真落实省无委办相关通知精神，科学合理配置频率资源，指配频率5条。

坚持依法行政，严查违法设台。坚持有法必依、执法必严、违法必究的原则，切实提高依法行政意识，有效遏制违法设台和私占频率行为，空中电波秩序得到有效维护。4月，市无管局开展航空和高铁无线电专用频率保护活动，为航空和高铁用频安全提供良好保障。5月，按照省无管局《关于查处卫星搜救系统专用频率受干扰的通知》要求，市无管局成立干扰查处工作小组，在灵宝市、卢氏县设置19个测试点，对受干扰频段进行监测监听和数据分析，确定该干扰系某电信运营公司在卢氏县擅自设置的17个TD—SCDMA（大灵通）基站所致，并及时将查处情况向省无管局汇报。5月30日，配合省工信厅联合执法检查组，将该公司未按要求关停的基站予以强制关停，河南电视台法制频道全程跟踪进行报道。全年，共开展区域内无线电行政执法监督检查活动22次，出动人员70人次，查处6个单位未经审批擅自设置使用对讲机24部，暂扣对讲机12部，查处10个出租车公司使用已过期电台执照，督促查处单位按规定办理相关手续。

服务社会大局，做好无线电安全保障。为防范和打击利用无线电设备在统一考试中进行作弊的行为，当年，市无管局先后配合人力资源和社会保障、财政、教育、司法等部门，参与各类考试无线电安全保障10起，出动人员70人次，使用监测设备32台（套）。硕士研究生入学考试、全国会计师考试、国家司法考试期间，累计查获无线电作弊案件1起，涉案人员2名，作弊设备1部，压制、阻断疑似作弊信号6起，有力地维护了统一考试的公平与公正。在全国"两会"召开期间、"春运"期间、三门峡国际黄河旅游节和庆祝建党90周年等重要时期和重大活动期间，做好监测保障，受到社会各界的肯定和支持。

加强监测监听，维护空中电波秩序。认真制定监测计划，积极开展日常监测、专项监测和不定期的野外监测训练。抓好监测任务落实，做好监测数据的采集、分析及统计工作，不断改进和提高监测月报质量。加强对广播电视、航空、高铁等无线电业务用频的保护性监测监听力度。全年累计监测监听10 942小时。进一步规范无线电干扰申诉、受理、排查、处理工作流程，建立快速反应机制。全年共受理无线电干扰投诉13起，查处非法设置的卫星信号干扰器2部。

加强自身建设，提高服务大局能力。制定《三门峡无线电管理局2011年度党风廉政建设责任目标》和《2011年度党建工作要点》，开展党员公开签订责任书活动，落实"一岗双责"，为做好业务工作提供坚实的政治保障。先后组织政治、业务学习36次，参加省厅及相关部门组织的各类培训135人次,开展无线电技术演练6次,提高无线电管理队伍的思想素质和业务能力。抓好无线电管理综合评议落实工作,建立健全工作机制,推进管理工作规范化。做好政风行风评议整改落实工作,深入开展"为民服务创先争优"活动,不断加强机关作风建设,中心窗口工作多次被评为"红旗窗口"和"服务标兵"。

宣传工作力度加大,全年共向上级部门报送信息专报35期。《中国无线电》、中国无线电管理网、通信产业网、《通信产业报》《无线电管理工作通讯》、省工信厅网站、三门峡市政府网、《工业和信息化工作简报》《三门峡日报》《政府快报》等国家、省、市媒体刊物和内部资料,先后采用相关稿件97篇,其中市级32篇、省级32篇、国家级33篇,营造了良好的社会氛围和舆论支持,社会公众依法用频设台意识不断提高,全市电磁环境状况进一步改善。

【开展2011年度通信基站抽检工作】 9月7日至10月31日,按省无管局基站抽检比例,市无管局共抽检辖区内3大通信运营公司通信基站47个、载频119个,核检电台执照47份,出具检测报告119份,其中合格载频84个,合格率为70.6%,圆满完成2011年度通信基站抽检任务。

【开展无线电管理宣传月活动】 9月,市无管局采取多种方式开展无线电管理宣传月活动。在《三门峡日报》上,专版刊登国家工信部副部长刘利华纪念《中华人民共和国无线电管理条例》颁布18周年的署名文章和国家无线电管理局局长谢飞波接受记者专访的文章,同时刊登市无管局负责人的访谈文章及《中华人民共和国无线电管理条例》全文;在《三门峡日报》上开设专栏,连载无线电管理相关知识;在国家司法考试和公务员招录考试的考点中,悬挂宣传条幅,摆放宣传版面、宣传栏宣传无线电管理工作;在市电视台、各县(市)电视台及市中心大型电子屏、出租车公司车顶电子广告屏中,反复播放宣传口号;在各通信运营公司办公地点、营业厅悬挂条幅,在营业厅电子屏播放宣传口号,并向手机用户发送无线电宣传公益短信,扩大无线电管理工作的社会影响。 (王 茜)

中国联合网络通信有限公司三门峡市分公司

【概况】 2011年,中国联合网络通信有限公司三门峡市分公司(以下简称三门峡联通)围绕"经营要有新突破、服务要上新台阶、管理要上新水平、队伍要有新活力"的总体要求,坚持以预算目标为核心,以提升市场份额为导向,以优化网络、增强综合能力为支撑,以加速企业向历史最好水平回归为总目标,加大农村、城市、集客和校园4类市场拓展力度,加快各项业务发展,深入推进机制改革,强化基础管理,各项工作稳步推进,企业发展迈上新的台阶。

各项业务协调发展。市场经营工作紧紧围绕"规模发展农村市场、攻坚站稳城市市场、全线推进集团市场、有效突破校园市场"的总体要求,针对市场竞争形式的变化,结合实际,提出"紧盯四大市场(农村、城市、集团、校园),创新三大营销(渠道、集团、社会人脉),拓展4大业务(2G、3G、宽带、融合业务),保有固话和小灵通业务"的经营思路。坚持以3G业务重点,融合业务为主导,利用宽带业务的刚性需求,稳定固话用户规模,叠加2G业务,实现"以固滚移",促进3G、2G、宽带业务协调发展。全年累计净增宽带用户2.2万户、3G用户3万户、2G用户1.5万户,固话用户保持相对稳定。

通信能力显著增强。移网方面,实施WCDMA主体、GSM主体、WCDMA配套工程、室内覆盖一期、二期,WLAN一期、二期等7个单项工程,新建G网基站67个、直放站48个,WCDMA基站71个。新建室内分布系统44个点、WLAN热点62个。固网方面,实施三门峡核心汇聚层工程,完成市区六峰路至办公大楼间中继传输工程、陕县至灵宝的市县光缆网工程。共计布放中继传输光缆144芯,合计39公里。完成批量项目一期工程,新建76个驻地网,提供宽带端口11 000个。

网络质量显著提升。移网方面,狠抓日常优化、专项优化、市区及县城以上基站优化、农村基站优化工作的落实,重点改善与客户感知密切相关的网络指标。对城区室分、农村G网、高速公路、国道、铁路W/G网进行专项优化。对市区及县城网络进行优化,通过适时话务检测,合理调整载频资源,开通半速率业务,扩容、减容优化小区34个。通过密切关注用户投诉,及时解决质差小区260个。固网方面,强化服务支撑,推进承诺服务,整合维护资源,组建公众客户响应中心,明确职责,理顺流程,提高固话及宽带接入网专业化维护水平。通过对市区线路资源的有效梳理,完成第一批75个和第二批15个电缆延伸项目工程,提升接入端末梢线路质量。严格管控装维和修障指标,提升客户感知度,固话装机24小时及时率完成97.13%,宽带装机24小时及时率完成98.1%,固话故障修复24小时及时率完成92.73%,宽带故障修复24小时及时率完成98.5%。

客户服务水平明显提升。加强自建营业厅服务管理,建立日常化服务改进机制,开展营业厅服务达标活动,使营业厅管理精细化、规范化,对县以上18个营业厅进行现场检查,通过集中培训、现场指导、检查整改等系列闭环工作的开展,夯实自建营业厅基础管理工作,营业厅服务质量全面提升。完善修订《优化固话、宽带24小时装移修机服务流程》考核办法,通过考核,全区固话、宽带24小时装移机及时率明显提升。

企业执行力有所增强。为保障企业健康发展,对需要更新的车辆管理制度、业务接待办法、会议制度和印章管理等18项制度,及时进行更新;加强办公费用的管理,压缩各项开支;建立水电、招待费用、会务费、车辆使用费等费用台账,通过精细化管理,降低运营成本。紧紧围绕领导决策部署,加大督促检查力度,及时了解并跟踪办理,督促工作落实。

精神文明建设再创佳绩。加大精神文明创建力度,深化"文明单位"和"青年文明号"等群众性精神文明创建活动,不断把公司精神文明创建活动推上新台阶。当年,三门峡联通获"河南省五一劳动奖状",公司党委被市委授予"党建目标管理工作先进单位"称号,市区建设路营业厅被评为三门峡市"工人先锋号",市区黄河路营业厅、湖滨营业厅获"文明服务示范窗口"称号,市区六峰路营业厅获"文明诚信企业(门店)"称号。1月19日,公司图书室被全国总工会授予“职工书屋”称号，三门峡市仅此1家。

【打造“手机阅读”平台】 5月，三门峡联通充分发挥3G网络优势，联合市委组织部、宣传部及相关媒体部门，建设“手机阅读”平台，引起社会各界关注。这种低碳、环保、便捷的新型阅读形式，可满足公务人员随时随地阅读、学习的需求。“手机阅读”平台建成后，包括理论动态、经济论坛、社会热点、文化广角、经典阅览、新书推介、名家书话、生活百科、我的书架、在线互动等板块，为广大党员及民众提供非常丰富的学习资料，其中新闻每日更新近百条，书籍每周更新数十册。

【河南联通客户服务座谈会在三门峡市召开】 7月29日，河南联通客户服务工作座谈会在三门峡市召开。会议认真分析了客户投诉情况，对存在的突出问题进行深入剖析，总结上半年全省客户服务工作情况，并对下半年客户服务工作进行全面部署。

【打造“智慧农业”】 8月3日，三门峡联通与市农业局签署通信合作框架协议，双方依托优势资源，充分利用现代物联网技术，全面打造“智慧农业”，使水果生产实现智能化，推进农业信息化进程，全面推进新农村建设。三门峡联通和市农业局合作共建的陕县二仙坡绿色果业有限公司物联网农业示范区，将通过现代传感技术及软件信息技术，从来源、生产、检测体系及快递物流等环节，对有机农作物进行全过程可视数字化管理，并为消费者提供全过程可视追溯查询平台。该示范项目还将利用多种传感器对农产品（水果）的生长过程进行全程监控和数据管理，以物联网平台技术为载体，提升有机农产品的质量及安全标准，让群众吃上放心水果。根据协议，陕县二仙坡苹果基地互联网项目分两个阶段进行。第一阶段，三门峡联通公司为示范园区组建综合语音VPN网，该基地员工办公手机已全部转为联通手机，并新增固话86部、百兆光纤1条。第二阶段为二仙坡绿色农庄物联网开发阶段，并最终被打造为数字绿色生态观光园。

【建成义马市移动办公平台】 9月22日，由三门峡联通建设的移动办公平台在义马市开通运行。通过在3G手机上安装办公信息化软件，实现政府内部办公移动化，使手机具备和电脑一样的办公功能，有效节省办公成本，提高工作效率，推动党政机关在电子政务方面的信息化应用。 （张新成）

中国移动通信集团河南有限公司三门峡分公司

【概况】 2011年，中国移动通信集团河南有限公司三门峡分公司（以下简称中国移动三门峡分公司）积极落实“双引擎”战略，以加强廉政建设和安全生产为保障，以精细化管理和高效低成本为主线，以“新客户、新话务、新业务、新领域、新模式”为驱动力，着力提升客户的网络感知、业务感知和服务感知，全力推动企业价值提升，各项工作均取得优异成绩，企业保持平稳较快发展的良好势头。

全年新建2G基站270个、TD基站201个，铺设光缆2 022公里，新增WLAN AP 1 236个，移动通信网络覆盖范围不断扩大。开展网络质量和工程质量提升劳动竞赛，创新开展工兵行动、双频网优化、VIP用户主动关怀、13种场景问题梳理和专项整治、陇海铁路、室内外协同优化等质量提升工作，全面提升用户网络感知。先后完成三门峡市“两会”、旅游节、创建森林城市等重大活动现场服务保障，全年累计完成大型应急通信保障任务9次，保障时长达600多小时。

依托行风评议、基层满意站（所）创建、便捷服务专项提升及服务明星评选活动，不断推进“为民服务创先争优”活动深入开展，客户满意度、感知度持续提升，公司党委书记、总经理杨建军先后两次作客三门峡人民广播电台行风热线，与广大客户面对面沟通交流、解疑答惑，公司整体服务质量稳步持续提升。年底，中国移动三门峡公司被中国移动通信集团河南有限公司授予“2011年重要集团信息摸排专项活动”三等奖、“2011年度全省先进基层工会”称号，被三门峡总工会授予“2011年度全市工会工作先进单位”称号；市区上阳路营业厅和渑池仰韶大街营业厅获“省级群众满意基层站所”称号。

【开通《三门峡手机报》】 1月19日，三门峡历史上第一份手机报——《三门峡手机报》正式开通。《三门峡手机报》是三门峡日报社与中国移动三门峡分公司联合开发的新型信息化产品，旨在及时、准确地传播党和政府的声音，快速、全面地传播政治经济和社会文化信息，为三门峡经济社会又好又快发展搭建新的平台。《三门峡手机报》分为早报、晚报、周末版3个版本，包含封面新闻、导读、新闻咨询、娱乐、天气、读者信箱6大板块，共设置《崤函》《中国》《财经》《新闻速递》《非常道》《关注》《娱乐体育》《美食》等10个栏目。《三门峡手机报》的开通是公司着力打造“数字三门峡”工程的又一举措，全年在线用户数达5.83万人。

【电子政务建设稳步推进】 2月28日，中国移动三门峡分公司开发建设的三门峡市电子政务办公系统正式投入试运行，市区140家单位网络顺利接入。3月24日，公司率先与湖滨区人民政府签订信息化合作框架协议，成功启动电子政务建设向全市各县（市）区延伸的前进步伐，包括电子政务网络专用平台、移动办公系统、综合语音通信业务、信息化应用、公众信息服务平台5个方面的内容。9月1日，电子政务协同办公系统正式启用，包含公文处理、移动办公、内网网站、电子邮件、电子档案、信息上报、数据统计7大类19个功能模块，电子政务应急视频系统市县两级硬件设备均安装到位，接入100多路视频监控信号，完成全市骨干网络架设和基础平台建设，开始向县（市）区推进延伸。12月下旬，由公司承建的三门峡行政效能电子监察系统成功上线。该系统包括行政审批、行政审批电子监察、行政处罚、行政处罚电子监察、行政征收、行政征收电子监察和视频监控系统7大子系统，含7个市（县）级监控中心，视频监控接入100家单位，安装监控摄像头253个，行政效能审批系统共接入单位197家，初步具备正式使用条件。

【“无线城市”正式上线】 6月底，三门峡“无线城市”各基础栏目正式上线，含新闻资讯、城市之窗、地方特色、无线便民、无线生活等5大板块。全年共建设10个一级栏目,接入应用130多项。全年无线城市成功登录客户数达27 659户,超额完成省公司下达目标数。

【三门峡市通信行业协会成立】 7月29日,三门峡市通信行业协会成立暨第一次会员大会举行。该协会由中国移动三门峡分公司牵头,中国联通三门峡分公司、中国电信三门峡分公司、中国铁通三门峡分公司等通信运营单位共同发起成立。省通信管理局副局长孙力、副市长高战荣为三门峡市通信行业协会揭牌。三门峡市通信行业协会的成立,对加强行业管理、规范市场行为、进一步改进通信服务、整体提高服务水平具有重要意义。会议通过了协会章程,选举产生了第一届理事会理事长、副理事长。 (李 艳)

中国铁通集团有限公司三门峡分公司

【概况】 2011年,中国铁通集团有限公司三门峡分公司(以下简称铁通三门峡分公司)坚持"一个中国移动"原则,秉承"三干三为"理念,创新工作方法,转变思想观念,奋力拼搏,在市场营销、客户服务、运维安全、企业管理等方面取得明显成绩。

组织管理 以"活力班组"创建为载体,推行信息管理系统,建立健全班组基础管理制度,使营收、成本、建设、运维、人力资源、后勤、客户服务等方面的管理工作进一步规范。以班组信息管理系统夯实基层管理,将班组信息管理系统与综合管理台账有机结合起来,及时更新各类台账、日控表以及相关数据资料,并对此进行科学分析,为经营发展提供有力依据。加强对经营经理的培训,使队伍整体素质不断提高。开展一系列管理创新:班组列队讲评、绩效面谈、效益粗算、畅通员工职业技能晋升渠道、互动式家园文化建设等,更深层次地激发员工内在潜能,提升班组凝聚力、执行力和创造力。在省分公司"活力班组"评定检查中,铁通三门峡分公司有2个经营单元获"三星活力班组"称号。

市场经营 在"一个中国移动"原则下,深化移动协同,逐步调整收入结构,全面推进业务转型政策,宽带业务所占收入比重逐步加大,形成创收增盈的亮点。推出宽带续费"六步法"操作流程,创新客户服务工作理念,突出个性化服务、上门服务,在为客户提供全面、细致、周到服务中,彰显铁通特色,使客户满意度不断提升。

网络建设 全面提升网络质量,积极推进线路、设备双达标,为市场发展提供可靠网络保证。实现网络安全年,全年无重大故障;固话故障率从1.05%减少到0.74%,宽带故障率从4.17%减少到3.07%。继续坚持"效益发展"的原则,减少对单纯的固话项目、管道的投资;积极加大GPON技术在新接入项目上的运用。全年新增电缆809.36对公里,新建光缆224.72芯公里。

客户服务 积极开展"便捷服务,满意100"服务品牌建设活动,进一步改善客户服务工作。加强对营业厅、装维等一线窗口单位的规范文明用语、规范入户装维、规范监督考核工作;落实日分析、周通报、月分析考核制度,定期对营业厅、装维等一线窗口单位的服务规范进行检查,加大考核力度,提升服务质量;在"10050"客服中心专门设立宽带专家坐席,为装维人员提供技术支持,提高工作效率。全年,"10050"人工受理量61 482件,其中业务咨询21 093件、客户投诉142件、预受理1 118件,故障申告14 237件,故障拦截11 217件,故障拦截率为44%。当年,铁通三门峡分公司在省公司组织的"百日"无工信部投诉竞赛活动中获表彰。 (丁 涛)

中国电信集团公司河南省三门峡市电信分公司

【概况】 2011年,中国电信集团公司河南省三门峡市电信分公司(以下简称三门峡市电信分公司)为实现"提升市场份额,提高收入同比,扩大移动用户规模"三个重点目标,明确提出"三三二"工作思路,即"三个发展":加快发展、规模发展、创新发展;"三个抓手":以3G智能机营销、政企信息化应用、宽带发展为抓手;"两个攻坚":做好社会渠道建设和服务能力提升两个攻坚。以"三三二"工作思路统领全局工作,以提高网络运行质量为目标,以规范企业运作为切入点,进一步加快全业务结构调整步伐,实施客户品牌经营战略,重点发展移动网、固网融合业务及创新型业务,积极推动企业转型;深化精细化管理,不断完善体制机制;创新发展模式,优化资源配置,挖掘网络潜力,在快速发展中提高增长质量,客户服务水平和档次不断提高,努力提升企业和客户价值,推进企业快速健康和谐发展。

业务发展 坚持以市场为导向,以发展为目标,以效益为目的,紧紧围绕全年业务收入目标,抓管理、抓经营、抓服务,做到市场与建设并重、挖潜与拓展并重,充分调动全体员工的主观能动性。公司整体业务收入从7 236万元跃至8 830万元,实现了企业的健康、可持续发展。

网络建设 围绕服务市场的思路,优化投资结构,加快对IP网及转型业务的投资;制定工程物资管理、固网施工单位管理、自购材等工程规范,完善各项施工流程;强化网络与市场的衔接,提高投资效益,快速响应市场,优化网络结构,保障网络安全;加快EPON建设,提高宽带上网速率,打造精品网络,努力打造光网城市,提高市场竞争力。

客户服务 优化调整全年服务考核指标,强化考核导向作用,全面落实省公司"客户服务"指标;建立健全服务工作前后端协同、共享机制;提升投诉处理效率和一次性解决率;加大服务渠道宣传力度;有效管控"10000"号工单,最大程度上避免违规、超时等工单的出现;积极开展会员积分兑换活动及会员俱乐部工作;进一步树立"用户至上、用心服务"理念,积极推行首问负责制,完善各项服务质量考核指标;强化全体人员业务技能培训和服务意识培训,提高前台人员的服务水平;认真执行服务规范、服务标准,对服务人员进行服务规范、业务能力、主动服务意识培训和企业文化等方面的培养;针对不同的客户群,分别制定相应的服务标准,实行差异化服务,突出服务重点。 (杨鹤颖 王象炜)

·编辑 李艺芬·

经济协作与开发

ECONOMIC COOPERATION AND EXPLOITATION

三门峡陕州风景区

开放经济

【概况】 2011年,三门峡市坚持以科学发展观为指导,深入贯彻落实国务院《关于支持河南省加快建设中原经济区的指导意见》和省九次党代会、市六次党代会精神,紧紧围绕“三大战略定位”和“四大一高”建设,抓招商、促开放,重签约、求实效,全市投资环境不断改善,签约项目质量持续提高,进出口总额稳步增长,对外开放工作取得突出成绩。

利用外资　全市新批外商投资企业16家,合同利用外资达33 467万美元,同比增长100%,完成省定目标19 195万美元的174.4%,绝对值居全省第5位;实际利用外资63 149万美元,同比增长58.5%,完成省定目标48 600万美元的129.9%,绝对值居全省第3位,提前一个月完成全年目标任务。

利用省外资金　全年新增省外资金项目116个,合同利用省外资金300.8亿元。实际到位省外资金167亿元,同比增长45.9%,提前两个月完成137.3亿元的年度目标任务。

对外贸易　至年底,全市累计完成进出口19 708万美元。其中,出口16 142万美元,同比增长55.9%,增长幅度居全省第5位,占全年目标任务12 545万美元的128.7%。

对外经济合作　全市完成境外工程承包项目32个,新签合同额1亿美元,实际完成营业额3.48亿美元,分别增长24.8%、22.6%、20.3%;全市通过劳务输出公司及随工程外派劳务人员2 704人次,同比增长22.1%。

【对外开放领域不断拓展】 当年,三门峡市进一步加强国际合作,与各友好城市之间的经贸、文化交流持续深入开展。不断强化区域协作,积极参与豫晋陕黄河金三角区域协调发展综合试验区建设,与陕西省渭南市、山西省运城市联合参加第6届中国中部投资贸易博览会。大力开展政银企合作,在省银企合作会议上签约项目67个,总金额177亿元。继续深化与央企的战略合作,先后与中金、中粮、华能、大唐、国药、国电等10家企业签订战略合作协议,签约金额207.6亿元。设立北京三门峡商会,与中关村科技园区管委会、清华科技园签订战略合作协议,重点在北京地区开展招商活动。继续深化与国家贸促会、国家旅游局的合作,黄河旅游节暨投资贸易洽谈会成功升格为国家级大型节会活动,全面提升了三门峡的知名度和影响力。

【三门峡出入境检验检疫局、三门峡海关获批设立】 3月,中央编办分别对国家质检总局、海关总署批复,同意设立三门峡出入境检验检疫局、三门峡海关。这标志着三门峡大通关建设取得重大突破,为三门峡成为豫晋陕黄河金三角地区对外开放制高点打下了坚实基础,在对外开放史上具有里程碑意义。三门峡出入境检验检疫局、三门峡海关的设立,将为三门峡扩大出口、服务进出口企业提供更为便利的条件,为三门峡产品走出“国门”开辟更为快捷的通道。

【三门峡(北京)经济合作项目推介会在京举行】 3月14日下午,三门峡(北京)经济合作项目推介会在北京世纪金源大饭店举行。副省长史济春,市委书记李文慧,市委副书记、市长杨树平,副市长高战荣等出席推介会。在京央企、上市公司、外商投资企业及境内外客商代表近200人参会。推介会还发布了三门峡市招商引资的主要优惠政策和项目,所发布的500个项目涉及先进制造业、高新技术产业、基础设施、能源、生物医药和铝工业等9大类。推介会共签约经济合作项目9个,签约金额达103.1亿元,分别是:投资额48亿元的中国闽商家具产业基地项目;投资额15.5亿元的城乡基础设施建设项目;投资额15亿元的新能源开发项目;投资额8.6亿元的年产100万套液压制动元件项目;投资额4亿元的6 666.67公顷金银花种植基地建设及50吨绿原酸提纯加工项目;投资额3.5亿元的新合作商贸城;投资额3.5亿元的万吨冷库及冷链物流项目;投资额3亿元的汽车改装项目;投资额2亿元的年产150吨柠檬酸金钾项目。

【组团参加豫沪经济合作交流会】 5月31日,豫沪经济合作交流会项目签约仪式在郑州国际会展中心举行。会前,按照省政府的统一部署,三门峡市组织多支专业招商队伍奔赴上海及长三角其他地区进行驻地招商。通过前期积极推介、认真洽谈,三门峡市共签订经济合作项目6个,签约总金额26.1亿元:湖滨区投资额10亿元的鑫都建材商贸城项目;灵宝市投资额8亿元的铅蓄电池极板生产基地项目;渑池县投资额2.6亿元的单体液压支柱建设项目;义马市投资额2.5亿元的上海北华物流项目;卢氏县投资额2亿元的农副产品网络营销项目;灵宝市投资额1亿元的瑞通药品和医疗器械仓储物流项目。

【举办非洲及东欧与三门峡经济合作交流会】 6月28日,由中国贸促会、三门峡市人民政府主办,三门峡市商务局、三门峡市贸促会共同承办的非洲及东欧与三门峡经济合作交流会在三门峡市成功举办。来自摩尔多瓦、格鲁吉亚、亚美利亚、白俄罗斯、加纳、几内亚比绍、利比里亚、塞舌尔、苏丹、俄塞俄比亚、马拉维、赞比亚、津巴布韦、塞拉利昂、南非等东欧及非洲共15个国家的28位工商会官员及三门峡市企业代表约150余人参加会议。国家贸促会会务部处长刘轶,河南省贸促会秘书长刘敏丽,三门峡市人民政府市长助理水选民出席会议并分别讲话。会上,非洲及东欧等国代表分别与市贸促会签订14项友好合作交流协议。

【义马市获“中国最具投资吸引力城市”称号】 7月14日,在深圳举行的第2届中国城市科学发展高层论坛暨中国(深圳)国际节能减排和新能源科技成果产业化及投融资博览会上,义马市喜获“中国最具投资吸引力城市”称号。该届论坛活动由新华社经济参考报、财政部中国清洁发展机制基金管理中心、清华大学区域与城市发展研究中心、中国环境科学学会等单位联合主办,主题为“转型升级与绿色发展”。论坛组委会通过比对分析近3年城市的环境、卫生、教育、社会保障等方面63项统计数据,结合城市在低碳经济、生活品质和人居环境、公共服务和城市管理、安全畅通和政务公开、综合治理和社会风尚等5个方面的发展情况，并参考市民网络投票、问卷调查结果，最终评选出5个中国最具投资吸引力城市、3个人民满意城市和中国绿色经济十佳城市。

【组团参加2011河南承接产业和技术转移合作交流洽谈会】 8月26日至28日，三门峡市共邀请314名客商（外商56人、内商258人）参加河南省承接产业和技术转移合作交流洽谈会。会上，三门峡市共签约13个项目，签约总金额104.5亿元，其中实际利用外资2.73亿美元。市委副书记、市长赵海燕，副市长高战荣率团参加洽谈会。此次签约的项目有：义马市总投资31.7亿元的2×30万吨乙二醇项目、总投资3.5亿元的节能灯毛管及整灯生产项目，渑池县总投资10亿元的河南博市电器项目，湖滨区总投资4亿元的国美电器商城项目，陕县总投资7.8亿元的年产50万吨生物有限肥料项目、总投资5.5亿元的年产4 000吨硫酸铝项目，灵宝市总投资4.6亿元的腾辉石业石材加工项目、总投资3.1亿元的年产140万件服装服饰项目、总投资2亿元的年产20万吨生物有限肥料项目，卢氏县总投资20亿元的德丰村镇商业银行项目，开发区总投资2亿元的年产150吨丙尔金项目，三门峡产业集聚区总投资7.8亿元的新型炊具材料生产基地项目、总投资2.5亿元的污水处理项目。

【创投企业考察团到三门峡市考察】 8月28日，中国创投委和省贸促会组织的创投企业考察团到三门峡市考察。市委副书记、市长赵海燕，市委常委、市政府党组副书记赵中生，市政府秘书长李宝洲等出席欢迎宴会。此次创投企业考察团包括浙商创投、富汇创投、广东粤科风投、九鼎投资、秉鸿资本、金科资本、华域创富、建信资本、金陵华软投资、泰豪资本、建信财富、道财创投、山西易鑫等13家创投企业及大成律师事务所有关负责人。欢迎宴会上，赵海燕致辞，对考察团一行表示诚挚欢迎，希望考察团一行认真考察，寻找投资良机，实现互利共赢，进一步促进三门峡市经济社会又好又快发展。赵中生介绍了三门峡市情。

【组团参加第2届中国郑州承接产业转移活动】 11月12日，市委副书记、市长赵海燕率三门峡市代表团出席第2届中国郑州承接产业转移系列对接活动的开幕式和项目签约仪式，并喜获丰收：签约28个亿元以上项目，总投资额145.85亿元。其中三门峡市有10个项目在活动签约仪式上现场签约：年产200万台电冰箱、200万台洗衣机项目，投资金额10亿元；年产5 000万只大容量超级电容单体项目，投资金额2.2亿元；年产50万吨益利来生物有机肥料，投资金额5亿元；年产20万吨高温α－氧化铝项目，投资金额2.85亿元；年产100万台洗衣机、200万台脱水机电机项目，投资金额8.5亿元；年产78.4万吨旅游食品加工项目，投资金额11.45亿元；大唐豫西陕县32万千瓦风电项目，投资金额30亿元；年产15万吨铝板和铝线项目，投资金额12.5亿元；年产1 000套SVG装置项目，投资金额4.8亿元；电器成套设备及复合材料协议书，投资金额2亿元。市政府秘书长李宝洲参加此次活动。开幕式和项目签约仪式后，赵海燕还参加了中原经济区院士行等活动。

【组团参加第13届中国国际高新技术成果交易会】 11月16日至21日，三门峡市组团参加在深圳举行的第13届中国国际高新技术成果交易会，并取得丰硕成果。高交会期间，三门峡市代表团和各参展企业代表，积极参与各类论坛会、恳谈会和交易会，与各参展商进行广泛交流和深入洽谈，有7个项目达成合作意向，投资总额共计1.03亿美元。11月17日，在深圳鸿丰大酒店成功举办三门峡（深圳）市情说明会和招待酒会，向粤港澳各工商社团、知名企业、商会负责人集中推介三门峡市的发展现状和合作项目。副市长高战荣、深能源集团董事长赵翔智、深圳市侨商会副会长廖起蜀、河南省商务厅驻深圳办事处副主任李涛及粤港澳工商社团、知名企业、商会负责人等100余人出席。

【举办三门峡（北京）市情说明会】 12月16日，市委、市政府在北京永兴花园饭店举行三门峡（北京）市情说明会，向与会嘉宾和客商介绍三门峡市市情和招商引资项目。全国人大内务司法委员会原副主任张丁华，全国合作经济学会会长王如珍，中关村科技园区管理委员会党委委员张茂盛，全国供销总社农资局局长杨建平，中国工业防腐蚀技术协会会长任振铎，中国黄金协会副会长崔建国，河南省政府副秘书长、驻京办主任高保群，市领导杨树平、赵海燕、赵中生、易树学、孙继伟、卢群召等出席会议。通过前期洽谈，三门峡市共与客商签约18个项目，投资总额153.9亿元。其中新能源项目和高新技术项目9个，签约额77.3亿元。签约的18个经济合作项目为：义马市年产1 000万平方米泡沫铝项目，原料药、新药生产线项目，年产10万吨聚四亚甲基醚二醇项目；渑池县高效节能数码节电器项目，韶山三圣宫影视拍摄基地项目，年产500万

建设中的三门峡海关大厦

台车辆自动防酒驾、防盗劫联保器生产项目;湖滨区汽车轮胎检定项目,阻燃橡胶项目,混合动力汽车项目,网尚世界(三门峡)数字电影文化综合体项目;陕县特色有机生态农业及特色休闲旅游园区建设项目,30万吨高端矿泉水饮料生产及矿温泉主题文化广场建设项目;灵宝市中广核风力发电有限公司五亩乡风力发电项目;卢氏县与中广核集团合作开发风资源项目;开发区年产3亿安时动力锂离子电池项目;产业集聚区日供15万吨自来水厂项目,风力发电零部件设备制造项目,液晶电脑一体机项目。

【北京三门峡商会成立】 12月16日,北京三门峡商会成立暨第一次会员大会在北京举行。全国人大内务司法委员会原副主任张丁华,全国合作经济学会会长王如珍,中国农业银行股份有限公司监事长车迎新,中国工业防腐蚀技术协会会长任振铎,中国黄金协会副会长崔建国,河南省政府副秘书长、驻京办主任高保群,市领导易树学、高战荣、孙继伟、卢群召等出席会议。改革开放以来,三门峡籍在京创业人员已达万余人,创办各类企业近千家。为充分发挥在京从事经济活动的三门峡籍人士群体优势、提高凝聚力,整合在京创业人士的人力、物力、财力资源,树立三门峡人的品牌形象,更好地服务北京,发展三门峡,决定成立北京三门峡商会。大会通过了北京三门峡商会章程,推举产生了第一届理事会、理事,第一届监事会,推举产生了第一届会长、常务副会长、秘书长。市委常委、统战部部长易树学向北京三门峡商会授牌。 (周光远)

三门峡经济开发区

【概况】 至2011年年底,三门峡经济开发区已建成面积6.78平方公里,占审核面积的75.5%。总人口达4.5万人,其中常住人口3.8万人、流动人口0.7万人。当年,开发区立足当地实际,以科学发展观统揽全局,全面落实市委、市政府“加快经济发展方式转变,加快实现新跨越”战略部署,紧紧围绕“三大定位”“四大一高”发展战略和“十六字”目标,结合开发区“三张牌、两件事、一个园”中心工作,开拓创新,顽强奋进,全区经济社会保持了发展速度快、经济运行稳、发展效益好的态势,实现了“十二五”期间开门红。

主要指标增速强劲。地区GDP达7.2亿元,同比增长15%;规模以上工业增加值3.5亿元,同比增长16%;社会消费品零售总额8.9亿元,同比增长18%;固定资产投资12.2亿元,同比增长25%;财政收入1.016亿元,同比增长17.7%。资本市场融资2.3亿元,吸引省外资金2.6亿元,实际利用外资910万美元,实现外贸出口1 200万美元。重点建设项目进展顺利。纳入市委市政府重点工业项目3个,总投资57.11亿元,年计划完成投资10.56亿元,实际完成12.84亿元,超额完成全年目标任务。省商务厅下达9项目标全部超额完成,市委、市政府下达五大类50项目标,完成22项,超额完成28项。

经济发展特色突出。年初,按照市委、市政府重点战略部署,教育和引导广大干部进一步增强信心,抢抓机遇,在自身优势上做文章,强力发展高新技术产业不懈怠,求突破。一是围绕出好“三张牌”,即“丙尔金、特种离子膜、纯电动汽车”3个项目,带动全局,培育增长新优势。打造高新技术产业链和特色产业群,抢占制高点。恒生公司的丙尔金项目,突出拉长产业链,在其下游产品即电镀行业加速丙尔金无氰电镀产业链的形成。兴邦公司的离子膜项目,在其产品多样化上研发,使特种离子膜成为强势关联产业。速达纯电动汽车领先世界水平的核心技术为占领科技制高点抢占了先机。3家企业的产品开发和应用备受国家环保、工信、科技等部门关注,已成为三门峡市“四大一高”产业发展的引擎。二是围绕干好“两件事”,促进二、三产业有机融合,互动发展。加快209国道沿线和城中村改造,使城市品位不断提升,投资环境大为改善。谋划和储备了一批事关经济社会发展的好项目,为吸引周边地区人流、物流、资金流、信息流,搭建了平台,促进了二、三产业的有机融合、互动发展。三是围绕建好“一个园”,培育新的增长极。重点围绕“东区”的总体规划和产业布局,全盘谋划产业关联度高、市场引领性强、综合效益好、对经济具有较强支撑力和辐射带动作用的项目。重点围绕“丙尔金、特种离子膜、纯电动汽车”三大项目招商,参与多个领域合作,产业链、产业群、集团化逐步形成。

社会各项事业健康推进。在经济发展的同时,社会事业等各项工作持续推进。一是农民收入持续增长,农民参与工业、商业经营活动率同期上升32%,农民收入同比增长10%,占总人口比例上升20%;二是非公有制经济发展势头良好,年引进非公有制企业100家(其中工业企业15家、商业企业85家),个体工商户296家,同比增长32%,销售收入同比增长35%,吸纳社会就业1 780人,同比增长76%;三是城市建设步伐加快,209国道沿线开发工程启动,城中村建设步伐加快,促使投资环境进一步改善,城市品位不断提升;四是招商引资工作成效显著,通过参加各类经贸活动以及邀请国内外知名专家、学者、知名企业到峡考察,架起了合作投资的桥梁;五是载体活动进一步深化,重点围绕全市深化项目建设年活动,立足实际,突出特色,重点突破,实现了社会事业的健康发展,人民群众的安全感、幸福感明显增强。

【三门峡经济技术产业集聚区发展规划环境影响报告顺利通过评审】 1月7日,河南省环境保护厅在郑州市主持召开三门峡经济技术产业集聚区发展规划环境影响报告审查会,三门峡经济技术产业集聚区发展规划环评报告顺利通过审查小组评审。省发改委、省住建厅、省城市规划设计研究院及三门峡市发改委、环保局、国土局、规划局、产业集聚区管委会等相关单位代表、专家共22人参加了会议。评审小组听取了环评编制单位对环评方案的详细介绍,经过充分论证、综合评定,与会专家一致认为环评报告内容全面,在对区域环境现状调查的基础上,对集聚区选址、功能和主导产业定位、空间布局的合理性及规划实施可能产生的环境问题进行了认真全面的分析,可以满足集聚区规划实施的环境管理要求。环评报告顺利通过。

【镀金用柠檬酸金钾及其制备方法获国家发明专利证书】 2月16日，三门峡恒生科技研发有限公司研发的镀金用柠檬酸金钾及其制备方法经国家知识产权局最终审核，被授予发明专利证书并被环保部列入《国家鼓励发展的环境保护技术目录》(2010年第103号公告)，这是河南省近年来唯一被列入鼓励目录的产品。镀金用柠檬酸金钾及其制备方法于2007年10月申报国家发明专利，经过省、国家相关部委的层层验证认定，于2010年12月15日被中华人民共和国国家知识产权局下发《授予发明专利权通知书》。该产品是三门峡恒生生化技术有限公司研发的一种无毒、无污染的新材料，可取代电子电镀行业高氰污染产品，在技术方面具有创新性，技术指标方面具有先进性，处于世界范围领先地位，已基本走到实际工程应用水平。产品广泛运用到“神舟五号”“神舟六号”和“嫦娥一号”等航天航空领域，有力支持了中国航空航天事业的发展。2007年，该产品荣获“全国民营科技博览会金奖”；2008年7月，科技部副部长韩德乾、国家民促会会长刘振堂到恒生公司视察，并将恒生公司拟定为“中国军地两用清洁镀金材料研发基地”。

【速达纯电动汽车规划、设计、环评合同签约仪式在开发区举行】 5月23日，三门峡速达交通节能科技有限公司与机械工业第四设计研究院就年产10万辆电动汽车项目规划、设计、环评合同正式签约。开发区工委书记、管委会常务副主任张北超主持签约仪式。三门峡速达交通节能科技有限公司是获得国家专利、具有国际领先技术的高科技企业。在机械工厂和汽车工厂工程设计等方面，机械工业第四设计研究院是国内唯一在焊接、涂装、总装工程上达到国际水平的知名企业，具有强大的资本优势。双方正式签约后，将把三门峡市建设成为河南省乃至全国重要的电动汽车和零部件研发生产基地，使电动汽车产业成为三门峡市的品牌产业。

【209国道改造暨嘉和广场项目正式启动】 5月15日，209国道改造暨嘉和广场项目在三门峡经济开发区正式启动。市领导杨树平、赵继祥、郭秀荣、李建顺、张建峰，市政府秘书长李宝洲等出席启动仪式。嘉和广场位于三门峡黄河大桥南209国道西侧，位居三门峡的“北大门”，由高档住宅、精品特色商业等物业形式组成，总建筑面积近10万平方米，计划总投资2.8亿元，是市委、市政府2011年重点建设项目之一。该项目共28层，其中地下部分4层，地上建筑最高99.5米，建筑工期30个月。该项目建成后，将成为三门峡市一个新的地标式建筑群。

9月21日，三门峡速达纯电动轿车出租示范运营启动仪式举行

【速达电动汽车物流专用线通车】 6月17日，三门峡市速达电动汽车物流专用线通车典礼隆重举行。市领导杨树平、赵海燕、马仰峡、李琳、高从民、李宝洲等出席。速达电动汽车物流专用线于3月18日开工，由市交通运输局按照二级公路标准修建，全长2.4公里，总投资2 300余万元，路基宽8.5米，路面宽7米，设计时速40公里。全线共完成土方工程13万立方米、挡土墙2 200立方米、边沟1 230延米、涵洞4道、通道1道、沥青砼路面2 100平方米。典礼上宣读了市政府关于对市交通运输局的嘉奖令。

【三门峡经济开发区申报国家级开发区工作启动】 7月12日，三门峡经济开发区管委会召开三门峡经济开发区申报国家级经济技术开发区工作启动会议。管委会办公室、财政局、建设规划局、城市管理局、经济发展局、商务局等部门负责人参加会议。申报会上，开发区明确了省级经济开发区关于申报国家级开发区的程序和条件，并对申报工作提出了明确要求。1992年4月12日，三门峡市政府在湖滨区桥头市场的基础上批准建立三门峡贸易开发区，起步面积1.2平方公里，规划区面积4.2平方公里。1995年3月5日，省政府批准三门峡贸易开发区为省级经济技术开发区，面积扩大到7.9平方公里。2000年11月15日，省发展改革委受省政府委托，批准开发区再扩大10.7平方公里，总控制规划面积14.9平方公里(未落实)。2005年4月14日，通过国土资源部土地规划审核面积为765公顷。2005年12月8日，通过国家审核，更名为“河南三门峡经济开发区”。2008年12月，省政府批准设立三门峡经济技术产业集聚区(含河南三门峡经济开发区)，新扩面积3.25平方公里，实际控制面积为10.8平方公里。至2011年，开发区辖6个行政村(向阳、后川、三里桥、南关、山前、山后)，常住人口达3.8万人，其中农业人口1.2万人，就业人数2.81万人。

【三门峡兴邦特种膜科技发展有限公司研制的“纳米纤维膜”通过省级鉴定】 8月21日，受河南省工业和信息化厅委托，三门峡市工业和信息化局组织相关专家，在郑州市召开项目技术鉴定验收会，对三门峡兴邦特种膜科技发展有限公司研制的"纳米纤维膜"进行新产品鉴定。鉴定委员会在进行严格审查后,同意该产品通过新产品(技术)鉴定。鉴定委员会由河南工业大学、河南新能源研究所、河南科技大学、郑州轻工业学院材料与化工学院环境工程系、河南速达电动汽车科技有限公司、河北洁神新能源有限公司、郑州大学化学系等单位的专家组成。"纳米纤维膜"是一种锂电池生产中的关键材料,主要用于延长电池寿命。

【速达纯电动轿车出租示范运营正式启动】 9月21日上午,三门峡速达纯电动轿车出租示范运营正式启动。市领导杨树平、赵海燕、赵继祥、郭秀荣、姜继鼎、赵中生、李琳和市政府秘书长李宝洲等出席启动仪式。此次正式运营的电动出租车共有50辆。电动出租车司机向广大市民保证:在出租运营中一定遵章守纪,安全驾驶,切实做到语言文明、仪态文明、车容文明、行车文明和经营文明,充分展示速达电动出租车的风采,树立出租行业品牌形象。 (杨满怀 祜 峰)

三门峡产业集聚区

【概况】 2011年,三门峡产业集聚区坚持以中共十七届六中全会、省九次党代会和市六次党代会精神为指导,深入贯彻落实科学发展观,紧紧抓住"调结构、促转型、保态势、增效益"这条主线,以招商引资和项目建设统领全局,全面推进"三大体系"建设,经济社会发展持续趋好,超额完成市委、市政府年初下达的目标任务,先后被省政府授予"全省对外开放工作先进单位""2011年度河南省十快产业集聚区"等称号,并获省政府500万元的资金奖励;被省有关部门授予"河南省最具产业竞争力集聚区"称号;被市委、市政府授予"2011年度全市重点项目建设先进单位"荣誉称号,并作为先进代表在全市重点项目建设动员大会上作典型发言,实现了产业集聚区"十二五"规划发展的良好开局。

经济发展水平提升。2011年,集聚区共实施各类项目69个,其中,续建项目30个、新开工项目39个,完成固定资产投资70.1亿元,增长59.7%,居全市7个产业集聚区首位,居全省180个产业集聚区第19位;实现主营业务收入201亿元,增长38%;园区级财政收入突破3亿元,地方财政一般预算收入完成8 967万元,增长77%;高新技术产业带动能力增强,共培育省级高新技术企业2家,新增市级工程技术中心2个、省级工程技术中心1个。

招商引资成效显著。继续坚持"大员上前线"和"2个80%"工作法,共派出35名工作人员,设立15个招商小组,常年驻地招商。创新招商引资方式,采取举办小型项目推介会、依商招商、节会招商、服务前置招商等多种方式,吸引客商来集聚区考察洽谈、投资兴业。当年,共组织小型项目推介会4次,利用重大经贸活动签约项目16个,签约金额109.9亿元。将招商引资工作列入各单位重点目标,实行"一票否决"。至年底,各单位共引进投资3 000万元以上各类项目42个,总投资超过220亿元。

项目建设扎实推进。一是狠抓在建项目进度。落实项目"五包"责任制,强化企业服务,加强督促检查,确保在建项目建设顺利推进。当年,开曼亚熔盐示范工程、化工机械二期、富元果胶、昌源铸造等14个工业项目相继建成投产,宁波威尔、华晟铝业、西北联鑫扩建等45个在建项目进展顺利。二是9大重点项目进展顺利。开工建设大唐2×120万千瓦机组、香港明彩印刷包装基地、节能灯二期工程、新疆广汇液化天然气储备基地等4个项目;精心运作,强化跟踪,扎实做好义煤集团铝产业园等3个项目的推进工作;扎实做好国电集团千万吨煤炭物流储配基地和中节能光伏产业园等2个项目的前期工作,取得初步成效。三是全力支持省市重点项目建设。将三灵快速通道、连霍高速公路改扩建、职教园区等省市重点项目列为集聚区重大工程,主要领导亲自挂帅,协调解决项目建设中存在的问题。全年共完成省市重点项目征地116.67公顷,拆迁房屋近300户。

基础设施日趋完善。继续利用BOT、BT、捆绑招商等方法,拉动社会投资,加快基础设施建设步伐。全年实施基础设施项目26个,建成并投入使用10个,累计完成投资11.9亿元。创业服务中心项目主体完工;建成蓝领公寓5万平方米、标准厂房5.3万平方米;新增建成道路14公里,集聚区通车里程达53公里;完成弱电管网铺设13公里,供热主管道2.2公里;亮化道路5.6公里;建成西气东输门气站,铺设天然气管网24公里;完成改造10千伏高压电力线路5.7公里;开工建设日处理15万吨污水处理厂工程;建成区面积新增5.5平方公里。所有建成、在建道路的水、电、气、供热、通信等管线全部一次性铺设,为入驻企业提供"九通一平"用地条件。

要素保障能力提高。严格按照土地利用总体规划,对集聚区内土地实行统一征用、统一管理,通过鼓励中小企业入驻标准厂房和鼓励农村人口入住新型住宅社区等途径,推进土地资源集约节约利用。突出抓好投融资平台建设,依托建投中心和城投公司两个平台共为基础设施建设融资8.3亿元;财政局成功争取到省农村新型社区土地综合整治项目无偿资金1.109亿元,争取无偿资金数额居全省各县(市)区和产业集聚区第1位;充分发挥金融机构及担保公司和小额贷款公司的作用,开展政银企对接会6次,为企业落实贷款融资4.7亿元。

民生保障不断强化。继续实施农民工培训工程,全年培训安置农民工2 500余人。全面推行被征地农民养老保障金制度,全年发放保障金338万元,惠及被征地群众2 700余人。建成新型住宅450套6万平方米,累计完成投资5 420万元;开工建设社区服务中心等公益设施。进一步完善社会保障体系,新农合参合人数达4.8万余人,参合率达99%;开工建设公租房460套2.4万平方米、廉租房405套2万平方米。扎实开展驻村驻企活动,解决群众实际困难和问题660余件;协调处理项目建设难题270余起;开展"群众工作日"等活动,累计接待群众来访350余人次,下访走访群众1 000余人次,排查化解信访突出矛盾纠纷56起。抓好安全生产管理工作,排查安全生产事故隐患236起,事故隐患整改率达98%以上。不断加强和创新社会管理,深入开展平安建设,严厉打击“强行阻工、强揽工程、强买强卖”等各类违法犯罪行为，全年共受理各类治安案件174起，调解处理138起，行政处罚33人，行政拘留18人，经济发展环境不断优化，群众的安全感和满意度不断提升，社会大局更加和谐稳定。

党建工作不断加强。加强领导班子和党员干部的思想政治教育，全年共组织党工委中心组学习24次，不同层次的政治业务集中学习60次，各类业务培训70余次；扎实开展创先争优、“万名干部进农家”等主题活动，设定党员先锋岗120个、党员示范岗70个；注重基层党组织建设，顺利完成18个行政村“两委”换届选举工作，新建非公党组织3个；通过召开庆“七一”表彰大会、发展新党员、走访慰问等多种形式，隆重纪念中国共产党成立90周年；进一步建立健全宣传文化工作机制，省、市级各类媒体宣传集聚区240余次；全面落实党风廉政建设责任制，不断健全反腐倡廉机制，通过开展“民主评议政风行风”等活动，促进干部作风明显转变。

【举行被征地农民养老保险金发放仪式】 1月20日，三门峡产业集聚区举行被征地农民养老保险金发放仪式，市委常委、常务副市长苏新华等亲自为60名被征地农民代表发放存有养老保险金的存折。当天，产业集聚区共为11个行政村的失地农民发放234万余元的养老保险金。2 000余名老人成为首批受益者。三门峡产业集聚区成立以来，项目建设累计征地460余公顷。随着耕地的减少，被征地农民面临收入减少、基本生活难以维系的问题。为保护失地农民的合法权益，保障农村稳定，促进集聚区发展，三门峡产业集聚区按照上级文件精神，经过充分调研、论证，制定出台《三门峡产业集聚区被征地农民养老保障工作暂行意见》。该意见规定：在集聚区范围内由政府组织实施统一征地的、被征地时享有第二轮土地承包权、征地后户人均耕地0.02公顷以下，男性年满60周岁、女性年满55周岁的在册农业人员，每人每月发给140元失地养老保险金；失地农民养老保障所需资金，由农民个人、村集体和区财政共同承担，个人负担30%、村集体负担40%、区财政负担30%，并且明确规定，凡进入集聚区征地的各类项目，必须在征地时足额兑付给群众各类占地费用，特别是失地养老保险金。

【10个重点项目集中开工】 7月19日，三门峡产业集聚区10个重点项目集中开工。市委常委、秘书长赵中生，副市长李琳，市政府党组成员水选民出席开工仪式。10个重点项目分别为：西北联鑫年产3万吨新型管材项目、三门峡产业集聚区污水处理厂项目、伟创置业总部基地项目、虢康实业三门峡产业集聚区项目、君润和清水建筑模板项目、隆基实业轻纺项目、帝鑫建材商贸中心项目、四季丰果品冷库项目、物昌租赁仓储物流项目、经一路工程项目。

【省政府参事调研三门峡市产业集聚区建设】 9月5日至7日，省政府参事姚公一一行6人对三门峡市产业集聚区进行调研，旨在了解产业集聚区建设过程中存在的问题及建议。5日至6日，调研组一行先后对灵宝市产业集聚区、三门峡产业集聚区企业进行视察，听取集聚区的汇报，并赴三门峡产业集聚区黄村与村民面对面交谈，了解村民在搬迁改造过程中的想法。7日上午召开座谈会，听取三门峡市关于产业集聚区建设情况的汇报，市政府党组成员水选民出席座谈会。调研组对三门峡市产业集聚区建设给予好评，并提出指导性意见和建议。 （孙 妍）

三门峡出入境检验检疫局

【概况】 三门峡出入境检验检疫局坐落在市区大岭路南端，占地1.24公顷，建筑面积11 024.15平方米，总投资3 000万元。

三门峡出入境检验检疫局隶属河南出入境检验检疫局垂直管理，机构规格为正处级，行政编制20人，内设办公室、综合科、业务科、实验室管理科等职能科室。按照《中华人民共和国进出口商品检验法》《中华人民共和国进出境动植物检疫法》《中华人民共和国国境卫生检疫法》《中华人民共和国食品安全法》及其相关条例的规定，负责三门峡地区出入境动植物检疫、进出口商品检验鉴定、国境卫生除害处理、国际旅行卫生保健以及认证认可等工作，担负着捍卫国家利益、维护人民健康、保障工农业生产和生态环境安全、促进对外经济贸易发展的重要职责。

2008年7月16日，三门峡市人民政府致函河南出入境检验检疫局，请示在三门峡设立检验检疫机构；10月18日，经省政府和国家质检总局原则同意，三门峡市人民政府与河南出入境检验检疫局就设立分支机构签订框架协议。2010年6月1日，国家质检总局印发《关于设立河南检验检疫局三门峡办事处的批复》，批准设立河南出入境检验检疫局三门峡办事处；9月8日，河南出入境检验检疫局印发《关于赵奇任职的通知》，任命赵奇为河南出入境检验检疫局三门峡办事处主任；9月17日，河南出入境检验检疫局、三门峡市人民政府在三门峡市举行河南出入境检验检疫局三门峡办事处揭牌仪式。2011年3月7日，中央编办下发〔2011〕35号文件《关于设立三门峡出入境检验局的批复》，批准设立三门峡出入境检验检疫局；5月13日，三门峡出入境检验检疫局举行揭牌仪式。

三门峡出入境检验检疫局成立后，内强管理，外树形象，不断拓展思路，围绕国家质检总局“十二字方针”开展工作，倾心服务地方经济发展，强力推进三门峡市“四大一高”战略。至年底，顺利通过ISO 9001:2008质量管理体系认证，并被评为“2011年度河南出入境检验检疫系统先进集体”、三门峡市“2011年度对外开放优秀单位”。

【三门峡出入境检验检疫局正式揭牌】 5月13日，三门峡出入境检验检疫局正式揭牌。河南出入境检验检疫局三门峡办事处自2010年9月开办后，积极履行检验检疫各项职责，共完成各类进出口货物检验检疫业务1 066批、1.4亿美元。三门峡出入境检验检疫局是三门峡市大通关机构建设的重要组成部分，也是第1个建成投入使用的通关机构，对于提升三门峡市的对外开放水平、促进经济社会又好又快发展具有重要意义。

【力促果汁出口破亿元】 2011年,三门峡市出口果汁首次突破1亿美元,达10 347.61万美元,同比增加94.2%,总重量达54 293.43吨,成为河南省出口金额最大的加工食品。为强化食品安全风险监控工作,三门峡出入境检验检疫局坚持从源头抓质量,紧密加强与农业、园艺部门的协作,充分发挥检验检疫人员的技术专长和信息资源优势,在组织召开培训的基础上,多次深入果园对果农进行果园病虫害防治及用药相关知识指导,并组织建立健全果品基地病虫害预测预报和质量监控体系。2011年,三门峡检验检疫局对辖区内出口苹果、果汁共抽取1 000多个样品,进行4 000多项次农残、重金属等项目的检测,确保出口原料基地农药和残留物质持续符合要求,为果汁出口突破1亿美元大关打下坚实基础。

【截获2起拟松材线虫疫情】 拟松材线虫是松树的一种危险性病害,具有致病力强、染病树木发病致死速度快、传播蔓延迅速、难防治难等特点。9月、10月,三门峡出入境检验检疫局连续两次从分别来自日本和西班牙的货物使用的木质包装中,截获活体拟松材线虫,并立即对有疫情的进境木质包装进行焚烧销毁处理,最大限度地防止外来物种入侵,有效保护了三门峡地区的生态环境安全,成功阻止了境外"松林杀手"在国内扩散。 (李书坡)

5月18日,三门峡出入境检验检疫局的工作人员正在检查准备出口的骏通汽车

郑州海关 三门峡海关筹备处

【概况】 2011年5月3日,《海关总署关于设立三门峡海关的通知》转发中央机构编制委员会办公室《关于设立三门峡海关的批复》,通知设立中华人民共和国三门峡海关,机构规格为正处级,核定编制25人,隶属郑州海关。三门峡海关由郑州海关负责筹建,筹备期间不对外开办业务,具体开关日期须经总署验收后再定。

根据海关总署通知,5月10日,经郑州海关党组会研究决定,下发《郑州海关关于成立三门峡海关筹备处的通知》,成立三门峡海关筹备处,由贺方等3人具体负责三门峡海关的筹建工作。根据工作需要,郑州海关党组会于12月6日研究决定由申志强任三门峡海关筹备处负责人。

海关具有"监管、征税、缉私、统计"等4项基本职能。建设三门峡海关是贯彻实施三门峡市委、市政府"四大一高"(大通关、大交通、大商贸、大旅游,高新技术产业)战略的一个重要步骤,是三门峡市优化经济结构、加快经济发展方式转变的主要抓手,更是三门峡市努力探索实践科学发展的强大引擎,必将对三门峡市的招商引资、扩大对外开放,实现"四大一高"战略发挥应有的作用。

2011年,三门峡市进出口总额为1.9亿美元,相比较而言,基础较为薄弱。但近年三门峡进出口业务发展较快,增幅明显。成立三门峡海关后,能够提升三门峡市对外开放的形象,有利于外向型企业的招商引资;能够充分发挥三门峡的区位优势,便利三门峡及周边地区的企业办理进出口业务,提高通关速度,改善企业投资的软环境。

【建设三门峡海关物流中心】 三门峡海关物流中心由市住建局负责建设。7月5日,筹建组进入施工现场;8月11日,施工单位进场开始桩基施工;8月26日,全部浇筑完毕;8月28日,开始承台地梁及地下防水的施工;9月22日,桩基检测完毕,全面进行基础施工。2012年1月12日,大楼主体封顶。

【郑州海关关长栗洪显两次到三门峡市考察】 7月12日,郑州海关关长栗洪显一行到三门峡市考察三门峡海关建设情况。市委书记杨树平与栗洪显一行进行座谈交流,就建好三门峡海关相关事宜进行协商。市委副书记、代市长赵海燕,市委常委、秘书长赵中生陪同考察。栗洪显一行来到三门峡海关建设工地实地察看,详细了解规划设计、道路交通、周边环境、配套设施等情况,并深入部分企业进行察看。

10月17日,郑州海关关长栗洪显,副关长郭常勇、郑平等到三门峡市,调研三门峡海关建设情况,实地察看了解三门峡市出口加工区选址和项目情况,并就申报工作给予指导。市领导杨树平、赵海燕、姜继鼎等陪同调研和参加座谈会。当天,栗洪显一行深入三门峡海关建设工地、三门峡产业集聚区,现场了解三门峡海关办公大楼工程进度以及配套设施、周边绿化的规划建设情况,实地察看出口加工区选址,询问项目规划。 (张 斌)

·编辑 李艺芬·

商贸 市场

COMMERCIAL TRADE AND MARKET

5月19日，第17届中国（三门峡）国际黄河旅游节暨投资贸易洽谈会签约现场

商　务

【概况】 2011年,三门峡市商务局紧紧把握“十二五”开局之年和中原经济区建设上升为国家战略的重大机遇,以积极推动“四大一高”建设为切入点,以实现“三大战略”定位为奋斗目标,坚持“四个重在”实践要领,克服各类不利因素,充分发挥自身职能,采取了一系列扎实有效的工作措施,商务工作总体情况良好,为全市经济社会保持好的趋势、态势作出了积极贡献。

大招商活动　制定2011年招商引资行动计划,先后组织三门峡(北京)经济合作项目推介会、三门峡(深圳)市情说明会、三门峡(北京)市情说明会,筹备第17届三门峡国际黄河旅游节经贸活动,组团参加省政府组织的豫京津、豫沪、豫港澳、豫台等19次重大经贸活动,全方位展开推介。瞄准世界500强、国内500强、行业50强企业,有重点地开展集中对接。继续加强与中国黄金、中国铝业、中石化、中石油、国家电网等央企和法国电力、杭州锦江、河南煤化工集团等大型企业的战略合作,深化合作领域,扩大合作范围。先后接待闽商考察团、上海交大财富俱乐部考察团、杨氏宗亲考察团、东欧与非洲15国考察访问团等一大批客商团体,达成多项合作意向。全年共签约经济合作项目110个,总投资1 053.3亿元,全面完成年初制定的1 000亿元目标任务。同时,项目履约情况较好。至年底,履约项目98个,履约率89.1%;落地项目83个,落地率75.6%;累计到位资金220.8亿元人民币。12月,由于招商引资和对外开放工作成绩突出,三门峡市被省政府评为“全省对外开放先进单位”。

对外贸易　充分利用三门峡海关、三门峡出入境检验检疫局设立的有利机遇,扩大原有优势产品出口,逐步发掘新兴出口品种,着力改变三门峡市依赖铝锭、浓缩果汁、刚玉砂等资源型产品出口的局面。全年新增外贸出口备案登记企业70家,出口延伸到世界6大洲50多个国家和地区。湖滨果汁、缘分果业等4家出口企业获天津、河北、青岛口岸“直通车”资格,鲜果、汽车、芦笋罐头等产品出口实现新突破,出口品种更加多元化。全年累计进出口1.97亿美元,其中出口1.6亿美元,同比增长55.8%,增长幅度居全省第5位。进出口增幅均为近3年来的最高峰,一举扭转了全市对外贸易持续下滑的不利局面。

市场运行　市商务局从建立健全城市生活必需品市场监测系统、重要生产资料市场监测系统和重点流通企业监测系统入手,不断创新工作方式,完善市场运行监测网络,充分了解商品市场运行规模结构变化及重要商品供求和价格走势,扎实做好样本企业监测数据的采集和上报,及时分析市场发展中的难点、热点问题,为市委、市政府调控市场、制定政策,进行市场宏观管理提供更加全面准确的市场信息。全市102家各类样本企业,定期上报市场运行的第一手翔实资料,为市委、市政府了解市场运行情况,及时调整宏观政策提供了必要的信息保证。2011年,全年实现社会消费品零售总额235.9亿元,同比增长18.1%,高于省定增长目标任务2.1个百分点。

商务综合执法　充分发挥“12312”投诉举报体系和商务稽查支队的作用,严格执法程序,健全工作制度,增强执法能力,规范执法行为,开展多次卓有成效的专项行动,在生猪屠宰、酒类流通、成品油、散装水泥等领域展开全方位的检查监督。全年共出动车辆500余台次,出动人员4 000余人次,检查商户912家,参加省级以上市场专项整治6次,对违法违规的单位和个人立案行政处罚的39起,罚没不合格生猪肉650余公斤,没收假酒170余箱,有效地维护了全市的市场秩序。

家电下乡　全年,全市销售家电下乡产品16.9万台(部),同比增长21%,实现销售金额4.3亿元,发放补贴金额4 512万元。自2008年2月全市实施家电下乡以来,累计销售彩电、电冰箱、手机、洗衣机、计算机、热水器、空调、电磁炉、微波炉、电动自行车等10大类家电下乡产品434 338台(部),实现销售金额99 588.6万元,补贴数量417 708台(部),发放补贴金额11 847.7万元,使35.1万余农户受益。

万村千乡市场工程　至年底,全市“万村千乡市场工程”农家店总数达到1 293个,其中农资农家店109个、日用品农家店达到1 184个,占全市可建农家店行政村的90%。全市农家店建设的质量不断提高,推进了农村现代流通网络建设,受到了农民群众的普遍欢迎。

家电以旧换新　当年,全市共回收旧家电5.2万台,回收金额114.3万元;共销售以旧换新家电5.1万台,销售金额1.89亿元。

放心早餐工程　“放心早餐工程”是市委、市政府确定的2011年三门峡“十项实事”之一。至年底,承办企业三门峡市香山红叶饮食娱乐有限公司、实施企业三门峡虢康实业有限公司共完成投资1 738万元,完成工程总建筑面积6 800平方米,其中粗加工厂房3 000平方米、主食加工配送中心2 000平方米、其他配套设施1 800平方米。建成粗加工和主食加工配送中心厂房、豆浆生产线、包子生产线、灌装生产线、粥类生产线、蒸制生产线和食品安全检测系统。12月20日,三门峡市“放心早餐工程”正式启动,进入产品研发和试营业阶段,10个运营网点在市区进行试营业后,得到了普遍好评。

定点屠宰　认真贯彻落实国务院《生猪定点屠宰管理条例》和《关于进一步加强食品安全工作决定》,落实各项措施,认真、扎实、有效地开展生猪定点屠宰监管工作。开展瘦肉精检查、生猪屠宰管理集中整治、打击食品非法添加剂、滥用食品添加剂等专项行动,加大生猪屠宰行业清理整顿力度,严厉打击私屠滥宰行为,建立生猪屠宰行业食品安全信用档案,为人民群众吃上“放心肉”提供坚实保障。全年社会屠宰生猪量28.6万头,其中定点屠宰26万头,机械化屠宰17.1万头,检出有问题的肉品986头,无害化处理986头。实现了县(市)城区以上定点屠宰率100%、乡(镇)定点屠宰率98%,确保肉品品质检验率100%、出厂肉品合格率100%、病害肉无害化处理率达100%。

【举办第17届三门峡国际黄河旅游节暨投资贸易洽谈会经贸活动】 5月18日至23日,三门峡市成功举办第17届国际黄河旅游节暨投资贸易洽谈会。市商务局经过认真筹备、扎实组织,经贸活动各项工作取得圆满成功。共邀请到会客商865人,其中境内客商718人、境外客商147人。经贸会上,共发布经济合作项目500个，签约经济合作项目60个，签约总额达560.53亿元，再创历史新高，进一步提升了三门峡市的知名度，树立了三门峡市对外开放的崭新形象，对实现全市经济社会新跨越起到了积极的促进作用。

【三门峡市首批4家出口企业获直通放行资格】 7月，三门峡湖滨果汁、三门峡缘份果业、灵宝鑫源果业、陕西海升果业4家出口企业获得天津口岸直通放行资格，这是三门峡市首批获得该资格的企业。“直通放行”制度是国家质检总局为了进一步推动“大通关”建设，提高进出口货物通关效率，实现提速、减负、增效、严密监管的工作机制。“直通放行”借助检验检疫和海关搭建的信息平台，创新出入境检验检疫查验放行机制，实现口岸与内地联合执法、快速通关。实行“直通放行”后，上述4家企业的出口货物经三门峡检验检疫机构检验检疫合格并签发通关单，即可在报关地海关（如天津海关）直接办理通关手续直接出口。而未获得“直通放行”的货物，则需在口岸二次申报，口岸检验检疫机构（如天津检验检疫局）实施查验并签发通关单，海关凭此放行。

【三门峡市清真食品在全省展评中获殊荣】 11月8日至9日，河南省首届清真食品展暨清真名企名店名品评选活动在河南省人民会堂广场举行。市政协副主席、市民族宗教局局长肖群兰带领三门峡市6家优秀清真食品企业、16家知名清真饭店的60名代表参加展评活动。经现场评选，三门峡市尚正食品有限公司、振宇食品有限公司荣获“河南省清真食品知名企业”称号，“尚正坊”牌清真牛肉制品、“长玉”牌五香牛肉荣获“河南省清真食品知名品牌”称号。三门峡市各参展企业与全国各地的客商签订购销合同6 300余万元，达成合作意向1.6亿元，展评现场销售产品260余万元。　（周光逸）

商　业

【概况】 三门峡市商业总公司组建于2010年1月，是根据市委、市政府机构改革有关文件精神，从市商务局分立出来的监督管理市国有商业流通企业的事业单位，规格相当于正处级。总公司内设办公室、党委办公室、人事科、财务审计科、企业管理科等5个科室，机关人员编制20名，主要任务是协调指导所属企业生产经营，为企业提供管理、技术和信息服务。至2011年年底，总公司所属28家商业企业，其中国有企业20家、改制企业8家，职工总数4 197人。

2011年，市商业总公司立足商业实际，坚持“创新经营方式、提升经济效益、稳步推进改制、积极服务企业、保持系统稳定”的工作思路，规划商业系统发展新思路，加大招商引资力度，挖掘企业利润增长潜力，并积极回购债务，理顺产权。至年底，共计回购资产近1.8亿元，处置债务4 367万元；成功改制8家商业企业，占未改制企业的40%；安置职工414人，筹兑职工“三金”、身份置换金、生活补助费、困难企业退休职工医疗保险等共计1 666.34万元。全年，商业系统商品总销售完成3.13亿元，实现利税462.8万元，缴纳职工“三金”639.1万元。

12月20日，三门峡市启动“放心早餐工程”

【7家企业完成改制】 年内，市商业总公司通过深入调研，积极理顺产权关系，理清企业改制方向和重点，扎实开展企业改制工作。全年，改制五交化站、土畜产粮油进出口公司、文明商场、五矿化工进出口公司、对外贸易公司、机械进出口公司、国际经济技术合作公司7家企业，其中五交化站安置96名职工，发放身份置换金171.92万元、生活补助款47.5万元，缴纳职工“三金”194.38万元，如期办理50名内退职工的相关手续；文明商场等6家无资产企业的145名职工全部签署同意改制意见，当年兑付身份置换金310万元，缴纳“三金”456.6万元；完善原酿造总厂的破产工作，偿还拖欠职工工资、补缴“三金”300余万元，保障了职工权益，维护了系统稳定。

【百联集团回购资产】 为促进不良资产处置效益最优化，推进商业企业债务处置工作，总公司指导所属百联集团回购资产，通过积极协商沟通，至年底，与市农行达成资产回购协议，百联集团以4 500万元的价格回购现价2亿元的4楼以下18 000平方米的资产，同时，以185万元清偿1 500万元的债务，有效化解资产风险，为企业发展扫清障碍。至年底，商业系统共回购资产近1.8亿元，处置债务4 367万元。

【黄河大厦成功招商】 2011年，总公司积极向知名度较高的企业集团、商贸服务业巨头发出招商邀请，促使黄河大厦先后与锦江之星、迪信通两家知名企业成功签约，引来2 000余万元投资，改善了企业基础设施，提升整体外部形象，为企业的发展带来生机和活力。年底前，黄河大厦完成全面升级改造，1楼~2楼迪信通手机卖场、3楼~9楼锦江之星快捷酒店均顺利开业。

【消防安全生产】 年内,市商业总公司加强企业职工安全知识学习培训,提高职工安全意识。1月至2月底,开展“冬季消防安全生产”专题活动,组织商业系统干部职工400余人进行消防和安全知识考试,印发宣传材料600余份,并由所属企业组成6支代表队,围绕新修订的《中华人民共和国消防法》《中华人民共和国安全生产法》,展开竞赛问答。4月至5月,组织百货大楼、黄河大厦、饮食服务公司、众兴购物、西百货商场、百货站等多家企业,进行灭火器、消防栓的使用培训和消防应急逃生演练。6月20日,食品公司开展“氨泄漏”实战应急演练,邀请市安监局、市消防支队等相关部门的专家现场观摩指导,市电视台、日报社等媒体进行全程报道。6月至7月,在系统内开展以“安全责任、重在落实”为主题的“消防安全生产月”宣传活动。积极开展宣传教育,重点排查整治“九小”(小商场、小学校、小医院、小餐饮场所、小歌舞娱乐场所、小网吧、小美容洗浴场所、小生产加工企业)场所,并根据7月全国频发电梯安全事故的深刻教训,及时对所属6家企业的16部电梯逐一进行安全隐患排查。对超期未检以及未达到每月两次维护保养的电梯,要求立即暂停使用,限时整改到位,并将排查结果报市安委会、市安监局备案。至年底,全系统未发生一起重特大安全事故,圆满完成政府下达的责任目标任务,被授予“市级消防先进单位”的称号。 (许 珂 王鹏松)

供 销

【概况】 2011年,全市供销社系统紧紧围绕加快中原经济区建设和“四大一高”战略的工作大局,积极加强项目建设,大力推进农村现代流通服务网络体系建设,加快发展农村合作经济组织,强化社有资产监管,努力营造和谐稳定环境,使全系统呈现出干部职工思想稳定、奋发向上,各项工作扎实推进、快速发展的良好态势,全系统综合实力、服务水平和发展活力明显增强,实现了“十二五”期间发展的良好开局。全年共完成商品购销总额95亿元,比2010年增长79%;实现利税12 277万元,比2010年增长83%。全市累计发展各种类型的专业合作社125个,其中在工商局登记注册80个;新规范发展村级综合服务社149个;组建行业协会64个;完成招商引资5 500万元。

【项目建设不断加强】 当年,市供销社不断加强项目建设工作。至年底,全系统共储备项目24个。渑池县西阳红薯专业合作社项目和灵宝市振宇食品有限公司农产品配送中心项目均通过审批,并分别争取到财政扶持资金80万元、50万元。由市供销社引进的刘老根生态园项目正在建设中。

【扎实推进“新网工程”】 当年,市供销社大力实施“新网工程”,健全完善经营服务网络,使供销社的服务体系逐步完善,经营触角继续向下延伸,为农服务实力进一步增强。全市供销社系统以商(市)场、公司为依托,横向拉动产业链条,纵向联结县乡网点,开展连锁配送业务,积极引导县乡供销社开展改造整合,构建新型服务网络,县级社基本恢复传统的农业生产资料、日用杂品、再生资源、家电用品等业务。各级供销社通过自建、联建、联大靠强等多种运营机制,建设以日用消费品和农资商品为主的配送中心,扩大配送范围,提高配送比例,增强对网络的控制能力。全系统21个配送中心的建成,有效提高了对系统经营网络的控制能力,基层网点线断点散的局面初步扭转。全市1 486个连锁门店遍布所有乡(镇)和中心村,服务实力进一步增强。农业生产资料、日用消费品和烟花爆竹经营网络体系不断完善,经营主渠道地位进一步巩固。化肥、农药等农业生产资料市场份额已占到85%以上,烟花爆竹的批发业务牢牢掌握在供销社手中,日用消费品和农副产品的经营量稳步上升。

【农业社会化服务水平提升】 当年,市供销社服务农业社会化水平进一步提升。一是围绕当地主导产业和优势产品,领办、创办125个种植、养殖、加工、储运等专业合作社,入社农户4 893户,帮助农民增收5 158万元。注重专业合作社的品牌化建设,湖滨区供销社创办的绿康养猪专业合作社被市委、市政府命名为“2011年度全市农民专业合作社示范社”。渑池县西阳专业合作社生产的“仰韶”牌系列农产品,已在当地形成品牌效应。二是办好村级综合服务社和社区服务中心,充分利用供销社遍布城乡网点,与联通、保险、书店等部门联合,合作为农民提供商品购销、电信、中介、保险、图书、文化娱乐等多方面的服务,方便农民的生产、生活。三是加快各类协会建设,至年底,共组建各类协会64个,培训农民2.8万人次。并聘请高级农艺师长年坐诊,开展测土施肥、配方用药服务,为果农排忧解难。

【加强社有资产监管】 当年,市供销社不断加强社有资产监管。紧盯市再生资源公司经营场地置换不放松,积极协调国土资源、建设规划、区政府等部门关系,及时向市政府上报用地申请并获得批复,开始实质性运作,项目完成后,市供销社净资产可增加1 000余万元;加大闲置、低效资产开发利用力度,市农资仓库、家电市场的2万多平方米的土地综合开发利用方案已通过市政府、市规划局审批,具备开工建设条件;对基层单位的土地、房产分门别类地建立健全管理档案和台账,杜绝随意处置资产问题的发生。

【刘老根生态园开工建设】 7月,位于三门峡天鹅湖国家城市湿地公园苍龙湖西、沿黄生态旅游经济带东段的三门峡刘老根生态园正式开工建设。该生态园占地18.67公顷,计划总投资1 500万元。该生态园由市供销社从福建加盟引进,园区包括特种养殖观赏区、果品蔬菜采摘区、休闲垂钓区和特色餐饮区4个功能区块。至年底,完成园区土地清理、道路修整、供排水系统、施肥等工作,正在进行餐饮设施建设和果树花卉苗木栽植,完成投资300余万元。建成后,将对完善天鹅湖国家城市湿地公园景区功能起到积极的推动作用,为发展三门峡市旅游业再添新彩。 (石安娜)

盐 务

【概况】 2011年,三门峡市盐业管理局以巩固食盐专营体制为出发点，以取消转代批点、全面实行食盐访销直供为主要内容，以实现食盐专营和非盐产业经营共同发展为目标，积极开展各项工作。全年共完成食盐购进10 500吨，占年计划的100%；完成食盐销售10 500吨，占年计划的100%；完成工业盐5 974吨，占年计划的108%；完成食盐外包装8 680吨，占年计划的119%；完成食盐小包装袋1 823万只，占年计划的111%；保证市场供应碘盐合格率达98%以上。

【沉着应对食盐抢购风潮】 受日本核电站事故影响，3月16日，一则"海盐生产不安全、食盐要涨价，碘盐能抵御核辐射"的谣言造成部分地区市场恐慌，民众盲目抢购囤积碘盐。面对来势凶猛的抢购潮，市盐业局正确研判事态，果断处置，安排到位，有效化解抢购风潮：通知各县(市)区盐业局向全市人民作出解释，同时加大库存食盐的市场投放力度，全力保证市场供应；出动全部稽查人员，加大盐业市场的稽查和监管力度，从严从快打击哄抬盐价的不法行为，确保食盐价格稳定；与发改委、工商局、公安、卫生等部门联合行动，采取综合执法措施加强市场监管，对于少数零售网店趁机囤积居奇、哄抬物价以及制售假冒伪劣食盐、贩售私盐等行为，强化监督检查，坚决依法严厉打击；紧急印制《关于我市食盐市场供应情况的公告》1 500余份，并连夜张贴到各大超市、集贸市场、居民区及主要街道；灵宝食盐包装厂从3月17日开始，每天24小时生产加工小包装食盐；根据市场需求合理设置临时供应点，确保群众有盐吃；采取发布信息、报刊专栏和通过广播电视开辟专栏等形式，加强有关法律、法规宣传，教育引导群众不信谣、不传谣，防止上当受骗，做到理性消费、合理采购食盐。食盐抢购风潮持续到18日，从18日上午开始，食盐市场再未出现脱销断档现象，各商场、超市供应恢复正常。市盐业局仅用1天时间就化解了抢购风潮，受到了市委、市政府和人民群众的好评。

【有效防止私盐侵入】 当年，由于盐业经营体制发生变化，为保证食盐市场安全，市盐业局将盐政稽查人员全部充实到销售队伍中，各分公司负责各片区内的市场稽查与管理，使销售、稽查同步进行，寓管于销，发现案件及时处理。在实际运转中，分公司还注重建立销售网络终端客户档案，定期对辖区内的销售数据进行分析，及时监控市场动态，最大限度缩小私盐和非食用盐进入市场的空隙，提高合格碘盐的市场占有率。同时，对辖区内的终端客户进行定期回访，了解需求，跟踪服务，加大盐业市场的监管力度，保证合格碘盐的正常销售，有效防止私盐侵入。年内，市城区盐业局在销盐过程中发现私盐线索，顺藤摸瓜，联合警方成功查获一起贩销食盐69吨的重大案件。全市全年共查处超过10吨的私盐案件5起，抓获犯罪嫌疑人3名，有效打击贩私行为，净化了盐业市场。 （郭藻文）

物　资

【概况】 2011年，三门峡市物资总公司按照"确保国有资产不流失、确保职工利益最大化、确保目标任务全面完成、确保物资系统和谐稳定"的工作思路，积极推进国有物资企业改革，立足工作创新发展，切实维护职工利益，认真抓好工作落实，全面完成各项目标任务。全年市直物资企业商品销售总额完成3 900万元，比2010年同期增长12%；市直单位养老、失业、医疗保险统筹额完成145万元，占年度政府目标任务的101%。

【稳妥推进国有物资企业改革】 当年，按照统一规划、分类实施的改制原则，市物资总公司在市直物资系统选择1/3的企业作为捆绑破产前期试点，对物资公司、物贸中心、物资开发公司、物资实业公司、生产资料公司、招待所等首批破产试点单位进行人员、资产、债权、债务清查，掌握大量的第一手资料，有力地推进了市直国有物资企业整体改制工作。市燃料公司按照改制方案及市政府批复意见，有计划、有步骤地组织实施改制，对改制土地地面附着物进行摸底调查，并对相关资产进行评估，顺利完成调查评估任务，土地的收购、挂牌、出让等工作正在进行。

【加强物资市场建设与管理】 当年，市物资总公司不断加强物资市场建设与管理，顺利完成报废汽车拆解市场改造提升验收工作。回收有限公司作为全省5个报废汽车拆解企业升级改造示范工程"试点单位"之一，2010年争取到省财政资金235万元，进行升级改造；2011年又投资70余万元，增添设备、完善基础设施，对企业进行改进提升，顺利通过省商务厅的检查验收，达到国家行业资质要求。以报废汽车拆解和废旧金属回收市场、汇通汽车货运市场、钢材市场经营管理为重点，完善市场功能，增加现代化设备，提高服务水平，在各县(市)设立经营网点，提高市场占有率，扩大销售，增加创收。全年实现销售额3 900万元，回收报废汽车2 000余辆，货运市场吸引停放车辆150余辆，实现了社会效益、经济效益的双丰收。

【维护系统和谐稳定】 至2011年，全市物资系统国有企业全部停止经营，95%职工下岗失业，维护稳定成为各项工作的重心。当年，市物资总公司共发放各类帮扶物资及资金7万余元，救助慰问困难职工、困难党员、困难离退休职工、军转干部等150余人次；落实军转干部政策，为在职军转干部申报发放生活补贴49.2万元；内部排查调处各类矛盾纠纷和解决问题20余起，接访反映问题人员100余人。由于稳定工作思想认识到位、政策落实到位、感情交流到位、问题处理到位，全年物资系统未发生任何上访事件，有效地维护了物资系统和社会大局的和谐稳定。 （张家明）

粮　食

【概况】 2011年，三门峡市粮食总产62.59万吨，比2010年略有减少，其中夏粮31.05万吨、秋粮31.54万吨。当年，国家继续实行小麦最低收购价收购政策，但由于市场小麦价格一直高于国家最低收购价，小麦最低收购价执行预案始终未能启动。在物价普遍上涨的情况下，粮油购销平稳，没有出现市场粮收购价大起大落和断档脱销现象。至年底，全市共收购各类粮食19.65万吨，略高于2010年，其中国有粮食购销企业收购粮食5.51万吨;全市销售粮食25.21万吨,其中国有粮食购销企业销售4.85万吨。全年粮食购销总量44.86万吨,确保了粮食供应和市场稳定。

当年,围绕建立和完善粮食流通管理体系、加强粮食宏观调控、确保粮食安全、促进行业发展等重点内容,全市粮食部门扎实做好粮食收购、宏观调控、监督检查、安全管理、统筹发展等工作,圆满完成各项目标任务,被评为"全省粮食系统目标管理先进单位"。全市国有粮食购销企业实现盈利86万元。粮食系统通过深化"项目建设年"和"企业服务年"活动,组织参加大型展交会,继续推进招商引资、扩大多种经营,全年实现多种经营利润200余万元,确保了行业稳定发展。

【小麦最低收购价收购】 5月,国家出台《2011年小麦最低收购价执行预案》,河南等6个小麦主产区的小麦最低收购价为白小麦(国标三等)每公斤1.9元,红小麦和混合麦每公斤1.86元,适用时间为2011年5月21日至9月30日。并规定收购期间可以以县为单位启动预案。由于市场小麦价格一直高于国家最低收购价,小麦最低收购价执行预案始终未能启动。为保护种粮农民利益,确保不出现卖粮难和谷贱伤农等问题,国有粮食购销企业主动承担社会责任,克服资金不到位、收购风险大等困难,充分发挥主渠道作用,千方百计组织粮食收购。全年国有粮食企业共收购小麦7.73万吨,超额完成省粮食局和市政府下达的收购目标任务。一是深入调查研究,广泛开展政策宣传。针对小麦最低收购价政策没能启动以及粮食市场供应、粮食收购市场监管、粮食安全等热点、难点问题,市粮食局相关负责人先后3次做客三门峡广播电台《行风热线》栏目,与听众在线互动交流,宣传粮食政策;组织人员深入企业、田间地头和集贸市场,调研检查夏粮生产、粮源和收购准备工作,帮助解决收购中的困难和问题,营造依法管粮环境。二是多渠道解决收购资金问题。各收购企业采取职工集资、社会融资、个人贷款、资产抵押等措施,自筹收购资金1.4亿元,满足收购需要。三是及早动手做好各项准备工作。全市共备仓16.2万吨,筹措资金300余万元,对仓储和收购设施进行维修改造,配齐各类收粮器械及检测仪器;采取不同形式,分批对质检、保管、结算人员进行业务培训,开展粮质、粮源调查,落实小麦收购质量标准,确保收购政策落实。四是创新收购方式,严肃收购纪律,搞好优质服务。各企业采取与粮食经纪人联合收购、异地代收等措施,开展"争当收购状元""争做收购服务明星"活动,严格执行粮食价格政策、质量政策和结算政策,未发生压级压价、多扣水杂以及"打白条"等损害农民利益的问题,提高了企业信誉,维护了国家形象。

【全省粮食调控工作会议在三门峡市召开】 5月27日,全省粮食调控工作会议在三门峡市召开。会议总结2010年全省粮食调控工作,表彰2010年全省粮食统计工作先进单位和个人,学习贯彻兰州全国夏季粮油收购工作座谈会精神,分析粮食市场形势,听取各地调控工作开展情况汇报,对2011年全省夏粮收购工作和全年调控统计工作进行全面部署。各省辖市粮食局分管调控工作的副局长、调控科科长参加会议。

【粮食宏观调控】 为确保市场供应和粮价平稳,当年,全市粮食部门继续加强粮食宏观调控。一是增加地方储备粮数量,加强储备粮轮换,保证储备粮质量。2011年,全市共新增地方储备粮0.7万吨,其中渑池县新增0.5万吨、卢氏县新增0.2万吨;轮换储备粮1.52万吨,其中市本级1.1万吨、渑池县0.42万吨。同时,增加部分小包装食用油储备,优化粮油应急供应的品种和结构,提高了应对市场异常波动的能力。二是加强地方储备粮管理和粮食宏观市场调查研究。市、县粮食行政管理部门和储备粮承储企业进一步完善储备粮管理制度,选择最好的仓房,挑选优秀管理人员,使用最先进的设备仪器管理储备粮,确保储备粮油数量真实、品质良好、质量可靠。同时,扎实开展全社会粮食供需平衡调查和小麦质量品质测报工作,为粮食生产、经营管理、市场消费提供科学依据。三是做好军供、救灾等政策性粮食供应,扎实开展"放心粮油进农村"活动,促进粮食市场繁荣稳定。市直粮食企业准确把握市场行情,积极组织小麦、玉米、黄豆和食用油购销业务,适时营销,取得良好效益。卢氏县全年3次供应救灾粮0.042万吨,保证群众度过灾荒。市军粮供应中心和各军粮供应站以严格管理为重点,规范服务,全力支持宁夏军区给水团在三门峡市抗旱打井,不断提高军供服务水平。四是加强粮油市场调查和管理工作,全市建立7个固定价格监测点,及时掌握市场供求、价格、品种、品质等信息,落实调控措施,加大市场粮油投放,全年共销售粮食25.21万吨,确保了粮油市场基本稳定。

【依法管粮】 当年,按照《粮食流通管理条例》和政府机构改革赋予粮食部门管理全社会粮食流通职能的要求,粮食部门继续加大粮食监督检查工作力度,积极推进依法管粮。一是明确部门职责定位,理顺内部科室岗位职责,落实行政执法制度流程,完善工作机构,组建粮食行政监督检查执法队伍,为粮食依法行政奠定基础。二是加强粮食流通监督检查制度建设。规范14项粮食行政执法制度,完善《三门峡市粮食应急预案》,明确粮食应急供应指定企业和加工指定企业,把私营、个体等粮食经营者纳入行业统计管理。三是建立粮食经营企业信息库。对全市认定的82家合法收购企业进行年度收购资格审核,并通过调查摸底统计,全面掌握基础资料,建立电子和纸质档案系统,构建市场监管信息平台,实现信息共享、动态管理。四是加强依法管粮舆论宣传和普法、依法行政工作。利用粮食统计、法规、质检、监督检查等业务培训渠道,突破原有粮食系统企业的界限,将社会粮食企业纳入培训范围,聘请专家指导,宣传粮食政策法律法规,明确监管要求,督促企业履行义务,强化依法经营和依法行政意识。五是依法开展粮食执法监督检查活动。以小麦最低收购价政策执行和粮食库存检查为重点,先后开展全国食用植物油库存检查、粮食经营企业调查、统计制度检查培训、玉米质量监测、收购许可证审核办理、国家临时储存小麦竞价销售出库、秋粮收购和军粮供应专项检查等活动,保障国家粮油安全,规范粮食流通市场秩序。

【顺利完成 1 100 万公斤地方储备粮轮换任务】 至6月15日，三门峡市1 100万公斤地方储备粮轮换任务顺利通过市发改委、市粮食局、市财政局、市农业发展银行的联合验收。按照2011年度地方储备粮轮换计划，4月至6月，三门峡第二粮库、三门峡市粮油总公司、三门峡市粮食局直属仓库3个承储企业对2006年入库的1 100万公斤市本级储备粮进行轮换。

【行业发展】 当年，粮食部门继续发展招商引资和多种经营，积极深化“项目建设年”和“企业服务年”活动。一是开展招商引资，促进企业发展。组团参加宁波第11届中国国际粮油产品及设备展览会，组织主食产业化发展前期专项调研。全市粮食系统共引资2 500余万元，发展招商引资项目8个，新增城镇连锁经营及农村服务网点12个。卢氏县引资380万元建设的杂粮及面粉加工项目，陕县引资500万元建设的静电服装厂项目，渑池县的粮食物流建设和康耀电子技术升级项目，均于2011年取得重大进展；市直企业的粮油经营、仓房出租、资产利用等业务项目取得较好效益；北大荒绿色食品专卖店在灵宝、陕县、卢氏扩大加盟，网点进一步延伸，取得良好收效。二是强化目标管理，深化企业改革。当年，按照市政府关于加快推进市直机关所属企业脱钩改制工作的安排，粮食部门开展了思想动员、企业资产摸底调查等前期工作，按照成熟一个、改制一个的原则，积极、稳妥地谋划和推进粮食企业改革工作。三是加强企业内部管理。进一步整合资源，建立健全各项管理制度，完善经营决策机制，强化扭亏增盈目标责任制，经济运行质量进一步提高。2011年，全市国有及国有控股粮食购销企业实现利润86万余元，实现多种经营利润200余万元。市直粮食系统经过多方争取，筹措资金，为311名职工办理大额医疗保险，解决了5个困难企业89名退休职工的基本医疗问题。

【安全储粮和安全生产】 当年，粮食部门进一步落实储粮安全责任制，加大粮食库存的检测检查，开展春、夏、冬三季粮油安全大普查，搞好仓储企业规范化管理，加大监控力度，强化责任落实，实现安全储粮。全市粮油“一符四无”（账实相符，无害虫、无变质、无鼠雀、无事故）率达到95%以上，储备粮“一符三专四落实”（账实相符，专人、专账、专仓管理，品种、地点、数量、质量四落实）达100%。切实做好防汛工作，健全组织，落实方案，开展汛前防汛大检查，建立粮食系统应急值班制度，组织防汛抢险队39个、队员437人，充分做好防汛物资器材准备，确保防汛需要和安全度夏度汛。认真落实安全生产责任制，扎实开展安全隐患集中排查整治活动、安全生产月活动和消防安全“五大”活动，组织“清剿火患”战役，举办安全知识竞赛和技术演练，开展粮油食品安全调查和治理活动，不断加强职工消防、防盗防灾、安全生产等方面的知识教育，强化安全意识和责任，确保安全生产无事故。

【开展食用植物油库存检查】 5月至6月，根据全国食用植物油库存检查要求和《2011年河南省食用植物油库存检查工作实施方案》，市粮食局先后组织70多人次、15台（套）检测仪器，对全市所有储油库点进行检查。此次检查是由国家发改委、国家粮食局、财政部、农发行总行联合组织的全国性检查。检查的重点范围是：中央储备油、国家临时存储油、地方储备油（统称“政策性油脂”）库存，以及政策性油脂承储企业的商品油库存。同时，对纳入粮食流通统计范围，但未存储政策性油脂的其他企业的商品油库存进行摸底调查核实。以2011年5月25日为检查时点，分准备、市县两级有关部门督导企业自查、省级有关部门普查、国家有关部门联合抽查、总结上报等5个阶段，7月下旬全部结束。按照“有库（点）必到、有油必查、查必彻底”的原则，市粮食局通过企业自查、市级督导检查和全省普查，全面完成食用油库存检查工作任务。普查核实：三门峡市食用油脂库存账实、账账相符，库存食用油质量可靠、安全卫生，储备油轮换管理规范，政策性油脂库存费用拨付及时足额到位，库贷挂钩操作符合规定，油脂仓储管理制度健全，全市食用油脂库存整体状况良好，被评为“全省食用油库存检查工作优秀单位”。 （马建苟）

烟草经营

【概况】 至2011年年底，三门峡市烟草专卖局、河南省烟草公司三门峡分公司（以下简称市烟草局）下辖卢氏县、灵宝市、陕县、城区、渑池县、义马市等6个县级烟草专卖局（分公司）和卷烟营销中心、烟叶营销中心、烟草大厦等9个直属单位，共有从业人员1 350人。

当年，三门峡烟区以综合标准化技术规范为依托，以ISO 9000质量管理体系为保障，以农民增收、财政增税、企业增效、烟厂满意为奋斗目标，加大烟叶生产投入力度，全面实施烟叶质量管理体系和烤烟标准化生产，打造生态烟区，推进现代烟草农业发展。

现代烟草农业发展稳步推进。继续保持全省烟叶生产第一大市的地位，高度重视“三门峡”优质浓香型烟叶品牌建设，发布特色定位，彰显烟叶风格特色。坚持“一基四化”（全面推进烟叶生产基础设施建设，规模化种植、集约化经营、专业化分工、信息化管理）发展方向，全市共建设5个现代烟草农业基地单元，总面积达6 866.67公顷。灵宝朱阳、五亩2个国家级基地单元，全面强化基础设施建设，大力开展专业化服务，顺利通过省烟草公司组织的验收。积极推进烟叶合作社建设，全市注册成立烟叶合作社5个，入社烟农812户、面积1 024.53公顷。投入资金6 634.13万元，建设烟叶基础设施项目2 130项，受益基本烟田7 333.33公顷，有效改善烟区生产条件。投入扶持资金5 600万元，较好地保证了烟叶生产措施的落实。

着力培育重点品牌。以“532”“461”知名品牌为重点，着力扩销一、二类卷烟，加快“四转三”步伐，卷烟结构转型效果明显。深入推进按订单组织货源、协同营销和精准营销，着力培育重点品牌，三类以上销量和销售收入排全国前15位重点品牌分别销售2.38万箱和2.77万箱，同比增长44.6%和35.7%。百元以上黄金叶销售13 997箱，同比增长71.57%，全省综合排序第2位。加强零售终端建设，客户盈利能力持续提升，客户满意度94.2分，全省

12 月 20 日，“三门峡”黄金叶卷烟正式亮相

排名居第 3 位；网上订货率 64.33%，全省排名居第 1 位。

争先创优氛围更加浓厚。深入推进“四好”领导班子建设，对行业领导班子和干部进行综合考核，开展直属单位领导班子后备干部集中调整工作，各级领导班子建设不断加强，群众满意度不断提升。积极开展优秀基层单位创建，组织开展自查剖析、领导点评和公开承诺工作，点评和承诺覆盖面达 100%。2011 年，全市有 10 个烟叶工作站开展创建达标活动，累计 6 个县级局、6 个分公司、15 个烟叶工作站通过达标验收。

当年，市烟草局先后被市委、市政府授予“五一”劳动奖状、“安全生产先进单位”“五五”普法先进单位、“依法行政先进单位”“职业道德建设十佳单位”等称号，并再次受到市委、市政府通报表彰。积极开展精神文明单位创建，城区局通过“省级文明单位”验收，2 个县局获“市级文明单位”称号、2 个县局和 18 个基层站所获“县级文明单位”称号，市局机关、灵宝市局顺利通过“省级文明单位”复验。

【中国烟叶公司调研组到三门峡市调研】 2 月 20 日，中国烟叶公司副总经理吴洪田一行，到三门峡市深入进行烟叶生产调研。调研组一行详细了解三门峡烟叶生产状况和形势，对种烟效益、烟农种烟积极性等事宜进行深入调研，并与市、县烟草局负责人及烟农代表等进行座谈。在听取市、县两级班子就烟区生产发展情况的汇报后，调研组一行对三门峡烟叶生产经营工作给予充分肯定，并强调，要充分利用好国家的惠农政策和三门峡良好的自然条件，夯实基础，完善政策措施，优化资源配置，提高烟农的生产积极性，充分体现现代烟草农业的生产效益，让烟农受益。

【金塬烟叶专业合作社正式成立】 3 月 11 日，灵宝市五亩乡金塬烟叶专业合作社正式成立。合作社辖西淹、白羊、窑坡、渔村、干原 5 个种烟村(分社)，入社社员 381 户，合同种植烟叶面积 506 公顷，户均种烟面积 1.33 公顷。合作社依法成立社员代表大会，选举产生理事会和监事会，其中监事长由当地烟草部门委派并经社员代表大会同意担任，下设办公室、财务室、业务室和育苗、机耕、植保、烘烤、分级、劳务等 6 个服务专业队。合作社按照“统分结合，双层管理，完善提高，协调发展”的基本思路，推行具有三门峡烟区特色的“两场一社六队，一分六统三量化”的基本运作模式，即依托育苗工场和烘烤工场，成立 1 个烟叶专业合作社，组建 6 个专业化服务队；社员分户按照烟叶产购合同种植交售烟叶，合作社统一组织专业队在育苗、机耕、植保、烘烤、分级、劳务等 6 个方面为社员提供专业化服务；合作社拥有的可经营性资产按社员当年合同种植面积量化分解到户，合作社实现的经营盈余按社员当年可经营性资产股份量化返还到户，烟草行业补贴的物资套餐按社员当年生产业绩量化扶持到户。至年底，合作社 506 公顷烟叶总产量 113.5 万公斤，总产值达 2 054.34 万元，上等烟比例达到 61.16%，公顷平均单产 2 242.5 公斤，公顷平均产值 4.06 万元，社员户均收入 5.39 万元，各项生产主要指标明显高于所在烟区平均数值。合作社当年专业化服务收入 190.47 万元，可经营性资产综合利用收入 3.1 万元。合作社基本实现当年建社运行、当年集体有积累、服务有盈余、社员收入有增加。

【两起百万元以上涉烟违法犯罪网络案件顺利通过验收】 11 月 29 日，市烟草局办理的城区“8·10”销售假烟网络案件和灵宝“7·21”销售假烟网络案件顺利通过省局考核验收，经省局专卖处审理认定，均达到国家局网络案件标准。至 11 月底，市烟草局办理的网络案件共 9 起，其中案值超过 100 万元以上 6 起、30 万元以上 3 起；刑事拘留 30 人，逮捕 22 人，判刑 10 人。

【市政府与河南中烟工业有限责任公司战略合作暨“三门峡”黄金叶新品发布会举行】 12 月 20 日，三门峡市政府与河南中烟工业有限责任公司战略合作暨“三门峡”黄金叶新品发布会隆重举行。市委书记杨树平与河南中烟公司总经理杨自业共同揭开“三门峡”黄金叶卷烟的面纱，市委副书记、市长赵海燕代表三门峡市签订战略合作协议。市领导王建勋、赵继祥、李建顺、姜继鼎等出席发布会。在发布会上，杨树平对双方战略合作的意义进行了深刻阐述，并对落实战略合作协议、深化经济合作提出具体要求。

【两烟叶基地被国家局确定为烟叶基地单元】 12 月 21 日，由工商双方共同提报的三门峡市河南中烟灵宝朱阳镇“黄金叶”品牌烟叶基地和浙江中烟灵宝五亩乡“利群”品牌烟叶基地获国家局批复，被国家局确定为 2011 年烟叶基地单元。烟叶基地单元也叫品牌导向型基地单元。烟叶基地单元建设能从本质上改变“烟区种什么工业企业就买什么”的现象，真正为市场服务，为卷烟工业企业服务，由工业企业提出自己的品种、香型、种植方式、烘烤过程等需求，烟叶产区进行配合，最终生产出卷烟工业最满意的烟叶原料。河南中烟在灵宝市朱阳镇建立的“黄金叶”品牌烟叶生产基地单元，涉及规划基本烟田3 400公顷，种植面积1 133.33公顷，预计收购量2 500吨；浙江中烟在灵宝市五亩乡建立的“利群”品牌烟叶生产基地单元，涉及规划基本烟田3 200公顷，种植面积1 000公顷，预计收购量2 500吨。烟叶基本单元的建设，对加快推进三门峡市现代烟草农业建设，提高“三门峡牌”优质烟叶知名度，进一步增强三门峡烟叶的综合竞争实力具有重要意义。（杨　琳）

医药管理

【概况】　2011年，三门峡市医药总公司认真贯彻落实市委五届八次和六届全会精神，立足职能，坚持以科学发展观为指导，紧紧围绕“抓改革、谋合作、保稳定、促发展”的工作目标，稳步推进行业发展。当年，全市医药商业销售总额完成4.8亿元，同比增长8%；对居民和社会集团零售额完成1.7亿元，同比增长5%，继续保持稳步增长。

抓好合作改制。抓住国家政策和行业发展的重要机遇，谋划合作，经过艰苦的努力，与国药集团达成合作。12月23日，市政府与国药集团河南有限公司签订协议，国药集团向市政府提供医药流通企业改制专项资金4 000万元，制约企业改制的资金问题初步得到解决。

组建系统工会。为建立健全工会组织，依法维护企业和职工的合法权益，于9月7日召开工会第一次会员代表大会，总公司（系统）工会正式组建成立，并顺利开展工作。

争创卫生先进单位。结合全市创建国家卫生城市工作的部署，深入开展爱国卫生运动，积极创建卫生先进单位，顺利通过验收，被授予“市级卫生先进单位”称号。

【开展劳动技能竞赛活动】　为进一步鼓励职工学习业务、提高技能，自4月1日起至9月底，市医药总公司在系统内开展“向郭明义学习，做岗位能手”劳动技能竞赛活动。经岗位演练学习、内部选拔、集中竞赛等层层选拔，10月26日晚，在市委党校学术报告厅成功举办医药系统“向郭明义学习，争当岗位能手”知识竞赛活动。

【市政府与国药控股河南股份有限公司签约】　12月23日，市政府与国药控股河南股份有限公司在大鹏国际酒店举行合作协议签字仪式，就市区公立医院药品集中配送达成新的合作协议。市委常委、常务副市长赵中生，国药控股河南股份有限公司董事长王巍分别在仪式上致词。市长助理张万斌，国药控股河南股份有限公司副董事长、副总经理李忠签约。国药集团向市政府提供医药流通企业改制专项资金4 000万元，制约医药企业改制的资金问题初步得到解决。（侯金成）

连翘

石油经营

【概况】　至2011年年底，中国石油化工有限公司河南三门峡石油分公司（以下简称中石化三门峡分公司）共有在营油库1座、在营加油站82座。

当年，面对严峻复杂的经济形势，中石化三门峡分公司紧紧围绕市场形势，以全面改善经营管理为抓手，创新管理、创优经营，全面超额完成市委、市政府下达的各项目标任务，计划完成率居全省第1位。

至年底，系统企业成品油纯销量完成40.7万吨，占市政府下达目标的204%，同比增长110%；纯销售额完成30亿元，占市政府下达目标的297%，同比增长150%；实现利润1 831万元，占市政府下达目标的181%，同比增长92%；上缴税金3 760万元，占市政府下达目标的286%，同比增长135%；市直单位养老金、失业、医疗保险金完成227.41万元，占市政府下达目标的103%。

【网络发展工作进展顺利】　当年，中石化三门峡分公司坚持新建、收购、租赁并重的发展思路，统筹安排，多策并举，确保网络发展工作进展顺利。对渑池超时代加油站、陕县观音堂加油站进行提量改造，对渑池池底、卢氏文峪、灵宝27站3座农网站进行形象改建，对崤山路、黄河东路及渑池桥头5座加油站的便利店进行标准化改造，对王官油库车用柴油、中心营业厅进行改造，完成灵宝金城站、陕县辛店加油站土地储备，为2012年发展工作奠定基础。至年底，共完成租赁加油站1座、租赁变收购加油站2座，新建加油站1座，并全部投入运营。

【举办HSE管理系统用户培训班】　6月10日，三门峡分公司在三门峡职业技术学院举办HSE（健康、安全和环境）管理系统用户培训班。全市83个加油站站长和6名县分公司HSE管理人员参加培训,培训内容包括加油站风险管理、领导定点活动记录的录入、HSE观察录入、加油站日常检查的录入、地市公司级检查问题的整改以及提交验证等内容。通过强化基础培训,为三门峡石油分公司全面改善管理提供强有力的技术支撑和人才支撑。

（张俊玲）

社会服务业

【概况】　2011年,三门峡市社会服务业除商业、住宿和餐饮业、客运、金融、社会保障、教育以外,有传统社会服务业和新兴社会服务业两大类。其中:传统社会服务业包括公共设施服务业、居民服务业、娱乐业、租赁和商务服务业等;新兴社会服务业包括公共设施管理业、房地产业、广告业、旅游业、科学研究技术服务和地质勘查业、计算机应用服务和软件业等。至2011年年底,全市从事社会服务业的业户共有17 836户,注册资本(金)达291 143万元人民币、9 752万美元。其中:内资企业573户,注册资本(金)59 728.45万元;外商投资企业214户(其中分支机构208户),注册资本(金)9 752万美元;个体工商户15 452户,注册资本(金)36 228.66万元;私营企业1 597户,注册资本(金)195 185.9万元。

【居民服务业】　2011年,随着经济的发展和人民生活水平的不断提高,三门峡市居民的服务性消费需求明显增加,居民服务业发展势头良好。至2011年年底,全市居民服务业共有内资各类业户6 108户,年内新增949户,注册资本(金)78 345.8万元。其中:企业法人和营业单位170户;个体工商户5 396户,注册资本(金)13 928.8万元;私营企业542户,注册资本(金)40 300.5万元。信息传输、计算机服务和软件业全市共858户(其中分支机构212户),注册资金13 715.1万元。

【住宿和餐饮业】　2011年,三门峡市住宿和餐饮业依然保持较快的发展趋势,以个体工商户为带动,内资、私营和外商投资企业在住宿和餐饮业均有增长。其中:个体工商户9 296户,2011年新注册472户,注册资本(金)19 482.65万元,从业人员22 197人;内资企业199户,较2010年减少6户,注册资本(金)8 764.95万元,较2010年增加964.95万元;私营企业290户,2011年新注册29户,注册资本(金)21 363万元;台港澳商投资企业6户,均为法人独资企业,注册资本(金)9 752万美元。

【广告业】　2011年,三门峡市广告业发展较快,由量的积累向质的提升转变,进一步适应了社会发展及消费者的需求。一是经营主体多元化,各种非公有制广告企业参与广告市场经营。二是广告发布方式多样化。各类广告媒体除传统的平面广告、声像广告外,还在快速通道、主要干道设立巨型广告牌、路灯杆广告牌,宣传相关法律、法规,引导消费者理性消费、科学消费。三是广告经营行为规范化。经过整顿和规范广告市场秩序,广告经营单位法制意识和自律意识增强,违法案件减少。2011年,全市共有广告经营单位84户,广告从业人员178人,注册资本(金)1 508.4万元。

【商务服务业】　商务服务业是第三产业的重要组成部分。加快发展商务服务业,积极开发新的服务渠道和服务产品,提高服务质量,降低服务成本,扩大服务消费规模,提高服务业的比重,可以有效减少经济增长对资源的消耗及对环境的负面影响,对于节约能源资源、提高资源利用效率具有重要意义。2011年,三门峡市各级政府认真贯彻省政府《关于加快我省服务业发展的意见》,全市商务服务业发展取得长足进步,呈现出规模发展快、盈利能力强等特点。至年底,三门峡市已初步形成以企业管理服务、法律服务、咨询与调查、广告业、职业中介服务、市场管理、旅行社为主导,以其他商务服务为补充的商务服务业体系。商务服务业正成为三门峡市加快产业结构调整和经济增长的重要行业。其中个体工商户455户,注册资本(金)1 883.1万元;内资企业173户,注册资本(金)21 308万元;私营企业458户,注册资本(金)126 901.4万元;外商投资企业1户,为分支机构。

（刘　新）

市场管理

【概况】　2011年,三门峡市工商系统牢固树立"监管体现服务""监管凝聚民心""监管营造和谐"的工作导向,以责任工商建设为抓手,从百姓关心关注的热点问题着手,大力整顿和规范市场经济秩序,进一步强化市场管理,努力营造安全放心的消费环境和规范有序的市场环境。

【开展清理整顿人力资源市场秩序专项行动】　根据省劳动和社会保障厅、人事厅、公安厅、工商行政管理局《关于开展清理整顿人力资源市场秩序专项行动的通知》精神,结合实际,2月21日至3月9日,在全市范围内组织开展清理整顿人力资源市场秩序专项行动。全市工商部门先后设立政策咨询台13个,在主要街道悬挂宣传横幅20余条,散发宣传单3 500份,制作图片展示板24块。会同市人力和社会保障局、公安局等部门,抽调12名业务骨干,组成3个执法检查小组,按照《三门峡市清理整顿人力资源市场秩序专项行动实施方案》要求,对工商企业密集区、流动人口聚居地、职业中介机构聚集地和自发形成的人力资源交易场所等重点场所和地区,进行重点清理整顿。专项行动中,全市各级工商部门共出动检查人员197人次,向社会和广大群众发放有关职业中介相关法律法规宣传材料1 000余份,依法取缔非法职业介绍活动8户。检查各类用人单位和从事职业中介的机构、组织或个人31户,其中未经许可和登记擅自从事职业中介活动的组织或个人2户、职业中介机构6户、用人单位23户,责令改正13户,取缔非法职业介绍5户。

【加强食品安全监管】　当年,市工商局不断加强食品安全监管,营造安全放心消费环境。一是开展奶粉专项检测。利用专项奶粉检测资金32万元,对全市11家婴幼儿乳粉批发企业、39家经营超市销售的17个品牌、120个品种开展每周抽检。全年,共开展抽检活动51次,在全市范围抽检婴幼儿配方乳粉179批次,做到抽检品牌全覆盖、监管区域无缝隙。二是组织开展“秋风行动”。在全市开展为期3个月的“秋风行动”，突出对流通环节乳制品市场、酒类市场、食用油市场、农村食品市场等8个方面进行整顿，并适时开展“‘秋风行动’进校园”活动和食品安全“访百家企、进千家店、暖万家心”教育回访活动，确保人民群众安全放心消费。当年，全市工商系统共深入开展节日市场、瘦肉精、塑化剂、打击制售地沟油等食品安全专项整治24次，检查食品经营户9.2万户次，查扣假冒伪劣和不合格食品等6 000余公斤，开展流通环节食品质量快速检测43批次、法定程序检测302批次。2011年，全市流通环节未发生一起食品安全事件。

三门峡“函谷红”茶

【开展专项整治活动】　当年，全市工商系统重点开展各专项整治活动，营造规范有序的市场环境。(1)建立查处无照经营工作联席会议制度，形成政府牵头、各部门齐抓共管的格局。在全市开展查处取缔无照经营专项行动，统一部署、统一推进，确保“惩黑行动”取得实实在在的效果。(2)开展打击侵犯知识产权和制售假冒伪劣商品专项行动，查扣涉嫌各类商标侵权饮料3 000余件，涉嫌侵权白酒800余瓶，查处假冒农药320箱，案值4万余元；捣毁黑窝点2个，没收假冒商标5 000余个，没收侵权商品1 200件；立案查处涉嫌假冒“金龙鱼”食用调和油商标案件，查扣假冒“金龙鱼”食用调和油2 353桶，案值14.5万元。(3)深入开展查处违法广告“清风行动”。建立市工商局广告监测中心，完善广告主定期约谈制度，会同纠风部门对全市有关媒体进行明查暗访，共检测、检查广告3万余条，发现涉嫌违法广告390条，收缴违法印刷品广告8.5万份，有效净化广告市场秩序。(4)扎实推进农资市场监管。全年深入开展“红盾护农保春耕”“红盾护农保夏播”“红盾护农保秋收”等专项行动4次，共检查农资经营户3 280户次，统一制作农资监管制度牌匾300块，抽检化肥样品32个(其中不合格7个)，查处农资违法违章案件46件，维护了农民权益。(5)加强旅游市场的管理。“十一”黄金周期间共出动人员500人次，检查景区15个，检查旅行社30个，检查景区经营户1 000余户，受理消费者投诉10次，确保“十一”黄金周旅游市场秩序健康有序。(6)加强烟花爆竹市场的管理。制定、下发《关于开展烟花爆竹市场监管促进烟花爆竹消费安全的通知》《关于严厉查处非法生产销售“孔明灯”的紧急通知》，春节期间组织开展烟花爆竹市场检查，共出动人员1 000余次，检查经营户520户取缔无照经营户15户。(7)开展黑心棉市场专项整治行动。10月，按照河南省工商局的统一安排，三门峡市工商局以各类高校、中学、建筑工地、城乡结合部为重点区域，以销售絮棉制品及床上用品市场、商店为重点场所，依法严惩销售“黑心棉”、仿冒侵权、虚假宣传等违法行为，确保消费安全。共出动执法人员347人，检查经营户282户，其中存在问题的6家，依法扣留黑心棉被褥51条，有力地维护了消费者的权益。(8)开展婚庆市场整治。认真检查婚庆服务市场主体，严厉查处婚庆市场违法行为，促进婚庆市场有序发展。2011年，共出动执法人员624次，出动执法车辆100台次，检查涉及婚庆服务的门店60户，查处违法行为6起，下令责令改正5起。

【清理取缔非法废品收购站点和非法涉油场点】　7月5日至10月30日，市工商局在全市范围内集中开展清理取缔非法废品收购站点和非法涉油厂点行动，进一步加强电力、电信、广播电视设施和“西气东输”输油气管道安全保护。一是依照《再生资源回收管理办法》的规定，严格审查市场主体的条件。对在铁路沿线、矿区、施工工地、电力电信广播电视设施周边、军事禁区和金属冶炼加工企业附近申请设立收购废旧金属站点的，一律不予批准。对个体工商户申请收购废旧物资的，不得核准其收购生产性废旧金属。二是对辖区内从事废旧物资回收站点进行全面清查。对辖区内从事废旧物资回收站点进行全面排查，摸清废旧物资回收站点的户数，建立专门的监管档案。对无照经营和超范围经营收购、销售废旧金属等违法行为，从严查处，坚决取缔无照无证经营；对构成犯罪的，及时移交司法机关。三是对辖区内各种小熔炉、小冶炼厂、土炼油厂、加油站点、储油点和收购成品油、油气管道的站点，进行集中清理整治。对非法经营，特别是涉嫌收购、销售生产物资设施的，从重处罚，列入“黑名单”，实行重点监控，并通报公安部门，彻底堵死被盗设施的销赃渠道。四是积极同公安、商务、环保等部门和电力、电信、石油等企业密切协作，沟通情况，形成合力，确保行动取得成效。行动期间，全市工商系统共出动执法人员501人次，执法车辆115台次，检查废品收购站点、涉油厂点484户次，清理取缔8户无证无照废品收购站点。

【开展查处取缔黑网吧和整治校园周边环境专项行动】　6月20日，市工商局印发《关于开展校园周边环境治理和取缔黑网吧专项执法行动的通知》，在全市范围内开展为时3个月的校园(幼儿园)周边环境治理和取缔黑网吧专项执法行动。成立专项整治领导小组,把违法违规网吧、电子游戏厅、娱乐场所、假冒伪劣玩具(文具)、校园周边无照经营等内容,纳入重点整治范围。各县(市)工商局认真贯彻有关规定,清理取缔学校周边非法经营的黑网吧未经审批设立的电子游戏室、歌舞厅等娱乐场所;对经营儿童玩具、文化用品等商户进行检查,严厉查处一批制售假冒伪劣玩具、文具的违法行为。全市出动执法人员1 449人次,出动执法车辆136台次,检查已登记网吧268家,查处网吧违法违规经营户22户,查处取缔农村黑网吧14户,查封违法经营场所14处,没收专门用于无照经营的电脑32台,发出行政建议书3份,切断关闭信号源12家,向司法机关移送案件1户;检查学校周边文具、玩具913户次,查处学校周边违规经营的娱乐场所6户,检查学校周边经营商户516个,查处无证无照经营户19个,督促经营户办理营业执照40个,查扣、收缴学校周边的假冒伪劣商品45件。

【加强重点行业领域安全生产工作】 当年,根据省工商局相关文件精神,三门峡市工商局以交通、煤炭、建筑施工、危险化学品等行业领域为重点,加大对全市重点行业领域安全生产工作的排查力度,强化监管执法,消除各类事故隐患,确保人民群众生命财产安全。全市共出动工商执法人员482人次、执法车辆66台次,排查交通企业63户,煤矿和非煤矿山79户,建筑施工75户,危险化学品、加油站102户,烟花爆竹4户,娱乐场所43户,其他经营户151户,检查集贸市场5家;下达责令改正通知书45份,限期办理相关许可证或批准文件47户。并配合有关部门开展小煤矿整治、环境保护整治等专项整治工作,完成有关整治任务。

【扎实推进合同监督管理工作】 当年,市工商局扎实推进合同监督管理工作。一是加强合同行政监管。开展合同违法行为专项执法活动,以服务买卖租赁合同、汽车销售合同、抵押合同为重点,主要检查合同违法行为和格式合同中的“不平等格式条款”,共出动执法人员320人次、执法车辆120台次,检查经营单位260家,责令改正10起,帮助指导企业规范经济合同100余种,指导企业签订订单合同1万余份。二是开展动产抵押登记,帮助企业融通资金。2011年,共办理动产抵押20起,帮助企业融通资金5亿余元。三是规范拍卖备案,加强拍卖市场监管。全市共有拍卖企业8户,至年底,拍卖备案37起。

【着力打击非法传销活动】 当年,市工商局着力打击非法传销活动,营造安定和谐的社会环境。建立打击传销联席会议制度,成立以市政法委书记为组长、市直23个相关单位为成员的三门峡市集中打击处理传销工作领导小组,形成党委领导、政府负责、社会协同、公众参与的管理格局。在此基础上,主动开展区域合作,与渭南、运城、临汾3市联手,建立起豫晋陕金三角地区打击传销规范直销协作机制,并于12月8日在三门峡市召开金三角地区打击传销规范直销协作会议,形成3省工商部门协作配合、齐抓共管、综合治理,共同查处传销活动的强大合力。至年底,共查处窝点21个、涉嫌传销人员120人,解救被骗传销人员16人,追究刑事责任24人。在全市平安建设考核中,打击传销、取缔无照经营两项工作均取得满分成绩,被评为全市“平安建设先进单位”。 (刘　新)

个体私营经济

【概况】 2011年,三门峡市经济发展环境不断优化,私营经济的发展空间增大、发展活力进一步提升,私营企业成为三门峡市经济增长的主要拉动力量和重要组成部分。全市新登记私营企业1 524户,比2010年增长23.5%;注册资本41.99亿元,增长45.4%。至12月31日,全市实有私营企业7 997户,占内资企业总量的71.8%,比2010年增加3.8个百分点;注册资本220.82亿元,占内资企业资本总规模的52.7%,减少0.7个百分点,资本总量在内资企业占比中仍超过国资企业。其中:注册资本500万元以上私营企业1 209户,占私营企业总户数的15.1%;注册资本1亿元以上企业26户。全市实有农民专业合作社户数753户,注册资本6.42亿元,分别比2010年增长31.6%、59.6%。实有个体工商户47 450户,注册资本18.24亿元,分别增长22.5%、42.6%。

【开展非公有制组织党建工作】 4月,经市委研究决定,组建中共三门峡市非公有制经济组织工作委员会,挂靠在市工商局开展工作。按照国家工商总局《关于结合企业登记和年检做好非公有制企业党建工作情况摸底调查工作的通知》精神,各县(市、分)工商局、各工商所借助企业和个体工商户年检验照时机,重点对私营企业已建立党组织数、规模以上私营企业已建立党组织数、私营企业负责人及从业人员党员数等情况进行了摸底。同时利用信息化手段,逐步建立起个体私营企业会员单位的党建情况数据库,建立健全非公有制企业党建工作台账。根据调查结果,有针对性地引导企业以不同方式组建党组织,对党员在3名及以上的非公企业,单独建立党组织;对有2名党员的,通过选派党建指导员,全部单独建立党组织;只有1名党员的,按照“行业相近、地域相邻、产业相通、工作方便”的原则,组建联合党组织;对没有党员的非公企业,因企制宜,多措并举,创造条件建立党组织。12月,召开全市非公有制经济组织党建工作推进会,由市委组织部牵头、工商部门配合,在全市全面开展“非公有制企业党组织‘集中组建月’活动”。至年底,三门峡市有非公有制经济组织16 470个,其中非公有制企业5 980家(规模以上企业225家)、个体工商户10 490户。已建立党组织的企业292家,党员人数5 447名;没有建立党组织的企业5 688家,党员人数2 378名。个体工商户从业人员2万余人,其中党员人数78名。 (刘　新)

·编辑　李艺芬　卢亚杰·

旅 游 业

TOURIST INDUSTRY

函谷关历史文化旅游区

综　述

【概况】 2011年,三门峡市旅游行业围绕"中华文化游"主题旅游活动和"四大一高"(大通关、大交通、大商贸、大旅游,高新技术产业)战略,锐意进取,旅游业实现平稳较快增长。全年全市接待入境游客(含港澳台同胞)62 800人次,同比增长20.3%;接待国内游客1 467.57万人次,增长20.5%。全市旅游总收入116.98亿元,增长30.63%。天鹅湖国家城市湿地公园荣获AAAA级旅游景区称号,娘娘山旅游区成功创建AAA级旅游景区。至年底,全市已备案旅游景区24家,其中AAAA级4家(虢国博物馆、豫西大峡谷、函谷关历史文化旅游区、天鹅湖国家湿地公园),AAA级3家(三门峡大坝风景区、甘山国家森林公园、娘娘山旅游区),AA级2家(荆山黄帝铸鼎原、鼎湖湾风景区);旅游星级饭店24家,其中四星级2家、三星级14家、二星级8家;旅行社52家,其中出境社1家、分公司6家、旅行社45家;旅游汽车公司2家,初步形成了集"吃、住、行、游、购、娱"为一体的旅游服务体系。

【举办第17届中国(三门峡)国际黄河旅游节暨投资贸易洽谈会旅游活动】 5月18日至23日,第17届中国(三门峡)国际黄河旅游节暨投资贸易洽谈会在三门峡市举行。该届旅游节以发展黄河旅游、彰显黄河文明为主题,组织开展了4大主体活动、9项专题活动,充分体现了国家级旅游节庆的层次,主要呈现5个特点:一是规格高。旅游节由国家旅游局、国家贸促会和河南省人民政府共同主办,参加人员既有国家领导人,也有国家部委领导,还有省四大班子领导,以及12个国家的驻华大使或公使。省委常委、宣传部部长、副省长孔玉芳主持开幕式,省长郭庚茂致辞。全国政协副主席陈奎元出席开幕式,参加"保护河流文明·三门峡宣言"万人签名仪式,并亲手封存"保护河流文明时间囊"。国家旅游局副局长杜一力出席活动。中国旅游日河南庆祝活动暨万人签名仪式作为"中国旅游日"全国庆祝活动的3大主会场之一,得到国家旅游局的充分肯定。二是参与广。节庆期间,联合国教科文组织、世界旅游组织和14个国家的代表与会,沿黄9省(区)政府和旅游局领导,韩国、俄罗斯、德国、加拿大、新加坡旅行商及媒体记者等1 500余名中外嘉宾参加盛会。其中,对话黄河万人签名宣言、第2届横渡母亲河、"黄河之旅·绿色甘山"全国山地自行车邀请赛、"魅力三门峡"群众广场活动等,吸引了近10万人观看,创下新纪录。三是立意新。根据国家发展大黄河旅游战略,立足三门峡、跳出三门峡,以大黄河、大旅游、大招商、大环保、大文明来策划筹办旅游节,跳出了单纯办节庆的老套路,物质文明、精神文明一起抓,提升城市形象,振奋市民精神。四是影响远。节会主体活动突出,配套活动富有创意,全球十大河流在此对话,沿黄9省在此结盟。节庆前后,三门峡一度成为国内外各级各类媒体报道的热点。五是收效好。节庆期间,共签约经济合作项目60个,金额560.53亿元,创历年最高。全市接待海内外游客28.6万人次,同比增长23.8%;旅游收入4 490万元,增长26.7%;星级饭店客房出租率均在98.9%以上。该届旅游节不仅很好地贯彻了国家旅游局关于河南和三门峡要在发展黄河旅游中承担更大责任的指示精神,而且以鲜明的黄河特色奠定了黄河旅游节在全黄河流域的品牌地位。

【举行中国旅游日河南庆祝活动暨"保护河流文明·三门峡宣言"万人签名仪式】 5月19日上午,中国旅游日河南庆祝活动暨"保护河流文明·三门峡宣言"万人签名仪式在天鹅湖国家湿地公园三河广场举行。全国政协副主席陈奎元等国内外嘉宾以及上万名社会各界群众共同庆祝第一个中国旅游日,并在190米长的"保护河流文明·三门峡宣言"横幅上郑重签名。国家旅游局副局长杜一力,省人大常委会副主任蒋笃运,省政协副主席李英杰,山东省省长助理陈光,复旦大学教授钱文忠,世界旅游组织亚太部特别代表贝兹博拉·马丹帕拉萨德,联合国教科文组织代表索南姆·尤丹,克罗地亚、越南、俄罗斯、埃及、美国、刚果、厄瓜多尔、玻利维亚等国驻华使节以及国家旅游局旅游促进与国际联络司副司长张西龙、宁夏回族自治区政府经协办副主任周明新等出席仪式。省旅游局局长范修芳主持仪式。出席仪式的还有李文慧、杨树平、赵继祥、郭秀荣等市四大班子领导以及全球十大著名河流代表,德国、俄罗斯、加拿大、韩国、新加坡、日本旅行商及新闻媒体记者,沿黄九省(区)旅游局和重点旅游城市旅游局领导及旅游业界代表,河南省其他17个省辖市政府、旅游局领导。仪式上,市委书记李文慧宣读了由全球十大河流代表共同签署的《保护河流文明·三门峡宣言》。陈奎元、李英杰亲手把《保护河流文明·三门峡宣言》和5月19日的《三门峡日报》一起装入仰韶彩陶中,并予以封存。这个表达与会人士对保护河流文明的信心和决心的时间囊将于10年后启封,检验宣言的履行结果。

旅游资源开发

【概况】 2011年,全市直接用于景区、旅游道路建设及旅游服务设施的资金达13.15亿元,使已建成景区的功能与设施更加完善,新开发建设的景区粗具规模。在具体实施上采用"县(市)区属地负责,市旅游产业发展指挥部综合协调"的旅游项目建设新机制,推进实施"8231"工程(以沿黄生态旅游经济带、三门峡温泉保健度假区等8个景区规划招商项目为引擎,以函谷关历史文化旅游区二期扩建、黄河丹峡旅游区开发等20个投资1 000万元以上的旅游建设项目为重点,争取全年旅游招商突破30亿元、完成旅游投资13亿元),同时通过采取召开动员大会、责任目标分解、班子成员分包项目、市政府季度实地督导、年度目标考核等措施,使重点项目建设取得突破性进展。天鹅湖国家城市湿地公园荣获AAAA级旅游景区称号,娘娘山旅游区成功创建AAA级旅游景区;函谷关二期特别是28米高老子圣像的揭幕面世,引起海内外关注;投资600万元的高阳山温泉度假区总体规划,投资160万元的黄河丹峡旅游区总体规划编制完成;渑池县岱眉山景区、三门峡温泉保健度假区、河南御汤温泉戴斯国际酒店成功与投资商签约并开工建设;大鹏酒店二期、卢氏宾馆、灵宝宝源大酒店等服务设施项目有序推进,按照四星级标准建设的海联大酒店开始试营业。这些项目的实施,有力地促进了全市旅游基础服务设施和景区建设步伐,提升了城市品位,为三门峡市旅游业发展奠定了坚实的基础。

【实施旅游富民工程】 2011年,市旅游局依托全市丰富的乡村旅游资源,策划实施"百千万旅游富民工程",计划用5年时间,在全市范围包装打造100个乡村旅游示范点,扶持1 000户农民参与乡村旅游,为农村提供直接和间接就业岗位2万个至3万个。6月17日,在卢氏县官道口镇新坪村举行全市"百千万旅游富民工程"启动仪式。组织编印《三门峡市乡村旅游指南》,统一编排线路,统一向外推介;会同财政部门制定出台《三门峡市"百千万旅游富民工程"奖励办法》,每年从市旅游专项资金中拿出30万元至50万元,专门用于乡村旅游奖励;全面推进"农家乐"人员培训工作,组织人员走村串户对23个乡(镇)、260多户"农家乐"进行旅游服务培训,还组织有关人员到陕西、四川考察学习乡村旅游。全年全市通过各种渠道投入"农家乐"及乡村旅游设施建设项目的资金达4 280万元。

【2个旅游项目落户三门峡市】 2011年,有2个旅游项目落户三门峡市,签约金额达31.5亿元,分别是河南泰宇房地产开发有限公司投资30亿元开发建设三门峡温泉保健度假区项目,进行高阳山综合开发,建设大型露天浴场、高尔夫球场、跑马场等,打造集温泉养生、休闲度假、商务会议等功能于一体的AAAAA级国家旅游度假区;渑池县岱嵋山旅游开发有限公司投资1.5亿元开发渑池岱嵋山旅游项目。

旅游宣传促销

【概况】 2011年,市旅游局按照"提升档次树形象,务求实效搞活动,政企联合谋发展"的原则,创新宣传方式,改进促销手段,拓展旅游客源市场。使整个旅游市场开发工作迈上新台阶。3月24日、4月7日,分别在北京市、郑州市举行第17届中国(三门峡)国际黄河旅游节暨投资贸易洽谈会新闻发布会。加强与各类媒介的合作,利用主流媒体宣传造势。投资198万元,在中央电视台新闻频道《朝闻天下》栏目播放三门峡天气预报及旅游广告;投资112万元,在新华网、《中国旅游报》《河南日报》、河南卫视等媒体开设栏目、投放专版;与高铁旅客报、宝中旅游集团合作,共同策划、宣传、开拓客源市场;与中国移动三门峡分公司签署战略合作协议,充分利用3G网络改造升级"三门峡旅游网"。

【"全球十大河流对话黄河"暨"沿黄九省(区)黄河之旅旅游联盟"成立大会在三门峡市举行】 5月19日下午,"全球十大河流对话黄河"暨"沿黄九省(区)黄河之旅旅游联盟"成立大会在金泉宾馆举行。国家旅游局旅游促进与国际合作司副司长张西龙主持大会。山东省省长助理陈光,河南省旅游局局长范修芳,复旦大学教授钱文忠,宁夏回族自治区政府经协办副主任周明新,中华民族对外交流协会秘书长王学正;世界旅游组织亚太部特别代表贝兹博拉·马丹帕拉萨德,联合国教科文组织代表索南姆·尤丹,越南、克罗地亚、厄瓜多尔、刚果、玻利维亚、美国、埃及、俄罗斯等国驻华使节以及全球十大著名河流代表,来自德国、俄罗斯、加拿大、韩国、新加坡、日本等国的旅行商及新闻记者;沿黄九省(区)旅游局和重点旅游城市旅游局领导及旅游业界代表;三门峡市委副书记、市长杨树平,市长级干部赵光超及四大班子领导等出席大会。尼罗河代表、埃及驻中国大使馆参赞纳赛尔博士,以"尼罗河的文明之旅"为题作嘉宾演讲。钱文忠在会上作主题演讲"传统与未来"。河南省旅游局局长范修芳在会上宣读成立"沿黄九省(区)黄河之旅旅游联盟"倡议书,青海、四川、甘肃、宁夏、内蒙古、陕西、山西、河南、山东沿黄九省(区)旅游局领导共同签署了这一倡议书,标志着中国最大的区域旅游合作体正式成立。

【举行"我眼中的三门峡"全国拍客旅游摄影大赛颁奖暨"中流砥柱杯"三门峡旅游风光全国摄影大赛启动仪式】 5月23日,"我眼中的三门峡"全国拍客旅游摄影大赛颁奖暨"中流砥柱杯"三门峡旅游风光全国摄影大赛启动仪式在湖滨广场举行。"我眼中的三门峡"全国拍客旅游摄影大赛由三门峡市旅游局主办,《中国旅游报》、人民网、河南旅游网等协办。大赛从2010年10月启动,在全国征集到8 000多幅作品,从中选出200幅精品佳作向市民展出。此次作品展也是第17届中国(三门峡)国际黄河旅游节暨投资贸易洽谈会的13项活动之一。展出的作品以独特的视角、创新的理念、丰富的信息,全方位、多层面展现三门峡的丰富旅游资源,向中外来宾展示三门峡的美好形象。

【举办百家旅行社金秋三门峡采风活动】 9月15日,市旅游局举办第2届百家旅行社金秋三门峡采风活动,邀请山西、陕西、北京、湖北、江苏、江西、广东、福建等地的123家旅行社负责人,以及省内外有关新闻媒体记者160余人到三门峡市考察旅游资源,畅叙联盟友情,共谋旅游大计。当天下午,三门峡市还举行了第2届百家旅行社金秋三门峡采风活动座谈会和旅游推介会。9月17日,百家旅行社金秋三门峡采风团150余人到三门峡大坝景区参观考察。活动期间,三门峡虢国博物馆、豫西大峡谷风景区、函谷关历史文化旅游区等景区分别与有关旅行社的代表签订旅游合作协议,表达了合作的诚意。

【举办"走进母亲河"神州行百家旅行社踩线活动】 10月14日至15日,"走进母亲河"神州行旅游联盟全国百家旅行社踩线活动在三门峡市举行,来自武汉神州行旅游联盟的全国133家旅行社及新闻媒体的140余位嘉宾参加活动。采风团先后考察了三门峡大坝、天鹅湖国家城市湿地公园、陕县天井窑院、虢国博物馆、灵宝市函谷关历史文化旅游区,对三门峡市丰富的旅游资源、深厚的文化底蕴、雄奇的自然景观给予高度评价,并与三门峡市主要旅行社、酒店、旅游景区负责人进行业务洽谈。此次活动是向湖北及全国市场销售三门峡市的旅游产品,首次把三门峡市的旅游客源半径扩大到600公里以外,实现了远程大城市旅游市场开发新突破。

旅游行业监督管理

【概况】 2011年,市旅游局加大行业监管力度,优化旅游环境,提升旅游服务质量,组织开展"星级饭店服务标准规范年""旅行社服务质量跟踪调查""规范化旅行社示范点评选"等活动,举办"游客在我心中"演讲比赛、全市旅游星级饭店服务技能大赛、豫晋陕黄河金三角地区旅游星级饭店服务技能大赛等技术比武,提高了旅游行业的管理服务水平;编印《三门峡市旅游行政执法工作手册》,下发到各级旅游执法部门和各个企业,并会同相关部门组织旅游服务质量及旅游安全专项督查;全面开展岗位培训,先后举办政务导游培训、导游资格考试培训、乡村旅游培训、景区讲解员培训、饭店管理人员培训等,参训人数达8 000余人次;在全市树立10家规范化旅行社示范点,制定资料档案、工作制度、导游员及接待人员服务、人员培训标准,并一季度学习交流一次。

【市旅游协会召开第二届会员代表大会】 6月16日至17日,市旅游协会召开第二届会员代表大会。市长级干部赵光超出席大会。根据《三门峡市旅游协会第二届理事会常务理事、秘书长、副会长、常务副会长、会长选举办法》,大会选举产生了市旅游协会新一届理事会领导机构。赵光超当选为市旅游协会第二届理事会会长。大会还进行了市旅游协会专业分会换届选举。旅游协会的顺利换届,为进一步认真履行职责,做好为会员服务工作,发挥协会的桥梁和纽带作用、行业自律作用奠定了基础。

【举办"游客在我心中"演讲比赛】 7月15日上午,由市旅游局、市文明办举办的"游客在我心中"演讲大赛在市旅游局举行,来自市区及各县(市)的26名选手参加比赛。比赛中,参赛选手充分展示了广大旅游从业人员的综合水平和整体素养。经过评委们公开、公正、公平的评判,最终有12名选手获奖。此次大赛旨在加强旅游行业的精神文明建设,提高旅游从业人员的服务意识、服务水平和文明程度,倡导旅游行业以人为本、诚实守信、健康向上、文明和谐的行业新风,推动全市旅游行业精神文明创建活动深入开展。

【举行全市旅游星级饭店服务技能大赛】 9月21日至22日,三门峡市举行旅游星级饭店服务技能大赛,大赛以"展风采、树形象、促服务、提水平"为主题,共有来自21个代表队的110名选手参加。大赛特邀中国餐饮服务大师、国家级竞赛裁判员宋春亭,全国旅游饭店服务技能大赛客房服务裁判员孙霞,美国旅馆协会酒店注册培训师肖金为裁判长,裁判长在赛后对每位参赛选手都进行了精彩的点评。此次服务技能大赛,是对三门峡市星级饭店服务技能的一次大检阅、大展示、大交流、大提高,对提升全市星级饭店的服务质量和服务水平具有重要的作用和意义。此次比赛分为前台问询、中式铺床、中餐摆台3个项目的比赛以及冷盘雕花、西餐宴会摆台等项目的展示,共有27名选手和10家单位获奖。

【豫晋陕黄河金三角地区旅游星级服务饭店服务技能大赛在三门峡市举行】 11月17日至18日,由三门峡、运城、临汾、渭南4市旅游局联合主办的"2011豫晋陕黄河金三角地区旅游星级服务饭店服务技能大赛"在三门峡市举行。大赛分前台问询、客房中式铺床、中餐宴会摆台3个比赛项目以及冷盘雕刻1个展示项目,共有来自4个地市代表队的56名选手参加。经过角逐,24名选手以其精湛的技艺分获一、二、三等奖。三门峡市代表队荣获团体奖及个人一等奖2名、二等奖5名、三等奖5名。大赛的举办,对于展示4市旅游业从业人员的服务技能,提升星级饭店员工的业务素质和服务水平具有重要作用。

【开展旅行社服务质量跟踪调查活动】 2011年,为进一步规范旅行社经营行为,市旅游局在全市范围内开展旅行社服务质量跟踪调查活动,要求各旅行社在出团期间按游客比例发放"旅行社服务质量跟踪调查表",游客填写后及时回收、归档。市旅游局按季度汇总通报,并定期随机抽取游客进行回访,由静态管理变为动态管理,确保跟踪制度落到实处。全年共回收"旅行社服务质量跟踪调查表"4 200多份,受到游客的一致好评。

主要景区介绍

【函谷关历史文化旅游区】 国家AAAA级景区、河南省重点文物保护单位。位于豫陕晋三省交界、河南省西大门灵宝市境内,距三门峡市区约75公里、灵宝市区12公里。辖区面积16.9平方公里,是一处融道家文化和军事文化于一体的人文游览区。函谷关是中国历史上建置最早的雄关要塞之一,也是中国古代伟大的思想家、哲学家老子著述道家学派开山巨著《道德经》的灵谷圣地,以名人(老子)、名著(《道德经》)、名关(函谷关)留芳青史,声播海外。前中国道教协会会长玉溪道人闵智亭亲笔为景区题写"道家之源"匾额。该景区分为函谷关和太初宫两大部分。函谷关建于春秋战国之际,"因在谷中,深险如函而得名。东自崤山,西至潼津,通名函谷,号称天险"(《辞海》)。春秋战国以来,历经了七雄争霸、楚汉相争,黄巢、李自成农民起义,以及辛亥革命、抗日战争、解放战争的狼烟烽火,是兵家必争的战略要地。太初宫是春秋末年杰出的思想家、政治家、哲学家和文学家老子著述《道德经》的地方,《道德经》思想博大精深,蕴含丰富,涉及天、地、人各个方面,在政治、经济、军事、艺术、伦理、养生等领域都有独到的见解,是世界文化宝库中的瑰宝。自1992年以来,函谷关每年都要举行老子诞辰纪念活动,届时海内外旅游者前来朝圣。主要景点有关楼、函关古道、太初宫、大道院、道家养生园、藏经楼、瞻紫楼、鸡鸣台、碑林、蜡像馆、博物馆等20余处。2011年,函谷关实施扩建一、二期工程全面竣工,建设了基础设施工程和河道治理工程。主要项目包括老子圣像、南入口广场、游客中心、太极广场、养生园、迎宾广场、道德天书、博物馆、老子文化研究院及函谷山庄等工程建设。特别是28米高老子圣像的揭幕面世,引起海内外关注。

【虢国博物馆】 国家AAAA级景区、全

国重点文物保护单位、河南十佳人文景观，位于三门峡市区北部，距市中心1.5公里，是依托西周虢国墓地遗址建立的一座集文物陈列、遗址展示、园林景观为一体的遗址性专题博物馆。该馆始建于1984年，2001年4月21日正式对外开放。占地10万平方米，建筑面积6 200平方米，展厅面积4 000平方米。从1956年发现以来，探明各类遗址800余处，出土文物3万多件。尤其是20世纪90年代发掘的两座国君大墓，因出土文物数量多、价值高和墓主人级别高，连续2年被评为“全国10大考古新发现”。同时也入选为“20世纪河南10项重大考古新发现”“中国20世纪100项考古大发现”，是中国迄今为止发现的唯一一处规模宏大、等级齐全、排列有序、保存完好的西周、春秋时期大型邦国公墓。它的重大发现，对研究虢国乃至西周的历史、政治、经济、文化、宗教制度及冶金、交通、纺织、古代战争等各个方面，都提供了难得的实物资料，具有十分重要的历史价值。其基本陈列分为“虢宝撷英——虢国墓地出土文物精华展”“梁姬风韵——虢国国君夫人墓出土文物展”“车辚马萧——虢国地下车马军阵遗址群展”“国君觅踪——虢季墓遗址群展”。主要特色是虢国车马坑和虢季大墓及墓地出土的精美文物，其中尤以青铜器、玉器和铁器最为著名。车马坑展厅由为虢季陪葬的一号车马坑、为虢季夫人梁姬陪葬的二号车马坑和为虢太子陪葬的三号车马坑3座车马坑组成，这3座车马坑紧密相连，由南向北按行军队列摆放，开创以军阵随葬的先河，比著名的秦兵马俑军阵早六七百年，形成全国最大的车马坑群，也是最大的地下车马军阵；虢季墓是虢国国君的墓葬，主要向观众展现了国君大墓的规模和气势，揭示了西周的丧葬和等级制度。另外在出土的众多国宝重器中有制作精美、惟妙惟肖的仿生玉器，仿成年男子面部器官的缀玉面罩，制作精美挂于颈部，达于膝下的七璜、五璜组玉佩，被认为是春秋战国“瞑目”的组型；由铁、铜、玉3种材料精制而成的玉柄铜芯铁剑，把中国人工冶铁的历史向前提了近200年，被誉为“中华第一剑”。虢国博物馆建筑造型独特，国宝重器美轮美奂，地下军阵威武壮观。虢国，作为世界郭姓的衍源地，海外郭姓后裔也到此寻根祭祖。

【天鹅湖国家城市湿地公园】 国家AAAA级景区，位于三门峡市东西城区之前的生态区，东起209国道三门峡市涧河桥，西到陕州大道与沿黄观光路交叉处，南接陕州大道，北至黄河滩涂，现管理面积800余公顷（其中陆地面积410公顷，水面、滩涂400余公顷）。该景区是在陕州故城遗址及对青龙、苍龙两条涧河的治理改造基础上逐步建设起来的。2007年被建设部批准命名为河南省三门峡市国家城市湿地公园，其核心景区包括双龙湖白天鹅观赏区、陕州故城和沿黄生态林带三部分。由于三门峡黄河库区生态环境的明显改善，每年迎来数以万计的白天鹅到此栖息越冬，洁白美丽的白天鹅、碧波荡漾的黄河水、深沉厚重的黄土高坡融为一体，形成了一幅人与自然和谐相处的美丽画卷，三门峡市也被誉为“天鹅之城”，2010年被中国野生动物保护协会授予“中国大天鹅之乡”的美誉，是中国唯一获此殊荣的城市。

地坑院

【豫西大峡谷】 国家AAAA级风景区，位于河南省三门峡市卢氏县官道口镇东南10公里处东汉村。东连洛宁、栾川，西与陕西省洛南、丹凤、商南三县接壤，南接西峡，北临灵宝，距陇海铁路、连霍高速公路40公里，209国道纵贯南北，4条柏油路直达洛阳、三门峡、栾川和西峡。距卢氏县城45公里，距三门峡市区100公里。是以瀑布群、潭池群为特色，集游览观光、休闲度假、登山健身等功能于一体的生态型自然风景区。2002年8月，对其进行初期开发。2003年4月重点开发。豫西大峡谷风景区总面积10平方公里，呈东西走向，宽度30米到50米，深度50米到200米，整个景区汇山泉成跌宕起伏的瀑布群，以奇山秀水、飞瀑流泉、浅溪深潭、怪石幽谷而引人入胜。山村风情浓郁，民风淳朴。主要景观大淙潭瀑布，在峡谷中由于山体出现断层而逐渐形成急坡地段，瀑布飞流直下，泻入深潭，一瀑一潭，潭瀑交错分布。峡谷内几处悬崖绝壁势如刀削，植被丰茂，峰峰相连，步移景换，河道蜿蜒曲折，汉川峪河是寻峪河的一条支流，流经峡谷汇集多处瀑潭，形成“十步一瀑，五步一潭”的神奇景观。景区先后开发有滑草、滑索、攀岩、漂流等娱乐项目和民俗表演，主要景观有大淙潭瀑布、濯足池、白龙瀑、挡箭石、潭中井、三叠潭、饮马槽、双龙潭、情人池、水帘瀑、刘秀湖等30多个景点。

【三门峡大坝风景区】 国家AAA级景区、国家水利风景区，位于三门峡市东北部，距市区14公里，从市区乘旅游专线车可达。是一处依托万里黄河第一坝——三门峡大坝而建成的风景名胜和人造景观相结合的水库观光游憩人文景观。这里峡谷险峻、景色秀美，两侧的山体蜿蜒起伏。景区内的主要景观有：黄河展览馆、大禹公园、中流砥柱、张公岛、梳妆台、水晶宫、炼丹炉、黄河古栈道等。三门峡大坝，是新中国成立后在黄河上修建的第一座大型水利枢纽。它是响应毛主席的"一定要把黄河的事情办好"的伟大号召而于1957年4月开工兴建,1960年10月主体工程完工。该坝控制流域面积68.84万平方公里,占全河流域面积的91.5%。主坝为混凝土重力坝,最大坝高106米,长713.2米,总装机容量41万千瓦,年平均发电量为11亿千瓦时。大坝建成后,在黄河防洪、防凌、灌溉、发电、供水和减少泥沙淤积等方面发挥了显著的作用和效益。三门峡大坝建成后,由于水位随季节不同发生的变化,库区内形成了大片的湿地。春秋两季库区水面碧波荡漾,尽观出一派江南水乡的温柔;大坝泄洪时期浊浪滔天、一泻千里,呈现出黄河奔腾咆哮、桀骜不驯的本色。而且每年的11月至次年的2月,由西伯利亚飞来大批的白天鹅在三门峡水库越冬,白天鹅嬉戏于蓝天碧水之间,给库区增添了一道靓丽的风景,三门峡市因此被誉为"白天鹅之城"。

黄河丹峡

【甘山国家森林公园】 位于三门峡市南陕县境内,距三门峡市区28公里。郑州—西安客运专线、陇海铁路、310国道、209国道、连霍高速公路都可达景区,市区及县城均有旅游专线车直达,景区内有循环游览车。该景区于1999年开发建设,2000年被国家林业局批准为国家级森林公园,2001年被国家旅游局首批命名为AAA级景区,是中国摄影家学会创作基地、三门峡市"文明景区"、三门峡市"爱国主义教育基地",是河南省"三点一线"精品旅游线路上重要的生态旅游景区。景区总面积43平方公里,最高峰甘露峰海拔1 884.64米。开发有蝴蝶谷景区、红叶观赏区、水上游乐区、森林游憩区、甘山文化区。园内文化底蕴丰厚,动植物资源丰富,森林覆盖率在98%以上,植物种类达2 100种,动物种类110余种,其中国家级保护动物8种。甘山四季自然景色宜人,各具特色:春天百木吐绿,山花烂漫,青翠欲滴;夏天林海如涛,蜂飞蝶舞,溪水潺潺;秋天万紫千红,层林尽染,丹枫流霞;冬天雪压枝头,银装素裹,冰清玉洁。景区还开发建设有甘山滑雪场、拓展培训中心、生态文明教育基地,是集多种自然景观、休闲娱乐、时尚运动、避暑、度假、科普教育为一体的豫晋陕黄河金三角地区大型的综合型生态旅游胜地。景区主要景观还有水上游乐、蝴蝶观赏、甘山钟楼、甘山瀑布、羊十八岭、召公雕像、天爷庙、千年槲树、杨树王、乾隆界碑、铁罗汉、祖师庙、天爷庙等。景区内每年1月举办"甘山滑雪节",10月举办"甘山红叶节"。景区内有红叶苑、镜湖别墅山庄两处,度假区宾馆、松林红房两处,均有独立卫生间,配有电热式太阳能、冷暖空调、卫星电视,大小会议室及影音设备,可同时接纳300余人培训、住宿就餐。

【双龙湾景区】 位于三门峡市卢氏县西北部双龙湾镇,距卢氏县城40公里、209国道25公里,3路公交车可直达景区。是一处以自然景观为主的山岳峡谷型自然风景区。洛河呈"S"形从景区穿过,构成阴阳八卦图,两岸岩石天成国画。景区内崖险陡峭,壑幽谷深,瀑布飞泻,碧波映天,群峰竞秀,古树繁多,各种野生动物随处可寻,原始生态植被茂盛,是大鲵保护区之一。春天桃花争艳,盛夏清爽宜人,金秋万山红遍,严冬银装素裹。与其连为一体的铜鼓山钟乳溶洞观赏面积1万余平方米,洞内分大佛殿、石林宫、藏秀阁、塔林、玉柱潭等6个区段,附近还有大小溶洞10余处,是中国北方地区最大的天然溶洞群。溶洞西400米响碛景区,奇石万千,高山之上的高家寨,明末李自成曾在此屯兵驻守,200余年前修建的寨门、寨墙、闯王庙尚存。风景区集自然山水、历史人文景观为一体,是旅游观光、避暑度假、考察探险的理想胜地。

【黄河丹峡景区】 位于晋豫黄河大峡谷小浪底库区中段,渑池县坡头乡境内,距渑池县城40余公里。黄河丹峡,北临黄河水,南依岱眉山。整条峡谷皆由红色石英砂岩构成,从谷底到崖壁全成红褐色。12亿年前这里曾是一片汪洋大海,黄河丹峡就是沧海桑田的有力见证,现在峡谷还能看到当年海洋波浪冲刷留下的石印。整个峡谷呈"U"字形,长8公里,宽2米至30米,海拔落差200米至600米;谷内怪石林立,悬崖绝壁,鬼斧神工,古树参天,飞瀑湍急,有乾坤玉玺官印台、双龙戏珠、神猴望月、石人山、擎天柱以及由黑虎潭、黄龙瀑组成的"八潭八瀑",汇集了奇山、怪石、险谷、清溪、深潭、密林等多种奇特的自然景观,是黄河峡谷内又一道靓丽的风景。 (王　丽)

·编辑　卢亚杰·

财政　税务

FINANCE AND TAX

6 月 29 日，三门峡市国税局举行庆七一“红歌颂党恩、光辉耀国税”红歌赛

财 政

【概况】 至2011年年底,三门峡市财政局机关内设24个科室(含离退休干部工作科),并按照有关规定,设立机关党委。下设1个正县级事业单位:三门峡市财经投资公司;4个副县级事业单位:三门峡市财经学校、三门峡财会培训中心、三门峡市财政国库集中支付(会计核算)中心、三门峡市农业综合开发公司;8个正科级事业单位。下辖6个县(市)区财政局及经济开发区财政局、产业集聚区财政局,69个乡(镇)财政所。

2011年,全市财税系统坚持以党的十七大和十七届五中、六中全会精神为指导,深入贯彻落实科学发展观,坚持"四个重在"实践要领,紧紧围绕"三大战略定位"和"四大一高"战略,依法加强财税征收管理,科学安排各项支出,集中财力保运转、保民生、办大事,超额完成各项责任目标,有力地促进了全市经济社会的持续健康发展,受到省财政厅及市委、市政府的充分肯定和高度评价,并被市政府通令嘉奖。

财政收入 2011年,全市地方财政总收入完成960 243万元,比2010年同期增长15.2%。其中:上划中央收入384 190万元,比2010年同期增长22.7%,占地方财政总收入的40%。全市一般预算收入完成576 053万元,为年预算的107.7%,增长15.8%。一般预算收入规模在全省排第9位。主要税种情况:国内增值税完成84 014万元,为年预算的82.9%,增长2.7%。营业税完成111 336万元,为年预算的112.1%,增长18.1%。企业所得税完成49 822万元,为年预算的131.7%,增长74.9%。个人所得税完成16 282万元,为年预算的95.1%,下降2.4%。城市维护建设税完成28 248万元,为年预算的88.6%,增长21.6%。资源税完成36 191万元,为年预算的80.5%,下降4.1%。分部门情况:国税部门完成113 328万元,为年目标的98.1%,增长15.9%;地税部门完成310 702万元,为年目标的94.3%,增长11.3%;财政及其他部门完成152 023万元,为年目标的129.8%,增长26.3%。收入结构情况:税收收入完成423 619万元,为年预算的99.4%,增长12.4%,占一般预算收入的比重为73.5%。其中:主体税种完成289 702万元,为年预算的100.8%,增长18.5%,占一般预算收入的比重为50.3%;小税种完成133 917万元,为年预算的96.6%,增长1.2%,占一般预算收入的比重为23.2%;非税收入完成152 434万元,为年预算的140%,增长26.4%,占一般预算收入的比重为26.5%。

财政支出 全市地方财政支出达到144.1亿元。全市一般预算支出完成1 194 647万元,为年预算的99.8%,增长25.4%。其中:市级完成325 020万元,为年预算的99.9%,增长26.7%;县(市)区级完成869 627万元,为年预算的99.8%,增长24.9%。

【社会保障体系进一步完善】 当年,全市社会保障体系得到进一步完善。一是城乡居民最低生活保障标准再次提高,从2011年1月起,按照城市低保对象每人每月15元、农村低保对象每人每月12元的标准增加补助。提高标准后,城乡低保对象人均月补助水平分别不低于160元和72元。全市农村五保对象集中供养标准提高到每人每年不低于2 240元,分散供养标准提高到每人每年不低于1 320元。二是城镇基本医疗保险和生育保险实现市级统筹。当年,三门峡市出台《三门峡市城镇基本医疗保险和生育保险市级统筹实施办法》,并在年底前基本完成市级统筹工作。三是第3批城乡居民养老保险工作稳步推进。继卢氏县、灵宝市被批准为第1批和第2批新型农村养老保险试点县(市)后,2011年,陕县、湖滨区和义马市(含开发区和产业集聚区)又被批准为第3批新型农村养老保险和城镇居民养老保险试点县(市)。四是调高部分优抚对象抚恤标准和生活补助标准。按照国家民政部和财政部《关于调整部分优抚对象等人员抚恤和生活补助标准的通知》精神,三门峡市结合实际,从2011年10月1日起,提高对部分优抚对象的抚恤和生活补助标准,惠及全市近8 000名优抚对象。

【举行会计从业资格无纸化考试】 3月27日,三门峡市会计从业资格无纸化考试在市财校举行,这是三门峡市改革会计从业资格考试方式后的首次考试,全市共有130名考生参加考试。从2011年开始,三门峡市会计从业资格考试将由一年一次性纸质考试,改为一年多次无纸化考试,考生可按照市财政局每季度公布的考试方案,自主选择考试时间,并通过网上报名、网上缴费、网上打印准考证。首次会计从业资格无纸化考试的成功进行,标志着三门峡市会计管理工作信息化、网络化、智能化建设迈上新台阶。

【募集城市建设债券资金15亿元】 4月25日,经三门峡市人大常委会批准,三门峡市人民政府授权三门峡市财政局以三门峡市财经投资公司为发行主体,由国联证券股份有限公司和中原证券股份有限公司联合承销,通过证券市场公开发行债券募集资金15亿元,是迄今为止全市最大规模的融资。该批债券资金主要用于重点城市基础设施建设项目。对15亿元财政投资债券资金,市政府专门下发《三门峡市财政投资债券资金管理办法》,确保资金专款专用,按期偿还。6月8日,市政府发文对市财经投资公司予以通令嘉奖。

【民生及重点支出得到保障】 当年,市财政部门本着"统筹兼顾、突出重点"的原则,积极调整和优化财政支出结构,千方百计筹措资金,集中财力办大事、办实事,财政向民生的投入大幅度增加。2011年全市财政支出中涉及民生的支出达72.9亿元,比2010年增长25.7%,占一般预算支出比重达61%。其中:农林水事务、农村低保支出分别比2010年增长15.1%和52.5%,教育、科技支出分别比2010年增长37.6%和17.9%,社会保障与就业、医疗卫生支出分别比2010年增长20.1%和53.1%,向农民发放种粮补贴1.4亿元、农机补贴2 376万元、家电下乡补贴4 451万元、汽车摩托车下乡补贴1 050万元。筹措资金24.9亿元,用于巩固和完善义务教育经费保障机制和对贫困学生的资助;筹措资金20亿元,增加企业退休人员基本养老金,巩固和完善城乡低保、新型农村合作医疗和城镇居民基本医疗保险制度,扩大新型农村社会养老保险试点范围,落实就业政策,进一步提高社会保障水平;筹措资金3.7亿元,大力支持廉租房、公租房和经济适用房建设，缓解城市低收入家庭住房困难。密切关注经济发展中出现的新情况，积极向上反映三门峡市的实际情况和特殊困难，与有关部门密切配合，进一步加大向上争取资金的力度。全年共争取上级各类补助资金62.3亿元，有力地保障了各项重点支出的需要。

【首次公开竞价处置21辆公务用车】 为加强行政事业单位国有资产管理，提高管理效益，根据国有资产处置管理相关办法，5月27日，市国有资产管理办公室委托市产权交易中心，公开竞价处置一批市直行政事业单位达到更换年限的公务车辆。按照单位申报、国资办统一评估、统一拍卖、公开处置的步骤进行，共涉及13个单位21辆公务用车，评估价值为23.35万元，最终拍卖成交价为31.66万元，增值8.31万元，增值率达35%。有效地防止了国有资产流失，保证了国有资产的保值增值。

【开征城市基础设施配套费】 为筹集城市基础设施建设资金，规范建设项目收费，根据《三门峡市城市基础设施配套费征收管理办法》，三门峡市从2011年7月28日起，开始在市区征收城市基础设施配套费。凡在本市城市规划区范围内新建、扩建和改建建设项目(含临时建设项目)的单位和个人，均应缴纳城市基础设施配套费，标准为每平方米(建筑面积)90元(国家、省人民政府文件规定减免的建设项目，按有关规定执行)。城市配套费计入建设工程造价。商品房项目计入房屋销售价格，开发商不得在房价外向购房者另行加收。城市配套费由市财政部门和市规划部门负责征收。所征收的资金全部纳入财政基金预算，实行“收支两条线”管理，由政府统筹用于城市基础设施建设。开征城市配套费后，不再征收“市政基础设施配套费”“绿化费”“集中供热力入网建设费”“天然气基础设施管网建设开发费”和其他等配套性收费。各县(市)需开征城市配套费的，应经市人民政府批准后执行。至12月底，共征收城市基础设施配套费580万元。

【加大教育事业投入力度】 当年，三门峡市坚持教育优先发展战略，进一步加大对教育事业的投入力度。全市教育支出完成249 219万元，较2010年增长137%。其中市级教育支出47 764万元，较2010年增长133%。一是落实和完善义务教育经费保障机制。足额安排义务教育免杂费和公用经费补助，当年全市共下达义务教育免杂费和公用经费补助资金11 265.8万元，其中争取省转移支付及专款8 999万元，受益学生24.4万人(其中农村学生17.7万人，城市学生6.7万人)。继续推行农村义务教育阶段免教科书资金政策，当年全市争取上级安排免教科书资金1 889.2万元，同时积极推广教科书循环使用政策，节约了大量资金。落实农村义务教育学校家庭经济困难学生生活费补助政策，共下达家庭经济困难寄宿生生活费补助资金947.1万元，享受学生达1.83万人。按省定标准和批准项目安排农村中小学校舍维修经费，结合校舍安全工程，全市共安排农村义务教育阶段中小学校舍维修改造资金1 480万元，专项用于对全市中小学校舍进行维修改造、防震加固，其中争取省以上专项补助资金951万元。二是完善扶困助学机制。继续完善以助学贷款、助学金、奖学金等为主要资助手段的高校和中等职业学校贫困生资助政策体系，当年各级财政投入资金2 988.5万元，资助学生20 411人，其中用于高等职业学校国家奖学金10.4万元、励志奖学金222.5万元、国家助学金847.5万元，用于中等职业学校国家助学金1 908.1万元，帮助全市中等职业学校困难家庭子女顺利完成学业。做好中等职业学校免学费政策落实工作，当年全市共落实中等职业学校免学费资金1 080.3万元，享受学生7 440人。做好高中助学金发放工作，当年全市共计发放高中助学金1 365.2万元，其中市级配套146.1万元，共有9 629名学生享受该项政策。三是继续实施校舍安全工程。根据中央和省有关政策规定，从2011年开始对全市中小学校舍进行排查，根据排查结果，5年内对有安全隐患的校舍进行加固、改造和重建。当年各级财政共投入资金249 219万元，其中争取上级补助资金35 100万元，新建和改建校舍297 293平方米。市财政安排资金5 600万元，重点对市外语高中建设补助、对市七中、市育才小学、市三中、实验中学、实验小学进行改造。

【发行地方政府债券】 10月17日，河南省2011年地方政府债券成功发行，经积极争取，省财政厅核准三门峡市债券使用额度2.5亿元。其中，3年期票面利率为3.67%，5年期票面利率为3.7%，均为当年财政部代理发行地方政府债券最低利率。与最高发行利率相比，三门峡市政府债券每年可节约利息支出近125万元，两期债券到期可节约利息共计500万元。当年，全市债券资金使用安排重点用于完成在建项目，优先用于保障性安居工程建设和其他中央投资公益性项目地方配套及主要依靠财政性资金偿还的公益性在建项目。

【强化项目资金管理】 当年，市财政部门积极加强项目资金管理，坚持推进监督关口前移，提出“三二一”项目管理模式：规范招标文件、规范合同条款、规范资金拨付程序，参与招投标、参与工程竣工验收，加强项目资金审核及财政评审。当年，市财政部门共审核存档各类合同123份，涉及园林绿化、市政建设、勘察设计、监理、拆迁补偿、亮化、给水排水等多个方面，审核合同金额4.8亿元；委托财政投资评审项目80个，评审金额4.25亿元；拨付群众文体活动中心项目资金22 662.09万元，文化广场建设项目资金5 455.8万元，向青路新建道路项目资金608.56万元，五原西路拓宽工程项目资金309.94万元，文明路改造工程项目资金421万元，宋会路改造工程项目资金423万元，黄河湿地公园建设项目资金1 876.98万元，检验检疫局、海关办事处、铝工业检测中心建设项目资金891.16万元，往年项目进度款、质保金等2 675.06万元。通过强化项目资金管理，把问题解决在过程中，避免产生纠纷、滥用财政资金等现象，对提高财政资金使用效益、保证项目实施质量及充分发挥财政监管职能起到了强力推动作用。

【4年发放家电下乡补贴1.13亿元】 按照国务院的统一部署，至2011年11月30日，山东、河南、四川、青岛等地家电下乡补贴政策执行到期。自2007年12月1日三门峡市实施家电下乡政策以来，财政、商务等部门密切配合，加强政策宣传，及时调度资金，完善补贴方式，强化资金管理，全市家电下乡工作

取得显著成效,在拉动消费、保增长、扩内需、强农惠农等方面发挥了巨大作用。至2011年11月30日,全市累计销售各类家电下乡产品43.2万台(部),销售金额9.9亿元,发放家电下乡补贴资金1.13亿元,使广大农民群众得到了实惠。

【财政调研硕果累累】 当年,市财政部门紧紧围绕财政工作中的热点难点问题,多次组成调研组深入基层开展调查研究,先后撰写了《我国发展低碳经济面临的问题与财税政策研究》《资源型城市产业转型问题探讨》《支持经济可持续发展的财税政策建议》《浅议财政职能在经济发展方式转变中的推动作用》《当前政府采购工作存在的主要问题及其对策》《行政事业单位国有资产管理问题研究》《支持企业自主创新的财税政策研究》等具有一定深度和参考价值的调研报告,其中被《中国财经信息资料》采用4篇,被《地方财政研究》《河南财政研究》各采用2篇,为各级领导决策提供了大量有参考价值的第一手资料。同时,有4项财政重点调研课题在省、市级获奖。其中:《化解地方政府债务问题对策研究》《支持经济可持续发展的财税政策研究》于4月分别被省社科联、省经济学团体联合会评为"河南省社科联优秀调研成果"一等奖;《现行矿产资源税制存在的主要问题及对策建议》于9月被省社科联评为"第四届河南省社会科学普及优秀作品"二等奖。《现行矿产资源税制存在的主要问题及对策建议》于11月被三门峡市社会科学优秀成果评奖委员会评为"三门峡市社会科学优秀成果"二等奖。

【市直机关所属企业脱钩改制工作分批推进】 当年,全市市直机关所属企业脱钩改制工作分批推进。建立市属国有企业脱钩改制工作联席会议制度,下发《三门峡市人民政府关于建立三门峡市市直机关所属企业脱钩改制工作联席会议制度的通知》,召开市直机关所属企业脱钩改制工作动员大会,部署市直机关所属企业脱钩改制工作;由国资办牵头,会同市编办、工商局等单位,对市直国有企业,进行全面摸底,掌握有关企业的基本信息。经调查,全市符合脱钩改制的企业主要分布在商业、粮食、交通企业、工业企业等行业,共45家,其中粮食企业8家、商业企业13家、工业企业6家、医药企业2家、商贸企业5家、物资公司11家。结合企业实际,制定下发《加快推进市直机关所属企业脱钩改制工作的实施意见》,明确工作范围、脱钩改制工作的主要方式、时间安排、途径、步骤等;同时出台《关于在市直机关所属企业脱钩改制工作中严肃纪律的通知》,对改制工作中的政治纪律、人事纪律、财经纪律和监督检查工作进一步明确。在调查摸底的基础上,按照一企一策、分类处置的原则,根据企业不同情况,采取资产移交、重组整合、改制退出和关闭破产等方式,进退结合,灵活处置,先易后难,批次推进。至年底,已脱钩30余家,已经或拟批准改制退出的13家。

(李少民　王向红)

国家税务

【概况】 2011年,面对低位运行的经济发展形势,三门峡市国税系统坚持以组织收入、发挥税收职能作用为中心,切实抓好税收征管和纳税服务两大核心业务,深入开展"七对照七提高"专题教育活动,强力推进干部队伍和党风廉政建设,较好地完成了各项工作目标任务,有力地促进了国税事业的持续、科学发展,受到市委、市政府以及省国税局的充分肯定和通报表彰。当年,三门峡市国税局被省国税局评为"全省国税工作目标管理先进单位""全省国税系统纪检监察工作先进集体",被市委、市政府命名为"反腐倡廉建设优秀单位""全市行政服务工作先进单位""全市综合治理工作先进单位""2011年度全市信访工作先进单位""2011年度政府法制工作先进单位""扶贫开发工作先进单位""全市对外开放工作先进单位"等。

组织收入　在经济发展进入低位运行时期、组织收入任务依然艰难的形势下,市国税局坚定不移地贯彻执行"依法征税、应收尽收、坚决不收过头税,坚决防止和制止越权减免税"的组织收入原则和纪律。经过多方努力,全年共组织税收收入449 734万元,同比增收44 633万元,增长11%,收入总量居全省第10位。

执行政策　全系统牢固树立"不落实税收优惠政策也是收过头税"的理念,严格执行税收政策,做到不棚架、不梗阻;通过每月的税收政策发布会、行风热线、"政策面对面"、送法上门、定期召开政策宣讲会等形式,积极向社会各界深入宣传各项税收政策,受到社会各界的一致好评,有力地推动了三门峡市的经济发展。

纳税服务　坚持以纳税人需求为导向,以解决问题为重点,以纳税人满意为标准,不断优化纳税服务,切实把实事办实、好事办好。结合三门峡市"四大一高"发展战略,提出促进高新技术企业发展的建议,引起市委、市政府主要领导的高度重视;理顺苹果出口企业出口退税机制,解决出口退税政策难题,受到市委领导的充分肯定。牢固树立"纳税人至上"的服务理念,注重将服务贯穿到征管工作全过程中去,主动由"监督+管理"向"执法+服务"转变,不断提升纳税服务效能,实行"一站式""一窗式""限时制"等多项服务;针对企业多元化服务诉求,提供个性化服务,建立定点联系服务企业制度,定期提供纳税服务和纳税辅导,先后举办"大企业税收风险管理知识讲座""税企连心,和谐共融"税企座谈联谊会,畅通税企互动交流渠道;加强窗口形象建设,规范办税服务厅窗口建设,开展"群众满意的基层站所"评比,深入开展全市纳税服务检查整改工作;继续完善"12366"纳税服务工作机制,充分发挥服务作用,着眼于群众关注的热点、难点、焦点问题,举办网上交流活动6期,解答问题260余条,加强和纳税人的互动交流,真诚为群众排忧解难。认真落实增值税起征点调高政策,积极做好政策宣传和辅导工作,受到了社会各界的普遍好评。积极落实税收优惠政策,支持企业发展。全市增值税直接减免销售额达463亿元,为资源综合利用企业、福利企业审批退税分别达7 526万元和3 549万元。做好出口退(免)税审核审批工作,共办理出口退(免)税13 969万元。

税务稽查　实行"月分析、月讲评、月派单、月通报、月考核"工作机制,围绕中心工作,开展对电子、服装类产品出口退(免)税的企业,广告业以及黄金企业等行业的专项检查，发挥稽查的震慑作用，有力地打击了各种涉税违法犯罪活动，整顿和规范了税收经济秩序。全年稽查累计入库4 040.9万元，同比增长10.4%。

岗位练兵系列活动　把打造高素质、专业化的国税人才队伍作为干部队伍建设的核心目标，积极组织岗位练兵、业务比武、能手选拔。开展"群星耀国税、奉献在岗位"国税之星评选活动，从全系统评选出7类12颗国税之星；开展学习国税之星活动，以身边的人激励人。全年共举办14期专业知识培训班，培训人员800余人次；在全省国税系统业务技术能手选拔活动中，三门峡市国税局选送的10名选手有6人获得省级能手称号，入围率达60%，全省排名第6位。

政风行风建设　转变服务理念，优化服务措施，认真落实纳税服务直通车制度，加大国税宣传力度，加强与地方党政领导及有关部门的沟通协调，营造和谐的综合治税环境，先后被省、市多家新闻媒体报道，为行风评议工作取得较好成绩奠定坚实基础。各级政府、纳税人和基层税务人员对国税工作的满意度明显提高，全市国税系统行风评议名次居全市前列。

税务文化建设　加大文明单位创建和创先争优工作力度，成功复创省级文明单位，在全系统开展选树先进典型、"夺旗争星""三评三亮三创"工作，推动创先争优向纵深发展。组织参加财税系统春节晚会、"红歌颂党恩，光辉耀国税"合唱比赛，开展"关爱留守儿童""恒爱行动"公益活动、"关爱老人"志愿者活动，开展"国税大讲堂""中秋月·国税情"主题文化活动，组队参加全省国税系统第2届"国税杯"乒乓球比赛，举办三门峡市国税系统第5届职工运动会。一系列丰富多彩的活动，活跃了职工文化生活，增强了队伍的凝聚力、向心力和战斗力。

【开展税源调查活动】　为准确掌握税源状况及动态变化，稳步实施税源管理专业化，5月至6月，市国税局在全市范围内深入开展税源调查活动，力求全面、准确掌握纳税人的涉税信息，管住管好各类税源。本着"全面比对、重点实测"的原则，充分利用税源监控分析系统、互联网信息、日常巡查巡管等成果，加强与纳税人申报数据的全面比对，加大对新兴工业园、城乡结合部、大型工矿区、大型集贸商场等区域的清查力度，并定期召开部门联席会议，加强税政、征管、稽查等多个业务部门之间的沟通协作，及时交流工作信息和经验做法，促进税源调查工作有效开展。税源调查活动共查出漏征漏管户785户，有效地堵塞了征管漏洞。

【强化各税种管理】　当年，市国税局强化各税种管理，不断加强货物和劳务税管理，相继开展农产品收购发票、增值税优惠政策、国有粮食企业、涉农风险行业等专项核查工作；开展增值税相关数据分析工作，下发11期数据通报，涉及9类问题4 352条数据；在全市福利企业推行人像识别考勤系统，有效杜绝福利企业骗取退税款的现象。强化所得税管理，继续加强汇算清缴专业化管理，不断提高所得税收入质量。全市共组织入库所得税7.84亿元，同比增收3.14亿元，增长66.9%，拉动全市税收收入总量增长7.8个百分点。加强国际税务管理，持续推进定点联系企业税务风险管理，开展对外商投资企业及发行海外股的居民企业利润分配情况的调查，强化非居民税源管理。强化进出口退税管理，加强出口退（免）税资料的审核审批，做好出口货物函调工作，防范和打击出口骗税。加强车购税管理，全年累计新车征税17 796辆，组织车购税入库16 633万元。

4月26日，市国税局举办防范税收风险知识讲座

【所得税收入创历史新高】　针对所得税管理中存在的问题和薄弱环节，市国税局以发挥信息比对作用为重点，进一步加大对重点企业和重点行业的监控、分析力度，所得税组织收入工作连创3项历史纪录。一是单月收入创历史最高纪录。10月，全市组织入库所得税1.17亿元，同比增收0.66亿元，增长129.3%；增幅全省排名第1。二是累计收入创历史最高纪录。1月至11月，全市累计入库所得税7.46亿元，同比增收3.43亿元，增长85.2%，占2010年度全年入库所得税额的158.7%，所得税收入增幅和总量分别居全省第3位和第11位。三是比重创历史最高纪录。累计入库所得税占全市税收收入总额比重，由2010年同期的10.9%增长至18%，同比增长7.1个百分点，全省排名居第9位，同比提高5个位次。

【税务风险管理进一步加强】　当年，市国税局始终把降低风险点作为征管工作的主要抓手，在全市范围内开展查找风险点活动，结合税收征管的重点、热点、难点工作，确定6大类17项36个风险控制内容。充分运用信息化手段，围绕风险控制内容采集疑点数据9 000余条，核实有问题数据3 061条。同时分析问题形成原因，制定整改措施，建章立制，进一步提高管理质量。在灵宝召开全市国税系统执法督察暨审计检查问题整改现场会，进一步规范基层税收执法行为；科学确定全市风险管理重点行业和企业，共评估检查风险企业190户，查补税款124户3 474.8万元；分层次召开“知风险、促廉洁、保平安”大讨论活动，进一步增强干部职工依法行政、防范风险的意识；先后安排对纺织企业等出口供货企业的排查、2009年以来出口退税企业的专项检查；对7个县（市）区局出口退税管理工作及部分出口企业进行全面检查，防患于未然，进一步增强干部职工依法行政、防范风险的意识。

【税收宣传月活动高潮迭起】 当年，市国税局继续围绕“税收·发展·民生”的宣传主题，突出工作重点，彰显地域特色，充分体现税收宣传时代性、大众性、持续性的特征，形成贯穿全年、持续不断的税收宣传高潮。在4月税收宣传月期间，共举办6大系列宣传品牌活动。一是举办“防范风险·优化服务”税企互动系列活动。举办“大企业税收风险管理知识讲座”，吸引全市大中型重点税源企业的老总、财务经理和税务人员300余人参加；举办“税企连心”重点评议企业走访、座谈活动和税收政策宣讲会。二是举行“低碳·税宣一路行”主题宣传活动。与速达汽车公司合作，以环保、低碳为切入点，开展“低碳·税宣一路行”系列主题宣传活动。三是举办“税务局长网上公开接待日”活动。市国税局领导和相关业务科室负责人走进“12366”纳税服务网在线访谈栏目，围绕“优化纳税服务，和谐征纳关系”的主题，与广大网友和纳税人进行在线交流，解疑答惑。四是举办以“税收·仰韶文化与时代同行”为主题的系列非物质文化遗产宣传活动。借助皮影、剪纸等特色非物质文化遗产开展税法宣传，借助陕县桃花节、渑池杏花节、灵宝市朱阳镇“二月五”传统庙会和阳平镇纪念轩辕黄帝诞辰暨公祭大会等旅游资源优势，宣传税法，增强税法宣传的艺术力和感染力，有效拓展了税法宣传的艺术形式。五是利用走进行风热线、开展税收公益广告宣传、发送短信提醒等多种传媒手段，加强税收宣传。六是继续开展税收宣传“六进四送三座谈”（进超市、进企业、进社区、进学校、进乡村、进景区，送服务、送政策、送咨询、送税收文化读本，举办当地党委政府相关部门座谈会、本地知名人物座谈会、税企座谈会）活动，加大对全社会的税收宣传力度，赢得当地党委政府、社会各界和纳税人的广泛支持。其中，“防范风险·优化服务”税企互动系列、“国税局长网上在线交流”两大活动项目被评为“河南省国家税务局2011年税收宣传月优秀活动项目”。

【开展“群星耀国税，奉献在岗位”国税之星评选活动】 为进一步弘扬正气，树立典型，激发干事创业的使命感和责任感，当年，市国税局历时8个月开展“群星耀国税、奉献在岗位”国税之星推荐评选活动。经过自荐、群众推荐与组织评选相结合的方式，评选出纳税服务、税收管理、税务稽查、敬业奉献、勤奋学习、孝老爱亲、夕阳美好等7类12名“国税之星”，并专门制作视频及访谈节目，于6月30日在全市国税系统纪念中国共产党90华诞庆祝大会上隆重表彰。同时，为进一步深化宣传效果，达到以身边人教育身边人的目的，市国税局在全市国税系统开展“学先进、树正气、讲奉献”活动，号召广大干部职工学习12名“国税之星”的先进事迹。国税之星评选活动的开展，在全市国税系统形成了勤奋学习、努力工作、岗位建功、创先争优的良好风气，有力地推动了全市国税事业的科学、持续发展。

【在河南省首届税收宣传作品大赛中获佳绩】 为促进税收新闻宣传工作，以群众喜闻乐见的形式广泛宣传税法，4月至5月，河南省国税局、地税局和河南法制报社联合举办首届税收宣传作品大赛。大赛包括“动漫FLASH创意大赛”“公益广告创意大赛”“税收小小说大赛”“税收漫画大赛”和“税收短信征集大赛”5大系列，面向省内外各级税务机关和企事业单位及个人征集作品，意在实现税收宣传的多元化和品牌化。大赛中，市国税局贾红绪绘制的《新白条时代》《“挤”》分别荣获税收漫画大赛二等奖、三等奖，孙秋亮创作的《“二”黑》荣获税收小小说大赛三等奖，侯宝新、马志强编写的短信获税收短信征集大赛三等奖，三门峡市国税系统成为大赛中获奖作品数量和层次最多的地市。

【税收科研调研成果显著】 当年，市国税局坚持以应用理论研究为主，围绕税收中心工作，紧密结合经济和税收发展的实际，为领导决策服务，为全面加强税收管理服务，为经济建设服务，全面开展科研活动，取得显著成效。至年底，市国税局首次承担的国家税务总局重点课题“税务高级人才培养与激励机制研究”顺利结项，获国家税务总局科研成果一等奖；2篇科研论文获“河南省国税系统税收科研优秀成果奖”，市国税局被授予“河南省国税系统税收科研优胜集体”称号。7月，市国税局推荐的《关于建立纳税服务评价体系的若干思考》一文被国家税务总局科研所《税收研究资料》刊登，填补了三门峡市国税系统在国家级科研刊物发表论文的空白。 （孙秋亮）

地方税务

【概况】 2011年，三门峡市地方税务局立足自身实际，按照“坚持一个中心，突出两条主线，实现八个提升”的总体工作思路，以深入开展“两个转变”活动为契机，坚持以组织收入为中心，依法治税，强化管理，税收收入实现平稳增长，再创历史新高。当年，市地税局被市政府通令嘉奖，被省地税局授予“目标管理优秀单位”称号。

税收收入 全市地税共组织入库各项收入41.64亿元，同比增长13.8%，增收5.05亿元，收入规模首次突破40亿元。其中：地方级税收（不含两税）27.88亿元，占省地税局计划的100.89%，同比增长14.21%，增收3.47亿元。市级收入4.57亿元，同比增长16.69%，增收6 537万元；市（县）级收入突破30亿元，达到30.99亿元，同比增长11.83%，增收3.28亿元。组织收入质量进一步提升，呈现出3个特点：一是除省级收入受2010年同期一次性因素影响抬高基数外，市、县两级收入继续保持稳定增长态势。二是各税种收入普遍增长。营业税、企业所得税等主体税种分别增长18.1%、22.44%，对地税总收入的持续增长起到关键作用；土地增值税、印花税、车船税等小税种分别增长38.31%、57.25%和27%，对地税收入增长起到积极的拉动作用。三是重点行业税收继续保持快速增长。采矿业入库税收11.79亿元,同比增长0.13%;建筑业入库税收7.07亿元,同比增长22.7%;制造业入库税收3.16亿元,同比增长36.58%;房地产业入库税收3亿元,增长48.79%,增收9 861万元。房地产业成为三门峡市继采矿业、建筑业之后的第三大税源,是2011年第一大税收增长点。

税收征管 一是新征管系统成功上线,全面实现税款无纸化电子入库方式。至10月21日,成功实现办税服务厅实时扣款、批量扣款、银行端查询缴款、办税服务厅银联卡缴款、办税服务厅收取现金(汇总入库)5种电子缴款方式,全市签订三方协议纳税人10 093户,安装银联公司POS机84台,累计通过财税库银系统征收税款5.4亿元。至11月1日,三门峡市全面实现税款无纸化电子入库方式,在11月例征期首批12户纳税人成功进行网上申报和缴税。二是进一步夯实征管基础。积极探索税源专业化管理新模式,突出重点税源,抓好大户管理;把牢个体税源,抓实小户管理;结合市场特点,实施分类管理。落实税收管理员制度,完善税源监管体系。先后开展营业税起征点调整测算、资源税委托代征情况、车船税法实施条例征求意见以及所得税政策调整、税源分布、优惠政策执行情况等方面的税收工作调研,为上级制定政策、科学决策提供翔实资料。加强与国税、工商等有关部门的配合,及时交换登记信息,有效堵塞漏征漏管,新办理税务登记1 557户、二手房交易268户,市行政服务中心地税窗口多次受到表彰。继续深入开展发票"双奖"活动,抓好发票日常检查和专项检查,日常检查用票户7 383户,查补税款363万元;专项检查用票户1 090户,查补税款及罚款336万元。三是重点行业、重点税种管理成效明显。加强重点项目税收监控,建立重点项目税收管理台账,推行重点项目税收定期报告制度,确保重点建设项目完成进度与入库税收同步。认真做好企业所得税汇算清缴工作,共汇算646户企业,纳税调整净额3.85亿元,入库企业所得税9 636万元。积极推进年所得12万元以上个人所得税自行申报工作,全市共有1 541人自行申报,比2010年增加263人。共为6.2万名纳税人开具个税完税证明,比2010年增加1.5万人,增长32%。积极稳妥地抓好个人所得税管理系统的推广工作,全市个人所得税管理系统月均申报量为483户,申报个人所得税3 624万元。认真做好城建税、教育费附加政策调整及相关调查测算工作。以土地增值税清算为抓手,加强房地产业行业税收管理,对57家房地产企业进行税收监控,房产税、土地增值税入库税收9 006万元、6 718万元,分别同比增长15.11%和54.12%。顺利完成契税和耕地占用税征管业务交接,实现平稳过渡,共组织契税收入3.07亿元、耕地占用税1.06亿元。抓好大企业税源监控分析,加强国际税收管理,国际税收入库达1.52亿元,同比增长53.27%。加强非居民企业所得税源泉扣缴管理,灵宝某股份公司案例作为全省唯一入选总局案例库的案例,在总局非居民税收政策研讨会上进行交流。

9月8日,市委副书记、市长赵海燕深入市地税局调研

依法治税 严格执法考核监督。认真开展税收执法督察工作,及时发现和纠正税收执法中存在的问题和不足,促进税收执法水平的提高和执法环境的改善。认真开展规范性文件检查和清理工作,共清理登记现行有效的税收规范性文件2件、全文废止和实效的税收规范性文件18件。严格落实"一个标准、四项制度",切实规范税务行政处罚裁量权的使用,预先审核处罚案件24起,有效规避执法风险。开展行政处罚裁量权检查,检查一般程序税收行政处罚案件134起、简易程序税收行政处罚案件63起,对发现的问题认真进行整改,确保行政处罚手续齐全、程序完备、处罚符合标准。扎实做好普法宣传教育和依法治理工作,被省委、省政府表彰为"2006~2010年法制宣传教育和依法治理工作先进单位",2人被评为"三门峡市法制宣传教育和依法治理工作先进工作者和先进个人"。

税务稽查 顺利完成一级稽查管理体制改革。强化税收专项检查和重点稽查,坚持行业专项检查、区域专项整治和日常检查相结合,共查处税务违法案件157起,查补入库地方各税6 782万元。继续开展发票"双奖"活动和发票专项治理,查处非法出售及非法使用假发票83户,收缴假发票5 365份,查补税款及罚款162万元。

税法宣传 精心组织,周密部署,紧紧围绕"税收·发展·民生"的主题,深入开展第20个全国税收宣传月活动,组织开展"地税杯"全国摄影大赛,被国家税务总局评为"优秀税收宣传项目",被省地税局评为"优秀宣传项目"一等奖。切实抓好税法普及宣传教育工作,给全市650名税务执法人员发放《税收执法风险防控手册》,通过以会代训、举办讲座等形式开展执法风险教育,进一步提高全员执法风险防范意识。

税收优惠 对各项政策迅速传达贯彻,广泛进行宣传,从严督促检查,抓好贯彻落实,在落实支持新农村建设、鼓励企业自主创新、下岗职工再就业政策等方面,取得良好效果。共受理并依法审批减免税5户,减免税554万元;为948户下岗再就业人员减免税款172.9万元,较好地支持了地方经济发展。落实新修订的《中华人民共和国个人所得税法》,全市个人所得税纳税人由81 518人下降到32 038人,下降63%,2011年全市个人所得税纳税人减负3 171万元;落实营业税起征点调整政策,全市共有11 707位达不到起征点的个体工商户,月减负213.96万元,占个体工商户的91.4%;征收教育费附加1.64亿元,同比增长67.8%;征收地方教育费附加7 050万元、文化建设费173万元;代征企业工会经费2 733万元,同比增长22.67%;代征残疾人就业保障金936万元,同比增长28.93%。

科技兴税 加强网络安全防范和使用管理,确保各项设备及网络的安全、稳定运行。认真做好财税库银横向联网推广以及个人所得税信息系统、货运发票税控、工会经费管理、执法责任制考核等业务软件的监控、维护、升级工作,保障各项工作顺利开展。10月,财税库银网开通;11月,网上办税业务正式开通。开展信息数据分析应用论文的征集评选工作,对征集的21篇论文进行评选表彰。

纳税服务 进一步深化企业服务工作,通过举办税企座谈会、开展纳税需求及满意度调查、开通"纳税人之家"税务博客等有效方式,不断创新服务手段,提高服务效能,落实"两个减负",赢得社会各界的普遍欢迎。加强"12366"纳税服务热线规范化建设,优化"12366"咨询解答模式,共受理涉税咨询8 530个。深入开展办税服务厅"优质服务年"活动,组织基层各单位积极开展争创"优秀办税服务厅"和"纳税服务明星"活动,4个办税服务厅受到省地税局表彰,市地税局被评为"办税服务厅规范化建设与管理优秀单位"。

队伍建设 树立正确用人导向,从机关选拔1名干部到基层任税务所所长,面向基层遴选6名年轻公务员充实到市局机关及直属机构,激发队伍活力,初步建立了"优秀人才到基层一线锻炼,机关干部从基层一线遴选"的干部培养选拔链。加强全员教育培训,先后举办机关干部更新知识、新征管信息系统、纳税服务知识和技能、税务稽查等专项培训,举办全员业务抽考,表彰30名业务能手,选派123人次参加国家税务总局和省地税局的各类业务培训,进一步提高干部队伍综合素质。强化内部审计,对2名科级干部进行任中责任审计,对16个装饰装修工程进行基建审计,送审金额376.3万元,审减金额60.4万元,审减率为16.1%,较好地发挥了监督职能作用。深化政风行风建设,市地税局连续6年荣获全市政风行风评议第1名。积极开展创建"群众满意的基层站所"工作,共有7个基层税所受到省级表彰、10个基层税所受到市级表彰,6个基层所被推荐为全省群众满意的基层站所。12月20日,市地税局荣获"全国文明单位"称号。

【河南地税税收业务管理信息系统上线运行】 5月3日上午8时,三门峡一纳税人在湖滨区局办税服务厅成功开出新税收业务管理信息系统上线后的第一张税票,缴纳税款472元,标志着河南地税税收业务管理信息系统在市地税局正式上线运行。自2月18日启动新税收业务管理信息系统上线工作后,全市地税系统各部门、各单位均按照省地税局方案要求,统一部署、合理分工、精心组织、上下联动,在规定时间内高质量地完成新系统上线前的各项准备工作:成立新税收业务管理系统推广指挥部,制定《三门峡市地方税务局税收业务管理信息系统推广工作方案》,设立综合组、基础数据配置组、业务支持组、财税库银联网组、技术支持组、数据应用组6个工作小组,稳步推进系统上线各项工作;积极与财政、国库、银联及各大商业银行沟通,选择不同行业、不同性质,具有代表性的20户纳税人进行试点;组织地税系统各基层单位相关部门人员及业务骨干参加基础数据准备、征管业务规程和新系统操作培训,参训人员达700余人次,为整个系统上线做好人员技能准备。

【2010年度企业所得税汇算清缴工作成效显著】 7月,市地税局圆满完成2010年度企业所得税汇算清缴工作,共有646户企业进行所得税汇算,同比增加77户,增长13.5%。共实现年度利润17.5亿元,纳税调整后应纳税所得额为21.3亿元,应纳所得税额为5.39亿元,同比增加2 109万元,增长4.1%。预缴所得税额为3.88亿元,预缴率为72%,同比增加2亿元,预缴率提高36%。企业实际税收负担率为21%。纳税调整净额3.85亿元,比2010年同期减少1.96亿元,降低33.7%,汇算约入库企业所得税9 636万元。

【财税库银网开通】 10月21日,市地税局成功开通财税库银网,纳税人可采取办税服务厅实时扣款、批量扣款、银行端查询缴款、办税服务厅银联卡缴款、办税服务厅收取现金(汇总入库)5种电子缴款方式缴税。至年底,全市共签订三方协议纳税人10 093户,安装银联公司POS机84台,累计通过财税库银系统征收税款5.4亿元,全面实现税款无纸化的电子入库。

【全省地税系统信息化日常管理工作座谈会在三门峡市召开】 10月27日至28日,全省地税系统信息化日常管理工作座谈会在三门峡市召开,省地税局党组成员、副局长楚新民出席会议并讲话。省地税局电子税务管理中心、征管处有关负责人和各省辖市及扩权县电子税务管理中心主任参加会议。会上,与会各单位分组重点讨论了省地税局税务信息系统运行维护管理办法、税收数据质量管理办法、网络与信息安全保障体系第二阶段实施方案、关于加强县(区)级机房规范化建设的意见。

【全省地税系统契税和耕地占用税管理座谈会在三门峡市召开】 12月13日至14日,全省地税系统契税和耕地占用税管理座谈会在三门峡市召开,旨在总结"两税"划转一年来的工作,探讨交流"两税"征管工作中的新途径、新路子,理清下步工作思路。省地税局党组成员、总会计师吕太昌,市委常委、常务副市长赵中生出席会议并讲话。会议讨论了契税征管流程、耕地占用税征管流程、耕地占用税和契税减免办法及有关税收政策问题,三门峡、巩义、漯河、郑州新区、许昌、洛阳6个单位就"两税"征管工作作了经验交流发言。会议期间,与会人员深入湖滨区局、市契税所调研指导工作。 (王建锋)

·编辑 李艺芬·

金融　保险　证券

BANKING, INSURANCE AND SECURITIES

7 月 18 日,三门峡市商业银行举行首届服务礼仪风采大赛

综　述

【概况】 2011年,三门峡市金融运行继续呈现良好发展势头。在国家实施稳健的货币政策推动下,各金融机构积极组织存款,扩大信贷投放,深化金融改革,支持地方经济发展,业务经营水平、公司治理结构、风险防范能力取得显著进步。全市银行业、保险业、企业上市融资均实现快速增长。

存贷款业务稳步增长。截至2011年年末,全市金融机构各项存款余额为687.70亿元,较年初增加41.94亿元,增幅9.88%;各项贷款余额381.18亿元,较年初增加41.94亿元,贷款增幅12.34%,增幅全省排名第7位。

贷款增长分项目看:短期个人贷款及透支较年初增加20.42亿元,增长28.93%;短期单位贷款及透支较年初增加38.36亿元,增长44.03%;中长期单位贷款较年初增加5.87亿元,增长4.48%;票据融资较年初减少25.05亿元,下降62.45%,同比多减21.74亿元。

国有商业银行改革稳步推进。国有商业银行存款和贷款余额较年初均有明显增长,贷款增速强劲。地方法人金融机构改革取得较大进展,抗风险能力不断增强。本着合理布局、适度竞争、效益优先和有利于促进地区经济发展的原则,三门峡市商业银行加快在县域设立分支机构的步伐,先后在灵宝、义马、渑池、陕县、卢氏设立支行,实现分支机构县域全覆盖,增强了支持县域经济的能力。三门峡商行作为主发起人控股设立的首家村镇银行——林州德丰村镇银行获河南银监局批准筹建,是全市地方法人金融机构在三门峡区域外筹建的第一家村镇银行。农信社改革稳步推进。至年底,湖滨、渑池、卢氏农村商业银行已挂牌开业,其他县市正在加紧改制组建中。新型农村金融机构发展态势良好。由湖滨农商行作为发起行的三门峡市首家村镇银行——灵宝融丰村镇银行于9月开业运营。澳洲联邦银行在渑池县设立村镇银行工作,得到省、市银监部门的积极支持,正在积极推进。

至年底,全市保险公司保险赔付支出2.45亿元,比2010年同期减少0.2亿元,下降7.5%。全市保险公司保费收入19.4亿元,比2010年同期减少0.16亿元,下降1%。全市两家证券营业部受托资产管理同比减少8.23亿元,降幅30.18%。营业收入同比减少6405.4万元,降幅39.58%。三门峡市企业上市融资工作取得突破进展,大有能源实现上市再融资82.2亿元。

【金融生态环境建设评价工作获表彰】 自3月开始,省金融生态评价工作领导小组对全省各县(市)区的金融生态环境建设工作进行全面评价。评价工作每两年进行一次,2011年是全省首次开展全面评价工作。评价主要内容为行政服务环境、经济信用环境、金融运行质量和金融运行安全环境等4个方面,分为自我测评、实地考察、综合评价和上报评价结果4个阶段进行。省评价工作领导小组采取定性分析和定量分析相结合的方法,对三门峡市各县(市)区2009年和2010年的各项指标分别进行综合评价,将两年的评价结果进行加权平均,得出最终评价结果。义马市被评定为"优秀金融生态县(市)",获省政府通报表彰,三门峡市获"2011年度河南省金融生态环境治理工作先进省辖市"称号。

【政银战略合作协议按期全面完成】 2009年,市政府与市工行、农行、中行、建行4家国有商业银行签订总金额达575亿元的战略合作协议。4家银行业金融机构紧紧围绕协议目标,不断加大资金落实力度。2011年,4家国有商业银行共落实资金209.62亿元,占当年目标的146.5%;累计到位资金603.71亿元,占协议总金额的105%。（何千国）

中国人民银行三门峡市中心支行

【概况】 2011年,中国人民银行三门峡市中心支行(以下简称人行三门峡市中支)紧紧围绕"以学习促工作、以文化促管理、以规范促安全、以创新促发展"的整体工作思路,积极实施稳健货币政策,全面提升金融服务水平,深化行风建设标准化管理,着力构建和谐央行,高效履行基层央行职责,确保各项工作扎实有效开展。

【加强宏观调控】 当年,人行三门峡市中支全面贯彻落实稳健的货币政策,引导金融机构合理、均衡把握信贷投放总量和节奏,着力优化信贷结构,全力支持经济结构调整、产业集聚区、城镇化建设、居民消费需求以及节能环保、生态建设等领域。大力实施"小巨人"企业信贷培育计划,制定《2011年度三门峡市"小巨人"企业信贷培育计划实施方案》,精心筛选100家具有一定发展潜力、持续成长能力强、诚实守信的中小企业作为"小巨人"企业,建立"小巨人"企业主办银行制度、信贷培育台账制度、信贷培育督导通报制度、"小巨人"企业诚信承诺制度、"小巨人"企业动态调整机制等5项机制,督促引导金融机构落实财务辅导、信用培植、信贷支持、"一对一"融资方案设计等金融支持措施,取得良好效果。当年,人行三门峡市中支分别在河南省千家"小巨人"企业信贷培育计划启动仪式和郑州中支货币信贷工作会议上作典型发言。加大对产业集聚区建设的金融支持。牵头建立产业集聚区企业主办银行制度、企业金融服务台账制度、企业金融服务督导通报制度、企业诚信承诺制度等,组织金融机构对产业集聚区开展财务辅导、实施信用培植、指导设计综合融资方案,并创新贷款担保方式、优化信贷审批流程、完善贷款利率风险定价机制,为产业聚集区提供全方位金融服务。积极开展农村金融产品和服务创新。下发《进一步推进农村金融产品和服务方式创新工作的通知》,引导金融机构建立主办银行、三农事业部、小行微贷、特色支行等专业化服务组织架构,并将各金融机构的特色金融产品和服务方式整理成册进行交流,鼓励金融机构大力发展农协保贷款、农民专业合作社贷款、"农信通"等较为典型的信贷产品,满足市场多元化、多层次的融资需求。做好就业和再就业金融支持工作,被评为"河南省小额担保贷款先进单位",并在全省小额担保贷款工作表彰会上作经验交流。

【优化金融服务】 当年,人行三门峡市

中支从支付结算、国库、货币发行、外汇等与金融机构、公众关系密切的基础业务部门抓起，强化服务理念，规范服务流程，提升服务质量。擦亮营业大厅服务“窗口”，把支付结算、调查统计、外汇管理、国库管理等肩负对外服务职能的“窗口”部门全部集中在营业大厅，制定具体服务标准，悬挂业务办理流程图，实行“一次询问制”“首问负责制”“青年文明号服务卡”和服务承诺制等，统一着装，挂牌上岗，规范服务，限时办结，在对外服务部门中开展“服务之星”评选活动，并聘请15名金融机构“监督员”，开展营业窗口与服务对象互评活动，营业大厅秩序井然，服务效率和质量有大大提高，深得客户好评。

【创新金融服务方式】　当年，人行三门峡市中支积极推广非现金支付工具，开展金融IC卡认证测试，认真做好公务卡、中职学生资助卡的推广使用。继续深化农村支付服务环境建设，制定出台《2011年改善三门峡市农村地区支付服务环境的实施意见》，加大POS机具和ATM机具布放力度，开展“刷卡无障碍示范街(景)区”活动。并围绕优化农村支付服务环境，大力推广简易、安全和便利的非现金支付工具，在卢氏县农村偏远地区进行结算转账试点工作，增设转账电话38部，有效缓解偏远山区转账难题。国库部门加快财税库银横向联网系统在全市地税系统的推广、上线运行。货币金银部门组织实施“金桥工程”，建立“首兑责任＋联系人”制度，让超市和公交公司“联姻”，有效解决残损人民币兑换难问题。外汇管理部门积极践行“五个转变”理念，进一步促进贸易投资便利化，积极稳妥推进进出口核销制度改革，深入开展“外资企业大回访”活动，组织科室人员“走出去、沉基层”，深入全市46家涉外企业宣讲外汇政策，开展调查研究，接受企业政策咨询37次(项)，解决企业经营难题25个，提出有效建议14条，为涉外经济发展创造良好环境。

【监管与服务并重】　当年，人行三门峡市中支以“两管理、两综合”工作为切入点，制定出台《三门峡市新设金融机构金融管理与服务暂行办法》《三门峡市银行业金融机构重大事项报告制度》《中国人民银行三门峡市中心支行综合执法检查暂行办法》《三门峡市金融机构综合评价暂行办法》等制度，构建“两管理、两综合”制度框架，全面加强对金融、证券、保险机构的管理。2011年，中支共受理新设金融机构开业申报5起，对金融机构开展信贷政策导向、征信、反洗钱等8项评估工作；对10余家金融机构组织开展综合执法检查，依法对金融机构实施行政处罚。“两管理、两综合”工作得到人行济南分行的充分肯定。

【荣膺“全国金融模范职工之家”】　5月，人行三门峡市中支被中国金融工会评为“全国金融模范职工之家”。自2010年开始，中支对办公楼院显性文化进行整体规划和设计，从视角、听觉入手，初步建立显性文化标识体系。总结提炼中流砥柱精神，组织诗歌朗诵比赛、评选“服务之星”，不断深化央行核心价值观主题教育实践活动，为中支发展注入强大的文化基因。加强“职工之家”建设，为综合馆配备篮球、羽毛球、乒乓球等活动设施，进一步扩大职工业余文化生活阵地。坚持“重在过程，重在实效”的文明单位创建方针，围绕基层央行中心工作，突出“抓班子、带队伍、促业务”3项重点，实施“党员先锋”等6项工程，在全行上下形成人人参与、协同推进的创建机制，领导班子的战斗力、干部队伍的执行力和整体工作质量不断提高。

【外汇管理和服务】　当年，外汇局三门峡市中心支局积极践行“五个转变”理念，大力促进贸易投资便利化，服务地方开放型经济发展，被三门峡市委、市政府评为“对外开放优秀单位”。2011年，全市共办理涉外收入申报3 060笔，金额16 123万美元；涉外支出申报1 703笔，金额13 143万美元，申报率100%。全市银行结汇15 710万美元，售汇额13 936万美元，办理银行经营结售汇市场准入备案3家；全市进口付汇9 293万美元，出口额20 443万美元，累计发放核销单2 150份；全年共办理外商投资企业外汇登记5家，外商直接投资出资11 412万美元。针对2011年外汇管理政策变化较大的情况，多次组织辖区商务、银行和企业等部门参加政策通报会，对新出台的外汇政策及时进行宣讲和传达。11月，组织召开全市出口核销改革工作推进会，为全面推动辖区进出口核销制度改革奠定良好基础。结合“五个转变”理念，积极探索开展全功能检查，强化本外币一体化的监管、统计与分析，“创新外汇检查方法，提升检查质量水平”和“创新本外币信贷统计方法，整合区域信贷总量，服务经济发展”等做法得到河南省分局的充分肯定。　（李勇智）

中国银行业监督管理委员会三门峡监管分局

【概况】　2011年，面对复杂多变的经济金融形势，中国银行业监督管理委员会三门峡监管分局(以下简称三门峡银监分局)以科学发展观为统领，以开展“合规执行年”活动为主线，坚持依法监管、防范风险、维护稳定、促进发展的工作思路，积极强化银行业监管，引导银行业支持实体经济发展，推进银行业机构改革，优化内部管理；创造性地开发出“三门峡银监分局市场准入查询系统”，实现市场准入与现场检查、非现场监管、舆情监测信息共享，强化监管效能；推动县(市)政府出资500万元至1 000万元，建立农村小额信用贷款风险补偿基金，有效解决农户贷款难问题；推动市级财政出资2亿元，设立大型非赢利性的融资担保公司；引导三门峡市商业银行开创特色微小企业贷款模式。当年，三门峡银监分局领导班子被省银监局评为优秀领导班子；三门峡银监分局获市委、市政府通报嘉奖，并荣获“银监会系统文明单位”及“河南省银行业支持服务中小企业先进单位”、三门峡市“五一劳动奖状”“三门峡市职业道德先进单位”等称号。

【银行业服务实体经济和转变发展方式取得新进展】　当年，三门峡银监分局认真落实推进产业结构调整的政策，引领银行业机构加大对地方经济的支持力度。优化信贷结构，通过支持重点企业和重点项目建设、搭建中小企业融资平台、强化“三农”信贷支持力度等措施，充分保障符合国家产业政策要求的绿色环保行业、国家重点项目、中小企业及涉农的信贷资金需求。通过开展调查月活动,深入银企调研,使戴卡轮毂有限责任公司与河南煤业化工集团等企业牵手,改善股本结构,促进传统产业升级转型;编发《工作专报》12期,其中5期被省、市主要领导人批示,重点工作得到有效推进。三门峡市政府出台对银行业机构的奖励办法,并邀请省银监局局长李伏安就银行业与地方经济发展为市县两级领导干部作专题讲座。2011年,辖区银行业机构贷款净增40.95亿元,增幅12.03%,较全省平均增幅高0.59个百分点。小企业贷款净增19.20亿元,增幅32.27%,高于全部贷款增速20.24个百分点,高出全省小企业贷款增速4.77个百分点;涉农贷款净增47.69亿元,增幅22.87%,高于全部贷款增速9.53个百分点,高出全省涉农贷款增速6个百分点。

【法人机构改革稳步推进】　当年,三门峡银监分局多措并举,加快地方法人银行业机构改革进程。一是积极推进城市商业银行改革。三门峡市商业银行陕县支行和卢氏支行相继挂牌开业,实现了该行的县域机构全覆盖;作为主发起人,三门峡市商业银行在安阳林州设立的德丰村镇银行开业运营;打造晋豫陕区域性城市精品银行的可行性研究正在论证过程中。二是农村地方法人金融机构改革卓有成效。渑池、卢氏两家农村商业银行,继湖滨农商行之后,正式开业运营;义马、陕县两家联社,各项监管指标均已达到组建农村商业银行标准;灵宝联社通过政府置换不良贷款,加大不良贷款核销力度,监管指标不断改善。三是新型农村金融机构设立工作稳步推进。9月,三门峡湖滨农村商业银行作为发起人设立的灵宝融丰村镇银行开业运营;三门峡市商业银行和澳洲联邦银行作为主发起人在辖区设立村镇银行,获银监会核准。

【银行业风险防范工作成效显著】　当年,三门峡银监分局加强房地产信贷、票据、信用卡等业务风险监管,加大银行业风险防范工作力度,维护银行业安全稳健经营。坚持将不良贷款“双降”作为监管工作的突破口和主攻点,采取置换、核销、清收等方式,加大不良贷款处置力度,银行业资产质量显著提升。2011年年末,辖内银行业机构不良贷款19.21亿元,较年初减少1.95亿元;不良贷款占比5.04%,较年初下降1.18个百分点。成立“三项重大监管”工作领导小组办公室,明确工作目标,实施台账监测、定期通报,强化考核等措施,三项重大监管工作均顺利完成目标。至12月底,辖区银行业机构平台贷款抵押担保已整改金额9.72亿元,完成需整改金额的98.64%;贷款新规受托支付率88.35%;已修订补正中长期贷款合同份数、金额均达100%。案件防控扎实推进,连续6年案件零发生。

【合规建设推向深入】　当年,三门峡银监分局以银行业“查违规、纠违章、建制度、促合规”百日活动为序幕,促使“合规建设执行年”活动深入有效开展,效果凸显。向辖内银行机构信贷、风险管理等部门、支行、涉贷网点发出调查问卷,有针对性地制定“合规执行年”活动实施方案;借助“三门峡银行业金融机构从业人员在线学习考试系统”,全员合规考试面达100%,平均成绩达85分;开辟“走进银行业”电视合规宣传专栏21期;召开银行业机构案防工作促进会;开展合规和风险排查,共查出问题301个,完善制度14个,整改问题399个,处理人员90人;开展合规执行现场检查7项,查出问题111个、金额17.71亿元,提出整改建议51条。

【金融生态环境持续改善】　当年,三门峡银监分局强力推进与各部门的协作,全市金融生态环境持续改善。一是建立专门的金融法庭。经与三门峡市中级人民法院多次沟通协调,12月,正式成立三门峡市中级人民法院金融审判庭和金融执行庭。二是健全完善银行联合制裁机制。加强大额违约客户对风险预警监测,发布“违约信息名单”,由银行业协会联合各家银行进行制裁。三是积极推动区域信用评估工作。配合市金融办,在各县(市)开展包括经济信用环境、金融运行质量、金融运行安全环境、行政服务环境等4项主要内容的区域信用环境评估工作,辖内义马市被评为“全省优秀金融生态县(市)”,其他县(市)均被评为“良好金融生态(县)市”。　(*石莉蓉*)

中国农业发展银行三门峡市分行

【概况】　至2011年底,中国农业发展银行三门峡市分行(以下简称农发行市分行)辖陕县、灵宝、卢氏、渑池、义马5个县(市)支行和1个营业部。

当年,农发行市分行以服务地方经济发展为己任,紧紧围绕市委、市政府经济发展思路,以“严格管理,防控风

5月26日,农发行三门峡市分行邀请贷款企业负责人召开银企座谈会

险,合规经营,有效发展”为主线,积极拓宽业务领域,强化信贷支农,坚持从严治行,防控化解信贷风险,加强经营管理,加强队伍建设,大力支持三门峡经济和社会发展,政策性职能有效发挥,基础管理进一步强化,得到了上级行及地方政府的充分肯定。

【信贷业务发展步入快车道】 当年,农发行市分行不断加大营销力度,强化工作措施,完善激励机制,有序推进新客户贷款申报工作,使信贷业务发展步入快车道。从全市公布的213个重点项目中,筛选出符合农发行业务范围、信贷政策的贷款项目20多个,贷款金额30多亿元,主动上门营销和培育,增强发展后劲;对贷款项目实行“名单制”管理,每个项目确定市、县行营销责任人,明确营销责任、完成时限和工作目标,实行按月通报制度;实行业务发展与业务管理费、绩效奖金挂钩办法,完善激励机制;下大力气,在艰难困境中强力推进,使下半年需要续贷的商业性贷款客户共7家、12笔、金额33 750万元全部续贷成功,赢得了地方党政领导和客户群体的一致好评;有序推进新客户贷款申报工作,市产业集聚区、陕县二仙坡果业冷链和黄河果品电子交易中心、陕州大道西延工程等一大批项目陆续上报省分行,部分项目已获审批,为2012年的抢先发展奠定了基础。全年累放贷款6.21亿元,年末,各项贷款余额21.69亿元,比6月底增加6 338万元,比年初下降1.55亿元。考虑消化挂账9 600万元和已审批未发放贷款3.4亿元等因素,各项贷款比年初增加2.81亿元,增幅达到13.3%。

【低成本存款由降转升】 为尽快扭转存款下滑的被动局面,当年,市分行及时调整并确定了“新增贷款拉动存款增长、客户维护遏制存款流失、公众存款有效补充、力争完成存款任务”的工作思路,号召“全员抓存款,我愿作贡献”,要求从机关到县级行将存款任务落实到部门、到岗位、到个人,做到层层有目标、人人头上有任务。将企业存款情况纳入贷后管理,重点抓好企业销售回笼货款监管,建立按月通报按季检查制度;提高存款工作在综合绩效考评中的权重,加大对单位和个人的挂钩奖励力度,8月底,全行存款余额最高达54 502万元。2011年,全行低成本存款日均余额4.55亿元,较2010年增加1.39亿元,增幅达44.01%;人均存款386万元,比2010年增加156万元,增幅达67.82%,排名居全省第9位;年底公众存款余额8 099万元,日均公众存款4 109.4万元。

【利润计划超额完成】 当年,农发行市分行积极开展中间业务,实现中间业务收入79.25万元,比2010年增加20.2万元,完成省分行下达年任务70万元的113.2%。严格收息责任考核制度,加强与财政部门的沟通和联系,地方财政补贴资金、利息到位率分别达到91.94%、80.4%,继续保持全省领先地位。在不良贷款欠息1 018万元的不利情况下,实现账面盈利3 938万元,同比增盈440万元,超额完成省分行下达年度利润计划1 238万元;人均利润31.5万元,同比提高1.85万元;资产利润率为1.78%,同比下降0.17个百分点;成本收入比为38.66%,同比降低1.58个百分点。 (刘新宝)

河南省农村信用社联合社三门峡市办公室

【概况】 2011年,河南省农村信用社联合社三门峡市办公室(以下简称市农信办)充分发挥管理、指导、协调、服务职能,指导全市农村信用社(含农商行,下同)秉承服务“三农”、改善民生的企业使命,深入贯彻落实科学发展观,不断推进体制改革,积极调整发展方式,强力推动规范化管理,着力提高发展质量和经营效益,注重提升金融服务水平,坚持依法合规经营和保持和谐稳定,实现了全市农信社业务稳中有进、管理日益规范、改革成效显著的良好局面。至年底,市农信办内设综合科、业务科、稽核科3个科室和信息科技中心、银行卡中心、审计监督中心3个中心,下辖3个农村商业银行、3个县(市)农信联社、174个营业机构,共有员工2 078人。

至年底,全市农村信用社各项存款余额136.74亿元,各项贷款余额84.64亿元。经营管理更趋规范。组织开展信贷基础管理达标、信贷管理“五个一”、贷款“三查”报告规范化竞赛、信贷档案展评等一系列活动,信贷管理工作实现全面达标升级。贷款集中度的风险化解工作成效显著,集中性风险降低。积极拓展债券投资等低风险资产业务,资产结构进一步优化。票据业务安全软着陆,实现年末保证金存款、票据贴现“零”余额。上线启用新企业会计准则系统,得到省联社的充分肯定,并在全省推广此项工作经验。

监督保障有力。推行稽核监督、安全保卫、行风建设“三级整改台账”,强化问题整改。组织案防知识考试,扎实开展安防设施建设和评估工作。在省联社组织的安全评估检查中,三门峡市农信办居全省第1位,义马联社居全省140余家县级行社的第1位。在全省安全防范技能练兵比武竞赛活动中,三门峡市农信社代表队获得3个单项一等奖和1个单项三等奖。

当年,湖滨农商行、陕县农信联社、卢氏农商行、渑池农商行、义马市农信联社被评为“全省经营效益先进单位”,义马市农信联社被评为“全省达标升级先进单位”,湖滨农商行被评为“全省跨市帮扶先进单位”,灵宝市农信联社被评为“全省资金清算先进单位”,湖滨农商行营业部、灵宝市农信联社营业部、陕县农信联社营业部、渑池农商行段村分理处被评为“河南省2011年度群众满意的基层站所”。

【深化改革工作走在全省前列】 当年,三门峡市农信系统深化改革工作取得突破性进展,走在全省前列。渑池、卢氏农商行相继开业,全市6家县级法人机构中,3家实现“社改行”目标,占1/2;全省18家农商行中,三门峡有3家,占到1/6。湖滨农商行发起设立的灵宝融丰村镇银行顺利开业。义马、陕县、灵宝3家联社组建农商行工作稳步开展。

【服务地方经济成效明显】 当年,市农

信办坚持以市场为导向,明确营销重点,细化营销措施,在增加贷款投放的同时,有力地促进地方经济发展。一是营销措施多样有效。建立分片督导、定期汇报、按旬通报营销进度的工作机制,采用业务品牌推广、重点项目营销、行业客户拓展等方式开展营销。积极开展全员营销小额贷款活动,当年,全体员工营销贷款8.66亿元,贷款余额达7.03亿元,无一笔形成逾期。二是营销对象重点突出。信贷投放逐步向实体经济倾斜,通过开展“四项对接”“四大工程”、中小企业“121”活动,有针对性地开展营销。发放小微企业及涉农贷款68.93亿元,贷款余额80.90亿元。对全市15家重点农业龙头企业发放贷款2.3亿元,发放青年创业、巾帼创业贷款3 134笔1.37亿元,发放下岗失业小额担保贷款1 790笔1.05亿元,全年累计营销实体贷款85亿元,当年新增13亿元。三是项目库建设颇具成效。至年底,全市纳入项目库建设的项目和企业已达344个,向省联社推荐项目70个,向入库企业投放贷款15亿元。四是信用工程建设持续推进。全市评定信用村394个,信用乡(镇)66个;评定信用户21.69万户,占农户总数的54%。五是惠农服务赢得民声。积极拓展服务“三农”渠道,与市财政局签订惠农“一卡通”合作协议,认真落实相关支农惠农政策,全年代理发放财政惠农资金2.72亿元,惠及群众38万户;为33.69万农户代理发放“新农保”养老金0.36亿元。

【抗风险和盈利能力稳步提升】 当年,市农信办积极挖掘新的效益增长点,开办理财业务、代理业务,大力宣传推广农信银业务,共实现中间业务收入1 218万元,同比增加75万元。规范债券交易业务,灵活调配资金,实现投资收益最大化。开展同业存放、约期存款等业务,寻找效益增长点,实现资产多元化,继续提升农信社盈利能力。严格执行大额费用分类审批报备制度,实行差别化管理,增收节支。加强非生息资产管理工作,提高资产使用效益。加大力度计提拨备,进一步夯实经营基础,当年计提拨备2.79亿元,贷款损失专项准备充足率达到116.54%,抵御风险能力稳步提升。

9月15日,湖滨农村商业银行举行爱心募捐箱设立启动仪式

【“合规执行年”活动深入开展】 当年,市农信办深入开展“合规执行年”活动。搭建多种平台,大力营造浓厚的合规氛围。层层召开动员会,签订“执行与责任承诺书”,组织合规知识考试,开展县级行社“三长”谈合规活动;设计、印制近2 000份员工岗位合规卡,统一安装合规宣传教育电脑屏保系统,开展合规执行主题演讲比赛等,进一步增强合规意识;拍摄《直击合规执行年活动》专题片13部,内容主要包括“直击合规执行”“金融服务连连看”“金融消费早明白”等,每个专题片时长15分钟,在三门峡电视台黄金时段滚动播出104次,将市农信办和6家县级行社“合规执行年”的开展情况、取得效果、支持地方经济的成效等特色品牌进行宣传,提升了农信社的社会美誉度和公信力。

【银行卡业务发展增势强劲】 当年,全市农信系统银行卡业务发展增势强劲。开展特约商户联合营销活动,共布放382台POS终端机具。金燕卡存量31.67万张,当年增加6.56万张,卡存款增加3.46亿元;金燕卡POS交易额20.8亿元,收单交易额5.4亿元,实现卡业务总收入272万元;发放金燕福农卡540张,发放贷款270万元。在全省农信社银行卡业务竞赛活动中,三门峡市农信社同时获综合奖项、福农卡发卡贡献奖和互联网创新业务奖3个奖项的第1名。义马市农信联社获综合奖项先进单位,卢氏农商行、陕县农信联社获福农卡发卡贡献奖第1名和第3名,义马市农信联社、陕县农信联社获互联网创新业务奖第2名和第3名。

【河南卢氏农村商业银行开业】 9月20日上午,河南卢氏农村商业银行召开新闻发布会,正式宣布开业。河南卢氏农村商业银行是在原卢氏县农村信用合作联社基础上改制重组的股份制商业银行,注册资本7 743万元,员工326人,下辖19个支行、7个分理处,营业网点遍布城乡。至2011年8月底,该行各项存款余额24亿元,各项贷款余额17亿元;实现各项收入1.2亿元,实现经营利润4 796万元;资本充足率16.41%,核心资本充足率13.27%,经营和监管指标均居河南省农信系统前列。

【编印首部农村合作金融志书】 自2008年8月以来,市农信办历经3年的搜集资料、编纂补充、反复修订,至2011年,《三门峡市农村合作金融志》全部编印完成,正式出版。该志书是三门峡市农信社系统第一部志书,也是全省农信社系统着手最早编纂的一部志书。《三门峡市农村合作金融志》记载时间上溯至农信社成立之初的20世纪50年代初期,下限截至2010年年末。该志书较为全面系统地反映了三门峡市农信社发展的历史和现状,全书由序言、凡例、概述、大事记、志文、人物、附录、后记等组成,共计110万字。 (孟全红)

三门峡市商业银行

【概况】 2011 年，三门峡市商业银行（以下简称三门峡商行）按照“转变管理方式、突出品牌建设、强化合规操作、实现跨越发展”的指导思想，以 3 年发展规划为导向，坚持走差异化、特色化发展道路，开拓创新，致力于做最好的中小企业和个人金融服务商，各项工作均取得优异成绩。

至年末，全行资产规模达 79.24 亿元，较 2010 年新增 27.15 亿元，增幅 52.13%。各项存款余额 62.94 亿元，较 2010 年新增 18.26 亿元，增幅 40.87%，占全市新增存款的 27.32%；各项贷款余额 43.22 亿元，较 2010 年新增 13.8 亿元，增幅 46.92%，占全市新增贷款的 33.72%；不良贷款率 1.31%，较 2010 年下降 0.62%；拨备覆盖率 308.86%，较 2010 年增长 51.89%；实现税前利润 1.41 亿元，较 2010 年增长 7 447 万元，净利润 1.03 亿元。各项监管指标均达到二级行标准。

存款快速增长，结构趋于合理。坚持“存款立行”思想，紧抓县域市场全覆盖有利时机，加大县域支行存款营销力度，全年县域支行存款新增 11.14 亿元，对全行存款新增贡献度达到 61%。加大市区支行存款营销力度，充分发挥以贷吸存作用，极大地促进存款增长，全年市区支行存款新增 7.12 亿元。坚持“存款竞赛”活动，以年初制定的目标任务为基础，积极调整绩效考核措施，相继开展“鸿兔大展存款开门红”“存款争先赶进度”“存款淡季攻坚战”等一系列存款竞赛活动，激发全行员工的工作热情，有力地促进了存款稳定快速增长。文明、渑池、陕县、西市场、东风等 15 家支行先后受到表彰。至年底，全年各项存款新增 18.26 亿元，占全市新增存款的 27.32%，增量居全市第 1 位；存款增幅 40.87%，高出全市平均增幅 17.38 个百分点；存款市场份额较年初增长 1.96 个百分点，达到 9.24%。

创新信贷模式，提高贷款质量。充分发挥地方银行优势，不断创新贷款模式，引进微小贷款业务，全年累计发放微小贷款9 939.5万元；与国开行合作发放合作贷款和银团贷款 38 笔，累计金额 2.07 亿元。倾力发展小企业个人贷款。围绕做最好的中小企业和个人服务商的战略目标，大力发展小企业和个人贷款，持续改善信贷结构，着力培育信贷优势特色产品。全年新增小企业和个人贷款 9.18 亿元，占全行贷款新增的 66.52%；小企业和个人贷款余额 33.28 亿元，占全行贷款余额的 77.01%；小企业和个人贷款余额与增速连续 5 年居全市第 1 位。下岗再就业贷款快速发展，余额达 7 834 万元，被授予“全市小额担保贷款先进集体”称号。着力提高贷款质量。严格贯彻落实“三个办法一个指引”贷款新规，全年组织客户经理和信贷管理人员 105 人次参加系统学习，并对学习质量进行跟踪测试；加大贷款新规执行力度，2011 年，全行受托支付从零支付提升到 80%，十大户贷款集中度降至 48.32%，较年初下降 37.19 个百分点；加快不良贷款清收力度，成立专门清收小组，多措并举做好贷款催收与风险缓释，清收小组 10 名成员全年共清收不良贷款本息合计 274.75 万元。至年底，全行各项贷款新增 13.81 亿元，占全市新增贷款的 33.72%，增量居全市第 1 位；贷款增幅 46.92%，高出全市平均增幅 10.74 个百分点。

拓宽投资渠道，提升资金收益。充分利用货币紧缩、资金市场收益高这一特点，积极开展同业理财和债券投资、贴现和逆回购、票据过桥和信托过桥、资金信托等资金业务，全年实现资金业务收入 1.2 亿元，实现净利润 5 993 万元。

加强业务创新，完善服务功能。相继开通“96558”客服电话、网上银行、银联在线支付业务，推出“豫如意”高端白金卡，进一步丰富业务功能，增加中间业务收入。全年累计实现中间业务收入 672 万元，较 2010 年增加 404 万元。客服中心全年共受理各项咨询 6 861 人次；网银业务累计开户 3 372 户，交易金额 32 亿元。在原来代理业务的基础上，新推出“银银通”理财、代收燃气费等业务。

【标准化服务成效显著】 2011 年，三门峡商行按照“三门峡第一、河南一流、全国知名”的服务目标，与国内知名管理公司合作，在全行范围内开展服务标准化网点建设项目，打造专业化服务品牌，服务形象和服务质量大幅提升，逐渐成为全市银行业标准化服务的标杆。7 月 18 日，在三门峡电视台成功举办服务风采礼仪大赛，展现了三门峡商行员工专业、专注的服务形象，获得广泛关注和好评。在市银行业协会组织的客户满意度调查中，三门峡商行被评为“客户心中最满意银行”。当年，全行共有 7 个营业网点先后受到各级管理部门表彰。营业部被评为“全市文明规范服务示范窗口”、永兴支行被评为“三八红旗集体”、大岭路支行被评为“工人先锋号”、黄河路支行和前进支行被评为“市级青年文明号”、营业部和虢国路支行被评为“群众满意基层站所”，全行服务标杆支行达 8 家。

【打造“崤函微贷”特色品牌】 3 月，三门峡商行成立微小贷款中心，培养专业化团队，精心打造“崤函微贷”品牌，为以前无法在银行获得贷款的小商贩、个体户提供全新的融资渠道，缓解其融资难问题，引起监管部门和地方党政领导的高度重视。河南省银监局局长李伏安在调研后，高度赞扬三门峡市商业银行的做法，并多次向同业和新闻媒体重点推介；漯河商行、信阳银行、商丘商行、濮阳商行等相继到三门峡商行观摩学习。至年底，三门峡商行微贷业务已在市区、灵宝和渑池市场全面铺开，累计走访客户 24 835 户，建立了较为详尽的客户信用档案数据库和客户市场分布图。至 2011 年年末，全行微贷业务累计受理咨询 2 047 户，发放贷款 1 702 笔，金额达9 939.5万元。

【三门峡商行首家跨区域村镇银行获准筹建】 4 月 26 日，三门峡市首家跨区域村镇银行——安阳林州德丰村镇银行股份有限公司获河南省银监局批准筹建，标志着三门峡市新型农村金融机构体系建设进入新阶段。林州德丰村镇银行股份有限公司由三门峡市商业银行股份有限公司作为金融机构企业主发起人，由安阳国丰合金有限责任公司、林州市驰骋出租汽车有限公司、安阳国昌铁合金有限责任公司以及 9 个自然人共同出资设立，注册资本 5 000 万元，是三门峡市地方法人金融机构在

三门峡区域外筹建的第1家村镇银行,对提升三门峡市的知名度和影响力具有积极意义。(张轲宣)

中国工商银行股份有限公司三门峡分行

【概况】 2011年,中国工商银行股份有限公司三门峡分行(以下简称工行三门峡分行)坚持以科学发展观为导向,以提升竞争力为重点,以"实施提升工程、构建优秀分行"为目标,努力转变发展方式,调整经营结构,推进改革创新,提升服务价值,严控各类风险,增强竞争发展能力、可持续盈利能力和风险掌控能力,全行各项业务得到较快发展,经营管理水平持续提升。至年底,工行三门峡分行下辖10个一级支行、12个二级支行、2个分理处、25个营业网点,员工700人。

效益贡献显著提升。实现拨备前利润1.7亿,较2010年增盈5 270万元,增幅为45%,完成省行年度计划的100.4%;拨备后利润1.53亿元,较2010年增盈2 820万元,增幅为22.6%,完成省行年度计划的100.5%。实现EVA 8 500万元,同比增加1 790万元,增幅26.7%。实现利息收入2.8亿元,较2010年增加9 740万元,增幅为53.5%;实现中间业务收入7 108万元,较2010年增加2 290万元,增幅为47.5%。

业务创新发展明显提升。黄金租赁实现全省新突破,累计办理2.34吨,交易金额达8亿元,代理实物黄金递延交易18.8吨,销售实物品牌金17.2公斤。当年,工行三门峡分行被总行授予"2011年度贵金属业务旺季营销30强二级分行"荣誉称号,灵宝支行营业部荣获总行"2011年度贵金属业务旺季营销百强网点"荣誉称号。新增小企业贷款客户16户,累计发放贷款91笔,金额5.94亿元,较2010年增长82%;贷款余额3.7亿元,新增1.7亿元,增幅81%;成功营销定单融资、国内信用证、国内信用证项下卖方融资、国内保理、国内发票融资、商品融资、网贷通等7种信贷业务品种。加大对核心企业上下游供应链企业的营销,至年底,共发展5户核心企业;对全市7个产业集聚区中的5个产业集聚区给予融资支持,发放贷款2.43亿元。

竞争发展能力不断提升。各项贷款余额达53.7亿元,较年初增加9.5亿元。其中,公司贷款余额34.9亿元,新增2.62亿元;个人消费贷款余额达17.7亿元,新增6.84亿元;个人住房贷款9 600万元,较年初上升5 000万元。新增个人客户3.3万户,个人客户总数达40.8万户。新增个人中高端客户925户,存量达25 400户;新增财富客户32户,存量达397户;800万元以上私人银行客户新增6户,存量达到24户;4星级以上客户新增3 660户。新增代发工资单位89户,代发工资单位达到290户;新增代发工资职工7 250人。

资产质量和运行品质稳步提升。清收处置不良贷款7 778万元,其中核销7 705万元、现金清收73万元,圆满完成全年处置计划。不良贷款余额由15 519万元下降至7 762万元,较年初净下降7 757万元;不良贷款占比由年初的3.5%下降至1.45%,较年初下降2个百分点,创10年以来新低。加强信贷管理,积极做好潜在风险贷款和"担保圈"贷款的退出与转化。组织开展2011年规章制度执行情况大检查,全面组织开展操作风险与控制自我评估工作。稳步推进运行管理体制改革,认真做好业务流程综合改造和优化,加快推进业务集中处理工作,集中处理业务19大类、71小类,网点覆盖率达95.7%,业务覆盖率68%。

服务品质持续提升。在渠道建设上,完成商汇支行、义马银杏路支行、灵宝时代支行3个网点的新建和渑池城东支行、会盟路支行、陕县府前支行3个网点的优化工作。加强自助设备管理工作,ATM正常运行率由87%上升到99%以上,ATM总体运行水平跨入全省中上游行列,自助终端正常运行率始终保持全省平均水平之上。电子银行业务替代率达60%以上。

【营销全省首笔金额超亿元黄金租赁新业务】 2月,工行三门峡分行成功营销全省首笔400公斤黄金租赁业务,折合金额1.2亿元,产生中间业务收入180万元,成为2011年全国系统内金额最大的一单黄金租赁业务。工行三门峡分行的多个部门密切配合,从客户提出需求到提金成功仅用了一天半时间,在赢得客户信任的同时也赢得了市场。

【外债项下结算业务实现新突破】 2月,工行三门峡分行成功争揽开曼铝业(三门峡)有限责任公司外债项下还本付息158万美元的国际结算业务和158万美元的结售汇业务。这是陕县支行外汇机构批准后办理的首笔业务,是工行三门峡分行首笔国际外债项下业务的新突破。9月27日,又成功为该企业办理2 030万美元外商投资企业利润分红项下售汇及汇出汇款业务,是工行三门峡分行单笔最大的售付汇业务,实现外汇业务营销的重大突破。

【提前4个月完成160亿元融资战略合作协议】 至8月底,工行三门峡分行提前4个月全面完成与市政府签署的160亿元融资战略合作协议。2009年2月,中国工商银行河南省分行与三门峡市政府签署战略合作协议,对三门峡市23个重点项目达成融资意向,意向金额160亿元。2009年、2010年,工行三门峡分行共落实资金128.35亿元。2011年前8个月,工行三门峡分行又落实资金53.12亿元,其中投放信贷资金35.12亿元、新增授信18亿元,提前4个月全面完成3年160亿元的融资协议。

【举办"为中小微企业解困,为中原经济区加油"银企联谊会】 10月25日,工行三门峡分行和三门峡市工商联联合举办以"为中小微企业解困,为中原经济区加油"为主题的融资服务联谊会,并签订战略合作协议,以期加强和改善中小微型企业的融资服务工作。市委常委、统战部部长易树学,市政协副主席、工商联主席孙继伟出席会议。全市200多位企业家以及主流媒体记者参加会议。会上,市工商联与工行三门峡分行签订战略合作协议,约定2011年、2012年给予全市100户以上中小微型企业意向授信额度不少于10亿元。

【创建工银商友俱乐部】 为进一步提

升服务能力，深化服务内涵，提升服务价值，11月下旬至年底，工行三门峡分行在市区和义马、灵宝、渑池3个县(市)创建4家专门针对企业家、商界人士的新型客户服务平台——工银商友俱乐部，并发行“工银商友卡”，以满足用户融资、结算和投资理财等多种个性化服务需求。持有“工银商友卡”，将享受到工行三门峡分行提供的更优惠的资金结算服务、更便利的融资服务和更专业的投资理财等“一揽子”金融服务，让会员在工行三门峡分行的所有营业机构享受到最贴心和现代化的金融服务。至年底，共发行“工银商友卡”500余张。 (王 洎)

中国农业银行股份有限公司三门峡分行

【概况】 2011年，中国农业银行股份有限公司三门峡分行(以下简称农行三门峡分行)坚定不移地贯彻落实“1213”发展战略和“三争两提高”奋斗目标，紧紧围绕“找定位，抓亮点，控风险”的总体工作部署，加压进取，奋力拼搏，顺利实现“横向进位，纵向提升”的目标，各项工作迈上新的台阶。3月29日，农行三门峡分行远程集中授权系统成功上线运行，成为河南省首批实现远程集中授权系统上线运行的二级分行。4月28日，农行三门峡分行运营监控中心实现全覆盖上线运行。5月18日，农行三门峡分行在全省农行率先完成MSTP网络升级改造。8月24日，农行三门峡分行代表队荣获全省农行金融市场业务竞赛团体二等奖。

年底，农行三门峡分行被河南省农行授予“资产处置先进二级分行”“中间业务先进二级分行”“党风廉政建设优秀单位”“安全保卫先进单位”等称号，被市委、市政府授予“信贷支持地方经济建设先进单位”“政风行风评议优秀单位”等称号，并被市精神文明建设指导委员会评为“文明诚信”企业，成为全市4家大型银行中惟一获奖的单位。

【主体业务快速发展】 至2011年年末，全行各项存款余额1 192 673万元，较年初增加72 540万元，在4大银行中存量市场占比为31.07%，增量市场占比为33.71%，均居同业市场首位。其中：储蓄存款较年初净增29 495万元，在4大银行中增量市场占比为49%，居第1位，同比前移2个位次；对公存款余额居全省农行系统第7位。全年各项贷款净增33 267万元，其中个贷增加11 358万元，新增贷款重点投向义煤集团、大唐电力、灵宝黄金股份等一批优质法人客户和高价值个人客户，贷款行业结构、客户结构进一步优化。全年实现中间业务收入5 048万元，同比多增1 505万元，增幅达42.5%，高出全省平均增幅13.44个百分点，完成省行年计划的100.53%，居全省农行系统第6位，同比前移10个位次，被省行评为“中间业务先进单位”；在三门峡市4大行中市场占比为23.17%，居第3位，同比前移1个位次。全年清收委托资产5 014万元，完成省行年计划的165.75%，计划完成率居全省农行第1位，同比前移6个位次，被省行评为“委托资产处置先进单位”；自营不良贷款清收3 025万元，完成省行年计划的54.36%。年末，不良贷款余额比年初减少1 715万元，占比较年初下降1.09个百分点，不良贷款实现“双降”；收回潜在风险客户贷款8 000万元，完成省行年计划的333%；计提拨备5.54亿元，拨备率覆盖率达99.73%，进一步夯实全行的经营基础。全年惠农卡新增10 109张，完成省行年计划的36.1%，居全省农行第9位；农户贷款净增2 043万元，完成省行年计划的31.92%，居全省农行第8位；小企业贷款净增7 052万元，完成省行年计划的141.04%，居全省农行第6位，涉农贷款质量进一步提升，基本实现做精做细“三农”业务的既定目标。

【经营结构不断优化】 当年，农行三门峡分行经营结构不断优化，发展质量明显改善。从客户结构看，全行个人贵宾客户15 318户，较年初增加2 508户，个人贵宾客户增长率为20.2%，完成省行年计划的127.65%。其中钻石卡客户45户，数量居全省农行系统第5位。从资产结构看，全行BBB级以上优质法人客户47户，占比94%；BBB级以上法人贷款余额37.16亿元，占比为87.16%，较年初提高1.86个百分点；贷款到期收回率为97.75%，较2010年提高1.2%个百分点，剔除惠能公司到期贷款因素，贷款到期收回率为99.79%，高出全省平均水平1.07个百分点。从电子渠道建设看，新增个人网银客户28 095户，完成省行年计划的133.79%；新增企业网银客户612户，完成省行年计划的185.45%；新增信用卡8 932张，完成省行年计划的107.61%；新营销并激活有效商户61家，完成省行年计划的107%；电子银行渠道分流率同比提升7.2%，网点改造步伐明显加快。从收入结构看，中间业务收入对财务的贡献度为24.24%，同比提高0.18个百分点，其中代理保险、投行业务、借记卡收入均居4大行首位，外汇收入、电子银行、信用卡业务在财务总收入中的占比均呈较快上升趋势。

【经营水平持续提高】 全年实现拨备前利润20 820万元，同比增盈6 097万元，增幅为41.41%，完成省行年计划的127.03%，居全省农行第2位，同比前移10个位次；实现拨备后利润22 160万元，同比增盈9 689万元，增幅77.7%，完成省行年计划的135.2%，居全省农行第4位，同比前移11个位次。实现经济增加值9 569万元，同比增加7 230万元，增幅达309%。经济资本回报率为31.23%，同比上升13.39%；总资产回报率1.3%，同比上升0.5个百分点；成本收入比37.67%，同比减少4.02个百分点。人均人员费用9.25万元，同比增幅20.9%；人均工资6.59万元，同比增幅47%。 (马建华 于光明)

中国银行股份有限公司三门峡分行

【概况】 2011年，中国银行股份有限公司三门峡分行(以下简称中行三门峡分行)全力实施“扩客户、拓存款”战略，以产品带动为突破口,抓机遇,抢市场,严管理,破瓶颈,快发展,较好地完成全年各项目标任务,中间业务和效益指标保持稳定发展态势。至年底,各项贷款余额达 44.88 亿元,完成目标任务的 107.40%;各项存款余额达 79.77 亿元,完成目标任务的 102.38%;认真落实与市政府签署的战略合作协议,履约率达 117.46%;支持重点建设项目和企业 3 个。

扩客户。将全力扩大客户基础作为工作的重中之重。一是扩大公司客户群。充分发挥"产品带动"的优势,大力推广源头性业务,全力做好产品的推介营销工作,有效开发、维护了开曼铝业、东方希望等一批大型项目客户。至 12 月末,全辖通过"工商入资 E 线通"产品争揽验资户 296 户,转基本户 232 户;通过"银税通"产品拓展客户 2 892 户,有效促进对公结算账户的增长。二是扩大中小企业客户群。通过"启贷通"产品,拉动中小企业客户的增长;通过"供应链融资"产品,争揽大型企业上下游的客户,形成中小企业的"规模效应"。至 12 月末,新模式小企业表内外授信客户 28 户,较 2010 年新增 23 户;国标口径小企业授信客户数 30 户,较 2010 年新增 25 户。三是扩大个人中高端客户群。对个人中高端客户进行梳理、识别,建立资料库;开展各种营销、促销活动,加强公个联动,实现由单一产品向组合产品交叉销售的转变。通过积极营销,成功争揽义马市居民社会养老保险中心 3.5 万张社保卡项目,办理个人网银 8 000 余张。

拓存款。强化产品带动,加强联动营销,全力以赴发展存款业务。一是强化重点产品带动,促进存款稳步增长。采取"以高收益产品为切入点、衔接式跟进"的营销策略,积极引导客户利用外部资金叙做理财产品。加大对代发工资的奖励力度,按照代发工资金额和户数进行排名,对当月排名第一的给予奖励。二是确保督导到位、服务到位、联动营销到位,力促存款快速增长。三是强化激励约束,保障存款发展后劲。坚持费用向基层倾斜,加大绩效考核结果的运用,加大机关帮扶力度。

推进网点转型。本着"突出队伍建设、细化落实措施、强化考核实效、加快转型推进"的原则,以提高网点效能为核心目标,通过落实科学的组织架构、强化业务培训、明确任务目标和制定有效的考核激励办法,促使基层网点按步骤、有目的地实现综合业务转型。至年底,各网点全部建立综合客户经理、大堂经理、理财经理、账户经理、业务经理等专业队伍,全功能型网点人均 22.33 人,营销人员平均占比 35.07%;销售服务型网点人均 11 人,营销人员平均占比 44%;交易服务型网点人均 11.33 人,营销人员平均占比 35.29%。

加强合规管理。深入开展"合规执行年"活动,组织开展"五大风险""三基"、民间借贷、"冬季护航"等风险排查,及时发现问题,堵塞漏洞,内控合规条线二、三季度在全省排名第 1 位,全年排名第 2 位。在三门峡银监分局组织的合规测试中,中行三门峡分行取得团体第 1 名的好成绩。全年无案件责任事故发生,无干部员工违规违纪违法行为。

【资产质量不断提高】 当年,中行三门峡分行认真贯彻"调结构、扩规模、防风险、上水平"工作方针,在确保授信规模稳定增长的同时,狠抓不良授信资产的清收化解工作,资产质量进一步改善,主动、全面、全程、精细化的风险管理理念进一步强化,风险管理能力和管理水平取得长足发展。至 12 月末,全行不良贷款率为 0.04%,较年初下降 0.03 个百分点。不良授信资产继续保持"双降"的良好态势,资产质量位居当地各国有银行之首。

【中行三门峡分行黄金交割库获上海黄金交易所"优质服务仓库"和"操作无差错仓库"奖】 4 月 13 日,上海黄金交易所指定仓库表彰大会在杭州举行。在全国 40 余家指定黄金交割库中,中行三门峡分行金库以全年无差错率、无客户投诉、操作规程执行规范娴熟、会员反馈服务态度好、收费合理规范、出入库总量大等多项综合指标的优势,获 2010 年度上海黄金交易所"优质服务仓库"和"操作无差错仓库"两项殊荣。

【办理区内首笔跨境人民币结算业务】 8 月 24 日,中行三门峡分行成功办理当地首笔跨境人民币结算业务,继续领跑市场同业。该项业务的成功办理,进一步巩固了人民币在进出口贸易中的结算地位,为企业跨境贸易采用人民币计价结算提供便利。 (李 娜)

中国建设银行股份有限公司三门峡分行

【概况】 至 2011 年底,中国建设银行股份有限公司三门峡分行(以下简称建行三门峡分行)下辖 14 个支行级单位、23 个营业网点,员工 627 人。8 月 17 日,建行三门峡分行大岭路分理处经三门峡银监分局批准,升格为大岭路支行。10 月 31 日,建行三门峡分行西市场分理处经三门峡银监分局批准,升格为西市场支行。

当年,建行三门峡分行各项存款持续增长,新增占比居同业第 1 位。至年末,全口径存款余额1 066 900万元,较年初新增95 692万元。在 4 大银行中,建行三门峡分行新增占比为 41.51%,居第 1 位。各项贷款快速增长,贷款余额居同业第 1 位。各项贷款余额544 876万元,较年初增长86 404万元。在 4 大银行中,建行三门峡分行占比达 26.93%,居第 1 位,其中个人贷款比年初增长14 752万元。当年新申报通过总行重点客户开曼铝业(三门峡)有限公司 1 户,新审批授信客户 9 户,授信批复金额达 30.81 亿元,累计投放贷款 36 亿元,有力地支持了地方经济社会发展。中间业务收入稳步增长,市场占比居同业第 1 位。实现中间业务净收入7 540万元,在 4 大银行中占比达 30.98%,居第 1 位。经营效益持续良好。实现考核利润和经济增加值13 681 万元和 5 642 万元,分别完成年度计划的 98.6% 和 105.3%。基金、黄金销售同业领先。代理基金销售85 541万元,同业市场占比达 53.7%,居第 1 位;建行金销售211 127万元,计划完成率423%,计划完成率和销售额均居系统内第 1 位。

服务工作成绩优异。5 月,在三门峡银行业协会组织的金融机构服务调查中，建行三门峡分行综合得分比率最高，居同业第1位。在建行河南省分行组织的服务检查中，建行三门峡分行在系统内排名大幅提升，12月得分居系统内第5位，服务效率排名第3位。当年，建行三门峡分行先后被建行河南省分行评为2010年度“平安创建”暨社会治安综合治理先进单位、企业文化先进单位，被河南省公安厅、银监局授予2010年度“河南省金融安全保卫工作先进集体”称号；建行三门峡分行金库被评为“2010年度上海黄金交易所突出贡献仓库”和“2010年度操作无差错仓库”，受到上海黄金交易所和中国建设银行总行的通报表彰。

【业务创新】 3月15日，成功办理首笔小额无抵押贷款；3月23日，成功办理首笔连带联保业务；6月30日，成功办理第一笔理财性委托贷款；6月30日，实现电子商业汇票业务零突破。

【被评为三门峡市“客户最满意的金融机构”】 4月28日至5月18日，三门峡市银行业协会组织开展“三门峡市银行业客户满意度调查问卷”活动，对辖区9家银行业金融机构的客户满意度展开调查。调查问卷涉及办理业务最快捷、服务态度最佳、环境最舒适等19项内容。调查结果显示：建行三门峡分行有15项居第1位、4项居第2位，在“客户最满意的金融机构”的综合调查中得分比率最高，居同业第1位。

【支持地方重点项目建设】 当年，建行三门峡分行积极支持地方重点项目建设。5月30日，义马煤业股份有限公司额度新增3.088亿元授信获中国人民建设银行总行审批。8月17日，就大唐集团公司在三门峡地区新建4.7万千瓦豫西燕山风力发电项目，建行三门峡分行与国家开发银行河南省分行达成初步合作意向。8月，成功为义煤集团办理债券资金7.8亿元，成为建行三门峡分行办理的单笔最大金额业务。

【小企业贷款快速增长】 至年末，建行三门峡分行小企业非贴贷款累计投放54 666万元，较年初新增12 503万元，当年新开拓小企业客户36户，有力地支持了全市小企业发展。

【办理系统内全省首笔黄金租借业务】 7月15日，建行三门峡分行成功为辖区某黄金生产企业办理一笔40万元额度的黄金租借业务。该笔业务的成功办理，有效填补了建行三门峡分行的空白，且成为建行河南省分行系统内的首笔黄金租借业务，为建行与辖区内黄金企业持续合作提供了新途径，也为进一步支持地方经济发展拓宽了思路。 （宋粉霞）

中国人民财产保险股份有限公司三门峡市分公司

【概况】 2011年，中国人民财产保险股份有限公司三门峡市分公司（以下简称人保财险三门峡市分公司）以可持续发展、全面协调发展为中心，转变服务方式和管理方式，切实提高服务能力和精细化管理水平，各项工作卓有成效，实现了公司品牌、规模、效益的共同提升，为全市经济建设发挥了重要的保障作用。

至年底，人保财险三门峡市分公司累计实现财产保险业务总收入17 072.5万元，完成全年计划任务的122%，业务规模在三门峡市12家财产保险公司中占比达46.38%，位居三门峡市财险行业之首。全年累计缴纳各种税金845.8万元，完成年计划任务的119%；上缴市直单位失业医疗保险金统筹额39.98万元，完成年度计划任务的143%。全年承保社会财产总额302.96亿元，完成年度计划的101%；承保机动车辆67 408辆，完成年度任务的128%。开发新险种5个，进一步满足社会各界群众的保险需求。

着重创新服务模式，努力提升服务水平，建立起适应市场形势且符合客户要求的快捷、高效、准确、合理的新服务体系。3月22日，召开“服务客户、服务员工、服务基层”活动推进会，认真学习先进经验，切实提升公司服务能力。在销售、理赔、咨询、投诉等客户接触端口，实现服务标准化；通过新理赔无忧工程、客户服务体验日、人保财险直通车等一系列服务举措，不断为客户提供更趋专业化、人性化、高附加值的保险服务，以及时准确、快捷热情、细心周到的服务赢得客户认可，为打造中原保险第一品牌作出了积极贡献。当年，人保财险三门峡市分公司先后被市总工会授予“五一劳动奖状”“工人先锋号”，文化路营销部获“2010年度全省财贸金融轻纺烟草系统工会先进女职工集体”称号。

【农业保险业务实现新突破】 开展政策性农业保险，是中央为增强农民抵御自然灾害防范风险的重要举措。2011年，人保财险三门峡市分公司认真落实中央精神，积极开拓农险市场，不断加大对农业保险发展的投入，实现三门峡市农业保险业务发展的新突破、新跨越，农业保险的覆盖面进一步扩大，服务新农村建设的能力得到进一步增强。为快速推动政策性农业保险工作全面铺开，人保财险公司积极与市政府、财政、农业、水利、烟草、气象等部门沟通交流，于5月27日召开全市2011年政策性玉米保险工作会议，制定《三门峡市2011年政策性玉米保险工作实施方案》，并充分利用人保公司庞大的网络优势、技术优势、服务优势，走乡入村，边宣传，边开展，边统计，在坚持农户自愿原则的基础上，认真开展种植面积统计等准备工作，确保政策性农业保险的顺利开展。至年底，全市烟叶保险承保面积达1.2万公顷、玉米保险承保面积达9 480公顷，进一步发挥了支农惠农的主渠道作用。

【承保连霍高速公路洛阳至三门峡（豫陕界）段改扩建工程（一期）土建工程项目】 9月19日，人保财险三门峡市、郑州市分公司联手承保连霍高速公路洛阳至三门峡（豫陕界）段改扩建工程（一期）土建工程项目建筑工程一切险，份额内保费1 050万元。连霍高速公路洛阳至三门峡（豫陕界）段改扩建工程全长194公里，是河南省重点投资建设项目，一期土建工程投资金额50多亿元。在激烈的竞争中，人保财险三门峡市分公司以优于同业公司的承保条件，顺利取得主承地位，为三门峡市重点工程建设提供了风险保障，也彰显了人保公司的品牌和实力优势。 （王　远）

中国人寿保险股份有限公司三门峡分公司

【概况】 2011年,中国人寿保险股份有限公司三门峡分公司(以下简称中国人寿三门峡分公司)按照"三大一强"的总体要求,紧紧围绕"夯实基础,合规经营,调整结构,增加效益,抢占市场,提进位次"的工作思路,密切结合自身实际,克难攻坚,团结拼搏,直面竞争,坚持稳中求进、转型增效、深化改革、强化管控,提前圆满实现全年各项目标任务,为推进三门峡经济发展、促进和谐稳定作出了应有的贡献。

至年底,公司缴纳各种税金总额达1 985.65万元,完成年计划目标任务的112.2%;人寿险业务总收入达57 703万元,占年计划目标的108.2%;安排社会再就业人员达535人,占年计划人数的110.8%;健康险业务收入548万元,占年计划目标任务的109.6%;意外险业务收入1 297万元,占年计划目标任务的114.7%;寿险新单业务收入9 498万元,占年计划目标任务的104.7%;兼业代理业务收入6 978万元,占年计划目标任务的111.7%;99版以后业务续期率达89.59%,占年计划目标的104.2%;市直单位失业、医疗保险金统筹完成84.26万元,占年计划目标的101.6%。全市累计处理赔案5 970件,累计支付各项赔款5 101万元。

【召开服务质量社会监督员座谈会】 3月15日,中国人寿三门峡分公司召开2011年服务质量社会监督员座谈会,倾听来自全市各行业的监督员对公司工作的意见和建议。公司总经理刘国强向各位监督员通报中国人寿三门峡分公司2010年在业务发展、经营管理、客户服务、企划宣传等方面的相关做法与体会,指出工作中存在的问题,畅谈2011年工作的总体思路、主要目标及发展举措,并为新聘请的社会监督员颁发聘书。到会的社会监督员结合各自的工作性质,对中国人寿三门峡分公司的有关工作提出中肯的意见及建议。

【举办国寿客户节系列活动】 为庆祝第5届国寿客户节的到来,6月中旬,中国人寿三门峡分公司举办一系列活动,彰显公司的实力和品牌,表达公司感恩社会、回馈客户的真情。6月16日,组织82名客户赴陕县金泉大酒店参加国寿"低碳环保　让生活更加美好"大讲堂活动,并向客户赠送礼品。6月13日,成立VIP俱乐部,推荐在当地较有社会影响力的钻石卡客户孙忠贵任VIP俱乐部主席、张方铎为副主席,并颁发证书;组织开展钻石卡、金卡客户免费体检活动,充分体现了中国人寿对客户的关心和呵护,提高客户忠诚度和满意度。 (武鹏程)

中原证券股份有限公司三门峡六峰路证券营业部

【概况】 2011年,中原证券股份有限公司三门峡六峰路证券营业部(以下简称中原证券六峰路营业部)克服行情持续下滑及大客户流失等困难,围绕经纪业务转型,坚持以营销为导向,以服务为手段,有效提升营销能力和综合服务水平,营业部组织架构和运作机制初步实现转型,发展态势良好,在稳定期营业部综合排名中从第11名提升至第8名,较好地完成了各项经营管理指标任务。

至12月31日,营业部A股基金共成交200.8亿元,市场份额为0.236‰,实际手续费率2.08‰,实现收入4 805万元,其中手续费收入4 365万元、利息收入432万元;营业支出2 228万元,营业费用共列支1 414万元。收支相抵后,营业部实现净利润1 933万元。至年底,营业部正常客户数为76 258户,较2010年新增4 598户,累计销户180户。客户总资产17.56亿元,其中客户保证金余额2.19亿元、证券市值15.37亿元。

【展业效率大幅提高】 当年,营业部将团队建设的重心从人员发展规模转移到结构优化上,着重提升营销技能,提高展业效率。全年,新增零售有效客户569户,新增有效零售资产3 348.5万元;营业部占比分别为69.1%和58.6%,其中部均新增零售有效户51.7户,新增零售资产304.4万元。业务部新增有效大客户7名,资产总量为8 159.5万元,营业部占比分别为70%和92.1%。至年底,业务部人员名下客户总资产19 004.3万元,全年实现交易量18.8亿元,实现佣金收入280.3万元。业务部新增有效户数在稳定期营业部居中游偏上水平,新增资产稳居上游水平。

【强化客户服务】 当年,中原证券六峰路营业部不断强化客户服务工作,加强对重点客户的服务管理。遵照公司标准化服务流程、为营业部重点客户提供针对性极强的信息与定制产品和服务,包括通过短信平台发送资讯信息、信息发送涵盖1 588名重点客户;开通中原证券"VIP"和"智汇宝典"金融资讯终端1 031户;按月收集客户需求,并及时向营业部、客户实施双向反馈,力求服务创新,打造差异化的核心竞争力。通过见面交流沟通、电话回访等多种服务,引导客户开通网站注册和彩信定制业务。至12月底,网站注册开通用户6 876户,完成比率为111.6%;彩信定制492户,完成比率103.4%;重点客户签约997户,完成比率为104.6%;重点客户专属服务完成公司核定50%覆盖率。

【继续开展账户核查工作】 当年,中原证券六峰路营业部继续深入开展账户核查工作。延长办理时间,调整为周一至周日早9点到晚9点均可办理核查业务;通过营业部交易现场的LED屏、电子显示屏、委托机跑马灯等多种方式,进行宣传公告;针对重点客户,发送短信通知,短信量均在5次以上,共发送15 481条;并采取电话告知、登门拜访等方式,通知客户前来办理业务,使营业部账户核查率明显提高。至12月底,营业部账户数量为65 963户,核查数量为39 434户,核查率为59.78%。

(范艳红)

·编辑　李艺芬·

黄河三门峡
水利枢纽工程

SANMENXIA KEY WATER CONTROL PROJECT OF YELLOW RIVER

三门峡大坝泄洪

综　述

【概况】 2011年,三门峡黄河明珠(集团)有限公司(三门峡水利枢纽管理局)(以下简称明珠集团或三门峡枢纽局)实现经营收入9亿元,利润4 300万元。圆满完成防汛任务,战胜了1998年以来黄河最大秋汛和伊洛河1983年以来最大洪水,确保了三门峡、故县两枢纽安全度汛。

全年完成发电量17.45亿千瓦时,其中三门峡水电厂发电15.56亿千瓦时,创发电量历史新高;故县水电厂发电1.89亿千瓦时,居历史第2位。密切关注国家电价政策,自12月1日起,三门峡水电厂和故县枢纽局上网电价每千瓦时上调0.02元,受到黄委会通令嘉奖。

加强安全生产工作。明珠集团围绕"一贯彻、三加强"开展安全生产工作,即学习贯彻《国务院关于进一步加强企业安全生产工作的通知》和《河南省安全生产条例》精神,加强制度落实力度、监督管理力度、隐患排查治理力度。1月,组织召开安全生产工作会议,部署全年安全生产工作重点,签订安全生产目标责任书。结合明珠集团安全生产实际和季节特点,坚持有组织、有计划、有目的地开展季度安全生产管理主题活动,一季度落实规章制度,做好冬季"五防"(防火、防冻、防滑、防盗、防煤气中毒),消除事故隐患,保障安全生产;二季度签订全员安全承诺书;明示项目安全责任人;三季度执行规程查违章,完善流程治隐患;四季度保安全、落实冬季"五防"措施,抓仓储、规范物品存放管理。组织开展每季度、节假日及专项安全大检查8次,发现并整改各类隐患118项。10月27日,正式启动明珠集团安全生产标准化建设,提出安全生产标准化建设目标和要求。按照实施方案,明珠集团力争在2012年年底,完成三门峡水力发电、故县水力发电安全生产标准化建设达标评审;2013年年底,完成棕刚玉冶炼、机电检修、水利水电施工等主干生产施工企业安全生产标准化建设达标评审;2014年年底,实现全明珠集团安全生产标准化建设达标评审。截至12月31日24时,三门峡水电厂和故县局分别实现连续安全生产4 948天和5 815天,创造了安全生产新纪录。

针对生产经营中的难点和关键环节,大力开展科技攻关。在对三门峡水电厂1号机组的首次大修中,先后研制多项专用测量工具,对转轮及转轮室的拆装、叶片修复、大修方案等进行论证,破解了检修过程中的多项技术难题。推进三门峡水电厂扩装8号机组和2号至5号机组改造前期工作,完成项目前期调研和可研报告。电冶公司对1号冶炼炉进行技术改造,提高了生产效率,取得了较好的经济效益。明珠集团组织开展科技成果评审,对各单位申报的39项成果进行审核和组织评审,评出科技进步奖18项、激励创新奖20项、科技攻关项目立项3项。上报黄委科技进步奖4项,获奖4项,其中"三门峡水电厂坝顶启闭机液压系统改造技术研究"和"三门峡水利枢纽防汛抗旱综合信息服务系统应用研究"荣获黄委科技进步二等奖,"水电厂220千伏母线保护双重化及断路器失灵保护配置研究"和"水电厂继电保护信息子站建设关键技术研究"荣获黄委科技进步三等奖。上报黄委激励创新奖4项,获奖3项,其中"三门峡水利枢纽防汛抗旱综合信息服务系统应用研究"荣获黄委创新成果奖理论技术类三等奖,"国家基建投资形成资产管理模式研究"荣获黄委创新成果奖体制管理类三等奖,"附着振动法在薄壁结构施工中应用"荣获黄委创新成果奖应用技术类二等奖。三门峡枢纽局同时获得2009年度至2011年度创新组织奖。"推力油雾止漏装置研究"荣获大禹水利科技奖三等奖,这在明珠集团尚属首次。郑州楷林大厦荣获中国建筑行业最高奖——鲁班奖。

加强计划投资和项目管理。制定《明珠集团经营性投资管理办法》等制度,严格招标管理,加大对重点项目的监督力度。全年安排投资计划规模为2.17亿元,组织实施项目74项,其中本部实施大修及更新改造项目58项、子公司实施大修及更新改造16项,完成投资1.25亿元。强化"效益财务、基础财务、发展财务"的管理理念,加强财务管理,统筹安排资金,积极开展银行融资,制定《明珠集团2011年~2015年筹资投资规划》和《明珠集团2011年贷款计划》,指导子公司开展项目融资工作,确保项目建设的资金需要。开展"小金库"专项治理,建立健全明珠集团防治"小金库"长效机制,健全内控管理制度,防范了经营风险。

加强人力资源管理,优化人力资源配置。山河铝业公司612名(不含运输服务部及绿泉水业44人)职工全部得到妥善安置。举办处级干部和青年干部培训班,选拔任用5名正处级和5名副处级干部,充实了领导干部队伍。组织专业技术培训班20余期,参加培训职工700余人次。机电公司王继军荣获第7届"全国水利技术能手"称号,财务部黄剑伟被选拔为河南省"会计领军人才",另有2人荣获黄委2011年度"青年岗位能手"称号。

加强合同审查和法律服务工作。全年共审查合同113份,标的额9.56亿元。历经10年的青年公寓工程诉讼案件办理终结,为明珠集团减少损失1 000万元以上。强化内部审计监督,推进内部审计标准化建设,开展内部审计项目27项,审计金额28.79亿元,保证了企业经营的顺利开展。加强社会治安综合治理和平安创建工作,启动"六五"法制宣传教育,明珠集团保卫部荣获河南省单位内部治安保卫工作先进集体称号。

加强项目建设。9月,明珠集团修订印发"十二五"企业发展规划,明确"十二五"期间企业的发展方向和奋斗目标。开展黄委招待所开发项目前期工作,取得项目规划证和土地证,申领明珠集团房地产开发资质,完成现场拆迁、文物勘探、地质勘探等工作,确定了酒店管理合作单位。甘肃非金属矿项目开展矿产评探,完成公司重组、手续变更和组织架构等前期工作。平陆昌鸿镍铁项目完成了主厂房建设和设备的安装调试。水电公司总价2.78亿元的两个BT项目顺利中标。深化企业改革,水电施工、机电检修资源整合进展顺利,完成了新公司的审核。故县水管体制改革取得阶段性成果,管养分离、事企分开的目标初步实现。

加强党建工作。明珠集团结合创先争优活动,深入开展创建学习型党组织活动,制定印发《关于进一步推进学习型党组织建设有关工作的通知》。

在黄河三门峡网开辟学习专栏，刊登优秀学习心得17篇；举办积极分子培训班和党支部书记培训班，全年新发展党员25名。明珠集团离休干部万雪凌一次上缴特殊党费3万元，《三门峡日报》对其事迹进行了宣传。全年明珠集团获得“河南省先进基层党组织”等各级荣誉10多项，获得黄委嘉奖2项。突出抓好党风廉政和廉洁自律工作，修订完善岗位职责，明确廉政风险监督重点，着力推进廉政风险防控机制建设。制定《明珠集团2011年~2015年党风廉政教育规划》，完善教育长效机制。开展廉政宣传月活动，集中进行政策、法规、纪律和警示教育，全年举行入党积极分子、新提拔领导干部、中层干部等廉政培训6次，开展纪念建党90周年廉政知识答题等活动3次。开展廉政文化建设工作，坝区新增4块廉政文化宣传栏；“清风林”二期建设进展顺利；廉政公益广告、廉政宣传视频进入住宅小区；开展“清风进家庭”活动，召开领导干部家属座谈会；组织新提拔干部进行廉政宣誓；定期更新节假日廉政短信、办公楼电子屏廉政格言警句等。

建设和谐企业。高度重视思想政治工作。3月24日，明珠集团召开第2次思想政治工作研讨会，明确思想政治工作的任务和措施。11月15日，召开政研论文评选研讨会，评选12篇优秀政研论文。加大精神文明建设和企业文化建设力度，组织开展纪念建党90周年诗歌会、征文比赛、摄影展等系列活动。9月26日，参加黄委举办的迎国庆大合唱比赛并荣获第1名。各级工团组织围绕生产经营工作，开展劳动竞赛和青年建功、创新创效等活动。坚持企业发展成果职工共享原则，努力为职工办实事、办好事。基层和一线职工工资增长均超过6%，内退职工工资增长10%。认真贯彻国家关于“五七工”“家属工”相关政策，为91名符合条件的职工家属落实待遇。开展困难职工帮扶和大病医疗救助，启动新一轮大病救助基金募集，共募集资金100余万元。全年为64名患重大疾病的职工发放救助金49.9万元。关心离退休职工的生活，严格落实离退休职工各项待遇，定期组织离退休职工政治学习和召开情况通报会。

工程效益

【概况】 2011年，三门峡枢纽安全启闭闸门271次，圆满完成了参与优化桃汛洪水过程冲刷降低潼关高程试验、“5·12”国家防总黄河防汛指挥调度演习、黄河第12次调水调沙、黄河秋汛等防汛任务，确保了自1998年以来首个流量为5 720立方米/秒的“黄河中游2011年第一号洪峰”顺利度过。

【防汛工作】 汛前，三门峡枢纽局及早动手，分别于3月16日、4月26日、6月17日组织防汛检查，全面掌握各单位防汛责任制落实、防洪预案完善、防汛物资储备管理及防汛设备维护等工作开展情况，督促防汛单位落实度汛措施。5月12日，参加国家防总举行的黄河防汛指挥调度演习取得成功，受到黄委通令嘉奖。5月27日，组织召开防汛抗旱会议，对防汛抗旱工作进行全面动员和总体部署。7月4日，结合汛前调水调沙，同步组织防汛演习，检验了防汛队伍的实战水平与应急反应能力。同时，修订完善三门峡、故县水库防洪预案、防汛抢险应急预案和汛期调度运用计划，做到思想、责任、技术和工程措施到位，保证了三门峡、故县两枢纽泄流设施正常运用和闸门全启(闭)时间控制在规定时间内。汛期，7月、8月汛情平稳，9月黄河及重要支流相继出现多年罕见的秋汛，潼关水文站连续出现3次洪水过程，洪峰流量分别为2 810立方米/秒、3 350立方米/秒和5 720立方米/秒。特别是9月中旬，渭河出现了1981年以来的最大洪水，华县站洪峰流量达到5 260立方米/秒。潼关站相应洪峰流量5 720立方米/秒，为“黄河中游2011年第1号洪峰”，是1998年以来的最大值。三门峡枢纽局相继启动Ⅲ级、Ⅱ级防汛预警，全力迎战秋汛洪水。三门峡枢纽投入26个孔(洞)泄洪运用，整个汛期三门峡枢纽共启闭闸门252次；故县水库严格执行调度指令，最大限度地减轻了黄河下游和洛河下游的防洪压力，确保了两枢纽安全度汛。汛期，三门峡水库累计入库水量125.2亿立方米、沙量9 600万吨，出库水量124.6亿立方米、沙量1.81亿吨，水库潼关以下净排沙8 500万吨(其中洪水期间净排沙6 200万吨，占汛期的73%，排沙比达到217%)。年度潼关以下库区冲刷泥沙6 173万吨。

【三门峡水库调度运用】 2011年，三门峡水库入库水量259.1亿立方米、沙量1.284亿吨，出库水量252.1亿立方米、沙量1.814亿吨，水库净排沙5 300万吨。上半年来水仅90亿立方米，同比减少20亿立方米。1月至6月，按照水库原型试验要求，正常运用控制库水位不超过318米。水库维持合理的库水位兼顾库区取水和生态需要，同时进行枢纽发电生产。实际运用最高库水位318.07米(5月12日)，最低库水位312.25米(3月26日)，平均库水位317.41米，比2010年(317.13米)高0.28米。7月至10月，三门峡水库运用按照洪水敞泄、平水控制的原则，洪水期敞泄排沙、平水期控制水位305米运用。汛期，三门峡水库入库沙量9 615万吨，出库沙量1.8082亿吨，水库净排沙8 467万吨。汛期，水库来水来沙情况复杂多变。9月4日至18日，黄河中游地区出现多次长历时高强度降雨过程，黄河干流和渭河、北洛河、汾河、伊洛河等重要支流相继出现了多年罕见的秋汛。渭河、黄河连续出现3次洪水过程。水库洪水调度根据不同洪水过程及含沙量、洪水组合情况和黄河防洪目标，三门峡水库分别进行了泄洪排沙、滞洪排沙运用、四库联合防洪运用等。11月、12月，三门峡水库进行防凌运用和服从黄河水量统一调度，并兼顾发电生产。12月初，万家寨水库防凌运用下泄大流量过程入库，三门峡水库进行防凌运用，最高运用水位318.99米(4日8时)。其间，适时开启底孔及隧洞泄流弃水1.59亿立方米。年底库水位为317.43米，蓄水量4.439亿立方米。

【完成汛前黄河调水调沙任务】 6月19日，汛前黄河调水调沙正式开始。7月4日5时，按照黄河防总调度指令，三门峡水库开始下泄大流量，6日7时23分，逐步关闭枢纽泄流设施。其间最大入库流量1 660立方米/秒，入库水量2.09亿立方米；最大出库流量5 340立方米/秒，最大出库含沙量0.304吨/立方米，出库水量5.52亿立方米；水库补水4.14亿立方米,弃水4.19亿立方米;出库沙量2 700万吨,净排沙2 500万吨。此次调水调沙运用特点:敞泄历时短,水库全敞51小时,为2004年以来最短的一年,较2010年减少11小时(前7年平均86小时,减少35小时);弃水较少,弃水4.19亿立方米,较2010年减少0.2亿立方米;排沙效果好,增加了调蓄库容;塑造小浪底库区异重流效果明显,为小浪底水库补水4亿立方米,小浪底水库最大含沙量0.263吨/立方米,排沙比达126%。

【电力生产】 自2011年1月1日起,河南电网发电侧峰谷分时电价政策暂停执行。三门峡水电厂调整工作思路,力争最大限度利用好水资源,一方面加强与水调和电调的沟通,科学制定发电计划,合理调整机组运行方式,努力提高发电容量负荷率;另一方面加强设备运行状态分析,确保发电机组工况和效率最优。全年电力生产经济运行质量稳步提升,其中机组平均负荷率达到73.29%,同比提高4个百分点;非汛期发电耗水率11.2立方米/千瓦时,同比降低0.15立方米/千瓦时;自动开停机成功率达到92.99%。全年发电15.56亿千瓦时,创历史新高。其中,汛期浑水发电3.1亿千瓦时,居历史第3位;10月发电量1.66亿千瓦时,11月发电量2.24亿千瓦时,12月发电量2.02亿千瓦时,均突破历史同期月发电最高纪录。三门峡水电厂先后荣获"河南省电力行业安全生产先进单位""黄委'基层先进党组织'""河南省'十一五'电力行业节能减排先进集体""三门峡市消防安全工作先进单位"等称号。

枢纽管理

【概况】 2011年,三门峡枢纽局强化枢纽工程管理,完成了两台450吨门机安装调试、30吨回转吊电气大修、10号底孔应急检修、坝前清污栈桥配套工程建设等工程项目,两台450吨门机投入防汛实战运用。全年共完成投资计划项目21项,完成投资315.72万元。创新清污方式,抓斗清污、船只推草、人工清栅、门机配合清污、人工打捞清污等多种作业方式并用,最高日清污792立方米,清污效率大幅提高,创造了整个浑水发电期间无停机进行提栅清污的新纪录。全年累计清污120天,清污2万余立方米。组建园林绿化队,加强林木管护,坝区绿化美化工作进一步规范,"清风林"二期工程稳步推进。成立挖掘三门峡水利枢纽历史文化底蕴课题组,围绕黄河三门峡历史文化、建设文化、管理文化开展研究。

【水政管理】 2011年,三门峡水政监察支队加强水政执法和库区管理,依法查处水事违法案件,严格加强库区生态环境管理,维持了库区正常的生产生活秩序,荣获"黄委'十一五'水政工作先进集体"称号。开展冬春河道巡查,汛前、汛中及汛后执法检查。1月至5月,对库区冯佐、陌南、潼关等段河道内弃渣、弃土、种植高秸作物、违规建筑等进行执法大检查。6月,向库区所辖取水单位下发《关于制定三门峡水库取水单位防汛预案的通知》,督促各取水单位做好汛期取水设施的安全保护。10月,在库区河道、坝区周边进行汛后河道执法检查。落实最严格的水资源管理制度,强化取水许可监督管理。3月,开展黄河取水工程计量设施专项检查。按期进行取水监督巡检,检查取水计量设施的运行情况。 (李君武)

·编辑 卢亚杰·

6月27日,明珠集团举行庆祝建党90周年诗歌晚会

经济综合管理

ECONOMIC COMPREHENSIVE ADMINISTRATION

12 月 16 日，三门峡市举办三门峡（北京）市情说明会

宏观调控

【概况】 2011年,三门峡市发展和改革委员会紧紧围绕建设“中原经济区重要支撑、区域合作示范城市、豫晋陕黄河金三角区域性中心城市”三大战略定位,强力推进大通关、大交通、大商贸、大旅游和高新技术产业“四大一高”建设,全市经济社会保持了持续较快发展的良好态势。

国民经济取得大发展。全年全市生产总值达到1 062.9亿元,同比增长12.8%。其中:第一产业实现增加值81.2亿元,增长4.4%;第二产业实现增加值742.5亿元,增长14.5%;第三产业实现增加值239.2亿元,增长11%。规模以上工业增加值640.1亿元,增长16.1%。公共财政预算收入完成57.6亿元,增长15.8%。全社会固定资产投资完成760.9亿元,增长24.8%。城镇居民人均可支配收入17 062元,增长13.5%。农民人均纯收入6 929元,增长19.7%。万元生产总值能耗下降3.71%,COD(化学需氧量)、二氧化硫排放量分别控制在3 390万公斤和1.183亿公斤以内。

“四大一高”项目建设取得新成就。列入省政府考核的11个重点项目,年度完成投资超41亿元,高出计划40个百分点;213个市重点项目,年度完成投资391.5亿元,超计划30个百分点;开祥化工9万吨1,4-丁二醇一期等90个项目建成投产,重点项目投资额、建成数量均创历史新高;省督办重点项目联审联批事项提前5个月完成全年任务,居全省第1位。三门峡出入境检验检疫局办公楼正式投用,国家铝及铝制品质量监督检验中心办公大楼项目完工,三门峡海关办公大楼正在建设。全年出口额完成1.6亿美元,增长55.9%,增速居全省前列;实际利用外资6.3亿元,增长58.5%,总量居全省第三。三淅高速等大交通重点项目进展顺利,年度完成投资51亿元,“三纵四横”大交通网络雏形初显。大商贸日益繁荣,市商务中心区建设正式启动。升格为国家级节庆活动的第17届三门峡黄河旅游节成功举办。28家企业被认定为省级高新技术企业,全市共实施省级以上科技项目32项,科技对经济发展的贡献率达53.9%。

深化产业结构调整取得新进展。坚持承接转移、增量带动与改造提升、存量调整并重,深入推进产业结构调整。工业升级项目进展顺利。全年全市共实施投资5 000万元以上转型升级项目71个,比2010年增加12个,年度完成投资130亿元。其中,义煤集团日产1 000万标方煤制气,博市电器公司年产200万台冰箱、200万台洗衣机,金源公司年产1万吨压延铜箔等一批标志性项目建设进展顺利。特色农业不断发展壮大。特色农业占农业总产值的比重超过82%。全年,果品总产超过18亿公斤,烟叶总产量3.58万吨,均位居全省第一;肉、蛋、奶、蔬菜总产量分别达到8.1万吨、4.84万吨、4.05万吨和101.52万吨;“函谷红”茶和“三门峡”卷烟新品上市。农业信息化和标准化工作取得新突破,全省首家物联网技术应用示范基地揭牌。物流业快速发展。推进三门峡黄河金三角综合物流园区建设,以七海物流为龙头已入驻物流企业20家。实施总投资超10亿元的金秋果业、尚正牛肉、缘份果业等一批冷链物流项目,夯实了冷链物流业发展基础。承接产业转移和央企合作成果丰硕。组团参加豫京津、豫沪、豫港澳、豫台产业转移会和厦洽会、中博会等一系列重大经贸活动,共签约经济合作项目93个,总投资超1 000亿元。深化央企战略合作,先后与中国黄金集团、中国大唐集团、中国医药集团总公司、中国电力投资集团公司等10家企业签订战略合作协议,签约金额207.6亿元,居全省第4位。

产业集聚区建设取得新提升。全市7个省级产业集聚区完成投资280亿元,实施纯电动汽车、铜箔等218个技术含量高、拉动就业大的好项目,规模以上工业企业实现主营业务收入1 026.6亿元,全年主营业务收入超100亿元的产业集聚区达到5个。三门峡市被评为全省产业集聚和重点项目建设管理先进单位。三门峡产业集聚区被评为省“十快”产业集聚区,义马市煤化工产业集聚区被评为省先进产业集聚区。产业集群发展态势逐步显现。在煤化工、铝精深加工领域涌现出一批规模大、拉长或延展产业链条的大项目,初步形成了产业集群、集聚发展态势。承载能力稳步增强。各产业集聚区加大水、电、热、气、通信等基础设施建设力度,为项目和产业发展创造了良好条件。土地集约节约利用水平逐步提高。因地制宜,努力在提高项目投资强度和土地产出效益上下工夫。义马市煤化工产业集聚区通过综合整治,节约用地50余公顷;渑池县产业集聚区共收储建设用地近70公顷;三门峡产业集聚区投资强度达到2 800万元/公顷以上。

促进经济平稳运行取得新成效。多次组织大唐发电公司与恒康铝业公司对接,促成双方直供电协议达成,为电铝企业争取直供电奠定基础。协调

11月8日,大唐豫西燕山风电场工程项目开工仪式举行

解决了大唐电力电煤运输、恒康电解铝产能启动等困难和问题，确保了发电和电解铝骨干企业生产稳定。抓好电力迎峰度夏和度冬工作。破解陕西电煤入豫难题，实现了陕西电煤专向三门峡市大唐发电公司供应；为大唐发电公司、义马环保电力争取电煤补贴资金3 000多万元，圆满完成电力迎峰度夏、度冬等工作任务。稳控物价工作取得突破性进展。全年居民消费价格指数上涨5.5%左右，首次低于全省平均水平，扭转了多年来三门峡市价格指数高于全省的局面。创新价格管理手段，率先在全省探索并建立价格调控部门联席会议制度，在全省第一个建立并启动社会救助和保障标准与物价上涨挂钩的联动机制，向困难群体发放价格补贴460万元。提高价格监测预警能力，科学处置3月出现的食盐抢购风波，研究出台应对生活必需品价格异常波动的工作预案。加大监督检查力度，先后开展医疗卫生、涉农收费、房地产市场、电力价格、停车场收费、成品油市场巡查等专项检查。有效运用价格调节基金，首次动用价格调节基金130万元，用于支持三门峡市郊蔬菜基地建设和降低蔬菜流通环节费用。

节能减排取得新突破。“十二五”期间，省下达三门峡市节能减排目标任务为万元GDP能耗下降17%，2011年三门峡市实际下降3.706%，占整体目标进度的21.8%，超过全省平均水平；化学需氧量、二氧化硫排放量分别下降1%、4.03%，为全面完成“十二五”期间目标任务奠定了坚实基础。淘汰落后产能方面，拆除义翔铝业一期5万吨氧化铝生产线1条，关闭三门峡化工机械有限公司年产4 000吨黏土砂干型/芯铸造工艺生产线，关停渑池仰韶水泥公司年生产能力130万吨的中空回转窑生产线和预热器回转窑生产线，淘汰灵宝黄金投资公司25万吨落后产能。项目建设方面，初步建立全市节能减排项目库，为确保全市节能减排工作持续开展、争取国家专项扶持资金、引导节能环保产业发展奠定基础。以开曼铝业生产系统能源综合利用改造、义马气化厂节能技术改造、东方希望赤泥提取金属镓、三门峡雏鹰生猪清洁养殖示范工程为首的一批重大节能减排和循环经济项目先后开工建设，有效保障了全市

1月7日，工人们在河南义腾新能源科技有限公司工地上施工

每年节能量达50万吨，减排二氧化碳125万吨，减少二氧化硫排放8 000吨，赤泥、粉煤灰、秸秆等固体废弃物得到充分利用。中赢橡胶年产5万吨高品质精细再生胶、恒生科技柠檬酸金钾等多个项目累计获得国家扶持资金近6 000万元。

城乡统筹发展达到新水平。深入实施城乡建设3年行动计划和“城市建设提速年”活动，城乡协调发展步伐加快。新一轮城市总体规划修编启动，城市新区起步区总体规划及重点区域控制性详规基本完成。中心城区基础设施建设不断完善，市文体中心体育场建成投入使用，文化公园一期收尾，黄河公园等公园、游园项目按计划推进；“一中心两轴线”旧城区和城中村改造取得新进展，壹号城邦和嘉和广场开工建设，下半年启动的和平路轴线一期工程年底完成搬迁和旧建筑拆除；8条城市道路建设进展顺利，2条竣工通车，2条年底竣工；集中供热扩面工程顺利完工，新建热交换站11座，新增供热面积80万平方米；市区生活垃圾无害化处理率达95%，污水处理率达到83%以上。副中心城市和新农村建设力度加大，义渑城区基础设施和城区功能对接不断深化，灵宝市城建重点工程完成投资4.91亿元，卢氏县投资7.65亿元的城建重点工程正加快建设。112个新型农村社区新建住宅1.03万套，累计建成1.87万套。全市城镇化率达到46%。

改革创新取得新成果。积极稳妥用好往年“三项整治”（空心村、工矿、砖瓦窑场废弃地整治）指标，全市备案“三项整治”结余指标1 545公顷；做好土地开发整理储备及综合整治，全年新增土地整理和整治项目9个，整治面积3 042.3公顷，新增耕地134.9公顷；省定矿产资源整合通过国家验收，小秦岭深部金矿和煤下铝整装勘察项目被列入全国首批找矿突破战略行动计划，稳步推进。加强银企对接，在河南省银企合作会议上签约项目67个，总投资177亿元；加强资本市场融资，新组建市投资集团和交通旅游投资集团；市财经公司的城投债券在上海证券交易所公开发行，融入资金15亿元；全年完成资本市场融资48.6亿元。生态环境制约进一步破解。区域环境综合整治、重金属污染综合整治和农村连片整治工作强力推进，对24家重点企业的大气污染治理设施进行升级，关停涉重金属污染的企业55家，11个农村环境连片综合整治项目正在招标。以创建国家森林城市为载体，加强林业生态建设，全面实施绿色城市、绿色村镇、绿色通道和绿色景区工程，完成造林2.88万公顷。6个县（市）区全部建成省级林业生态县，三门峡市被评为全省林业生态建设先进市。

民生改善取得新进步。“十大民生工程”进展顺利，全年完成投资23亿元。城镇新增就业5.96万人，城镇登记失业率3.24%，低于全省平均水平；城、乡低保月补差分别高于省定标准29元和6元，实现了动态管理下的应保尽

保。开工保障性住房 8 367 套,两个廉租房小区被评为“全省十佳住房保障工程”。校舍安全完成改造面积 32 万平方米。职业教育园区项目建设进展顺利,仰韶文化博物馆建成开放,市传媒大厦开工建设,覆盖全市的公共文化服务体系初步形成。基本药物使用比例达到67%,全面完成321 个村级卫生室建设任务,新农合参合率达98.7%。

(王凤杰 杨 洁)

安全生产监督管理

【概况】 2011 年,三门峡市安全生产监督管理局以深入开展“安全生产年”和“安全河南三门峡创建”活动为主线,以落实各项责任目标为抓手,较好地完成了各项目标任务。全年全市发生各类伤亡事故272 起,死亡 92 人(不含义煤集团千秋煤矿冲击地压事故 10 人),同比减少 3 起、39 人,分别下降 1.1%、29.8%。其中工矿商贸企业发生事故13 起,死亡 13 人,同比减少 3 起、35 人,分别下降 18.8%、72.9%。煤炭百万吨死亡率为 0.07。三门峡市被省政府表彰为 2011 年度安全生产先进市。

煤矿监管 市安监局认真贯彻落实全省煤炭企业兼并重组有关会议和省政府《关于加强煤矿安全生产工作的补充意见》等 3 个文件精神,采取一系列行之有效的措施,持续抓好停产整顿小煤矿“两到位”(领导包矿到位、驻矿人员监管到位)、“五控制”(控制入井人数、灯房发灯数量、火工用品、主井绞车、用电量)的现场管控。对全市 38 座煤矿,明确由 46 名县级以上干部、59 名科级干部和 175 名驻矿人员实行分包分保措施,并在媒体公告,分期分批培训 151 名驻矿员,促其提高履职能力。先后 7 次联合公安、国土、电力等职能部门深入煤矿企业明察暗访,25 次对全市 38 座煤矿“两到位”“五控制”落实情况和《驻矿日志》填写情况进行现场检查。按照“谁主管、谁负责”的原则,严格执行复工复产验收制度,对未经验收的一律不准恢复生产,对擅自恢复生产的坚决严肃查处。

专项整治 市安监局围绕重点时段和敏感时期安全稳定,突出矿山、危险化学品、烟花爆竹、建筑施工、道路交通等重点领域,深化安全专项整治。组织开展以机械通风和防治水工作为重点的非煤矿山专项整治活动,全市地下矿山机械通风率达 100%,通信联络系统全面完成;露天采石场中深孔爆破率、机械铲装率均达 95% 以上。组织开展以乙炔、多晶硅及小化工企业为重点的危险化学品专项整治活动,有效促进了企业安全生产标准化建设。进一步理顺了全市烟花爆竹经营安全秩序,实现春节期间零事故。此外,公众聚集场所、建筑施工、道路交通、民爆物品、特种设备等行业和领域针对各自的突出问题和难点工作,深化专项整治,均取得明显效果。

隐患治理 全面开展百日安全集中整治行动和“百日安全无事故”竞赛活动。按照省委、省政府的统一部署和要求,在全市范围各行业(领域)组织开展安全生产大检查。市政府成立 7 个督查组深入基层和生产一线督促检查。同时,建立重大事故隐患半月排查报告长效机制、重大事故隐患排查治理预警机制、重大事故隐患排查治理奖惩机制,强力推进重大事故隐患治理攻坚。全年全市共组织检查 63 次,出动 4 200 余人次,检查企业 5 300 家次,排查出事故隐患 1.3 万余项,已督促整改 12 920 项,其余督促限期完成整改;排查重大事故隐患 38 项,已完成治理 34 项,正在整改 4 项。

行政执法 市安监局坚持把矿山、危险化学品、烟花爆竹等高危行业企业作为执法监察的重点,在元旦、春节、“两会”等重大节日和重点时段加大安全检查力度,消除安全隐患。开展矿山企业领导带班下井制度落实情况专项检查,对全市停工停产煤矿开展以落实“两到位、五控制”为重点的高密度专项检查。元旦、春节前,重点针对烟花爆竹批发经营企业和零售网点开展烟花爆竹安全生产专项执法检查。开展氰化钠经营和使用企业、非法违规加油站点、氧气乙炔气违法生产经营情况专项检查,检查企业12 家,查处非法气瓶 130 余个,取缔 3 家非法生产经营氧气乙炔气的窝点;联合渑池县安监局查处和取缔 3 家非法生产氰化钠的黑窝点。采取明察暗访、突击检查的方式,查处落实群众举报煤矿非法生产案件 8 起,协同当地政府关闭封填非法井口 79 处,发现非法小铝土矿井5 处、露采 2 处,全部进行清理关闭。全年共检查各类生产经营单位 86 个,作出现场检查记录 86 份,发出责令改正指令书 172 份,共处罚款 315 万元,并统一上缴市财政。

应急救援 加强应急救援机构建设、队伍建设和救援储备物资建设,开展企业应急预案评审备案工作,并应对可能发生的事故精心组织演练,提高处置突发事故的能力。全年共组织有关生产经营单位举行各类较大型演练 203 次,参加职工 2.8 万余人,出动装备 2 800台次,提高了应急救援队伍的实战能力和应对突发事故的能力。

安全培训 市安监局组织开展第 10 个“安全生产月”和“7·29”全市安全生产警示教育日活动;组织人员编写《公民安全知识口袋书》,市委书记杨树平为该书作序;举办 40 余场次安全知识讲座,发放《公民安全知识口袋书》3 万余册、《安全生产法律法规和事故案例分析》1 万余册。与市委组织部联合举办全市安监干部培训班,共培训 120 余人;组织 30 余人次参加省安监局举办的安全生产执法培训班;组织市、县两级安监机构工作人员参加国家安监总局电视电话培训班,共培训 40 余人次。培训乡(镇)长及乡(镇)安全生产监察员 900 余人、企业主要负责人和安全管理员3 321 人,培训特种作业人员 4 964 人、农民工 2.6 万人。组织 1.3 万余人参加“安全河南杯”安全生产知识竞赛,促进企业安全文化建设,营造了全社会关注安全、关爱生命的氛围。

机制建设 市安监局提请市委、市政府联合出台《关于切实加强安全生产工作健全和完善“一岗双责”制度的通知》,明确各级党委中有一名党委领导人主管或联系安全生产工作,辖区内连续 3 年未发生较大生产安全事故的,对分管安全生产的领导和安全监管干部按照有关规定优先提拔重用。提请市委、市政府出台《关于进一步强化乡(镇、街道办事处)打击矿山领域非法违法行为工作职责有关问题的通知》和《三门峡市安全生产非法违法案件举报奖励办法(试行)》,明确乡(镇、街道办事处)打击矿山领域非法违法行为的工作职责,建立和完善激励约束工作机制,提高对打击煤矿非法违法生产的奖励金额，由省政府8部门规定的5万元至10万元提高到5万元至12万元。制定下发《三门峡市关闭取缔非法无证矿山奖惩办法》，由矿产资源所在地行政村党支部、村民委员会成员及村民组组长到所包无证非法矿山进行巡查。由于村组干部认真履行职责，本人所包区域内一年内无非法无证矿山开采的，年终给予村干部本人不低于3个月工资额的奖励。

【开展“安全河南三门峡”创建活动】2011年，市安监局把“安全河南三门峡”创建活动作为实现“中原经济区重要支撑、区域合作示范城市和豫晋陕黄河金三角区域中心城市”三大战略定位的重要载体来抓，每月至少召开1次局长办公会研究部署工作，并采取有效措施，扎实推进。一是明确目标，落实责任。市安监局提请市政府制定下发《关于安全河南(2010～2020年)创建活动三门峡市实施意见》和《关于印发安全河南创建三门峡市2011年行动计划的通知》，明确三门峡市安全发展阶段性目标和当前首要任务，在省政府下达三门峡市的2011年安全和谐型村镇和城市社区、安全发展型企业创建标准的基础上再提高5个百分点。对实施的“六大工程”逐项分解到6个县(市)区政府、三门峡经济开发区、产业集聚区和33个市直有关部门，形成创建合力。确定灵宝市为省级安全保障型城区创建示范点、义马市为市级安全保障型城区创建示范点，确定10个乡(镇、街道办事处)、20个村(社区)、15家企业为市级安全和谐型村镇(社区)创建示范点和市级安全发展型企业创建示范点，实施示范带动、典型引路。二是集中宣传，营造氛围。市安监局在《三门峡日报》开辟专栏，刊登市政府领导、各县(市)区长谈安全创建署名文章，连续4期刊登《安全河南创建三门峡市2011年行动计划》相关内容；在三门峡人民广播电台开展党委政府领导人、市直部门、乡(镇、街道办事处)、企业负责人谈安全创建活动。各县(市)区、各有关部门、各生产经营单位也以宣传横幅、黑板报、宣传橱窗、宣传画廊等形式开展宣传活动，营造安全创建浓厚氛围。三是强化督导，加快推进。市安监局提请市政府先后组织召开3次征求意见会、4次安全创建工作推进会(座谈会)，组织各县(市)区负责人观摩市级安全创建示范点，有力推动了“安全河南三门峡”创建活动开展。

【开展严打矿山领域非法违法生产经营建设行为专项行动】6月1日至12月底，三门峡市开展严打矿山领域非法违法生产经营建设行为专项行动。先后召开3次工作会议部署此项行动，并在《三门峡日报》上公布监督方式和举报电话，接受全社会监督。设立安全生产举报受理机构，共接到举报25件，在受理范围内的22件中，已核查基本属实的11件。按照《三门峡市安全生产非法违法案件举报奖励办法》规定，对举报人发放举报奖励38 500元。组织力量强制停产整顿坑口、坑点65个，封堵废弃坑口137个，抓捕19人，刑事拘留10人，治安拘留涉嫌非法开采人员27人，矿山非法违法开采行为得到有效遏制。特别是8月16日，渑池县法院审结一起非法采矿刑事案件，判处被告人杨某有期徒刑3年，处罚金30万元，并对其49万余元非法所得予以没收，有力地震慑了非法违法采矿行为。（张宗敏）

国土资源管理

【概况】2011年，三门峡市国土资源局被国土资源部评为全国国土资源管理系统“五五”普法先进单位，荣获省国土资源厅和市委、市政府授予的完成责任目标优秀单位、宣传思想工作先进单位、平安建设工作先进单位等30余项称号。

耕地保护　省政府与三门峡市签订“2011年耕地保护目标责任书”，确定全市耕地保有量不少于17.71万公顷，全市实际落实耕地保有量22.11万公顷(含可调整地类4.46万公顷)；确定全市基本农田面积不低于17.01万公顷，实际落实保护面积17.05万公顷。全年上级下达三门峡市土地整理复垦开发补充耕地计划321公顷，全市共储备并备案耕地占补平衡项目8批，验收入库新增耕地1 185公顷，与当年建设用地项目占用耕地86公顷相抵后，净增耕地1 099公顷，连续13年实现耕地占补平衡有余。陕县观音堂等3个乡(镇)土地整理项目获批全省大型土地整治项目，总建设规模0.99万公顷，新增耕地432.6公顷，争取财政资金3.4亿元，是“十一五”期间全市所有土地整治项目资金总和的2.4倍。全市获批全省综合整治试点村项目25个，再次争取到首批主要用于农村综合整治试点村基础设施建设的财政资金2.84亿元，资金量占全省的1/4。以行政村为单位，实行“全域规划、全域设计、全域整治”，以“整村推进”的方式开展田、水、路、林、村、房综合整治，有效实施“千村整治”示范工程。全年全市投入耕地保护资金68万元，在县城及公路旁新增设大型基本农田保护标志牌23块，修复村级基本农田保护牌53块，制作基本农田保护块图像300张，在全市各乡(镇)、县城各主要街道、人口密集场所张贴保护基本农田公告100张，刷写固定标语50条，制作大型版面5块。

土地利用　全年全市共处置、供应土地147宗，总面积451.81公顷，总成交价款215 719.91万元，其中出让土地116宗，面积348.59公顷；划拨土地31宗，面积103.22公顷。市本级全年处置、供应宗地47宗，总面积199.05公顷，总成交价款98 258.08万元，实现纯收益1.1亿元。其中，出让27宗，面积118.6公顷，出让金95 993.48万元；规划变更8宗，面积8.19公顷，补缴出让金2 264.6万元；划拨土地12宗，面积72.27公顷。出让的27宗土地中，商服用地(商业、金融业、餐饮旅馆业及其他经营性服务业建筑及其相应附属设施用地)7宗，面积9.94公顷，出让金14 011.2万元。开展节约集约模范县(市)创建活动，灵宝市成为首批国家级矿产资源创建市，并被确定为国家级先进县(市)；义马市被评为省节约集约用地模范县；渑池产业集聚区被列为示范产业集聚区。省财政厅、省国土资源厅分别给予义马市、灵宝市和渑池县300万元奖励。

建设用地管理　全年全市上报项目用地73个批次，总面积3 071.5公顷，其中农用地1 480.63公顷(耕地1 185.38公顷)；获得批复36个批次，总面积930.82公顷，其中农用地829.05公顷(耕地623.49公顷)，确保了连霍高速公路洛阳至三门峡(豫陕界)段改扩建先行用地、三淅高速公路灵宝至卢氏段项目、国道310线三门峡西至灵宝一级公路改建项目、市职业教育园区等206个省、市重点项目的建设用地需求。

测绘管理 5月,市国土资源局与省遥感院达成协议,正式启动三门峡市D级GPS三维空间大地控制网建设项目,全市共设计D级GPS点270个、四等水准路线2 800公里,筹措所需资金155万元。经过选点、埋石、采集数据、评差等工作,于12月底全面完成,为全市农村集体土地调查奠定了基础。开展三门峡市领导机关工作用图编制前期准备工作,提高测绘管理对领导科学决策的保障水平。编制《三门峡市基础测绘"十二五"规划》,为数字城市、地理信息公共服务平台、应急测绘服务保障及重点项目做好技术支撑。推荐3个测绘项目参加省测绘局优质测绘工程奖评选,其中2个获得二等奖、1个获得三等奖。全市注册测绘师考试报名18人,通过考试2人。

规划科技 土地规划方面,完成了市职教园区、三门峡至灵宝快速通道、大岭南路、三淅高速卢氏至灵宝段等市重点项目涉及的乡(镇)规划调整工作,开展乡级土地利用总体规划数据库建设试点工作。矿产规划方面,做好矿产资源节约与综合利用基地申报工作。年初,依托灵宝金源矿业有限公司、中金集团中原矿业有限公司、卢氏县北方矿业有限公司、卢氏县新润矿业有限公司等大中型矿业集团,申报了灵宝—卢氏矿集区金银硫多金属及稀有金属资源节约与综合利用示范基地。做好市级矿产资源规划修编工作。11月4日,省国土资源厅批准了三门峡市矿产规划。市国土资源局组织灵宝金源矿业公司、灵宝黄金股份公司、灵宝黄金投资公司、卢氏北方矿业公司、卢氏茂源矿业公司和义煤集团申报国家级绿色矿山试点单位。做好矿产资源规划报奖工作。9月初,省国土资源厅推荐三门峡市矿产规划申报国家级矿产规划编制二等奖,通过国土资源部评审。做好建设项目用地预审工作,协助用地单位尽快办理项目用地预审手续。共完成市区大岭南路工程、渑池—垣曲高速公路、大唐豫西燕山风电场项目、崤函古道遗产地基础设施建设项目、运三铁路公铁两用桥公路桥及南接线项目等20个重点项目的用地预审和初审工作。推进城乡建设用地增减挂钩工作。完成2010年以前"三项整治"结余指标的核对和备案工作,全市共备案"三项整治"结余指标1 545公顷。利用已备案"三项整治"结余指标,做好挂钩项目报批工作。全市共上报省国土资源厅审批城乡建设用地增减挂钩项目13个批次,申请建新区总面积467.45公顷,省国土资源厅已批准5个批次,批准建新区面积165.63公顷,有效地缓解了全市用地压力。开展全市城乡建设用地增减挂钩清理检查,对2009年以来全市经省国土资源厅批准城乡建设用地增减挂钩规划的5个批次进行清理检查。经核查,批准建新区面积100.72公顷,实际建新区面积56.65公顷,实际已完成拆旧区复垦56.07公顷。

矿产资源管理 至年底,全市持证矿山267个,应检矿山239个,实检矿山234个,最终确定合格232个、不合格7个。对98个矿山进行实地检查,其中97个合格,实地检查合格率98.98%。市国土资源局对辖区内领取勘查许可证满6个月的勘查项目进行了年检。全市共有勘查项目138个,应检138个,实检138个,实地核查88个,占总数的63.7%。市本级征收矿产资源补偿费1 980万元,做到应收尽收、就地入库。省定矿产资源整合工作于4月10日至12日通过国务院十二部委验收组的验收。整合的7个矿种为金矿、铁矿、铜矿、硫铁矿、锑矿、铅矿及铝土矿,整合重点矿区个数11个,整合矿业权77个,整合后矿业权减少为47个,减少39%。三门峡市参与市定整合资源的县(区)为渑池县、陕县、卢氏县、湖滨区,确定的4个整合矿种为滑石、锂矿、灰岩和建筑石料矿,确定非煤矿产资源重点整合矿区13个,涉及采矿权49个。通过整合,全市市定重点整合矿区内矿业权数由49个减少到13个。推进煤矿兼并重组和非煤矿产资源勘查开发整合工作。地方煤矿由兼并重组前的38个减少到22个。上半年上报的小秦岭金矿田深部金矿整装勘查和煤下铝整装勘查被国土资源部纳入全国首批47片找矿突破战略行动整装勘查区。

地质环境管理 市国土资源局督促各县(市)区局开展地质灾害汛前排查、汛中巡查、汛后检查,及时将新发现的地质灾害隐患点纳入群测群防网络。组织人员深入乡村和地质灾害隐患点,发放地质灾害防灾工作明白卡和防灾避险明白卡,宣传讲解防灾避灾的基本常识、撤离路线及避灾方法等。汛前排查出地质灾害隐患点336个,汛中新增隐患点46个,全部纳入了群测群防体系。完成市本级及6个县(市)区2011年地质灾害防治方案编制工作,并报政府发布实施。通过层层签订地质灾害防治责任书,明确规定各县(市)区长为本辖区地质灾害防治监测工作第一责任人。全年通过传真、电话、电视、手机短信等形式,发布地质灾害预警预报信息18期。以地质灾害群测群防"十有县"(有组织、有经费、有规划、有预案、有制度、有宣传、有预报、有监测、有手段、有警示)建设为契机,全面提高全市地质灾害防治工作水平。陕县、渑池县创建"十有县"通过了省国土资源厅组织的验收,报国土资源部待批。全市争取矿山地质环境治理项目4个,包括灵宝市资源枯竭型城市矿山地质环境恢复治理重点工程、义马市煤矿矿山地质环境综合治理恢复项目、连霍高速沿线矿山地质环境恢复治理工程(渑池段)及国道310沿线(三门峡段)矿山地质环境治理恢复项目,总资金17 667.11万元。7月7日,在省国土资源厅指导和技术支持下,市国土资源局在灵宝市大湖滑坡体承办了全省示范性地质灾害应急演练,模拟从地质灾害预报到灾情应急处置的全过程,无人飞机、车载远程会商系统、单兵险情现场采集系统、三维激光扫描仪等一批应急高端科技设备在全省首次悉数亮相。邀请了国土资源部地质灾害应急指导中心的领导和专家到现场进行指导,并通过远程会商系统与在京的国土资源部领导进行现场联络。

执法监察 全年共发现土地违法案件328件,涉及土地面积124.07公顷(其中耕地49.2公顷),立案18起,结案10起,共拆除构建物1 796平方米,收回土地0.71公顷,罚没款17.47万元。完成2010年土地矿山卫片执法检查工作,全市共核查1 079个图斑,涉及406宗用地,总面积1 113.3公顷。经核查,新增建设用地287宗,面积900公顷(耕地面积593.3公顷),其中合法用地250宗,面积866.67公顷(耕地面积580

公顷);违法用地37宗,面积30.27公顷(耕地面积15.73公顷)。城乡建设用地增减挂钩试点用地4宗,面积6.57公顷(耕地5.03公顷);临时用地40宗,面积102.15公顷(耕地37.42公顷);其他实地伪变化75宗,面积100.96公顷(耕地36.85公顷)。违法用地面积占新增建设用地总面积的3.37%,违法占用耕地面积占新增建设用地占用耕地总面积的2.58%。至年底,违法用地已全部立案查处,共收缴罚没款1 035.73万元,没收违法建筑物面积4 757平方米,拆除违法建筑物面积5 761平方米,没收违法所得27 391元,复耕土地0.87公顷,给予行政处分12人,追究刑事责任14人。

信访工作　市国土资源局畅通诉求渠道,维护社会民众的合法权益,全年共接待群众来访132批、284人次(其中集体访14起、91人次),分别比2010年下降33.3%、27.9%。（余钊慧）

工商行政管理

【概况】　2011年,三门峡市工商局以创先争优活动为统领,以“五个工商”(服务工商、现代工商、法治工商、责任工商、和谐工商)建设为主线,努力建立一支廉洁高效、执法为民的工商行政管理队伍,为全市经济社会平稳较快发展作出了积极贡献。

全市市场主体(内资)数量和资本规模均保持平稳快速发展。全市新登记内资企业1 626户,注册资本84.11亿元,分别比2010年增长21.3%、125%。其中,新登记国资企业(概指国有、集体及其控股企业,下同)102户,减少3.8%;注册资本42.12亿元,增长396%。新登记私营企业1 524户,增长23.5%;注册资本41.99亿元,增长45.4%。至12月31日,全市实有内资企业11 141户,比2010年增长17.1%;注册资本418.79亿元,增长25.1%。其中,国资企业3 144户,占内资企业总量的28.2%,下降3.8个百分点;注册资本197.97亿元,占内资企业资本总规模的47.3%,增长0.7个百分点。

公司制仍是企业登记主要类型。市场主体表现类型上,公司制一枝独大。国资企业改革不断深化,越来越多的国有企业、集体企业进行了规范的公司制改革。混合多种经济成分的公司制企业适应市场经济发展的要求,成为投资者投资的首选组织形式,成为内资企业发展的主要方向。全市实有公司制企业7 980户,占比为71.6%,注册资本381.16亿元,占比为91%。新登记的内资企业中,公司制企业所占比重为91.4%。

资源型特点突出,现代服务业蓬勃发展。三门峡市调整产业结构,转变经济发展方式,产业构成逐步由劳动密集型产业向资金密集型、知识密集型产业转变;培育壮大现代服务业,服务领域从传统的衣食住行向商务服务、技术服务、文化体育等全方位拓展,现代服务业成为内资企业新的增长点,为转变社会经济增长方式发挥积极作用。从产业分布来看,第一产业与2010年基本持平,注册资本在产业结构中的比重有所减少。第一产业实有户数413户,占比3.7%,比2010年增长0.3个百分点;注册资本16.96亿元,占比4.1%,下降0.2个百分点。第二产业户数增长平稳,资源型特点明显。第二产业实有户数2 133户,增加213户,占比19.1%;注册资本165.86亿元,占比39.6%。第二产业中,采矿业及其制造业1 543户,注册资本113.89亿元,两大行业户数和资本量在第二产业中分别占比72.3%、68.7%,资源型特点明显。第三产业增长较快,现代服务业增长尤为迅猛。第三产业实有户数8 595户,占比77.2%;注册资本235.97亿元,占比56.3%。第三产业户数增加1 328户,占全市新增企业户数的81.7%,同比增长18.3%;注册资本增加75.09亿元,占全市新增注册资本的89.3%,增长46.7%。第三产业中,户数排在前6位的行业分别是批发和零售业4 563户,租赁和商务服务业868户,金融业604户,居民服务和其他服务业591户,交通运输、仓储和邮政业428户,信息传输、计算机服务和软件业405户,分别占总数的53.1%、10.1%、7%、6.9%、5%、4.7%。

产业集聚区发展迅速。全市产业集聚区实有内资企业322户,注册资本39.63亿元,分别占内资企业总量的2.9%、9.5%。其中,新登记企业91户,新增注册资本7.31亿元,同比分别增长39.4%、22.6%。产业集聚区企业大多集中在第二产业,并且以制造业为主,是全市经济发展的重要增长极。全市产业集聚区的制造业户数为146户,注册资本18.09亿元,占全市制造业市场主体数量的11.4%、注册资本的21.1%。从产业和行业分布来看,第一产业实有户数8户,注册资本0.27亿元,分别占区内企业的2.5%、0.7%;第二产业实有户数181户,注册资本32.97亿元,分别占区内企业的56.2%、83.2%;第三产业实有户数133户,注册资本6.38亿元,分别占区内企业的41.3%、16.1%。

全市实有农民专业合作社户数753户,注册资本6.42亿元,分别比2010年增长31.6%、59.6%。实有个体工商户47 450户,注册资本18.24亿元,分别增长22.5%、42.6%。

全年新设立外商投资企业11户(法人6户、分支机构5户),其中6户法人企业投资总额3.6亿美元,注册资本1.34亿美元,外方认缴额1.28亿美元,实收资本0.06亿美元,分别比2010年增长20%、150%、110%、100%、28%。至12月31日,全市累计登记外商投资企业554户(法人150户、分支机构404户)。其中,注销企业172户(法人13户、分支机构159户),吊销企业111户(法人88户、分支机构23户)。全市共有外商投资企业271户,其中法人企业49户、分支机构222户。新登记的6户外商及港澳台商投资企业,发展规模较大,投资总额都超过1 000万美元,全部属于市政府重点招商引资的大项目;投资来源单一,5户属与香港合资企业(港方控股),1户为外商独资企业(美国投资);项目分布不均,2户是商贸城的开发,2户是旅游度假村的开发;投资地域集中,有5户为陕县,1户为渑池县,发展不平衡。

市工商局以服务工商建设为抓手,开辟促进科学发展新境界。全年办理动产抵押登记130起,帮助企业融资21.3亿元;办理股权出质登记42件,涉及担保金额10亿元;开展“百亿送贷”行动,为9 000余户企业、商户和农户融资12亿元。出台《关于全力支持产业集聚区科学发展的意见》,与三门峡产业集聚区签署《支持产业集聚区经济发展合作协议》。市工商局荣获“河南省企业服务活动先进单位”称号,市行政服务中心工商窗口和5个县(市)行政服务中心工商窗口被评为“河南省优质服务窗口”。

市工商局以现代工商建设为抓手,实现消费维权工作新跨越。健全“12315”申诉举报指挥中心。建立以“12315”申诉举报指挥中心为枢纽,县(市)区、工商所、维权站4级纵向贯通、横向联接的信息化网络系统,强化受理、转办、反馈、综合分析和消费引导功能,形成集中受理、分工办理、应急指挥、信息汇总、消费提示的工作模式,确保投诉案件“事事有落实,件件有回音”。加大社会管理创新力度。以灵宝市工商局为试点,在工商所不便于受理投诉举报的各行政村、自然村,由社会管理服务站负责人担任“12315”联络站负责人,把工商维权职能带入社会管理服务站,通过整合乡村各项维权事务,构建起政府领导、工商牵头、消费者协会等有关部门配合、社会广泛参与的基层消费维权工作网络,实现了“投诉不出门,调解不出村”的目标。全年共建立50个消费者协会分会和680个农村及社区“12315”联络站、消费者投诉站,确保消费者咨询有人、投诉有门、举报有路、合法权益有保障。拓宽消费维权领域。市工商局和各县(市、分)局、中心工商所已开通腾讯微博49个,组建微博群,适时发布重要信息,受理消费者投诉;与各县(市)仲裁委员会共同建立消费争议仲裁中心,将工商行政调解与仲裁有机结合起来,充分发挥仲裁的公正性、专业性、快捷性等方面的优势,拓展基层消费维权渠道。全年全市工商系统共受理消费者各类申诉举报2 179件,办结率达到99.3%,为消费者挽回经济损失180余万元。

市工商局以法治工商建设为抓手,依法行政水平得到新提升。推进行政指导。制定行政指导10种规范文书,强化行政指导的可操作性。严格规范文件核审。结合市法制办开展的依法行政考核工作,对2011年市工商局直属机构、二级机构的规范性文件进行全面梳理和合法性审查,规范性文件审查审核率达100%。结合市人大常委会评议,市工商局对全系统3年来的行政执法卷宗进行全面评查,抽取600余份执法卷宗,并随机抽阅120份送交市人大常委会进行评查。经过评议和审查,所有120份卷宗事实清楚、程序合法、处理恰当、证据确凿。全面推行说理式执法,确保行政执法公开、公平、公正,达到以理服人。经检查,全系统执法文书全面达到说理式执法规范相关要求。市工商局和各县(市、分)局均被各级政府评为“依法行政示范单位”,8名工作人员被市依法治市领导小组评为法制宣传教育和依法治理先进工作者和先进个人。

市工商局以和谐工商建设为抓手,构建内和外顺新环境。制定出台《机关考勤办法》,实行指纹签到、书面签到,在基层工商所和窗口单位推行工作人员“去向牌”制度,严格工作纪律。改革财务制度,厉行节约。各项开支实行联审会签和事前审批,经财务科、审计科、监察室、办公室联合审批并报纪检组长同意后支出,有效控制了各项开支。加强车辆管理,全年节假日期间全市工商系统共封存车辆680台次,有效遏制了公车私用现象。加强党风廉政建设,推行各县(市、分)局长向市工商局述职述廉、基层工商所长向监管服务对象述职述廉制度,全市41名中心工商所所长向监管服务对象代表进行了述职述廉;与湖滨区检察院建立“预防职务犯罪”协作新机制,开展多种形式的警示教育和预防宣传,构建“结构合理、配置科学、程序严密、制约有效”的权力制衡机制和考核评价体系。在打造团队,树立形象方面,把为民服务创先争优活动融入到具体工作实践中,作为凝聚人心、鼓舞斗志、开拓创新的主线工程,以争当“四先锋(依法行政先锋、服务发展先锋、开拓创新先锋、文明和谐先锋),四标兵(执法公正标兵、办事高效标兵、业务精通标兵、纪律严明标兵),四能手(注册能手、监管能手、维权能手、办案能手)”为载体,引领系统全体干部职工在各自岗位上创先进、争一流。5月中旬,市工商局在全省工商系统纪念建党90周年“我为党旗添光彩”演讲比赛中荣获第一名,并代表省工商局参加全省建党90周年演讲比赛,获得省直单位第一名、全省二等奖。12月22日,市工商局再次代表省工商局参加省直机关“为民服务,增辉中原”演讲比赛,获得二等奖。

(刘　新)

物价管理

【概况】 2011年,三门峡市发改委物价办围绕“促生产、畅流通、增储备、建机制、保民生”,把稳定价格总水平作为首要任务,全面加强价格调控监管工作,大力规范市场价格行为,提高价格服务能力,稳控物价工作取得突破性进展,全年居民消费价格指数上涨5.5%左右,首次低于全省平均水平,扭转了多年来三门峡市价格指数高于全省的局面。

加强价格调控,努力将价格总水平稳定在合理区间。全年全市价格总水平高位运行,价格涨幅呈现波浪式上涨特征,累计居民价格消费总指数为105.5%。市发改委物价办加强价格监测预警工作,向省发改委调控处按时报送价格监测表1 064份。其中,三门峡市主要食品类价格监测表(农村、城市)、主要农资类价格监测表、其他居民商品及服务价格监测表等日报表860份,成品粮零售价格表、工业生产资料价格旬报表、农业生产资料价格旬报表、城市居民食品价格监测旬报表、城市居民日用工业消费品零售价格旬报表等旬报表180份,城市居民服务价格监测月报表、涉农产品价格和涉农收费月报表等月报表24份,无缺报漏报现象。加大对“菜篮子”工程的投资力度。春节期间,启动价格调节基金120万元扶持蔬菜大棚建设,10万元补贴主要农贸市场减半收取的摊位费和农产品批发市场免收的交易费。采取紧急措施稳控食盐市场。3月17日上午,三门峡市出现抢购食盐现象。市发改委当日召开紧急会议,并发出通知要求各县(市)区价格主管部门立即开展市场检查。当晚与相关部门联合发布公告,并多方组织货源,稳定市场、稳定价格,全市食盐市场于次日恢复正常秩序。开展稳控市场价格工作专项调研。实地考察各县(市)区蔬菜种植基地、生猪养殖基地、房屋交易中心、重点企业。规范房地产市场秩序。4月27日,为贯彻国家发改委《商品房销售明码标价规定》,与市住建局联合召开三门峡市商品房销售明码标价价格政策提醒会,向全市商品房经营者发出《关于规范商品房明码标价行为的政策提醒函》。9月，建立社会救助和保障标准与物价上涨挂钩的联动机制。10月，建立价格调控部门联席会议制度。研究制定蔬菜直销试点方案。11月，市发改委与湖滨区发改委、湖滨区蔬菜办联合调研，制定市区蔬菜直销试点方案，并联合市商务局为千禧量贩店、千禧广场店颁发“蔬菜直销示范店”标牌。规范价格调节基金征收行为，扩大基金征收来源，增强基金调控能力。探索矿产品基金征收路子。市发改委与市地税局、义马市物价办、义马市地税局组成联合调查组，到义煤集团就价格基金进行专题调研。全市全年征收价格调节基金900余万元。

加强市场监管，整顿和规范市场价格秩序。市发改委物价办多次组织开展以景区门票价格、停车场收费、旅游景区的餐饮住宿（含农家宾馆）以及娱乐服务行业明码标价执行情况等为重点的节日旅游市场价格检查。配合国家成品油价格形成机制改革，开展成品油市场监管。针对国家3次调整市场成品油价格，及时抽调人员对全市成品油市场价格跟踪检查和市场巡查，了解市场供应情况和价格动向，督促加油站准确执行国家的价格调整方案。开展市区停车场收费专项治理。组织开展各项价格收费专项检查，开展涉农价格收费检查，规范化肥等农资价格及农村中小学教育、农民建房等领域的收费行为；开展全市医疗卫生价格专项检查；开展商品房销售明码标价专项治理，对15家违反规定的房地产经销单位进行处罚。打造“12358”价格举报品牌。“12358”价格举报电话开通10年以来，全市各级价格举报中心接受群众有关价格咨询上万次，受理群众举报、投诉近2 010件，通过“12358”价格举报电话立案查处价格违法案件1 246件，为群众挽回经济损失890万元。

认真实施上级价格调整政策，服务经济健康发展。配合国家3次调整成品油价格，加强宣传解释工作，做到市场供应有序、价格平稳。贯彻全省电价、电力服务价格费率，组织实施电力用户向发电企业直接购电试点相关工作。实施产业集聚区电价政策，全市已有38家企业执行产业集聚区电价政策。落实上级有关粮食最低收购价、种子价格、烟叶收购价格、蚕茧价格，食盐零售价格和部分工业用盐供应价格，民用爆破器材收购（出厂）价格，进口化肥销售价格，天然气、液化气价格等有关政策。根据省文件精神，对卢氏县水利电力实业开发总公司小水电出厂价格作了进一步规定。

加大清费治乱整顿力度，切实减轻群众负担。开展涉农价格收费检查，规范化肥等农资价格及农村中小学教育、农民建房等领域的收费行为。完善《三门峡市城市基础设施配套费征收管理办法》，取消市政基础设施配套费、绿化费、集中供热入网建设费、天然气基础设施管网建设开发费和其他配套性收费。清理和规范物业服务收费，依据市发改委《关于规范我市物业管理收费的通知》，严格核准12家物业公司、30个小区的物业收费标准。开展收费许可证年审和换证工作。在年审工作中，结合国家和省收费政策变动情况，开展收费清理，共涉及25个部门、189家执收单位，取消收费项目14项；降低收费标准6项；注销“收费许可证”25本。共审验收费项目182项，换发收费许可证1 100套。减轻群众和企业负担700余万元。

以服务民生为落脚点，开展多层次价格服务。以调解价格矛盾、处理价格纠纷为重心，做好涉及广大人民群众利益的价格鉴定、认证工作，共开展各类刑事案件价格鉴定180起，无一例申请复核裁定或重新鉴定，在社会上树立了公平、公正的权威评估机构形象。完成对农民的种植意向、农户存粮、农资价格及购买力调查，重要商品铝锭、原煤调查，自来水、教育成本、肉蛋菜副食品的价格监测和调查工作，为政府提供大量翔实准确的资料。其中，调研报告《目前烟叶生产存在问题与对策》被省发改委刊发在《成本动态监测》上，引起省有关领导高度重视，在全国烟叶计划受到严格控制的情况下，允许三门峡烟区扩大至80万担。加强价格政策宣传与解读工作，编发《价格信息参考》第12、13、14期，充实、完善三门峡市价格信息网，扩大了价格主管部门在行政事业部门中的影响力。

【启动社会救助和保障标准与物价上涨挂钩联动机制】 9月24日，市发改委会同市民政局、市财政局、市人力资源和社会保障局、国家统计局三门峡调查队联合制定《三门峡市社会救助和保障标准与物价上涨挂钩联动机制》。根据这一机制，当月同比居民消费价格指数涨幅连续3个月达到或超过4%时，市政府启动联动机制，发放价格临时补贴。月同比居民消费价格指数涨幅回落到4%以下时，即停止联动，暂停发放价格临时补贴。上年度居民消费价格指数同比涨幅达到或超过4%时，市政府根据情况适当调整各类保障对象保障标准。提高保障标准后，即停止联动，暂停发放价格临时补贴。如当月同比居民消费价格指数涨幅连续3个月达到或超过4%时，再次启动联动机制。三门峡市从9月开始向全市优抚对象、城乡低保对象、农村五保供养对象和领取失业保险金人员4类困难群众发放价格临时补贴。具体补贴标准为：城市低保对象、优抚对象和农村低保对象、五保供养对象，每人每月补贴额度=现行低保标准×当月同比价格指数涨幅；领取失业保险金人员，每人每月补贴额度=统筹地区失业保险金现行标准×10%。发放价格临时补贴采取多渠道筹集的办法。向优抚对象、城乡低保对象、农村五保供养对象发放价格临时补贴所需资金，由市、县从本级财政、历年资金结余、价格调节基金等多渠道解决；领取失业保险金人员发放价格临时补贴所需资金从失业保险基金中支付。各单位按联动机制要求向各类困难群众发放了9月、10月、11月的临时补贴共计515万元，其中向全市城乡低保对象、农村五保对象累计发放346万元，向城乡优抚对象发放40万元，向领取失业保险人员发放129万元。

【建立价格调控部门联席会议制度】 10月，市发改委协助市政府出台《关于建立三门峡市价格调控部门联席会议制度的通知》。价格调控部门联席会议由市委常委、常务副市长赵中生任召集人，市监察局、市委宣传部、市发改委、市工业和信息化局、市民政局等29个成员单位组成。价格调控部门联席会议制度的建立，有利于进一步加强对全市消费价格总水平的联动调控，推进价格调控政策顺利实施，促进全市经济社

会又好又快发展。（王凤杰　杨　洁）

审　计

【概况】 2011年,三门峡市审计机关完成审计项目290个,审计查处违规金额74 464元,其中应上缴财政18 427万元,应减少财政拨款或补贴173万元,应归还原渠道资金4 956万元,应调账处理金额57 638万元;已上缴财政13 849万元,已减少财政拨款或补贴274万元,已归还原渠道资金3 081万元,已调账处理金额34 875万元。提交审计工作报告、信息95篇,被采用49篇。

【财政审计】 预算执行审计。完成审计项目40个(含预算执行单位),应上缴财政7 006万元,已上缴财政6 782万元。查出预算编制批复不规范资金4 404万元,未按规定征收、缴纳预算收入5 368万元,财政收入核算不实5 506万元,财政支出核算不实19 229万元,资金滞留闲置6 644万元,违规改变资金用途5 013万元,其他违规资金37 362万元。财政决算审计。完成审计项目23个,应上缴财政11 339万元,已上缴财政6 987万元。查出决算编制不规范288万元,未按规定征收、缴纳财政收入6 300万元,财政收入核算不实15 117万元,财政支出核算不实7 707万元,违规改变资金用途3 300万元,其他违规资金19 557万元。

【行政事业审计】 完成审计项目160个,查出应缴未缴预算收入922万元,隐瞒截留收入172万元,违规改变资金用途2 791万元,虚列支出395万元,少计少缴税费3 138万元,乱收费、乱摊派、乱罚款2 387万元,超标准超计划支出4 979万元,其他违规资金20 519万元。

【固定资产投资审计】 完成审计项目23个,审计项目投资额35 170万元,完成投资额20 041万元,核减投资额概算40万元、结算1 854万元。

【经济责任审计】 审计单位96个,审计经济责任人97人,查出违规资金1 045万元,管理不规范资金22 275万元。

【专项资金审计(调查)】 完成审计(调查)项目36个。审计专项资金总额134 798万元,查出违规改变项目计划和资金用途655万元,应缴未缴专项资金1 027万元,虚列支出430万元,资金滞留闲置1 049万元,损失浪费309万元,其他违规资金8 559万元。（薛全生　任建学）

统　计

【概况】 2011年,三门峡市统计系统职能作用得到有效发挥,圆满完成各项工作任务,实现了全市"十二五"期间统计工作的良好开局。市统计局被国家统计局评为"第二次全国R&D资源清查先进集体",被省统计局评为"统计'五五'普法先进单位""统计基础建设先进单位""统计法制工作先进单位""统计政务信息工作先进单位"等。在省统计局各业务处室组织的年度业务工作评比中,市统计局的大部分专业被评为先进。

统计调查工作　市统计局围绕提高统计数据质量这一中心,突出工作重点,全面完成各种统计年报和定期统计报表上报工作任务,及时、全面、准确地反映了三门峡市经济社会发展情况。第6次全国人口普查完成了光电录入、事后专项抽查、主要数据纠错以及户主姓名底册录入和普查小区图的数字化等工作,及时发布全市人口普查主要数据公报。发布第二次全国R&D资源清查主要数据公报,编辑印制了市级清查汇编资料。开展非公有制企业(单位)人才资源状况抽样调查、消费者信心指数调查、社会养老保障现状调查等专项调查。完成"三区"基本单位名录库核实完善、固定资产投资项目核查和妇女儿童终期监测评估等工作。完成统计用区划代码库更新维护和《国民经济行业分类》新旧代码转换工作。认真贯彻落实《全国统计系统基本单位名录库建设维护与使用管理暂行办法》,建立健全名录库动态更新机制,基本单位名录库管理水平进一步提高。每个季度对编制、民政、工商、国税、地税等部门行政登记资料进行收集整理,及时组织人员对其登记注册的新增、变更和注销的单位资料进行认真核实、实地调查,对上报数据进行严格审核和评估,按时准确上报,确保了每个季度新增和变更基本单位的全面、准确。圆满完成"企业一套表"试点工作任务。成立"企业一套表"试点工作领导小组及办公室,建立高效运转的工作机制;做好工作部署和业务培训,确保各项工作落到实处;成立试点数据处理工作办公室,及时协调解决数据处理过程中出现的问题,确保了两批报表的按时报出;完成"企业一套表"试点工作数据处理技术总结和集中审核汇总压力测试报告,为正式进

9月20日,市统计局在世纪经典广场举办"中国统计开放日"广场宣传活动

行“企业一套表”数据处理和全面推广联网直报工作积累了经验。联网直报工作取得新进展。在全省率先推行房地产企业直报试点工作，对房地产企业、乡(镇)投资统计网上直报进行业务培训，建立三门峡市房地产企业直报内、外网平台，并实现与省统计局平台的对接。地方抽样调查体系不断完善。2011年是三门峡市城镇住户调查样本轮换和居民消费价格调查基期更换的第一年，也是农村住户调查、农产量调查样本正式启动的第一年，市统计局通过举办新程序培训班等多种形式，使新样本网点调查员逐步适应调查工作，业务水平不断提高。对首次开展城镇住户调查的陕县和湖滨区，派专业人员深入记账户对记账工作进行全程指导、监督，遇到问题当场解决，确保了农村抽样调查和城镇住户及物价抽样调查新样本的顺利运转。

统计服务与监督 市统计局印发《关于认真做好〈统计信息摘要〉和〈统计工作信息专报〉采编工作的通知》，新增发《统计信息摘要》资料，扩大了统计信息发布的容量和频率；对《三门峡统计年鉴(2011)》进行增版扩容，增加了“十一五”时期主要指标和“豫晋陕黄河金三角综合试验区”主要指标等版面板块，增加了统计年鉴的信息量；转变服务方式，在为各级党政领导做好服务的同时，强化对社会公众的服务。按时发布《2010年三门峡市国民经济和社会发展情况的统计公报》，编辑印刷《三门峡市国民经济统计资料提要》，公开出版发行《三门峡统计年鉴(2011)》。开展2011年度优秀统计分析报告评选活动。9月20日，市统计局联合国家统计局三门峡调查队和湖滨区统计局，举办第2届“中国统计开放日”宣传活动，向市民介绍统计基础知识以及统计信息化建设情况等。全年市统计局共撰写统计分析资料166篇，统计信息领导决策采用率和社会新闻采用率分别达到230.5%和94.7%。按时完成省政府下达市政府的责任目标和市政府12项奋斗目标完成情况的统计监测以及各县(市)区政府、市政府各部门各项责任目标完成情况的考核评价工作，准确、及时、全面地向市委、市政府提供全市目标完成情况和运行过程中出现的难点问题，并提出解决问题的办法和建议。

统计基础建设 基层统计建设得到巩固提高。县级统计机构和统计队伍进一步巩固，乡级综合统计职能得到强化。建立结转项目上报审核制度和新开工(新入库)项目入库管理、审批制度，完善投资项目现场核实制度，保障了统计数据质量。全市62个乡(镇)、14个街道办事处共配备统计人员208人，配备专用计算机135台、打印机94台，为统计工作的正常开展打下了坚实基础。统计业务规范化建设取得新成效。省统计局在三门峡市召开全省贸易统计基层业务规范化建设现场观摩会，对三门峡市推进规范化工作向乡(镇、街道)和基层企业延伸等方面取得的成效给予高度评价。在市统计局组织的考核验收中，全市6个县(市)区全部提交验收申请，大多数专业达到规范化标准。全市76个乡(镇、街道)全部完成乡级统计业务规范化建设考评监测网上自评。市统计局对第一批提出示范单位验收申请的34个乡(镇、街道)进行考核验收，有29个乡(镇)达标。部分产业集聚区设立负责统计工作的机构，所有产业集聚区都明确了专兼职统计人员，设立统计台账，整理统计资料。统计信息化建设取得新进展。顺利完成“企业一套表”试点数据处理任务和第6次人口普查数据处理工作任务。市统计局购置高清视频会议设备，完成视频会议主会场建设，并与省统计局联通成功。6个县(市)区全部购置视频会议终端，建立视频会议分会场，与市统计局联调成功。新购置网站群系统，对三门峡市统计信息内外网进行改版，提升了统计对外服务的功能。建立机房监控系统，实现了机房无人值守，保证机房设备安全运行。统计队伍整体素质得到提升。全市有223名基层统计人员参加全国统计从业资格考试，有189名统计从业人员参加继续教育培训，统计人员持证上岗比例和统计业务素质进一步提高。做好跨级业务培训工作，召开全市乡(镇、街道、产业集聚区)固定资产投资统计培训会议，对乡(镇)联网直报程序作了现场培训和实地操作。统计法制保障作用日益增强。开展纪念《全面推进依法行政实施纲要》颁布7周年集中宣传月活动，大力宣传贯彻《中华人民共和国统计法》。印发《三门峡市统计法制宣传教育第六个五年规划》，成立统计“六五”普法领导机构，启动统计“六五”普法工作。开展劳动情况年报、农村统计调查数据质量等执法检查，依法查处一批统计违法行为，有力地保障了统计工作的顺利开展。全年全市共立案查处统计违法案件149起，其中给予经济处罚53起。

(陈建民)

质量技术监督

【概况】 2011年，三门峡市质量技术监督局在大通关建设、质量兴市、项目建设、农业标准化、“三大安全”监管等方面均取得突破，荣获河南省质量立省工作优秀组织奖、食品安全监管优秀单位称号。渑池县质监局夺得全省质监系统基层能力提升“十强县”第1名。

大通关建设 由市质监局牵头申报的三门峡出入境检验检疫局、三门峡海关建设项目，3月4日中央编办分别对国家质检总局、海关总署批复，同意设立三门峡出入境检验检疫局、三门峡海关，标志着三门峡市大通关建设取得重大突破，为三门峡市成为豫晋陕黄河金三角地区对外开放制高点打下了坚实基础。

项目建设 作为大通关建设的重点项目，国家铝及铝制品质量监督检验中心被列入市政府2011年“十件实事”之一，从资金、政策等方面给予重点倾斜。年中，根据国铝中心项目规划和实验室“三合一”认证要求，市长赵海燕批示市财政拨付785万元专款采购第2批设备，确保国铝中心早日建成投入使用。按照省质监局要求，与国家建材中心签订了合作框架协议，引进技术力量，确保国家铝中心实验室“三合一”认证达到验收条件。国铝中心高层次人才引进工作、人员培训、实验室管理认证体系文件编制等工作同步进行。

检测机构建设 全市质量技术监督系统新增技术机构投入211万元，新增检验设备75台、检验项目14项。

服务经济发展 市质监局全年办理各种审批、服务、事业收费项目5 000件，办件及时率100%。将市政府确定的100家重点企业和“20高20强”企业作为重点服务对象，深入开展“百名质监干部服务百家企业、助推百家企业质量大提升”活动,突出全过程订单式服务,有效地满足了企业的需求。全年共为产业集聚区企业减免各类费用122.55万元,引导企业节能降耗167万元,为企业增加效益386万元,减少损失223.5万元。在查处义马开祥化工有限公司无证生产案件中,坚持监管和服务并重,帮助企业完善质保体系,以最快速度为企业申报办理了生产许可证。

标准化工作　农业标准化体系建设:全市11个在建省级农业标准化示范项目通过省质监局验收;河南新大义马养殖有限公司、河南尚正食品公司、湖滨区康裕养殖有限公司、灵宝灵仙菌业有限公司、卢氏惠农桑蚕养殖专业合作社5个省级农业标准化示范项目建设任务和灵宝市农业标准化示范县复查通过验收;制定完成《仰韶大杏果品质量等级》和《仰韶大杏栽培技术规程》两项河南省地方标准,通过省级专家评审;完成三门峡二仙坡绿色果业有限公司、渑池县天池辣椒专业合作社和陕县隆茂养殖有限公司3项河南省标准化农产品申报并得到批准;申报卢氏县无公害袋栽香菇标准化示范区、陕县张湾红旗无公害梨农业标准化示范区、湖滨区无公害农业生态园标准化生产示范区、渑池县段村乡植桑养蚕标准化示范区4项省级2012年度农业标准化示范项目并获得批准。工业标准化:完成甘露制水厂、卢氏县自来水公司绿宝纯净水厂和洛阳富兴管业三分公司3项采标标志(确认)工作,完成灵宝市远村天然食品有限公司企业标准化良好行为建设工作。服务标准化:完成义马巴江韵餐饮公司服务标准化试点工作任务,推荐申报虢国博物馆开展国家级服务业标准化试点工作得到国家标准委正式批准。

产品质量监督　市质监局全年完成市定期监督检查120家企业生产的17种150个批次产品,其中合格145个批次,合格率为95%。国家、省监督抽查、省定检三门峡市企业70个批次,合格65批次,合格率为93%,同比提高3个百分点,居全省前列。帮助9家企业申办生产许可证,整理下发18个新的生产许可企业监管规范文书,对全市6家建材、危化品生产企业进行巡查监管,查处违法生产企业6家,货值670万

8月29日,创建全国农业综合标准化示范市动员大会召开

元,注销生产许可证6张。对1家国家质检总局抽检不合格获证企业进行回访和跟踪监督检查,企业整改合格率100%。

计量工作　市质监局完成全市5个县级法定计量技术机构的计量授权工作,考核发证社会公用计量标准7项、企业最高计量标准18项。对人民群众密切关注的集贸市场、超市、加油站使用的计量器具进行了为期3个月的专项监督检查,共检查集贸市场26家,免费检定计量器具7 000余台(件),强制检定水表、电能表、衡器、电话计时计费装置、医用器具等计量器具65 382台(件)。

执法打假工作　市质监局以食品、农资、建材、家电下乡及石油、电力、通信行业等为重点开展执法打假活动。全年共出动执法人员2 124人次,查处各类违法案件330起,其中立案查处196起,查获各类违法产品标值671.17万元(同比增长137%);办理罚款5万元以上的案件11起,罚款10万元以上的案件4起,对某无证生产企业的罚款就达到45万元;捣毁化肥、保健品、工业盐加工李子3个制假窝点,均移送公安机关处理;“12365”热线电话受理投诉举报案件18起,办结率100%。

【实施质量兴市战略】　6月,市政府出台《关于2011年质量兴市工作的行动方案》和《考评细则》,将开展质量兴市和质量兴县活动纳入全市各级政府目标考核体系。12月13日,市政府召开质量工作大会,表彰获得“2011年度三门峡市市长质量奖”的三门峡戴卡轮毂制造有限公司和灵宝市金源桐辉精炼股份有限公司,获得“2011年度质量管理先进单位”称号的缘份果业陕县分公司、恒生科技、华鑫铜箔、仰韶酒业等8家企业。

【创建全国农业综合标准化示范市】　8月25日,市政府召开创建全国农业综合标准化示范市动员大会,部署创建工作任务,动员全市各级各部门迅速行动起来,按照创建标准狠抓落实,确保实现目标任务。副市长张建峰出席会议并讲话。市创建国家农业综合标准化示范市工作领导小组全体成员,各县(市)区政府主管副县长,质监、农业等部门主要领导,国家、省、市级农业标准化示范区、农业标准化示范乡(镇)和农业标准化龙头企业负责人共计180余人参加会议。会上,市政府出台了《三门峡市创建全国农业综合标准化示范市实施方案》和《关于三门峡市地理标志保护产品产业化发展实施意见》,明确各阶段的创建工作任务。各县(市)区政府和三门峡市创建国家级农业综合标准化示范市工作领导小组成员单位向市政府递交目标责任书。卢氏县、渑池县和陕县二仙坡果业基地在会上作典型发言。为把创建工作做实,由市质监局牵头面向全市涉农部门征集农业种植、畜牧养殖、林果栽培、植保、种

子等各类专家60余名，建立果品、烟草、核桃、畜牧、大枣、食用菌和蔬菜等7个专业标准化技术委员会，为示范市创建工作提供技术支撑。渑池县创建全国首个循环经济试点县工作全面启动。

【开展质量月活动】 9月1日，市政府组织质监、环保、工商、住建、农业、卫生、药监等质量兴市成员单位及相关企业举行三门峡市2011年质量月活动启动仪式。活动主题是"建设质量强市、共创美好生活"。质量月期间，全市质监系统5个县局和3个市局技术机构同时开展实验室对外开放活动，2 600余人次零距离接触了技术机构现场检测观摩，开展血压计、金首饰免费检测496次。全市质监部门共出动宣传人员527人次，制作展览宣传版面279块，制作宣挂横幅61条，张贴宣传画911张，发放宣传资料15 233张，设置免费检测咨询台79个，开展免费检测294次，接受群众咨询12 543人次，接受各类投诉27起，培训各类人员264人次，发表各类新闻稿件和专题文章60余篇。组织开展"质量在我心中"广场文艺晚会、生产加工环节质量状况新闻发布会和全市质监系统400名质监卫士集体宣誓等20项活动，有力地宣传了质量工作，提高了全社会的质量安全意识。

【加大名牌培育力度】 2011年，市质监局在企业开展卓越绩效管理培训8次，培育卓越绩效管理企业15家，对27家企业进行了质量信用A级评价培训，有7家企业申报省级质量信用评价，1家企业被省质监局评为A级企业。申报河南省名牌产品7个，三门峡二仙坡绿色果业有限公司生产的二仙坡苹果、河南仰韶酒业有限公司生产的仰韶彩陶坊酒、灵宝市黄金机械限责任公司生产的铸鼎系列节能球磨机、三门峡鹏飞电子有限责任公司生产的明诺节能灯、东方电气河南电站辅机制造有限公司生产的DEC凝汽器共5家企业的5个产品通过专家评审，荣获"河南省名牌产品"称号。

【食品安全监管】 2011年，面对"瘦肉精""塑化剂"食品安全突发事件，市、县质监部门迅速行动，对相关企业全过程监督核查，逐一抽样送检，加大力度、加强监管，全市未出现食品安全事故、未发现食品安全重大隐患。共审核食品生产许可证61个单元，发放食品生产许可证56个单元，下发整改备忘录43份。依据2011年食品监督检查计划的要求，对三门峡市辖区食品生产企业进行监督检查，检查食品生产加工企业533家次、食品添加剂生产企业22家次、食品相关产品生产企业11家次，共抽取企业198家次、样品304批次，合格286批次，合格率94%。在省、市监督抽查176家食品生产企业的262批次食品中，合格239批次，合格率91.3%，同比提高0.5个百分点。

9月1日，举行2011年质量月活动启动仪式

【特种设备监管】 2011年，市质监局重点组织开展锅炉、电梯专项整治活动，全市共检查锅炉使用单位210家、锅炉254台，排查出存在安全隐患的锅炉123台，消除锅炉使用方面的安全隐患145个；排查电梯使用单位198家、电梯312台，下达安全监察指令书26份，消除事故安全隐患63个。全年共检验锅炉284台、压力容器821台，检验率100%；完成锅炉安装监检49台，压力容器安装监检243台，压力管道安装监检34公里，监检压力容器产品401台(套)，监检率100%；检验化学危险品包装容器206台，安全阀校验1 084只、报废254只，提供水质监测服务256台次，检验电梯1 253台(新增358台)、起重机械1 218台(新增285台)、厂内机动车辆98台(新增7台)，特种设备年定检率达到100%。开展特种设备作业人员培训。市质监局培训特种设备作业人员2 933人，其中锅炉作业人员418人、压力容器作业人员996人、起重机械作业人员759人、电梯作业人员70人、厂内机动车辆作业人员304人、特种设备焊接作业人员181人、压力管道作业人员62人、特种设备安全管理人员143人，保证了全市特种设备人员作业人员持证率和重点设备作业人员人员持证率均达到100%。 (周付民 赵志娜)

食品药品监督管理

【概况】 2011年，三门峡市食品药品监督管理系统努力稳定食品药品监管体制，完善食品药品安全保障体系，强化基础装备和队伍建设，全面提升依法科学监管水平，统筹推进餐饮服务食品、药品、医疗器械、保健食品和化妆品安全监管，确保了人民群众的餐饮用药安全，全年全市未发生重大餐饮食品和药品安全事件。

做好药品、医疗器械安全监管。市食品药品监督管理局把基本药物监管作为重点，完善药品、医疗器械监管机制，提高监管效能，确保了药械安全。着力抓好药械安全日常监管。全年监督检查药品生产企业26家次、药品流通企业384家次、医疗器械生产经营企业146家次，覆盖面均达到100%。在

卢氏县中康中药饮片有限公司职工挑选中草药

全省率先尝试和推行建立医疗器械经营户口工作，被评为国家级先进，全省排名第一。着力开展药械专项整治，严厉打击制假售假行为。积极发挥药品专项整治联席会议作用，圆满完成历时两年的专项整治工作，受到省政府评估组的充分肯定。9月16日，举行全市食品药品监管系统稽查执法实战大比武活动，提高了全市稽查执法人员的执法水平。全年共立案538起，结案529起，完成罚没款76.7万元。与公安部门密切配合，先后端掉了义马市、渑池县的两个造假窝点，涉案金额达3 900万元，震慑了违法犯罪分子，净化了药品市场。着力完善药品安全应急处置机制。切实加强药械不良反应监测工作，并以市编办明确市县两级药械不良反应机构、编制和职责为契机，充分发挥专家作用，督查指导各级监测报告单位加强新的、严重的不良反应报告，每季度进行专门分析且及时反馈与沟通，以强化重点品种的风险监控，为合理安全用药用械提供技术支撑。同时，完善突发事件应急预案和有关制度，不断提升应急处置水平。

促进餐饮服务行业和医药经济健康发展。市食品药品监督管理局坚持扶优扶强、扶正祛邪的原则，在严厉打击非法生产经营活动的同时，切实保护好合法企业的合法权益不受侵害，从项目建设、新产品开发到GMP(药品生产质量管理规范)认证、GSP(药品经营质量管理规范)认证、餐饮服务食品许可证办理等方面都积极为企业和餐饮单位提供法律法规及政策咨询和服务，为企业的健康发展创造良好的环境。全市共有餐饮服务食品经营单位5 370余家，从业人员5.2万余人，年销售收入15.48亿元，实现利税2.48亿元。全市有药品生产经营企业407家，从业人员4 300余人，年销售额12.3亿元、利税1.53亿元，同比增长20.19%、13.5%。

【全市食品药品监管体制调整完成】 2011年，在药品医疗器械监管体制维持省以下垂直不变的基础上，市政府明确了餐饮服务食品实行市以下垂直管理，并印发市、县食品药品监督管理局“三定”方案。新增1个分局、6个食品安全监督所和6个食品药品不良反应监测评价中心；新增事业编制126人，其中112人参照公务员管理。3月24日，市政府召开协调会议，进行职能移交。市食品药品监督管理局开始正式履行新的餐饮食品、保健品和化妆品监管职能。至年底，全市6个县(市)区全部完成了职能移交，人员划转全部到位，基本经费和专项经费列入市级财政预算。全市餐饮食品监管体制调整和职能移交全面完成，也意味着市县两级食品药品监督管理部门全面履行餐饮食品、保健品、化妆品安全监督职责。

【履行餐饮食品安全监管职能】 2011年是市食品药品监督管理局履行餐饮食品安全监管新职能的第一年。一是摸底调查，建立档案。5月至7月，市食品药品监督管理局组织对全市的餐饮服务单位进行摸底调查，并按照分类管理的要求，对2 200余家相对人初步建立监管档案。二是严格监管，整顿规范。一方面严格市场准入。始终坚持做到“三个加强”：事前、事中、事后的监管和控制。全年全市办理餐饮服务食品行政许可事项340个，监督从业人员健康体检，监督发证8 300余个。另一方面依法严格监督检查。7月15日开始，市食品药品监督管理局以中小学及幼儿园食堂、建筑工地食堂、旅游景区餐饮服务单位、餐饮摊贩等为重点对象，食品添加剂、熟食卤味、冷荤凉菜、盒饭等高风险食品为重点品种，组织开展餐饮服务食品安全整顿整治。全市共出动执法人员5 300人次，检查餐饮服务食品经营单位2 700家次，查处各类违法案件202起，完成罚没收入34.95万元，规范了餐饮服务食品经营秩序。三是健全制度，完善机制。建立健全餐饮服务食品宣传培训机制，餐饮食品安全检验检测体系，量化分级和监督信息公示制度，餐饮服务食品安全绩效考核等工作机制。着力抓好“五一”劳动节、第17届中国(三门峡)国际黄河旅游节、高中考及重大活动的餐饮服务食品安全监管和保障工作，确保了全市人民的餐饮安全。四是大力宣传，营造氛围。12月19日至25日，利用市政府为餐饮服务食品监管机关集中配发执法车辆之机，在全市范围内开展餐饮服务食品安全宣传周活动，出动宣传车辆19辆、人员300余人次，发放宣传材料12万余份，受教育群众达50余万人，营造了强大的社会舆论氛围，增强了餐饮服务单位第一责任人的意识，提高了人民群众的自我保护意识。全年全市未发生重大餐饮食品安全事故，三门峡市餐饮食品监管工作名列全省第一，受到省食品药品监督管理局表彰。　　(马海英　朱琳歌)

·编辑　卢亚杰·

科 技

SCIENCE AND TECHNOLOGY

三门峡恒生科技研发有限公司生产车间一角

综 述

【概况】 2011年,三门峡市科技部门大力推动科技进步和创新,各项科技事业取得长足发展,为全市经济社会发展提供了强有力的科技支撑。全年组织实施各类科技项目95项,投入政府科技项目经费3 268万元。高新技术产业工业总产值68.09亿元,销售收入66.13亿元。全市有6项成果获得河南省科技进步奖,其中二等奖1项、三等奖5项。举办各类星火科技人才培训班800期,培训各类科技人才5.2万人次。全年共申请专利500件。开展科普宣传活动,全年发放科普宣传资料1.13万余份、农业科技资料200套。实施花甲项目3项。全市省级工程技术研究中心、市级工程技术研究中心分别达到15家、12家,研发设备价值总计1.5亿元,为企业和农民解决技术难题10余项。三门峡市科技情报所编印《项目快递》14期、《决策参考》12期,为领导和有关部门提供工业、农业及社会发展等决策参考12项。 (裴泽涛)

科技计划管理

【概况】 2011年,全市共组织实施省、市级科技项目95项,其中市级63个项目(重大科技专项3项、产业化项目3项、科技攻关项目32项、成果转化项目19项、软科学计划项目6项),省级以上科技项目32项。投入政府科技项目经费3 268万元,其中市级经费463万元、省级以上经费2 805万元。制定出台《三门峡市"十二五"科学技术发展规划》,提出:到2015年,全社会研究开发投入占生产总值的比重达到全省平均水平;科技进步贡献率达到55%;高新技术产业增加值占工业增加值比重达到10%;现代农业发展水平大幅度提升,特色农业科技处于全省先进水平;年专利申请量有较大提高,并取得一批在全国具有重大影响的科技成果;总体科技创新能力达到省内中上游水平。

【加强自主创新体系建设】 2011年,三门峡市加强自主创新体系建设,提高了自主创新能力。省级工程技术研究中心建设工作稳步推进。依托三门峡戴卡轮毂制造有限公司建立的河南省轻合金轮毂工程技术研究中心、依托河南冠云山大鲵繁育有限公司建立的河南省大鲵繁育工程技术研究中心、依托河南仰韶生化工程有限公司建立的河南省酶工程技术研究中心、依托河南尚正食品有限公司建立的河南省肉牛养殖及加工工程技术研究中心,通过了省科技厅认定。全市省级工程技术研究中心达到15家,市级工程技术研究中心达到12家,研发设备价值总计1.5亿元,汇聚科技人员近千名,成为承担市级以上重点核心项目的中坚力量。省级院士工作站争取工作成效显著。河南孟成生物药业股份有限公司、开曼铝业(三门峡)有限公司分别被省科技厅认定为"河南省孟成生物药业院士工作站"和"河南省氧化铝清洁生产技术院士工作站"。全市省级院士工作站达到5家,数量居全省前列,成为引进高层次人才的重要平台。加强重点实验室平台建设。以高校及大型骨干企业为重点,以构建全市乃至全省、全国学术中心为目标,以培养行业领域高层次科技人员为方向,强化重点实验室建设。全市建有市级重点实验室3个。产业联盟建设工作取得进展。新组建的生物技术产业联盟正式运行,为生物产业科学化发展提供了科技支撑,有利于提高三门峡市优势产业的核心竞争力。

(刘 涛)

高新技术及其产业化

【概况】 2011年,三门峡市高新技术产业工业总产值68.09亿元,比2010年增长16.5%;工业增加值24.025亿元,增长18.7%;销售收入66.13亿元,增长17.3%;利润总额5.11亿元,增长10.3%;税收总额2.87亿元,增长9.96%;出口创汇0.678亿元,增长7.52%。全市累计培育高新技术产品97类、305个,高新技术产业领域企业达到68家,占全市规模以上工业企业比重达到10%,高新技术产业成为推动全市经济发展的重要力量和最具活力的因素之一。

全市共安排各类工业科技发展计划项目21项,其中重大科技攻关项目1项,产业化项目3项,科技攻关项目17项。承担省重点科技攻关项目2项、省科技成果转化项目2项,项目均按计划实施。

高新技术产业化项目取得新突破。三门峡蓝雪实业有限公司的"年产2亿只预印包装产业化"项目被列入省高新技术产业化重点项目。义马气化厂承担的河南省重大科技项目——"20万吨/年醋酸"项目完成土建、安装工程以及主要设备的试车等工作。义马煤业集团股份有限公司承担的河南省工业化示范项目——"20万吨/年甲醇蛋白"项目按计划实施,进行厂房建设和设备采购等工作。三门峡蓝雪包装有限公司承担的"高档水墨凹印包装箱工艺技术产业化"、三门峡思睿电子科技有限公司承担的"年产4万台高性能喷墨绘图仪开发及产业化"、三门峡奥科化工有限公司承担的"1-4乙醇"等河南省成果转化项目均按计划实施。三门峡产业集聚区和渑池县产业集聚区被省科技厅认定为2010年度河南省高新技术特色产业基地。三门峡戴卡轮毂制造有限公司、开曼(三门峡)铝业有限公司等6家企业被省科技厅认定为骨干企业。

省级工程中心申报取得成效。市科技局培育三门峡速达交通节能科技有限公司、河南骏通车辆有限公司等8家企业为市级工程技术研究中心。三门峡戴卡轮毂制造有限公司申报的"河南省轻合金轮毂工程技术研究中心"被认定为省级工程技术研究中心。

加强科技创新平台建设,培育高新技术企业。全市高新技术企业达10家。重点培育三门峡速达交通节能科技有限公司、渑池县方圆实业有限公司、三门峡恒生新科技有限责任公司等创新型企业。渑池县方圆实业有限公司被省科技厅认定为创新型(试点)企业。全市有创新型企业1家,创新型(试点)企业3家。

【9个项目获科技部科技型中小企业技术创新基金立项】 2011年,全市有9个项目通过科技部科技型中小企业技术创新基金立项,分别是:三门峡兴邦特种膜科技发展有限公司申报的"多喷头静电纺丝制备纳米纤维离子交换器"项目、

三门峡市峡威化工有限公司申报的“橡胶硫化剂4,4′-二硫化吗啉清洁工艺”项目、三门峡合鑫机床有限公司申报的“车轴高效双头四轴数控机床”项目、三门峡源美检测仪器有限公司申报的“高精度磨加工控制仪”项目、三门峡海峰轴承紧定制造有限公司申报的“高精度长寿命轴承紧定套”项目、三门峡方圆实业股份有限公司申报的“超高强度陶粒支撑剂”项目、三门峡市成义电器有限公司申报的“超能地震检波传感器”项目、三门峡上阳电器平衡机械有限公司申报的“超低速重型系列自动平衡机”项目、三门峡锐鑫测控量仪有限公司申报的“气电转换型电子柱测量仪”项目,共获扶持经费750万元。 (李选林)

农业及社会发展科技

【概况】 2011年,三门峡市科技部门围绕牧、果、林、烟等特色产业发展,新品种引进、试验、示范、推广,科技园区及基地建设,优质农产品基地建设,农副产品加工及生物技术等开展农业科技工作;围绕医疗卫生、防震减灾、食品安全、环境治理、旅游交通等开展社会发展科技工作。筹建生物产业技术创新战略联盟,做大做强生物技术产业。组织实施科技计划项目,针对制约农业和社会发展领域发展的瓶颈组织技术攻关。大力发展农业高新技术,推广先进实用技术,加强科技合作,推进农业和社发科技成果转化。

全年组织实施市级重大专项2项(仰韶生化公司的“酸性纤维素酶”、天瑞公司的“有机甜杏仁油”)、科技攻关计划项目15项、成果转化类项目17项,省级重大专项1项(恒生公司的“清洁镀金新材料研究与产业化开发”),省级科技攻关重点项目4项,省级科技成果转化项目3项,省级科普及实用技术传播工程项目5项。争取到省级扶贫强县项目1项。这些项目均按计划进度顺利实施,提升了产业的技术水平,取得了明显的经济效益和社会效益。

加强平台建设,提升科研水平。围绕战略支撑产业发展,大力培育工程技术中心和重点实验室。河南尚正和卢氏大鲵2家农业领域工程技术中心获得省级认定,开曼铝业和孟成制药两家社会发展领域省级工程技术中心待批,河南黄金冶炼厂有限公司的省重点实验室培育进入实质性阶段。

强化农业科技园区和示范基地创建,充分发挥其示范带动效应。市科技局组织上报省级农业科技示范园区1家,对已认定的3个市级示范园区和21个示范基地加大培育力度。以示范园区和基地为载体,共引进、试验、示范各类农业新品种80多个。

加强科技合作,促进科技成果转化。以项目实施和示范基地培育为载体,组织人员采取多种形式继续与中国农科院、郑州大学、河南农业大学、辽宁省果树研究所、郑州牧专、西北农林科技大学等30多家科研单位及大专院校建立技术协作关系,并促使三门峡市对口的企事业单位与其建立技术协作联系。围绕全市特色产业,开展有机SOD苹果、无公害苹果、果渣生物饲料、牛肉加工、优质仁用杏栽培及加工、卢氏绿壳蛋鸡选育等技术研究与开发。

开展星火培训,提高群众的科技文化素质。全年全市共举办各类星火科技人才培训班800期,培训各类科技人才5.2万人次,发放各类星火人才培训教材19万余份。举办苹果、仁用杏、养鸡、养猪、果品加工等培训班20余期,共有1 000人参加培训。

【三门峡市生物技术产业发展规划及酶制剂产业技术路线图通过论证】 6月28日上午,三门峡市生物技术产业发展规划及酶制剂产业技术路线图通过了省科技厅组织的专家论证。当天,以中国发酵工业协会理事长石维忱为组长的专家组,在经过科学严谨、深入细致的讨论后认为,《三门峡市生物技术产业发展规划》决策水准高,操作性强,符合三门峡市生物技术产业发展实际,可作为未来10年的发展纲领和指南;《三门峡市酶制剂产业技术路线图》编制流程规范,方法科学,分析透彻,远景目标明确,遴选的研发需求项目符合产业和市场发展需要。 (董三邦)

科技成果及推广

【概况】 2011年,三门峡市荣获河南省科技进步奖励项目6项,其中二等奖1项、三等奖5项。经市科技奖励评审委员会评审和市科技局审查,评选市科技进步奖励项目24项,其中一等奖5项、二等奖7项、三等奖12项。

2011年度河南省科技进步奖励项目

表1

项目名称	奖励等级	主要完成单位
CZF单通道刨花干燥机	二等奖	三门峡市金象地板制品有限公司
酸性纤维素酶高产菌株YS-7157的诱变选育及液体发酵生产工艺技术研究	三等奖	河南仰韶生化工程有限公司、河南科技大学
HX-ZTK109型车轴高效双头四轴数控机床	三等奖	三门峡合鑫机床有限公司
Φ750mm无缸六面顶压机及配套合成工艺的研究	三等奖	河南金渠黄金股份有限公司
基于全天候的熔接机电源充电方式研究	三等奖	河南省电力公司三门峡供电公司
电力系统间谐波检测系统开发	三等奖	河南省电力公司三门峡供电公司、武汉大学电气工程学院

2011 年度三门峡市科技进步奖励项目

表 2

项目名称	奖励等级	主要完成单位
Φ750mm 无缸六面顶压机及配套合成工艺的研究	一等奖	河南金渠黄金股份有限公司
多金属硫铁矿综合利用技术研究及产业化	一等奖	灵宝市金源矿业有限责任公司、河南省多金属资源综合利用工程技术研究中心
HX－ZTK109 型车轴高效双头四轴数控机床	一等奖	三门峡合鑫机床有限公司
电力系统间谐波检测系统开发	一等奖	河南省电力公司三门峡供电公司、武汉大学电气工程学院
菌株 YS－7157 的诱变选育及液体发酵生产工艺技术研究	一等奖	河南仰韶生化工程有限公司、河南科技大学
JF3250H38QU58 型"矿山劲霸"自卸汽车	二等奖	河南骏通车辆有限公司
高铜金精矿综合回收金铜湿法冶炼工艺的研究与应用	二等奖	河南中原黄金冶炼厂有限责任公司
三门峡市草原监测及综合开发利用研究	二等奖	三门峡市畜牧局、卢氏县畜牧兽医工作站、渑池县畜牧兽医工作站
白腐真菌木聚糖酶制备及复合益生菌生物饲料添加剂的研制	二等奖	三门峡龙飞生物工程有限公司、郑州牧业工程高等专科学校、河南省农业微生物工程技术研究中心、三门峡二仙坡绿色果业有限公司
三门峡市牡丹引种栽培及推广应用研究	二等奖	三门峡市园林科学研究所
豫西地区油松毛虫综合防控技术研究	二等奖	三门峡市森林病虫害防治检疫站、灵宝市森林病虫害防治检疫站、国营灵宝川口林场
肺表面活性物质治疗早产儿肺透明膜病临床研究	二等奖	三门峡市中心医院
JF9403CLX 型单胎高强度鹅颈栅栏半挂车	三等奖	河南骏通车辆有限公司
基于全天候的熔接机电源充电方式研究	三等奖	河南省电力公司三门峡供电公司
浓缩苹果清汁生产中耐热菌的综合杀灭方法	三等奖	灵宝阿姆斯果汁有限公司
豫西地区杨树害虫普查及蛀干害虫防治技术研究	三等奖	三门峡市园林科学研究所
无公害朝天椒高效栽培配套技术研究与推广	三等奖	渑池县农业技术推广中心
渑池县烟叶生产机械化技术示范推广	三等奖	渑池县农业机械管理局
卢氏县暴雨基本气候特征及其趋势预报方法研究	三等奖	卢氏县气象局
渑池县苹果霉心病发生规律及防治技术研究与推广	三等奖	渑池县植保植检站
大樱桃引进推广与高产栽培技术研究	三等奖	卢氏县文峪乡农业服务中心
新型药物与光凝治疗糖尿病患者白内障术后黄斑水肿	三等奖	黄河三门峡医院、三门峡市眼科医学重点实验室、郑州大学第二附属医院
妇宝金丸的研究与开发	三等奖	三门峡广宇生物制药有限公司
国家新药盐酸纳美芬注射液(原料药)	三等奖	河南中帅医药科技发展有限公司、灵宝市豫西药业有限责任公司

(吕雪雅)

科技人才开发与对外合作

【概况】 2011 年，市科技局强化科技人才开发与对外合作，科技创新能力进一步增强。开展第 3 批省级科技特派员的需求对接工作，6 个企业和行政村分别与省有关科研单位和大专院校的专家签订了合作协议。实施花甲项目 3 项，来自日本的高级专家花岗要男、高山觉为三门峡市优质果品及蔬菜生产提供了技术指导，培训技术人员 300 余人次。灵宝华鑫铜箔的"8 微米～12 微米高档高温高延电解铜箔关键技术合作研究"通过科技部项目答辩。（刘　涛）

专利和知识产权

【概况】 2011 年，全市共申请专利 500 件，其中发明 102 件、实用新型 368 件、外观设计 30 件；申请职务发明创造 327 件，非职务发明创造 173 件。全市共授权专利 347 件，其中发明 42 件、实用新型 291 件、外观设计 14 件；职务发明创造 233 件，非职务发明创造 114 件。市科技局以激励自主创新、保护创新成果、优化创新环境为重点，加强知识产权管理与保护工作。开展"4·26 世界知识产权日""全国科技活动周"宣传活动。举办 5 期知识产权培训班，培训 400 余人。在各类媒体发稿 21 篇。根据《三门峡市专利申请资助资金管理办法》，资助 2010 年授权专利 183 项，资助金额 11.1 万元。认定灵宝市为市知识产权优势区域，奖励 3 万元。参加以开展消灭企业"零"专利为主要任务的全省产业集聚区知识产权专项行动，多次深入三门峡产业集聚区调研，举办大型培训班 1 次、小型专题培训班 1 次，参加专项行动的 13 家企业有 10 家申请了专利。（王河生）

科学技术普及

【概况】 2011 年，全市科技部门始终把科普宣传和科技下乡工作放在重要位置，大力普及科技知识、传播农业先进实用技术，增强了广大农民的科技素质和致富能力。同时，探索城市科普工作新方法，取得明显成效。开展"科技活动周"和科技"三下乡"活动，全年编印发放《有机农业与有机食品》科普实用技术读本 5 000 册、《节能减排手册》5 000余份、科普宣传资料 1.13 万余份、农业科技资料 200 套，展出版面 320 多块。在黄河路大屏幕播放科普电影一周，在湖滨广场大屏幕播放科技知识幻灯片一周。三门峡科普在线网站全年更新片源 30 部，影视在线点击率突破 80 万人次。完成全市农村党员干部远程教育资源开发工作，制作选送科技课件 6 小时。

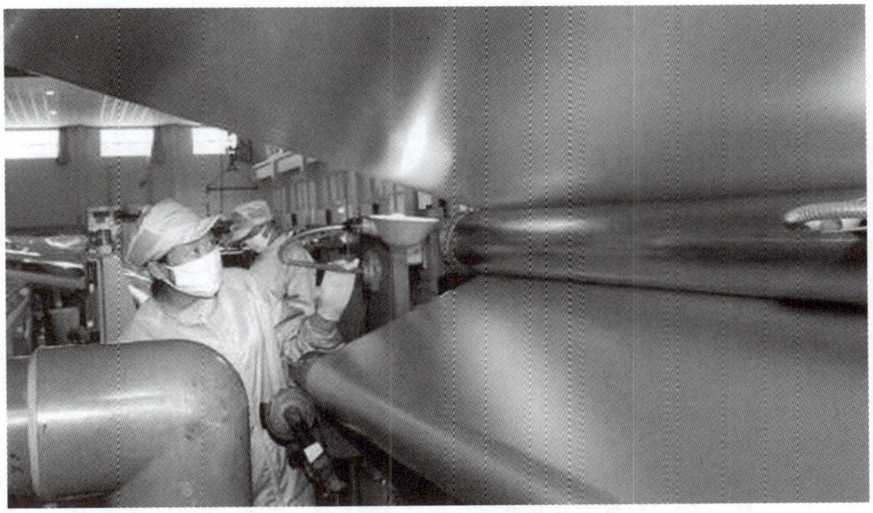
高新加工制造业

【举办全市第 11 届科技活动周】 5 月 15 日至 22 日，市科技局组织举办全市第 11 届科技活动周。5 月 15 日上午，市直 16 家单位的干部职工走上街头，开展主题为"加快中原经济区建设，携手共建创新型三门峡"的科普宣传活动，共散发科普宣传材料 1.1 万份，展出版面 300 多块，接受现场咨询 6 000 多人次。（董三邦）

科技信息咨询与服务

【概况】 2011 年，三门峡市科技情报所编印《项目快递》14 期，推荐科技项目 102项；编印《决策参考》12期；接受有关单位及个人项目咨询服务 20 人次，为领导和有关部门提供工业、农业及社会发展等决策参考 12 项；做好市科技局的政务公开网站建设工作，发布通知公告 40 次、三门峡科技动态 14 条、国内外科技信息 456 条，网站点击近 5 万次；接待科技人员查询各种科技图书和资料 120 人次，接待单位及个人资料查询 36 人次。（程　琦）

地震测报

【概况】 2011 年，三门峡市地震局全面加强、积极推进防震减灾综合能力和地震监测预报、震害预防、应急救援三大体系建设，较好完成了各项工作任务。

市地震局结合全市防震减灾工作实际和面临的形势与需求，会同有关部门编制完成了《三门峡市防震减灾"十二五"规划》。

全面完成地震监测网络数字化改造升级，地震监测能力得到极大提升。在大安台、陕县台、灵宝市地震局、渑池县地震办建成数字化强震仪。在大安台、卢氏台建成形变、地磁前兆数字化地震监测仪。市地震局建成地震数据网络中心，实现与市、县地震台联网及数据资料共享的目标，同时实现与市政府、省地震局联网对接。

依法行政，规范管理，震害防御能力显著提高。城市防震减灾工作基本纳入法制化管理轨道。全市监督检查重点工程抗震设防 22 项，新建、改建、扩建重点项目和生命线工程及易发生次生灾害工程纳入基本建设管理程序,中小学、医院等公共设施均按新的抗震设防标准执行,农村民居地震安全农居示范村、示范点建设稳步推进。

健全体系,完善机制,地震应急救援体系逐步完善。市、县两级均成立防震减灾领导小组,有关部门、学校、重点企业制定地震应急预案62件。按照"一队多用、专兼结合、军民结合、平战结合"的原则,市政府研究制定《三门峡市地震灾害紧急救援队组建方案》,组建了一支由市地震局、市公安消防支队、市卫生局的部分专家、官兵、医疗救护人员共47人联合组成的反应迅速、机动性高、突击力强的三门峡市地震灾害紧急救援队。加大应急资金投入力度,完善地震应急设备,投入20余万元购买了地震应急专用车辆。

精心组织,创新载体,防震减灾宣传教育活动取得实效。市地震局深入开展"防震减灾科普知识四进"(进机关、进农村、进社区、进学校)活动,利用"三下乡"活动、"防灾减灾日"宣传、科技活动周等,宣传防震减灾科普知识和法律知识,增强民众的防震避震意识和自救互救能力。在《河南省防震减灾条例》宣传活动周期间,各县(市)区共出动宣传车10余台次,悬挂宣传横幅20余条,展示版画80余块,发放《河南省防震减灾条例》单行本和宣传材料3 000余份,接受群众咨询5 000余人次。12月6日,市地震局、市科技局、市教育局联合下文命名三门峡市第一小学为"市级防震减灾科普示范学校"。全市共有省级防震减灾科普示范学校5所、市级防震减灾科普示范学校6所。

【推进地震应急避难场所建设】 2011年,市地震局根据《中华人民共和国突发事件应对法》《中华人民共和国防震减灾法》、住房和城乡建设部《关于加强城市绿地系统建设提高城市防灾避险能力的意见》要求,按照地震应急避难场所建设的国家标准,结合全市现状和地震形势的需要,编制全市地震应急避难场所方案,市区和各县(市)区分别上报Ⅱ级地震应急避难场所各2个(义马市1个Ⅲ级)。至年底,全市向省防震抗震指挥部上报12个Ⅱ级、1个Ⅲ级地震应急避难场所。 (阴岩峰 刘 蕊)

气象工作

【概况】 2011年,三门峡市气象局进一步强化"气象预测预报能力、气象防灾减灾能力、应对气候变化能力、开发利用气候资源能力"建设,基础业务、气象现代化建设和气象服务工作取得明显成效,较好完成了各项目标任务。在创先争优活动中,8人次受到市级表彰,23人次受到县级表彰。4人次在全省气象部门岗位技能竞赛中取得较好成绩,受到省气象局通报表彰。

气象事业向"现代化、政府化、社会化"推进。全市共建设单要素自动雨量站76个、多要素自动气象站20个,农村气象灾害预警信息发布大喇叭87个、气象电子显示屏33个。短、中期天气预报质量,人工影响天气,气象灾害防御等工作全部纳入政府目标管理。市政府正式印发《三门峡市气象灾害应急预案》《关于开展基层气象灾害应急准备认证工作的通知》。市气象局与市应急办合作建设覆盖广泛的气象信息发布网络,各单位防汛责任人、乡(镇)主要领导干部、村干部的手机全部加入气象预警信息手机短信发布平台,气象事业向政府化管理迈进。建立气象、农业、水利、林业、国土、邮政、广电、通信等多部门合作的气象灾害防御体系,各部门充分发挥各自优势,建立高效联动协调机制、资源共享机制、信息发布机制,共同为防灾减灾提供良好服务,气象服务基本实现社会化管理。

公共气象服务成效明显。全年市气象局启动应急响应4次,及时发布重要天气预报14期,春耕、"三夏""三秋"等重大社会活动专题气象服务材料344期,干旱、大风、冰雹、大雾、暴雨、大雪、道路结冰等气象灾害预警信号96次,三级以上地质灾害预警信息20余次,森林火险气象等级预报210次,林业病虫害气象预报12次;召开重大气象信息发布会10次。"三夏"期间,向全市农机手免费发送天气资讯1.2万余条。全市开展规模化人工影响天气作业31次,发射增雨炮弹3 823发、增雨火箭弹331枚,燃烧烟条80支,最大限度减轻了干旱、冰雹等自然灾害对农业和烟叶、苹果等特色作物的影响。市气象局首次与市水资源管理处合作共建渑池县西段村水库上游汇流区域雨量观测站点和人工增雨作业点,及时开展人工增雨作业,解决水库蓄水难的问题,保证当地居民生活及工农业生产的用水需求。完成《河南省空中云水资源开发工程》项目建设任务,新建35个作业炮点(含5个示范基地)。三门峡国际黄河旅游节开幕式、建党90周年和国庆文艺演出等重大社会活动,以及中原黄金冶炼厂火灾扑救、陇海铁路滑塌抢险应急救援、义煤集团千秋煤矿冲击地压事故抢险救援气象服务保障有力,受到社会各界广泛好评。成立三门峡市现代农业气象业务服务中心,开通三门峡农业气象信息服务网,加强气象为农服务工作。以农业气象科技示范园、空中云水资源项目、自动土壤水分监测系统建设为依托,建立和完善特色农业气象服务系统。开展苹果、大枣、烟草等特色作物物候期观测、生长状况观测,通过气象短信、电话、网站等方式向农民提供常规天气预报、灾害性天气预警、土壤墒情、打药指数、浇地指数等方面的服务。适时下发小麦适宜收获期、玉米适宜播种期、夏收夏种、晾晒、贮藏气象等级等预报信息。市气象局先后被市政府表彰为"防汛抗旱工作先进单位"和"应急管理工作先进单位"。

应对气候变化工作取得新进展。市气象局积极为地方经济建设、产业结构调整、节能减排提供有力的科技支撑。提交的"三门峡市茶产业发展气象条件分析及对策"得到市政府主管领导批示。市政府印发《三门峡市茶产业发展规划(2011~2020年)》,明确提出气象部门要重点做好茶叶气象服务支撑工程建设。围绕三门峡新区城市建设提交的《关于陕县县城、宜村及灵宝大王镇、阳店镇四地气象要素分析报告》受到市政府高度重视。积极参与风电项目前期测风塔选址、气象资料收集整理、风能资源评估、可行性技术论证、后期运行专项服务等工作,为风电项目建设提供优质服务。同大唐三门峡风力发电有限公司签订合作协议,双方按照优势互补、注重实效、稳步推进、共同发展的原则加强合作,促进风电气象环境观测、预报和服务技术发展,提高风电场应对气象灾害的能力。 (袁文胜)

·编辑 卢亚杰·

教　育

EDUCATION

10月17日，河南省大学生“华光”体育活动“农行杯”第十届排球锦标赛开幕式在三门峡职业技术学院举行

综　述

【概况】 2011年,三门峡市有各级各类学校865所(含民办教育学校,不含成人教育学校),在校生428 752人;教职工31 008人,其中专任教师26 410人;占地总面积8 832 070平方米,校舍建筑总面积3 895 016平方米,固定资产269 915.57万元,教学仪器设备20 212.79万元。

全市有基础教育学校842所,其中普通高中23所、普通初中108所、小学470所(另有教学点275个)、幼儿园237所,基础教育学校数占全市学校数的97.34%;在校生368 845人,其中普通高中45 996人、普通初中92 065人、小学176 247人、幼儿园54 171人,基础教育阶段在校生占全市各级各类学校在校生数的86.03%;教职工27 826人,其中专任教师24 042人。

全市有职业教育学校23所,其中高等职业学校1所、普通中等专业学校7所、成人中等专业学校5所、职业高中10所;在校生19 412人;教职工4 016人,其中专任教师2 468人。

全市有特殊教育学校4所,在校生366人,教职工88人,其中专任教师77人。

全市有成人技术培训学校(机构)807所,其中县级20所、乡(镇)级48所、村级720所、其他培训机构19所;教职工579人,其中专任教师227人。农村成人技术培训学校基本上均附设在农村中小学。

全市有民办性质学校188所,其中普通中学5所、中等职业学校4所、小学4所、幼儿园175所,在校生42 205人,教职工3 582人,其中专任教师2 353人。

全市教育部门财政预算内教育经费拨款235 341.5万元,比2010年增长32.57%。其中,县(市)区财政拨款190 037.4万元,增长33.33%;市本级财政拨款45 304.1万元,增长29.48%。全年共收到教育费附加19 622.5万元,增加10 801.9万元,增长122.46%。多渠道投入11 620.3万元,其中学杂费收入5 057.1万元,社会和群众捐资助学92.4万元,其他投入1 212.9万元。全市教育经费总支出281 170万元,增长26.83%。

谋划高等教育。8月30日,市委六次党代会报告提出"力争五年内建成1所本科院校、2所至3所专科院校"的高等教育发展任务。市教育局以《国务院关于加快支持河南省加快建设中原经济区的指导意见》为契机,初步拟定本科院校建设方案、估算本科院校建设投资情况;与郑州大学、河南理工大学及上海、陕西、北京等地的部分高校进行了初步接触,探讨引进本科院校的有关事项。

加强安全维稳工作。市教育局下拨资金605.7万元,用于全市义务教育阶段的安保配置,防范能力大幅度提高。全市教育系统组织检查组185个,出动检查人员750人次,共排查出安全隐患341项,完成整改336项,投入整改资金73.15万元。全年完成校舍安全工程改造面积68 836平方米。针对校车安全问题的严峻形势,联合公安、交通、安监等部门,深入各县(市)区及部分学校(幼儿园),检查各种接送学生车辆430辆,查处未经过审批备案接送学生的车辆378辆,保证了送学生车辆安全运行。市教育局全年受理群众来信42件,接待群众来访198人次,从根本上遏制了越级上访、集体上访、非正常上访事件的发生。

【落实国家、省、市中长期教育规划纲要】 2011年,三门峡市认真落实国家、省、市中长期教育规划纲要。一是反复调研、论证,市委、市政府多次研究,制定出台《三门峡国家中长期教育改革和发展规划纲要(2010~2020)》。二是强力推进教育重点工程项目建设。2010年项目和2011年确立的直属中小学校舍改造工程、市职教园区建设工程、县(市)区职教中心建设工程、县(市)区校舍安全工程、全市学前教育园舍建设工程等"五大工程"进展顺利,育才小学、阳光中学相继投入使用,各县(市)区校舍安全工程全部完成目标任务,办学条件明显改善。三是坚持基础教育均衡发展。市、县两级制定并组织实施推进县域内义务教育均衡发展实施方案,明确推进义务教育基本均衡时间表、路线图;改进和完善市区义务教育阶段招生网上报名系统,调整市区8所中小学校招生区域,基本稳定了农村中小学办学规模,消除了城区学校超大班额现象;6个县(市)区已全部建成青少年校外活动中心,改善了青少年校外活动条件;全市特殊教育学校布局调整基本到位,渑池县基本完成特殊学校建设任务,灵宝市特殊学校实施异地搬迁工程,湖滨区、陕县、卢氏县等地的特殊学校办学条件明显改善;建立了较为稳定的教育投入长效机制,确保教育经费法定增长、足额征收城市教育费附加、农村义务教育经费到位;启动学前教育三年行动计划,完成2011年新建24所、改扩建30所幼儿园责任目标。四是强力推进职教攻坚发展计划。市十大实事重点工程——市职教园区开工建设,首批入驻的三门峡中专进行了土地置换,筹资2.03亿元;灵宝市、卢氏县、陕县、义马市、湖滨区职教中心建设如期推进;卢氏县成功创建省级职教强县,全市6个县(市)区有4个跨入省职教强县之列;超额完成成人职业技术培训、农村劳动力转移培训任务;全市中等职业学校教学质量市级复评学校全部通过省级验收。五是牢牢把握内部管理、队伍建设和教育信息化三个关键,教育教学质量稳步上升,全市教育系统再次受到市政府嘉奖。

【举行贫困大学新生资助仪式】 8月22日,三门峡市在市第一高级中学学术报告厅举行2011年贫困大学生资助仪式,来自市区、陕县的27名贫困大学新生领到了助学金。其他县(市)受资助贫困大学新生的助学金由各县(市)教体局代表市政府予以转发。市政协副主席王铁创,市长助理张万斌出席资助仪式。从2002年以来,全市共资助634名贫困大学新生,资助金额达225万元。尤其从2005年开始,市财政每年拿出20万元,对全市50名贫困大学新生进行资助,每人资助4 000元。

【启动教育督导评估定期公告制度】 12月8日,《三门峡日报》首次发布市政府教育督导团对各县(市)区人民政府2010年度教育工作评估公告,标志着三门峡市正式启动督导评估定期公告制度。5月和10月,市政府教育督导团会同市委组织部抽调部分市政府督学对各县(市)区和三门峡经济开发区管委会2010年度教育工作情况进行督导评估和回督检查。督导组采取听取政府汇报、查阅档案资料、实地察看、召开座谈会等形式，随机抽查6所普通高中、6所职业学校和12个乡(镇)的66所中小学校，并严格按照省政府教育督导团制定的评估指标体系进行评估与回督，认定灵宝市、义马市、陕县、渑池县、三门峡经济开发区管委会为优秀单位，卢氏县、湖滨区为良好单位。在主流媒体上公布对县级政府教育督导评估结果，创新了对政府教育工作督导形式，有利于接受社会各界和群众监督，有利于促进教育事业健康发展。

【深入开展“五项活动”】 2011年，市教育局按照“一高两无三优”(构建高效课堂，实现无投诉、无重大安全事故，优美的校园文化环境、优良的校园周边环境、优质的教育教学质量)要求，在全市教育系统深入开展敬业爱岗主题教育、班主任比武、校长讲校、满意学校和星级科室创建等五项活动，推进学校管理科学化、精细化，争创人民满意学校，办好人民满意教育。制定“五项活动”督导评估体系。创建市级管理规范化学校6所、市级管理示范校7所，3所幼儿园通过省级示范园验收。回督14所市级示范校。协同市纠风办对市直学校进行民主评议学校行风暨满意学校创建督导检查和百分扣分制考核，满意度均为100%。评选表彰第4届(2010学年度至2011学年度)千名岗位标兵，并对往届岗位标兵进行回督，树立了一大批敬业爱岗标兵。组织两次班主任比武活动专项督查，召开三门峡市“班主任比武”活动现场会等，推动全市班主任比武暨班级文化建设向更高水平发展。市、县两级教育行政部门扎实开展星级科室创建活动，提高了广大干部的政治业务素质，全面提升了服务水平和机关效能。

基础教育

【概况】 2011年，三门峡市小学阶段学龄人口入学率达100%，初中阶段学龄人口入学率达100%。

普通高考成绩再次实现新突破，普通类本科上线7 575人，比2010年增加1 595人，增长26.67%。其中，本科一批上线925人，增加247人，增长36.43%。全市专科一批以上共12 499人，增加2 074人，增长19.89%。体育、艺术、专升本、对口类上线人数和上线率均有较大幅度增长。

构建高效课堂。分市、县两级区域推进，积极构建符合新课程理念的以自学、合作、探究为主的学生积极参与的教学模式，全面落实精讲多练、堂堂清，提高课堂教学效率。市教育局选取23所学校为市级高效课堂实验校，指导进行实验示范。在全市层面组织开展观评课活动，从示范课、研讨课、达标课等3个层面，通过全体评、普遍评、专项评三种方式，对课堂进行全方位的定点观察，深入评析，收到良好实效。先后举行全市初中、小学知识结构图展示交流活动、观课议课活动200余科次，分阶段组织“达标评优”教学基本功考核和高效课堂观摩课、示范课、优质课、研讨课500余节。召开全市特殊教育学校构建高效课堂暨教育教学经验交流会、直属初中高效课堂实验阶段性成果展示交流会、小学高校课堂教学模式研讨会，深化了课堂教学基本模式的研究实验工作。

加强“班班通”工程建设。全市共投入“班班通”建设资金4 200余万元，新增多媒体教室1 972个。灵宝市、渑池县、市直中小学提前两年完成“班班通”硬件建设任务，渑池县还筹措资金150万元，建起信息服务中心。义马市教育体育局争取财政滞留教育费附加340余万元，年底前完成了120个教学班设备的招投标工作。陕县融资1 000万元，启动“班班通”工程。已经实现“班班通”的学校充分利用多媒体系统进行教育教学活动，实现了多媒体互动教学，取得初步成效。全市中小学电教软件建设投入资金300多万元，教师自制课件5 000多件，电教教材使用率达到80%以上。投资200多万元，为全市26所项目学校安装了农村远教项目设备。

抓好学校食堂建设和食品卫生安全管理，确保广大师生的身心健康和生命安全。灵宝第一高级中学、灵宝实验高中、陕县第一高级中学、灵宝第三小学4所学校的食堂被省教育厅评为首批河南省中小学校一级食堂。

【“三门峡市小学生学业评价改革”课题成果通过鉴定】 3月18日上午，省教科所副所长周宝荣教授等7位专家组成的鉴定组，一致同意通过市教育局主持的“三门峡市小学生学业评价改革”课题成果鉴定。专家组认为，该课题选时恰当，选题具有重要的研究价值和现实意义，解决了新课程实施过程中评价体系滞后的瓶颈问题，发挥了以评价体系改革促进课程改革的引导作用，符合素质教育的要求和新课程改革的方向，在省内具有超前性，有利于提高学生的

10月27日，举行少先队辅导员培训班

综合素养和学习能力。

【举行全市教育系统"校长讲校"巡回报告会】 3月26日至27日,全市教育系统"校长讲校"巡回报告会在卢氏县、灵宝市、渑池县、三门峡市区举行。陕县实验幼儿园园长胡金燕、三门峡市阳光小学校长张随学、卢氏县育才中学校长贾超鹏、灵宝市实验高中校长张九斌作了各具特色的报告,理论与实践相结合,具有较强的指导性和可操作性。全市各级各类学校校长、副校长(园长、副园长)、教师代表1 600余人参加了报告会。"校长讲校"活动作为全市教育系统"五项活动"的重要组成部分,目的是交流办学经验、分享管理智慧、提高服务水平。

【举办全市首届学生合唱节】 5月6日下午,全市首届学生合唱节在三门峡职业技术学院学术报告厅举办。来自卢氏县、灵宝市、义马市、陕县、湖滨区的20个小学、19个中学(中专)代表队参赛,其中市直以及陕县的17个代表队参加了现场表演。最终分别推荐4所小学、4所中学、2所职业学校代表三门峡市参加河南省首届学生艺术节展演。

【举办全市中小学生节能知识演讲比赛】 5月13日上午,全市中小学生节能知识演讲比赛在市教育电视台演播大厅举行。来自各县(市)区和市直学校的30名选手参加比赛,经过激烈的角逐,高中组的权源乐等两位选手、初中组的董婉蓉等4位选手、小学组的孙湘琳等6名选手荣获一等奖。这次演讲比赛对增强教育系统师生的节能减排意识,倡树"绿色生活"的生态文明观念,交流节能减排生活技巧、知识起到了推进作用。

【召开全市"班主任比武"活动现场会】 6月13日上午,三门峡市"班主任比武"活动现场会在灵宝市实验高中召开。各县(市)区教体局局长、牵头科室负责人、各层次学校校(园)长共约500余人参加了会议。这次现场会的主要任务是总结推广"班主任比武"活动开展3年来的有效做法和成功经验,进一步深化"班主任比武"活动。现场会分为实地观摩和会议交流两个阶段。

【市实验中学入选第3届河南十大教育名片】 7月16日至17日,由教育时报社主办的第3届河南教育名片发布仪式暨"找寻学校新的成长点"主题研讨会在河南农业大学礼堂举行。会上,被评为河南十大教育名片的学校校长分别介绍了各自的特点和经验。市实验中学校长丁建国介绍了该校5年来开展孝道教育、礼仪教育、诚信教育、感恩教育、爱心与社会责任感教育所取得的丰硕成果,并阐述了对形成学生健全人格、促进学生全面发展的重要作用。全国著名教育专家李镇西、高万祥、刘良华等对名片学校的总结分别给予点评,并作学术报告。

【召开全市学前教育工作暨三年行动计划启动会议】 8月25日,三门峡市召开学前教育工作暨三年行动计划启动会议,总结交流学前教育工作经验,部署2011年至2013年全市学前教育工作。各县(市)区分管教育工作的副县(市)区长,发改委、财政局负责人,教体局局长、分管学前教育的副局长、基础教育科(幼教)科长等参加会议,市发改委、市财政局、市教育局等18个有关单位的负责人参加了会议。会议由市政府副秘书长王松安主持,市长助理张万斌出席会议并讲话。按照要求,到2013年,公办学前教育资源进一步扩大,民办学前教育规范有序,农村幼儿园办园水平明显提升,师资队伍日趋优化,保教质量显著提高;学前三年毛入园率达到68%,学前一年毛入园率达到87%,幼儿入公办园的比率达到40%,并逐步实现幼儿入公办园和普惠性幼儿园的比率达到50%以上;三年内全市共新建、改扩建幼儿园218所,其中新建幼儿园111所、改扩建幼儿园107所。会上,市政府与各县(市)区政府和三门峡经济开发区管委会签订了学前教育三年行动计划目标责任书。

【三门峡市阳光中学揭牌】 9月5日上午,三门峡市阳光中学揭牌仪式暨开学典礼在该校教学楼前举行。市教育局副局长金锐主持仪式。投资新建的三门峡市阳光中学(原市七中)位于三门峡火车站附近,占地3.73公顷,建筑面积21 700平方米,高标准建设了教学楼、实验楼、行政办公楼、体育馆、塑胶跑道和学生公寓等教育教学设施,秋季共招新生591名。

【举行全市首届高中精英对抗赛】 12月31日上午,全市首届高中精英对抗赛颁奖仪式在灵宝一高举行。此次对抗赛由灵宝一高承办,历时一天半,参赛人员是从全市8所示范性高中选拔出来的尖子生,其中文科30人、理科60人。有2名学生获一等奖、6名学生获二等奖、12名学生获三等奖,36人次教师分获辅导一、二等奖。

职业教育和成人教育

【概况】 2011年,三门峡市累计投入职业教育资金16 349.6万元,其中财政专项9 863.8万元,社会筹资2 217.8万元,学校投入1 395万元,教育费附加3 243万元。行业企业捐赠捐资仪器设备总值1 349.7万元。卢氏县成功创建全省职教强县。深化校企合作和送教下乡服务体系,改流失为分流,实现人技共建,超额完成招生计划和培训任务。完成中职招生16 800人。完成农村职业技能培训31.6万人次。校企合作培养15 802人,职业院校在校外建立对口实习基地134个,学校引厂进校企业数14个。市职教园区建设项目完成投资1亿元,园区一期工程开工奠基。3月22日,三门峡市技工学校被人力资源和社会保障部批准晋升为三门峡市高级技工学校。6月22日,三门峡市高级技工学校揭牌仪式举行。

【举行优秀中职毕业生巡讲活动】 4月16日至21日,市教育局和共青团三门峡市委联合举行优秀中职毕业生巡讲活动。此次活动主要面对广大中职学生和初高中毕业生,通过宣讲优秀中职生的先进事迹,鼓励青年学生成才。经过各中等职业学校推选和各县(市)区教体局、团委推荐,市教育局和团市委初选,遴选出的白润成、莫方涛、刘庆华、史姗姗、郭荣、梁鸿亮6名优秀毕业生参加巡讲活动,《白衣神韵》《茶艺表演》《柔道、跆拳道表演》《我上中专我快乐 才艺技能秀起来》4个优秀特色技能展示节目进行巡回展演。这次巡讲活动在市直、渑池县、义马市、卢氏县、灵宝市共进行5场，近5 000余名师生观看了展演。

【举办全市中等职业学校师生技能大赛】 5月20日至22日，市教育局、市工业和信息化局在三门峡中专联合举办全市中等职业学校师生技能竞赛，来自全市13所学校的365名选手参加了数控技术、机械加工、电子电工技术、计算机应用技术、财经、护理等13个大类34个项目的比赛。此次技能大赛还邀请了中达电子、美的空调、骏通车辆、开曼铝业、戴卡轮毂、香山红叶等来自全国各地的70余家企业代表现场观摩，并举办了第1届三门峡市中等职业教育校企合作座谈会，部分企业和学校现场达成了合作意向。

【在全省中等职业教育技能大赛中创佳绩】 11月18日至20日，省教育厅举办全省中等职业教育技能大赛。此次大赛共设置11类31个竞赛项目，分为理论和操作两个环节进行，来自全省18个省辖市代表团及多所省属学校代表团进行了激烈角逐。三门峡市选派64名选手参加了现代制造技术、电工电子技术、汽修、建筑、计算机等9类25个项目的技能竞赛，53人获奖，其中一等奖7人、二等奖28人、三等奖17人、优秀奖1人，获奖人数为历年最多。

【豫陕职校联盟成立】 12月1日，由灵宝职专、陕西省西安昆仑工业（集团）有限责任公司技工学校、临潼区职业教育中心、陕西创新机电技术学校发起的豫陕职校联盟在灵宝职专成立。上海、江苏等地的部分知名企业出席成立大会。成立大会上，4校详细协商、讨论了豫陕职校联盟章程，成立了代表大会、理事会以及执行机构。上海美固龙金属制品（中国）有限公司副总向逸峰为灵宝职专师生作了关于职专生职业生涯规划的专题讲座。豫陕职校联盟的成立，将为4校在有效实现校企对接、共享师资培训、学生实习、学历提升、教学资源等方面搭建桥梁。

【市职业教育园区建设项目开工奠基】 12月28日上午，作为市委、市政府2011年十件实事之一的三门峡市职业教育园区建设项目开工奠基。市委书记杨树平发出开工令。市委副书记、市长赵海燕，市委副书记王建勋，市人大常委会主任赵继祥，市委常委、秘书长姜继鼎等市四大班子领导，省教育厅副巡视员赵国河等出席开工仪式并为项目奠基。市职教园区先后经历3次选址，在充分考虑发展实际，结合备选地段的地形地貌特征基础上，2010年9月28日，市政府常务会议研究决定，在灵宝市大王镇好阳河以东、连霍高速以北、郑西高铁以南规划建设职教园区。2011年3月11日，市职教园区总体规划和控制性详细规划通过市规划部门组织的专家评审；3月23日，市职教园区修建性详细规划通过专家评审；5月26日，市政府批准实施市职教园区修建性详细规划；9月20日，机械工业第六设计研究院完成了市职教园区建筑设计方案。市职教园区总规划占地200余公顷，计划入驻4所院校，规划在校生规模3.8万人。其中，一期工程占地44.87公顷，总建筑面积16.4万平方米，规划在校生规模8 000人，预计投资3.9亿元。 （王普进 何雪峰）

高等教育

【概况】 2011年，三门峡职业技术学院毕业学生5 451人，其中普通专科生4 571人，成人教育学生880人；招收新生6 518人，其中普通专科生4 774人、成人教育学生1 744人。至年底，在校学生19 876人，其中普通专科生15 750人、各类成人教育学生4 126人。在职教职工916人，其中教授、副教授215人，博士、硕士246人。学院占地93.3公顷，建筑面积38万平方米。设有11个教学系（部）、48个招生专业，涵盖农林、生化、制造、土建、财经、旅游、材料能源、电子信息、文化教育和艺术设计等多个专业门类，形成了以工科为主，理、经、文、管、教育、艺术等协调发展的专业体系。其中，国家重点建设专业2个（旅游管理、汽车检测与维修），省级教改试点专业3个（供用电技术、室内设计技术、建筑工程技术），省级特色专业建设点4个（供用电技术、旅游管理、机电一体化、生物技术及应用）；省级教学团队2个（机电一体化技术、旅游管理），省级精品课程3门（单片机实践与仿真技术、机械零部件测绘与CAD、发酵技术）。学院有各类校内实训基地109个，其中，中央财政支持的职业教育实训基地1个（建筑技术），省级示范性实训基地6个（电工电子技术、生物技术、机电技术、商务技术、软件技术、自动控制技术），与企业共建校外实习实训基地121个。有高校工程技术研究中心建设项目2个（酶制剂研究中心、节能照明工程技术研究中心）。全面实施教学质量提升工程，学院被省教育厅确定为全省骨干高职院校建设单位，项目建设期3年。学院图书馆藏图书100万册。《三门峡职业技术学院学报》为公开发行刊物，每年发行4期，被省委高校工委、省教育厅评为河南省高校学报综合质量评估特色期刊，入选全国高职高专核心期刊。

党建工作 学院坚持“以评促建、以评促改、评建结合、重在建设”的原则，抓好党建促发展，被省委组织部、省委高校工委授予“河南省高等学校党建工作先进单位”称号。学院语言与艺术系党总支被评为河南省先进基层党组织，机电工程系党总支被评为河南省高校系统先进基层党组织，建筑工程系学生党支部被评为三门峡市先进基层党组织。全年学院有5人参加省、市党代会。

专业与项目建设 学院根据地方产业发展和市场需求变化，调整专业设置，增设焊接技术及自动化、艺术设计、检测技术及应用、生物制药专业。旅游管理、汽车检测与维修两个专业被确定为中央财政支持建设的专业，获得中央财政400万元的资金支持；自动控制技术实训基地被省教育厅评为高等职业教育示范性实训基地；酶制剂研究中心被省教育厅确定为高校工程技术研究中心建设项目。

教育教学改革 学院启动以完善和创新专业建设内涵、提高专业建设整体水平为基本内容的教学质量提升工程，成立领导小组，制定《实施教学质量提升工程的意见》《加强教学秩序管理的意见》和《教研室工作条例》等制度。

创新管理机制,强化系部的教学主体地位,建立院系两级监控和评价体系,实行教学运行分析会制度,保证教学工作健康有序运行。全院重点建设的11个专业中,7个特色专业在校企合作长效机制和人才培养模式上,总结提炼出特色人才培养模式,形成品牌专业,发挥示范引领作用。学院按照专业建设和实际岗位技能要求,优化课程体系,完成576门新课程标准的编制工作。通过企业专家和技术人员共同参与,新开发理论与实践一体化课程42门,使院级精品课程达到27门。持续深化校企合作,成立中青旅旅游管理学院、人本科技学院等,使全院企业冠名学院达到4个,订单式培养的专业占全院专业总数的70%以上。强化实践教学环节,着力打造"项目带动·任务驱动"的综合实训项目,增强学生职业技能,使实训基地利用率达到85%以上。9月23日,豫晋陕黄河金三角职教集团首批课程开发立项建设评审会在临汾职业技术学院举行。三门峡职业技术学院院长吴勇军出席会议并作主题发言,学院建筑工程系教师任非作说课示范教学,学院开发立项的导游实务、数控加工编程与操作两门课程通过评审,进入课程建设阶段。

科研工作 学院强化科研工作机制创新,搭建创新平台,培育科研团队,加快成果转化,提高服务经济社会的能力。郑建英主持的"加快发展我省职业教育的对策研究"、张晓明主持的"河南省域边缘地区城乡一体化研究"、邓冠玉主持的"促进豫晋陕黄河金三角地区创新型产业聚集区建设的对策研究"等省政府决策研究招标课题获准结项,为省政府决策提供了科学研究支撑。吴勇军主持的"YX-TK338型转向节数控镗床"获得省工业和信息化厅科技成果二等奖。李久昌主编的《三门峡仰韶文化研究》论著在全国发行。学院全年完成各级科研项目66项,其中省级项目3个、省厅级项目35个,院级项目28个;发表论文138篇,其中权威及核心期刊20篇、人文社科110篇、自然科学28篇、高职教育教学49篇、项目论文13篇;出版著作和教材16部;各级科研立项42项;科研成果获奖8项。科研成果累计达1 640余项。学院被评为全国高职高专院校科研工作先进单位和三门峡市政研工作先进单位。

师资队伍建设 根据事业单位岗位设置管理工作的要求,学院制定《三门峡职业技术学院岗位设置与聘用管理工作实施方案》,推动岗位设置管理工作的开展,调动教职工的积极性和创造性。学院向社会公开招聘教师22人,其中硕士20人;鼓励教师进修学习,攻读学位,提升职称,有28名教师攻读硕士、博士学位,新晋升正高级2人、副高级11人、中级43人、初级职称8人,使师资队伍结构得到进一步优化。加强兼职教师队伍建设,吸引本地区专家、技术骨干、能工巧匠到学院任教,全院兼职教师达到178名。加强青年教师职业能力的培养,有80名青年教师利用假期到企业顶岗锻炼,提升实践动手能力。

学生工作 学院始终坚持育人为本、德育为先的理念,以学风建设为主线,以素质拓展为手段,强化学生教育管理,构建特色育人长效机制;坚持学生科长工作例会制度,规范学生管理工作,加强辅导员队伍建设,完善培养考核机制,举办学生工作人员和辅导员素质拓展培训班,提高管理队伍水平。重视学生养成教育,开展文明养成教育活动,推进"五星级"公寓建设,促进学生养成良好行为习惯。完善"三育人"机制,通过国旗下讲话、文化大讲堂、通识课教育、科技文化艺术节、演讲比赛、运动会等活动和美化校园环境等方式,提高学生综合素质,形成"全员育人、环境育人、文化育人"机制,促使学生做到"学会做人、学会做事、学会学习、学会创新"。每周一全院师生参加升国旗仪式荣获河南省高等学校校园文化建设优秀成果优秀奖。在河南省大学生"诚信校园行"诚信自强之星评选活动中,学院学生王继荣、郑圆圆获得诚信自强之星提名奖。机电工程系学生郑宜宾勇救落水儿童的先进事迹,获得社会各界的广泛好评。全年学院涌现出大批优秀学生和学生干部,其中省级优秀毕业生138名,省级三好学生44名,省级优秀学生干部15名,省级先进班集体15个。

学生资助工作 学院健全学生资助体系,通过"奖、贷、助、补、保"等工作,解决家庭困难学生的实际困难,使其顺利完成学业。全年共发放国家助学贷款439.38万元,资助学生1 067人;发放各类奖励和资助资金1 088.4万元,资助学生3 285人;为5年制学生发放54.9万元的国家助学金;免除家庭经济困难学生15.9万元的学费,400多名新生通过"绿色通道"入学。通过"党员先锋工程"、党组织"结对扶困工程"、勤工助学等活动,资助1 000多名家庭经济困难学生完成学业。做好学生保险工作,学生参加校方责任保险和城镇居民基本医疗保险达到100%。

招生就业工作 学院全年招录新生6 518人。加强就业服务工作,大力推进"2+1"教学模式,参加顶岗实习的学生达到100%,毕业生职业资格获取率达到96%。通过校企联姻,打造就业绿色通道,使学生与就业岗位无缝对接。完善就业服务体系和就业工作机制,拓展就业服务网络,加强学生就业指导与培训,提高学生就业质量,使学生好就业、就好业、就业好。全年召开大型毕业生就业双选会2次,共有300余家用人单位参加招聘,为毕业生提供近8 000个就业岗位。有457名学生升入本科院校深造,98名学生应征入伍,44名学生通过特岗教师考试到岗工作。充分利用招生就业服务大厅和就业电子平台,使应届毕业生就业率达到96.45%。

图书馆建设 自2010年7月学院图书馆与三门峡市图书馆两馆合并共建以来,学院加大投资力度,共投入600万元对原市图书馆馆舍进行了改建,优化借阅环境,扩大服务面积。改建后的图书馆包括总馆和校园自修室两部分,总面积12 880余平方米,阅览座位1 441席,其中阅览大厅782席、自修室508席、少儿96席、残疾人55席。合并改造后的图书馆藏书100万册,在功能上实现借、阅、藏一体化,最大限度地满足了全院师生和广大市民的借阅需求。学院图书馆被省图书馆学会授予"全民阅读活动先进集体"称号,被省依法治省工作领导小组办公室、省综治委预防青少年违法犯罪工作领导小组办公室、共青团河南省委命名为河南省优秀青少年法制教育先进集体。

基础建设 学院投资建成体育训练中心、10号综合楼及周边设施、3号学生餐厅、体育场看台钢架遮阳棚、2个实训车间,完成6号教学楼的外墙改造工程,修通沿湖柏油路。学院被省教育厅授予"高校基本建设管理先进单位"称号。

获奖情况　在河南省第15届多媒体教育软件大赛中,学院教师陈玮、代彦满制作的高等教育组发酵技术专业网络、花卉生产技术多媒体课件分别获得二等奖、三等奖。在全国高职院校体育说课大赛上,教师任云兰获得三等奖。在省教育厅举办的"我把青春献给党"师德主题教育征文活动中,学院教师获得一等奖1个、二等奖2个、三等奖3个。在全省首届高校就业指导教师教学大赛上,教师雷霞获得优秀奖。在第2届"国信蓝点杯"全国软件专业人才设计与开发大赛(河南赛区)中,学生马路、李浩华获得JAVA软件开发高职高专组一等奖并入围全国总决赛,孙艳玲获得C语言程序设计高职高专组二等奖,阎涛获得C语言程序设计高职高专组三等奖。在河南省"联大杯"第4届大学生职业生涯规划大赛总决赛中,学院荣获最佳组织奖,供用电技术专业2010级学生任意昌荣获二等奖。在"青鸟杯"软件设计大赛河南赛区中,学院北大青鸟软件工程师特色班的参赛作品《三门峡电业局图书借阅系统》获得一等奖。在全国高职高专大学生企业经营管理和物流沙盘模拟大赛河南赛区总决赛中,学院经济管理系学生代表队分别荣获企管沙盘一等奖、物流沙盘二等奖。在全国职业院校技能大赛高职组河南选拔赛上,于强强等3名学生参赛的信息安全技术应用项目荣获三等奖。在第9届"挑战杯"赢响中原河南省大学生课外学术科技作品竞赛中,胡庆梓参赛的"聚羧酸系高效减水剂的实验研究"科技作品获得三等奖。在河南省第3届大学生艺术展演暨首届学生合唱节戏剧节(大学生组)活动中,学院艺术作品类获得一等奖1个、二等奖5个、三等奖4个、艺术表演类三等奖1个。

【三门峡职业技术学院通过第二轮河南省高等职业院校人才培养工作评估】 3月17日,省教育厅下发《关于公布郑州牧业工程高等专科学校等4所院校人才培养工作评估结论的通知》,确定三门峡职业技术学院经过省专家组考查评议和河南省高等职业院校人才培养工作评估委员会审议,以优秀成绩全面通过河南省第二轮高等职业院校人才培养工作评估。

【三门峡职业技术学院举办第4届科技文化艺术节】 5月17日至20日,三门峡职业技术学院举办第4届科技文化艺术节。省人大常委会副主任蒋笃运,省广播电视大学党委书记温海昌,市委书记李文慧,市委副书记、市长杨树平等出席开幕仪式。三门峡职业技术学院第4届科技文化艺术节作为第17届三门峡国际黄河旅游节暨投资贸易洽谈会的重要板块,内容包括豫晋陕黄河金三角集邮展览、教育教学成果展、科技制作发明展、书画摄影集邮作品展、主持人大赛、运动会、艺术展演、人才招聘会、大专辩论赛、校园T台模特大赛、青年教师课堂教学技能大赛、英语口语大赛、红色电影展播、《梨园春》综合文艺汇演等30多项活动。

【河南省豫西高等职业教育集团暨豫晋陕黄河金三角职业教育集团课程开发与就业联盟合作研讨会在三门峡职业技术学院召开】 5月19日,河南省豫西高等职业教育集团暨豫晋陕黄河金三角职业教育集团课程开发与就业联盟合作研讨会在三门峡职业技术学院召开。来自河南科技大学林业职业学院、渭南职业技术学院、山西水利职业技术学院、山西运城农业职业技术学院、临汾职业技术学院的院级领导和教务处长、学生处长、招生就业办主任等人员参加会议。黄河金三角职教集团各高职院校利用职教集团这个平台,共谋合作与发展,为区域经济发展提供人才支持和智力保障。

【三门峡市生物产业技术创新战略联盟在三门峡职业技术学院挂牌】 6月28日,三门峡职业技术学院参与研究制定的《三门峡市生物技术产业发展规划》和《三门峡市酶制剂技术路线图》通过省科技厅专家论证;参与筹备的三门峡生物产业技术创新战略联盟正式成立,三门峡职业技术学院被推选为常务理事单位和秘书处常设单位。省科技厅副厅长李成安和市长助理张万斌共同为三门峡市生物产业技术创新战略联盟揭牌。

【市未成年人心理健康辅导中心在三门峡职业技术学院成立】 6月9日,市未成年人心理健康辅导中心揭牌仪式在三门峡职业技术学院举行。市委常委、宣传部部长李立江与三门峡职业技术学院院长吴勇军共同为市未成年人心理健康辅导中心揭牌。三门峡市未成年人心理健康辅导中心是由市政府搭建平台,市文明办牵头,依托三门峡职业技术学院,整合社会有效资源而建立的为全市未成年人健康成长提供心理咨询服务的公益性机构,机构秘书处设在三门峡职业技术学院心理健康教育中心。中心建筑面积350多平方米,投资30万元,设立有独立的心理咨询、调疏、宣泄、干预等功能性服务区,配备必要的基础设施和辅助器材。中心聘请15名具有心理咨询执业资格的专(兼)职咨询人员,招募一批具有心理咨询专业知识和技能的志愿者,为未成年人提供无偿心理咨询服务,开展面向未成年人的心理健康教育活动,对从事心理教育工作的人员进行培训。

【三门峡职业技术学院被确定为全省第2批非物质文化遗产研究基地】 8月18日,三门峡职业技术学院以"豫晋陕黄河金三角区域历史文化与经济社会发展研究中心"申报的河南省非物质文化遗产研究基地,经专家评审,被省文化厅批准为全省第2批非物质文化遗产研究基地。

【河南省第10届大学生排球锦标赛在三门峡职业技术学院举行】 10月18日至21日,由省教育厅主办、三门峡职业技术学院承办、河南省学生体育总会协办的大学生"华光"体育活动第10届"农行杯"排球锦标赛在三门峡职业技术学院举行。来自全省15所高校的300余名运动员参加比赛,经过60余场的角逐,郑州大学、河南大学、河南财经政法大学分别荣获本科男子组冠、亚、季军,河南科技大学、新乡医学院三全学院、河南财经政法大学分别获得本科女子组冠、亚、季军,三门峡职业技术学院分别荣获专科男子组、专科女子组两项冠军称号,三门峡职业技术学院获得优秀组织奖。

【河南省第23届省辖市公共图书馆馆长联席会暨河南省公共图书馆发展论坛年会在三门峡职业技术学院召开】 11月15日至16日,河南省第23届省辖市公共图书馆馆长联席会暨河南省公共图书馆发展论坛年会在三门峡职业技术学院召开。省文化厅社会文化处处长蒯辉,市长助理张万斌,省图书馆馆长杨扬和来自全省各地的图书馆馆长80余人参加会议。会议期间,河南省图书馆和来自全省各地图书馆领域的专家围绕"河南数字图书馆建设暨数字资源共建共享"和"免费开放与公共图书馆服务"等主题开展了学术研讨。

【三门峡职业技术学院学报再度入选"全国高职高专核心期刊"】 11月11日,在全国高职高专学报研究会"2011年三优评比暨学术年会"上,三门峡职业技术学院学报以其明确的办刊思路、准确的定位、较高的学术水平、个性鲜明的特色栏目以及不断扩大的社会影响力,从全国众多高职高专学报中脱颖而出,再度入选"全国高职高专核心期刊"。三门峡职业技术学院学报编辑部被评为"全国高职高专优秀学报编辑部",三门峡职业技术学院工会主席宋六锁荣获"全国高职高专学报优秀分管领导"等称号。全国高职高专学报研究会特邀三门峡职业技术学院学报编辑部主任倪玲玲为大会作"有所为有所不为,走出特色发展的办刊之路"的经验报告。

【三门峡职业技术学院中外合作办学项目获批】 3月1日,省教育厅下发文件《关于河南财经政法大学等23所院校举办中外合作办学专科项目的批复》,批准三门峡职业技术学院与英国提赛德大学合作举办市场营销合作办学项目,并纳入河南省2011年高招计划统一招生。其主要内容为"3+1"合作模式,即参加项目学生经过学院培训,取得大专学历并符合专业和语言要求后,即可进入合作院校进行为期1年的本科学习,成绩合格后获得教育部认可的国外大学学位证书。学院国际交流与合作学院共有4个专业(机电一体化技术、建筑工程技术、生物制药技术、市场营销)面向社会招生。(雷旭锋 王 燕)

师资队伍建设

【概况】 2011年,三门峡市初中教师学历合格率达99.1%,高中教师学历合格率达97.1%。全市教育系统"抓基层、打基础",通过深化"敬业爱岗"主题教育活动夯实广大教育工作者的思想道德基础,通过"校长讲校""班主任比武"等活动夯实广大教育工作者的能力水平基础。

【举办全市初中教师和中小学校长培训班】 4月16日至17日,市教育局举办培训班,邀请上海市创造工程研究所特约研究员、上海市创造教育讲师团团长徐方瞿教授为部分初中数学教师和中小学校长分别作了两场专题讲座。徐方瞿详细介绍了他在解决平面几何教学难点方面的最新研究成果——基本图形分析法,以及如何提高管理干部队伍整体素质层次与如何加强教师队伍建设等有关问题。全市共有436名初中数学教师和321名中小学校长参加。

【举办全市"十二五"第一期初中校长任职资格培训班】 4月18日至30日,全市"十二五"第一期初中校长任职资格培训班在三门峡职业技术学院举办。全市初中及市直中小学的51名校长或校级领导参加培训。培训中,洛阳师范学院院长时明德、洛阳市洛龙区教育局长张欣、三门峡职业技术学院院长吴勇军、市教育局副局长金锐分别作了国家中长期教育发展规划纲要解读、如何开展素质教育、学习型组织创建、三门峡市基础教育发展形势分析以及教师心理健康管理、创新教育等专题报告。6个县(市)区的12名校长分别介绍了本校办学经验。学员们还赴郑州市考察了郑州八中和纬五路第一小学。

【举办"河南省多媒体环境下的教学设计与资源应用"三门峡培训者培训班】 5月23日至29日,市教育局在三门峡第四中学举办"河南省多媒体环境下的教学设计与应用三门峡培训者培训班",来自各县(市)区和市直中小学的53名骨干教师参加培训。此次培训班的4名老师都是国家级、省级培训讲师,他们通过专家授课、角色扮演、小组讨论、项目驱动、教法研讨等方法讲授教学设计理论,教参训者学习如何有效使用农远工程、教学大师、河南省基础教育资源网中的资源,编写教学设计方案,在课堂中如何进行教学交互、教学活动、教学评价设计等内容。

【举办全市农村骨干教师和直属中小学校新任教师培训班】 暑期,市教育局举办全市农村骨干教师和直属中小学校新任教师培训班,310名来自全市农村各基层学校和直属各中小学校的教师参加了培训。此次培训主要包括初中、小学语文、数学、英语学科。培训内容既有基层教师的专题讲座、一线优秀教师的观摩课、骨干教师的案例分析课,也有国内知名专家的录像课。市教育局邀请了河南师范大学教授王彩琴、开封市教育局基础教研室教师魏进忠为培训班的学员作教材教法的培训和指导。

语言文字工作

【概况】 2011年,市教育局、市语言文字工作委员会组织普通话水平测试10次,教师及社会人员720人次参加,大中专在校学生7 000余人次参加,测试达标率达96%。第14届全国推广普通话宣传周期间,全市教育系统深入学习贯彻《中华人民共和国国家通用语言文字法》,牢固树立依法、规范使用国家通用语言文字法的意识,创新活动内容与形式,举办朗诵、演讲、辩论赛等,营造了浓厚的宣传氛围,拓展宣传的广度与深度,提高了宣传实效。市第二实验小学被国家语委命名为国家级语言文字规范化学校。市阳光小学节目《清塘荷韵》在省文明委举办的红色经典诵读大赛中获优秀奖。市第二实验小学的词朗诵《沁园春·雪》在省教育系统纪念建党90周年"中华颂·颂歌献给党"红色经典诵读大赛中获优秀奖。

(王普进 何雪峰)

·编辑 卢亚杰·

文 化

CULTURE

11 月 6 日，仰韶文化发现九十周年纪念大会在渑池县体育馆举行

综 述

【概况】 2011年,三门峡市文化新闻出版局以不断满足人民群众日益增长的文化需求为着力点,大力实施项目带动战略,圆满完成了各项工作任务。

基础建设 至年底,全市共建有文化馆(群艺馆)7个、图书馆6个、博物馆6个、大型文化广场15个,62个乡(镇)均建立了文化站,1 362个行政村中有1 347个建立了文化大院,城镇社区95%以上建立了文化活动室,文化信息资源共享工程县级支中心6个、乡(镇)基层点37个、村级基层点1 269个,农家书屋1 194个,覆盖全市的公共文化服务体系初步形成。省十项民生工程涉及三门峡市文化新闻出版部门的780个农家书屋建设、82场"舞台艺术送农民"演出及文化馆、图书馆、博物馆等免费开放任务全面完成。文化创建活动势头强劲。义马市通过省级文化先进县验收。市群艺馆、灵宝市文化馆、陕县文化馆、渑池县文化馆被文化部评定为国家一级馆,义马市文化馆被评定为二级文化馆,卢氏县文化馆被评定为三级馆。陕县西张村镇、灵宝市阳平镇被文化部命名为"2011～2013年度中国民间艺术之乡",湖滨区高庙乡、陕县西张村镇南沟村、灵宝市阳平镇被省文化厅命名为"第2批河南省民间文化艺术之乡"。义马市新区街道办事处马岭社区、湖滨区前进街道办事处六楼社区、灵宝市涧西桃林街社区被省文化厅命名为"第2批河南省文化先进社区";义马市千秋路街道办事处、泰山路街道办事处,渑池县陈村乡,陕县宫前乡被省文化厅命名为"第5批河南省文化先进乡(镇、街道办事处)"。

文化项目 作为黄河公园建设的重要组成部分和市委、市政府重点建设项目的虢国博物馆二期工程,建设范围初步商定,可行性报告和规划方案正在修改。义马市鸿庆寺、三门峡市博物馆文物库房等7个项目的中央计划内投资1 662万元已经到位,是全市争取文物保护项目资金到位最多的一年。渑池县文化艺术中心纳入县委、县政府重点建设项目,进行建设前期准备;灵宝市文化活动中心内部的图书馆项目完工并交付使用;卢氏县会展中心项目完成前期论证,开始规划设计;义马图书馆于1月正式对外开放。

社会文化 全市各级文化部门以现有文化基础设施为平台,以重大节假日为契机,共组织开展"魅力三门峡"广场文艺晚会、元宵节社火表演等大型文化活动50余场次,观众达100余万人次,受到一致好评。各窗口单位立足阵地,举办"中流砥柱——三门峡庆祝建党90周年图片展""纪念辛亥革命100周年图片展""虢国历史文化书法展"等各类展览30余场。文化站、文化大院等基层单位经常举办丰富多彩的文化活动,市、县、乡、村四级公共文化基础设施的作用得到进一步发挥。

文化遗产 古丝绸之路陕县崤函古道申遗项目建设顺利推进,被列入国家、省重点资金支持项目,中央计划内投资500万元已经到位。虢国博物馆打造"动态博物馆",在原有基本展览和模拟考古钻探发掘体验区、虢国雕塑展区外,新增古钟及文物复制品展览等游客互动项目。市博物馆、车马坑陈列馆强化现有展览的提升改造。文物库房建设取得阶段性成果,市博物馆文物库房工程300万元中央投资资金拨付到位,完成工程设计、造价、招标工作;市文物考古研究所筹措资金新建文物库房。第3次全国文物普查工作进入收尾阶段,卢氏县被省文物局列为红色文物点重点关注区域。文物安全工作扎实有效,通过签订责任书、完善制度、加大检查力度和提升安放技防设备等多项措施,确保了馆(库)藏文物和田野文物安全。举办"5·18国际博物馆日""6·11全国文化遗产日"等宣传活动,提高了群众的文物保护意识。经市政府批准同意,加挂"三门峡市文物局"牌子,人员编制不变。国家级非物质文化遗产保护项目——灵宝和卢氏剪纸获得2011年度国家非物质文化遗产保护专项资金50万元,"地坑院营造技艺"项目被列入国家级非物质文化遗产名录扩展项目名录。《记忆中原——河南非物质文化遗产资源汇编·三门峡卷》编撰工作正在进行。完成第3批省级非物质文化遗产名录项目、第4批国家级非物质文化遗产项目代表性传承人、国家非物质文化遗产名录项目补助经费的申报工作。开展河南省珍贵古籍名录申报工作,共申报二级古籍书目26册、三级古籍书目48册。

市场管理 组织开展"扫黄打非"、网吧和出版物市场整治等大型专项行动20次,检查经营单位4 000余家次,处理违规单位50家次,吊销文化市场经营许可证2家,收缴各类非法出版物3万余件。举办全市网吧、娱乐场所法人法规政策培训班3期,大型宣传活动4次,营造了良好的文化氛围。建立文化市场、出版物市场台账及行政执法报告评价制度,严格审批管理,强化日常监管。制定游艺娱乐场所3年发展规划,审批10家游艺娱乐场所,填补了三门峡市十几年没有游艺娱乐场所的空白。推进网吧连锁化工作,成立网吧连锁企业1家,筹备2家,使网吧经营由分散的个体、独资经营向连锁企业发展。

艺术事业 市豫剧团全年完成营业性演出146场,排演的现代豫剧《红高粱》荣获河南省文华大奖第4名、戏剧类第2名、省辖市21台参赛戏剧第1名,第2届中国豫剧节银奖二等奖。艺术创作成果显著。全年全市共创作各类剧本20部,其中山东快书《天上掉下来亲爸妈》、小品《公仆的情怀》分别获"中华颂"第3届全国小戏小品曲艺大展一、二等奖,《两代村支书》被黑龙江话剧院搬上舞台。全市首部戏剧艺术评论集《侃戏》由中国戏剧出版社出版。

文化体制改革和文化产业 全市文化市场综合执法改革完成,全系统9个事业单位、226个岗位设置和聘任工作完成,实现了事业单位由身份管理向岗位管理的转变。文化产业园区建设进展顺利。老子文化园完成投资6 310万元,累计投资24 110万元,老子圣像、老子广场、关楼广场垫层建设竣工。仰韶文化园累计完成投资5 130万元,园区重点工程仰韶文化博物馆于11月初正式对外开放。加大对文化企业的扶持力度。全年共向省级部门申请招商项目13个、拟贷款项目2个,帮助灵宝市凯乐商贸有限责任公司完成2011年省级文化产业发展专项资金申报工作。向市人行、市科技局、市人力资源和社会保障局推荐企业融资、科技专项资金、小额资金贷款项目14个。加大产品推介力度。组织企业参加2011年(第6届)中国义乌文化产品交易博览会、深圳文博会、洛阳牡丹花会等展销活动,展出仰韶彩陶、虢州石砚等特色产品50余种,签订销售合同2个,金额50万元;签订协议订单6个,金额180万元。灵宝市焦村镇、陕县西张村镇、渑池县南村乡被省文化厅命名为第2批"河南省文化产业特色乡村"。三门峡市三人形象策划有限公司、三门峡市香山红叶饮食娱乐有限公司被省文化厅命名为"河南省第4批文化产业示范基地",三门峡市香山红叶饮食娱乐有限公司、三门峡绝伦彩印有限公司、三门峡胜利文化传播有限公司、三门峡影苑饮食娱乐有限公司、灵宝市罗门婚纱摄影有限责任公司、渑池县韶韵轩旅游商品开发有限公司、卢氏县博洛文化艺术有限公司被市文化新闻出版局命名为第3批"三门峡市文化产业示范基地"。李彬子(艺术陶瓷类)、杨栓朝(艺术陶瓷类)、陈占第(其他工艺美术类)、杨尚良(其他工艺美术类)4人荣获"第6届河南省工艺美术大师"称号。

文化科研与交流 全年全市文化新闻出版系统的专业人员在《中国文化报》《中国文物报》《河南日报》等知名报纸、杂志上发表宣传和理论文章120余篇,在河南电视台举办文物鉴赏知识讲座2批次、91期,出版《叩开虢国之门》《侃戏》《民间古玉鉴藏》3部专业理论著作。

【市豫剧团赴台湾演出】 5月30日至6月5日,三门峡市豫剧团应台湾传统文化艺术中心邀请,赴台湾参加"2011夏之礼赞·两岸青春豫剧周"文化交流活动,演出6场,与台湾豫剧团演员切磋技艺,取得圆满成功。5月31日上午,市豫剧团与台湾梨春园北管乐团和雅正斋南管乐团一起,同台演出折子戏《认子》;晚上,在台湾戏剧馆上演大型历史剧《虢都遗恨》,得到台北观众的高度评价。6月1日,在台湾传统文化艺术广场的文昌祠,市豫剧团演出两场折子戏。在高雄市,6月4日晚,市豫剧团与台湾豫剧团同台合演大型古装剧《三娘教子》;6月5日晚,市豫剧团单独演出《虢都遗恨》。台湾传统文化艺术中心也拿出豫剧折子戏进行交流演出。

【地坑院营造技艺被列入第3批国家级"非遗"扩展名录】 6月10日,国务院公布第3批国家级非物质文化遗产名录和扩展项目名录,三门峡市地坑院营造技艺被列入国家级非物质文化遗产名录扩展项目名录。地坑院是豫西地区一种独特的民居形式,主要分布在陕县西张村镇、张汴乡、菜园乡和张湾乡境内。地坑院营造技艺是一种独特的民间建筑技艺,具有较高的建筑学、民俗学价值。

【在第6届河南省少儿文化艺术节上获佳绩】 7月20日,第6届河南省少儿文化艺术节获奖结果出炉,三门峡市共有41件作品(节目)获奖。其中,舞蹈《丰收的南瓜园》、合唱《赋得古草原送别》等4个节目分获动态类一、三等奖,37件作品获静态类书法、美术、摄影类重要奖项。市教育局、河南省宋庆龄基金会三门峡办事处、市群众艺术馆荣获集体组织奖,陶可、董富壤荣获个人组织奖。

5月18日,举行第17届中国(三门峡)国际黄河旅游节开幕式文艺演出

【市豫剧团排演的《红高粱》荣获第12届河南省戏剧大赛文华大奖第4名、第2届中国豫剧节二等奖】 8月17日,河南省舞台艺术新剧目展演暨第12届戏剧大赛评比结果揭晓。市豫剧团排演的现代豫剧《红高粱》在34台参赛剧目中脱颖而出,荣获河南省文华大奖第4名(全省共12名)、戏剧类第2名、省辖市21台参赛戏剧第1名,并获文华剧作奖、文华导演奖、文华音乐创作奖、文华舞台美术奖。主演史茹、李永利获文华表演一等奖,余鸿谦获文华表演二等奖。市文化新闻出版局荣获优秀组织工作奖。《红高粱》充分展示了中华民族反抗侵略的爱国精神,演绎了草根抗日不屈不挠的民族气概。9月17日至28日,由文化部艺术司、河南省文化厅、郑州市人民政府、中华豫剧文化促进会共同主办的第2届中国豫剧节在郑州市举办,由三门峡市豫剧团排演的《红高粱》与12个省的15台参赛剧目同台竞技,荣获二等奖,主演史茹、李永利获表演奖。

【《三门峡市基层公共文化设施管理试行办法》出台】 为进一步加强对公共文化设施的管理和使用,充分发挥其功能性、公益性和使用率,切实满足和保障群众日益增长的精神文化需求,9月19日,市文化新闻出版局出台《三门峡市基层公共文化设施管理试行办法》。该办法以国务院《公共文化体育设施条例》、文化部《群众艺术馆文化馆管理办法》等为依据,结合三门峡市实际,在广泛征求意见的基础上制定而成。《办法》一是明确规定了三门峡市公共文化设施的管理范围,主要包括由政府、集体、社会团体出资兴建或个人捐赠的,向公众开放的公益性文化馆、图书馆、文化站、农村文化大院、社区文化活动中心(室)的建筑物、场地和设备等。二是明确规定了管理职责,实行分级管理责任制。按照"统一领导、分级负责、责任到人"的原则,明确市、县、乡(镇)、村、社区责任人的职责。市、县文化广电新闻出版局是基层公共文化设施设备管理的监管部门,负责基层文化设施设备的宏观管理,制定设施设备管理规章制度,并指导实施和监督检查。三是明确规定管理标准。要求各级公共文化设施管理单位,针对设备配置情况建立、健全本单位专业设备的采购、登记、保管等配套制度,建立台账,实行备案管理;在维护和保养上,切实做好防盗、防雷、防火、防潮、防尘、防漏等工作及定期安全检查,发现隐患要立即整改并做好记录;日常维护修缮由各级设施管理单位负责,大项维修按规定纳入政府投资项目专项拨款渠道申报。《办法》的出台,将对规范三门峡市基层公共文化设施管理工作起到推动作用。

【艺术评论集《侃戏》出版发行】 10月18日,市艺术研究所黄森林撰写的艺术评论集《侃戏》由中国戏剧出版社出版发行。该书收录的40余篇戏剧评论,均在《中国文化报》《中国戏剧》《中国戏曲学院学报》《中国曲艺》等国家级或省级刊物(核心期刊)发表,其中多篇文章还曾获文化部"我与改革开放三十年"征文奖、中国戏剧文学奖"理论奖"等。

【《天上掉下来亲爸妈》《公仆的情怀》分获"中华颂"第3届全国小戏小品曲艺作品大展一、二等奖】 10月,由文化部艺术发展中心、中国戏剧家协会艺术发展中心主办,北京世纪文华传媒协办的"中华颂"全国小戏小品曲艺作品大展评奖揭晓,三门峡市艺术研究所黄森林创作的山东快书《天上掉下来亲爸妈》获曲艺类一等奖,灵宝市文化广电新闻出版局许铁军创作的小品《公仆的情怀》荣获二等奖,并被录入在中国文联出版社出版的《中华颂——全国小戏小品曲艺作品选集》(第3卷)。

【三门峡人南江发明的世界首支电声葫芦丝获国家专利】 11月,三门峡人南江发明的世界首支能在舞台上演奏自如、音量均衡、音色扩展至数十种音效的电声葫芦丝获国家专利。电声葫芦丝,包括葫芦、主管、主管簧片、拾音器、连接线、无线发射装置等部分。将拾音器安装在主管上端,拾取主管簧片发出的声音,通过连接线传输到无线发射装置,再由无线发射装置把音频信号发射至接收设备,接收设备包括无线接收器、效果器、扩音设备等,这样经过效果器后,就可变换出丰富多彩的音色,使葫芦丝的音色得以扩展。

【《三门峡仰韶文化研究》出版发行】 11月,由三门峡职业技术学院教授、副院长李久昌主编,倪玲玲、樊莉娜任副主编的大型学术文献集《三门峡仰韶文化研究》由河南科学技术出版社出版发行。《三门峡仰韶文化研究》选入论文116篇、280万字,分为仰韶村与仰韶文化研究,庙底沟与庙底沟文化研究,黄帝铸鼎原聚落遗址群研究,班村、南交口等遗址研究,发现与研究回顾5个部分。全书较系统地回顾、总结了90年来学术界对三门峡地区仰韶文化研究的历程与丰硕成果,具有极强的资料性、较高的研究水准和重要的学术价值。著名考古学家、北京大学教授严文明,河南博物馆原馆长许顺湛分别为该书作序。

【7个项目被列入第3批省级"非遗"名录】 12月19日,省政府公布第3批省级非物质文化遗产名录和扩展项目名录,三门峡市的老子传说(民间文学类)、灵宝刺绣(传统美术类)、十盘(传统音乐类)、黄河号子(传统音乐类)、捶草印花技艺(传统技艺类)、棉布豆花印染技艺(传统技艺类)、黄家烧伤药膜(传统医药类)7个项目榜上有名。

【全省文化局长座谈会在三门峡市召开】 7月15日,全省文化局长座谈会在三门峡市召开,传达了全国文化厅局长座谈会精神,总结交流上半年文化工作,研究部署下半年工作。会议还讨论研究推动文化实现科学发展需要进一步解决的问题,总结各地文化建设经验,力促年度文化建设各项目标任务的全面完成。省文化厅厅长杨丽萍,市委常委、宣传部部长李立江出席会议。 (黄云启)

文 物

【概况】 2011年,三门峡市文物工作坚持"保护为主、抢救第一、合理利用、加强管理"的方针,取得新进展。

文物普查 文物普查工作进入扫尾阶段。市文物办按照国家、省文物主管部门的技术标准,6次修改完善文物普查有关数据资料,编写全市文物普查报告,共登录不可移动文物点3 413处,其中新发现2 777处、复查636处。结合文物普查工作,按照省文物局文件精神要求,上报全市50余处红色文物点的基本情况,卢氏县被省文物局列为红色文物点重点关注区域。

遗址保护 古丝绸之路陕县崤函古道申遗项目建设顺利推进,列入国家、省重点资金支持项目,中央计划内投资500万元已经到位。市车马坑陈列馆展厅改造提升工程竣工并投入使用。市博物馆"华夏文明溯源展厅"改造提升工程于9月底完工并开展。宝塔苑亮化工程完工。虢国博物馆二期工程可行性研究报告和规划方案正在编制。庙底沟遗址保护纳入市政府城市文化公园项目建设中。修改完善三门峡市"十二五"期间文物项目建设库,上报省发改委、省文物局。三门峡市从国家发改委、国家文物局、省文物局、省发改委等单位争取的1 667万元文物保护项目资金全部下拨到位,共涉及8处文物保护单位,是历年来争取资金最多的一年。铸鼎原文管所坚持每月到北阳平和西坡遗址巡查2次至3次,对两遗址重点保护区范围内设定的10个病害处理试验点进行认真观察和记录,确定最佳保护方案,并为铸鼎原境内其他遗址的断崖坍塌加固保护提供科学数据。

文物安全和行政执法 全年开展多次全市性的文物安全大检查。做好全市6个全国重点文物保护单位的日常安全检查和月报告工作。5月,市文物办针对虢国博物馆内15号震动井不断出现报警的情况,协同虢国博物馆、公安派出所进行拉网式排查,共检查19个单位、80多户商家和住户,排除了安全隐患。6月15日,市文物办联合市公安局召开全市打击文物犯罪专项行动动员部署会议。做好对庙底沟遗址、李家窑遗址的日常巡查工作,严肃处理违章建筑事件,确保了遗址安全。全年共依法查处5起违法施工工程,促使其进入考古调查勘探程序。文物库房建设取得阶段性成果。市博物馆文物库房工程300万元中央投资资金拨付到位，工程设计、造价、招标工作已经完成。

文物勘探发掘工作　市文物考古研究所共完成连霍高速扩建工程、三淅高速公路等文物调查勘探发掘项目37个，调查、勘探、发掘面积达60余万平方米，发现墓葬近300座，发掘墓葬185座，出土文物600余件，保证了文物安全及全市重点项目的顺利进行。

博物馆工作　渑池县仰韶文化博物馆投入使用。灵宝市新建博物馆陈列形式设计由省文物局专家组进行了实地调查、讨论。全市符合免费开放条件的博物馆、纪念馆继续免费开放，虢国博物馆、市车马坑陈列馆等在“5·18国际博物馆日”“6·11中国文化遗产日”等节日之际向观众实行参观优惠政策，做好为中小学生、现役军人、伤残军人、老年人等社会特殊群体减免优惠门票工作，收到了良好的社会效益。

文物法律法规宣传　全市各文博单位在“5·18国际博物馆日”“6·11中国文化遗产日”之际，开展宣传活动，提高群众的文物保护意识。6月11日，市文物办联合市群艺馆在湖滨广场开展宣传活动，围绕“保护文化遗产，传承中华文明”主题，采取悬挂横幅、版面展示、散发宣传单、剪纸演示、秧歌锣鼓表演、电视采访等多种形式，全方位、多角度地展示了三门峡市深厚的文化遗产资源，宣传了文化遗产保护知识。

【《三门峡地区考古集成》出版发行】　9月10日，三门峡职业技术学院教授李久昌、倪玲玲和市文化局研究员许海星等主编的大型学术文献《三门峡地区考古集成》由大象出版社出版发行。《三门峡地区考古集成》全面、系统地收集和整理自1923年瑞典考古学家安特生发表的第一篇三门峡考古文献《中华远古之文化》以后至2010年三门峡地区的考古文献，包括考古发掘报告、简报、简讯和其他报道材料，按专题和类别编成5编，分为上下2卷，260余万字。它的出版，为三门峡地区考古及历史文化研究构建了一个完备的基础文献库，对研究中国考古及历史文化也具有十分重要的意义。中国社会科学院学部委员、考古研究所原所长刘庆柱为该书作序。

【“崤函古韵——三门峡通史陈列”开展】　9月30日上午，“崤函古韵——三门峡通史陈列”展览在三门峡市博物馆开展，众多代表三门峡悠久历史的精品文物首次与观众见面。展览主展线长169米，副展线长60米，展出出土文物500多件，其中一、二、三级国家珍贵文物近400件。展览共分4个部分：第一部分“人文初启”，通过化石、石器、彩陶展示了三门峡远古时期和新旧石器时代的历史风貌；第二部分“古代文明”，以大量的青铜器、兵器和陶器，展示了夏商周时期古人在三门峡地区创造的辉煌业绩；第三部分“弘农烟雨”，通过出土的秦汉魏晋南北朝时期的大量文物，展示了这个时期中国大统一、大分裂的历史变迁；第四部分“陕虢遗风”，以大量瓷器、铜镜、金器等文物，反映了三门峡地区伴随着中国封建社会由鼎盛转为衰亡的历史激荡。为了配合此次展览，三门峡博物馆投资近200万元、历时70余天，对馆舍环境和硬件设施进行了升级改造，使其面貌一新。　（黄云启）

广播电影电视

【概况】　2011年，三门峡市广播电影电视系统牢牢把握正确舆论导向，确保安全播出，依法加强管理，加快事业产业发展，各项工作保持了良好的发展态势，为建设创新开放、富裕文明、平安和谐、生态宜居三门峡提供了强有力的舆论支持、思想保证和文化环境。

宣传工作　内宣方面，全市广电系统圆满完成了各重大活动、重要任务、重大节点的宣传报道任务。全年全市广电媒体共刊播新闻稿件29 728条（篇），其中局属各新闻媒体共刊播新闻稿件13 278条（篇）：三门峡人民广播电台播出新闻稿件5 780条；三门峡电视台、三门峡电视公共频道播出新闻稿件6 691条；三门峡广播电视报社全年发行报纸52期，刊发新闻稿件2 900余条（篇）。外宣方面，强力实施“头题战略”，加大在重要版面、重要时段刊播大篇幅、有较大影响的重头稿件的力度，加大在中央、省两级媒体上正面宣传三门峡的力度。全市广电系统全年在省以上媒体外宣发稿1 287条，其中三门峡人民广播电台外宣发稿341条、三门峡电视台外宣发稿460条、三门峡电视公共频道外宣发稿120余条、三门峡广播电视报社在“一社四报”上发稿22条（篇），有力地宣传了三门峡，提升了三门峡的知名度和美誉度。共有78篇作品荣获省级以上奖项。

文化活动　全年市属广电媒体共举办30余场文化活动。其中，三门峡人民广播电台组织“爱心送考”大型公益活动、庆祝建党90周年大型魔术晚会等活动4个。三门峡电视台组织大型文化活动19个，其中“春之光——2011三门峡春节电视文艺晚会”和“黄河旅游节——黄河颂诗歌朗诵会”等社会反响好、经济效益好。三门峡电视公共频道筹拍首部自制电影《天鹅城的故事》，获得三门峡市“五个一工程”一等奖；举办“我是明星”演员选秀活动、首届婚庆产业博览会、“你最有才”走进三门峡文艺晚会等大型文化活动。三门峡广播电视报社策划主办“江阴摄影家看三门峡”等7场大型活动。各县（市）也举办了丰富多彩的文化活动。渑池县举办仰韶文化活动周大型文化活动，卢氏县举办“情系三淅高速”专场文艺演出两场及青春建功歌唱卢氏原唱歌曲演唱会等文化活动，灵宝市举办“快乐大通关”“购丰大舞台”“青年歌手大赛”等文化活动。

事业建设　全市广电系统全年共投入291万元购置广播直播车、采录编设备及数字电影放映设备，为广电事业快速发展奠定了基础。12月28日上午，三门峡传媒大厦开工建设。全年全市共铺设光缆843公里、干线电缆2 046公里，新增光节点752个，新入网2 691户，累计转换数字电视用户5 027户。各县（市）也加大事业发展力度。义马市投资43.65万元，购置相关设备，建成“义马新闻网”，开办“义马手机报”；引资360万元，建成义马鸿庆影城，包括3个放映厅、999个座位，于6月16日投入使用。渑池县投资2 720万元，完成广电网络中心主体工程和内外装修。陕县投资33.6万元，对张汴发射台和金银山转播台广播发射设备进行升级改造；全年用于网络建设的资金达80余万元。灵宝市利用北欧投资银行贷款项目,完成电视演播厅400盏灯的安装调试;完成城网转换2 000余户,农网转换8 871户。卢氏县做好全县倒房重建安置点的广播电视入户工作,通过有线电视网络在乡(镇)所在地开通卢氏人民广播电台信号;投资800万元,完成卢氏生态休闲园广场的4块LED大屏幕建设工程。

电影事业 按照"企业经营、市场运作、政府购买、农民受惠"的农村电影发展思路,建立公共服务和市场运作相协调、固定放映和流动放映相结合的农村电影服务体系。市电影公司完成"一月一村一场"公益电影放映任务,放映农村公益电影16 104场。黄河影城全年票房收入同比增长20%,2号厅2K数字放映设备安装并投入使用。

管理工作 市广播电影电视局坚持集中整顿和平时监管相结合,使行业管理和机关内部管理走上科学化、规范化轨道。加强广告管理,荣获"全省广告管理先进单位"称号。加强广播影视行业管理。制定上报《20户以下自然村"村村通"工程建设方案》等,启动"十二五"期间20户以下自然村"村村通"工程。组织开展防范和查处"非法电视台"、整治虚假违法广告、打击非法"网络共享"网站及设备产品专项治理等行动,完成全市8个广播电视播出机构许可证换发工作。组织广电系统各单位参加全省广播电视技术类奖项评比,其中广播节目技术质量奖获奖作品10件,电视节目技术质量奖获奖作品12件,技术能手竞赛获奖3人,优秀科技论文获奖15篇,技术维护先进集体获奖2个,先进个人获奖5人。确保安全播出无事故,圆满完成"春节""两会""国庆"等重要保障期的安全播出工作。

"走基层、转作风、改文风"活动 市广播电影电视局引导广大新闻记者深入一线采访,以实际行动切实推进"走、转、改"活动在广电系统中深入开展。8月18日,市广播电影电视局组织系统20多名记者,走入速达公司,利用一周的时间,在生产一线、科研实验室、新厂区建设工地,和速达集团的员工亲密接触,深入发掘、深度报道,现场采写真实生动的一手资料。9月2日,市广播电影电视局组织开展"三门峡市汉山杯广电媒体采风活动",抽调市直广电系统16名骨干记者深入汉山,以"汉山风景"为主题制作广播专题、电视风光片及摄影专版等作品,并对各单位制作的作品进行评奖。9月10日晚,市广播电影电视局组织优秀青年歌手和部分优秀编辑、记者60多人,赴灵宝某驻军部队进行慰问演出。

【三门峡传媒大厦开工建设】 12月28日上午,三门峡传媒大厦开工建设。市委书记杨树平发出开工令。三门峡传媒大厦地址南临三门峡文化体育中心,处于209国道与甘棠路之间,占地面积4万余平方米,建筑立体高度188米,总建筑面积9.9万平方米,共40层,其中地下两层、地上38层。设计造型为三级体型节节升高,寓意着三门峡市经济社会发展蒸蒸日上。三门峡传媒大厦计划工期30个月,建成后将成为三门峡市又一地标性建筑,对提升三门峡城市形象,推动全市新闻出版、文化传媒产业上规模、上水平具有非常重要的现实意义。

【加强栏目建设】 2011年,全市广电系统以"加大栏目建设力度,倾力打造品牌栏目"为目标,加大对栏目的优胜劣汰、推陈出新力度,栏目建设取得新突破。三门峡人民广播电台开办早间道、戏迷乐园等6档全新栏目;对"104"生活服务热线、美食娱乐大搜索进行改版;将行风热线栏目更名为政风行风热线栏目,上线单位从32家增至76家,主要领导上线率达到100%;增加民生栏目有事您说话的播放次数;在车来车往栏目中新设"出门看天气"板块,提高节目实用性。三门峡电视台新增《财经周刊》和《走进银行业》两个栏目。三门峡电视公共频道在《映像·三门峡》栏目推出"我爱我家"板块;重点推出《文明伴我行》《绿色三门峡》《督查在线》等联办栏目,成为系列品牌栏目。三门峡广播电视报社全年开设《农村新貌》《关注民生》《娱乐新闻》等17个专栏,服务民生。各县(市)广电媒体也打造了一些富有当地特色的精品栏目。卢氏县开办《火热店铺》《卢氏原创》栏目,陕县开办《陕州风光》《黄土地》栏目,义马市开办《万家灯火》《快乐生活一点通》栏目,渑池县开办《渑池快报》栏目等,均收到了良好的社会效果。 (丁 君)

党史与地方史志

【概况】 2011年,三门峡市委党史地方史志办公室紧抓机遇,持续求进,积极作为,实现了党史地方史志工作又好又快发展。市编办同意市委党史方志办增设大事月报科,增加编制3人。8月,三门峡市人民政府为市委党史地方史志办公室记集体二等功一次。

党史资料征集工作稳步推进。完成大事记月记年编。编写2010年三门峡党史大事年编20条、2万字,在《三门峡史志》刊载;按照省委党史研究室要求,整理上报2010年三门峡大事年编132条。完成市本级大事记337条,上报省委党史研究室283条,被《河南党史》采用情况居全省第7位。开展改革开放新时期党史专题和党史人物资料征集工作。

党史研究进一步深化。《中共三门峡历史》(第二卷)征求意见稿收集反馈意见500余条,完成部分书稿修改。《崤函见证——河南省三门峡市抗战时期人口伤亡和财产损失调查》一书由中共党史出版社正式出版。《豫鄂陕四分区史略》完成修改稿,召开了内部评稿会,补充3万余字。

革命遗址普查进入编纂出书阶段。9月至10月,市委党史方志办组织市、县党史工作人员补充修改革命遗址普查丛书省编本。11月,革命遗址普查丛书市编本启动编纂,将2010年普查遗漏的重要革命遗址和1949年后的红色遗址共80个增补进市编本。市委党史方志办承担了三门峡经济开发区和产业集聚区6个革命遗址的普查任务。渑池县委党史方志办编纂出版革命遗址普查资料汇编《红色足迹》。陕县县委党史方志办编纂出版革命遗址普查资料汇编《红色档案》。

开展党史宣传教育、资政经常性工作。市委党史方志办精心组织建党90周年纪念活动,会同市委宣传部、市社科联开展纪念建党90周年理论征文活动;会同市委组织部、市委宣传部联合下发《关于认真组织学习宣传〈中国共产党历史〉第二卷的通知》,会同市委组织部、市委宣传部、市教育局、团市委联合下发《关于在全市党员、干部、群众和青少年中开展中共党史学习教育的通知》,在全市开展《中国共产党历史》第二卷学习和中共党史学习教育活动;举办“中流砥柱——庆祝中国共产党成立90周年图片展”,全方位展示90年来全市革命、建设和改革发展的奋斗历程和辉煌业绩。8月,为迎接市六次党代会召开,市委党史方志办配合三门峡电视台开办《奋进的足迹》栏目,从党史角度回顾、分析三门峡市第一次至第五次党代会有关情况,展望市六次党代会。共参加节目录制6期,时长约20分钟,8月下旬在《三门峡新闻联播》播出。与市教育局、团市委、市关工委等部门共同组织开展党史电影《守望明天》展演。整理上报渑池刘少奇旧居、黄河三门峡水利枢纽工程相关文字、光盘、图片资料,参加全省党史教育基地评选。

《三门峡市志(1991～2000)》出版发行,受到专家学者和社会各界的好评。8月12日,召开《三门峡市志(1991～2000)》首发式及总结表彰大会。地情丛书、部门志、专业志、行业志、乡村志编写和旧志整理进展顺利。市委党史方志办组织人员编写《三门峡市情概览》(三门峡地情知识题库),已完成20余万字;组织编写《三门峡投资指南》,为服务三门峡“三大战略”“四大一高”建设发挥地情咨询作用。市、县两级党史方志部门指导编纂部门志、专业志、行业志等13部,涉及财政、教育、纪检、军事、公安、林业、黄金、乡(镇)、村等行业和部门,其中《三门峡市黄金志》已出版,《川口村志》正在印刷,《三门峡市教育志》完成评审稿,《灵宝苹果志》《灵宝市纪律检查委员会志》出版发行,《陕县财政志》《卢氏县林业志》《卢氏县公安志》完成初稿,《灵宝市教育志》《灵宝市财政志》《渑池县群众工作志》《渑池县军事志》正在编纂。旧志整理实现新突破。市本级于年底完成清乾隆《直隶陕州志》20余万字点校整理工作。渑池县完成民国十七年《渑池县志》21卷、100万字的整理点校,由中州古籍出版社出版发行。灵宝市完成民国二十四年《灵宝县志》6册整理工作。卢氏县完成清光绪《卢氏县志》整理工作。陕县完成民国《陕县志》1册、3卷、3万余字的整理工作。

《三门峡年鉴》编纂工作位居全国先进行列。9月,《三门峡年鉴(2010)》荣获第5届全国年鉴编校质量检查评比一等奖。12月,《三门峡年鉴(2011)》由方志出版社出版发行。

《三门峡大事月报》紧紧围绕市委、市政府工作大局,为各级党委、政府提供优质大事信息服务。全年编发12期、71.66万字,收录大事2 055条、照片237幅、资政报告6篇。全年共上报12期、246条、7.78万字,被省大事月报采用45条。

《三门峡史志》坚持“提供知识、交流成果、指导工作、服务现实”的办刊宗旨,拓宽稿源渠道,丰富稿件资料,细审精编刊物内容,刊物质量进一步提高。

注重利用地方史志成果,服务经济社会发展。三门峡市党史方志馆进入布展规划设计阶段。地情数据库建设位居全省先进行列。崤函网信息量达600万字,访问量达40余万人次。市本级首轮志书、5部《三门峡年鉴》和《三门峡革命史》1 000余万字入库,6个县(市)区首轮志书全部实现入库上网。市委党史方志办为三门峡市城市空间发展战略研究、市政府网站、中央电视台《欢乐中国行》栏目、市科协、市商务局等提供三门峡市地情资料1 000余万字。

举办纪念三门峡党史机构成立30周年、社会主义新方志编修30周年座谈会和成果展。11月30日,召开座谈会,市委常委、秘书长姜继鼎,市长助理张万斌出席会议并讲话。同时举办“卅载史乘、铁笔华章——三门峡市党史地方史志工作30年成果展”。展览先后在市委、市政府办公楼和崤山路展出,对宣传党史方志工作、增强社会各界对党史方志工作的了解起到了积极作用。

(卢亚杰)

【开展纪念建党90周年系列活动】 1月14日,为庆祝建党90周年,市委宣传部、市委党史方志办、市社科联联合组织开展纪念中国共产党成立90周年理论文章征集活动。征文要求以“中国共产党领导革命、建设和改革的成功实践、基本理论和宝贵经验”为主题,全市共收到论文40余篇。6月上旬,经论文评审组评审,评出一等奖4篇、二等奖5篇、三等奖8篇。其中,市委党史方志办张安滨撰写的《马克思主义中国化历程特点与启示》等4篇文章入选河南省党史系统纪念建党90周年学术研讨会。3月3日,市委党史方志办会同市委组织部、市委宣传部联合下发《关于认真组织学习宣传〈中国共产党历史〉第二卷的通知》,会同市委组织部、市委宣传部、市教育局、团市委联合下发《关于在全市党员、干部、群众和青少年中开展中共党史学习教育的通知》,对全市开展《中国共产党历史》第二卷学习和中共党史学习教育活动进行部署。5月至8月,市委党史方志办在《三门峡日报》开设“红色记忆”专栏,共刊出《工运风暴播火种——记三门峡早期中共组织的建立》《红军浴血卢灵边——记三支红军在三门峡的活动》《抗日烽火燃崤函——记渑池八路军兵站的建立和活动》《万里黄河第一坝——记三门峡水利枢纽工程建设》《丹心向党铸忠魂——记三门峡党史上的英模群体》等党史文章21篇。6月17日,市委党史方志办承办的“中流砥柱——庆祝中国共产党成立90周年图片展”在市博物馆开幕。市委书记李文慧为展览题写展名。展览按历史时期分为“新民主主义革命时期”“社会主义革命和建设阶段”“改革开放和现代化建设新阶段”三大部分,展出图片400余幅,全方位展示90年来全市革命、建设和改革发展的奋斗历程和辉煌业绩。室外展由68块展版组成,6月下旬在湖滨广场展出,全市各界5万余人观看了展览。6月,市委党史方志办与市委组织部、市委宣传部、市直工委、三门峡日报社联合举办党史知识竞赛。竞赛题目在《三门峡日报》登载,全市1 482名干部群众参与竞赛。经抽奖,产生一等奖5名、二等奖15名、三等奖30名。

【《崤函见证——河南省三门峡市抗战时期人口伤亡和财产损失调查》出版】

12月,市委党史方志办编纂的《崤函见证——河南省三门峡市抗战时期人口伤亡和财产损失调查》一书由中共党史出版社正式出版。该书为国家社科基金特别委托项目——“抗战时期中国人口伤亡和财产损失”子课题“三门峡市抗战时期人口伤亡和财产损失调查”成果汇集,共13万字,包括综合调研报告、档案资料、口述资料、文献资料、专题调研报告、大事记6个部分,从不同角度反映了三门峡市抗战时期人口伤亡和财产损失情况。（韩 霞）

【举行《三门峡市志(1991~2000)》首发式暨总结表彰大会】 8月12日,《三门峡市志(1991~2000)》首发式暨总结表彰大会在市政府6楼会议室举行。河南省地方史志编纂委员会秘书长、省地方史志办公室主任霍宪章,市委常委、秘书长赵中生,市人大常委会副主任李宝鸿,市政协副主席陈雪平,市长助理张万斌,三门峡军分区政治部主任陈俭富出席仪式。会上,市委党史方志办主任、《三门峡市志(1991~2000)》主编李健介绍市志编纂情况,张万斌宣读了市政府关于为市委党史地方史志办公室记二等功的决定及市地方史志编纂委员会关于表彰先进供稿单位和个人的决定,霍宪章、赵中生分别作重要讲话。与会领导向市一高、市委党校、三门峡军分区等单位赠送《三门峡市志(1991~2000)》。《三门峡市志(1991~2000)》真实记载了1991年至2000年三门峡市自然、经济、政治、文化、社会等各个方面的发展历史,体现了浓郁的地方特色和鲜明的时代精神,是一部集思想性、科学性、资料性和权威性为一体的重要地方文献。（王惠娟）

【《三门峡年鉴(2011)》出版发行】 12月,《三门峡年鉴(2011)》由方志出版社出版发行。全书共32个类目、203个分目(含20个亚分目)、1 318个条目、100万字,随文附彩色图片300余幅、黑白图片100余幅。该书在“专记”类目中,增设“四大一高”建设篇,在彩页中增设“荣誉三门峡”“数字三门峡”等;表格首次采用双色印刷,更加美观、醒目;在年鉴正文的编排上,添加有代表意义的类目页图片,并大幅增加随文图照的数量,充分彰显了浓郁的时代特色和地方特色,成为社会各界了解三门峡、研究三门峡的一个良好的窗口。

（周 青 李艺芬）

三门峡日报

【概况】 2011年,三门峡日报社紧紧围绕市委、市政府的中心工作,坚持正确的舆论导向,求实创新、激发活力,使报纸从内容到形式发生了重大变化。以“创先争优 服务大局 努力实现报业发展新跨越”为主题,以深入开展“报纸质量提升年”等活动为载体,积极探索事业发展新思路,印刷质量跨入省一级报纸行列,广告经营收入同比增长10%,报纸发行突破3万份。全年出版《三门峡日报》259期,《西部晨风》246期。三门峡日报社先后获得“河南省希望工程20年新闻宣传奖集体”“全市宣传思想工作先进单位”、全市“五一劳动奖章”等称号。有63篇作品获省、地市级党报新闻奖。三门峡日报社记者在《人民日报》、新华社、《光明日报》《经济日报》《河南日报》等主流媒体发稿80余篇(幅),在人民网、新华网、光明网、中国经济网、大河网、新浪网等主流媒体网站和门户网站发稿2 000多篇(幅)。

【认真落实省委书记卢展工讲话精神】 2月25日至27日,省委书记、省人大常委会主任卢展工深入三门峡市湖滨区、灵宝市、卢氏县,走村访镇,与基层干部群众面对面交流,倾听他们的意见建议和心声。卢展工强调,党的路线方针政策,党委、政府的决策部署说到底都要靠基层来落实,最后落到基层才能算落实,要更多地着眼基层、依靠基层、着力基层、服务基层,把抓基层打基础的工作做得更好。为了认真学习、深入领会省委书记卢展工在三门峡调研期间的讲话精神,《三门峡日报》发挥主流媒体作用,狠抓三个重点,凸现党报特色,使全市落实省委书记卢展工讲话精神的活动逐步引向深入。一是加大报道力度,营造舆论氛围。《三门峡日报》自3月1日起,在要闻版开设《着眼基层,依靠基层,着力基层,服务基层》专栏,先后刊发市人大、市委宣传部、市委组织部、市委政法委、市纪委、市农口部门、灵宝市、湖滨区、渑池县等单位的稿件54篇。3月7日,《三门峡日报》二、三版合刊发表全市社科理论界“用领导方式转变加快发展方式转变”学习研讨会,刊发各界人士文章13篇。从3月8日起,《三门峡日报》在一版推出系列评论4篇,在日报二版推出“殷殷深情寄崤函 浓浓关爱到基层”专版,刊发省委书记卢展工在三门峡调研摄影专版,将学习贯彻落实省委书记卢展工讲话精神活动推向高潮。二是坚持“四个集中”,抓典型树标杆。报社提出了在舆论引导上坚持“四个集中”,即集中宣传各级各部门深化学习的好经验、好做法,集中宣传一批深入基层、为基层解难题及办事的领导机关和领导干部,集中宣传一批扎根基层、无私奉献的先进个人,集中宣传全市加强基层基础工作的新思路、新举措、新经验。三是突出抓好重点,追踪落实效果。从3月8日起,《三门峡日报》记者利用10天时间进行采访,报道的重点是着眼基层、依靠基层、着力基层、服务基层,把版面向基层倾斜,把镜头对准群众,通过推出一批有深度、有分量的重头稿件,将学习活动引向深入。

【为市第六次党代会营造舆论强势】 为了服务市第六次党代会,《三门峡日报》围绕会议中心议题,精心策划,推出系列报道、系列评论,开设专栏特刊,全方位、多角度、高效率、立体化进行报道,全面营造团结、向上、奋进、热烈的浓厚舆论氛围。一是围绕典型宣传,突出成就展示。按照“凝聚人心、宣传典型、展示成就、共创未来”宣传工作总目标,从8月2日至28日,在《三门峡日报》一版显著位置刊发系列报道《风好正是扬帆时》《三纵四横夯基础》《跨入开放新境界》《转型升级谋跨越》《打造核心增长极》等13篇重头稿件,并配发9篇评论员文章《大战略新起点》《大招商引领大发展》等。8月27日,《三门峡日报》推出4个版特刊,推出《创新带来繁荣 开放彰显活力》《富裕文明为基 共享美好生活》等4篇重头稿件,配图33幅。从8月10日至25日,在《三门峡日报》一版开设《崤函传捷报 喜迎党代会》专栏,刊发各地稿件15篇。8月28日,《三门峡日报》刊发社论《站在新起点 谋划大发展》,宣传典型,展示成就,使读者看到了三门峡的大发展带来的巨大变化，达到了鼓舞人心、激励人心、凝聚人心的目的。二是围绕中心议题，突出重点报道。从8月27日至31日，《三门峡日报》刊发动态消息，对市委领导重大活动进行报道，对各代表团讨论市委报告刊发侧记《贯彻落实会议精神　谋求更好更快发展》，对党代会代表、县(市)区、市直单位领导活动有侧重、分层次进行了报道。8月29日，《三门峡日报》二版刊发市委书记杨树平在党代会上的报告摘要；8月30日，刊发市六次党代会剪影，刊发图片9幅；在《打造新优势　引领新跨越》文章中，解读“五大关键词”核心内容，让读者深刻领会报告中的重点。三是围绕会议精神，强化舆论引导。从9月5日开始，为落实市第六次党代会精神，《三门峡日报》推出系列评论6篇：《围绕三大战略定位　加快富民强市步伐》《实施“四大一高”战略　推动经济又好又快发展》《大力实施科教兴市战略　促进先进文化繁荣发展》《加强社会管理创新　建设平安和谐三门峡》《推进民主法制建设　促进政治文明发展》《加强改进党的建设　提高党建科学化水平》。这组评论让读者在学习中提高认识，明确奋斗目标，凝聚奋进力量，全面推动会议精神落实。

【开设《新春走基层》专栏】 1月31日起，《三门峡日报》要闻版开设《新春走基层》专栏，报社记者在春节前后深入基层，深入群众，深入生活一线实地采访报道。记者们用原汁原味的典型事例、鲜活生动的内容和形式，讲述普通百姓的故事，讲述全市各地以科学发展为主题，围绕加快经济发展方式转变、全市“十二五”规划、中原经济区建设、富民强市等方面取得的巨大成就，反映各界群众欢度节日的喜人景象。总编辑孟国栋在春节期间两次深入基层采访，写出《一位普通村民的年终盘点》《与受灾户一起过年》两篇报道文章，为干部下基层树立了榜样。至2月16日，《三门峡日报》共刊发“新春走基层”活动稿件18篇(幅)。

【组织开展“群众代表看实事”活动】 1月22日，三门峡日报社组织开展“群众代表看实事”活动，20名群众代表实地参观、了解、评议2010年三门峡市“十件实事”落实情况。20名代表中除一名公务员及特邀代表——全国拥军模范毛兆祥外，全部来自基层，有工人、农民、教师、作家、民警、医务工作者、个体户、退休干部、下岗职工等。20名代表在“十件实事”责任单位的配合下，先后参观了市公安局“110”指挥中心科技防控体系、市中心医院新病房楼、市外国语高中、天鹅湖国家城市湿地公园、市文体中心、廉租房建设等“十件实事”现场，了解“十件实事”落实情况。同时，代表们还现场察看了三门峡市承办的省十项民生工程中的湖滨区会兴王官新型农村社区建设试点和放心早餐工程。座谈会上，代表们表示，通过实地观看，了解了“十件实事”的落实情况，深刻体会到“十件实事”包含了市委、市政府对全市人民的浓浓关怀，感到特别亲切温暖。

【开展治理“四假”活动】 4月25日至6月30日，三门峡日报社开展治理“四假”(假报刊、假记者站、假记者、假新闻)活动，认真自查记者站，清理整顿记者队伍，查处新闻记者违规违纪行为。同时，充分宣传开展专项治理工作的重要意义，宣传《新闻记者证管理办法》《报刊记者站管理办法》《新闻采编人员从业管理规定》，宣传新版新闻记者证防伪技术和鉴别知识，营造良好的舆论氛围。

【开展“走基层、转作风、改文风”活动】 8月12日，三门峡日报社召开全体职工会议，传达中宣部等五部门关于新闻战线开展“走基层、转作风、改文风”活动决定、全省新闻战线“走基层、转作风、改文风”活动动员会精神，要求把思想和行动统一到中央和省委的要求上来。首先要把握好全省新闻战线“走基层、转作风、改文风”活动动员会上提出的“五个下工夫”(着力在树立马克思主义新闻观上下工夫，着力在围绕中心工作、服务全省大局上下工夫，着力在服务人民、赢得民心上下工夫，着力在提升职业道德、培育职业精神上下工夫，着力在提高新闻宣传的吸引力、感染力上下工夫)，深刻领会精神实质，制定好具体实施方案。其次，坚持领导带头下基层、转作风、改文风。根据报社的实施方案，坚持领导带头下基层、转作风、改文风，并组织记者(编辑)轮流下基层，在企业、农村、社区建立信息联系点，重点解决记者吃苦精神差、采访作风不扎实、脱离群众等问题。同时，把记者深入基层采访纳入考核内容，每月一考核，进一步完善记者深入基层、深入群众的制度机制。第三，强化“三贴近”(贴近实际、贴近生活、贴近群众)理念教育，推出一批优秀新闻作品。从8月15日起，在《三门峡日报》一版或二版开设“走基层、转作风、改文风”活动专栏，将镜头对准群众，聚焦平凡人物，反映民意诉求，疏导群众情绪，凝聚奋进力量。第四，强化网络宣传，在西部在线网站、《三门峡手机报》等新媒体开设专栏，宣传会议精神，刊发来自基层的新闻稿件，实施报网联动，营造“走基层、转作风、改文风”活动浓厚的舆论氛围，努力提升报网宣传质量，为三门峡科学发展、跨越式发展提供舆论支持。

【特色栏目《生命中的那段传奇》受到读者关注】 自2010年8月31日起，《西部晨风》一版开设的特色栏目《生命中的那段传奇》先后推出了《她在人民大会堂工作4年》《与孔繁森一起工作的日子》《绚丽的红色记忆》等15篇记述传奇人物经历的稿件，用以爱国主义为核心的民族精神和以改革创新为核心的时代精神鼓舞斗志，凝聚人心，引导社会舆论，给人启迪。许多读者向报社打电话或发短信，认为该栏目推出及时，意义深远。文中的传奇人物不居功自傲、淡泊名利、默默奉献的人格魅力就像一盏指路明灯，指引着年轻一代的前进方向。2011年2月11日出版的《河南宣传信息》第9期，充分肯定了《三门峡日报》突出“三个重点”、深化社会主义核心价值观宣传的经验。

(冯　燕)

档　案

【概况】 2011年，三门峡市档案部门围绕中心,服务大局,各项工作都取得新的成绩。11月,市档案局顺利通过市级文明单位验收。

党委、政府关心重视档案工作。4月12日,市委常委会议专门听取了市档案局的工作汇报。灵宝市委将档案工作列入市里共同目标对各单位进行考核,推动了档案工作更好更快发展。

加强档案基础业务建设。灵宝市档案馆晋升为国家二级档案馆,渑池县成功创建为河南省社会主义新农村建设档案工作示范县。灵宝市故县镇等6个乡(镇)创建为河南省新农村档案工作示范乡(镇),河西村等11个村创建为河南省新农村档案工作示范村。全市共有37个单位完成机关档案工作规范化管理认证,其中省特级1个、省一级8个、省二级18个、省三级10个。三门峡供电公司通过河南省档案工作示范单位验收。

档案服务工作取得新成效。全年全市国家综合档案馆共接待利用者7 200余人次,同比增长18%。10月27日,三门峡市政府信息公开查阅中心在市档案局正式挂牌,为公众查阅、索取政府信息提供了便利。

重大活动档案收集工作有新突破。按照《三门峡市重大活动、重大事件档案管理办法》要求,全市档案部门共整理接收重大活动档案资料文件1 586件、照片225张、光盘4张。

档案信息化建设迈上新台阶。市档案局完成标准化电子档案机房建设,筹资购买IBMDS3200型/8端口机架式服务器1台,安装了"read1数据读取"和"今易档案管理系统"。全市档案部门共完成馆藏档案目录数据库案卷级条目206 267条、文件级条目2 589 930条,其中市档案局完成案卷级条目113 652条、文件级条目1 235 930条,全文电子扫描4 687卷、301 274页。

档案资源建设、法制建设和安全保管工作取得新进展。全市国家综合档案馆共接收档案资料7万余卷册。全市档案部门均制定了"六五"法制宣传教育规划,开展档案执法和档案登记备案工作。市档案局、卢氏县档案局、灵宝市档案局安装了红外线防控报警系统。

【开展年度文件材料归档工作】 上半年,市档案局按照国家档案局《归档文件整理规则》,对市直单位2010年度形成的文件材料整理归档工作进行指导,力争使归档文件收集齐全、整理规范。8月15日至9月16日,市档案局进行检查验收,共检查108个单位、归档数41 452件,其中永久18 961件、30年9 619件、短期12 872件、汇集1 107本。

【开展馆藏档案异地异质备份工作】 2011年,市档案局共完成民国和革命历史重点档案7个,全宗全文数字化扫描1 249卷、107 310页、目录22 878条,刻录光盘9张。8月,将电子版和纸质版目录送交省档案局。12月,和安阳市档案局进行了重要档案电子版异地互存。

(侯俊晓)

新闻出版

【概况】 2011年,三门峡市文化新闻出版系统围绕大局,改革创新,促进新闻出版业持续健康发展。

农家书屋　全市新建"农家书屋"780个,占全部任务的57.2%,经省新闻出版局验收,均达到标准。三门峡市荣获2010年度河南省"农家书屋"工程建设先进省辖市称号,湖滨区文化旅游局等10个单位获2010年度河南省"农家书屋"工程建设先进单位称号,尚红梅等10人获2010年度河南省"农家书屋"工程建设先进个人称号。6月8日,市文化新闻出版局召开全市农家书屋实物配送工作会议,各县(市)区、大河书局、邮政局、新华书店等单位分别就"农家书屋"建设工作进行交流,并签订订购合同。

新闻出版　完成19家连续内资、206家印刷复制企业、329家出版物经营单位的年检工作。办理印刷经营许可证3件,变更印刷经营许可证3件,审批通过一次性内部资料34件,初审上报省批连续性内资3件、印刷经营许可证1个。

正版软件工作　强力推进企业使用软件正版化工作。坚持以大型企业为重点,以国有、外商投资、民营大型企业在先,中小企业在后为原则,采取分行业、分系统纵向推进的模式,以联席会议成员单位所属行业、系统为突破口,带动全市相关企业稳步推进。确定河南义马煤业集团、三门峡市商业银行、三门峡蓝雪实业公司为2011年企业软件正版化工作示范单位。推动政府机关软件正版化工作。市文化新闻出版局组织协调工信、商务、财政等成员单位多次到各县(市)区和市直单位进行督导,摸清45家市直机关和6个县(市)区的底数。

扫黄打非　组织开展打击侵犯知识产权和制售假冒伪劣商品专项行动、打击盗版工具书专项行动、打击政治性非法出版物专项行动等"扫黄打非"专项行动10个,收缴各类非法出版物3万余件,营造了健康有序的社会文化环境。市"扫黄打非"工作领导小组办公室被省"扫黄打非"工作领导小组表彰为2010年河南省"扫黄打非"先进集体,连续3年获此荣誉。

信息宣传工作　全年在各级各类媒体刊载、播出信息文章20余篇(条),其中国家级报刊2篇、国家"扫黄打非"网3篇、省局以上网站6篇、市级报刊3篇、省新闻出版和"扫黄打非"简报10余篇。开展执法宣传,展出宣传版面8块次,悬挂横幅6条,张贴宣传海报40余张,发放宣传彩页80余份、宣传单1 000余张。

【举行集中销毁盗版及非法出版物活动】 4月22日,三门峡市举行集中销毁盗版及非法出版物活动,全市6个县(市)区同时设立分会场,当场销毁盗版图书、盗版音像制品、盗版电子出版物及非法报刊4万余件。在集中销毁现场还举办了以"使用正版,做诚信公民"为主题的"绿书签行动"签名系列宣传活动,发放绿书签300余枚,3 000余名干部群众签名支持"绿书签行动"。

(黄云启)

·编辑　卢亚杰·

卫生　体育

HYGIENE AND SPORTS

5 月 22 日，成功举办“2011 中国 · 三门峡横渡母亲河”活动

卫　生

【概况】 2011年,三门峡市卫生工作紧紧围绕全市经济社会发展中心,以全面完成医改五项重点任务为目标,坚持新时期卫生工作方针,以农村卫生和公共卫生为重点,坚持中西医并重,积极推进城乡医疗救治体系、疾病控制体系、卫生执法监督体系和公共卫生信息网络体系建设,实施新型农村合作医疗,大力发展社区卫生服务,采取有效措施创建国家卫生城市,持续推进卫生基础设施建设,不断提高突发公共卫生事件的应急处置能力,各项工作进展顺利,卫生工作取得长足发展。

至年底,全市拥有各类卫生机构449个,医院病床数9 459张,共有卫生从业人员12 467人,其中卫生技术人员10 391人;共有卫生防疫机构7个,卫生技术人员393人;卫生监督机构6个,卫生监督员161人;妇幼保健机构5个,卫生技术人员280人;农村乡(镇)卫生院75个,卫生技术人员2 413人,病床2 361张;1 246个农村行政村设有医疗点,有乡村医生2 654人。全市各级医院门诊病人956.6万人次,收治住院病人22.1万人次,综合住院治愈率为74.2%,病床使用率为71.13%,出院患者平均住院10.1天。全市卫生投入共计155 646.7万元,各级医疗单位业务收入160 806.3万元,业务支出147 512.2万元。

医药卫生体制改革　9月,召开全市医药卫生体制改革研讨会,总结医改3年来取得的成绩、存在的突出问题,科学制定创新措施,持续落实医改5项任务,破解发展难题,加快推进医改步伐。医改研讨会主要围绕基本药物制度的实施、基层医疗卫生体系建设、加大新农合监管力度、促进基本公共卫生服务均等化、加快公立医院改革等重点工作展开讨论,为进一步做好医改各项工作理清了思路,确保医改阶段性目标任务圆满完成。

新型农村合作医疗　2011年,全市新农合参合人数达156.8万人,参合率达98.69%,高出2010年0.8个百分点,高出全省2.03个百分点。新农合补助标准由120元提高到200元,补偿封顶线由6万元提高到10万元;儿童患急性白血病、先天性心脏病两类疾病6个病种纳入新农合报销。至11月底,全市累计补偿医疗费用2.24亿元。实施农村儿童重大疾病保障措施,0岁至14岁农村儿童先天性心脏病、白血病两个类别6种疾病可得到新农合70%报销、民政20%报销,至年底,共办理患儿报销81人,新农合累计补偿121.46万元,使患儿家庭的经济负担明显减轻。实施参合农民在省级定点医疗机构住院即时结报,三门峡市第一批有4家市级定点医疗机构(市中心医院、黄河三门峡医院、市中医院、义煤集团总医院)开始新农合跨区域即时结报业务。至10月底,三门峡市在省级新农合定点机构实现即时结报的参合人员4 864人,新农合补偿金额2 244.78万元;在市级新农合定点机构实现即时结报的参合人员15 991人,新农合补偿金额4 274.56万元。积极实施新农合住院患者按病种付费试点工作,在6个新农合统筹县(市)区和两家新农合定点医疗机构试行开展,共办理符合新农合按病种付费住院患者512人,新农合补偿经费148.25万元。

国家基本药物制度　作为国家基本药物制度第2批试点城市,三门峡市于2011年1月1日正式启动该项工作,全市75个乡(镇)卫生院和1个社区卫生服务中心,实施国家基本药物制度和零差率销售,整体运行平稳,管理规范,效果良好,基本实现预期目标。通过实施国家基本药物制度,药品价格明显下降,患者负担明显下降,有效缓解了群众"看病难""看病贵"的问题。至11月底,全市乡(镇)卫生院与2010年同期相比,次均门诊费用、次均门诊药品费用、次均住院费用、次均住院药品费用均有所下降,让利群众药费达1 069.04万元。12月1日起,全市村卫生室也开始实施国家基本药物制度和零差率销售,进一步降低农村群众的就医费用。

基层医疗卫生服务体系　一是村卫生室建设实现全覆盖。当年列入项目的321个村卫生室于10月全部建成投入使用,全市1 364个村卫生室在"十一五"期间全部建设一遍,大大提高了村级卫生的服务能力。二是不断加强农村卫生人员队伍建设。组织乡(镇)卫生院管理人员、技术人员362人参加4期业务培训,使其业务水平和服务能力均有明显提高;积极组织实施乡(镇)卫生院实用人才培养"522行动计划",明确市级培训基地6个,选派144名乡(镇)卫生院技术骨干到市、县级培训基地进修学习。

基本公共卫生服务　一是认真落实公共卫生服务经费,2011年人均25元公共卫生服务经费已拨付到位。二是加快建立居民健康档案。农村居民建立纸质健康档案142.21万人份,建档率86.12%;电子健康档案86.47万人份,建档率52.36%。城区建立居民健康档案36.78万人份,建档率为70.7%;其中累计建立规范化电子档案数为22.82万人份,建档率为43.9%。三是积极组织实施农村孕产妇住院分娩及"降消"项目,至年底,全市共补助农村孕产妇13 318人,补助金额399.54万元;组织实施农村育龄妇女增补叶酸项目,共发放叶酸59 802瓶,9 967人服用。四是以数据收集系统录入为基础,认真组织实施重性精神疾病管理工作,全市共录入6种重性精神疾病确诊病人1 964例。五是"百万贫困白内障患者复明工程"任务圆满完成。省卫生厅下达三门峡市1 000例手术任务,至11月21日,各定点医院已累计完成手术1 029例,完成全年手术任务的102.9%。六是积极推进农村改厕,改善农村卫生环境。当年,三门峡市承担任务7 700户,全部完成。

公立医院改革　一是认真开展临床路径管理工作,全市各二级及以上综合医院开展临床路径的本土化管理和临床应用工作,逐步探索符合当地实际的疾病规范化诊疗和科学化评估。全年,累计进入路径病例4 622例,患者平均住院日由11.7日下降为10.51日,平均住院费用由9 226元下降为8 792元,既规范了治疗活动,又降低了患者费用。二是积极探索公立医院改革模式,按照整合资源、优势互补、资源共享、共同发展的思路,市卫生局和陕县人民政府共同努力,经多次磋商,形成纪要,市三院和陕州人民医院合作办院顺利实施。5月5日,新医院召开第一次职工大会,建立新的院领导、职能科、临床科室三级组织结构框架,共成立20个职能科,16个临床及医技科室,各项工作稳步开展,社会效益、经济效益初见端倪。

医疗服务　一是深入开展"三好一

满意”活动。按照《河南省二级及以上医院“十大指标”宏观监管暨“三好一满意”活动考核评价细则(试行)》,认真开展自查自纠。为切实优化和改善服务流程,满足人民群众就医需求,将灵宝市第一人民医院、义煤集团总医院纳入全省“118114”电话预约诊疗服务网络。二是认真开展“十大指标”宏观监管目标责任制。全市二级及以上综合医院均开展“十大指标”宏观监管工作,逐步推进医院的科学管理。至10月底,9家医院累计收入7.4亿元,甲级病历合格率为95.3%,平均住院日11.6日,病床使用率平均为96.76%,每诊疗人次医疗费用平均为135.2元,出院患者人均医疗费用为4 986.1元,门诊满意度平均为96.8%,全市二级及以上综合医院的运行情况良好。三是不断加强临床医学重点专科创建工作力度。各医疗单位创造条件,积极创建临床医学重点专科。邀请专家对市中心医院和黄河三门峡医院申报的医学检验科、医学影像科、超声诊断科3个科室的临床医学重点医技专科进行现场评审。至年底,对申报的3家医院20个医学重点专科进行命名授牌。四是积极开展优质护理服务示范工程。市中心医院和黄河三门峡医院的全部病区,均开展“优质护理服务示范工程”;7家二级医院62个病区开展“优质护理服务示范工程”,全市开展“优质护理服务示范工程”的病区由13个增至112个,出现了“无铃声服务”“诊疗前移”“分床到护、责任到人”等优质护理服务亮点。五是认真落实县级医院骨干医师515培养工程,选派48名县级医院骨干医师赴国家级、省级医院进修学习。

重大传染病防控　至10月底,全市共报告法定传染病21种、8 947例,死亡7例,发病率403.63/10万,比2010年同期上升14.82%,无甲类传染病报告,监测传染病自动预警信息391起,无突发公共卫生事件报告。至年底,全市法定传染病发病率控制在439.78/10万,超目标15个百分点;四苗接种率达98%,超目标8个百分点;县及县以上综合医院治愈好转率达97%,超目标21个百分点。一是全力做好重点重大传染病防控工作。严密监测疫情,定期召开疫情动态分析会,加大对手足口病疫情的监测力度和病例的主动搜索工作,明确定点医院,严格执行手足口病日报告制度。强化艾滋病防治工作,采取有效措施,预防母婴传播,加强对艾滋病高危人群干预,先后在城东派出所和湖滨派出所管辖范围开展艾滋病高危人群干预宣传培训和干预指导5次,干预高危人群50余人次。认真做好结核病防治工作,保持DOTS100%覆盖率,加强结核病规范化管理,新涂阳肺结核病人治愈率达85%以上,肺结核患者系统管理率在95%以上,至11月30日,全市完成新涂阳病人登记631例。二是扎实开展免疫规划规范化管理工作。以大力宣传实施扩大国家免疫规划、保持无脊灰状态、消除麻疹、控制乙肝为重点,强化常规免疫和疾病监测工作,至11月15日,全市共报告AFP病例13例、非AFP病例1例,AFP报告发病率4.26/10万,报告麻疹疑似病例21例、实验室确诊3例,麻疹发病率1.33/100万。规范管理,做好儿童预防接种信息管理和预防接种门诊验收工作,至年底,全市99个乡(镇)级预防接种门诊均通过国家终审、78个乡(镇)卫生院(含社区卫生服务中心)均应用免疫规划信息化客户端,信息化工作已纳入常态化管理。三是地方病防治工作取得明显成效。6个县(市)区提前3年实现消除碘缺乏病目标;完成地方性氟中毒病区村改水任务,改水工程保持良好运行状态,水质符合农村生活饮用水卫生标准;大骨节病情稳定,防治成果得到巩固。

食品安全综合协调与卫生执法监督　加强食品安全综合协调力度,建立健全食品安全工作协调机制,成立三门峡市食品安全委员会,签订食品安全目标责任书,积极协调各职能部门做好“瘦肉精”专项整治、食品非法添加和滥用食品添加剂专项整治、地沟油专项整治、沙琪玛等焙烤食品专项整治、调味面制品专项清查、防范和处置邻苯二甲酸酯类物质污染及酒类质量安全监管为主要内容的食品安全专项行动,组织公安、工商、质监部门在湖滨区、陕县、开发区等地连续破获多起非法炼制地沟油生产食用油的违法案件和疑似炼制地沟油案件。以监督执法规范管理年活动为契机,推动卫生监督工作上台阶。加强医疗机构依法执业知识培训和综合执法监督监督检查,对全市医疗机构发布的医疗广告情况进行拉网式检查,依法规范医疗广告播发,取缔违法医疗广告。加强生活饮用水监督管理,抽检水样59份,合格率100%。积极开展公共场所分级量化管理工作,市区共评定A级单位18家、B级20家、C级15家,量化分级达88%。对学校传染病防控、学校公共设施卫生及学生饮用水的卫生管理工作、学校突发公共卫生事件应急处置管理工作等进行专项监督检查,监督覆盖率达100%。开展以游泳场所为重点的公共场所卫生监督工作。

中医　积极申报中央投资县级中医院建设项目,5个县(市)区通过省发改委和省中管局的初审,并报国家发改委立项;积极争取县级中医院医疗设备和中医诊疗设备的装备项目,3家县级中医院完成设备招标。市中医院顺利通过三级甲等中医院验收,骨伤科和脑病科分别通过国家中医药管理局和省中医管理局重点中医专科检查组的评估验收;灵宝市中医院和渑池县中医院的中风专科通过市级中医重点专科的验收。

【新型农村合作医疗出台新方案】2011年起,根据国家统一部署,新型农村合作医疗筹资水平进一步提高,财政补助标准由人均120元提高到200元,中央、省、市、县分别负担108元、46元、18元、28元,农民个人负担的30元不变。

【三门峡市第5次荣获“无偿献血先进城市”称号】　2月22日,在郑州市召开的“2008～2009年度全国无偿献血表彰视频会议”中,三门峡市第5次获“无偿献血先进城市”称号。同时,三门峡市327人获“无偿献血奉献奖”,其中金奖68人、银奖56人、铜奖203人。

【两位志愿者赴郑成功捐献造血干细胞】　3月8日,三门峡市汇方医院职工段金锋在省人民医院成功捐献造血干细胞,救助北京市某医院患者。段金锋成为中国第2 058位、河南省第186位、三门峡市第5位造血干细胞捐献者。3月21日,义煤集团千秋煤矿机电四队职工李鹏在省人民医院成功捐献造血干细胞，救助上海市某医院白血病患儿。李鹏成为全国第2 079位、河南省第188位、三门峡市第6位成功捐献造血干细胞的志愿者。三门峡市红十字会自2003年开展招募造血干细胞捐献志愿者工作以来，有2 748名志愿者造血干细胞血样进入骨髓库，之前已有4人配型成功并顺利完成捐献。

【顺利完成食品安全监管职能移交】根据三门峡市相关文件精神，3月24日，市卫生局将食品卫生许可，餐饮业、食堂等消费环节食品安全监管和保健食品、化妆品卫生监督管理的监管职能移交给食品药品监督管理部门；将市食品药品监督管理局的食品安全综合协调、组织查处食品安全重大事故的职责划给市卫生局，并将三门峡市食品安全领导小组办公室调整到市卫生局。

【对1 362名村医进行信息化水平培训】为提高乡村医生信息化水平，加强农村卫生机构服务能力建设，5月9日至6月4日，市卫校对全市1 362名村医进行信息化水平培训，旨在提高村医的信息化水平，普及基层医护人员的计算机知识。市卫校专门聘请河南知名教授对学校师资力量进行培训，并先期筹备资金15万余元，新装备两个计算机多媒体教室和一个多功能教室，为培训工作提供了有力保障。此次培训村医年龄最大的76岁，最小的28岁。

【首支艾滋病高危人群干预队成立】5月16日，三门峡市首支艾滋病高危人群干预队正式成立，16名专职疾病预防控制队员将不定期深入街道社区、宾馆、公共娱乐场所等，开展艾滋病高危行为干预工作，避免艾滋病病毒在人群中传播。成立仪式上，干预队成员接受了艾滋病防治专家的干预技巧专业培训，为开展艾滋病高危人群干预工作奠定了基础。至年底，干预队员已先后开展艾滋病高危人群干预宣传培训和干预指导5次，干预高危人群50余人次，为高危人群干预工作开展积累了一定经验。

【实施免费婚前保健】从6月1日起，三门峡市在全市范围内开展免费婚前保健工作。根据市卫生局、市民政局印发的三门峡市免费婚前保健工作实施方案，免费婚前保健工作根据公民自愿的原则进行，服务对象为符合《中华人民共和国婚姻法》婚姻登记有关规定，男女双方或一方户籍在三门峡市、并在三门峡市办理结婚登记手续的男女。免费为每对婚检当事人提供的婚前保健服务费用为182元，在城乡居民基本公共卫生服务经费中列支。

【三门峡市临床输血专业委员会成立】6月11日，三门峡市医学会临床输血专业委员会第一次会员代表大会在市中心医院召开，标志着三门峡市医学会临床输血专业委员会正式成立，也标志着全市临床输血工作开始走上专业化、正规化、科学化的管理轨道。河南省医学会临床输血专业委员会副主任委员、郑州大学一附院输血科主任吕先萍教授出席会议。各县(市)区、卫生局、市直各医疗卫生单位，企业(厂矿)各医疗机构、民营医院等14个医疗单位46名正式代表和特邀代表参加会议。会议选举产生了三门峡市临床输血第一届专业委员会，田建波等46人分别当选为主任委员、副主任委员、秘书长、委员。会后，吕先萍教授作了题为《血型与临床输血》的专题学术讲座，赢得与会代表一致好评。

【4所二级中医院通过省专家组检查评价】6月13日至20日，省中医医院管理评价专家组一行10人到三门峡市，对三门峡市中医院、灵宝市中医院、卢氏县中医院、渑池县中医院等4家二级中医院就2010年医院管理年开展情况和等级医院建设情况进行检查评价。专家组通过查阅资料、现场检查、专访医务人员和病人、理论和操作考试考核等形式，对医院管理、医疗、护理、医技、院感、中医特色和中医文化等方面工作进行全面评估。专家组对三门峡市的中医医院管理工作给予高度评价。灵宝、卢氏、渑池三家中医院通过“二级甲等”复审，三门峡市中医院通过“三级甲等”初审。

【全民健康生活方式“一二一行动”在三门峡市全面启动】7月1日，市区全民健康生活方式“一二一行动”启动仪式在湖滨区湖滨街道第一社区卫生服务站举行，拉开了三门峡市全民健康生活方式行动的帷幕。全民健康生活方式行动是卫生部、全国爱国卫生运动委员会办公室和中国疾病预防控制中心联合发起并在全国范围开展的一项群众性活动，通过全面落实“日行一万步，吃动两平衡”行动内容，教育引导大众通过适量运动和均衡膳食，形成健康科学的生活方式，为提升全社会健康素质和水平提供有力保障。至年底，全市所有县(市)区均启动全民健康生活方式行动，并积极开展示范单位、示范社区和示范食堂(餐厅)创建工作。

【市中医院脑病科被命名为重点中医专科】7月，三门峡市中医院脑病科顺利通过河南省中医管理局重点中医专科专家组的验收，被河南省中医管理局命名为重点中医专科。这是继三门峡市中医院骨伤科被河南省中医管理局命名为河南省重点中医专科后的第2个临床科室，这也是三门峡市第2个省级重点中医专科。

【全省卫生应急管理干部培训班在三门峡市举行】为进一步增强全省卫生应急管理人员应急管理意识，深入领会新形势下卫生应急管理工作的新要求，学习掌握卫生应急管理工作的新技能、新手段，全面提升突发公共卫生事件应急响应与处置能力，8月3日至6日，省卫生厅在陕县举行全省卫生应急管理干部培训班。省政府副秘书长、应急专家组组长介新，省卫生厅副厅长曲杰等出席开班仪式。培训邀请省政府和卫生部专家为学员作专题讲座，来自全省的120余名学员参加培训。

【2011年度中央补助地方公共卫生专项资金三门峡市地方病防治项目启动培训会议召开】8月26日，2011年度中央补助地方公共卫生专项资金三门峡市地方病防治项目启动培训会议召开。会议传达了2011年度中央补助地方公共卫生专项资金河南省防治项目启动培训会议精神，总结了2010年度中央补助地方公共卫生专项资金三门峡市防治项目工作，部署了2011年度中央补助地方公共卫生专项资金三门峡市防治项目工作。会议要求，各县(市)区要严格按照省、市统一的项目方案内容和

2011年度三门峡市地方病防治项目管理和技术方案要求，按时、保质、保量完成各项目任务。

【开展2011年度急救技术大比武活动】9月21日至22日，市卫生局组织开展2011年度全市急救技术大比武活动，来自全市10家二级及以上医院的52名选手参加比赛。急救技术大比武活动分为理论和实践操作两部分。理论部分主要考核急救医务人员对急诊、急救的基础知识和新业务、新理论的掌握情况，实践操作重点考核急救医务人员对成人呼吸机、运动中静脉输液、清创缝合技术、电除颤4项技术的操作正确性和熟练程度。

【重性精神疾病管理工作全面启动】9月29日至30日，市卫生局召开重性精神疾病管理培训会议，标志着全市十项基本公共卫生服务项目之一——重性精神疾病管理工作全面启动。市卫生局依托市精神卫生中心成立领导小组和管理治疗技术指导专家组，负责全市重性精神疾病管理工作的组织、协调。同时建立健全市、县、乡（社区中心）、村（社区服务站）四级重性精神疾病防治网络，建立重性精神疾病患者健康档案和随访制度，开展精神疾病社区康复服务，不断提高治疗率。至年底，三门峡市已完成对各县（市）区卫生局、精神疾病防治机构、各乡（镇）卫生院和社区卫生服务中心重性精神疾病管理人员140余人的首次培训。

【中国人民解放军海军总医院与市中心医院协作医院揭牌】10月20日，中国人民解放军解放军海军总医院与市中心医院协作医院揭牌仪式在市中心医院新病房楼前举行。海军总医院副院长王海涛、省卫生厅副厅长黄红霞、市委书记杨树平和市委副书记、市长赵海燕共同为协作医院揭牌。市领导赵继祥、姜继鼎、王铁创等出席揭牌仪式。杨树平在致辞时表示，海军总医院卓越的管理经验和雄厚的技术力量，将迅速提升市中心医院的医疗服务水平，推动三门峡市医疗体制改革取得突破，实现区域医疗卫生事业在内涵质量上的跨越式发展。王海涛表示，海军总医院非常珍视这次合作机会，将在医疗帮带、技术人才交流等方面不遗余力，推动合作结出丰硕成果。

【开展宾馆旅店场所内放置安全套或设置安全套发售设施专项监督检查工作】10月30日，各县（市）区卫生监督机构对辖区内宾馆旅店场所放置安全套或设置安全套发售设施专项监督检查工作结束。此次专项监督检查自9月22日开始，全市共出动执法人员414人次，检查宾馆旅店115家，其中客房内放置安全套的69家、场所内放置安全套发售设施的0家、场所内未设置安全套发售设施客房内也未放置安全套的46家，监督员对不符合要求的单位现场提出整改意见，并责令限期整改。通过专项检查，促使预防艾滋病经性途径传播措施的落实，切实保障人民群众的健康。

10月20日，中国人民解放军海军总医院与市中心医院协作医院揭牌仪式举行

【2011河南省卫生学学术会议暨流行病学学术会议在三门峡市召开】11月5日至6日，2011河南省卫生学学术会议暨流行病学学术会议在三门峡市大鹏国际酒店召开。会议由河南省医学会卫生学专业委员会、河南省预防医学会流行病学专业委员会主办，三门峡市卫生局及疾控中心、黄河医三门峡院承办。来自全省各疾病预防控制单位和高校的代表100余人参加会议，中国疾病预防控制中心应急办主任冯子健应邀出席会议并作学术报告。会议就突发公共卫生事件防控体系、群体性疾病的流行趋势和发病机制、公共卫生教育等问题进行了广泛、深入的研讨和学术交流，为促进河南省公共卫生事业和流行病学研究的发展提供了一个良好的交流平台，具有显著的学术意义和社会意义。（王英芳）

体　育

【概况】2011年，三门峡市体育工作坚持“围绕中心，服务大局”的工作原则，按照“讲团结、讲工作、讲大局”的工作要求，以“发展体育运动，增强人民体质”为宗旨，以“竞技体育创金牌、群众体育创品牌、体育产业创效益”为目标，扎实实施竞技体育精品战略，加强竞技体育人才队伍建设；狠抓群众体育活动建设，力推体育场地设施建设，深化群众体育组织、网络建设，全民科学健身意识持续提升；积极探索体育产业发展形式，产业效益不断提高，各项工作均取得新的突破。当年，三门峡市体育工作被国家体育总局表彰为“全国全民健身工作优秀组织奖”，被河南省体育局授予“2011年促和谐奔小康全民健身活动优秀组织奖”，被省文明办、省农业厅、省体育局联合授予“2011年河南省促和谐奔小康全民健身活动先进单位”，并先后两次受到市委、市政府嘉奖。

抓活动开展，促全民健身。着力开展全民健身运动，不断巩固提高具有豫

西地方特色的“豫西农民篮球赛”和“春节全民健身系列活动”等品牌性全民健身活动,全民健身热潮持续高涨,全民健身意识不断强化,活动更加广泛深入。成功打造国家级“横渡母亲河”群体活动,推动了以横渡黄河等活动为标志的全省群众体育品牌活动和体育休闲产业的发展。2011 年,全市共组织各级各类体育竞赛和健身活动1 600余场次,涉及20 余个健身项目,直接和间接参与参加体育活动人数达 60 余万人次。积极参加国家、省级群众性体育活动。在春节期间,三门峡市组队参加“2011 年全省促和谐奔小康全民健身系列活动”,其中羽毛球项目获一等奖 1 个、二等奖 3 个、三等奖 3 个,健身气功项目获三等奖 1 个,健身秧歌获集体一等奖 1 个、集体二等奖 1 个;组队参加河南省第五届农民运动会获得篮球团体一等奖,获“河南省万村千乡农民篮球赛”一等奖。组织开展“促和谐、奔小康”系列体育活动。春节期间,在全市 60 多个乡(镇)、600 多个行政村、32 个社区,举办登山、篮球、羽毛球、象棋、围棋、拔河、秧歌等健身活动1 000余次,参与群众达40 万余人次。举办全民健身月和全民健身节系列活动。2011 年第 4 届全民健身节暨全民健身活动月自 4 月 29 日开始,至 8 月底结束。先后举办全民健身大型群体活动展示、三门峡市春季信鸽比赛、三门峡市第 8 届足球比赛、三门峡市“澳瑞特杯”第 6 届羽毛球比赛、三门峡市“天鹅卡杯”围棋比赛、三门峡市乒乓球赛、职业技术学院文化艺术节武术比赛、三门峡市第 3 届职工篮球赛等 8 项体育赛事和活动,20 余万人次参加,涉及 20 余个项目。其间,配合市直工委成功举办市直机关第 4 届职工运动会,94 个代表队5 000余名运动员参赛。成功举办“2011 中国 · 三门峡横渡母亲河”活动。“2011 中国 · 三门峡横渡母亲河”活动是第 17 届中国(三门峡)国际黄河旅游节暨投资贸易洽谈会的 4 大主题活动之一,由国家体育总局游泳运动管理中心、中国游泳协会、河南省体育局和第 17 届中国(三门峡)国际黄河旅游节暨投资贸易洽谈会组织委员会联合主办,三门峡市体育局承办,三门峡市游泳协会协办。来自全国 26 个省、自治区、直辖市和台湾地区的2 011名游泳爱好者组成 73 支代表队参加活动,取得圆满成功,观众达 5 万余人,新华社、中央人民广播电台、中央电视台、河南人民广播电台、河南电视台、广东电视台、人民网、新华网等一大批国家、省、市级媒体对活动给予跟踪报道,网络发帖、跟帖、转帖量达 30 余万条。各县(市)区掀起形式多样的全民健身新高潮。2011 年,全市 6 个县(市)区的 50 多个乡(镇)、600 多个行政村、32 个社区,均开展了丰富多彩的全民健身系列体育活动。义马市举办职工篮球比赛、中小学生团体操比赛、象棋比赛、乒乓球比赛、健身路径表演等项活动,参加群众多,涉及人群广。渑池县利用节假日,举办影响广泛、辐射面大的群众性体育赛事,如全县农民篮球赛、县直单位篮球赛、乒乓球比赛和象棋比赛等群体赛事活动,参与群众达 4 万余人。湖滨区举办老年门球赛、区文化艺术节、群众登山活动、“和谐在社区”大型广场文艺晚会、职工运动会等,社会影响大,群众反映好。陕县在春节期间举办农民篮球赛,参与群众达 5 万余人;该县每年举办的太极表演赛和邀请赛也独具特色,备受关注。灵宝市的农民篮球赛长期以来影响极好,以梁金牛为典型代表的一批领军人物,受到国家和省级部门及媒体关注。卢氏县举办“促和谐,奔小康”全民健身系列体育比赛,项目有篮球、乒乓球、羽毛球、门球、象棋、登山、社火、健身操等。市直各单位相继举办系统内的运动会,市太极拳协会、篮球协会、健身秧歌协会、健身气功协会、足球协会、围棋协会、青少年体育俱乐部、市老年体协等均举办一系列活动,掀起了全民健身的新高潮。

抓赛事参加,促竞技体育发展。继续争取上级和地方政府投入,积极调整项目布局,巩固传统优势项目、抓好重点项目、改善弱势项目、填补空白项目,抓好射击、乒乓球、重竞技等优势项目,加强、改善篮球、射箭、田径等弱势项目,创新机制,不断促进全市竞技体育水平的提高。陕州中学体育教师逯心辰参加“武德杯”第 9 届香港国际武术节邀请赛,夺得男子 M10 组武当太极拳和太极剑两项金牌。在国际射击世界杯悉尼站女子多向飞碟比赛中,代表中国参赛的三门峡市选手武翠翠获铜牌。在 2 万余名选手参加的 2011 中国郑开国际马拉松比赛中,三门峡市有 4 名选手参赛,其中祁正伟以 3 小时 56 分 49 秒的成绩获全程马拉松(42.195 公里)第 190 名。至年底,全市共组队参加省及省以上比赛 17 次,取得金牌 20 枚、银牌 23 枚、铜牌 37 枚的好成绩,超额完成上级下达的目标任务。其中三门峡市输送的优秀运动员汤介一、田璞、武翠翠、赵丽娜在国际和国内比赛中表现出色,均入选国家集训队,其中田璞、汤介一、武翠翠还作为备战伦敦奥运会集训人员参加集训。当年,三门峡市还承办了 2011 年河南省青少年柔道锦标赛、2011 年河南省青少年轮滑锦标赛、2011 年河南省青少年跆拳道冠军赛等重大的省级赛事,得到了各兄弟地市的赞扬和认可。

抓设施建设,促健身工程上台阶。以《三门峡市“十二五”发展规划纲要》和《三门峡市城乡建设大提速三年规划纲要》为指导,以实施农民体育健身工程为契机,强力推进“豫西体育走廊”二期工程建设和农民体育健身工程、社区路径工程的建设。争取省体育局 25 万元器材经费,支持市老年体育活动馆建设;争取国家体育总局、省体育局资金,筹措社会资金 120 余万元,在全市 122 个行政村建成农民体育健身工程;筹措经费 36 万元,在城市社区安装 12 条健身路径,安装健身器材 160 余件;争取国家、省专项资金 50 万元,完成乡(镇)农民体育健身工程 5 处;投资 13 亿元的市文化体育中心、投资 250 万元(国家“雪碳工程”扶持)的卢氏全民健身活动中心相继竣工,获国家“雪碳工程”250 万元专项资金扶持的陕县文体中心主体体育馆初步完工。

抓体育产业,促产业效益。以推动体彩销售,举办赛事表演、健身、培训、场馆经营为主要载体,逐步提升产业效益。全年体彩收入近亿元,其他收入近百万元。体育产业在不断探索中良性发展。

抓体育科研,提高体育科学化水平。各县(市)区、各科室及二级单位通过搜集资料、采集数据、下乡调研、研究论证等方式,共撰写和报送调研报告 8 篇,其中灵宝市体委、义马市教体局和渑池体育中心报送的调研报告理论依据科学合理、数据资料详实、操作性和指导性强,极具参考价值。市体育局课题组按照市委政研室要求,积极进行调查研究和素材收集,集体撰写的调研报告《新农村建设中“三边工程”研究》获三门峡市一等奖。

2 月 17 日，举行 2011 年"促和谐　奔小康"第 5 届农民篮球赛

【三门峡市第 5 届农民篮球赛开赛】 2 月 17 日至 19 日，2011 年春节"促和谐　奔小康"三门峡市第 5 届农民篮球赛暨第 3 届万村千乡农民篮球赛在陕县大营镇城村举办，来自 6 个县(市)区的 6 支农民篮球队参加比赛。比赛由市体育局、市文明办、市农业局主办，陕县人民政府承办，参赛的 6 支队伍分别是灵宝市黄金代表队、渑池县代表队、义马市代表队、卢氏县代表队、湖滨区代表队和陕县恒康铝业代表队，市政协副主席、市体育局局长张景林出席开幕式。比赛采取单循环赛制，3 天共进行 15 场比赛。当天的开幕式结束后，灵宝市黄金代表队和义马市代表队进行首场比赛，灵宝市黄金队以 57∶42 的比分获胜。

【陕县教师逯心辰香港武术节夺冠】 3 月 11 日至 15 日，应香港武术协会邀请，陕县陕州中学体育教师逯心辰赴香港参加"武德杯"第 9 届香港国际武术节邀请赛。来自世界各地的近 500 个代表队共 8 000 余人参加比赛。逯心辰拜武当壬九门第 23 代掌门人仇保平为师，以武当第 24 代传人的身份受邀参赛。经过激烈角逐，逯心辰勇夺男子 M10 组武当太极拳和太极剑两项金牌。

【三门峡市优秀运动员武翠翠夺得世界杯澳大利亚悉尼站女子飞碟多向铜牌】 当地时间 3 月 24 日，在国际射击世界杯悉尼站女子多向飞碟比赛中，代表中国参赛的三门峡市选手武翠翠获得铜牌。本次比赛中国队共有3名运动员参加，分别是老将刘英姿、高娥和三门峡市选手武翠翠。武翠翠于 2001 年进入三门峡市体校，2003 年年初入选省射击队集训，2009 年参加全国十一运会因成绩优异入选国家队，在 2010 年全国射击总决赛中破全国纪录，并赶超了世界纪录，获得金牌。

【三门峡中专教职工太极拳代表队获 1 金】 4 月 22 日至 24 日，由陕西省渭南市体育局、渭南市体育总会主办的陕西省渭南市"仓颉杯"黄河金三角武术邀请赛在陕西省渭南市举行。三门峡中专教职工太极拳代表队参加比赛，并获得 1 金 5 银 2 铜的优异成绩。其中，孙超获 24 式太极拳(中青组)一等奖。

【在 4 省 8 地市协作区射击比赛中获 5 金】 5 月 15 日至 19 日，2011 年"晋秦豫陇"4 省 8 地市射击协作区比赛在甘肃省天水市体育中心射击场举行，来自河南、陕西、山西和甘肃 4 省近 150 名选手参加了男、女共 22 个项目的比赛。三门峡市射击队取得 5 枚金牌、1 枚银牌、2 枚铜牌的优异成绩。在男子比赛中，小将周冠文以 549 环的成绩，获 10 米气手枪少年组个人赛冠军，并和队友胡聪杰、张文卿合作，获得该项目团体冠军。小将袁政宏以 580 环的成绩获 10 米气步枪少年组个人赛冠军。在女子比赛中，女将张畅以 385 环的成绩，获 10 米气步枪少年组个人赛冠军，并和队友杨辰子、苏丽婷合作获该项目团体冠军。

【举办"黄河之旅·绿色甘山"全国山地自行车邀请赛】 5 月 21 日，"黄河之旅·绿色甘山"全国山地自行车邀请赛在三门峡南站广场开赛。来自全国 12 个省、25 个地区的 500 余名选手参赛。经过激烈角逐，来自四川成都的选手霍海兵以 50 分 38 秒夺得男子组冠军，女子组冠军被来自广东江门的选手司徒颖菊以 1 小时 06 分 16 秒夺取。市领导赵光超、王铁创和市长助理张万斌等参加开赛仪式并为选手颁奖。该届山地自行车邀请赛由第 17 届中国(三门峡)国际黄河旅游节暨投资贸易洽谈会组委会主办，市旅游局、陕县人民政府承办，甘山国家森林公园、崤山单车俱乐部协办。比赛路线由三门峡南站启程，终点站为甘山国家森林公园，全程约 23 公里。

【成功举办"2011 中国·三门峡横渡母亲河"活动】 5 月 22 日，"2011 中国·三门峡横渡母亲河"活动开幕式在天鹅湖国家城市湿地公园三河广场举行。2 011名运动员横渡母亲河，不仅写下三门峡市、河南省乃至全国游泳的新纪录，而且在中国大黄河旅游史上写下浓墨重彩的一笔。国家体育总局游泳运动管理中心社会活动部主任江斌波、副主任张梅，河南省体育局党组书记彭德胜，全国战斗英雄、南海舰队广州基地原副司令员麦贤得，台湾两岸体育交流办事处主任林自发，市领导杨树平、赵继祥、郭秀荣、赵光超、李立江、王铁创、张景林，市长助理张万斌，市政府秘书长李宝洲等出席开幕式。"2011 中国·三门峡横渡母亲河"活动是第 17 届中国(三门峡)国际黄河旅游节暨投资贸易洽谈会的一项重要内容，由国家体育总局游泳运动管理中心、中国游泳协会、河南省体育局和第 17 届中国(三门峡)国际黄河旅游节暨投资贸易洽谈会组委会联合主办，三门峡市体育局承办，市游泳协会协办。来自全国 26 个省、自治区、直辖市及台湾地区的 73 个城市代表队2 011名运动员参加横渡活动，数万人参与。参加活动的 73 支代表队获"纪念奖"，台湾、北京、浙江嘉兴、广东佛山等 12 支代表队获"优秀组织奖"。

【在省举重锦标赛上获 4 金】 6 月 4

日,2011年河南省青少年举重锦标赛在平顶山舞钢市落下帷幕,来自全省各市近150名男女运动员参赛,三门峡市举重队以4枚金牌、1枚银牌和1枚铜牌的优异成绩获团体总分第2名。小将刘云飞发挥出色,以总成绩190公斤、高出第2名60公斤的成绩勇夺男子乙组56公斤级冠军,并达到国家二级运动员标准。武娇以总成绩92公斤获女子乙组44公斤级冠军,曾利华以总成绩143公斤获女子乙组63公斤级冠军,吴亚楠以总成绩154公斤获女子乙组69公斤级冠军。

【在河南省青少年柔道锦标赛上夺5金】 6月14日,由省体育局主办,省重竞技运动管理中心、三门峡市体育局承办的2011年河南省青少年柔道锦标赛在市体育馆降下帷幕,来自全省各市的240余名运动员参赛,三门峡市柔道队取得5枚金牌、2枚银牌和3枚铜牌的历史最佳战绩。刘铭以总成绩32.1分勇夺男子乙组55公斤级冠军,黄金峰以总成绩23.2分夺得男子乙组60公斤级冠军,何坤以总成绩22.1分夺得男子乙组73公斤级冠军,张苗以总成绩15.2分获得女子乙组57公斤级冠军,均达到国家一级运动员标准。张春博以总成绩6.7分夺得男子乙组90公斤级冠军。

【在河南省青少年跆拳道锦标赛上夺2金】 6月19日,由河南省体育局主办的2011年青少年跆拳道锦标赛在安阳市落下帷幕,来自全省19支代表队的480余名男、女运动员参赛,三门峡市代表队以2枚金牌、2枚银牌和7枚铜牌的优异成绩获团体总分第3名。闫鑫勇夺女子甲组57公斤级冠军,高盼在女子乙组73公斤级比赛中夺冠,均达到国家一级运动员标准。

【参加全国"奥星杯"乒乓球比赛】 7月15日至19日,由国家体育总局乒乓球羽毛球运动管理中心主办,中国乒协少委会"奥星杯"执委会、哈尔滨市全利乒乓球俱乐部共同承办的"2011年红双喜·奥星杯中国乒协少儿乒乓球比赛"在黑龙江省哈尔滨市举行。来自全国各省市53支代表队的900余名运动员参赛。三门峡市代表队发挥出色,取得2枚金牌、1枚银牌和1枚铜牌的优异成绩,分别是:男子丁组(2003年以后出生)团体赛冠军和男子丙组(2002年出生)团体赛亚军;吴丁获得男子丙组单打冠军,李杰获男子丁组单打第3名。

【三门峡市运动员周冠文在全国青少年射击锦标赛中获亚军】 7月26日,2011年"瓦尔特杯"全国青少年射击锦标赛在青海多巴国家高原体育训练基地开赛。在当天进行的少年组男子气手枪60发项目比赛中,代表河南参赛的三门峡市优秀运动员周冠文在资格赛中以562环排在第1位,在决赛中以95.6环列第2名,荣获亚军。比赛由国家体育总局射击射箭运动管理中心、青海省体育局主办,青海省体工二大队承办。赛事为期9天,是2011年全国青少年最高规格的射击比赛,比赛共设4个大项、15个小项,来自全国28个省、市、自治区、计划单列市、解放军队的345名运动员报名参加。

【2011年全民健身日启动仪式举行】 8月8日是全国第3个全民健身日。当天,三门峡市2011年全民健身日启动仪式暨三门峡市老年人健步走通讯赛开幕式在市体育馆举行。市政协副主席、市老年体工委主任王铁创,市政协副主席、市体育局局长张景林,市长助理张万斌等出席仪式。三门峡市2011年全民健身节活动从3月开始,成功举办2011年三门峡市女职工趣味体育比赛、市直机关庆"五一"、迎"五四"趣味运动会等一系列体育竞赛活动,掀起新一轮全民健身热潮。启动仪式上,市直文体协会柔力球队、市湖滨广场健身队、市形体诗韵操队、市文武学校表演队、市外国语小学青少年俱乐部队等10余个团队进行了健身项目展示。各县(市)区均举办了丰富多彩的全民健身日活动,全市参与群众达万人。

【河南省轮滑锦标赛在三门峡市落幕】 8月21日,由省体育局主办,省社会体育管理中心、三门峡市体育局、省轮滑协会承办的"飞翔溜溜"杯2011年河南省轮滑锦标赛在三门峡职业技术学院体育训练中心落下帷幕,市政协副主席、市体育局局长张景林到现场为运动员发令并颁奖。比赛自8月19日开始,来自陕西、山西、甘肃、河南的41支代表队约400人参赛,进行速度轮滑、自由式轮滑等项目的成年组、青年组、少年组和幼儿组的比赛。三门峡市共有12支代表队参赛,其中10岁的小选手朱泓傲在少年女子乙组300米、500米、1 000米比赛中均获得第1名,张少轩获得青年组500米、3 000米、10 000米第1名和1 000米第2名。

【承办2011年河南省青少年跆拳道冠军赛】 10月10日至14日,由省体育局主办、三门峡市体育局承办的2011年河南省青少年跆拳道冠军赛在市体育馆举行。来自全省各地的200余名队员分别参加男女8个级别的比赛,三门峡市代表队发挥出色,以5枚金牌、1枚银牌和8枚铜牌的优异成绩获团体总分第2名。在比赛中,三门峡市小将李析文、韩鹏、荆晨分获男子甲组54公斤级、男子乙组51公斤级、男子乙组68公斤级金牌,孟祎卓、高盼分别在女子乙组53公斤级、女子乙组67公斤级中折桂。

【在省5届农运会上获佳绩】 10月18日至22日,由河南省人民政府主办,省农业厅、省体育局、省农民体育协会、洛阳市人民政府承办的河南省第5届农民运动会在洛阳市举行,三门峡市代表团参加了田径、武术、篮球、游泳、中国象棋、中国式摔跤、健身秧歌、自行车载重、乒乓球等9个项目的比赛,获金牌11枚、银牌1枚、铜牌31枚。

【第12次金三角体育协作区区域协调发展战略研讨会召开】 12月23日,豫晋陕金三角体育协作区区域协调发展战略研讨会第12次会议在三门峡市召开。三门峡、运城、渭南三市体育界人士共聚一堂,围绕加强体育合作,研究探讨促进黄河金三角地区体育工作服务经济社会协调发展的新路径。三门峡市政协副主席、市体育局局长张景林出席会议。会议回顾总结豫晋陕黄河金三角体育协作区一年来的合作经验及实践对区域合作发展的借鉴作用,研究探讨黄河金三角体育协作区区域协调发展如何进一步合作互动。

(张　睿)

·编辑　李艺芬·

精神文明创建活动

ACTIVITIES IN SPIRITUAL CIVILIZATION CONSTRUCTION IMPROVEMENT

2 月 23 日，三门峡市举行道德模范表彰大会

综　述

【概况】 2011年,三门峡市以建设社会主义核心价值体系为根本,坚持高举旗帜、围绕中心、服务人民、改革创新,坚持重在持续、重在提升、重在统筹、重在为民,全面落实精神文明建设工作各项任务,进一步提高了公民文明素质和社会文明程度,为庆祝中国共产党成立90周年营造了浓厚氛围,为全面建设小康社会,建设创新开放、富裕文明、平安和谐、生态宜居三门峡提供了强大的精神动力和良好的社会环境。

2月23日,召开全市精神文明建设工作会议

公民道德建设

【概况】 2011年,三门峡市着力加强公民道德建设,提高公民文明素质,组织开展"讲文明树新风"系列活动;深入开展"我们的节日"主题活动;强力实施"文明交通行动计划";开展"三下乡"集中活动;组织开展第3届全国、河南省道德模范推荐评选工作,灵宝市邮政局朱阳支局步班投递员柴书朝被评为第3届河南省诚实守信道德模范,3人获得河南省道德模范提名奖;命名"三门峡市道德模范",有10人被市委宣传部、市文明办、三门峡军分区、市总工会、团市委、市妇联命名为第4届"三门峡市道德模范";组织开展"我推荐、我评议身边好人"活动,将推荐过程变成学习身边好人、弘扬社会正气、倡树文明新风的过程,营造学习、崇尚、关爱、争当道德模范的浓厚氛围,向省文明办推荐身边好人45名,入围中国好人榜16人、上榜4人;开办《文明伴我行》电视栏目;开通中国文明网联盟网站三门峡站;开展"文明中原行动计划";举办"文明三门峡行"摄影、书法美术、征文大赛,以"用文艺建设文明,以文明提升文艺"为宗旨,活跃全市人民群众的文化生活。

【开展"讲文明树新风"活动】 2011年,三门峡市以举办中国共产党成立90周年重大纪念活动为契机,广泛开展"讲文明树新风"活动。一是开展"践行文明礼仪我先行"活动。采取举办文明礼仪知识竞赛、"文明生活"主题演讲、文明礼仪讲座、践行礼仪实践活动和制作刊播公益广告等方式,组织开展文明礼仪知识普及教育,在全市兴起了学文明礼仪、守文明规矩、树文明形象之风,积极塑造文明三门峡的良好形象。二是开展"全民阅读我参与"活动。3月,采取推荐优秀书目、开展"世界读书日"活动、举办书市和图书节等方式,开展"全民阅读我参与"活动,引导人们多读书、读好书,营造全民读书浓厚氛围,兴起读书学习之风。三是开展"资源节约我带头"活动。在全市倡导适度消费、节俭生活,兴起勤俭节约之风。四是强力实施"文明交通行动计划"。年初,市文明办与市公安局联合下发《三门峡市"文明交通行动计划"实施方案》。3月26日,组织开展以"关爱生命、文明出行"为主题,以倡导"六大文明交通行为""摒弃六大交通陋习""抵制六大危险驾驶行为""完善六类道路安全及管理设施"为内容的文明交通六大创建活动启动仪式。上半年全市共开展各类集中宣传活动370次,展出宣传挂图5 400多幅,播放警示教育光盘3 100多张,摆放宣传展板2 700块次,悬挂标语横幅2 870条,发放宣传资料30余万份;组织民警到机关单位、社区、学校、农村上交通安全课1 760余场次,受教育人数近百万人次;在市级以上新闻媒体发稿413篇(其中中央级37篇、省级118篇),制作电视专题16部。五是实施文明新风进万家工程,即在社区、城区和景区内设置精神文明建设公益广告灯箱。文明新风进万家工程包括4个方面的内容:开展宣传和弘扬传统文化的魅力,提高文化的影响力和吸引力;提高文明素质,加强社会公德、职业道德、家庭美德和个人品德宣传教育,培养良好的道德品质和社会风尚;广泛宣传文明礼仪宣传教育,养成科学文明健康的生活方式和文明礼貌的行为习惯,展示公民新形象;优化社会服务,以窗口行业、执法部门、与群众生产生活密切相关的行业以及党政机关为重点,积极宣传优质规范服务,大力加强诚信教育,推进首问首办负责制、社会服务承诺制、公示制、阳光政务、电子政务等,简化工作程序,方便服务对象,提高服务水平,增进社会和谐。全市共安装600块灯箱。

【开展"道德模范故事汇"巡演】 2011年,市文明办协调市文联等部门以全市35名道德模范和上榜"身边好人"先进事迹为原型,组织曲艺名家创作排演故事汇节目,在全市形成了一批精品故事节目和优秀演出队伍。5月起,全市各地都把故事节目编创为整台节目,深入社区、村镇、企业、学校、机关等基层单位巡演46场次。在此基础上,精选优秀节目与创编节目编成8个整台节目,结合文化、科技、卫生"三下乡"和科教、文体、法律、卫生、道德"五进社区"活动长期深入县(市)区巡演。8月15日,河南省“道德模范故事汇”基层巡演启动仪式暨首场演出在义马市举行，省著名曲艺表演艺术家、专业演员和三门峡市普通职工生动再现了道德模范和身边好人的先进事迹。

【开办《文明伴我行》电视栏目】 3月28日，市文明办、三门峡电视公共频道联合打造的《文明伴我行》电视栏目正式开播。三门峡《文明伴我行》电视栏目由文明播报、文明采风、文明访谈、文明长廊4大板块组成，形式不拘一格，采访角度新颖。至12月5日，《文明伴我行》电视栏目共播出18期。《文明伴我行》电视栏目的开播，创新了三门峡市精神文明建设宣传教育工作形式。

【开通中国文明网联盟网站三门峡站】 5月30日，中国文明网联盟网站三门峡站正式开通，成为全市精神文明建设的重要窗口，成为宣传三门峡历史文化和民俗风情、展示三门峡文明风采的重要阵地。三门峡文明网设置有《文明播报》《讲文明树新风》《文明创建》《道德模范》《志愿服务》《未成年人》《我们的节日》《图文简报》《魅力三门峡》《文明风采》等10个一级栏目和19个子栏目。为方便群众查阅，还开设了资料中心。

【实施“文明中原系列行动”】 2011年，为贯彻落实省文明办《“文明中原系列行动”实施方案》精神，市文明办制定下发三门峡市《“文明中原系列行动”实施方案》，开办“文明中原大讲堂”，明确“两治理”工作，并对年度综合治理工作进行逐一分解，明确责任单位和具体的时间进度，纳入全年创建文明城市工作目标管理体系进行年度考评。一是开办“文明中原大讲堂”。邀请有关方面的专家、学者、道德模范组成“宣讲团”，制定宣讲课程表，每月在市直和各县(市)区集中举办一次“文明中原大讲堂”，并要求各县(市)区参照执行。各社区、各级文明单位要每月举办一次小型专题讲座。主要新闻媒体开设“文明中原大讲堂”栏目或专题，每周定期制作刊播。义马市、渑池县、湖滨区、灵宝市均开办了文明大讲堂，及时上报工作信息。市文明大讲堂演讲团分别走进市广电局、市计生委、市农业局、市交通局、湖滨区法院，开展传统文化、礼仪宣讲。湖滨区邀请到全国知名学者、当代国学大师王立群教授，给全区干部职工上了一堂以“官道与人道”为题的人生价值观讲座；联合市委党校、市财政局、虢国博物馆等单位组织20余名专家、教授、学者组成巡讲团，分赴各基层单位巡回宣讲30余场。义马市开展感恩故事会基层巡演活动，深入村镇、社区、机关、企业、学校举办中华传统文化巡讲报告会、道德模范基层巡讲报告会等系列讲座活动。灵宝市于5月20日举行“文明中原大讲堂”开讲启动仪式，举办由武汉大学教授袁银传、西北农林科技大学教授樊志民、河南大学教授王利锁、中国政法大学副教授张康林、中央民族大学副教授董文梅参加的传统文化论坛，举办了1 300余人参加的《道德经》诵读活动。8月，三门峡市组织道德模范巡讲活动。9月，市文明办举办“文明礼仪、感恩生活”等系列讲座，安排感恩工作生活、责任胜于能力、提高有效沟通能力、关注心理健康、现代公务礼仪等内容，来自市直各单位的200多名干部职工与会聆听。二是制定市场环境集中整治方案，确定治理项目，明确落实单位(市规划城管执法局、市工商局)。三是制定城市道路和公共设施集中整治方案，确定治理项目和落实单位(市规划城管执法局、市住建局)。市规划和城管执法局开展迎接第17届中国(三门峡)国际黄河旅游节市容环境集中整治活动和夏季市容环境卫生百日集中整治，累计整治规范临时市场摊点4 000余人次，清除卫生死角20余处，清理积存垃圾30余吨，全面优化了城市环境。市工商局以改善环境、完善设施、规范管理、文明经营为目标，以治理环境脏乱、设施破旧为重点，组织对各类市场存在的乱倒垃圾、乱摆摊点、场外经营等突出问题进行集中清理。开展食品安全专项整治13次，检查食品经营户4.2万户次，查扣假冒伪劣和不合格食品6 000余公斤，暂停销售济源双汇生鲜肉245公斤、肉制品180公斤；建立查处无照经营工作联席会议制度，共出动执法人员2 930余人次，检查经营主体8 300余户，查处各类侵权案件25起，没收侵权商标标志1.1万余件，没收侵权商品3 500余件。四是制定城乡环境卫生整洁行动方案，明确具体责任目标，明确落实单位为市政府办、各县(市)区及市直相关单位。

【开展“我们的节日”主题活动】 2011年，市文明办在全市组织开展“我们的节日”主题活动，引导人们认知传统、尊重传统、弘扬传统，增进爱党、爱国、爱社会主义情感，唱响共产党好、社会主义好、改革开放好、伟大祖国好、各族人民好的时代主旋律。一是切实加大宣传力度，营造浓厚的节日氛围。要求各县(市)区充分利用电视、报纸、网络等新闻媒体和网络平台开辟专题专栏进行宣传，扩大覆盖面和影响力，使“我们的节日”主题活动成为群众喜闻乐见的群众性精神文化生活的重要形式，并深入持久地开展下去。二是春节以辞旧迎新、幸福平安为主题，开展“送温暖献爱心”、联欢慰问等活动。三是元宵节以家国兴旺、安居乐业为主题，组织开展50余场电影下乡、民间社火表演、“喜迎新年”灯展等20余种节日文化活动。四是清明节以纪念先人、缅怀先烈为主题，开展丰富多彩的纪念先人、缅怀先烈实践活动。市文明办与市民政局联合在金泰陵园组织大型文明公祭活动。各县(市)区也组织干部、群众和中小学生开展为革命英烈献花、扫墓踏青、参观伟人故居等活动。五是端午节以热爱祖国、求索创新、人与自然和谐共处为主题，在各单位和中小学校深入开展中华经典诵读活动、全民健身活动和爱国卫生运动，引导人们感受传统文化魅力，努力把积极的人生追求、高尚的情感境界、健康的生活情趣传递给干部群众。六是中秋节开展以“爱国报国、自强不息”为主题的中华经典诗文诵读活动，开展以“互助友爱、共度佳节”为主题的社区志愿服务活动，开展以“传承文明颂中秋”为主题的系列文化活动，开展以“感恩、团圆”为主题的中秋网上寄语活动。七是开展网上节日主题活动，开展推选传统节日吉祥物、征集传统节日形象标志、推介传统节日经典诗词等系列活动，打造“我们的节日”主题活动的广阔网上平台。

【开展“三下乡”集中活动】 3月23日，三门峡市2011年春季文化、科技、卫生“三下乡”集中活动在湖滨区高庙乡启动。此次“三下乡”活动由市文明办牵头组织，市直13家单位共161人参加，湖滨区10家单位80多人也参加了活动。活动当天，各部门共展出宣传版面215块，向群众发放宣传资料2.5万余份，义诊、送药400余人，同时还开展技术宣讲，让群众了解中药材栽培技术、果树病虫害防治知识、能源利用、节能降耗等知识；三门峡市“心连心”艺术团给群众送上了一场精彩的文艺演出。各县(市)区也积极开展“三下乡”活动，推动了农村经济发展，丰富了农民群众的精神文化生活，在引导农民群众养成科学文明健康生活方式上取得新进展。

【开展志愿服务活动】 2011年，按照中央、省文明办要求，市文明办组织全市广大志愿者积极参与社会志愿服务活动，宣传文明创建，提高市民素质，提升三门峡文明程度。5月12日，在湖滨广场举行三门峡市志愿者讲文明树新风服务第17届中国(三门峡)国际黄河旅游节暨投资贸易洽谈会誓师大会，共有6支志愿者服务队、2 000余名志愿者参加大会。经层层筛选，共招募服务三门峡国际黄河旅游节的青年志愿者500人。5月18日至23日，这些青年志愿者为第17届中国(三门峡)国际黄河旅游节暨投资贸易洽谈会组委会相关部门、节会现场及代表驻地、主要交通枢纽、旅游景点和其他接待服务场所提供了志愿服务。此外，市文明办还联合市民政局、市人力资源和社会保障局、市教育局、团市委等部门开展关爱空巢老人、进城农民工、残疾人、农村留守儿童和进城务工人员子女志愿服务行动，全市共有1 076名志愿者参与活动，提供服务36 157小时，受惠空巢老人3 131人、农民工10 880人、农民工子女3 200人，为全市的发展营造了文明和谐的社会环境。

未成年人思想道德建设

【概况】 2011年，三门峡市充分发挥学校、家庭、社会“三结合”教育网络作用，动员各方面力量齐抓共管，深化拓展“学‘三理’(伦理、心理、生理)知识，做美德少年”主题教育实践活动，着力在拓展内容上下工夫，在创新载体上做文章，在建设阵地上求突破，在完善机制上抓落实，增强工作的针对性和实效性，把青少年思想道德建设各项任务落到实处。全市共有10人被市文明办、市教育局、团市委、市妇联命名为三门峡市“美德少年”。

【开展中华文化经典和红色经典诵读活动】 2011年，为推进中华文化经典、红色经典诵读活动深入开展，深化未成年人思想道德建设，弘扬传统美德，增强民族自豪感和自信心，市文明办在全市未成年人中组织开展了中华文化经典、红色经典诵读活动。活动内容以古今经典诗文、红色经典名篇名作为主，同时也精选了一些本地当代著名人物的优秀作品，内容健康向上，突出活动主题和思想性，体现道德教化功能。义马市、渑池县、灵宝市、卢氏县将中华经典诵读活动延伸到机关和企事业单位当中，把经典诵读从校园推向社会，使经典文化进入社区和家庭，掀起全社会学经典、用经典的高潮。在5月28日举办的全省中华经典诵读会演中，三门峡市参演的《清塘荷韵》节目荣获优秀奖。围绕庆祝中国共产党成立90周年，在全市开展“童心向党”歌咏比赛活动。在河南省“童心向党”歌咏活动节目评比中，三门峡市推荐的节目荣获三等奖。

【开展未成年人心理健康教育工作】 2011年，三门峡市大力开展未成年人心理健康教育工作，促进全市广大未成年人身心健康成长。下发《2011年全市未成年人心理健康教育工作意见》，明确加快推进心理健康辅导示范点建设的基本要求和功能定位。依托三门峡职业技术学院建成了实用面积约350平方米，设办公接待室、热线电话室、网络部、心理咨询室、沙盘游戏室、心理放松室、心理测量室、心理宣泄室、团体辅导室等设施的高标准未成年人心理健康辅导中心，并于6月9日举行揭牌仪式。12月9日，市文明办邀请中国人民大学教授、心理研究所所长、博士生导师俞国良在市外国语高中举办未成年人心理健康教育学术报告会，展开一场题为《新时期中小学心理健康教育新问题新视野》的学术报告，全市教育系统的500余名教师和各县(市)文明办的工作人员聆听了报告，对做好未成年人心理健康教育工作具有重要的意义。

【建设“乡村学校少年宫”】 2011年，三门峡市学习借鉴山东省建设“乡村学校少年宫”的成功经验，推进农村未成年人活动场所建设步伐，进一步加强和改进农村未成年人思想道德建设工作。印发《三门峡市加强“乡村学校少年宫”建设的实施意见》，明确加强“乡村学校少年宫”建设的目标任务和工作要求。11月，中央专项彩票公益金支持乡村学校少年宫项目启动，陕县张茅乡中心小学、卢氏县官道口镇中心小学、灵宝市五亩乡中心学校、渑池县天池镇笃忠中心小学被列为项目支持学校。

【开展净化社会文化环境整治】 2011年，三门峡市继续开展违规网吧、淫秽口袋书和有害卡通画、互联网有害信息集中整治行动，社会文化环境明显改善。7月1日至8月31日，分3个阶段对网吧市场、网络环境、荧屏声频、校园周边环境等违法违规经营活动进行集中整治。为促进“暑期文化市场集中整治”工作的深入开展，由市文明办牵头，市文化局、市公安局、市工商局等有关部门组成督查组，对暑期文化市场集中整治情况进行明察暗访，对各县(市)区存在的问题进行反馈，并提出具体整改要求。全市“暑期文化市场集中整治”共组织检查120余次，出动执法人员3 300余人次，检查网吧经营场所700余家次，查处取缔“黑网吧”17家，查封无证无照电子游戏厅2家，检查图书音像店130余家，收缴非法出版物720余册。

城乡创建

【概况】 2011年，三门峡市城乡创建工作以提高城乡居民生活质量为目的，以创建文明城市、文明景区为载体，以提高公民文明素质为核心，围绕创建全省创建文明城市工作先进城市目标，深入开展文明行业、文明单位、文明景区、文明社区、文明村镇、文明农户创建活动，涌现出一大批先进单位，各项工作迈上新的台阶。

推动以创建文明城市为龙头的精神文明创建活动，在全市大力开展以优美环境、优良秩序、优质服务，创文明城市（城区、县城）、创文明社区、创文明景区为主要内容的"三优三创"竞赛活动，激发全市人民的创建热情，提高市民的文明素质和城市文明程度。开展第2届市级文明城区创建工作，下发《关于在全市开展文明城区创建活动的通知》及《三门峡市文明城区考评细则》，对文明城区的评选范围和标准、评选程序和时间作出明确要求。开展文明社区创建活动。学习借鉴郑州市"家庭文明代表制"等经验，丰富社区创建内涵，加强公共设施建设，增强社区服务功能，提高社区服务水平。按照文明开发、文明经营、文明服务、文明管理的要求，围绕环境整洁优美、基础设施齐全、服务热情周到、经营文明守法、安全保障得力、治安秩序优良、资源保护完好、管理严格规范等8项标准，推进文明风景旅游区创建活动开展。新修订的《文明城市测评体系》和《未成年人思想道德建设测评体系》下发后，三门峡市积极组织有关人员进行培训，印发文明城市和未成年人思想道德建设目标任务分解，明确到单位，责任到人，使任务真正落到实处。

开展农村精神文明创建活动。围绕建设文化强市、构建和谐文化目标，加强基层文化基础设施建设，对丰富群众精神文化生活、促进农村精神文明建设健康发展起到了促进作用。以农村文化大院为依托，开展丰富多彩的群众性文化活动、素质教育和致富技能培训，满足农民群众日益增长的精神文化需求。抓宣传，开展文明素质教育。各地紧密结合实际，在农村开展多种形式、农民乐于参与、点多面广的思想道德教育与实践活动，引导人们提高文明意识、增长礼仪知识、遵守礼仪规范，农民群众精神面貌发生了可喜变化，勤劳致富、邻里互助、尊老爱幼、尊重科学、遵纪守法、崇尚文明的良好氛围进一步形成。抓载体，强化各种创评活动。各县（市）区深入开展文明村镇、"好媳妇""好妯娌""好夫妻"等群众性精神文明创建活动，改善了农村人居环境，提升了乡风文明程度。全市共有全国文明村镇5个，省级文明村镇（先进村镇）11个，市级文明乡镇（村）81个。抓活动，丰富群众文化生活。利用重大节日、纪念日和农闲时节开展文化娱乐、广场健身、书法绘画、农民戏剧会演、农民篮球赛等文体活动，使群众在娱乐的同时增长了知识、陶冶了情操。抓培训，提高农民致富技能。利用农闲时节，通过农民夜校、农民文明学校和农家书屋等文化阵地对农民及农民工进行培训，为农村剩余劳动力转岗就业提供技术支持和信息指导。

开展结对帮扶工作。根据省文明办要求，市文明办结合农村实际，及时调整文明单位结对帮扶农村精神文明建设工作思路：变"遍地开花"为"重点突破"，确立文明单位结对帮扶工作"逐片落实、梯次推进"的总体工作目标，推进全市文明单位结对帮扶工作深入开展。按照"组织教育培训、整治村容环境、帮建文化设施、开展文体活动、推进乡风文明"等5项帮扶主要内容，重点对陕县、灵宝市的7个村的"清洁家园行动"进行典型培养，带动全市结对帮扶工作扎实开展。全市农村新建垃圾池6 100个、公厕120座，新添垃圾桶3 030个，新安装路灯2 968盏、健身器材105套，全市农村"五改率"（改良水井、厕所、畜圈、炉灶、环境）达到96%以上，配备卫生保洁员4 160名，新增垃圾清运车400余辆，保证垃圾做到日产日清，村容村貌有了较大改观，提高了农村公共服务能力和农民的生活质量。

【全国文明单位】 2011年，全市共有2个单位被中央文明委表彰为全国文明单位，分别是：三门峡市供电公司、三门峡市地税局。继续保留的全国文明单位有：三门峡市人民检察院、三门峡市环境保护局。

【全国文明村镇】 2011年，全市共有2个村镇被中央文明委表彰为全国文明村镇，分别是：义马市东区办事处河口村、陕县原店镇郭家村。继续保留的全国文明村镇有：陕县大营镇温塘村、陕县大营镇辛店村、灵宝市故县镇河西村。

【省级文明单位】 2011年，全市共有26个单位被省委、省政府命名为省级文明单位，分别是：三门峡市民政局、三门峡市国家税务局、三门峡市住房和城乡建设局、三门峡市公路局、三门峡市教育局、三门峡市人口和计划生育委员会、黄河水利委员会三门峡库区水文水资源局、三门峡市湖滨区国家税务局、三门峡市城区烟草专卖局、义马市财政局、河南大有能源股份有限公司杨村煤矿、义马市农村信用合作联社、渑池县质量技术监督局、渑池县工商行政管理局、中共渑池县委宣传部、河南高速公路发展有限责任公司三门峡分公司、陕县环境保护局、陕县工商行政管理局、灵宝市审计局、灵宝市农村信用合作联社、灵宝市国土资源局、卢氏县国家税务局、卢氏县质量技术监督局、卢氏县气象局、义马市工商行政管理局、湖滨区人民法院。

【省级文明村镇】 2011年，三门峡市共有3个村镇被省委、省政府命名为省级文明村镇，分别是：灵宝市朱阳镇、义马市千秋镇梁沟村、灵宝市尹庄镇浊峪村。

【省级精神文明创建工作先进村镇】 2011年，三门峡市共有3个村镇被省委、省政府命名为省级精神文明创建工作先进村镇，分别是：渑池县仰韶镇、渑池县仰韶镇东阳村、渑池县陈村镇柳雍村。

【市级文明单位】 2011年，全市共有98个单位被市委、市政府命名为市级文明单位，分别是：三门峡市财政局、三门峡市广播电影电视局、三门峡市市直机关事务管理局、三门峡市妇女联合会、三门峡市安全生产监督管理局、共青团三门峡市委员会、三门峡日报社、三门峡市档案局、三门峡市工业和信息化局、三门峡市信访局、三门峡市交通运输局、三门峡市公安消防支队、三门峡市公路局湖滨分局、三门峡市虢国博物馆、三门峡市人民公园、三门峡市教师进修学校、湖滨区司法局、湖滨区人民政府会兴街道办事处、三门峡市环境卫生管理处、湖滨区高庙乡人民政府机关、义马市商务局、义马市国家税务局、河南大有能源股份有限公司供电分公司、义马市人口和计划生育委员会、义马市粮油流通储备管理中心、义马市千秋路办事处、义马煤业集团股份有限公司房地产分公司、义马煤业集团供水供暖有限责任公司、义马煤业集团股份有限公司后勤服务中心、义马市供销合作联社、河南永翔工贸有限责任公司、义马市物价管理办公室、义马市交通运输局、义马市煤炭管理办公室、义马市财政局新区财税所、义马市社会医疗保险中心、渑池县农业局、渑池县食品药品监督管理局、渑池县旅游局、渑池县黄河河务局、中共渑池县委政法委员会、渑池县残疾人联合会、中共渑池县纪律检查委员会、渑池县人民政府办公室、渑池县安全生产监督管理局、河南高速公路发展有限责任公司三门峡分公司渑池收费站、渑池县曹跃矿业有限责任公司、渑池县农村商业银行股份有限公司、三门峡市劳动教养管理所、陕县公安局、河南高速公路发展有限责任公司三门峡分公司三门峡西收费站、河南高速公路发展有限责任公司三门峡分公司观音堂收费站、河南省高速公路路政管理总队第一支队连霍高速三门峡路政大队、陕县工商行政管理局菜园工商所、陕县工商行政管理局观音堂工商所、陕县工商行政管理局张茅工商所、陕县住房和城乡建设局、陕县店子乡财税所、中国邮政储蓄银行有限公司陕县支行、中共陕县县委办公室、陕县初级实验中学、陕县食品药品监督管理局、陕县西张村镇财税所、陕县第二高级中学、灵宝市交通运输局、灵宝市工商行政管理局、三门峡市河西林场老鸦岔金矿、灵宝市中医院、政协灵宝市委员会机关、灵宝市川口乡财政所、灵宝市人力资源和社会保障局、灵宝市豫灵镇财政所、灵宝市住房和城乡建设局、灵宝市地方税务局朱阳税务所、灵宝市实验中学、灵宝市人民政府办公室、灵宝市地方税务局阳平税务所、灵宝市第三高级中学、灵宝市人大常委会机关、灵宝市地方税务局城关税务分局、灵宝市电业局五亩供电所、灵宝市电业局程村供电所、灵宝市疾病预防控制中心、灵宝市地方税务局故县税务所、灵宝市电业局阳店供电所、灵宝市第二人民医院、灵宝市第一人民医院、灵宝市寺河乡财政所、灵宝市阳平镇财政所、卢氏县环境保护局、卢氏县旅游局、卢氏县科学技术局、中共卢氏县委党校、卢氏县烟草专卖局、卢氏县工业和信息化局、中共卢氏县纪律检查委员会、三门峡市外国语高级中学、三门峡市园林科学研究所。

【市级文明村】 2011年，全市共有20个村被市委、市政府命名为市级文明村，分别是：湖滨区崖底街道岗上村、湖滨区会兴街道上村村、义马市东区办事处常村村、渑池县段村乡赵沟村、渑池县天池镇朝阳村、渑池县坡头乡韶峰村、渑池县城关镇西关村、渑池县洪阳镇峭店村、陕县观音堂镇观音堂村、陕县原店镇岔里村、陕县王家后乡燕山村、陕县张湾乡蔡白村、陕县西张村镇石原村、灵宝市尹庄镇车窑村、灵宝市尹庄镇娄下村、灵宝市涧西区建设村、灵宝市西阎乡大字营村、卢氏县东明镇火炎村、卢氏县东明镇当家村、卢氏县瓦窑沟乡高河村。

【市级文明乡(镇)】 2011年，全市共有4个乡(镇)被市委、市政府命名为市级文明乡镇，分别是：渑池县张村镇、陕县硖石乡、灵宝市阳平镇、卢氏县东明镇。

【全市“十佳文明诚信企业”】 2011年，全市共有10个单位被市文明委命名为全市“十佳文明诚信企业”，分别是：河南富达电力集团有限公司、三门峡首信商贸有限公司、义马市新大昌电器有限公司、渑池县金阳光商贸有限公司、三门峡民生液化气有限公司、三门峡奥科化工有限公司、灵宝市罗门婚纱摄影有限责任公司、宁氏大姐大服饰有限责任公司、卢氏县宝田肥业有限责任公司、三门峡经济开发区康佳福超市。

【全市文明社区】 2011年，全市共有10个社区被市文明委命名为三门峡市文明社区，分别是：湖滨区前进办事处和平社区、义马市千秋路办事处学苑小区、义马市常村路办事处南区、渑池县城关镇新文东区、渑池县城关镇新文西区、陕县锦绣花园小区、陕县金色阳光小区、灵宝市涧东区康馨雅苑小区、灵宝市涧东区金色庄园小区、三门峡经济开发区向阳办事处西苑社区。

(王群旺 卢丽娜)

·编辑 卢亚杰·

4月3日，三门峡市“清明追思”文明公祭活动现场

社会生活

SOCIAL LIFE

5 月 12 日，市民政局举行中国第三个防灾减灾宣传日宣传活动

人口和计划生育

【概况】 2011年,三门峡市紧紧围绕“稳定低生育水平、统筹解决人口问题”中心任务开展工作,全市人口计生工作保持了健康稳定发展的良好势头。全市人口出生率9.45‰、自然增长率4.2‰,分别比省下达责任目标低3.51个、2.3个千分点;符合政策生育率97.68%;出生统计准确率96.52%;出生人口性别比106.61,基本趋于正常。

加大奖惩力度。市委、市政府分别在3月、9月召开人口计生工作会议,市委书记、市长出席会议并作动员讲话。3月1日,市委、市政府召开全市人口计生工作三级干部大会,表彰3个县(市)区、37个市直单位、25个乡(镇、街道办事处),通报批评11个三类乡(镇),对4个单位进行重点管理。全市共对49个单位给予重点管理和黄牌警告。市委、市政府对2005年以来连续5年、3年以上获得全市人口计生工作先进并连续任职5年、3年以上的单位党政主要领导、分管领导、计生委(办)主任共64人分别记二、三等功。市人口计生领导小组相继下发《关于印发〈三门峡市2011年度人口和计划生育工作责任目标及考评办法〉的通知》和《2011年人口和计划生育工作意见》,对各县(市)区、市直单位下达具体目标任务,明确指导思想、重要任务、措施要求和考评办法。

强化宣传教育。开展“献爱心、送温暖”慰问活动。“双节”(元旦、春节)期间,市人口计生委班子成员分赴各县(市)区,慰问计划生育困难家庭150户,送去价值3万余元的慰问品和慰问金。全市开展人口计生宣传赶年集(“三下乡”)活动145次,在人口文化大院开展文体活动1 637次,发放计生宣传品52.6万份,慰问计生困难户3 276户,发放慰问金及物品41.5万元,提供咨询、义诊服务13.58万人。

开展优质服务。开展“示范县站”“示范乡所”“示范村室”创建活动。全年全市用于县站、乡所、村室建设的资金达800余万元,用于设备更新的资金500余万元,改善了基层技术服务条件。卢氏县成功创建为全国计划生育优质服务县。全市6个县(市)区中有国家级计划生育优质服务先进县3个,省级计划生育优质服务先进县3个。突出抓好春秋两季“生殖健康进家庭”优质服务活动。全市所有乡(镇)和涉农办事处实现入村康检。对1 986名残疾、有病及居住偏远的康检对象实现上门服务,对7 124名居住偏远的群众组织车辆免费接送。实行康检激励机制。全市筹措335万元,对按时参加康检的群众发放误工补贴、日用小礼品等,对333例双女结扎户每例现场兑现500元节育奖。开展生殖保健系列化服务。先后聘请妇科专家256名,在全市实施关爱女性健康、乳腺病普查普治“惠民工程”。全年全市落实四项手术(结扎、上环、人流、引产)33 486例。举办计划生育药具“三基”(基本理论、基本知识、基本技能)知识竞赛,全市直接参与竞赛人数达1 500余人次,受教育人数达5 000余人次。

9月1日,三门峡市人口和计划生育工作会议召开

狠抓综合治理。严肃查处“两非”(非医学需要的胎儿性别鉴定和非医学需要的人工终止妊娠行为)案件。全年全市查处“两非”案件155起。督促各县(市)区出台1项至2项含金量高、操作性强、引领作用大的对女孩家庭的优先优惠政策。全市新出台对女孩家庭的优先优惠政策140余条。12月22日,三门峡市召开“关爱女孩”综合治理出生人口性别比工作会议,贯彻全省综合治理出生人口性别比偏高工作会议精神,部署全市综合治理出生人口性别比工作。

惠及计生家庭。落实奖励扶助政策。2011年全市共有奖扶对象13 363人,其中国家奖扶对象5 550人、特扶对象260人、扩大奖扶对象6 036人、独女户母亲1 517人,配套资金2 300余万元全部落实到位。为市属企业双下岗独生子女369人发放独生子女奖励费8.856万元,为全市80 377名14周岁以下独生子女父母发放了奖励费;为中招考试中符合条件的2 885个独生子女进行加分,受益折合资金662.8万元。同时,投入641万元对10 694户计生困难家庭进行帮扶。完善利益导向政策组织链条。市人口计生委下发《关于进一步抓好乡、村两级计划生育利益导向政策落实的通知》,要求各县(市)区做到乡级优惠政策无空白、村级政策有特色,完善奖励、优待、减免、帮扶、保障、救助六位一体的政策链条,真正使计划生育家庭享受到惠民政策。指导各地结合村委换届及时修订村规民约,把对计生家庭的优先优惠政策纳入村规民约中。全年全市乡(镇、街道办事处)、村新出台对计生家庭优先优惠政策190项,惠及4万余户计生家庭,兑现资金600余万元。强化计划生育家庭养老保障。市人口计生领导小组出台《关于落实计生家庭居家养老服务工作的意见》,确定灵宝市、义马市和其他县(市)区的10个乡(镇)为居家养老服务试点,把60岁以上独女户和计生特别扶助家庭中的1 040名老人全部纳入居家养老服务范围。全市计生家庭养老服务志愿者队伍1 086人，发放政府购买服务券390人，计11.5万余元。落实城乡居民养老保险优待计生家庭试点工作。灵宝市、卢氏县、湖滨区、陕县和义马市作为城乡养老保险试点，相继以政府文件出台对计划生育家庭进行补贴的政策。落实“半边户”奖扶政策，将确认的161名“半边户”对象纳入国家奖励扶助范围。

提高出生人口素质。加大宣传力度。市人口计生委投入7万元印制3.5万册优生优育、出生缺陷预防知识读本，免费发放到待孕群众手中，使育龄群众对出生缺陷预防工作的知晓率达到99%以上。加大培训力度。开设优生咨询门诊，举办“准妈妈培训班”，重点对已婚待孕育龄夫妇进行全员集中培训。全年全市培训待孕夫妇20 163对，群众生殖健康、出生缺陷预防知识接受率达到95%以上。

加强流动人口服务管理。开展清理清查。5月3日至18日，成立由人口计生、公安、工商、人力资源和社会保障、城建等部门组成的清查小组，在全市采取横到边、竖到底的拉网式清查，录入流动人口信息系统人员5.35万人，督促办理婚育证明3 500个，纳入平台管理7 800人，比年初数据增加1万人。加强信息平台监管。建立乡(镇)为终端、县(市)区为监控点、市为区域监管的流动人口服务管理、统计监管体系，实现了信息及时沟通，落实了层级高质量监管。市人口计生委实行周电话督促、月通报数据和核算奖惩，年底计入各地考核总成绩。全年市人口计生委举办6次培训班，对全市所有县、乡信息员进行二轮培训。强力推进基本公共服务均等化。设立“流动人口维权服务电话热线”和“计划生育服务网络查询系统”。开展关爱在流动“五免五送”活动。全市公布流动人口维权电话141部，接收并解决群众诉求案件19例，投入33万元为流动人口提供免费康检和四项手术服务。加快中心社区计划生育基础设施建设，全市有11个社区达到示范社区标准。

提高依法管理水平。开展依法行政检查暨案件评审。8月23日至25日，召开全市人口计生系统2011年依法行政检查暨案卷评审现场会议。对各县(市)区160份案卷以及票据存根逐一检查、评审，进一步规范全市计划生育依法行政工作，提高案件办理和案卷制作质量。加大依法征收社会抚养费力度。全年全市共办理社会抚养费征收案件393起、行政处罚案件167起，全部实行网上办理，落实行政处罚裁量标准处罚，申请法院执行12起。全市查处违法案件58起，清退扣押群众财产案件25起，折合资金2.5万元，清退违规收费2.08万元。积极参与法制宣传活动。在12月4日全国法制宣传日，市人口计生委组织人员走上街头，设立咨询台，发放宣传品，宣传计划生育政策法规。

转变工作作风。6月3日，市人口计生委召开政风行风监督员座谈会，就全市人口计生系统履行职责、落实政策情况等方面征求了来自农村一线、基层社区、部分企业及服务对象等21名代表共6个方面的22条意见和建议。开展专项治理：通过宣传发动、自查自纠、整改落实，全市共清理清查违规收费77起，涉及金额3.69万元，并将其全部退还群众。开展四项评议：积极参与省、市纠风部门开展的民主评议政风行风活动；在农村深入开展“农民兄弟姐妹评计生”活动；在城市社区开展“请流动人口评计生”活动；在人口计生系统坚持开展“下评上”活动，推动了人口计生干部工作作风的转变。针对行风评议问卷调查和座谈会征求的意见建议反馈问题，按照“主管对口，上下对应，责任对接”的原则和要求，把整改任务分解落实到各县(市)区人口计生部门和委分管领导、内设科(室)，明确责任单位、责任人、整改时限和要求，强化督查，促进整改任务落实。以落实利益导向政策，扎实为群众办实事、办好事为抓手，继续在全市开展“对照职能，贴近民生，努力为群众办实事办好事”主题实践活动。参与《行风热线》节目。市人口计生委班子成员带领发展规划科、政策法规科、流动人口管理服务科等科室负责人于6月27日、8月19日、11月15日走进三门峡人民广播电台直播间参加《政风行风热线》直播节目，受理群众咨询和投诉23人次。

【举行第3届“国策杯”人口计生文艺会演】 4月19日，三门峡市第3届“国策杯”人口计生文艺汇演在渑池县仰韶镇东阳村人口文化大院举行。此次文艺会演由市人口计生委主办，渑池县人口计生委承办，渑池县仰韶镇党委、政府协办。各县(市)区人口计生委结合实际，自编自演节目，通过村、乡、县逐级演出，层层筛选，精选出15个节目参加全市会演。其中，渑池县选送的快板《情满仰韶》以其新颖的题材、活灵活现的表演夺得一等奖，卢氏县选送的黄梅戏《夫妻观灯》、陕县选送的情景剧《母亲》荣获二等奖，渑池县选送的戏曲表演唱《国策畅响曲》、义马市选送的音乐快板《义马颂歌》、灵宝市选送的小品《想入非非》、卢氏县选送的舞蹈《独生子女一枝花》和陕县选送的群口快板《计生政策暖人心》荣获三等奖；渑池县、卢氏县、陕县和义马市荣获组织奖。

【实施免费孕前优生健康检查项目】 6月15日，全市免费孕前优生健康检查项目现场会召开，对免费孕前优生健康检查项目工作进行总体部署。国家免费孕前优生健康检查项目是出生缺陷一级预防的重要内容，是优生促进工程的关键环节。通过开展免费孕前优生健康检查项目，使农业、非农业人口符合生育政策、计划怀孕的夫妇，包括流动人口计划怀孕夫妇都能享受免费孕前优生健康检查服务；计划怀孕夫妇优生知识知晓率达到90%以上；符合政策生育准备怀孕的夫妇接受规范的优生咨询服务率达到95%以上；对生育病残儿夫妇再生育优生指导率达95%以上；建立“健康教育、优生筛查、风险评估、咨询指导、早孕及妊娠结局随访”的服务模式，促使出生缺陷发生率逐年降低，出生人口素质逐步提高。按照国家、省有关要求，确定渑池县为免费孕前优生健康检查省级试点，义马市、卢氏县和其他县(市)区的10个乡(镇)为市级试点。各试点规范开展工作，均建成了高标准优生检测实验室，提高了县级计划生育服务机构的筛查能力。全市投入520余万元用于出生缺陷一级预防干预工作。按照出生1人补贴200元的标准预算拨付专项经费，做好免费营养素发放工作。全年全市优生筛查11 870余人次，发放叶酸营养素6 678人份。

【落实“半边户”奖扶政策】 按照国家

人口计生委、财政部联合下发的《关于将符合规定的“半边户”农村居民一方纳入农村部分计划生育家庭奖励扶助制度的通知》和河南省人口计生委办公室《关于将符合规定的“半边户”农村居民一方纳入农村部分计划生育家庭奖励扶助制度的紧急通知》要求,三门峡市将一方为农村居民、一方为城镇居民的夫妇中符合条件的农村居民一方,纳入农村奖励扶助制度。严格按照“半边户”以及农村奖励扶助制度资格确认的基本要求,经过个人申请、乡级初审并公示、县级核实,市人口计生委于7月5日至8日组织人员对各地“半边户”资格确认情况进行复核,全市确认符合政策要求的“半边户”对象161名,其中一个女孩人数31人、一个男孩人数23人、两个女孩人数107人。

【开展“宣传教育、政策法规、生殖健康、流动人口服务”四进社区服务活动】 7月11日是第22个世界人口日,市人口计生委在湖滨区涧河街道六西居委会开展“宣传教育、政策法规、生殖健康、流动人口服务”四进社区服务活动,传播科学、文明、进步的婚育观,建立以优质服务为核心、新家庭人口文化为切入点、综合服务为载体的新型示范化社区,全面提升计划生育家庭的发展能力和幸福指数。活动现场展出宣传版面16块,设立咨询台3个,接受群众政策咨询180人次,免费开展健康体检200人次,发放避孕药具2 000盒、宣传材料5 000份。

【开展整治“两非”专项行动】 8月16日全国集中整治“两非”专项行动电视电话会议召开后,三门峡市立即行动,调整了市出生人口性别比升高问题综合治理领导小组,由市委副书记、市长赵海燕担任组长;成立市整治“两非”专项行动领导小组,市政府副秘书长王松安任组长,市人口计生委、市公安局、市卫生局、市食品药品监管局和市妇联5单位的主要负责人为副组长,领导小组办公室设在市人口计生委,负责具体协调落实工作。8月24日,市人口计生委、市公安局、市卫生局、市食品药品监管局和市妇联联合下发《三门峡市集中整治“两非”专项行动实施方案》,将全市集中整治“两非”专项行动分为部署、各地自查、全市治理、建档立制和督查评估5个阶段实施。全年全市查处“两非”案件155起。

【开展人口和计划生育依法行政示范乡(镇、街道办事处)创建活动】 2011年,市人口计生委在全市开展人口和计划生育依法行政示范乡(镇、街道办事处)创建活动,重点加强乡级依法行政工作,建立人口计生依法管理长效工作机制,为统筹解决人口问题、促进人口长期均衡发展、促进人的全面发展提供法治保障。11月14日至19日,市人口计生委抽调相关人员,通过听取汇报、查看档案资料、召开座谈会、走访群众和现场调查等方式,对第一批依法行政示范乡(镇、街道办事处)进行验收,确定6个市级依法行政示范乡(镇、街道办事处),并向国家、省人口计生委推荐国家级示范乡(镇、街道办事处)1个、省级示范乡(镇、街道办事处)2个。

【落实城乡居民养老保险优待计生家庭试点工作】 2011年,根据《河南省人民政府关于开展城乡居民社会养老保险试点工作的实施意见》和《河南省人口计生委关于在城乡居民社会养老保险试点中给予独生子女父母和农村计划生育双女父母适当补贴的指导意见》,市人口计生委督促义马市、湖滨区、陕县、灵宝市和卢氏县先后出台文件,要求本着财政能负担,政策有引力,导向较明显,低成本、高效益的原则,“入口”参保补贴标准选择为在其按规定自愿参保缴费的基础上,再给予每人每年不少于100元的补贴为宜。对年满60周岁,符合养老金待遇领取条件的独生子女父母和农村计划生育双女父母,“出口”养老金补贴标准选择为在地方政府确定的基础养老金普遍补贴标准的基础上,再多给予每人每月不少于10元的补贴为宜。灵宝市对计划生育户中1 863名60岁以上的每人每年补贴300元养老金,对4 523名45周岁至59周岁的每人每年补贴50元养老金缴纳费用。卢氏县“入口”补贴50元至100元。义马市对参保的所有计划生育户每人每年补贴100元,对年龄在45周岁至59周岁之间的领证独生子女父母参保的在补贴100元的基础上再给予50元补贴。陕县、湖滨区“入口”参保补贴标准选择为在其按规定自愿参保缴费的基础上,再给予每人每年100元的补贴;对年满60周岁、符合养老金待遇领取条件的独生子女父母和计划生育双女父母“出口”养老金补贴标准选择为在地方政府确定的基础养老金普遍补贴标准基础上,再多给予每人每年120元补贴。

【省人口和计划生育工作督查组到三门峡市督查】 4月16日至18日,省委、省政府人口和计划生育工作督查组一行6人,在省人口计生委党组成员、巡视员赵长法的带领下,到三门峡市督查人口计生工作。督查的主要内容是“十

4月17日,省委省政府督查人口计生工作三门峡汇报反馈会召开

一五”以来各级党委、政府贯彻落实中共中央、国务院《关于全面加强人口和计划生育工作统筹解决人口问题的决定》和中共河南省委、河南省人民政府《关于贯彻中发〔2006〕22 号文件精神，全面加强人口和计划生育工作，统筹解决人口问题的意见》情况，人口和计划生育事业“十二五”规划制定情况以及“十二五”开局之年稳定低生育水平的措施等。督查组一行先后深入渑池县仰韶镇人口计生服务中心、苏门村，陕县张湾乡人口计生服务中心、蔡白村，查看资料，详细询问情况，并分别听取渑池县和陕县的人口计生工作汇报。17 日下午，三门峡市召开人口计生工作专题汇报反馈会。市委、市政府全面汇报了三门峡市人口计生工作。在听取汇报后，赵长法对三门峡市人口计生工作的主要做法给予充分肯定，并对下一步工作提出明确要求。（刘媛媛）

民　政

【概况】 2011 年，三门峡市民政局围绕中心，服务大局，各项事业取得新成就，为促进全市经济发展和社会稳定作出了应有贡献。

社会救助水平进一步提高。1 月起，城乡低保补助标准每人每月分别增加 15 元和 12 元，达到 182 元和 76 元，高出省定标准 13% 和 5.6%。及时启动社会救助和保障标准与物价上涨挂钩联动机制。推进低保管理工作信息化建设，采用信息比对技术，提高了城乡低保对象认定的准确性。全市城乡低保对象达 6.2 万户、12.5 万人，累计发放低保金 1.83 亿元。农村五保对象集中和分散供养标准分别达到 2 356 元和 1 444 元，高出省定标准 5.2% 和 9.4%。农村五保对象达 6 751 户、7 025 人，累计发放供养资金 1 370 万元。建立医疗救助同步结算制度，全市直接救助城乡居民 1 万余人次、717.4 万元。

生产救灾工作扎实有效。夏秋季节，全市遭受了多年不遇的风雹、秋涝灾害，共造成受灾人口 70 万余人，直接经济损失 9 亿元。灾害发生后，各级民政部门迅速行动，科学应对，第一时间赶赴灾区指导抗灾救灾工作，累计发放救灾资金4 455万元，发放救灾帐篷、棉衣被、面粉等物资价值 300 余万元，实现了灾区群众有饭吃、有衣穿、有地方居住、有干净水喝、学生有学上的救灾工作目标，灾民生活安置率 100%。同时，各级民政部门做好灾后倒房重建工作，及时筹措倒房重建资金2 946万元。开展全市第 3 个“防灾减灾日”宣传活动，接待现场咨询群众6 000余人，提升了公众应对突发事件的综合素质和避灾自救能力。

双拥创建活动扎实开展。三门峡市荣获“全国双拥模范城”称号，取得“四连冠”殊荣。市民政局组织开展“心理健康服务进军营”活动，采取专题授课、个别咨询、问卷调查、官兵座谈等方式，先后为 1 800 余名官兵提供了心理健康服务。做好随军家属安置有关工作。市民政局下发《关于开展 2011 年随军家属生活补贴发放对象审核工作的通知》，会同市人力资源和社会保障局做好审核工作，协调安置 4 名随军家属，向全市 100 名随军困难家属发放了职业技能培训补助。大力开展双拥创建宣传工作。驻军部队官兵和拥军企业组织宣传队深入社区企业进行宣传，在市区摆放大型固定宣传牌 28 块、悬挂双拥宣传标语 220 条，营造了浓厚氛围。做好军供转运工作，完成 46 列 46 批次共 9 657 名官兵的军用饮食接待保障工作。广泛开展行业拥军、社会组织拥军、社区拥军等社会化拥军活动和“双十佳”“双十大标兵”评选表彰活动，形成了“党委领导、政府搭台、部门联动、社会唱戏”的良好拥军氛围。

优抚政策得到较好落实。建立优抚对象抚恤补助自然增长机制，下拨各类抚恤补助资金和服务管理经费 3 738.5万元，下发《关于调整分散安置的一级至四级残疾军人护理费标准的通知》，及时调整发放分散安置的一级至四级残疾军人护理费。“八一”前夕，为1 204户农村义务兵家庭发放优待金 487 万元。完善优抚对象医疗保障制度。建立“一站式”服务平台，印发优抚对象医疗保障政策和“一站式”服务定点医院明白卡，下拨医疗补助资金 172 万元。开展烈士纪念设施普查。制定《全市零散烈士纪念设施建设管理保护规划》，收集整理 795 个散葬烈士墓和烈士纪念设施的地理位置、详细情况、照片等信息，并录入全国零散烈士纪念设施信息普查系统。做好 60 岁以上农村籍退役军人核查认定工作。全市共认定 60 岁以上农村籍退役士兵5 651 人，59 岁农村籍退役士兵 819 人。全面落实军休干部政治、生活待遇，及时下拨军休人员经费 544 万元、服务管理经费 42 万元，完成了全市军休人员个人信息采集录入工作。

退役士兵安置改革不断深化，就业培训力度加大。全年全市共接收退役士兵 1 244 人，其中城镇退役士兵 750 人、农村退役士兵 449 人、转业士官 45 人。符合安置条件的 684 人全部安置到位，安置率达 100%。全市申请自谋职业的退役士兵有 330 人，自谋职业率 48%。开展退役士兵职业教育和技能培训。市民政局出台《三门峡市关于加强退役士兵职业教育和技能培训的实施意见》。全市共组织 505 名退役士兵参加职业教育和技能培训，参训人数占接收人数的 41%。开展退役士兵就业服务工作。建立网络就业信息服务平台，开通三门峡市退役士兵就业服务信息网和退役士兵就业服务咨询电话，设立求职信息、用工需求、老兵创业风采、管理动态、重要通知等栏目，在信息网上大力宣传新的退伍安置政策，及时公布企业用工信息，为退役士兵就业搭建了网络信息服务平台，共向用人单位推荐退役士兵400 余人次。举办全市首届退役士兵就业专场招聘会，帮助 137 名退役士兵找到了合适的工作岗位。

村民自治工作深入开展。全面开展村级组织换届选举工作，全市 1 362 个行政村全部完成村党支部、村委会和监委会换届选举任务。认真贯彻落实《河南省农村村务公开民主管理领导小组关于深入开展村务公开民主管理示范单位创建活动的通知》精神，完善创建内容，深化创建工作，推动村民自治工作深入开展。全市已申报 2 个示范县（市）区、40 个示范乡（镇）。扎实开展“难点村”治理工作。配合省村务公开领导小组对全市村务公开和民主管理“难点村”治理工作进行专项检查，完成了 13 个“难点村”治理任务。社区建设取得突破。在社区建设工作中创新实行网格化管理。采用先试点、后推开的方法，逐步在辖区规模达到 1 500 户以上或管理服务任务较重的社区设立

3月12日,市双拥办深入市区各部队开展"心理咨询服务进军营"活动

社区管理服务中心,探索构建小政府、大社区的社区建设新路子。在湖滨区开展"流动服务进网格"试点工作,建立网格管理服务团队,把管理服务延伸进每个楼院、每个单元、每户居民,从源头上化解了社会矛盾。

社会组织管理得到加强,社会组织规范发展。严把登记关。按照《社会团体登记管理条例》《民办非企业单位登记管理暂行条例》的规定,对申请成立的社会组织,严格履行法定程序,认真审核上报材料,实地查看办公场所,确保登记质量。全年市直共受理各类社会组织申请54件,登记合格率为100%。对市直200多家社会组织进行年检,对6家存在问题的社会组织进行行政约谈。建立由组织部门牵头、民政与业务主管单位配合的联动机制,加强社会组织管理。按照党员"一方隶属、多重管理、全程作用"模式,开展"建组织、扩覆盖"活动,全市451家社会组织中,党组织由9个发展到151个。同时,切实履行好监管职责,不断完善社会组织退出机制,全年共撤销、注销各类社会组织35家。市民政局下发《关于深入推进社会组织管理服务创新的实施意见》,提出全市社会组织创新管理服务工作的方向、思路和措施。

区划地名工作积极推进。认真贯彻落实市委、市政府建设豫晋陕黄河金三角区域性中心城市的战略部署和加快推进城镇化建设的总体要求,做好三门峡市行政区划工作。拓展地名公共服务,建立以地名设标、地名网站为依托的地名公共服务体系,并适时更新完善地名数据库、地名网站资料。启动《三门峡市地名志》编纂工作。加强边界线管理。对勘界以来的界线档案进行全面整理、归档,并顺利通过省民政厅检查组的验收。圆满完成"三南线"联检工作。与周边地区签订平安边界创建工作实施方案、应急预案和睦邻友好协议,开展创建平安边界活动,维护了边界的和谐稳定。

婚姻登记服务水平持续提升。对全市所有婚姻登记员进行培训,提高了婚姻登记执法和服务水平。全年全市共办理婚姻登记3.6万对,其中办理结婚登记2万对、涉港澳台婚姻登记9对,办理离婚登记2 617对,补证2 643对,出具婚姻状况证明1.1万件。婚姻登记合格率达100%。湖滨区民政局婚姻登记处被评为河南省群众满意的专项社会事务服务窗口单位,义马市、渑池县民政局婚姻登记处被评为全省婚姻登记工作先进单位。

殡葬改革进程加快。举办首届"清明追思"文明公祭活动,大力推行生态殡葬,倡导文明祭扫新风。开展"殡葬系统行风建设月"活动,殡葬服务水平得到显著提升。三门峡市、义马市被评为河南省实施惠民殡葬政策先进单位。市殡仪馆被评为全国殡葬系统行风建设示范单位,渑池县殡仪馆被评为河南省群众满意的专项社会事务服务窗口单位。

特殊群体救助力度不断加大。及时下拨孤儿基本生活费433万元,落实好艾滋病致孤和艾滋病单亲家庭救助政策。加强社会福利企业管理,全市共核定社会福利企业38家,安置残疾人1 200余人。加强流浪乞讨人员救助和精神病人救治工作,全市共救助城市生活无着的流浪乞讨人员3 711人次、门诊接诊精神病人10 260人次,接收安置弃婴8名。市救助管理站被评为河南省群众满意的专项社会事务服务窗口单位。

慈善事业健康发展。加强慈善组织建设。争取市委、市政府重视支持,在全省首家成立三门峡市慈善工作领导小组。加强县级慈善组织建设,成立陕县慈善会。多方募集慈善资金。通过开展企业劝募、定向劝募、日常募捐箱、慈善书画义卖及争取省慈善总会救助资金等方式,共募集慈善资金70余万元。组织开展"慈善情暖万家"助困项目、贫困母亲援助行动项目、慈善SOS紧急救助项目、"慈善助孤"项目、慈善拥军项目以及多项义工活动,共救助特困群众1 000余人,发放救助金70余万元。

老龄工作稳步开展。配合市人大对《中华人民共和国老年人权益保障法》贯彻执行情况进行检查。协助市政协对农村养老保障情况和社会办养老机构建设情况进行视察。起草《三门峡市关于加快养老服务业发展的意见》,编制《三门峡市老龄事业发展"十二五"规划》,明确了"十二五"期间老龄事业发展的主要目标和任务等。

福利彩票销售成绩突出。采取加大宣传力度、简化申办程序、实行跟踪服务、制定优惠措施等方式,全年新增农村投注站37个、即开票网点40个,扩大了福利彩票发行面。推进投注站标准化建设,建成星级投注站40个。全市电脑投注站达283个,全年累计销售福利彩票1.32亿元,完成省定目标的117%。

民政基础设施进一步完善,九大民生工程顺利实施。投资560万元、占地0.63公顷、建筑面积2 300平方米的市流浪未成年救助保护中心,投资270万元、占地0.28公顷、建筑面积2 000平方米的市救灾物资储备库已建成。投入130万元,占地0.15公顷,建筑面积1 560平方米改建的市老年服务中心投入运营。投资5 600万元,占地11.33公顷,建筑面积

2.9万平方米的市殡仪馆迁建项目开工建设。市民政局与市工商联联合牵头组织，由民营企业家自筹资金1亿元建设的银龄乐园老年公寓项目开始施工。占地1.61公顷、建筑面积1.2万平方米的市精神卫生中心扩建项目，争取中央预算内投资2 090万元、省财政投资93万元。预算投资2 200万元、占地0.5公顷、建筑面积2万平方米的市社会福利院老年养护楼项目，上报国家发改委待批。灵宝市、卢氏县、陕县等县级社会福利中心已建成。

加强自身建设，市民政局建成省级文明单位。民政社会管理创新工作取得突破，以市政府名义出台《关于加快推进民政社会管理创新工作的实施意见》。加强基层民政组织建设。多数县(市)区的乡(镇)已挂牌恢复民政所，全市基层民政专兼职工作人员达到247人。

【举办全市首届退役士兵就业专场招聘会】 4月28日，市民政局与市人力资源和社会保障局在市人力资源市场联合举办首届退役士兵就业专场招聘会。当天，50余家市内外企业提供约1 800个就业岗位供退役士兵选择，参加招聘的400余名退役士兵中有137名当场与招聘单位签订用工意向书。

【首届豫晋陕黄河金三角救助管理工作联席会议在三门峡市召开】 12月12日，渭南市、运城市、洛阳市和三门峡市救助管理工作联席会议在三门峡市召开。会议围绕如何加强区域协作，携手应对风险挑战，进一步提高流浪乞讨人员救助管理工作能力和水平，更好地为豫晋陕黄河金三角地区和谐平安作出新的更大贡献这一主题，进行了广泛的交流和协商。经过讨论协商，决定建立5大机制：豫晋陕黄河金三角救助管理工作联席会议机制，救助管理工作信息共享机制，协查安置机制，共同抵制跑站骗站恶意乞讨机制，协同联动与应急处置机制。 (贾万英　赵慧利)

老龄工作

【概况】 至2011年年底，三门峡市共有60周岁以上老年人27.7万名，其中农村老年人22.2万名。市老龄办起草《三门峡市关于加快养老服务业发展的意见》，编制《三门峡市老龄事业发展"十二五"规划》，明确"十二五"期间老龄事业发展的主要目标和任务。灵宝市金秋老年公寓被省民政厅评为河南省养老机构示范单位。

突出政府主导地位，动员社会广泛参与，全面构建老年人维权工作格局。市委、市政府将老龄工作纳入全市国民经济和社会发展的整体规划之中，通盘考虑、综合运筹，有效维护了老年人的合法权益，初步实现了"老有所养、老有所医、老有所教、老有所学、老有所为、老有所乐"的工作目标，促进了老龄工作与经济社会协调发展。市慈善总会等组织开展"慈善情暖万家""爱心助老"等活动，企业和个体工商人员积极参与关爱优待老年人活动，使老年人切身感受到来自社会各界的关爱。各级老龄部门大力宣传《中华人民共和国老年人权益保障法》，使其深入人心。市老年体工委举办三门峡市老年人健步走通信赛等活动，展现了老年人的精神风貌。重阳节前，市工商联、市老龄委联合举办第2届银龄文艺晚会，市区百余名老人表演了歌舞、小品、曲艺等节目。出台优惠政策，鼓励和带动社会力量投资老龄事业、兴办老年人服务机构，形成了养老服务机构多种所有制形式共同发展的新格局，全市共有15家老年公寓由企业、个人投资兴办。

兼顾城乡发展，注重整体推进，建立健全老年人权益保障体系。建立健全社会保险体系。在城市，各级人力资源和社会保障部门一方面抓养老保险扩面征缴工作，将国有企业职工、城镇所有企业职工、城镇自由职业者和灵活就业人员纳入社会保险体系范围内；另一方面全面推行养老金社会化发放，为所有参保职工建立个人账户，养老金按时足额发放率和社会化发放率达100%。在农村，推行新型农村社会养老保险试点工作。建立健全老年人养老服务体系。初步建立以居家养老为基础，以社区养老服务为依托，以机构养老为补充的养老体系。在农村，将敬老养老纳入村规民约，按照签订、兑现、检查、调整、推广的"五步工作法"，推行家庭养老协议化。全市老年人与子女签订"家庭赡养协议书"5 000多份，兑现良好率达98%以上。在城市，依托社区有效改善老年居民的晚年生活。大力发展志愿者队伍，成立义工组织，提高受助老年人的生活质量。同时，加大家政服务中心、便民医疗点等社区服务机构建设力度，满足社区老年人的多元化需求。完善机构养老的补充功能。抓敬老院基础设施建设，为五保老人提供宜居环境。全市建成"星光老年之家"15个、老年公寓16所，拥有各类养老床位5 099张。加强老年文体设施建设。全市有老年人体育活动馆1个、老年人活动中心(站)10个、老年大学(学校)28所，便于老年人开展文体活动，丰富了老年人的精神生活。建立健全老年优待服务体系。全市老龄机构共为5 000多名老年人办理了"老年人优待证"，使老年人共享经济社会发展的成果。

【在第11届河南省老年人运动会中获佳绩】 11月5日，由省体育局、省委老干部局、省老龄委办公室、省老年体协举办的第11届河南省老年人运动会在洛阳市体育中心结束。三门峡市参加了乒乓球、地掷球、气排球、棋类、柔力球、太极拳、剑、门球、健身球操、健身秧歌等14个项目的比赛，参加人数1 200余人。经过6个多月的比赛，三门峡市在参加所有竞技项目的比赛中获得19个金奖、22个银奖，三门峡市代表团以301分的总成绩获得金奖，列全省第4名，并获得组织工作奖、运动会贡献奖和体育道德风尚奖。

(许心远　赵慧利)

人民生活

【概况】 2011年，中共三门峡市委、三门峡市人民政府坚持把民生问题放在第一位，努力使经济发展成果更多地惠及于民，持续加大民生投入，千方百计增加城乡居民收入。全市城镇居民人均可支配收入17 061.7元、人均消费支出14 081.8元，同比增长13.5%、25.8%。全市农民人均纯收入6 929元，同比增加1 141.78元，增长19.7%，增量创历史新高,扣除物价因素影响,实际增长13.7%,实际增幅高于全国2.3个百分点、全省1个百分点;农民人均生活消费支出4 856.9元,增长17.7%。农村居民家庭恩格尔系数为33.6%,城镇居民家庭恩格尔系数为27.1%。城乡居民居住条件继续改善。城镇居民人均住房建筑面积达到35.53平方米,农村居民人均住房面积达到37.96平方米。

【城乡居民收入差距有所缩小】 2011年,三门峡市农村居民收入增长幅度高于城市居民,城乡居民收入差距有所缩小。全市农民人均纯收入达到6 928.98元,比2010年增长19.7%,增幅高于城镇居民人均可支配收入6.2个百分点。城乡居民收入比由2010年的2.6∶1缩小为2.46∶1。

【农民转移性支出大幅度增加】 2011年,三门峡市农村居民人均转移性支出为741.53元,比2010年增加420.78元,增长1.3倍,占总支出的比重由2010年的4.9%提高到8.7%。从支出结构看,一是供养孩子上大学和亲友之间的人情支出为农村居民的两大负担。全年人均给大中专学生生活费和学杂费314.66元,增幅高达5.3倍;人均赠送农村亲友支出265.09元,增长44.1%。二是农民对医疗、社会保障的重视程度越来越高。全年人均缴纳医疗保险54.82元、社会保障基金41.75元,分别增长4.8倍、2.5倍。

【农民工资性收入增长较快】 2011年,全市农民人均工资性收入为2 468.78元,同比增加483.33元,增长24.3%,增幅比2010年高10.7个百分点。工资性收入增长对全年纯收入的贡献率达到42.3%,工资性收入的上涨拉动全年纯收入上涨8.4个百分点。

【城镇居民服务性消费支出增长较快】

随着经济发展和居民收入水平的提高,花钱买享受、买时尚、买轻松、买健康已成为三门峡市城镇居民服务性消费的新趋势,居民服务性消费支出较快增长。2011年,全市城镇居民家庭人均服务性消费支出3 498.28元,比2006年增长1.1倍,年均递增16.4%。

红红火火庆元宵

【城镇居民教育消费支出大幅度提高】

2011年,全市城镇居民人均教育支出800.7元,比2010年增长1.2倍;占城镇居民消费支出的比重达到5.7%,比2010年提高2.5个百分点。其中,培训费、托幼费、成人教育和家教费分别比2010年增长31.1%、1.2倍、4.2倍和7.4倍。

【城镇居民家庭家用汽车拥有量大幅度增加】 2011年,全市城镇居民家庭人均购买家用汽车支出992.47元,比2010年增长1.3倍;车用燃料及零配件人均支出183.39元,增长23.5%。年末全市每百户城镇居民家庭拥有汽车16.08辆,增长1.9倍。

【城镇居民住房条件持续改善】 2011年年末,三门峡市城镇居民人均住房建筑面积达到35.53平方米,住房成套率超过9成。住房条件的改善,带动了居住支出的快速增长。2011年全市城镇居民家庭人均居住支出1 944元,其中住房装潢支出955.2元,分别比2006年增长1.5倍、6.1倍。

【社会保障事业稳步推进】 全年全市共为5.98万名企业离退休人员发放基本养老保险金93 339万元,发放率达100%。年末参加城镇基本养老保险人数27.51万人,参加城镇基本医疗保险人数64.02万人,参加失业保险人数22.79万人。全年共发放城镇居民最低生活保障金9 500.6万元,享受最低生活保障的有36 530人。全年农村低保对象有88 669人,发放低保金8 901.9万元。发放城乡医疗救助资金1 778.2万元,救助13 997人。年末全市有各类收养性社会福利单位73家,福利单位床位数4 370张,收养3 590人。其中,收养性社会福利院2家,床位310张,收养200人。城镇建立各种社区服务设施53个,其中社区服务中心4个。全年全市销售福利彩票1.32亿元。 (陈建民)

·编辑　卢亚杰·

县（市）区概貌

SURVEY OF COUNTY (CITY) DISTRICT

仰韶文化博物馆

湖滨区

【概况】 2011年,湖滨区紧紧围绕科学实施"三大战略"、着力打造"四大经济板块"、强力推进"为民工程"的总体思路,全力保增长、惠民生、促和谐,圆满完成市委、市政府下达的各项任务,经济社会发展继续呈现好趋势、好态势、好气势。全区地区生产总值完成51.1亿元,较上年(下同)增长13%;规模以上工业增加值达到11.3亿元,增长19.1%,增幅排名全市第2位;地方财政一般预算收入完成4.1亿元,增长21.6%,税收收入占比达到90.6%,占比率位居全市第1位;全社会固定资产投资完成53.2亿元,增长23.1%;社会消费品零售总额完成46.6亿元,增长18.3%,增幅排名全市第2位;城镇居民人均可支配收入达到17 316元,较2010年增加2 086元,增长13.7%;农民人均纯收入达到7 363元,较2010年增加1 251元,增长20.5%;城镇登记失业率控制在4%以内;人口出生率控制在5.34‰。

招商引资和项目建设成果丰硕　依据区情,着眼发展,扎实开展大招商活动,全区上下齐动员,全员招商、以商招商和专业驻点招商蓬勃展开,形成"千斤重担大家挑,人人肩上有指标"的招商引资浓厚氛围。创新机制,公开招录专(兼)职招商人员,成立专业招商小分队长驻长三角、珠三角、环渤海湾等地开展招商。通过一系列有力、有效措施推进实施,一批投资额度大、关联带动强、品牌效益明显的大项目、好项目相继落户湖滨区,为经济社会发展注入强劲动力。投资1.5亿元的三键炭微细球形铝粉项目、投资1.5亿元的清源风电场二期、投资5.8亿元的九华纺织二期等14个项目已经建成投产;金三角建材批发市场、瑞通汽车城、卓越线束、腾飞汽车城、鑫宏纺织器材等24个在建重点项目建设进展顺利;投资8亿元的华创国际广场城市综合体、投资20亿元的义乌国际商贸城、投资5.2亿元的万石仓储物流中心等项目已经开工建设;投资12亿元的万邦海洋城、投资10亿元的泰祥汽配物流园等项目正在洽谈;大中海商业文化广场和宏江龙街品牌企业进驻的招商工作已经完成。全年共引进各类投资项目137个,投资在3 000万元以上的项目有38个,计划总投资86亿元,年度完成投资30亿元。实际利用外资2 936万美元,较上年增长62.1%;实现外贸出口600万美元,较上年增长50%;争取上级政策性资金4.2亿元。

旧城区和城中村改造持续推进　积极做好旧城区和城中村改造工作,努力改善人居环境。一是既有改造项目如期推进。刘家渠和田家渠城中村改造累计投资11.5亿元,刘家渠涉及的回迁户已入住新房,田家渠涉及的城市居民分房工作基本结束;大中海商业文化广场主体已建成,丹尼斯百货和其他商业客户正在进行内部装修;其他旧城区和城中村改造项目也按期推进,相关遗留问题得到稳妥解决。二是科学谋划"两轴线一中心"改造工作。市六次党代会后,按照上级要求,承担了全面负责旧城区和城中村改造这项光荣而艰巨的任务,按照"统一规划,连片开发,提升功能,完善设施"的要求,聘请北京清华设计院对"两轴线一中心"区域范围进行高水平规划,为以后的全面开发、科学建设奠定基础。三是和平路一期改造实现和谐拆迁。湖滨区发挥旧城区和城中村改造主力军作用,抽调300余名的精兵强将成立17个工作组,在短短4个月内,完成该区域(大中海以东、上阳路以西、宏江广场以北、和平路以南)800余商户、800余住户的动员搬迁工作,打了一场和谐拆迁的漂亮仗。同时,开创河南省走司法程序依法拆迁的先河,赢得了社会各界和广大群众的赞誉。

三产富区战略加快实施　围绕城市搞服务,服务城市谋发展,全力打造核心商圈,建设专业市场,发展现代物流,扩展休闲旅游,全面促进三产服务业繁荣提高,三产增加值突破31亿元,增长12.8%,对税收贡献率超过七成。全年共实施三产项目30个,总投资148.5亿元,增长64%。一是大力发展现代商贸业。成功引进三门峡国际工程机械PM综合体、华创国际广场城市综合体等一批高端三产项目,填补三门峡市和周边地区无高端三产项目的空白;以金三角建材物流港、三门峡汽车城等为代表的大型专业市场和以万石仓储物流中心为代表的大型物流项目的建设和落地,进一步提升了辐射带动能力。二是积极引进品牌名店。以大中海商业文化广场和宏江龙街(金渠路商业步行街)等为平台,积极引进知名品牌、大型商场、连锁经营等新型零售业态,丹尼斯、大地院线、五星电器、永乐生活电器、豪享来、永辉超市等连锁品牌即将落户湖滨区。三是加快发展文化旅游业。围绕沿黄旅游开发和沿黄半岛景观带建设,积极开展中流砥柱景区项目招商,大力发展城郊休闲旅游项目;上阳苑仿唐一条街建成投入使用;接待国内游客人数大幅增加,旅游业总收入增长29.3%。

工业强区战略深入实施　园区基础设施建设扎实推进。杨家沟至北梁段"以坝代路"工程、杨家沟和侯家沟村涧河桥工程,侯桥至侯家沟3.2公里涧河治理工程全面完成。优化环境优质服务。设立"窗口办",认真落实"两个零接触"。搞好经济运行分析调度,积极组织开展科技服务、品牌建设和银企对接等活动;全年上报用地报件14批次558.53公顷,帮助企业办理各种审批事项267项;帮助企业融资3.1亿元。培优育强初见成效。以培育优势产业、壮大优势企业、增加优势产品为核心,建立和完善工业园区"有进有退机制",优胜劣汰,提高企业效益和土地利用效率;兴河石油、成义电器等8家企业进入省级中小企业信贷扶持"小巨人"企业行列,昊博化工、维康食品等15家企业进入市级"小巨人"企业行列;河洛中密度板公司列入全市规模效益20强企业,思睿科技、中天实业列入全市20个高成长企业行列。全区产值超亿元企业达到7家,规模以上工业实现利润3.3亿元,增长25%;企业自主研发的4项产品获国家发明专利,高新技术产业增加值增长19.4%,规模以上工业万元增加值能耗降低9.1%。

农业特色区战略稳步实施　特色产业加快发展。蔬菜、畜牧、林果和水产养殖、苗木花卉等特色农业的规模和效益明显提升。花椒、核桃等小杂果种植超过333.33公顷,高庙花椒基地粗具规模;新(扩)建南鹿坡万头猪场、富村种猪场等一批龙头养殖企业,全区养殖小区(养殖专业村)、规模养殖场分别达到10个和58个,畜牧业产值突破1.4

亿元;发展黄河鲤鱼养殖20公顷,填补历史空白;新建蔬菜温室大棚150栋,发展小拱棚蔬菜70公顷,蔬菜产量达到4万吨,交口富村、会兴东坡、崖底陈宋坡3个蔬菜种植基地被确定为市区直销对接蔬菜基地;食用菌种植从无到有,规模超过200万袋;新增苗木花卉100公顷;无公害农产品产地认定面积超过666.67公顷,果品质量安全区域化建设超过1 333.33公顷。基础设施不断改善。解决1.3万人的饮水安全问题,东方红水库除险加固、九龙眼骨干坝等一批重点水利工程建成投入使用;22个村级"一事一议"奖补项目全部完成;县、乡、村道路"好路率"达到80%;建成"一池三改"户用沼气1 000户,建成杨家沟、南梁、王家岭、贾庄4个沼气建设服务网点,服务网络进一步健全。农业经营机械化、规模化和组织化程度不断提高,农民专业合作组织达到39个,土地流转面积比重超过20%;扶贫工作持续好势头,440名贫困人口实现脱贫。

"为民工程"不断深化 教育事业全面发展。办学条件不断改善,投入资金3 450万元,改扩建校舍,更新教学设施,城区区属学校基本改造到位,农村学校合校并点全部完成,中小学布局调整基本完成;继全面解决城市区属学校供暖问题之后,又及时解决农村寄宿制学校供暖问题,寄宿制学校校车配备、供暖、餐厅及宿舍建设均走在全市前列;学前教育三年行动计划顺利启动,建成4所农村公办幼儿园;市教师进修学校升格正式获得批准,异地新建工程取得实质性进展;大力实施"三百工程",狠抓初中毕业返乡青年职业技能培训,对考入大学的困难学生救助力度持续加大,高、中招上线率分别提高3.9个和5.2个百分点。医疗卫生服务水平不断提高。全区城镇医保和"新农合"参保、参合率均达到100%,"新农合"筹资水平大幅提高,报销比例平均达到71%,比上年提高了16个百分点,区财政负担了参合农民个人应缴纳的一半费用,"新农合"提高筹资水平、提高报销比例、降低群众负担的目标如期实现;乡村卫生一体化建设深入推进,医疗服务网络进一步健全,实现村卫生室统一设置、业务统一管理和基本药物零差价销售;区医院与市第二人民医院置换工作进展顺利。社会保障体系逐步完善。城乡居民社会养老保险试点工作进展顺利,全区城乡60岁以上老人均能按月及时领取养老金,实现社会养老保障全覆盖;举办实用技术培训300余场次,培训人员8 000余人次,城镇新增就业5 600人,农村劳动力转移就业2 350人,安置下岗失业人员再就业3 800余人;累计发放城乡低保金3 400万元,城乡低保实现应保尽保;城乡大病医疗救助工作扎实展开,全年发放救助金133万元;残疾人各种补贴按政策全部兑现到位,服务和保障水平不断提高;特困群体救助救济体系初步建立,弱势群体突发困难得到有效解决。文化惠民工程深入实施。"农家书屋"工程如期完成,所有行政村全部建成文化大院,公共文化服务体系建设日益完善;开展各类文化活动86场次,送戏、送电影下乡564场次。

和谐稳定局面持续巩固 按照"网格化管理、流动式服务、制度性保障、规范化运作"的要求,不断加强和创新社会管理。社会治安防控和公共安全防范体系进一步健全,各类治安案件和刑事犯罪发案率明显下降,人民群众安全感进一步提升;健全完善群众工作体系,积极开展社会矛盾纠纷排查调处,重要敏感时期没有来自湖滨区的干扰,被省委、省政府授予"信访工作先进县市区"称号;坚持勤拉网、细排查、除隐患、保平安,切实抓好食品、建筑、矿山、道路交通、危险化学品等各领域安全生产和消防、环境保护等工作,安全形势稳定向好。

政府自身建设全面加强 自觉接受人大法律监督和政协民主监督,共办理人大代表议案、建议、批评和意见18件,政协提案92件,办复率、满意率均达到100%。建立健全行政执法和行政行为监督等制度,推进政府各项工作规范化、制度化、法制化。"五五"普法和依法治区工作效果显著,荣获"全省法制宣传教育和依法治理工作先进区"称号。继续深化"两转两提"活动,政府信息公开、政务公开、村务公开深入实施。认真贯彻落实《廉政准则》,党风廉政建设责任制,"一岗双责"得到较好落实。法治政府、责任政府、阳光政府建设稳步推进。

【《湖滨区志(1991~2000)》出版发行】 1月5日,《湖滨区志(1991~2000)》由中州古籍出版社出版发行。该志是在湖滨区委领导、区政府主管和组织下编纂的一部大型历史文献,全面系统地记述1991年~2000年间湖滨区自然、政治、经济、文化、社会的历史。全书30编,135万字,133幅彩色照片,200多幅随文黑白插图,图文并茂,内容全面,装帧精美,为社会各界更好地认识、了解、研究湖滨区提供了一个窗口。

【湖滨区荣获"全省平安建设显著进步奖"】 1月11日,全省政法工作会议

9月9日,团市委在湖滨区西贺家庄小学举行"同心同月同行"关爱农民工子女志愿服务行动

上,湖滨区荣获“全省平安建设显著进步奖”,区主要领导、分管领导和综治办主任5人被予以全省通报嘉奖。2010年以来,湖滨区以争创全省平安建设先进区为目标,以解决群众反映强烈的突出问题为重点,着力在“抓平安、创平安、保平安”上下工夫,公众安全感指数达到95.13%,全省排名由2009年年底的135位跃居到68位,提升67个位次。

【宁夏军区给水工程团官兵先后两次到湖滨区打井支援地方抗旱】 2月21日宁夏军区给水工程团282名官兵携带3部钻机和60余种装备前往河南旱区执行抗旱打井任务。经宁夏军区给水工程团官兵65小时奋战,2月24日上午10时,在湖滨区王官村打的第一眼井正式出水,井深106米,日出水量2 000余立方米,可灌溉农田63.33公顷,解决湖滨区磁钟乡和会兴街道1万余人饮水。2月26日,军地双方举行第一眼水井的移交仪式,双方互赠打井数据和工程验收合格荣誉证书。之后经过艰苦奋战,宁夏军区给水工程团的官兵又相继成功打井3眼。4眼井总出水量每小时250立方米,日供水量6 000立方米。通过跨区域调水,可满足磁钟、会兴、崖底3个乡(街道)的200公顷良田、53.33公顷果园的灌溉水源要求和沿线15家企业用水,同时可解决会兴、王官、山前、山后等村11 000人、1 000头大家畜饮水问题。7月18日,工程团再次进驻湖滨区,在磁钟、高庙两个乡打井4眼,日出水量在1 500立方米,可供给3万人生活用水。8月22日,副省长刘满仓在市委书记杨树平等陪同下,深入高庙乡黄底村打井工地看望慰问给水工程团的官兵们,检查指导抗旱应急打井及配套工程建设情况。

【三门峡鑫都金三角建材商贸城项目开工建设】 3月6日,三门峡金三角建材批发市场开工建设。该项目是市委、市政府的重点招商引资项目,位于市区河堤北路东段,系三门峡市鑫都发展股份有限公司投资兴建,隶属上海飞银国际投资公司。项目计划占地18.7公顷,总投资8亿元,总建筑面积18万平方米,可容纳1 500个商户。一期工程计划投资1.8亿元,规划建筑面积4万平方米。项目建成后,年可实现营业收入20亿元,实现利润3 378万元、利税1.06亿元。

【对养老金领取资格进行指纹认证核查】 4月1日,湖滨区人社局社会养老保险中心启动开展2011年度养老金领取资格指纹认证核查工作,全区1 600余名参保离退休人员和享受遗属补助人员参加此次认证核查。认证核查时间从4月初开始,5月底结束。核查范围为全区2010年12月31日以前参保企业事业单位离退休人员和享受遗属生活补助人员。

【韩国东豆川市友好访问团到湖滨区参观考察】 5月18日上午,由韩国东豆川市市长吴世昌带领的友好访问团到湖滨区参观考察。访问团一行深入三门峡思睿电子科技公司实地察看思睿电子科技公司生产经营情况,听取该公司的生产工艺、技术设备、生产产品情况介绍,详细了解企业产品研发和市场销售等情况,并对该公司自主研发的热发泡打印设备、数控设备、激光打印设备及条幅机等产品表示出了浓厚的兴趣。在随后的座谈会上,三门峡思睿电子科技公司与韩国滴利公司双方就谋求合作共赢,进行了深入接触和交流。市人大常委会副主任亢伊生陪同考察。

【启动《湖滨年鉴》编纂工作】 5月26日,湖滨区召开《湖滨年鉴》编纂工作启动会议,并举办首期编纂工作业务培训班。《湖滨年鉴》是湖滨区第一部年鉴,采用语体文、记述体,条目结构,记载2001年1月1日至2010年12月31日全区以及各行业10年来工作的大事和主要成就。

【湖滨区开展中国共产党成立90周年系列纪念活动】 6月,湖滨区开展中国共产党成立90周年系列纪念活动。在湖滨区内部刊物《湖滨一周》开辟专栏,系统宣传党的一大到十七大的相关知识、重大事件,发展历程、光荣历史和丰功伟绩等党史知识;举办庆祝建党90周年版面展,区直各单位、各乡、街道共制作展板150块,在湖滨广场、涧河街道六西社区展出;组织开展党史知识竞赛,各乡党委、各街道党工委和党组为单位组成20个队参赛,经预赛、初赛、复赛,选出优胜队6个在三门峡电视台演播大厅进行决赛;组织广大党员干部和群众开展“写红诗、颂党恩”诗词书画活动,面向全区及在外工作的湖滨籍人士征集到作品200余件,在市群艺馆展出。

【总投资1.5亿元的微细铝粉项目一期建成投产】 6月28日,总投资1.5亿元的微细铝粉项目一期建成投产。该项目位于湖滨工业园区,一期工程投资6 000万元,建成2条铝粉生产线并正式运营投产,投产后可年产4 000吨微细铝粉,实现产值8 500万元,利税2 200万元。

【区检察院“点名接访”机制引起广泛关注】 7月9日,《检察日报》在一版头题位置刊发《点名接访催生“2+2管理体系”——河南三门峡湖滨:4年来办理的4 000多起案件无一起上访》的新闻报道,引起社会广泛关注。13日,市委书记杨树平对此作出重要批示,要求在全市范围内进行推广。19日,全市政法系统社会管理创新现场会在湖滨区人民检察院召开,推广区检察院领导挂牌、群众点名接访的工作机制。2007年以来,该院出台《领导挂牌、群众点名接访工作细则》,先后有23名中层以上领导“零距离”接访群众200余人(次),妥善解决各种矛盾纠纷35起,息诉率和群众满意率100%。点名接访催生了一系列工作创新:创立了案件质量管理机制,出台《案件质量管理办法》;创新绩效管理机制,出台《绩效管理办法》。为使“两个管理办法”落到实处,该院又出台了《领导干部提拔使用暂行规定》和《领导干部无为问责暂行规定》配套制度,将干警的绩效成绩与干部提拔、评先评优直接挂钩,形成了独特的“2+2管理体系”,跨入“全省先进基层检察院”行列。4年来,该院在上级机关组织的执法满意度测评中,满意度均为100%。11月2日至3日,中央政法委副秘书长王其江在省委常委、政法委书记李新民陪同下,深入湖滨区人民检察院、湖滨区人民法院调研社会管理创新工作和政法系统主题教育实践活动开展情况,对区检察院“领导挂牌、群众点名”的接访机制给予充分肯定。

【湖滨区被国务院批准为城乡居民社会养老保险试点】 8月3日,湖滨区被国务院批准为城乡居民社会养老保险试点。凡年满16周岁(不含在校学生)、户籍在湖滨区,未参加职工基本养老保险的农村居民和不符合职工基本养老保险参保条件的城镇非从业居民,均可以在户籍地自愿参加城乡居民社会养老保险。

【河南伯示麦新能源车载智能化数字仪项目开工建设】 8月3日,河南伯示麦新能源车载智能化数字仪项目开工建设。该项目总投资2.8亿元,位于工业园区,建成后年可产30万套车载智能数字仪,实现销售额6亿元,并带动相关产业发展。

【河南卫视新闻中心就湖滨区教育事业快速发展到区采访】 10月24日,河南卫视就湖滨区教育基础设施建设和义务教育均衡发展进行实地采访,并对一学生乘校车上学进行了全程跟随拍摄。区委副书记、区长王清华就教育事业发展,接受河南卫视新闻中心采访。近年来,湖滨区委、区政府始终把教育放在优先发展的战略地位,加大经费投入,不断改善办学条件,优化农村小学布局,有效整合教育资源,先后投资1 800万元,建成6所农村寄宿制学校,新建校舍面积9 027平方米,改造操场面积6 300平方米,安装供暖面积9 027平方米;建成4所农村公办幼儿园;为6所寄宿制学校统一选配校车,接送农村学生上学、放学。

【新建成2所寄宿制小学】 9月1日,投资150余万元的交口乡交口小学、投资257万元的杨家沟寄宿制小学建成投入使用,450多名小学生搬进新校舍。

【鑫宏精密纺织器材有限公司纺织器材加工项目开工建设】 9月26日,三门峡鑫宏精密纺织器材有限公司纺织器材加工项目开工建设。该项目位于湖滨工业园区,占地2公顷,计划总投资1.03亿元,主要产品为高中档针织精密设备。项目建成投产后,年可实现产值1.2亿元、利税1 200万元,安排就业300人。

【成立中共湖滨区社会组织党工委】 10月19日,中共湖滨区社会组织党工委正式挂牌成立,这是在全市成立的第一家社会组织党工委。近年来,湖滨区的社会组织发展迅速,全区已登记社会组织26个,其中社团19个、民办非企业单位7个。全区各类社会组织共建立党支部16个,党组织覆盖率达到100%。

【召开2012年新型农村合作医疗筹资动员会】 10月19日,湖滨区召开2012年新型农村合作医疗筹资动员会。2012年新农合统筹补偿方案对补助政策进行调整完善。统筹基金上中央、省、市、区配套资金每人由200元提高到250元;封顶线由10万元提高到15万元。参合农民个人应缴纳的50元由区委、区政府承担50%,农民承担50%。

【举行“2011三门峡城市发展与商业格局趋势高峰会暨宏江·龙街招商签约仪式”】 10月23日,由区委、区政府主办的“2011三门峡城市发展与商业格局趋势高峰会暨宏江·龙街招商签约仪式”在三门峡国际会议中心(电力会议中心)二楼举行。龙街是宏江·中央广场的中轴线和核心,全长近1 000米,是河南宏江地产倾力打造的中原首席龙文化主题商业街,建成后将成为集餐饮、休闲、娱乐、购物于一体的一站式消费中心。签约仪式上,苏宁电器、永辉超市、科美克家居、奥斯卡影城、人人乐百货、阳光地带、国香茶城、报喜鸟服饰8家大公司与宏江·龙街签订招商协议。来自国内著名策划专家和著名房地产运营专家分别围绕“城市发展与商业格局趋势”的主题,对如何进行商业地产的开发和运营、如何提高城市核心竞争力等内容进行了深入交流。

【湖滨区画家齐言作品获“全国中国画作品展”最高奖】 10月,中国美术家协会公布了“2011年‘辉煌浦东’全国中国画作品展”终评结果,湖滨区画家齐言的作品《祥云》获得最高奖。此次展览由中国美术家协会、上海文学艺术界联合会、上海书画院共同主办,是国家级的综合性大展,作品在全国范围内征集,分为初评和复评两个阶段,共收到应征作品近4 000件,从中选出212件作品参展,河南仅有2人获奖。

【完成村级党组织换届工作】 11月16日,全区村级党组织换届工作结束,47个行政村共选举新一届村党组织委员187人,其中:双强型干部153人,占委员总数的82%;妇女委员25人,占13%;新当选的47名村党组织书记平均年龄49岁,较上一届降低1岁。

【开展“千名干部进万家,扎实推进为民工程”活动】 12月6日,湖滨区召开“千名干部进万家,扎实推进为民工程”活动动员会,贯彻落实全市“万名干部进农家”活动精神,创新开展“千名干部进万家,扎实推进‘为民工程’”主题实践活动。为保障活动全面有序推进,统一印制了《宣传手册》和民情日记,建立健全考核管理、入户对接、组织协调“三大”机制,坚持每周上报、半月小结、专题例会制度,并开通活动热线,成立督查组督导检查。至12月底,全区1 400余名干部已全部联系到户,按照“理清一个好思路、发展一个好产业、建设一个好班子、完善好一批基础设施、塑造一个好民风”的目标,逐户进行走访调查,确定帮扶措施。

【电影《天鹅城之恋》开拍】 12月17日,电影《天鹅城之恋》在王官黄河湿地公园开拍。《天鹅城之恋》是根据市政府的统一安排,由区政府投资,联合河南大象影视制作公司拍摄的小成本电影。该影片以1957年三门峡大坝建设为时代背景,用圣洁美丽的白天鹅牵线搭桥,通过大坝建设者几代人之间发生的一系列感人故事,来展现三门峡厚重的人文历史、美丽的城市风光和建设者不畏艰难、艰苦奋斗的砥柱精神。该影片摄制完成后,将和先期拍摄的《义马》《渑池会》《地坑院》《函谷关》《汤河浴》等影片在中央电视台电影频道“三门峡电影周”集中放映。 (马红丽)

2011 年湖滨区各乡和涉农街道办基本情况

表 3

指　　标	单　位	会兴街道办	崖底街道办	交口乡	磁钟乡	高庙乡
总人口	人	13 705	22 202	19 387	9 169	12 438
粮食总产量	吨	1 549	1 134	5 145	2 808	6 254
油料总产量	吨	676	35	402	214	462
蔬菜总产量	吨	6 185	10 422	31 857	13 647	6 076
水果总产量	吨	7 803	3 780	12 601	9 517	4 284
棉花总产量	吨	6	7	9	10	14
猪肉总产量	吨	370	301	616	770	283
牛存栏	头	729	190	1 304	1 379	3 528
猪存栏	头	5 189	2 335	9 861	12 022	6 631
羊存栏	只	1 050	255	1 495	1 260	3 787
常用耕地	公顷	406	157	814	642	1 755
农业总产值	万元	5 327	4 374	12 144	6 005	4 744
规模以上工业企业个数	个	4	5	14	0	3
工业产品营业利润	万元	1 322	1 966	9 060	0	1 548
地方财政一般预算收入	万元	2 028	2 510	2 420	1 697	1 850
地方财政支出	万元	2 028	2 510	2 420	1 697	1 850
农民人均纯收入	元	8 230	8 750	7 430	5 230	4 810
党(工)委书记	—	马　萍	王彦超	卫福星	张红涛	任鸿廷
乡长(街道办主任)	—	贺转峡	莫极端	钱越茂	李　伟	卫　兵

(马红丽)

义马市

【概况】 2011 年,义马市始终坚持高举邓小平理论和“三个代表”重要思想伟大旗帜,深入贯彻中共十七大和十七届历次全会精神,全面落实科学发展观,认真执行中央和省、三门峡市一系列重大决策部署,全市上下紧紧围绕“富民强市”奋斗目标,牢牢把握“转型发展先行区、生态宜居示范区、全面小康样板区”三大战略定位,着力推进“产业升级、城乡一体、生态建设、民生改善”4 项工作,团结奋进、锐意进取,真抓实干,奋勇争先,经济社会发展持续了好的趋势、好的态势和好的气势,全市地区生产总值、财政一般预算收入、固定资产投资 3 项主要经济指标增幅均在 20% 以上,综合经济实力实现历史性跨越,在全省 108 个县市中首次夺魁。义马市圆满完成了 2011 年各项目标任务,顺利实现“十二五”期间发展良好开局。

综合实力大幅提升。2011 年,全市地区生产总值完成 159.8 亿元,同比增长 15.0%;地方财政一般预算收入完成 7.58 亿元,同比增长 24.7%;全社会固定资产投资额完成 102 亿元,同比增长 25.4%;社会消费品零售总额完成 21.2 亿元,同比增长 18.1%;实际利用外商直接投资 9 835 万美元,同比增长 70.2%;万元生产总值能耗比 2010 年下降 5.28%;城镇居民人均可支配收入完成 16 661 元,同比增长 14.5%;涉农居民人均纯收入完成 8 730 元,同比增长 21.0%。人均地区生产总值、人均财政收入、人均固定资产投资、人均储蓄存款余额等指标均居全省前列。义煤集团所属大有能源公司成功上市,县域经济排名跃居全省第 1 位,入围全国中小城市科学发展百强、全国最具区域带动力中小城市百强。

公园一角

项目建设扎实推进。义马市在经济发展中,以项目建设为突破口,实行重点项目建设领导责任制,通过实施大项目建设,化解发展中的新难题,推进经济发展方式转变,促进全市经济快速发展。强力推进1 000万标方煤制气、30万吨醋酸等重大项目建设,建成投产了20万吨二甲醚等9个项目,开工了9万吨"1,4-丁二醇"、20万吨清洁燃料等6个新建项目,大项目建设整体进展顺利。确定了24个工业重点项目,总投资达190亿元,其中列入省重点项目4个,继续保持了大项目建设的良好发展态势。加快产业集聚区建设,为大项目建设提供广阔平台。煤化工产业集聚区已经形成了关联度高、集中度高、集约化水平高的煤化工产业集群三大产业链条,以气化厂、开祥化工等为龙头的大型煤化工支柱企业已经形成并呈现出强大的辐射效应和集聚作用。该集聚区累计完成固定资产投资38.8亿元,实现营业收入130亿元,实现利税13.5亿元,建设投资进度居全省180个产业集聚区第22位,被确定为首批25个省级新型工业化产业示范基地之一。为加快产业结构调整,发展接续产业和高新技术产业,义马市又在煤化工产业集聚区的建成区新规划建设了高新技术产业园,引进了一批高新技术产业项目。

招商引资成果丰硕。出台了以招商引资为主体的"一个意见两个办法",划分了18个招商单元,组建了招商引资管理办公室和7个招商分局,选拔了一批专职招商人员,常驻长三角、珠三角、环渤海等发达地区开展驻地招商,与深圳季港亚世集团、美国GE公司、上海绿地等多家大企业进行接触,引进了节能灯、北华物流、20万套轨道交通装备等项目,洽谈了石头造纸、大型钢构等一揽子项目。成功举办了建市30周年庆典,加强了同武汉凯迪、东方希望、美国SES等大企业大财团的合作,与中国科学院、中国科学院山西煤炭化学研究所、北京机械工业自动化研究所等科研院所建立了密切联系,与山东省章丘市缔结为友好城市,外向型经济取得长足发展。实际利用外资9 835万美元,进出口总额达1 811.1万美元,出口创汇1 646.6万美元,先后被评为"全省对外开放先进县市""浙商眼中河南最佳投资城市""中国最具投资潜力中小城市百强"和"中原最具投资价值县市"。

城乡一体化协调发展。紧紧抓住被列为全省城乡一体化试点市的机遇,以建设三门峡东部区域性中心城市为目标,坚持以城带乡、城乡互动、协调发展。在中心城区建设上,全年确定城建重点项目33项,总投资达25.22亿元。其中,石河治理工程已顺利完工;富民路、人民路一期已完工,经二路、经五路等一批城市道路的建设改造正在紧张施工,义渑快速通道石河大桥正在进行大桥铺油及辅助工程;鸿泰购物中心、银杏国际花园、国际观澜城、美景瑞园等一批小高层住宅区建设进展顺利;体育馆单体方案和施工设计已完成,准备招标,生态体育公园广场已完成;汽车修配市场、狂口建材市场等一批专业市场进展顺利,城市框架进一步拉大,城市承载力、吸引力进一步提升。在城乡一体化建设上,坚持以居民集中居住区建设为重点,在空间布局、基础设施等方面统一规划、整体推进。采取市场运作、政策引导、财政补贴等措施,对全市20个涉农居委会进行统一规划,全部推行集中居住。市财政共补贴扶持资金近6 000万元,已建成入住的居民居住区6个,共107幢住宅楼3 852套住房,建筑面积达38万平方米,入住居民880余户;正在建设的居民集中居住区18个,共18幢住宅楼648套住房,建筑面积5.83万平方米。同时,水、电、暖、煤气、闭路电视等各项基础配套设施也按照"费用全免"要求,正在加快配套对接。力争实现集中居住区建设3年大头落地、5年全部建成。

民生福祉持续改善。民生投入逐年加大,增长速度超过了财政收入增幅。实现了最低生活保障城乡并轨和居民医疗保险全覆盖,最低生活保障标准提高达到每人每月230元,成功申报国家居民养老保险试点市,参保率达88.3%,高标准建成了残疾人综合服务中心,社会保障水平全省领先。在全省率先实现城乡义务教育全免费,实施了外国语小学、东区中心小学和实验小学改扩建工程,深入开展医疗体制改革,群众就学、就医条件进一步改善。充实完善了图书馆、文化馆,建成了数字电影院线,满足了广大人民群众精神文化需求,精神文明创建工作成效显著。持续稳定低生育水平,不断提高出生人口素质,保持了"全国计划生育优质服务先进县市"荣誉称号。建立了为人民群众办实事的长效机制,坚持办好民生改善"十件实事",完成了棚户区改造和沉陷区治理,建成了一批廉租住房和公租住房,实施了城北供水管网工程,得到了群众的拥护和肯定。至2011年年底,全市城镇居民人均可支配收入和涉农社区居民人均纯收入,分别达到16 661元和8 730元。

社会大局和谐稳定。不断深化"义马经验",推动信访稳定工作由解决民生诉求向提升民生水平转变,在全国率先建立群众工作部,构建起用群众工作统揽信访工作新格局,得到党和国家主要领导人的肯定,在全国引起较大反响并得到推广。积极推进社会管理创新和基层政权改革,在全市33个社区建立了社会管理服务中心,服务群众、联系群众的能力进一步提高。完善科技防控体系建设,严厉打击各类违法犯罪行为,加强社会治安综合治理,公众安全指数持续攀升,居全省前列。切实加强安全生产工作,全面完成小煤矿兼并重组任务,狠抓道路交通、食品药品、消防、危险化学品等重点领域、重点行业的隐患排查治理,妥善应对千秋煤矿"11·3"冲击地压事故等各类突发事件,有效保障了广大人民群众生命财产安全。

政府建设全面加强。坚持推进依法行政,规范行政审批、行政许可和行政执法行为。全面完成政府机构改革,精简机构3个,增加和强化部门职责98项。深入开展学习实践科学发展观、"创先争优""强化作风建设,促进工作落实"等活动,重新修订了政府工作规则,完善了电子政务平台,加大了政府信息公开力度,全体公务人员的服务意识进一步增强,服务能力和办事效率进一步提高。行政服务中心办公大厅实现了省、市、县三级电子监察和行政审批数据联网,方便了基层和群众办事。不断加强政风行风和廉政建设,加大行政监察和审计工作力度,被推荐为国务院纠风办工作联系点。坚持向人大及其常委会报告、向政协通报工作制度,自觉接受市人大的依法监督和市政协的民主监督,办理三门峡政协委员提案2件、义马人大代表建议29件、义马政协委员提案68件,共计99件面商率、满意率均达到100%。

【义马市八届人大七次会议召开】 1月5日至6日,义马市第八届人民代表大会第七次会议召开。会议通过了关于《政府工作报告》的决议、关于《义马市国民经济和社会发展第十二个五年规划纲要》的决议、关于《义马市2010年国民经济和社会发展计划执行情况与2011年国民经济和社会发展计划》的决议、关于《义马市2010年财政预算执行情况和2011年财政预算报告》的决议、关于《义马市人民代表大会常务委员会工作报告》的决议、关于《义马市人民法院工作报告》的决议、关于《义马市人民检察院工作报告》的决议。大会还通过了议案审查委员会关于议案审理情况的报告。大会对先进人大代表、建议办理先进单位和先进个人进行了表彰。

【政协义马市第七届委员会第五次会议】 1月4日至6日,政协义马市第七届委员会第五次会议召开。会议听取了政协七届五次会议提案审查工作报告;通过了七届五次会议政治决议;通过了七届五次会议关于常委会工作报告的决议;通过了七届四次会议以来提案办理情况和此次会议提案审查报告决议。

【义马中信年产50万套精密配件项目开工建设】 1月6日,义马中信年产50万套精密配件项目开工建设。总投资8 000万元,建设年产100万套精密配件项目。其中一期投资5 600万元,占地1.87公顷,建设年产50万套精密配件项目,主要为中信重工、太原重机、中平能化、义煤集团等大企业集团生产减速机、高档齿轮等产品,预计2012年7月可建成投产。项目全部建成达标达产后,可实现销售收入1.2亿元,利税960万元,提供100多个就业岗位,具有良好的经济效益和社会效益。

【2010年义马市地方财政收入突破7亿元】 全年完成地方财政收入70 595万元,比上年增长11.3%。其中一般预算收入完成60 829万元,比上年增长21.2%;全年完成一般预算支出76 219万元。"十一五"时期,义马市财政工作成效突出,全市一般预算收入5年累计完成209 959万元,年均增幅24.3%,其中2010年比2005年增长近2倍。"十一五"期间,全市一般预算支出累计完成283 793万元,其中2010年达到76 219万元,比2005年增长1.1倍,实现了财税工作"十一五"期间精彩收官。

【义马市明确"十二五"时期经济发展奋斗目标】 到2015年,全市地区生产总值比2010年"翻一番",达到240亿元,年均增长15%;财政一般预算收入比2010年"翻一番",达到12亿元,年均增长15%;"十二五"时期全社会固定资产投资总额比"十一五"期间翻一番,年均增长15%。到2015年,城镇居民人均可支配收入达到2.6万元,年均增长13%;涉农居民人均纯收入达到1.24万元,年均增长13%。

【义马市入选2010中国最具海外影响力城市】 1月19日,大公报联合23国驻港领事馆、香港政商界知名人士在香港举行2010中国最具海外影响力市(县区)、镇(乡村)颁奖典礼,义马市喜获2010中国最具海外影响力城市。义马市围绕率先实现全面小康、率先构建和谐社会目标,积极推进经济发展,全面统筹城乡建设,倾力加快改善民生,打造了群众工作、煤化工产业集聚区、城乡一体化、生态环境建设等一批靓丽名片,得到海内外的广泛关注,成功吸引了美国SES、英国开曼、新加坡安利兴、香港信原、香港兴亚等客商入驻,累计利用资金13 148万美元,进出口总额达到7 650万美元,实现出口创汇6 262万美元。

【义煤集团成功上市】 2月24日,义马煤业集团股份有限公司完成借壳欣网视讯,至此,公司主营业务转变为煤炭生产与经营。经上交所核准,公司证券简称昨日已由"欣网视讯"变更为"大有能源",开始谱写资本市场新的篇章。义煤集团自2010年年初,就开始紧锣密鼓地重组欣网视讯,9个半月的时间完成了此次的成功控股。据此前欣网视讯的重大资产重组公告,公司将向义煤集团定向增发不超过7.05亿股。通过增发,义煤集团将旗下11个煤矿及一个供水供暖公司资产注入上市公司,净资产评估价值达到82.2亿元。此次重组成功,义煤集团将旗下的优质资产注入欣网视讯,引发市场关注,市场人士普遍看好公司未来的发展。

【新大义马养殖有限公司跨入河南省重点龙头企业行列】 新大义马养殖有限公司成立于2006年4月,一期工程年出栏种猪5万头,占地33.33公顷,总投资

4 700万元，采用生态环保型常年恒温设计，引进美国全自动上料设备，自主研发高科技管理和育种软件，公司采取科学化军事化管理，实现“当年开工，当年投产，当年见效”的宏伟目标，并计划用3年至5年时间在豫西地区实施养猪“411950”工程，即：以义马为中心的周边建设种猪场4个，建设配套年产20万吨饲料厂1个，建设年屠宰加工100万头生猪的屠宰厂，建设存栏2.2万头规模的育肥场或养殖小区9个，实现年出栏生猪50万头的目标。迅速提升无公害生猪生产能力，跨入省生猪生产20强行列，实现年增经济、社会效益10亿元以上，安排就业人员5 000余人。还利用沼液、沼渣为当地农业、林业生产提供优质服务，为无公害农产品提供充足肥源，并带动发展无公害蔬菜塑料大棚1 500个，为新农村建设注入新的活力，努力实现经济效益、生态效益和社会效益多赢的局面。至年底总投资2.58亿元的二期前期工程，年产10万头种猪生产线投入生产并初见效益，配套年产20万吨饲料厂正在加紧施工，产业链不断延伸。

【河南义马经济合作项目推介会暨签约仪式举行】 3月31日下午，河南义马经济合作项目推介会暨签约仪式在义马市隆重举行，共签约上海绿地能源中原(义马)煤炭交易中心、年产250万台平板电脑等14个项目，投资总额62.45亿元。其中，由义马市产业集聚区引进的年产250万台平板电脑项目，采用独资方式合作，总投资额达10亿元，是新投资额最大的一个项目。

【义马市被省政府命名为“河南省义务教育均衡发展先进市”】 3月1日，省政府发布《关于表彰第二批河南省义务教育均衡发展先进县市区的决定》(豫政〔2011〕22号)，义马市被省政府命名为“河南省义务教育均衡发展先进市”，这是在上年成功创建河南省义务教育均衡发展成效显著单位基础上的又一殊荣。义马市始终坚持把促进义务教育均衡发展作为教育适应经济社会发展需要、促进教育公平的重要措施，按照“政府统筹、科学规划、合理布局、优化资源、校域联动、促进均衡”的整体思路，建立起了符合义务教育发展需求的经费保障机制、城乡教师交流互动机制和城乡一体的教育资源互动共享机制，“以县为主”的义务教育管理体制不断完善，教育资源整体优化，办学条件全面改善，教学质量稳步提升，城乡差距逐步缩小，使一大批薄弱学校由“弱”变“强”，人民群众对教育的满意度全面提高，为义马市义务教育实现均衡发展打下了坚实的基础，推动了全市各类教育的持续健康协调发展，义务教育呈现了“均衡发展、统筹发展、内涵发展、和谐发展”的良好局面。2010年11月顺利通过省政府专家组验收，被省政府命名为“河南省义务教育均衡发展先进市”。

【义马市连续2年获得河南省县域经济评价林木覆盖率第1名】 3月14日，河南省林业厅通报了2008年至2010年县域经济评价林木覆盖率指标考评情况，义马市2008年是第12名，2009和2010年都是满分，连续2年获得第1名。义马市高度重视林业生态建设，大力发展林业生产，2009年林业生态建设共完成1 220.2公顷，占任务的115.52%；2010年共完成林业生态建设596.47公顷，占任务的105.89%。

【义马市举行纪念建市30周年大会】 4月1日，义马市举行建市30周年纪念大会，出席庆祝大会的领导和嘉宾有：第十一届全国人大农业与农村委员会委员，河南省人大常委会原副主任、党组原副书记王明义，河南省人大常委会副主任、党组副书记王菊梅，河南省原人大常委会副主任张世军，新疆军区原副司令员李新光，三门峡市委书记李文慧，三门峡市委副书记、市长杨树平，三门峡市人大常委会主任赵继祥，三门峡市政协主席郭秀荣，义马市友好城市——山东省章丘市的领导，义马市历任书记、市长，义马矿务局历任局长、党委书记，兄弟县市有关领导，义马市、义煤集团领导班子成员，义马市离退休干部和劳动模范代表，以及应邀来义马考察的客商代表。三门峡市委书记李文慧在大会上发表重要讲话。河南省人民政府发贺电祝贺。大会还宣读了《中共义马市委、义马市人民政府关于命名表彰建功立业功勋和加快民生改善的决定》。会后，各级领导和来宾共同观看了中国煤矿文工团的精彩演出。之前的3月31日晚，义马市还举办了庆祝建市30周年大型焰火晚会。

【全国中小城市发展委员会考察团到义马市考察工作并与草签战略合作框架协议】 4月12日，中国城市发展研究会中小城市发展委员会副会长吴灵臣、常务副秘书长杨枫桥等到义马市考察，吴灵臣、杨枫桥一行先后深入义马市煤化工产业集聚区河南煤化集团义马气化厂30万吨/年醋酸项目、开祥精细化工“1,4－丁二醇”项目、义煤综能公

开祥化工厂区一瞥

司1 000万标方煤制气项目工地进行了实地考察,并与义马市有关领导进行了座谈,观看义马市《辉煌30年》电视专题片,详细了解义马市依托煤炭资源不断发展壮大产业集聚区的做法。吴灵臣表示,此次考察让大家见识了义马市在中小城市发展方面的雄厚实力,希望双方能够达成长期友好合作,共创美好未来。座谈会上,双方草签了全国中小城市发展委员会与义马市人民政府的战略合作框架协议。

【义马市举办第1期赴清华大学领导干部能力提升高级研修班】 高级研修班4月7日开班,4月13日结业,全市64名县、科级干部先后接受了突发事件处置与媒体关系处理、创新思维与领导艺术、领导干部语言艺术、城乡一体化与现代社区管理等14个专题培训。结业时,清华大学为学员颁发了结业证书。

【义马市"十二五"发展规划纲要出台】

义马市"十二五"发展规划纲要从2010年3月22日正式启动,历经1年时间,先后召开社会各界人士座谈会,征询人大代表、政协委员、离退休老干部意见,8易其稿,2010年12月19日市委七届十次会议审议通过,2011年1月6日市人大八届七次会议审议通过,按照两会代表委员的意见建议,市发改委又进行了认真修改并正式印发。义马市"十二五"发展规划纲要共分5章71节,对义马市"十二五"期间面临的环境、发展机遇和挑战以及对策进行了客观分析,对义马市"十二五"期间发展重点和主要任务、主要目标以及主要措施进行了科学分析和预测。规划既实事求是,遵从全市发展规律,又高屋建瓴,体现出了科学发展理念。发展规划纲要的出台,必将对全市经济社会的发展起到宏观指导作用。

【大型物流项目落户义马市】 4月1日,总投资2.5亿元的义马市绿城北华物流项目投资协议在榕华建国宾馆签订,这是义马市项目建设中取得的又一可喜成绩。为加快经济发展,实现新起点上的强势跨越,2010年10月,义马市在辖区财政供养人员中公开选拔了18名专职招商人员,组建了6个招商局,分别派驻北京、上海、江苏、浙江、广州、深圳等地开展招商。派驻广州的3名专职招商人员经过多次接触、反复洽谈,终于与上海北华物流有限公司达成了投资协议,引进了绿城北华物流项目。该项目由上海北华物流有限公司出资兴建,主要从事物流、仓储和酒店业务,建设规模包括21层的物流大厦以及21层的四星级酒店。项目建成后,将填补义马市没有大型物流企业的空白。

【上海交大百年财富俱乐部考察团到义马市参观考察】 6月2日,由上海交大百年财富俱乐部会长张建平,百年财富俱乐部成员、上海飞银国际投资公司董事长贾建华等30多位企业家组成的考察团到义马市煤化工产业集聚区义煤综能项目建设工地,实地参观考察该市重点项目建设情况。考察团认真听取了义煤综能1 000万标方煤制气项目投资概况、技术应用、生产能力、经济效益及社会效益等情况介绍。上海交通大学百年财富俱乐部成立于2010年,由上海交大"百年财富管理课程"在读和已经毕业的学员自发组成,是国内首家以财富管理以及百年传承为宗旨的俱乐部。

【义马市荣获"中国最佳文化旅游城市和全国优秀生态旅游城市"称号】 6月23日,在海南省三亚市举行的第7届中国城市品牌大会暨影响力品牌公益评选颁奖盛典上,义马市荣获"中国最佳文化旅游城市和全国优秀生态旅游城市"称号,市委书记张松林荣获中国旅游城市建设贡献人物称号。活动由联合国亚太城市发展中国家研究中心、联合国人居环境发展促进会、中国城市建设发展促进会、中国城市品牌建设研究会、中国开发区发展促进会、中国旅游业联合会、中国品牌管理协会、商务时报社共同举办。

【义马市荣获"2011中国最具创新能力城市"称号】 6月17日,在北京召开的"2011中国最具创新力城市品牌总评榜颁奖盛典暨第7届中国区域经济可持续发展高峰论坛"上,义马市被授予"2011中国最具创新能力城市"荣誉称号。义马市坚持把创新作为城市发展的生命线,紧紧围绕打造区域经济强市的目标,解放思想,创新理念、创新思路、创新举措,走出了一条创新驱动、内生增长、科学发展的新路子,打造了群众工作、城乡一体化、社会保障、产业集聚区和学习型党组织创建等一大批特色亮点工作,成为最具创新能力、最具发展活力的区域中心城市。中国最具创新力城市品牌总评榜的评选,由第7届中国区域经济可持续发展高峰论坛组委会主办,得到了国家相关领导的大力支持及众多媒体的广泛关注。"中国最具创新能力城市"的命名为义马市增添了又一张亮丽的名片,对于推动义马市创新能力建设,提升义马市的知名度、美誉度将起到重要的促进作用。

【义马市提高低保标准和五保供养标准】 自7月1日起,义马市全面提高城乡居民最低生活保障标准和农村五保对象供养标准。城乡居民低保标准统一由每人每月210元提高到每人每月230元;五保对象集中供养标准从每人每年2 200元提高到每人每年2 400元,分散供养标准由每人每年1 400元提高到每人每年1 600元。此外,从1月1日起,在原有基础上为低保对象每人每月补发20元,为五保供养对象每人每年补发200元,至年底共为低保和五保供养对象补发104.842万元。

【义煤集团与万基控股集团达成合作协议】 7月18日,义煤集团与万基控股集团就万基控股集团旗下5对矿井的资产评估、管理制度、机构设置等问题达成一致,决定成立新公司,对万基控股集团下属煤矿进行管理。其中,集团公司占股51%,万基控股集团占股49%。万基控股集团是新安县的龙头企业,涉及煤炭、电力、冶金、化工、建材5大领域。集团公司与万基控股集团的合作已有多年,洛阳义安矿业有限公司和洛阳义安电力有限公司就是双方合资组建的公司。

【总投资2亿元的轨道交通装备项目在义马市签约】 7月26日上午,义马市与河南赢冠投资公司在义马市宾馆举行年产20万套轨道交通装备项目签约仪式。年产20万套轨道交通装备项目主要生产超高速发展的轨道交通建设所需要的专用配套产品,总投资约2亿元,其中固定资金1.4亿元,流动资金0.6亿元。项目工程规划预期建设周期为1年半,投产后预期实现年销售收入3.6亿元,年利税总额1.4亿元,可解决约300人就业问题。

【义马市李鹏入选中国好人榜】 6月30日,由中央文明办主办的"我推荐、我评议身边好人"活动评选结果揭晓。义马市推荐的助人为乐身边好人李鹏荣登6月份"中国好人榜"。李鹏是千秋矿的优秀职工代表。2009年李鹏参加了千秋矿组织的"献爱心"捐献造血干细胞活动,2011年1月李鹏捐献的造血干细胞与一名白血病患者初配成功,李鹏用自己的实际行动展示了当代青年人敢于担当、奉献社会的高尚情操和服务人民、献身公益的社会责任。

【义马市举办抗洪抢险演练】 7月9日,义马市开展防汛抗旱应急指挥系统暨抗洪抢险演练。该次防汛实战演习以常窑流域发生较大洪水为模拟背景展开,突出"以预防为主、防重于抢"的原则,动用民兵预备役部队及地方群众140余人,出动车辆20多台次,调用防汛物资编织袋6 000条,镐、铁锹110把,救生衣130件;完成了汛情报警、抢险队伍集结、战前动员、加固子堤除险、进行工程抢险等设定的抢险任务。通过防汛实战演习,检验了防汛中思想、组织、物资等准备情况、水库防洪抢险应急预案的实战效果和抢险队伍的实战能力,为防汛抢险积累了实战经验,提高了整体应对突发灾害的应急反应处理能力。

【义马市运动员参加全国武术比赛获优异成绩】 7月1日至3日在山东省日照市举办的第8届全国武术之乡武术比赛上,义马市11名运动员共获得6枚金牌与10枚银牌。来自22个省66个市、县、区的800余名运动员参加了此次比赛。

【陈雪枫等出席义煤集团开祥化工"1,4-丁二醇"项目一期顺利投产暨二期开工仪式】 8月29日,义煤集团开祥化工"1,4-丁二醇"项目一期顺利投产暨二期开工仪式在义马市隆重举行,副省长陈雪枫出席仪式,为全省第1瓶"1,4-丁二醇"产品系上红丝带,并与省国资委主任肖新明,三门峡市委副书记、市长赵海燕一起现场启动了二期工程开工祈福球。省工信厅副厅长刘世伟、义煤集团党委书记、董事长武予鲁以及三门峡市领导孙宗会、李琳、高从民,三门峡市检察院检察长张永键等出席仪式。义煤集团河南开祥精细化工有限公司2×4.5万吨"1,4-丁二醇"工程项目,是省2011年百家重点工业项目之一,总投资15.7亿元,生产技术达国际一流水平,设备属世界首套5万吨级工业化装置。一期工程用时不到一年顺利投产,创造了世界化工领域同类型装置建设的"义煤速度";二期工程计划工期14个月,建成后将为打造"世界一流、亚洲第一"的"1,4-丁二醇"生产基地奠定基础。

【省"道德模范故事汇"基层巡演启动仪式在义马市举行】 8月15日,由中共河南省委宣传部、省文明办、省文联主办,河南省曲艺家协会、中共三门峡市委宣传部、三门峡市文明办协办,中共义马市委、义马市人民政府承办的省"道德模范故事汇"基层巡演活动启动仪式暨首场演出在义马市隆重举行。在"道德模范故事汇"基层巡演首场演出中,省曲艺界艺术家分别通过情景剧、故事、快板、小品等艺术形式再现了全省各地涌现出的6位道德模范的感人事迹。

【义马市再次入围全国中部百强县(市)】 8月20日,2011全国县域经济科学发展交流年会在江苏省江阴市召开,会上,中郡县域经济研究所发布了第11届全国县域经济基本竞争力与县域科学发展评价报告(以下简称"报告"),揭晓了第11届全国百强县、西部百强县、中部百强县和东北30强县名单。义马市入围全国中部百强县(市),排名第24位。此次中国中部县域评比主要从竞争力等级、竞争力动态、县域相对绿色指数、县域科学发展人文环境等方面进行。义马市排名第24位,与上届相比,排名提前2位。

【义煤集团援建卢氏县义煤启德小学奠基开工】 8月4日,义煤启德小学奠基仪式在卢氏县横涧乡原照村小学举行。该校由义煤集团捐资60万元按城市小学标准设计兴建,预计2012年2月4日竣工,主建筑为砖混结构4层教学楼,建筑面积1 969.61平方米。当年,义煤集团决定在煤炭销售中吨煤提取1毛钱,建立专项基金,用于捐资助学等社会公益事业。

【义马市首部电影《义马》在清风山景区开机】 8月28日,由河南大象影视制片有限公司摄制,由马永革、盖吉利、王艺禅、王鑫、张亚坤等人主演的电影《义马》在清风山正式开机。电影《义马》描述的是上世纪初期一个发生在义马境内的故事,故事讲述的物质内核是"煤",展示的精神力量是"义"。电影全部景点在义马实景拍摄,9月底完成。三门峡市委、市政府为发展繁荣豫西文化事业,提高黄河金三角经济协作区的知名度、开放度,加快区域经济和社会事业发展,部署各县(市)区分别拍摄一部与本地相关的电影作品,并将在央视电影频道集中播放。电影《义马》是这次系列电影作品的首部。

【三门峡电影周开机仪式暨新闻发布会在义马市举行】 9月7日上午,"中国电影·三门峡电影周"开机仪式暨新闻发布会在义马市隆重举行。河南省原副省长贾连朝,河南省军区原副司令员王太顺,三门峡市领导杨树平、赵光超、薛蒙林出席新闻发布会。参加仪式和新闻发布会的还有三门峡市及各县(市)、区有关方面负责人和40多家省、市新闻媒体记者以及电影《义马》的主创人员。组成"中国电影·三门峡电影周"的6部电影,由三门峡市委、市政府与大象影视制片有限公司联合摄制。各县(市)区分别结合当地的历史文化,反复筛选确定电影题材,暂定名分别是《义马》《天鹅城之恋》《函谷关》《渑池会》《汤河浴》《地坑院》。电影《义马》是电影周首部开拍的影片,全部6部拍摄完成后,将陆续在中央电视台第六套节目中用一周的时间播放。

【义马市入选中小城市科学发展百强和区域带动能力百强】 在9月17日举办的中国中小城市科学发展评价体系研究成果发布暨第8届中国中小城市科学发展高峰论坛上,义马市再度入选2011年度中国中小城市科学发展测评百强(居第49位),同时入选2011年度中国中小城市区域带动能力测评前100个城市。义马市以科学发展观统领经济社会发展全局,紧紧围绕富民强市奋斗目标,牢牢把握转型发展先行区、生态宜居示范区、全面小康样板区的战略定位,着力推进产业升级、城乡一体、生态建设、民生改善4项工作,坚持转型发展不动摇,坚持统筹发展不动摇,坚持持续发展不动摇,坚持和谐发展不动摇,走出了一条符合义马市实际的科学发展之路。综合经济实力不断增强。峰会由中国中小城市科学发展高峰论坛组委会、东北亚开发研究院、成都市政府联合主办,以统筹城乡、转型升级、协调发展为主题,就中小城市深化城乡统筹、转变经济发展方式、推动经济社会协调发展等问题进行了深入研讨。峰会期间发布了《中国中小城市科学发展评价体系研究报告》和中小城市发展绿皮书《2011年中国中小城市发展年度报告》。

【河南义腾新能源锂电池隔膜项目第1条生产线建成投产】 9月25日,全国第5家、河南省第2家锂电池隔膜生产企业——河南义腾新能源锂电池隔膜项目第1条生产线建成投产。锂电池隔膜项目总投资5.6亿元,计划建设隔膜生产线10条,设计年产能6 000万平方米。2010年9月第1、2条生产线开工,2011年9月15日第1条生产线联动试车,9月25日产出合格产品,10月中旬第2条生产线投产。另外8条生产线,9月底陆续开工建设,预计2013年年底全部建成,届时年可实现产值7.8亿元,利税4.4亿元。

【"义马经验"再被推广】 10月22日至23日,中央组织部和中央维稳办在云南普洱召开全国做好新形势下群众工作经验交流会。中共中央政治局委员、中央书记处书记、中央组织部部长李源潮,国务委员、中央维护稳定工作领导小组副组长、公安部部长孟建柱出席会议并讲话。中央和国家机关有关部门负责人,各省区市和新疆生产建设兵团党委组织部、维稳办负责人和基层党组织代表参加会议。交流会上,义马市委书记张松林作了典型发言,全面介绍了"义马经验",引起强烈反响。

【义马市荣获"河南省优秀金融生态县(市)"称号】 10月7日,在河南省政府开展的河南省金融生态环境建设评价工作中,义马市荣获"河南省优秀金融生态县(市)"称号。从2011年3月开始,在省政府统一安排下,省金融生态环境建设评价工作领导小组根据"行政服务环境""经济信用环境""金融运行质量""金融运行安全环境"四大项和"金融债权维护""人均生产总值水平""征信系统建设情况"等14个指标,对全省109个县(市)(包括济源市)进行评比审定,最终评出"优秀金融生态县(市)"21个,义马市位列其中。根据有关规定,获得"省优秀金融生态县(市)"的县(市)可享受以下奖励政策:人民银行将优先安排各类再贷款,增加再贴现额度;在核销和剥离呆账贷款时,省级金融机构将优先考虑和剥离当地金融机构的呆账贷款;金融机构在政策许可的范围内对大客户、优质客户将实行利率优惠;省级金融机构将把金融生态环境评价结果作为地区信用评级的重要参考;金融监管部门将实行分类监管,按优对待;引导金融机构增设分支机构时向当地适度倾斜,对当地新增设的金融机构,金融监管部门将优先给予审批;证监部门对当地的辅导备案公司将加大扶持力度,优先推动企业上市等。

【河南省县域经济排行榜出炉三门峡义马市夺魁】 11月27日,经省政府批准,省统计局发布了2010年县域经济社会发展评价结果,义马市位列全省108个县(市)综合排序第1位。2010年,义马市紧紧围绕富民强市目标,牢牢把握转型发展先行区、生态宜居示范区和全面小康样板区定位,强力推进产业升级、城乡一体、生态建设和民生改善等重点工作,经济社会持续了又好又快发展的良好态势。2010年全市地区生产总值完成126亿元,同比增长18.8%;地方财政一般预算收入达6.08亿元,同比增长21%;全社会固定资产投资达93亿元,同比增长23%;城镇居民人均可支配收入达14 551元,农民人均纯收入达6 285元,分别增长12%和15%;人均GDP、人均财政一般预算、人均全社会固定资产投资等指标位居全省前列。

【义马市平安建设冬季百日会战拉开帷幕】 11月7日,义马市平安建设冬季百日会战动员大会召开。会议主要任务是深入贯彻三门峡平安建设冬季百日会战动员大会精神,迅速在全市掀起平安建设百日会战高潮,扎扎实实做好平安建设各项工作,为迎接省、三门峡市平安建设年度考核做好准备,奋力实现争先创优全省平安建设先进市目标,确保全市人民平安、祥和、愉快地过好"双节"。

【义马市两项科技项目列入省项目库】 11月11日,三门峡市科技系统推荐河南省2012年重大科技项目名单揭晓。义马市开祥化工的"2×4.5万吨1,4-丁二醇"项目、义腾新能源科技有限公司的"年产6 000万平方米锂电池隔膜产业化"项目列入了河南省科技重大专项备选项目库。河南省重大科技专项主要是解决全省经济和社会发展重点领域的关键共性技术和制约发展的重大瓶颈问题,力争取得自主知识产权核心技术突破。之前,河南省煤气(集团)义马气化厂的"20万吨/年醋酸装置集成创新"项目曾获得河南省重大科技专项600万元的资金支持。

【义马市被列为全省首批“禁黏”试点】 为了贯彻落实《河南省城乡建设三年大提升行动计划》文件精神,进一步发挥示范带动作用,巩固和扩大“禁实”(禁实心砖)、“禁黏”(禁黏土砖)工作成果,经省厅研究,义马市被列为首批全省18个“禁黏”试点县(市)之一,“禁黏”试点县(市)将2012年8月31日前进行验收。

【义马市城市绿地系统规划通过专家评审】 12月19日,河南省住建厅在义马市召开城市绿地系统规划评审会,省风景园林学会、河南农业大学、焦作市园林局、新乡市城乡规划局、三门峡林业和园林局的专家组一行对义马市城市绿地系统规划进行评审。评审会上,专家组认真听取了规划编制单位的规划成果汇报,并对规划成果进行了评议。专家组一致认为:义马市规划方案思路清晰、内容丰富,结构布局较为合理,具有前瞻性和可操作性,基本符合《城市绿地系统规划编制纲要》的要求。

【义马市对外开放工作受省政府表彰】 12月25日,在全省对外开放工作会议上,义马市被省政府授予“全省对外开放工作先进单位”荣誉称号。义马市作为2011年度全省对外开放工作先进市在会上受到表彰。2011年,义马市进一步创新招商机制,整合招商资源,拓展招商领域,突出产业招商,把招商引资工作作为推动全市大开放、大发展,提升全市对外开放水平的重点工作来抓,招商引资工作取得新成绩。

【义马市产业集聚区荣膺“河南省最具产业竞争力集聚区”称号】 12月22日,由河南省工商业联合会、河南日报报业集团隆重推出的“河南省最具产业竞争力集聚区”评选活动揭晓,义马市产业集聚区荣膺“河南省最具产业竞争力集聚区”称号,标志着义马市产业集聚区在规模、质量、效益、服务上达到全省先进水平。5月以来,为了营造全省产业集聚区发展的良好环境和社会氛围,河南省工商业联合会、河南日报报业集团联合开展了河南省产业集聚区招商引资环境大调研活动,对全省180个产业集聚区的招商引资环境现状(包括政策法制环境、政务环境、市场环境、配套服务环境、人文环境等情况)及存在的突出问题进行了调研,并根据掌握的调研材料和数据,排出了河南省最具产业竞争力集聚区名次。义马市产业集聚区对这项工作高度重视、积极响应,作为总结工作经验,宣传展示形象,促进产业集聚区发展的良好契机,认真部署,积极参与评选。经网上展示、公众网络及报纸投票、组委会研究,最终全省有30个集聚区被评为“河南省最具产业竞争力集聚区”,其中义马市集聚区排名全省第5位。

【义煤贵州省瓮安县中豫伟业矿业公司项目开工奠基】 12月27日上午,义煤集团贵州省瓮安县中豫伟业矿业有限公司项目开工奠基仪式在贵州省瓮安县小河山乡隆重举行。河南省副省长陈雪枫为项目的开工奠基专门发了贺信;中国电力集团等五大发电公司、美国SES公司、中铝集团,北京建工集团,三门峡市政府、义马市政府等也发了贺信、贺电。瓮安钒矿项目由义煤集团和贵州瓮安县中豫伟业矿业有限公司合作开发,一期工程总投资6亿元,建设周期18个月,设计年生产能力为60万吨钒矿和4 800吨五氧化二钒,被列为贵州省的5个冶选五氧化二矾试点项目之一。在贵州省与河南省各级政府、有关部门的高度重视和大力支持下,经过合作双方的共同努力,项目已经完成各项筹备工作,具备开工建设条件。钒为稀有金属,它有多种特殊用途。钒电池可广泛用于汽车和风力发电,是国家产业政策普及产品,市场前景良好。

【义马市举行节能灯毛管及整灯项目签约仪式】 12月22日,义马市政府与浙江新纪元电子有限公司举行节能灯毛管及整灯项目签约仪式。签约仪式是在义马市认真贯彻落实科学发展观、加快实现“富民强市”进程的关键时期举行的,是义马市招商引资取得的又一项丰硕成果,此次签约的成功,标志着义马市在产业转型升级、优化经济结构上又迈出了坚实的一步。节能灯属于国家大力支持和推广的产业,具有十分广阔的市场前景,此次项目共投资1.3亿元,分两期投资完成。

【义马市数字图书馆与河南数字图书馆同步开通】 12月26日,河南数字图书馆正式开通。河南数字图书馆由省、市、县三级公共图书馆共建,是一个数字资源远程服务网络。河南省所有公共图书馆局域网内的读者(到馆读者)和所有河南省各级公共图书馆的持证读者(即远程读者),均可享用馆中资源。这意味着,读者足不出户,就能通过河南省图书馆网(www.henanlib.gov.cn),浏览全文图书200多万种、全文期刊9 000多种、当天更新的报纸500多种以及实时更新的主流期刊3 000多种。义马市图书馆作为河南数字图书馆最早发起者之一,这次积极向省图书馆争取到3万个借阅证号段即y080001~y110000,供广大读者免费使用。广大读者可先尝试使用义马市数字图书馆公共号码y088888和y099999,密码:111111进行免费登陆(www.henanlib.gov.cn)下载有关资料。

【“四大一高”战略文艺采风在义马市启动】 12月27日,三门峡市关注“四大一高”战略文艺采风活动启动仪式在义马市举行。仪式首先发布了《关于组织开展关注“四大一高”战略文艺采风活动的通知》,通知要求各县市区大力“宣传‘四大一高’战略,凝心聚力,为实现“三大战略”定位,促进三门峡市经济社会大发展作出贡献。

【河口社区获“国家级文明村”称号】 12月20日,河口社区“国家级文明村”申请获得批复,成为义马市唯一一个获此殊荣的社区。河口社区位于义马市东部,310国道北侧,是义马市的东大门。近年来,河口社区在广大干群的共同努力下,立足辖区实际,创新思维,扎实有效地开展物质文明和精神文明建设,使社区处处呈现出文明和谐的新气象。

义马市 2011 年东区、新区办事处基本情况一览表

表 4

指　　标	单　位	新区办事处	东区办事处
总人口	人	28 242	18 822
总面积	平方公里	65	47
耕地面积	公顷	705	1 008
农业总产值	万元	6 305	5 838.2
工业总产值	亿元	26.1	29.2
工业品销售收入	亿元	26.3	27.6
地方财政收入	万元	—	—
地方财政支出	万元	—	—
农民人均纯收入	元	8 633	6 907
粮食总产量	万公斤	343.3	621.5
油料总产量	吨	21.3	28.5
棉花总产量	吨	0.6	0.5
肉类总产量	吨	189.9	177.8
烟叶总产量	吨	2	2
蔬菜总产量	吨	801.6	1 568.4
果品总产量	吨	38.3	41.8
牛存栏	头	210	207
猪存栏	头	15 727	27 130
羊存栏	只	790	641
禽存栏	羽	68 640	65 790
党委书记	—	刘　彧(6 月离任) 张百明(6 月任)	马松良(6 月离任) 王海燕(6 月任)
主　任	—	张百铭(6 月离任) 茹灵午(6 月任)	王海燕(6 月离任) 韩根兴(6 月任)

（史书现）

渑池县

【概况】 2011 年,渑池县坚持以科学发展观为统领,团结和带领广大干部群众,积极克服金融危机和自然灾害等诸多不利因素,解放思想,抢抓机遇,励精图治,务实重干,圆满完成了县十二届人大一次会议确定的各项目标任务,顺利实现了“十一五”的完美收官和“十二五”的良好开局。综合实力大幅攀升。2011 年,全县地区生产总值完成 182 亿元,是 2006 年的 2.4 倍;公共财政预算收入完成 12.1 亿元,是 2006 年的 2.6 倍,连续 7 年位居三门峡市县(市)区首位。综合经济实力跃居全省第 12 位,在中部崛起百强县中位居第 23 位。经济结构逐步优化。2011 年,全县规模以上工业增加值完成 112.3 亿元,是 2006 年的 3.4 倍;第三产业增加值达 33.6 亿元,是 2006 年的 2.2 倍;二、三产业占 GDP 的比重达到 91.5%。投资、消费和出口快速增长。2011 年,全社会固定资产投资达 148.5 亿元,社会消费品零售总额达 28.8 亿元,进出口总额达 3 217 万美元,分别是 2006 年的 3.2 倍、2.4 倍和 2.5 倍,经济发展的内生动力明显增强。人民生活持续改善。城镇居民人均可支配收入和农民人均纯收入分别达到 17 904.2 元和 7 668.6 元,分别是 2006 年的 1.9 倍和 2 倍,人民生活水平明显提升。

坚持项目带动,新型工业化进程加速推进。5年来,共实施投资3 000万元以上项目184个,累计完成投资264.2亿元,东方希望金属镓、天意高科纳米阻燃剂、乾元公司新型熔体压力容器等125个项目建成投产,红然铝业高温α-氧化铝、万洋国际商贸城等59个项目稳步推进。特别是2011年,全年共实施重点项目74个,完成投资86.5亿元,占年目标的115.8%。河南博市电器、荣盛电器等一批家电制造项目成功落地,引领了全县乃至全市家电制造业的发展,使渑池县在经济转型、结构调整中迈出了实质性的步伐。在项目的带动下,传统产业不断升级,优势产业逐步壮大,新兴产业粗具规模,以铝工业、能源化工、加工制造、建材耐材、高新技术为核心的工业体系日趋成熟。全省唯一的煤及煤化工质量检测中心落户渑池县,全国循环经济标准化试点县建设快速推进。

壮大产业集群,园区建设实现跨越发展。按照“四集一转”“两提两扩”的要求,搭建发展平台,扩大产业集群,县产业集聚区实现了从弱到强、从小到大、由散到聚的飞跃,成功跻身“河南省十快产业集聚区”,跨入省十大产业梯度转移中西部重要承接地,先后荣获“河南省高新技术特色产业基地”“河南省最具投资价值产业集聚区”等称号。2011年,在全市率先成立了正县级规格的产业集聚区党工委和管委会,健全了机制,完善了投融资、担保、土地储备3大平台,发展空间更加广阔。2008年以来,4大园区累计实施产业项目62个,完成投资135.6亿元;累计实施基础设施项目45个,完成投资28.7亿元,基本实现了“两纵两横”的路网布局;累计实现产值218亿元,创税8.7亿元,实现就业1.6万人。

着力固本强基,“三农”基础地位更加稳固。2011年粮食产量达1.76亿公斤,创历史新高。以农民增收为核心,调优农业结构,建成了烟叶、花椒、朝天椒等10大特色农产品基地;仰韶大杏、仰韶柿饼、仰韶小米等“仰韶三宝”通过国家农产品地理标志登记保护;天池辣椒、洪阳香瓜、南村玫瑰等7个农产品通过国家无公害农产品认证。以产业化发展为导向,培育建成了畜禽规模养殖场672个,扶持壮大农业龙头企业41家,注册农业专业合作社63个。以改善农村居住条件为重点,5年来,累计投入新农村建设资金6.3亿元,建设新型农村社区6个、新农村示范村160个,建成住宅2 120套,实现了村村通水、通电、通电话、通宽带、通有线电视。以提高百姓生产生活水平为落脚点,5年来,累计落实各类惠农补贴2.8亿元,建成安全饮水工程118项,治理水土流失面积200余平方公里,修建通村公路462公里,连续10年获得三门峡“红旗渠精神杯”称号。

统筹城乡发展,城市品位形象不断彰显。高标准完成了第三轮城市总体规划等16个规划,编制了城市北区修建性详细规划,城区面积由2006年的11.5平方公里扩展到2011年的13.6平方公里。5年累计投入城建资金137亿元,组织实施城市重点工程100余项,广电大厦、仰韶文化博物馆、职教中心实训楼、康乐园小区等项目顺利建成。累计完成小城镇项目112项,城镇化率由2006年的30.5%提升到2011年的38.5%;新建县乡公路234.6公里,新建了黄河路、韶州路,打通了双拥路,改造了新华路、会盟路,方便快捷的城市交通网络基本形成。建成了韶馨苑、新华国际、阳光花园等一批现代住宅小区,打造了鸿泰广场、金阳光购物、盛瑞祥等一批大型商场和专业商贸市场,城市功能日趋完备。以创建森林城市和卫生城市为抓手,大力实施“生态立县”战略,城市绿地率由2006年的11%提升到2011年的13%。始终保持对私搭乱建的高压严打态势,持续抓好城市环境卫生整治,城市精细化管理水平逐步提高。

大力招商引资,开放型经济取得重大突破。开展了“思想大解放、经济大开放、全民大创业”实践活动,持续组织“政府涉企服务部门评议、优化经济发展环境评价、万人评议执法部门和政法干警”3大评议活动,制定并兑现重奖招商功臣等激励政策,推行“一站式办公”“两个零接触”服务机制,全县上下形成了话招商、重招商的浓厚氛围。5年累计引进固定资产投资3 000万元以上项目198个,引进资金210亿元,实现出口创汇1.03亿美元,实际利用外资3.87亿美元。各项改革有序推进,三门峡商行、邮储银行顺利入驻渑池县,渑池农村商业银行挂牌成立,三门峡方圆实业有限公司、河南玖鼎新材料股份有限公司在全国区域性中小企业产业交易中心成功上市。渑池县荣获“中国最具投资潜力特色示范县”荣誉称号。

扩大品牌效应,“文化育县”战略深入推进。高标准对渑池县文化旅游产业发展进行规划,推出了仰韶大峡谷、黄河丹峡、仰韶文化博物馆3大龙头景区,深度保护建设了秦赵会盟台、仰韶文化遗址、八路军兵站等一批名胜古迹,修缮一新的刘少奇旧居被列为全省党性党风党纪十大教育基地之首,以山水游、文化游、红色游为主导的旅游业发展格局初步形成。成功举办了仰韶文化发现90周年纪念大会暨国际学术研讨会,仰韶文化产业园项目、仰韶村文化遗址保护工程快速推进,渑池县先后荣获“全国文物先进县”“全国文化先进县”荣誉称号。5年来,累计投入旅游建设资金9.8亿元,接待游客245.6万人次,文化旅游业综合收入达10亿元。大型现代戏《仰韶的女儿》被省文化厅确定为2010年度唯一一家县级剧团重点加工项目,获得河南省第9届精神文明建设“五个一”工程奖,电影《玫瑰谷》《留驻桃花塬》成功拍摄。文化旅游产业的发展带动了商贸流通、物流配送、金融服务、餐饮娱乐等第三产业的繁荣。

关注民生民情,社会和谐稳定局面持续巩固。信访评估模式得到了中央领导的高度肯定,中办、国办发文在全国推广,多个县市前来考察学习。坚持“群众工作日”和党政领导接访、干部下访制度,妥善解决了群众的合理诉求,连续5年被省委省政府、市委市政府授予“群众信访工作先进县”荣誉称号。扎实做好以煤矿、非煤矿山为重点的安全生产工作,强化平安渑池建设,全县安全生产形势持续稳定。5年间,累计办理省、市、县十大实事150项,办复市、县人大代表建议、政协委员提案948件。社会保障能力持续增强,累计新增城镇就业岗位3.9万个,下岗职工实现再就业1.6万人次;城镇低保、农村低保,分别由2006年的人均23元、73元提高到2011年的72.9元、160元;建成廉租房436套,保障了城镇低收入群体的住房需求。社会事业长足发展,继续保持“全国科技进步先进县”和“全国科普示范县”荣誉称号。5年累计发放“两免一补”资金1.2亿元,新建、改建幼儿园13所,职教强县顺利通过省级验收。累计补贴新农合资金1.17亿元,新、改建乡(镇)卫生院15所、村标准化卫生室235个,人民医院迁建工程投入试运营。持续稳定低生育水平,连续5年保持“全国计划生育优质服务县”荣誉称号。民主法制和精神文明建设得到新提升,社会治安综合治理取得新成效。人民武装、民兵预备役、民族宗教、外事、侨务、对台、统计、审计、粮食、老龄、扶贫开发、档案、史志、气象、地震、妇女儿童、河务移民、残疾人救助等各项事业都得到加强和提升。

【国内最大拟薄水铝石生产企业落户渑池】 1月12日,国内最大的拟薄水铝石生产企业在渑池县天坛铝工业园区开工建设。项目由渑池县双旭化工科技有限公司(重庆通程机电有限公司控股)投资兴建,属高新技术企业,采用国际最先进的生产工艺,技术含量高,产品广泛用于石油化工行业催化剂和汽车尾气净化,低碳环保零排放,符合国家循环经济产业政策。项目投资2亿元,年产5万吨,分二期建设。其中,一期工程年产拟薄水铝石1.5万吨,二期年产3.5万吨。项目建成后,可实现年销售收入5亿元,利税8 000万元,将成为国内规模最大的拟薄水铝石生产企业,也成为国内催化剂载体的重要生产基地。

【英国安格斯纯种肉牛落户渑池】 1月,河南尚正食品有限公司从英国苏格兰引进一批世界高档安格斯纯种肉牛,从而填补了河南省国际高档纯种肉牛养殖空白。尚正食品是集纯种肉牛繁育、养殖、屠宰、肉类加工、饲料加工、冷链物流、商超销售、餐饮连锁、新产品研发及生态农业种植为一体的大型企业,是河南省唯一一家供港活牛基地,连续6年被评为河南省供港活牛质量先进单位。

【仰韶·彩陶坊酒助力CCTV-7春节公益晚会】 1月,由CCTV-7农业节目和中国扶贫基金会联合主办的春节大型公益主题晚会——《2011共富家园大型扶贫开发新春晚会》开机录制,晚会于大年初五(2月7日)18时5分与全国观众见面。河南仰韶酒业有限公司的“仰韶·彩陶坊”酒成为晚会制作、播放期间唯一指定接待白酒。该场晚会以“亲农、爱农、扶农、惠农”“感恩”“公益”为主题,坚持“记录真实、服务民生”,以真实感人的故事和人物呼吁公众奉献爱心,彰显了“公益三农”的品牌和精神。仰韶酒业是全国唯一参与白酒企业。

【渑池县12岁“小童星”上《梨园春》当评委】 1月16日晚,河南电视台《梨园春》节目中,渑池县城关镇12岁的“小童星”杜雅洁在少儿组擂台赛中担当评委,成为三门峡地区年龄最小的《梨园春》评委。

【《源》《仰韶记忆》两座城市雕塑亮丽渑池形象】 1月,位于渑池县新华路、会盟路交叉口中央的《源》和会盟广场的《仰韶记忆》两座雕塑安装结束。两座雕塑以艺术的形式述说人文历史、彰显城市精神、亮出城市的文化名片,将为美化渑池添上点睛之笔。仰韶文化是黄河流域影响最大的一种原始文化,纵横两千里,绵延数千年,在世界范围内首屈一指。作为仰韶文化发源地的渑池,带给人们更多的是对人类文化起源的思考,仰韶文化的传承,对中华文明,乃至世界文明都起着至关重要的作用。《源》和《仰韶记忆》这两处雕塑主体的落成对传播仰韶文化,提升城市形象发挥着重要的作用。

【赵仁伟当选“2010感动中原十大年度人物”】 2月19日,渑池县果园乡杜寺村青年赵仁伟当选“2010感动中原十大年度人物”。颁奖仪式给予赵仁伟的颁奖词是:“他不能站立,却能顶起家乡群众的希望。他经历灾难,却还要把幸福传向四方。一根筷子成了他与世界沟通的桥梁,而这桥梁的基石是他的不屈与坚强。”

【三门峡方圆实业股份有限公司举行新型石油支撑剂项目二期工程投产暨三期工程开工仪式】 2月21日,三门峡方圆实业股份有限公司举行新型石油支撑剂项目二期工程投产暨三期工程开工仪式。该项目累计投资1.1亿元,可年产4万吨新型石油支撑剂,实现年产值1.5亿元,实现利税3 200万元。三期工程预计投资1.2亿元,项目投产后可年新增产量6万吨,新增产值2亿元,新增利税5 000万元,将对全县工业经济又好又快发展起到积极的推动作用。

【渑池县荣膺全省“十快”产业集聚区称号】 2月,河南省政府在郑州表彰“2010年度河南省十强产业集聚区”和“2010年度河南省十快产业集聚区”,渑池集聚区被评为“2010年度河南省十快产业集聚区”。渑池县产业集聚区位于县城西部和北部,由天坛铝工业园区和英张工业园区两个园区组成,规划面积18.77平方公里,规划以铝工业、机械加工制造和食品加工为主导产业,已形成氧化铝—电解铝—铝加工和以围绕氧化铝生产配套的循环经济产业集聚群,拥有氧化铝310万吨、电解铝12.5万吨、铝加工9.7万吨、氢氧化铝20万吨、碳素7万吨、干法氟化铝6万吨等主要产能。

【渑池县两企业位列省百强百高企业名单】 3月,河南省2011年度百强企业、百高企业名单以及2011年重点培育的河南省原材料工业60强企业、食品工业50家高成长企业名单公布,渑池县企业东方希望(三门峡)铝业有限公司、河南仰韶酒业有限公司名列其中。2011年年初,经过企业申报、专业评选(审)和公示,东方希望(三门峡)铝业有限公司位列“河南省2011年度百强企业”第43名,同时获得2011年度重点培育的河南省原材料工业企业60强第5

位;河南仰韶酒业有限公司位列2011年度重点培育的河南省食品工业50家高成长性企业第6位。

【《中州百县水碑文献》出版发行】 3月,《中州百县水碑文献》由陕西人民出版社出版发行。本书汇集了河南省89个县21个县级市有关水利和水旱灾害方面的文献2 062篇,其中碑刻1 786篇。分为"水信仰"、旱灾与赈济、水灾与抗洪、工程与管理、人物记事、景观作品等6部分,各类文献前有简介,后有注解,总文字300余万字,内附照片、拓片600余幅,析为上、下两册,大16开版本精装印刷。作者为渑池县水务局退休干部范天平。

【县人民医院与郑州大学第二附属医院结为友好协作医院】 3月26日,渑池县人民医院与郑州大学第二附属医院结为友好协作医院。揭牌仪式在县人民医院举行,揭牌仪式后,来自郑大第二附属医院组织专家们开展了义诊活动。此次县人民医院与郑州大学第二附属医院结为友好协作医院,将大大提高渑池县的医疗水平,为渑池县卫生事业的发展增添新的生机和活力。

【渑池县与湖南平江商会食品工业园项目成功签约】 4月15日,渑池县与湖南平江商会食品工业园项目成功签约。湖南平江商会食品工业园项目落户于渑池县产业集聚区果园工贸区,总投资12亿元,占地近27公顷,设计规模为年产2 000万箱方便食品。项目建成后,年需用面粉165万吨、辣椒4.3万吨、食品油30万吨、花椒1.5万吨、彩印包装83亿个、物流运输量700万吨,实现用工1万人以上。

【中央党校学习时报社渑池调研基地揭牌成立】 4月22日,中央党校学习时报社渑池调研基地揭牌仪式在渑池县委党校举行。作为全党唯一专门讲学习的报刊,中央党校学习时报这次在渑池设立全国唯一的县级调研基地,相当于在县级党委和中央党教核心阵地之间开通了一辆直通车,必将极大地推动基层党员干部教育事业深化创新、跻身理论高端、稳居时代前沿,对于全面提升基层党员干部队伍素质,加快转变基层经济发展方式具有重要意义。

【东方希望(三门峡)铝业有限公司400万吨赤泥干法外排处理项目投产】 4月12日,东方希望三门峡铝业有限公司400万吨赤泥干法外排处理项目正式投产运行。该项目总投资1.8亿元,工程自开建以来,公司坚持"既好、又快、还省"的投资观念和"依靠科技进步、转变发展方式"的发展思路,致力于打造循环产业链,变废为宝,真正打造了一批具有节能、环保和可持续发展的项目,为渑池经济健康快速发展增添新的活力。

【黄河丹峡景区黄河漂流项目成功试漂】 4月26日,渑池县黄河丹峡景区黄河漂流项目成功试漂。丹峡黄河漂流利用10公里的黄河河道,根据小浪底库区水位的变化,推出了黄河养生休闲漂和具有一定挑战性的激情漂流。黄河养生休闲漂是指每年小浪底库区调水调沙前,划着橡皮船在清澈的黄河上观景,远离喧嚣、撇开世俗,惬意地穿行在母亲河的怀抱中。激情漂流是指每年7月至9月,小浪底库区放水,黄河丹峡段重新恢复狭窄、急流的古河道,使游客在挑战中体验激情。

【中央电视台《国宝档案》栏目组赴渑池县拍摄专题节目】 4月,中央电视台《国宝档案》栏目组赴渑池县开展为期5天的仰韶文化节目拍摄活动。《国宝档案》,是一档专门介绍凝聚着中华民族智慧和传统文化的国宝文物类节目。渑池县拍摄节目的主题将围绕仰韶文化的历史起源、发掘等内容,通过5件至6件文物,讲述仰韶文化时期所留下的历史印痕,拍摄5期仰韶文化系列专题节目。

【省委组织部第48期中青班学员到渑池县开展"农村体验式教学"活动】 5月20日至27日,省委组织部第48期中青班25名学员到渑池县开展"农村体验式教学活动"。本次参加"农村体验式教学活动"的学员来自省直机关、高校以及其他地市的优秀地厅级后备干部。25名学员分成9个小组,分别到渑池县的仰韶镇东阳村、仰韶村、苏门村,果园乡峪峒村、涧北村、李家村,英豪镇东七村、西庵头村,陈村乡后河村开展为期7天的驻村活动。

【江苏省工会到渑池县考察文化产业】 6月1日,由江苏省人大副主任、江苏省总工会主席张艳带领的江苏省工会考察团到渑池县考察文化产业发展情况。考察团一行先后来到县博物馆和县仰韶文化遗址实地察看。通过察看,考察团对渑池县近年来文化产业方面的做法和取得的成绩给予肯定,认为领导重视,思路清晰,措施扎实有效。希望在下一步的工作中,要用足文化凝聚力,用实文化推动力,用活文化创新力,用好文化提升力,要在不断加大宣传力度,加快文化基础设施建设的同时,切实做好仰韶文化遗址的开发保护利用,努力形成具有多门类、多层次、多形式的文化产业格局,真正把仰韶文化产业做细、做精、做大、做强。

【渑池县与大唐集团河南分公司举行合作开发风电项目签约仪式】 6月9日,渑池县与大唐集团河南分公司举行合作开发风电项目签约仪式。"十二五"期间,渑池县与大唐集团河南分公司将完成在英豪、坡头、段村、南村等4个乡(镇)的风资源开发利用,总装机达20万千瓦,总投资约20亿元。项目建成后,预计年可发电4亿千瓦时,实现产值2.4亿元。

【《红色足迹》印刷发行】 6月12日,渑池县委宣传部、县委党史方志办和渑池县老区建设促进会编纂的《红色足迹》一书正式印刷发行。《红色足迹》一书,为大32开本,20万字。出版发行《红色足迹》是渑池县庆祝建党90周年重要活动之一,是一部普及地方党史教育好教材,也是一部革命传统教育和世界观教育的好教材。该书采用记实的手法,全面反映新民主主义革命时期中国共产党及各民主党派在渑池境内活动留下的27处重要的革命遗址,有革命遗址资料介绍和有关证明材料,并附照片100多幅。详细介绍了渑池境内革命遗址的位置、范围、隶属单位、现状及形成的历史背景等。《红色足迹》的出版和发行将对增强党的凝聚力和战斗力,带动红色旅游经济的发展,为建设富裕、开放、魅力、和谐的新渑池作出贡献。

【渑池县举行河南博市电器有限公司年产200万台洗衣机和200万台电冰箱项目奠基仪式】 6月21日,渑池县举行河南博市电器有限公司年产200万台洗衣机和200万台电冰箱项目奠基仪式。该项目是宁波富士达公司在河南投资的控股企业,按照高起点、高技术、高品质的要求,针对全国市场,在渑池县产业集聚区建立以电冰箱、洗衣机为主要产品的规模化、现代化生产基地。项目总投资10亿元,其中建设投资7亿元,建成后可形成年产150万台普通冰箱、50万台智能冰箱、120万台普通洗衣机、80万台智能洗衣机的市场规模,年均营业收入可达42亿元。

【电影《留驻桃花塬》在郑州举行首映式】 6月22日,由中视威豪北京影视文化发展有限公司、海军政治部电视艺术中心、渑池县政府等联合摄制的《留驻桃花塬》在省会郑州奥斯卡影城隆重举行首映式。电影《留驻桃花塬》以当代发展中的农村教育为背景,以任教10年的山村教师易家林的事业感情生活为主线,通过质朴的桃花塬村村民和孩子们,为留住易家林老师,想方设法给他寻找对象,帮助他相亲的感人故事,真实反映了和谐社会人民群众对美好生活的追求和人生价值取向。该片用全新的创作理念和独特的艺术视角,深度展现了中原仰韶文化的厚重和秀美自然风光的质朴。经过摄制组近9个月的精心拍摄制作,影片6月22日登陆全国影院,与观众见面。

【渑池县举行红然铝业年产20万吨高温煅烧α-氧化铝项目奠基仪式】 6月28日,河南红然铝业有限公司年产20万吨高温煅烧α-氧化铝项目举行奠基仪式。项目总投资2.7亿元,分2期建设,一期项目10万吨共投资1.5亿元,工期一年,建成投产后年产值可达4亿元,年实现利税7 000万元。该项目的开工建设是渑池县实施工业强县战略的新突破,同时将推动相关产业的发展,为全县经济的快速发展注入新的活力。

【渑池县首届"曹端奖"颁奖大会召开】 7月7日,渑池县召开首届"曹端奖"颁奖大会,对崔岩磊等13名在2011年普通高招中取得优异成绩的莘莘学子和渑池高中等在2011年教育教学中表现突出的先进集体进行表彰奖励。曹端是祖籍渑池曹滹沱村的著名学者,是仰韶儿女的杰出代表之一,他官至霍州学正,被誉为"明初理学之冠",毕生著书立说,重视教化,他提出的"公廉说",成为警示后人的箴言。为了弘扬仰韶文化,激励全县学子奋发有为,励志成才,渑池县决定设立"曹端奖",自2011年起,每年对高中阶段在渑池县就读并参加高考的优秀学生进行表彰奖励。对在普通高招中,进入全省前100名、全市前10名、全县前10名的考生,分别奖励5万元、2万元、1万元。

【渑池县成功签约会盟钢构彩板项目】 7月28日,渑池县举行河南会盟钢构彩板有限公司年产2万吨钢构、100万平方米彩钢板项目签约仪式。该项目建成后可实现年产值9 000多万元,利税3 000余万元,产品广泛应用于大型钢结构工业厂房、农贸市场、体育场馆等工程。

【渑池黄土高原地区综合治理项目正式纳入国家规划】 8月,从西安黄河上中游管理局获悉,渑池县黄土高原地区综合治理示范县项目已由国家发展和改革委员会批复立项,正式纳入《黄土高原地区综合治理规划大纲》。项目是继黄河水土保持生态工程三门峡项目区(一期)、渑池项目区(二期)和青莲河坝系工程后渑池县的第4个国家重点水土保持建设项目。项目计划总投资近5千万元,分5年实施,建设内容包括淤地坝、坡耕地改造、水窖等重点工程。项目实施后,将新增治理小流域16条,新增水平梯田2 000公顷,新增治理水土流失面积100平方公里,水土流失治理程度将由现在的40%提高到70%以上。

【河南省第11届运动会老年组柔力球比赛在渑池县召开】 9月4日,河南省第11届运动会老年组柔力球比赛在渑池县召开。本次比赛为期3天,分老年组、中年组集体规定套路、自选套路、表演赛等3个项目。共有来自省辖市、省直机关、老年人体育协会等16支代表队、百余名运动参加比赛。

【渑池县举行宏亚食品工业园奠基仪式】 9月23日,渑池县在果园乡举行宏亚食品工业园奠基仪式。河南宏亚渑池食品工业园是由河南宏亚投资有限公司开发建设的一个新建现代化食品加工工业园区。项目计划总投资8.06亿元,建设工期2年,主要生产系列休闲方便食品。项目分三期建设,一期投资3亿元,工期9个月,全部建成后将年产2 000万箱方便食品,年实现销售收入30亿元,转化农副产品150万吨,可带动相关农副产品种植、加工、印刷、包装及物流等相关行业发展。

【三门峡雏鹰农牧有限公司渑池年出栏30万头生态猪及20万吨饲料加工项目开工奠基】 9月26日,三门峡雏鹰农牧有限公司渑池年出栏30万头生态猪及20万吨饲料加工项目开工奠基。雏鹰农牧公司是中国首家生猪养殖上市企业,具有品牌、技术、资金、人才等优势。"雏鹰模式"是龙头企业加快扩张、广大农民增收致富、有效保障产品质量的有效模式,渑池与公司积极深化合作,将促进渑池现代畜牧业实现跨越式发展。

【仰韶文化发现90周年纪念大会在渑池县举行】 11月6日,由中国社会科学院、国家文物局、河南省人民政府联合主办、中国社科院考古所、河南省文物局、三门峡人民政府、渑池县人民政府联合承办的仰韶文化发现90周年纪念大会在渑池县体育馆举行。中国社会科学院常务副院长王伟光、国家文物局副局长顾玉才、河南省副省长赵建才、沈阳军区空军后勤部刘忠岳少将、原解放军二炮某部政委赵承业少将、中国驻瑞典大使馆原大使陈明明、中国驻瑞典大使馆文化参赞蒲正东、瑞典国家博物馆管理署署长桑娜、三门峡市委书记杨树平、三门峡市市长赵海燕等领导出席了大会。各级领导、专家学者、特邀嘉宾及各主流媒体记者共1 000余人参加了大会。中国社会科学院党组副书记、副院长王伟光指出,90年前的今天,瑞典地质学家、考古学家安特生来到了渑池,在仰韶村进行了具有历史意义的发掘,确立了仰韶文化,开辟了中国文化起源研究和中国古史重建的新天地,考古界以安特生在仰韶村的发掘,为现代考古学登上中国学术舞台的标志,唱响了中国古代文化本土起源的主旋律。河南省副省长赵建才、三门峡市市委书记杨树平、瑞典国家博物馆管理署署长桑娜分别致辞。

【渑池县举行仰韶文化博物馆开馆仪式】 11月7日,渑池县举行仰韶文化博物馆开馆仪式。十届全国人大常委会副委员长盛华仁,北京大学教授、著名考古学家严文明,全国人大农业与农村委员会委员王明义,河南省人大常委会副主任王文超,中国驻瑞典大使馆原大使陈明明,中国社会科学院考古研究所副所长陈星灿,瑞典东方博物馆馆长艾娃,三门峡市委书记杨树平,河南省人大副秘书长戚建庄,河南石油总公司、党委书记徐旭日,河南省文物局局长陈爱兰,三门峡市人大常委会主任赵继祥,著名考古学家安志敏先生之女、全国政协委员、著名考古学家安家瑶,著名考古学家夏鼐先生之子、北京大学教授夏正楷,著名考古学家、地质学家袁复礼之子袁鼎,三门峡市委常委、宣传部长、渑池县委书记薛蒙林,三门峡市人民政府市长助理张万斌等省市县有关领导和专家出席开馆仪式。仰韶文化博物馆是经国家文物局和河南省政府批准,在仰韶村遗址保护区兴建的一个集文物保护、陈列展示和科学研究功能为一体的仰韶文化专题博物馆。该馆总投资5 130万元,占地28 666.7平方米,建筑面积4 700平方米。始建于2009年1月,2011年10月28日竣工,具备开馆条件。该馆由清华大学建筑设计研究院关肇业先生领衔设计,新蒲集团建筑有限公司承建,设计独特新颖,布局科学合理,文化特色厚重。

【渑池县举行万洋国际商贸城项目奠基仪式】 11月8日,渑池县举行万洋国际商贸城项目奠基仪式。万洋国际商贸城是以建材、五金、装饰装潢、灯具、汽车配件、陶瓷品、小商品,家居家纺等生产展示、销售交易、仓储物流,电子商务、酒店公寓、餐饮、休闲、娱乐、低碳生活为一体化的市场群体。占地面积约13公顷,总投资约8亿元。

【渑池县举行中州国际饭店开业典礼】 11月1日,渑池县举行中州国际饭店落成庆典仪式。投资3亿元的中州国际饭店,主体21层,建筑面积52 000平方米。饭店由中州国际集团管理有限公司进行管理,按照四星级标准建设,内部装饰豪华,设施安全,是集客房、餐饮、会议、娱乐为一体的综合商务酒店。

【渑池县与广西玉林玉柴工业化工有限公司成功签约】 12月6日,渑池县与广西玉林玉柴工业化工有限公司成功签约年产10万吨高端铸造新型材料项目。年产10万吨高端铸造新型材料项目将落户渑池县产业集聚区天坛铝工业园区,项目总投资2.6亿元,设计规模为年产10万吨高端铸造新型材料,产品主要应用于铸造、机械加工、汽车养护及日用等行业,项目建设工期一年,建成后可实现销售收入4.2亿元、利税8 000万元、出口创汇2 500万美元。

【渑池县举行宁波华尔志达电器有限公司项目签约仪式】 12月8日,渑池县举行宁波华尔志达电器有限公司洗衣机、电冰箱项目签约仪式,项目计划投资8亿元,设计规模为年产100万台洗衣机、100万台电冰箱、20万台商用展示柜和20万台特种商用冷柜,建成后,可实现年产值20亿元,利税4亿元。

【渑池县举行惠民苑新型农村社区开工奠基仪式】 12月27日,渑池县举行惠民苑新型农村社区开工奠基仪式。惠民苑社区规划总占地40.7公顷,建筑面积40.6万平方米,住宅2 588套,可容纳11 000人居住。预计总投资4.6亿元。分两期建设,一期规划1 530套,可容纳7 000人入住。计划于2014年前建成,二期将结合城中村改造进行。每个居住区均配套建设中心景观广场,内设儿童和老人活动、休闲、健身设施。功能完善,环境优美。

【民国十七年《渑池县志》(译注本)正式出版】 12月,继1995年清代乾隆十一年和嘉庆十五年《渑池县志》(点校合刊本)出版之后,渑池县又一部旧志整理成果——民国十七年《渑池县志》(译注本)由中州古籍出版社正式出版发行。民国十七年县志共21卷,30余万字,是渑池历史上篇幅最大的一部旧志,本书全面记载了民国年间渑池县自然、社会、历史和文化状况,内附手绘地图及插图数十幅。首次详细记载了1921年瑞典地质学家安特生发现仰韶文化的历史资料,并收录了大量的石器和陶器图谱。原志分八册,译注本按照"雅""达""信"的标准,对原志进行了全面的文字规范和校勘、标点分段,并加以导读助读式的"题解"和"注释",且有部分译文。全书改分为上、下册,100余万字,采用高档轻型纸印刷,外加精美彩印的手提袋。整理旧志是一项古籍整理研究、国学经典学习和史志信息开发的一项系统的文化工程,其目的是"借古鉴今,古为今用"。渑池县党史方志办公室肩负着本县的旧志整理任务,此项工作十几年来一直保持了全省领先、全市第一。民国十七年《渑池县志》译注本,是渑池县最深层次进行古籍整理的尝试,该项成果在全省尚属首次。该书的出版,标志着渑池县现存3部旧志的整理工作全面结束,也标志着渑池县史志办在河南省率先完成了旧志整理任务。

2011年渑池县各乡(镇)基本情况

表5

乡(镇)	总人口(人)	耕地(公顷)	粮食总产量(吨)	油料总产量(吨)	肉类总产量(吨)	烟叶总产量(吨)	水果总产量(吨)	牛年末存栏(头)	猪年末总头数(头)	山绵羊年末存栏(只)	农林牧渔业总产值(万元)	工业总产值(万元)	规模以上工业总产值(万元)	地方财政收入(万元)	农民人均纯收入(元)	党委书记	乡(镇)长
城关镇	76 074	1 326	7 157	620	980	—	4 480	1 937	9 260	2 243	6 481	212 457	176 750	7 700	8 891	赵忠民	贺金强
英豪镇	38 163	5 841	21 201	1 812	3 157	342	10 669	8 198	27 762	4 345	36 768	194 036	143 851	3 658	7 014	吴天敏	胡永民
张村镇	24 129	2 493	9 211	1 323	2 554	70	9 651	6 902	10 893	4 328	20 862	528 042	492 452	4 960	7 564	邹晓东	侯建星
洪阳镇	22 738	3 106	9 029	1 037	2 396	220	14 126	6 493	27 425	7 788	17 379	334 677	293 292	2 966	7 661	李聪梅(女)	常若宇
天池镇	45 207	9 159	26 129	1 460	4 271	2 210	12 648	13 907	26 952	19 796	40 072	200 929	137 892	4 996	7 780	张光明	张光华
仰韶镇	37 490	3 888	17 337	1 734	8 448	508	40 173	5 973	89 248	4 148	42 480	509 093	462 011	6 600	7 933	赵伟民(6月离任)	屈玉春
仁村乡	17 898	1 999	10 412	791	1 478	363	4 159	8 633	9 569	18 494	11 461	195 022	138 649	4 150	7 377	黄世民	马万智
果园乡	40 401	7 537	27 777	2 475	2 631	1 418	14 398	17 254	19 008	14 846	23 686	305 611	257 878	7 000	7 812	杨亮伟	张捍伟
陈村乡	34 951	3 993	20 524	2 848	2 914	182	18 213	12 065	17 541	9 961	28 107	555 268	514 774	7 700	7 364	张万幸	周　勇
坡头乡	16 105	3 357	12 797	1 195	1 474	968	4 300	8 920	4 791	5 408	26 587	274 744	216 265	3 200	7 306	赵红军	张宏权
段村乡	9 375	3 044	8 878	1 719	2 389	234	47 674	12 133	4 417	17 590	22 297	321 038	277 165	563	6 830	龚　彬	张希保
南村乡	5 935	1 526	5 529	2 277	1 911	115	12 448	11 423	9 199	15 733	10 837	239 770	186 200	564	6 832	李保军	张永军

(张丽敏)

陕 县

【概况】 2011年是“十二五”的开局之年。在市委、市政府的正确领导下,陕县县委、县政府团结带领全县广大干群,坚持以科学发展、加快发展为主题,围绕“一个中心任务”和“五大战略定位”,以调结构促转型为主线,以产业集聚区建设为载体,以项目建设为支撑,以招商引资为抓手,深入开展“项目建设年”“企业服务年”和“城建提速年”活动,推进“三化”协调发展。2011年,全县地区生产总值完成119亿元,增长13%;地方财政一般预算收入完成7.9亿元,增长14.5%;全社会固定资产投资完成140.5亿元,增长22%;社会消费品零售总额完成25亿元,增长18%;城镇居民人均可支配收入达到15 690元,增长11%;农民人均纯收入达到5 730元,增长11%。

项目建设成效显著。全县72个重点项目,建成20个,在建41个,累计完成投资76.7亿元。其中,列入市重点的21个项目,建成5个,在建16个,开工率100%,累计完成投资48.3亿元,占年度投资目标34.4亿元的140.2%。市重点项目涉及的126项联审联批事项全部办结,办结率达100%。

集聚区建设步伐加快,基础设施不断完善。累计完成投资5.3亿元,完成土地收储60公顷,整理30公顷;搬迁安居工程段岩社区一期57套住宅建成;中小企业园区供水、110千伏变电站建成投用,龙脖供水工程建成通水;入驻企业厂区绿化亮化等工程全面完工;污水处理厂、泰和路、鸿腾路、仓储物流中心、公租房等工程,按计划顺利推进;全年新入驻项目10个,续建2个,完成投资20.3亿元。捷马化工1.5万吨二氯苯胺等4个项目建成试产。集聚区全年实现主营业务收入20.5亿元,利税2.1亿元;产业集聚区投融资公司和担保公司,筹措建设资金7 000万元,引进无偿资金640万元。争取省“百亿城乡建设筹资计划”项目资金3亿元。

工业运行健康平稳,“企业服务年”活动深入开展。加大对55家规模以上企业的运行监测和跟踪服务力度,着力解决生产要素保障等困难和问题。全县规模以上工业实现利润12亿元,规模以上工业增加值完成56亿元;重点工业项目进展顺利。鸿美铝业年产5万吨铝型材、大唐鞍子山风电场、捷马电化二氯苯胺项目一期、兴浩公司年产11万吨氢氧化铝粉体一期等项目建成投产;骏通公司年产2万辆矿山专用车项目完成投资2.5亿元;锦荣公司干法水泥二期项目进展顺利,完成投资2亿元;中电投、大唐燕山风电项目开工建设;产业升级步伐加快。至年底,全县落实到位国家和省技改资金、产业扶持资金及贴息补助资金共计514万元;以骏通公司为龙头的汽车装备制造产业园建设全面启动,建设规划和配套政策正在加快制定完善。

农业经济繁荣发展,特色农业体系持续壮大。粮食总产达1.21亿公斤;新发展苹果面积2 366.67公顷,完成果品销售5.5亿公斤,二仙坡绿色果业水土保持科技示范园被水利部命名为“国家水土保持科技示范园”;完成烟叶收购300万公斤,完成烟叶税收1 092.3万元;生态林营造4 406.67公顷;蔬菜种植4 733.33公顷,总产2.2亿公斤;栽培食用菌2 100万袋,产量2 060万公斤;新发展各类规模养殖场55个,全年生猪、大家畜、山绵羊、家禽饲养量分别达到48.7万头、24.3万头、32.8万只、445万只;肉、蛋、奶产量分别达到2.1万吨、1.3万吨、1.6万吨;农业基础条件不断改善。新增有效灌溉面积573.33公顷,旱涝保收田584公顷,节水灌溉面积606.67公顷;完成小流域治理24.5平方公里,改造坡耕地1 113.33公顷;新打配机电井19眼,解决了15个行政村、2.6万人的饮水安全问题;在全省率先成立乡镇水利服务中心,开创了全国先河。陕县连续14年获得全省农田水利基本建设“红旗渠精神杯”,被列为“全国坡耕地改造示范县”“河南省小农水建设重点县”。农业生产方式转变加快。全县新增农民专业合作社45家;新增土地流转面积1 633.33公顷,流转总面积达4 800公顷;强化农业科技培训,完成农民科技培训8 200余人次,农民务工就业本领不断增强,农村富余劳动力转移就业8.8万人次,实现劳务收入8.3亿元。

城乡建设统筹发展,城市建设步伐加快。23项城建重点工程顺利推进,完成投资8.43亿元。陕州路街景改造、城市绿化亮化美化、城区道路维修、环卫基础设施建设、中裕天然气输配等工程建成投用;御汤温泉国际酒店、阳光小区保障房、体育中心、职教中心、苍龙涧河道治理、天鹅湾社区二期等工程进展顺利;城市建设精细化管理深入推进,陕县被命名为河南省园林城市;新农村建设扎实推进。完成了18个社区的规划设计和36个中心村规划编制;第一批500户农村危房改造已部分竣工,第二批200户改造任务已落实到户。

三产服务业态势良好,旅游品牌进一步提升。甘山公园、地坑院、空相寺、高阳山等景区景点设施不断完善,神龙峡景区、二仙坡旅游等新开发项目相继开工,温泉度假旅游高峰论坛、第10届达摩祖师纪念大典等大型活动在陕县成功举办。2011年,全县共接待国内游客132.6万人次,实现国内旅游收入9.94亿元;接待入境游客2 472人次,旅游创汇100万美元;商贸服务业快速发展。御汤温泉国际酒店、卷烟物流配送中心、帝王国际、泰宇高阳山综合开发、圆方现代物流城等一批大型三产项目正在快速推进;非公有制经济不断壮大。为中小企业融资近亿元,全县新发展非公有制经济实体1 100个,新增100万元以上非公有制经济项目160个,非公有制经济增加值同比提高1.5个百分点。

对外开放不断深入。参加国家、省、市组织的各类大型招商活动14次,签约金额182亿元,其中签约亿元以上项目13个。共接待国内外客商30批次200多人次;引进国内资金46.7亿元,直接利用外资7 600万美元;全县出口累计完成1 334万美元。

民生工程扎实开展,“十件实事”进展顺利。县政府承诺的“十件实事”和省、市“十件实事”涉及陕县任务圆满完成;支农惠农政策全面落实。粮食补贴、良种补贴、退耕还林、农机具购置等各项财政惠农补助资金,及时足额发放到农民手中;社会保障更加完善。全县养老、失业、医疗、工伤、生育五项社会保险,完成1.79亿元;新型农村合作医疗参合人数达到26.8万人次,参合率达96.2%,享受新农合补偿累计达19.3万人次,补偿医疗费4 134.54万元;县财政每年拿出500万元补助资金,积极推进城乡居民社会养老保险试点县建设;全县城镇新增就业8 839人,下岗失业人员再就业3 893人。至12月底,共有9 074户、17 017名农村困难群众享受农村低保,3 283名城镇困难群众享受城镇低保;保障性住房建设加快推进,阳光小区708套廉租房、经适房、公共租赁住房已建成投用,500户农村危房改造已全面开工并部分竣工。平安陕县建设成效显著。按照“抓源头、治根本”的工作思路,扎实开展安全陕县创建活动,安全生产形势持续平稳,全年未发生重特大安全事故;全面落实信访稳定责任制,信访量大幅下降,信访形势持续向好,省、市党代会和节庆期间,未发生来自陕县的干扰。不断加强社会治安综合治理,严厉打击各类刑事犯罪,全县治安环境良好。

社会事业全面进步。科技贡献率不断提高,全年投入科技经费1 620万元,组织实施科技攻关、科技成果转化、社会发展项目40项。教育投入不断加大,体育中心建成投用,并承办2012年陕县春节文艺晚会;14所中小学校舍维修改造和寄宿制学校建设完成投资1 967.56万元,职教中心建设进展顺利,职教攻坚计划累计投入资金3 866万元,2011年高招成绩实现大幅增长,本科上线人数达到1 073人;医疗卫生事业持续推进。陕州人民医院改革取得成功,运行良好,医疗质量显著提升,职工待遇明显提高;总投资782万元的卫生综合服务体系建设项目进展顺利;基本药物制度改革深入开展;文化体育事业繁荣发展。崤函古道遗产地基础设施建设项目通过省发改委批复。160个农家书屋、4个乡(镇)文化共享工程基层点、2个乡(镇)综合文化站全部建成投用。西张村镇被省文化厅命名为“河南省文化先进乡(镇)”“地坑院营造技艺”被国务院列入全国第三批非物质文化遗产名录。群众体育活动蓬勃开展,全国山地自行车邀请赛在陕县成功举办。人口计生、环境保护、国土资源管理、统计、审计等各项事业也都取得了新进展。

【三门峡温泉度假区项目开发总体规划汇报会召开】 2月22日,陕县召开三门峡温泉度假区项目开发总体规划汇报会。2010年11月,陕县与河南泰宇房地产有限公司正式签约该项目。项目是以陕县独特的地热矿温泉为核心,以高阳山独特的地理环境为载体,集温泉保健、疗养度假、商务会议、旅游娱乐、旅游地产等为一体的大型综合性项目。结合陕县“十二五”规划部署,打造“中原地区温泉休闲度假区”的战略定位。汇报会特邀规划方面的专家和县相关部门人员,听取6家设计公司对项目总体规划设计的汇报,选择符合陕县实际,设计理念新、品位档次高、地方特色鲜明的最佳方案。

【陕县组团赴京参加三门峡(北京)经济合作项目推介会】 3月14日至15日,由三门峡市委、市政府主办的“三门峡(北京)经济合作项目推介会”在北京隆重举行。推介会上,陕县县长高永瑞就陕县盐煤化工、铝精深加工、地热矿泉水、装备制造业等优势产业和现代商贸、物流等招商项目,与省内外应邀客商进行了广泛的沟通洽谈。副县长李海霞代表陕县政府与中国闽商投资集团(香港)有限公司副总裁上官建水签订了“中国闽商产业发展基地”投资协议书。项目建成后将对陕县加快经济发展方式转变,加快“一个中心任务、五大战略定位”的全面实施,起到促进作用。

【农业部对外经济合作中心调研组到陕县调研】 3月16日,由农业部对外经济合作中心主任杨易带领的调研组在河南省农业厅副厅长薛豫宛等陪同下到陕县调研。主要了解陕县农业企业“引进来”“走出去”现状及“十二五”期间发展思路和措施,对国家扶持政策的需求和建议,利用外资项目执行情况和苹果产业发展等情况。杨易一行先后到龙飞生物工程有限公司、三门峡缘份果业有限公司,详细听取有关负责人情况介绍,实地考察公司经营情况、生产规模和产品加工销售等情况。通过调研,杨易对陕县利用外资项目情况给予充分肯定,并希望在项目建设过程中要利用好外资项目,要把利用外资项目的管理方法,充分应用于国内项目的管理中去,使项目管理更加规范完整。

【中国闽商投资考察团到陕县】 4月18日,由香港全国政协联谊会委员、香港仲常发展有限公司董事长陈子珍等为荣誉团长,世界闽商联合会创会会长、中国闽商投资集团主席黄毅龙为团长的中国闽商河南投资经贸考察团一行40多人到陕县考察。投资考察团一行先后到县产业集聚区、骏通车辆公司、缘份果业公司和铝工业园区等,就园区的基础配套设施建设、招商引资优惠政策、交通区位优势和投资兴业环境进行实地考察和了解,并深入企业生产一线,对陕县利用当地资源、区位优势大力发展汽车装备制造、果品综合加工、铝深加工等产业情况进行了参观考察,听取了相关情况介绍。

【中央政法委第4督察组到陕县检查指导审判庭建设情况】 4月26日下午,中央政法委第4督察组组长刘玉庆一行4人到陕县就审判庭建设情况进行实地督察指导。督察组一行在听取工作人员对陕县法院新建审判庭建设情况的介绍后,对该院审判庭建设给予了充分肯定。在视察过程中,刘玉庆对审判庭建设规划、安全保护设施、便民诉讼配置等方面提出明确要求。刘玉庆说,审判庭的建设,既要适当超前,又要节约实用,兼顾发展,既要充分方便当事人诉讼,又要绝对保证法院工作人员和当事人的人身安全。希望陕县法院领导班子,以审判庭建设为契机,群策群力,团结奋进,抓住机遇,与时俱进,推动法院整体工作再创佳绩。

【骏通公司200辆专用车出口俄罗斯】 4月27日上午,河南骏通车辆有限公司举行200辆专用车发车仪式。骏通公司建厂5年来,致力于建设一家高科技的优秀专用车企业,专注于研发和制造高品质的专用车产品,不断加大科技投入,积极开展科技创新,努力开拓国内和国际市场,实现了企业快速成长。其自主研发的专用车辆已出口俄罗斯、非洲和中南美洲等地。此次200辆专用车全部用于出口俄罗斯。骏通公司200辆专用车出口,是骏通公司专用车生产发展的一个新的里程碑,标志着骏通公司在提升市场竞争力、开拓国际市场方面迈出了新的步伐,为企业调整市场结构、增强发展后劲奠定坚实的基础,有力地推动企业在新的起点上实现新的跨越。市委书记李文慧宣布发车,并现场接受新闻媒体采访。李文慧说,河南骏通专用车的出口,标志着三门峡市在进入国际市场打开国门方面又有了一个新的提升。三门峡将依托出入境检验检疫机构和正在建设中的三门峡海关,发挥通关优势,加大对汽车装备业投入力度,努力实现汽车等产品由加工向制造转型,由贴牌向品牌转型,由配套向成套转型,由分散向集群转型。

【全省水土保持工作会议在陕县召开】 4月22日至23日,全省水土保持工作会议在陕县召开。水利部水土保持司副司长牛崇恒,省水利厅副厅长谷来勋,市、县领导李建顺等出席会议。会议深入学习了新修订的《中华人民共和国水土保持法》,表彰了先进集体和个人,进行了交流发言和分组讨论,谋划"十二五"期间水土保持发展工作,部署了2011年工作。对做好"十二五"期间水土保持工作,会议提出要全力加快水土流失治理步伐,加大监督执法力度,大力推进体制机制创新,积极探索水土保持工作新路子,深入学习新《中华人民共和国水土保持法》。

【雏鹰公司年出栏50万头生态猪养殖项目正式开工建设】 5月10日,雏鹰公司年出栏50万头生态猪养殖产业化项目奠基仪式在陕县西李村乡南岩村举行。省畜牧局局长李孟顺,市、县领导杨树平、李建顺、张建峰等参加仪式并为项目开工奠基培土。项目将依托西李村乡荒山荒坡面积大、饲草饲料资源丰富,适宜发展现代畜牧业的独特优势,建设一个年出栏50万头生态猪养殖场,配套建设两个年生产能力20万吨饲料厂及一个50万头生态猪屠宰厂。项目总投资20亿元,占地1.33万公顷。项目将坚持"统一规划、分期实施"的原则,计划4年内完成全部投资建设任务。年底前完成3万头规模建设任务,实现存栏生猪1万头。计划2013年出栏优质生态猪15万头,2014年出栏35万头,2015年达50万头出栏量。

【副省长史济春到陕县考察指导汽车出口工作】 5月13日,副省长史济春带领河南省出入境检验检疫局有关负责人一行,深入陕县河南骏通车辆公司考察指导专用汽车出口工作。河南省出入境检验检疫局局长袁长祥,市县领导李文慧、杨树平、苏新华、赵中生、李琳等陪同考察。骏通公司依靠技术进步,不断提升企业的核心竞争力,并通过建立省级企业技术研发中心,引进国内外先进生产设备和工艺技术,采用铝合金、不锈钢等新型环保材料,成功开发出了矿山劲霸、公路运霸、轻型半挂车、轻型罐式车等一系列与国际市场同步的高科技、高附加值产品,先后荣获国家专利13项。公司生产的专用汽车已经批量出口到俄罗斯、乌兹别克斯坦、吉尔吉斯斯坦及非洲、南美洲等多个国家和地区。史济春参观了新型罐车的整个生产工艺流程,听取了公司概况介绍和专用汽车出口情况汇报。考察中,史济春希望,骏通公司要以三门峡出入境检验检疫局成立为契机,继续以科技投入为支撑,加大产品、技术和管理创新力度,强力实施项目带动战略,在发展中促转型,在转型中谋发展,着力构建企业强势竞争力。

【大营镇引进1亿元化工生产项目】 7月20日,陕县大营镇引进1亿元化工生产项目年产1万吨硫酸锌项目,项目由大营镇牵头、三门峡鑫海精细化工产品有限公司投资建设的化工企业,入驻观音堂化工园区。项目占地2公顷,总投资11 000万元,分2期建成,一期投资6 000万元,占地1公顷,主要建设内容为年产1万吨硫酸锌;二期投资5 000万元,占地1公顷,建设内容为年产2万吨复合肥系列产品。项目拟采用中南大学化学化工学院等国内外科研机构的最新科研成果,利用陕县周边县、市锌冶炼企业所产生的大量含锌物料及陕县捷马电化生产的盐酸烧碱和三门峡中原冶炼厂生产的硫酸加工生产硫酸锌,硫酸锌广泛用于饲料、化肥、医药、选矿等行业,市场前景良好。

【大唐公司元宝山风电场项目可行性研究报告评审会在郑州举行】 8月12日,大唐公司元宝山风电场项目可行性研究报告评审会在郑州举行。大唐公司元宝山风电场项目位于陕县的马牛蛋山、铁炉沟、麦王沟和对九凹东侧区域。风电场前期架设测风塔,经过一段时期的测风,对周边区域气象数据的有效监测收集,聘请华东勘测设计研究院进行项目可行性研究报告编制,可研报告于7月编制完成,按照规划,该风场共安装单机容量2 000千瓦风电机组5台、1 500千瓦风电机组20台,总装机台数25台,总装机容量4万千瓦,项目总投资3.9亿元。风电场年设计发电量11 573万千瓦时,年上网电量8 217万千瓦时,等效满负荷小时数为2 054小时。各位专家听取了华东勘察设计院工作人员对该项目可研情况的分析汇报,经过技术论证和分组讨论,专家们总体上通过了该可研报告,并对部分细节提出了修改意见和建议。编制单位将根据会议上专家们的意见,对报告进行修正完善。

【美籍华人考察团到陕县投资考察】 8月11日,美籍华人考察团一行赴陕县投资考察。考察团成员观看了陕县宣传视频《黄河明珠》后,县委常委、县纪委书记骆玉峰就陕县县情、资源优势、交通优势、文化优势、政策优势等几个方面作了详细介绍。陕县坚持“项目强工,特色富农,改善民生,促进和谐”的总体思路,立足矿产资源、特色农业等优势,规划建设了5大项目集聚区,初步形成以采矿、能源、冶金、铝工业、化工、建材装备制造、农副产品加工等8大产业体系,成为承接全国各地产业梯度转移项目、高新技术项目、高效农业项目、高精尖产品开发项目的投资热土。考察团一行到高阳山景区、骏通公司、缘份果业、恒康铝业进行了实地考察,了解企业的生产流程、生产规模及市场占有和销售情况。询问工业园区的配套设施建设、相关优惠政策以及道路交通优势等内容,并听取了园区建设规划情况。考察后,考察团与陕县就双方各自关心的问题交换了意见,企业家们对陕县的资源优势、区位优势和投资环境给予了高度的评价,并表示非常希望能来陕县投资兴业。

【参加河南省承接产业和技术转移合作交流洽谈会】 8月26日,2011年河南省承接产业和技术转移合作交流洽谈会在郑州国际会展中心隆重开幕。县长高永瑞率团赴郑参会。为积极筹备好此次活动,确保取得实效。会前,由县主要领导带队,组织5个招商小分队,到长三角、珠三角、环渤海等沿海发达地区叩门对接洽谈,重点邀商,为陕县参会取得实效打下坚实基础。会议期间陕县先后参加了开幕式、中原经济区投资说明会暨合作项目签约仪式、项目对接会住房和城乡建设项目招商会、汽车零部件产业合作交流洽谈会、技术转移项目展示对接等会议。会上就汽车零部件、城建项目、现代物流项目、生物化工项目等进行了交流。台湾天祥生化科技有限公司、福建超创集团、珠海汇鑫投资有限公司3家企业表示准备到陕县实地考察,进一步对接洽谈项目。在合作项目签约仪式上,陕县成功签约2个项目,分别是投资1.2亿美元的年产50万吨生物有机肥项目和投资5.5亿元人民币的2万吨硫酸铝生产项目。

【陕县启动“中国温泉之乡”申报活动】

9月6日,陕县启动“中国温泉之乡”申报活动。陕县城区的温塘温泉有着悠久的历史,1986年,《河南省陕县温塘地热矿泉水资源评价报告》显示陕县温塘温泉40℃～60℃地热矿泉水可采储量为每天6 000立方米。1990年,省地矿局环境水文地质总站《陕县温塘饮用天然矿泉水评价报告》通过国家级鉴定,确认陕县温塘温泉为含锶的偏硅酸复合型饮用天然矿泉水。自2003年中国矿业联合会开展命名“中国温泉之乡”9年来,先后有38家温泉获得命名,至2011年河南还没有1处命名。陕县通过申报不仅可以大大提升温塘地热的品位,推进温泉产业快速发展,最大限度地获取社会效益、环境效益和经济效益,还可以推动陕县地热资源合理开发、有效保护,使资源优势转化为经济优势,带动地方经济发展,并为全国地热温泉资源开发利用与保护提供示范,从而达到科学管理、有效保护温泉资源的最终目的。河南省矿协地热矿泉水专业委员会主任、教授级高级工程师张德祯就申报“中国温泉之乡”的意义及要做的准备工作作了详细讲述。

【陕县帝王国际项目开工建设】 9月16日,总投资3亿元的陕县帝王国际项目在三门峡西站举行开工奠基仪式陕县帝王国际项目由洛阳卓赛集团全额投资,项目占地10 266.7平方米,总面积近10万平方米,地上32层,地下2层,总投资3亿元,建设工期2年,是一个集商业、住宅、公寓、休闲、娱乐等多种功能为一体的大型商业综合体。项目既是陕县近期招商引资的重要成果,也是陕县旧城改造的开山之作,被县委、县政府列为城市建设和项目建设的双重点工程。

【陕县城乡居民社会养老保险中心挂牌成立】 10月25日,陕县城乡居民社会养老保险中心正式挂牌并开展工作,标志着陕县从此实现了社会养老保险制度的全覆盖,全县32万城乡居民都可以享受“老有所养”的养老保险待遇。

【陕县参加三门峡果品(上海)推介会成果丰硕】 10月21日,由陕县承办的三门峡果品(上海)推介会在上海大厦丽宫成功举办。上海市人大常委会原副主任刘伦贤,上海警备区政委李光金,武警上海市总队总队长辛举德,上海警备区政治部主任吴柏明,上海合作交流委员会书记鹿金东,上海市农委副主任衣开端、商务处处长陈国权,上海市农展馆馆长祝延明,上海市政府政策发展研究中心处长姜永坤,中科院上海生命营养科学研究院教授彭贵章,上海市果品商业行业协会书记王才奇以及同济大学、交通大学、农科院、上海市食品协会等相关部门人员出席推介会。推介会由三门峡市委、市政府主办,陕县县委、县政府承办。上海沃尔玛超市、罗森便利连锁、八佰伴超市、久光百货超市、麦德龙连锁超市等40多家水果批发市场、大型超市采购商、配送公司、果品经销商共计100余人参会。陕县的二仙坡苹果、金秋黄梨、陕源石榴等优质果品争相亮相推介会。《人民日报》《解放日报》《文汇报》《国际金融报》《新闻晨报》《新闻晚报》《东方早报》《河南日报》、上海电视台新闻综合频道、东方卫视、上海人民广播电台、东方网等10余家媒体的记者到会报道。推介会上,上海市果品配送公司与三门峡金秋黄梨果业、上海中心批发市场与三门峡龙跃专业合作社、上海市郊展销中心与三门峡缘份果业、上海康喆公司与三门峡万隆果业、上海美慧园果品销售市场管理有限公司和三门峡金秋果业、上海长盛实业发展有限公司和三门峡二仙坡绿色果业有限公司成功签约,陕县签约果品总计3万吨。另外,联合国发展署南南合作科技交易署、中国新农村建设投资(国际)有限公司与三门峡二仙坡绿色果业有限公司成功签署“植物濒危树种复制中心优生优育研发基地”项目。

【陕县成功承办三门峡(厦门)果品推介会】 11月8日,三门峡(厦门)果品推介会在厦门举办。厦门市水果商与陕县

3 家果业公司签订果品销售意向 4.3 万吨。这次推介会由市委、市政府主办，陕县县委、县政府承办，旨在向厦门市乃至国内外推介和展示三门峡优质苹果，并以果为媒，使厦门市人民了解三门峡、认识三门峡。厦门市商业界有关人士、厦门市水果采购商、经销商和新华网、东南卫视、厦门卫视等新闻媒体参加了推介会。推介会上，市委副书记王建勋介绍了三门峡市的区位优势、历史文化、旅游风光和矿产资源等情况，并对三门峡 SOD 功能苹果进行了重点推介。副市长张建峰介绍了三门峡市的果品发展情况。厦门市政府副秘书长陈永茂，厦门市果品协会会长刘文万等分别作了讲话，对三门峡优质果品进入厦门市场寄予厚望，希望厦门的经销商多经销三门峡的果品，也希望三门峡和厦门以此次推介会为契机，以优质果品为桥梁和纽带，扩大两市在农业乃至全方位的交流与合作。推介会上，厦门福慧达果蔬股份有限公司与三门峡缘份果业有限公司、泉州市特特水果商行与三门峡金秋果业、泉州市地球村水果物流有限公司与陕县二仙坡果业有限公司成功签约，签约果品销售意向 4.3 万吨。

【产业集聚区污水处理厂成功签约】 11 月 18 日，陕县政府与北京晓清环保工程有限公司合作建设陕县产业集聚区污水处理厂项目框架协议签字仪式举行。陕县产业集聚区污水处理厂项目，是陕县一项重点建设项目，也是陕县全面加快产业集聚区基础设施建设的一项重要步骤。项目占地总面积约 9 公顷，规划规模 6 万吨/日。其中，一期工程占地 2 公顷，处理规模 1 万吨/日，总投资约 3 000 万元，计划 2012 年 12 月底试运营。

【陕县“万名干部进农家”活动启动】 11 月 30 日，陕县集中开展“万名干部进农家”活动动员大会召开。县委决定从 2011 年 12 月开始，在全县范围内集中开展“万名干部进农家”活动，该项活动到 2012 年 6 月底结束，“七一”以后转入经常化。活动的主要任务是：宣传政策形势，凝聚科学发展合力；深入调查研究，解决群众实际问题；转变干部作风，增强为民服务意识。开展“万名干部进农家”活动，是加快陕县经济发展，实现“十二五”时期发展目标的客观需要；是锻炼干部队伍，加强领导班子建设的难得机遇；是落实党的农村政策，推进农村和谐稳定的重要举措。会议宣读了《关于集中开展“万名干部进农家”活动的实施方案》。

【国家巩固退耕还林成果工作督导组到陕县】 12 月 3 日至 4 日，国家巩固退耕还林成果工作第 7 督导组组长丁雁在省发改委副巡视员张良林陪同下，到陕县督导巩固退耕还林成果工作。督导组一行先后实地察看了张汴乡张汴村的退耕还林农户生态移民项目和西张村镇窑头村农村新型能源利用项目建设情况。陕县 2008 年至 2010 年，累计投资 5 759 万元，完成基本口粮田 745 公顷，修建农村户用沼气池2 033座，安装太阳能热水器3 477台，发放节柴灶 1 688台，培训退耕农民14 641人，实施搬迁安置 228 户 986 人，发展后续产业 2 284.2公顷，完成补植补造3 372公顷。

【陕县城乡居民喜领养老金】 12 月 1 日，陕县城乡居民社会养老保险金首发仪式在大营镇辛店村举行。辛店村 42 位 60 岁以上农民领到了养老金。省人力资源和社会保障厅党组成员、省社会养老保险事业管理局局长刘文明，市、县领导赵中生等出席发放仪式。

【副省长徐济超到陕县调研职业教育工作】 12 月 14 日，河南省副省长徐济超带领省直相关部门负责人到陕县，就职业教育工作进行专题调研。陕县大力实施“科教兴县”战略，始终坚持把教育作为最大的民生工程来狠抓落实，教育基础设施日臻完善，教师队伍建设不断加强，教育教学质量逐年提升。在推进职业教育发展方面，按照抓职业教育就是抓经济、抓就业、抓扶贫、抓投资环境、抓产业竞争力的思想观念，不断加大职业教育投入，扩大职业教育办学规模，职业教育服务县域经济的能力得到有效提升，2008 年被省政府确定为“职业教育强县”。陕县中专属省级示范性中等职业学校、河南省首批县级骨干职教中心，2010 年被教育部评定为国家级重点职业学校。当天，徐济超一行先后察看了陕县中专和在建的职业教育中心。在中专实训楼，徐济超饶有兴趣地观看了师生们正在开展的机械加工操作、维修实践课，了解学校专业设置、学生就业等情况，并现场听取了教育相关负责人关于陕县职业教育教学和学校工作开展情况汇报。随后，察看了职业教育中心施工情况，同时，就如何完善相关配套功能，协调抓好软件硬件建设等与在场工作人员进行了交流。

【陕县组团参加三门峡(北京)市情说明会】 12 月 15 日至 16 日，由三门峡市委、市政府主办的“三门峡(北京)市情说明会”在北京隆重举行。在多次沟通洽谈最终达成一致的基础上，陕县分别与北京爱英斯集团和宝明矿业有限责任公司就特色有机生态农业及特色休闲旅游园区建设项目、30 万吨高端矿泉水饮料生产及矿温泉主题文化广场建设项目签订了投资协议书。项目建成后将对陕县加快经济发展方式转变，全面实施“一个中心任务、五大战略定位”，起到积极的推动作用。陕县此次发布招商项目 110 个，洽谈项目 7 个，签约项目 2 个，总投资 28.5 亿元。

【河南海洋化纤集团浆粕易地改建项目成功签约】 12 月 15 日，陕县政府与河南海洋化纤集团浆粕易地改建项目协议签字仪式举行。河南海洋化纤集团有限责任公司所属河南威尔特化纤有限公司，位于陕县大营镇吕家崖村。按照陕县城市规划及功能布局要求，该公司需易地改建。改建项目固定资产总投资 30 亿元，项目建设分为 2 期实施，全部项目建成投产后，年销售收入可达 35 亿元，实现利税 6 亿元。河南海洋化纤有限责任公司异地改建项目，是陕县的一项重点建设项目，也是陕县加快产业结构调整、加快发展方式转变的一个重大项目。

表5

2011年陕县各乡(镇)基本情况

乡(镇)	户籍总人口(人)	粮食总产量(吨)	油料总产量(吨)	棉花总产量(吨)	肉类总产量(吨)	烟叶总产量(吨)	水果总产量(吨)	大牲畜存栏(头)	生猪存栏(头)	山绵羊存栏(只)	耕地(公顷)	财政一般预算收入(万元)	财政一般预算支出(万元)	农民人均纯收入(元)	党委书记	乡(镇)长
大营镇	33 957	11 755	99	65	1 551	—	41 826	2 340	8 770	5 996	1 110.06	3 409	1 390	6 890	张坤士	杜占雄
原店镇	31 288	1 507	—	—	722	—	11 496	2 907	4 971	2 990	580.48	3 585	1 114	6 241	李邦宏	杨赞云
西张村镇	55 372	11 582	—	7	1 928	112	131 001	5 227	16 850	4 495	3 922.29	1 157	1 949	7 536	李建龙	赵　勇
观音堂镇	37 704	12 752	380	—	1 637	846	1 228	18 143	13 231	12 760	3 002.56	3 348	1 534	5 685	贺清平	赵振华
张汴乡	12 843	5 854	—	—	636	50	85 910	3 027	5 427	3 207	2 259.5	894	805	5 150	王庙鱼	秦建泽
张湾乡	26 029	6 183	185	53	594	—	55 882	6 108	4 296	3 652	1 529.69	1 063	1 007	5 932	苏万军	詹建民
菜园乡	37 296	10 208	138	28	1 625	709	125 727	11 728	13 490	8 000	5 099.28	1 111	1 494	5 295	崔道章	孙莉松
张茅乡	20 999	8 959	165	17	786	172	3 328	12 302	9 970	6 296	2656.52	1 285	973	6 499	李建强	刘　博
王家后乡	18 587	6 149	243	4	545	280	2 070	17 929	13 636	6 430	3 185.39	5 954	1 733	6 210	赵　鹏	张宏俭
硖石乡	12 968	3 752	270	6	731	—	1 275	5 845	6 210	3 850	1 990.91	1 550	812	5 638	李　洋	尚　捷
西李村乡	24 534	14 540	933	10	764	960	1 000	6 880	12 529	6 290	5 297.55	1 148	1 213	5 860	张海岩	詹建民(4月离任) 孟繁昌(4月任)
宫前乡	14 998	12 364	456	—	1 804	1 140	1 121	22 605	7 331	7 432	4 424.45	984	1 062	5 600	李百军	李金萍
店子乡	4 128	1 600	57	—	555	397	156	8 473	3 319	5 378	805.67	292	455	5 401	郭海阳	刘　阳
其　他	—	—	—	—	—	—	—	—	—	—	—	—	—	—	—	—
总　数	330 793	107 205	2 926	190	13 878	4 666	462 020	123 514	120 030	76 776	35 864.35	25 780	15 541	77 937	—	—

（张素娥　齐　璐）

灵宝市

【概况】 2011 年,灵宝市委、市政府团结带领全市人民,坚持以科学发展观为指导,牢牢把握"四个重在"实践要领、"四个基层"要求,着力以加快领导方式转变带动发展方式转变,开拓进取,扎实工作,全力以赴调结构、促转型、强基础、惠民生,全市经济、政治、文化、社会及生态文明建设、党的建设继续保持了"十一五"以来的好态势、好趋势,顺利实现了"十二五"发展的良好开局。

县域经济平稳较快增长,综合经济实力大幅提升。当年,灵宝市完成地区生产总值 387.8 亿元,增长 12%;全社会固定资产投资 199.7 亿元,增长 24%;地方财政一般预算收入 10.62 亿元,增长 18%;农民人均纯收入 7 476 元,增长 11.1%。各项主要指标普遍好于预期,在"十一五"期间较高基数上继续保持了平稳较快增长。全市县域经济社会发展综合评价排名由全省第 20 位前移到第 10 位。

产业集聚区、项目建设取得显著成效,支撑带动作用更加凸显。当年,灵宝市委、市政府坚持工业项目、基础设施项目、三产服务项目并重,持续深化项目建设年活动,全市新上、续建固定资产投资在 3 000 万元以上重点项目 82 个,其中亿元以上项目 51 个,当年完成投资 86.1 亿元,占年计划的 107.9%,重点项目开工率、完成投资额、建成个数以及联审联批工作均居三门峡市前列。坚持"引进来"与"走出去"相结合,先后引入中国闽商投资集团、深圳台湾投资考察团和东欧及非洲 15 国考察访问团到灵宝实地考察洽谈,组团参加了 8 次大型招商活动,先后与国电河南电力公司、中航工业集团公司、北京矿冶研究总院等大型企业集团、科研院所签署战略合作协议。全年共签约对外合作项目 21 个,总金额 177.63 亿元;全年利用省外资金 35.8 亿元,外商直接投资 7 600 万美元;实现出口创汇 5 133.6 万美元。坚持把产业集聚区建设作为一号工程,加大财政投入力度,加强市场化融资,引导鼓励项目、技术、人才和资金向产业园区集聚。两大产业园区全年完成投资 42 亿元,新入驻项目 8 个,总数达到 64 家,实现税收8 242万元,进入全省前 50 强。

产业结构调整持续深化,资源城市转型取得新进展。工业转型全面提速。当年,灵宝市委、市政府坚持"做大、拉长、育新"并举,依托两大新型工业基地,积极实施项目带动和品牌战略,区内资源探采与区外资源开发取得重大突破,黄金股份公司废渣利用、金源股份公司低品位金矿石规模生产、景源公司万吨果酒等一批具有重大拉动作用的产业项目建成投产,金源股份、黄金股份上市工作进入上市辅导期;景源果业公司被列入河南省"双百计划"重点企业,传统优势产业基地化、品牌化、集团化趋势更加明显。围绕装备制造、生物制药、新能源等重点领域,积极实施金尧电站装备制造、孟成生物药业色氨酸、锦程公司风电塔筒制造等非资源型项目,新型接续产业稳步发展。全年规模以上工业完成增加值 251.1 亿元,增长 15%;实现利税 158 亿元、利润 150 亿元,分别增长 44.5% 和 44%。现代农业发展水平明显提升。年内,财政补贴 655 万元,新发展果树3 433公顷、核桃 400 公顷、大枣1 000公顷。被确定为国家级出口苹果质量安全示范区、中国优质果品基地十强县市。新发展食用菌规模化生产基地 13 个,规模达到5 200 万袋,被评为全国食用菌文化产业建设先进县市。大力推进农业产业化、标准化、信息化建设,全市农业龙头企业总数达到 60 家,农民专业合作社发展到 130 家,创建国家级农业标准化示范区 4 个、省级示范区 5 个、三门峡市级示范区 13 个,建设三门峡市农业标准化示范乡镇 11 个,被确定为省级农业标准化示范市。加快发展劳务经济和农村二、三产业,全年转移农村富余劳动力 11.8 万人次,实现劳务收入 8.1 亿元。实施重点水利工程项目 25 个,完成投资 1.78 亿元,窄口水库除险加固工程全面完成,白虎潭水库、窄口灌区节水续建等重点水利工程扎实推进,新增有效灌溉面积 800 公顷、旱涝保收田 800 公顷。围绕创建国家森林城市目标,加强林业生态建设,创建林业生态乡镇 13 个、生态村 114 个,林业生态建设及林改工作走在三门峡市前列。大旅游、大商贸战略初见成效。函谷关景区扩建提升工程累计完成投资 2.88 亿元,百万平方米的太极圣湖、以老子圣像为主题的老子广场等标志性工程先后竣工,一、二期工程建成并对游人开放。累计引入的 16 个现代商业项目,完成投资 19.08 亿元,中心商业区、建材商贸城、

6 月 9 日,河南金尧电站装备制造项目奠基仪式举行

汽车商贸城、购丰仓储批零商城全面启动运营,带动实施房地产开发项目8个,总投资达18.82亿元,大商贸、大流通格局逐步形成。

城市综合承载力和人居环境显著改善,城乡统筹发展迈出新步伐。城市重点工程建设强力推进,全年投资4.91亿元,实施城市重点工程91项,文化活动中心全面建成投用,市区天宝路、解放北路等5条道路顺利竣工,市区金水景观桥等配套设施建设和17项绿化亮化工程全部完工;总投资2.1亿元的开元大道建成通车,城市北出口更加通畅;市区长安路、富士路、车站路等改造工程顺利竣工通车,断密涧河和弘农涧河市区段治理工程累计完成投资1.57亿元,城市功能日趋完善,品位不断提升,现代化气息更加凸显。城市西区建设进展顺利,修编完成1平方公里核心区、1.4平方公里农副产品加工园区的详细规划和路网、管网等专项规划;汽车客运站及"一横三纵"路网基本成形,全面拉开了城市西区起步区基本框架。小城镇和新型农村社区建设不断加快,当年规划的25个示范社区全部开工建设,全年完成投资2.48亿元,建成农民新居2 010套。

社会事业全面进步,人民群众得到更多实惠。以省、三门峡市及灵宝市确定的为群众办实事项目为重点,倾斜资金投入,一些事关民生的大事难事取得重大进展。全面落实各项惠民政策,财政用在与人民群众生活直接相关的教育、医疗、卫生、社会保障、文化建设等方面的民生支出达8.8亿元,占财政支出的半数以上,广大群众更多享受到了改革发展成果。积极推进保障性住房建设,第3期300套廉租房竣工并分配到位,300套公租房、300套经济适用房建设进展顺利。大力发展科教文卫等社会事业,新建、改建寄宿制学校37所,实验二中、技工学校西校区、市医院病房楼等实事项目进展顺利;新建规范化村级卫生所116所、标准化社区服务中心16家。加强市、乡、村三级公共文化服务体系建设,被评为全国民间文化艺术之乡。全年实施科技计划项目15个,全市博士后科研工作站、省级院士工作站、省级工程技术研究中心达到6个,省级企业技术中心达到7个,被评为全国科技进步先进市、全国科普示范市。加强食品药品安全监管,严厉查处打击非法食品添加剂行为,确保了群众吃的放心、用的安心。落实人口和计划生育"三到位"政策,统筹解决人口问题,人口计生工作走在全省前列。强化国土资源管理,加大耕地保护和土地节约集约利用,保持了耕地占补平衡;推进第二轮资源整合,实施矿产资源整装勘查、矿山地质环境治理,通过了全国国土资源节约集约模范县市检查验收。扎实开展重金属污染综合整治、重点流域水环境综合整治以及砂石厂取缔整顿活动,辖区环境质量持续改善。加大重点行业、领域安全监管,严厉打击非法违法生产行为,着力推进数字化矿山和安全生产标准化建设,夯实安全生产基础,安全生产形势持续稳定。高度重视社会管理创新工作,投资890万元,高标准建设了17个乡(镇)、管委会社会管理服务中心,社会管理创新工作走在三门峡市前列。加强社会治安防控体系建设,严厉打击各类违法犯罪活动,"清网行动"成效明显,人民群众安全指数大幅提升,全市和谐稳定。

【"金中皇"商标被省工商行政管理局认定为河南省著名商标】 2月9日,省工商行政管理局公布了2010年新认定的河南省著名商标名单。河南金中皇珠宝股份有限公司"金中皇"商标作为灵宝市唯一的国有珠宝加工企业商标成功入选。金中皇公司是中西部地区规模最大的国有控股金银饰品礼品生产加工企业,开发有时尚饰品、绿色保健金银礼品、珍藏纪念礼品、特色旅游产品、珠宝镶嵌等5大系列产品,款式上千余种。

【金源矿业有限责任公司2个亿元项目开工奠基】 3月17日,灵宝市金源矿业有限责任公司12万吨粉状磷铵工程在晨光公司硫磷分厂开工奠基。工程总投资1.3亿元,采用"中和料浆浓缩法"生产工艺,建成后,年可生产粉状磷铵12万吨,新增工业产值3亿元、利税3 800万元。4月2日,灵宝市金源矿业有限责任公司年产1万吨压延铜箔项目在城东产业集聚区开工奠基。项目主要利用现有的标准铜锭,加工生产压延铜箔,预计总投资15亿元,分3期实施,项目达产后,年可生产压延铜箔1万吨,实现销售收入15.7亿元,实现利税4.06亿元。

【函谷关景区老子圣像落成】 3月18日,函谷关历史文化旅游风景区老子圣像落成并举行揭彩仪式。全国人大农业与农村委员会委员、河南省老子学会会长、省人大常委会原党组副书记、副主任王明义,省人大常委会原副主任郑增茂、亢崇仁,三门峡市委书记李文慧,市委副书记、市长杨树平,市人大常委会主任赵继祥,市政协主席郭秀荣及灵宝市主要领导等出席揭彩仪式。老子圣像由西安建筑科技大学雕塑学院设计,总投资2 588万元,圣像总高28米,底座高4米。雕塑为紫铜锻造,外贴金箔,总重60吨。

【三门峡市大交通项目建设工作表彰暨现场推进会在灵宝召开】 3月31日,三门峡市大交通项目建设工作表彰暨现场推进会在灵宝召开。三门峡市大交通项目在灵宝市有3项:三淅高速公路项目涉及5个乡(镇)32个行政村,境内全长39.3公里;连霍高速改扩建项目涉及6个乡镇35个行政村,境内全长60.886公里;三门峡至灵宝快速通道项目涉及2个乡(镇)6个行政村,境内全长8.27公里。会议传达了三门峡市人民政府《关于对市交通运输局和河南弘农高速公路有限公司等单位的嘉奖令》和《关于表彰2010年度全市大交通项目建设和农村公路"好路杯"竞赛活动先进单位和先进个人的决定》,与会人员还先后到连霍高速公路改扩建18标段老马谢河大桥工地、三灵快速通道好阳河大桥工地、三淅高速公路1标段建

1月23日,2011年"情满灵宝"春节文艺晚会在灵宝市体育馆举行

设工地、三灵快速通道4标段建设工地,了解全市大交通重点项目进展情况、存在的困难和问题,现场研究解决办法。弘卢公司、灵宝市、三门峡产业集聚区管委会分别在会上作了典型发言。

【阳平镇年产200台风电设备项目在城东产业集聚区开工奠基】 4月2日,灵宝市阳平镇年产200台风电设备项目在城东产业集聚区开工奠基。该项目计划总投资1.6亿元,其中固定资产投资1.26亿元,流动资金3 400万元,分两期建设。设计年加工生产风力发电机塔筒、压力溶器等设备200台,可实现产值2.4亿元,利税3 200万元,并可安排200人的就业岗位。

【资源枯竭型城市转型工作专家评估组到灵宝调研】 4月2日,以北京师范大学教授、博士生导师吴殿廷为组长的资源枯竭型城市转型工作专家评估组到灵宝市调研。评估组一行先后考察了函谷关历史文化旅游区扩建工程项目、城市西出口建材市场安居工程、金源晨光化工公司、华鑫铜箔公司、景源果业和金源桐辉公司。评估会上,与会人员认真观看了灵宝市转型工作专题片并听取了灵宝市资源枯竭型城市经济转型有关情况汇报。通过参观考察和听取汇报,评估组一致认为,灵宝市转型工作措施得力,成效显著,接续替代产业逐步壮大,就业和社会保障能力得到明显提高,生态环境日益改善,转型已达到了评估的基本要求。

【国务院12部委资源整合工作检查验收组到灵宝检查工作】 4月10日至11日,国务院12部委资源整合工作检查验收组到灵宝市检查工作。验收组一行参观了挂牌督办矿区小秦岭东部金矿整合区、金源矿业公司金源二矿、多金属综合回收千吨选厂、矿区新农村建设示范村大湖新村、大湖滑坡体治理工程和资源整合先进企业金源矿业公司桐沟金矿选厂,听取了三门峡市和灵宝市矿产资源开发整合情况汇报,对三门峡和灵宝市矿产资源开发整合工作给予充分肯定。

【黄金股份有限公司国内A股上市工作正式启动】 4月13日,灵宝黄金股份有限公司国内A股上市工作会议在紫金宫国际大酒店召开,标志着此项工作正式启动。会上,中信证券、嘉源律师、中勤会计等中介机构领导和专家介绍了上市前期工作开展情况和以后的工作任务。

【故县镇金帝石墨综合开发项目一期工程建成】 5月11日,灵宝市故县镇金帝石墨综合开发项目一期工程建成试产。该项目位于故县镇薛家营村南,占地3公顷,利用原石墨矿旧址,计划投资2亿元,新上年产6 000吨石墨粉生产线、年产2 000吨高纯高碳石墨生产线、年产3 000吨球形石墨生产线和年产1 500吨石墨卷材生产线各1条。一期工程投资6 300万元,年产石墨粉6 000吨,可安排就业人员100余人。

【豫灵产业集聚区4个项目开工奠基】 5月18日,豫灵产业集聚区4个项目开工并举行奠基仪式。4个项目分别是:河南浦能科技有限公司年产5万吨电池极板及1 500万只动力蓄电池项目,总投资8亿元,生产工艺采用国内最先进的固化、铅炭膏涂板、铸焊、酸循环化成绿色环保工序;灵宝市华康实业有限公司年产300吨黄姜皂素项目,由陕西省商州客商柯贤银和湖北客商陈登华联合投资兴建,总投资1.2亿元,项目建成后,年可生产黄姜皂素300吨、黄姜淀粉3 600吨,可实现销售收入1.1亿元,利税1 900万元,安排200余人就业;中京燃气公司天然气利用项目,由中国油气投资控股有限公司筹建,总投资1.6亿元,主要为豫灵产业集聚区生产、输配、供应和销售天然气,并提供设计、安装、建设、经营等配套服务;灵宝市汇鑫矿业万吨硫酸锌项目,由豫灵镇吴村经济能人韩存孝投资兴建,总投资4 000万元,项目投产后,年可实现产值6 000余万元,利税800万元,安排180余人就业。

【城关镇万象新城(三村市场)项目暨五龙村安居工程开工】 6月9日,城关镇万象新城(三村市场)项目暨五龙村安居工程开工。该项目占地13.47公顷,投资10亿元,集商住、村民安居、门面经营为一体,规划建设高层、小高层、多层次建筑35幢,总建筑面积达48万平方米,是灵宝市最大的房地产开发项目。项目建成后,可提供住宅面积31万平方米,写字楼2万平方米,商业用房6万平方米,同时为五龙村居住困难村民及大龄青年解决用房130套,并为五龙、北田、南田3个村无偿提供门面房202万平方米。项目设计工期3年,其中启动区二地块10幢建筑楼房,将于年底完工,2012年6月投入使用。

【函谷关古镇暨天下杨家文化产业园开发项目签约】 6月15日,函谷关古镇暨天下杨家文化产业园开发项目签约仪式在陕县金泉宾馆举行。美中经贸科技促进总会主席杨功德、副主席杨嘉琪,三门峡市委副书记、市长赵海燕,市委常委、市委秘书长赵中生等出席签约仪式。该项目位于函谷关历史文化旅游区南侧,老灵函路以西,开元大道以东,店头村以南,镇前道路以北,占地108公顷,签约总投资50亿元,由商业服务区、高档住宅区、文化娱乐休闲区三部分组成。该项目签约,进一步加大了该地区改革开放力度,带来了促进开放的机遇,为区域经济发展赋予了新的生机和活力。

【宁夏军区给水团抗旱打井工程竣工】 7月3日,灵宝市在五亩乡举行宁夏军区给水团抗旱打井胜利竣工欢送仪式。2月22日,奉中央军委命令,宁夏军区给水团到灵宝市执行抗旱打井任务,经过4个多月的艰苦奋战,共打井24眼,总进尺5 682米,日出水量2.38万立方米,解决了3.18万人吃水和200公顷农田灌溉问题,圆满完成了任务,为灵宝市农业生产和新农村建设作出了积极贡献。

【灵宝市热电联产项目签约】 8月2日,灵宝市人民政府与河南电力有限公司热电联产项目签约并在三门峡大鹏国际酒店举行签约仪式。国电河南电力有限公司总经理朱国庆,副总经理皮青兰,三门峡市委书记杨树平,市委副书记、市长赵海燕,市委常委、市委秘书长赵中生及灵宝市主要领导等出席签约仪式。2×30万千瓦热电项目总投资30亿元,国电河南电力有限公司将控股51%。项目建成后,将实现集中供热,灵宝市区现有的140多台小锅炉将全部拆除,年可减少标准煤消耗32万吨,减少二氧化硫排放量950吨,使城市空气环境质量得到根本改善,对灵宝市建设环境友好型城市起到极大的促进作用。

8月2日,灵宝市人民政府与国电河南电力有限公司签约

【灵宝市鸿宇电子有限责任公司年产800万平方米环保型覆铜板项目奠基】 8月17日,灵宝市鸿宇电子有限责任公司年产800万平方米环保型覆铜板项目在城东产业集聚区奠基。该项目占地4.13公顷,总投资2.4亿元,分两期建设,其中一期投资1.5亿元,建设周期一年半,年产环保型覆铜板400万平方米,二期建设周期一年,投资9 000万元。项目是依托灵宝市高档铜箔产品建设的技术更先进、附加值更高的环保节能型高科技项目,具有良好的经济效益、社会效益和环境效益,项目的建设,对灵宝市进一步拉长铜产业链,打造全国重要的有色金属精深加工基地,推动经济转型升级具有重要意义;对加快城东产业集聚区发展,建设高层次、高水平的产业园区具有重要的带动作用。

【灵宝市凯乐商贸有限责任公司年产30万吨苏打水和彩印改扩建项目开工建设】 8月17日,灵宝市凯乐商贸有限责任公司年产30万吨苏打水和彩印改扩建项目在西阎乡城西产业园开工建设。项目位于西阎乡雷家营村,灵宝城市西区境内,紧邻310国道和郑西高铁灵宝西站,占地4.67公顷,计划总投资8 500万元,其中苏打水项目一期工程投资3 500万元,彩印改扩建项目投资3 000万元,其他配套设施投资1 800万元。年产30万吨苏打水一期项目建成后,年可实现销售收入3.6亿元、利税5 000余万元,可提供160个就业岗位;彩印包装改扩建项目建成后,年可实现销售收入5 000余万元、利税1 500余万元,提供就业岗位150个。

【灵宝市3项目在全国农产品加工业投资贸易洽谈会上签约】 9月6日至8日,由农业部、河南省人民政府联合主办的2011年全国农产品加工业投资贸易洽谈会在驻马店市举行,灵宝市景源果业有限责任公司、远村天然食品有限责任公司、沙大宝果蔬有限责任公司、中普农业科技有限责任公司、河南振宇食品有限责任公司、鑫源果业有限责任公司、信达果业有限责任公司、玉瑞生物科技有限责任公司8家企业组团参加了会议,共60余个品种入会参展。洽谈会上,灵宝市共成功签约项目3个,项目资金1.12亿元。其中,鑫源果业有限责任公司与西安鑫帝国际贸易有限责任公司签订年产2万吨浓缩梨汁及脱色果糖技改项目,引进资金4 200万元;信达果业有限责任公司与香港华贝特有限责任公司签订了生态园建设项目,引进资金5 000万元;玉瑞生物科技有限责任公司与国家大豆工程中心吉林分中心签订的大豆复合功能因子在含乳饮料的应用技术研究成果转化项目,引进资金2 000万元。

【灵宝市在第2届中国郑州产业转移系列对接活动中收获颇丰】 11月12日,由工业和信息化部、河南省政府共同主办的第2届中国郑州产业转移系列对接活动在郑东新区国际会展中心轩辕堂举行。会议期间,灵宝市共发布重大产业转移合作项目30个,共签约涉及有色金属开发和利用、农副产品深加工、装备制造、电子信息、新材料、生物制药等项目6个,合同金额达15亿元。

【灵宝市获"中国优质果品基地十强县(市)"殊荣】 在11月15日召开的中国果蔬产业品牌论坛暨名优果蔬宣传会上,灵宝市荣获"中国优质果品基地十强县(市)"称号,受到隆重表彰。灵宝市果品面积达666.66公顷,已建成标准化生产示范区11个、示范村17个、示范园67个,其中国家苹果标准果园4个。注册有"灵宝苹果地理标志证明商标"、"岭宝"牌、"寺河山"牌等著名商标,产品销往中亚、俄罗斯、东南亚等国家和地区,年出口苹果3万吨,创汇2 400万美元。苹果产业的发展带动了贮藏、包装、运输、农资供应、果胶制造、纤维板和香菇生产等相关产业的蓬勃发展,年增加收入6亿元。

【普华能源公司"自动调整控制供给器"进入省工业节能产品行列】 11月,省工业和信息化厅、科技厅、财政厅联合组织开展了河南省工业节能产品议定工作。经评审、公示,共确定河南省日立信股份有限公司等第一批36个企业67个产品为河南省工业节能产品,并向社会予以公布。灵宝市普华能源有限责任公司潜心研制的"高效节能环保内燃机燃料自动调整控制供给器"名列其中,这是三门峡地区唯一一种产品进入此行列。

【《灵宝市资源枯竭城市转型规划》获省政府批复】 11月,《灵宝市资源枯竭城市转型规划(2009~2020年)》获省政府批复,标志着灵宝市资源枯竭城市转型工作进入了一个新的发展阶段。该规划由北京师范大学资源学院专家组编制,3月上报省政府。灵宝市2009年3月被确定为全国第2批资源枯竭城市,至2011年11月,获得国家扶持资金3.8亿元。

【灵宝市8件作品获三门峡"五个一"工程奖】 11月,三门峡市精神文明建设"五个一工程"奖评选揭晓,灵宝市共有8件作品获奖,分别是:由田安邦、张建华编导,市蒲剧团演出的《山村情》获戏剧类二等奖;由石顺义作词、张世博作曲,世博乐坊制作的民歌《中华一家亲》获歌曲类一等奖;由屈松林作词、蔡谦作曲的通俗歌曲《故乡梦弯弯》获歌曲类三等奖;石淑芳的《山女的世界下着雨》、李超明的《芳洲拾翠》分获图书类二等奖;张增有的《敬礼,妈妈》、王水宽的《父亲的紫砂壶》和李亚民的《花开之声》获图书类三等奖。

【灵宝—卢氏矿集区列入国家首批矿产资源综合利用示范基地】 11月,由灵宝金源矿业股份有限公司、灵宝黄金股份有限公司、中国黄金集团中原矿业有限公司共同承建的"河南灵宝—卢氏"矿集区金银多金属资源综合利用示范基地,被列为国家首批40家矿产资源综合利用示范基地。灵宝—卢氏矿集区金银多金属资源综合利用示范基地共有3类示范项目:低品位金矿石多金属资源综合利用项目、硫铁矿石(包括褐铁矿)多金属资源综合利用及废渣磁化选铁项目、钼矿石钨铁资源综合利用项目。前两类项目在灵宝市境内,后一类项目在卢氏县境内。此次确立的灵宝—卢氏矿集区金银多金属资源综合利用示范基地,主要矿石种类有低品位金矿石,铜矿石、钼矿石、硫铁矿(褐铁矿)石,通过示范基地建设,将充分利用低品位金矿石,提高资源供给能力,完善生产工艺,综合回收多金属资源,并采用先进的采选冶技术,提高资源利用率,延长矿山服务年限。

【北京矿冶总院、光大基金与灵宝市铅冶炼企业签订战略合作框架协议】 12月2日至4日,北京矿冶研究总院院长蒋开喜,光大股权投资基金管理(天津)有限责任公司总裁段学峰一行到灵宝市考察,并与灵宝市政府、新凌铅业、鑫华铅业、志成铅业签订了战略合作框架协议。矿冶总院是隶属于国务院国有资产监督管理委员会管理的中央企业,是以金属矿产资源综合开发利用为核心主业的规模最大的综合研究与设计机构,具有国内领先的铅冶炼技术和环保技术。光大基金是中国光大投资管理公司控股的基金管理公司,主要致力受托管理股权投资基金,具有金融优势。合作框架协议签约后,矿冶总院、光大基金将对新凌铅业、鑫华铅业、志成铅业3家企业在内的全市铅冶炼行业进行整合重组和控股,3家企业整合后成为1家综合性的铅冶炼企业集团,新的集团公司将按照国务院国资委国有控股企业的相关要求进行管理,并争取在3年至5年内上市。

【《灵宝市重金属污染综合防治"十二五"规划》通过省评审】 12月16日,省环保厅组织污控处、规财处、环境监察总队等业务部门负责人和省环境评估中心、省冶金研究所、河南农业大学等专家在郑州召开《灵宝市重金属污染综合防治"十二五"规划》技术评审会,与会人员一致同意规划通过评审,并提出具体修改建议。2月,国务院《重金属污染综合防治"十二五"规划》颁布实施,灵宝市被确定为国家重金属污染防控的138个重点区域之一,也是河南省11个重点防控区之一。《灵宝市重金属污染综合防治"十二五"规划》由郑州大学综合设计研究院编制,以2007年为基准年,对灵宝市以后5年重金属污染防治工作提出明确指导意见,确定重金属污染综合防治6大任务,7大类164个项目,估算总投资12亿元以上,通过对重点区域、重点流域、重点行业、重点企业的环境污染综合整治,彻底遏制灵宝重金属污染形势,改善辖区环境。

(张林红)

2011年灵宝市各乡(镇)基本情况

表6

乡(镇)	总人口(人)	粮食总产量(吨)	棉花总产量(吨)	油料总产量(吨)	烟叶总产量(吨)	肉类总产量(吨)	水果总产量(吨)	大牲畜存栏(头)	生猪存栏(头)	山绵羊存栏(只)	农业总产值(万元)	农村工业总产值(万元)	乡级财政收入(万元)	农民人均纯收入(元)	党委书记(主任)	乡(镇)长
城关镇	2 168	2 504	—	—	—	316	3 661	617	2 276	1 158	5 500	514 613	4 069	6 920	张飞虎	朱健春
尹庄镇	13 264	10 649	80	136	—	2 503	41 600	1 825	25 939	1 158	24 000	500 000	5 948	8 213	刘景明	郭辉平
朱阳镇	13 192	22 489	—	24	4 776	1 147	85 607	15 170	9 021	12 474	41 514	483 106	3 260	8 803	彭占玉	张照祥
阳平镇	20 416	22 603	134	1 762	—	2 372	134 659	8 580	22 744	4 609	57 000	1 208 000	3 405.9	7 720	苏占谋	张生亚
故县镇	11 223	16 407	75	797	321	1 780	72 745	2 931	24 375	1 604	21 000	92 600	3 424	7 692	杨　杰	解建增
豫灵镇	14 353	24 177	83	871	—	1 358	69 857	4 588	11 588	6 171	39 000	1 950 000	6 091	7 813	赵铁安	许志忠
大王镇	68 490	19 881	103	481	—	640	71 680	1 439	9 316	6 946	67 000	128 022	443	7 786	杨东克	倪卫波
阳店镇	17 202	20 173	134	143	—	1 761	97 627	1 674	25 817	2 569	41 000	—	621	7 050	郭仙朋	毋军杰
函谷关镇	7 900	7 403	10	239	—	983	54 753	1 237	10 032	1 899	14 000	11 600	760	6 450	李军民	张建霞
焦村镇	17 192	12 332	74	1 109	—	2 417	112 273	617	25 364	4 465	60 999	199 001	577	7 321	王仙层(11月任)	王仙层(11月离任)
川口乡	7 699	10 837	15	92	361	892	51 685	640	7 835	4 539	15 000	50 000	848	5 348	李文军	王胜民
寺河乡	2 635	1 488	—	—	—	996	51 619	5 122	3 667	2 771	12 000	23 176	131	6 350	张　磊	张　灿
苏村乡	7 439	10 592	11	—	1 455	1 049	74 901	10 798	5 213	11 260	11 500	50 581	1 066	5 900	刘仙妮	赵松涛
五亩乡	10 956	10 676	12	96	2 230	1 233	71 133	10 472	5 202	11 791	24 300	280 300	1 212.5	6 790	尚东旭	王　博
西阎乡	14 819	17 469	513	1 380	—	1 283	78 811	1 194	7 847	6 296	33 000	200 000	711	6 495	焦林林	史恩飞
涧东区	24 981	419	1	6	—	—	759	—	—	—	—	—	—	—	崔勋凤	—
涧西区	17 537	189	—	—	—	—	151	—	—	—	—	—	—	—	黄宝鸿	—

（张林红）

卢氏县

【概况】 2011年,卢氏县委、县政府团结和带领全县人民,深入贯彻落实科学发展观,坚持"四个重在"实践要领,紧紧围绕建设富裕开放和谐新卢氏的奋斗目标,大力实施"旅游业兴县、工矿业强县、产业化富民"发展战略,努力扩张经济总量,全力加快经济转型,全面保障改善民生,促进社会和谐稳定,圆满完成了县十二届人大一次会议确定的各项目标任务。全县经济社会快速健康发展。全县地区生产总值53.7亿元,增长22.6%;财政一般预算收入3.51亿元,增长24.5%;全社会固定资产投资54.2亿元,增长6.3%;城镇居民人均可支配收入15 120元,增长13.2%;农民人均纯收入4 456元,增长16.6%。各项主要经济指标年均增幅位居省、市前列。

项目建设取得重大进展。总投资219.7亿元的102个重点项目中,81个续建、新建项目累计完成投资57.9亿元。16个市定重点项目累计完成投资28.8亿元。一批大型工业项目相继落地并加紧建设,旅游文化广场等城建重点项目顺利实施。产业集聚区的基础设施建设全面铺开,有3个新建项目建成投产。完成招商引资15.9亿元,节会招商签约总额150亿元,被评为全市对外开放工作先进县。

特色产业发展有新突破。烟叶实现税收3 754.9万元,公斤均价、上等烟比例均创历史之最;食用菌、中药材、畜牧业、林果业产值,分别达到4.6亿元、2亿元、3.68亿元、2.5亿元;华阳食品公司等5家企业被命名为市级农业龙头企业,农业龙头企业达到12个,3个农产品被认定为国家地理标志产品。实施整村推进村10个,卢氏县被确定为国家新一轮扶贫开发重点县和秦巴山片区连片特困地区重点县之一,农村劳动力转移7万人次。完成林业生态造林任务1.53万公顷,恢复灾毁耕地410公顷。

工业经济质量效益持续提升。全年新上、续建重点工业项目17个,完成投资14.3亿元。新引进了河南投资集团、新华水利水电集团到卢氏县投资,中国黄金集团、中平能化集团投资项目正在建设。游客服务中心投入使用,四星级金色假日酒店、异地新建的卢氏宾馆主体竣工。以金融商贸等为主的服务业快速发展,新设立了三门峡市商业银行卢氏支行,农村信用联社改制成立了农村商业银行;建成了65个农村连锁超市、农家店,完成出口创汇43.89万美元;规模以上工业增加值13.1亿元,增长35%;产业集聚区基础设施日趋完善,入驻的16个项目中建成8个;钼、铁等矿种勘探取得突破,被确定为全国首批矿产资源综合利用示范基地。

旅游开发稳步推进。豫西大峡谷、双龙湾等景区完成了年度升级改造项目,建成了全市首家游客服务中心,以旅游宾馆、农家乐为主的接待服务设施不断完善。2011年,接待游客307.8万人次,旅游综合收入23.4亿元。金融保险、商贸流通、邮电通信、房产开发、交通运输等产业快速发展,第三产业增加值达到19.4亿元,增长13.7%。

基础设施建设快速推进。总投资11.7亿元的城建工程中,莘原西路、文化路南段、游客服务中心、电力调度中心、便民服务中心等完成工程量的50%以上,东城住宅小区125栋商住楼中主体完工115栋。三淅高速卢氏至西峡段、209国道城区段南移及石龙头洛河大桥项目开工建设,途经卢氏县城南下的蒙西至华中铁路正在测设;投资7.2亿元,完成国道209线、省道331线、省道250线等道路改造464.2公里。实现了所有行政村通水泥路,所有乡(镇)有客运站的目标。实施以中西部电网完善为主的农网升级改造工程,年总用电量达到2.4万千瓦时。新建、修复河道堤防8 600米,解决了2.92万人的饮水不安全问题,山洪防御体系进一步完善。21个新型农村住宅社区试点共建房2 483套,搬迁扶贫建房528户。城镇化率提高到27.7%。

社会事业全面进步。通过了国家科技工作先进县复查验收,建立了卢氏鸡、大鲵2家省级繁育技术研究中心。高招本科上线率再创新高,中招考试成绩、小学教育教学质量继续保持全市领先;洛滨幼儿园、特殊教育学校等项目和28所学校的"校安工程"完工,被命名为河南省职业教育强县。完成了官坡、城关等9个乡(镇)综合文化站和248个农家书屋建设任务。县妇幼保健院、五里川中心卫生院等4所医院病房楼扩建、192个村卫生室工程竣工;全面实施了基本药物零差价销售,新农合参合率达99.5%。全县"五保"集中供养率达45%,城镇低保、农村低保分别占城镇人口的8%、农村人口的6%,新型农村社会养老保险参保率90%以上,均高于全市水平。对重度残疾人由财政代缴养老保险金,被评为全省残疾人工作先进县及"十一五"期间全省残疾人工作先进单位。不断加强人口和计生基层基础工作,被命名为全国计划生育优质服务先进县。统计、审计、质监、民族宗教、气象、移民、档案史志、妇女儿童等工作均取得了显著成效。

法制建设得到加强。自觉接受人大的法律监督和政协的民主监督,认真执行人大及其常委会的决议、决定,人大代表建议和议案、政协委员提案办结率、满意率和基本满意率达到100%。顺利完成了第七届村委会换届选举。加快社会管理创新,在各乡(镇)均建立了社会管理服务中心,继续坚持领导接访、信访周会审、领导包案、干部下访、村级干部信访奖励等工作制度,信访秩序进一步规范,各类突发性、群体性事件得到及时有效化解,被评为全省信访工作优秀县。深入推进平安建设,建成了城区科技防控体系一期工程,被评为全省平安建设优秀县和全市平安建设暨社会管理创新先进县;认真搞好各类安全隐患排查整治,安全形势保持稳定;主要河流出境断面水质、城区空气质量均达到上级规定标准。安全生产、环保、土地等社会管理成效显著。

【卢氏县再获"全省平安建设先进县"称号】 1月11日,在全省政法工作会议上,卢氏县再次荣获"全省平安建设先进县"荣誉称号,全省共有23个县获此称号,卢氏县连续2年获此称号。

【卢氏县委获"全省思想政治工作先进单位"称号】 1月19日,中共河南省委(豫文〔2011〕15号)《关于表彰思想政治工作先进单位和优秀思想政治工作者的决定》,授予卢氏县委"全省思想政治工作先进单位"荣誉称号。全省共有99个单位、100个先进个人获得表彰,卢氏县委是全省唯一受到省委表彰的县级党委。

【卢氏县开展茶叶种植试点工作】 3月5日,卢氏县开展茶叶种植试点工作。为确保试点工作取得成功,卢氏县组织林业、农业等部门技术人员和南山7个乡(镇)负责人赴外地考察,聘请茶叶生产工程师对有关人员进行培训;同时从安徽安溪调运“五牛早”“平阳特早”等适生品种,并派14名专业技术人员深入7个试点乡(镇)开展技术培训、指导。至25日,7个试点乡(镇)已完成整地40公顷,栽植茶树17.33公顷,全面完成栽植任务。

【卢氏县风力资源开发项目在北京签约】 3月14日,三门峡经济合作项目推介会在北京世纪金源大饭店举行。推介会共签约经济合作项目9个,投资额103.1亿元。其中卢氏县人民政府与中国水电集团新能源公司就风能资源开发签下15亿元开发协议。

【10亿元石英砂资源开发战略合作协议签订】 3月17日,河南投资集团有限公司与卢氏县人民政府在郑州,就卢氏县杜关石英砂资源开发签订总投资10亿元的战略合作协议。县委书记王振清、县长王战方等县领导出席签约仪式。

【宏基混凝土有限责任公司正式开业】 4月12日,卢氏县产业集聚区入驻企业——宏基混凝土有限责任公司正式开业。该公司主要生产C10~C80标号的系列普通型、高强型和特种型号混凝土,设计年生产商品混凝土能力可达40万立方米,预计年产值1.2亿元,可实现利税1 200余万元。

【卢氏县游客服务中心举行开业庆典仪式】 4月27日,卢氏县游客服务中心举行开业庆典仪式。中心主要功能为游客集散、售票、散客管理、投诉接待、讲解服务、快餐、商务、旅游购物等。

【卢氏县在第17届中国(三门峡)国际黄河旅游节暨投资贸易洽谈会经济合作项目发布及签约仪式上签约60亿元】 在5月19日举行的第17届中国(三门峡)国际黄河旅游节暨投资贸易洽谈会经济合作项目发布及签约仪式上,卢氏县分别与河南新能硅业科技有限公司、天鋆贵金属综合利用有限公司及中国大唐集团三门峡华阳发电有限责任公司签下总额60亿元的投资订单。

【第5届全国双胞胎漂流大赛在卢氏县落下帷幕】 5月22日,第5届全国双胞胎漂流大赛在卢氏县圆满落下帷幕。活动由卢氏县豫西大峡谷景区举办,经3个月的精心筹备和层层选拔,共有来自全国60家旅行社精心推荐的1 000余对双胞胎报名参加,最终有100余对选手进入决赛。5月20日至22日,经决赛共有12对选手分获漂流大赛和才艺大赛的一、二、三等奖。

【卢氏剪纸艺术在第5届中国(深圳)国际文化产业博览交易会上受到海内外人士赞誉】 5月22日,卢氏县民间剪纸艺人廉正义应邀参加了第5届中国(深圳)国际文化产业博览交易会。在交易会上,廉正义独具特色的《二十四孝》《昭君出塞》《西厢记》等20余幅剪纸作品受到海内外人士赞誉,剪纸作品40分钟时间销售一空,单幅作品成交价为2 000元至5 000元人民币,并有海外游客以每幅1 000美元价格预订。

【卢氏县举行“腾飞的卢氏”庆祝建党90周年大型广场红歌会】 6月27日晚,卢氏县在刚刚落成的县生态休闲园——“卢园”广场举行“腾飞的卢氏”庆祝建党90周年大型红歌会。活动由县委、县政府主办,县委宣传部承办,文化广电和新闻出版局协办,是卢氏县规模最宏大的一次活动。整场演出以大型合唱为主,配以歌伴舞,诗歌朗诵等艺术形式,全县60余家单位3 500余人参加了演出,城区观众多达2万人。演出由河南电视台、三门峡电视台、卢氏电视台共同录制,红歌会在《歌唱祖国》歌声中落下帷幕。

【三门峡市商业银行卢氏县支行揭牌仪式隆重举行】 6月28日,三门峡市商业银行卢氏县支行揭牌仪式在卢氏县隆重举行,市县有关领导参加揭牌仪式。该行的成立,标志着三门峡市商业银行县域网点全覆盖的目标提前实现。

【三淅高速灵宝至卢氏段两隧道贯通】 8月8日,三淅高速灵(灵宝)卢(卢氏)段瑶峪隧道贯通。14日,九龙凹隧道贯通。16日,举行瑶峪隧道和九龙凹隧道贯通仪式。承担上述两个隧道建设任务的第8标段和第12标段项目部分别获得河南弘卢高速公路有限公司奖励的30万元和20万元奖金。

【卢氏县双龙湾镇举行揭牌仪式】 8月15日,卢氏县双龙湾镇举行揭牌仪式。卢氏县双龙湾镇原为磨沟口乡,为加快城镇化进程,磨沟口乡大力实施“工矿业强乡、旅游业活乡、产业化富民”战略,有力带动了当地经济发展和农民增收。2010年12月6日,被河南省人民政府批准,撤销卢氏县磨沟口乡,设立双龙湾镇,原辖行政区域和政府驻地不变。

【鸡湾水库合作项目签约】 8月26日,卢氏县政府与豫西新华水利水电投资有限公司举行鸡湾水库合作项目签约仪式。鸡湾水库项目位于卢氏县徐家湾乡干沟村至松木村洛河河段上,水库规划坝高57.1米,规划总库容9 850立方米,装机16 000千瓦,年发电量6 000万千瓦时。项目建设涉及移民人数为1 717人,工程估算投资约8亿元。水库建成后,具有防洪、发电、供水、灌溉、旅游、养殖等多项综合效益。项目建设规划于2008年获国家发改委批准。

【卢氏县城关镇中学新校区落成并投入使用】 9月1日,卢氏县城关镇中学新校落成并投入使用。该校的异地扩建被列入县委、县政府十件实事之一。新校于2009年7月动工,总占地5.13公顷,投资7 759万元,建筑面积3万余平方米,共有教学楼4栋、综合楼1栋、宿舍楼2栋、餐厅服务楼1栋,同时还配备了功能齐全的体音美设施,可容纳2 400余名寄宿生。

【全国第2届水生野生动物保护科普宣传月活动河南启动仪式在卢氏县举行】 9月20日,由河南省农业厅、三门峡市政府主办，省渔政渔船检验监督管理局、三门峡市农业局和卢氏县政府承办的全国第2届水生野生动物保护科普宣传月活动河南启动仪式在卢氏县生态休闲园广场举行。此次宣传月活动的主题是“关爱水生动物，我们在行动”。目的是普及水生野生动物保护知识，宣传水生野生动物保护法律法规，提高全社会的自然保护意识，促进人与自然和谐发展。

【卢氏县农村商业银行正式开业并举行新闻发布会】 9月20日，卢氏县农村商业银行正式开业并举行新闻发布会。《河南日报》《大河报》《三门峡日报》、河南电视台、三门峡电视台、三门峡广播电台等多家省、市媒体应邀参加了新闻发布会。卢氏县农村商业银行是在原卢氏县农村信用合作社基础上改制重组的股份制商业银行，注册资本7 743万元，员工326人，下辖19个支行、7个分理处，营业网点遍布城乡。

【五里川法庭备受社会关注】 10月17日，《河南法制报》刊发了长篇通讯《大山深处他们守护着公平正义》，对卢氏县法院五里川法庭的法官们根植山区、巡回办案的先进事迹进行了报道。报道发出后，引发社会各界关注。省高级人民法院院长张立勇作出批示：“我们需要一大批像五里川法庭里十几年、几十年如一日默默无闻，坚守大山、坚持公平正义的人民法官。要把他们的事迹写进法院报告里。”张立勇院长批示后，卢氏县法院迅速召开会议，号召全院干警以张立勇院长批示为契机，将批示化作推进工作的强大动力，不断完善司法为民、便民、护民、爱民的措施机制，在全院迅速掀起“争先创优”的新高潮，努力实现司法为民工作的新跨越、新崛起。

【电影《汤河浴》在卢氏县取景拍摄】 10月下旬，以卢氏县深厚历史文化为背景的电影《汤河浴》集中在双龙湾镇取景拍摄。《汤河浴》的摄制工作由卢氏县委、县政府牵头，县文广新局配合，河南大象影视制片有限公司拍摄。影片将辗转卢氏县汤河、横涧、双槐树等乡(镇)进行20余天的取景拍摄工作。

【大鲵、鲟鱼繁养基地在卢氏沙河乡揭牌成立】 12日，河南冠云山大鲵繁育有限公司塘沟大鲵鲟鱼繁养三厂在卢氏县沙河乡揭牌成立。厂位于卢氏县沙河乡汤沟村，占地面积1公顷，兴建于2011年3月，一期工程累计投资近100万元，已建成排水、引水渠2条，成鱼养殖流水池1 000余平方米，投放鱼苗2万尾。

【209国道卢氏城区段改建工程暨石龙头洛河大桥建设工程动工】 11月14日，209国道卢氏城区段改建工程暨石龙头洛河大桥建设工程动工。国道209线卢氏城区段改建工程东起东明镇石龙头村，向南架设石龙头洛河大桥跨越洛河后，沿洛河南岸向西南至横涧乡黄村桥头与原209线相接，全长13.94公里，总投资2.68亿元，建设标准为一级公路。

【卢氏(厦门)经济合作项目洽谈会成功签约47.23亿元】 11月17日至19日，卢氏县在福州、厦门召开经济合作项目洽谈会，共发布金属和非金属开发、旅游开发、新能源、农副产品深加工、养殖种植业、基础设施、生物医药等9大类91个项目，推介对接项目37个，成功签约项目15个，签约金额47.23亿元。

【三淅高速卢氏段2条隧道提前贯通】 11月25日，三淅高速卢氏第十标段瓦庙岭、田家坪两条隧道提前50天双向贯通。瓦庙岭隧道全长1 645米，田家坪隧道全长850米，由中铁十五局集团一公司承建。

【卢氏县国有水电企业正式移交豫西新华水利水电投资有限公司管理】 11月25日，卢氏县政府和豫西新华水利水电投资有限公司联合举行国有企业事业单位及国有资产配置移交管理仪式，将卢氏县的国有水电企业正式移交给豫西新华水利水电投资有限公司管理。

【卢氏县举行廉租住房实物配租抽房仪式】 12月12日，卢氏县第1批符合廉租性保障住房条件的138户住户，在“洛神苑”小区参加了廉租住房实物配租抽房仪式。138户在公证人员监督下抽取了自己房号。卢氏县廉租房位于洛河路以东，河西路以西，莘源路以南，滨河路以北的洛神苑住宅小区，设计为8幢、440套，设计户型为单套建筑面积50平方米，总建筑面积2.2万平方米。

【卢氏县第一污水处理场提标改造工程开工建设】 12月21日，卢氏县第一污水处理场提标改造工程开工建设。第一污水处理厂于2006年12月正式投入运营，执行排放水质执行标准为一级B标准，提标改造工程将在原工艺基础上，采用SBQ微生物处理技术，接触氧化工艺进行升级改造，将排放水质提升为一级A标准。

【三淅高速卢氏至西坪、西坪至寺湾段建设项目奠基仪式在卢氏县举行】 12月22日，三淅高速卢氏至西坪、西坪至寺湾段建设项目奠基仪式在卢氏县举行。三淅高速是三门峡市建市以来投资规模最大，建设里程最长的一条高速公路，其中卢氏至西坪段起点位于卢氏县城附近，终点位于南阳市西峡县西坪镇，全长85.4公里，概算投资98.5亿元(其中三门峡市卢氏境内长52.26公里)；西坪至寺湾段全长36.48公里，北起沪陕(上海至西安)高速枢纽立交，接三淅高速卢氏至西坪段，止于豫鄂交界，概算投资25.05亿元。三淅高速卢氏至西坪、西坪至寺湾段是高速公路网中山西省侯马市至湖北省十堰市高速公路的重要组成部分，建成后可把连霍(江苏省连云港市至新疆霍尔果斯市)、沪陕(上海至西安)、福银(福州至银川)三条国家高速公路沟通互连，构成中部地区区域交通骨架体系。

【卢氏县养蜂协会成立】 12月24日，卢氏县养蜂协会成立，71名蜂农成为首批会员。卢氏县有蜂农100余户、3万多箱蜂，其中100箱以上19户。协会的成立将改变卢氏蜂农信息不灵、流动性强、无人管理、效益不高等不良格局，打破了传统的一家一户养蜂模式，促进养蜂技术研究和技术交流，提高卢氏县优质蜂产品的市场竞争能力。

2011年卢氏县各乡(镇)基本情况

表7

乡(镇)	粮食总产量(吨)	棉花总产量(吨)	油料总产量(吨)	烟叶总产量(吨)	水果总产量(吨)	肉类总产量(吨)	大牲畜存栏(头)	生猪存栏(头)	山绵羊存栏(只)	总人口(人)	耕地(公顷)	农业总产值(万元)	农民人均纯收入(元)	乡级财政收入(万元)	党委书记	乡(镇)长
城关镇	211	—	—	—	308	123	206	600	402	37 877	127	1 852	6 460	6 361	毛海港	李　新
杜关镇	9 263	—	11	2 177	9 028	768	7 727	1 756	2 983	18 500	2 458	13 224	5 169	1 079	马怀安	符永伟
五里川镇	3 535	—	—	68	492	278	2 625	2 591	1 150	20 411	1 500	13 093	4 725	508	亢谢朝	季保军
官道口镇	13 506	—	69	2 104	10 050	411	12 195	2 679	1 505	21 492	4 145	11 231	4 741	1 436	孙会方	郝建生
朱阳关镇	2 538	—	—	11	252	268	1 200	2 180	1 488	16 311	933	9 014	3 699	540	曹禄生	吴德方
官坡镇	4 164	—	—	1 432	1 342	318	1 550	2 305	1 518	27 751	2 040	11 486	4 285	790	邹小刚	马俊峰
范里镇	15 167	6	17	1 615	7 298	591	8 732	2 031	2 683	37 583	6 037	23 356	4 931	1 468	靳永波	李经宇
东明镇	7 404	6	137	1 824	6 556	579	9 914	2 574	2 601	29 985	3 189	17 185	5 212	2 495	戴江琴	彭光华
文峪乡	7 677	15	31	780	3 611	519	5 222	3 601	2 774	30 129	2 512	14 452	4 499	786	杜元恒	王应征
横涧乡	7 902	—	—	677	1 973	849	3 512	3 580	2 556	32 862	2 424	15 188	4 411	754	付　娟	郭军文
双龙湾镇	4 111	—	70	233	812	339	2 630	1 820	1 706	13 367	1 624	7 530	3 711	1 836	张锐锋	张海军
双槐树乡	2 341	—	—	450	1 730	181	725	1 328	650	12 598	1 012	8 032	3 696	559	贾建涛	马建东
汤河乡	1 771	—	—	30	2 229	204	1 897	1 783	1 561	10 662	727	7 685	3 706	535	段丛芳	薛红军
瓦窑沟乡	2 796	—	59	72	1 044	184	527	1 620	423	13 570	842	9 987	3 785	392	毋精华	李瑞方
狮子坪乡	2 586	—	—	142	1 092	252	802	1 824	980	11 138	844	14 015	3 825	265	卢俊杰	陈文周
沙河乡	9 535	—	51	1 990	6 590	362	4 503	2 021	1 399	14 801	3 481	13 524	4 366	1 183	张　青	陈东旺
徐家湾乡	3 678	—	2	251	598	378	1 334	1 849	804	9 679	1 217	7 015	3 722	999	陈书义	陈黎芳
潘河乡	4 769	—	31	909	1 312	346	8 550	1 406	820	12 580	2 355	8 057	4 039	1 625	钱　程	方　勇
木桐乡	2 671	—	—	525	488	327	5 100	1 540	1 100	8 392	1 408	7 121	3 725	2 560	王跃林	石卢江

(刘三兴　常琳静)

·编辑　周　青·

人　物

FIGURES

三门峡天鹅湖国家城市湿地公园

新任市级领导

杨树平 中共三门峡市委书记。汉族，1957年7月生，河南睢县人，1975年10月参加工作，1982年1月加入中国共产党，中央党校研究生文化程度。

1975年10月至1978年3月在河南省睢县朝古庙中学任教师；1978年3月至1982年1月在河南大学中文系中文专业学习；1982年1月至1984年2月任河南省宁陵县阳驿乡党委副书记、乡长；1984年2月至1998年12月任河南省委组织部组织处干事、主任干事、电教中心副主任(主持工作)、办公室主任；1998年12月至2001年3月任河南省焦作市委常委、组织部长；2001年3月至2008年3月任河南省焦作市委副书记(其间：2002年3月至5月在中央党校全国第1期优秀选调生培训班学习；2004年6月至9月在哈佛大学、清华大学中国第3期公共管理培训班学习)；2008年3月任河南省三门峡市委副书记，市人民政府党组书记、副市长、代理市长；4月任河南省三门峡市委副书记，市人民政府党组书记、市长；2011年5月任中共三门峡市委书记。

赵海燕 中共三门峡市委副书记、三门峡市人民政府市长。汉族，1963年2月生，河南辉县人，1984年7月参加工作，1986年8月加入中国共产党，清华大学在职研究生学历、公共管理硕士学位。

1980年9月至1984年7月，在中国政法大学学习；1984年7月至1988年10月，在河南省妇联工作(其间在确山县挂职锻炼：1986年8月至1987年3月任确山县古城乡副乡长，1987年3月至1988年10月任确山县法院副院长)；1988年10月至1992年11月，任河南省妇联法律顾问处副主任(副处级)；1992年11月至1998年10月，共青团河南省委宣传部工作，1993年10月任副部长，1996年6月任部长(其间：1997年9月至1998年1月，参加省委党校第21期青干班学习)；1998年10月至2000年5月，任渑池县委副书记(正处级)，2000年2月兼任副县长(主持县政府工作)；5月至2001年3月，任渑池县委副书记，县政府县长；2001年3月至2002年8月，任义马市委书记，七届省委候补委员；2002年8月至2006年10月，任新乡市政府副市长，七届省委候补委员；2006年10月至12月，任新乡市政府副市长，八届省委候补委员；2006年12月至2008年10月，任新乡市委常委、市政府副市长，八届省委候补委员(其间：2005年9月至2007年7月在清华大学公共管理学院学习，获研究生学历、公共管理硕士学位)；2008年10月至2011年5月，任焦作市委常委、市政府常务副市长、党组副书记，八届省委候补委员；2011年5月至6月，任三门峡市委副书记，市政府党组书记，八届省委候补委员；6月至7月，任三门峡市委副书记，市政府党组书记、副市长、代理市长，八届省委候补委员；2011年7月任三门峡市委副书记，市政府党组书记、市长，九届省委委员。

吴　云 中共三门峡市委常委、纪委书记。汉族，1962年6月生，河南遂平县人，1982年7月参加工作，1985年4月加入中国共产党，在职研究生学历，法学学士学位。

1979年9月至1982年6月，在驻马店师专数学系学习；1982年7月至1984年4月，在驻马店市麻纺织厂宣传教育科工作；1984年4月至1986年1月任驻马店团地委办公室干事；1986年1月至1988年12月任驻马店团地委学校部副部长(其间：1986年9月至1988年7月在河南省委党校本科理论班科社专业脱产学习，获河南大学法学学士学位)；1988年12月至1992年8月，任驻马店团地委学校部部长；1992年8月至1999年1月任驻马店团地委副书记(其间：1993年8月至2001年12月任驻马店青年联合会主席)；1999年1月至4月任驻马店团地委副书记(主持工作)(其间：1996年9月至1999年3月在河南省委党校县处级领导干部在职研究生班经济管理专业学习)；1999年5月至2000年12月，任驻马店团地委书记；2001年1月至12月，任驻马店团市委书记；2001年12月至2005年5月，任驻马店市纪委副书记；2005年6月至2007年4月，任河南省纪委研究室副主任；2007年4月至2009年5月，任河南省纪委农村基层党风室主任；2009年6月至2011年12月，任河南省纪委农村基层党风室主任(副厅级)；2011年12月任中共三门峡市委常委、纪委书记。

姜继鼎 中共三门峡市委常委、秘书长、办公室主任。汉族，1964年8月生，河南台前人，1982年8月参加工作，1984年11月加入中国共产党，经济学学士、中央党校研究生文化程度。

1980年9月至1982年8月在洛阳林业学校专业学习；1982年8月至1984年1月任台前县林业局技术员；1984年1月至1989年8月任台前县委办公室干事(其间：1984年9月至1989年7月

在河南大学政教系政教专业函授学习)；1989年8月至1991年5月任台前县委办公室信息科科长(副科级)；1991年5月至1993年7月任濮阳市委办公室信息科副科长；1993年7月至1997年4月任濮阳市委办公室信息科科长；1997年4月至1999年4月任濮阳市委办公室副主任(其间：1997年1月至1999年1月在首都师范大学研究生课程进修班在职学习)；1999年4月至2001年7月任范县县委副书记；2001年7月至2004年5月任濮阳市旅游局局长、党组书记；2004年5月至2006年12月任清丰县县委副书记、县长；2006年12月至2009年3月任濮阳市委常委、群工部长；2009年3月至2011年8月任濮阳市委常委、宣传部长(其间：2006年9月至2009年7月在中央党校经济学专业在职研究生学习)；2011年8月任三门峡市委常委、秘书长、办公室主任。

赵中生 中共三门峡市委常委、市政府常务副市长。汉族，1960年12月生，河南淮阳人，1976年7月参加工作，1983年5月加入中国共产党，大学学历。

1978年9月至1981年7月在周口师范专科学校中文专业学习；1981年7月至1984年4月任淮阳县人事局干部；1984年4月至1985年5月任淮阳县团委副书记；1985年5月至1989年4月任中共周口地委组织部干事、副科长；1989年4月至1990年7月任中共周口地委组织部知识分子工作办公室副主任；1990年7月至1996年5月任中共河南省委组织部组织二处主任干事(其间：1992年9月至1994年7月在中共河南省委党校经济管理专业学习)；1996年5月至1998年5月任中共河南省委组织部组织二处助理调研员；1998年5月至2000年1月任中共河南省委组织部研究室副主任；2000年1月至2001年1月任中共河南省委组织部办公室副主任；2001年1月至2003年10月任中共河南省委组织部组织一处处长；2003年10月至2008年9月任中共淇县县委书记；2008年9月任中共三门峡市委常委、秘书长、办公室主任；2011年8月任市政府常务副市长。

易树学 中共三门峡市委常委、统战部部长。汉族，1965年5月生，河南息县人，中共党员，硕士研究生学历，1989年6月参加工作。

1982年9月至1986年7月在河南大学政治系学习；1986年9月至1989年6月在吉林大学研究生院政治学系政治专业学习；1989年6月至1990年7月为河南省社会主义学院干部；1990年7月至1991年7月任河南省社会主义学院副主任科员；1991年7月至1996年11月任河南省委统战部民族宗教处副主任干事、主任干事；1996年11月至1998年12月任河南省委统战部民族宗教处助理调研员；1998年12月至2000年10月任河南省委统战部政策理论研究室副主任(其间：1998年7月至1999年7月在罗山县定远乡高冲村参加对口扶贫工作，任罗山县委常委、副书记；2000年3月至6月在省直党校第27期处级干部理论进修班学习)；2000年10月至2002年11月任河南省委统战部经济联络处调研员(其间：2000年8月至2001年1月在省委党校第1期青干班学习)；2002年11月至2008年7月任河南省委统战部政策理论研究室主任(其间：2008年3月至7月在省委党校第42期中青班学习)；2008年7月至2011年8月任河南省委统战部副巡视员；2011年8月任河南省三门峡市委常委、统战部部长。

薛蒙林 中共三门峡市委常委、宣传部部长、渑池县县委书记。汉族，1968年8月生，河南泌阳人，1987年3月加入中国共产党，8月参加工作，在职研究生文化程度。

1987年8月至1989年4月为共青团平舆县委干事；1989年4月至1991年10月在共青团河南省委工作；1991年10月至2007年3月在河南省委组织部工作，历任副主任干事、主任干事、副处级秘书、省直干部处副处长、调研员(其间：2005年1月至5月挂职渑池县副县长；2005年5月至2007年3月挂职渑池县委副书记、副县长)；2007年3月任渑池县委副书记、县长；2009年8月任渑池县县委书记；2011年8月任三门峡市委常委、宣传部部长，渑池县县委书记。

郑泽中 三门峡市人大常委会副主任。1952年8月生，汉族，河南三门峡人。大学普通班文化程度，1970年12月参加工作，1983年10月加入中国共产党。

1970年12月至1974年9月，任河南省三门峡市(县级)交口乡侯桥村教师；1974年9月至1977年9月，在开封师范学院中文系学习；1977年9月至1984年7月，为洛阳师专教师，后调任三门峡市公安局侦察员、文检技术员、预审员；1984年7月至1986年8月，任三门峡市司法局副局长；1986年8月至1990年1月，任三门峡市湖滨区司法局局长；1990年1月至1993年2月，任陕县人民检察院检察长、党组书记;1993年2月至1995年5月,任三门峡市人民检察院党组成员、副县级检察员、市反贪局局长;1995年5月至1997年1月,任三门峡市人民检察院党组成员、副检察长兼反贪局局长;1997年1月至2000年1月任三门峡市司法局局长、党委书记;1998年9月至2000年7月在北京师范大学企业管理专业在职研究生班学习;2000年1月至2001年3月,任三门峡市中级人民法院副院长、党组书记;2001年3月至2011年4月,任三门峡市中级人民法院院长、党组书记;2011年4月任三门峡市人大常委会党组成员,四届、五届市委委员。7月任三门峡市人大常委会副主任。

孙宗会　三门峡市人大常委会副主任,市总工会主席。1956年1月生,汉族,河南偃师人。中央党校大学文化程度,1974年2月参加工作,1986年11月加入中国共产党。

1974年2月至1977年12月,任河南省偃师县寇点乡民师;1977年12月至1980年12月,在洛阳师范高等专科学校中文系学习;1980年12月至1986年5月,任洛阳地直中学教师;1986年5月至1986年10月,任三门峡市文化局干部;1986年10月至1987年8月,任三门峡市文化局办公室副主任;1987年8月至1993年5月,历任三门峡市委组织部干部、办公室副主任、调研科科长、干部一科科长;1993年5月至1994年8月,任三门峡市委组织部副县级组织员兼干部一科科长;1994年8月至1997年1月,任三门峡市委组织部副部长;1993年8月至1995年12月在中央党校经济管理专业函授本科学习;1997年1月至1998年7月,任三门峡市交通局局长;1998年7月至2002年1月,任灵宝市委书记;2002年1月,任三门峡市总工会主席(副厅级待遇)、党组书记。2011年4月,任三门峡市人大常委会党组成员,7月任三门峡市人大常委会副主任。

正高级职称人员名单

姓名	职称	单位
张江层	主任医师	三门峡市中医院
李援立	主任医师	三门峡市中医院
高治军	主任医师	三门峡市中医院
闫伯强	主任医师	三门峡市中心医院
邓苏平	主任药师	三门峡市中心医院
田金英	主任医师	三门峡市中心医院
张冬梅	主任医师	三门峡市中心医院
李云侠	主任医师	三门峡市中心医院
昝立新	主任医师	三门峡市中心医院
周　红	主任医师	三门峡市疾病预防控制中心
王锦华	主任医师	三门峡市中心医院
孟利娟	主任医师	三门峡市中心医院
郝改琳	主任护师	三门峡市中心医院
齐永乐	主任医师	三门峡市第三人民医院
许新峰	主任医师	灵宝市第一人民医院
师界弘	一级美术师	三门峡书画院
李宗彦	教授级高级工程师	灵宝市金源矿业有限责任公司
陈占锋	教授级高级工程师	三门峡市金象地板制品有限公司
陈桂芳	教授	三门峡职业技术学院
陈　玮	教授	三门峡职业技术学院

副高级职称人员名单

王雪红　袁文山　荆苗条　吕春霞
吴鹏斐　王瑞莲　王晓丽　任焕玲
严瑞玲　余明娟　姚立祥　赵新亚
董卫华　赵　兵　王春雷　曹宏杰
常荣凤　董　兵　焦瑞琦　李事捷
尚军刚　石黎红　张启军　石扎根
赵　莉　史永红　赵文环　秦根红
赵润霞　赵文波　张明辉　师小平
王利风　李　黎　李　晶　陈冬梅
吕江峰　侯云东　上官霞　贾惠敏
李菊苹　杨爱萍　李　萍　张新峰
史先元　崔　维　范宏江　李芳霞
张　凯　朱晓光　葛武伟　韩冬良
贾新文　兰红礼　吕海霞　秦菊仙
史丽兰　王保民　王利平　王晓玲
薛敏生　杨书峰　王秀梅　李书会
马翠侠　王　荟　左建华　张　翀
梁　芳　杨景保　权亚丽　王　琳
王雪琴　杨索娜　赵西珍　杨素娥
王　粉　康　波　卫祎丽　权彩风
雒进才　郭振平　任　群　薛丽霞
范慧娟　古红莉　袁万青　王伟清
索　武　锁建军　荆举文　杨玉华
朱　捷　王　辉　李进京　张跃民
王睿勤　侯红云　刘卫祥　赵绍伟
李素芬　崔昱霞　王焕章　刘　风
张毅飞　张　玮　张　惠　史世瑞
续丽丽　周玉文　梁小木　李卫高
李　健　李彩琴　李宝新　常卫波
张爱霞　李　凌　李宗武　段学民
荀红军　杜孟旭　何世林　陈新丽
史艳菊　尚清华　姚江波　王治国
张冬平　张豫湘　张志伟　李武强
范洪庚　张耀民　薛仲英　曹雪梅
马翠花　张红霞　石秋菊　侯春俊
黄东显　王朝杰　闫建军　杨　丽
苑玉洁　张占伟　辛　峰　上官武民
艾火明　李金生　李新华　席　渡
李卢方　王宇红　毋泽华　靳茂杰
雷亚菲　杨华江　李学锋　杨华新
张金明　单永和　杨晓丽　秦丽丽

赵俊宪　许倩霞　伍战辉　燕少权
董转妮　贾新相　张春兰　胡　森
强芦敏　宋江峰　王雪林　张阳丽
张正屯　卫金屯　马晓闪　张　鑫
安荣云　姚希霞　张玉秋　李洪亮
刘永厚　张希恩　程密霞　闫宝红
李　焱　杨乾平　张万龙　阴竹芳
徐春锋　刘丁有　杨学周　郑菊朵
王学理　华干辉　张春丽　韩跃杰
杨生辉　马亚妮　李永红　陈　莹
王留周　王润华　买　芳　姜从民
任　萍　王学军　刘松安　李建伟
宋百厚　李　广　张晓霞　邢向阳
陈帮周　水振峰　蔡超民　李伟霞
张仙仙　彭登平　何晓荣　狄雷红
任海林　韩书林　闫建方　罗彦亭
刘　辉　楚华文　张栋梁　崔关军
张铁庄　曹彦丝　张文君　陈建平
董咏梅　肖建玲　王晓兰　张爱玉
刘永乐　朱竹琴　马博层　姚军平
何康峰　翟德伟　李占龙　李学成
解维荣　莫争伟　张永立　宋粉丽
任立伟　张聪丽　李　潇　雷金斗
薛青军　马志强　周民忠　王海波
董现普　王学东　秦金柱　汪麦层
何永革　李忍锋　张会平　韩　勇
张虹兴　王邵华　乔瑞莲　苗亚民
张石让　王永正　宋春艳　颜新存
王建江　马兆旗　张振伍　张金平
张建伟　王英显　任小建　程来群
王建玲　张富儒　高建军　杨坤学
岳学民　楚石泉　樊佳伟　赵雪茹
侯李凤　阮兴民　水红仙　王秀玲
孟春梅　赵彩霞　任长锋　陈川元
张素玲　张战峰　袁伟芬　陈军伟
刘晓燕　赵永乐　李拴梅　王　杨
上官秀花　张新平　张素香　杨丽芳
王润红　王鸿云　琚风峡　齐粉鱼
张正新　水新丽　李咏梅　段翠英
曹社牢　王翠华　丁建林　张云峰
张海龙　万　丽　王明星　宋小爱
伍金荣　支松伟　李新红　刘江红
李桂兰　李瑞丽　狄春苗　刘　雁
杜彩平　张玉芬　刘明云　张丽萍
张红艳　刘建设　任玉芳　李建华
杨海军　刘金梅　董明才　康洪海
屈秀峰　闫铁卯　赵文治　李　衡
张　静　刘晓钟　王献平　范淑婷
范爱梅　胡玉婷　裴学敏　王建华
刘伟红　刘　毅　刘程远　吕秋平
张保胜　张绍良　马剑青　王秀琴
段章杰　王增玉　员并云　焦吉苗
张东兴　刘冬平　曹　芳　李进朝
高天阳　高红军　李江爱　李玉莲
李华军　张秋转　樊永民　张海江
肖长学　王　娜　王选刚　王庆梅
马金莲　建明秀　苏锦娜　张焕霞
杜湘瑜　薛会琴　李杰民　马战刚
杨丽莉　李建弟　薛小丽　李秀霞
周春丽　赵艳苗　王娟红　张金柱
李来栓　张成群　范迎秋　朱清霞
陈伟东　吴粉红　杨云英　郭春慧
莫长洛　张文理　安爱香　李留生
闫万松　李彩福　田文忠　靳跃进
宋少勇　刘温娜　何玉霞　上官小银
王玉卿　艾晓伟　董领军　王江霞
张燕玲　王保臣　郭秋贞　刘智良
赵慧勤　张双廷　赵书杰　张青梅
宋欣燕　刘少先　王雪梅　尚拴举
刘志锋　杨　柳　刘聪香　骆晶新
张赞伟　杜文超　王建超　李　瑜
高保卫　车文明　杜永勤　陈　祺
姚保民　冯国栋　杨红卿　赵屯方
李斌芳　陈跃峰　陈跃辉　曹会丽
赵茂生　赵彩兰　甄满朝　马千里
张项泽　李书燕　王　伟　苏海燕
王社参

省部级（条线）以上表彰的先进个人名单

全国法制宣传教育先进个人

张仲斌

全国未成年人思想道德建设工作先进工作者

李芳馨

全国水利技术能手

王继军

全国质监系统先进个人

徐书卿

全国质检系统“五五普法”先进个人

牛勤旺

全国民盟先进个人

李述勇

全国优秀老干部工作者

马云凤

全省水库移民先进工作者

刘润生

全省水利财会工作先进个人

袁　晓

全省水库移民先进工作者

孙晓波

全省水库移民先进工作者

张　琛

2011 年度城乡规划工作先进个人

郭庆洛　李海龙

全省村镇规划建设先进个人

郭庆洛　李海龙

2011 年全省住房城乡建设系统依法行政先进个人

王　博　周玉川

河南省城市市容环境卫生工作先进个人

张程燕

全省住房城乡建设行政执法队伍“管理提高年”活动先进个人

张　笑　高　玮

2011年度信息宣传工作先进个人

王苏强

2011年度优秀勘察设计院长

尚耀宗

全省老干部工作先进工作者

韩月巧　杨建强

河南省“五五”普法保密法制宣传教育先进工作者

许国强

省级高校教学名师

陈桂芳

市级先进个人名单

三门峡市“五一劳动奖章”获得者

李　静　何迎伟　齐　震　赵小林
刘建虎　王建松　杨建栋　时安国
韩照芳　赵晋萍　刘会战　马秋霞
霍云生　王宏哲　王国栋　高凯敏
张高峰　姚军歌　董帅伟　臧振洋
赵学亮　党利平　张金曦　王永强
蔡海峰　陈　夔　王建平　王建民
陈海森　贺志锋　宁西岳　席学武
尚其平　周庆国　赵玉英　李　俊
马少辉　董栓群　王占伟　李书田
陈尚魁　侯会昌　宁玉清　曲水洁
王国松　顾光林　杨国伟　李岩峰
慕守文　郭敏龙　李启明　苏雪玲
侯英民　张新领　周新伟　朱春庭
刘志国　谢国梁　赵绍伟　何世林
白爱学　韦玉亭　员　莹　李　丽
王　歌　张剑峰　何书祥　齐　波
陈毅民　张建忠　郑建峡　李岩峰
胡新堂　周建强　汤孟兴　孔庆民
李复活　宋录生　徐正香　王彦学
张双建　靳长杰　闫来理　李　丽
张和平　徐书卿　王树峡　王伯韬
孟帅民　刘明学　任金平　王峡玲
贾立耘　齐纪宇　王连方　李向东
吴振华　上官书伟

有突出贡献的优秀教师

任　非　高娓娓　吴红乔　许江涛
唐喜政　牛建红　吕占国　王宣京
杨燕蓉　王海峰　樊　瑛　张帅伟
方丽丽　王秀玲　高插军　吕国霞
陈　武　尹育娟　刘淑珍　张宏伟
谢灵军　李智彬　马千里　赵群虎
周永丽　张振海　杨彩茹　莫淑娟
王凤妮　姚建芬　雷　艳　兰丽丽
肖兰婷　汪社民　彭红琴　何玉清
曹　渊　刘　琴　雷卫国　孙软珍
张振刚　赵建峰　宋冬梅　王保军
张青民　王修峰　张春丽　孟保祥
杨　勇　马　丽　郭秋红　裴娜娜
刘玲玲　郭新霞　贺秋玲　周群玲
上官武民　上官伟萍　上官玉民
张增健　张海勤　任晚霞　张良君
杜彩民　耿丽红　张二刚　范淑婷
丁　辉　王秀红　李　晓　张明会
李姣姣　高彩云　张　捷　张栓雷
王正勇　张明亮　宁小俊　刘素萍
贾新峡　陈玉梅　曹润梅　张正屯
曹福祥　郑　玉　范增康　尚建朋
尚　娟　陈海燕　王晓梅　胡　彬
范小红　曹社牢　王皂峡　胡长才
王红昌　陈和平　尚庆贺　刘帅成
韩宝东　袁英直　段选强　何晓荣
郭艳慧　李建弟　杜瑞丽　许菲菲
闫春格　裴斌鑫　杨秋娟　骆珊珊
建立康　高秀萍　王秀琴　李娟娟
樊国方　王娟红　陈芝红　亢瑞辉
何晓红　张治军　杨彬锋　马秋云
白伟平　李旭波　谷丽琴　赵建东
李学成　贾万丽　樊晓玲　刘学刚
刘芳勤　邹秀娟　王成会　张　焱
姚占锋　强润虎　任艾玲　孙　红
刘艳花　杜爱芬　薛群红　李良军
刘小卢　冯润康　杜文超　雷金斗
索　娜　牛海红　上官慧萍

有突出贡献的先进教育工作者

王静宇　刘建超　张振平　杨献省
赵月兰　许江伟　张世甫　卫志成
李海全　孟俊萍　孙晓峰　赵现宗
纪少卫　杨建林　李建平　陈冬峡
李书琴　张丽娟　陈向玲　张　敏
姚光新　杜来起　王建民　赵锋钢
胡　波　王建红　南立科　杨淑萍
杨新峰　任江涛　程昕蕾　王玉峰
赵建庆　辛文生　魏红亮　赵守业
贺会超　何耀森　刘若玉　李改丽
胡立军　赵江波　张东强　彭海英
张海龙　郭伟林　郑成东　翟新朝
张　静　丹　伟

·编辑　周　青·

三门峡市天鹅湖国家城市湿地公园南门

附　录

APPENDIX

三门峡检验检疫工作人员正在对出口车辆进行查验

2011年三门峡市主要文件目录

中共三门峡市委主要文件目录

4月7日	三发〔2011〕1号	市委、市政府关于进一步加快水利改革发展的实施意见
1月5日	三发〔2011〕2号	市委、市政府关于开展创建河南省最佳宜居城市活动的决定
1月13日	三发〔2011〕3号	市委、市政府关于开展全国社会管理创新综合试点市工作的意见
1月24日	三发〔2011〕4号	市委关于认真做好县(市)区、乡镇党委换届工作的意见
1月27日	三发〔2011〕5号	市委关于转发《尹晋华同志在省纪委、监察厅、预防腐败局机关全体党员和派驻机构负责人廉政谈话会上的讲话》的通知
2月21日	三发〔2011〕6号	市委、市政府关于印发《三门峡市中长期人才发展规划纲要》的通知
2月24日	三发〔2011〕7号	市委、市政府关于印发《第十七届中国国际黄河旅游节暨投资贸易洽谈会总体方案》的通知
3月9日	三发〔2011〕8号	市委关于2011年度县处级以上党委中心组分专题集体学习的安排意见
3月11日	三发〔2011〕9号	市委关于印发《卢展工同志在三门峡市调研座谈时的讲话要点》的通知
3月14日	三发〔2011〕10号	市委关于印发陈冀平、李新民、李文慧、杨树平同志在全国社会管理创新试点工作三门峡市动员大会暨启动仪式上的讲话的通知
4月6日	三发〔2011〕11号	市委、市政府关于印发《三门峡市中长期教育改革和发展规划纲要(2011—2020年)》的通知
4月12日	三发〔2011〕12号	市委、市政府关于进一步加强全市国家安全工作的实施意见
4月26日	三发〔2011〕13号	市委关于开展好中国共产党成立90周年纪念活动的通知
6月10日	三发〔2011〕14号	市委关于进一步加强调查研究工作的意见
5月16日	三发〔2011〕15号	市委、市政府、军分区关于落实省军区助推中原经济区建设“五项行动”的实施意见
5月6日	三发〔2011〕16号	市委关于进一步深化“抓基层、打基础、争一流、当先锋”活动的意见
5月5日	三发〔2011〕17号	市委印发《关于调整不适宜担任现职领导干部的实施办法(试行)》的通知
5月5日	三发〔2011〕18号	市委印发《关于进一步完善党政领导干部任前公示制的意见(试行)》的通知
7月5日	三发〔2011〕19号	市委、市政府关于印发《平安三门峡建设纲要(2011—2015年)》的通知
7月26日	三发〔2011〕20号	市委、市政府批转《市委宣传部、市司法局关于在全市公民中开展法制宣传教育的第六个五年规划(2011—2015年)》的通知
7月27日	三发〔2011〕21号	市委关于认真贯彻落实中央和省委领导同志批示精神进一步加强驻村任职工作的实施意见
8月5日	三发〔2011〕22号	市委、市政府批转《三门峡市依法治市工作领导小组关于2011—2015年全市依法治市工作规划》的通知
8月23日	三发〔2011〕23号	市委关于印发《尹晋华同志在三门峡市调研时的讲话要点》的通知
8月31日	三发〔2011〕24号	市委、市政府、军分区关于在全市开展向代练兵同志学习活动的决定
9月1日	三发〔2011〕25号	市委关于印发中国共产党三门峡市第六次代表大会报告的通知
9月10日	三发〔2011〕26号	市委关于加强市委常委会自身建设的意见
10月13日	三发〔2011〕27号	市委、市政府关于认真学习贯彻国务院《关于支持河南省加快建设中原经济区的指导意见》的通知
10月19日	三发〔2011〕28号	市委、市政府、军分区关于进一步加强新形势下征兵工作的实施意见
11月21日	三发〔2011〕29号	市委关于在全市集中开展“万名干部进农家”活动的意见
12月13日	三发〔2011〕30号	市委转发《市人大常委会党组关于全市县、乡两级人民代表大会换届选举由关工作的意见》的通知
12月29日	三发〔2011〕31号	市委、市政府关于创建国家森林城市2012年完善提高工作的意见

(市委办)

三门峡市人民政府主要文件目录

1月6日	三政〔2011〕2号	三门峡市人民政府关于印发三门峡市财政预算执行调整实施办法(试行)的通知
1月14日	三政〔2011〕3号	三门峡市人民政府关于公布政府规范性文件清理结果的通知
1月20日	三政〔2011〕4号	三门峡市人民政府关于表彰市财政国税地税系统的通报

1月20日	三政〔2011〕5号	三门峡市人民政府关于对全市金融系统的嘉奖令
1月19日	三政〔2011〕6号	三门峡市人民政府关于加快推进市直机关所属企业脱钩改制工作的实施意见
1月25日	三政〔2011〕7号	三门峡市人民政府关于表彰2010年度消防工作先进单位的通报
1月26日	三政〔2011〕9号	三门峡市人民政府关于拍摄中国电影·三门峡系列片的通知
1月31日	三政〔2011〕10号	三门峡市人民政府关于对三门峡供电公司的嘉奖令
2月10日	三政〔2011〕11号	三门峡市人民政府关于印发三门峡市电动汽车产业发展实施意见(暂行)的通知
2月20日	三政〔2011〕12号	三门峡市人民政府关于公布取消、下放和保留行政审批项目的通知
2月22日	三政〔2011〕13号	三门峡市人民政府关于批转市环保局等部门2011年三门峡市环境综合整治实施方案的通知
2月23日	三政〔2011〕14号	三门峡市人民政府关于2011年全市旅游工作的意见
2月25日	三政〔2011〕15号	三门峡市人民政府关于表彰2010年度安全生产先进单位和先进个人的决定
2月28日	三政〔2011〕16号	三门峡市人民政府关于加强农村环境保护工作的实施意见
3月2日	三政〔2011〕17号	三门峡市人民政府关于印发三门峡市旧城改造暂行规定的通知
3月2日	三政〔2011〕18号	三门峡市人民政府关于旧城改造工作的实施意见
3月14日	三政〔2011〕19号	三门峡市人民政府关于表彰2010年度全市政务督查和建议提案办理、文秘信息、应急管理、后勤保障工作先进单位和先进个人的决定
3月16日	三政〔2011〕20号	三门峡市人民政府关于表彰2010年度科技创新先进单位和先进个人的决定
3月18日	三政〔2011〕21号	三门峡市人民政府关于表彰2010年度企业服务活动先进单位和先进个人的决定
3月18日	三政〔2011〕22号	三门峡市人民政府关于表彰河南中原黄金冶炼厂有限责任公司等五家企业的通报
3月18日	三政〔2011〕23号	三门峡市人民政府关于公布三门峡市规模效益20强和高成长性20强企业名单的通知
3月28日	三政〔2011〕24号	三门峡市人民政府关于为市公安消防支队和李家甫等二位同志记功的决定
3月29日	三政〔2011〕25号	三门峡市人民政府关于表彰2010年度全市外事侨务工作先进单位和先进个人的决定
3月28日	三政〔2011〕26号	三门峡市人民政府关于对市交通运输局和河南弘卢高速公路有限公司等单位的嘉奖令
3月29日	三政〔2011〕27号	三门峡市人民政府关于表彰2010年度全市大交通项目建设和农村公路“好路杯”竞赛活动先进单位和先进个人的决定
3月31日	三政〔2011〕28号	三门峡市人民政府关于规范市区房屋权属登记工作秩序有关问题的通知
4月6日	三政〔2011〕29号	三门峡市人民政府关于表彰2010年度全市公共机构节能减排工作先进集体和先进个人的决定
4月11日	三政〔2011〕30号	三门峡市人民政府关于对市发展改革委的嘉奖令
4月11日	三政〔2011〕31号	三门峡市人民政府关于印发三门峡市住宅专项维修资金管理办法的通知
4月11日	三政〔2011〕32号	三门峡市人民政府关于印发三门峡市国民经济和社会发展第十二个五年规划纲要的通知
4月25日	三政〔2011〕33号	三门峡市人民政府关于三门峡南康乐家园廉租住房小区等保障性住房项目有关问题的通知
5月16日	三政〔2011〕35号	关于加强行政调解工作的意见
5月16日	三政〔2011〕36号	关于做好被征地农民社会保障工作的意见
5月24日	三政〔2011〕37号	关于印发三门峡市银行业金融机构支持地方经济发展考核奖励办法的通知
5月24日	三政〔2011〕38号	关于印发三门峡市行政应诉工作规则的通知
5月24日	三政〔2011〕39号	关于印发三门峡市行政机关合同审查暂行规定的通知
5月25日	三政〔2011〕40号	关于印发三门峡市行政机关规范性文件制定和备案办法的通知
5月26日	三政〔2011〕41号	关于印发三门峡市新建住宅项目配电设施建设与维护管理暂行办法的通知
5月26日	三政〔2011〕42号	关于印发三门峡市槐扒黄河提水工程管理办法的通知
5月26日	三政〔2011〕43号	关于三门峡市财政投资债券资金管理使用有关问题的通知
6月3日	三政〔2011〕44号	关于进一步加强全市劳动保障监察工作的意见
6月2日	三政〔2011〕45号	关于进一步推进义务教育均衡发展促进教育公平的实施意见
6月8日	三政〔2011〕46号	关于对市财经投资公司的嘉奖令
6月9日	三政〔2011〕47号	关于明确重点项目和旧城改造项目税收管理体制有关问题的通知
6月14日	三政〔2011〕48号	关于印发三门峡市2011年防汛抗旱工作方案的通知
6月15日	三政〔2011〕49号	关于下达2011年度责任目标的通知
6月15日	三政〔2011〕50号	关于对市交通运输局的嘉奖令
6月15日	三政〔2011〕51号	关于安全河南(2010－2020年)创建活动三门峡市实施意见
7月10日	三政〔2011〕52号	关于在全市开展铅及重金属企业污染排查整治工作的紧急通知

7月13日	三政〔2011〕53号	关于加快地理标志产品产业化发展的实施意见
7月18日	三政〔2011〕54号	关于印发三门峡市创建全国农业综合标准化示范市实施方案的通知
7月18日	三政〔2011〕55号	关于进一步理顺和规范三门峡产业集聚区土地管理工作有关问题的通知
7月25日	三政〔2011〕56号	关于实施三门峡市持久性有机污染物“十二五”污染防治规划的通知
7月26日	三政〔2011〕57号	关于印发三门峡市争取上级支持资金奖励实施意见(试行)的通知
7月26日	三政〔2011〕58号	关于为市公安消防支队吕校利等25名同志记功的决定
7月26日	三政〔2011〕59号	关于对市公安局予以嘉奖和对中石化三门峡石油分公司等单位通报表彰的决定
7月28日	三政〔2011〕60号	关于批转三门峡市2011年全民技能振兴工程专项工作方案的通知
7月29日	三政〔2011〕61号	关于印发三门峡市城市基础设施配套费征收管理办法的通知
8月5日	三政〔2011〕62号	关于进一步加快全市电网建设的通知
8月7日	三政〔2011〕63号	关于加快推进企业上市融资工作的意见
8月7日	三政〔2011〕64号	关于印发三门峡市政府投资项目管理办法(试行)的通知
8月9日	三政〔2011〕65号	关于为市委党史地方史志办公室记功的决定
8月15日	三政〔2011〕66号	关于成立三门峡市投资集团有限公司的通知
8月15日	三政〔2011〕67号	关于成立三门峡市交通旅游投资集团有限公司的通知
8月19日	三政〔2011〕68号	关于聘任张春祥同志为三门峡市政府外事工作顾问的通知
8月21日	三政〔2011〕69号	关于印发三门峡市茶产业发展规划的通知
9月2日	三政〔2011〕71号	关于表彰有突出贡献的优秀教师和先进教育工作者的决定
9月2日	三政〔2011〕72号	关于对全市教育系统的嘉奖令
9月2日	三政〔2011〕73号	关于加快三门峡商务中心区规划和建设的意见
9月23日	三政〔2011〕74号	关于国有土地上房屋征收与补偿的实施意见
10月12日	三政〔2011〕75号	关于三门峡市“十二五”烟叶生产工作的意见
10月18日	三政〔2011〕76号	关于加快农村新型住宅社区建设推进土地综合整治试点工作的通知
10月18日	三政〔2011〕77号	关于强力推进崤函创业扶持行动的实施意见
10月31日	三政〔2011〕78号	关于印发三门峡市村级公益事业建设一事一议财政奖补实施办法(试行)的通知
11月6日	三政〔2011〕79号	关于加快商务中心区项目建设的实施意见
11月6日	三政〔2011〕80号	关于商务中心区土地征用和社区建设工作的实施意见
11月6日	三政〔2011〕81号	关于印发三门峡市商务中心区招商引资优惠办法(暂行)的通知
11月5日	三政〔2011〕82号	关于印发三门峡市城市管理工作实施方案的通知
11月9日	三政〔2011〕83号	关于印发三门峡市城市集中供热管理办法的通知
11月8日	三政〔2011〕84号	关于进一步规范城市公用事业电力附加费管理使用工作的通知
11月14日	三政〔2011〕85号	关于印发三门峡沿黄半岛景观带建设实施方案的通知
11月23日	三政〔2011〕86号	关于切实加强“十二五”主要污染物总量减排工作的意见
11月29日	三政〔2011〕87号	关于表彰2010年度农田水利基本建设“红旗渠精神杯”竞赛和“四荒”治理先进单位、先进个人的决定
12月8日	三政〔2011〕88号	关于印发三门峡市城镇基本医疗保险和生育保险市级统筹实施办法的通知
12月12日	三政〔2011〕89号	关于表彰2011年度三门峡市市长质量奖获奖单位和质量管理先进单位的决定
12月12日	三政〔2011〕90号	批转市民政局关于加快推进民政社会管理创新工作实施意见的通知
12月12日	三政〔2011〕91号	关于印发三门峡市铝产业技术路线图和三门峡市生物技术产业发展规划暨酶制剂产业技术路线图的通知
12月22日	三政〔2011〕92号	关于转发三门峡市2012年烟叶生产工作意见的通知

(市政府办)

统 计 资 料

分县(市)区农林牧渔业总产值指数

(2011年,以上年为100)

表8 单位:万元

指 标	全 市	湖滨区	义马市	渑池县	陕 县	灵宝市	卢氏县	开发区
农林牧渔业总产值	104.4	105.0	104.4	104.4	103.7	104.2	106.0	112.0
农业产值	104.6	105.3	102.8	103.5	104.2	104.4	104.9	113.2
谷物及其他作物	102.3	99.8	105.5	101.4	102.7	104.1	100.9	119.9
蔬菜园艺作物	106.7	102.9	98.1	101.7	102.0	107.0	104.8	74.1
水果、坚果、饮料和香料作物	105.8	112.5	98.8	106.6	105.6	106.4	106.6	114.4
中药材	98.7	124.5	126.9	107.9	92.6	64.9	114.3	—
林业产值	111.2	104.6	115.1	124.1	101.8	91.6	132.7	127.8
林木的培育和种植	114.3	98.2	117.9	117.2	106.5	89.7	148.2	127.8
竹木采运	98.4	150.0	—	745.2	91.4	89.2	94.8	—
林产品	110.2	138.9	111.1	110.2	98.8	110.3	117.1	—
牧业产值	102.4	103.2	105.3	105.0	101.8	103.1	103.5	110.6
牲畜饲养	99.5	101.3	76.3	98.3	101.2	101.0	100.4	158.3
猪的饲养	104.1	105.0	109.3	117.7	104.0	104.1	105.1	106.8
家禽饲养	101.6	102.4	106.1	101.3	100.7	103.4	102.1	109.1
狩猎和捕捉动物	114.3	—	—	125.0	120.0	125.0	115.4	—
其他畜牧业	126.7	108.0	140.3	105.1	97.5	109.8	120.5	106.7
渔业产值	116.2	131.2	111.3	116.7	103.7	115.2	116.1	113.4
农林牧渔服务业产值	107.6	105.8	106.9	108.1	107.8	107.2	106.5	102.5

(市统计局)

国民经济主要指标

表 9

指　　标	计量单位	1978 年	1985 年	2005 年	2008 年	2009 年	2010 年	2011 年
一、人口								
年底总人口	万人	166.41	178.42	221.81	223.41	224.03	224.70	225.62
#非农业人口	万人	19.46	26.65	65.59	67.65	68.01	68.44	68.97
#男性人口	万人	86.39	92.75	114.9	113.67	113.94	115.52	114.97
二、年底从业人员	万人	63.6	81.3	123.29	124.32	126.41	129.56	133.69
#职工人数	万人	13.01	19.13	23.8	22.48	22.72	23.38	25.23
三、工农业总产值	万元	81 972	165 236	6 606 088	16 450 390	18 143 311	23 642 132	30 842 601
四、生产总值	万元	53 690	129 087	3 344 489	6 474 790	7 027 459	8 744 157	10 304 485
第一产业	万元	17 817	35 981	330 981	547 715	576 111	700 043	812 219
第二产业	万元	27 667	55 538	2 013 063	4 301 424	4 641 315	5 991 814	7 090 395
第三产业	万元	8 206	37 568	1 000 445	1 625 651	1 810 033	2 052 300	2 401 871
人均生产总值	元	324	729	15 092	29 211	31 590	39 176	46 049
五、农林牧渔业								
年底耕地面积	千公顷	189.7	183.1	162.37	164.37	162.80	162.25	161.71
农林牧渔业总产值	万元	26 981	52 860	565 515	937 545	989 267	1 204 182	1 401 690
主要农产品产量								
粮食	吨	428 400	402 335	488 147	614 899	627 835	632 486	625 880
棉花	吨	9 077	4 270	1 795	2 621	2 234	2 000	1 820
油料	吨	1 577	14 540	29 588	34 313	30 839	31 808	32 251
烟叶	吨	1 342	28 595	34 562	35 052	39 075	35 663	35 769
水果	吨	65 582	87 400	1 110 789	1 479 113	1 620 487	1 750 125	1 855 133
年末大牲畜头数	万头	16.96	28.14	49.39	41.47	42.47	41.39	39.20
年末山绵羊只数	万只	45.2	6.06	54.97	35.28	34.68	32.91	32.38
年末生猪头数	万头	33.74	32.58	65.37	64.00	64.46	64.72	70.22
肉类总产量	吨	12 989	14 405	67 914	71 820	75 500	78 793	80 934
#猪牛羊肉产量	吨	12 750	14 140	63 045	66 297	69 323	72 200	74 215
六、工业								
工业总产值	万元	54 991	112 376	6 040 573	15 512 845	17 154 044	22 437 950	29 440 911
轻工业	万元	23 750	37 760	527 078	979 653	1 041 665	1 342 724	1 612 637
重工业	万元	31 241	74 616	5 513 495	14 533 192	16 112 379	21 095 226	27 828 274
工业增加值	万元			1 881 723	4 163 101	4 324 000	5 624 404	6 652 729

续表 9－1

指　　标	计量单位	1978 年	1985 年	2005 年	2008 年	2009 年	2010 年	2011 年
主要产品产量								
纱	吨	9 103	8 790	9 331	16 365	19 674	14 223	9 260
布	万米	3 037	3 701	3 831	754	415	12	46
原煤	万吨	628	1 028	2 328	1 766	1 881	1 968	1 676
发电量	万千瓦小时	78 097	115 189	1 096 333	1 340 251	1 269 010	1 357 695	1 464 644
化肥(折纯)	吨		15 048	116 669	147 622	146 818	173 583	144 207
合成氨	吨	12 094	22 150	150 024	137 001	142 275	162 516	180 809
铝	吨	5 812	8 691	179 155	230 492	332 011	374 473	321 958
水泥	万吨	9. 13	13. 61	164	529	542	418	553
中成药	吨		219	2 149	3 414	3 062	2 643	3 665
七、建筑业								
建筑业总产值	万元			262 487	609 345	730 281	824 395	1 046 796
房屋施工面积	万平方米	24. 32	40. 14	150. 83	298. 43	348. 25	362. 97	427. 60
房屋竣工面积	万平方米	10. 44	22. 22	65. 56	113. 47	167. 95	180. 22	170. 29
八、运输、邮电								
公路货运量	万吨	620	667	3 742	4 702	2 795	3 225	3 933
公路货物周转量	万吨公里	2 883	14 270	180 426	341 453	502 271	638 899	799 529
公路客运量	万人		1 086	6 001	6 926	3 281	3 790	4 475
公路旅客周转量	万人公里		33 077	194 081	271 127	152 081	182 994	220 213
邮电业务总量	万元	149	289	94 936	150 743	165 454	179 410	131 780
电话交换机总容量	门	9 092	14 367	677 037	728 886	570 252	453 886	499 469
九、全社会固定资产投资	万元		25 469	1 792 441	4 027 748	5 533 056	6 094 889	7 603 865
#国有经济单位投资	万元	7 675	17 535	879 672	1 439 890	1 851 175	1 805 328	2 350 601
民间投资	万元			709 284	2 443 321	3 540 146	4 540 261	5 014 520
#固定资产投资	万元			1 549 691	3 442 071	4 675 688	5 708 320	7 490 674
农村固定资产投资	万元			242 750	585 677	857 368	1 066 582	
非农户 50 万元以上	万元			181 334	495 458	751 631	959 999	
农村私人投资	万元		5 748	61 416	90 219	105 737	106 583	113 191
#第一产业	万元			53 390	177 772	315 964	352 020	539 513
第二产业	万元			1 318 448	2 664 000	3 174 445	3 748 112	3 994 299
第三产业	万元			420 603	1 185 976	2 042 647	2 674 770	3 070 053

续表 9－2

指　标	计量单位	1978 年	1985 年	2005 年	2008 年	2009 年	2010 年	2011 年
十、批发零售贸易餐饮业								
社会消费品零售总额	万元	17 974	47 546	871 067	1 483 444	1 717 546	2 026 150	2392845
十一、对外贸易和国际旅游								
出口创汇(海关口径)	万美元			13 859	13 067	8 080	10 355	16 142
合同利用外资	万美元			7 008	37 048	12 587	24 945	33 467
实际直接利用外资	万美元			7 208	23 411	26 355	39 849	63 149
接待旅游外宾人数	人次			17 940	30 731	36 053	51 081	62 800
十二、财政金融								
财政收入	万元	6 359	9 192	180 765	481 063	532 025	663 984	810 637
财政支出	万元	3 724	9 808	339 269	793 198	1 014 570	1 129 943	1 459 855
银行各项存款余额	万元	11 410	41 633	1 907 276	2 425 109	3 009 547	3 612 336	3 809 179
银行各项贷款余额	万元	23 310	71 472	1 186 500	1 113 802	1 410 911	1 706 492	2 022 211
十三、人民生活								
全部职工工资总额	万元	8 581	20 971	315 121	524 435	597 979	701 412	835 996
在岗职工平均工资	元	664	1 132	13 649	23 788	26 692	30 446	33 631
#国有经济单位	元	677	1 190	13 526	22 901	26 743	30 301	33 093
城镇居民人均可支配收入	元			8 071.4	12 391.8	13 469.8	15 032.3	17 061.7
城镇居民人均消费性支出	元			5 762.1	8 933.2	9 882.7	11 192.9	14 081.8
农民人均纯收入	元	66	306.1	2 935	4 680.5	5 045.5	5 787.2	6 929.0
农民人均生活消费支出	元		250.7	2 030	3 319.4	3 674.2	4 125.6	4 856.9
城乡居民储蓄存款余额	万元	3 376	20 211	1 990 380	2 944 861	3 419 863	3 928 245	4 240 689
十四、教育、卫生								
中等专业学校在校学生	人	674	1 115	8 011	21 842	25 748	28 787	21 018
普通中学在校学生	万人	13.6	10.09	18.27	15.95	15.78	14.68	13.81
小学在校学生	万人	27.06	21.57	19.80	18.60	18.65	18.00	17.62
卫生机构	个	230	276	592	445	434	408	449
卫生技术人员	人	3 292	5 854	7 913	8 417	9 399	9 657	10 391
病床床位	张	3 542	5 508	6 382	7 590	8 331	8 709	9 459
十五、物价指数(以上年为100)								
居民消费价格指数	%			101.9	106.5	99.1	103.7	105.5
商品零售价格指数	%			101.5	108.3	99.4	103.6	106.1
十六、婚姻								
准予登记结婚	对		13 542	12 057	17 055	17 190	19 666	19 379
准予登记离婚	对		548	1 285	2 086	2 207	2 503	2 573

注:1. 本表价值量指标除邮电业务总量自 1990 年起按 1990 年不变价格计算外,其他价值量指标均按当年价格计算(下同)。
2. 1995 年始财政收入为地方财政收入(下同)。
3. 银行各项存款贷款从 2002 年起口径调整为国有商业银行。
4. 在岗职工工资 1998 年及以前年度为职工口径(下同)。

(市统计局)

全部在岗职工人数与工资

（2011 年）

表 10

分 类	在岗职工（人）	平均人数（人）	工资总额（万元）	平均工资（元）
总 计	252 275	248 581	835 996	33 631
市 直	53 229	51 213	174 342	34 043
湖滨区	19 986	19 055	60 184	31 584
义马市	71 802	71 250	281 569	39 518
渑池县	23 675	24 902	73 468	29 503
陕 县	20 878	20 647	58 610	28 387
灵宝市	45 293	44 107	135 149	30 641
卢氏县	17 412	17 407	52 674	30 260
按登记注册类型分组				
国有单位	123 934	120 589	399 067	33 093
城镇集体	10 620	9 844	27 551	27 988
其他单位	117 721	118 148	409 378	34 650
按企事业机关分组				
企 业	176 755	173 303	584 185	33 709
事 业	48 301	47 800	161 771	33 843
机 关	27 219	27 478	90 040	32 768
按国民经济行业分组				
农、林、牧、渔业	1 099	1 095	2 396	21 881
采矿业	73 161	72 661	291 163	40 071
制造业	36 695	38 710	92 846	23 985
电力、燃气及水的生产和供应业	7 726	7 836	39 870	50 881
建筑业	25 580	21 658	60 189	27 791
交通运输、仓储和邮政业	6 151	5 979	16 082	26 897
信息传输、计算机服务和软件业	1 039	1 033	4 675	45 257
批发和零售业	17 147	16 107	43 087	26 750
住宿和餐饮业	2 345	2 364	4 496	19 019
金融业	5 320	5 395	32 057	59 420
房地产业	755	754	1 738	23 050
租赁和商务服务业	2 952	2 927	5 772	19 720
科学研究、技术服务和地质勘查业	1 798	1 808	5 419	29 972
水利、环境和公共设施管理业	2 366	2 326	6 595	28 353
居民服务和其他服务业	281	268	699	26 082
教 育	28 261	28 197	102 750	36 440
卫生、社会保障和社会福利业	9 998	9 684	31 205	32 223
文化、体育和娱乐业	1 638	1 642	4 116	25 067
公共管理和社会组织	27 963	28 137	90841	32 285

（市统计局）

分县市规模以上工业总产值
(2011 年)

表 11　　单位:万元

指　标	全　市	市　直	湖滨区	义马市	渑池县
总　计	27 284 539	3 643 985	415 115	3 864 904	4 327 336
按轻重工业分					
轻工业	1 332 909	21 813	128 972	220 542	305 020
以农产品为原料	1 104 862	13 123	118 640	136 649	267 357
以非农产品为原料	228 048	8 690	10 332	83 893	37 663
重工业	25 951 630	3 622 172	286 142	3 644 362	4 022 315
采掘工业	12 020 201	14 128		1 592 617	1 808 594
原料工业	10 872 360	3 463 972	214 789	825 604	1 574 413
加工工业	3 059 069	144 072	71 353	1 226 142	639 308
按登记注册类型分					
国有企业	793 678	562 901			47 237
集体企业	6 158 238		10 332	32 003	14 162
股份制企业	16 017 271	2 890 457	322 433	3 629 864	2 929 173
外商和港澳台商投资企业	2 326 943	190 628	82 349	53 002	799 715
其他	1 988 410			150 036	537 049
按是否公有制分					
公有制	15 663 995	3 397 481	10 332	2 312 747	641 488
非公有制	11 620 544	246 504	404 783	1 552 157	3 685 847
按企业规模分					
大型企业	4 471 430			1 987 641	
中型企业	10 792 455	3 614 449	259 105	609 059	2 250 742
小型企业	12 020 654	29 536	156 010	1 268 204	2 076 594
在总计中:高技术产业	292 629	6 383	24 135	36 023	36 566
在总计中:农村工业	6 308 690				
在总计中:国有控股企业	9 293 058	3 397 481		2 188 899	627 326

续表

指　标	陕　县	灵宝市	卢氏县	开发区	三门峡产业集聚区
总　计	2 307 709	12 166 430	392 876	131 761	34 423
按轻重工业分					
轻工业	139 153	462 993	28 393	20 075	5 947
以农产品为原料	126 859	394 502	21 709	20 075	5 947
以非农产品为原料	12 294	68 491	6 684		
重工业	2 168 556	11 703 437	364 483	111 687	28 476
采掘工业	211 441	8 095 452	295 455		2 515
原料工业	1 533 147	3 198 322	57 736		4 377
加工工业	423 968	409 662	11 292	111 687	21 585
按登记注册类型分					
国有企业	42 378	123 878	17 284		
集体企业		6 066 484	35 257		
股份制企业	1 244 109	4 515 528	323 900	131 761	30 047
外商和港澳台商投资企业	1 017 980	178 892		4 377	
其他	3 243	1 281 648	16 434		
按是否公有制分					
公有制	64 382	9 180 778	52 542		4 245
非公有制	2 243 327	2 985 652	340 334	131 761	30 178
按企业规模分					
大型企业		2 483 789			
中型企业	1 868 395	2 044 306	146 399		
小型企业	439 314	7 638 335	246 477	131 761	34 423
在总计中:高技术产业	8 264	86 963	22 524	69 062	2 708
在总计中:农村工业		6 239 613	69 076		
在总计中:国有控股企业	48 560	3 009 262	17 284		4 245

（市统计局）

专　文

关于三门峡市 2011 年国民经济和社会发展计划执行情况与 2012 年计划(草案)的报告

——2012 年 5 月 9 日在市第六届人民代表大会第一次会议上

一、2011 年国民经济和社会发展计划执行情况

2011 年是"十二五"开局之年,在市委的正确领导下,在市人大、市政协的监督支持下,全市上下抢抓中原经济区建设的重要发展机遇,牢牢把握"四个重在"的实践要领,紧紧围绕三门峡建设"中原经济区重要支撑、区域合作示范城市、豫晋陕黄河金三角区域中心城市"三大战略定位,强力推进大通关、大交通、大商贸、大旅游和高新技术产业"四大一高"建设,较好地完成了五届人大六次会议确定的各项任务,全市经济社会保持了持续较快发展的良好态势。2011 年全市生产总值 1 062.9 亿元,增长 12.8%,高出计划 0.8 个百分点;地方财政一般预算收入 57.61 亿元,增长 15.8%,高出计划 2.8 个百分点;规模以上工业增加值 640.1 亿元,增长 16.1%,高出计划 1.1 个百分点;全社会固定资产投资完成 760.9 亿元,增长 24.8%,高出计划 3.8 个百分点;城镇居民人均可支配收入 17 062 元,增长 13.5%,高出计划 4.5 个百分点;农民人均纯收入 6 929 元,增长 19.7%,高出计划 10.7 个百分点,主要国民经济和社会发展指标均完成或超额省定目标。

(一)实施"四大一高"战略取得新突破。狠抓项目建设,助推"四大一高",在促进经济转型发展上走出了新路。2011 年,列入省政府考核的 11 个重点项目,年度完成投资超 41 亿元,高出计划 40 个百分点;213 个市重点项目,年度完成投资 391.5 亿元,超计划 30 个百分点;开祥化工 9 万吨 1,4 - 丁二醇一期等 90 个项目建成投产,重点项目投资额、建成数量均创历史新高;省督办重点项目联审联批事项提前 5 个月完成全年任务,居全省第一。大通关建设成效初显,三门峡出入境检验检疫局正式投用,国家铝及铝制品质量监督检验中心完工,三门峡海关正在加紧建设,外向型经济呈现高速发展态势,全年出口额完成 1.6 亿美元,增长 55.9%,增速居全省前列,实际利用外资 6.3 亿元,增长 58.5%,总量居全省第三。大交通项目进展顺利,三灵快速通道、三淅高速北段、连霍高速改扩建、郑卢高速等大交通重点项目进展顺利,年度完成投资 51 亿,"三纵四横"大交通网络雏形初显,枢纽地位初步确立。大商贸日益繁荣,大中海商业文化广场、鑫都建材商贸城等一批大型现代商贸流通项目加快推进,市商务中心区建设正式启动,大商贸格局正在加速形成。大旅游发展提速,升格为国家级节庆活动的第十七届黄河旅游节成功举办,节会辐射力和影响力不断增强,成功举办第一届仰韶文化节。黄河丹峡景区一期等景区建成开放,天鹅湖国家城市湿地公园和娘娘山旅游景区分别建成 4A 和 3A 级景区。高新技术产业带动能力增强,速达高科、恒生科技等一批高新企业快速成长,28 家企业被认定为省级高新技术企业,全市共实施省级以上科技项目 32 项,科技对经济发展的贡献率达 53.9%,成为拉动全市经济持续发展的增速器。

(二)产业集聚区建设取得新提升。全市 7 个省级产业集聚区完成投资 280 亿元,实施纯电动汽车、铜箔等 218 个技术含量高、拉动就业大的好项目,规模以上工业企业实现主营业务收入 1 026.6 亿元,全年主营业务收入超 100 亿元的产业集聚区达到 5 个。我市被评为全省产业集聚和重点项目建设管理先进单位。三门峡产业集聚区被评为省十快产业集聚区;义马市煤化工产业集聚区被评为省先进产业集聚区。产业集群发展态势逐步显现。在煤化工、铝精深加工领域涌现出一批规模大、拉长或延展产业链条的大项目,初步形成了产业集群、集聚发展态势。承载能力稳步增强。各产业集聚区不断加大水、电、热、气、通信等基础设施建设力度,为项目和产业发展创造了良好条件。土地集约节约利用水平逐步提高。因地制宜,努力在提高项目投资强度和土地产出效益上下功夫。义马市煤化工产业集聚区,通过综合整治,节约用地 50 余公顷;渑池县产业集聚区,共收储建设用地近 70 公顷;三门峡产业集聚区,投资强度达到 2 800 万元/公顷以上。

(三)深化产业结构调整取得新进展。坚持承接转移、增量带动与改造提升、存量调整并重,深入推进产业结构调整,扎实推进节能降耗,有效促进了发展质量不断提高和发展方式加快转变。工业升级项目进展顺利。2011 年全市共实施投资 5 000 万元以上转型升级项目 71 个,较上年增加 12 个,年度完成投资 130 亿元。其中,义煤集团日产 1 000 万标方煤制气,博市电器公司年产 200 万台冰箱、200 万台洗衣机,金源公司年产 1 万吨压延铜箔等一批标志性项目建设进展顺利。特色农业不断发展壮大。特色农业占农业总产值的比重超过 82%。全年,果品总产超过 18 亿公斤,烟叶总产量 3.58 万吨,均位居全省第一;肉、蛋、奶、蔬菜总产量分别达到 8.1 万吨、4.84 万吨、4.05 万吨和 101.52 万吨;"函谷红"茶和"三门峡"卷烟新品上市。农业信息化和标准化工作取得新突破,全省首家物联网技术应用示范基地揭牌。物流业快速发展。积极推进三门峡黄河金三角综合物流园区建设,以七海物流为龙头已入住物流企业 20 家。实施了总投资超 10 亿元的金秋果业、尚正牛肉、缘份果业等一批冷链物流项目,夯实了我市冷链物流业发展基础。承接产业转移和央企合作成果丰硕。组团参加了豫京津、豫沪、豫港澳、豫台产业转移会和厦洽会、中博会等一系列重大经贸活动,共签约经济合作项目 93 个,总投资超 1 000 亿元。不断深化央企战略合作,先后与中金、大唐、国药、中电投等 10 家企业签订了战略

合作协议，签约金额207.6亿元，居全省第4位。节能降耗难中奋进。万元生产总值能耗下降3.71%，超额完成省定目标。率先在全省将能评工作纳入项目可研。锦荣水泥等7家企业通过省级资源综合利用认定。中赢橡胶年产5万吨精细再生胶等14个资源节约和节能减排项目获得国家支持，共安排政策资金7 200余万元，占全省安排资金10%以上。

（四）促进经济平稳运行取得新成效。面对复杂多变的经济形势，紧紧围绕保增长、稳运行、控物价，强化运作、科学运作，做到了应对及时，保障有力。积极化解了电解铝等相关行业生产困难问题。多次组织大唐发电公司与恒康铝业公司对接，促成双方直供电协议达成，为我市电铝企业争取直供电奠定基础。协调解决了大唐电力电煤运输、恒康电解铝产能启动等困难和问题，确保了发电和电解铝骨干企业生产稳定。认真抓好了电力迎峰度夏和度冬工作。迎难而上，破解陕西电煤入豫难题，实现了陕西电煤专向我市大唐发电公司供应；先后为大唐发电公司、义马环保电力争取电煤补贴资金3 000多万元，圆满完成电力迎峰度夏、度冬等工作任务。稳控物价工作取得突破性进展。全年居民消费价格指数上涨5.5%左右，首次低于全省平均水平，扭转了多年来我市价格指数高于全省的局面。价格管理手段不断创新，率先在全省探索并建立了价格调控部门联席会议制度，在全省第一个建立并启动了社会救助和保障标准与物价上涨挂钩的联动机制，已向困难群体发放价格补贴460万元。农超对接活动走在全省前列，自去年11月18日，市区两个蔬菜直销示范店开始为市民提供价廉质优的蔬菜。价格监测预警能力提高，科学处置了2011年3月我市出现的食盐抢购风波，研究出台了应对生活必需品价格异常波动的工作预案。监督检查力度加大，先后开展了医疗卫生、涉农收费、房地产市场、电力价格、停车场收费、成品油市场巡查等专项检查。调节基金运用有效，首次动用价格调节基金130万元，用于支持三门峡市郊蔬菜基地建设和降低蔬菜流通环节费用。

（五）城乡统筹发展达到新水平。深入实施城乡建设3年行动计划和“城市建设提速年”活动，城乡协调发展步伐加快。新一轮城市总体规划修编已经启动，城市新区起步区总体规划及重点区域控制性详规基本完成。中心城区基础设施建设不断完善，市文体中心体育场已建成投入使用，文化公园一期收尾，黄河公园等公园、游园项目按计划推进；“一中心两轴线”旧城区和城中村改造取得新进展，壹号城邦和嘉和广场已开工建设，下半年启动的和平路轴线一期工程，年底已完成搬迁和旧建筑拆除；8条城市道路建设进展顺利，2条已经竣工通车，2条年底竣工；集中供热扩面工程顺利完工，新建热交换站11座，新增供热面积80万平方米；市区生活垃圾无害化处理率达95%，污水处理率达到83%以上。副中心城市和新农村建设力度加大，义渑城区基础设施和城区功能对接不断深化，灵宝市城建重点工程完成投资4.91亿元，卢氏县投资7.65亿元的城建重点工程正加快建设。112个新型农村社区新建住宅1.03万套，累计建成1.87万套。全市城镇化率达到46%。

（六）改革创新取得新成果。要素制约进一步破解。积极稳妥用好往年“三项整治”指标，全市备案“三项整治”结余指标1 545公顷；积极做好土地开发整理储备及综合整治，全年新增土地整理和整治项目9个，整治面积3 042.3公顷，将新增耕地134.9公顷；省定矿产资源整合通过国家验收，小秦岭深部金矿和煤下铝整装勘察项目列入全国首批找矿突破战略行动计划，目前正稳步推进。资金制约进一步破解。加强银企对接，在河南省银企合作会议上签约项目67个，总投资177亿元，签约规模居全省第2位；加强资本市场融资，新组建市投资集团和交通旅游投资集团；市财经公司的城投债券在上交所公开发行，融入资金15亿元；全年完成资本市场融资48.6亿元，占省定目标的138.8%。生态环境制约进一步破解。区域环境综合整治、重金属污染综合整治和农村连片整治工作强力推进，对24家重点企业的大气污染治理设施进行升级，关停涉重金属污染企业55家，11个农村环境连片综合整治项目正在招标。以创建国家森林城市为载体，加强林业生态建设，全面实施绿色城市、绿色村镇、绿色通道和绿色景区工程，完成造林2.88万公顷，6个县（市）区全部建成省级林业生态县，我市被评为全省林业生态建设先进市。

（七）民生改善取得新进步。坚持把保障和改善民生放在发展改革工作的突出位置，着力保民生、促和谐。“十大民生工程”进展顺利，全年已完成投资23亿元。群众收入稳步增加，城镇居民人均可支配收入、农民人均纯收入分别增长13.5%和19.7%。就业和社会保障扎实有效，城镇新增就业5.96万人，城镇登记失业率3.24%，低于全省平均水平；城、乡低保月补差分别高于省定标准29元和6元，实现了动态管理下的应保尽保。保障性住房建设步伐加快，开工保障性住房8 367套，超额完成省定目标任务，两个廉租房小区被评为“全省十佳住房保障工程”。校舍安全完成改造面积32万平方米，占目标的108%。教育文化设施稳步推进。职业教育园区项目建设进展顺利，仰韶博物馆建成开放，传媒大厦开工建设，覆盖全市的公共文化服务体系初步形成。医疗卫生体制改革不断深化。基本药物使用比例达到67%，全面完成321个村级卫生室建设任务，新农合参合率达98.7%。社会管理创新工作成效显著，社会治安综合治理持续加强，公众安全感指数连年位居全省前列，被授予“中原平安杯”，连续两届荣获“全国社会治安综合治理优秀市”。

各位代表，2011年经济工作取得了较好的成绩，这是市委坚强领导、市人大、市政协监督支持和全市上下团结一致、共同奋斗的结果！在肯定成绩的同时，我们的工作中还存在不少矛盾和问题：一是经济发展的结构性矛盾仍然比较突出，资源、环境、土地等要素的制约逐步加剧；二是“三化”协调发展的任务繁重，中心城市的辐射带动能力不够强；三是持续改善民生的任务艰巨，社会稳定仍面临很大压力等等。

这些问题,已引起市委、市政府高度重视,我们将采取针对性措施,认真加以解决。

二、2012年国民经济和社会发展主要目标

综合考虑内外部经济环境,根据市委经济工作会议精神,立足我市实际判定:2012年全市经济将保持平稳运行态势,经济社会发展应持续求进,在求转上谋突破,求进上加力度,求实上下功夫。

总体思路:认真贯彻落实市六次党代会和市委经济工作会议精神,抢抓加快建设中原经济区的历史机遇,牢牢把握持续求进工作总基调和"四个着力"总要求,紧紧围绕"三大战略定位",持续实施"四大一高"战略,以科学发展为主题,以加快经济发展方式转变为主线,以"三化"协调发展为统领,以重点项目、产业集聚区、城乡建设、招商引资为抓手,强力推进传统产业高端化和高新产业规模化,唱响经济转型发展主旋律,努力在新型工业化、新型城镇化、新型农业现代化上实现新突破,加快建设创新开放、富裕文明、平安和谐、生态宜居三门峡。

总体发展目标:经济稳步增长。地区生产总值增长12%以上;公共财政预算收入增长13%以上;固定资产投资增长22%以上;工业增加值增长14%以上,其中规模以上工业增加值增长16%以上。转型升级步伐加快。科技进步对经济增长的贡献率达55%以上,万元GDP能耗下降3.7%左右;第三产业增加值增长10%以上,社会消费品零售总额增长16%以上,出口总额增长20%以上;实际利用外商直接投资增长20%以上。民生持续改善。城镇居民家庭人均可支配收入和农村居民家庭人均纯收入均增长9%以上;城镇登记失业率4.5%以内。

三、2012年经济社会发展的主要任务和举措

做好2012年经济社会发展工作重在持续、重在运作、重在统筹、重在落实。以"四大一高"战略实施促转型,以"三化"协调发展稳增长,以民生改善保和谐,以改革创新增活力。

(一)突出转型发展,着力推进"四大一高"重点项目建设

持续推进"四大一高"建设,推动发展转型,打造中原经济区重要支撑。2012年共安排实施"四大一高"重点项目221个,总投资2 010亿元,年计划完成投资400亿元以上。一是加快"大通关"建设,以开放带动经济转型。2012年共安排重大项目14个,总投资44.1亿元,年计划完成投资22.3亿元。重点推进中国三门峡海关、国家铝及铝制品检验中心和口岸基础设施建设,5月底前建成三门峡海关物流中心,抓紧规划建设海关监管堆场、检验检疫查验场和配送仓库等配套设施,加快综合保税区申报工作。二是加快"大交通"建设,以基础硬件引领经济转型。2012年共安排重大项目46个,总投资479.6亿元,年计划完成投资113亿元。突出"三纵四横"交通干线建设,实现外联通畅。三淅高速灵宝至卢氏县城北段、郑卢高速洛宁至卢氏县官道口镇段年底前建成通车;连霍高速改扩建、三淅高速卢氏县城南段全面掀起施工高潮,年内分别完成投资20亿元、10亿元;做好蒙西至华中地区能源通道(三门峡段)和运宝高速、芮灵黄河大桥及连接线、陇海铁路三门峡市区段取直改造、渑垣高速的前期工作,力争运三铁路和三门峡公铁两用黄河大桥年内开工。优化市域路网结构,拓展城市发展空间。加快中心城市与各县城之间的高速公路、快速通道建设,209国道改建工程卢氏县城段年内完成,高铁南站至灵宝路井段10月底前完工,灵宝八道河至卢氏段年内路基贯通;加快三灵快速通道建设,确保年底前全线通车;加快前期进度,争取省道247线渑池县城南段、省道249线交口至洛宁界段改建项目早日开工。加快县乡公路建设,推进县乡通、村村通。加快农村公路建设,继续开展农村公路普修、路基拓宽、文明样板路建设和绿化、安保工程,全年完成农村公路改建200公里以上。三是加快"大商贸"建设,以调优产业结构助推经济转型。2012年共安排重大项目38个,总投资167.5亿元,年计划完成投资57.8亿元。强力推进中心商务区和特色街区的规划建设,争取总体推进走在全省前列。积极协调黄金产业园、义煤集团等大企业的总部向商务中心区集中,大力发展总部经济;结合旧城区和城中村改造,因地制宜谋划建设休闲娱乐、精品街等特色街区,完善多层次服务功能;积极引进发展连锁经营、特许经营、折扣店、电子商务等新型商贸业态,激发新的消费热点;加快大中海商业文化广场、义乌国际商贸城、闽商产业发展基地、湖滨汽车城等商贸服务业项目建设,提升商贸服务档次;积极引进国内外大型商贸项目进驻,促进现有商贸企业的改造。四是加快"大旅游"建设,以绿色生态产业促进经济转型。2012年共安排重大项目14个,总投资37.9亿元,年计划完成投资11.4亿元。主要实施函谷关古文化旅游区开发、河南御汤温泉中心建设、黄河湿地开发、黄河丹峡、卢氏自然山水等9个项目,总投资31.5亿元,年计划投资9.7亿元。打造具有三门峡特色的龙头精品旅游景区,全面启动函谷关历史文化旅游区和天鹅湖湿地公园创建5A级景区工作;精心筹办好第18届中国(三门峡)国际黄河旅游节暨投洽会;抓好游客服务中心等项目建设。五是加快高新技术产业发展,以接续替代产业加速转型。2012年共安排重大项目109个,总投资1 281亿元,年计划完成投资205.7亿元。推进产业转型升级,重点抓好河南煤化汽车零部件产业园等63个项目。加快发展新能源汽车、新材料、生物、光伏及新能源等战略新兴产业,重点突破产业核心关键技术。新能源汽车,重点抓好速达20万辆纯电动汽车及配套项目建设。新材料产业,重点抓好恒生科技丙尔金、金源矿业1万吨压延铜箔、兴邦公司2 600万平米电池隔膜、义腾新能源3 600万平方米锂电池隔膜等项目。生物医药产业,重点抓好孟成制药2 000吨L-色氨酸、仰韶生化1 000吨耐热木聚糖酶等项目建设。光伏及新能源产业,重点抓好华光新能源300万片蓝宝石抛光片、新能硅业20万吨低铁石英砂综合利用项目,发展光伏及光伏玻璃等产业链。积极推进燕山风电场、灵宝生物质发电等项目建设。六是不断完善项目推进机制,扎实

筑牢转型发展基础。突出抓好项目的投产和开工，确保义煤综能公司1 000万标方煤制气一期等80个项目投产；抓好同人铝业60万吨铝铸件等108个新开工项目，确保年内完成投资100亿元以上。坚持市级领导分包联系重大项目制度。实行"一个领导牵头、一个法人承担、一个部门负责、一个小组落实"的工作机制。继续坚持和完善联审联批、周例会、领导分包、观摩督导、考评奖罚等项目推进机制，尤其在强化落实、突出重点、考核奖罚等方面要有切实有效的措施，确保重点项目建设创新突破。强化新项目谋划。结合我市产业发展现状，认真研究分析国家产业结构调整目录，围绕有发展潜力的铝工业、黄金及有色金属、煤化工等产业，以超前的眼光和胆量，谋划一批投资超十亿、超百亿拉长产业链条的大项目，加快产业集群化发展；尤其要以装备制造、食品加工等有发展前景的接续替代产业及民生项目为重点，着力谋划一大批可操作性强的储备项目，力争重大项目库中亿元以上项目保持在200个以上。

（二）围绕统筹联动，着力推进"三化"协调发展

着力在新型工业化上走新路，在新型城镇化上谋新篇，在新型农业现代化上出新招，实现统筹协调发展。

一是强化工业主导地位，建设郑洛三工业走廊。进一步强化工业主导地位，坚持做大总量和优化结构并重，以做大做强为方向，统筹建设郑洛三工业走廊。大力推动传统产业高端化、链式化发展。加快用高新技术改造提升传统产业，促进结构调整，提升产业层次。铝及铝精深加工，以建设生态铝基地为抓手，积极推进铝工业向铝合金铸件、高档铝合金炊具、铝型材、铝箔等方向发展，重点抓好华晟铝业10万吨高档炊具合金板等铝深加工项目。积极推进非铝产业发展，重点抓好红然铝业年产20万吨α－氧化铝等项目建设。煤化工产业，抓好义煤综能日产1 000万标方煤制气、2×30万吨煤制乙二醇、开祥化工10万吨PTMEG（聚四亚甲基醚二醇）等项目，积极发展二甲醚等清洁燃料。黄金及有色金属工业，重点抓好多金属综合回收、高档金饰品的设计加工及伴生金属的精深加工。着力抓好中金集团黄金产业园、中原矿业日处理2万吨钼矿、鸿宇公司年产800万平方米环保型覆铜板生产线等项目。食品工业，重点推进果品加工向终端消费品方向发展，培育知名产品品牌。抓好汇源15万吨天然矿泉水和功能性果蔬汁饮品综合加工、景源果业10万吨果沙饮品等项目。装备制造及汽车零部件产业，重点推进专用设备和汽车零部件提质增量，积极发展成套设备。抓好河南煤化铝合金汽车零部件产业园、博市电器200万台电冰箱、200万台洗衣机、骏通2万辆节能型矿山运输专用车等项目。突出培育龙头企业。以培育千亿元级产业集群、超100亿元企业为重点，依托黄金、铝加工等优势产业中的大企业，强力推进企业上市步伐。高度重视科技研发创新。支持华鑫铜箔、义煤集团等企业与高等院校、科研院所形成密切的科技合作关系，建立高层次研发平台。对新设立的国家级和省级研发中心，在科技项目立项、科技经费资助等方面给予优先支持。积极实施科技人才引进计划，培养一批具有自主创新能力的科技团队。

二是坚持新型城镇化引领，完善城镇化体系。加快城市总体规划的修编，打造以湖滨区、开发区和中心商务区为基础的老城区和以陕县县城和产业集聚区为基础的城市新区为双核中心城区，以义渑城区为组团、灵宝城区为组团和卢氏城区联动发展的城镇化格局。完善中心城区功能。抢抓2012年全省集中批复城市新区机遇，做好城市新区总体方案的报批。突出抓好商务中心区、黄河公园、旧城区和城中村改造、北环路建设和城市精细化管理等重点工作。积极利用省支持商务中心区建设有关政策，全面启动基础设施和社区建设，加强融资和项目招商，确保年内融资15亿元以上，落户项目15个以上。重点加快传媒大厦建设，全面完成国际文博城（文体中心、会展中心）建设，完成文化公园一期工程，开工建设文化公园二期工程。充分利用省支持城市组团发展的政策措施，加快打造新的城市组团；加强湖滨区与陕县县城对接，将陕县城区纳入中心城区规划控制，促进湖滨区、商务中心区、开发区、陕县、产业集聚区和城市新区融合发展。提升"三小"城市辐射能力。持续推进义渑一体化，形成东部组团城市；探索灵宝市城区转型发展路子；加大卢氏县城向南拓展力度，扩大城区规模。抓好城镇带建设。积极打造310和209国道小城镇带，培育资源型、农副产品加工型、旅游型、市场型四大特色小城镇。加强新农村建设。引导农村人口向县城集中、向乡镇集中、向中心村集中；积极推动城市公共服务设施向农村拓展延伸，改善农民生活条件。加快城市公用设施规划建设。精心做好城区供水、供电、集中供暖、供气、污水、垃圾处理等公用设施规划和建设。特别要抓好城市用水项目，山口水库复建工程要在主汛期到来前基本完成，王官引黄提水工程要在5月完工，商务中心区供水工程要争取上半年通水。

三是发展特色农业，加快新型农业现代化。坚定不移地把"三农"工作摆在重中之重的位置，因地制宜，加大强农惠农富农力度，大力发展特色农业，扎实推进新型农业现代化，加快农业发展方式转变，夯实城乡共同繁荣的基础。稳定粮食生产。认真落实国家各项支农、扶农、惠农政策，将全年粮食产量稳定在5亿公斤以上。继续壮大特色农业。果品产业，新栽果树2万公顷，确保全年果品总产超过18亿公斤，新建出口苹果基地1.33万公顷，出口鲜果5 000吨；烟叶生产，抓住2012年烟叶基础设施投资增长15%、烟叶价格提升20%的机遇，种植烟叶1.8万公顷，收购70万担，认真包装推介"三门峡"优质烟草品牌，提高烟叶生产加工附加值；食用菌生产，新发展食用菌2 000万袋，出口食用菌2 000吨，加工鲜香菇1 600万公斤；蔬菜生产，高度重视"菜篮子工程"，要充分发挥好价格调节基金的引领带动作用，重点支持城市郊区基地建设，确保全年蔬菜总产8.8亿公斤；茶产业，加快茶叶生产基地建设，利用6 666.67公顷杜仲基地，研制出函谷红杜仲保健茶。加快推进农业产业化。突出抓好雏鹰农牧生

态养猪等农业产业化项目建设,力争规模以上农业龙头企业由现在的162家增加到170家以上;提高农业生产的组织化程度;加快涉农企业上市,培育仰韶生化、阿姆斯、景源果业等涉农企业上市"后备队"。抓好农田水利基本建设。稳步推进病险水库除险加固,全面完成2011年中央投资的11座小(Ⅱ)型和17座小(Ⅰ)型水库除险加固任务,加快推进河道治理,汛前完成渑池县洪阳河、义马市涧河2个项目,确保陕县苍龙涧河贺家庄段等7个河道治理项目年底前竣工;大力开展水土保持生态建设,2012年新增80平方公里水土流失治理面积;抓好仰韶、龙脖灌区等高效节水灌溉工程项目,发展喷灌、滴灌2 333.33公顷;扎实做好2012年小农水重点县和专项县的灌区节水配套改造、河道治理等项目前期工作。加强林业生态建设。巩固国家森林城市创建成果,拿到国家森林城市牌子,抓好巩固退耕还林成果、天然林保护等中央、省、市林业重点工程,进一步改善生态环境。抓好其他农村工作。全市土地流转面积达到2.67万公顷。抢抓国家新的扶贫开发政策,科学编制新一轮十年扶贫开发规划,积极争取项目。新建大中型沼气工程3处;再解决10万人以上的安全饮水问题。

(三)坚持重点突破,着力推进产业集聚区建设和开放招商工作

一是坚持推进产业集聚区提质增效。继续深入开展"产业集聚区建设提升年"活动,按照"四个强化、两个完善"(强化产业集群培育、强化服务功能提升、强化节约集约发展、强化统筹综合协调和完善支撑政策、完善体制机制)的总体要求,提升产业集聚区发展水平。大力提升承载能力。进一步完善综合配套设施,力争全年完成投资72亿元以上。重点推动集中供热、综合性服务中心、公共服务平台等配套设施建设,促进功能集合构建。进一步完善外联道路和电网设施,提升快速通行和供电保障能力。抓好集聚区污水处理厂建设,要加快进度,年底前要基本建成,处理标准要达到1级A。强化主导产业集群培育和基地建设。重点推动同类和关联项目集中集聚,综合运用暂缓审批、不予供地等手段,严格控制符合条件的新建项目在集聚区外分散布局,严禁"两高"和低水平重复建设项目入驻。着力抓好铝工业、煤化工、食品加工、装备制造、新能源汽车、新材料、节能照明等主导产业集群的发展,力争围绕主导产业集群,实施投资亿元以上项目55个以上。积极打造铝及铝精深加工、装备制造和汽车及零部件、以果蔬加工为主的食品工业三个国家级产业基地,发展能源、煤化工和清洁燃料、黄金生产及加工三个省级产业集群,培育新能源汽车、新材料、生物产业、光伏及新能源产业等战略性新兴产业,成为中原经济区西部引领区域发展的工业核心增长极。深入推进产城互动发展。把集聚区作为新型城镇化的突破口,加快集聚区内村庄搬迁步伐,加快推进城区服务功能向集聚区延伸,力争集聚区搬迁村庄16个,进一步拓展产业发展空间。加强保障平台建设,创新投融资平台运作模式,扩大融资平台资产规模,提高融资能力。加强土地整治、节约集约、监督管理三项机制的贯彻落实,着力通过挖潜、节约缓解土地制约,力争全年储备土地超267公顷。

二是积极扩大招商引资成果。坚持"一策带全局"、"一招应多变",继续推进开放招商工作。扩大对外开放领域。以新的《外商投资产业指导目录》为导向,推动招商引资由工业领域向现代服务业、现代农业、基础设施领域拓展,由经济领域向社会领域拓展,由引进资金向引进技术、品牌、人才拓展,全面提高对外开放的广度和深度。积极承接产业转移。集中力量抓好一批基地型、龙头型项目的引进与建设。要利用好产业聚集区和城市新区这个平台,主动承接先进地区产业和技术转移,总结推广渑池引进冰箱、洗衣机项目的经验,敢于"无中生有"、"小题大做"。力争全年签约招商引资项目合同金额1 000亿元以上。深化央企战略合作。要继续加大与央企和大型民营企业集团的合作力度,推动大唐100万千瓦机组、中金集团中原矿业公司钼矿项目等在建项目早投产、早见效,巩固合作成果。加快推进中金集团黄金产业园、国电灵宝2×30万千瓦热电机组、国电公司3 000万吨煤炭物流项目、大唐第二台100万千瓦机组等项目前期工作。积极拓展新的央企合作项目。不断优化发展环境。不断完善投资项目"绿色通道"制度和联审联批、全程代理等工作机制;加强签约项目的跟踪对接服务,及时协调解决项目落地和实施进程中的困难和问题,优化服务环境。主动搞好区域协作。继续共同做好建设豫晋陕黄河金三角区域协调发展综合试验区和承接产业转移示范区的申报工作。完善郑洛三工业走廊规划,积极争取省政府出台支持郑洛三工业走廊的措施。谋划与洛阳、济源、焦作的合作对接,探索四市合作体制机制,共同打造豫西经济板块。

(四)做大三产总量,着力提高现代服务业发展水平

抢抓国家加大力度支持服务业发展机遇,强化规划引导,明确主攻方向,完善政策体系,实施项目带动,努力提高服务业增加值占生产总值的比重,增强对经济增长的带动力量。一是加快发展现代物流业。依托便捷交通网络,加快综合物流运输服务体系建设,推进黄河金三角综合物流园区、三门峡综合物流园区、食品冷链物流园区和三门峡煤炭物流园区建设等四大物流园区和四季丰冷链物流等项目建设,积极做好三门峡3 000万吨级煤炭物流项目前期工作,提升物流业发展水平。二是夯实旅游业发展基础。加快三门峡旅游业发展总体规划修编;多渠道吸纳资金,加快旅游业基础设施建设,做好旅游项目招商工作,积极争取国家及省旅游发展和项目建设扶持资金;鼓励、支持旅游景区升级和饭店创星,6月前,启动天鹅湖国家城市湿地公园和函谷关景区AAAAA创建工作,年内新增1家旅游景区通过AAAA验收、2家饭店通过四星级评定。三是稳步推进金融业发展。尽快开工建设三门峡金融商务区一期核心功能区。加快推进农村信用社向农村商业银行改制步伐。四是做大文化产业。加快推进仰韶文化产业园、函谷关老子文化产业园、虢国博

物馆二期、庙底沟遗址文化公园、长宏10万件玉雕、明彩印刷包装产业园等重点项目建设，积极创造条件确保5月底前，启动总投资3.5亿元、占地4.67公顷的世界郭氏祖根文化苑项目开工。积极包装推介名人、名团、名剧，发挥品牌效应，繁荣演艺业；大力开发以豫西剪纸、青铜器仿制、虢国石砚、澄泥砚、仰韶彩陶、黄河奇石、木版年画为代表的民间传统工艺，扩大规模，提高产品附加值。五是积极扩大消费需求。进一步完善鼓励节能、节水、环保的消费政策，培育消费热点；促进文化、旅游、健身、家政和养老等服务消费，拓宽消费领域；加强农村和城镇商贸流通、文化旅游、宽带网络等基础设施建设，促进消费增长。

（五）强化运行调节，着力保持经济平稳较快增长

一是抓好煤电油气运要素保障。加强经济运行的监测预警，着力抓好经济运行保障工作。以整合煤矿的复产为重点，着力做好煤炭产运需衔接。加强电力协调，积极做好发电企业电煤的保供工作，完善电力需求侧管理，确保重点企业和领域的用电需求。二是促进投产增效。加强对重点项目建设后期的协调服务，确保建成项目尽快投产达效。重点抓好2011年下半年已建成和今年上半年将建成的开祥化工一期、骏通公司二期、义煤综能公司1 000万方煤制气（一期）、河南红燃铝业有限公司年产20万吨α－氧化铝等100余个项目尽快投产达效，形成新的经济增长因素。三是强化企业服务。进一步优化经济环境，加强与企业的沟通联系，围绕企业运行中的难点和问题，切实搞好协调服务，帮助破解资金需求等各种矛盾和问题，最大限度地减轻企业运行中困难和压力，营造更加适宜工业企业发展的良好环境。四是努力稳控物价。进一步发挥价格调控部门联席会议的职能作用，不断完善调控物价多部门联动机制。做好煤炭行业价格调节基金的征收和管理工作；合理运用价格调节基金对蔬菜种植、畜牧养殖业进行扶持，引导种、养殖业的发展，继续做好鲜活农产品生产基地建设、市场直销和农超对接工作。认真落实并不断完善价格波动与低收入群体补贴的联动机制。继续开展涉农涉企涉及广大群众生活的价格和收费检查，规范银行、电信、房地产等行业收费行为，严肃查处医疗、教育等民生领域价格违法行为。强化价格宣传和引导，积极化解物价上涨预期。

（六）倾力民生改善，着力建设幸福和谐三门峡

继续实施市“十大民生”工程，切实解决好人民群众最关心的热点难点问题。抓好就业和社会保障工作，全力支持小微企业发展，创造更多的就业岗位；城镇登记失业率控制在4.5%以内。创新养老服务模式，市区和县（市）区各建成1所政府主办、以养老服务为主的综合性社会福利机构；加强社会救助标准与物价上涨联动机制建设，保证救助对象生活水平不因物价上涨而降低。统筹加快教育事业发展，积极做好与中金公司的衔接，争取合作办学项目早日落地，尽快引进建设第一所本科院校；整合职业教育资源，加快推进市职教园区项目建设；扎实做好全市校舍安全改造工程，重点推进市实验中学等11所校舍安全工程项目建设。抓好医疗卫生工作，加快市中心血站新采供血综合大楼项目进度，争取社区服务中心等项目早日开工，完善提升社区服务功能，抓好市精神卫生中心等项目建设，建设覆盖城乡的基本医疗卫生体系。深入推进社会管理创新，搞好城镇社区服务设施和网点规划建设，健全社区组织，拓展社区服务领域。

（七）不断改革创新，着力冲破困难约束和体制障碍

坚持改革、创新、开放，抢抓机遇，突出重点，加强运作，主动作为，积极破解经济社会发展中面临的各种障碍。一做好政策性资金争取工作。围绕国家投资支持的重点领域，认真研究政策、积极谋划上报项目，争取获得更大支持，争取年度争取上级资金总量较上年增长20%以上。二积极破解电解铝行业运行困难。加快生态铝产业规划和报批工作，推动电解铝上下游企业开展煤炭、电力、电解铝、氧化铝、铝材及精深加工企业之间联合重组，拉长产业链条，增强市场竞争力，为转型创造条件。三统筹解决土地指标。争取将更多项目挤入省重点项目，在全省平衡用地指标；集中使用新增建设用地指标和城乡建设用地增减挂钩指标，优先保障重点项目、重点企业、保障性安居工程等建设用地需求；严格执行供地政策和行业用地标准，调整工业用地标准，市区投资5 000万元以下、县域投资3 000万元以下工业项目原则上不再单独供地，一律入驻标准厂房，提高土地节约集约利用水平。四扎实做好节能减排。认真研究国家能耗由指标考核向总量控制转变政策，更加重视工程节能、技术节能、管理节能、建筑节能、公共节能等举措，鼓励企业改进技术，突出抓好重点领域节能减排，大力发展循环经济，加快黄金废渣、铝赤泥、粉煤灰提取氧化铝为主的三个循环经济园区建设，提高资源、能源的利用效率，为产业转型和发展创造更加宽松的环境。抓好污染物总量减排，加快城市污水处理厂建设，深化农村环保和生态建设，加强养殖业污染防治，抓好农村环境连片综合整治。最大限度减少环保问题对经济运行的影响。五稳步推进资源性产品价格改革。精心组织落实好居民阶梯电价方案，适时推进天然气按热值计价改革。完善农业用水价格政策，合理制定水资源费征收标准，推行居民生活用水阶梯价格制度和非居民用水超定额累进加价制度。六坚持改革体制机制。认真落实国务院已发布分类推进事业单位改革的9个配套文件精神，稳妥推进全市事业单位改革。持续抓好以县级医院为重点的公立医院改革，鼓励引导社会资本开办医疗机构。采取放宽市场准入、降低经营条件、加大财税扶持、强化金融支持、鼓励技术创新、加强人才培训、帮助开拓市场等综合措施，促进小微企业和民营企业发展。

各位代表，做好今年的经济社会发展工作任务艰巨，责任重大。我们要紧紧围绕市委经济工作会议确定的各项目标任务和工作部署，奋发有为，扎实工作，保持经济社会平稳较快发展，以优异成绩迎接党的十八大召开！

关于三门峡市2011年财政预算执行情况和2012年财政预算(草案)的报告

——2012年5月9日在三门峡市第六届人民代表大会第一次会议上

一、2011年财政预算执行情况

2011年,我市财政工作在市委的正确领导下,在市人大、市政协的监督指导下,深入贯彻落实科学发展观,坚持“四个重在”实践要领,紧紧围绕“三大战略定位”和“四大一高”建设,站位全局,科学运作,务实发展,财政预算完成情况较好,有力地促进了全市经济社会的持续健康发展,实现了“十二五”的良好开局。

(一)全市预算执行情况

1. 一般预算

年初各级人代会批准的2011年全市一般预算收入合计534 963万元,实际完成576 051万元,为预算的107.7%,增长15.8%。其中税收收入423 619万元,增长12.4%。

年初各级人代会批准的2011年全市一般预算支出合计720 417万元(含上级提前告知专项转移支付、上年结余结转),执行中中央代地方发行政府债券25 000万元,加上使用上级新增补助、超收收入、上年结余结转、调入资金等安排支出448 716万元,调整后支出预算为1 194 003万元,实际完成1 186 131万元,为调整预算的99.3%,增长24.5%。

全市财政总收入完成960 243万元,增长15.2%。

2. 政府性基金预算

年初各级人代会批准的2011年全市政府性基金预算收入合计138 139万元,实际完成234 586万元,为预算的169.8%,增长40.8%。

年初各级人代会批准的2011年全市政府性基金预算支出合计108 545万元,执行中使用中央补助、超收收入、上年结余结转、调入资金等安排支出209 984万元,调整后支出预算为318 529万元,实际完成273 724万元,为调整预算的85.9%,增长54.3%。

(二)市级预算执行情况

1. 一般预算

市五届人大六次会议通过的2011年市级一般预算收入为90 000万元,执行中,经市五届人大常委会第36次会议批准调增4 300万元,调整后收入预算为94 300万元,实际完成96 720万元,为调整预算的102.6%,超收2 420万元,主要是矿产资源补偿费等专项收入超收。

市五届人大六次会议批准的2011年市级一般预算支出为156 587万元,执行中,经市五届人大常委会第36次会议批准使用政府债券安排支出22 670万元,加上使用上级新增补助等安排支出141 290万元,调整后支出预算为320 417万元,实际完成317 544万元,为调整预算的99.1%,增长27.9%。超收收入2 420万元按照专项收入资金使用管理办法,结转下年支出。

2. 政府性基金预算

市五届人大六次会议批准的2011年市级政府性基金预算收入为68 378万元,执行中,经市五届人大常委会第36次会议批准调增39 622万元,调整后收入预算为108 000万元,实际完成107 595万元,为调整预算的99.6%,增长131.9%。

市五届人大六次会议批准的2011年市级政府性基金预算支出为48 743万元,执行中,加上使用上级补助、上年结余结转等安排支出,减去对市县补助,调整后支出预算为85 152万元,实际完成57 018万元,为调整预算的67%,增长102.2%。

目前,2011年财政收支数据尚在统计汇总中,准确的执行结果待决算汇编后再向市人大常委会报告。

(三)2011年预算执行的特点

一年来,面对错综复杂的宏观经济形势,各级财政认真落实市五届人大六次会议有关决议、市五届人大常委会第32次会议关于2010年决算与2011年上半年预算执行情况的审查意见,坚持科学发展、突出民生改善,统筹运作各项资金,加大财政支持经济社会发展力度,预算执行呈现八个特点:

一是财政收入持续稳定增长。全市地方财政总收入完成960 243万元,比上年增长15.2%。其中一般预算收入完成576 051万元,比上年增收78 693万元,增长15.8%,一般预算收入规模在全省继续保持第9位。税收收入完成423 619万元,增长12.4%,税收比重为73.5%,在全省排第13位。县(市)区中,有4个增速在20%以上。渑池、灵宝、陕县、义马4个县(市)进入全省收入规模前30强,分列第12、15、23和25位。

二是财政保障能力进一步增强。各级财政部门在努力做大财政“蛋糕”的同时,按照“保运转、保民生、保重点”的要求,从严控制一般性支出的增长,使公共财政支出更加合理,发展资金保障更加有力。全市一般预算支出完成118.6亿元,增长24.5%。其中,涉及民生的义务教育、医疗卫生、社会保障等支出达72.9亿元,比上年增长25.7%,占一般预算支出的61%。各级财政积极调整优化支出结构,强化财政支出管理,从严控制一般支出,重点保障民生需要,财政资金的运行效率和使用效益得到了大大提高。

三是向上争取资金取得新的突破。各级财政充分发挥职能优势,站位全局,把财政工作放到经济大环境中去谋划运作,积极向上争取资金支持,破解经济社会发展瓶颈制约。全年共争取各类补助资金62.3亿元,比上年增长32.4%,极大地扩充了我市的可用财力,有效缓解了财政收支矛盾。

四是政府投融资体制改革取得重大进展。积极推进政府投融资体制改革,成立了三门峡市投资集团和三门峡市交通旅游投资集团,紧紧围绕市委、市政府战略发展规划,创新政府投融资方式,通过建立广泛的融资体系和网络、进行卓有成效的对外投资、积极推进公司债券发行等多种渠道筹措资金50多亿元,为省、市“十大实事”和各项重点工程提供了强有力的资金保障。

五是财政在经济发展中的职能作用得到有效发挥。市财政筹措891万元支持三门峡海关、国家铝及铝制品质量监督检验中心建设，促进大通关建设。落实对产业集聚区2010年度奖励资金2 720万元，预拨2011年度奖励资金5 370万元，促进产业集聚区发展。筹措资金3 544万元，支持重大科技专项和高新技术产业化项目，推动了科技创新和产业产品结构调整。筹措资金1 078万元，促进节能减排。筹措资金1 966万元，支持退耕还林、林业生态建设、天然林保护等，提升了环境保护和生态建设水平。

六是财政强农惠农力度进一步加大。全市向农民发放粮食直补资金14 097万元，家电下乡补贴4 800万元，摩托车下乡补贴1 199万元，良种补贴2 425万元。筹措资金7 040万元，实施农业综合开发中低产田改造、小型农田水利建设、现代农业生产发展、土地整理等，支持农业产业化经营和特色优势农业发展。筹措资金10 929万元，实施550个村级公益事业一事一议财政奖补项目，政府补助占农民筹资筹劳的比例由上年的40%提高到50%，初步建立了“政府资助、农民参与、社会支持”的村级公益事业建设新机制。筹措资金3 780万元实施整村推进扶贫和搬迁扶贫，改善了贫困地区生产生活条件。

七是财政对民生投入大幅度增加。全市财政社会保障与就业支出112 597万元，增长20.4%，其中财政对社保基金的补助支出、农村最低生活保障支出分别增长90.3%和43.3%。5.3万企业退休人员基本养老金月人均提高187元，达到1 172元，居全省前列。城乡居民养老保险试点县达到7个，参保群众81.3万人，领取待遇人数17.6万人。全市财政教育支出248 756万元，增长37.3%，按省财政厅计算口径，教育支出占一般公共财政支出的比例达18%，圆满完成省下达的目标。对21万农村中小学生免除学杂费和教科书费，对9.3万名城市中小学生免除学杂费，对1.8万名农村家庭经济困难寄宿生补助生活费。支持推进中小学校舍安全工程。围绕落实教育规划纲要，强化县（市）区教育投入责任，保障教育优先发展。全市财政医疗卫生支出87 719万元，增长48.9%。新型农村合作医疗、城镇居民基本医疗保险参加人数分别达到156.8万人和30.6万人，财政补助标准由年人均120元提高到200元，最高支付限额和报销比例进一步提高。全市财政文化体育与传媒支出18 802万元，增长23.3%。支持实施文化惠民工程，免费为农民送演出310场、放电影1.6万场次，支持建设1 194个农家书屋，向14 610人发放农村计划生育家庭奖励扶助金和特别扶助金。全市财政住房保障支出36 884万元，增长28.9%。10 820户家庭享受廉租房租赁补贴，1 584户家庭享受廉租房实物配租，新开工保障性住房8 367套。

八是各项财政改革进一步深化。进一步完善部门预算和国库集中收付制度，将教育收费、彩票发行销售机构业务费用以外的预算外资金全面纳入预算管理。通过清理整顿，撤并各级财政资金专户34个。圆满完成了会计集中核算向国库集中支付转轨工作，全面启动财政惠民补贴资金“一卡通”工程。全市财政投资评审和政府采购规模分别达到19.7亿元和14.3亿元，节支率分别达到16.3%和8%。建立完善财政“大监督”工作格局，理顺财政监督机制，规范财政监督程序，深入开展重大专项资金、县乡财政管理基础工作、会计法规执行情况等专项检查，以及小金库专项治理、工程建设领域物资采购和资金管理专项治理、公务用车专项治理，促进了财政资金的安全、规范、高效使用。强化对农村财会人员和村支部书记的财政、财务知识培训，促进了惠民政策落实。

2011年我市财政预算执行取得了显著成绩，但仍存在一些问题：财政收入虽然连年较快增长，但总量依然偏小，财政收入占生产总值的比重和税收收入占一般预算收入的比重仍然偏低，基本保障能力有待进一步增强。理财方式有待进一步转变，财政资金对社会资金的引导和带动作用有待进一步增强，预算公开力度需要进一步加大。财政管理基础工作和基层财政建设还需要加强，财政监督管理需要进一步强化。这些问题需要我们高度重视，采取有效措施认真解决。

二、2012年财政预算（草案）初步安排

（一）财政收支形势

2012年是贯彻落实国务院《指导意见》、全面推进中原经济区建设的重要一年。随着“四大一高”战略的实施，我市经济总体向好的基本面没有改变，但财政收支矛盾仍然比较突出。

收入方面，经济增长存在放缓压力，重点企业实现利润增幅下降，加上结构性减税力度加大，提高个人所得税工薪所得减除费用标准和调整税率结构翘尾，延长实施并扩大小型微利企业所得税优惠政策适用范围，提高增值税和营业税起征点，都将减少收入，财政收入增幅会有所回落。

支出方面，完成省确定的教育支出占公共财政支出比例目标，城乡居民养老保险制度实现全覆盖，提高企业退休人员养老金水平以及新农合和城镇居民医疗保险财政补助水平，加大保障性住房、水利、文化投入，落实调整机关事业单位工资和津贴补贴政策，归还到期政府债务本息，增支项目多、数额大、政策性强，财政支出压力很大。

（二）财政预算编制和财政工作的总体要求

根据市委经济工作会议和全省财政工作会议精神，2012年我市预算编制和财政工作的指导思想是：以邓小平理论和“三个代表”重要思想为指导，深入贯彻科学发展观，全面落实市六次党代会精神，紧紧围绕市委、市政府确立的“三大战略定位”、“四大一高”战略，以经济发展求转、求进、求实为目标，科学发展为主题，依法组织收入，不断壮大财政实力；增强预算的针对性、灵活性、前瞻性，加强预算编制基础性工作，提高预算管理的科学化、精细化水平；进一步优化财政支出结构，着力扩需求，着力创优势，着力破瓶颈，着力惠民生，保持社会和谐稳定。

2012 年预算编制的原则是:依法理财、积极稳妥、统筹兼顾、突出重点、公开透明、注重绩效,优先保障事关民生的重大政策落实。在安排 2012 年支出预算时,重点把握以下基本原则:

一是保障重点。个人部分足额保障到位,对上级有明确政策规定和确定的支出项目,以及市六次党代会确定的“四大一高”重点项目及各项民生项目,千方百计筹措资金保障到位。

二是统筹安排。统筹安排公共财政预算收入、土地收入和筹资融资资金,结合项目性质和项目实施规划,对基本公共支出主要通过财政预算内资金安排,基础设施和建设类项目通过筹资融资解决,土地收益资金原则上用于平衡项目筹资。

三是严控规模。对部门沿袭的业务性专项重新审核,一次性项目和政策执行到期的项目不再安排,确需安排的,要经市委、市政府重新审核。

四是注重绩效。增强安排使用财政资金的绩效观念,逐步将项目绩效纳入财政资金安排、使用、评价全过程,科学引导财政资金流向,实现加强管理、优化资源配置目标。

(三)2012 年全市收入计划

根据市委经济工作会议确定的 2012 年经济发展预期指标,考虑财税政策调整的增减收因素,2012 年全市财政总收入按增长 12%、地方公共财政预算收入按增长 13% 安排,高于全市生产总值和全省地方公共财政预算收入增长目标。需要说明的是,按照财政部统一部署,2012 年起原一般预算改称公共财政预算。

上述目标是指导性计划,各县(市)区应根据当地实际,妥善安排本级收入预算并报同级人代会批准。

(四)市级公共财政预算安排情况

1. 公共财政预算收入

2012 年市级公共财政预算收入安排 110 000 万元,增长 13.8%。

税收收入 70 100 万元,增长 16.4%。主要项目:增值税 18 200 万元,增长 15.9%;营业税 20 200 万元,增长 15.9%;企业所得税 9 100 万元,增长 16.1%;城市维护建设税 6 800 万元,增长 15.7%。

非税收入 39 900 万元,增长 10%。主要项目:专项收入 7 000 万元,增长 7.1%;行政事业性收费收入 12 000 万元,下降 37%;罚没收入 6 000 万元,增长 13.6%。

2. 公共财政预算支出

2012 年,市级公共财政预算收入 110 000 万元,加上上级税收返还 17 263 万元、一般性转移支付补助 13 399 万元、体制结算收入 34 270 万元,2012 年市级总财力 174 932 万元,按可比口径比增长 7.5%,全部安排支出。

基本支出 106 200 万元,比 2011 年预算安排增加 27 117 万元,增长 22.7%,占支出总额的 60%。其中:工资福利及对个人和家庭补助支出 92 000 万元,增加 27 117 万元,增长 25.4%;商品和服务支出 14 200 万元,与上年持平。项目支出 68 732 万元,比 2011 年预算安排增加 8 832 万元,增长 12.6%,占支出总额的 40%。

法定支出等主要支出安排情况如下:

教育支出 30 188 万元,增长 16%。

农林水事务支出 11 923 万元,增长 15%。

科技支出 1 559 万元,增长 11%。

文化体育与传媒支出 3 887 万元,增长 14.7%。

社会保障与就业支出 13 290 万元,增长 14.7%。

医疗卫生支出 10 855 万元,增加 805 万元,增长 8%。

节能环保支出 3 685 万元,与上年持平。

总预备费 1 600 万元,按照《预算法》要求安排。

市级经常性收入 81 997 万元,增长 2.5%。教育、科技、农林水事务等法定支出预算增幅均高于经常性收入增幅。

为提高年初预算的完整性,上级财政提前告知的转移支付和上年结余结转资金均列入年初预算,2012 年市级公共预算支出总额为 193 254 万元。

(五)市级政府性基金预算安排情况

1. 政府性基金预算收入

2012 年市级政府性基金预算收入安排 941 90 万元,下降 12.5%,主要是由于土地收储及出让计划的不确定性,造成国有土地使用权出让金比上年减少。

2. 政府性基金预算支出

2012 年市级政府性基金预算收入 94 190 万元,上年结余结转 33 829 万元,可安排支出 128 019 万元,按照“以收定支、专款专用、集中财力、确保重点”的原则,与公共财政预算资金统筹安排使用。

三、2012 年财政重点工作

为圆满完成财政预算目标任务,2012 年财政工作将更加突出“求转、求进、求实”,继续落实好积极的财政政策,进一步转变理财方式,着力支持“四大一高”建设。重点抓好以下工作:

(一)进一步扩大需求,促进经济平稳较快发展。认真落实积极的财政政策,坚持扩大内需与拓展外需并重,积极发挥财政调节收入分配的职能作用,努力扩大消费需求。重点支持保障性安居工程、以水利为重点的农业农村基础设施、综合交通体系、教育文化卫生基础设施、节能减排和生态建设、自主创新能力建设和战略性新兴产业发展,着力优化投资结构。充分发挥财政资金支持扩大对外开放的激励导向作用以及财税政策稳定物价的作用,为经济平稳较快发展创造条件。

(二)健全财政激励引导机制,推进“三化”协调发展。统筹各类预算财力,建立健全城镇化建设资金稳定增长机制。创新财政扶持方式,采取以奖代补、先建后补、贷款贴息等方式,加快推进城镇化建设。积极支持产业结构优化升级,加快产业集聚区建设,加大对产业集聚区内基础设施项目建设支持力度,认真落实中小企业税费优惠政策,加快推进新型工业化。加大强农惠农富农政策力度,增加农业综合开发和水利建设投入,加快推进新型农业现代化。

(三)着力保障和改善民生,促进社会和谐稳定。进一步加大财政教育投入,确保实现全市财政教育支出占公共财政支出的比例达到19%的目标,支持教育优先发展。积极推动各项基本医疗保险制度间的衔接,全面推进基层医疗卫生机构综合改革和公立医院改革,促进医疗卫生事业加快发展。加强社会保障和就业工作,继续提高企业退休人员基本养老金水平,实现新农保和城镇居民社会养老保险制度全覆盖。增加公共财政预算投入,支持加快保障性安居工程建设。建立健全财政文化投入稳定增长机制,促进文化大发展大繁荣。深入实施政法经费保障体制改革,加强基层政权建设保障,切实提高基层政府的公共服务和社会管理能力。

(四)深化财税体制改革,健全公共财政体系。进一步完善市与县(市)区财政体制,提高县级政府提供基本公共服务能力。完善公共财政预算,全面提高政府性基金预算的规范性和透明度,逐步实施国有资本经营预算,加强社会保险基金预算管理。深化部门预算改革,规范预算编制程序,细化预算编制内容,完善预算编制与预算执行、结转结余资金管理、行政事业单位国有资产管理有机结合的机制。进一步完善国库集中收付制度,积极推进公务卡制度。加快建立“预算编制有目标、预算执行有监控、预算完成有评价、评价结果有反馈、反馈结果有应用”的预算绩效管理模式。落实财政配套政策,分类推进事业单位改革,进一步增强事业单位活力。认真履行地方国有金融机构出资人职责,完善金融资产监管制度体系,有效履行国有股权管理职能。

(五)强化科学化精细化管理,提高财政管理绩效。加强财政管理基础工作和基层财政建设,建立规范的财政人员供养数据库和备选项目库,加强乡镇财政基础建设,提高乡镇财政履职能力。进一步强化财政监督,加强对民生支出资金、转移支付资金的监督检查,保障政策有效落实,健全覆盖所有政府性资金和财政运行全过程的监管机制。加强政府债务管理,防止各种形式违规担保承诺,规范地方政府融资平台管理。积极推进财政预决算公开,扩大部门预决算公开范围,做好“三公”经费、行政经费公开工作,推进基层财政专项支出公开。加快财政管理信息化建设,着力推进财政转移支付项目管理监控系统、财政收支统计分析系统和惠民补贴资金“一卡通”系统的建设应用。狠抓增收节支,在全面落实税费优惠政策基础上,依法加强税收征管,严格规范非税收入征管,努力实现应收尽收。坚持勤俭办一切事业,严格控制“三公”、差旅、会议等一般性支出,严肃财经纪律。

(六)充分发挥财政职能,全力服务“四大一高”建设。进一步整合国有“四资”,做大做强三门峡投资集团,增强投资集团的整体实力和筹资融资能力。紧紧围绕市委、市政府重大决策和重点项目,拓宽融资渠道,完善运作模式,积极做好财经投资公司二期债券发行工作,千方百计做好其它筹资融资工作,为“四大一高”建设提供强有力的资金保障。进一步解放思想,站位全局,对“四大一高”项目实行一对一全程跟踪服务,超前谋划,规范管理,着力解决项目实施过程中的瓶颈制约,确保资金到位,服务到位,促进项目顺利实施。

各位代表,2012 年我市财政工作形势严峻,任务艰巨。我们决心在市委的正确领导下,在人大、政协的监督、支持下,深入贯彻落实科学发展观,把握机遇,持续求进,务实发展,积极作为,确保圆满完成 2012 年各项财政工作任务,以优异成绩迎接党的十八大胜利召开!

·编辑　张怡杰·

拉长苹果生产链

索　引

说　明

一、本索引采用主题分析法编制，按主题词首汉语拼音顺序排列，同音字按声调排列，声调相同按笔划排列，笔划相同按下一字的音序排列。

二、特载、专记、大事记、附录4个类目的具体内容未作索引，仅以其类目名称标引。

三、类目用黑体字标引，参见用宋体字、附见用楷体字标引。索引款目后的阿拉伯数字表示内容所在的页码，数字后的拉丁字母(a、b、c)分别表示从左到右的第一、二、三栏。表格、图片有"(表)""(图)"等字样。

四、内容交叉的款目，在索引中重复使用，以便参见。

A

B

C

D

E

F

G

H

J

R

S

T

W

X

Y

Z